Bogenschießen

Oliver C. Haidn
Jürgen Weineck
Veronika Haidn-Tschalova

Autoren

Oliver C. Haidn

1991–1996 Studium der Sportphilologie (Sport/Mathematik, Informatik)
Seit 2000 Gymnasiallehrer am Gymnasium Landau a. d. Isar
Seine Hauptarbeitsgebiete sind die Trainings- und Bewegungslehre, der Hochleistungssport sowie das Kinder- und Jugendtraining.

Jürgen Weineck

Prof. emerit. Dr. phil. Dr. med. Dr. h.c. Jürgen Weineck war 38 Jahre am Institut für Sportwissenschaft und Sport der Universität Erlangen-Nürnberg in der sportpraktischen Ausbildung, Lehre und Forschung tätig.
Seine wissenschaftlichen Hauptarbeitsgebiete umfassen: die Sportanatomie, Sportbiologie und Sportmedizin, die Trainings- und Bewegungswissenschaft, den Gesundheitssport, den Hochleistungssport sowie den Kinder- und Jugend- und Alterssport.

Veronika Haidn-Tschalova

1994–2001 Studium der Sportwissenschaft an der Universität Moskau
Seit 2004 ist Veronika Haidn-Tschalova Mitglied der Deutschen Nationalmannschaft.
Sie ist mehrmalige WM- und EM-Teilnehmerin, ehem. Deutsche Rekordhalterin (1334), Russische Rekordhalterin 50m (338), Deutsche Meisterin 2006, 2007, 2008 sowie Deutsche Meisterin Bundesliga 2004 und 2008.

Anschrift der Autoren:

Oliver C. Haidn
Veronika Haidn-Tschalova
Rachelstraße 9
94469 Deggendorf

Prof. emerit. Dr. phil. Dr. med. Dr. hc. Jürgen Weineck
Hintere Pfaffenleite 21
91358 Kunreuth

Bibliografische Information der Deutschen Bibliothek
Die Deutsche Bibliothek verzeichnet diese Publikation in der Deutschen Nationalbibliografie;
detaillierte bibliografische Daten sind im Internet über http://dnb.ddb.de abrufbar.
ISBN 978-3-938509-74-6

Copyright 2010 by Spitta Verlag GmbH & Co. KG
Ammonitenstraße 1, D-72336 Balingen
www.spitta.de
www.sport.spitta.de

Das Werk ist urheberrechtlich geschützt. Die dadurch begründeten Rechte, insbesondere die der Übersetzung, der Entnahme von Abbildungen, der Funksendung, der Wiedergabe auf fotomechanischem oder ähnlichem Wege und der Speicherung in Datenverarbeitungsanlagen, bleiben, auch bei nur auszugsweiser Verwendung, vorbehalten. Die Wiedergabe von Gebrauchsnamen, Handelsnamen, Warenbezeichnungen usw. in diesem Werk berechtigt auch ohne besondere Kennzeichnung nicht zu der Annahme, dass solche Namen im Sinne der Warenzeichen- und Markenschutz-Gesetzgebung als frei zu betrachten wären und daher von jedermann benutzt werden dürften.

Projektleitung: Christian Koch
Covergestaltung: Johannes Kistner
Zeichnungen: Oliver Haidn, Andreas Lorenz
Sportfotos: Andre Gegg, Philip Dietl, Bettina Baumgartner, Sebastian Rohrberg, Elena Richter, Florian Floto, Michele Frangilli, Rafael Poppenborg, Werner Beiter, Oliver Haidn, Maximilian Weckmüller, Dong-Hyun Im, Brady Ellison, Veronika Haidn-Tschalova, Baljinima Tsyrempilov, Jin Hyek Oh, Viktor Ruban, ILario Di Buo, Ok-Hee Jun, Alison Williamson, Natalya Erdyniyeva, Park Kyung-Mo, Juan Rene Serrano, Zhang Juan Juan, Park Sung-Hyun, Mariana Avitia, Kim Ha-Neul, Cheng Chu Sian, Magnus Peterson, Natalia Valeeva, Joo Hyun-Jung, Dean Alberga
Lektorat: Ingrid Ahnert, 91358 Kunreuth
Satz: Banholzer Mediengestaltung, 78628 Rottweil
Druck: Kessler Druck und Medien, 86399 Bobingen
Printed in Germany

Bogenschießen

Trainings- und bewegungswissenschaftliche Grundlagen

Oliver C. Haidn
Jürgen Weineck
Veronika Haidn-Tschalova

2., überarbeitete und erweiterte Auflage

Spitta Verlag GmbH & Co. KG · Ammonitenstraße 1 · 72336 Balingen · www.spitta.de

Inhalt

Vorwort 11

1 Geschichte des Bogenschießens 13
Bogenschießen in der Vorzeit 13
   Ärchäologische Funde 13
   Bogen als Jagdwaffe 14
   Bogenarten in der Vorzeit 14
Bogenschießen im Altertum 14
   Bogen als Kriegswaffe und Sportgerät 14
   Bogenarten im Altertum 23
Bogenschießen im Mittelalter 25
   Übergang von der Kriegswaffe zum Sportgerät 25
   Bogenarten im Mittelalter 28
Bogenschießen in der Neuzeit 30
   Bogen als Sportgerät 30
   Nationale Verbände 30
   Internationaler Bogenschützenverband 32
   Bogenschießen und Olympische Spiele 32
   Bogenarten in der Neuzeit 32

2 Anforderungsprofil beim Bogenschießen 35
Begriffsbestimmung 35
Leistungsbestimmende Faktoren beim Bogenschießen 35
   Person bzw. Persönlichkeit des Schützen 36
   Physische Leistungsfaktoren 36
   Psychische Leistungsfaktoren 40
   Kognitive Fähigkeiten 42
   Soziale Leistungsfaktoren 43

3 Anatomisch-physiologische Grundlagen – Konsequenzen für die Trainingspraxis 47
Allgemeine Grundlagen 47
Positionsphasen 48
Passiver Bewegungsapparat 48
   Gelenkwinkelstellungen innerhalb der Positionsphasen 48

Aktiver Bewegungsapparat 62
   Beteiligtes Muskelkorrelat 62
   Ausgewählte Muskelgruppen innerhalb der Positionsphasen 68
Steuerungs- und Regelungsprozesse im Schießablauf 89
   Sinnesorgane 89
Physiologische Grundlagen 96
   Herzfrequenz 96
   Vorstartzustand 97
Neurophysiologische Grundlagen 98
   Aufbau und Funktion des Nervensystems 98
   Motorisches Lernen und Automatisieren unter dem Aspekt der Bewegungsschleifen 102

4 Trainingswissenschaftliche Grundlagen des Hochleistungstrainings 111
Begriffsbestimmung 111
   Training 111
   Hochleistungstraining 111
   Trainierbarkeit 111
   Trainingsmethoden 111
   Trainingsinhalte 112
   Trainingsmittel 112
Aufgaben des Trainings 112
   Allgemeines Training 112
   Wettkampfspezifisches Training 113
Sportliche Leistungsfähigkeit und Belastungskomponenten 113
Prinzipien des sportlichen Trainings 115
   Prinzipien der Belastung zur Auslösung von Anpassungseffekten 115
   Prinzipien der Zyklisierung zur Sicherung der Anpassung 123
   Prinzipien der Spezialisierung zur Spezifizierung des Trainings 126
   Prinzipien der Proportionalisierung 126
Planung, Organisation und Auswertung des Trainingsprozesses 131

Begriffsbestimmung 131
Ziele der Trainingsplanung 132
Arten von Trainingsplänen 133
Erarbeitung von Trainingsplänen 142
Nachbereitung und Auswertung
des Trainings 148
Trainingssteuerung und Leistungs-
diagnostik 151
Trainingssteuerung 151
Leistungsdiagnostik 155
Langfristiger Trainingsprozess im
Hochleistungsbogenschießen 158
Gliederung des Trainingsprozesses 158
Nachwuchstraining 159
Hochleistungstraining 166
Training und Periodisierung 168
Begriffsbestimmung 168
Gliederung der Jahreszyklen 168
Problem der Einfach- und
Doppelperiodisierung 170
Makro- Meso- und Mikrozyklen 174
Komplexes Beispiel 182

5 Bewegungswissenschaftliche Grundlagen des Bogenschießens 195

Begriffsbestimmung 195
Allgemeine Bewegungslehre 195
Spezielle Bewegungslehre 195
Betrachtungsweisen der Bewegungslehre .. 195
Morphologische Betrachtungsweise 195
Anatomisch-physiologische
Betrachtungsweise 196
Neurophysiologische Betrachtungs-
weise 197
Biomechanische Betrachtungsweise 198
Psychologische Betrachtungsweise 201
Funktionale Betrachtungsweise 204
Biomechanische Prinzipien 205
Prinzip der Gegenwirkung 207
Prinzip der Koordination der
Teilimpulse 208
Go-and stop-Prinzip 211
Bewegungsanalyse mithilfe der
Bewegungsmerkmale 213
Quantitative Bewegungsmerkmale 214
Qualitative Bewegungsmerkmale 216

Bewegungshandlung 234
Einflussfaktoren 234
Aufbau 234
Bewegungshandlung als Regelkreis-
modell – Eigen- und Fremdanalyse 236
Motorischer Lernprozess 238
Allgemeine theoretische Grundlagen 238
Phasen des motorischen Lernens 241
Einflussfaktoren 248
Lehrmethoden 249
Motorisches Lernen und Korrektur 252

6 Auf- und Abwärmen 259

Aufwärmen 259
Begriffsbestimmung 259
Arten des Aufwärmens 259
Phasen des Aufwärmens 261
Aufwärm-Basisprogramm für
Bogenschützen 261
Methodische Grundsätze 263
Abwärmen 266
Begriffsbestimmung 266
Arten des Abwärmens 267
Phasen des Abwärmens 267
Abwärm-Basisprogramm für
Bogenschützen 267
Methodische Grundsätze 268

7 Training der konditionellen Fähigkeiten 273

Begriffsbestimmung 273
Bedeutung der konditionellen
Fähigkeiten 273
Ausdauertraining 274
Begriffsbestimmung 274
Für das Bogenschießen relevante Arten
der Ausdauer 274
Bedeutung der Grundlagenausdauer 276
Methoden und Inhalte des
Ausdauertrainings 276
Ausdauertraining im Kindes-
und Jugendalter 278
Bedeutung von Ausdauertests im
Bogenschießen 279
Periodisierung des Ausdauertrainings ... 280
Methodische Grundsätze 281

Krafttraining 283
    Begriffsbestimmung 283
    Für das Bogenschießen relevante Arten
    der Kraft 283
    Bedeutung der Kraft 284
    Methoden und Inhalte des
    Krafttrainings 285
    Durchführungs- und Organisations-
    formen für das Krafttraining 297
    Ermüdung und Erholung beim dyna-
    mischen und statischen Krafttraining 304
    Inhalte des Krafttrainings 305
    Krafttraining im Kindes- und
    Jugendalter 311
    Bedeutung von Krafttests im
    Bogenschießen 314
    Periodisierung des Krafttrainings 317
    Methodische Grundsätze 320
Beweglichkeitstraining 322
    Begriffsbestimmung 322
    Arten der Beweglichkeit 322
    Bedeutung der Beweglichkeit 322
    Methoden und Inhalte des
    Beweglichkeitstrainings 322
    Beweglichkeitstraining im Kindes-
    und Jugendalter 327
    Bedeutung von Beweglichkeitstests
    im Bogenschießen 328
    Periodisierung im
    Beweglichkeitstraining 329
    Methodische Grundsätze 329
Schnelligkeitstraining 329
    Begriffsbestimmung 329
    Arten der Schnelligkeit 329
    Bedeutung der Schnelligkeit 330

**8 Training der koordinativen
   Fähigkeiten** 335
Begriffsbestimmung 335
Arten der koordinativen Fähigkeiten 335
Bedeutung der koordinativen Fähigkeiten .. 335
Trainierbarkeit der koordinativen
Fähigkeiten 336
Komponenten der koordinativen
Fähigkeiten im Bogenschießen 337
    Differenzierungsfähigkeit 338
    Gleichgewichtsfähigkeit 339

    Kopplungsfähigkeit 340
    Rhythmisierungsfähigkeit 341
    Reaktionsfähigkeit 344
Bedeutung der Analysatoren 344
    Optischer Analysator 345
    Akustischer Analysator 345
    Taktiler Analysator 346
    Kinästhetischer Analysator 347
    Statikodynamischer Analysator 348
Methoden und Inhalte des
Koordinationstrainings 348
    Methoden zur Schaffung einer
    Bewegungsvorstellung 348
    Allgemeine Schulungsinhalte 349
    Spezielle Schulungsinhalte 350
    Sonderform: propriozeptives Training 351
Koordinationstraining im Kindes-
und Jugendalter 355
    Vorschul- und Schulkindalter 355
    Pubeszenz 355
    Adoleszenz 355
Bedeutung von Kontroll- und
Testverfahren 355
    Allgemeine Koordinationstests 355
    Spezielle Koordinationstests 357
Optimaler Zeitpunkt
des Koordinationstrainings 360
Methodische Grundsätze 360

**9 Technik und Techniktraining
   im Bogenschießen** 363
Technik 363
    Begriffsbestimmung 363
    Komponenten der Technik 363
    Bedeutung der Technik 364
    Modellbildung der Phasen des
    Schießablaufs 365
    Elementare Betrachtungen der
    Schießtechnik 370
    Komplexe Betrachtungen der
    Schießtechnik 440
Techniktraining 449
    Begriffsbestimmung 449
    Techniklernen und sportliche
    Leistungsfähigkeit 449
    Etappen und Typen des
    Techniktrainings 450

Methodik des Techniktrainings 454
Inhalte des Techniktrainings 457
Techniktraining im Kindes-
und Jugendalter 471
Bedeutung von Kontroll- und
Testverfahren 472
Periodisierung des Techniktrainings 473
Methodische Grundsätze 474

10 Taktik und Taktiktraining im Bogenschießen 477
Taktik 477
   Begriffsbestimmung 477
   Komponenten der Taktik 477
   Bedeutung der Taktik 478
Taktiktraining 481
   Methoden und Inhalte 481
   Bedeutung von Kontroll- und
   Testverfahren 484
   Periodisierung des Taktiktrainings 484
   Methodische Grundsätze 484

11 Psychologisches Training im Bogenschießen 487
Begriffsbestimmung 487
Bedeutung des psychologischen
Trainings 487
Trainingsaufgaben 487
Trainingsziele 489
Methoden und Inhalte 490
   Wiederherstellung und Steigerung der
   physischen Leistungsfähigkeit 491
   Verbesserung des technischen
   Lernprozesses 499
   Behebung psychischer Störfaktoren 506
   Regulierung der Antriebsregulation 508
   Steigerung der Aufmerksamkeit 518
   Erhöhung der Selbstwirksamkeit 526
   Kombinierte Methoden 528
Komplexes Beispiel: Goldangst oder
Scheibenpanik 530
Bedeutung von Kontroll- und
Testverfahren 531
Periodisierung des psychologischen
Trainings 531
Methodische Grundsätze 532

12 Wettkampflehre und -training im Bogenschießen 535
Wettkampflehre 535
   Begriffsbestimmung, Wettkampfarten 535
   Wesen des Wettkampfes 535
   Bedeutung des Wettkampfes 536
   Bedingungen der Wettkampfauswahl 536
   Wettkampfprobleme 537
Wettkampfdimensionen 540
Wettkampfvorbereitung 541
   Langfristige Wettkampfvorbereitung 543
   Mittelfristige Wettkampfvorbereitung 543
   Unmittelbare Wettkampfvorbereitung 543
   Kurzfristige bzw. aktuelle
   Wettkampfvorbereitung 554
Gestaltung der Phasen zwischen den
Wettkämpfen 556
Wettkampfnachbereitung 556
   Wettkampfanalyse 556
   Wettkampfauswertung 557
Periodisierung von Wettkämpfen 557
Psychologisch orientiertes
Wettkampftraining 562
   Allgemeines Wettkampftraining 562
   Spezielles Wettkampftraining 569
Bedeutung von Kontroll- und
Testverfahren 584
Methodische Grundsätze 587

13 Coaching 589
Begriffsbestimmung 589
Ziele des Coachings 589
Phasen des individuellen Coachings 590
Voraussetzungen eines erfolgreichen
Coachings 590
   Bedingungsgefüge des
   Betreuungsprozesses 590
   Subjektive Voraussetzungen des
   Trainers 591
   Verhaltenssteuerung 593
   Feedback und Korrekturimpuls 593
Coaching in der Trainingspraxis 593
   Pädagogische Möglichkeiten 593
   Psychologische Möglichkeiten 593
   Methodische Möglichkeiten 594
Coaching in den verschiedenen
Wettkampfphasen 594

Vor dem Wettkampf 594
In der Vorstartphase 594
Während des Wettkampfes 595
In den Wettkampfpausen bzw. nach
dem Wettkampf 595
Methodische Grundsätze 595

14 Trainingslager 597
Begriffsbestimmung 597
Arten von Trainingslagern 597
    Vor- und nachbereitendes
    Trainingslager 597
    Technik-Taktik-Trainingslager 597
    Athletiktrainingslager 597
    Teambildungs- bzw. Team-Spirit-
    Trainingslager 598
    Stabilisierungstrainingslager 598
    Ausgleichstrainingslager 598
Ziele des Trainingslagers 599
Bedeutung des Trainingslagers 599
Planung und Durchführung eines
Trainingslagers 600
    Psychologische Aspekte 600
    Organisatorische Aspekte 600
    Methodisch-didaktische Aspekte 602
Trainingslager mit Jugendlichen 608
Probleme und Risiken 609
    Übertraining und Erholungsdefizite 609
    Lagerkoller 609
    Ernährungsprobleme 610
    Frühform 610
Bedeutung von Kontroll- und
Testverfahren 610

15 Ernährung im Bogenschießen 613
Säulen der Ernährung 613
    Kohlenhydrate 613
    Fette 614
    Eiweiße 614
    Mineralstoffe, Spurenelemente 615
    Vitamine 616
    Ballaststoffe 618
    Wasser 620
Grund- und Leistungsumsatz 622
Ernährungsbilanzen 622
    Kalorienbilanz 622
    Nährstoffbilanz 623

Flüssigkeitsbilanz 626
Mineralstoffwechselbilanz 627
Vitaminbilanz 628
Konsequenzen für die Trainings- und
Wettkampfpraxis 629
Beispiel einer ausgewogenen und
bedarfsangepassten Ernährung 630
Grundsätze einer richtigen
Ernährungsweise 630

16 Material und
Materialabstimmung 633
Bogen 633
    Aufbau 633
    Physikalische Grundlagen 636
Pfeil 640
    Aufbau 640
    Physikalische Grundlagen 641
Zubehör 644
    Direktes Zubehör 644
    Indirektes Zubehör 653
Materialwahl 653
    Wahl des Pfeiles 653
    Wahl des Bogens 654
Tuning 658
    Begriffsbestimmung und Ziele 658
    Einflussfaktoren des Materials 658
    Analysemethoden 660
    Phasen der Materialabstimmung 667
Periodisierung der Materialabstimmung 687

17 Bogenschießen als Freiluft-
sportart – Problem des
oxidativen Stress 689
Begriffsbestimmung 689
Freie Radikale 689
    Endogene Quellen 689
    Exogene Quellen 691
    Schutzmechanismen des Körpers 692
Konsequenzen für den Bogenschützen 692

Literatur 699

Sachregister 713

Vorwort

In der Trainingslehre des Schießsports traditioneller Prägung standen Fragen der systematischen Erfassung und methodischen Aufbereitung des Trainings der Schießtechnik sowie des Trainings der motorischen Hauptbeanspruchungsformen im Vordergrund. Leistungsphysiologische bzw. sportbiologische Aspekte wurden kaum oder nur in sehr begrenztem Umfang bei der Darstellung des Bewegungsablaufs bzw. der verschiedenen Trainingsmethoden und -inhalte in Betracht gezogen.

Es ist das Anliegen dieses Buches, unter dem Aspekt der sportmedizinischen und leistungsphysiologischen Begründbarkeit die verschiedenen Trainingsmethoden transparent und für den Praxiseinsatz verständlich darzustellen. Insbesondere sollen neben den Gesetzmäßigkeiten einer allgemeinen Trainingslehre spezielle Möglichkeiten der Bewegungsanalyse erörtert werden, weil fundiertes theoretisches Wissen und methodisches Können mit Blick auf den Schießablauf sowohl im Leistungssport als auch im Kinder- und Jugendtraining zu den Kernkompetenzen eines Bogentrainers gehören.

Schließlich soll das Buch auch noch allen Schützen eine Handreichung für die Durchführung eines nach individuellen Gesichtspunkten und Notwendigkeiten ausgerichteten Trainings sein. Das Training bogensportspezifischer koordinativer Fähigkeiten (z.B. propriozeptives Training, Vibrationstraining) wird dabei ebenso erörtert wie neueste Notwendigkeiten im Wettkamptraining (z.B. Set Play). Im Sinne einer auf der Basis der allgemeinen Bewegungslehre entwickelten Schießtechnik wird sowohl dem Spitzentrainer (-schützen) als auch dem Übungsleiter eine Vielzahl leistungsrelevanter Hinweise gegeben, die eine Optimierung des Trainings des Bogenschützens ermöglicht.

Die zweite, völlig überarbeitete und durch zahlreiche Abbildungen beträchtlich erweiterte Auflage beinhaltet die neuesten Entwicklungen in der heutigen Trainings- und Bewegungslehre. Sie versucht durch die vermehrte Praxisorientierung – in allen Kapiteln werden konkrete Beispiele inhaltlicher und methodischer Art gegeben – eine unmittelbare Umsetzung trainings- und bewegungswissenschaftlicher Erkenntnisse in die Trainings- und Wettkampfpraxis zu ermöglichen. Besonderer Wert wird dabei auf die Möglichkeiten des Erlernens (z.B. differenzielles Lernen) bzw. der konkreten Verbesserung der Schießtechnik durch Computereinsatz gelegt.

Deggendorf und Kunreuth, im Sommer 2010

O. Haidn, J. Weineck, V. Haidn-Tschalova

1 Geschichte des Bogenschießens

Bogenschießen in der Vorzeit

Archäologische Funde

Bis heute ist nicht genau geklärt, wann der Bogen in die Geschichte des Menschen Einzug hielt. Archäologen vermuten, dass der erste Gebrauch von Pfeil und Bogen der Periode der letzten europäischen Eiszeit entstammt, also vor etwa 50 000 Jahren.

Da Holz ein relativ vergängliches Material ist, stützen sich diese Behauptungen in erster Linie auf Funde von Pfeilspitzen, die im Rahmen archäologischer Grabungen nahe Bir-el-Atir, im heutigen Tunesien, entdeckt wurden. Diese steinzeitlichen Funde von so genannten »Projektilspitzen« aus Horn, Knochen oder Stein verweisen auf das Vorhandensein des Bogens als älteste Schusswaffe für die Fernjagd (Abb. 1).

Wenn man allerdings davon ausgeht, dass die »ersten Pfeile« nur nach den Enden hin zugeschabte Holzstäbe waren, wird eine genauere Schätzung zunehmend erschwert, und die Erfindung des Bogenschießens bleibt letztlich im Dunkeln.

Den Beweis für die Existenz von Pfeil und Bogen in Westeuropa liefern die Fels- und Höhlenzeichnungen in Lascaux (Südfrankreich) und in der Saltadore-Grotte bei Castellón (Spanien) (Abb. 2). Diese Zeichnungen entstanden vor wenigstens 15 000 Jahren und zählen somit zu den ältesten von Menschen angefertigten Bildern, die Pfeil und Bogen als Jagdwaffe darstellen.

Der älteste heute noch existierende komplette Bogen wurde 1944 in Dänemark gefunden. Er

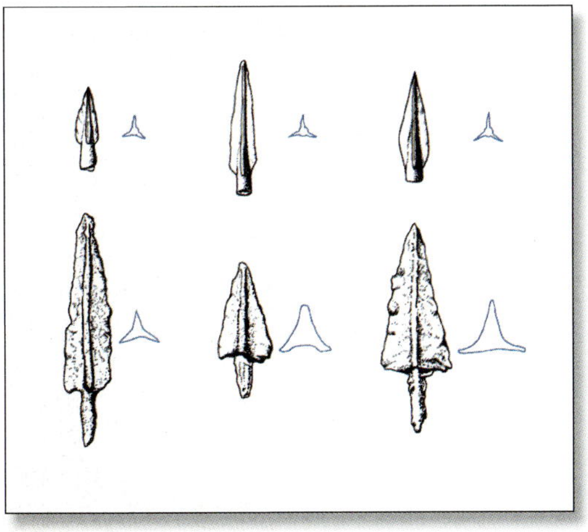

Abb. 1: Pfeilspitzen aus verschiedenen Materialien: Horn, Knochen oder Stein (vgl. *McEwen* 1991, 123)

Abb. 2: Fels- und Höhlenzeichnungen in Los Caballos (Spanien)

stammt aus der mittleren Steinzeit und datiert etwa 8000 Jahre zurück (vgl. *Heim* 1986, 11). Im Jahr 2006 wurde in Mannheim-Vogelstang ein Fragment aus Kiefernholz gefunden, das auf den bis dato ältesten Bogen hindeutet. Sein Alter wird mit 17 600 Jahren angegeben, seine ursprüngliche Länge mit zirka 110 cm. Arbeitsspuren an der Holzoberfläche deuten auf einen Bogen im Jungpaläolithikum (jüngere Altsteinzeit) hin: So besitzt eine Seite des Fragments eine geglättete Oberfläche gegenüber einer unveränderten sowie die Korrektur einer Abweichung an einer Seite; ferner eine Kerbe, in der eine Sehne hätte befestigt werden können. Die Leistung wird auf etwa 25–30 englische Pfund geschätzt mit Reichweiten von bis zu 80 Metern (vgl. *Rosendahl u. Rosendahl* 2006).

Bogen als Jagdwaffe

Der prähistorische Mensch fristete sein Leben als Jäger und Sammler. Zuvor waren seine vorwiegend verwendeten Waffen Keule und Speer. Mit der Erfindung des Bogens gewann er erstmals eine Waffe, die durch mechanische Kraft betrieben wurde. Somit ergab sich eine Möglichkeit, aus relativ sicherer Entfernung Beute zu erlegen.

Bogenarten in der Vorzeit

Stabbogen

Bei den ersten Bögen handelte es sich um einfache Holzbögen von ungefähr 1,5–2 m Länge (vgl. *Ewen* 1991, 120). Im Wesentlichen waren es gerade geschnittene Stäbe mit rundem Querschnitt (dem Ast oder Schössling entsprechend), die zur besseren Aufnahme der Sehne gegen die Bogenenden hin abgeschliffen waren. Die angepassten Seiten waren aus tierischem Darm und konnten den Pfeil bis zu 30 cm weit zurückziehen (Abb. 3).

Bogenschießen im Altertum

Bogen als Kriegswaffe und Sportgerät

Die Kulturen des Altertums (Mitte des 4. Jahrtausends v. Chr. bis etwa 6./7. Jahrhundert) berichten, dass der Bogen neben seiner Verwendung als Jagdwaffe auch immer mehr für Kriegszwecke eingesetzt wurde. Mit Ausnahme von Australien, wo der Bogen den Speer und den Bumerang nie verdrängen konnte, waren alle anderen – Ägypter, Griechen, Perser, Babylonier, Chinesen, Assyrer, Israeliten, Mongolen etc. – vom Bogen als Waffe abhängig. Berittenes Bogenschießen ist dabei die dominierende Kriegstechnik (Abb. 4).

Bei dieser Kampfkunst wird mit Pfeil und Bogen vom Pferd aus in allen Gangarten, insbesondere aber aus dem Galopp, geschossen. Diese Technik führte historisch zu großen Erfolgen von Reitervölkern wie den Skythen, Hunnen, Göktürken und Mongolen über sesshafte Bevölkerungen. Auch schwer gepanzerte europäische Ritter hatten berittenen Bogenschützen häufig nichts entgegenzusetzen.

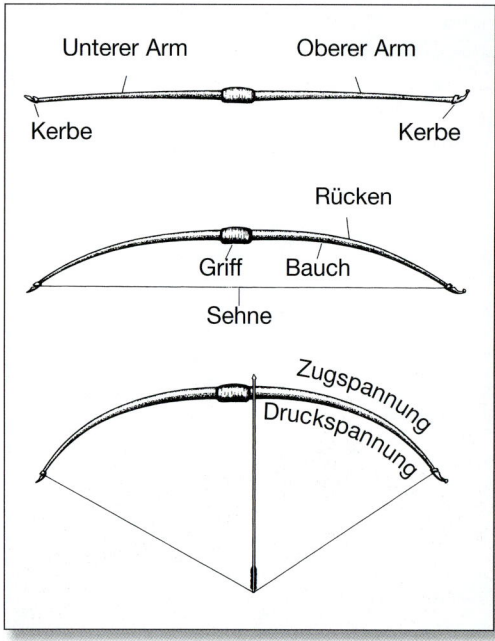

Abb. 3: Der Stabbogen – als ältester kompletter Bogen (vgl. *McEwen* 1991, 120)

Abb. 4: Der Bogen als Kriegswaffe: assyrische Reiterei des 9. Jahrhunderts v. Chr.

Bogenschießen in Persien

In den Steppenregionen Zentralasiens beginnen Nomadenvölker im 1. Jahrtausend v. Chr. mit einer gezielten Nutzung des Bogens als kriegstaktisches Mittel. Als Pferdenomaden (Steppenreiter) formieren sich indoeuropäische Völker wie Kimerer, Skythen und Sarmaten, dann Hunnen und Turkvölker, denen schließlich die Mongolen folgen.

Spätestens nach der Eroberung Asiens durch die erfolgreichsten Bogenschützen des Altertums – das Steppenvolk der Skythen – bildet sich der Bogen dann in der gesamten mittelöstlichen Welt als die bestimmende Kriegstechnik heraus. Die Skythen ziehen aus dem Iran über den Kaukasus und überfallen im 8. Jh. v. Chr. zuerst die Armenier, dann die Phryger. Im Jahr 705 v. Chr. liefern sie Assyrien die erste Schlacht mit Streitwagen und Reiterei und besiegen 612 v. Chr. die damalige Großmacht im Bunde mit Babylon und den Medern. Die assyrische Hauptstadt Ninive wird dem Boden gleichgemacht. Im Jahre 633 v. Chr. stoßen sie bis nach Ägypten vor (vgl. *McEwen* 1991, 124). Die Skythen waren es auch, die durch ihre außergewöhnlichen Fähigkeiten im Bogenschießen später am Aufbau des persischen Weltreichs beteiligt waren.

Neben der Verwendung als Kriegsgerät wurde Pfeil und Bogen nach wie vor als Jagdgerät eingesetzt (Abb. 5). Gleichzeitig entstanden erste Bogenschieß-Wettbewerbe.

Im 4. Jahrhundert n. Chr. fallen die Hunnen in Osteuropa ein. Sie sind angriffslustige, kraftvolle Nomaden aus Südasien und perfekte Pferdebogner. Mit den neuartigen Reflexbogen können die Pfeile auch schwere Panzer durchschlagen. Dieser Vorstoß der Hunnen löste unter den germanischen Stämmen eine Fluchtbe-

Abb. 5: Assyrischer König Ashurbanipal (668–627 v. Chr.) bei der Jagd (*Decker* 1992)

wegung aus, die in dieser Region den Beginn der Völkerwanderung markierte (vgl. *Westenfelder* 2009).

Bogenschießen in Ägypten

Ebenso wie die Japaner und Türken waren auch die Ägypter als ausgezeichnete Bogenschützen bekannt. Um 2600 v. Chr. wird der Militärdienst mit dem Bogen sogar obligatorisch. Somit wurde eine wichtige Voraussetzung für die weitere Entwicklung von Pfeil und Bogen geschaffen. Von Zeichnungen über Texte bis hin zu original erhaltenen Gegenständen (Abb. 7–9) kann man erkennen, dass das Bogenschießen der königliche Vorzeigesport der 18. Dynastie war. In Tutanchamuns Grab wurden fast drei Dutzend Kompositbogen gefunden (vgl. Abb. 27), von denen man allerdings nicht weiß, ob sie kriegerischen oder jagdlichen Zwecken gedient haben.

Der Pharao Thutmonis III. (1468–1436 v. Chr.) schoss auf dicke Kupferplatten, »weil jede Holzscheibe durchstoßen wird wie Papyrus«, berichtet eine Hieroglyphen-Quelle (Grabinschrift der 18. Dynastie, Thebess). Ein wahrer Meisterschütze unter den ägyptischen Königen war dessen Sohn Amenophis II. (1436–1412), der von Kind auf einen Lehrer für das Bogenschießen hatte (Abb. 6). Seine eindrucksvollen sportlichen Leistungen sind auf der Sphinx-Stele für die Nachwelt dokumentiert: Vom fahrenden Wagen aus traf er unmittelbar nacheinander vier im Abstand von 10 m an Pfählen befestigte Kupferscheiben mit solcher Wucht, dass die Pfeile sie vollständig durchbohrten und dahinter wieder zu Boden fielen (Abb. 8). Deutlich zu erkennen ist dabei die Zielgenauigkeit der Schüsse am gleichen Abstand der Pfeile zueinander. Ein entsprechendes Training durch die Inschrift »... der zielgenau schießt, ohne dass ein Pfeil daneben geht und mit seiner Kraft die Kupferzielscheibe durchschlägt, als wäre sie aus Papyrus ...« (Grabinschriften der 18. Dynastie, Thebess).

Die Bögen waren größtenteils von den »nulischen Bogenschützen« übernommen und sehr einfach in ihrer Konstruktion. Erst durch das

Abb. 6: Amenophis II. mit seinem Lehrer (Grabzeichnung; *Decker* 1992)

Abb. 7: Vergoldeter Fächer aus dem Grab von Tutanchamun: Streitwagenfahrer mit Pfeil und Bogen (Ägyptisches Museum, Kairo)

Abb. 8: Amenophis II. beim Scheibenschießen vom Wagen aus (Tempel des Amun, Luxor/Ägypten)

Eindringen der Hethiter um 1400 v. Chr. wurden die Ägypter mit dem weit besseren »Angular-Bogen« (s. S. 23) bekannt.

Bogenschießen in Griechenland

Bedingt durch die Kriege mit den Persern und Skythen, übten sich die Griechen, obgleich sie den Nahkampf (Mann gegen Mann) bevorzugten, insbesondere in der Handhabung von Pfeil und Bogen. Es ist wahrscheinlich, dass sie es zum ersten Mal zur Zeit Homers (um 700 v. Chr.), der in seiner »Ilias« regelrechte Wettschießen beschreibt, als Wettkampfform betrieben. Der Wettkampf wurde dabei auf zwei Arten ausgetragen: zum einen vom Pferde herab im Ritt, zum anderen als Schießen auf bestimmte Ziele, die im Laufen getroffen werden mussten. Amphoren und Schalenfragmente (Abb. 9) geben heute noch Zeugnis über den Gebrauch und die Handhabung des Bogens.

Homer berichtet in der Ilias ausführlich von einem sportlichen Mehrkampf des Achilles, der anlässlich der Leichenspiele zu Ehren seines im Zweikampf gegen Hektor gefallenen Freundes Patroklos ausgetragen wird. Unter den acht Disziplinen ist auch das Bogenschießen. Achilles selbst war ein hervorragender Bogenschütze, der diese Kampfkunst von seinem Mentor Chiron, einem Zentaur, gelernt haben soll (s. S. 12). Zeus, der König der Götter, platzierte das Sternbild des Schützen in die Milchstraße um den Zentaur Chiron, um diesen zu ehren.

In der »Odyssee«, einem späteren Werk, berichtet Homer über einen anderen, bekannten Wettbewerb mit Pfeil und Bogen. Die Odyssee beschreibt die Irrfahrten des Odysseus, einem griechischen General, der bei den Göttern in Ungnade gefallen war. Nach 16 Jahren kehrt er endlich nach Hause zurück und muss feststellen, dass seine Frau Penelope ihn nicht mehr erkennt und sein Anwesen mit Freiern übervölkert ist, die um die Hand seiner Frau buhlen. Der verkleidete Odysseus fordert die Freier heraus, den Bogen des Odysseus zu spannen und einen Pfeil durch die Löcher von zwölf nacheinander aufgereihten Äxten zu schießen, um den herauszufinden, der seiner Frau würdig ist (Abb. 10). Natürlich ist Odysseus der Einzige, der diese Aufgabe schafft (vgl. FITA 2004, 7, 8).

Bogenschießen war zwar keine olympische Disziplin der ersten Spiele im Jahre 776 v. Chr., doch ist durch die Schriften der griechischen Philosophen Plato und Aristoteles bekannt, dass das Bogenschießen bei zwei weiteren Spielen des Altertums Wettkampfstil aufwies: bei den Isthmischen Spielen und bei den alle 2 Jahre stattfindenden Nemischen Spielen, die zwar nicht so berühmt, aber in ihrem Ablauf den

Abb. 9: Sportler beim Spannen des Bogens (Schalenfragment 5. Jahrhundert v. Chr.)

Abb. 10: Gemälde von Trancesco Prinaticcio (16. Jahrhundert; Réunion des Musée Nationaux/Art Resource, NY, Chateau, Fontainebleau): Der Schuss des Odysseus

Olympischen Spielen sehr ähnlich waren (vgl. *Heim* 1986, 86).

Bogenschießen bei den Römern
Bei den Römern kann Pfeil und Bogen nie heimisch werden, obwohl sich in der späten Kaiserzeit die Sicherheit des Imperiums zu einem erheblichen Teil auf Bogenschützen stützt (vgl. *Stein* 1985, 15).

Bogenschießen in China
In China lässt sich das Bogenschießen bis in die Shang-Dynastie (1766–1027 v. Chr.) zurückverfolgen. Die ersten belegten Schriften von Bogensport-Wettbewerben stammen aus der Zhou-Periode (1100–771 v. Chr.; Abb. 11). Die Bevölkerung wurde in dieser Zeit in zwei Gesellschaftsklassen unterteilt: Aristokratie und arbeitendes Volk. Die Zhou-Herrscher entwickelten einen Sozialvertrag, bei dem das Fußvolk die Arbeit leistete und die Aristokratie für Sicherheit und Ordnung sorgte. Bogenschießen wurde dabei in einer symbolischen Form (Rituale) benutzt, dieses System zu stützen.

Noch während der Tang-Dynastie (618–920 n. Chr.) mussten Männer, die Soldaten werden wollten, militärische Tests bestehen. Dienstgrade wurden dabei aufgrund von Fertigkeiten im Bogenschießen vergeben (vgl. *Gegg* 2005, 44). Die Kandidaten schossen dabei sowohl vom berittenen Pferd als auch auf Scheiben, die bis zu 105 m weit entfernt standen.

Abb. 12: Kupferstich aus dem Jahr 1765: mandschurische Bogenschützen im Kampf gegen die Tataren (vgl. *McEwen* 1991, 119)

Auch beim Sieg des chinesischen Kaisers Ch'ein-lung über die Tataren – die teilweise schon mit Feuerwaffen ausgerüstet waren – Mitte des 18. Jahrhunderts kamen noch mandschurische Bogenschützen zum Einsatz (Abb. 12)

Bogenschießen in Indien
Die indische Zivilisation, die sich um 2500 v. Chr. im Tal des Indus ansiedelte, würdigte eine militärische Führerschaft. Um König zu werden, musste man deshalb ein großer Krieger sein, und die am meisten bewunderte Fertigkeit eines Königs war sein Umgang mit Pfeil und Bogen. Es ist nicht genau nachvollziehbar, wann die ersten Bogenwettkämpfe stattfanden, viele Aufzeichnungen finden sich allerdings in der Mahabarata, einer Sammlung von indischen Sagen. Diese Sammlung erstreckt sich über mehrere Jahrhunderte und beginnt etwa 300 v. Chr. Wie aus den Schriften des Ramayana (zweites indisches Nationalepos aus dem 4. Jahrhundert v. Chr. bis 2. Jahrhundert n. Chr.) hervorgeht, erhält Prinz Rama als Sieger beim Bogenschießen die Prinzessin Sita zur Frau (Abb. 13)

Abb. 11: Bogenschieß-Wettbewerb in China (Zhou-Dynastie)

Abb. 13: Prinz Rama erhält als Sieger beim Bogenschießen die Prinzessin Sita zur Frau (Ramayana)

Bogenschießen in Bhutan

Das Bogenschießen wird in Bhutan als eine Beziehung zu den Hindu-Göttern angesehen. Als Bhutan 1971 in die Vereinten Nationen aufgenommen wurde, erklärte man das Bogenschießen zum Volkssport.

Das bhutanische Wort für Pfeil bedeutet wörtlich übersetzt etwa »das, was man auf einen Punkt richtet, der vom geistigen Auge visualisiert wird«. Der Pfeil wird somit als sichtbare Repräsentation von Meditation und Gebet angesehen. Deshalb werden Götter oft mit Pfeil und Bogen in der Hand dargestellt. Ein Pfeil, der nach einem Gebet auf das Ziel abgeschossen wird und für das Auge unsichtbar ist, wird als »göttlicher« Pfeil bezeichnet.

Bei einem Wettkampf treten beispielsweise jeweils zwei Dörfer gegeneinander an. Die Schützen tragen das traditionelle Gewand, den Gho, und zielen auf schmale, 120 cm hohe bunte Holztafeln, die auf Pflöcken montiert und in 120 m Entfernung voneinander in den Boden gerammt werden (*Schrade* 2009).

Bogenschießen in Korea

Anhand von prähistorischen Funden ist belegt, dass Bogenschießen in Korea bereits in der Vorzeit stattfand. Die früheste dokumentarisch belegte Benutzung des Bogens datiert auf das Jahr 32 v. Chr. (Kokuryo-Königreich). Wie auf dem Wandgemälde eines Grabes in Muyongchong aus der Periode der drei Reiche ersichtlich wird, wurde in dieser Zeit schon die Bogenjagd zu Pferde ausgeübt (Abb. 14).

Bereits in der Goguryeo-Zeit (37 v. bis 668 n. Chr.) wurden Jugendliche in so genannten »Gyeongdang« im Lesen, Schreiben und Bogenschießen unterrichtet (Abb. 15). In der Shilla-Zeit (57 v. Chr. bis 935 n. Chr.) wurden die Männer anhand ihrer Fähigkeiten in dieser Disziplin beurteilt und in der Goryeo-Zeit ebneten ihnen diese Fähigkeiten den Weg zu offiziellen Posten und besserer Bezahlung. Die militärische Prüfung während der Choseon-Zeit (1392–1910) basierte größtenteils auf Bogenschießen.

Schriftliche Dokumentationen von Bogensport-Wettbewerben beziehen sich erstmals auf das Jahr 320 n. Chr., in welchem der König von Baekje eine Abschussplattform bauen ließ, von der aus er jeweils am letzten Tag des Monats einen Pfeil abschoss (vgl. FITA 2005, 49). Bereits 397 n. Chr. trafen sich Bogenschützen, um zu Fuß oder zu Pferd Bogenwettkämpfe auszutragen (Abb. 16). Der eigentliche Beginn von Ko-

Abb. 14: Wandgemälde eines Grabes in Muyongchong aus der Periode der drei Reiche

Abb. 15: Portrait von König Young Ho, einem Herrscher der Chosun-Dynastie, beim Üben mit Pfeil und Bogen (Hong-Do Kim 1773)

Abb. 16: Traditionelle Bogensport-Wettbewerbe in Korea

Abb. 17: Bogenschießen im Winter (FITA 2005, 17)

reas Bogensport-Wettbewerben geht allerdings auf die Chosun-Dynastie (1392–1863) zurück. Die rituelle Ausführung des Bogenschießens gründet sich dabei auf die Lehre des Konfuzius (551–479 v. Chr.), die von den Chosun-Königen als Staatsreligion übernommen worden war.

Im 14. Jahrhundert entschied die herrschende Familie, dass ein ritualisierter Bogenwettbewerb helfen könnte, die Lehre des Konfuzius zu untermauern. Damit wurde das große Bogenschießritual ins Leben gerufen und nachweislich 1471 zum ersten Mal durchgeführt: Neben einer speziellen Opfergabe schoss der König vier Pfeile auf spezielle Ziele ab. Anschließend schossen die Untergebenen ihre vier Pfeile. Prämiert wurden die besten Schützen.

Bogenclubs waren eher in der Mittelschicht zu finden. Das entsprechende Gelände wurde aber von den Chosun-Herrschern zur Verfügung gestellt, weil hierauf auch militärische Bogenprüfungen ganzjährig abgehalten wurden (Abb. 17).

Bogenschießen in Japan

Der Gebrauch und die Symbolkraft von Pfeil und Bogen waren in Japan seit prähistorischer Zeit von ritualer Natur. So zeigt die Yayoi-Kultur, welche die japanischen Inseln 250 v. Chr. bis 330 n. Chr. dominierte, ihren Herrscher Jimmo mit einem Langbogen in der Hand. Bogenzeremonien wie bei den Chinesen wurden im 3. Jahrhundert Teil des höfischen Lebens. Die Samurai-Klasse etablierte dabei in ihren Schulen die »Kunst des Bogenschießens«.

In der Ära der Shoguns (12.–16. Jahrhundert) entstanden in den Bogenschulen militärische Standards, die das Bogenschießen vom Pferderücken oder zu Fuß regelten: Beim so genannten »Yabusame« reitet ein Schütze in traditioneller Samurai-Kleidung einen schmalen Pfad entlang und schießt dabei drei Pfeile schnell auf seine Ziele ab.

Ab dem 16. Jahrhundert wurde das Bogenschießen in Japan vorwiegend zur persönlichen Entwicklung verwendet. Die Kunst des Kyudo oder »der Weg des Bogens« wurde ins Leben

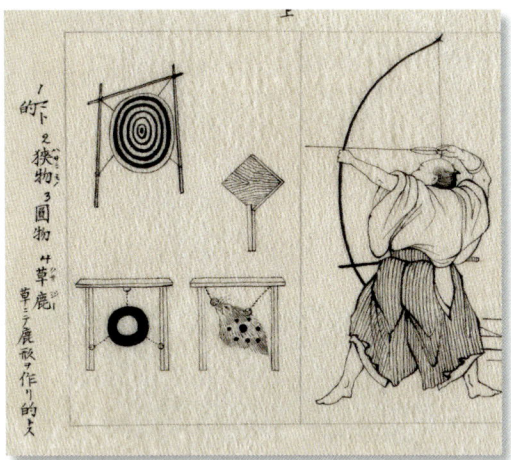

Abb. 18: Traditioneller Kyudo-Schütze um 1878

Abb. 19: Druck von Chikanobu (19. Jahrhundert): traditioneller Bogenwettbewerb (vgl. *Gegg* 2005, 48; *Stephen Selby*, Atarn)

Abb. 20: Druck von Chikanobu (1898): traditionelle Bogenjagd-Wettbewerbe (*Stephen Selby*, Atarn)

gerufen (Abb. 18). Diese ritualisierende Form des Bogenschießens vereint Teile der Shinto-Buddhismus- und der Konfuzius-Glaubensrichtung: Strikte Regeln der Höflichkeit und festgelegte Prozeduren beim Halten, Zielen und Schießen des Bogens mussten befolgt werden. Der traditionelle japanische Bogen, der Yumi, ist nicht nur wegen seiner asymmetrischen Form einzigartig, er ist zugleich auch mit durchschnittlich 2,3 m der längste Bogen der Welt (Abb. 19, Abb. 20).

Traditionelles japanisches Bogenschießen hatte ein spezielles Wettkampfformat: Es mussten möglichst viele Pfeile in einer bestimmten Zeit auf ein Ziel am Ende der Tempelhalle geschossen werden. Im Jahr 1686 wurde beispielsweise eine Wache des Prinzen Kishu ausgezeichnet, weil er 15 053 Pfeile geschossen hatte, die eine erforderliche Weite zurücklegten. Aufzeichnungen zufolge hat ein Mann namens Yoitchi 8133 Pfeile in 24 Stunden geschossen. Um als guter Schütze angesehen zu werden, musste man ferner in drei Levels üben: 300, 500 und 1500 Pfeile pro Tag (vgl. *Gegg* 2005, 49).

Bogenschießen in der Mongolei

Es war nicht zuletzt die Beherrschung von Pfeil und Bogen, die Dschingis Khan, dem mongolischen Herrscher des 13. Jahrhunderts, dazu verhalf, ein Imperium zu schaffen, das von China bis nach Ungarn reichte (Abb. 21).

Der Bogensport war dabei bereits vor der Ära der Khans in der Mongolei verbreitet. Im 10. und 11. Jahrhundert spielten die Stammesangehörigen ein Spiel, das »Schieß die Weide« genannt wurde. Die Wettkampfteilnehmer zielten dabei auf eine am Boden liegende Weidenrute, während sie im vollen Galopp daran vorbeiritten und mussten die Weide so treffen, dass sie zerteilt wurde. Ein anderer Wettbewerb wird in der »Khökh Sudar«, einer Geschichte aus dem 12. Jahrhundert, erzählt. Der Philosoph Injinashi beschreibt darin einen Wettkampf, bei dem vier Schützen ihre Scheiben aus einer Entfernung von 500 m treffen mussten. Eine Steintafel, die 1818 in Sibirien gefunden wurde, bestätigt diese Leistungen und berichtet ferner von

Abb. 21: Mongolische Bogenreiter als Grundlage militärischer Erfolge

einer altertümlichen mongolische Olympiade, bei der neben Pferderennen und Ringkampf auch Bogenschießen zu den Hauptdisziplinen gehörte. Hierbei wurde auf Lederringe geschossen, die zwischen 65 und 75 m entfernt waren.

Bogenschießen in der Türkei

Der Bogen war eine der traditionellsten und gefürchtetsten Angriffswaffen der Osmanen. Meisterhafte Bogenschützen gaben Salven von 20–30 Pfeilen pro Minute ab. Sie konnten auch, die Flucht vortäuschend, im Reiten nach rückwärts gewandt auf die nachstürmenden Gegner schießen (Abb. 22).

Außer im Krieg wurde das Bogenschießen auf eigenen Schießplätzen als Sport betrieben. Als gleichsam meditative Übung geistiger Disziplin war es hoch angesehen. Sogar als religiöse Handlung wurde es verstanden, denn nach muslimischem Glauben hatte bereits Adam Pfeil und Bogen von Gott erhalten.

Die ersten schriftlichen Regeln für das Bogenschießen lassen sich bis zu den Oguz-Türken zurückdatieren und sind somit etwa zeitlich im 7. Jahrhundert einzuordnen. Der Herrscher, der den Wettbewerben im Bogenschießen den größten Aufschwung bescherte, war Mehmet II., der 1453 in Istanbul das erste Bogenschießstadion Ok Meydani bauen ließ und die entsprechenden Wettbewerbsregeln festlegte. Sogar der Prophet Mohammed soll ein Bogenschütze gewesen sein, der seine Anhänger er-

Abb. 22: Türkischer Bogenschütze: Die Flucht vortäuschend, konnte er im Reiten nach rückwärts gewandt auf die nachstürmenden Gegner schießen

mutigte: »Es ist das Recht unserer Kinder, dass wir ihnen beibringen, wie man liest, schreibt und Bogen schießt …« (vgl. *Gegg* 2004, 11).

Abb. 23 zeigt den Sultan Murat II. auf seinem Pferd in vollen Galopp reiten und dabei auf einen kleinen goldenen Kürbis am Ende einer langen Stange schießen. Diese Art der Bogenwettkämpfe war den »Popinjay«-Wettbewerben in Belgien und Frankreich ähnlich und symbolisiert die goldene Zeit des ottomanischen Bogensports (1451–1566).

Bogenschießen wurde während des 15. und 16. Jahrhunderts weiterhin als Sport betrieben und erlebte mit Selim II. (1789–1807) und seinem Neffen Mahmut II. (1808–1839) eine Wiederbelebung. Sultan Selim gelang 1798 in Konstantinopel auch der damals weiteste Schuss mit 972 Yards und 2,75 Inch (ca. 900 m). In Istanbul entstand in dieser Zeit die Bogenbauergilde, die sich aus etwa 500 Bogenbauern, Herstellern von Pfeilen sowie aus Schulen speziell zur Ausbildung von Bogenschützen zusammensetzte.

Abb. 23: Ottomanischer Bogensport: Miniatur des 16. Jahrhunderts (Topkapi-Palast; vgl. *Gegg* 2004, 29; Artwork, Türkischer Bogenverband)

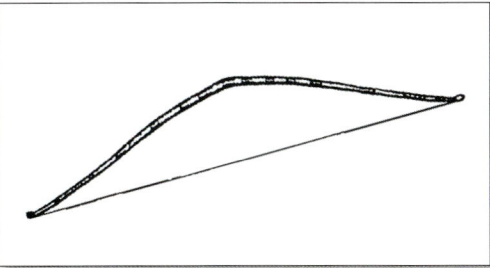

Abb. 24: Westasiatischer Winkelbogen (vgl. *McEwen* 1991, 122)

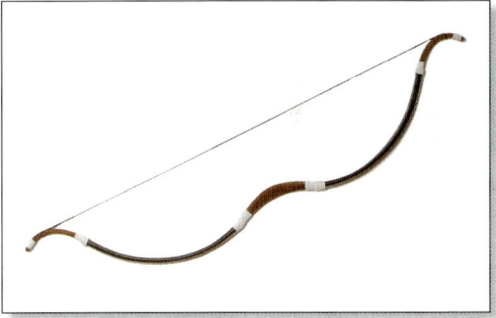

Abb. 25: Skythischer Bogen (vgl. *McEwen* 1991, 122)

Bogenarten im Altertum

Westasiatischer Winkelbogen

Eines der ältesten belegten Beispiele von Kompositbögen ist der westasiatische Winkelbogen aus dem 3. Jahrtausend v. Chr. (Abb. 24). Bei aufgezogener Sehne bildet er ein flaches Dreieck, bei maximaler Spannung einen Halbkreis. Derartige Bögen finden sich auf mesopotanischen Siegeln, ägyptischen Grabgemälden und assyrischen Monumentalreliefs; demzufolge war diese Konstruktionsweise in Westasien fast 2000 Jahre (von 2400–600 v. Chr.) verbreitet (vgl. *McEwen* 1991, 124).

Skythischer Bogen

Der »scythicus arcus« (Skythenbogen) der alten Römer war bei vielen verschiedenen Völkern bereits im 9. vorchristlichen Jahrhundert im Gebrauch. Er wurde von den Kimmerern nördlich des Kaukasus zur Perfektion entwickelt und durch die Skythen in das antike Griechenland geführt.

Zeitgenössische Darstellungen und die Vermessung von Bogenfutteralen aus der Fundstätte bei Pazyryk (Altaj-Hochgebirge, Mongolei) belegen, dass der skythische Bogen etwa 127 cm lang war (Abb. 25). Der eingezogene Griff, die S-förmig gebogenen Arme sowie die vorwärts gekrümmten Spitzen ergeben eine effektive Spannlänge von etwa 76 cm.

Angularer Kompositbogen

Der angulare Kompositbogen (auch assyrischer Bogen genannt) ist ein nach außen geknickter Bogen, dessen Knickung im gespannten Zustand nicht mehr zu sehen ist. Das Material besteht aus Holz und Sehnen von Tieren; als Bindemittel fungiert Tierleim. Seine letzte Blüte könnte dieser Bogen zur Zeit des Perserkönigs Artaxerxes (464–424 v. Chr.) gehabt haben, wo

ten Bogenschützen Frankreichs. Charles VII. rief die erste dieser Militärinstitutionen ins Leben und gewährte ihnen spezielle Privilegien, die sie bis zum Ende der Monarchie beibehielten. Eine Stadt musste dabei für vierzig Haushalte jeweils einen Bogenschützen stellen, wobei sechs Schützen eine Kompanie bildeten. Diese Schützen übten und schossen ihre Wettbewerbe in den so genannten »Schützengärten«. Auch heute noch werden die jährlichen Wettbewerbe »Bouquet Provincial« genannt und sind Feste für die ganze Stadt (Abb. 29, Abb. 30).

Im Gegensatz zu Frankreich und England waren in Belgien keine Gesetze notwendig, um das Bogenschießen zu betreiben. Bereits im 14. Jahrhundert waren in fast jeder größeren Stadt Flanderns Bogengilden etabliert, deren Aufgabe darin bestand, ein Korps von Elitesoldaten aufzubauen und auszubilden. Die belgischen Bogengilden wechselten im Lauf der Zeit von Militäreinrichtungen zu Ehrengarden und Organisationskomitees für Stadtfeste.

Bogenschießen in Großbritannien

»*Their shooting was so heavy and accurate that the French did not know where to turn and avoid their arrows*« (Jean Froissart, Chronist des Hundertjährigen Krieges).

Auch wenn Karl der Große im Jahr 800 n. Chr. das Bogenschießen in seine Armeen übernimmt, bleibt England das klassische Land, in dem in dieser Zeit Bögen verwendet werden. Nicht zuletzt sind es die guten Bogenschützen, die Wilhelm I., Herzog der Normandie, am 14. Oktober 1066 in der Schlacht bei Hastings den Sieg über England bringen. Als Richard Löwenherz im 12. Jahrhundert in seinen Armeen die Armbrust einführt, verliert der Bogen zunächst an Bedeutung und erlebt erst bei der Unterwerfung von Wales unter Edward I. (1272–1307) einen Neuaufstieg (vgl. *Menay* 2005).

Wie jedes Land hatte auch England seinen Bogenschützenhelden: Sein Name war Robert Fitz-Ooth Earl of Huntington, genannt und bekannt als Robin Hood (Abb. 31). Er verkörperte den edlen Räuber, der die Reichen bestiehlt und die Armen beschenkt (vgl. *Heim* 1986, 35). Der Legende nach datiert sein Todestag auf den 24. Dezember 1247.

Edward III. (1312–1377) führt das Bogenschießen sogar als Volkssport ein und gibt dadurch für die Entwicklung dieser Sportart wichtige Impulse. Auch unter Heinrich VIII. gilt es als Pflicht eines jeden Bürgers, Bogenschießen an Feiertagen zur körperlichen Ertüchtigung auszuüben (Abb. 32).

Abb. 29: Bogenschießen in einer mittelalterlichen Stadt (Koninklijk Museum voor schone Kunsten, Antwerpen)

Abb. 30: Kinder beim Spiel mit Pfeil und Bogen (»Sport et Jeux d'Adresse« von Henry d'Allemagne)

Bedeutsamen Einfluss auf den weiteren sportlichen Verlauf des Bogenschießens nahm der Engländer Roger Ascham, der schon 1545 in seinem Werk »Toxophilus« allgemeine Grundsätze zur Technik und Regelkunde des Bogenschießens aufstellte.

Die Engländer verdanken ihre Schießkünste nicht zuletzt ihren zahlreichen Wettkampfformen, die teilweise bis heute übernommen werden. Neben dem Zielschießen auf Scheiben (Abb. 33) und Holzvögel widmeten sie sich besonders dem Jagd- und Feldschießen sowie dem Cloutschießen (ähnlich dem Golfspiel). Es ist daher wenig überraschend, dass bereits 1583 in London ein Wettkampf mit über 3000 Bogenschützen stattfand und Mitte des 17. Jahrhunderts die ersten englischen Bogenclubs gegründet wurden. Beispiele hierfür sind die Society of the Royal British Bowman (1673), die Royal Company of Archers oder später die Royal Toxophilite Society (1781). Erstere rich-

Abb. 31: Robin Hood, Holzschnitt aus dem 14. Jahrhundert aus der Sammlung Chepman und Wyllar

Abb. 32: König Heinrich VIII.: 1510 kaufte er 40 000 Stammsegmente aus Eibenholz zum Langbogenbau

Abb. 33: Bogenschießen auf Zielscheiben als Freizeitbeschäftigung

Abb. 34: Turnier der Royal British Bowman im Derbyshire Park: Dieses Turnier findet auch heute noch jährlich statt

Abb. 35: Englischer Langbogen im bespannten Zustand

tete bereits im Gründungsjahr ein Turnier aus, das auch heute noch jährlich stattfindet. Neben Kricket und Tennis zählte das Schießen mit Pfeil und Bogen vor allem im 19. Jahrhundert zu den wichtigsten sportlichen Freizeitbeschäftigungen (Abb. 34).

Bogenschießen in Italien

Die Legionen des römischen Reiches galten bis zum 6. Jahrhundert lediglich als zweitklassige Bogenschützen. Dies lag mitunter daran, dass sie ihre Bögen nur bis zur Brust auszogen.
Wettkämpfe in Italien können etwa auf das 13. Jahrhundert datiert werden. Montalcino, eine Stadt nahe Siena in der Toskana, feiert seit dieser Zeit jährlich das Fest »La Sagro del Tordo«, das seinen Höhepunkt in einem Bogensportturnier findet, bei dem Schützen aus vier Dörfern der Nachbarschaft antreten.

Bogenarten im Mittelalter

Englischer Langbogen

Die altertümlichen Bewohner der britischen Inseln hatten bereits Kenntnisse des Bogenbaus, wie die Funde des ältesten englischen Langbogens (ca. 2690 v. Chr.) von Meare Heath zeigen. Dabei war der englische Langbogen eine typische Söldnerwaffe (vgl. *Westenfelder* 2006, 24).
Abb. 35 zeigt den englischen Langbogen. Dieser gerade Bogen ist vorwiegend aus spanischer oder portugiesischer Eibe gefertigt, misst eine Länge bis zu 1,90 m und wird damit nur vom japanischen Kyudo-Bogen (ca. 2,19 m) übertroffen. Die Bogenstäbe haben einen Durchmesser von 5–6 cm und lassen im entspannten Zustand – im Gegensatz zum türkischen Bogen – keine Knickung der Bogenarme erkennen (vgl. *Oelsch* 1978, 8).
Selbst nach der Einführung des Schwarzpulvers im Jahre 1340 bildete der Langbogen noch über 100 Jahre die Grundlage für die Kriegserfolge der Engländer. Als herausragend und nahezu ausschließlich von Bogenschützen entschieden gelten die unter Heinrich V. gewonnenen Schlachten von Crécy (1346) und Azincourt

(1415; Abb. 36). Auch Herzog Johann V. von Bretagne konnte mit Unterstützung englischer Truppen seinen Gegner Karl von Blois in der Entscheidungsschlacht im Bretonischen Erbfolgekrieg nahe Auray (1364) bezwingen (Abb. 37).«

»*A Azincourt fut tuee la grande partie de la chivalrie de la partie Franceis et partout les nobles dames et demoiselles changeaient leurs vetements tisses d'or et de soie en habits de deuil*« *(in: Bacquet 67).*

Abb. 36: Schlacht bei Azincourt (1415): Das französische Ritterheer erleidet eine vernichtende Niederlage (vgl. *Westenfelder* 2006, 23)

Abb. 37: Zeitgenössische Miniatur der Schlacht von Auray (1364) aus den »Chroniques« von *Jean Froissart* (1337–1405)

Bogen der Teton-Dakota-Indianer

Die frühgeschichtliche Entwicklung des Kompositbogens in Asien hat sich vermutlich nach dem 16. Jahrhundert in Nordamerika wiederholt. Für die amerikanischen Ureinwohner (Indianer) war der Bogen nicht nur ein wichtiges Werkzeug, sondern auch ein Symbol für Magie, Macht und Tapferkeit. Er war bis etwa 1850 die wesentliche Verteidigungs-, Angriffs- und Jagdwaffe der Indianer Nordamerikas und wurde dann nach und nach durch kurzläufige Repetiergewehre verdrängt. Noch bis in die 80er-Jahre des 19. Jahrhunderts wurde er vor allem von den Prärieindianern benutzt. In den Zeiten, als noch Steinschloss- und Vorderladergewehre eingesetzt wurden, war der Bogen diesen Feuerwaffen auf kurzen Entfernungen (bis etwa 100 m) weit überlegen, weil die Indianer ihre Pfeile schnell und treffsicher schießen konnten (2 Pfeile in 3 Sekunden).

Die berittenen Indianer der nordamerikanischen Prärien experimentierten mit Tiersehnen, die sie auf den Bogenrücken leimten (Abb. 38). Viele Stämme ließen später das Holz völlig weg und fertigten den Bauch aus dem Horn von Bergschafen oder aus Elchgeweihen (vgl. *Mc Ewen* 1991, 124). Abb. 39 zeigt die Schlacht am Little Big Horn.

Abb. 38: Mit Tiersehnen verstärkter Bogen der Teton-Dakota-Indianer (vgl. *McEwen* 1991, 122)

Abb. 39: Die Schlacht am »Little Big Horn« im Jahr 1876: Der amerikanische General Custer unterliegt während der Indianerkriege den Stämmen der Cheyenne, Sioux und den Delaware-Indianern (vgl. *Heim u. Wendland* 1993, 28)

Bogenschießen in der Neuzeit

Bogen als Sportgerät

Die Neuzeit (ab ca. 1500) verdrängte den Bogen als Kriegswaffe vollständig. In kriegerischen Auseinandersetzungen kam er zum letzten Mal bei polnischen Reiterabteilungen im Jahre 1807 gegen Napoleon zum Einsatz. Von da an nahm der rein sportliche Verlauf seinen Anfang.

Nationale Verbände

Amerikanischer Bogensportverband

Die ersten Enthusiasten für den Bogensport fanden sich in Philadelphia. 1828 wurde hier der erste Club gegründet. Bis nach dem Bürgerkrieg im Jahre 1865 wurde dem Bogenschießen nur geringe Aufmerksamkeit zuteil. Ein Gesetz aus dieser Zeit verbot den konföderierten Soldaten den Besitz von Gewehren. Die Brüder J. Maurice und William H. Thompson gründeten daraufhin ein Geschäft für Bögen und Pfeile und verfassten 1878 »The Witchery of Archery«, das einen regelrechten Boom für das Bogenschießen in Amerika auslöste. 1879 wurde dann die National Archery Association gegründet, und J. Maurice Thompson wurde ihr erster Präsident. Angelehnt an das britische System fanden noch im gleichen Jahr die ersten amerikanischen Meisterschaften statt, die seitdem jährlich ausgetragen werden (Abb. 40; vgl. FITA 2005, 50).

Deutscher Schützenbund

In Deutschland gehört das Bogenschießen erst seit 1958 zum offiziellen Wettkampfprogramm des Deutschen Schützenbundes (DSB). Der älteste deutsche Verein, die Hamburger Bogenschützengilde, entstand 1930. Im Jahre 1957 fand in Hannover die erste Bundesmeisterschaft (jetzt: Deutsche Meisterschaft) im Bogenschießen statt; 40 Teilnehmer nahmen daran teil. Der DSB ist in Deutschland historisch gewachsen und stellt – wie auch in den meisten anderen

Abb. 40: Amerikanische Bogenschützen bei den nationalen Meisterschaften der NAA 1879 in Chicago (vgl. *Gegg* 2005, 52)

Schießsportdisziplinen – die jeweiligen Deutschen Meister, WM-Teilnehmer und Olympioniken.
Im Jahr 2006 umfasst der Deutsche Sportbund 27,3 Mio. Mitglieder. Dies entspricht 30,02 % der Bevölkerung (Deutscher Sportbund: Bestandserhebung 2006). Der Deutsche Schützenbund (DSB) rangiert dabei mit 1438117 Mitgliedern hinter Fußball, Turnen und Tennis bereits auf Platz 4 (Deutscher Schützenbund 2010).

Koreanischer Bogensportverband

Seit 1984 dominieren südkoreanische Bogenschützen sämtliche internationale Veranstaltungen und halten nahezu alle Weltrekorde mit dem Olympischen Bogen. *Park* (2008) sieht die Gründe hierfür insbesondere in der Struktur des Verbandes und einer entsprechenden finanziellen Förderung.
Wie Abb. 41 deutlich macht, besteht eine Basis von zirka 2000 Schützen, die über spezielle mehrwöchige Auswahlverfahren innerhalb von Schulen gesichtet werden. Aus diesem Stamm werden etwa 300 Schützen innerhalb von 26 Professional Teams (Berufssportler und Studenten) rekrutiert, die entsprechende finanzielle Förderungen erhalten. Ausgehend von einer unteren Leistungsgrenze von 1330 Ringen in der Fita-Runde (144 Pfeile: 36 Pfeile auf 90 m/ 70 m, 36 Pfeile auf 70 m/ 60 m, 36 Pfeile auf 50 m und 36 Pfeile auf 30 m) qualifizieren sich daraus durch mehrere Ranglistenturniere 32

Abb. 41:
Auswahl- und Fördersystem im Bogenschießen in Südkorea

Sportler für die Nationalmannschaft. Der sportliche Erfolg ist dabei finanziell durchaus beachtenswert: Neben einer Festanstellung bei einem der Hauptsponsoren wird eine olympische Medaille mit einer lebenslangen Rente bis zu 2000 Euro vergütet.

Internationaler Bogenschützenverband

Mit der Gründung der Fédération Internationale de Tir à l'Arc (FITA) wurde 1931 der Grundstein für die Zulassung des Bogenschießens bei den Olympischen Spielen gelegt. Dieser internationale Verband setzte sich auf Initiative Polens aus den nationalen Bogensportverbänden Polens, Frankreichs, Belgiens, Schwedens und dem heutigen Tschechien zusammen. In Polen fanden im Gründungsjahr auch die ersten Weltmeisterschaften statt. Heute sind 140 Nationen an die FITA angeschlossen (vgl. FITA 2009). Die FITA hat ihren Sitz in Lausanne/Schweiz und stellt heute das internationale Regelwerk.

Bogenschießen und Olympische Spiele

Auch wenn das Bogenschießen keine eigene Wettkampfdisziplin der ersten Olympischen Spiele 776 v. Chr. war, wurden diese Spiele laut Legende von einem Bogenschützen eröffnet.
Nachdem im Jahre 394 n. Chr. die letzte Olympiade des Altertums ausgetragen wurde, war es der französische Baron *Pièrre de Coubertin* (1863–1937), der die Spiele 1896 wiedererweckte.

Vier Jahre später flogen dann in Paris die ersten olympischen Pfeile. Immerhin wurden hier Wettkämpfe in 15 Sportarten ausgetragen, und 20 Nationen mit 1066 Teilnehmern waren vertreten. Auch 1904 in St. Louis und 1908 in London waren Bogenschützen dabei und nach zwölfjähriger Pause 1920 erneut in Antwerpen (Abb. 42). Aber erst 1972 in München sollte das Bogenschießen als fester Bestandteil im olympischen Wettkampfprogramm gelten. 95 Bogenschützen trafen sich hier, um gegeneinander anzutreten. Seit 1992 kämpfen 64 Frauen und 64 Männer im K.-o.-System um olympisches Gold.

1948 fanden parallel zu den Olympischen Spielen in London in Stoke Mandeville die ersten Sportspiele für Sportler mit körperlicher Behinderung statt. 1960 gab es dann die ersten Weltspiele der Gelähmten (Paralympics) in Rom, wenige Wochen nach den Olympischen Spielen. Seitdem finden auch die Paralympics alle 4 Jahre statt.

Bogenarten in der Neuzeit

Im modernen Bogensport werden heute grundsätzlich folgende Bogentypen unterschieden:
- *Recurvebogen:* mit Visier und Stabilisatoren
- *Blankbogen:* Recurvebogen ohne Visier und Stabilisatoren
- *Compoundbogen:* technisch hochgerüsteter kurzer Bogen mit einer Kraftumsetzung über Rollen)
- *traditionelle Bögen:* Langbogen, Jagdbogen, Reiterbogen und Yumi

Abb. 42: Bogenschießen und die Olympischen Spiele in London 1908 (*links*) und Peking 2008 (*rechts*)

Der *Recurvebogen* besteht in der Regel aus drei Teilen: dem Griffstück und zwei Wurfarmen. Bei dreiteiligen Bögen sind die Griffstücke meist aus Aluminium und/oder Karbon und die Wurfarme aus Holz, Karbon (Kohlenstofffaser), Fiberglas oder einer Mischung dieser Materialien (Abb. 43). Geschossen wird der Recurvebogen als olympischer Bogen mit Visier oder als Blankbogen ohne Visier. Mit dem Recurvebogen schießt man Aluminiumpfeile, Karbonpfeile oder Aluminiumkarbonpfeile. Diese Pfeile unterscheiden sich insbesondere in der Steifigkeit (Durchbiegmoment des Pfeils beim Abschuss; s. S. 642 f.).

Bei einem *Blankbogen* handelt es sich um einen Recurvebogen ohne Visier und Stabilisatoren. Beim Blankbogenschießen zielt man über den Pfeil.

Typisch am *Compoundbogen* (Abb. 44) sind die Umlenkrollen an den Wurfarmenden. Diese arbeiten nach dem Flaschenzugprinzip und bewirken zusammen mit der Ausformung der Wurfarme und der Bogensehnenumlenkung eine Reduzierung des Zuggewichts bei vollem Auszug. Im Gegensatz zum Recurvebogen, der sein volles Zuggewicht bei optimalem Auszug hat, ist die Zugkraft des Compoundbogens am Anfang hoch und reduziert sich in der 3. Positionsphase (Ankern) auf ca. 30–50% seines maximalen Zuggewichts.

Die Gruppe der traditionellen Bögen umfasst unter anderem Langbogen, Jagdbogen, Reiterbogen und japanischen Langbogen (Yumi).

Der *traditionelle Langbogen* (Longbow) ist aus einem Stück Holz mit gerade auslaufenden Enden gefertigt. Typische Hölzer zum Bau eines Langbogens sind Bambus, Eibe, Bergahorn, Esche. Die Bogensehne wird heute aus Kunststoff hergestellt. Die Pfeile sind im Gegensatz zu den Sportbögen auch heute noch aus Holz gefertigt. Der Langbogen besitzt kein Visier, da er wie beim Blankbogen über den Pfeil gezielt wird. Langbogen werden überwiegend für das Jagdschießen benutzt.

Die *Reiterbögen* sind kurze Bögen mit Reflex-Wurfarmen ohne Schussfenster. Traditionell werden sie aus verschiedenen Hölzern, Horn, Sehnen, Leder und Tierleimen gefertigt. Neuere Tendenzen verwenden kohle- oder glasfaserverstärkte Kunststoffe.

Jagdbögen unterscheiden sich von den Reiterbögen insbesondere dahingehend, dass sie länger sind und ein Schussfenster besitzen.

Der *japanische Langbogen* ist ein extrem langer Bogen (zum Teil über 2 m) mit leichten Reflex-Wurfarmen und ohne Schussfenster. Eine Besonderheit ist ferner der exzentrische Griff.

Abb. 43: Griffstück (*oben*) und Wurfarme (*unten*) beim Recurvebogen

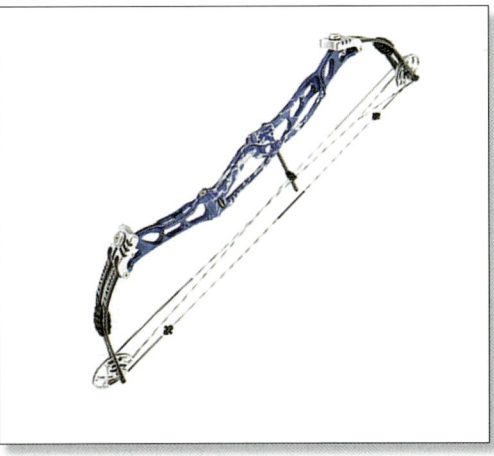

Abb. 44: Compoundbogen

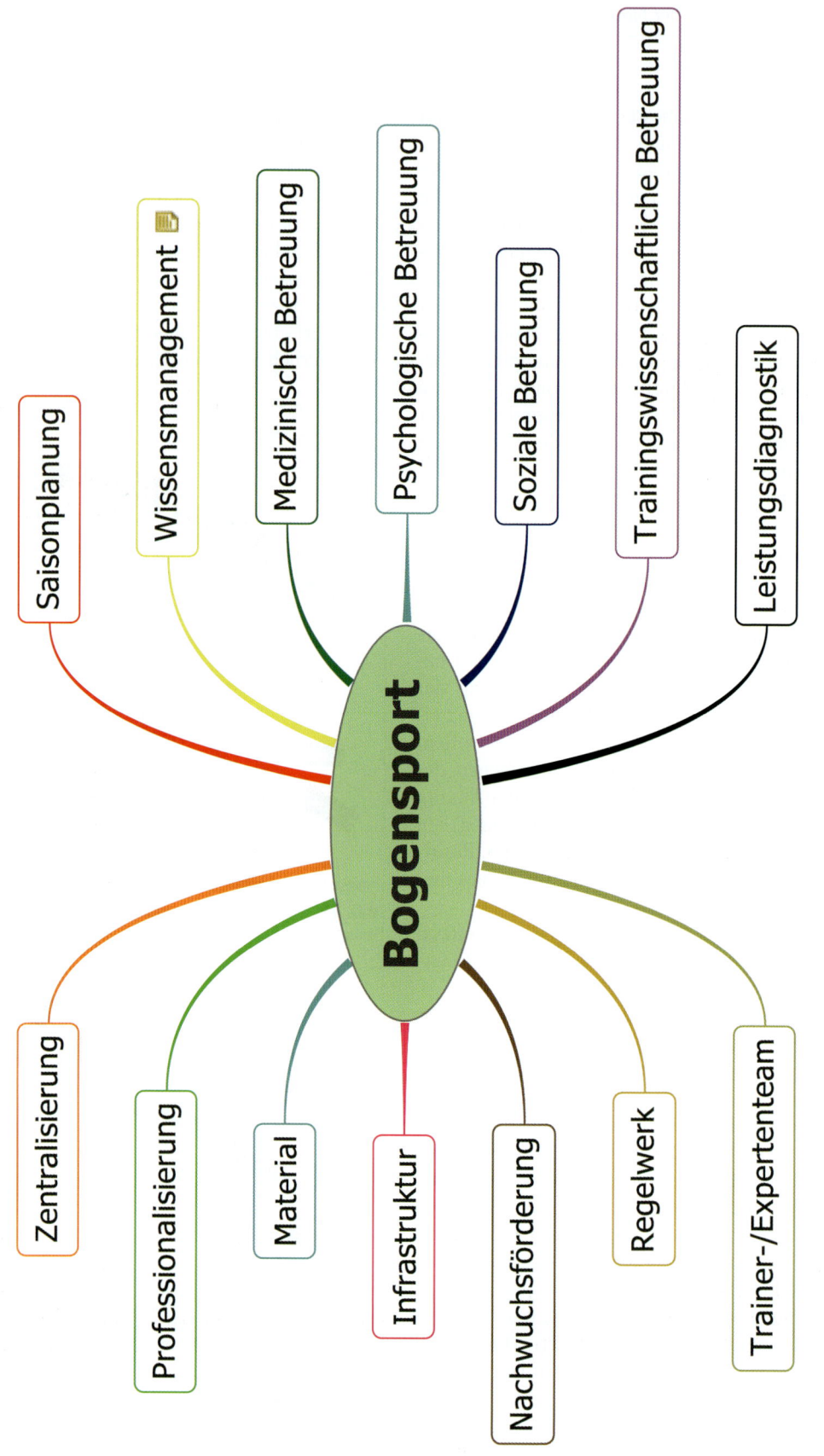

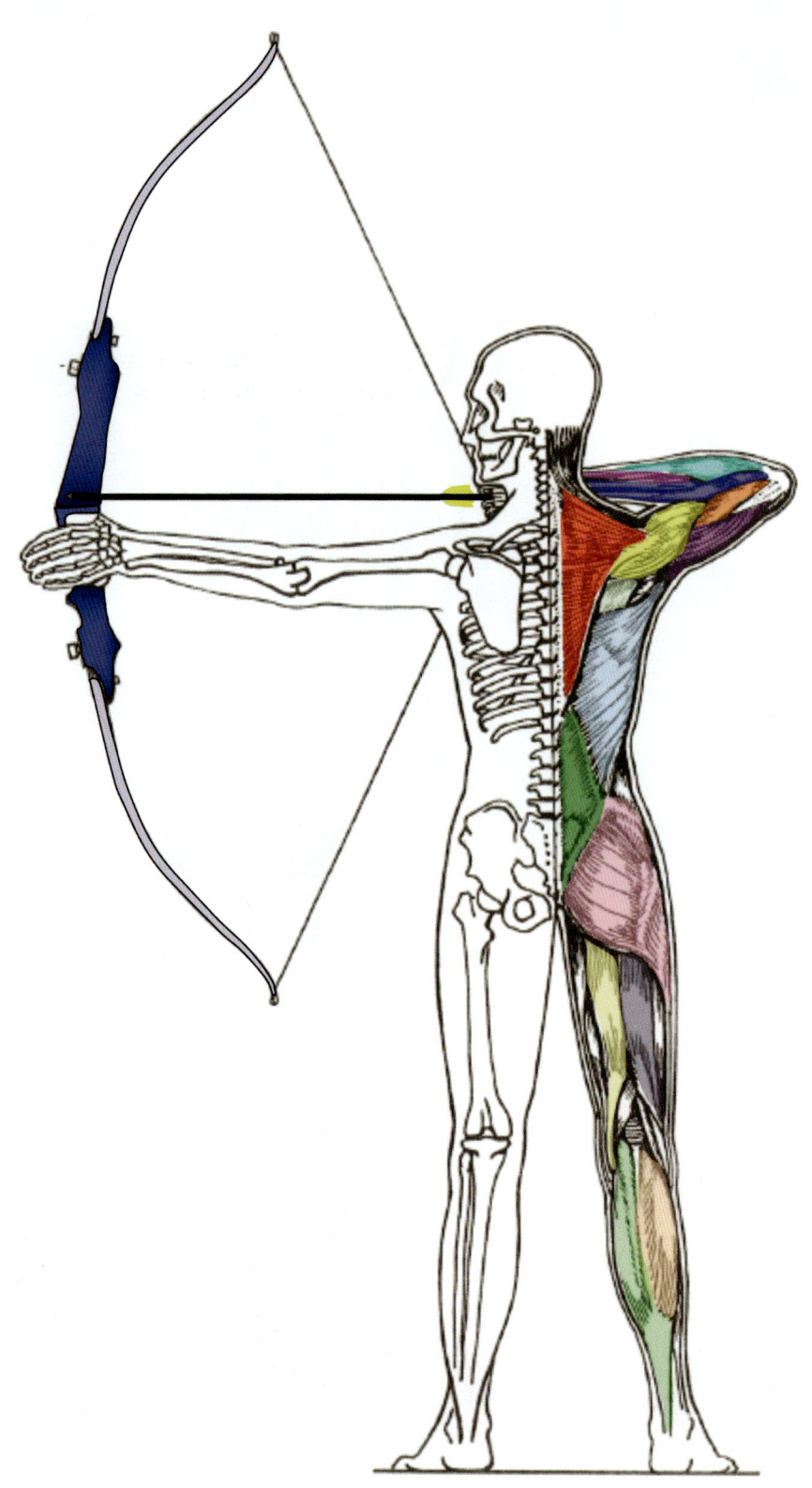

2 Anforderungsprofil beim Bogenschießen

Um der Beste zu sein, müssen Sie Standards setzen, welche die jedes anderen auf der Welt überholen. Dazu benötigt man Entschlossenheit und Selbstaufgabe und das ist nichts für schwache Nerven (vgl. Lee 2007, 180).

Begriffsbestimmung

Eine gezielte Verbesserung der sportmotorischen Leistung setzt die Kenntnis derjenigen Einflussgrößen voraus, die am Zustandekommen der Leistung beteiligt sind (s. S. 34; *Zipp* et al. 1979, 375; *Dufft* 2010).

> Unter Anforderungsprofil versteht man eine Zusammenstellung leistungsrelevanter Faktoren einer Sportart bzw. eines Sportlers.

Die Frage nach den Anforderungen, die im Bogenschießen an den Athleten gestellt werden, ist Ausgangspunkt zahlreicher sportpraktischer Untersuchungen und Voraussetzung für die Ableitung von Konsequenzen im Rahmen der Sichtung und Auswahl von Talenten sowie der Trainingsgestaltung und Leistungsdiagnostik im weitesten Sinne (s. S. 111 ff. und S. 151).

Leistungsbestimmende Faktoren beim Bogenschießen

To become the best shooter in the world, all I had to do was to learn two things:
Number 1: Perform well enough mentally and technically to score a ten.
Number 2: Repeat number 1 (Bassham 1995, 71).

> Bei einem jungen Schützen muss die grundlegende Technik richtig sein. Vom Charakter her sind Mut und eine gute Konzentrationsfähigkeit die wichtigsten Voraussetzungen. Die körperlichen Voraussetzungen spielen natürlich auch eine Rolle. Eine stabile Psyche und eine gute Technik machen einen guten Schützen aus. Aber auch die ganz guten werden erst durch regelmäßiges Training zu Champions (*Bachmann* 2009, 54).

McKinney (2010, 2) reduziert den »Schlüssel zum Sieg« insgesamt auf drei Voraussetzungen:
1. einen konstanten Bewegungsablauf
2. eine optimale Materialabstimmung
3. eine hohe mentale Stärke

Die Leistungsfähigkeit des Bogenschützen (z.B. die Umsetzbarkeit eines konstanten Bewegungsablaufes) wird allerdings von einer Vielzahl spezifischer Faktoren bestimmt. Eine Übersicht der wesentlichen Faktoren gibt Abb. 45.

> *Beachten Sie:* Die Leistungsfähigkeit des Bogenschützen ist aufgrund ihrer multifaktoriellen Zusammensetzung nur komplex zu trainieren. Allein die harmonische Ausbildung aller leistungsbestimmenden Faktoren (z.B. Schießtechnik, motorische Hauptbeanspruchungsformen, Taktik) ermöglicht das Erreichen der individuellen Höchstleistung.

Die Anforderungen bzw. leistungsbestimmenden Faktoren des Bogenschützen lassen sich generell in personen- bzw. persönlichkeitsbezogene, physische, psychische und soziale Faktoren bzw. deren Überschneidungen unterteilen.

Person bzw. Persönlichkeit des Schützen

Als wichtigste die sportliche Leistungsfähigkeit betreffende Persönlichkeitsmerkmale des Schützen gelten eine hohe Leistungsbereitschaft sowie eine hohe psychophysische Belastbarkeit und mentale Stärke. Darüber hinaus benötigt der Schütze ein ausgeprägtes Maß an Selbstbewusstsein, Willensstärke, Lernfähigkeit, Beharrlichkeit und Stressresistenz (s. S. 487 ff. Spezielle psychische Fähigkeiten).

Abb. 45 zeigt, dass Spitzensportler in ausgeprägtem Maße leistungsbestimmende psychologisch kognitive und technische Eigenschaften besitzen als weniger erfolgreiche Sportler.
Das Erreichen einer sportlichen Spitzenleistung in ausgeprägterem Maße ist nur bei Schützen möglich, bei denen ein optimaler Synchronismus von Sportlerpersönlichkeit, situativen Rahmenbedingungen und Wettkampfaktivität vorliegt (Abb. 46; vgl. *Weineck* 2010, 26).

Physische Leistungsfaktoren

Physische Leistungsfaktoren lassen sich allgemein in konstitutionelle Eigenschaften, motorische Hauptbeanspruchungsformen und koordinative Fähigkeiten unterteilen.

Konstitutionelle Eigenschaften

Beim Schießsport kommt der Konstitution des Sportlers weniger Bedeutung zu als in den meisten anderen Sportarten.
Wie die Untersuchungsergebnisse anlässlich der Weltmeisterschaften 1999 in Riom (48 Probanden) zeigen, tritt im Bogenschießen vom Körperbau her der leptosome Typ bevorzugt auf (Tab. 1). Insbesondere liegen bei den Schüt-

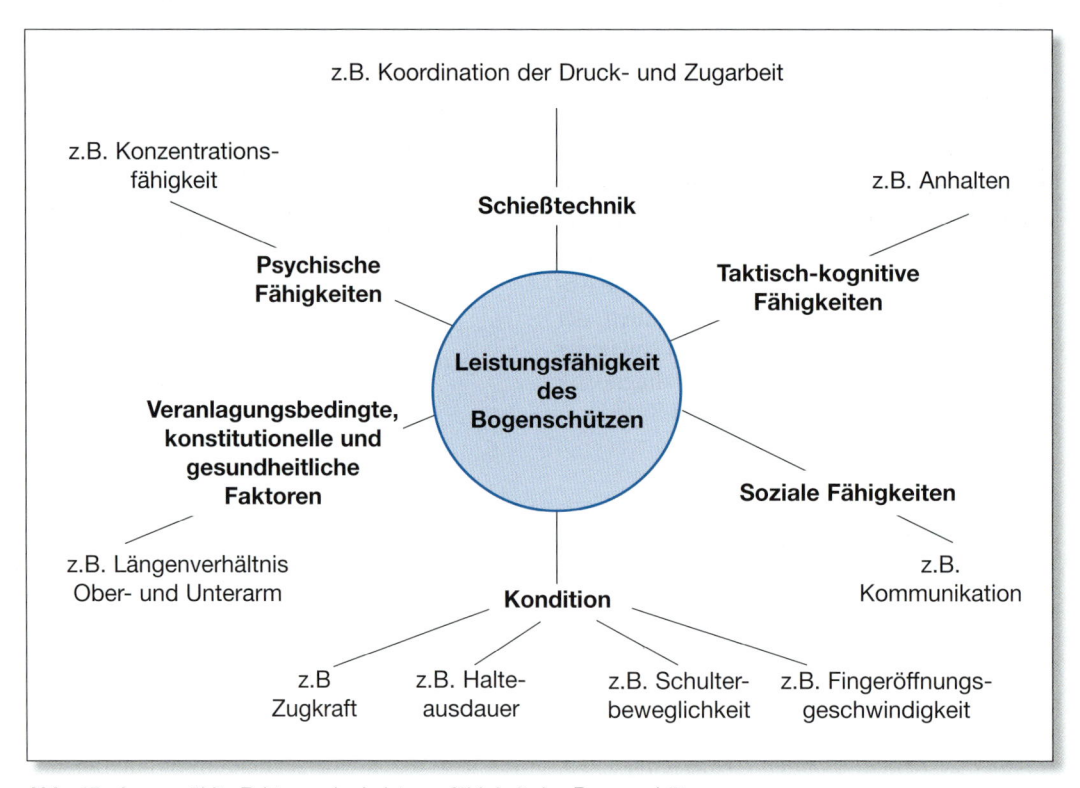

Abb. 45: Ausgewählte Faktoren der Leistungsfähigkeit des Bogenschützen

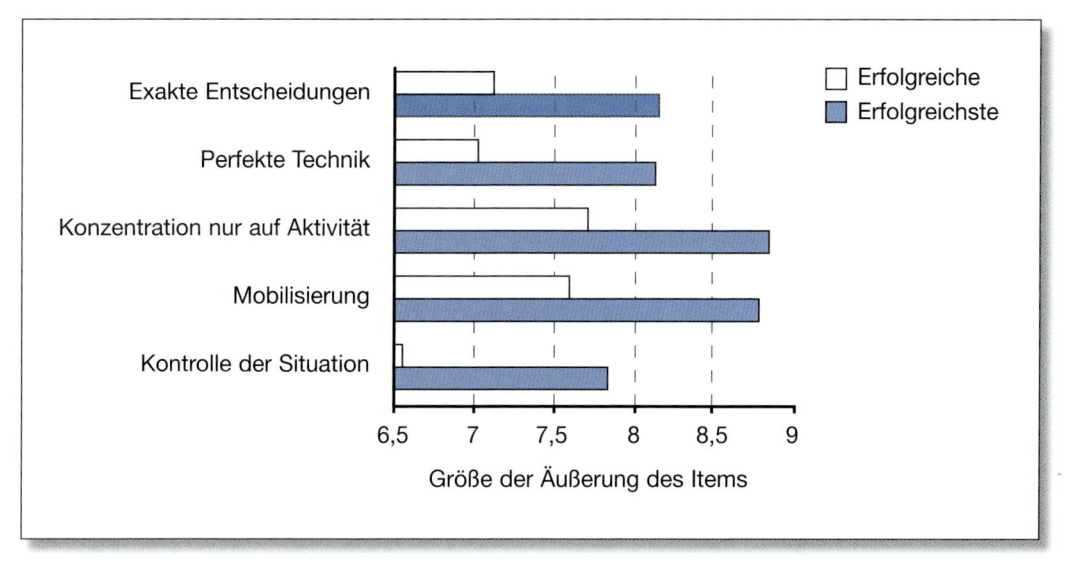

Abb. 46: Faktoren, die den »idealen Wettkampfzustand« bei hoch qualifizierten und weniger klassifizierten Sportlern unterscheiden (nach *Zsheliaskova-Koynova* 2003, 51)

zinnen ein relativ hohes durchschnittliches Gewicht (x_{Mittel} = 68 kg) und ein hoher Fettanteil (x_{Mittel} = 31%) vor.

Als anthropometrische Voraussetzung empfiehlt sich das Längenverhältnis langer Unterarm – kurzer Oberarm. Das bedeutet bessere Winkelverhältnisse für den Zugarm, so dass der Schütze mehr »hinter dem Pfeil« steht und ein engeres Lösen ermöglicht wird (vgl. *Lovo* 1996, 10).

Um Tremorbewegungen minimal zu halten, ist die Stabilität der Hand, des Armes und des Schultergelenks insbesondere auf der Bogenarmseite eine wichtige Grundvoraussetzung (s. S. 88; vgl. *Monus* 1982, 2). Diese Zitterbewegungen sind unter anderem abhängig von angeborenen Gegebenheiten (z.B. Gelenkwinkelverhältnisse), von konditionellen Faktoren (z.B. Kraftfähigkeit) und vom Zuggewicht des Bogens (s. S. 655).

Motorische Hauptbeanspruchungsformen

> In einer engen Begriffsfassung werden die konditionellen Eigenschaften auf die »physischen« Faktoren Ausdauer, Kraft, Schnelligkeit und Beweglichkeit beschränkt (vgl. *Weineck* 2010, 255).

Abb. 47 gibt einen beispielhaften Überblick über die Komponenten der Kondition des Bogenschützen im eng gefassten Konditionsverständnis.

Für die Leistungsstruktur besitzen die konditionellen Fähigkeiten im Bogenschießen Voraus-

Geschlecht	Größe [cm]		Gewicht [kg]		Fettanteil [%]	
	χ	SD	χ	SD	χ	SD
Männlich	183	5,2	77	10,9	17	5,0
Weiblich	169	5,9	68	11,9	31	8,3

Tab. 1: Mittelwerte (χ) und Standardabweichungen (SD) bei Spitzenschützen bzgl. Größe, Gewicht und Fettanteil

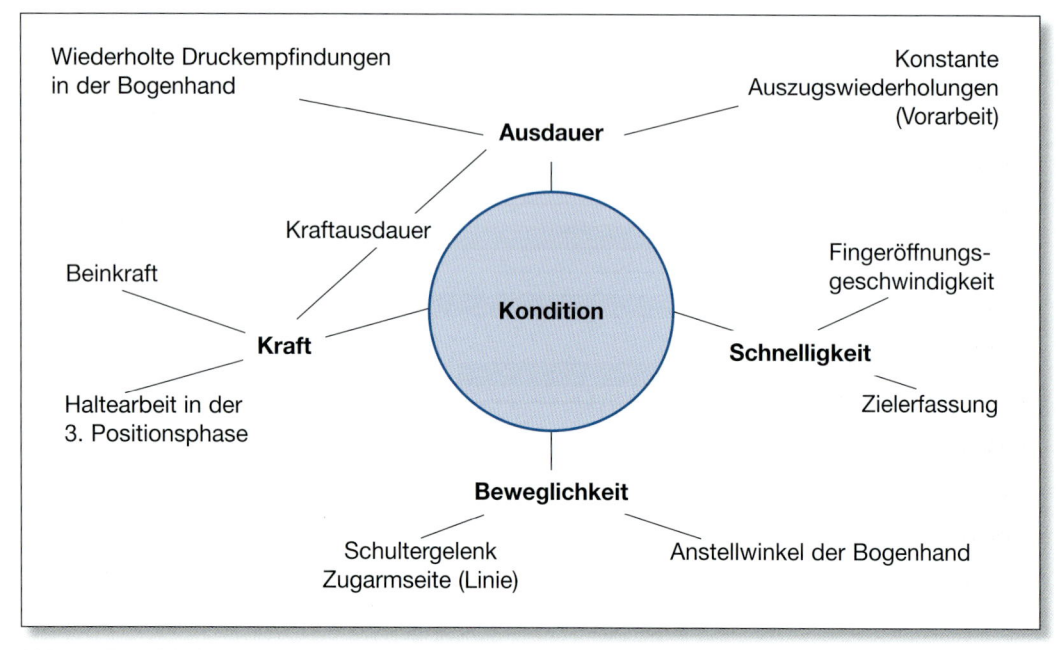

Abb. 47: Beispiele für Komponenten der Kondition des Bogenschützen

Diagramm (Kondition im Zentrum):
- **Ausdauer**: Wiederholte Druckempfindungen in der Bogenhand; Konstante Auszugswiederholungen (Vorarbeit); Kraftausdauer
- **Kraft**: Beinkraft; Haltearbeit in der 3. Positionsphase
- **Schnelligkeit**: Fingeröffnungsgeschwindigkeit; Zielerfassung
- **Beweglichkeit**: Schultergelenk Zugarmseite (Linie); Anstellwinkel der Bogenhand

setzungscharakter. Sie stellen eine Vorbedingung für stabile technische, taktische und psychische Leistungen im Wettkampf dar (vgl. *Stiehler, Konzag, Döbler* 1988, 108).

Ausdauer (s. S. 274, Ausdauertraining)

Tab. 2 zeigt die maximale Sauerstoffaufnahmekapazität (als Bruttokriterium der Ausdauerleistungsfähigkeit) in verschiedenen Sportarten. Wenngleich ein Bogenschütze natürlich nicht die Ausdauer eines Läufers benötigt, so ist es dennoch erforderlich, die *allgemeine, aerobe dynamische Langzeitausdauer* zu trainieren. Nur so werden die notwendige Pulsfrequenzsenkung und eine gute Sauerstoffversorgung – die unter anderem zur besseren Konzentrationsfähigkeit beiträgt – erreicht.

Um jedoch die feinmotorischen Abläufe des Schießens auch über mehrere Stunden reproduzieren zu können, steht die spezielle Ausdauer im Vordergrund. Insbesondere gilt es, die *lokale statische anaerobe Ausdauer* sowie die *dynamische* und die *statische* Kraftausdauer zu trainieren.

Kraft (s. S. 283, Krafttraining)

Die Bedeutung der allgemeinen Kraft liegt für den Bogenschützen in der Effektivierung sowie der Perfektionierung technisch-konditioneller Fähigkeiten (z.B. Umsetzung des Zuggewichtes; vgl. *Chapman* 1998). Die spezielle Kraft zeigt sich in einer hohen Konstanz der Bewegung, einem geringen Zugarmtremor in der Zielphase (s. S. 221), einer verbesserten Körperkontrolle (z.B. »in Linie schießen«, Ausgleichsbewegungen), einem kontinuierlichen Kraftaufbau in den einzelnen Positionsphasen (s. S. 367) sowie in der Durchführung notwendig hoher Schusszahlen. Dabei spielt nach *Park* (2008) aufgrund langer Stehzeiten im Wettkampf auch eine sehr gut entwickelte statische Kraftausdauer der Beinmuskulatur eine wichtige Rolle.

Schnelligkeit (s. S. 329, Schnelligkeitstraining)

Die Schnelligkeit zeigt sich im Bogenschießen einerseits in einem unbewusst schnellen Reagieren auf das Klickersignal (Reaktionsschnelligkeit). Ungleichmäßige Zeitdifferenzen

Sportart	Maximale Sauerstoffaufnahmekapazität [ml/kg/min]	
	Männer	Frauen
Marathon	75–80	65–70
Skilanglauf	75–78	65–70
Fußball	55–60	48–52
Tennis	48–52	40–45
Gymnastik	45–50	40–45
Rhythmische Sportgymnastik	–	40–45
Segeln	50–55	45–50
Bogenschießen	39–51	34–42
Schießsport	40–45	35–40

Tab. 2: Relative maximale Sauerstoffaufnahmefähigkeit in verschiedenen Sportarten (vgl. FITA 2009, 15/8)

zwischen Klickersignal und Abschuss führen zwangsläufig zu ungleichmäßigen Krafteinsätzen sowohl insgesamt – in der Beteiligung aller am Schießvorgang beteiligten Muskeln – als auch innerhalb der einzelnen Muskeln selbst (vgl. *Park* 2008).

Andererseits muss der Schütze während des Zielvorgangs veränderte Umweltbedingungen (z.B. drehenden Wind oder stärkeren Regen) schnellstmöglich wahrnehmen, um darauf noch reagieren zu können (z.B. veränderter Anhaltepunkt oder Absetzen; Wahrnehmungsschnelligkeit).

Nicht zuletzt verringert eine hohe Fingeröffnungsgeschwindigkeit den Sehnen- und damit den Pfeilreflex (s. S. 435 Schießtechnik), wodurch der Pfeil ein stabileres Flugverhalten erhält (Aktionsschnelligkeit).

Beweglichkeit (s. S. 322, Beweglichkeitstraining)
Neben einer ausreichend entwickelten allgemeinen Beweglichkeit – sie betrifft vor allem die wichtigsten Gelenksysteme wie das Hüftgelenk und die Wirbelsäule – benötigt der Bogenschütze eine akzentuierte Beweglichkeit im Schultergelenk auf der Zugarmseite sowie in den Hand- und Fingergelenken.

Koordinative Fähigkeiten (s. S. 335, Training der koordinativen Fähigkeiten)
Die koordinierte Druck- und Zugarbeit zum Erreichen der 4. Positionsphase (s. S. 431) stellt die Hauptfunktionsphase des Schießablaufes dar. Während auf der Zugarmseite das Schulterblatt in Richtung Wirbelsäule bewegt wird, muss auf der Bogenarmseite – bei stabilem Schulterblatt – der Druck ohne Weg erfolgen. Dies bedeutet eine hohe Komplexität fein dosierter Muskeleinsätze.

Neben den koordinativen Fähigkeiten (z.B. Differenzierungsfähigkeit, Rhythmisierungsfähigkeit) ist für *Munkenbeck* (1983, 23f.) aus technisch-koordinativer Sicht ferner entscheidend, die vier Punkte Auge, Visier, Ankerpunkt und Klicker in der 3. Positionsphase (s. S. 410) so aufeinander zu positionieren, dass sie im Augenblick des Lösens ein stets gleich bleibendes Viereck aufbauen.

Dieses Schießviereck ist abhängig von konstitutionellen und konditionellen Faktoren (s.u.). So korrelieren beispielsweise Auszugslänge und Armlänge. Andererseits ermöglicht nur eine entsprechende Kraftfähigkeit einen konstanten Ankerpunkt ohne Spannungsverlust.

Wie die Untersuchungen an Kaderathleten zeigen, spielt hierbei die Hand-Auge-Koordination (z.B. Verkanten des Bogens) eine wichtige Rolle (vgl. *Zipp* 1979, 376): Tab. 3 macht deutlich, dass insbesondere im Streubereich des Bogenkippwinkels in der x-Koordinate (Horizontalbewegung) im Mittel größere Abweichungen (= Standardabweichung) auftreten als in der y-Koordinate (Vertikalbewegung). Dies kann unter anderem auf Unterschiede im Zug-Druck-Verhältnis hindeuten (s. S. 431, Schießtechnik). Auffallend sind ferner die Streuungen bezüglich des Bogenarmtremors, die auf eine ungenügende Kraftfähigkeit des Schützen einerseits und eine Rekrutierung gröberer motorischer Einheiten (z.B. durch ein zu hohes Zuggewicht oder einen ungenügenden Trainingszustand) andererseits aufmerksam machen.

Psychische Leistungsfaktoren

Psychische Belastung beim Bogenschießen

Die Leistung eines Athleten im Wettkampf wird nicht nur geprägt durch seine technischen und taktischen Fähigkeiten und Fertigkeiten, die im Training systematisch gesteigert werden, sondern auch durch die Fähigkeiten, sich in den belastenden Situationen des Wettkampfes angemessen zu verhalten (vgl. *Hahn* 1996, 19).

Die mentale Vorbereitung und die richtige positive Herangehensweise an den Wettkampf unterscheiden insgesamt erfolgreiche Schützen von weniger erfolgreichen (vgl. *Weineck* 2010, 26).

Spitzenschützen besitzen in ausgeprägtem Maße leistungsbestimmende psychologisch-kognitive (z.B. spezielle Handlungspläne) und technische Eigenschaften (z.B. präzise Zeitmuster und Krafteinsätze im Bewegungsablauf, exakte Anhaltepunkte bei Wind) als weniger erfolgreiche Schützen (vgl. *Whittingham* 2008, 51).

Bei einer psychischen Belastung stellen die Anforderungen einen so hohen Reiz dar, dass die Abweichungen des psychophysischen Gleichgewichts nur auf einer höheren Stufe bzw. durch das Einschalten zusätzlicher Funktionssysteme wiederhergestellt werden können (vgl. *Wenzlawek* 1975, in *Gabler* 1979, 256).

Sei es die mangelnde Fähigkeit, eine zu hohe Anspannung zu beherrschen, störende Gedanken zu verdrängen oder äußere Einflüsse abzuschirmen, Konzentrationsschwankungen zu vermeiden, Enttäuschungen über Fehlleistungen zu überwinden, alle diese Faktoren – um nur einige zu nennen – bestimmen die individuelle Handlungsfähigkeit eines Schützen im Wettkampf. Handlungsfähig ist dabei der Athlet, der anforderungsgerecht (abhängig von der

Rang	Streubereich der Zielkoordinate [mm]				Reaktions-zeit [ms]		Gewichtsanteil hinteres Bein [%]	Gewichts-verlagerung [kp]	Tremor des Bogenarmes [mm]		Hand-haltung [°]	Bogen-kippwinkel [°]	Relative Zugkraft [%]
	1. Tag		2. Tag						1. Tag	2. Tag			
	x	y	x	y	MW	SD	MW	SD			SD	SD	
5	30	32	29	33	154	8	38	0,7	2,9	0,9	1,0	0,2	53
1	45	35	–	–	168	10	–	–	1,7	–	–	0,9	–
2	33	37	38	23	198	16	50	0,4	2,4	0,8	0,9	0,4	53
4	26	41	44	33	168	10	37	0,6	5,0	0,9	2,1	0,3	64
7	89	24	46	38	176	10	49	0,4	1,5	1,2	2,1	0,4	45
3	50	32	40	30	162	7	41	0,8	2,0	0,8	1,1	0,2	62
6	30	48	37	52	151	11	48	0,5	6,5	2,9	1,3	0,3	70

Tab. 3: Leistungsgrößen und personenspezifische Kenngrößen der untersuchten Schützen (SD: Standardabweichung; MW: Mittelwert; *Zipp* et al. 1978, 382)

sportlichen Aufgabe und den situativen Bedingungen) und subjektiv angemessen (abhängig von den eigenen Leistungsvoraussetzungen und dem aktuellen psychischen Zustand) zu agieren und zu reagieren vermag (vgl. *Kratzer* 1997, 8).

Während sich das Handeln des erfolglosen Sportlers beispielsweise in Angst vor dem nächsten Schuss, verlängerten Reaktionszeiten beim Klickersignal (vgl. *Kolayiş* et al 2004), Unentschlossenheit (häufiges Absetzen) oder Lethargie äußert, agiert der erfolgreiche Schütze konzentriert, selbstbewusst und entschlossen (beispielsweise sichtbar durch einen gleichmäßigen Schießrhythmus). Erfolgreiche Schützen sind in diesem Sinne umstellungsfähig, d.h., sie können beispielsweise Momente der Angst in eine positive Einstellung bzw. in den Glauben an sich wandeln.

Psychische Belastungen setzen sich im Allgemeinen aus mehreren Faktoren zusammen. Diese lassen sich in interne und externe Faktoren (vgl. *Hahn*, in *Gabler* 1979, 57) unterteilen.

Die *internen Faktoren* sind Eigenschaften (z.B. Selbstvertrauen, Entschlossenheit) und Gedanken, die in der Handlungsausführung hemmen oder anspornen können. *Williams* (1993, 78) bezeichnet sie zusammengefasst als positive oder negative Grundeinstellungen des Schützen, unabhängig davon, ob sie bewusst oder unbewusst sind.

Werden psychische Belastungen von außen an den Sportler herangetragen und dann in negative oder positive Verhaltensweisen umgewandelt, so spricht *Hahn* (1979) von der Gruppe der *externen Faktoren*. *Wittmann* (o. J., 46 ff.) stellt hierbei fest, dass allein schon eine schlechte Reizansprechbarkeit (z.B. durch ungünstige Witterungsverhältnisse) Nachteile im Leistungsvermögen bewirken kann.

Wie die Untersuchungen von *Reinkemeier* und *Bühlmann* (1994, 14) an einhundert der besten Schützen aus den Nationalteams mehrerer Länder zeigen, nehmen die psychische Belastung und damit die Erregung am Vorabend des Wettkampfes und in den Frührunden zu. Höchste Anspannung erzeugen der erste Wettkampfschuss und das Finale. Die gesteigerte Aktiviertheit hält zudem bei den erfolgreichen Sportlern länger an als bei den erfolglosen (vgl. *Brehm* 1997, 63; Abb. 48).

Eine langfristige Bindung an das Bogenschießen setzt ein positives Erleben in Zusammenhang mit dieser Aktivität voraus. Bleiben solche Erlebnisse aus, wird die Motivation zur Teilnahme geschwächt und es droht ein Dropout (vgl. *Pahlmeier* 1994, o. S.).

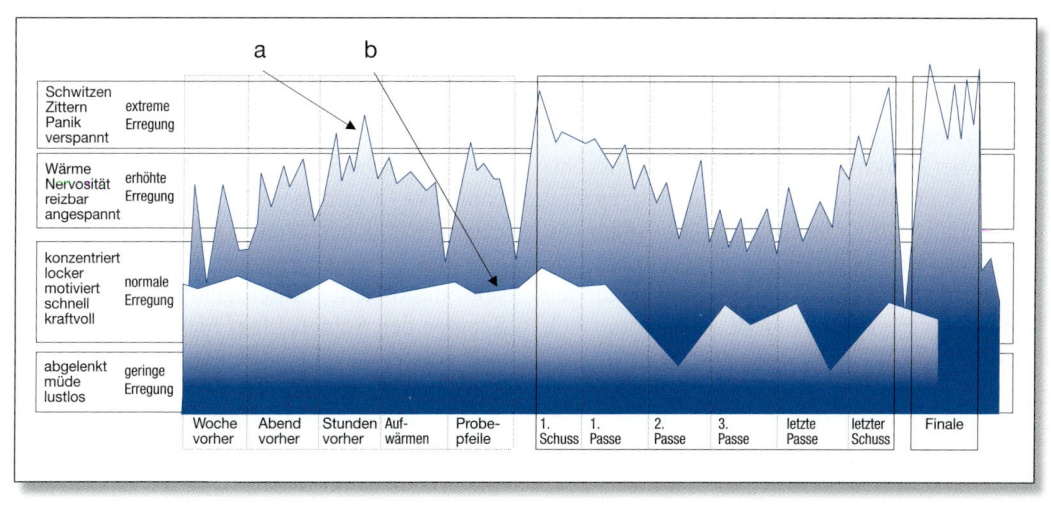

Abb. 48: Verlauf der Erregung im Wettkampf (a) und im Training (b) (vgl. *Reinkemeier* u. *Bühlmann* 1994, 14)

Konsequenzen für die Trainingspraxis:
Im Training müssen die Schützen mit allen Wettkampfsituationen konfrontiert werden, die belastend den Wettkampf stören können (s. S. 563, Stresstraining). Ziel ist es, bewusste (mentale) Reaktionsweisen zu finden, die Störungen (z.B. Startapathie oder Startfieber) relativ unwirksam machen (vgl. *Puni* 1961, 166f.).

Spezielle psychische Fähigkeiten bei Spitzenschützen

Der psychischen Stabilität kommt im Bogenschießen in Zusammenhang mit Faktoren wie Selbstregulationskompetenz, hohem Selbstvertrauen, hoher Konzentrationsfähigkeit, kontrolliertem Handeln (ohne ein verbittertes Erzwingenwollen), einer positiven Grundeinstellung sowie Entschlossenheit und Disziplin die herausragende Bedeutung zu. Negativ wirken unter anderem Frustration, Angst, Ärger und Sorgen (vgl. *Um* 1994, 10).

> Im Gegensatz zu den meisten anderen Sportarten kann im Bogensport eine mit der psychischen Belastung einhergehende Erhöhung der Pulsfrequenz während des Wettkampfes nicht durch eine erhöhte motorische Aktivität abgebaut werden.

Bestimmt wird die psychische Stabilität durch den Ausbildungs- und Trainingszustand, durch Einstellung, Wissen, kognitive Fähigkeiten und die Konsistenz der unterschiedlichen Persönlichkeitseigenschaften. Voraussetzung und wesentliche Merkmale einer optimalen psychischen Stabilität sind Selbstbeherrschung und Selbständigkeit, hohe Konzentrationsfähigkeit und Resistenz gegenüber Störfaktoren sowie gleich bleibend gute Koordinationsleistungen (insbesondere Hand-Auge-Koordination; vgl. *Martin* 1979, 252 ff.; *Park* 1994, 20).

> Ein Spitzenschütze verfügt über eine außergewöhnlich gute Konzentrationsfähigkeit, wobei er diese Konzentration über einen Wettkampf, der bis zu 8 Stunden dauert, einzusetzen weiß. Diese Konzentration wird auch als »Tunnelblick« bezeichnet: Konkurrenten, Zuschauer und andere Störfaktoren werden ausgeblendet oder sogar als positiver Motivationsverstärker eingesetzt.

Hinzu kommen: Selbstvertrauen, Selbstsicherheit, Ertragen von Monotonie, Zielbewusstsein, Introversion, Mut, Trainingsfleiß, Toleranz, optimistisches Denken, Leistungsbereitschaft, Motivation, Willenskraft und Siegeswille, Verlierenkönnen, Selbstdisziplin und Durchhaltevermögen, Selbstkritik, Intelligenz, Lernfähigkeit und psychische Belastbarkeit (vgl. *Umarov* o. J., 54 ff.; *Monus* 1982, 3; *Um* 1994, 3). D. Pace, der Olympiasieger von 1976 und 1984, sieht absolutes Selbstvertrauen (sogar) als wichtigste mentale Eigenschaft beim Bogenschießen an; wenn er in einem Wettkampf ist, dann will er nicht nur jeden Pfeil in die Mitte schießen, sondern er erwartet von vornherein, dass der Pfeil in die Mitte geht (vgl. *Pace* 1994).

Tab. 4 zeigt zusammenfassend leistungsbestimmende psychische Komponenten im Bogenschießen für die verschiedenen Regulationsebenen (s. S. 351 und 520).

Kognitive Fähigkeiten

Der Bogenschütze muss die Fähigkeit besitzen, komplexe Zusammenhänge hinsichtlich der Schießtechnik herzustellen und diese motorisch umzusetzen. Dies erfordert ein hohes Maß an sensomotorischer Intelligenz, wodurch der Schütze den Schießablauf nicht nur begreifen und verstehen kann – Fehler können erkannt und schnellstmöglich behoben werden –, sondern auch fähig wird, entsprechende Handlungen (z.B. die Schultern zueinander zu positionieren) einzuleiten.

Antriebsregulation	Ausführungsregulation	Zustandsregulation
Leistungsmotivation	Reaktionsfähigkeit	Selbstregulations-kompetenz
Volitive Eigenschaften wie Willenskraft, Siegeswille etc.	Optimale Auffassungsgeschwindigkeit	Emotionale Stabilität
	Optimale Diskriminationsfähigkeit (DF)	
	Taktil-kinästhetische DF (s. S. 338 und 346)	
	Konzentrationsfähigkeit	
	Sensomotorische Koordinationsfähigkeit	

Tab. 4: Leistungsbestimmende psychische Komponenten im Bogenschießen (mod. nach *Kratzer* 1997, 8)

Gleichzeitig sollte der Schütze neben Selbstkompetenzen in Materialfragen auch taktische Verhaltensweisen aufbauen können. Diese verlangen zum einen ein rasches Auffassungsvermögen (z.B. bei wechselnden äußeren Bedingungen), zum anderen eine hohe komplexe Denkfähigkeit (z.B. kommt es bei Geländeunebenheiten häufig zu Aufwind und damit zu hohen Trefferlagen).

Soziale Leistungsfaktoren

Als soziale Faktoren gelten die familiäre und die berufliche Situation, das Verhältnis zu anderen Athleten, Trainern, Medien und Öffentlichkeit sowie das soziale Rollenverständnis (sozioökonomische, sozioökologische und soziokulturelle Faktoren) des Schützen. Soziale Faktoren können das Schießresultat dahingehend beeinflussen, dass beispielsweise ein »emotionaler Schütze« familiäre oder berufliche Probleme eher in den Wettkampf hineinträgt und damit verkrampft, als dies bei einem ausgeglichenen Athleten der Fall ist. Soziale Faktoren sind damit stets in Zusammenhang mit psychischen Grundeigenschaften zu sehen.

Beachten Sie: Psychische Stabilität bzw. Abschalten sind bis zu einem gewissen Grade lern- und trainierbar.

Einen zusammenfassenden Überblick der komplexen sportlichen Leistungsfähigkeit des Bogenschützen gibt das Anforderungsprofil in Tab. 5.

Leistungsbestimmende Faktoren des Bogenschützen | Soziale Leistungsfaktoren

Physische Leistungsfaktoren						Psychische Leistungsfaktoren				Soziale Leistungsfaktoren				
Physische Grundeigenschaften				Koordinative Fähigkeiten		Kognitive Eigenschaften	Motivationale Eigenschaften	Affektive Eigenschaften	Psychische Verfassung	Persönlichkeitsstruktur				
Ausdauer	Kraft	Schnelligkeit	Beweglichkeit	Gewandtheit	motorische Lernfähigkeit	Sensomotorische Intelligenz	Einstellungen, Leistungsmotivation	Gefühle, Temperament, Stimmungen	Psychische Verfassung	Familiäre Situation	Berufliche Situation	Verhältnis zu Medien, Öffentlichkeit, Verband	Verhältnis zu anderen Athleten und Trainern	Soziales Rollenverständnis: sozioökonomische/-ökologische/-kulturelle Faktoren

Bogenschießspezifische Ausprägungen

				Spezifische Ausprägung der Gelenkbeweglichkeit		Wahrnehmungsschnelligkeit (z.B. Zielreaktionen bei Wind) Reaktionsschnelligkeit (Klicker, Fingeröffnungsbewegung) Antizipationsschnelligkeit (Visierbilderfassung)	Differenzierungs-, Gleichgewichts-, Kopplungsfähigkeit (Hand-Auge-Koordination) Rhythmisierungsfähigkeit (Timing, 2, 3 bzw. 6 Pfeile) Reaktionsfähigkeit (Klicker) Körperhaltungsgedächnis (gleich bleibendes räumliches Viereck aus Auge, Visier, Ankerpunkt, Klicker)	Willensstärke Entschlossenheit Selbstvertrauen Anstrengungsbereitschaft Konzentrationsfähigkeit Lockerheit Erfolgszuversicht		Soziokulturelles Milieu: Bindung an Familienangehörige, Familie als Ort wechselseitiger Kooperation, Hilfsbereitschaft, berufliche Förderung/Absicherung, Verhältnis zu Funktionären, Trainern und anderen Schützen				
Allgemeine Grundlagenausdauer Spezielle Ausdauer	Zugkraft Druckkraft Stabilität: konstantes Druck-Zug-Verhältnis, Hüft-, Handstabilität Tremor des Bogenarms													
Bogenschießspezifische Mischformen der Kraftausdauer									Spezielle Bogenschießtechnik und -taktik	Leistungsfördernde Maßnahmen/ Coaching				
Konstitutionelle Eigenschaften														
Körperbau: leptosom Anatomisch günstiges Längenverhältnis Ober/Unterarm der Zugarmseite Sehschärfe Gehör (Klicker)														

Tab. 5: Anforderungsprofil des Bogenschützen

3 Anatomisch-physiologische Grundlagen – Konsequenzen für die Trainingspraxis

Allgemeine Grundlagen

> Die Leistungsfähigkeit des Bogenschützen beruht auf einer Vielzahl psychophysiologischer bzw. psychosozialer und kognitiver Faktoren. Die zur Bestimmung der leistungsrelevanten Muskulatur des Bogenschützen maßgeblichen Komponenten basieren dabei auf anatomisch-physiologischen Grundlagen.

Der erste Schritt zur Erstellung eines idealtypischen Technikmodells im Bogenschießen ist eine wissenschaftliche Gliederung der Phasenstruktur des Gesamtbewegungsablaufs (*Martin* 1977, 189). Gute Dienste im Sinne einer objektiven Erfassung vor allem des quantitativen Aspekts der Bewegungsmerkmale leistet dabei die Biomechanik (vgl. *Weineck* u. *Weineck* 2008, 49 f., s. S. 198). Sie gestattet die Objektivierung der Technik, die Beschreibung der kinematischen (räumlich-zeitliche Gliederung: z.B. Zeitverhältnisse innerhalb der einzelnen Positionsphasen und dynamischen Merkmale (dynamisch-zeitliche Gliederung unter dem Aspekt des Kraftverlaufs: z.B. Druck-Zug-Verhältnisse in der Klickerendphase), die Begründung zweckmäßiger Technikvarianten (z.B. offener oder geschlossener Stand, Mitten- oder Seitenanker), die Bestimmung führender Technikmerkmale (z.B. kleines Kraftdreieck, enges Lösen) – und damit die Ableitung von Konsequenzen hinsichtlich der Auswahl der Trainingsmittel – sowie die Ermittlung von Schwachstellen im biomechanischen System (vgl. *Buchmann* 1976, 456, s. S. 205).

Der individuell optimale Bewegungsablauf der Schießtechnik lässt sich aus anatomisch-physiologischer Sicht unter anderem über das Zusammenwirken der bewegungsrelevanten Muskeln bzw. Muskelgruppen bestimmen. Hierbei spielen elektromyografische Untersuchungen eine wichtige Rolle, da sie aufzeigen, zu welchem Zeitpunkt und mit welcher Intensität die einzelnen Muskeln eine Bewegung vollziehen (Abb. 49). Mithilfe der Elektromyografie (EMG) lassen sich insbesondere (die biomechanischen Untersuchungsobjekte), »innere Muskelkräfte«, »Bewegungssteuerung« und »Muskeleigenschaften« darstellen. *Witte* et al. (2001, 2) konnten beispielsweise in ihren Untersuchungen zeigen, dass Athletinnen höherer Leistungsfähigkeit geringere absolute Frequenzen und eine geringere Variabilität der Frequenzen der EMG-Signale aufweisen. Dies bedeutet einen gezielten und konstanten Krafteinsatz leistungsbestimmender Muskulatur.

Neben der Feststellung qualitativer Merkmale wie der Bewegungskonstanz (Qualität der Reproduktion des Schießablaufs, s. S. 221) bzw. der Bewegungsstärke (Grad der Muskelbeteiligung, s. S. 216) ermöglicht die Elektromyografie im Bogenschießen zum einen die Identifizierung derjenigen Muskeln, die insbesondere beim Erreichen der 3. Positionsphase (Vollaus-

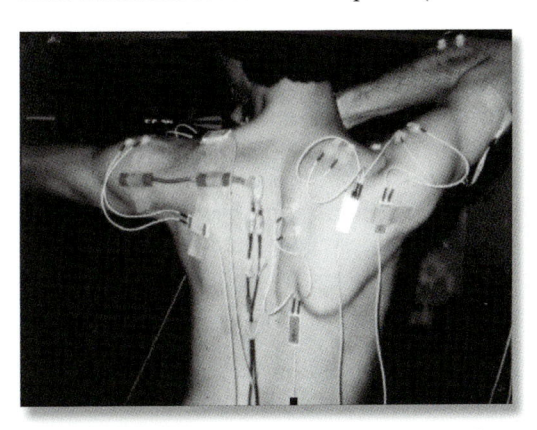

Abb. 49: Schütze mit EMG-Ableitungen (vgl. *Edelmann-Nusser* u. *Gollhofer* 1999, 40)

zug und Anker) und in der Klickerendphase (Erreichen der 4. Positionsphase) die größte Beanspruchung erfahren, zum anderen die Klassifizierung des Lösens und die Objektivierung muskulärer Ermüdungsprozesse, was letztlich Aussagen über die erforderlichen Erholzeiten erlaubt.

Die folgenden Ausführungen basieren in erster Linie auf der Grundlage zweier komplexer Betrachtungsweisen (s. S. 195), die in ihrem Zusammenhang dargestellt werden:

- Die *funktionale* Betrachtungsweise: auf der Grundlage muskelfunktioneller Überlegungen soll auf den Einsatz geeigneter Muskeln bzw. Muskelgruppen geschlossen werden.
- Die *biomechanische* Betrachtungsweise: mithilfe oberflächlicher elektromyografischer Untersuchungen soll aufgezeigt werden, wann und wie stark bestimmte Muskeln bzw. Muskelgruppen im Schießablauf eingesetzt werden.

Auf die besondere Bedeutung einer klaren Unterscheidung der Muskeln auf der Bogen- und Zugarmseite sei an dieser Stelle hingewiesen.

Positionsphasen

Grundsätzlich lässt sich der Bewegungsablauf in vier funktional miteinander verbundene »statische« Positionsphasen zerlegen, die ihrerseits durch dynamische Elemente (Muskelaktivierungen) erreicht werden. Diese Phasen beinhalten spezielle Bewegungsmerkmale:
- *Positionsphase 1* (PP-1): fixierte Zugfinger-, Griff- und Kopfhaltung sowie stabiles Schulterblatt auf der Bogenarmseite und entsprechende Körperspannung
- *Positionsphase 2* (PP-2): konstanter Anhebe(dreh)winkel des Bogenarms sowie positioniertes Schulterblatt auf der Zugarmseite und fixiertes Schulterblatt auf der Bogenarmseite (Set-up)
- *Positionsphase 3* (PP-3): konstante Zughandposition am Kinn sowie positioniertes Schulterblatt auf der Zugarmseite (Ankern)
- *Positionsphase 4* (PP-4): konstante Zughandposition sowie stabiles Schulterblatt auf der Bogen- und Zugarmseite (Nachhalten)

Passiver Bewegungsapparat

In Korea erfolgt im Rahmen der Talentsichtung die Ausbildung der Grundhaltung (Positionsphasen s. S. 367) bei täglichem Training (bis zu 2 Stunden) über einen Zeitraum von mehreren Wochen bis Monaten (*Park* 2008).

Das menschliche Skelett setzt sich aus 208 bis 212 Einzelknochen zusammen, deren Gesamtgewicht beim Mann etwa 17 % und bei der Frau etwa 14% des Körpergewichts ausmacht (vgl. *Weineck* 2010, 42).

Neben der Schutzfunktion bilden die Knochen einerseits ein Gerüstwerk, durch das die Weichteile Stütze und Halt bekommen, andererseits stellen sie feste Hebel für den Ansatz der Muskeln dar. Mechanische Belastungen, z.B. durch sportliches Training, bilden einen formativen Reiz, der in spezifischer Weise die Zusammensetzung und das Gesamtgefüge des Knochens verändert.

Gelenkwinkelstellungen innerhalb der Positionsphasen

1. Positionsphase (Vorarbeit)
Abb. 50 zeigt die 1. Positionsphase (s. S. 370). Von besonderer Bedeutung sind hierbei die Zughandstellung und Fingerplatzierung sowie die Positionierung von Bogenarm und Bogenhand.

Passiver Bewegungsapparat

Zughandstellung und Fingerplatzierung
Die Abb. 51 und 52 zeigen einen Teil des Handrückens, bestehend aus einem Konglomerat von acht kleinen Knochen, und dessen Einsatz in der Praxis. Insbesondere ein gerades Handgelenk spielt für den Bogenschützen insofern eine Rolle, als bei verkrampftem bzw. stark nach innen gewinkeltem Handgelenk eine optimale Kraftübertragung erschwert ist (vgl. *Ellison* 1999, 1; *Weineck* 2008, 168). Handwendebewegungen (z.B. vertikales Anstellen der Zughand zum Erreichen der 1. und Stabilisieren in der 3. Positionsphase) werden durch zwei getrennte Gelenke – das proximale und das distale Radioulnargelenk – ermöglicht (vgl. *Ellison* 1999, 1: *Weineck* 2008, 168). Bei der Einstellung eines vertikalen Handrückens verlaufen dabei Elle und Speiche nahezu parallel. Dies ist für den Schützen deshalb von Bedeutung, weil beispielsweise bei zu tiefem Einsatz des Zeigefingers in der Praxis ein häufig beobachtbares Nach-außen-Drehen der Zughand zu beobach-

Abb. 50: 1. Positionsphase: vorbereitende Maßnahmen zur Einleitung einer dynamischen Bewegungsausführung (s. S. 370)

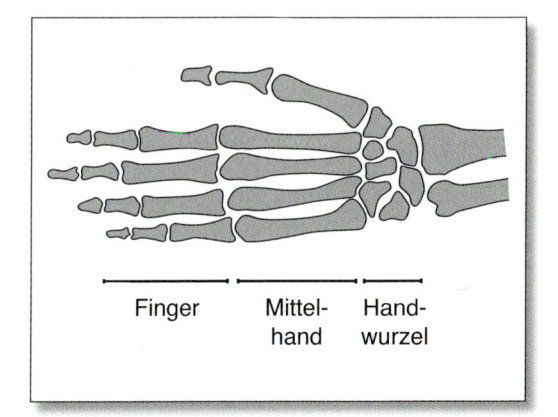

Abb. 51: Teil des Handrückens

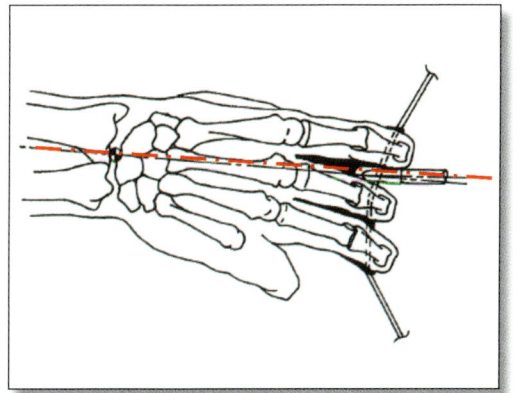

Abb. 52: Optimaler Einsatz von Finger und Handgelenk: Der Kraftvektor der Zugbewegung verläuft mittig durch den Ansatz von Elle und Speiche (rot)

ten ist. Dadurch werden in Folge der Pronation (die Speiche klappt diagonal über die Elle) zusätzliche Muskeln rekrutiert (z.B. M. pronator teres et quadratus). Aus ökonomischer Sicht sollte der Kraftvektor der Zugbewegung mittig durch den Ansatz von Elle und Speiche verlaufen.

Ziel muss es sein, das Handgelenk insgesamt gerade zu halten. Ein enges Ausziehen des Bogens in den Anker (s. S. 413 ff., Schießtechnik) ist daher nur zu empfehlen, wenn das Handgelenk in allen Phasen des Schussablaufes gerade bleibt.

Abb. 53 zeigt die Positionierung der Sehne im tiefen Haken (vgl. Schießtechnik, S. 383). Dabei ist zu beachten, dass die »Tiefe« (1. oder 2. Fingergelenk) biomechanisch so gewählt werden sollte, dass die Sehne bei geradem Handrücken nicht abgleitet (z.B. aufgrund höherer Zuggewichte), der Handrücken gerade und die Finger optimal schnell entspannt werden können.

> *Beachten Sie:* Der tiefe Haken gilt dann als optimal, wenn der Abstand d zwischen dem 1. und 2. Fingergelenk bis zum Lösen konstant gehalten werden kann und ein maximal schnelles Entspannen möglich ist.

Um Reflexe zu vermeiden und eine optimale Kraftübertragung auf den Pfeil zu gewährleisten, ist es von Bedeutung, dass die resultierenden Kraftvektoren durch die Mitte des Handgelenks und den Pfeil verlaufen (Abb. 54a). Wird beispielsweise die Zughand zu steil angestellt (Abb. 54b), so ergibt sich ein vermehrter Zug des Zeige- und Mittelfingers und die Kraftlinie verläuft unterhalb. Entsprechendes gilt bei einer zu flachen Zughand (Abb. 54c).

Bogenarm und Bogenhand
Park (2008) weist darauf hin, dass bereits während der Grundausbildung eine spezielle Schulung des Bogenarmes notwendig ist. Die Drehung des Bogenarmes (z.B. um Sehnenfreiheit zu bekommen) erfolgt dabei nicht, wie vielfach

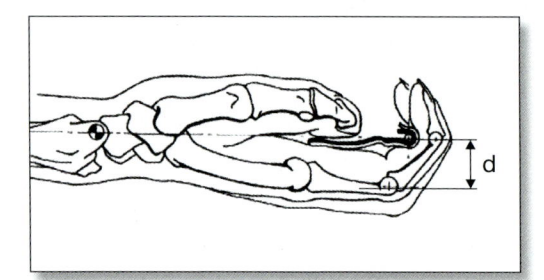

Abb. 53: Positionierung der Sehne im tiefen Haken: Der Abstand d zwischen dem 1. und 2. Fingergelenk ist optimal zu wählen

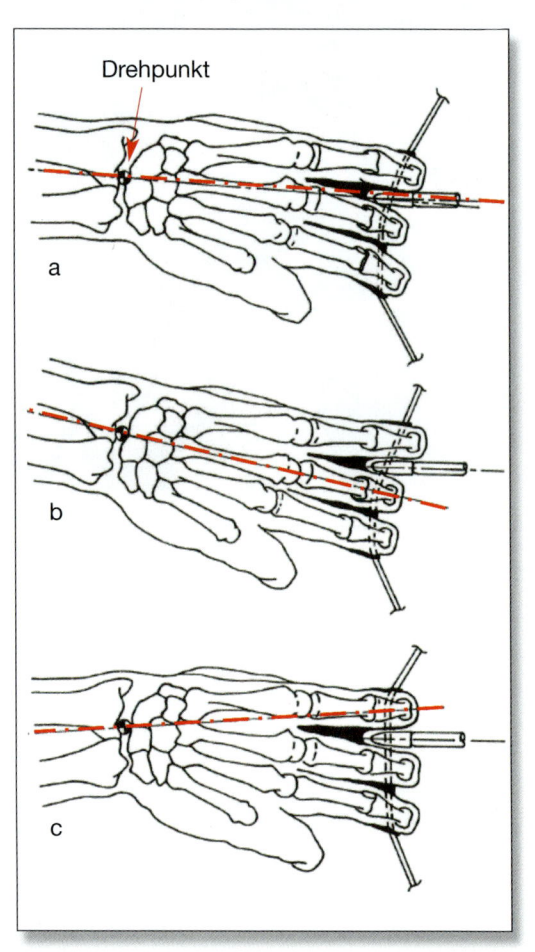

Abb. 54: Unterschiede in Kraftverlauf und -übertragung durch verschiedene Anstellwinkel der Zughand bzw. des Zugarmes. Der resultierende Kraftvektor verläuft optimal durch die Mitte des Handgelenks und den Pfeil (a); zu steile Zughand (b), zu flache Zughand (c)

propagiert, bei fixiertem Handgelenk, sondern *mit* dem Handgelenk, wodurch sich ein Anstellwinkel der Bogenhand ergibt. Wie Abb. 55 und 56 zeigen, klappt die Speiche bei der Pronationsbewegung (Anstellen der Bogenhand) diagonal über die Elle (vgl. *Weineck* 2008, 168). Dies erfordert eine individuelle Anpassung der Griffschale.

Wie die Ausführungen von *Lee* und *Benner* (2009, 73) verdeutlichen, wird das Schulterblatt auf der Bogenarmseite mit dem Erreichen der 1. Positionsphase dadurch in eine optimale Ausgangslage (im Sinne der Kraftübertragung) gebracht, dass die Bogenschulter nach vorne unten und das Schulterblatt auf der Bogenarmseite von der Wirbelsäule weg geführt wird, wodurch sich die gesamte Bogenschulter der Pfeilachse und damit den biomechanisch günstigen Kraftlinien annähern kann (Abb. 57).

Funktionelle Zusammenhänge

Die Kopfhaltung hat auf die Rumpfhaltung und damit auf die Bewegungskopplung (s. S. 232) sowie die -übertragung einen wesentlichen Einfluss. Die Steuerfunktion des Kopfes zeigt sich beim Schützen beispielsweise darin, dass Blickänderungen (z.B. Blick auf die Finger bei

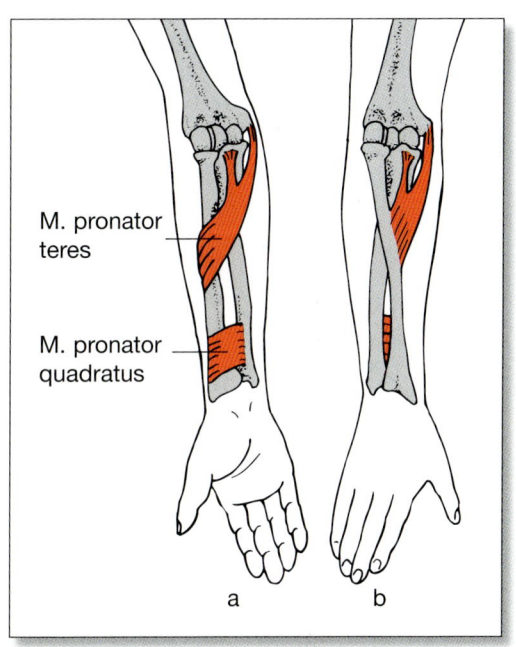

Abb. 56: Pronatoren des Unterarmes vor (a) und nach der Pronation (b) (*Weineck* 2008, 169)

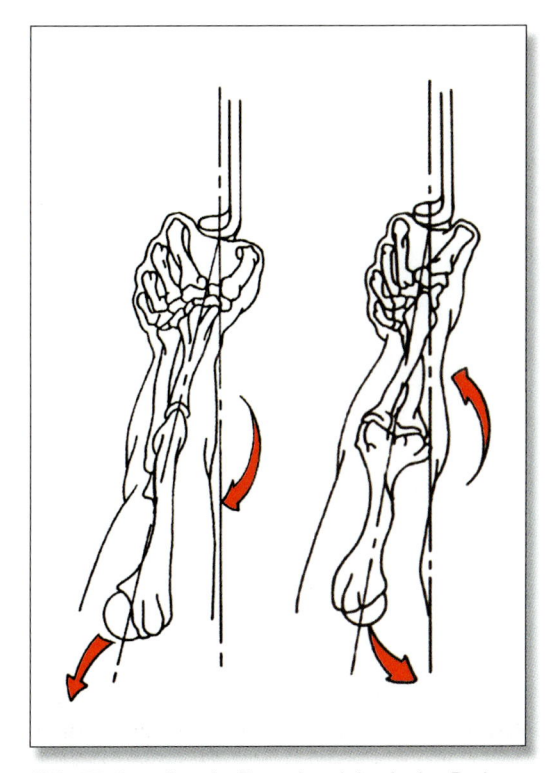

Abb. 55: Anstellen der Bogenhand durch eine Drehung im Bogenarm (*links*), bei anschließender Pronation klappt die Speiche diagonal über die Elle (*rechts*)

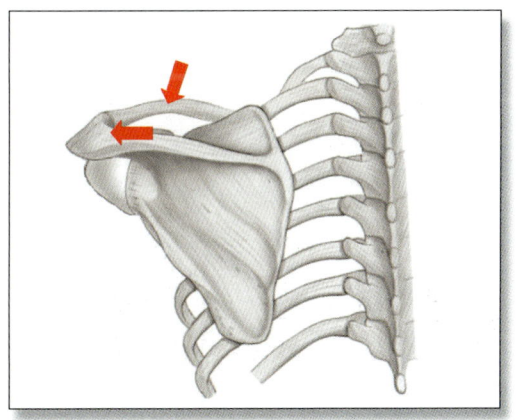

Abb. 57: Schulterblattbewegung auf der Bogenarmseite mit dem Erreichen der 1. Positionsphase: Das Schulterblatt wird nach vorne unten geführt und positioniert

der Fingerplatzierung, Blick auf den Klicker in der 3. Positionsphase) Rumpfänderungen nach sich ziehen.

Es ist daher von großer Wichtigkeit, den Blick so früh wie möglich auf das Ziel zu richten, um eine stabile Körperhaltung zu garantieren. *Axford* (2006, 151/153) empfiehlt eine Kopfdrehung von etwa 40 Grad und mehr (Abb. 58). Dadurch können in der Regel Störungen des Sehnenreflexes, beispielsweise beim Seitenanker, vermieden werden (s. S. 416).

2. Positionsphase (Set-up)

Abb. 59 zeigt die 2. Positonsphase (s. S. 398). Diese Phase beeinhaltet insbesondere die Fixierung der Bogenschulter sowie die Regulation der Atmung.

Bogenschulter

Das Schulterblatt auf der Bogenarmseite wird mit dem Erreichen der 2. Positionsphase in eine stabile Lage gebracht (Abb. 60). Im weiteren Bewegungsablauf geht es insbesondere darum, diese Position zu halten.

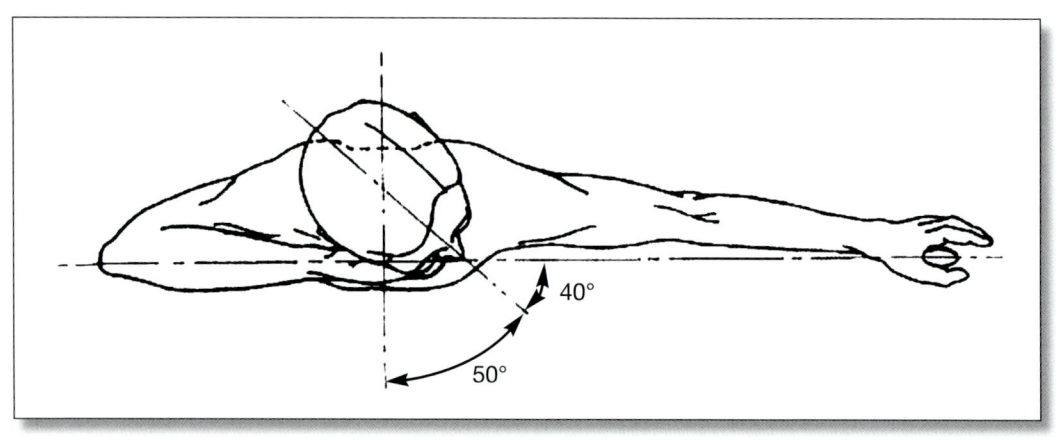

Abb. 58: Empfohlene Kopfdrehung nach *Axford* (2006, 151/153)

Abb. 59: 2. Positionsphase: konstante Anhebeposition des Bogens sowie Fixierung des Schulterblattes auf der Bogenarmseite (s. S. 398)

Passiver Bewegungsapparat

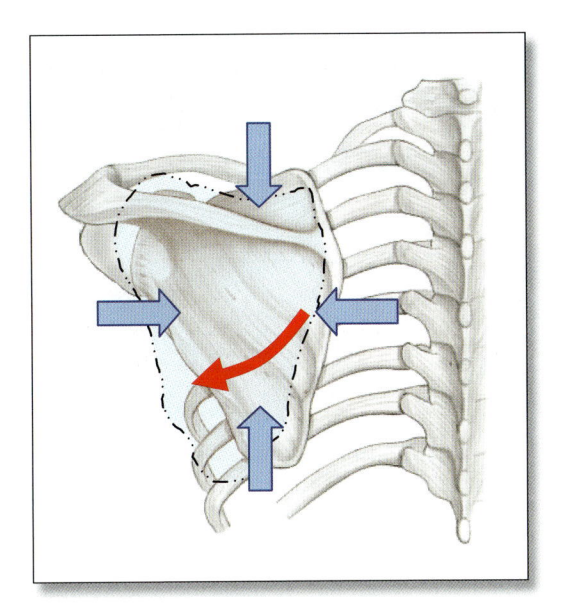

Abb. 60: Mit dem Erreichen der 2. Positionsphase wird das Schulterblatt auf der Bogenarmseite gedreht und in dieser Lage stabilisiert.

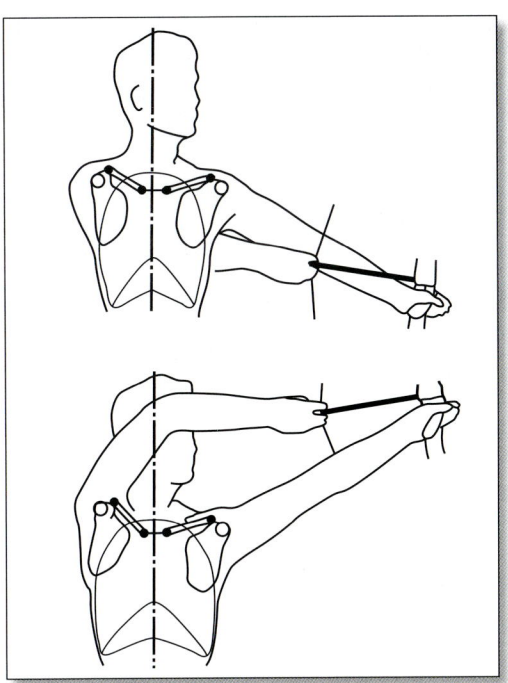

Abb. 61: Ausweitung des Lungenraumes und erhöhte Inspirationsmöglichkeiten durch Anheben des Bogens über die Horizontale während des Erreichens der 2. Positionsphase

Beachten Sie: Das Schulterblatt der Bogenarmseite muss im Fall der Expansionstechnik (Bogenarm wird in der Klickerendphase in Zielrichtung bewegt, s. S. 431) in einem Abstand zur Wirbelsäule positioniert werden, der eine Schulterblattbewegung ermöglicht. Dies bedeutet je nach Ausführung der Schießtechnik eine enge bzw. weite Lage zur Wirbelsäule in der 2. bzw. 3. Positionsphase (vgl. *Lee* u. *Benner* 2009, 61).

Atmung

Wie Abb. 61 zeigt, verändert sich durch ein hohes Anheben des Bogens über die Horizontale nicht nur die Lage der Schulterblätter, sondern es kommt auch zu einer Ausweitung des Lungenraumes und damit zu erhöhten Inspirationsmöglichkeiten (Einatmung; vgl. *Axford* 2006, 73). Dies hat in natürlicher Weise Auswirkungen auf den Atemrhythmus: Durch eine vermehrte Ausweitung des Brustraumes bei hohem Anheben vergrößert sich auch das Lungenvolumen, so dass ein Unterdruck entsteht und der Schütze in natürlicher Weise einatmet.

Beachten Sie: Ein zu starkes Einatmen ohne erneutes Ausatmen kann durch die Ausweitung des Brustraumes zu Berührungen der Sehne an der Brust oder am Streifschutz führen und dadurch den Pfeilflug beeinträchtigen. Gleichzeitig erfolgt eine Verlagerung des Körperschwerpunktes nach oben, was zu einer geringeren Stabilität beiträgt. Die Atmung sollte daher als Bauchatmung (s. S. 494) erfolgen.

3. Positionsphase (Ankern)

Abb. 62 zeigt die 3. Positionsphase (s. S. 410). Hierbei wird, abhängig von der Technikvariante, zum einen die Bogenschulter unter Umständen nach innen geführt (biomechanisch günstig), zum anderen wird das Schulterblatt auf der Zugarmseite in eine günstige Arbeitsposition (Laden und Transfer, s. S. 427) gebracht.

Abb. 62: 3. Positionsphase: Positionierung des Schulterblattes auf der Zugarmseite als Ausgangspunkt für eine optimale Lade- und Transferphase auf der Basis eines stabilen Ankerpunktes (s. S. 410 und 427)

Bogenarm und Bogenschulter

Rotationsbewegungen und daraus resultierende Oberkörperverwringungen haben ihre Ursache häufig in einer instabilen Bogenschulter (z.B. zu weit außen oder zu hoch). Die Schultergelenkpfanne (Cavitas glenoidalis) entspricht dabei der Nase eines Seehundes, der einen Ball (Gelenkkopf des Oberarms) balanciert (Abb. 63).

Wird das Schultergelenk beispielsweise nach innen geführt (Abb. 64), so können sich Schulterachse und Oberarm auf einer biomechanisch günstigen Geraden platzieren. Dies führt zu einer erhöhten Stabilität des Oberarmknochens in der Gelenkpfanne des Schulterblattes.

Bei einem Anheben des Schultergelenks (hohe Schulter) verliert das Schlüsselbein seine Stütze, so dass die Schulter insbesondere in der Klickerendphase seitlich »schwimmt«. Die Zuglänge wird zudem ungleichmäßig und immer kürzer, je länger der Schießvorgang dauert (Abb. 65).

Abb. 66 zeigt die Lage der Schulterblätter bei vollem Auszug (3. Positionsphase). Die Druckrichtung des Oberarmes soll so liegen, dass dieser durch eine entsprechend aktivierte und gekräftigte »Rückenmuskulatur« in der Schultergelenkspfanne stabilisiert wird. In vertikaler Richtung soll die Drucklinie des Bogenarmes unter der Befestigung des Schlüsselbeins am

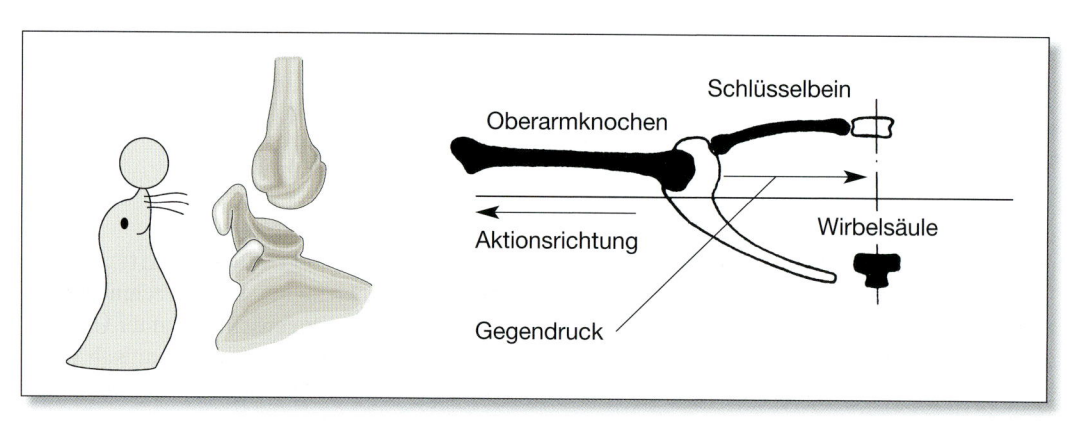

Abb. 63: Die Schultergelenkpfanne (Cavitas glenoidalis) entspricht der Nase eines Seehundes, der einen Ball (Gelenkkopf des Oberarms) balanciert (vgl. *Marone* 1993, 16) (*links*): Bei optimaler Stellung der Bogenschulter ist der Oberarm in der Gelenkpfanne bestmöglich fixiert (*rechts*).

Passiver Bewegungsapparat

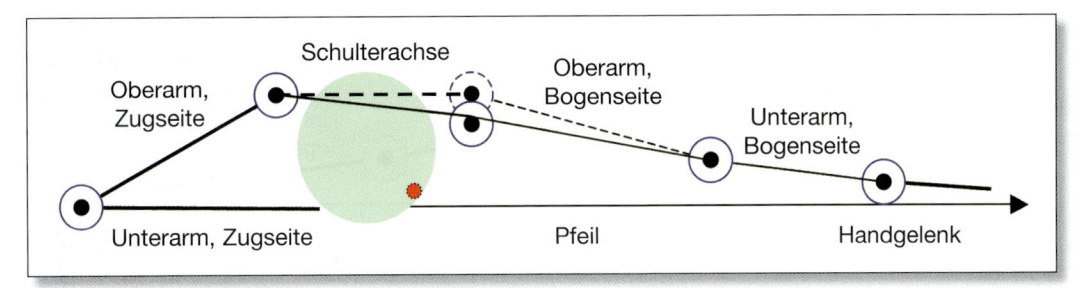

Abb. 64: Schematische Darstellung des Nach-innen-Führens der Bogenarmschulter

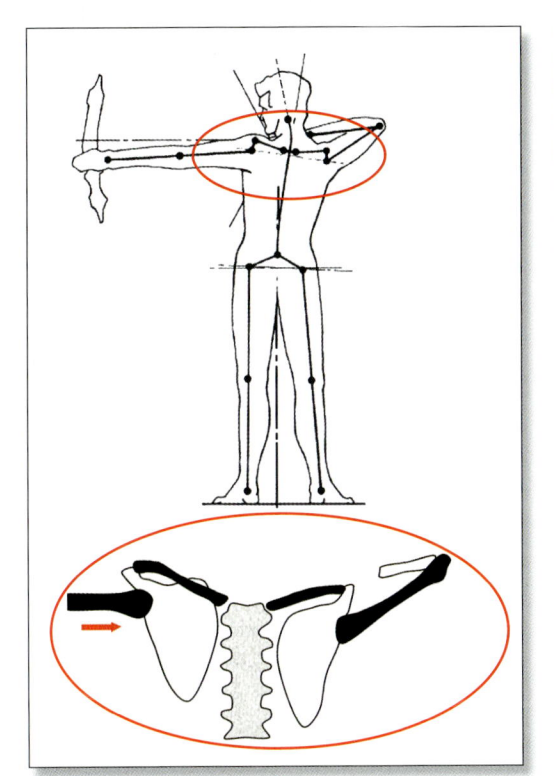

Abb. 65: Hohe Bogenschulter aufgrund eines ungenügenden Druckes in Richtung Scheibe (vgl. *Westlund* 1975, 28; *Axford* 2006, 69)

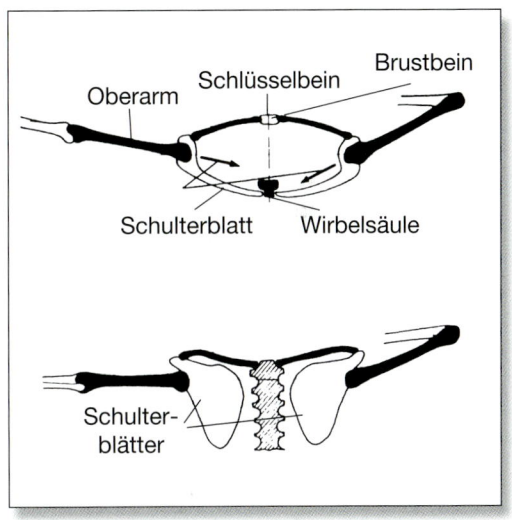

Abb. 66: Lage der Schulterblätter bei vollem Auszug von oben (*oben*) und dorsal (*unten*; vgl. *Westlund* 1975, 28)

Brustbein verlaufen. Dadurch wird das Schulterblatt nach unten innen gegen die Wirbelsäule gedrückt.

In Abb. 67 wird deutlich, dass durch eine nach innen geführte Schulter auf der Bogenarmseite das Schultergelenk (Glenohumeralgelenk) quasi »einrasten« und ein konstanter Druck des Bogenarmes aufrechterhalten werden kann.

Betrachtet man die Positionierung der Bogenschulter in der Frontalebene, ist besonders darauf zu achten, dass der resultierende Kraftvektor (R) aus der Zugkraft und dem Bogengewicht das Schultergelenk »trifft« (vgl. Biomechanik, S. 211).

Die Bogenschulter gilt in Abhängigkeit von Griffschale, Bogengewicht und Bogenzuggewicht dann als »getroffen«, wenn der Kraftvektor R parallel zur Pfeilachse und durch das Schultergelenk verläuft (Abb. 68). Wird das Schultergelenk nicht getroffen, so ergibt sich in Abhängigkeit von der Verlaufsgeraden eine zu hohe oder zu tiefe Schulter.

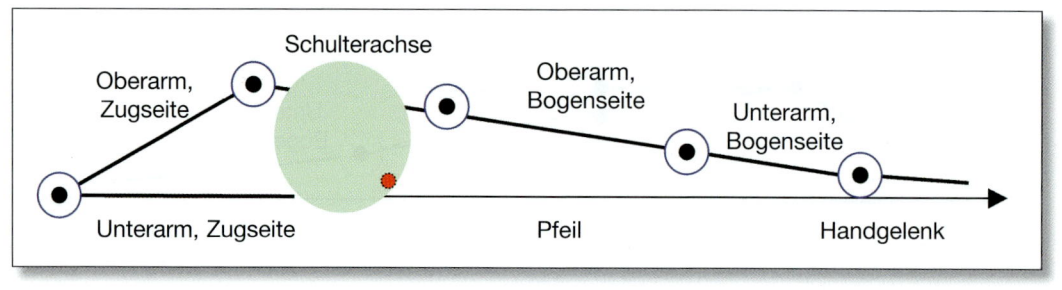

Abb. 67: Stabilisierung des Bogenarmes durch Nach-innen-Führen der Bogenschulter (*unten*). Die Gelenkmomente auf der Bogenarmseite befinden sich auf einer Geraden, und der Schütze steht mehr hinter dem Pfeil

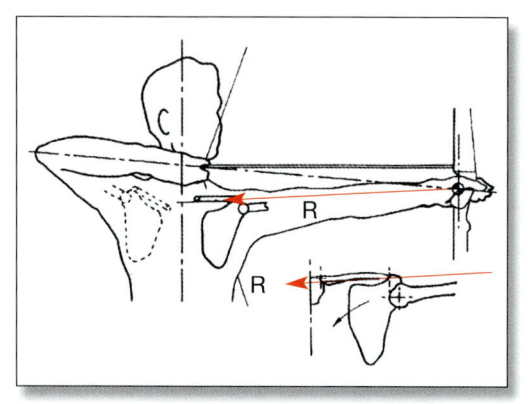

Abb. 68: Schematische Darstellung des resultierenden Kraftvektors R als Summe der Zugkraft und der Gewichtskraft des Bogens (vgl. *Axford* 2006, 79)

> *Empfehlung:* Achten Sie auf die richtige Wahl der Griffschale, das Bogengewicht sowie das Bogenzuggewicht in Abhängigkeit von der Geometrie der Hand, um eine optimale Positionierung der Bogenschulter entwickeln zu können (vgl. auch Techniktraining, S. 460 ff.).

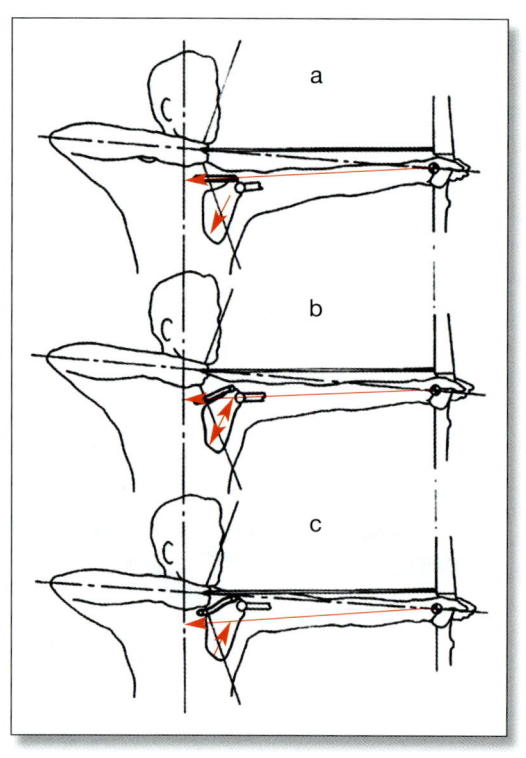

Abb. 69: Zusammenfassung möglicher Schulterpositionierungen: tiefe (a), optimale (b) und hohe Schulter (c)

Die Bogenschulter ist zu tief, wenn der resultierende Kraftvektor oberhalb des Gelenks verläuft (Abb. 69a), optimal, wenn der resultierende Kraftvektor durch das Gelenk verläuft (Abb. 69b), und zu hoch, wenn der resultierende Kraftvektor unterhalb des Gelenks verläuft (Abb. 69c).

Wie die Ausführungen von *Axford* (2006, 27) zeigen, ist eine großräumige Visierkorrektur in der Phase des Ankerns zu vermeiden, wenn die Korrektur durch eine Rotation im Schultergelenk auf der Bogenarmseite erfolgt, weil dadurch zusätzliche Muskelgruppen aktiviert und die Lage des Schulterblattes verändert werden kann (Abb. 70). Eine notwendige Drehung sollte sich daher bei einem steilen Anstellwinkel des Bogens – wie dies teilweise beim Feldschießen notwendig ist – aus einer Rotation im Hüftgelenk ergeben (Abb. 71).

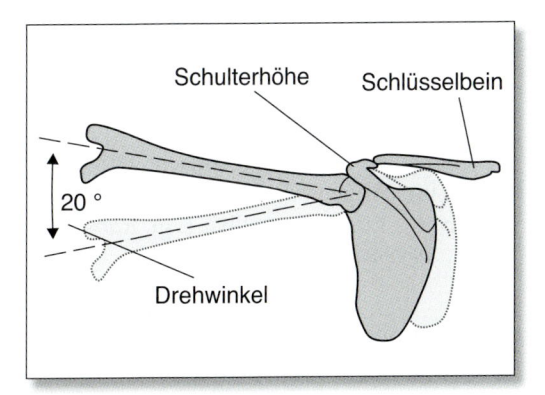

Abb. 70: Lösen des Schulterblattes durch eine unnötige Rotation im Schultergelenk (vgl. Axford 2006, 27)

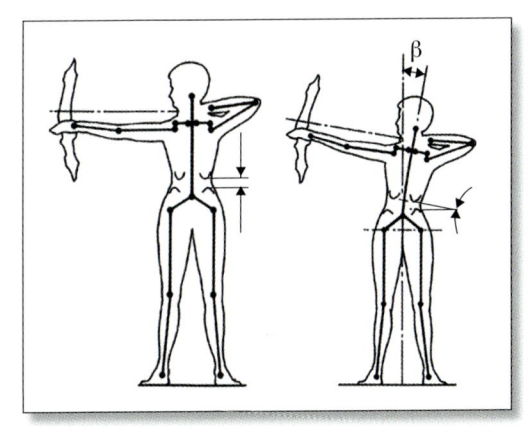

Abb. 71: Oberkörperausrichtung bei höheren Anhaltepunkten durch Rotation im Hüftgelenk (β: Neigungswinkel vgl. Axford 2006, 107)

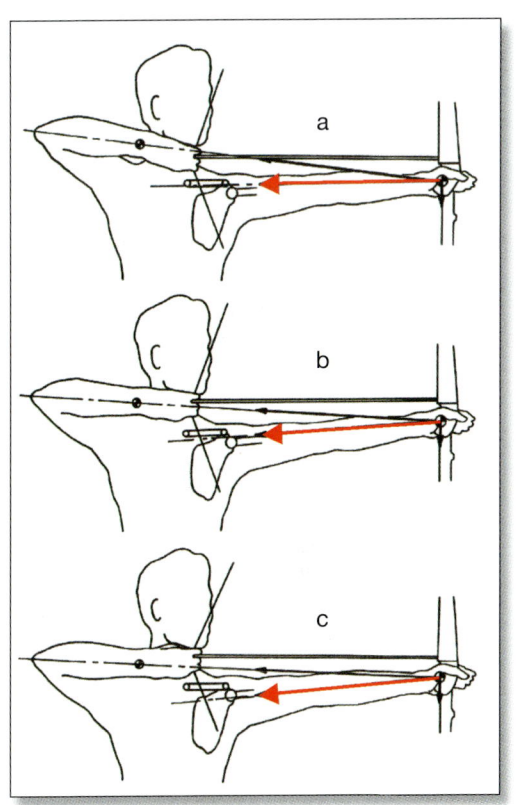

Abb. 72: Funktionale Zusammenhänge zwischen Bogenschulter, Zugarmellbogen, Handgelenk und Zugfingerbelastung: Ein hoher Zugarmellbogen (a) bewirkt bei gleicher Handgelenkstellung eine tiefere Bogenschulter und eine stärkere Belastung des Zugarmzeigefingers, während ein tiefer Zugarmellbogen (c) eine höhere Bogenschulter und eine stärkere Belastung des Mittel- und Ringfingers der Zughand bedingen. Eine optimale Energieübertragung auf den Pfeil scheint in Teilabbildung b gegeben (vgl. Axford 2006, 89)

Zughand und Zugarm

Die Ausführungen von *Park* (2008) und *Axford* (2006, 89) machen deutlich, dass die Positionierung der Bogenschulter wechselseitig auch die Höhe des Zugarmellbogens, die Stellung der Bogenhand sowie die Belastung der Zugfinger bestimmt. Ein flacher Zugarmellbogen beispielsweise bewirkt bei gleicher Handgelenkstellung eine höhere Schulter und eine stärkere Belastung des Mittelfingers der Zughand (Abb. 72c; vgl. auch *Ellison* 1999, 2). Andererseits verlagert ein höherer Zugarmellbogen in der Klickerendphase die Belastung in der Zughand in Richtung Zeigefinger (Abb. 72a) und verschiebt das Schulterblatt auf der Bogenarmseite gleichzeitig nach unten.

Zugarm und Zugschulter

Die Position des Schulterblattes auf der Zugarmseite ist neben der Positionierung der Bogenschulter für *Rabska* (in *Ruis* u. *Stevenson* 2004, 16) die entscheidende Größe für einen stabilen und konstanten Bewegungsablauf, weil beide Schultern – quasi als »Anker« – die Basis für die tatsächliche Auszugslänge des Schützen darstellen.

Als Abschluss der 3. Positionsphase gilt es, das Schulterblatt der Zugarmseite muskulär so zu positionieren, dass optimal, d.h. in ökonomischer und leicht reproduzierbarer Weise, in die Lade- und Transferphase (bzw. 4. Positionsphase) übergeleitet werden kann (s. S. 426 ff.).

Wie Abb. 73 und 74 zeigen, sollte das Schulterblatt der Zugschulter daher bereits zu Beginn der Klickerendphase als Abschluss einer stabilen Ankerposition der Wirbelsäule entsprechend angenähert sein, weil nur dadurch ein entsprechend spitzer Winkel (α) zwischen Zugarm und Zugkraftvektor sichergestellt und somit Kraftquerkomponenten im Lösen minimalisiert werden können (vgl. *Ellison* 1999, 2). Dabei ist in einer tieferen Zugarmschulterblattposition im Allgemeinen ein kürzeres und effektiveres Lösen feststellbar (vgl. *Rabska*, in *Ruis* u. *Stevenson* 2004, 19).

Beachten Sie:
- Die aktuelle Auszugslänge ist erst nach einer optimalen Positionierung der Schulterblätter bzw. der Position des Zugarmes festzulegen.
- Die Position des Zugarmes (Höhe des Ellbogens) ist in Abhängigkeit von der Stellung der Bogenschulter ein Kompromiss aus optimaler Stabilität für den Ankerpunkt und die Schulterblattpositionierung auf der Zugarmseite sowie einem bestmöglichen Einleiten der Lade- und Transferphase.

Atmung

Während des Erreichens der 3. Positionsphase (Ankern) sollte der Schütze (bedingt durch den Überdruck in der Lunge) nur etwa zu zwei Dritteln ausatmen, um auch während längerer Haltephasen entsprechende Sauerstoffspeicher zur Verfügung zu haben und den Körperschwerpunkt abzusenken (s. S. 442).

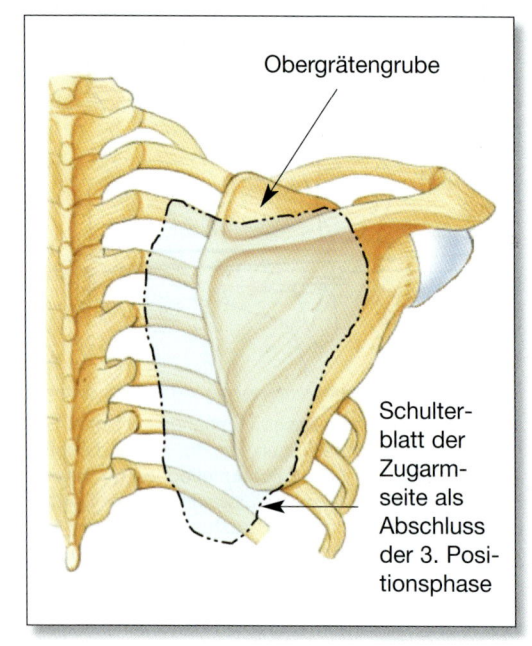

Abb. 73: Schulterblattpositionierung auf der Zugarmseite als Ausgangsposition für eine optimale Lade- und Transferphase

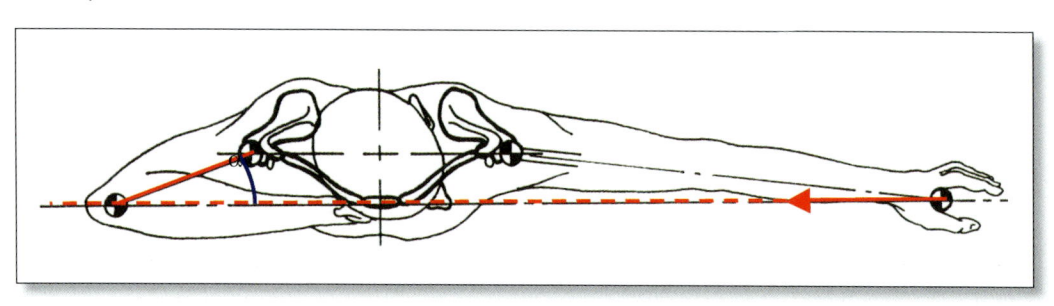

Abb. 74: Positionierung des Zugarmellbogens als Abschluss der 3. Positionsphase: Der Winkel zwischen Oberarm und Zugarm ist zu minimieren. Die Kraftvektoren auf der Bogen- und Zugarmseite liegen im Augenblick des Lösens auf der Pfeilachse (vgl. *Axford* 2006, 79)

Funktionelle Zusammenhänge

In der Grundausbildung ist besonderer Wert auf eine präzise Oberkörperhaltung zu legen (vgl. *Mckinney* 1999, 6; *Rabska*, in *Ruis* u. *Stevenson* 2004, 20; *Park* 2008). *Williams* (1993) spricht hier von der T-Form der Körperhaltung (Abb. 75). In der Trainingspraxis sind deshalb im Hinblick auf das Erkennen und die Beschreibung auftretender Kraftvektoren und Gelenkmomente Betrachtungen von oben (horizontal) und seitlich (vertikal) von großer Bedeutung.

Durch die T-Form in Kombination mit einem parallel geschlossenen Stand kommt es zur geringsten Rotation im Oberkörperbereich: Die Wirbelsäule ist dabei mit einem Bootsmast vergleichbar, der über ein entsprechendes Verspannungssystem senkrecht im Deck (Becken) verankert werden soll. Während des Vollauszuges und Ankerns (Erreichen der 3. Positionsphase) erfährt der Rumpf insbesondere im Schulterbereich eine Anspannung spezieller Muskeln und damit ein Verzurren im Bandapparat. Kleinste Änderungen in der Verspannung an einer Stelle (Drehung, Rotation) erfordern im gesamten restlichen System ein Nachstellen der muskulären »Seilzüge«, d.h. einen ungleichmäßigen bzw. unverhältnismäßigen und damit schwer reproduzierbaren Krafteinsatz (Abb. 75).

Neben der Verspannung im Schulterbereich ist insbesondere im Anfängertraining eine korrekte Beckenstellung zu schulen. Zum Erreichen einer stabilen und aufrechten Körperposition sollte daher das Becken nach hinten gekippt werden (vgl. *Weineck* 2003, 153; Abb. 76).

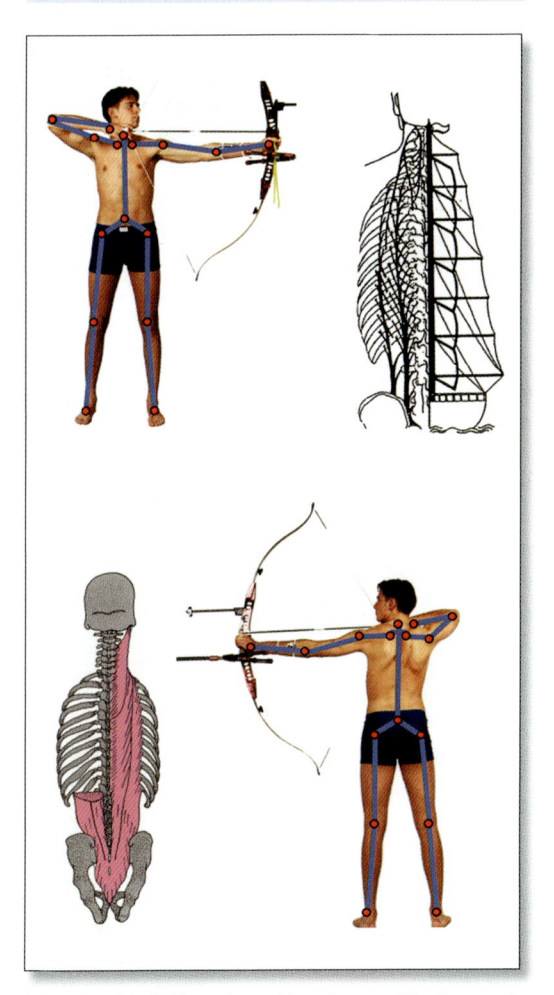

Abb. 75: Die T-Form bzw. Knochenpositionierung in der Front- und Rückenansicht. Das Verspannungssystem der Wirbelsäule ist mit einem Bootsmastmodell vergleichbar (*Weineck* 2008, 130)

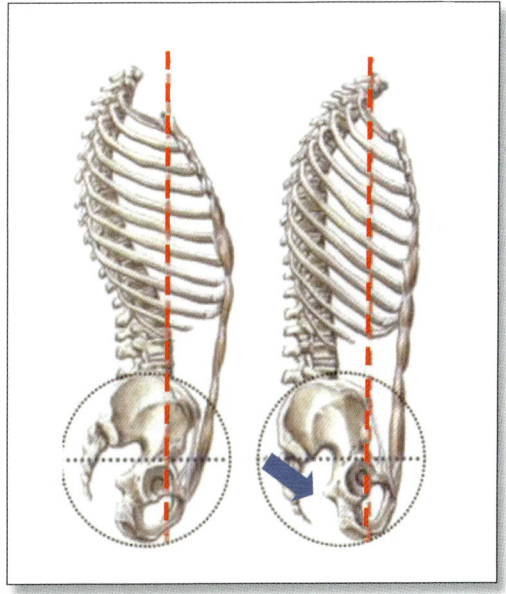

Abb. 76: Kippbewegung des Beckens zum Erreichen einer stabilen und aufrechten Körperposition

Lee und *Benner* (2009, 118) weisen ferner darauf hin, dass eine Schulterblattbewegung bereits beim Übergang von der 2. auf die 3. Positionsphase deutlich erkennbar sein muss (Abb. 77). Nur dadurch ist es möglich, den Zugarm in eine optimale Arbeitsposition zum Erreichen der 4. Positionsphase zu bringen.

4. Positionsphase (Nachhalten)
Im Übergang von der 3. auf die 4. Positionsphase erfolgt die Freigabe des Pfeiles (Lösen) (Abb. 78).

Wie Abb. 79 zeigt, erfolgt die Ausführung der Klickerendphase auf der Zugarmseite durch eine Annäherung des Schulterblattes an die Wirbelsäule. Diese Rotationsbewegung unterhalb der Obergrätengrube findet in vier Phasen statt (s. S. 427):
- Übertragung der Kräfte der Armmuskulatur auf die Rückenmuskulatur (Transfer).
- Laden der Rückenmuskulatur (verstärkte Innervation bzw. Zuschaltung motorischer Einheiten; vgl. *Lee* u. *Benner* 2009, 112).

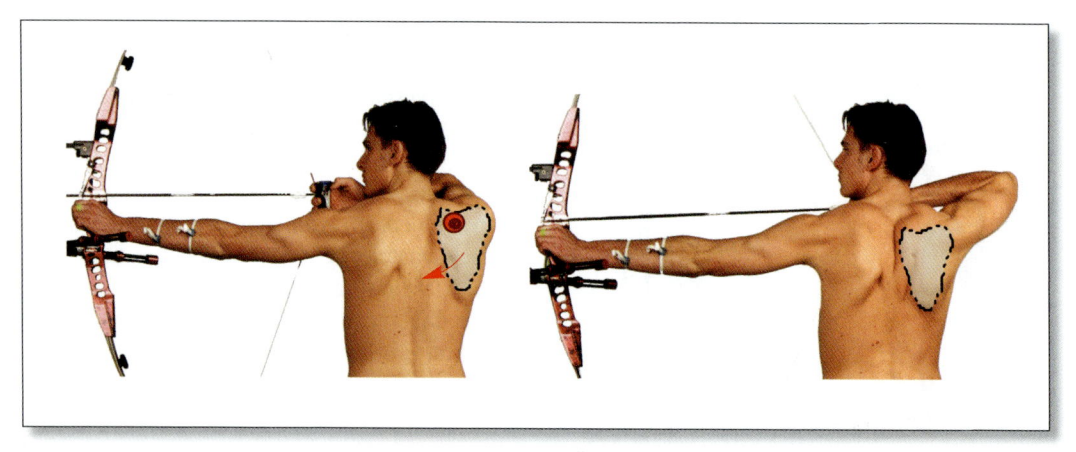

Abb. 77: Schulterblattbewegung auf der Zugarmseite beim Übergang von der 2. auf die 3. Positionsphase zum Erreichen einer optimalen Arbeitsposition für Laden und Transfer (s. S. 427)

Abb. 78: 4. Positionsphase (s. S. 426): Unter Annäherung des Schulterblattes der Zugarmseite an die Wirbelsäule erfolgt das Lösen. Die Zughand sowie der Zugarmellbogen und die Bogenhand gleiten in eine zuvor festgelegte Position (Nachhalten)

- Positionierung des Schulterblattes der Zugarmseite und Halten der Zuglast durch die Rückenmuskulatur (isometrische Kontraktion insbesondere des Kapuzenmuskels).
- Annäherung des Schulterblattes der Zugarmseite an die Wirbelsäule durch eine Rotationsbewegung unterhalb der Obergrätengrube (z.B. Kontraktion der Rautenmuskulatur ohne erhöhten Einsatz beispielsweise des Bizepsmuskels). Dabei bewegt sich das Schulterblatt quasi um die Wirbelsäule herum (Winkelbewegung; vgl. *Lee* u. *Benner* 2009, 114).

Beachten Sie: Im Augenblick des Lösens muss die Richtung des Kraftvektors der Zughand parallel zur Schießrichtung verlaufen. Ein enges Lösen am Hals trägt diesem Umstand Rechnung.

Funktionelle Zusammenhänge
Wie Abb. 80 verdeutlicht, sollten die Schulterblätter im Augenblick des Lösens parallel zum Bogen- und Zugarm verlaufen (*Lee* o. J., 108). Dies bedeutet, dass auch die Zugrichtung (rot) während der Klickerendphase parallel zu diesen Achsen verlaufen muss. Die gleichzeitig parallele Druckerhöhung (Handgelenk und Bogenschulter) ist entgegengesetzt gerichtet.

Konsequenzen für die Trainingspraxis:
- Schulung einer *präzisen Oberkörperhaltung in der Grundausbildung*: Als Bindeglied zwischen Bogen- und Zugarm ist die T-Form entscheidend für konstante Bewegungs- und Kraftverläufe und damit gleichbleibende Gruppierungen (vgl. *McKinney* 1999, 6).
- Korrektur von unterschiedlichen Anhaltepunkten (z.B. beim Feldschießen) durch eine Drehung im Hüftgelenk (und nicht etwa im Schultergelenk).

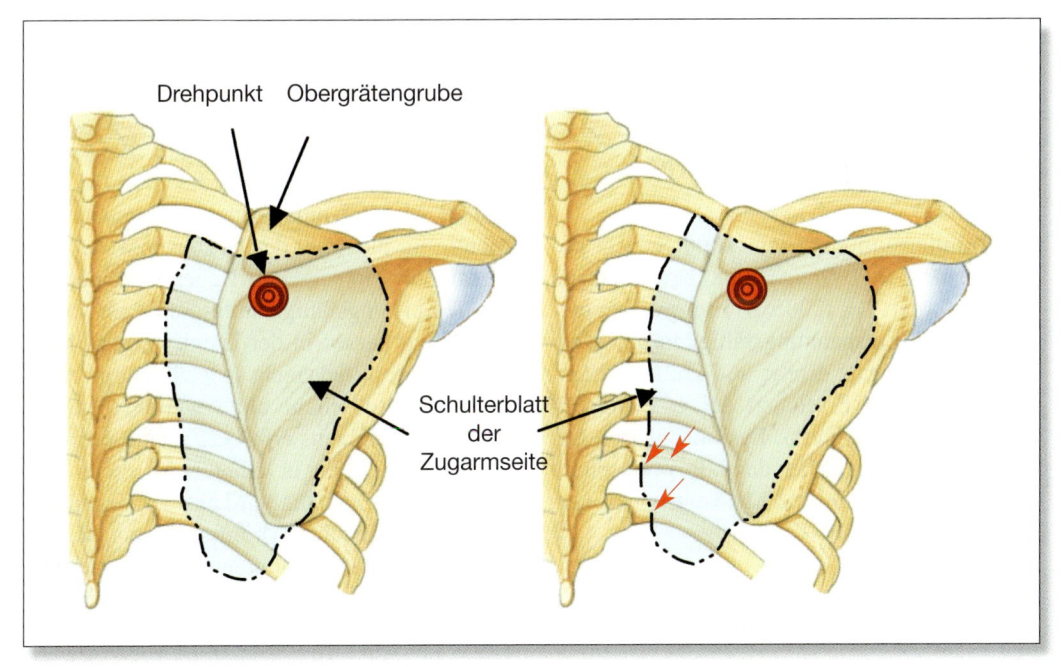

Abb. 79: Positionierung des Schulterblattes als Abschluss der 3. Positionsphase auf der Zugarmseite (*links*) und weitere Annäherung des Schulterblattes an die Wirbelsäule durch eine Rotationsbewegung unterhalb der Obergrätengrube in der Klickerendphase und im Lösen (*rechts*). Das Schulterblatt bewegt sich zudem quasi um die Wirbelsäule herum

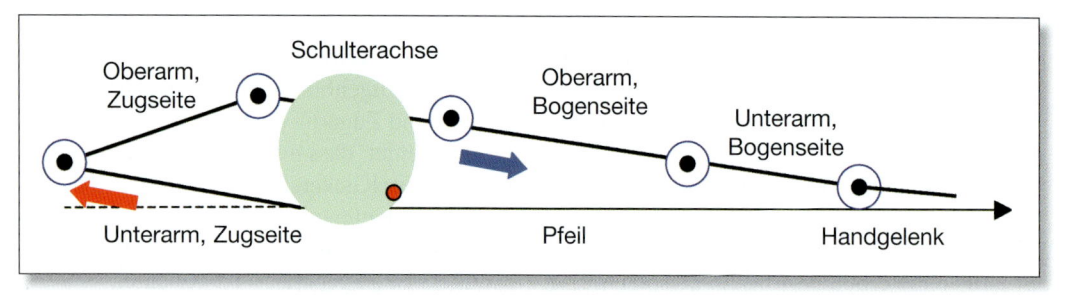

Abb. 80: Schematische Darstellung der Körpersegmente nach der von *Lee* (108, o. J.) propagierten Parallelität von Schulterachse, Unterarm/Zugseite und Bogenarm im Augenblick des Lösens

- Verwendung des geschlossenen und parallelen Standes: Diese Form des Standes gilt ökonomisch als die günstigste, weil kein »Nachstellen« (von Bändern und Muskeln) durch Rotation erforderlich wird.
- Aufnahme von *Kinegrammen* (s. S. 200) bereits im Grundlagentraining: Gelenkbilder determinieren die Momente in den Gelenken bzw. beschreiben die Position der Gelenkpunkte relativ zur Pfeilachse und relativ zueinander. Dabei gilt die folgende Faustregel: Gelenkpunkte möglichst nahe an die Pfeilachse positionieren.

Aktiver Bewegungsapparat

Um Trainingsumfänge von 1000 Schuss pro Tag und mehr (vgl. *Dielen* 2008) bewältigen zu können, fordert *Lee* (2005, 81) neben einer entsprechenden Entspannungsfähigkeit der Muskulatur den Einsatz großer und kräftiger Muskelgruppen zum Erreichen der 1. (Vorspannung), 2. (Set-up) und 3. Positionsphase (Ankern). Erst zum Erreichen der 4. Positionsphase werden fein koordinierte Muskelgruppen vermehrt rekrutiert.

Beteiligtes Muskelkorrelat

Abb. 81 zeigt einen Schützen und das beteiligte Muskelkorrelat während des Schießablaufs aus verschiedenen Perspektiven.

Ein Bogenschütze benötigt insgesamt eine ausreichende Basiskraft bzw. Kraftausdauer der Muskeln der Bogenhand bzw. des Bogenarmes, vor allem der Armstrecker (M. triceps brachii) und Armheber (z.B. M. deltoideus). Aber auch die Handgelenkstrecker und -beuger müssen genügend entwickelt sein, da das Handgelenk der Bogenhand angestellt bzw. gestreckt werden soll, um beim Ausziehen der Sehne den entsprechenden Druck unmittelbar und gerade auf den Unterarm zu übertragen. Eine möglichst hohe Kraft der Armabduktoren (M. deltoideus, M. infraspinatus und supraspinatus) ist wichtig für die Wahl des Bogens bzw. der Stabilisatoren. Ein schwerer Bogen hat einerseits für die Leistungsfähigkeit des Schützen Vorteile (er liegt besser in der Hand, verreißt beim Abschuss des Pfeils nicht so leicht, wird von einem Windstoß nicht ohne weiteres weggedrückt), andererseits erfordert er eine vermehrte Kraft der eben erwähnten Muskeln. Der Oberarm der Zughand wird aus der Vorhalte in die Seithalte geführt (M. infraspinatus, M. deltoideus, M. teres major et minor, M. trapezius), unter Beugung des Ellbogens (M. biceps brachii, M. brachialis, M. brachioradialis). Diese Muskeln sind – ebenso wie die Fingerbeuger (Mm. flexores digitorum superficialis et profundus) – durch ein entsprechendes Training zu kräftigen (vgl. *Weineck* 2008, 348).

Aktiver Bewegungsapparat

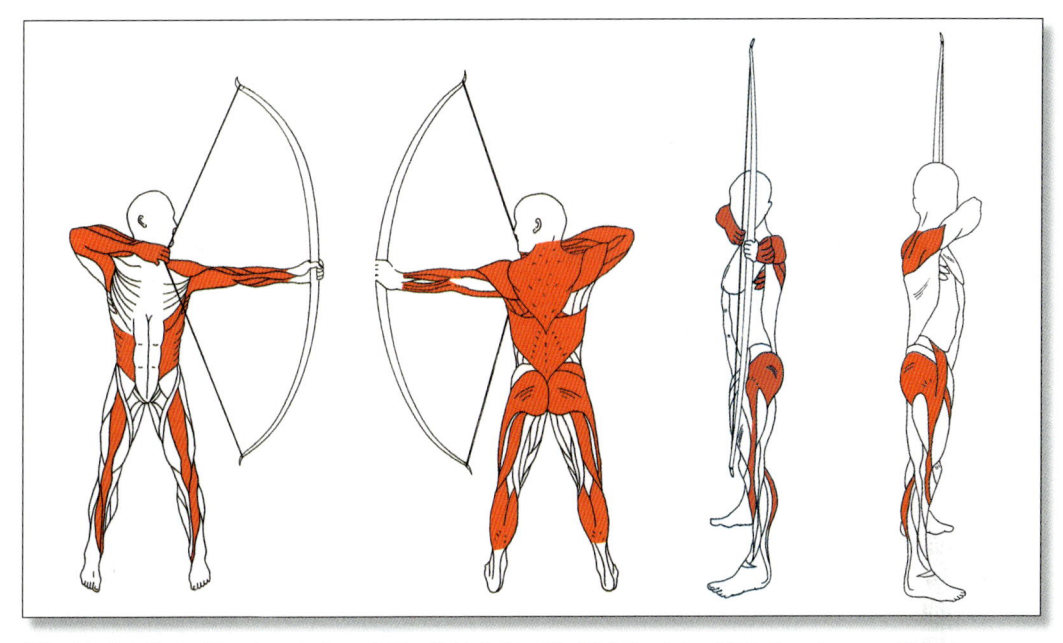

Abb. 81: Beteiligtes Hauptmuskelkorrelat im Schießablauf (seitlich frontal, seitlich dorsal, vorne, hinten)

Um Verdrehungen zu vermeiden und eine aufrechte Körperposition zu erreichen, bedarf es ferner der Schulung der Rumpfmuskeln (M. erector spinae) und Bauchmuskeln sowie der Hüftstabilisatoren (Mm. adductores et abductores; vgl. *Weineck* 2008, 347–348). Abb. 82 macht deutlich, dass sich beispielsweise eine schwach entwickelte Bauchmuskulatur bzw. ein verkürzter Hüftlendenmuskel auf die Becken und Wirbelsäulenstellung auswirkt. Abb. 83 zeigt eine Übersicht über die wichtigsten Muskelgruppen zur Stabilität des Rumpfes.

Beachten Sie: Der Schießvorgang ergibt sich als Summe aller in den entsprechenden Gelenken durchzuführenden Bewegungen, die durch knöcherne, ligamentäre und muskuläre Strukturen bestimmt werden. Die hierbei miteinander verbundenen Strukturen wirken dabei als Einheit mit unterschiedlichen Bewegungs- und Stabilitätsbeiträgen. Einzeln aufgeführte Muskeln müssen daher stets in ihrem komplexen funktionalen Zusammenhang betrachtet werden.

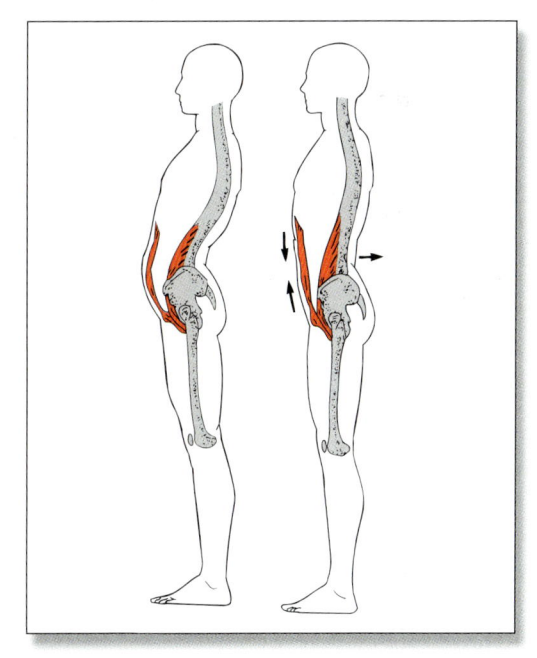

Abb. 82: Auswirkungen einer schwachen Bauchmuskulatur bzw. eines verkürzten Hüftlendenmuskels auf die Becken- und Wirbelsäulenstellung (*links*). Korrektur der Hyperlordosierung im LWS-Bereich durch Kräftigung der Bauchmuskulatur und Dehnung des Hüftlendenmuskels (*rechts*; vgl. *Niethard* u. *Pfeil* 1992)

Tab. 6 gibt eine Zusammenfassung der wichtigsten Muskelgruppen im Bogenschießen sowie ihre spezifische Funktion im Bewegungsablauf.

Zu beachten sind ferner insbesondere die Nackenmuskulatur für die Drehung des Kopfes in Scheibenrichtung (z.B. M. sternocleidomastoideus; Abb. 84) sowie eine entsprechend gekräftigte Muskulatur der Beine im Sinne eines stabilen Standes (z.B. M. glutaeus maximus, M. quadriceps femoris, M. biceps femoris, M. gastrocnemius, M. soleus, M. tibialis anterior).

Abb. 85 führt ferner die wichtigsten Muskelgruppen der unteren Extremität auf.

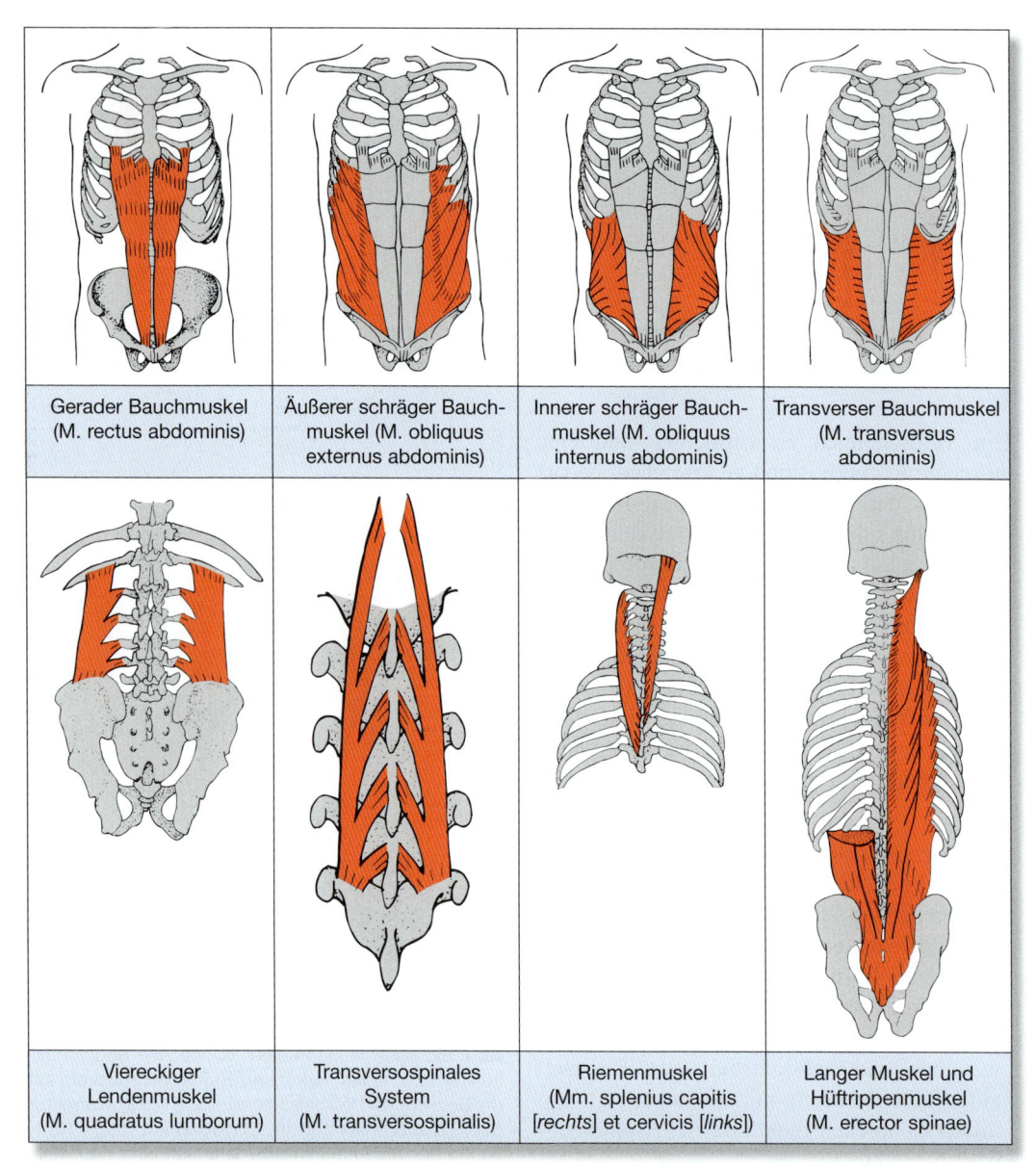

Gerader Bauchmuskel (M. rectus abdominis)	Äußerer schräger Bauchmuskel (M. obliquus externus abdominis)	Innerer schräger Bauchmuskel (M. obliquus internus abdominis)	Transverser Bauchmuskel (M. transversus abdominis)
Viereckiger Lendenmuskel (M. quadratus lumborum)	Transversospinales System (M. transversospinalis)	Riemenmuskel (Mm. splenius capitis [rechts] et cervicis [links])	Langer Muskel und Hüftrippenmuskel (M. erector spinae)

Abb. 83: Ausgewählte Muskulatur des Rumpfes (vgl. *Weineck* 2008, 122 ff.)

Aktiver Bewegungsapparat

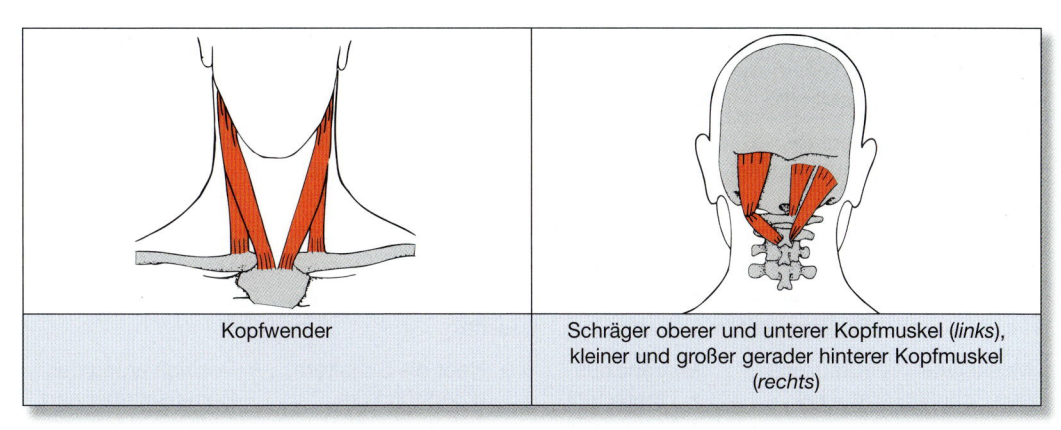

Kopfwender	Schräger oberer und unterer Kopfmuskel (*links*), kleiner und großer gerader hinterer Kopfmuskel (*rechts*)

Abb. 84: Ausgewählte Muskulatur, die auf die Kopfstellung einwirken (vgl. *Weineck* 2008, 131 ff.)

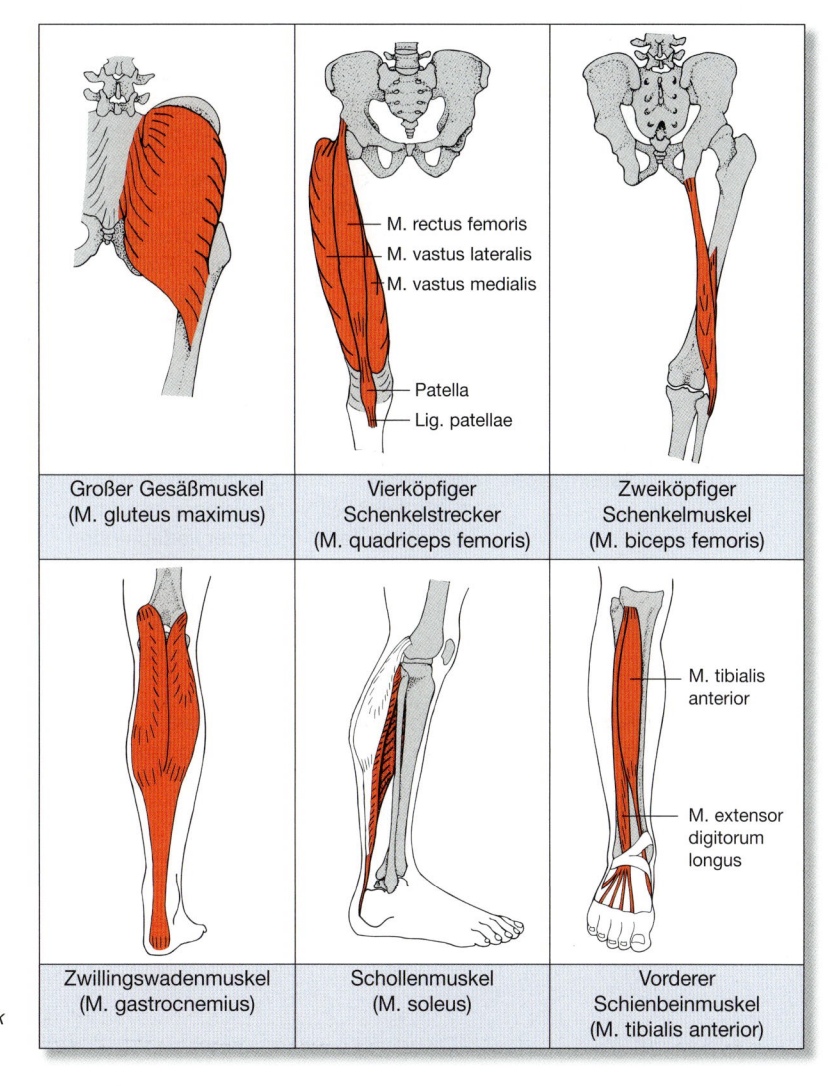

Großer Gesäßmuskel (M. gluteus maximus)	Vierköpfiger Schenkelstrecker (M. quadriceps femoris)	Zweiköpfiger Schenkelmuskel (M. biceps femoris)
Zwillingswadenmuskel (M. gastrocnemius)	Schollenmuskel (M. soleus)	Vorderer Schienbeinmuskel (M. tibialis anterior)

Abb. 85: Wichtigste Muskelgruppen der unteren Extremität (vgl. *Weineck* 2008, 229 f. und 268 f.)

Muskel-gruppe	Muskel-bezeichnung (deutsch)	Muskelbezeichnung (lateinisch)	Funktion (allgemein)	Bogenschießspezifische Hauptfunktion
Bauch-muskulatur	Gerader Bauchmuskel	M. rectus abdominis	Zieht den Rumpf nach vorne bzw. hebt das Becken	Stabile und aufrechte Körperhaltung
	Äußerer und innerer schräger Bauchmuskel	M. obliquus externus et internus abdominis	Neigt und dreht den Rumpf (synergistisch jeweils mit der Gegenseite)	Kippbewegung des Oberkörpers bei Entfernungswechseln
Muskulatur des Schultergürtels	Kapuzenmuskel	M. trapezius • Oberer Teil • Mittlerer Teil • Unterer Teil	• Hebt die Schultern, unterstützt die Schulterblattdrehung • Nähert die Schulterblätter der Wirbelsäule, Seitrückführen der Arme • Senkt die Schultern	• Positionierung der Bogenschulter und insbesondere der Schulterblätter • Großräumige Zugbewegung, *Vollauszug* • Positionierung der Bogenschulter
	Großer und kleiner Rautenmuskel	M. rhomboideus major et minor	• Ziehen das Schulterblatt nach oben zur Wirbelsäule • Großer Rautenmuskel dreht unteren Schulterblattwinkel (Antagonist zum vorderen Sägemuskel)	Kleinräumige Zugbewegung in der Klickerendphase
	Vorderer Sägemuskel	M. serratus anterior • Mittlerer Teil • Unterer Teil	• Fixiert das Schulterblatt am Rumpf • Antagonist zum quer verlaufenden Trapezmuskel • Zieht den unteren Schulterblattwinkel nach vorne	Schiebt den Bogenarm in Richtung Scheibe
	Kleiner Brustmuskel	M. pectoralis minor	Senkt den Schultergürtel	• Positionierung der Bogenschulter • Unterstützung der Druckbewegung des Bogenarmes

Tab. 6: Übersicht über die wichtigsten Muskelgruppen im Bogenschießen sowie ihre spezifische Funktion im Bewegungsablauf (Fortsetzung auf den nächsten Seiten)

Muskel-gruppe	Muskel-bezeichnung (deutsch)	Muskelbezeich-nung (lateinisch)	Funktion (allgemein)	Bogenschießspezi-fische Hauptfunktion
Muskulatur des Schulter-gelenks	Deltamuskel	M. deltoideus • Vorderer Teil • Mittlerer Teil • Hinterer Teil	• Hebt den Arm nach vorne • Hebt den Arm zur Seite • Hebt den Arm nach hinten	• Rotationsbewegung des Zugarmes • Anheben und Hal-ten des Zugarmes • Anheben und Posi-tionierung des Zug- und Bogenarms • Anheben und Hal-ten des Zugarmes
	Obergräten-muskel	M. suraspinatus	Abduktion des Armes und Unterstützung des Deltamuskels	s. Deltamuskel • Zentrierung des Bogenarmes im Schultergelenk • Unterstützt die Zugbewegung
	Untergräten-muskel	M. infraspinatus • Oberer Teil • Unterer Teil	Stärkste außen-rotatorische Kraftentwicklung • Armabduktion • Armadduktion	• Zentrierung des Bogenarmes im Schultergelenk • Dreht und fixiert den Ellbogen des Bogenarmes nach innen • Unterstützt die Zug-bewegung
	Unterschulter-blattmuskel	M. subscapu-laris	Rollt den Arm nach innen und zieht den erhobenen Arm nach unten	Zentrierung des Bogenarmes im Schultergelenk
	Breiter Rückenmuskel	M. latissimus dorsi	• Dreht den herab-hängenden Arm nach innen • Adduziert den in der Seithalte befind-lichen Arm	• Unterstützt die Drehbewegung im Ellbogen des Bogenarmes und verhindert eine hohe Schulter • Unterstützt die Zug-bewegung
	Kleiner Rund-muskel	M. teres minor	Adduziert den Ober-arm, rollt ihn nach außen und zieht den erhobenen Arm nach unten hinten	• Steuert (zusammen mit dem M. teres major) die Drehbe-wegung im Ellbo-gengelenk des Zug-armes • Zentrierung des Bogenarmes im Schultergelenk

Tab. 6: Fortsetzung

2. Positionsphase (Set-up)

Unter Set-up versteht man das Anheben des Bogens in eine für den Schützen günstige Position zum Einleiten des Vollauszuges (s. S. 398).

Bogenarmseite: Zum Erreichen der 2. Positionsphase werden der gestreckte Bogenarm in die Seithalte geführt (z.B. M. triceps brachii, M. deltoideus) und das Schulterblatt auf der Bogenarmseite stabilisiert (M. serratus anterior). In Abhängigkeit von der zugrunde liegenden Schießtechnikvariante (s. S. 209 und 431) wird unter Umständen bereits in dieser Phase die Bogenschulter insbesondere durch den kleinen Brustmuskel (M. pectoralis minor; Abb. 92) nach innen geführt (Abb. 64).

Zugarmseite: Der Zugarm behält seine Beugung bei (M. biceps brachii, M. brachialis, M. brachioradialis) und wird in die Horizontale angehoben (M. deltoideus, M. supraspinatus; Abb. 93 und 94), während die Finger- und Handgelenkmuskulatur die Spannung hält (Abb. 95).

Beachten Sie: Der Rautenmuskel (M. rhomboideus major et minor) und der Trapezmuskel (M. trapezius) sollten in dieser Phase als Antagonisten weitgehend entspannt bleiben, weil dadurch eine Schulterblattbewegung auf der Bogenarmseite in Richtung Wirbelsäule vermieden werden kann (vgl. FITA 2009, 6)

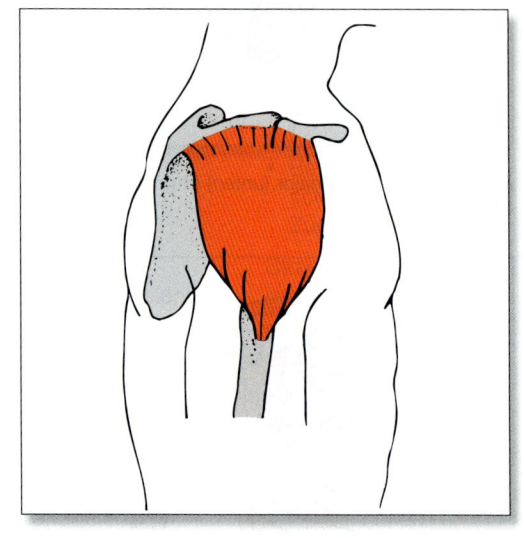

Abb. 93: M. deltoideus (vgl. *Weineck* 2008, 148)

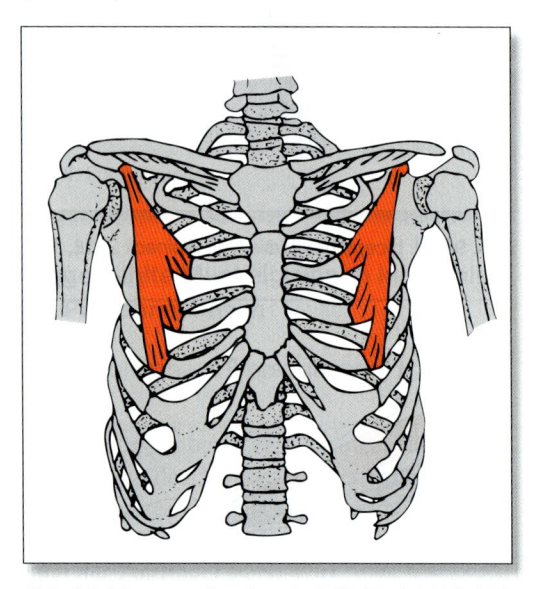

Abb. 92: M. pectoralis minor (vgl. *Weineck* 2008, 143)

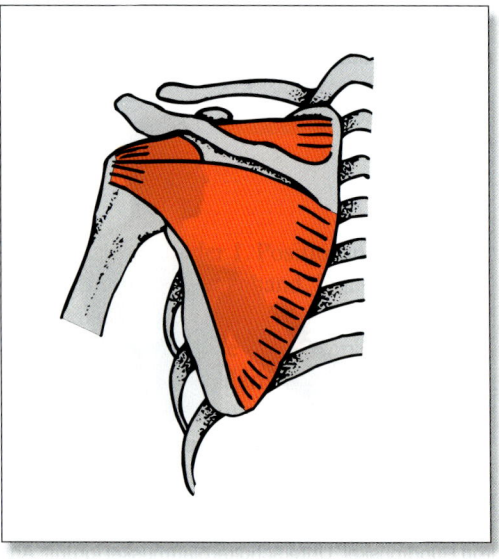

Abb. 94: Mm. supraspinatus (*oben*) et infraspinatus (*unten*; vgl. *Weineck* 2008, 151)

Aktiver Bewegungsapparat

Abb. 95: Erreichen der 2. Positionsphase aus der Rückenansicht: Anheben von Bogen- und Zugarm

Erreichen der 3. Positionsphase (Vollauszug)

> Unter Vollauszug versteht man die Bewegung, bei der die Zughand zum Anker gebracht wird. Die Bogenarmseite muss dabei stabil bleiben (s. S. 413).

Bogenarmseite: Die gesamte Bogenarmseite wird in einer stabilen Position gehalten. Dabei erhöhen insbesondere der vordere Sägemuskel und der Trizepsmuskel ihre Spannung, ohne sich zu verkürzen.

Zugarmseite: Zum Erreichen der 3. Positionsphase wird der Oberarm der Zughand unter Beugung des Ellbogens (M. biceps brachii, M. brachialis, M. brachioradialis) aus der Vorhalte in die Seithalte geführt (M. infraspinatus, M. deltoideus, M. teres major et minor, M. trapezius, M. rhomboideus). Anschließend wird der gespannte Bogen im so genannten Anker (s. S. 415) kurzzeitig gehalten (Abb. 96; S. 416).
Abb. 97–99 machen deutlich, dass vor allem zu Beginn des Vollauszugs der hintere Deltamuskel und der untere Teil des Kapuzenmuskels am stärksten aktiviert sind, während die EMG-Amplitude des M. biceps (Abb. 99) innerhalb des Vollauszugs auf relativ konstantem Niveau bleibt.

Abb. 96: Erreichen der 3. Positionsphase aus der Rückenansicht: Der Oberarm der Zughand wird unter Beugung des Ellbogens aus der Vorhalte in die Seithalte geführt. Das Schulterblatt der Bogenarmseite wird in einer stabilen Position zur Wirbelsäule gehalten

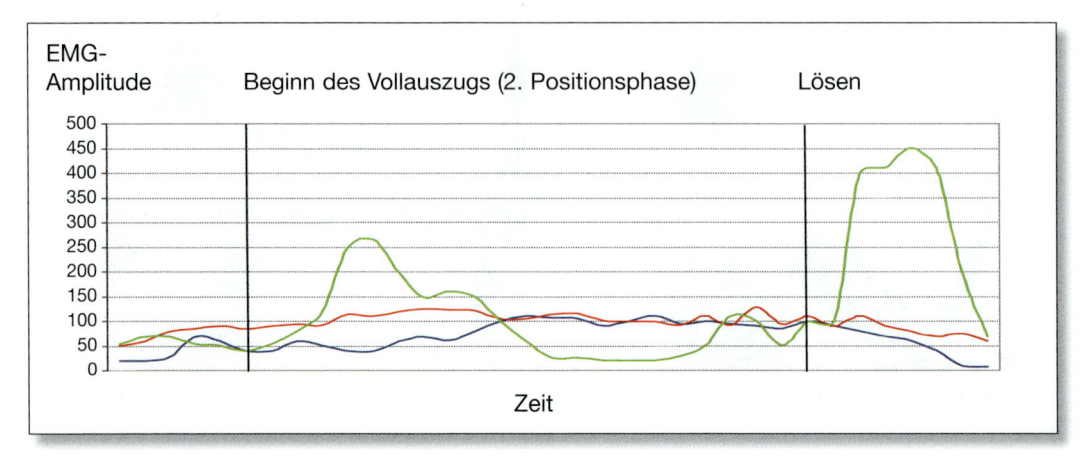

Abb. 97: EMG-Amplituden der unteren (*grün*), mittleren (*rot*) und oberen (*blau*) Anteile des Trapezmuskels während des Schießablaufs (vgl. *Lee* 2005, 94 f.)

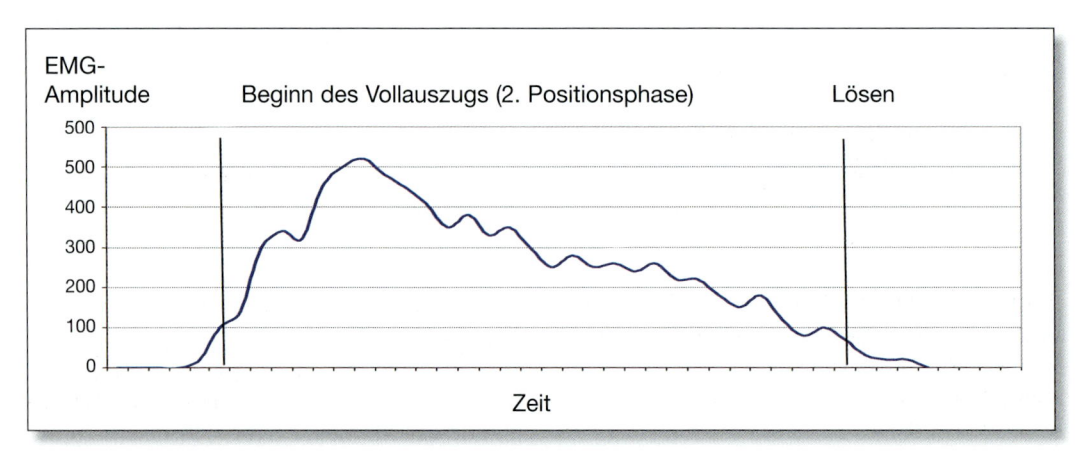

Abb. 98: EMG-Amplitude des M. deltoideus posterior während des Schießablaufs (vgl. *Lee* 2005, 93)

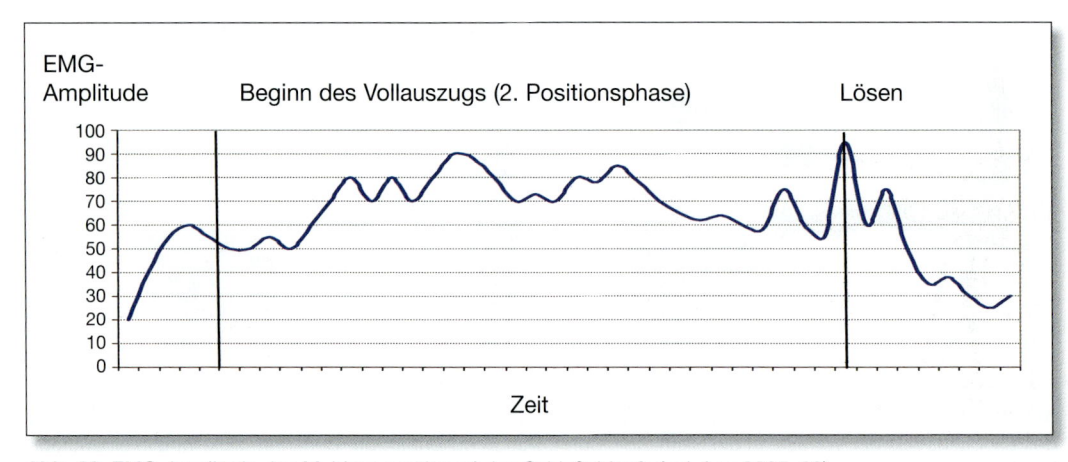

Abb. 99: EMG-Amplitude des M. biceps während des Schießablaufs (vgl. *Lee* 2005, 93)

Das Erreichen der 3. Positionsphase (Ankern; Abb. 100) basiert auf dem Zusammenspiel einer Vielzahl unterschiedlicher Muskeln.

Zugarmseite:
- *Kapuzenmuskel:* Er führt die Zughand seitlich zurück, nähert das Schulterblatt der Wirbelsäule an und verlagert damit das Schulterblatt nach hinten, wodurch die Zugrichtung vorgegeben wird.
- *Bizepsmuskel:* Er beugt den Zugarm und führt die Zughand an das Kinn.
- *Deltamuskel (mittlerer Teil):* Er legt die Position des Zugarmellbogens fest.
- *Rautenmuskel:* Er führt das Schulterblatt in Richtung Wirbelsäule (Abb. 73).

Bogenarmseite:
- *Deltamuskel (hinterer Teil):* Er hält den Arm in der Seithalte und führt den erhobenen Zugarm um das Schultergelenk nach hinten (*Zipp* 1979, 290).
- *Trizepsmuskel:* Er hält den Bogenarm gestreckt.

Abb. 101 zeigt zusammenfassend den an der Zug- und Druckarbeit veränderten Einsatz beteiligter Muskulatur zum Erreichen der 3. Positionsphase. Das Schulterblatt der Zugarmseite wird dabei der Wirbelsäule unter anderem durch den Trapezmuskel immer mehr angenähert, während die Bogenschulter vor allem durch den Deltamuskel stabilisiert wird.

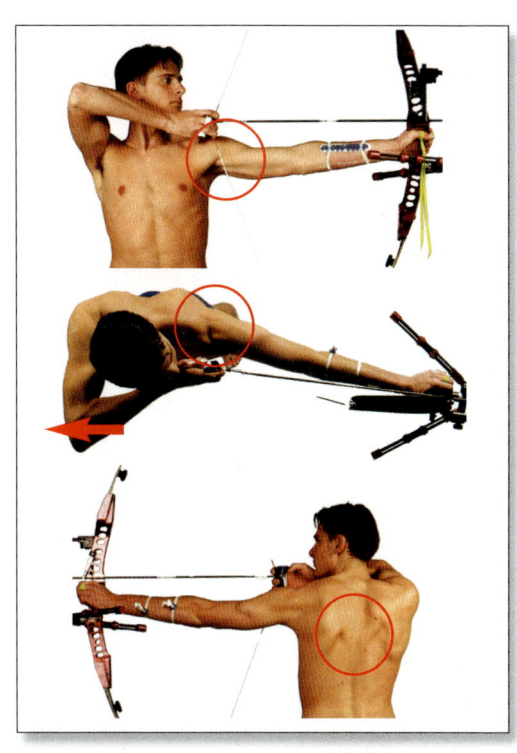

Abb. 100: Erreichen der 3. Positionsphase (Ankern) durch erhöhte Aktivität des mittleren Trapezmuskels (*unten*) und des hinteren Teils des Deltamuskels (*oben* und *Mitte*) aus verschiedenen Perspektiven

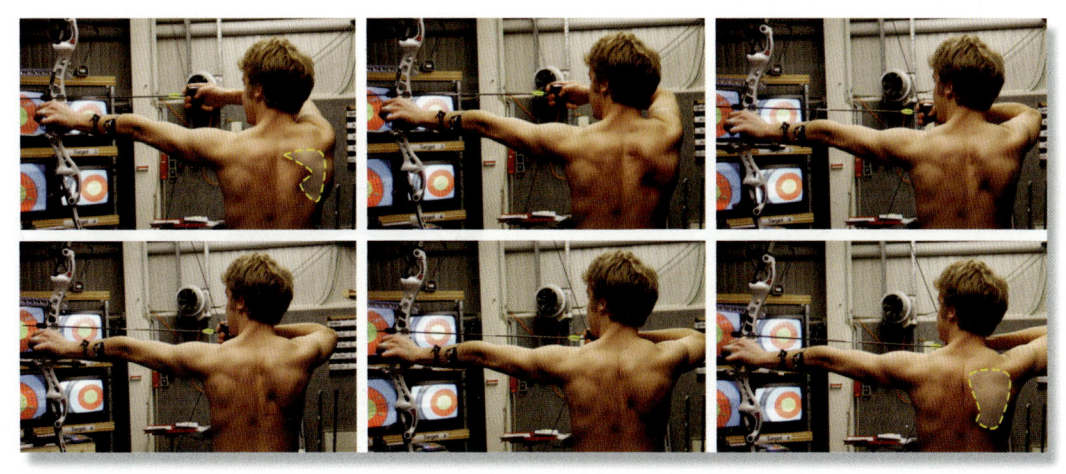

Abb. 101: Veränderter Einsatz beteiligter Muskulatur an der Druck- und Zugarbeit im Vollauszug (3. Bewegungsphase; vgl. *Kim* 2008, 26)

3. Positionsphase (Ankern)

> Unter Ankern versteht man den Abschnitt des Bewegungsablaufs, bei dem die Zughand am bzw. unter dem Kinn positioniert wird (s. S. 410).

Die Muskeln haben während der 3. Positionsphase (Ankern) folgende Hauptaufgaben zu lösen:
- Die Schulterblätter in einer stabilen, aber – durch entsprechende Freiheitsgrade – arbeitsfähigen Position zu halten (Abb. 102): Als Vorbereitung auf eine gleich bleibende Auszugslänge sowie für das Laden und den Transfer (s. S. 427) muss der Schütze – je nach Technikvariante – in der Lage sein, das Schulterblatt des Bogenarmes nach vorne zu führen bzw. den Druck auf der Bogenarmseite entsprechend dem Zug auf der Zugarmseite zu erhöhen. Gleichzeitig muss das Schulterblatt auf der Zugarmseite der Wirbelsäule stetig angenähert werden können (Abb. 428).
- Die Bogenschulter zu fixieren: Die Rotatorenmanschette (Mm. teres major et minor, Mm. supra- et infraspinatus, M. subscapularis) hat insbesondere die Aufgabe, den Gelenkkopf des Oberarms in der Schultergelenkspfanne (Cavitas glenoidalis) zu zentrieren (Abb. 63).

Die größten Anstiege der elektrischen Aktivität treten bei den untersuchten Muskeln insgesamt im rechten Deltamuskel auf, gefolgt vom linken Deltamuskel und den beiden Kapuzenmuskeln (Abb. 103 bzw. Abb. 104). Der Kapuzenmuskel verlagert dabei seine Aktivität auf der Zugarmseite relativ gleichmäßig auf seine jeweiligen Anteile (Abb. 105). Gleichzeitig nimmt seine Aktivität sowohl auf der Zugarm- als auch auf der Bogenarmseite stetig zu (Abb. 103). Dies erlaubt den Schluss, dass im Rahmen der Expansionstechnik (Technikvariante, s. S. 431) während des Erreichens der 3. Positionsphase (Vollauszug und Ankern) beide Schulterblätter in Richtung Wirbelsäule bewegt werden können.

> *Beachten Sie:* Im Rahmen der Methodik der Schießtechnik auf der Basis der Positionsphasen (s. S. 366) sollte nach dem Erreichen der 2. Positionsphase (Set-up) die Position des Schulterblattes auf der Bogenarmseite in Bezug zur Wirbelsäule nicht mehr verändert werden.

Die Regressionsgeraden in Abb. 104 machen ferner deutlich, dass es bei zu langen Halte- bzw. Zielzeiten zu einer zu starken Aktivitätszunahme verschiedener Anteile des Deltamuskels sowie beider Teile des Trapezmuskels kommt, was insbesondere zu koordinativen Schwierigkeiten (z.B. Druck-Zug-Koordination) führen kann. Dies bestätigt auch *Heller* (2004, 45), der zeigen konnte, dass größere mittlere Haltefenster mit höheren Aktivitäten des mittleren Kapuzenmuskels (Medianfrequenz) einhergehen (50 Datensätze, Abb. 107). Überraschend hoch ist die Beanspruchung des nicht an der Zugschlinge beteiligten oberen Teils des rechten Deltamuskels. Dies ist jedoch nicht Ausdruck der Ermüdung, sondern Folge einer übergreifenden Innervation des hoch beanspruchten hinteren Teils des Deltamuskels (*Zipp* 1979, 293).

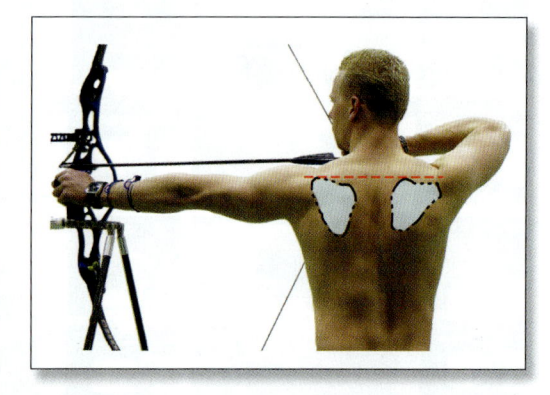

Abb. 102: 3. Positionsphase aus der Rückenansicht: Der Schütze hält die Schulterblätter in einer stabilen Position auf gleicher Höhe und bereitet Laden und Transfer vor (s. S. 427)

Aktiver Bewegungsapparat

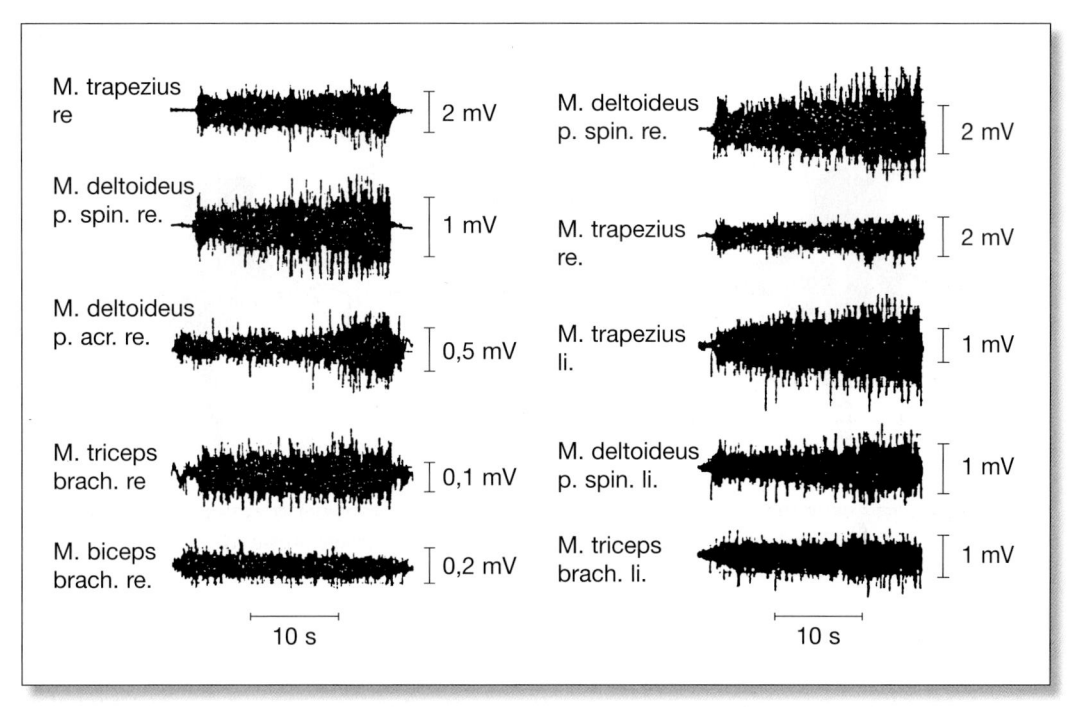

Abb. 103: EMG-Verläufe verschiedener Muskeln auf der Zugarmseite während eines langen Haltens des ausgezogenen Bogens (vgl. *Zipp* 1979, 292)

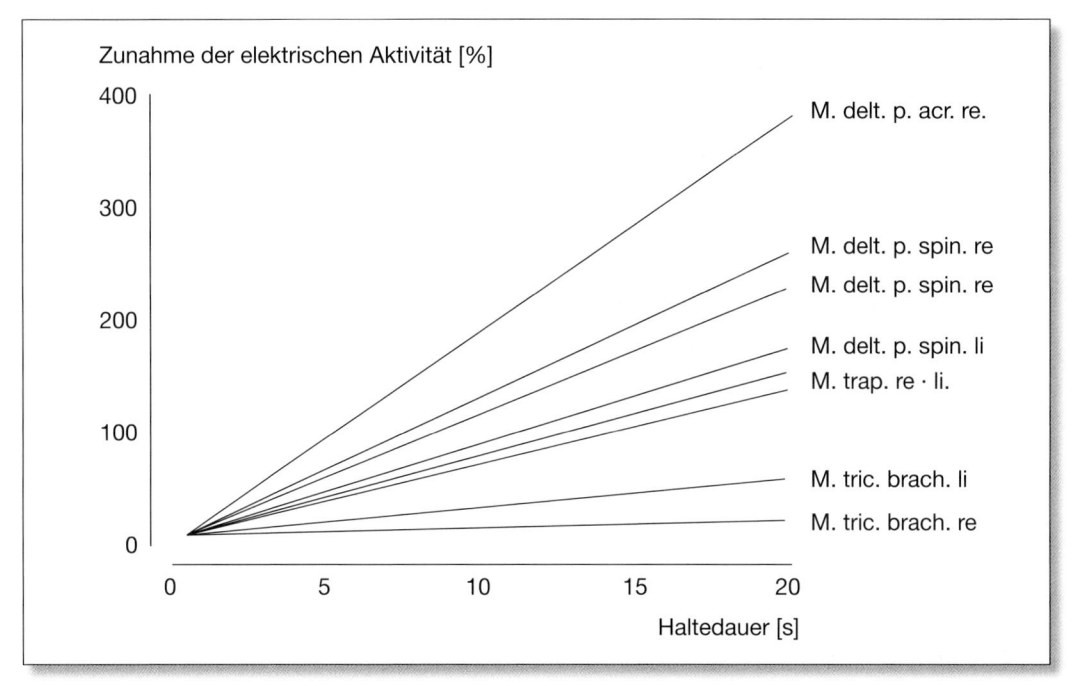

Abb. 104: Regressionsgeraden des Verlaufs der elektrischen Aktivität verschiedener Muskeln der Zug- und Druckbewegung während des Haltens des ausgezogenen Bogens (*Zipp* 1979, 293)

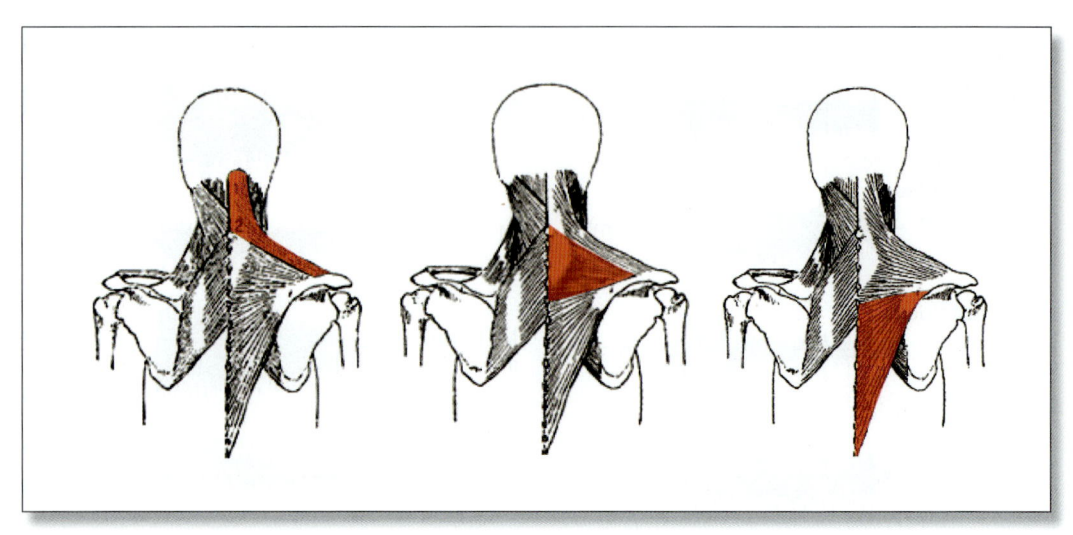

Abb. 105: Verschiedene Anteile des Trapezmuskels: oberer Anteil (*links*), mittlerer Anteil (*Mitte*) und unterer Anteil (*rechts*). Innerhalb der 3. Positionsphase werden die einzelnen Anteile unterschiedlich rekrutiert

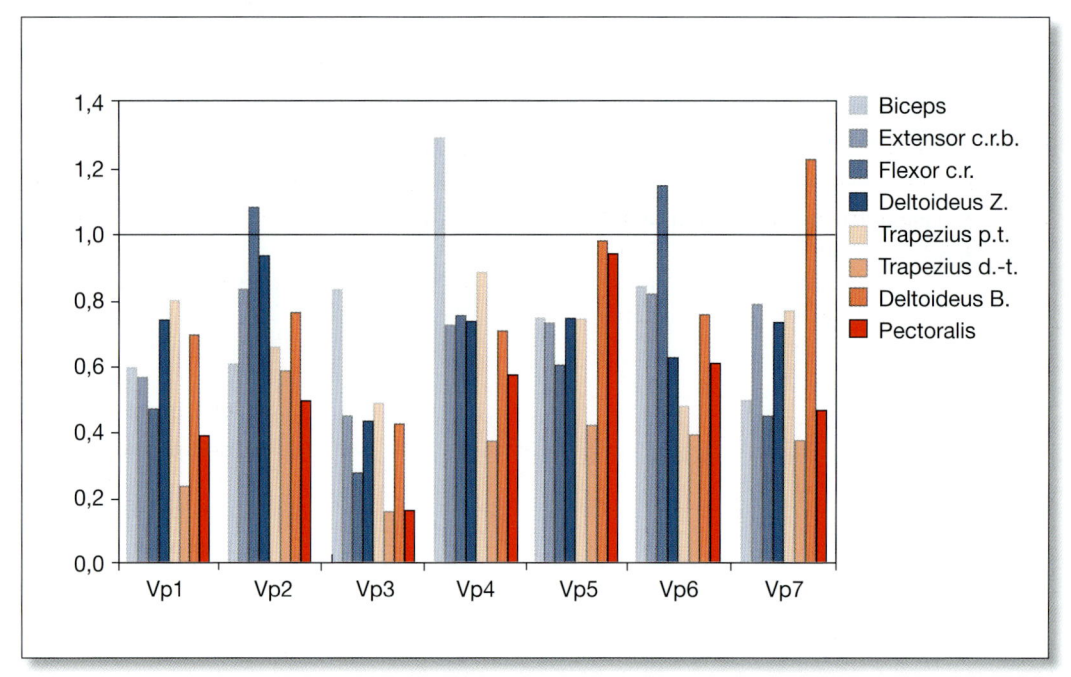

Abb. 106: Verhältnis der integrierten EMG-Ableitungen beim realen Schießen zu den integrierten EMG-Ableitungen der willkürlich erzeugbaren Maximalkraft in Schussauslage für sieben Versuchspersonen (vgl. *Edelmann-Nusser* 1999, 49). Werte größer 1 bedeuten, dass die Kräfte im entsprechenden Muskel größer sind als beim Maximalkrafttest (s. S. 315)

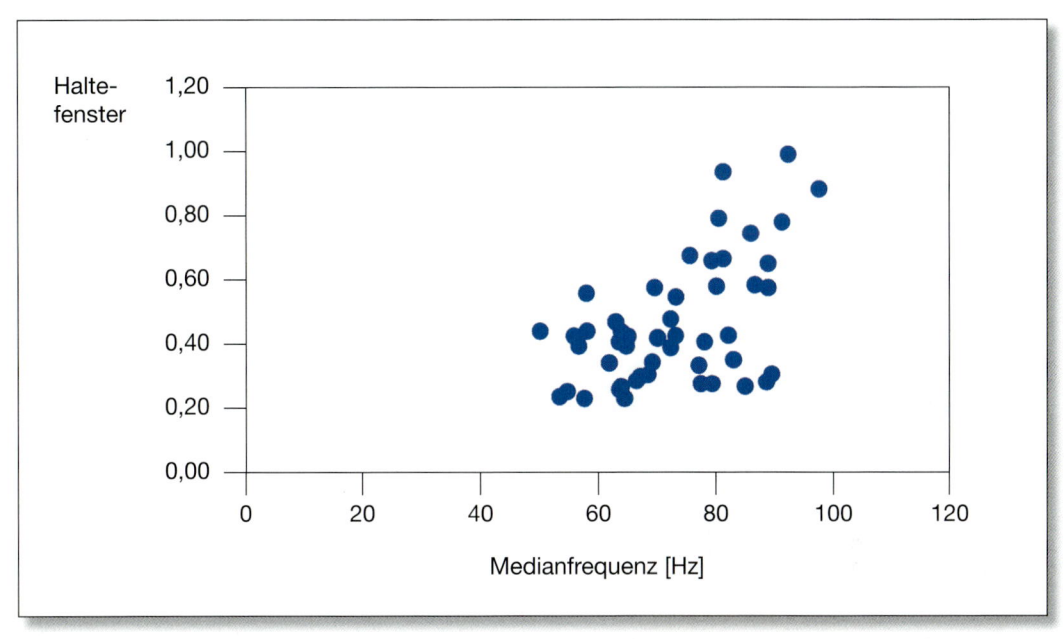

Abb. 107: Korrelationsdiagramm für die mittleren Haltefenster (Standardabweichung in Ringen) und mittlere Medianfrequenz: höhere Muskelaktivitäten bedingen größere Haltefenster (vgl. *Heller* 2004, 45)

Bereits in dieser Phase des Ankerns soll nach Ansicht zahlreicher Spitzenschützen (vgl. *Garnreiter*, *Haidn-Tschalova*) das Halten der Position des Zugarmellbogens in einer angehobenen Schulterblattstellung durch den Trapezmuskel übernommen werden. Das Verhältnis der integrierten EMG-Ableitungen variiert interindividuell allerdings muskelspezifisch, was insbesondere im Vergleich unterschiedlicher Leistungskategorien deutlich wird (Abb. 106). Daraus lässt sich folgern, dass unterschiedliche Schützen in entsprechenden konditionellen Verfassungen ihre Muskeln anteilsmäßig relativ unterschiedlich einsetzen (vgl. auch *Clarys* et al. 1990, 25).

Von besonderer Bedeutung für das Ankern (innerhalb der 3. Positionsphase; vgl. Abb. 96) sind ähnlich dem Vollauszug, allerdings mit unterschiedlicher Innervationscharakteristik einzelner Teilbereiche, die folgenden Muskeln (Abb. 108; vgl. *Weineck* 2008, 347 ff.; *Ellison* 1999a, 2 und 5; FITA 2009, 6ff.):

Zugarmseite:
- *Kapuzenmuskel:* Der mittlere quer verlaufende Teil nähert das Schulterblatt der Wirbelsäule an.
- *Bizepsmuskel:* Er stabilisiert die Zughand an das Kinn.
- *Deltamuskel:* Er behält die Position des Zugarmellbogens bei.
- *Oberarmspeichenmuskel:* Er hält den Zugarm gebeugt.
- *Rautenmuskel:* Er positioniert das Schulterblatt in seinem Abstand zur Wirbelsäule (s. Abb. 113 und 114).

Bogenarmseite:
- *Deltamuskel* (hinterer Teil): Er hält den Arm in der Seithalte und stabilisiert die Bogenschulter.
- *Trizepsmuskel:* Er fixiert den Bogenarm in einer gestreckten Haltung.
- *Kapuzenmuskel:* Er hält das Schulterblatt an der Wirbelsäule.

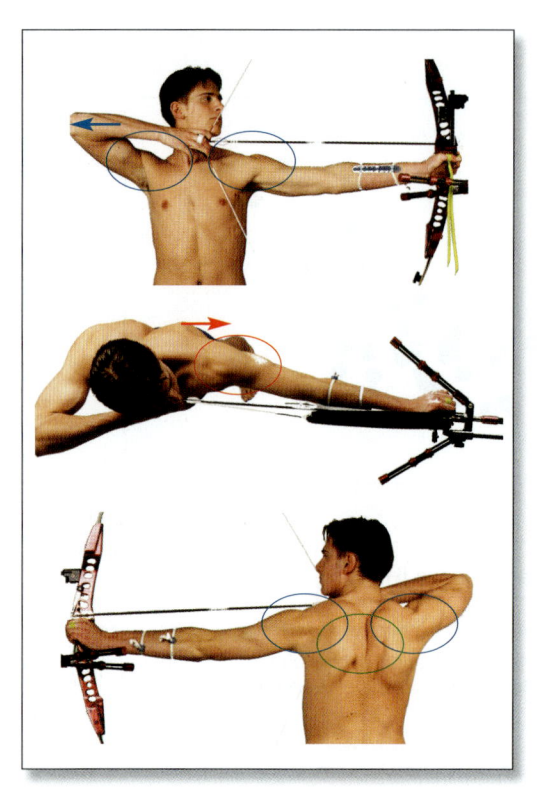

Abb. 108: Ankern durch erhöhte Aktivität des Trapezmuskels (*grün*), Trizepsmuskels (*rot*) und Teilen des Deltamuskels (*blau*) aus verschiedenen Perspektiven

Beachten Sie: In der 3. Positionsphase wird das Zuggewicht des Bogens zu etwa 90% mithilfe der Rückenmuskulatur gehalten. Um ein reflexfreies Lösen zu gewährleisten, entfallen daher nur etwa 10% auf die Finger- und Handmuskulatur (vgl. *Lee* u. *Benner* 2009, 105).

Erreichen der 4. Positionsphase (Klickerendphase)

Die 4. Positionsphase äußert sich in einer konstanten Zughandposition, einem stabilen Schulterblatt auf der Zugarmseite sowie einer konstanten Bogenarmstellung. Erreicht wird die 4. Position (Nachhalten) insbesondere durch das Laden, den Transfer und das Lösen innerhalb der Klickerendphase.

Laden und Transfer

Unter der Klickerendphase versteht man die Druckerhöhung des Bogenarmes sowie die Zugbewegung der Zughand während des Ankers bis hin zum Lösen (Abb. 109).

Die Klickerendphase gilt als der entscheidende Abschnitt des Bewegungsablaufs im Bogenschießen, weil am Ende dieser Phase die Freigabe des Schusses erfolgt, sich Fehler nicht mehr korrigieren lassen und sich dadurch unmittelbar auf die Treffgenauigkeit auswirken.

In der Klickerendphase wird die minimale Zug- und Druckarbeit (maximal 2 mm Klickerarbeit) durch eine Aufrechterhaltung des Kräftegleichgewichts auf Zug- und Bogenarmseite gesteuert. Dabei erfolgt eine Druckerhöhung des Bogenarmes (in Richtung Scheibe) bei gleichzeitiger Rotation des Ellbogens um das Schulterge-

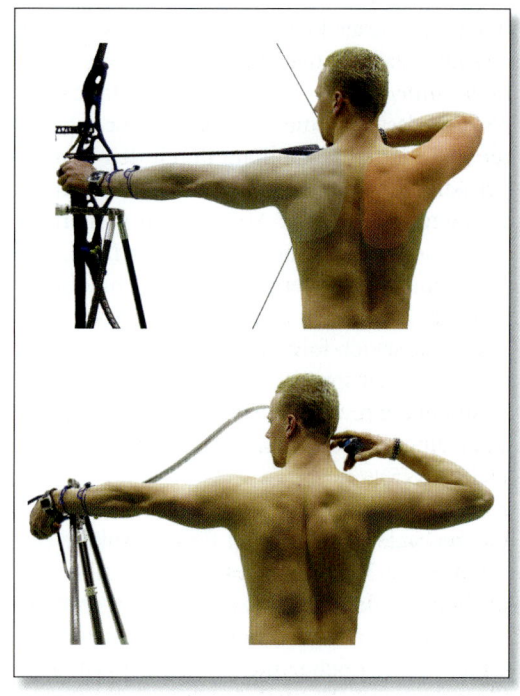

Abb. 109: Erreichen der 4. Positionsphase aus der Rückenansicht: Druck- und Zugarbeit (*oben*), Lösen und Nachhalten (*unten*)

lenk auf der Zugarmseite (Zug nach hinten). Das Schulterblatt auf der Zugarmseite wird dabei der Wirbelsäule angenähert. Zur Vermeidung einer »hohen Schulter« gilt es dabei, insbesondere den breiten Rückenmuskel (M. latissimus dorsi) zu aktivieren (vgl. FITA 2009, 6).

Beachten Sie: Hinsichtlich der Druckerhöhung sollte der Schütze im vorliegenden Modell der Schießtechnik (s. S. 365 ff.) das Gefühl haben, als würde er den Bogenarm immer mehr in Richtung Scheibe schieben.

Edelmann-Nusser et al. (1999, 53) konnten innerhalb kombinierter oberflächlicher Laser-EMGs zeigen, dass es unmittelbar vor dem Lösen zu einer Bewegung des Bogenarmes (bei Rechtshandschützen) nach links kommt, so dass angenommen werden darf, dass die zu beobachtende Erhöhung der Pektoralisaktivität (Bustmuskulatur) dieser Bewegung entgegenwirken soll. Umgekehrt lässt sich folgern, dass nur eine ausreichende Aktivität insbesondere des kleinen Brustmuskels in Kombination mit dem vorderen Sägemuskel der Bogenarmseite das Schulterblatt »flach werden lässt«, so dass die geforderte Bewegung nach vorne aufgrund der Auflösung des Kräftegleichgewichts (actio gleich reactio) erreicht wird (s. S. 208).

Wie die Untersuchungen der EMG-Verläufe weiterer Muskeln der Zugschlinge in der Klickerendphase bzw. zum Zeitpunkt des Lösens zeigen, kommt es in dieser Phase zu einem deutlichen Entlastungsreflex des mittleren Teils des Kapuzenmuskels und des hinteren Teils des Deltamuskels (s. S. 72; vgl. *Zipp* 1979, 290; *Heller* 2004, 36). Ein solches Verhalten ist aus biomechanischer Sicht sinnvoll, um bei Rechtsschützen ein Verziehen des Schusses nach links im Moment der Auflösung des statischen Kräftegleichgewichts zu vermeiden (Abb. 110). Gleichzeitig kann angenommen werden, dass oben genannte Muskeln auch in der Klickerendphase von großer Wichtigkeit für den Schießablauf sind. Dabei ist zu beachten, dass der Verlauf der Muskelkennlinie durch Ermüdung negativ beeinflusst wird (s. S. 75).

Die EMG-Amplitude des M. biceps während des Schießablaufs macht deutlich, dass dessen Innervationsmuster (Nervenversorgung) während des Vollauszugs und Ankerns (Erreichen der 3. Positionsphase) auf relativ konstantem Niveau bleibt; in diesem Sinne weist der Bizepsmuskel auf der Zugarmseite keine Ermüdungssymptome auf. Dies bestätigen auch die Aussagen verschiedener Spitzenschützen (z.B. *Floto* und *Pieper* 2008), die eine stabile Klickerendphase und ein sauberes Lösen nur unter ausreichendem Einsatz des obigen Muskels möglich sehen. Erklärbar ist der steile Anstieg des EMG-Verlaufs während des Lösens dadurch, dass sich in dieser Phase der Winkel Oberarm – Unterarm minimiert (Abb. 111). Nur geringe Toleranzen zeigt ferner der Trizepsmuskel auf der Zugarmseite. Seine Aktivität ist allerdings durch seine Antagonistenrolle zum Bizepsmuskel zu begründen.

Wie in Abb. 112 zu erkennen ist, weisen in der Klickerendphase insbesondere die Rotatorenmanschette und der Brustmuskel auf der Bogenarmseite sowie der Handgelenksstrecker und der Kapuzenmuskel auf der Zugarmseite erhöhte Aktivitäten auf (vgl. *Ellison* 1999, 2). Gleichzeitig ist die Aktivität der Fingerbeuger (Entspannung) stark vermindert.

Beachten Sie: Das Erreichen der 4. Positionsphase durch einen starken Einsatz des zweiköpfigen Armmuskels (M. biceps brachii) bzw. des Armbeugers (M. brachialis) gilt als Technikvariante unter vernachlässigter Rekrutierung entsprechender Rückenmuskulatur (z.B. Rautenmuskeln). Dies ist biomechanisch insofern bedenklich, weil nur ein günstig angenähertes Schulterblatt auf der Zugarmseite eine optimale Position des Zugarmellbogens zulässt, wodurch Kraftquerkomponenten vermieden und und ein enges Lösen ermöglicht werden.

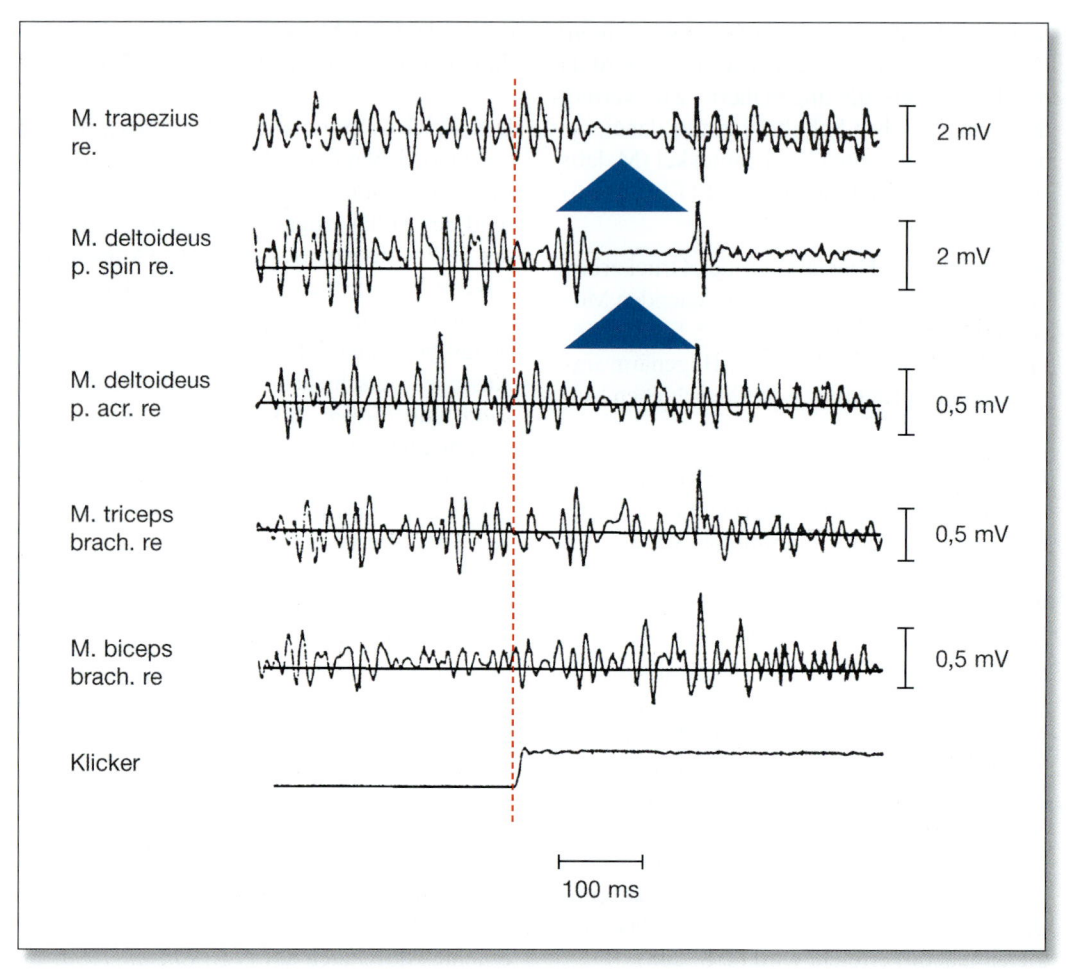

Abb. 110: Entlastungsreflex bei Muskeln, die von der Bogenspannung belastet und im Augenblick des Lösens entlastet werden (M. trapezius und M. deltoideus; vgl. *Zipp* 1979, 292)

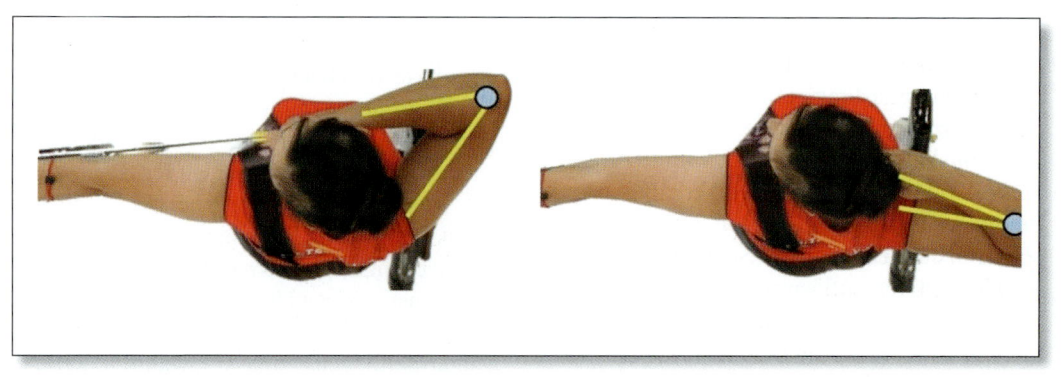

Abb. 111: Erhöhte Aktivität des M. biceps auf der Zugarmseite durch Winkelverkleinerung Oberarm – Unterarm

Aktiver Bewegungsapparat

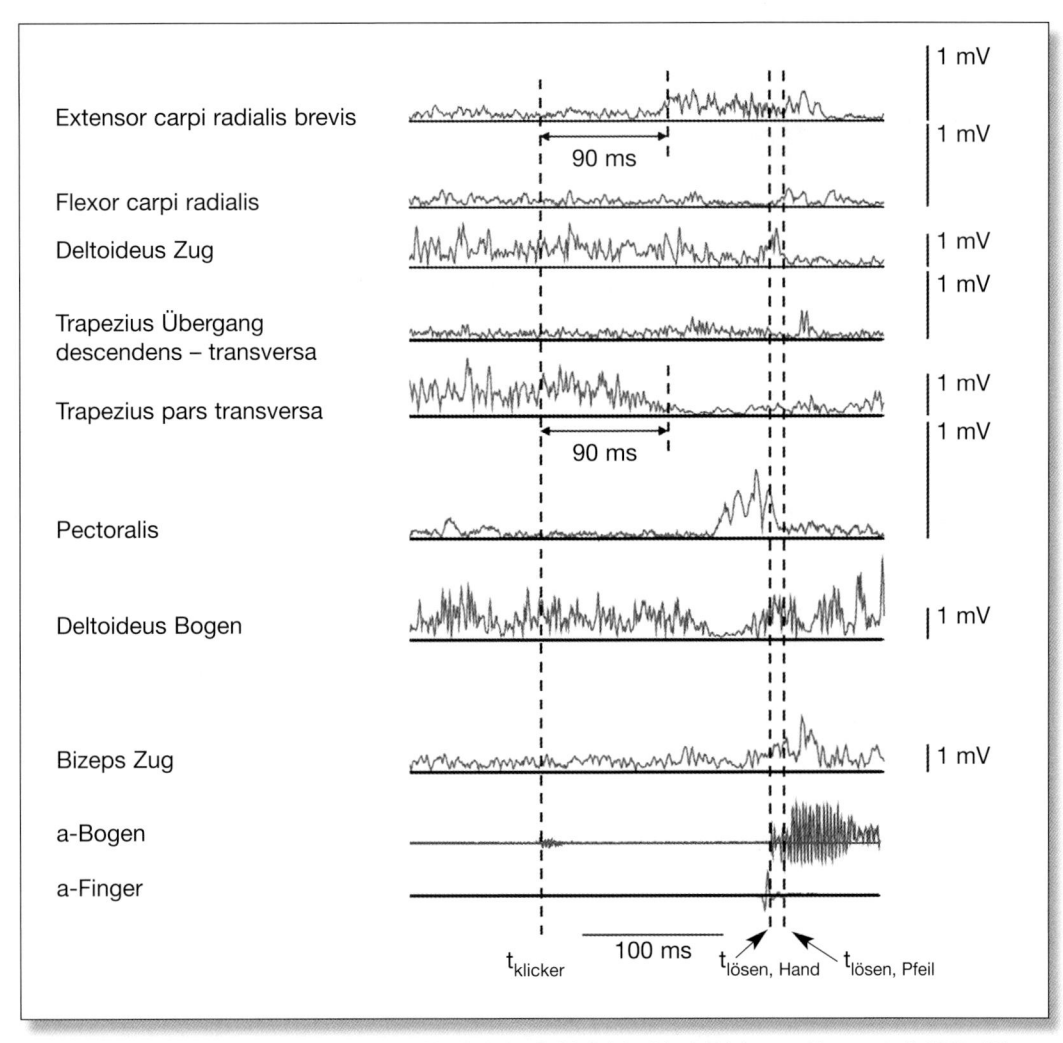

Abb. 112: EMG-Ableitungen verschiedener Muskeln im Schießablauf (vgl. *Edelmann-Nusser* et al. 1999, 50)

Anatomisch-physiologische sowie funktionelle Überlegungen machen ersichtlich, dass die Klickerendphase (Laden und Transfer) durch den Primäreinsatz folgender Muskelgruppen erreicht wird (vgl. *Weineck* 2008, 347, 348):
Zugarmseite: Es erfolgen zwei sukzessive *Rotationsbewegungen* des Zugarmellbogens um unterschiedliche Drehpunkte (Abb. 216): Das Schulterblatt der Zugarmseite wird durch Aktivierung der *Rautenmuskulatur* und des *Kapuzenmuskels* zur Wirbelsäule hin bewegt (Abb. 113).

Das bedeutet insbesondere Folgendes:
- *Rautenmuskeln:* Sie drehen den unteren Schulterblattwinkel und ziehen das Schulterblatt zur Wirbelsäule (Abb. 114).
- *Kapuzenmuskel:* Er stabilisiert das Schulterblatt in seiner Position zur Wirbelsäule.
- *Oberarmspeichenmuskel:* Er hält den Zugarm gebeugt und unterstützt die Bewegung des Schulterblattes in Richtung Wirbelsäule (*Park* 2008; Abb. 113).

M. rhomboideus major et minor (großer und kleiner Rautenmuskel)	M. brachioradialis (Oberarmspeichenmuskel)
M. serratus anterior (vorderer Sägemuskel)	M. pectoralis minor (kleiner Brustmuskel)

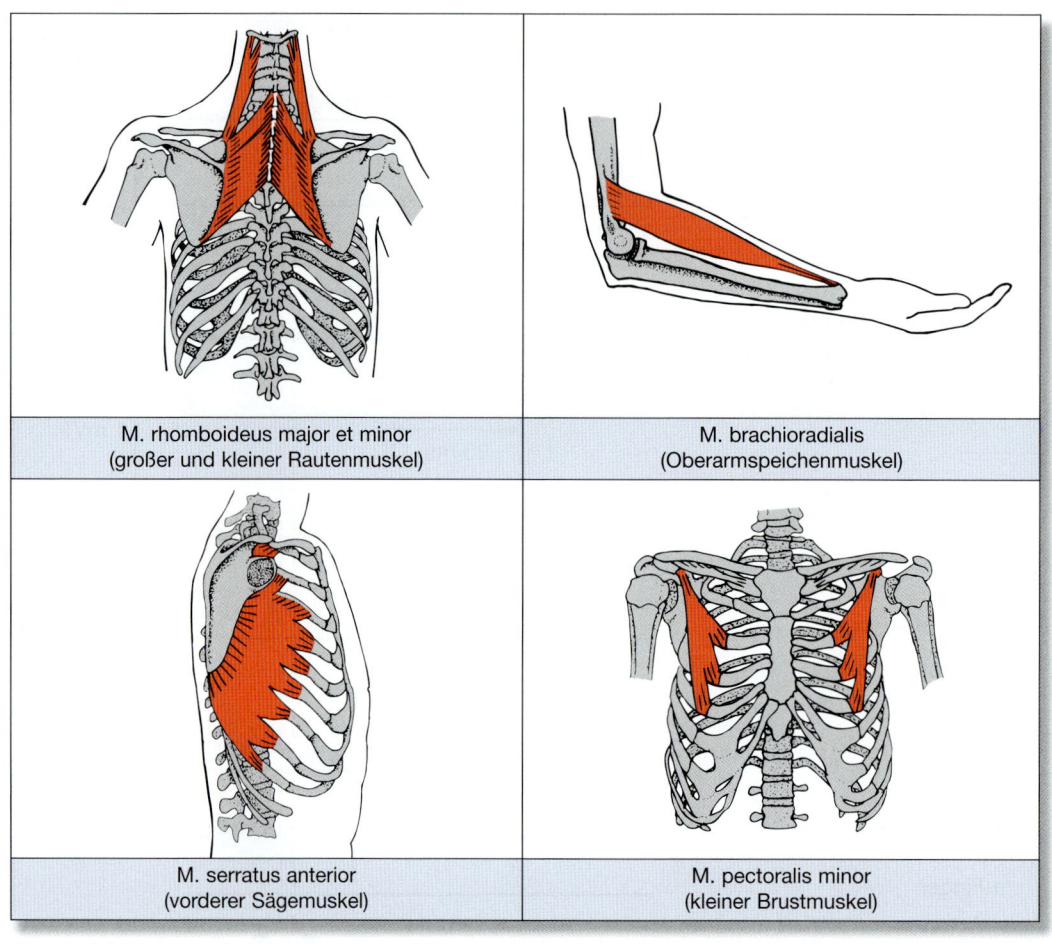

Abb. 113: Wichtigste Muskelgruppen in der Klickerendphase (Laden und Transfer; vgl. *Weineck* 2008, 142 f.)

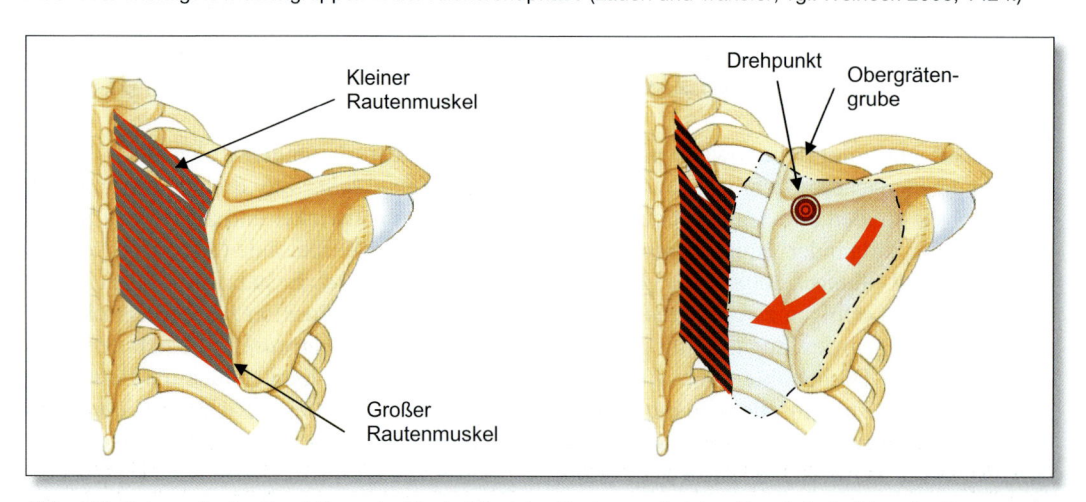

Abb. 114: Schematische Darstellung der Kontraktion der Rautenmuskulatur: Das Schulterblatt der Zugarmseite wird in der Klickerendphase zur Wirbelsäule hinbewegt

Bogenarmseite: Es erfolgt eine Druckerhöhung (bzw. Druckbewegung als Technikvariante) des Bogenarms: Das Schulterblatt der Bogenarmseite wird durch einen Synergismus des Sägemuskels mit dem kleinen Brustmuskel in seiner Position zur Wirbelsäule gehalten (Abb. 115; vgl. Lee 2007, 114). Das bedeutet insbesondere Folgendes:

- *Vorderer Sägemuskel:* Er macht das Schulterblatt flach und stabilisiert es in seiner Position, lässt aber auch Freiraum, um den Bogenarm nach vorne zu drücken (Abb. 113).
- *Kleiner Brustmuskel:* Er hält die Bogenschulter tief und unterstützt den vorderen Sägemuskel.
- *Rotatorenmanschette:* Sie zentriert den Gelenkkopf und stabilisiert damit die Richtung der Druckes (Abb. 93 und 94).

Lösen

Unter Lösen (release) versteht man die Freigabe des Schusses.

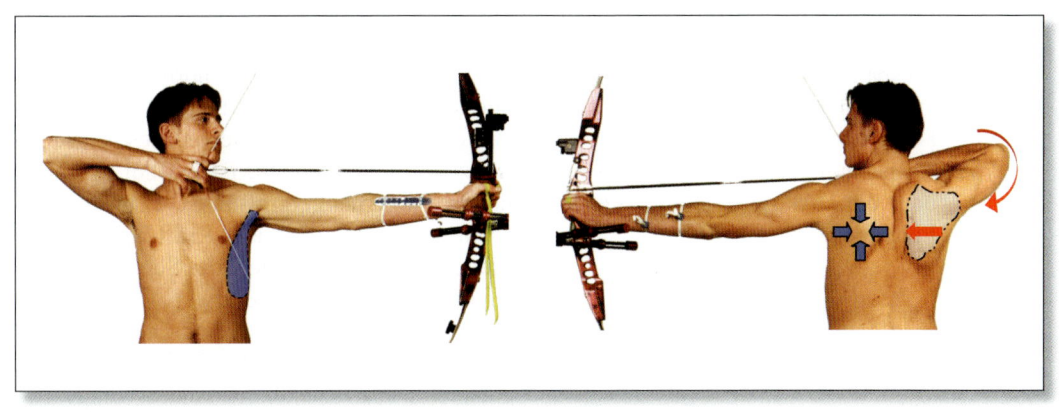

Abb. 115: Klickerendphase durch erhöhte Aktivität des vorderen Sägemuskels auf der Bogenarmseite (*links, blau*) und des Rautenmuskels auf der Zugarmseite (Abb. 114): Durch die Rotationsbewegung des Zugarmellbogens wird das Schulterblatt auf der Zugarmseite zur Wirbelsäule bewegt (*rechts*)

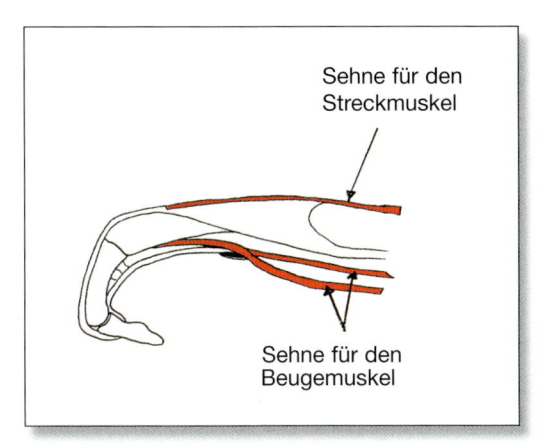

Abb. 116: »Tiefer Haken« bei geschlossener Fingerhaltung: Der minimierte Abstand von Sehne und Handrücken ermöglicht ein beinahe reflexfreies Lösen

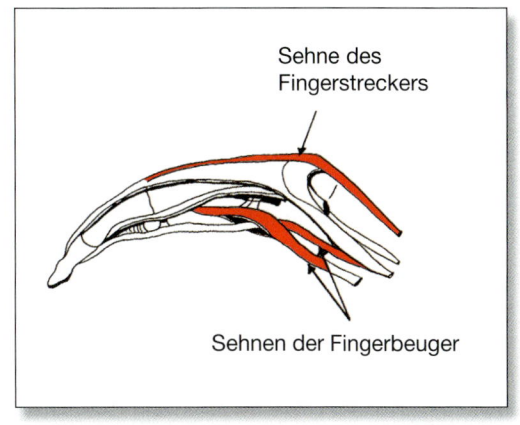

Abb. 117: Offene Fingerhaltung: Lokal (im Bereich der Fingerkuppen) erhöhter Krafteinsatz bewirkt einen vergrößerten Sehnen- und Pfeilreflex (s. S. 382 Schießtechnik)

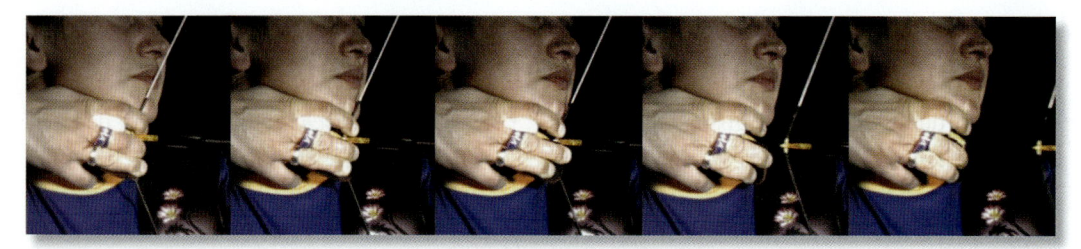

Abb. 118: Verminderte Aktivität der Fingerstrecker: Das Lösen ist reflexfrei

Anhand elektromyografischer Befunde (oberflächlich) lassen sich folgende Lösetechniken unterscheiden (vgl. *Zipp* 1979, 292):
- Typ 1: Entspannen der Fingerbeugemuskulatur
- Typ 2: Entspannen der Fingerbeugemuskulatur kombiniert mit Anspannung des Fingerstreckers
- Typ 3: Anspannung des Fingerstreckers mit oder ohne Aktivitätssteigerung des Fingerbeugers

> Beim Lösen ist es von entscheidender Bedeutung, die Fingermuskulatur optimal schnell zu entspannen (und nicht etwa die Finger – im Sinne einer Kontraktion – maximal schnell aufzumachen; *Bachmann* 1999). Es empfiehlt sich daher, vorrangig die Lösetechnik vom Typ 1 zu schulen.

Wie Abb. 116 und 117 deutlich machen, bewirkt ein großer Kraftabstand von Bogensehne und Handrücken eine vergrößerte Schwingungsamplitude der Bogensehne im Augenblick des Lösens und damit Seitenstreuungen (s. S. 382 Schießtechnik).

Andererseits ermöglicht der »tiefe Haken« ein beinahe reflexfreies Lösen (Abb. 118).

Die Kraftfähigkeit der Fingerbeuger der Zughand spielt zur Bildung des »tiefen Hakens« (s. S. 383) und minimierter Tremorbewegungen in der Klickerendphase nur bedingt eine Rolle. Wie die Ergebnisse an verschiedenen deutschen Spitzenschützen zeigen, ist ein entsprechend hoher Fingerbeugerkraftindex bei Recurveschützen (= Quotient aus Kraftfähigkeit der Fingerbeuger und Gewicht des Schützen) nicht signifikant ($I = 4,3$ N/kg bzw. 0,43kp/kg). Ein derartiger Index liegt allerdings nur dann vor, wenn bereits in der 1. und 2. Positionsphase die entsprechende Rückenmuskulatur eingesetzt wird, um den Bogen zu spannen. Der Fingerbeugerkraftindex kann somit als Kriterium für den Schulterzug angesehen werden. Dies wird bestätigt durch den Vergleich der Fingerbeugerkraft zwischen Zug- und Bogenhand (Differenz bei Schützinnen bzw. Schützen nur 40 N = 4 kp bzw. 60 N = 6kp; Tab. 7).

Edelmann-Nusser et al. (1999, 52) konnten in ihren Untersuchungen zeigen, dass das motorische Programm der Schussauslösung schon vor

Geschlecht	Fingerbeugerkraft		Fingerbeugerkraft-SD		Fingerbeugerkraftindex	
	Re. [kp]	Li. [kp]	Re. [kp]	Li. [kp]	Re. [kp/kg]	Li. [kp/kg]
Männlich	49	43	9,4	9,8	0,64	0,58
Weiblich	36	32	8,6	7,0	0,53	0,49

Tab. 7: Mittelwerte (x) und Standardabweichungen (SD) bei Spitzenschützen bezüglich des Fingerbeugerkraftindex bei Rechtshandschützen (Recurve)

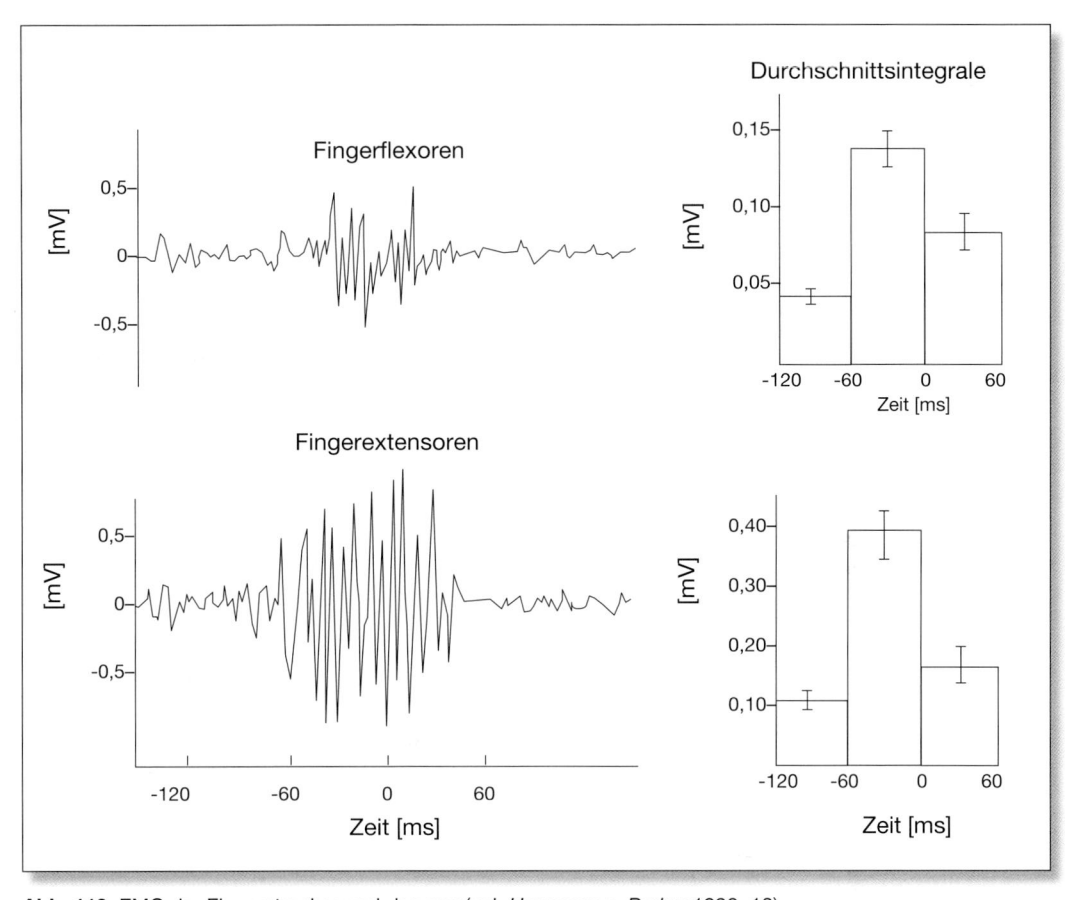

Abb. 119: EMG der Fingerstrecker und -beuger (vgl. *Hennessy* u. *Parker* 1990, 13)

dem Zeitpunkt des Klickersignals initiiert wird (s. S. 202, Taskzustandsdiagramm eines idealen Schusses).

Bereits unmittelbar vor dem Lösen (60 ms) lässt sich eine Aktivitätszunahme der Fingerstrecker (als Antagonist) feststellen, was ein Hinweis darauf ist, dass die Bewegung quasi abgefangen werden soll (s. Abb. 119; vgl. *Hennessy* u. *Parker* 1990, 13).

Wie Abb. 120 deutlich macht, kann die Reaktionszeit der Entspannung bzw. Streckung der Fingermuskulatur durch Training erheblich verkürzt werden (ca. 100ms). Andererseits lässt sich auch die Streckungszeit verringern (um ca. 150 ms). Dadurch sind die Finger wieder schneller entspannt, und der Sehnenreflex ist minimiert (vgl. *Hayri* et al., 2005.).

Durch kombinierte Video-Laser-EMG-Untersuchungen konnte gezeigt werden, dass eine Erhöhung der Aktivität des M. pectoralis major des Bogenarmes die Trefferquote beeinträchtigt (vgl. *Edelmann-Nusser* et al. 1999, 53). Der interindividuelle Vergleich von 24 Kaderathleten zeigt unmittelbar vor dem Lösen, nach oder im Moment der Auflösung des Kräftegleichgewichts eine Bewegung des Bogenarmes (bei Rechtshandschützen) nach links, so dass angenommen werden darf, dass die zu beobachtende Erhöhung der Pektoralisaktivität dieser Bewegung entgegenwirken soll. Dabei steht die integrierte Pektoralisaktivität alleine (Abb. 121a)

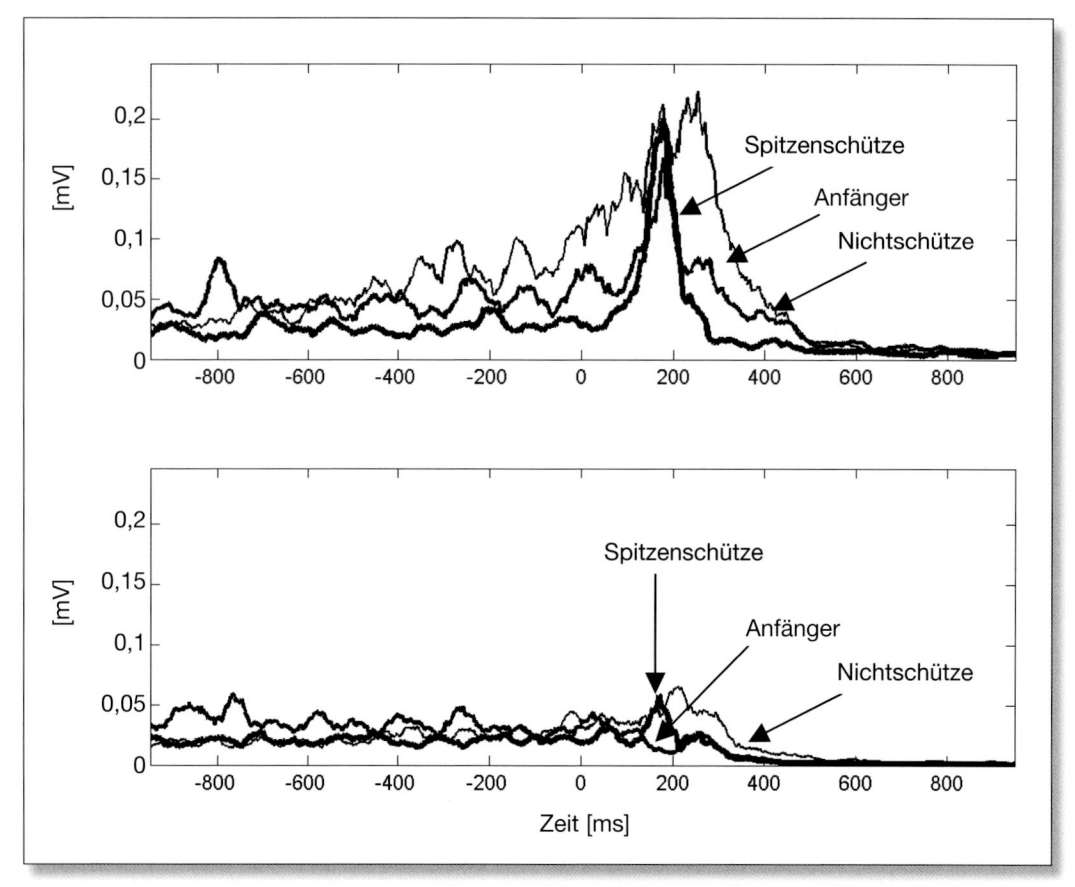

Abb. 120: EMG der Fingerstrecker und -beuger: M. extensor digitorum (*oben*), M. flexor digitorum superficialis (*unten*). Dicke, mittlere und dünne Kurven gehören zu Spitzenschützen, Anfängern und Nichtschützen. Das Klickersignal erfolgt bei Null (vgl. Hayri et al., 2005)

oder der Zeitpunkt des Anstiegs (Abb. 121c), aber nur in Einzelfällen in unmittelbarem Zusammenhang mit der Bewegungsrichtung. Abb. 121a zeigt die Werte der Pektoralisaktivitäten bei 12 Schüssen eines Schützen, Abb. 121c den Beginn der Pektoralisaktivität relativ zum Zeitpunkt des Lösens. Man erkennt deutlich, dass die Aktivierung des großen Brustmuskels (M. pectoralis major) bei den Schüssen 6, 8 und 10, die eine Laserbewegung nach rechts erkennen lassen, früher erfolgt als bei den übrigen Schüssen. Die Integrale der Schüsse 6, 8 und 10 sind jedoch nicht die drei größten beobachteten Werte. Dies deutet darauf hin, dass die Bewegung des Bogens unmittelbar vor dem Abschuss des Pfeils direkt in Zusammenhang mit dem Zeitpunkt des Anstiegs stehen könnte, nicht jedoch mit der Aktivität an sich.

Beachten Sie: Von besonderer Bedeutung für das Lösen sind auf der Zugarmseite:
- Oberflächlicher Fingerbeuger: Er hält die Sehne im tiefen Haken (Abb. 122).
- Tiefer Fingerbeuger: Er löst die Sehne bei der Entspannung.

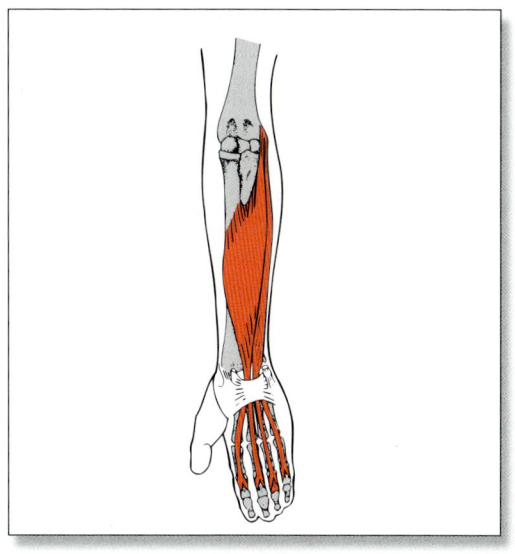

Abb. 122: M. flexor digitorum superficialis (vgl. *Weineck* 2008, 188)

4. Positionsphase (Nachhalten)

> Unter Nachhalten versteht man die Aufrechterhaltung der Körperspannung nach der Freigabe des Schusses.

Die Untersuchungen von *Lee* (2007, 94 ff.) zeigen, dass der entscheidende Muskel im Nachhalten der Trapezmuskel mit seinen verschiedenen Anteilen ist.

Wie Abb. 97 (S. 72) deutlich macht, reduziert der untere Teil des Trapezmuskels seine Aktivität vor dem Lösen zugunsten seiner beiden anderen Anteile. Unmittelbar nach dem Lösen sinkt die Aktivität des oberen Teiles des Trapezmuskels ab, während der mittlere Teil eine nahezu konstante Aktivitätszunahme wie der Bizepsmuskel beibehält (Abb. 99). Die stärkste Innervation in der EMG-Amplitude weist im Nachhalten der untere Teil des Trapezmuskels auf.

In geringerem Ausmaß treten wegen dem Abfangen des Bogens entsprechende Aktivitäten im Deltamuskel auf, die den Bogen in der Horizontalen halten (Abb. 98).

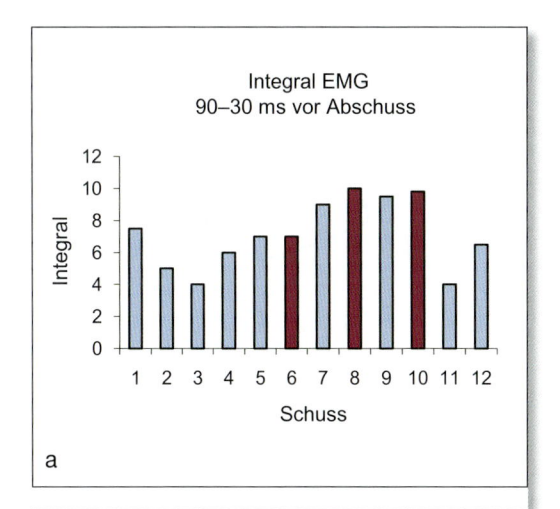

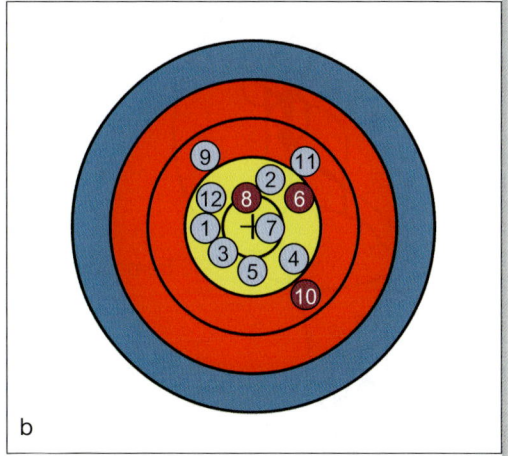

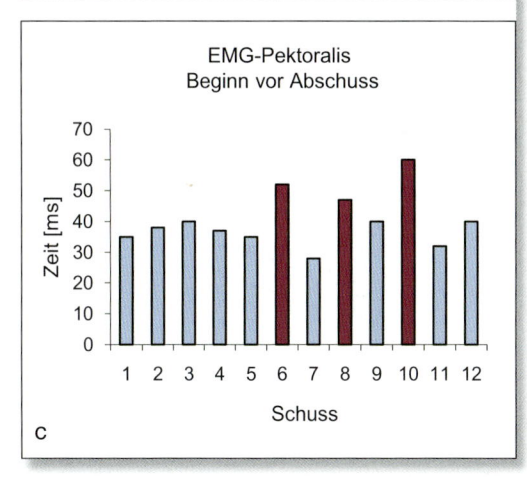

Abb. 121: EMG des M. pectoralis major (a), Schussbilder (b) und Beginn der Pektoralisaktivität (c) im Schussverlauf (vgl. *Edelmann-Nusser* et al. 1999, 52 f.)

Funktionelle Zusammenhänge

Beachten Sie: Die Qualität bzw. Feinabstimmung des Bewegungsablaufs hängt u.a. ab von der intra- und intermuskulären Koordination. Ihre Verbesserung führt zu einer Bewegungsoptimierung. Die unterschiedliche Rekrutierung motorischer Einheiten während des Schießens unterscheidet letztendlich den Anfänger und Fortgeschrittenen vom Spitzenschützen.

Die Anzahl der motorischen Einheiten (die Gesamtheit der von einer motorischen Vorderhornzelle innervierten Muskelfasern) eines Muskels bzw. der zu einer motorischen Einheit gehörenden Muskelfaser ist abhängig von der Funktion des Muskels und den endogenen Voraussetzungen. Ein niedrigeres Innervierungsverhältnis zwischen der Anzahl von Muskelfasern, die von einem Alphamotoneuron innerviert werden, erlaubt eine feinere Abstufung der Gesamtmuskelkraft durch das Nervensystem. So liegt das Verhältnis bei den extraokularen Muskeln des menschlichen Auges bei ca. 10:1, bei den etwas größeren Muskeln der Hand beträgt es ca. 100:1 und bei dem noch größeren M. gastrocnemius (Zwillingswadenmuskel) ist das Verhältnis mit ca. 2000:1 sehr hoch (vgl. *Ghez* u. *Gordon* 1996, in *Heller* 2004, 10).

Als ein Maß für die Bewegungsqualität im Schießablauf gilt unter anderem der so genannte *Bogenarmtremor* (Zittern des Bogenarmes), der bei vielen Schützen zu beobachten ist. Nur ein Schütze, der das Visierkorn (Tunnel) konstant ruhig halten kann, hat stabile Anhaltspunkte und damit die Voraussetzung für gleichmäßige Gruppierungen (Abb. 123).

Verstärkte Tremorbewegungen (z.B. durch eine ungenügende Kraftfähigkeit) basieren darauf, dass mit zunehmender muskulärer Beanspruchung (z.B. auch durch ein zu hohes Zuggewicht) zunehmend gröbere motorische Einheiten rekrutiert werden, so dass die motorische

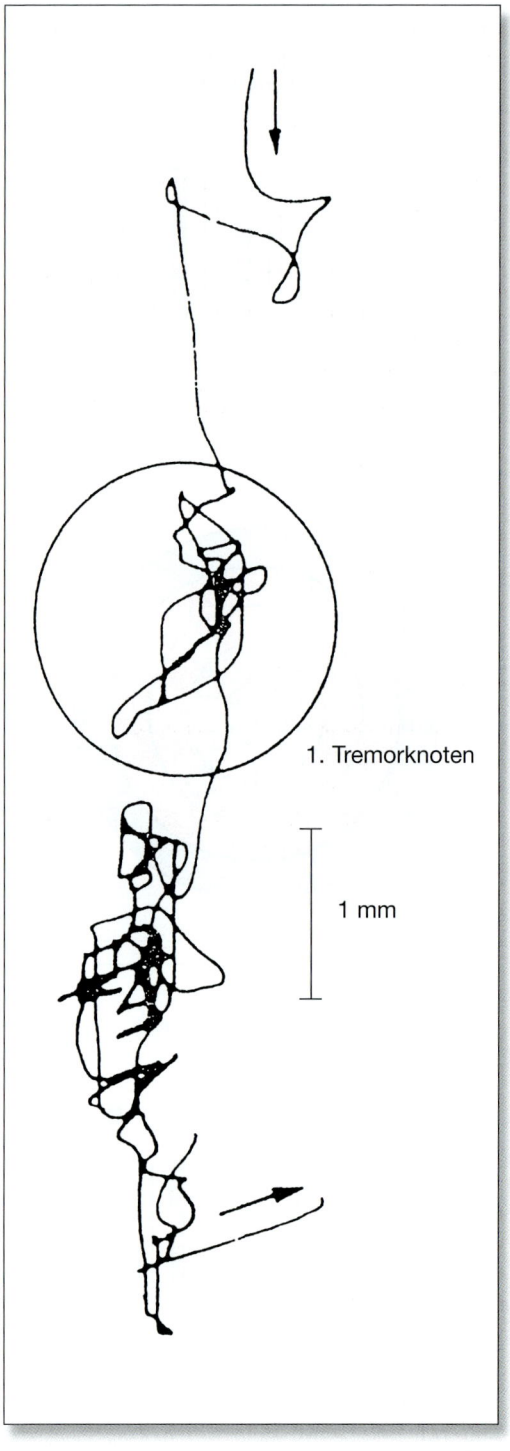

Abb. 123: Ausschrieb des Bogenarmtremors (vgl. *Zipp* et al. 1978, 377)

Feinkontrolle bei großen Relativkräften abnimmt (vgl. *Zipp* et al. 1978, 382).

Der Tremor des Bogenarmes ist damit abhängig von der relativen Kraft, die der Muskel bezogen auf seine Maximalkraft aufbringen muss (vgl. *Zipp* et al. 1978, 376).

Zipp et al. (1978, 382) fanden ferner eine Korrelation zwischen Bogenarmtremor und Gewichtsverlauf. So führt ein erhöhter Tremor zu ungleichmäßigen Belastungen zwischen rechtem und linkem Fuß und somit zu Vertikalbewegungen des Bogens, was die Konstanz des Bewegungsablaufs verhindert (Ausgleichsbewegungen und Nachstellen im Verspannungssystem, s. S. 59) und zu schlechteren Gruppierungen führt.

Konsequenzen für die Trainingspraxis:
- Kein Maximalkrafttraining des großen Brustmuskels durchführen, da sonst die Phänomene des Kriechens und Zusammenfallens begünstigt werden (s. S. 434, Schießtechnik).
- Die Konstanz der Bewegung ist in jedem Training zu schulen (z.B. durch spezielle Rhythmusschulung; s. S. 227).
- Maximalkraft durch Zug- und Druckkrafttests feststellen und damit Einordnung des Bogenzuggewichts.
- EMG-Ableitungen und/oder Laser-Video-Aufnahmen als Mittel der Trainingssteuerung im Sinne einer Bewegungsoptimierung im »Trainingsalltag« integrieren (auch zur Talentauswahl).
- Begleitendes Koordinationstraining durchführen (s. S. 335 f.).
- Maximalkrafttraining bei Kapuzen- und Deltamuskel einsetzen.
- Die Entspannungsfähigkeit der Fingermuskulatur in jedem Training schulen (z.B. durch Verwendung des »tiefen Hakens«).
- Da sich das Maß der Erholungszeit an dem höchst beanspruchten Muskel in der Muskelschlinge orientieren muss, ist erst nach Ablauf einer Erholungszeit von ca. 70 Sekunden Dauer mit einem vollständigen Abbau der Muskelermüdung und einer Wiederherstellung der ursprünglichen Muskeleigenschaften (durch Wiederaufbau der energiereichen Phosphate) zu rechnen. Dies bedeutet: Stets entsprechende Pausen einplanen.
- Behutsame Steigerung von Zuggewicht und Bogengewicht, insbesondere im Grundlagentraining einplanen.
- Begleitendes Krafttraining, insbesondere in der Pubertät (größter Kraftzuwachs) durchführen.
- Testen unterschiedlicher Stabilisationssysteme zur Schwingungsreduzierung.

Steuerungs- und Regelungsprozesse im Schießablauf

Sinnesorgane

Die Qualität der Informationsaufnahme und -verarbeitung durch die Sinnesorgane (Analysatoren) bestimmt entscheidend die Entwicklung bzw. den qualitativen Ausprägungsgrad der koordinativen Fähigkeiten (s. S. 337 f.). Ihre Verbesserung führt zu einer Bewegungsoptimierung. Der Bewegungsablauf des Schützen wird präziser, flüssiger und konstanter.

Die Analysatoren stellen Teilsysteme der Sensorik dar, die Informationen auf der Grundlage von Signalen ganz bestimmter Qualität empfangen, kodieren, weiterleiten und aufbereitend verarbeiten. Zu einem Analysator rechnet man jeweils spezifische Rezeptoren, afferente Nervenbahnen und sensorische Zentren in verschiedenen Hirngebieten (vgl. *Weineck* 2010, 802).

Die Aufnahme und Weiterleitung von äußeren und inneren Informationen erfolgt je nach Reiz (optisch, akustisch, taktil, propriozeptiv etc.) durch spezielle Zellen bzw. Zellsysteme, die als Rezeptoren bezeichnet werden.

Für das sehr komplex zustande kommende »Schießgefühl« (Abb. 124) sind folgende fünf Analysatoren (Tab. 8) von entscheidender Bedeutung (vgl. *Weineck* 2010, 802):
- Gesichtssinn (visueller Analysator)
- Gehörsinn (akustischer Analysator)
- Tastsinn (taktiler Analysator)
- Gleichgewichtssinn (vestibulärer Analysator)
- Muskel- und Bewegungssinn (kinästhetischer Analysator)

Visuelles (optisches) Informationssystem

Nach allgemeinen Berechnungen laufen etwa 80% aller Informationen, die ein Mensch aufnimmt, über den optischen Analysator (Auge; vgl. *Schubert* et al. 1983, 387). Abb. 125 gibt einen Überblick über wesentliche Informationsbereiche des visuellen Analysators im Bogenschießen.

Die optische Wahrnehmung der Parameter des Zielbildes übernimmt im Bogenschießen die Führungsfunktion in der Handlungsregulation. Die Beurteilung des Zielbildes stellt dabei eine extreme optische Diskriminationsleistung (Bestimmung der Mittenlage des Spiegels) dar. Aufgrund der großen Entfernungen (90 bzw. 70 m) der Zielscheiben im Bogenschießen wirken sich Visierfehler entsprechend stark aus. Die Fähigkeit des Schützen, das Zielbild exakt zu bestimmen, bezeichnet *Kratzer* (1997, 10) als optische Diskriminationsfähigkeit.

Sinn	Sinnes-organ	Analysator	Rezeptorart	Klassifikation	Wahrnehmungs-funktion
Gesichtssinn	Auge	Visueller Analysator	Fotorezeptor (Retina)	Exterozeptor	Registrierung von Fotoreizen
Gehörsinn	Ohr	Akustischer Analysator	Innenohr-schnecke (Haarzellen)		Registrierung von Schallwellen
Tastsinn	Haut	Taktiler Analysator	Berührungs- und Dehnungsrezeptor		Registrierung von Druck und Berührung
Gleich-gewichtssinn	Labyrinth im Innenohr (Vestibular-apparat)	Vestibulärer Analysator	Labyrinth-rezeptor	Propriozeptor	Gleichgewicht und Lageveränderung des Körpers
Muskel- und Bewegungs-sinn	Muskeln	Kinäs-thetischer Analysator	(Druckrezeptor) Muskel-spindeln		Registrierung von Muskellängen-veränderungen
(»Bewegungs-gefühl« im engeren Sinn)	Sehnen		Sehnen-spindeln		Registrierung der Muskelspannung
	Gelenke, Bänder		Gelenk-rezeptoren • Positions-rezeptor • Bewegungs-rezeptor		Registrierung von Stellung, Richtung, Geschwindigkeit und Beschleunigung von Körperteilen

Tab. 8: Relevante Informationssysteme für das Bewegungslernen (vgl. *Weineck* u. *Hotz* 1988, 63)

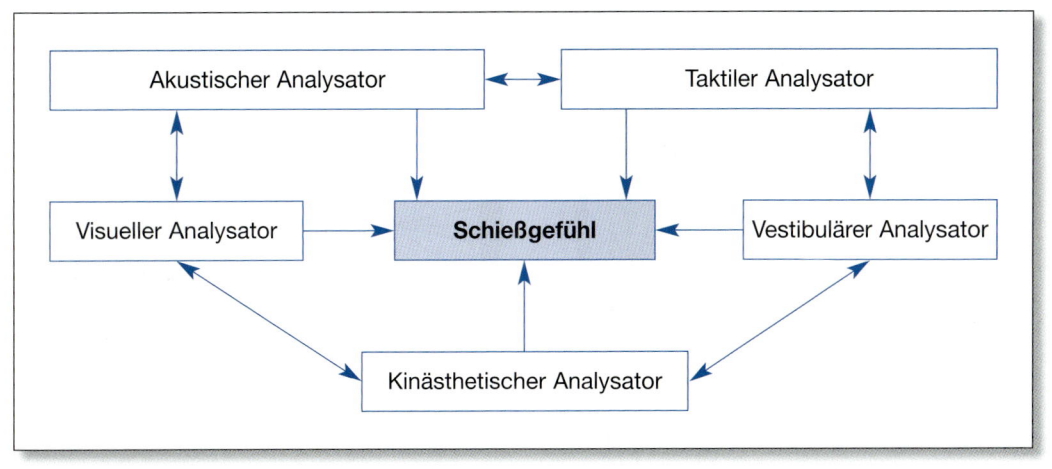

Steuerungs- und Regelungsprozesse im Schießablauf

Abb. 124: »Schießgefühl« als Produkt der Afferenzsynthese (vgl. *Hotz* u. *Weineck* 1988, 62)

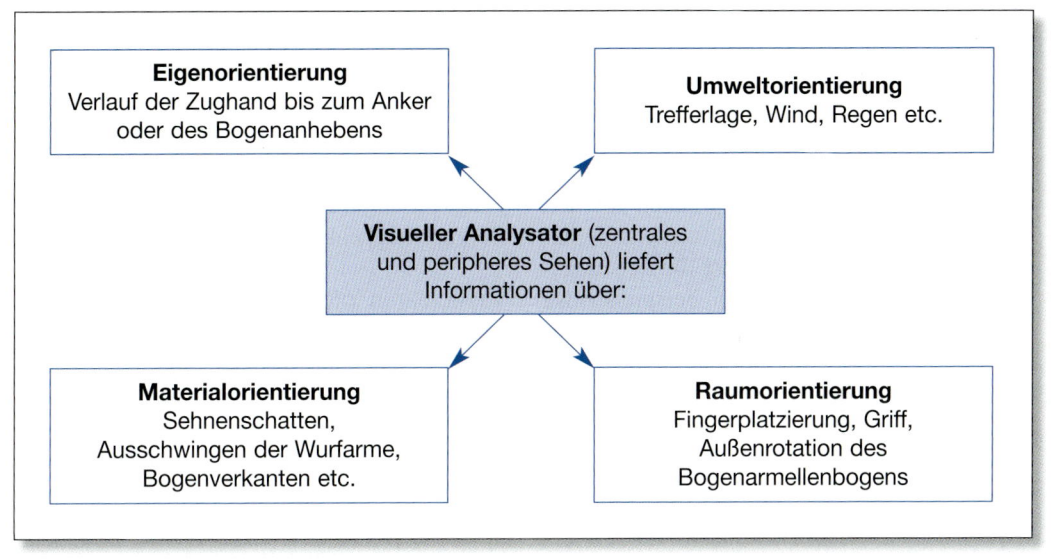

Abb. 125: Wesentliche Informationsbereiche des visuellen Analysators im Bogenschießen (vgl. *Hotz* u. *Weineck* 1988, 64)

Die *Hauptkonzentration* (Fokus) für das Auge liegt dabei – genauso wie beim Gewehr- und Pistolenschießen – *auf dem Visier* und nicht auf der Scheibe.

Garnreiter (2008) weist darauf hin, dass bei scharfem Korn ein insgesamt genaueres Zielen möglich ist, weil das »Gold« für das Auge dadurch größer erscheint und nur so ein exaktes Anhalten (z.B. bei Wind oder Regen) möglich ist (Abb. 126). Andererseits ist es schwierig, einen großen unscharfen Punkt (Visier) auf eine kleine und scharfe Fläche (Scheibe) zu projizieren. Zu bedenken ist ferner, dass die Zielscheibe fixiert ist und es leichter ist, die Konzentration »im Hier und Jetzt« (s. S. 521), sprich in unmittelbarer Umgebung des Schützen zu halten (Abstand Auge – Visier: ca. 1 m < Abstand Auge – Ziel: ca. 70 m).

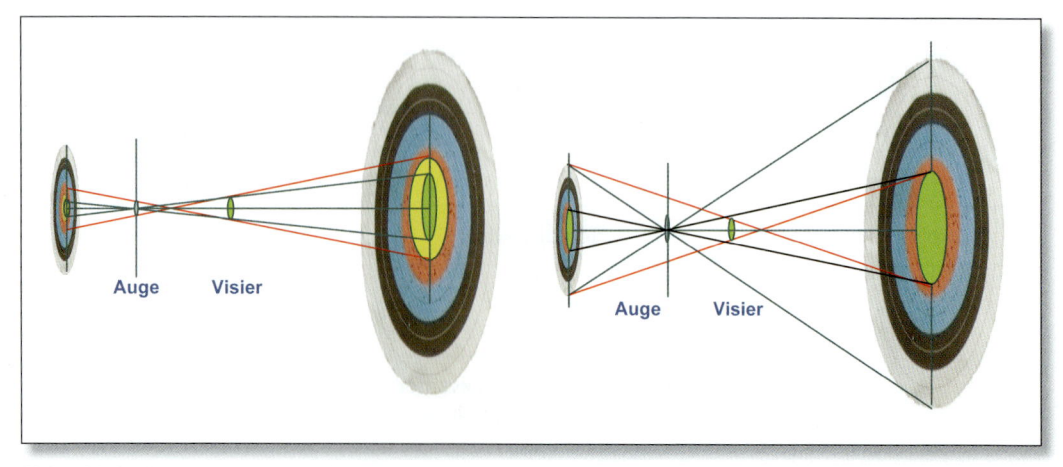

Abb. 126: Kleines, scharfes Visier in großem unscharfem Gold (*links*) ermöglicht ein genaues Zielen, während ein großes Visier im kleinen Gold (*rechts*) zu Ungenauigkeiten beim Anhalten führen kann (*Garnreiter* 2008)

Akustisches Informationssystem

Die nach Erfahrungswerten interpretierten bewegungsbegleitenden Geräusche (z.B. das Klickersignal) sowie auch andere akustische Informationen (z.B. Ampelsignal, Sprechbegleitung, vgl. mentaler Impuls S. 514) haben für den Schützen Bedeutung. Zur Aufmerksamkeitssteigerung ist es deshalb selbst für Leistungssportler aufschlussreich, sich beispielsweise mit geschlossenen Augen bei Bewegungsabläufen auf die auditiven Informationswahrnehmungen (z.B. Abschussgeräusch des Bogens) zu konzentrieren. Diese akustischen Informationen können Wesentliches zur Ausbildung der sensorischen Differenzierungsfähigkeit beitragen (vgl. *Hotz* u. *Weineck* 1988, 65). Eine Übersicht über weitere Beitragsmöglichkeiten des akustischen Analysators zum individuellen Entscheidungs- und Handlungsprozess gibt Abb. 127.

Taktiles Informationssystem

Das taktile Informationssystem nimmt durch seine engen Bezüge zum kinästhetischen und vestibulären System eine Sonderstellung ein. Die für die Bewegungsregulation wichtigen Mechanorezeptoren (wandeln mechanische Reize in Nervenerregung um) leiten die Informationen von Hautkontakten (z.B. Anker, Griff, Sehnenfreiheit), Vibrationen und Beschleunigungen (z.B. Lösebewegung am Hals) zur Verarbeitung und Information weiter.

Die sofort informierende Rückkopplung (z.B. enges Lösen) steigert die Sicherheit sowie das Selbstgefühl und stabilisiert dadurch das Bewegungsverhalten des Schützen. Abb. 128 zeigt Beitragsmöglichkeiten des taktilen Analysators.

Vestibuläres Informationssystem

Im Bogenschießen sollen Schwankungen im Oberkörperbereich vermieden und eine stabile Haltung des Bogenarmes erreicht werden (statisches Gleichgewicht). Wie die Untersuchungen von *Dillmann* et al. (1989, 46) zeigen, ergeben sich tendenziell bessere Schießleistungen, wenn sich vor allem Körperbewegungen in der Horizontalen verringern lassen.

Informationen über die Gesamtgleichgewichtslage und deren Verlauf sowie über notwendige Ausgleichsbewegungen zur Gleichgewichtssteuerung liefert der vestibuläre Analysator (vgl. *Hotz* u. *Weineck* 1983, 67). Dieses im Innenohr angelegte Informationssystem ist in Kooperation mit den Dehnungsrezeptoren der Nacken- und Halsmuskulatur für die Aufrecht- und Gleichgewichtserhaltung des Körpers sowie die Orientierung im Raum zuständig. Eine Besonderheit gegenüber anderen Rezeptoren ist der Umstand, dass die vestibulären Rezeptoren sogar im Ruhezustand eine Grundaktivität auf-

Steuerungs- und Regelungsprozesse im Schießablauf

Akustischer Analysator
(zum »Horchen« auf die Begleit»musik« beim Bewegungsvollzug) liefert Informationen über:

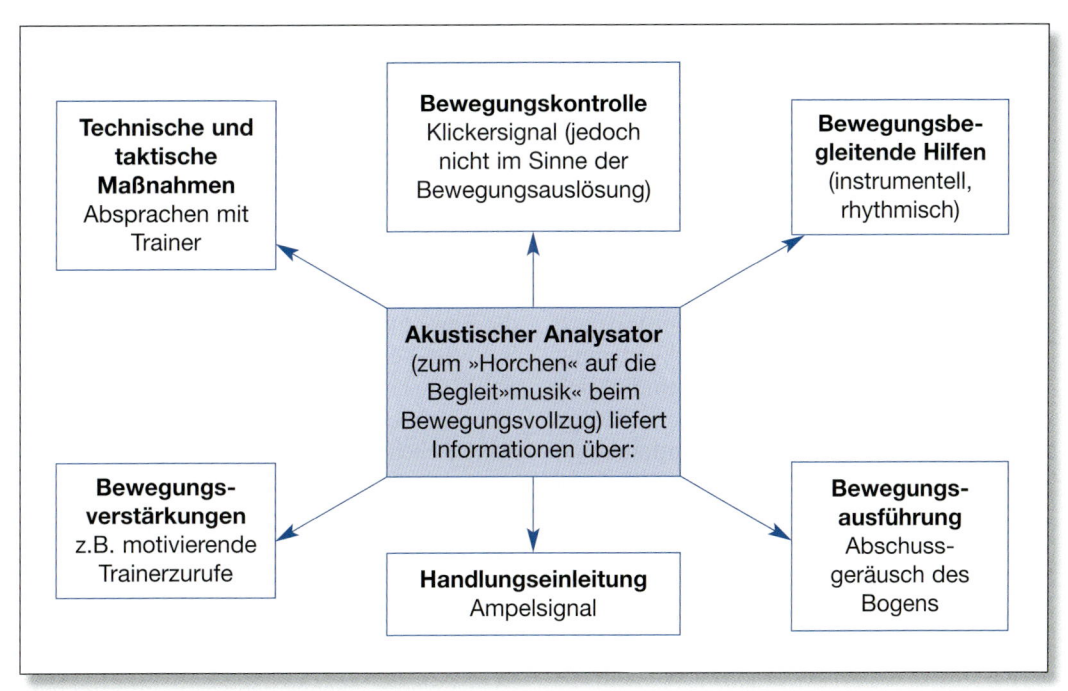

- **Technische und taktische Maßnahmen** – Absprachen mit Trainer
- **Bewegungskontrolle** – Klickersignal (jedoch nicht im Sinne der Bewegungsauslösung)
- **Bewegungsbegleitende Hilfen** (instrumentell, rhythmisch)
- **Bewegungsverstärkungen** z.B. motivierende Trainerzurufe
- **Handlungseinleitung** – Ampelsignal
- **Bewegungsausführung** – Abschussgeräusch des Bogens

Abb. 127: Beitragsmöglichkeiten des akustischen Analysators zum individuellen Entscheidungs- und Handlungsprozess (vgl. *Hotz* u. *Weineck* 1988, 65)

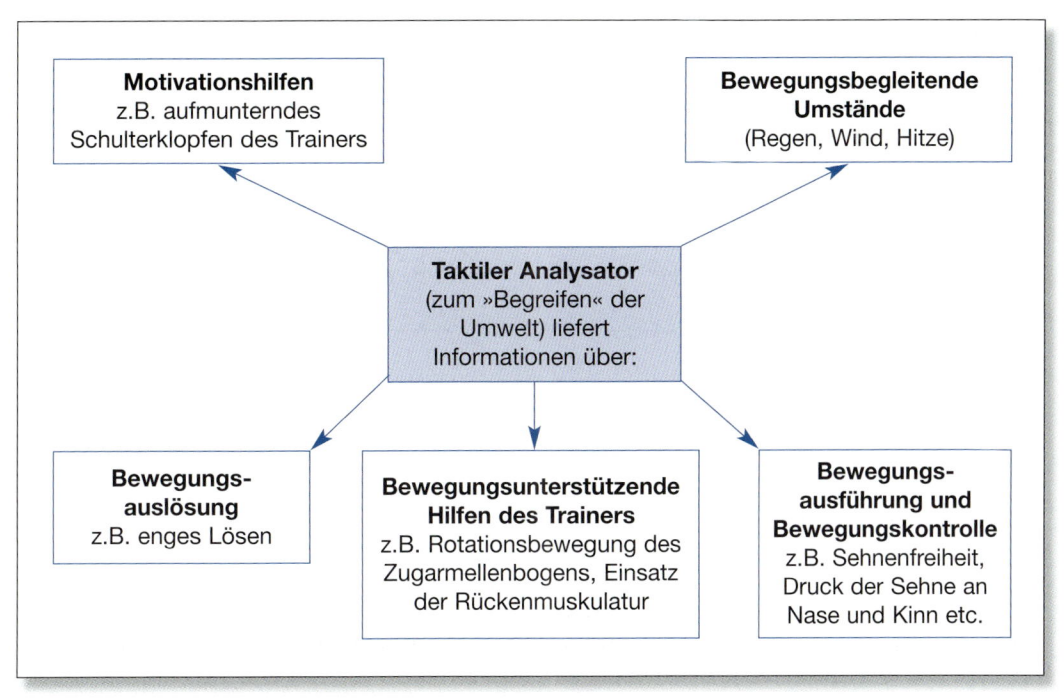

Taktiler Analysator
(zum »Begreifen« der Umwelt) liefert Informationen über:

- **Motivationshilfen** z.B. aufmunterndes Schulterklopfen des Trainers
- **Bewegungsbegleitende Umstände** (Regen, Wind, Hitze)
- **Bewegungsauslösung** z.B. enges Lösen
- **Bewegungsunterstützende Hilfen des Trainers** z.B. Rotationsbewegung des Zugarmellenbogens, Einsatz der Rückenmuskulatur
- **Bewegungsausführung und Bewegungskontrolle** z.B. Sehnenfreiheit, Druck der Sehne an Nase und Kinn etc.

Abb. 128: Beitragsmöglichkeiten des taktilen Analysators (vgl. *Hotz* u. *Weineck* 1988, 66)

weisen, so dass es für sie keine echte Reizschwelle gibt (vgl. *Krempel* 1987, 81). Die Gleichgewichtsfähigkeit muss daher in besonderem Maße trainiert werden (s. S. 351 Propriozeptives Kraft- und Koordinationstraining).

Im Bogenschießen ist die Gleichgewichtsfähigkeit insbesondere dann von Bedeutung, wenn die Körperachse beim Schießvorgang (z.B. zum Erhalten einer größeren Sehnenfreiheit) so nach vorne verlagert wird, dass eine Druckverteilung auf das vordere Drittel des Fußes, im Bereich des Fußballens, stattfindet. Eine Übersicht über dynamische Anteile an der Orientierung in Raum und Zeit gibt Abb. 129.

Kinästhetisches Informationssystem

Als Abschluss der Koordinationsphase *Halten – Zielen – Lösen* entscheidet die Art der Schussauslösung letztlich darüber, ob ein guter Treffer erzielt wird (Hauptfunktionsphase: Klickerendphase und Lösen). Eine hohe Bewegungs-, Druck- und Kraftempfindlichkeit (Finger, Hand, Arm), d.h. eine entsprechende taktil-kinästhetische Sensibilität (vgl. *Kratzer* 1997, 10), ist hier erforderlich. Die Wahrnehmung der Raumverhältnisse (z.B. Position der Zughand am Kinn beim »Ankern« oder Grundhaltung), Zeitverhältnisse (z.B. Dauer zwischen Ankern und Lösen) und Spannungsverhältnisse (z.B. in der Rücken- und Schultermuskulatur während der Klickerendphase) der Eigenbewegung erfolgt dabei über den bewegungsempfindenden kinästhetischen Analysator (Muskelspindeln, Sehnenspindeln und Gelenkrezeptoren). Diesem Analysator wird aufgrund der Fähigkeit, durch seine Lage jeden Bewegungsvorgang signalisieren zu können, eine Sonderstellung für die Bewegungskontrolle – im Sinne eines Ist-/Sollwert-Vergleichs – eingeräumt (vgl. *Krempel* 1987, 114; s. S. 233, Bewegungshandlung). Abb. 130 zeigt Beitragsmöglichkeiten des kinästhetischen Analysators.

Beachten Sie: Die besondere Bedeutung des kinästhetischen Analysators zeigt sich insbesondere im Lösevorgang: Beim Erreichen einer bestimmten Auszugslänge bzw. eines entsprechenden Spannungszustandes der Muskulatur (Schwellenwert) informieren Muskel- und Sehnenspindeln sowie Gelenkrezeptoren über eine optimale Lade- und Transferphase, wodurch das Lösen eingeleitet wird.

Weitere Ausführungen zur Bedeutung der Analysatoren finden sich im Kap. 8 (s. S. 335).

Stabilität
z.B. des Bogenarmes oder der Bogenhand

Linearbeschleunigungen
z.B. wie kommt der Bogen aus der Bogenhand heraus?

Vestibulärer Analysator (zur Orientierung in Raum und Zeit) liefert Informationen über:

Gesamtgleichgewichtslage und deren Verlauf
z.B. horizontale und vertikale Oberkörperbewegung nach dem Abschuss

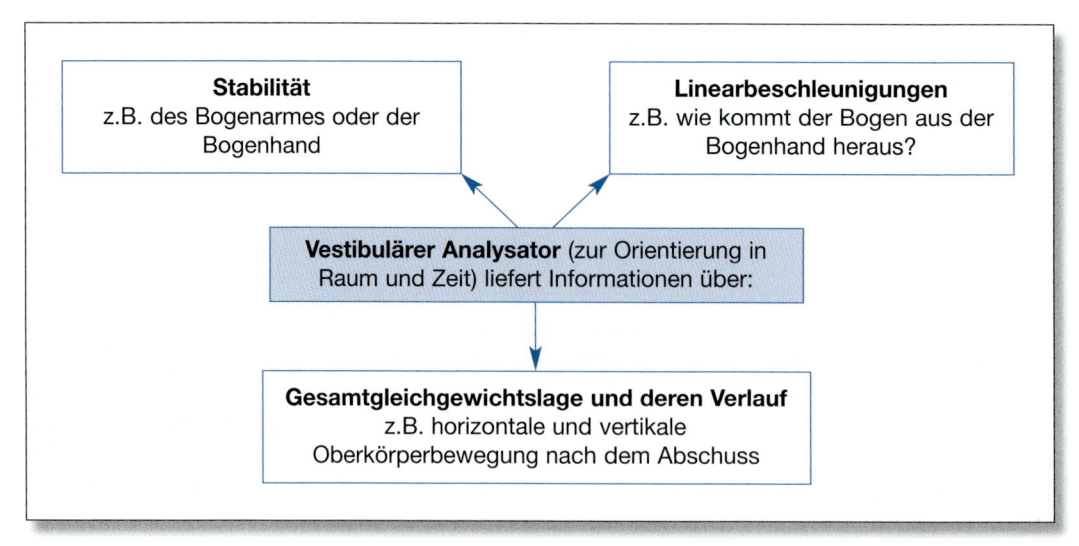

Abb. 129: Dynamische Anteile an der Orientierung in Raum und Zeit (vgl. *Hotz* u. *Weineck* 1988, 67)

Steuerungs- und Regelungsprozesse im Schießablauf

2. Positionsphase (Set-up)
- Übertragungseffekt der Vorspannung
- Dynamik der Vorarbeit
- Schulterblattpositionierung auf der Bogenarmseite

3. Positionsphase (Ankern)
- Position des Ankerpunktes
- Schulterblattpositionierung auf der Zugarmseite

Hauptfunktionsphase (Klickerendphase und Lösen)
- Spannungserhöhung (z.B. auf der Bogenarmseite)
- Zugarmellbogenrotation
- Timing (Zeitdauer der Klickerendphase)
- Bewegungsgefühl des Lösens

Kinästhetischer Analysator liefert Informationen über:

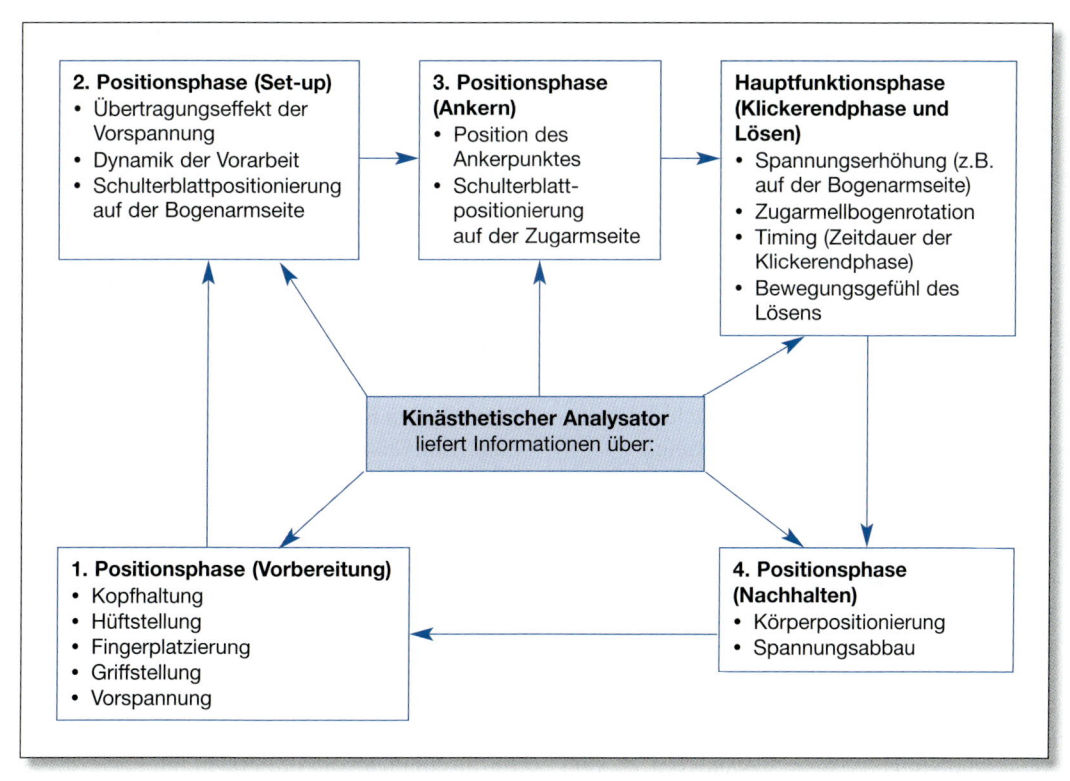

1. Positionsphase (Vorbereitung)
- Kopfhaltung
- Hüftstellung
- Fingerplatzierung
- Griffstellung
- Vorspannung

4. Positionsphase (Nachhalten)
- Körperpositionierung
- Spannungsabbau

Abb. 130: Informationsleistungen des kinästhetischen Analysators unter Berücksichtigung der Positionsphasen

Konsequenzen für die Trainingspraxis:

- *Kontaktlinsen:* Als beste Sportsehhilfe gelten hochpermeable Kontaktlinsen mit einem DK-Wert über 90 (Messgröße für die Sauerstoffdurchlässigkeit von Kontaktlinsen; vgl. *Bolsinger* 1996, 498). Allerdings ist darauf zu achten, dass diese mindestens 30 Minuten vor dem Sport eingesetzt und unmittelbar nach dem Sport wieder herausgenommen werden, weil es beim Sport unter den Kontaktlinsen zu einem erhöhten Stoffwechselumsatz kommt, bedingt durch Körpererwärmung, stoffwechselanregende Stoffe (z.B. Hormone) und zunehmende mechanische Belastung der Hornhaut. Da die Sauerstoffaustauschrate des Auges unter einer Kontaktlinse zwangsläufig reduziert ist, sind gasdurchlässige Linsen notwendig (vgl. *Zimmermann* 1998, 100).

- *Kopfbedeckung:* Bei intensiven Licht- und Sonneneinstrahlungen sind Sonnenbrillen oder Kopfbedeckungen mit Kappen (Blenden) zu tragen, da ansonsten Endothelschädigungen zu befürchten sind (vgl. *Schnell* 1995, 16; *Frangilli* 2006, 147). Gleichzeitig werden weniger Störeffekte durch die Hell-dunkel-Anpassung verursacht. In der unmittelbaren Zeitspanne vor dem Wettkampf schützt eine getönte Brille vor Blendungen. Der Blick sollte vor allem während des Wettkampfes nicht auf großflächige Licht-Schatten-Kontraste gerichtet werden oder häufig zwischen lichtintensiven und dunklen Objekten wechseln (z.B. Blitzlichter).

- *Zielen:* Beim Zielen mit einem Auge sollte das nicht zielende Auge weiß-transparent abgedeckt werden, weil auch das nicht zielende Auge wichtige Informationen (Wind-

fahnen, Lichtverhältnisse, s. S. 477 f., Taktik, Korrektur der Körperschwankungen durch reflektorische Muskelanspannung) vermittelt. Gleichzeitig ergibt eine lichtundurchlässige Abdeckung infolge des konsensuellen Pupillenreflexes eine Erweiterung der Pupille des Zielauges und damit eine Verminderung der Tiefenschärfe mit gesteigerter Ermüdbarkeit des Auges.
- *Zieldauer:* Der Zielvorgang sollte nach 5–8 Sekunden abgeschlossen sein, da sonst das Auge ermüdet – dies bedingt eine Verringerung der Sehschärfe – und Nachbilder auftreten können (s. S. 342 f., Timing).
- *Austrocknung des Auges:* Gegen Austrocknung (stark belüftete Schießhalle oder Wind bei hohen Außentemperaturen) sollte »künstliche Tränenflüssigkeit« auf das Auge geträufelt werden.
- *Zielen mit beiden Augen:* Die Umgebung (und damit das Ziel) erscheint heller (vgl. *Marées* 1991, 154).
- *Blindtraining:* Im Training sollte auch mit geschlossenen Augen geschossen werden, um die sensorische Wahrnehmung der Schießhaltung zu verstärken.
- *Aufwärmen:* Wie die Untersuchungen von *Jendrusch* (1997, 20) zeigen, erhöht sich die Sehleistung mit steigender Belastung. Dies verdeutlicht die Wichtigkeit eines entsprechenden Aufwärmens einerseits bzw. des Trainings der konditionellen Fähigkeiten andererseits.
- *Gleichgewichtsfähigkeit:* Da die vestibulären Rezeptoren sogar im Ruhezustand eine Grundaktivität aufweisen, so dass es für sie keine echte Reizschwelle gibt, muss die Gleichgewichtsfähigkeit in besonderem Maße trainiert werden (vgl. *Krempel* 1987, 81).

Physiologische Grundlagen

Herzfrequenz

Die Herzfrequenz ist die Anzahl der Herzschläge pro Minute und wird in Schlägen pro Minute (beats per minute, bpm) gemessen.

Die Herzfrequenz beim Menschen ist abhängig von Belastung, Alter, Geschlecht und körperlicher Fitness. Sie beträgt bei einem gesunden Menschen in Ruhe etwa 50–90 Schläge pro Minute. Ein wesentlicher Teil der Regulation erfolgt durch das autonome Nervensystem im Gleichgewicht von stimulierendem Sympathikus und dämpfendem Parasympathikus.

Untersuchungen an koreanischen Spitzenschützen zeigen, dass die Differenz von minimaler und maximaler Herzfrequenz während der Qualifikationsrunden in einem Wettkampf im Durchschnitt nur 6 Schläge pro Minute beträgt. Im Zusammenhang mit einem optimalen Aktivierungsniveau fordert *Suk* (1995, o. S.), dass die Herzfrequenz auch in den Finalrunden nur um 20–30 Schläge pro Minute ansteigen sollte, um auch hier den Muskeltonus nicht zu stark zu erhöhen und damit gleichmäßige Kraftverläufe und gute Gruppierungen beizubehalten.

Bezeichnend für die Bedeutung der Klickerendphase (als Teil der Hauptfunktionsphase) sind die Herzfrequenzen demnach während des Ankers und Lösens. Wie die Untersuchungen von *Suk* (International Archery Symposium Rom 1996) zeigen, treten im Erreichen des Ankerpunkts im Mittel die höchsten Frequenzen auf (Abb. 131). Ein erhöhtes Erregungsniveau kann leistungsmindernde Emotionen, Koordinationsmängel in der Bewegungsausführung (Muskelgefühl), Schießrhythmusschwierigkeiten (Absetzen bzw. Timing) und letztlich Verlust des Selbstvertrauens hervorrufen.

Abb. 131 macht ferner deutlich, dass die maximale Herzfrequenz bei Spitzenschützen bereits

Physiologische Grundlagen

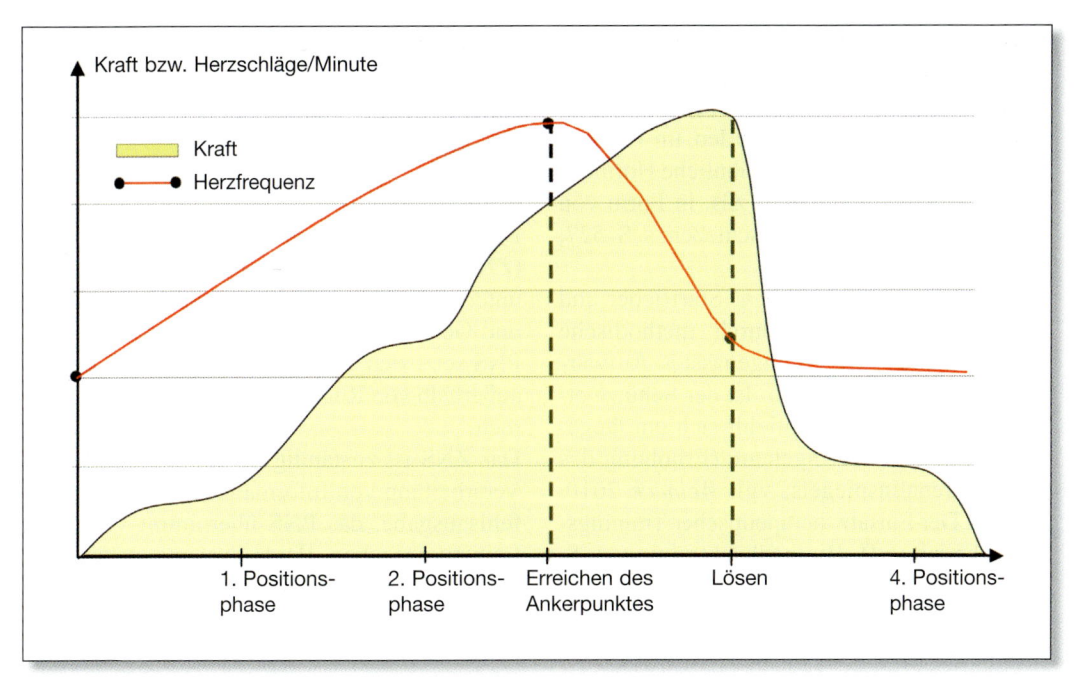

Abb. 131: Herzfrequenz-Kraft-Verlauf während eines einzelnen Schusses (vgl. *Suk* 1996, o. S.)

vor dem Lösen wieder abfällt; diese differiert inter- und intraindividuell in Abhängigkeit von Wettkampferfahrung, Art des Wettkampfes, psychophysischem Zustand etc. zum Teil recht deutlich (90–200 Schläge/Minute).

Im Mittel lässt sich ein Anstieg der Herzfrequenz bei mehreren aufeinander folgenden Schüssen beobachten, wobei bei verschiedenen Schützen gerade beim ersten Schuss der Serie aufgrund eines unterschiedlichen Aktivierungs- bzw. Erregungsniveaus differierende Herzfrequenz- und dazu parallele Kraftverläufe auftreten können.

Die theoretisch ideale Kurve soll nach *Suk* (1996, o. S.) zyklisch flach verlaufen, denn nur gleich bleibende Herzfrequenzen bedeuten gleichmäßige Kraftverläufe und einen konstanten Schießablauf. Es ist daher insbesondere die Aufgabe des Trainers, den Kurvenverlauf bzw. das Aktivierungsniveau des Schützen – insbesondere den Vorstartzustand (s.u.) – optimal zu beeinflussen.

Vorstartzustand

> Unter Vorstartzustand ist die psychische Gesamtverfassung des Sportlers unmittelbar vor dem Wettkampf zu verstehen (*Thieß* et al. 1980, 254).

Ein optimaler Vorstartzustand liegt dann vor, wenn sich die beiden Stresshormone Noradrenalin (es drückt meist den physischen Stress aus) und Adrenalin (es spiegelt meist den psychischen Stress wieder) in einem optimalen Verhältnis zueinander befinden. Als optimal für die Wettkampfleistung gilt ein Verhältnis von Noradrenalin zu Adrenalin von 6:1 bis 3:1; für die Trainingsleistung gelten Werte im Bereich von 4:1 bis 7:1 als günstig. Bei einem Verhältnis von unter 2:1 kommt es aufgrund einer zu hohen inneren Anspannung zu einem Wettkampfversagen (vgl. *Jonath* 1987, 138; *Zimmermann*, in *Weineck* 2010, 114).

Konsequenzen für die Trainingspraxis:
- *Wettkampfsituationen im Training:* Um ein ungünstiges Stresshormonverhältnis zu vermeiden, sollte versucht werden, im Training vergleichbare, wettkampfähnliche Hormonverhältnisse zu erzielen (z.B. in Form von Prognosetraining, K.-o.-Schießen; s. S. 527, 573, 576).
- *Methodische Maßnahmen:* Startfieber und Startapathie können durch methodische Maßnahmen wie typangepasstes Aufwärmen beeinflusst werden: Ist der Schütze etwa zu aufgeregt, empfiehlt sich ein längeres, ruhiges »Warmgehen« (Erhöhung des Noradrenalinspiegels; vgl. *Weineck* 2010, 251). Der Einsatz therapeutischer Trainingsmethoden (z.B. Biofeedbacktraining, s. S. 507), ist ebenfalls empfehlenswert, um dem Schützen seine »innere Situation« aufzuzeigen (»was man kennt und sieht, lässt sich bearbeiten und lösen«).

Neurophysiologische Grundlagen

Aufbau und Funktion des Nervensystems

Komponenten

Das Nervensystem lässt sich in ein zentrales (ZNS) und ein peripheres (PNS) Nervensystem unterteilen. Das ZNS besteht aus Rückenmark und Gehirn (bestehend aus Nervenzellen), das PNS setzt sich aus Nervenzellen und Fortsätze außerhalb von Rückenmark und Gehirn zusammen.

Das ZNS ist zuständig für die Aufnahme und Verarbeitung von Informationen sowie die Befehlsausgabe, das PNS übernimmt vor allem Leitungsaufgaben. Beide Systeme stehen über Leitungsbahnen in engem Zusammenhang miteinander (vgl. *Weineck* u. *Weineck* 2009, 155).

Wie Abb. 132 verdeutlicht, werden über afferente (hinführende) Leitungsbahnen Informationen aus der Umgebung oder aus dem Körper zum ZNS und über efferente (wegführende) Leitungsbahnen Informationen an die Muskulatur bzw. die inneren Organe weitergeleitet.

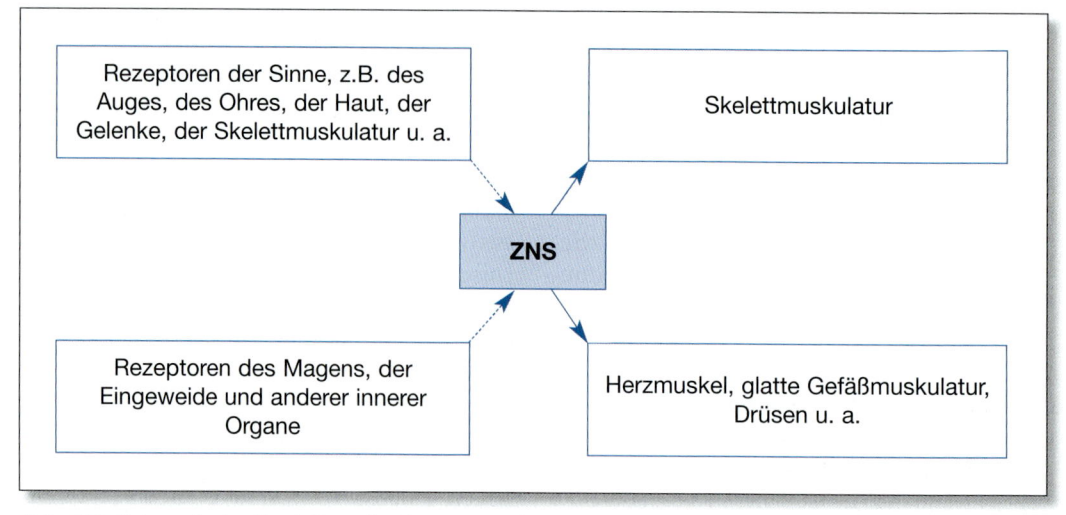

Abb. 132: Schematische Darstellung der Zusammenarbeit von ZNS und PNS über afferente (*gestrichelte Pfeile*) und efferente Leitungsbahnen (*durchgezogene Pfeile*; nach *Weineck* u. *Weineck* 2009, 155)

Funktionen

Die Auslösung einer muskulären Kontraktion als Grundvoraussetzung jeder Bewegung benötigt den nervalen Impuls bzw. die zentralnervöse Steuerung. Das ZNS macht es als übergeordnete Instanz möglich, dass aus dem unbegrenzten Potenzial an möglichen Einzelbewegungen der zielorientierte und fein abgestimmte Schießablauf entstehen kann.

Vor jedem Schuss finden im ZNS hunderte von Reaktionen in Bruchteilen von Sekunden statt, wobei die Sinneswahrnehmungen (vgl. Analysatoren, S. 89 und 236) einen entscheidenden Anteil am Zustandekommen des Schusses haben. Die optischen (z.B. Zielbild), akustischen (z.B. Abschussgeräusch) oder taktilen (z.B. Sehnenberührung am Kinn) und andere Informationen gelangen in kürzester Zeit (Millisekunden) in die jeweiligen Großhirnrindenbereiche (z.B. Seh-, Hör- oder Körperfühlbereiche) und werden dann auf höherem Niveau unter Einbeziehung der Assoziationszentren weiterverarbeitet. Die Assoziationszentren haben die Aufgabe, die eingehenden sensorischen Informationen über entsprechende Erinnerungsleistungen mit Bedeutungen, Wertungen, Emotionen etc. zu verbinden.

Beispiel: Ein Schütze, der ungünstige Witterungsbedingungen mit schlechteren Ergebnissen verknüpft, wird auch seinen Bewegungsablauf unter eben diesen Bedingungen anders abspeichern. Er wird langsamer und ungenauer schießen.

Die Befunde moderner Gehirnforschung ermöglichen inzwischen ein akzeptables Modell über die anatomische Basis und die physiologischen Prozesse der Bewegungsregulation. Damit lässt sich hinreichend beschreiben, was beim Schießen im ZNS passiert und warum beispielsweise die Übermotivation so negative Folgen für die Hauptfunktionsphase (Klickerendphase und Lösen) hat.

Jede zielgerichtete Bewegung wird durch das Gehirn als zentrale Schaltstelle des gesamten Zentralnervensystems gesteuert und geregelt. So ist auch der Schießvorgang (insbesondere die Druckerhöhung auf der Bogenarmseite sowie die parallele Zugbewegung auf der Zugarmseite) eine koordinative Gesamtleistung des ZNS unter Führung des *Großhirns*. Die Großhirnrinde gilt als der Teil des Gehirns, der zum Einsatz bewusster Steuerfunktionen notwendig ist. Wenn der Schütze einen Schuss ausführt, so ist es für ihn unmöglich, an alle Einzelheiten dieser Bewegung zu denken, denn aufgrund der geringen Kapazität des Großhirns für die bewusste Verarbeitung von Informationen kann die Aufmerksamkeit gleichzeitig auf nur wenige Details gerichtet sein.

Das Großhirn (Endhirn) ist deshalb darauf angewiesen, sich der Hilfe des Kleinhirns (als wichtigster Teil für die Feinregulierung jeder erlernten Bewegung) zu bedienen. Im *Kleinhirn* werden als Ergebnis vielmaliger Wiederholungen Fertigkeitsprogramme abgespeichert, die bei Bedarf abgerufen werden können. Der Schießablauf sieht dabei im Einzelnen wie folgt aus (Abb. 133, Tab. 9):

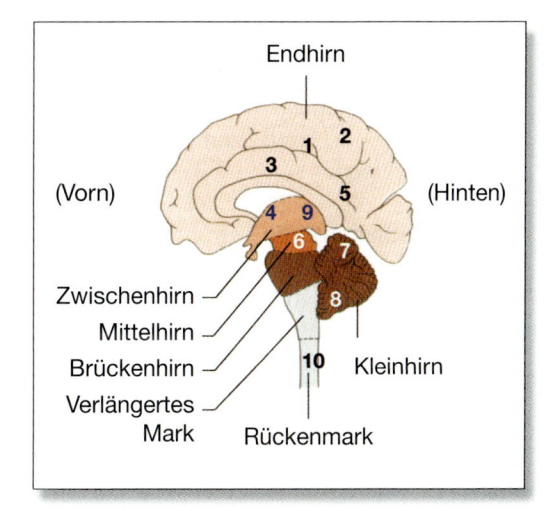

Abb. 133: Zusammenarbeit von Großhirn und Kleinhirn bei der Koordination von Bewegungen. 1: Assoziationsfelder des Großhirns, 2: motorische Felder, 3: Rohbefehle an Muskeln, 4: antreibende Impulse aus dem Zwischenhirn, 5: Rückkopplung vom Zwischen- zum Großhirn, 6: Querverbindung zum Mittelhirn, 7: gespeicherte Programme im Kleinhirn, 8: Abgabe der Kleinhirnprogramme über hemmende Bahnen, 9: Hemmung der Rückkopplungskreise, 10: ausleitende Befehle an die Muskulatur (*Miriam* u. *Scharf* 1981, in *Lehnertz* 1996; *Weineck* u. *Weineck* 2009, 16)

Der Entschluss zum Schuss entsteht in den Assoziationsfeldern des Großhirns (1). Er enthält die Informationen, welche Körperteile den Schuss ausführen sollen. Dieser Entschluss wird zu den motorischen Feldern geleitet (2), die für alle Muskelpartien spezielle Nerven besitzen. Sie erteilen nun den für den Schuss benötigten Rücken-, Schulter- und Armmuskeln usw. den Befehl, Kraft zu bilden (3). Allein aufgrund dieser Befehle würde jedoch der Schuss nur sehr grob und unzureichend koordiniert ablaufen, wobei die Ungenauigkeit durch antreibende Impulse aus dem Zwischenhirn (Motivationszentrale) noch verstärkt wird (5). Gleichzeitig läuft der »Schießbefehl« (Rohbefehl) auch über Querverbindungen in das Kleinhirn (6). Falls durch entsprechende Wiederholungszahlen entsprechende Fertigkeitsprogramme gespeichert sind (7), dämpft das Kleinhirn mit hemmenden Signalen die in dem Rückkoppelungskreis (8) umlaufenden Impulse derart (9), dass die Nervenzellen der motorischen Felder nur Befehle abgeben, die genau dem technisch einwandfreien Schuss entsprechen. Der so modellierte Befehl läuft über das Rückenmark zu den Muskeln (10) und bewirkt schließlich, dass die Muskeln die Kraft zum koordinierten Schuss einbringen.

Es wird deutlich, warum sowohl übermäßiges Denken im Detail (man soll beispielsweise *während* des Schießvorgangs – ausgenommen spezielles Techniktraining – nicht mehr an den richtigen Einsatz der Schulterblätter denken; vgl. *Lovo* 1996, 12) als auch zu starke Motivation einen optimalen Schuss hemmen (vgl. auch *Loehr* 1991, 95; *Wiemeyer* 1996, 92ff.): Zu detailliertes Steuern führt beispielsweise zu einer Störung der automatisiert ablaufenden Klickerendphase durch das Kleinhirn, während Übermotivation zu einer Verstärkung der groben Befehle aus den motorischen Großhirnfeldern durch das Zwischenhirn führt. *Schewe* (1976) geht davon aus, dass das Bewusstsein primär bei der Planung und Bewertung von Bewegung (Lenkung der Wahrnehmung auf kontrollrelevante synaktionale Faktoren, wie zum Beispiel die Fingerpositionierung oder die Position der Bogenhand, sowie korrekturrelevante postaktionale Aspekte wie z.B. das Nachhalten), nicht aber bei der Ausführung von Bewegung eine Rolle spielt (»Tausendfüßler-Effekt«).

In diesem Sinne beschreibt *Henderson* (1987, 23) die Steuerung und Regelung des Schießablaufs in folgender Weise:

> »Gehen Sie zur Schießlinie, prüfen Sie ihren Stand, die Lage Ihrer Hand am Bogen, die Haltung der Finger an der Sehne, wie fest oder locker Sie ankern, welche Muskeln Sie einsetzen, wann und wie Sie ziehen sollten (Druck, Zug oder Druck/Zug) und wie Sie halten. Dann entspannen, halten und darauf achten, wie Sie fühlen. Wenn Sie alles richtig vorbereitet haben, sollten Sie es spüren. Das Gefühl wird richtig sein. Jetzt können Sie zielen. *An diesem Punkt müssen Sie die Kontrolle über den physischen Teil der Schussvorbereitung vollständig ihrem Unterbewusstsein überlassen und darauf vertrauen, dass es das tut, was es gelernt hat zu tun.* Sie müssen das ohne jede bewusste oder unbewusste störende Beeinflussung tun, während Sie sich gedanklich und bewusst auf das Zielen vorbereiten. Sie werden dennoch, wie in Hypnose, sich immer bewusst sein, dass Sie den Schuss abbrechen und vollständig neu und korrekt aufbauen werden, wenn an irgendeinem Punkt die Kontrolle der physischen Form gewissermaßen unterbewusst verweigert wird.«

Eine Übersicht über die beim Schießen beteiligten anatomischen Strukturen des Nervensystems gibt Tab. 9.

Beteiligte Hirnstruktur	Funktion
Limbisches System und andere Motivationsareale	Entscheidungsinstanz für den Abruf von (»Ich will den Schuss jetzt machen!«) ↓
Assoziationsfelder des Endhirns	gespeicherten Programmentwürfen, die (Alternativen z.B. in Abhängigkeit von Umweltbedingungen, Anhalten, schneller Schuss etc.) ↓
Kleinhirn und Basalganglien	in den räumlich-zeitlich gegliederten Schießablauf umgesetzt (Feinsteuerung), ↓
Motorische Rindenfelder	dem Motorkortex als Exekutivorgan für die Ausführung des Bewegungsprogramms zugeleitet werden. Über efferente Bahnen gelangt das differenzierte Bewegungsengramm (Schießablauf) ↓
Hirnstamm	bei angepasster Stützmotorik (sie schafft über die situationsgemäße Anpassung der Körperhaltung die Voraussetzung für die zielmotorische Bewegung; Stand) über den Hirnstamm ↓
Rückenmark	zu den motorischen Vorderhornzellen des Rückenmarks, wo sie auf Alphamotoneurone umgeschaltet werden, die über ↓
Skelettmuskulatur	die Zahl der innervierten motorischen Einheiten bzw. die vorliegende Impulsfrequenz der aktivierten Muskeln innerhalb der Positionsphasen zu abgestuften Muskellängen und -kraftänderungen und damit zum Schießablauf führen

Tab. 9: Schematische Darstellung des Ablaufs einer Schießhandlung unter Angabe der beteiligten anatomischen Strukturen (nach *Weineck* 2010, 160)

Regelkreismodell

> Steuerungs- und Regelungsprozesse im Schießablauf können modellartig anhand eines kybernetischen Regelkreismodells dargestellt werden. Der Schütze wird dabei als sensomotorisches System aufgefasst, in dem Wahrnehmungen, Bewusstseinsvorgänge und Körperbewegungen als kreisförmige Kommunikationsprozesse beschrieben werden.

Beispielhaft beschreibt das Regelkreismodell in Abb. 134 die 3. Positionsphase (Ankern) im Schießablauf. In der 3. Positionsphase ist das Ankern die *Regelgröße*, die konstant gehalten werden soll. Der *Sollwert* (Bewegungsentwurf), das kurzfristig sichere Positionieren der Zughand, wird vom *Führungsglied* (Großhirnrinde) durch Signale an den *Regler* (motorischer Kortex) vorgegeben.

Der *Istwert* (Bewegungsablauf) wird durch die *Messglieder* (Analysatoren) registriert und über afferente Nervenbahnen zum Regler gemeldet. Ursächlich für die Abweichung des Istwerts (erreichtes Bewegungsziel) sind Fehler im Bewegungsablauf und so genannte *Störgrößen* (z.B. Umweltbedingungen), die verändernd auf die Regelgröße einwirken. Durch den Regler erfolgt der Sollwert-Istwert-Vergleich.

Entsprechend der Differenz gehen über efferente Nervenbahnen Steuerimpulse, die Stellgröße, an die *Stellglieder* (am Ankern beteiligte Muskelschlingen).

Die durch die Muskeln eingeleiteten Bewegungskorrekturen können unwillkürlich über unbewusste, bedingte oder unbedingte Reflexe (spinale oder supraspinale Zentren) oder über bewusste Korrekturbewegungen (höhere Gehirnzentren) erfolgen. Durch permanente innere (kinästhetischer/statikodynamischer Analysator) und äußere (taktiler/akustischer/optischer Analysator) Rückkoppelung (Feedback), durch laufenden *Sollwert-Istwert-Vergleich* und fortwährend wiederholte Bewegungskorrekturen kann es zu einer Annäherung beziehungsweise Angleichung der durchgeführten Bewegung an das gewünschte Ziel (konstant wiederholter Ankerpunkt) kommen.

Motorisches Lernen und Automatisieren unter dem Aspekt der Bewegungsschleifen

> Der Hauptunterschied zwischen Spitzenschützen und Anfängern ist der Grad der Automatisierung im Bewegungsablauf (*Whittingham* 2008, 56).

> *Beachten Sie:* Das (innere) Löschen von einem schlecht durchgeführten Bewegungsablauf, bedarf mindestens zweier gut geschossener Pfeile (vgl. *Schellbach* 2006, 10)

Die Programmierung automatisierter Bewegungsabläufe setzt eine *ständige* Wiederholung der Aktionsfolge voraus. Damit kann das Bewusstsein nach und nach systematisch entlastet werden, so dass es sich nur noch auf wenige Knotenpunkte (z.B. Schulterpositionierung, Laden und Transfer) des Programmverlaufs konzentrieren muss. Es kommt zu einer Engrammbildung.

> Das Engramm (= Bewegungsschema, Bewegungsschleife) ist eine Konsolidierung von Gedächtnisspuren eines bestimmten Gedächtnisinhaltes und wahrscheinlich die Grundlage für die Informationsspeicherung im Langzeitgedächtnis. Erst auf der Basis von angemessenen Engrammen sind bewegungsspezifische Programmierungen möglich (vgl. *Laudien* 1977, 56; *Sinz* 1981, 228).

Training hat unter neurophysiologischer Sicht die Aufgabe, störungsresistente Engramme einzuschleifen, die im so genannten Elemententraining (s. S. 459) vorprogrammiert werden (vgl. *Martin* et al. 1991, 49).

Neurophysiologische Grundlagen

Zu Beginn eines Lernprozesses müssen die Informationen (= Ausführung des kompletten Schusses oder einzelner Elemente) dabei eine Schleife mehrfach als »reverbierende Kreise« (Abb. 135) durchlaufen – was durch praktisches Üben oder mentales Training (s. S. 499) erfolgen kann –, um die für die Gedächtnisbildung notwendigen Folgereize auszulösen und die Schleife somit zu fixieren. Zu diesem Zeitpunkt ist die Bewegungsschleife allerdings noch unscharf und ungenau (vgl. *Weineck* 2010, 849.

Die umfassende Ausformung der verschiedenen zentralnervösen Strukturen kann nur dann optimal erfolgen, wenn die verschiedenen Gehirnteile, die verschiedenen Sinne etc. ausreichend Stimuli zu ihrer Entwicklung erhalten. Abb. 136 lässt erkennen, dass dabei die beiden Gehirnhälften unterschiedliche Funktionsarea-

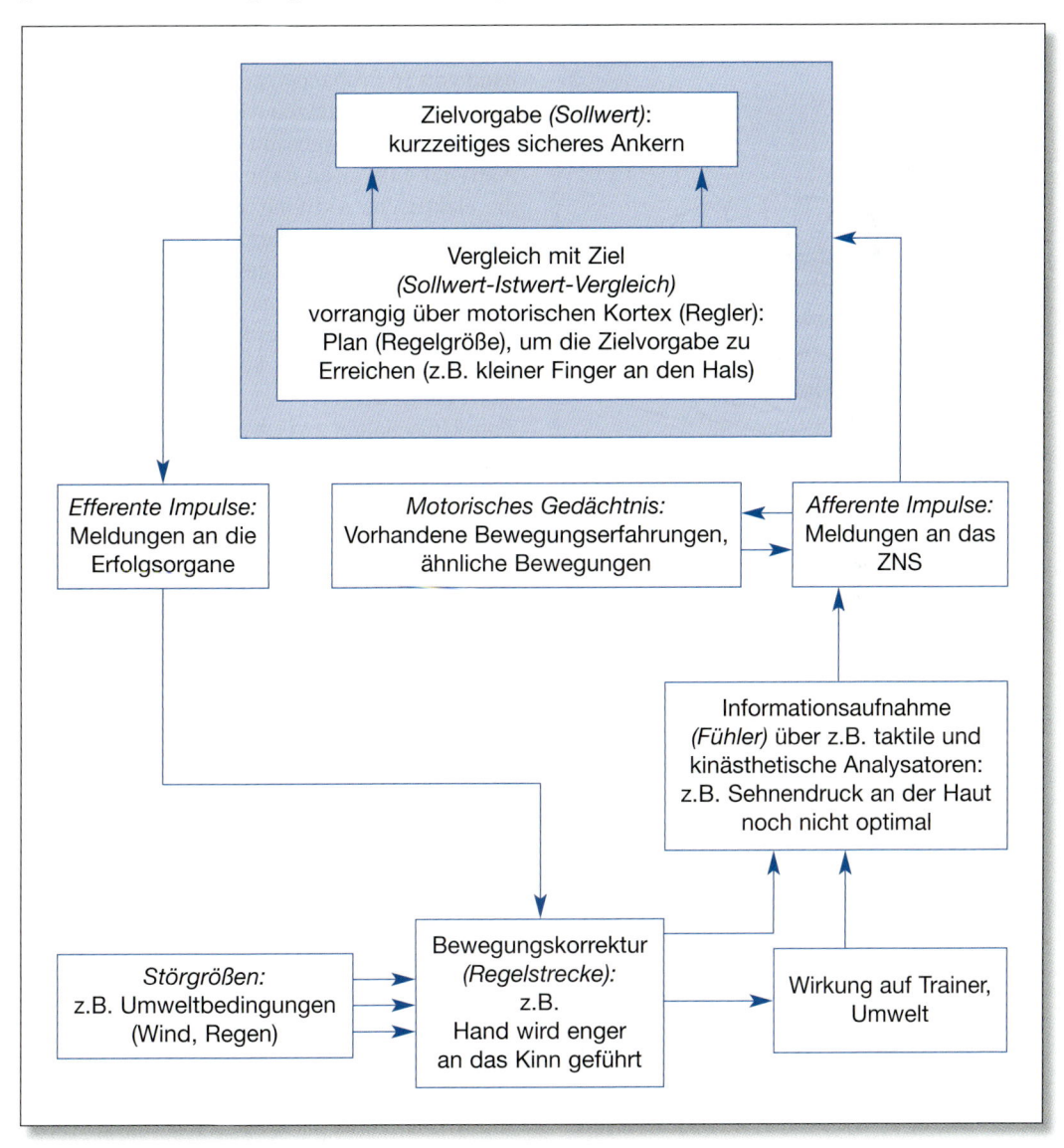

Abb. 134: Regelkreismodell in der 3. Positionsphase am Beispiel des Ankerns

le aufweisen, die im Sinne einer Arbeitsteilung zu werten sind. Beide Hälften sollten jedoch durch entsprechende Übung gleichermaßen geschult werden.

Beachten Sie: Bei einem vielseitigen, variablen Neulernen (z.B. unterschiedliche Bögen, links und rechts) erhöht sich die Zahl der Gehirnzellen. Bei einer einseitigen Spezialisierung werden hingegen Gehirnanteile nicht ausreichend beansprucht und ausdifferenziert und dadurch in ihrer Entwicklung gehemmt.

Informations-Input

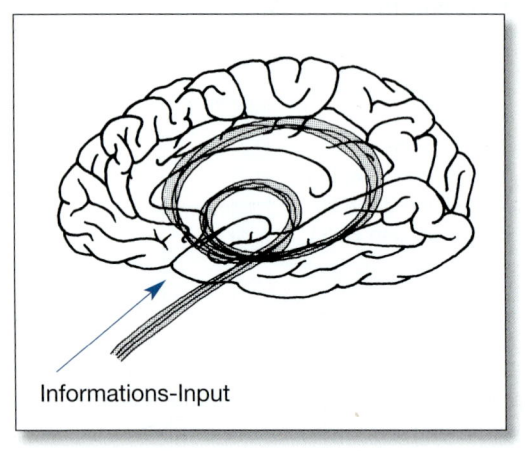

Abb. 135: Beispiel eines Schleifenmodells, dargestellt an einem reverbierenden Kreis (vgl. *Hotz* u. *Weineck* 1988, 30)

Es muss ein Ziel des Schützen sein, insbesondere das Lösen unbewusst, d.h. durch die rechte Gehirnhälfte, ausführen zu lassen. Dies bedeutet auch, dass sich der Schütze in der Hauptfunktionsphase (Klickerendphase und Lösen) von störenden Gedanken befreien muss (s. S. 519). Nach *Whittingham* (2008, 56) zeichnen sich Spitzenschützen unter anderem dadurch aus, dass sie während des Bewegungsablaufes die kognitive Kontrolle des Schusses aufgeben können. Dies bestätigen auch die Untersuchungen von *Hung* et al. (2008, 752 ff.), in denen anhand von 36 Probanden gezeigt werden konnte, dass Leistungsschützen während des Schießablaufs nicht nur insgesamt eine geringere EEG-Aktivität aufweisen (Abb. 137), sondern auch die elektrische Aktivität in der linken Gehirnhälfte wesentlich stärker ausgeprägt ist (Abb. 138). Damit konnte insgesamt gezeigt werden, dass die Ausführungsqualität des Schießablaufes umso höher ist, je geringer die Aktivität von Gehirnprozessen (z.B. bewusstes Steuern der Bewegung) ist.

Zum Umschalten zwischen bewusstem auf unbewusstes Schießen fordert *Bassham* (2008, 28), das Bewusstsein zu Beginn eines mentalen Lernprozesses mit konkreten Gedanken (z.B. an den Bewegungsablauf) zu steuern, bevor spezielle Schlüsselbegriffe (Trigger) – vor dem Hintergrund eines optimal ausgeführten Schusses – entwickelt werden, die als Auslöser das

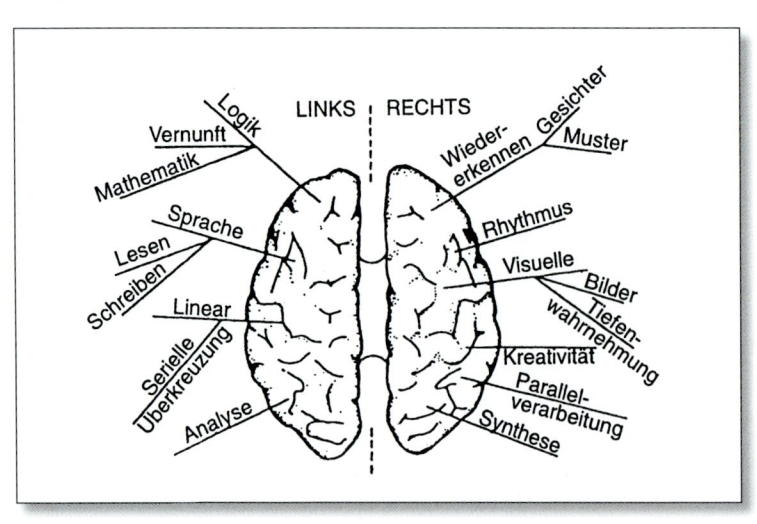

Abb. 136: Funktion der rechten und linken Gehirnhälfte (nach *Schwarz* 1988, 78; in *Weineck* 2010, 865)

Neurophysiologische Grundlagen

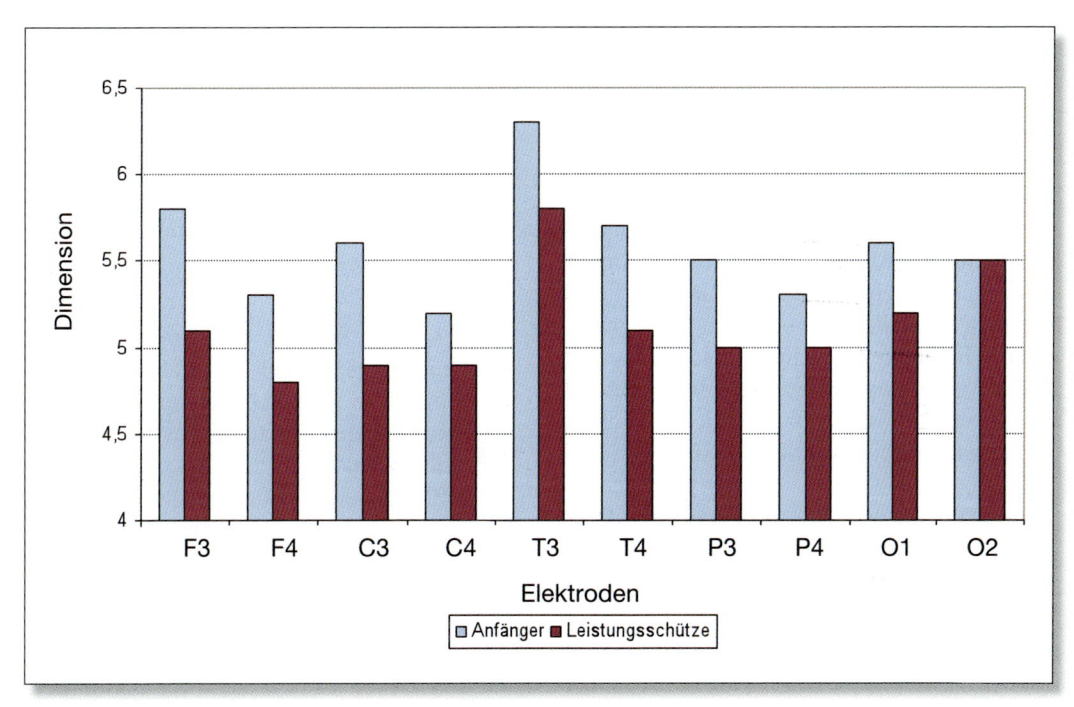

Abb. 137: Gehirnaktivität während des Schießablaufs bei Anfängern und Leistungsschützen innerhalb bestimmter Gehirnareale (F 3-02; vgl. *Hung* et al. 2008, 752 ff.)

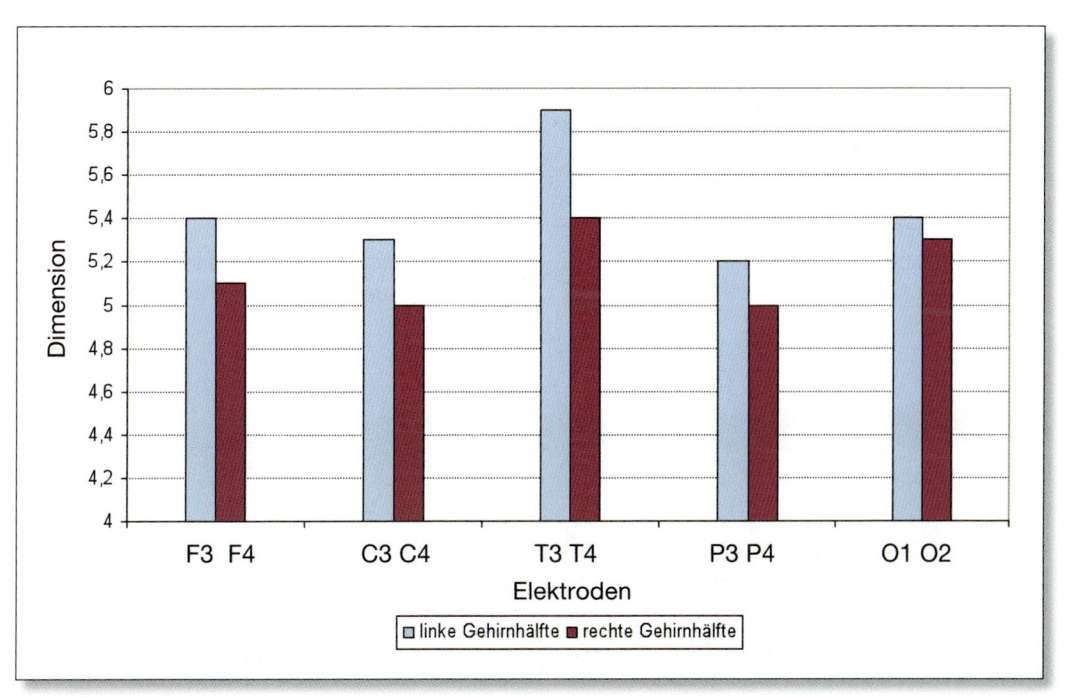

Abb. 138: Vergleich der Gehirnaktivität in der linken und rechten Gehirnhälfte während des Schießablaufes (vgl. *Hung* et al. 2008, 752 ff.)

Unterbewusstsein (rechte Gehirnhälfte) mehr und mehr einsetzen. Ein entsprechendes Programm (bzw. Schlüsselbegriffe) muss dabei vor allem individuell, einfach und duplizierbar sein sowie einen definierten Startpunkt (z.B. Einnocken des Pfeils) enthalten. Unterstützende Maßnahmen sind beispielsweise die Konzentration auf die Atmung (z.B. Atemrhythmus), einen musikalische Rhythmus (z.B. innerliches Summen einer Melodie) oder den Bewegungsablauf (Erspüren der Schulterblattannäherung an die Wirbelsäule auf der Zugarmseite zum Erreichen der 4. Positionsphase), die im Training immer wieder geübt werden müssen.

Als Anbahnung der Automatisierung empfiehlt *Singer* (in *Whittingham* 2008, 56) das folgende Programm in fünf Stufen:
1. *Bereit machen:* mentales Einstellen auf die bevorstehende Tätigkeit (z.B. durch Aufmerksamkeitslenkung: »Hier und Jetzt!«; s. S. 521)
2. *Vorstellen des Bewegungsablaufs:* Umwandlung von mentalen »Blicksprüngen« (z.B. Schlüsselelemente wie die 4. Positionsphasen) in »Echtzeitprogramme« (zeitliche Dauer stimmt mit dem realen Bewegungsablauf überein; s. S. 499)
3. *Aufmerksamkeit auf Schlüsselstellen lenken:* z.B. Konzentration auf das Ziel, oder das Gefühl der Schulterblattbewegung auf der Zugarmseite beim Erreichen der 3. Positionsphase (Ankern)
4. *Ausführung des Schusses:* kein Zulassen von »Zwischengedanken« beim Übergang vom mentalen Durchgehen zum realen Ausführen sowie externale Aufmerksamkeitslenkung bei der Durchführung des Schusses (s. S. 518 f.)
5. *Evaluation:* Einschätzung und Auswerten des Schusses

Beachten Sie: Mentale Programme müssen im Training geübt und eingeschliffen werden, um diese auch im Wettkampf erfolgreich anwenden zu können. Das Simulieren spezieller Wettkampfsituation (z.B. die letzten 3 Pfeile) gehört dabei genauso dazu wie das Erstellen eines Handlungsplans (welches Programm, für welche Situation?; s. S. 233 f.).

Charakteristisch für eine noch nicht ausreichend ökonomisierte und damit fein regulierte Bewegung (*Grobform*) sind die beim Anfänger meist feststellbaren überschüssigen und räumlich-zeitlich schlecht koordinierten Mitbewegungen (z.B. ungleichförmiges Zugmuster, Oberkörperschwankungen; Abb. 139). Dieses Zuviel an innervierter Muskulatur kommt dadurch zustande, dass das innere Bewegungsmodell noch nicht ausreichend präzisiert und auf die wesentlichen Elemente der Bewegung (*Fein- und Feinstform*; Abb. 140) reduziert ist. In diesem Zusammenhang wird von einer *Irra-*

Abb. 139: Anfänger des Sports: Irradiation der Bewegungen

Abb. 140: Meister des Sports: Konzentration der Bewegungen

diation der Reizprozesse gesprochen: Gehirnstrukturen werden mitaktiviert, die eigentlich keine unmittelbare Bewegungsrelevanz haben. Im Lauf des Trainings- und Lernprozesses kommt es dann zu einer *Konzentration* der Erregungen auf die für die Bewegung jeweilig notwendigen Erregungsprozesse (Abb. 141a, s. auch S. 240).

In der Phase der Automatie (sie wird auch die Phase der variablen Verfügbarkeit bzw. die Phase der Festigung und Stabilisierung genannt, s. auch S. 245) werden Erregungs- und Hemmungsprozesse so automatisiert, dass sich der Bewegungsablauf auch ohne bewusste Aufmerksamkeit realisieren lässt. Wie Abb. 141b verdeutlicht, kommt es in den Rindenfeldern des Gehirns zu charakteristischen räumlichen Synchronisationsprozessen, die sich mit zunehmender Beherrschung der Schießtechnik verstärkt ausbilden. Anzahl und Ausmaß der interzerebralen Wechselbeziehungen der motorischen Rindengebiete nehmen dagegen mit zunehmender Automatisierung ab: Es ist anzunehmen, dass darin die Abnahme der bewussten Kontrolle über die Ausführung des Schusses zum Ausdruck kommt (vgl. auch *Sologub* 1982, 36).

Beispiel 1 – Goldfieber: Ein häufig zu beobachtendes Phänomen ist auch bei Leistungsschützen das so genannte »Goldfieber« oder die »Scheibenpanik« (s. S. 530). Dabei gibt der Schütze den Pfeil bereits in dem Augenblick frei, wenn das Auge das »Gold« (Scheibenmitte) erfasst, oder er »friert« in dieser Position ein. Die Theorie der Bewegungsschleifen bietet hierfür eine Erklärung, das Regelkreismodell

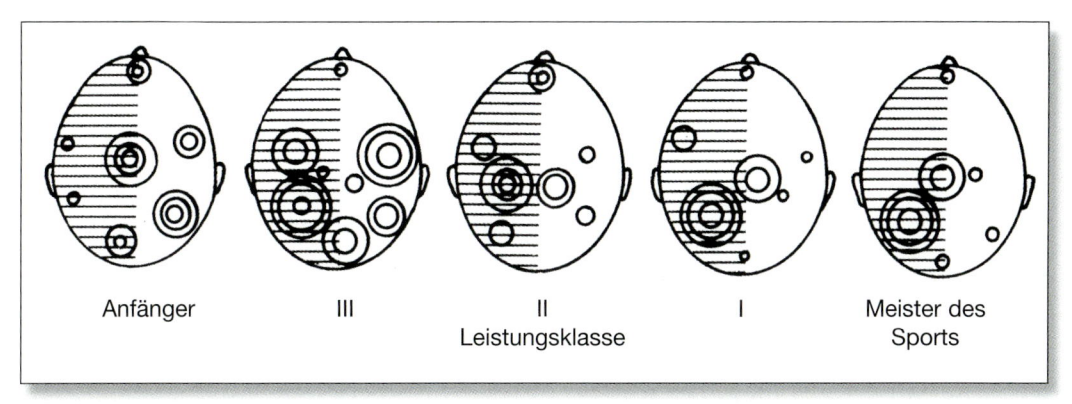

Abb. 141a: EEG-Ableitungen bei Sportlern verschiedener Qualifikationen. Mit zunehmender Leistungsfähigkeit kommt es zu einer Konzentration der Erregungen auf die für die Bewegung spezifischen Rindengebiete (nach *Sologub*, in *Weineck* 2010, 101)

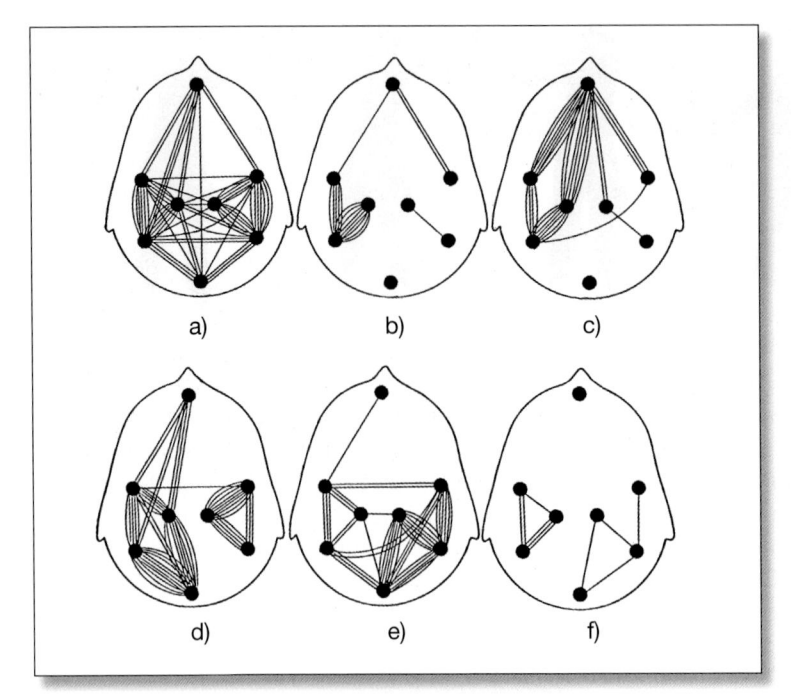

Abb. 141b:
Besonderheiten in der räumlichen Synchronisation der Rindenpotenziale beim Laufen (a), beim Stoßen einer Hantel (b), beim Salto rückwärts (c), beim Fechten (d), beim Zeilvorgang des Schützen (e) und bei einer Turnübung (f; nach *Sologub*, in *Weineck* 2010, 112)

eine Möglichkeit, um das genannte Problem zu lösen.

Löst der Schütze den Pfeil in dem Augenblick, in dem das Auge das Ziel erfasst hat, so hat sich eine Bewegungsschleife auf Reflexebene gebildet. Dies bedeutet, dass die Bewegung über tief liegende Zentren (supraspinal bzw. subkortikal: Hirnstamm, Motorkortex, Basalganglien, Kleinhirn) automatisch gesteuert und damit nicht mehr bewusstseinsfähig ist. Der Schütze muss daher seinen Schießablauf wieder bewusstseinsfähig machen und die fehlerhafte Bewegungsschleife überschreiben (s. S. 102).

Beachten Sie: Das Überschreiben einer fehlerhaften Bewegung verlangt sehr hohe und bewusste Wiederholungszahlen unter Aufsicht des Trainers und entsprechender Dokumentation (z.B. Schießkarten, Video).

Beispiel 2 – Bewertung des Schusses: Eine weitere wichtige Forderung an den Schützen – im Sinne einer Optimierung des motorischen Lernprozesses – stellt die Fähigkeit dar, Ereignisse im Allgemeinen bzw. den Schießablauf im Besonderen wahrzunehmen und bedeutsame von irrelevanten sowie günstige von weniger geeigneten Aktionen unterscheiden zu können. Der Schütze muss seine Bewegungshandlung (s. S. 233) wahrnehmen und in ihrer Qualität beurteilen können, um eine Verbesserung seiner Schießtechnik zu erzielen. Dies erfordert ein internes Bewertungssystem, das über das Dopaminsystem gesteuert wird. Dopamin ist ein Neurotransmitter, der eng mit motivationalen Mechanismen, Sucht, Lernen und Aufmerksamkeit in Verbindung steht.

Die Bewertungsfunktion des Dopaminsystems kommt dadurch zustande, dass die Dopaminneuronen stärker feuern, wenn ein Ergebnis (z.B. optimale Stellung des Schulterblattes im Augenblick des Lösens) besser als erwartet ist (vgl. *Waelti* et al. 2001, 43 f.).

Damit der Organismus Verhalten – in unserem Falle die Perfektionierung der Schießtechnik –

zunehmend optimieren kann, müssen günstige Bewegungseffekte (z.B. ein gelungener Abschuss) über interne Bewertungen zur bevorzugten Speicherung der dabei motorisch relevanten Informationsmuster führen. Dies geschieht insbesondere dann, wenn so genannte Partnerneurone parallel bzw. gleichzeitig erregt werden. Dies wiederum erfordert eine wiederholte Aktivierung der entsprechenden Neurone nach dem Motto »Übung macht den Meister« sowie den Einsatz positiver Verstärker (z.B. Lob, Motivation; vgl. *Graziano* et al. 2002, 841 f.)

Konsequenzen für die Trainingspraxis:
- Achten Sie auf die harmonische Entwicklung aller am motorischen Lernprozess beteiligten Faktoren. Gerade zu Beginn der Ausbildung sind hier Laborbedingungen, d.h. optimale Lehr- und Lernbedingungen, zu schaffen.
- Planen Sie im Training immer wieder Phasen ein, in denen Sie »das Unterbewusstsein« arbeiten lassen, indem Sie sich *nicht* auf den Schussablauf konzentrieren (z.B. durch *Speed Shooting*, wobei 20–30 Pfeile so schnell wie möglich auf eine Scheibe ohne Auflage geschossen werden; vgl. *Lee* u. *Benner* 2009, 167).

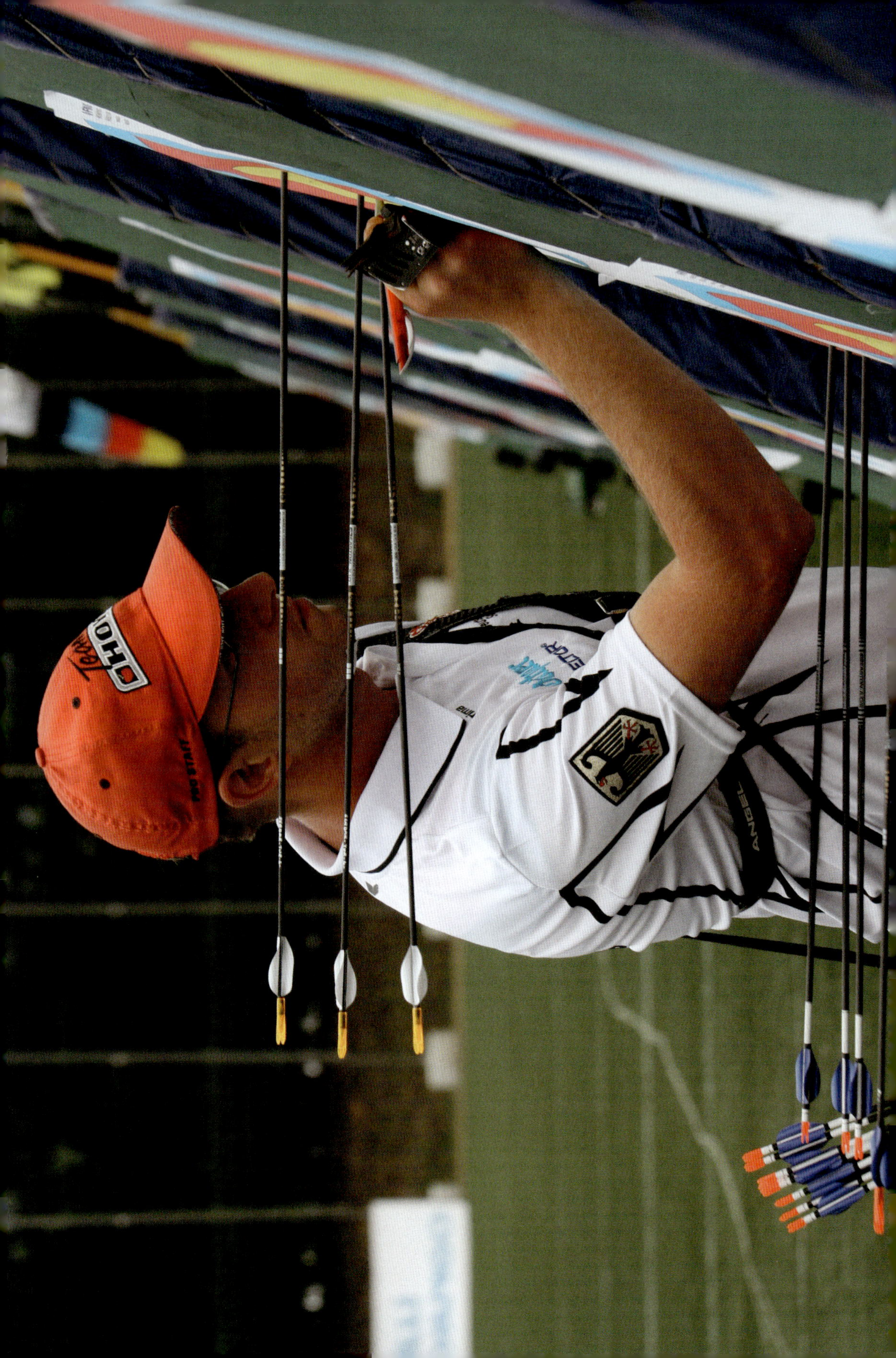
ANGEL

4 Trainingswissenschaftliche Grundlagen des Hochleistungstrainings

»Wer tut, was er immer schon getan hat, bekommt das, was er immer schon bekommen hat!«

Begriffsbestimmung

> Was muss wozu, für welchen Schützen, auf welchem Lernniveau, wann, wie lange und vor allem wie an- und dargeboten werden?

Training

> Das Training im Bogenschießen ist ein komplexer Handlungsprozess mit dem Ziel der planmäßigen und sachorientierten Einwirkung auf den Leistungszustand und die Fähigkeit zur bestmöglichen Leistungspräsentation in Bewährungssituationen (vgl. *Röthig* u. *Prohl* 2003).

Die sachorientierte Einwirkung auf den Leistungszustand ergibt sich dabei aus der Persönlichkeitsstruktur des Schützen (s. S. 36), dem Anforderungsprofil der Sportart (Olympischer Bogen, Blankbogen, Compoundbogen) (s. S. 32) sowie aus der Analyse des letzten Wettkampfes (s. S. 557 bzw. 584).

Innerhalb geeigneter Trainingsmethoden sind insbesondere die Komponenten Kondition, Psyche, Technik und Taktik zu optimieren.

Hochleistungstraining

»I am a great believer in luck, and I find the harder I work, the more I have it (Thomas Jefferson).«

> Bezogen auf das Trainingsziel bezeichnet Hochleistungstraining ein Training, das auf das Erreichen von Spitzenleistungen ausgerichtet ist. Dabei sind die Trainingskonzepte immer bogenschießspezifisch und auf die individuellen Besonderheiten des Schützen auszurichten (vgl. *Röthig* 1992, 205).

Kennzeichen des modernen Hochleistungstrainings im Bogenschießen sind: tägliches Training mit hoher Trainingsbeanspruchung (vor allem auch im psychologischen Bereich), steigende Trainingsqualität (insbesondere perfektionierte Betreuung der Athleten durch gut ausgebildete Trainer und im Bogensport erfahrene Wissenschaftler) sowie Professionalität des Handelns von Athlet und Trainer.

Trainierbarkeit

> Die Trainierbarkeit gibt den Grad der Anpassung an Trainingsbelastungen wieder (vgl. *Weineck* 2010, 22).

Es handelt sich um eine dynamische Größe, die von einer Reihe endogener (z.B. Körperbautyp, Alter) und exogener (z.B. Ernährung, Umweltbedingungen) Faktoren abhängt.

Trainingsmethoden

> Trainingsmethoden sind in der Sportpraxis entwickelte Verfahren zur Verwirklichung gesetzter Trainingsziele.

Beispiel: Das Trainingsziel »Verbesserung der statischen Kraftausdauer« wird im Bogenschießen vor allem durch isometrische Trainingsmethoden (s. S. 287) verfolgt.

Generell gilt es, Bedingungen zu schaffen, die in ihrer Endphase die Wettkampfanforderung erreichen oder sogar übersteigen.

Trainingsinhalte

> Trainingsinhalte (Synonym: Trainingsübungen) stellen die konkrete Ausrichtung des Trainings auf das vorgegebene Trainingsziel dar.

Beispiel: Das Trainingsziel »Gleichgewichtsfähigkeit« wird mittels des Trainingsinhalts »proprozeptives Koordinationstraining« (s. S. 351) erreicht.

Die Auswahl der verschiedenen Übungsformen erfolgt nach dem Prinzip der Zweckmäßigkeit, der Ökonomie und der Effektivität (vgl. *Weineck* 2010, 38). Man unterscheidet:
- Allgemein entwickelnde Übungen
- Spezialübungen
- Wettkampfübungen

Die *allgemein entwickelnden* Übungen haben die Aufgabe, eine breite Basis für die später zunehmende Spezialisierung zu schaffen. Beispiele im Bogenschießen sind jegliche Art von Jonglieren, Balancieren, Klettern etc.

Die *Spezialübungen* bauen auf den allgemein entwickelnden Übungen auf, vervollkommnen jedoch in spezifischer Form Teilkomponenten der sportlichen Leistungsfähigkeit. Beispiele hierzu sind Zug- und Druckübungen mit dem Thera-Band, Schießen auf einem Kreisel etc.

Die *Wettkampfübungen* (z.B. Perfect Shooting, K.-o.-Training; s. S. 576) verbessern schließlich in komplexer, bogenschießspezifischer Form die Gesamtheit der Leistungskomponenten (vgl. *Weineck* 2010, 38).

Trainingsmittel

> Die Trainingsmittel umfassen alle Mittel und Maßnahmen, die den Ablauf des Trainingsprozesses unterstützen.

Man unterscheidet Trainingsmittel organisatorischer (z.B. Aufstellungsformen), gerätemäßiger (z.B. Zusatzgewichte am Bogen) und informativer Art (z.B. verbal: Bewegungsbeschreibung; visuell: Lehrbildreihe; kinästhetisch: Hilfestellung zum Bewegungserfühlen). Trainingsmittel sind stets auf die Trainingsinhalte ausgerichtet und ermöglichen deren Verwirklichung (*Weineck* 2010, 38).

Aufgaben des Trainings

Allgemeines Training

Die Hauptaufgabe des allgemeinen Trainings im Bogenschießen besteht in der Ausbildung der *komplexen Wettkampfleistung*. Dies erfolgt über
- die differenzierte und je nach Trainingsabschnitt akzentuierte Ausbildung einzelner Leistungsvoraussetzungen, insbesondere von Fertigkeiten und Fähigkeiten (z.B. Schießtechnik, Taktik) sowie den ihnen zugrunde liegenden psychophysischen und koordinativ-technischen Funktionen (z.B. Stressbewältigung, Hand-Auge-Koordination, s. S. 42 und 522) sowie
- die komplexe Ausbildung der sportartspezifischen Leistungsfähigkeit und ihrer Voraussetzungen durch wettkampfspezifisches Training (z.B. Aufsteigertraining, s. S. 579).

Die konkrete Ausbildung der speziellen Leistungsvoraussetzungen (s. S. 35 ff., Anforderungsprofil) nimmt auch im Bogenschießen den Hauptanteil des sportlichen Trainings ein und stellt die Basis für das komplexe wettkampfspezifische Training dar.

Wettkampfspezifisches Training

Aufgaben des wettkampfspezifischen Trainings sind:
- Optimale Transformation des Niveaus der einzelnen Leistungsvoraussetzungen in die Wettkampfleistung
- Herstellung einer harmonischen Verbindung zwischen allen Leistungsvoraussetzungen
- Optimale Ausprägung der Wettkampfleistung

Ein Problem, das sich aus der Wechselbeziehung zwischen dem Training der Leistungsgrundlagen und dem komplexen Training der Wettkampfleistung ergeben kann, besteht darin, die Folgerichtigkeit in der speziellen Herausbildung verschiedener Leistungsvoraussetzungen innerhalb des lang-, mittel- und kurzfristigen Trainingsprozesses ebenso zu beachten wie die für den Einsatz verschiedener Verfahren notwendige Verhältnismäßigkeit.

> Im Training für den Bogenschützen hat sich folgende Reihung als erfolgreich erwiesen: allgemeines Ausdauertraining → allgemeines und spezielles Kraftausdauertraining → Techniktraining → Techniktraining mit Spezialübungen (Koordinationstraining) → Technik- und Taktiktraining → Wettkampftraining (vgl. *Kobler* 2000, *Bachmann* 2004). Ein psychologisches Training sollte von Anfang an begleitend erfolgen.

Für jede Hauptaufgabe werden unterschiedliche Zeiträume (Monate, Wochen) vorgesehen. Das Techniktraining (s. S. 449 ff.) wird dabei im Lauf des jeweiligen Zyklus stetig reduziert, bleibt aber (genauso wie das Erhaltungstraining der Ausdauer- und Kraftausdauer) ständiger Bestandteil des Trainingsprozesses (Ausnahme: technische Probleme im Schießablauf).

Um die erworbenen Leistungsvoraussetzungen in die wettkampfspezifische Leistung umzusetzen, ist eine entsprechende *Transformationszeit* (Realisierungsphase) einzukalkulieren. Die zeitliche Dauer hängt dabei von folgenden Faktoren ab:
- Trainingsphase, in der sich der Schütze befindet
- Art des bevorstehenden Wettkampfes
- Umweltbedingungen (Zeitmanagement)
- Psychologisches Profil des Athleten

Sportliche Leistungsfähigkeit und Belastungskomponenten

Zur Verbesserung der sportlichen Leistungsfähigkeit werden entsprechende Belastungsreize benötigt. Erreicht wird dies über die Folgekette: Belastung → Störung der Homöostase (= Aufrechterhaltung des biochemischen Zustandes des inneren Milieus des Organismus) → Anpassung → erhöhter Funktionszustand. Wie Abb. 142 zeigt, unterscheidet man (vgl. *Weineck* 2010, 39):
- Reizintensität (Stärke des einzelnen Reizes, z.B. Zuggewicht)
- Reizdichte (zeitliches Verhältnis von Belastungs- und Erholungsphasen, z.B. Pfeilrhythmus)
- Reizdauer (Einwirkungsdauer eines einzelnen Reizes bzw. einer Reizserie, z.B. Haltezeit)
- Reizumfang (Dauer und Zahl der Reize pro Trainingseinheit, z.B. Pfeilzahlen)
- Trainingshäufigkeit (Zahl der Trainingseinheiten pro Tag bzw. pro Woche)
- Reizkomplexität (Komplexität des jeweiligen Reizes, z.B. Schießen auf Kreisel)

Für die Wirkung des gesetzten Trainingsreizes ist nicht allein der im Training geleistete quantitative Aspekt (Reizdauer, Reizumfang, Trainingshäufigkeit), sondern auch der qualitative Aspekt (Reizintensität, Reizdichte, Reizkomplexität) von entscheidender Bedeutung.

Die *Reizintensität* (sie wird in der Trainingspraxis meist in Prozent der individuellen maximalen Leistungsfähigkeit angeben) ist beim Training der motorischen Hauptbeanspruchungsfor-

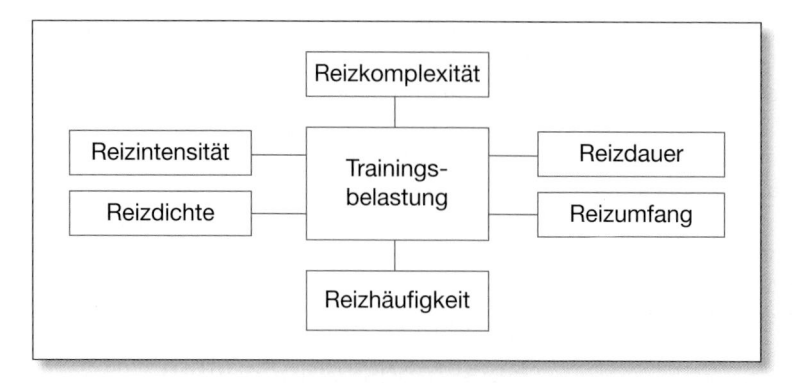

Abb. 142: Komponenten der Trainingsbelastung (nach *Weineck* u. *Weineck* 2010, 39)

men Ausdauer, Kraft, Schnelligkeit und Beweglichkeit von großer Bedeutung für den Trainingseffekt. Unterschreitet sie beim Ausdauertraining beispielsweise 30%, so ist kein Trainingseffekt hinsichtlich der maximalen Sauerstoffaufnahme (sie gilt als Bruttokriterium der Ausdauerleistungsfähigkeit) erreichbar (s. *Weineck* 2010, 40). Aus heutiger Sicht kommt im Bogenschießen der Wahl der richtigen Reizintensität (in diesem Sinne insbesondere der richtigen Wahl des Zuggewichts) die größte Bedeutung zu: Die Intensität bestimmt entscheidend, welche Muskelfasern aktiviert und in welcher Weise neuromuskuläre Regelungs- und Steuerungsprozesse – und damit die Schießtechnik – beeinflusst werden (vgl. *Tschiene* 1993, 6).

Die *Reizdichte* ist im Bogenschießen durch die jeweilige Wettkampfstruktur (z.B. Finalschießen, Feldschießen) vorgegeben. Werden zu viele Pfeile ohne eine ausreichende Pause hintereinander geschossen, so geht dies mitunter zu Lasten der Feinkoordination.

Die Bedeutung der *Reizdauer* wird an folgendem Beispiel verdeutlicht: Schießt der Sportler bei mittlerem Zuggewicht mit langer Haltephase, so bewirkt dies eine Vergrößerung des Muskelquerschnitts, während ein zu hohes Zuggewicht bei schnellen Zeitprogrammen (s. S. 342) eine Verbesserung der intramuskulären Koordination (s. S. 335) ohne Muskelquerschnittsvergrößerung bewirkt.

Der *Reizumfang* stellt die Summe der in einem Training gesetzten Reize dar. Im Bogenschießen ist er gleich bedeutend mit dem Produkt aus Pfeilzahl und Last. Beispiel: Der Schütze A schießt 100 Pfeile mit einem tatsächlichen Zuggewicht (s. S. 346) von 44 lbs. und erreicht dadurch einen Reizumfang von 4400 lbs. Der Schütze B erarbeitet bei gleicher Pfeilzahl aber 38 lbs. Zuggewicht um 600 lbs. weniger. Der Reizumfang ist vor allem zu Beginn eines Trainings sowie im Kindes- und Jugendalter wichtig, da hierdurch der Organismus Gelegenheit hat, ohne Gefahr von Überlastungen (keine hohen Intensitäten bzw. Zuggewichte) seine Leistungsstrukturen aufzubauen.

Die *Reizkomplexität* ergibt sich aus der Kombination unterschiedlicher Anforderungen, Trainingsmethoden und -inhalte. So bewirkt etwa die Kombination von langsamen und schnelleren Zuggeschwindigkeiten einen wesentlich höheren Schwierigkeitsgrad als bei der getrennten Ausführung in separaten Trainingseinheiten. Gleiches gilt beispielsweise bei der Verwendung von Zusatzgeräten, wie Kreisel, Wippe etc. (s. *Weineck* 2010, 40).

Für die Effektivität eines Trainings spielt schließlich die *Trainingshäufigkeit* eine bedeutende Rolle. Ist der Abstand zwischen den einzelnen Trainingsreizen zu groß (s. S. 117), dann verlieren sich die Spuren gesetzter Reize wieder (vgl. Engrammbildung, S. 102). Wie die Untersuchungen von *Meller* und *Mellerowicz* (1968, 522; 1970, 4) an eineiigen Zwillingen zeigen, ist ein mehrmaliges intensives und kürzeres Training (ein- bzw. zweimal täglich) wirkungsvoller als ein in größeren Intervallen gesetztes Training gleicher Gesamtbelastung.

Konsequenzen für die Trainingspraxis:
- *Reizintensität*: Beachten Sie insbesondere im Kinder- und Jugendtraining die richtige Wahl des Zuggewichts sowie die unterschiedlichen Reizumfänge bei verschiedenen Zuggewichten trotz gleicher Pfeilzahlen.
- *Reizkomplexität*: Kombinieren Sie bereits im Nachwuchstraining (s. S. 113 und 159) unterschiedliche Reize in gleichen Trainingseinheiten wie etwa unterschiedliche Zuggeschwindigkeiten oder Haltezeiten.
- *Reizdauer*: Beachten Sie die Wirkung unterschiedlicher Haltezeiten.
- *Trainingshäufigkeit*: Trainieren Sie besser mehrmals kürzer pro Woche als einmalig lang.

Prinzipien des sportlichen Trainings

Milon von Kroton ist zweifellos der größte Athlet der Antike gewesen. Zwanzig Jahre lang hielt er unbesiegt die Spitze im olympischen Ringkampf und siegte unter anderem sechsmal in Olympia (532–512 v. Chr.). Hervorgegangen war Milon aus dem antiken »Leistungszentrum« von Kroton in Süditalien. Es wird erzählt, dass der kleine Milon ein recht schwächliches Kind gewesen sei, das häufig von den Nachbarskindern verprügelt wurde. Eines Tages aber fasste er den eisernen Entschluss, diesem Treiben ein Ende zu setzen. Er wollte unbedingt stärker werden und packte das bemerkenswert systematisch an. Er nahm ein gerade zur Welt gebrachtes Kalb auf den Arm und trug es mehrmals um den elterlichen Hof. Obwohl ihm das anfangs sehr viel Mühe machte, hielt er durch und wiederholte diese »Rundläufe« täglich. Im Lauf der Zeit wuchs nicht nur das Kalb, sondern auch die Kraft des Milon, und nach einem Jahr sehr natürlicher Belastungssteigerung war er stark genug, ein ausgewachsenes Rind rund um das Anwesen seiner Eltern zu tragen, um nun – darum ging es ja schließlich – die Nachbarskinder zu verprügeln (vgl. *Dobler* 2008).

Es ist das Ziel der Trainingsprinzipien, die methodische Handlungsfähigkeit des Schützen und seines Trainers zu optimieren. Aufgrund ihrer Wechselbeziehungen zueinander müssen die Trainingsprinzipien jedoch komplex betrachtet und in ihrer Gesamtheit angewandt werden.

Im Bogenschießen des Hochleistungsbereichs lassen sich die einzelnen Prinzipien in vier Hauptgruppen unterteilen, nämlich die Prinzipien der Belastung, der Zyklisierung, der Spezialisierung und der Proportionalisierung.

Prinzipien der Belastung zur Auslösung von Anpassungseffekten

Prinzip des trainingswirksamen Reizes

Dieses Prinzip beinhaltet die Notwendigkeit, dass der Belastungsreiz eine bestimmte Schwelle überschreiten muss, damit ein Leistungszuwachs erzielt werden kann (Reizstufenregel). eine Verbesserung der speziellen Kraftfähigkeit erfordert im Bogenschießen beispielsweise eine entsprechendes Zuggewicht, sowie genügend hohe Pfeilzahlen. Eng verbunden mit der Reizstufenregel ist die Funktionszustandsregel:

Je höher der Funktions- bzw. Trainingszustand einer Person, eines Organsystems oder eines Organs ist, desto größer/ umfassender müssen die Reize zur Erhaltung bzw. Steigerung des Funktionszustandes sein (*Weineck* 2010, 46).

So ist zum Beispiel beim Krafttraining von Untrainierten eine Mindeststärke von 30% der individuellen (isometrischen) Maximalkraft, beim hochgradig Trainierten von etwa 70% zu überschreiten (vgl. *Hollmann* et al. 2000, 119).

Prinzip der individualisierten Belastung

Dieses Prinzip beinhaltet die Forderung nach Trainingsreizen, die der psychophysischen Belastbarkeit, der individuellen Akzeptanz und den speziellen Bedürfnissen des jeweiligen Schützen entsprechen. Ein objektiv gleicher Trainingsreiz kann für den einen eine Unterforderung, für den anderen hingegen eine Überforderung darstellen (s. Weineck 2010, 46). Dem einen Schützen liegt eine Trainingsmethode (z.B. verlängerter Schuss), dem anderen Schützen bedeutet sie eine zusätzliche Belastung (z.B. Rhythmusstörung).

Prinzip der ansteigenden Belastung

Das Prinzip der ansteigenden (progressiven) Belastung ergibt sich aus der gesetzmäßigen Beziehung zwischen Belastung, Anpassung und Leistungssteigerung. Nach diesem Grundsatz müssen die Anforderungen des Bogenschützen bezüglich der konditionellen, koordinativen, sporttechnischen, taktischen, intellektuellen und willensmäßigen Vorbereitung *sowohl im Training als auch im Wettkampf* systematisch gesteigert werden. Die Steigerung kann *allmählich* (typisch im Anfängertraining), *stufenförmig* (im Aufbautraining) oder *variierend und mit aufstockender Ermüdung* (im Hochleistungstraining) erfolgen (s. Weineck 2010, 47).

> *Beachten Sie:* Der Organismus benötigt nach »Belastungssprüngen« (z.B. Erhöhung der Pfeilzahlen von 120 auf 160) immer eine bestimmte Zeit, um sich an das neue Belastungsniveau anzupassen und es zu stabilisieren. Begleitsymptome einer solchen Belastungssteigerung können daher sein: mangelnde Leistungsstabilität, erhöhte Verletzungsanfälligkeit und physische Unausgeglichenheit.

Möglichkeiten zur *Erhöhung* der Belastungsanforderungen sind (s. Weineck 2010, 47):
- Steigerung des Belastungsumfanges (z.B. höhere Schusszahlen)
- Steigerung der Belastungsintensität (z.B. Schießen unter Zeitdruck, höhere Pfeilzahl pro Passe)
- Steigerung der Anforderungen an die Bewegungskoordination (z.B. Schießen mit unterschiedlichen Zug- oder Zusatzgewichten, Schießen auf einem Kreisel)
- Steigerung der technischen Anforderungen (z.B. sehr enges Lösen oder sehr langes Nachhalten)
- Steigerung der taktischen Anforderungen (z.B. Zielen auf unterschiedliche Sektoren der Scheibe oder Regentraining)
- Steigerung der Anzahl bzw. des Anforderungsniveaus der Wettkämpfe
- Veränderte externe Bedingungen (z.B. Trainingsstätte, Wetter)
- Höhere psychische Belastungen (z.B. Prognosetraining, Schießen im K.-o.-System, Set-Play).

> Als methodische Reihenfolge empfiehlt sich grundsätzlich zuerst eine Erhöhung der Trainingshäufigkeit (von ein- bis zweimal pro Woche hin zum täglichen Training), sodann des Trainingsumfangs und schließlich der Trainingsintensität (Abb. 143 und 144).

Die Kontrolle des Erfolgs der Belastungssteigerung in einem Kontrollwettkampf ist unbedingte Voraussetzung, um die nachfolgende Etappe des Trainings wirksam planen zu können (Abb. 145).

Prinzip der richtigen Belastungsfolge

Das Prinzip der richtigen Belastungsfolge ist vor allem in den Trainingseinheiten von Wichtigkeit, in denen mehrere Leistungskomponenten geschult werden sollen (s. Weineck 2010, 49):
- Am Anfang der Trainingseinheit stehen Übungen, deren Effektivität einen erholten psychophysischen Zustand und nachfolgend vollständige Erholungspausen erfordert wie etwa Koordinations- oder Technikübungen (z.B. Schießen auf Pflöcken, Blindschießen).

Prinzipien des sportlichen Trainings

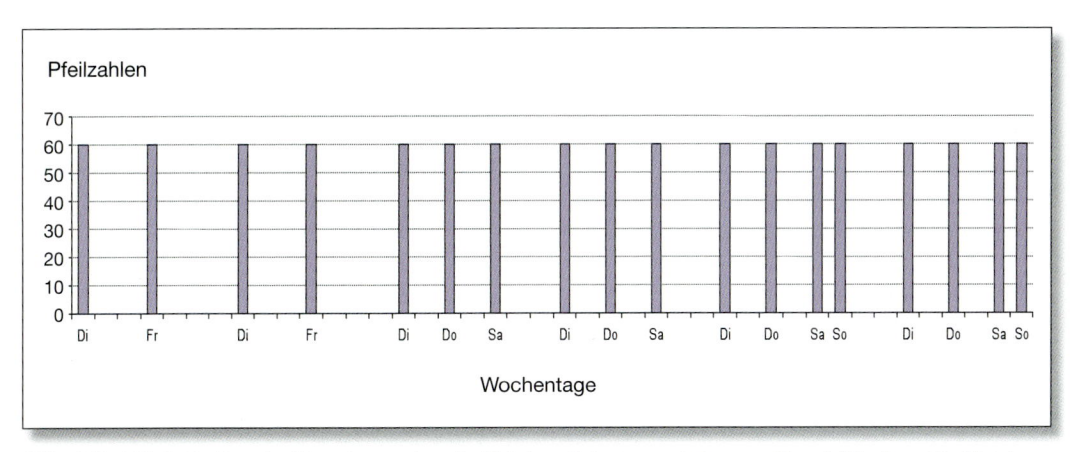

Abb. 143: Möglichkeiten der Umsetzung der allmählichen Belastungssteigerung über 6 Wochen: Die Trainingshäufigkeit wird im Rhythmus von 2 Wochen um einen weiteren Wochentag erhöht

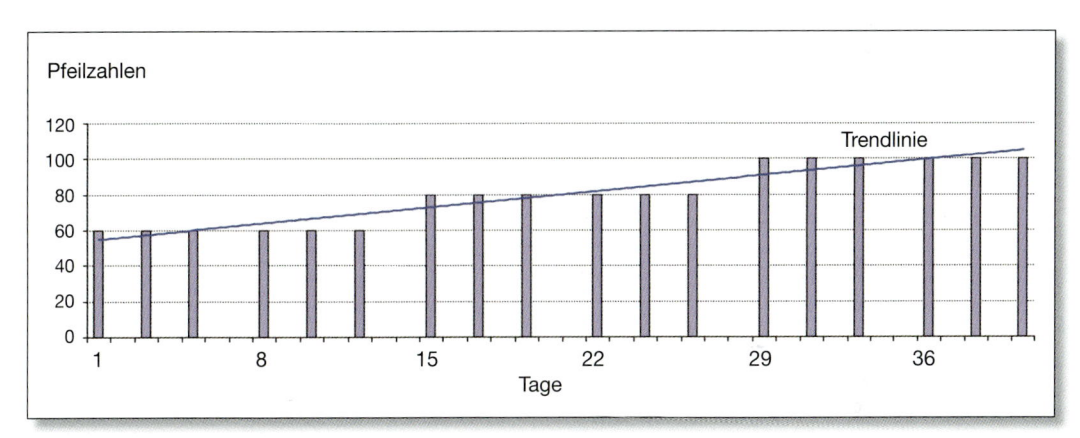

Abb. 144: Möglichkeiten der Umsetzung der allmählichen Belastungssteigerung über 6 Wochen: Die Pfeilzahlen (Umfänge) werden im Rhythmus von 2 Wochen um jeweils 20 Schuss erhöht

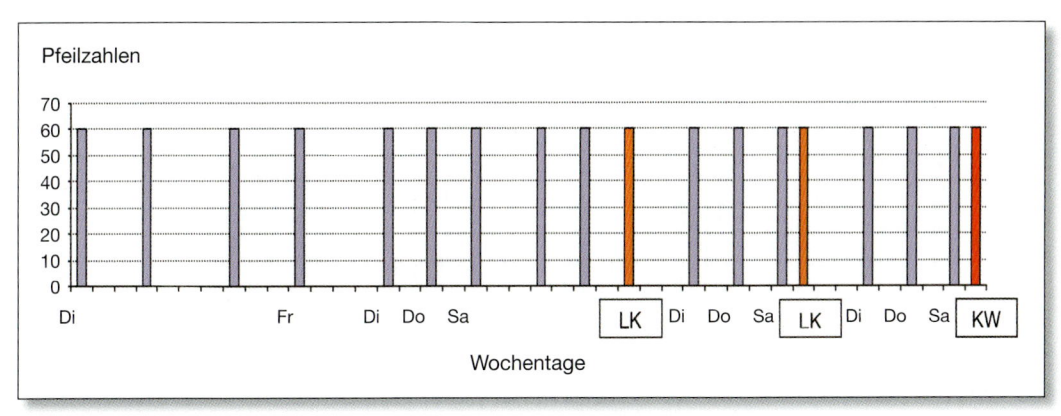

Abb. 145: Möglichkeiten der Umsetzung der allmählichen Belastungssteigerung über 6 Wochen unter Einbeziehung von Leistungskontrollen (LK) und Kontrollwettkämpfen (KW)

- Es folgen Übungen, deren Effektivität auf einer unvollständigen Pausengestaltung beruht wie etwa Kraftausdauerübungen (verlängerte Haltezeiten, verschiedene Zielpunkte).
- Am Ende stehen Übungen, die der Wiedererlangung des Schießgefühls bzw. der Schulung der Ausdauer dienen wie etwa Ausschießen oder Auslaufen.

Prinzip der variierenden Belastung

Im Spitzensport zeigt sich, dass die spezielle Leistungsfähigkeit im Wettkampf nur bei einem angemessenen Wechsel in der Trainingsdurchführung erreicht werden kann. Bei konstant hoher bzw. einseitig spezieller Belastungsanforderung zeigen sich folgende Phänomene:
- Ungenügende Dynamik in der technischen Entwicklung
- Festgefahrensein in der Bewegungsschablone (mangelnde Adaptationsfähigkeit bei Veränderungen im Schießrhythmus, beispielsweise bei wechselnden äußeren Bedingungen wie Wind, Regen, Licht)
- Mangelhafte Mobilisationsfähigkeit (z.B. Verändern der Taktik; *Israel* 1994, 5)

Unter Berücksichtigung der Individualität des Schützen kann die variierende Belastung *innerhalb der Trainingseinheiten* herbeigeführt werden über
- Änderungen der Belastungs- und Pausengestaltung (z.B. höhere Pfeilzahl pro Passe, Schießen ohne Pause oder Tie-Break, Verwendung von Zusatzgewichten, Wechsel von der kontinuierlichen zur sprunghaften Belastungssteigerung),
- einen Wechsel der Trainingsmethoden (z.B. Vibrationstraining statt Intervalltraining [s. S. 290] oder unterschiedliche Auflagen bei konstanter oder variierender Entfernung),
- Änderungen der Trainingsinhalte und der Belastungsstruktur (Pfeilzahlen) bei Spezialübungen über mehrere Tage und Wochen (Abb. 146).

Denkbar sind ferner variierende Belastungen auch *innerhalb des Bewegungsablaufs* über
- Veränderung der Geschwindigkeit in der Bewegungsausführung (schneller Schuss oder verlängertes Halten),
- spezielle Zusatzlasten (z.B. Gewichtsmanschetten).

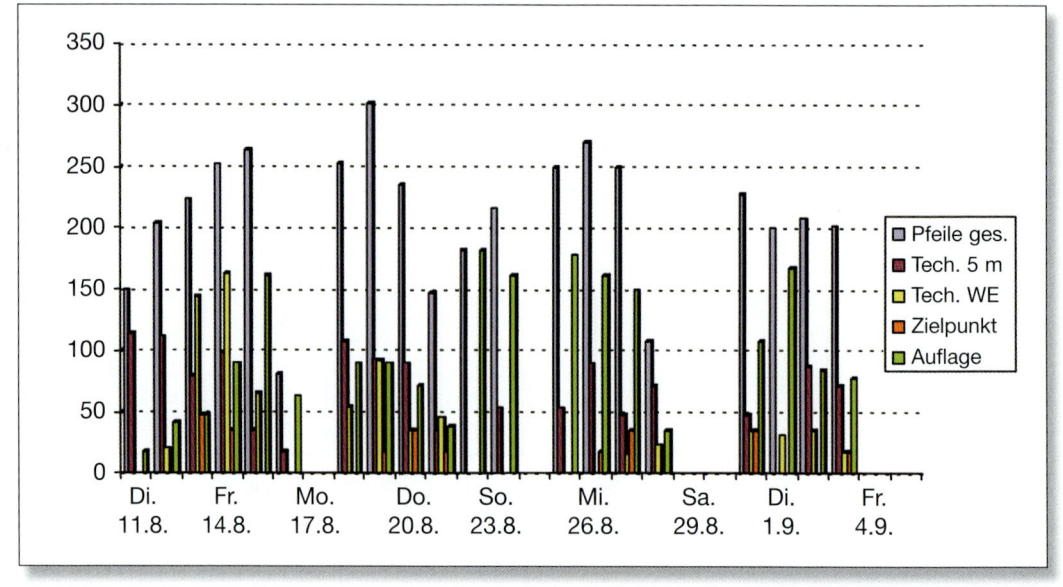

Abb. 146: Möglichkeiten der Umsetzung der wechselnden Belastung unter Berücksichtigung verschiedener Inhalte im Spezialtraining über einen Zeitraum von 4 Wochen (Tech.: Technik, WE: Wettkampfentfernung)

Gemäß dem Spruch »varietas delectat« (»Abwechslung macht Freude«) sollten variierende Belastungen vor allem auch im Kindertraining eingesetzt werden. Denkbar sind hierbei folgende Abwechslungen:
- Einsatz verschiedener Schießspiele unter verschiedenen Belastungen (z.B. Archery Run, Bogenbiathlon; s. S. 278)
- Einsatz unterschiedlicher Bögen und Materialien (z.B. Tabbs, Visiere)

Prinzip der wechselnden Belastung

Verschiedene Belastungsformen (z.B. Kraft-, Ausdauer- oder Koordinationstraining) fordern den Organismus unterschiedlich, so dass der Umfang bzw. die Dauer der Regeneration je nach Belastungsart verschieden sind (s. *Weineck* 2010, 50).

So belastet beispielsweise ein umfangreiches Ausdauertraining vor allem die Energiespeicher des Muskels. Wird inzwischen aber eine Belastungsform gewählt, die ein anderes Funktionsgefüge beansprucht, wie etwa Krafttraining (vor allem Eiweißmetabolismus), dann ist der Organismus belastungsfähiger als bei der Wiederholung eines gleichartigen Belastungsreizes. Tab. 10 gibt eine Übersicht über die Dauer der Regeneration bei unterschiedlichen Belastungsformen. Zu berücksichtigen ist hierbei der individuelle Trainingszustand des Schützen.

Abb. 147 zeigt Möglichkeiten, wie wechselnde Belastungen in einer mehrwöchigen Trainingsplanung umgesetzt werden können. Besondere Beachtung finden neben dem Prinzip der wechselnden Belastung (z.B. Wechsel von Technik- und Taktiktraining insbesondere die Prinzipien der optimalen Relation von Belastung und Erholung (z.B. regelmäßige Pausen), der Regelmäßigkeit (z.B. zweimal wöchentliches Ausdauertraining) und der allmählichen ansteigenden Belastung (Trainingshäufigkeit).

Prinzip der optimalen Relation von Belastung und Erholung

Sei nicht so beschäftigt Holz zu hacken, dass dir keine Zeit bleibt, deine Axt zu schärfen (vgl. Henderson 1987, 42).

Der Prozess der Entwicklung trainingsbedingter Anpassungsphänomene verläuft in Phasen. Man unterscheidet die *Belastungsphase* und die *Erholungsphase* inklusive der Superkompensation. Wie aus Abb. 148 zu ersehen ist, kommt es nach der Belastung zu einer vorübergehenden Abnahme der sportlichen Leistungsfähigkeit (Abfall des energetischen Potenzials) und einem anschließenden Wiederanstieg (in der

Belastungsart	Wirkung auf Funktionsgefüge		Höhe der regenerativen Maßnahmen	Wiederherstellungsdauer [h]
	Vegetatives Nervensystem	**Nerv-Muskel-System**		
Aerobe Ausdauer	Maximal	Mittel	Groß	48–72
Anaerobe Ausdauer (Glykogen)	Maximal	Mittel	Groß	48–96
Maximalkraft	Groß	Maximal	Groß	48
Koordination	Klein	Klein	Klein	bis 6

Tab. 10: Wiederherstellungsdauer unterschiedlicher Funktionsgefüge nach großen Belastungen (vgl. *Suslov* et al. 1997, 374)

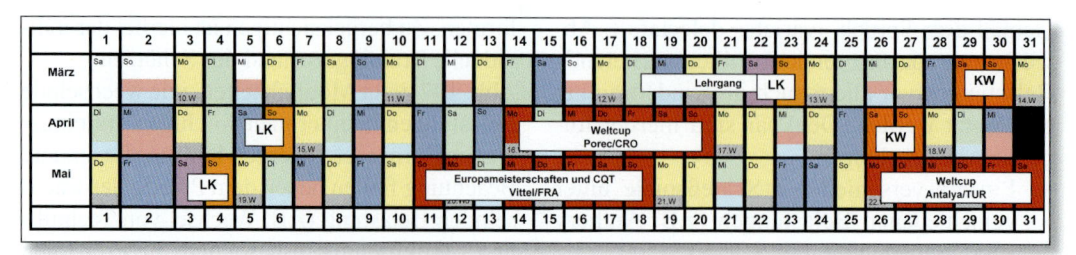

Abb. 147: Möglichkeiten der Umsetzung der wechselnden Belastung über 3 Monate unter Einbeziehung von Trainingslagern (Lehrgänge) Leistungskontrollen (LK), Kontrollwettkämpfen (KW) und Wettkämpfen (gelb: Erholungspause; grün: Techniktraining, s. S. 449; blau: Realisierungs- und Taktiktraining, s. S. 481; violett und orange: Wettkampftraining, s. S. 562; hellblau: Kraft- und Beweglichkeitstraining, s. S. 283 und 322; pink: Ausdauertraining, s. S. 274; grau: Koordinationstraining, s. S. 335; CQT: Continental Qualification Tournament

Wiederherstellungsphase) über das Ausgangsniveau hinaus. Dieser Zustand erhöhter energetischer Leistungsfähigkeit wird als *Superkompensation* bezeichnet (vgl. *Weineck* 2007, 50).

Werden weitere Trainingsreize in optimaler Folge gesetzt, dann steigt die sportliche Leistungsfähigkeit kontinuierlich an (Abb. 149).

Werden die Trainingsreize in der Phase der unvollständigen Erholung gesetzt, dann ergibt sich der Effekt der »*summierten Wirksamkeit*« (vgl. *Matwejew* 1972, 87). Dieser Wirkungsmechanismus, der bei kurzen Zeitabständen zwischen den einzelnen Trainingsreizen (Wiederholungen) zum Tragen kommt, beispielsweise beim Intervalltraining im Ausdauerbereich (s. S. 276) oder beim Intervallschießen (s. S. 287), ermöglicht in der Serienpause nur eine unvollständige Erholung, was zu einer vertieften Ausschöpfung des energetischen Potenzials und anschließend zu einer ausgeprägten Superkompensation führt (Abb. 150).

Es ist eine wesentliche Aufgabe der Trainingsplanung (s. S. 131) – und hier insbesondere der Planung der Trainingswoche –, die Trainingseinheiten so zu setzen, dass Wettkampfbelastungen in die Phase der Superkompensation fallen. Dies erfordert vertiefte Kenntnisse über die Zeitdauer von Ermüdungs- und Erholungsprozessen des einzelnen Schützen (vgl. *Platonov* 2008, 15). Für den Bogenschützen ist dies vor allem im begleitenden Konditionstraining und im koordinativ-technischen Training von Bedeutung.

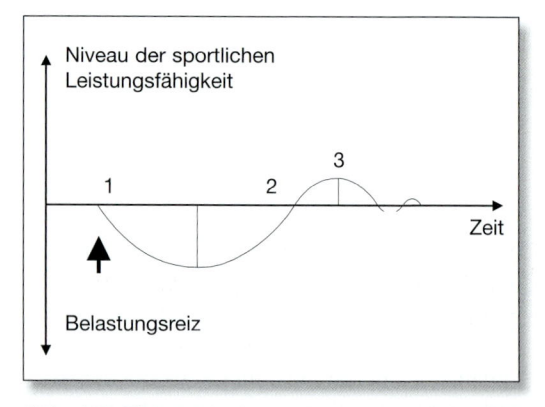

Abb. 148: Phasen der Veränderung der Leistungsfähigkeit nach einem Belastungsreiz (1: Phase der Abnahme der sportlichen Leistungsfähigkeit, 2: Phase des Wiederanstiegs der sportlichen Leistungsfähigkeit, 3: Phase der Superkompensation; vgl. *Weineck* 2010, 52)

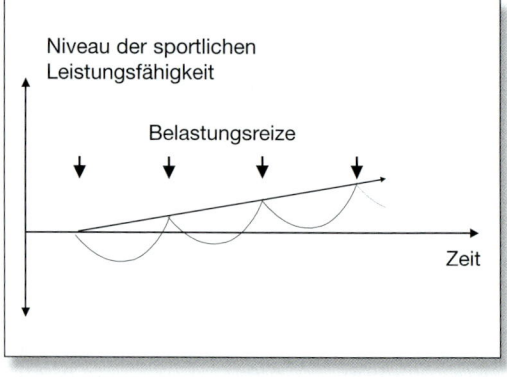

Abb. 149: Verbesserung der sportlichen Leistungsfähigkeit durch optimal gesetzte Trainingsreize (vgl. *Weineck* 2010, 53)

Bei zu schnell aufeinander folgenden Belastungen in mehreren Trainingseinheiten kann es zur Abnahme der sportlichen Leistungsfähigkeit kommen (Abb. 151; Koordinationsproblematik wegen auftretender Ermüdung). Gleichzeitig tritt die Phase der Superkompensation nach konditionell-energetischen Trainingseinheiten zu einem anderen Zeitpunkt ein als nach koordinativ-technischen Übungen.

Beachten Sie: Die Nutzung des Superkompensationsphänomens hinsichtlich der Entwicklung spezieller konditioneller Fähigkeiten wie Beweglichkeit oder Koordination sowie die Vervollkommnung von technisch-taktischen und psychologischen Leistungsvoraussetzungen (z.B. Schießtechnik) ist nicht möglich (vgl. *Platonov* 2008, 16).

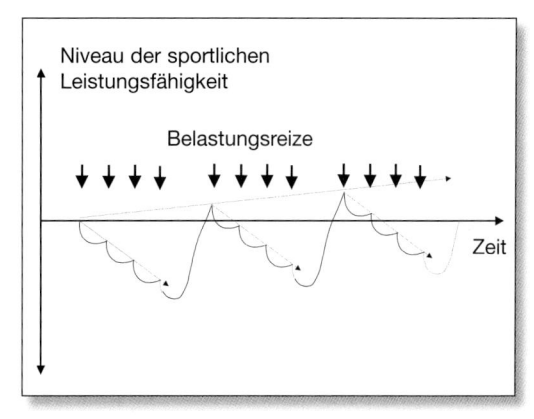

Abb. 150: Effekt der »summierten Wirksamkeit« (vgl. *Weineck* 2010, 53)

Zusammenfassend lässt sich feststellen, dass Belastung und Erholung mit nachfolgend erhöhter Leistungsfähigkeit nicht voneinander zu trennen sind. Voraussetzung für eine Leistungssteigerung sind demnach wiederholte belastungsbedingte Ermüdungserscheinungen, die in der Erholungsphase zu einer Anhebung des Leistungspotenzials führen.

Belastung und Erholung müssen als Einheit geplant werden (*Weineck* 2010, 54).

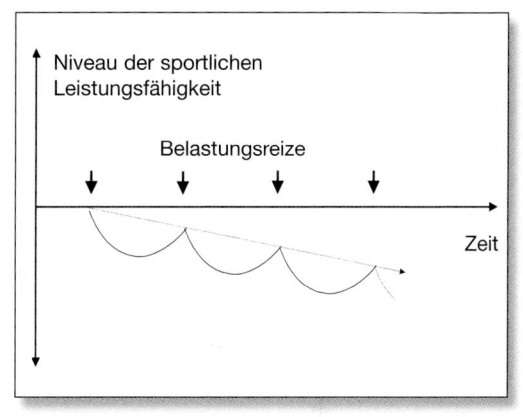

Abb. 151: Abnahme der sportlichen Leistungsfähigkeit durch zu schnell aufeinander folgende Belastungen (vgl. *Weineck* 2010, 53)

Abb. 152 zeigt ein Beispiel der Belastungs- und Erholungsplanung in der Wettkampfperiode. Generell sind dabei Erholungszeiten im Rahmen von Reisezeiten und Wettkampfnachwirkungen (z.B. psychische Beanspruchung) zu setzen. Je höher die Beanspruchung im Wettkampf, desto größer sollte die Erholungsphase sein. Dies bezieht sich auch auf die Tage vor dem Wettkampf.

Fehler können nicht nur in der Belastungsgestaltung, sondern auch in einer ungenügenden Berücksichtigung von Erholungsprozessen gemacht werden (*Weineck* 2010, 54).

Der individuell unterschiedliche Zeitbedarf für die Erholungsprozesse ist eine wesentliche für die Trainingsbelastung limitierende Größe (*Weineck* 2010, 54).

Wie Abb. 153 deutlich macht, können verschiedene Teilsysteme bzw. verschiedene biologische Strukturen unterschiedliche Erholungszeiten benötigen bzw. einen unterschiedlichen Erholungsverlauf aufweisen. Durch trainingsbegleitende Maßnahmen wie Ausschießen, Auslaufen, Entmüdungsbad, Massagen, richtige Ernährung, Dehnungs- und Lockerungsgymnastik und anderes kann die Wiederherstellungszeit verkürzt werden (vgl. *Weineck* 2010, 54/55).

Konsequenzen für die Trainingspraxis:
- *Trainingswirksamer Reiz*: Ermitteln Sie Ihr Zuggewicht beispielsweise mithilfe des Maximalkrafttests. Ein Wert von 30% beim Anfänger bzw. 70% beim Fortgeschrittenen für Ihr Zuggewicht können hier als Richtlinien gelten.
- *Individualisierte Belastung*: Sprechen Sie als Trainer/ Coach von vornherein Belastungen mit dem Schützen ab und gleichen Sie diese sich verändernden Bedingungen (z.B. Schule, Beruf, bevorstehende Wettkämpfe) an.
- *Ansteigende Belastung*: Steigern Sie die Belastung im Anfängertraining nur allmählich. Erst wenn dadurch keine wesentliche Leistungsverbesserung mehr sichtbar ist, sollte die Belastung stufenweise erhöht werden.
- *Richtige Belastungsfolge*: Stellen Sie technische Inhalte (z.B. Elemententraining) stets an den Anfang der Trainingseinheit.

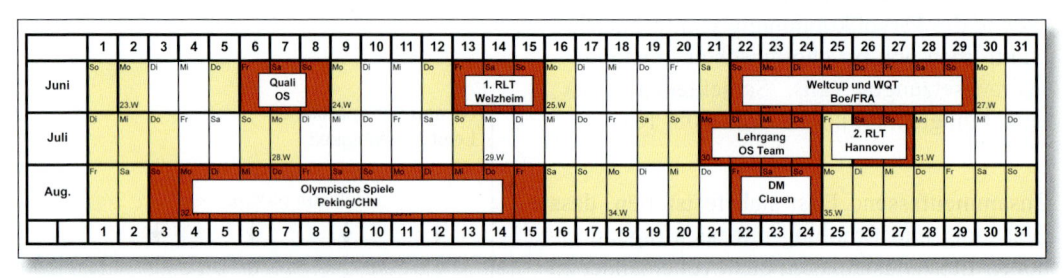

Abb. 152: Umsetzungsmöglichkeiten einer optimalen Relation von Belastung (weiß bzw. rot) und Erholung (gelbe Phase) in der Wettkampfperiode (OS: Olympische Spiele, RLT: Ranglistenturnier, WQT: World Cup Qualification Tournament, DM: Deutsche Meisterschaft)

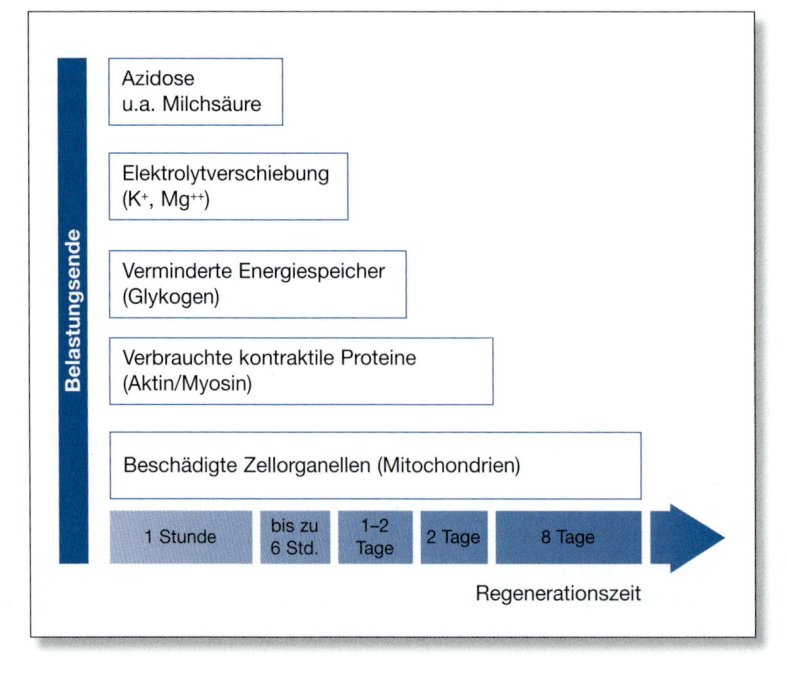

Abb. 153: Unterschiedliche Erholungszeiten biologischer Systeme (vgl. *Weineck* 2010, 54)

- *Variierende Belastung*: Variieren Sie die Belastung durch Methodenwechsel, Wechsel der Inhalte etc.
- *Wechselnde Belastung*: Anstrengende Krafttrainingseinheiten verlangen ausreichende Erholungszeiten und können beispielsweise durch entsprechende Ausdauereinheiten oder Schießspiele (mit leichterem Zuggewicht) kombiniert werden.
- *Optimale Relation von Belastung und Erholung*: Planen Sie Belastung und Erholung als Einheit.

Prinzipien der Zyklisierung zur Sicherung der Anpassung

Prinzip der kontinuierlichen Belastung

Gesetzmäßig erfolgt eine Rückbildung der Trainingsanpassung, wenn der Belastungsreiz ausbleibt (*Roux'sches Reiz-Reaktions-Prinzip*). Deshalb werden für das Erreichen der individuellen, genetisch festgelegten Leistungsgrenze kontinuierliche Belastungen – im Sinne einer regelmäßigen Trainingsfolge – gefordert (d.h. regelmäßiges Trainieren ohne längere Unterbrechungen; vgl. *Weineck* 2010, 55).

Im Anfängertraining sollten bestimmte Trainingszeiten gesetzt werden (z.B. Dienstag und Freitag), um eine regelmäßige Trainingsfolge zu sichern. Ferienzeiten müssen besondere Beachtung finden, weil hier das Training eventuell intensiviert werden kann.

Prinzip der periodisierten Belastung

Die Notwendigkeit der Periodisierung ergibt sich aus der Erfahrung, dass auch hoch trainierte Schützen nicht über längere Zeitabschnitte in absoluter Topform Leistung bringen können. Formaufbau, -stabilität und -verlust ergeben sich offensichtlich aus biologischen und auch psychologischen Gesetzmäßigkeiten im systematischen Wechsel.

Für das Periodisierungsschema des Hochleistungssportlers (Abb. 154–156) ist charakteristisch, dass die Wellenführung durch den ausgeprägten und häufigen Belastungswechsel eine kleinamplitudige und hoch liegende (bezüglich der prozentualen und individuellen Belastungsfähigkeit) Verlaufsform erhält. Dies ist dann notwendig, wenn die stark umfangbetonte Trainingsarbeit beim Spitzenschützen nicht mehr zu

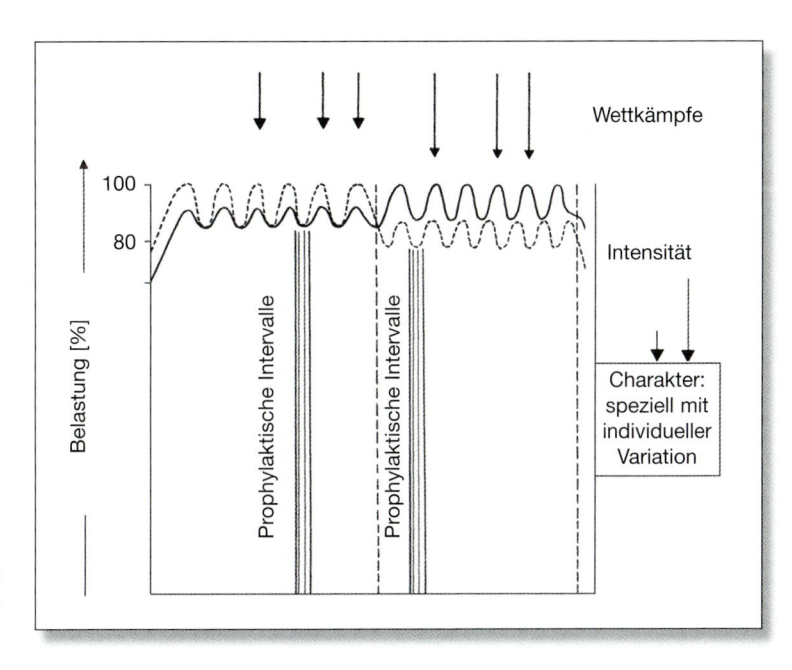

Abb. 154:
Periodisierungsschema für den Hochleistungssportler (in Anlehnung an *Tschiene* 1977, 278)

den nötigen Adaptionsreaktionen führt (vgl. Tschiene 1976, 18). Phasen der Diskontinuität und aperiodisches Schwanken sind nötig, um eine stete Sensibilisierung zu erreichen und damit im Techniktraining einer so genannten »Barrierebildung« vorzubeugen. Bei richtiger Anwendung kommt es zu einer Steigerung der Flexibilität und einer variablen Verfügbarkeit des Schießablaufs (auch unter Störfaktoren, wie Wind, Regen, Zuschauer etc.) und damit zu einer erhöhten technisch-taktischen Leistungsfähigkeit.

Abb. 155 zeigt beispielhaft einen Wochenvergleich von Technik- und Trefferbildtraining über einen Zeitraum von 6 Monaten. Deutlich zu erkennen ist der umgesetzte periodisierte Belastungswechsel sowohl im Techniktraining als auch beim Training des Trefferbildes (z.B. Zielpunktschießen, Schießen auf Auflage). Während die Gesamtschusszahlen im ersten (April bis Juni) und zweiten Zyklus (Juni und Juli) periodisch schwanken, ist im dritten Zyklus (ab August) im Hinblick auf die Vorbereitung auf den Hauptwettkampf eine stetige Ab-

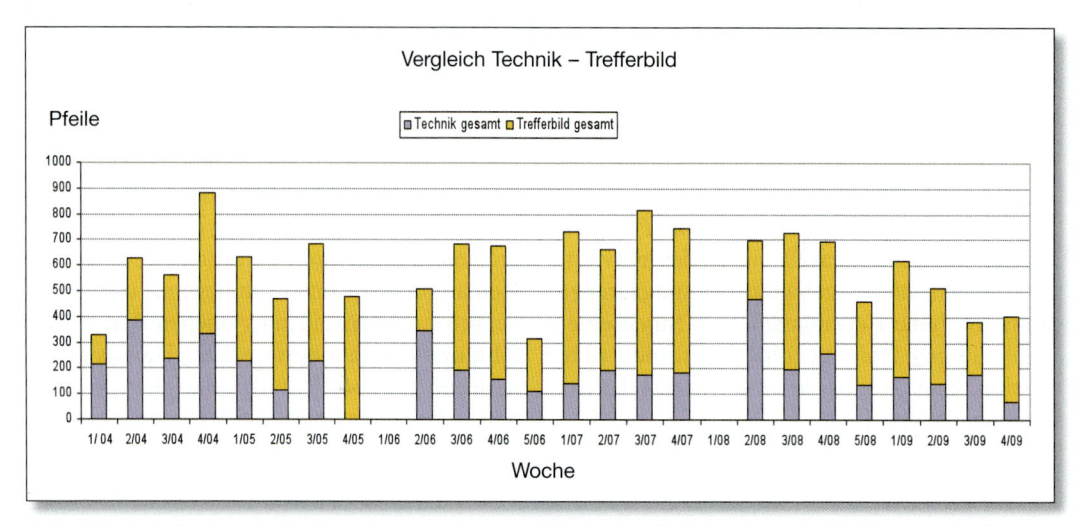

Abb. 155: Periodisch geplanter Belastungswechsel am Beispiel des Schießumfangs im Halbjahresverlauf

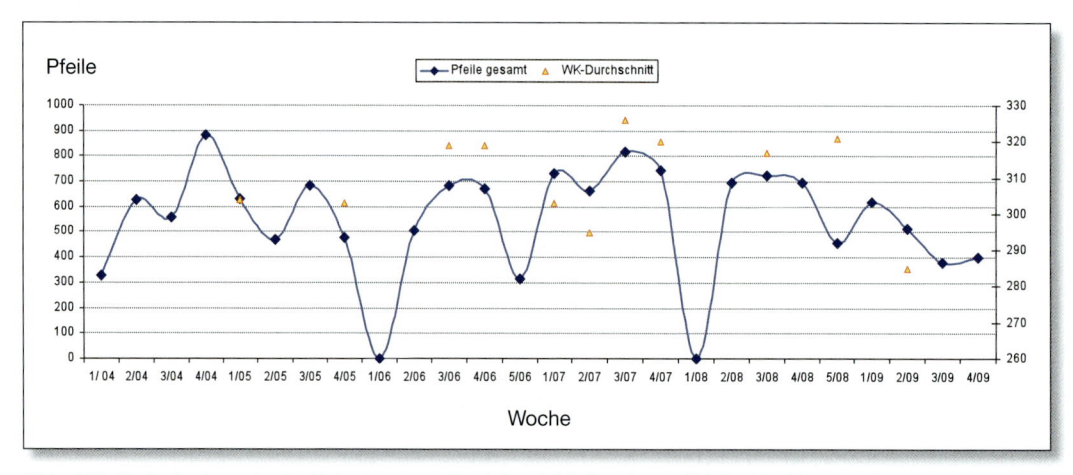

Abb. 156: Periodisch geplanter Belastungswechsel des Schießumfangs (Pfeilzahlen) innerhalb eines halben Jahres unter Berücksichtigung der geplanten Wettkämpfe

nahme der Gesamtbelastung umgesetzt. Die Einbindung von Kontrollstrukturen (Wettkämpfe und Leistungskontrollen) im Vergleich zur Gesamtbelastung zeigt Abb. 156.

Im Jugendtraining sind strukturelle Vorgaben (z.B. Ferien- und Schulzeit) besonders zu berücksichtigen. Wie Abb. 157 deutlich macht, sollten dabei der Grad der Wettkämpfe (s. S. 535) insgesamt steigernd, andererseits aber vor allem im Hinblick auf den Hauptwettkampf immer wieder Kontrollwettkämpfe von geringerem Grad (Maßstab) eingeplant werden, um eine psychische Überforderung zu vermeiden (vgl. S. 541 ff.).

Prinzip der periodisierten Regeneration

Das Prinzip der periodisierten Regeneration ist vor allem im Hochleistungsbereich von herausragender Bedeutung. Haben Schützen nach 8–12 Jahren Training internationales Niveau erreicht, dann muss dieses mit extrem harter Trainings- und Wettkampfbelastung stabilisiert werden, was nach weiteren 2–6 Jahren trotz weiterer hoher Trainingsanstrengungen zu keiner zusätzlichen Leistungssteigerung mehr führt, im Gegenteil sogar von Leistungseinbußen begleitet sein kann (s. *Weineck* 2010, 56).

Ein von vielen Spitzenathleten praktiziertes Vorgehen zur Überwindung der vorliegenden Phase der Stagnation besteht darin, dass ein längerer Zeitraum der Regeneration eingelegt wird, in Form einer 6- bis 12-monatigen Wettkampfpause. In dieser Pause erfolgt durch ein Training wesentlich geringerer Intensität und durch entsprechende regenerative Maßnahmen ein »Wiederauftanken« der psychophysischen Reserven. Im Anschluss daran erzielen die Schützen wieder Spitzenleistungen, die zum Teil noch über den zuvor erreichten liegen.

Konsequenzen für die Trainingspraxis:
- *Kontinuierliche Belastung*: Trainieren Sie regelmäßig.
- *Periodisierte Belastung*: Unterteilen Sie Ihren Trainingsprozess in unterschiedliche Phasen und setzen Sie dabei systematische Schwerpunkte (s. S. 120 und 128 ff.).
- *Periodisierte Regeneration*: Planen Sie langfristig ausgedehnte Phasen der Regeneration ein. Testen Sie dazu verschiedene Mög-

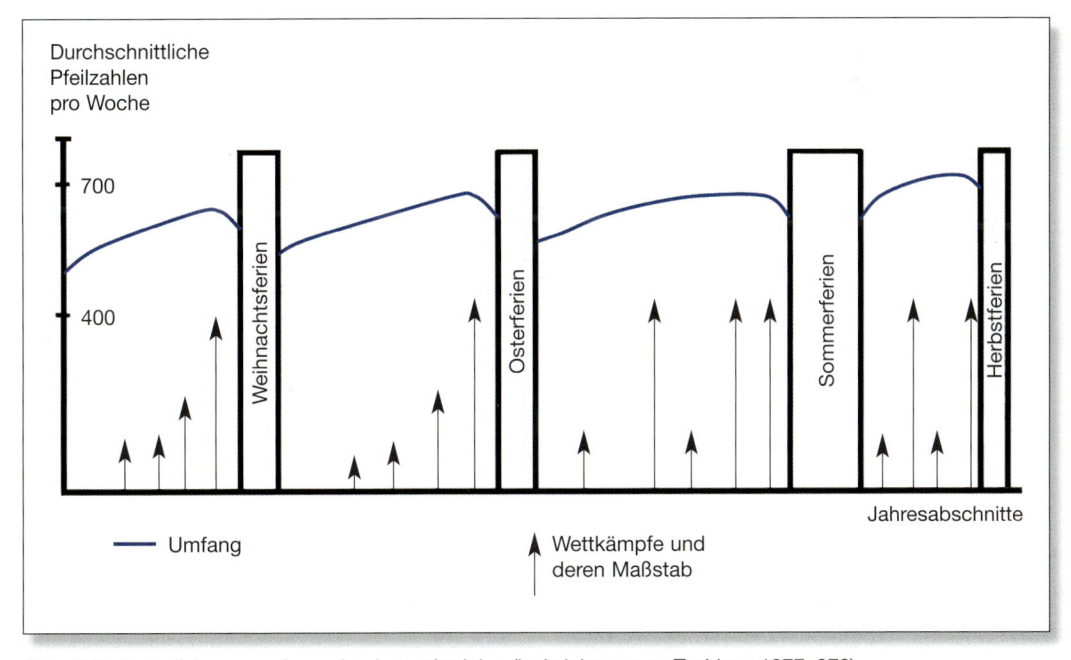

Abb. 157: Periodisierungsschema im Jugendtraining (in Anlehnung an *Tschiene* 1977, 278)

lichkeiten des »Wiederauftankens« (z.B. Ausgleichssportart, Reisen).

Prinzipien der Spezialisierung zur Spezifizierung des Trainings

Prinzip der Altersgemäßheit
Für die Leistungsfähigkeit und Belastbarkeit des Sportlers spielt im Kindes- und Jugendalter das biologische Alter eine ganz entscheidende Rolle. Trainingsbelastungen müssen dabei nach dem biologischen Alter und nicht nach dem kalendarischen Alter der jungen Schützen ausgerichtet sein, um das vorliegende Leistungspotenzial zeitgerecht auszuschöpfen (s. *Weineck* 2010, 56).
Der Wahl des Materials (z.B. Zuggewicht oder Verwendung des Klickers) kommt dabei eine wichtige Rolle zu. Ein durch ein zu hohes Zuggewicht oder einen zu langen Bogen überforderter Schütze wird seine Fähigkeiten genauso wenig entwickeln können wie ein Schütze, der zu lange mit einem kurzen Holzbogen oder falschen Pfeilen (z.B. Länge, Steifigkeit) unterfordert ist.

Prinzip der zielgerichteten Belastung
Dieses Prinzip besagt, dass alle Ziele, Methoden, Inhalte, Mittel und Strukturen des sportlichen Trainings in allen Etappen des langfristigen Leistungsaufbaus auf die Anforderungen der Sportart Bogenschießen hin ausgerichtet sein müssen.
Aber: Trotz aller notwendigen Spezialisierungen dürfen weitere ergänzende (z.B. allgemeines Koordinationstraining), kompensierende (z.B. Training der Grundlagenausdauer) und unterstützende Fähigkeiten und Fertigkeiten nicht vernachlässigt werden (*Weineck* 2010, 57).
Die Zielgerichtetheit der Belastung schlägt sich auch in einer zunehmend spezifischeren Auswahl der eingesetzten Trainingsmethoden und -inhalte wieder. Stehen am Anfang allgemein vorbereitende Übungen (z.B. Trockenschuss, Arbeit mit dem Thera-Band oder Gleichgewichtsschulung auf dem Kreisel) im Vordergrund, so dominieren am Ende komplexe Spezialübungen (z.B. verlängerter Schuss, K.-o.-Training, mentales Training).

Konsequenzen für die Trainingspraxis:
- *Altersgemäßheit*: Wählen Sie für jeden Schützen das Material sorgfältig aus. Achten Sie dabei insbesondere auf ein stetiges Angleichen von Zuggewicht, Bogengewicht, Pfeillänge und Klicker.
- *Zielgerichtete Belastung*: Richten Sie Ziele, Methoden, Inhalte, Mittel und Strukturen des sportlichen Trainings in allen Etappen des langfristigen Leistungsaufbaus auf die Anforderungen der Sportart Bogenschießen hin aus. Planen Sie dabei ergänzende, kompensierende und unterstützende Inhalte (z.B. allgemeines Koordinations- und Konditionstraining) ein.

Prinzipien der Proportionalisierung

Prinzip der optimalen Relation von allgemeiner und spezieller Ausbildung
In Abhängigkeit vom sich entwickelnden Trainingszustand verändern sich im Sinne einer zunehmenden Spezialisierung die Anteile der allgemeinen und speziellen Ausbildung (vgl. *Starischka* 1988, 60). Im Hochleistungsbereich des Bogenschießens sind allgemeine Trainingsinhalte stets im Hinblick auf die speziellen Anforderungen der Wettkampfdisziplin (Freiluft, Halle, Jagd und Feld bzw. Recurve, Compound- oder Blankbogen) auszuwählen (vgl. *Joch* 1992, 72).
Grundlage für Gestaltungsmöglichkeiten bieten unter anderem die Theorie von *Liesen* (Erinnerungsbelastung für allgemeine konditionelle Fähigkeiten auch in der Wettkampfperiode, vgl. *Tapering*, S. 190), das Pendelprinzip von *Arosjew* (Wiederkehren bestimmter Methoden und Inhalte, Abb. 158) und das Prinzip des Blocktrainings nach *Werschoshanski* (Verbesserung von Technik und Kondition in getrennten Blöcken von Tagen bzw. Wochen: 1. allgemein entwickelnd, 2. konzentrierte Kraftbelastung,

Prinzipien des sportlichen Trainings

3. Technikvervollkommnung, 4. weitere Technikvervollkommnung unter Kraftbelastung höheren Grades, vgl. *Platonov* 2008, 19).
Abb. 159 gibt ein Beispiel, wie die allgemeine Grundlagenausdauer und die spezielle Kraftausdauer verhältnismäßig in den Rahmenplan der Freiluftsaison eingeordnet werden können. So nimmt beispielsweise das Training der Grundlagenausdauer in der Vorwettkampfphase der 16. und 19. Kalenderwoche ab, während das spezielle Training der Kraftausdauer (auch bedingt durch ein vermehrtes Schießtraining) zunimmt.
Die Wechselwirkung von Allgemeinem und Speziellem ist – sowohl mittelfristig (d.h. innerhalb einer Saison) als auch langfristig (über

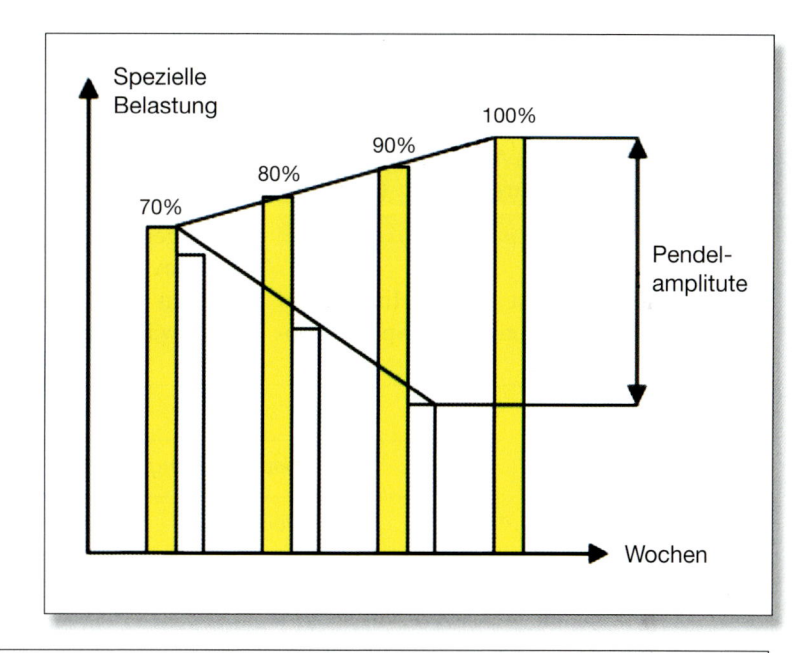

Abb. 158:
Pendelprinzip von *Arosjew*: Wiederkehren bestimmter Methoden und Inhalte
☐: spezielle Belastung,
☐: allgemeine Belastung

Abb. 159: Verhältnismäßigkeit der allgemeinen Grundlagenausdauer (GA) und der speziellen Kraftausdauer (KA) im Sinne eines Rahmentrainingsprogramms für die Freiluftsaison (KM: Kreismeisterschaft, BM: Bezirksmeisterschaft, LM: Landesmeisterschaft, RL: Rangliste, DM: Deutsche Meisterschaft, L: Leistungskontrolle, A: Aufbauwettkampf, K: Kontrollwettkampf, Z: Zwischenwettkampf, H: Hauptwettkampf, VP: Vorbereitungsperiode, R: Regenerationsphase, WP: Wettkampfperiode; in Anlehnung an *Ulrich* 1998, 46)

mehrere Jahre hinweg) – nach *Hahn* (1982, 64/65) ein dynamischer Vorgang, der nicht statisch in eine Prozentrelation gepresst werden kann. Allerdings kann hierdurch eine Orientierung gegeben werden. Abb. 160 versucht die Veränderung der Trainingsinhalte im langfristigen Trainingsprozess deutlich zu machen.

Im Anfängertraining haben die allgemeinen Ausbildungsinhalte die wichtige Aufgabe der komplexen Herausbildung elementarer konditioneller und koordinativer Fähigkeiten.

> Grundsätzlich gilt: Das Allgemeine hat stets dem Speziellen vorauszugehen (*Weineck* 2010, 58).

Aber: das Allgemeine ist stets im Hinblick auf die speziellen Anforderungen der Sportart Bogenschießen auszuwählen. So kann ein allgemeines propriozeptives Koordinationstraining im Kindes- und Jugendalter, wie etwa Gleichgewichtsübungen auf einem Pezziball, bogenschießspezifische Spezialübungen (z.B. Schießen auf Pflöcken, Hand-Auge-Koordination) bzw. die Wettkampfsituation (Feldschießen) erleichtern!

Zu beachten ist ferner insbesondere für die mittelfristige Gestaltung des Trainingsprozesses: Je näher der Hauptwettkampf rückt, desto spezifischer – d.h. individuell (unter anderem abgeleitet aus dem letzten Wettkampf und der Persönlichkeitsstruktur des Schützen) und anforderungsgemäß (z.B. vermehrtes 70-m-Training bei bevorstehender Olympischer Runde) – müssen die Trainingsinhalte und -methoden ausgewählt werden.

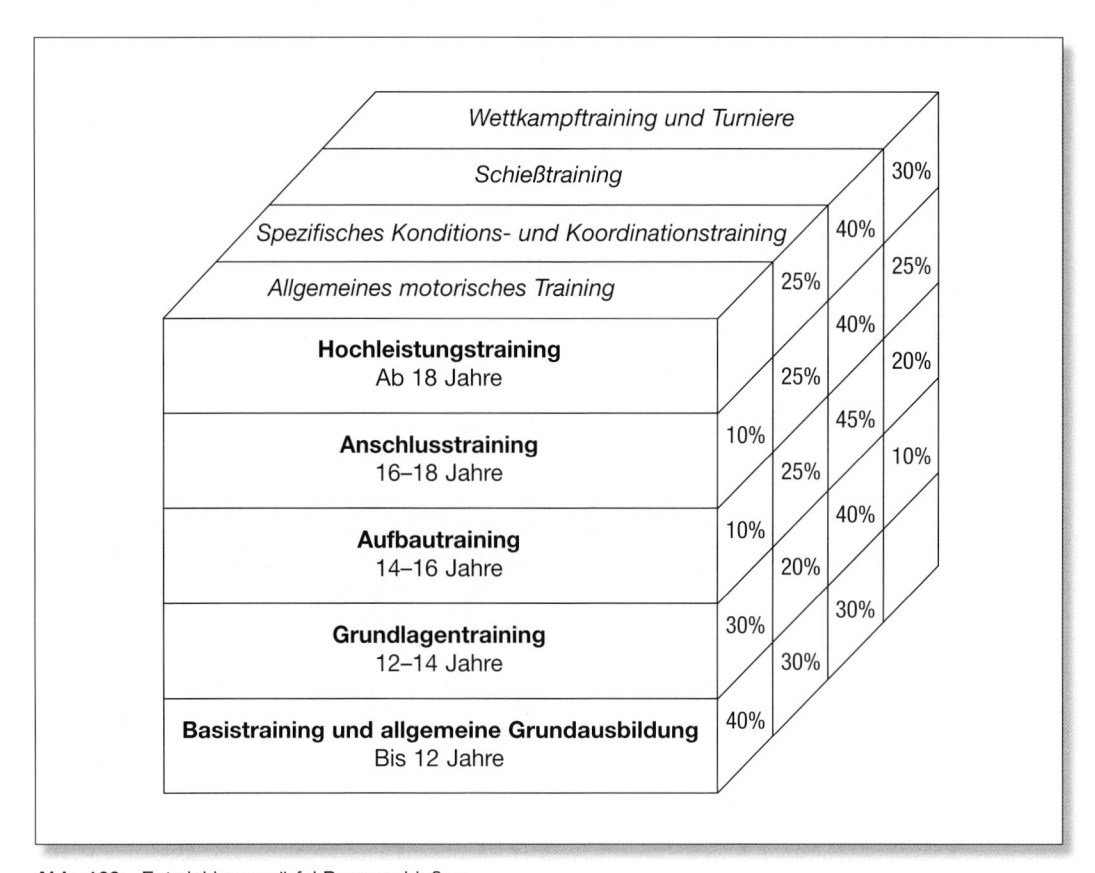

Abb. 160: »Entwicklungswürfel Bogenschießen«

Prinzip der optimalen Relation der Entwicklung der Leistungskomponenten

Dieses Prinzip beinhaltet das abhängige und aufeinander bezogene Training von Kondition, Koordination, Technik und Kognition/Taktik sowie weitere Faktoren (z.B. psychologisches Training, Wettkampftraining; vgl. *Weineck* 2010, 58). Speziell für das Bogenschießen gilt:

- Alle zu verändernden Komponenten (konditionelle, koordinative, volitive, psychische und andere Fähigkeiten) bedingen sich wechselseitig.
- Eine konditionelle Veränderung beeinflusst quantitativ und zum Teil auch qualitativ den Bewegungsablauf und nimmt damit Einfluss auf die Schießtechnik des Schützen.
- Konditionstraining nur soweit es dem Schützen dienlich ist, also optimal und nicht maximal durchführen (s. S. 273).
- Alle bogenschießspezifischen Übungen müssen der kinematischen und dynamischen Grundstruktur des Wettkampfes entsprechen (z.B. den Trainingsbeginn gleich dem Wettkampfbeginn setzen, das Anpassen an den Pfeilrhytmus oder das Einplanen von Pausen, wie sie auch im Wettkampf auftreten).

Tab. 11 und 12 machen deutlich, dass sich in Abhängigkeit von der Trainingsphase (Art des Mesozyklus) die Anteile der Trainingsinhalte entsprechend der Nähe zum bevorstehenden

Spezielles Schießtraining/Mesozyklus	Elemententraining	BAT-Training 5 m	BAT-Training WK-Entfernung	Trefferbildtraining	Leistungskontrollen	Wettkampf
Einleitender Mesozyklus	30	30	40	0	0	0
Grundlegender Mesozyklus	20	20	20	20	10	10
Vorbereitungs- und Kontrollmesozyklus	0	20	20	30	10	20
Vervollkommnungsmesozyklus	10	20	20	3	20	0
Wettkampfmesozyklus	0	20	20	30	10	20

Tab. 11: Verteilung der Trainingsinhalte (in Prozent) innerhalb eines Mesozyklus (BAT: Bewegungsablauftraining, WK: Wettkampf; vgl. *Bachmann* 1996)

Monat/ Inhalte	Okt	Nov	Dez	Jan	Feb	März	Apr	Mai	Jun	Jul	Aug	Sep
Allgemeine und spezielle physische Vorbereitung	45	30	30	20	5	5	5	5	5	5	0	0
Psychologische Vorbereitung	0	5	5	10	5	5	5	10	10	10	15	10
Schießtechnik	55	65	65	50	20	10	5	n. B.	n. B.	n. B.	n. B.	n. B.
Automatisation und Koordination	0	0	0	20	40	40	45	40	25	20	10	10
Wettkampfmanagement	0	0	0	0	30	35	40	45	60	65	75	80

Tab. 12: Verteilung der Trainingsinhalte (in Prozent) innerhalb eines Jahres (n. B.: nach Bedarf; in Anlehnung an FITA 2009, 14/2)

Wettkampf verändern. So ist beispielsweise im Anschluss an einen Wettkampf ein vermehrtes Bewegungsablauftraining (s. S. 470) einzubauen, um beispielsweise technische Defizite aufzuarbeiten. Andererseits sollte in der Phase der Vervollkommnung der Schießtechnik (z.B. eine Woche vor einem neuen Wettkampf) zwar mit Leistungskontrollen, jedoch (wegen der psychischen Belastung) nicht mit Wettkampftraining gearbeitet werden.

Abb. 161 zeigt beispielhaft einen Rahmenplan (s. auch S. 133 und 135) für eine Freiluftsaison eines Leistungsschützen auf nationaler Ebene. Ausgehend von den Hauptwettkämpfen (Deutsche Meisterschaft, Landesmeisterschaft, Ranglistenturniere) werden in der Wettkampfperiode Regenerationsphasen eingeplant. Die Schusszahlen werden wellenförmig (periodisierte Belastung) gestaltet, jedoch zu den Hauptwettkämpfen hin (außer 1. Rangliste) jeweils abgebaut (psychophysisch erholt in den Wettkampf). Inhaltlich sind die Schusszahlen abhängig von der jeweiligen Periode. So entspricht beispielsweise in der 16. Woche das Verhältnis zwischen Techniktraining (z.B. Elementententraining) zu Transformationstraining (z.B. Gruppierungen schießen auf Auflage ohne Wertung) zu Wettkampftraining (z.B. Leistungskontrolle) 3:1:1.

Eine zusammenfassende Übersicht des Verhältnisses von allgemeiner und spezieller physischer, psychologischer und schießtechnischer Vorbereitung sowie hinsichtlich Automatisation, Koordination und Wettkampfmanagement gibt Abb. 162. Deutlich zu erkennen ist dabei die Zunahme wettkampfspezifischer Inhalte im Hinblick auf den Hauptwettkampf, während das Detail-Techniktraining stetig reduziert wird.

Konsequenzen für die Trainingspraxis:
- *Optimale Relation von allgemeiner und spezieller Ausbildung*: Wählen Sie allgemeine Inhalte stets in Hinblick auf nachfolgende bogenschießspezifische Anforderungen (z.B. Wettkampfstrukturen) aus.
- *Optimale Relation der Entwicklung der Leistungskomponenten*: Planen Sie entsprechende Zeiträume für Anpassungserscheinungen bezüglich konditioneller und koordinativer Veränderungen ein.

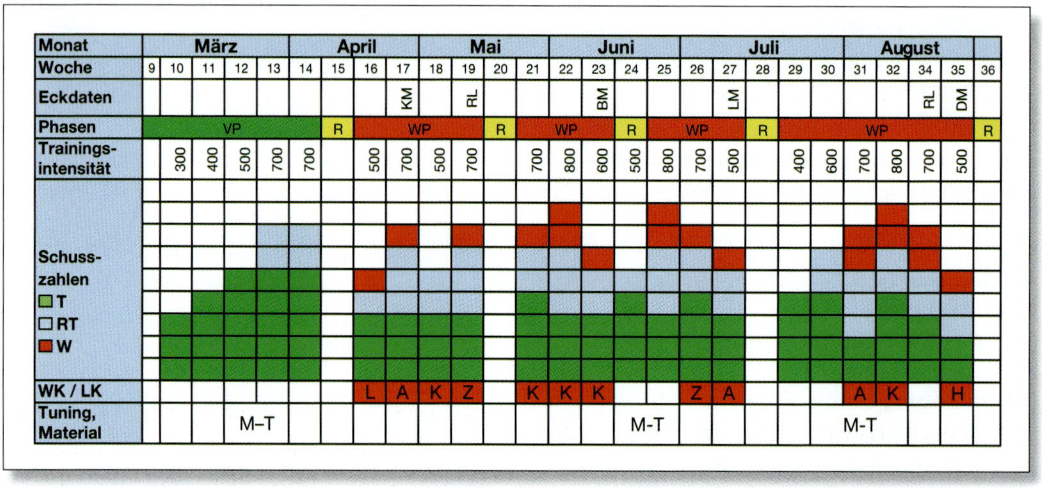

Abb. 161: Beispiel eines Rahmenplans für die Freiluftsaison (T: Techniktraining, RT: Realisierungs- und Transformationstraining, W: Wettkampftraining, KM: Kreismeisterschaft, RL: Rangliste, BM: Bezirksmeisterschaft, LM: Landesmeisterschaft, DM: Deutsche Meisterschaft, VP: Vorbereitungsperiode, R: Regenerationsphase, WP: Wettkampfperiode, L: Leistungskontrolle, A: Aufbauwettkampf, K: Kontrollwettkampf, Zwischenwettkampf, H: Hauptwettkampf, M-T: Materialtest/Check bzw. Tuning am Ende der Vorbereitungsperiode; in Anlehnung an *Ulrich* 1998, 46)

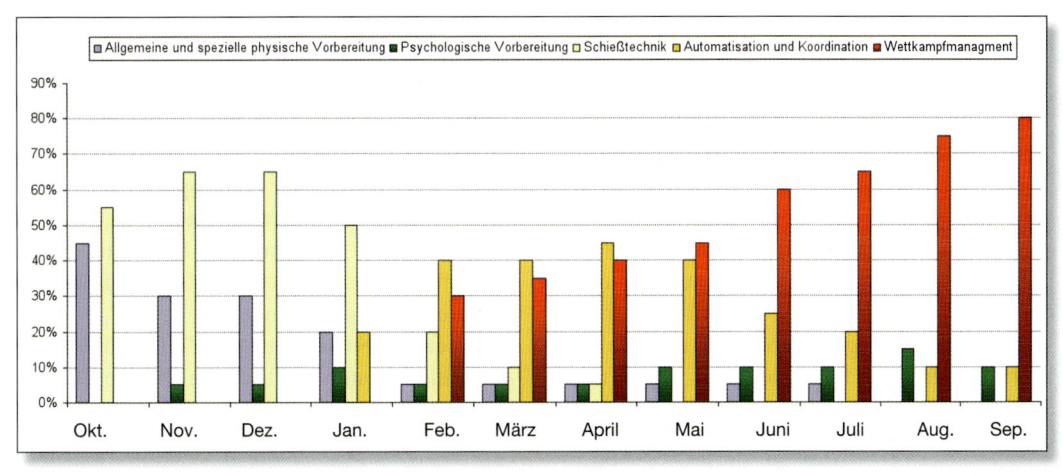

Abb. 162: Verhältnismäßigkeit von allgemeiner und spezieller physischer, psychologischer und schießtechnischer Vorbereitung sowie hinsichtlich Automatisation, Koordination und Wettkampfmanagement innerhalb eines Jahres (Oktober – September; in Anlehnung an FITA 2009, 14/2)

Planung, Organisation und Auswertung des Trainingsprozesses

Wer plant, irrt genauer!

Da ein Schütze im Verlauf seines langjährigen Trainingsprozesses natürlichen Leistungsschwankungen unterworfen ist, müssen diese Schwankungen möglichst kontrolliert werden. So unterwirft man den Aufbau, die Erhaltung bzw. den Verlust der sportlichen Form einer zyklisch sich wiederholenden Periodisierung.

Begriffsbestimmung

Unter *Trainingsplanung* versteht man »ein auf das Erreichen eines Trainingsziels ausgerichtetes, den individuellen Leistungsstand berücksichtigendes Verfahren der vorausschauenden, systematischen – sich an trainingspraktischen Erfahrungen und sportwissenschaftlichen Erkenntnissen orientierenden – Strukturierung des langfristigen Trainingsprozesses« (vgl. *Starischka* 1988, 7)

Die wichtigsten Merkmale der Trainingsplanung sind nachfolgend aufgeführt:
- *Fortlaufende Anpassung*: Jedes Training und jeder Wettkampf müssen sich an entsprechende Notwendigkeiten (z.B. vermehrtes Techniktraining bei Störungen im Bewegungsablauf) und Bedingungen (z.B. Reduzierung der Trainingsumfänge bei hohen schulischen oder beruflichen Belastungen) angleichen.
- *Aufbau in zeitliche Phasen*: Jede Entwicklungsphase verlangt ein eigenes Training (s. S. 158).
- *Periodisierung der sportlichen Belastung*: Im Jahres- und Mehrjahresverlauf sollte eine kontinuierliche Folge von Zeitabschnitten – so genannten Periodenzyklen – zur Herausbildung der sportlichen Form entwickelt werden.

Um die Trainingsbelastungen zielgerichtet sowohl auf physische als auch auf psychische Anpassungen des Schützen hin zu orientieren, muss – unter Berücksichtigung allgemeiner bzw. individueller biorhythmischer Besonderheiten – ein ständiger *Soll-Istwert-Vergleich* zwischen Trainingsplanung und Trainings-/Wettkampfpraxis stattfinden (vgl. Leistungsdiagnostik, S. 151).

Ziele der Trainingsplanung

Ziel der Trainingsplanung ist es, den langfristigen Aufbau sportlicher Höchstleistungen zu konzipieren, in Trainingsplänen für entsprechende Zeiträume (Perspektivplan, Jahresplan etc.) die Gestaltung des Trainings auf der Grundlage der dargestellten Prinzipien (s. S. 115) festzulegen (z.B. in Bezug auf Trainingsmittel, Trainingsinhalte, Trainingsumfänge) und den Wirkungsgrad durch eine gezielte Auswertung der Pläne festzustellen (s. S. 148). Die Kontrolle und die Auswertung bilden eine Basis für Korrektur und Vervollkommnung der Pläne und damit für die Erhöhung der Effektivität des Trainings.

Abb. 163 gibt eine zusammenfassende Übersicht über die Trainingsplanung und deren Abhängigkeiten. Wie zu erkennen ist, ergibt sich der Trainingsverlauf aus der Analyse der Leistungsfähigkeit des Schützen, dem Anforderungsprofil der Sportart und der Prognose des folgenden Wettkampfes. Erst hieraus können Trainingsbelastung, -methoden und -inhalte nachfolgender Einheiten wirkungsvoll geplant werden. Die Trainingsbelastungen äußern sich dabei in unterschiedlichen organischen Beanspruchungen (z.B. Herzfrequenz), die ihrerseits die Trainingsbelastung beeinflussen. Reizwirksame Belastungen (z.B. progressive Schießumfänge) über mehrere Wochen bewirken dabei entsprechende Trainingsanpassungen (z.B. stabilere Zeitmuster oder auch optimaler Ankerpunkt), die sich in einer erhöhten oder verminderten Leistungsfähigkeit des Schützen zeigen und unter Umständen eine Korrektur in der weiteren Planung verlangen.

Beispiel: Ein Schütze hat das Ziel, sich für eine nationale Meisterschaft zu qualifizieren. Er informiert sich daher über die möglichen Qualifikationsringzahlen dieser Meisterschaft (Durchschnittswerte aus den Vorjahren). Aufgrund seiner eigenen Leistungen aus dem Vorjahr (Durchschnittswert) erstellt er mit seinem Trainer in Abhängigkeit von speziellen Rahmenbedingungen (z.B. Zeitfenster) eine Prognose und plant darauf aufbauend sein Training hinsichtlich Umfang, Komplexität etc. Über spezielle Kontrollstrukturen (z.B. Leistungskontrollen, Herzfrequenzmessung) werden der Trainingsprozess regelmäßig analysiert und eventuell Änderungen bzw. Korrekturen vorgenommen (z.B. Erhöhung des Umfangs, Materialwechsel).

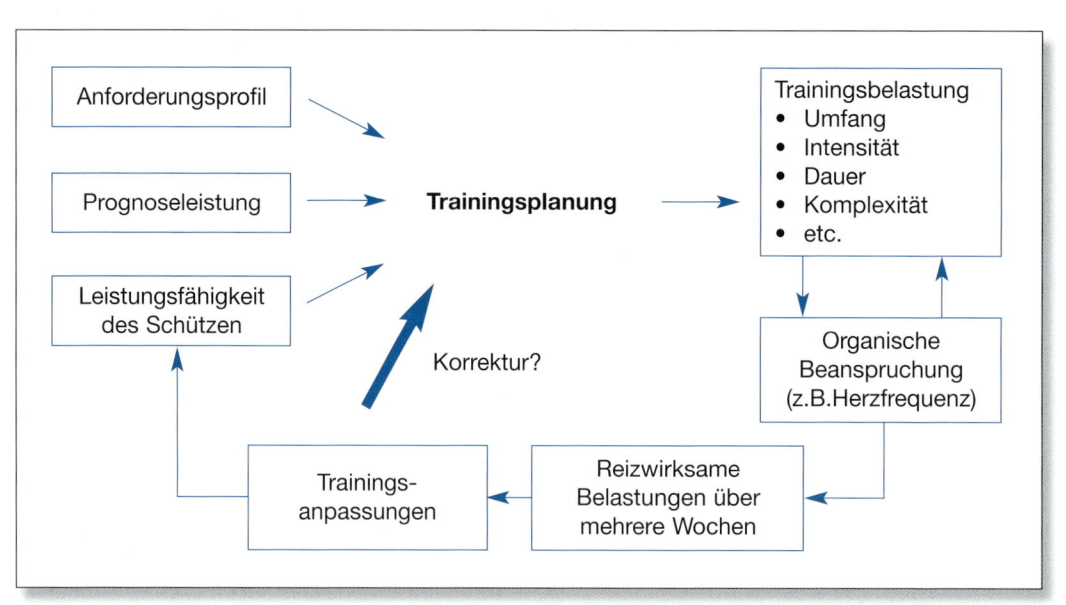

Abb. 163: Trainingsplanung – Grundlage der Leistungssteigerung (verändert nach *Hottenrott* 1995, 46)

Arten von Trainingsplänen

> Trainingspläne stellen eine verbindliche Arbeitsrichtlinie zur Steuerung des Trainings für einen oder mehrere Schützen bzw. einen definierten Kaderkreis in einem festgelegten Zeitraum dar.

Wie Abb. 164 zeigt, lassen sich je nach Zielgruppe und Zeitraum verschiedene Trainingsplantypen unterscheiden. Im Lauf des Trainingsprozesses werden die Inhalte und Methoden des Trainings spezieller und die Planung kurzfristiger.

Die Ausarbeitung der verschiedenen Trainingspläne erfolgt als Trainingskonzeption bzw. als Rahmen-, Gruppen-, Einzel-, Mehrjahres-, Jahres-, Makrozyklus- oder Trainingseinheitenplan (vgl. *Thieß* et al 1980, 237; *Starischka* 1988, 11; *Weineck* 2010, 63).

Trainingskonzeption

Nach *Kaross* und *König* (1998) besteht das erste Aufgabenfeld in der wissenschaftlichen Begleitung von Talentfördersystemen in der Erstellung eines wissenschaftlich begründeten Trainingskonzepts, das den rechtzeitigen Trainingsbeginn, die Effektivitätsorientierung an Trainingszielen, die Abstimmung allgemeiner und spezieller Leistungsentwicklung und andere Prinzipien gewährleistet.

Das zweite Aufgabenfeld beinhaltet die Konzipierung und Überprüfung querschnittlich und längsschnittlich zu realisierender Eignungsdiagnostik.

Im dritten Aufgabenfeld ist die kontinuierliche Evaluierung des gesamten Fördersystems mit dem Trainingskonzept, der Eignungsdiagnostik und dem Wettkampfsystem umzusetzen.

Trainingskonzept

In der Trainingswissenschaft besteht seit langem Einigkeit darüber, dass das Nachwuchstraining einer Ziel- und Etappenstruktur folgt, die den langfristigen Leistungsaufbau in einzelne Ausbildungsetappen gliedert. Nach den bisher bekannten Modellen (*Martin* et al. 1991; *Schnabel* et al. 1993), unterteilt sich das Nachwuchstraining in drei Ausbildungsetappen: Grundlagentraining, Aufbautraining und Anschlusstraining. Diesen Etappen vorgelagert ist die *Grundausbildung* (s. S. 161), die vor allem ein Talenterkennungstraining sein sollte, durch Schule und Verein gemeinsam zu fördern ist und inhaltlich gesehen zwei Schwerpunkte haben muss:

- Regelmäßige, vielseitige sportartübergreifende Bewegungs- und Sportausbildung
- Hinführung in die Grobformung des Schießablaufs

Der Übergang in das Grundlagentraining (s. S. 162) ist hierbei als fließend zu betrachten.
Das Trainingskonzept enthält ferner diagnostische Verfahren im Rahmen der Talentsichtung sowie Richtlinien zur Evaluation.

Eignungsdiagnostik

Talentfördersysteme sollen in jeder Phase nicht nur die Besten, sondern hauptsächlich die Geeigneten finden. Begrifflich lässt sich »sportliche Eignung« wie folgt beschreiben:

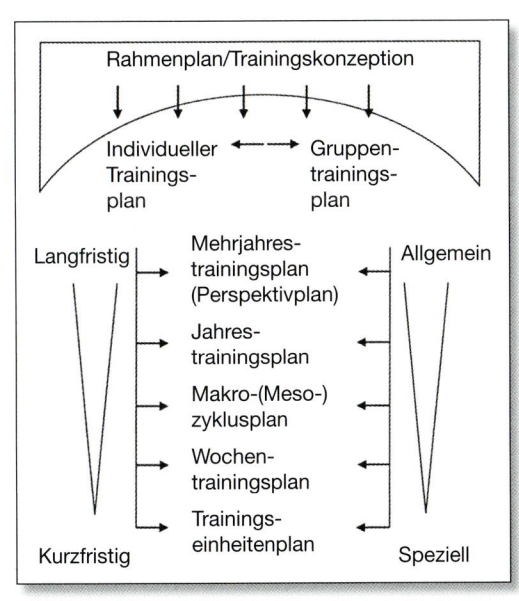

Abb. 164: Trainingsplantypen (nach *Starischka* 1988, 11)

> »Sportliche Eignung ist an die Erfüllung von Anforderungen gebunden, die sich an Leistungen orientieren. Bewertet wird sie durch den Vergleich individueller Leistungsvoraussetzungen mit objektiven Anforderungen an die Leistungsfähigkeit.« (*Schnabel* u. *Thiess* 1993, 231). Indikatoren sind die strukturelle sportliche Leistung, die Geschwindigkeit der Leistungsentwicklung, die Leistungsstabilität und die Belastungsverträglichkeit.

Unabhängig von einer völligen Zustimmung zu diesen Begrifflichkeiten und den bezeichneten Indikatoren muss die Eignungsdiagnostik in jedem Fall eine Statusdiagnostik und eine Veränderungsdiagnostik beinhalten. Dabei soll nach *Bös* (1987, 65) die »Statusdiagnostik« (sie ist eine Querschnittsuntersuchung mit einem Messzeitpunkt) den Istzustand beschreiben, die »Veränderungsdiagnostik« (sie verlangt eine Längsschnittuntersuchung mit mehreren Messzeitpunkten) Leistungsveränderungen quantifizieren.

Untersuchungsverfahren im Bogenschießen sind:
- Sportmotorische Tests zur Erfassung der Kraftausdauerfähigkeit, der aeroben Ausdauerleistungsfähigkeit, Beweglichkeit, Bewegungskoordination
- Schätzskala zum sportlichen Talent (Begabungsschwerpunkte), Schätzskala zum Sportinteresse (motivationale, affektive, volitive Merkmale)
- Erhebungen zu anthropometrischen Merkmalen (z.B. Körpergröße, -gewicht), zum wöchentlichen Trainingsumfang
- Datenauswertung quer- und längsschnittlich über mehrere Jahre

Das Problem besteht im Bogenschießen insbesondere darin, dass bislang weder alters- noch geschlechtsspezifisch differenzierende objektive Anforderungen bzw. Normen existieren. Es muss daher ein Ziel der Forschung sein, objektive Anforderungen auf der Basis statistischer Normen zu definieren. Hierbei kann davon ausgegangen werden, dass bei sportlich auffälligen Kindern, die in Talentaufbaugruppen trainieren, eine sportliche Eignung dann vermutet werden kann, wenn die Leistung überdurchschnittlich ist.

Evaluation
Über die Längsschnittanalysen können bei Kindern gleichen Alters und Geschlechts unterschiedliche Entwicklungsgeschwindigkeiten konstatiert werden, die in Verbindung mit der Trainingshäufigkeit und den anthropometrischen Daten (z.B. Längenverhältnis Oberarm und Unterarm) relevante Aussagen zur Leistungsfähigkeit liefern. Die Längsschnittanalysen dienen im Zusammenhang mit den Überprüfungen in den Kontrollgruppen gleichzeitig der Evaluation der Trainingskonzeption.

> Die Trainingskonzeption ist demnach eine Grundorientierung für die Leitung, Planung und Gestaltung des Trainings und beinhaltet klare und konkrete Ziel- und Aufgabenstellungen sowie Lösungswege, die beschritten werden sollen, um die gestellten Ziele und Aufgaben zu verwirklichen (*Weineck* 2010, 63).

Abb. 165 gibt eine Übersicht zur Struktur des langfristigen Trainingsaufbaus in Deutschland unter Zuordnung der Leistungsstruktur und der Trainingsjahre (s. S. 135; vgl. *Pechtl* et al. 1993).

Wie die Untersuchungen von *Krug* (2006, 133) deutlich machen, gelten als Schwerpunkte im Rahmenkonzept des Nachwuchstrainings:
- Prognosen und Ziele (z.B. Platzierungen bei internationalen Wettbewerben)
- Stoffpläne und Techniken (z.B. Trainingsinhalte, Schießtechnik, regulative Techniken, s. S. 363 und 486)
- Belastungen (quantitativ und qualitativ)
- Akzentuierung und Periodisierung des Trainings

Diagramm

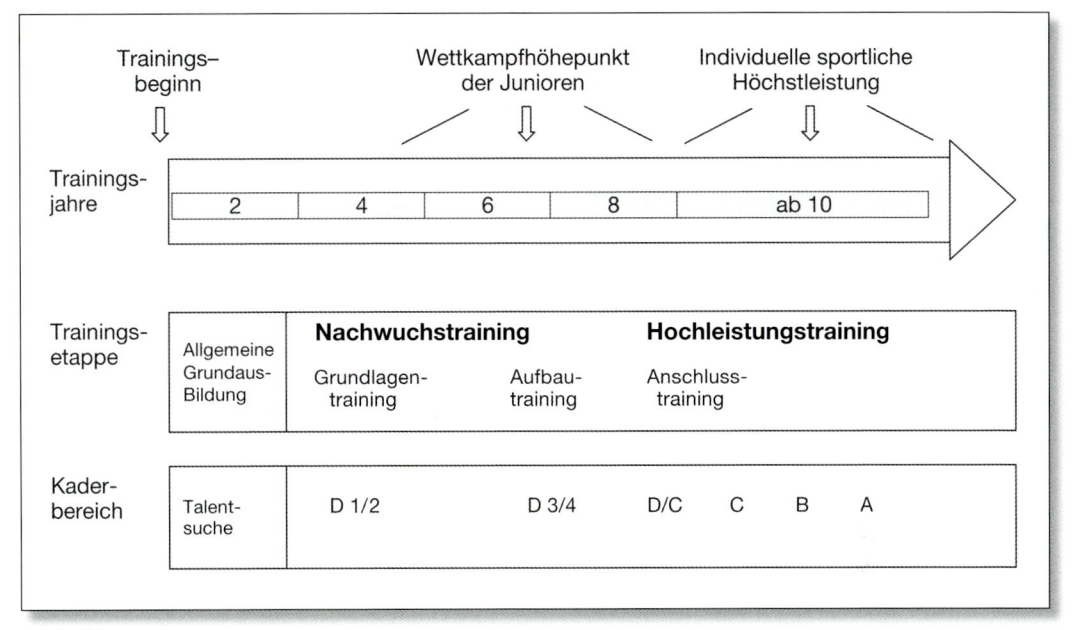

	Trainingsbeginn	Wettkampfhöhepunkt der Junioren	Individuelle sportliche Höchstleistung
Trainingsjahre	2 — 4	6 — 8	ab 10
Trainingsetappe	Allgemeine Grundausbildung	**Nachwuchstraining** — Grundlagentraining — Aufbautraining	**Hochleistungstraining** — Anschlusstraining
Kaderbereich	Talentsuche	D 1/2 — D 3/4	D/C — C — B — A

Abb. 165: Struktur des langfristigen Trainingsaufbaus in Deutschland unter Zuordnung der Leistungsstruktur (verändert nach *Pechtl* et al. 1993, s. auch S. 158)

- Tests (z.B. auch Grundlagenausdauer, Maximalkraft) und Wettkämpfe
- Sicherung der Belastbarkeit (s. S. 116)
- Erziehungsschwerpunkte

Rahmentrainingsplan

Als Rahmentrainingsplan werden die auf der Trainingskonzeption des Fachverbandes (z.B. Deutscher Schützenbund) basierenden verallgemeinerten Richtlinien zur Gestaltung des Trainingsprozesses für definierte Sportlergruppen (z.B. Kaderschützen) bezeichnet (vgl. *Starischka* 1988, 12). Sie beinhalten die wesentlichen Aufgaben eines Trainingsjahres sowie die konkrete Vorbereitung des Jahreshöhepunktes bzw. der Jahreshöhepunkte (vgl. *Thieß* et al. 1980, 180; *Weineck* 2010, 63).

Der Rahmentrainingsplan enthält:
- Einordnung des Basis-, Grundlagen- und Aufbautrainings (s. S. 158) in den langfristigen Leistungsaufbau
- Festlegung der Trainingsziele auf den verschiedenen Stufen
- Beschreibung der Entwicklung der motorischen Hauptbeanspruchungsformen und deren bogenschießspezifischen Subkategorien
- Möglichkeiten der Umsetzung allgemeiner und spezieller
  - Trainingsprinzipien in der Jahresperiodisierung (s. S. 115)
  - Trainingsinhalte (z.B. Elementetraining, Bewegungablauftraining, Trefferbildtraining, Wettkampftraining)
  - Trainingsmethoden (z.B. Teillehrmethode, propriozeptives Training)
  - Trainingsmittel (z.B. Thera-Band)
- Erklärung der Technikleitbilder in den verschiedenen Disziplinen (z.B. Blank-, Compound-, Recurvebogen)
- Ausarbeitung spezieller Jahrestrainingspläne für alle Altersstufen
- Beispiele für Trainingseinheiten mit Stundenverlaufsplanung
- Hinweise zur Wettkampfvorbereitung und Gestaltung sowie zur Wettkampftaktik

Beachten Sie: Bereits im Rahmentrainingsplan des Bogenschützen gilt als besonderer Belastungsfaktor der Anteil qualitativ bester Bewegungsausführungen (individuell optimale Schießtechnik). Bei einer Umfangssteigerung (z.B. Pfeilzahlen) liegt die Konzentration auf den wesentlichen Bestandteilen des Schießablaufs – den Positionsphasen (vgl. *Krug* 2006, 130).

Gruppentrainingsplan

Der Gruppentrainingsplan ist eine aus dem Rahmentrainingsplan hervorgehende Arbeitsrichtlinie zur Gestaltung des Trainings für Schützengruppen mit gleicher Zielsetzung und annähernd gleichem Ausgangsniveau. Er kommt vor allem im Nachwuchsbereich und in Mannschaften (z.B. Bundesliga) zur Anwendung (vgl. *Thieß* et al. 1980, 99).

Im Gruppentrainingsplan sollten folgende Inhalte spezifiziert werden (vgl. *Weineck* 2010, 64):
- Angaben zum Gültigkeitsbereich (Trainingsgruppe) und Geltungszeitraum (z.B. Trainingsjahr)
- Zielvorstellungen für bestimmte Wettkampfhöhepunkte
- Zwischenziele, die nach Ablauf einer entsprechenden Anzahl von Trainingsabschnitten bei Aufbauwettkämpfen oder Leistungskontrollen erreicht werden sollen
- Angaben über die Periodisierung des Trainings (s. S. 168)
- Schwerpunkte der bogenschießspezifischen Ausbildung (Kennzeichnung der Belastungs- bzw. Intensitätsbereiche)
- Haupttrainingsmittel (inhaltliche, methodische und organisatorische Leitlinien)

Individueller Trainingsplan

Der individuelle Trainingsplan enthält alle wesentlichen Festlegungen, um für einen einzelnen Schützen optimale Leistungen zu erreichen. Geplant werden insbesondere Ziele, Aufgaben, Inhalte, Mittel, Methoden, organisatorische Maßnahmen des Trainings, Kontrollen und Wettkämpfe (vgl. *Thieß* et al. 1980, 237).

Mehrjahrestrainingsplan

Der Mehrjahrestrainingsplan (auch als Trainingsstufenplan bezeichnet) ist ein Planwerk zur Gestaltung des langfristigen Trainingsaufbaus des Schützen. Der Trainingsaufbau umfasst die Trainingsstufen bzw. -etappen Basistraining, Grundlagentraining, Aufbautraining, Hochleistungstraining (vgl. *Weineck* 2010, 65; s. S. 158).

Der Mehrjahresplan enthält nach *Krug* (2006, 128) unter anderem folgende Punkte:
- Zielstellung (z.B. Kaderzugehörigkeit)
- Aufgabenstellungen für die einzelnen Etappen (s. S. 142)
- Leistungsentwicklung
- Fragen der Persönlichkeitsentwicklung des Schützen (beruflich-fachlich, politisch-kulturell, charakterlich-willensmäßig)
- Periodisierung und Wettkampfgestaltung
- Trainingsgestaltung (einschließlich der Belastungen und des Verhältnisses der körperlichen, technischen und taktischen Vorbereitungen)
- Fragen der Auswertung und Kontrolle

Jahrestrainingsplan

Der Jahrestrainingsplan gibt Auskunft darüber, wie der jährliche Trainingsprozess des Schützen oder der Sportlergruppe (z.B. Bundesliga-, Nationalmannschaft) gestaltet werden soll. Er konkretisiert somit den Mehrjahresplan für das jeweilige Trainingsjahr und beinhaltet die verschiedenen Trainingsziele und Schwerpunkte im Jahresverlauf. Von besonderer Bedeutung sind:
- Belastungsplanung
- Leistungsdiagnoseplanung (s. S. 151 ff.)
- Wettkampfplanung inklusive Aufbau-, Vorbereitungs- und Testwettkämpfe
- Auswertungsplanung (vgl. *Starischka* 1988, 17)

Abb. 166 zeigt beispielhaft die Wettkampf- und Lehrgangsverteilung im Olympiajahr 2008 der Deutschen Nationalmannschaft.

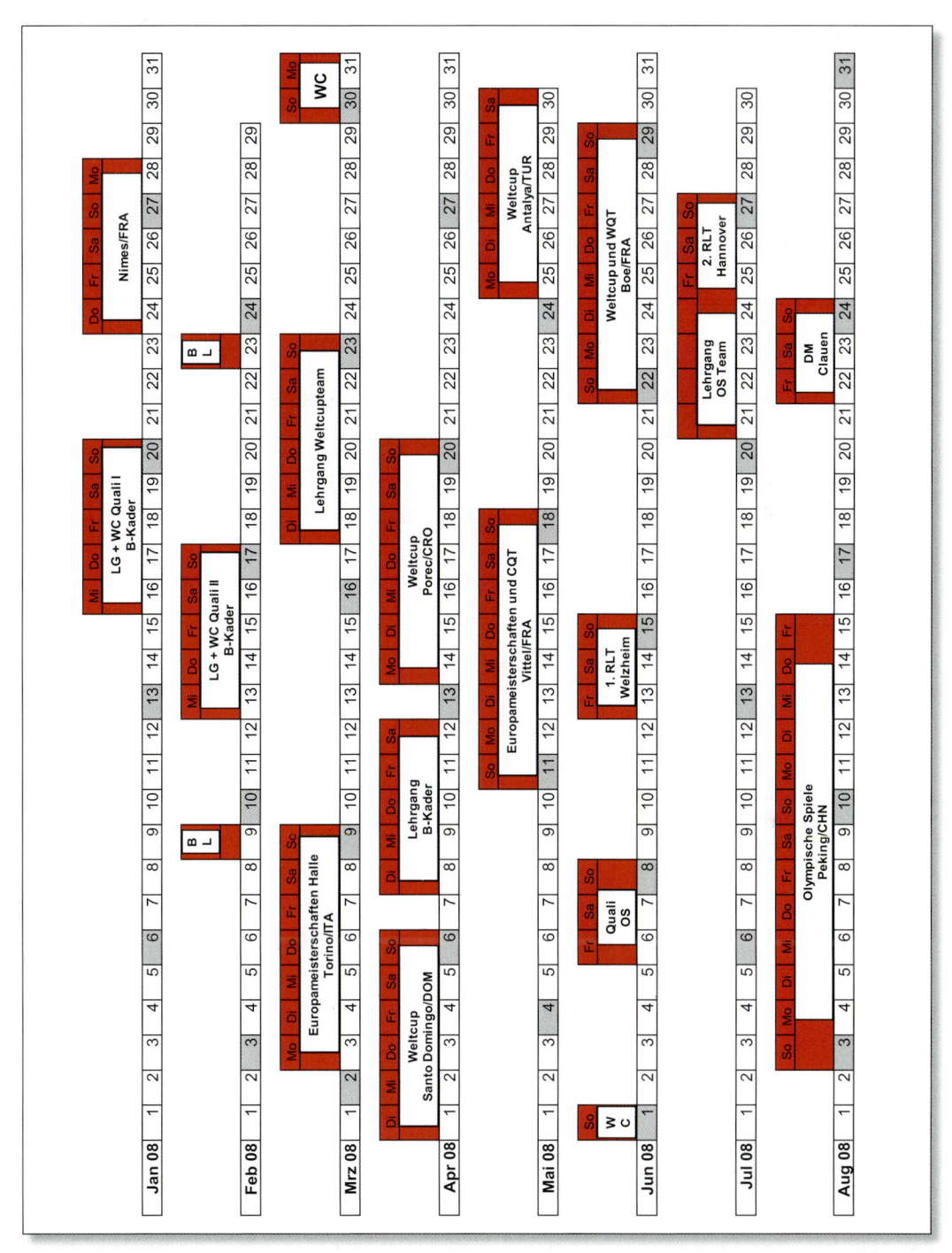

Planung, Organisation und Auswertung des Trainingsprozesses 137

Abb. 166: Wettkampf- und Lehrgangsplan (Trainingslager) im Olympiajahr 2008 der Deutschen Nationalmannschaft (LG: Lehrgang, WC: World Cup, OS: Olympische Spiele, CQT: Continental Qualification Tournament, RLT: Ranglistenturnier, WQT: World Cup Qualification Tournament, DM: Deutsche Meisterschaft; verändert nach *Frederick* 2007)

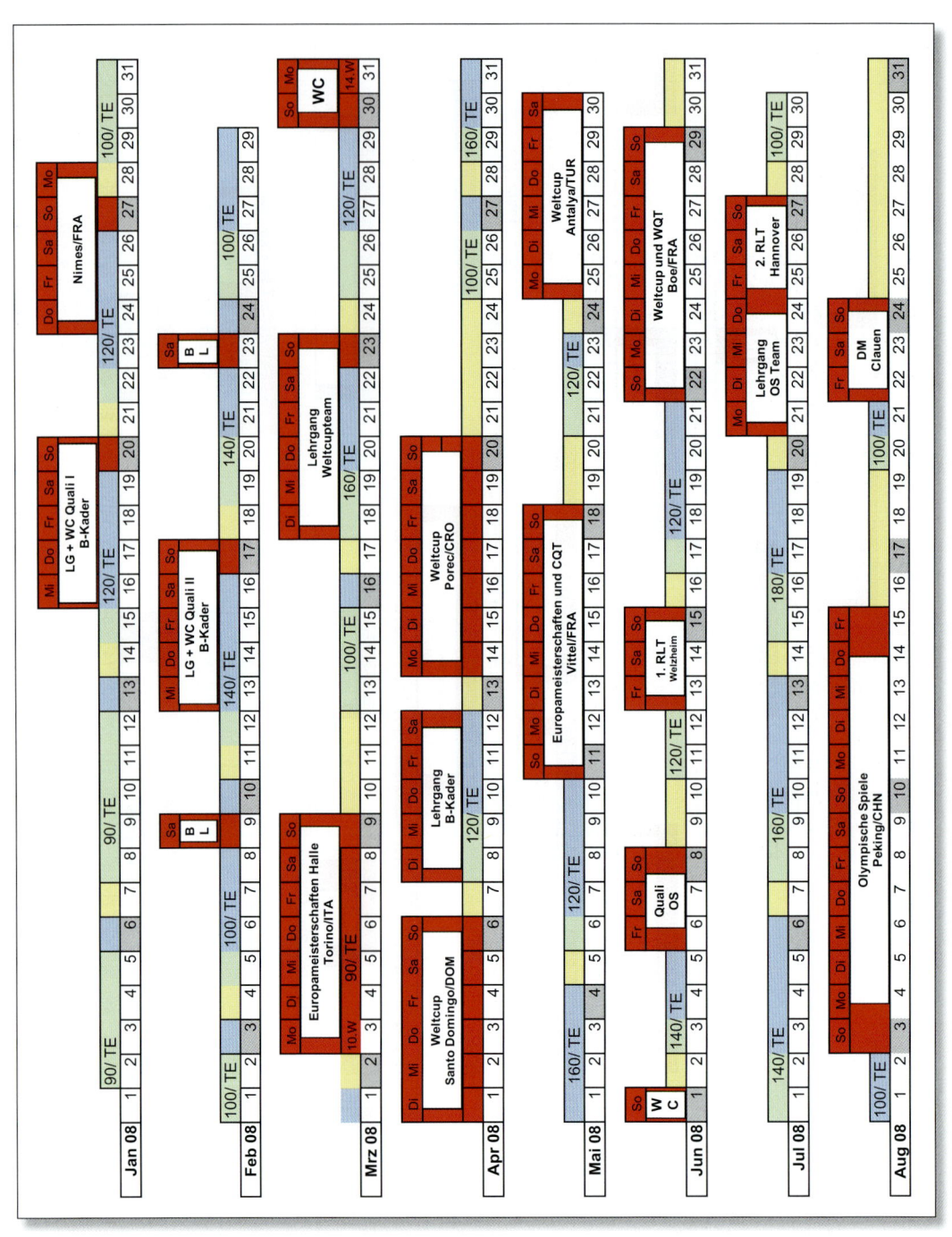

Abb. 167: Aufbau eines Makrozyklusplans für einen Spitzenschützen unter besonderer Berücksichtigung der geplanten Belastungsstrukturen (z.B. 90/TE: 90 Pfeile pro Trainingseinheit; grün: Technikphase, blau: Realisierungs- bzw. Transformationsphase, gelb: Regenerationsphase [aktive Erholung] LG: Lehrgang, WC: World Cup, BL: Bundesliga, CQT: Continental Qualification Tournament, RLT: Ranglistenturnier, DM: Deutsche Meisterschaft, WQT: World Qualification Tournament, OS: Olympische Spiele)

Makrozyklusplan

Der Makrozyklusplan dient der Ausgestaltung mittelfristiger, d.h. mehrmonatiger Abschnitte des Trainingsprozesses mit dem Ziel der Ausformung definierter Entwicklungs- oder Ausprägungsphasen der sportlichen Form bis hin zur Topform (vgl. *Weineck* 2010, 55; *Starischka* 1988, 20; *Egger* 1992, 31).

Abb. 167 gibt ein Beispiel für den groben Aufbau eines Makrozyklusplans für einen Spitzenschützen unter besonderer Berücksichtigung der geplanten Belastungsstrukturen. Die angegebenen Pfeilzahlen beziehen sich durchschnittlich jeweils auf eine Trainingseinheit. Damit wird insbesondere dem Prinzip der sprunghaften Belastungssteigerung dahingehend Rechnung getragen, dass mehrere Trainingseinheiten pro Tag stattfinden können. Die farbigen Unterlegungen beinhalten die Schwerpunkte der Trainings- und Wettkampfinhalte. In der Technikphase (grün) stehen dabei hauptsächlich das Elemententraining und das Bewegungsablauftraining auf kurzer Distanz bzw. leere Scheibe im Vordergrund. In der Realisierungs- oder Transformationsphase (blaue, s. S. 468) sollen die Elemente der Schießtechnik bzw. der Gesamtablauf auf die Wettkampfentfernung bzw. die Auflage übertragen werden (z.B. Streifen- oder Zielpunktschießen anstelle von Schießen auf Auflage). Die Regenerationsphase (gelb) dient der aktiven Erholung.

Mesozyklusplan

Der Mesozyklusplan (Etappenplan) ist eine Spezifizierung des Makrozyklusplanes und umfasst in der Regel mehrere Wochen. Anhand der Hauptaufgaben und Inhalte lassen sich verschiedene Mesozyklen unterscheiden (vgl. *Matwejew* 1981, 216 f.; *Weineck* 2010, 65 f., s. S. 180).

Wie aus Abb. 168 zu erkennen ist, sollte auf einen Wettkampfzyklus eine Phase der aktiven Erholung (Zwischenmesozyklus) und ein erneuter (verkürzter) Wiederaufbau der sportlichen Form (grundlegend, vorbereitend und vervollkommnend) erfolgen und Inhalte sowie Methoden auf ihre Richtigkeit überprüft wer-

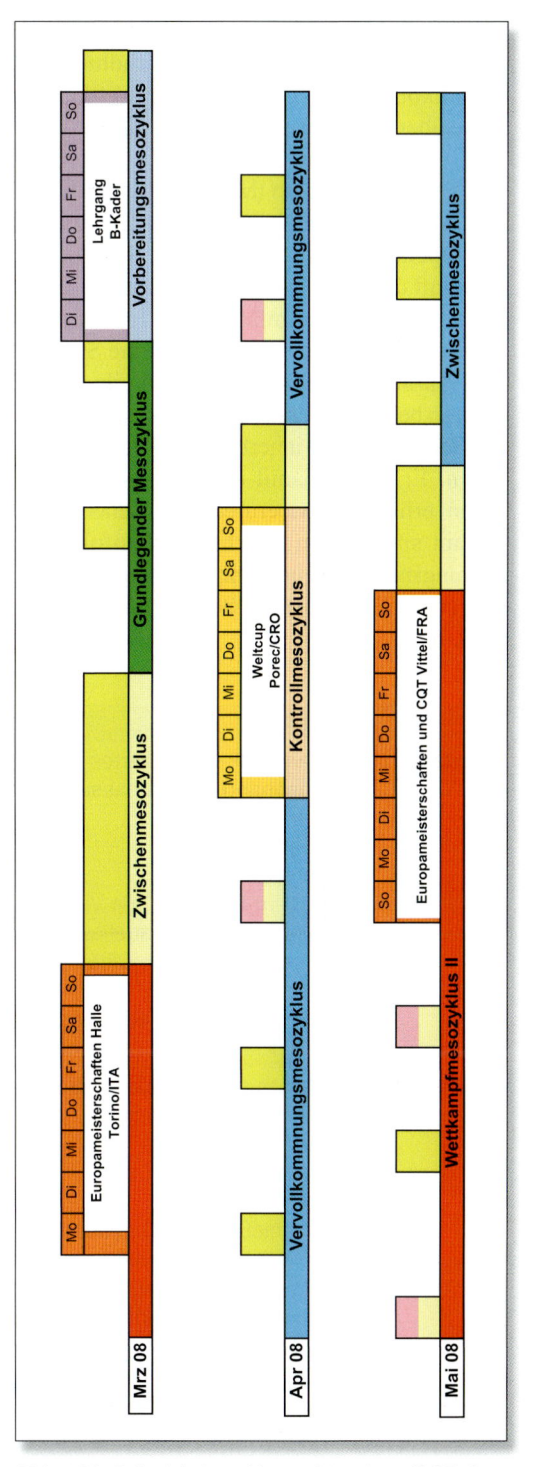

Abb. 168: Beispiel eines Mesozyklusplans (CQT: Continental Qualification Tournament)

den (Kontrollmesozyklus). Erst dann kann nach einem entsprechenden Einstieg (Erholung und Vervollkommnung) in eine weitere Wettkampfphase übergeleitet werden.

Wochentrainingsplan (Mikrozyklusplan)

Der Wochentrainingsplan, auch Mikrozyklus oder Operativplan genannt (s. auch S. 174), gibt Auskunft über die Gestaltung von mehrtägigen, bis zu eine Woche umfassenden Trainingsabschnitten. Er beinhaltet zum einen die Struktur der Trainingsbelastung im Wochenverlauf, zum anderen beschreibt er die Abfolge und Variation der Hauptaufgaben innerhalb der Trainingseinheiten. Er macht damit deutlich, an welchen Tagen erhöhte bzw. erniedrigte Belastungen geplant sind und in welcher Reihenfolge die Trainingsmethoden und -inhalte eingesetzt werden (vgl. *Starischka* 1988, 21/22; *Weineck* 2010, 65).

Tab. 13 zeigt beispielhaft den Aufbau eines Wochentrainingsplans der koreanischen Nationalmannschaft als unmittelbare Vorbereitung auf einen Großwettkampf (z.B. Olympische Spiele) unter besonderer Berücksichtigung der geplanten Trainingsinhalte.

Trainingseinheitenplan

Der Trainingseinheitenplan beinhaltet konkrete Hinweise zur Ausgestaltung der jeweiligen Trainingseinheit und beschreibt die einzelnen Belastungsziele sowie die Methoden, Inhalte und Mittel, die zu ihrer Realisierung benötigt werden. Er gibt Auskunft über die Gestaltung des Aufwärmprogramms, des Schwerpunkts der Trainingseinheit und über den Abschluss des Trainings (z.B. Auslaufen oder sonstige die Regeneration fördernde Maßnahmen; vgl. *Weineck* 2010, 65; s. auch S. 609 f.).

	Vormittag	**Nachmittag**

Montag	• Warm-up, visualisiertes Schießen, Innenhandflächenmassage und 50 Sit-ups
	• Stretching
	• Schießtraining
	  - 70-m-Schießen mit Videoanalyse
	  - 36 Pfeile, individuelles Training, jeder kann seine Distanz selbst bestimmen
	  - Finalschießen, jeder gegen jeden, 18 Pfeile
		• Warm-up und 50 Sit-ups
		• Stretching
		• Schießtraining
		  - Olympische Runde, 2 x 36 Pfeile
		  - Techniktraining auf 5 m Distanz
		  - Finalschießen, jeder gegen jeden, 12 Pfeile

Dienstag	• Warm-up, visualisiertes Schießen, Innenhandflächenmassage und 50 Sit-ups
	• Stretching
	• Schießtraining
	  - Schießen auf 70 m auf die große Scheibe, die Zehn wurde entfernt (ausgeschnitten), Effekt: Konzentrationsübung auf das Zentrum (keine Goldangst), mit Videoanalyse
	  - 36 Pfeile, individuelles Training, jeder kann seine Distanz selbst bestimmen
		• Warm-up und 50 Sit-ups
		• Stretching
		• Schießtraining
		  - Olympische Runde, 2 x 36 Pfeile, Zehn ausgeschnitten
		  - Techniktraining auf 5 m Distanz
		  - Finalschießen, jeder gegen jeden, 12 Pfeile

Tab. 13: Aufbau eines Wochentrainingsplans der koreanischen Nationalmannschaft (vgl. *Gegg* 2000, 71) (Fortsetzung auf der nächsten Seite)

	Vormittag	**Nachmittag**

Mittwoch	• Warm-up, visualisiertes Schießen, Innenhandflächenmassage und 50 Sit-ups
	• Stretching
	• Schießtraining
	  - 70-m-Schießen mit Videoanalyse
	  - 36 Pfeile; Windtraining: Visier wird so eingestellt, dass die Treffer in der 9-8 oder 7 sind, bei Haltepunkt 10; dann wird der Haltepunkt seitlich versetzt in die 9-8 oder 7, so dass die Treffer sich in der Zehn befinden
	  - Individuelles Training, jeder kann seine Distanz selbst bestimmen
	  - Finalschießen, jeder gegen jeden, 18 Pfeile
		• Warm-up und 50 Sit-ups
		• Stretching
		• Schießtraining
		  - Olympische Runde, 2 x 36 Pfeile Windtraining: siehe Vormittag!
		  - Technikschießen auf 5 m Distanz
		  - Finalschießen, jeder gegen jeden, 12 Pfeile

Donnerstag	Frei	Freies Training

Freitag	• Warm-up, visualisiertes Schießen, Innenhandflächenmassage, 50 Sit-ups
	• Stretching
	• Schießtraining
	  - 90- und 70-m-Schießen
	  - 70- und 60-m-Schießen mit Videoanalyse, 4 x 36 Pfeile
		• Warm-up und 50 Sit-ups
		• Stretching
		• Schießtraining
		  - 50- und 30-m-Schießen mit Videoanalyse, 2 x 36 Pfeile

Samstag	• Warm-up, visualisiertes Schießen, Innenhandflächenmassage, 50 Sit-ups
	• Stretching
	• Schießtraining
	  - Olympische Runde, 2 x 36 Pfeile
	  - Individuelles Training, jeder kann seine Distanz selbst bestimmen
	  - Finalschießen, jeder gegen jeden, 12 Pfeile
		Frei

	Sonnenaufgang	**Abends**
	• 30 Minuten Jogging • 15 Minuten mentales Training • 15 Minuten gedankliches Schießen mit Thera-Band	• 3 x 30 Minuten pro Woche Hanteltraining • 3 x je 1 Stunde pro Woche Schwimmen und Fahrradfahren

Tab. 13: Fortsetzung

Abb. 169 gibt eine zusammenfassende Übersicht der verschiedenen Trainingszyklen im Rahmen ihrer allgemeinen Aufgabenstellungen und Zielsetzungen. Eine Sonderstellung nimmt dabei der Etappenplan ein, der im Rahmen einer individuellen Zielbildung eine aktuelle Anpassung an die Leistungsentwicklung des Schützen ermöglicht. Dadurch erfährt die Steuerung der Trainings- und Wettkampfbelastung eine entsprechende Konkretisierung.

Erarbeitung von Trainingsplänen

Individueller Trainingsplan

Vor der Erarbeitung eines individuellen Trainingsplans ist eine umfassende Analyse für jeden Schützen in Bezug auf Leistungsstand, im Vorfeld realisiertes Training, Trainingsalter (»Wie lange schießt der Athlet?«), biologisches Alter, funktionelle und adaptive Möglichkeiten des Organismus, Entwicklungstempo des Trainingszustands und Motivationsniveau (Ziele) erforderlich.

Als zweckmäßig hat sich die Erarbeitung eines Trainingsplans in Absprache von Trainer, Arzt und Schütze erwiesen, d.h., der Schütze soll aktiv mit in die Vorbereitung, Gestaltung und Auswertung des Trainings einbezogen werden. Folgendes allgemeines Vorgehen wird empfohlen (vgl. *Weineck* 2010, 65 f.):
- Bestimmung des Planzeitraums, der Ausbildungs- und Erziehungsziele sowie der inhaltlichen Schwerpunkte
- Festlegung der Teilziele und Aufgaben sowie der Anteiligkeit der einzelnen Bestandteile des Trainings

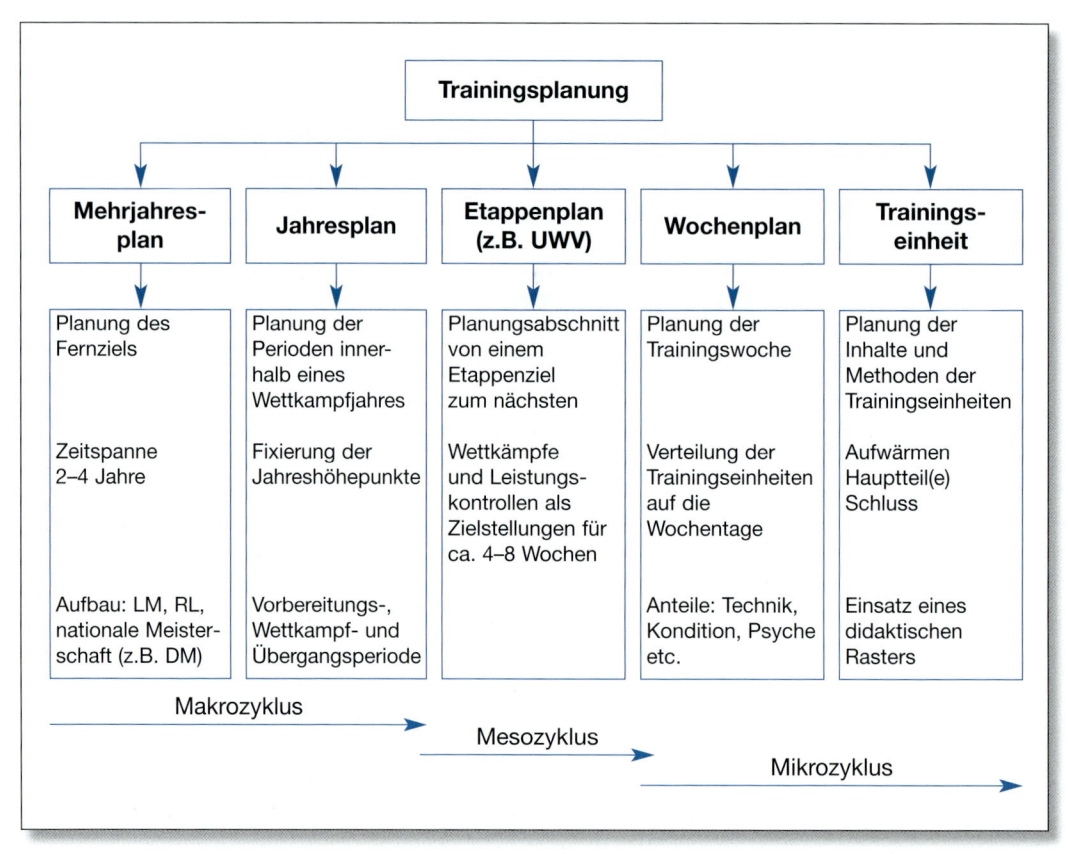

Abb. 169: Trainingszyklen und Trainingspläne (UWV: unmittelbare Wettkampfvorbereitung, LM: Landesmeisterschaft, RL: Rangliste, DM: Deutsche Meisterschaft; vgl. *Dreilich* 2002, 342)

- Planung der Trainingsinhalte, -mittel und -methoden für die Lösung jeder Aufgabe
- Bestimmung der Termine der Wettkämpfe (Wettkampfkalender) und der Leistungskontrollen

Die Inhalte des individuellen Trainingsplans sind in Tab. 14 zusammengefasst.

Die Abb. 170 zeigt beispielhaft die Entwicklung der Grundstruktur eines Trainingsplans: In einem ersten Schritt werden die Wettkampftermine eingetragen und nach ihrer individuellen Wichtigkeit bewertet.
Gemäß der Forderung nach der Planung von Belastung und Erholung als Einheit werden die Pausen gesetzt und Trainingslager in Absprache mit den Schützen festgelegt (s. S. 597 ff.).

Beachten Sie: Ausgehend vom Hauptwettkampf ist darauf zu achten, wann während eines über mehrere Tage gehenden Wettkampfs Entlastungsphasen stattfinden können.

Beispiel: Im Rahmen von Großwettkämpfen (z.B. Olympische Spiele, Weltmeisterschaften) gibt es stets auch wettkampffreie Tage. Diese müssen langfristig biorhythmisch angenähert werden.

Personalien	Angaben zur Person und zu den Sportmaterialien (Bogentyp, Auszugsstärke, Bogenlänge, Pfeiltyp, Pfeillänge, Stabilisatoren, Sehnenmaterial, Pfeilauflage, Visier/Sight, Tab, Plunger, Klicker, Armschutz)
Leistungsstand	Bisher erreichte Leistungen (Bestleistungen und Vorjahresergebnisse – Analyse, die dem Schützen bei der Erarbeitung des neuen Planes helfen soll, Reserven aufzudecken)
Ziele	Prognose/Leistungsziele für das neue Wettkampfjahr (Hauptziel/Etappenziele)
Termine	Wettkampftermine (Zeitpunkte für Kontrollwettkämpfe, Leistungsüberprüfungen etc.) und Lehrgänge
Hauptaufgaben	Welche Hauptaufgaben sollen in den einzelnen Perioden gelöst werden (z.B. Kondition, Schießtechnik)?
Phasenbestimmung	Festlegung der Phasen des Techniktrainings, des komplexen Trainings (s. S. 563, Wettkampftraining), der unmittelbaren Wettkampfvorbereitung, des psychologischen Trainings (z.B. mentales Training) und der Regeneration
Belastungsplanung	Planung der monatlichen Gesamtschusszahlen, des prozentualen Anteils von Konditions-, Technik- und Taktiktraining etc. (vgl. *Möslein* 1994, 22)
Regeneration	Ausgleichssport (Schwimmen, Radfahren), Entspannungsmöglichkeiten (z.B. autogenes Training) und Prophylaxe (z.B. Massagen) einplanen

Tab. 14: Inhalte des individuellen Trainingsplans

Vorgehen bei der Trainingsplanung

Starischka (1988, 44) gliedert das Vorgehen bei der Trainingsplanung in Planungs- und Realisierungsphasen (Abb. 171).
In einer *ersten Planungsphase* werden folgende Schritte durchgeführt:
- Analyse des Trainingszustandes (Istzustand)
- Formulierung der Trainings(teil-)ziele
- Festlegung der Trainingsstruktur
- Gestaltung der Trainingsstruktur

Dieser Phase folgt die *erste Realisierungsphase*, die Training, Dokumentation des durchgeführten Trainings und Trainingsauswertung beinhaltet. Bei »Soll-Ist-Übereinstimmung« erfolgt eine Weiterführung des Trainings gemäß dem Trainingsplan. Sollte sich jedoch eine »Soll-Istwert-Differenz« herausstellen, muss eine Planüberarbeitung (= *zweite Planungsphase*) vorgenommen werden. Erst dann können sich *zweite, dritte Realisierungsphase* etc. anschließen. Der Vorteil dieser Planungsphasen

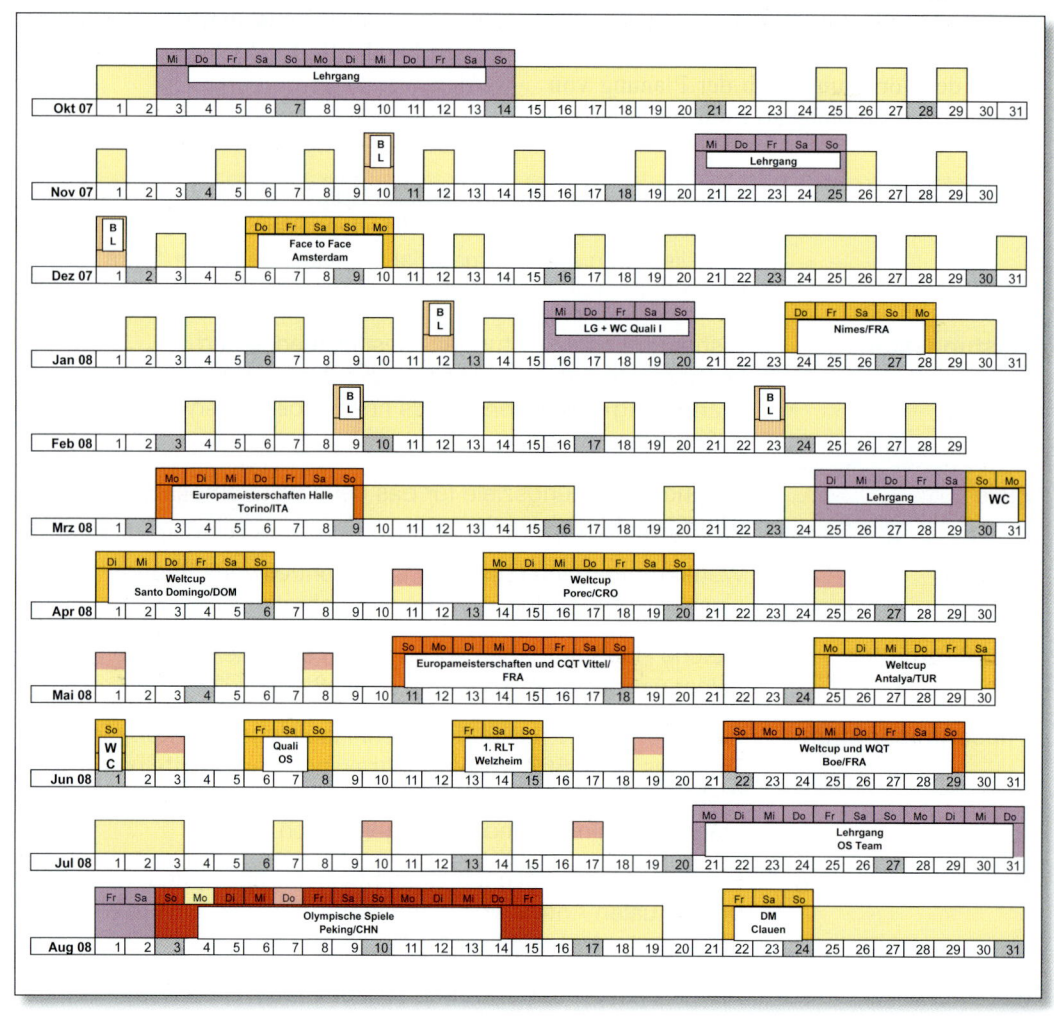

Abb. 170: Beispiel der Planung von Lehrgängen, Trainingslagern und Pausen (gelbe Phase) für einen Spitzenschützen unter besonderer Berücksichtigung der Bewertung der Wettkämpfe (rot: Hauptwettkampf, BL: Bundesliga, LG: Lehrgang, WC: World Cup, CQT: Continental Qualification Tournament, OS: Olympische Spiele, RLT: Ranglistenturnier, WQT: World Cup Qualification Tournament, DM: Deutsche Meisterschaft)

liegt darin, dass vor allem bei mittel- und kurzfristiger Trainingsplanung unmittelbar Einfluss auf eine eventuelle Fehlsteuerung des Trainings genommen werden kann.

Aufbau einer Trainingseinheit

Die Trainingseinheit ist die kleinste Einheit innerhalb des Gesamttrainingsprozesses und bildet inhaltlich, zeitlich und organisatorisch ein in sich geschlossenes Ganzes. In der Trainingspraxis hat es sich als zweckmäßig erwiesen, die Trainingseinheit in einen vorbereitenden Teil, einen Hauptteil und einen abschließenden Teil zu gliedern. Vorbereitung und Abschluss hängen inhaltlich überwiegend von der Gestaltung des Hauptteils ab (vgl. *Weineck* 2010, 66).

Vorbereitender Teil

> Unter *Vorbereitung* versteht man das optimale Einstellen des Schützen auf die Anforderungen der Trainingseinheit durch psychologische und pädagogische Verhaltenssteuerung mithilfe der physischen Vorbelastung. Eine positive, bejahende Einstellung zu den Trainingsaufgaben erhöht den Trainingseffekt (*Weineck* 2010, 66).

In der Vorbereitung auf den Trainingsschwerpunkt soll eine optimale Bereitschaft geschaffen, die Konzentration auf die Hauptaufgabe gelenkt, eine optimale Muskelelastizität hergestellt, aufgewärmt und vorbelastet sowie der Schießablauf eingearbeitet und eine optimale Reaktionsfähigkeit erreicht werden (vgl. *Weineck* 2010, 66). Ein erfahrener Trainer zeichnet

---

Erste Planungsphase

Inklusive:
- Analyse des Trainingszustandes (Istzustand)
- Formulierung der Trainings(teil-)ziele
- Festlegung der Trainingsstruktur
- Gestaltung der Trainingsstruktur

Erste Realisierungsphase

Inklusive:
- Training
- Dokumentation des durchgeführten Trainings
- Trainingsauswertung

Bei »*Soll-Ist-Übereinstimmung*«: Weiterführung des Trainings gemäß dem Trainingsplan
Bei »*Soll-Ist-Wert-Differenz*«: Planüberarbeitung

Zweite Planungsphase

Inklusive: ...

Zweite Realisierungsphase

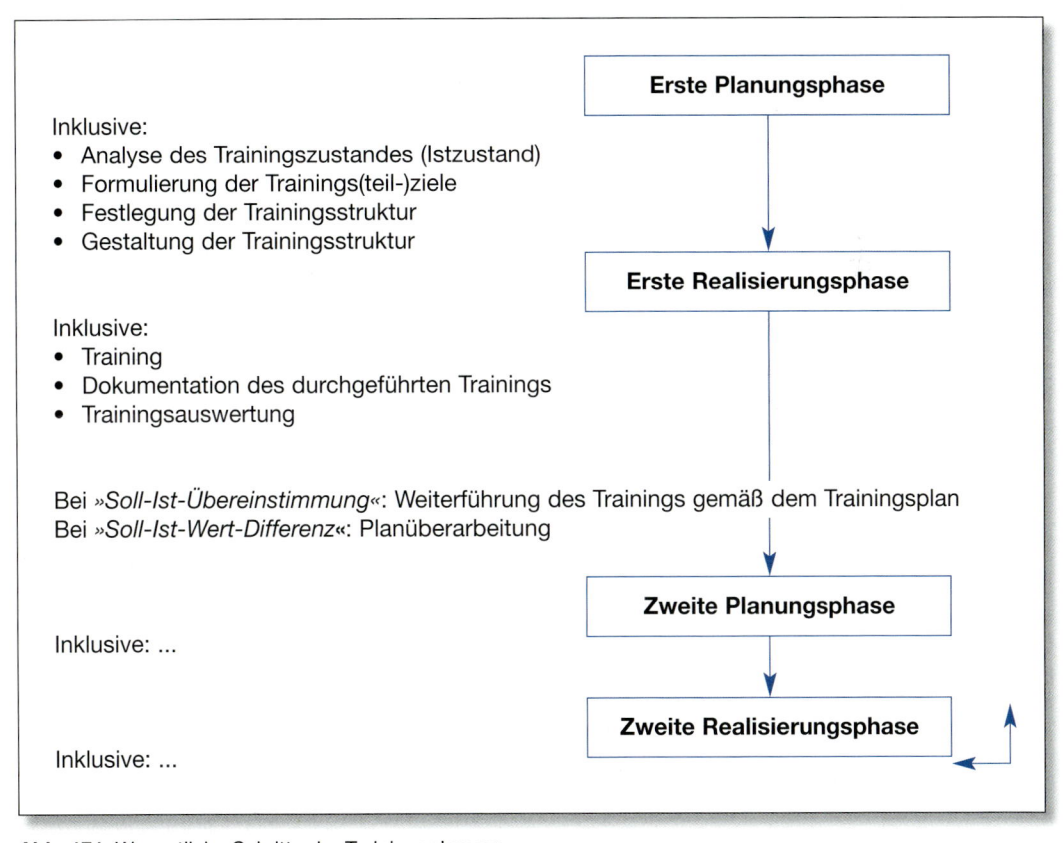

Inklusive: ...

Abb. 171: Wesentliche Schritte der Trainingsplanung

sich mitunter dadurch aus, dass er in der Lage ist, ein optimales Aktivitätsniveau des Schützen im gesamten Verlauf einer Trainingseinheit aufrechtzuerhalten (vgl. *Krug* 1996, 6).

Man unterscheidet eine allgemeine und eine spezielle physische Vorbereitung, wobei die allgemeine der speziellen vorausgeht. Im *allgemeinen* Teil sollte jedes Vorbereitungsprogramm leichte Lauf- oder Gehübungen, verbunden mit auflockernden und dehnenden gymnastischen Übungen und Spielen, enthalten. Im *speziellen* Teil werden die Schützen beispielsweise durch Trockenübungen oder Übungen mit dem Deuserband auf die Aufgabe des Hauptteils vorbereitet. Der vorbereitende Teil sollte etwa 15–30 Minuten umfassen (vgl. *Weineck* 2010, 66 f.).

In der Trainingspraxis wird die spezielle Vorbereitung durch das »Einschießen« in der Regel ausgedehnt und dadurch auch eine psychologische Einstimmung auf den Hauptteil geschaffen. Gleichzeitig können eventuelle Mängel und Fehler (bekannt aus vorherigen Trainingseinheiten bzw. Wettkämpfen) aufgegriffen und verbessert werden (vgl. Aufwärmen, S. 259).

Hauptteil

Der Hauptteil der Trainingseinheit enthält Aufgaben, die der Weiterentwicklung oder Festigung der sportlichen Leistungsfähigkeit dienen. Die Einzelaufgaben bestehen in Abhängigkeit vom Trainingsziel sowohl in der technischen (z.B. Elementen-, Bewegungsablauftraining) und der taktischen (z.B. Anhalten, Windtraining) sowie in der konditionellen (z.B. KSK-Training, s. S. 289) und der wettkampfmäßigen Schulung und der damit verbundenen Herausbildung leistungsoptimierender Persönlichkeitsmerkmale (vgl. auch Wettkampftraining, S. 563 ff.; vgl. *Weineck* 2010, 68).

Abschließender Teil

Durch den abschließenden Teil sollen die nachfolgenden Erholungs- und Wiederherstellungsprozesse eingeleitet und beschleunigt werden. Aufgaben sind hierbei die allmähliche Belastungsreduzierung mit Entspannungs- und Lockerungsübungen, die Konzentrationsminderung und ein freudebetonter Trainingsabschluss zur positiven Einstellung auf die nächste Trainingseinheit (*Weineck* 2010, 68).

In der Praxis sollte im Anschluss an den Hauptteil stets ein »Ausschießen« erfolgen, bei dem eventuell aufgetretenen Mängeln (z.B. im Wettkampftraining) sofort entgegengewirkt werden soll. Anschließend findet ein freudvoller Ausklang statt (z.B. kurzes Schießspiel, s. S. 147). Beispiel: Der Schütze (Rechtshand) stellt im Verlauf einer Leistungskontrolle fest, dass seine Gruppierungen nach links unten wandern. Eine ihm bekannte Ursache dafür ist eine Instabilität in der Bogenschulter. Während des Ausschießens wird als Trainingsmethode der »verlängerte Schuss« (vgl. Elemententraining, S. 468) eingesetzt und dem aufgetretenen Mangel in besonderer Weise entgegengewirkt.

> Erfolgt am Ende des Trainings keine psychologische Regulierung (z.B. durch entsprechende Entspannungsmaßnahmen), so bleibt die Sympathikuserhöhung bestehen und die Regenerationsphase verzögert sich unverhältnismäßig, was unter Umständen fehlende Trainingsanpassungen bedeuten kann (vgl. *Weineck* 2010, 68).

Die Abb. 172 zeigt beispielhaft Möglichkeiten für Schießspiele im Kinder- und Jugendtraining im Sinne eines freudbetonten Trainingsabschlusses durch verschiedene Scheibenauflagen (s. auch S. 164).

Methodische Grundsätze:

- *Trainingshäufigkeit:* Hinsichtlich der Trainingshäufigkeit empfehlen *Balthasar* et al. (International Archery Symposium 1996) für den Spitzenbogenschützen zwei Trai-

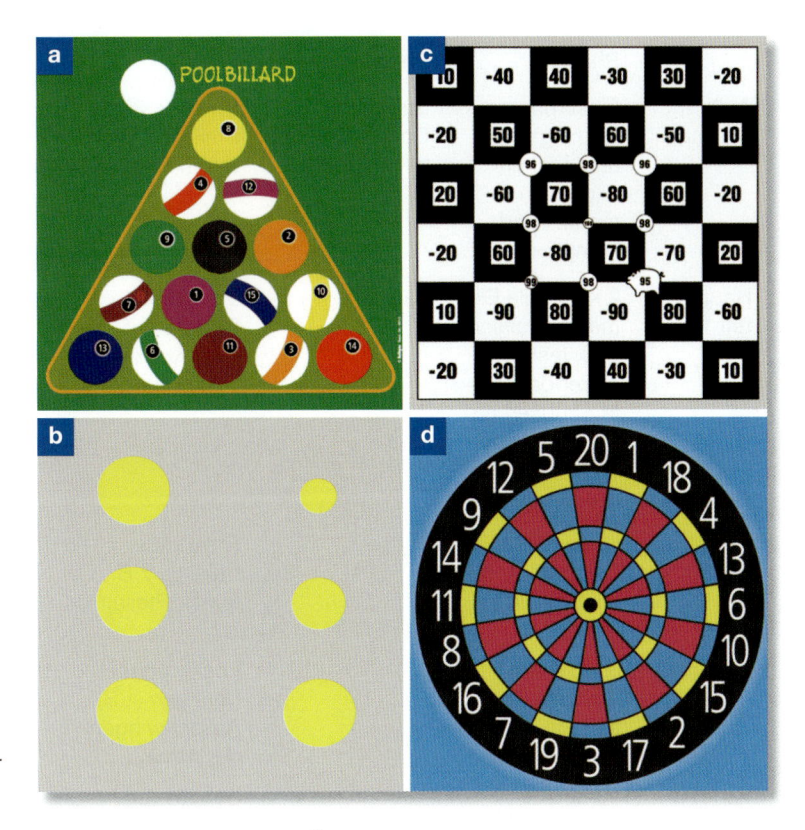

Abb. 172:
Möglichkeiten für Schießspiele im Sinne eines freudbetonten Trainingsabschlusses: Billard (a), Hit and Miss (b), Karo (c), Dart (d; vgl. *Krüger* 2010)

ningseinheiten pro Tag (vgl. auch *Baumann* 1996, 26). *Liesen* (1998, 12) weist allerdings darauf hin, dass die Regenerationsphase zwischen zwei Trainingseinheiten mindestens 4 Stunden betragen soll. Die Dauer der Regenerationsphase hängt dabei weitgehend von den Belastungen bzw. den Inhalten der vorhergehenden Trainingseinheiten ab.

- *Aufgabenverteilung:* Werden in einer Trainingseinheiten mehrere Aufgaben geschult, dann ist das Prinzip der richtigen Belastungsfolge (s. S. 116) zu beachten. Die Länge des Hauptteils sollte etwa der bevorstehenden Wettkampfstruktur (z.B. Olympische Runde) entsprechen.
- *Pausengestaltung:* Bezüglich der Pausengestaltung innerhalb der Trainingseinheit (massiertes oder verteiltes Üben) stellen *Haase* und *Hänsel* (1996, 50) fest, dass abgesehen vom Training der Grundlagenausdauer (vgl. Ausdauertraining) die verteilte Übung der massierten (s. S. 251) leicht überlegen scheint.

Tab. 15 gibt ein Beispiel für den Aufbau einer Trainingseinheit (s. auch S. 140 und 145) für einen Leistungsschützen unter besonderer Berücksichtigung koordinativer Aspekte (Gleichgewichts- und Rhythmisierungsfähigkeit, s. S. 339 ff.). Die Trainingseinheit wird in zwei Blöcke zerlegt (vgl. Pausengestaltung im Wettkampf)

Beachten Sie: Innerhalb einer Trainingseinheit, in der unterschiedliche Belastungsformen auftreten, müssen Koordinations- und Techniktraining stets am Anfang der Trainingseinheit stehen. Intensität und Umfang verhalten sich umgekehrt proportional, d.h. große Intensitäten (z.B. höheres Zuggewicht) bedingen im Allgemeinen (zunächst) kleinere Umfänge (z.B. Pfeilzahlen).

	Phase 1	Phase 2	Phase 3	Phase 4	Belastung
Aufwärmen	Einstimmung: Trainingsziele ansprechen Allgemein (partiell und komplex)	Stretching: Contract-Relax (s. S. 323 f.)	Speziell: 2 x 6 Pfeile mit leichterem Bogen	Einschießen: 2 x 6 Pfeile Blindschießen	24 Pfeile
Hauptteil 1	2 x 6 Pfeile Elemententraining (z.B. fester Anker oder tiefe Schulter) am Spiegel (ohne Zielen, auf 5 m Entfernung)	Pause	2 x 6 Pfeile Schuss auf dem Kreisel auf 5 m Entfernung	Pause	24 Pfeile
Hauptteil 2	Üben unter Zeitdruck (z.B. 4 x 9 Pfeile in 3 min)	Pause	Rhythmustraining (z.B. 3 x 12 Pfeile)	Pause	72 Pfeile
Schluss	3 x 6 Pfeile Ausschießen auf 5 m		Lockerungsübungen (z.B. Ausschwingen der Arme)	Besprechung	18 Pfeile
Variationen	Verkürzte Zeitintervalle Mannschaftsfinale		Schuss auf dem Kreisel (ZP bzw. Auflage)		Gesamt: 144 Pfeile

Tab. 15: Aufbau einer Trainingseinheit für einen Leistungsschützen unter besonderer Berücksichtigung koordinativer Aspekte; Trainingsziel: Verbesserung der Bewegungskoordination (ZP: Zielpunkt)

Nachbereitung und Auswertung des Trainings

Man unterscheidet eine unmittelbare und eine distanzierte Nachbereitung. In der *unmittelbaren* Nachbereitung wird eine einzelne Trainingseinheit auf ihre Wirksamkeit hin untersucht. In der *distanzierten* Nachbereitung wird die Summe aller zu einem Trainingsblock (Trainingsperiode, -jahr) gehörenden Trainingseinheiten auf ihre komplexe Gesamtwirkung hin analysiert. Die Verbindung von Moment- und Distanz- bzw. von Detail- und Komplexauswertung ist für den Bogenschützen von besonderer Bedeutung, weil sich die Wirkung einzelner Trainingseinheiten bzw. -blöcke oft nicht unmittelbar, sondern erst nach einer bestimmten Zeit erkennen und beurteilen lässt.

> Die durchgeführten Trainingsmaßnahmen werden im Rahmen der Trainingsdokumentation (Trainingsbuch) objektiv beschrieben (vgl. *Weineck* 2010, 63).

Tab. 16 zeigt beispielhaft die Einträge eines Leistungsschützen in das Trainingsbuch. Zu beachten ist hierbei, dass nach jedem Training eine unmittelbare Analyse erfolgt und versucht wird, Konsequenzen für die nachfolgende Trainingseinheit abzuleiten.

Die unmittelbare und distanzierte Nachbereitung (Auswertung) erlaubt die Klärung folgender Fragen (vgl. *Weineck* 2010, 68):
- Wurden die gesetzten Ziele der Trainingseinheit bzw. des Trainingsblocks erreicht?
- Entsprachen die Zielstellungen dem Leistungsstand des Schützen?
- Wurden die örtlichen Trainingsbedingungen beachtet (z.B. Möglichkeit eines Windtrainings) bzw. ausreichend genutzt?
- Wurde eine zweckmäßige Auswahl der Übungen getroffen? Hatten die Schützen Spaß?
- Waren der Umfang (z.B. Schusszahlen) und die Intensität (z.B. hinsichtlich der Pausengestaltung der Trainingseinheit) des Trainings richtig bemessen?
- Wurden der geplante zeitliche Verlauf und die inhaltliche Akzentuierung (z.B. Techniktraining) eingehalten?
- Entsprachen die gewählten Methoden dem Ziel und dem Inhalt der Trainingseinheit bzw. des Trainingsblocks?
- Wurde das Verhältnis zwischen Belastung und Erholung richtig gewählt (z.B. Pfeilrhythmus)? Kam es beispielsweise zu einer frühzeitigen Ermüdung?

Aus der Beantwortung dieser oder vergleichbarer Fragen lassen sich in der Folge Konsequenzen für die kurz- bzw. langfristige Planung des Trainings ziehen. Unterbleibt die Auswertung des Trainings oder erfolgt sie nur unvollständig oder mit ungenügender Sorgfalt, dann ist eine gezielte Lenkung bzw. Korrektur des Trainingsprozesses nicht in ausreichendem Maße möglich.

Die Problematik der Nachbereitung und der Auswertung des Trainings führt zu einem zentralen Punkt der modernen Trainingslehre, nämlich der Trainingssteuerung.

8. Juni 2008	9. Juni 2008	11. Juni 2008
TZ: Wettkampf- und Taktiktraining	TZ: Materialcheck (Sehne 1, Tab 1 und 2)	TZ: Olympische Runde (Leistungskontrolle)
• 36 Pfeile Einschießen (Vorarbeit, schneller Schuss) • 36 Pfeile verschiedene Anhaltepunkte auf 90 m • 36 Pfeile Rhythmustraining im Finalschießen (110 : 107; 108 : 109; 111 : 109) • 12 Pfeile Ausschießen (Vorarbeit)	• 18 Pfeile Einschießen (Vorarbeit, schneller Schuss) • 12 Pfeile Auflage 90 (Visier 10,5) • 12 Pfeile Auflage 70 (Visier 7,5) • 12 Pfeile Auflage 50 (Visier 4,6) • 12 Pfeile Auflage 30 (Visier 2,1) • 12 Pfeile Ausschießen (Vorarbeit)	• 12 Pfeile Einschießen 70m • 36 Pfeile Auflage 70m (331) • 36 Pfeile Auflage 70m (328) • 36 Pfeile Ausschießen
Ergebnisse	Ergebnisse → Tab 1 und 2 gleich → Timing gleichmäßig	Ergebnisse → Runder Visiertunnel gut (Farbe schwarz)
Konsequenzen für die nächste TE → Schneller Schießen → Taktiktraining gut	Konsequenzen für die nächste TE → Runden Visiertunnel testen	Konsequenzen für die nächste TE → Konsequenter Ziehen → Rhythmustraining

Tab. 16: Auszug aus dem Schießbuch eines Leistungsschützen (TE: Trainingseinheit, TZ: Trainingsziel)

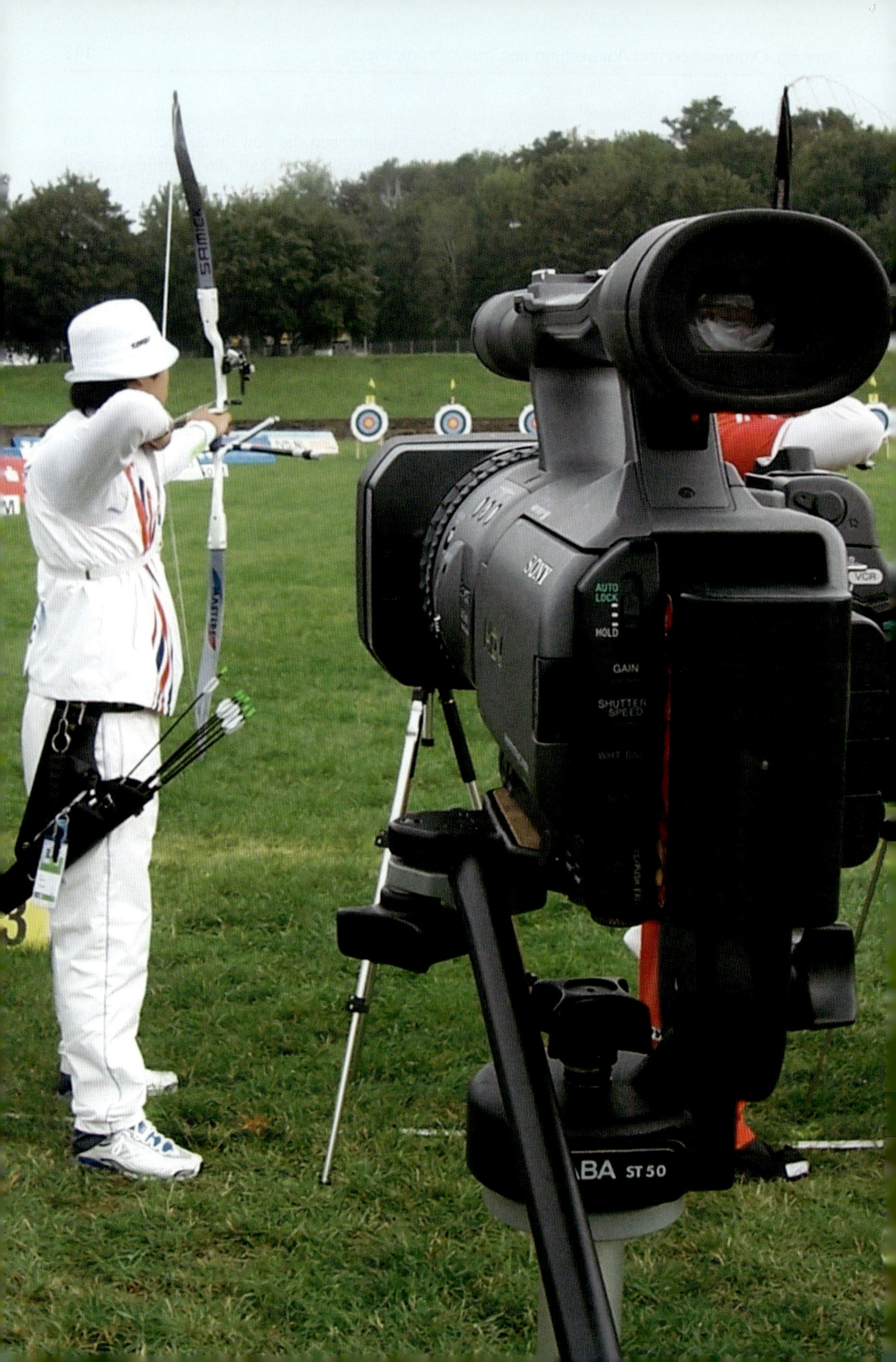
SAMICK
SONY
AUTO LOCK
HOLD
GAIN
SHUTTER SPEED
VCR
ST 50

Trainingssteuerung und Leistungsdiagnostik

Da in den einzelnen Kapiteln (Ausdauer-, Kraft-, Schnelligkeits-, Beweglichkeits- und Koordinationstraining; s. S. 273 ff.) die speziellen leistungsdiagnostischen Verfahren bzw. die speziellen Aspekte der Trainingssteuerung angesprochen werden, werden an dieser Stelle nur die zum Verständnis notwendigen allgemeinen Begrifflichkeiten, Zusammenhänge und Grundlagen dargestellt.

Trainingssteuerung

Begriffsbestimmung

Leistungsdiagnostik, Leistungskontrolle und Trainingsplanung sind eng miteinander verknüpfte, kaum isoliert zu betrachtende Komponenten der komplexen Trainingssteuerung (vgl. *Schiffer* 1993, 66).

Um im kurz-, mittel- und langfristigen Trainingsprozess eine Leistungsoptimierung zu gewährleisten, muss der jeweils erarbeitete Leistungszustand (z.B. Ringzahlen) mithilfe von leistungsdiagnostischen Verfahren überprüft werden. Die erhobenen Daten werden dann bei der Trainingsplanung der nächsten Tage und Wochen je nach Befund im Sinne einer Veränderung oder Beibehaltung des augenblicklichen Trainings berücksichtigt (vgl. *Weineck* 2010, 71).

> Die Kontrolle der Planmäßigkeit des Trainingsprozesses ist unerlässlich, um rechtzeitig Abweichungen von den Abschnittszielvorgaben durch den Soll-/Istwert-Vergleich erkennen zu können und gegebenenfalls entsprechende Korrekturmaßnahmen einzuleiten (vgl. *Bartonietz* 1992, 12).

Für diese Vorgänge werden die Begriffe Trainingssteuerung bzw. Leistungssteuerung verwendet. In diesem Sinne lässt sich die Trainingssteuerung nach *Carl* und *Grosser* (in *Röthig* 2003, 200) wie folgt definieren:

> *Trainingssteuerung* bezeichnet zusammenfassend die gezielte (kurz- und längerfristige) Abstimmung aller Maßnahmen der Trainingsplanung, des Trainingsvollzugs (der Trainingsdurchführung), der Wettkampf- und Trainingskontrollen sowie der Trainings- und Wettkampfauswertung zur Veränderung des sportlichen Leistungszustandes (Trainingszustandes) im Hinblick auf das Erreichen sportlicher Leistungen und Erfolge.

Trainingssteuerung beinhaltet demnach die gezielte Veränderung des momentanen Istwertes hin zum perspektivischen Sollzustand.

Steuergrößen

> Die entscheidende Steuergröße des Trainings ist die Trainingsbelastung. Sie stellt bei richtiger Dosierung den adäquaten Reiz zur Leistungssteigerung dar (vgl. *Weineck* 2010, 71).

Abb. 173 zeigt beispielhaft den Zusammenhang zwischen dem Schießumfang (Pfeilzahlen) und der Entwicklung der Trainings- und Wettkampfleistung im Halbjahresverlauf eines Spitzenschützen. Zu erkennen ist ein periodisch geplanter Wechsel der Trainingsbelastungen, was zwar zu einem insgesamt besseren Ergebnis in den Leistungskontrollen, aber nur zu einer geringfügigen Verbesserung der Wettkampfleistung führte.

Wie Abb. 174 deutlich macht, stellt die Analyse der Anforderungen der Sportart Bogenschießen (vgl. Anforderungsprofil, S. 35) die unabdingbare Voraussetzung für jeglichen Steuerungs- und Regelungsprozess dar. Darauf aufbauend werden im Rahmen eines Regelkreismodells verschiedene Phasen der Steuerung durchlaufen (vgl. *Weineck* 2010, 72 f.):

- Im *1. Schritt* wird mithilfe leistungsdiagnostischer Verfahren (s. spätere Ausführungen) der momentane Leistungszustand des Schützen direkt – z.B. über konkrete nächstgelegene Wettkampfergebnisse – erhoben.

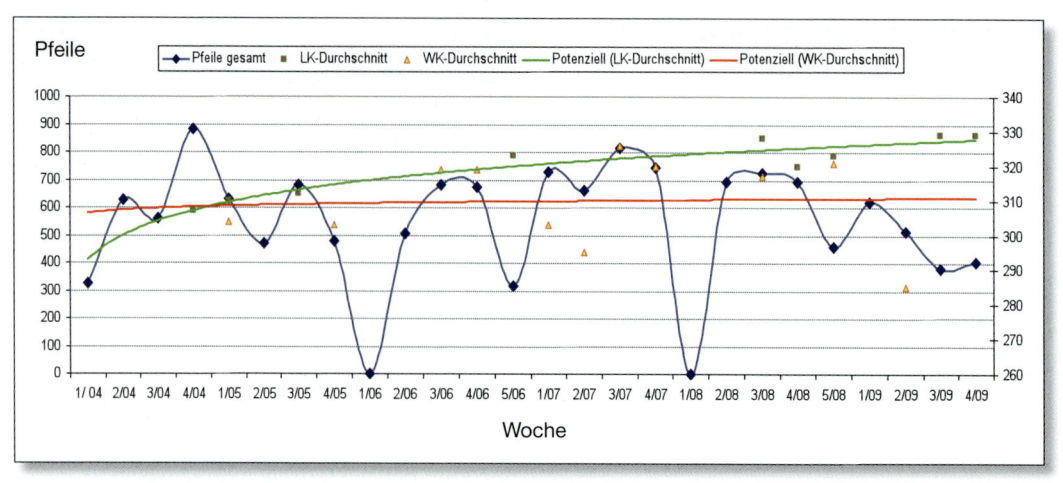

Abb. 173: Zusammenhang zwischen dem Schießumfang (Pfeilzahlen) und der Entwicklung der Trainings- und Wettkampfleistung im Halbjahresverlauf eines Spitzenschützen (LK: Leistungskontrolle, WK: Wettkampf)

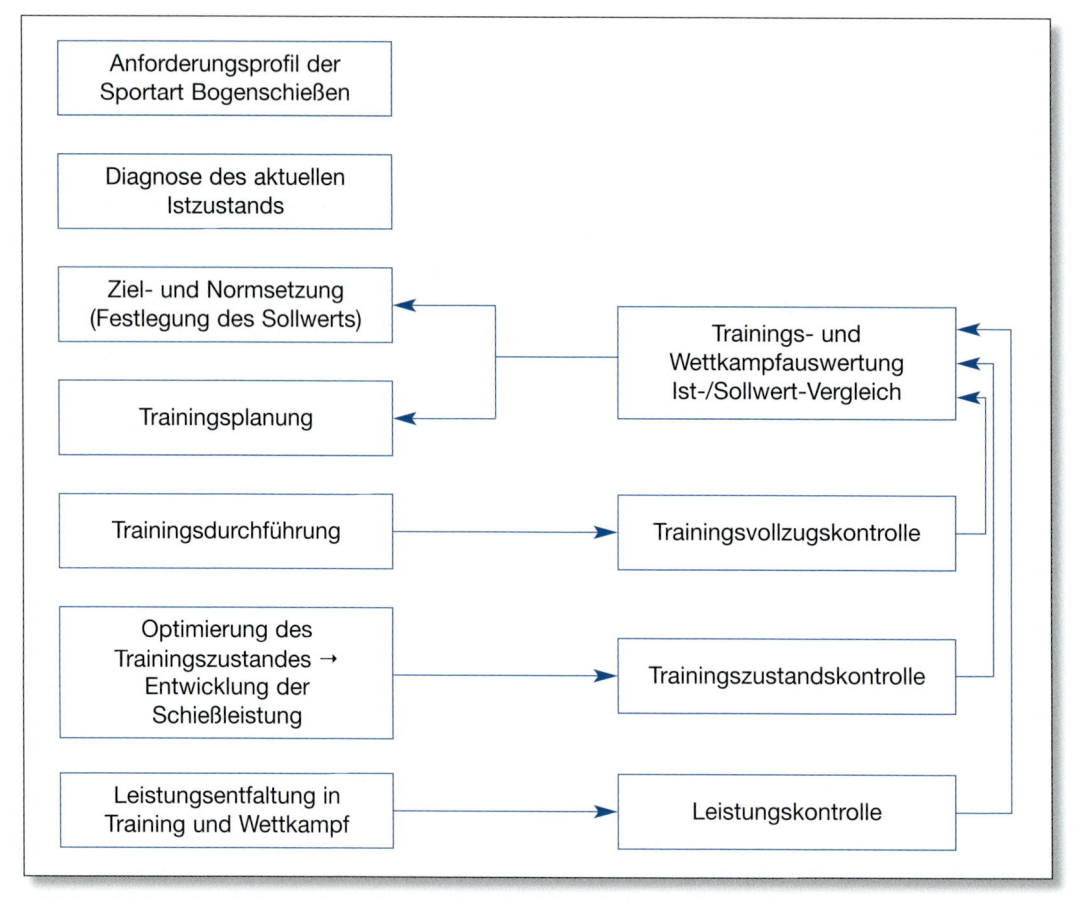

Abb. 174: Schematische Darstellung eines vereinfachten Regelkreismodells der Trainingssteuerung (vgl. *Weineck* 2010, 72)

Bei Kindern und Jugendlichen ergibt sich hieraus die Einteilung in Trainingsstufen (s. S. 136).
- Im *2. Schritt* werden die in der kurz-, mittel- und langfristigen Trainingsplanung anvisierten Trainingsziele festgelegt; sie können sich an entsprechenden Normvorgaben (z.B. Kadernominierungskriterien) orientieren. Gleichzeitig werden Trainingsphasen und Wettkämpfe optimal aufeinander abgestimmt.
- Im *3. Schritt* erfolgt der Vollzug der geplanten Trainings- und Wettkampfvorgaben.
- Der *4. Schritt* beinhaltet die Kontrolle von Training und Wettkampf über entsprechende Beobachtungen (z.B. qualitative Bewegungsmerkmale, S. 216), Messungen (z.B. Kraftausdauer- oder Gleichgewichtstests, S. 314) oder Leistungs- und Wettkampfkontrollen (z.B. FITA-Runde, Olympische Runde).
- Im *5. Schritt* schließlich werden die erhobenen Beobachtungen, Messungen oder Tests ausgewertet; sie dienen – wenn nötig – als unmittelbare Korrektur des Trainings- und Wettkampfablaufs oder als spätere Anweisungen für die Änderung bzw. Beibehaltung des bisherigen Trainings- bzw. Wettkampfregimes (vgl. *Grosser* et al. 1986, 48/49).

Beachten Sie: Zentrales Thema der Trainingssteuerung sind zum einen die Steuerung und die Regelung der leistungsbestimmenden Faktoren, zum anderen die der trainingsbegleitenden Maßnahmen (vgl. *Weineck* 2010, 73).

Im Vordergrund der Steuerung und Regelung der *leistungsbestimmenden* Faktoren im Bogenschießen stehen die koordinativ-technischen Fähigkeiten (Schießtechnik), die konditionellen Fähigkeiten (Ausdauer, Kraft, Schnelligkeit und Beweglichkeit) sowie die psychischen und kognitiv-taktischen Fähigkeiten.

Schwerpunkte der Steuerung und Regelung der *trainingsbegleitenden* Maßnahmen sind trainingsoptimierende Faktoren, wie beispielsweise Aufwärmen inklusive Einschießen, Auslaufen und Ausschießen, Physiotherapie und Ernährung (s. S. 259 bzw. S. 613 ff.).

Nach *Grosser* et al. (1986, 16) sind anteilige von regelnden und steuerbaren Komponenten zu unterscheiden.

Als *anteilige* Komponenten – sie sind an der Trainingssteuerung beteiligt – gelten:
- Diagnose des momentanen Leistungszustands
- Ziel- und Normsetzungen, Trainingsplanung (Periodisierung/Zyklisierung und Trainingseinheitenpläne, s. S. 131)
- Trainingsdurchführung
- Trainings- und Wettkampfkontrollen, Auswertung und Normvergleiche
- Synchron-, Schnell- und Spätinformationen

Als *steuerbare* und *regelnde* Komponenten – sie sind entsprechend austauschbar, veränderlich und wirken zum Teil begrenzend – gelten:
- Trainingsinhalte: konditionelle, koordinative und taktisch-psychische Fähigkeiten
- Anpassungsgesetzmäßigkeiten und allgemeine Trainingsprinzipien (s. S. 115)
- Trainingsmethoden, Wiederherstellungsmaßnahmen, allgemeine pädagogisch-psychologische Prinzipien
- Situative Momente/Störgrößen, Randbedingungen (z.B. Umfeld)

Im Leistungssport ist es das Ziel der Trainingssteuerung, planerische Sollwerte in trainingspraktische Istwerte umzusetzen. Die Istwerte werden über eine Trainingsprotokollierung (z.B. Schießbuch), bei der das absolvierte Training in geeigneten Kategorien dokumentiert wird, und über die sportliche Leistung erfasst. Die Bestimmung der sportlichen Leistung erfolgt entweder über spezielle leistungsdiagnostische Maßnahmen (s. S. 151) oder über die Wettkampfleistung selbst.

Von hohem Interesse sowohl für den Trainer als auch aus wissenschaftlicher Sicht sind anschließende *Trainingswirkungsanalysen*: Diese stellen eine computergestützte Auswertung der Leistungsdaten und der Daten aus der Trainingsprotokollierung dar (Tab. 17, S. 157) und dienen zur Beschreibung der Zusammenhänge von Trainingsinput und Leistungsoutput. Von Interesse sind hierbei Fragen zur Optimierung und Ökonomisierung von Trainingsprozessen oder die Modellierung und Prognose der Wettkampfleistung.

Die Hauptproblematik von Trainingswirkungsanalysen ist die Komplexität der Wirkungseinflüsse: So bestimmen nicht nur durchgeführte Trainingsmaßnahmen und vorangegangene Wettkämpfe die aktuelle Leistungsfähigkeit eines Schützen, sondern auch Faktoren wie Ernährung, Gesundheit, Alter, soziales Umfeld etc. nehmen Einfluss. Um die Komplexität möglichst gering zu halten, beschränken sich Trainingswirkungsanalysen deshalb im Bogenschießen auf Einzelfallanalysen (vgl. *Gantner* 2007).

Besonderheiten im Spitzensport

Die Trainingssteuerung im Spitzensport unterscheidet sich von jener im Leistungssport des Schützen in einigen wesentlichen Punkten (vgl. *Hohmann* 2005, 56 f.):

- *Hochintensive Trainer-Schütze-Beziehung*: Durch die Eröffnung von Lebenschancen und Karriererisiken ergibt sich eine vertiefte gegenseitige Abhängigkeit.
- *Notwendigkeit einer exakten Terminbezogenheit in der Topformentwicklung zum Wettkampfhöhepunkt hin*: Bei der Vorbereitung auf internationale Großereignisse kommen drei unterschiedliche Strategien zur Anwendung:
  - Übertragung allgemeiner Basismodelle (z.B. Prinzip der Superkompensation) auf den Vorgang der Formzuspitzung (Tapering)
  - Nutzung bereits früher erfolgreich angewendeter, programmierter Standardlösungen (z.B. Schießrhythmus im Set-Play)
  - Anwendung von gleichzeitig vorgetesteten individuellen Trainings-Wirkungs-Modellen (z.B. Sprunghafte Erhöhung der Pfeilzahlen)
- *Extreme Trainingsbelastung am Limit des individuellen Anpassungsvermögens*: Werden entsprechende Grenzen zu häufig überschritten, kommt es zum Phänomen des Übertrainings (s. S. 609). Um ein Übertraining zu vermeiden, ergeben sich proportional zu den erhöhten Belastungsanforderungen auch gesteigerte Ansprüche im Bereich der Erholungs- und Wiederherstellungsmaßnahmen des Athleten (z.B. Physiotherapie, Ernährungssubstitution, psychologische Entspannungsverfahren).
- *Erhöhte Bedeutung der Wettkampfsteuerung und -diagnostik*: Die unerlässliche Einhaltung des Anpassungslimits ist im Spitzensport nur durch eine fortlaufende und umfassende Kontrolle des individuellen Belastungszustands zu gewährleisten (Abb. 175).
- *Leistungspräsentation unter außergewöhnlichen Wettkampfbedingungen:* Bisweilen erreichen Spitzenschützen nicht oder nur unter Abstrichen ihre gewohnte Leistung wegen einer
  - punktuellen psychischen Überforderung aufgrund von Versagensängsten,
  - mangelnden Steigerung der Belastung innerhalb des Trainings,
  - unzureichenden Stabilität der Leistungsaktualisierung aufgrund zu geringer Häufigkeit von Wettkämpfen entsprechenden Niveaus.

> Es muss das Ziel des Trainings sein, dass bereits der normale Trainingsalltag auf einem derartig hohen Niveau stattfindet, dass die bei internationalen Wettkämpfen geforderten Qualifikationsleistungen (z.B. 1/32-Finale) im Gewohnheitsbereich des jeweiligen Schützen liegen. Erst auf der Grundlage alltäglicher Routineanforderungen auf Spitzen-

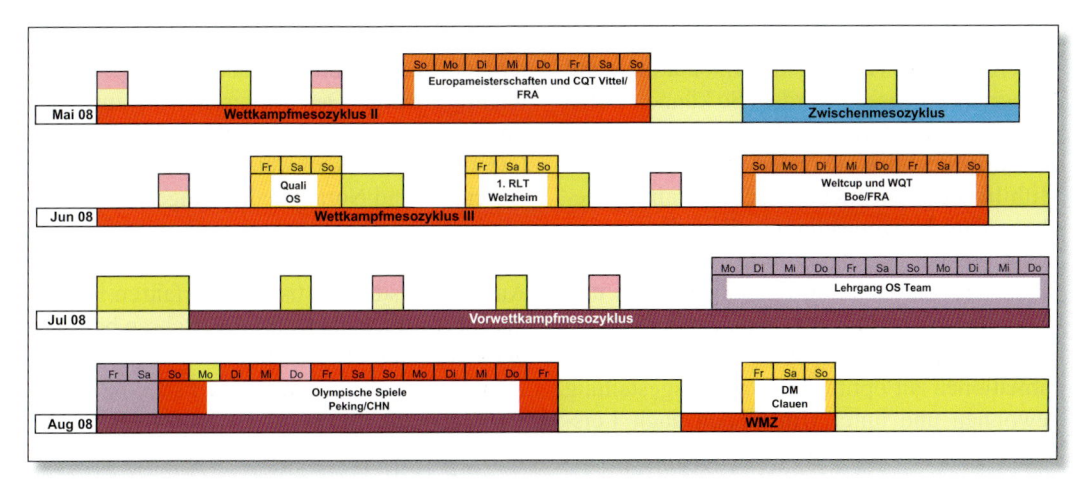

Abb. 175: Beispiel der Pausengestaltung (gelb) entsprechend dem Wettkampfniveau: Je höher die Bedeutung des Wettkämpfe ist, desto höher sind die psychophysische Belastung und desto länger die nachfolgende Pause (CQT: Continental Qualification Tournament, WC: World Cup, OS: Olympische Spiele, RLT: Ranglistenturnier, WQT: World Cup Qualification Tournament, DM: Deutsche Meisterschaft)

niveau verfügen die Schützen über jenes Maß an physischen und psychischen Ressourcen, die ihnen das Vertrauen in die eigene Leistungsfähigkeit vermittelt und damit die Souveränität eines Champions verleiht.

Beispiel: Bei den koreanischen Meisterschaften in Yechong (2009) waren 256 Bogenschützinnen und -schützen am Start, bei den Recurce-Damen 128 Teilnehmerinnen. Davon schossen in der Qualifikationsrunde 57 über 1350 Ringe. Insgesamt erreichten 119 Starterinnen über die 1300er-Marke. Um an dieser Meisterschaft teilnehmen zu können, war bereits eine Qualifikationsringzahl von 1335 Ringen nötig.

Leistungsdiagnostik

Eine wirksame Trainingssteuerung setzt zuverlässige Testwerte voraus (vgl. *Bartonietz* 1992, 12; *Weineck* 2010, 75).

Begriffsbestimmung

Leistungsdiagnostik beinhaltet das Erkennen und Benennen des individuellen Niveaus der Komponenten einer sportlichen Leistung oder eines sportlichen Leistungszustandes (*Röthig* 2003, 277).

Nur auf der Grundlage einer genauen bogenschießspezifischen und sportmedizinischen Analyse des Leistungs-Ist-Zustandes kann für den Schützen kurz-, mittel- und langfristig seine individuelle Höchstleistung geplant werden. Die Leistungsdiagnostik stellt damit zusammen mit der Trainingsplanung die entscheidende Voraussetzung für die Trainingssteuerung dar.

Allgemeine Verfahren

Im Bereich der leistungsdiagnostischen Tests unterscheidet man einfache sportmotorische Tests, die von jedem Trainer auf dem Sportplatz ohne sonderlichen apparativen Aufwand durchgeführt werden können, von den komplexen (Kopplung des Tests an apparative Bedingungen) sowie den sportmedizinischen Tests, die nur in Zusammenarbeit mit einer sportmedizinischen Institution (unter zum Teil erheblichem finanziellem Aufwand) realisierbar sind. Testformen dieser Art können insbesondere in der mittelfristigen Trainingsdokumentation und -steuerung eingesetzt werden. So können Daten im Jahresverlauf regelmäßig gespeichert und im Jahresrückblick analysiert werden.

Mithilfe der sportmedizinischen trainingsbegleitenden Leistungsdiagnostik sollen möglichst präzise und detaillierte Aussagen über Stand und Entwicklung der allgemeinen und speziellen körperlichen Leistungsfähigkeit eines Schützen gemacht, sportartspezifische Informationen zur optimalen Trainingsgestaltung gewonnen und unter Umständen auch Leistungsprognosen erstellt werden. Dies ist am besten durch eine Kombination von geeigneten Labor- und Felduntersuchungen möglich, die mehrmals im Jahr in den einzelnen Trainingsperioden durchgeführt werden. Eine solche Unterstützung des Trainingsprozesses durch sportmedizinische Begleituntersuchungen ist nur dann erfolgversprechend, wenn diese von den Trainern und Schützen selbst auch erwünscht und verstanden wird (vgl. *Schwaberger* et al. 1984, 25).

Der *Vorteil der Laboruntersuchungen* liegt in ihrer grundsätzlich besseren Standardisierbarkeit und Reproduzierbarkeit, ihr Nachteil in der bisweilen fehlenden Spezifität auf die Belange des Schützen und in der oftmals nur Teilkomponenten der Leistungsfähigkeit erfassenden Diagnostik.

Felduntersuchungen wiederum eignen sich allgemein hinsichtlich ihrer größeren Sportartspezifität, wodurch Änderungen der sportlichen Leistungsfähigkeit im Verlauf des Trainings besser und genauer erfasst werden können. Zu bedenken ist dabei, dass die Untersuchungen oft schwierig standardisierbar, reproduzierbar und durchführbar sind.

Beispiel: Für die Überprüfung und gegebenenfalls die Korrektur der aktuellen Trainingsintensität für aerobe und anaerobe Trainingsformen (z.B. KSK-Training, S. 289); hierbei eignet sich vor allem die Bestimmung von Herzfrequenzen sowie der Blutlaktatkonzentration während einer ausdauerorientierten Trainingsbelastung (vgl. *Suk* 1996).

In der *Sportmedizin* spielen die Steuerparameter Herzfrequenz und Blutlaktat eine besonders wichtige Rolle. Des Weiteren wird zur Trainingssteuerung die Katecholaminbestimmung (sie dient dem Nachweis der Stresshormone Adrenalin und Noradrenalin) eingesetzt.

Spezielle Verfahren

An leistungsdiagnostischen Verfahren im Bogensport – auch als Kontrollverfahren bezeichnet – eignen sich unter anderem (vgl. *Weineck* 2010, 75):

- Befragung, Interview
- Beobachtung (durch Trainer/Berater; mit Dokumentation, Raster, Video/Film, Computer etc.)
- Sportmotorische Tests (z. B. Haltekraft)
- Sportpsychologische Verfahren
- Sportmedizinische (kardiologische, physiologische und biochemische) Verfahren (z.B. Bestimmung von Herzfrequenz, Laktat, Katecholaminen)
- Funktionell-anatomische Verfahren (z.B. EEG)
- Biomechanische Verfahren (z.B. mittels EMG)

Tab. 17 zeigt beispielhaft einen Trainingsbericht aus der *Praxis* eines jugendlichen Kaderschützen. Eingetragen werden dabei die Schusszahlen, Ergebnisse der Wettkämpfe und Leistungskontrollen sowie allgemeine Informationen über Befindlichkeiten, Material etc.

> Zusammenfassend lässt sich feststellen, dass Trainingsplanung, Leistungsdiagnostik und Trainingssteuerung auf das Engste miteinander vernetzt sind. Auf der Grundlage der Trainingsplanung, unter Zuhilfenahme leistungsdiagnostischer Verfahren, versucht die Trainingssteuerung über ein situationsangepasstes Planen und Lenken, Kontrollieren und Auswerten individuell abgestimmter Trainings- und Wettkampfbelastungen zielgerichtet von einem gegebenen Istwert zu einem angestrebten Sollwert zu führen.

Monat	Oktober						
Wochentag	Mo	Di	Mi	Do	Fr	Sa	So
Datum	3	4	5	6	7	8	9
Schusszahlen							
Techniktraining							
5 m		30	18			30	18
WK-Distanz		30	60		60	30	
Gesamt		**60**	**78**	**0**	**60**	**60**	**18**	**0**
Trefferbild							
WK-Distanz		144	90			120		
Leistungskontrolle								
Einschießen WK							30	
Wettkampf							60	
Trefferbild gesamt		**144**	**90**	**0**	**0**	**120**	**90**	**0**
Schusszahlen		204	168	0	60	180	108	0
Treffer + Technik + WK								
	Wochenschusszahl: 720						
Mental	X		X				X
Kraft (min)	45						15
Ausdauer (min)		50		30			30
Ergebnisse	Wettkämpfe und Leistungskontrollen						
	Erg.	Erg.	Erg.	Erg.	Erg.	Erg.	Erg.
WK-Art (z.B. EM, RLT, DM, LK, VM)		LK				VM	LK
Wettkampfort						Bln	Kien
Klasse						Jug	Kad
90 m/70 m/60 m							
70 m/60 m/50 m							
50 m/50 m/40 m							
30 m/30 m/30 m							
70/60 m, 1. Durchgang							
70/60 m, 2. Durchgang							
18 m, 1. Durchgang		281				282	284
18 m, 2. Durchgang		283				286	286
Gesamtergebnis		**564**				**568**	**570**
	Erg.	Erg.	Erg.	Erg.	Erg.	Erg.	Erg.
12 Pfeile Finale/8 Pfeile Liga							111
12 Pfeile Finale/8 Pfeile Liga							109
12 Pfeile Finale/8 Pfeile Liga							113
8 Pfeile Liga							
Informationen							
Änderungen Material	Bogen leicht aufgetillert (von 6 auf 8 mm)						
Schießtechnik	Klicker etwas zurück, Linie besser						
Arbeitsfelder	auf Vorarbeit achten!						
	gutes Feeling						
Sonstiges: Lehrgang, Befinden Krankeit, Urlaub Schule, Beruf...	29.09.–4.10. KG Kienbaum Leichte Schulterschmerzen Stress in der Schule						

Tab. 17: Trainingsbericht eines Kaderschützen (WK: Wettkampf, EM: Europameisterschaft, DM: Deutsche Meisterschaft, RLT: Ranglistenturnier, LK: Leistungskontrolle, VM: Vereinsmeisterschaft, Kien: Kienbaum, Jug: Jugendklasse, Bln: Berlin, Erg.: Ergebnis, Kad: Kadetten)

Langfristiger Trainingsprozess im Hochleistungsbogenschießen

Die Praxis des Bogenschießens – Paradebeispiel Südkorea – macht deutlich, dass sportliche Höchstleistungen nur dann erreicht werden können, wenn die dafür benötigten Grundlagen bereits im Kindes- und Jugendalter gelegt werden. Dies setzt einen langfristigen und systematischen Trainingsaufbau voraus.

Gliederung des Trainingsprozesses

Der langfristige Trainingsprozess wird ganz allgemein in verschiedene Trainingsstufen (Abb. 176) mit relativ eigenständigen Trainingszielen, -methoden und -inhalten sowie einer entsprechenden altersgemäßen Trainingsorganisation eingeteilt (vgl. *Weineck* 2010, 83).

Ziele des langfristigen Trainingsprozesses sind die allmähliche Steigerung der Trainingsanforderungen bzw. die kontinuierliche Verbesserung der Leistungsfähigkeit unter dem Aspekt der Vervollkommnung bogensportrelevanter Fähigkeiten und Fertigkeiten (s. S. 35, Anforderungsprofil).

Die sportartspezifische Ausbildung eines Bogenschützen dauert mindestens 5–8 Jahre, weil erst dann eine hochgradige Ausprägung und Übereinstimmung koordinativer und psychophysischer Parameter gewährleistet sein kann (vgl. *Heim* 1986, 97).

Ausgehend von koordinativ orientierten Sportarten bzw. Konzentrationssportarten, erfolgt die Talentauswahl im Grundlagentraining (s. S. 159). Frühestens nach 6–12 Monaten sollte eine Spezialisierung stattfinden (z.B. Blank-, Compound- bzw. Recurvebogen), wobei stets ein Freiraum für Änderungen offen gehalten werden muss (z.B. durch Wechsel der Disziplinen in aufeinander folgenden Trainingseinheiten). Über das Anschlusstraining in entsprechenden Wettkampfklassen (Tab. 18) wird der Sportler auf internationale Wettkämpfe vorbereitet (Abb. 177).

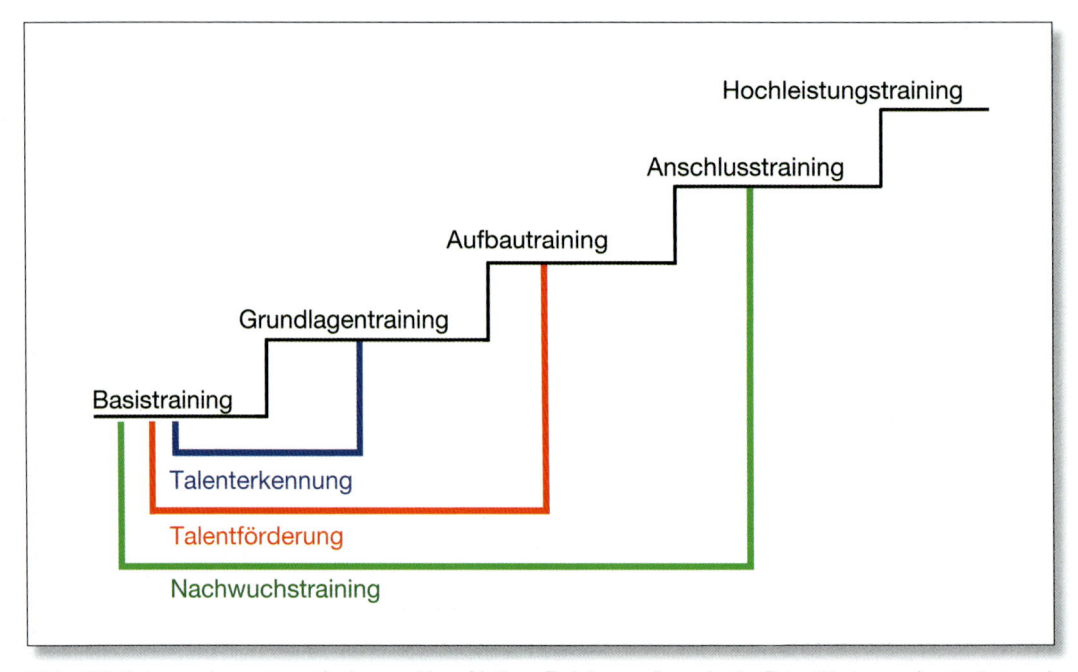

Abb. 176: Schema des systematischen und langfristigen Trainingsaufbaus in der Talentförderung (verändert nach *Weineck* 2010, 85)

Beachten Sie: Bis zum Eintritt der Pubertät muss die Schießtechnik bereits vollendet beherrscht werden. Alle koordinativ-orientierten Sportarten zeigen, dass dies ohne Einschränkung möglich ist.

Nachwuchstraining

Das Nachwuchstraining untergliedert sich in Basistraining, allgemeine Grundausbildung, Grundlagentraining (= Anfängertraining), Aufbautraining (= Fortgeschrittenentraining) und Anschlusstraining (vgl. *Joch* 1992, 245; *Weineck* 2010, 85).

Aus Situationsanalysen, Ergebnissen der empirischen Forschung und der Praxis ergeben sich folgende umfassende Aufgaben und Konsequenzen für die sporttechnische Ausbildung.

Basistraining

Die Kinder des Vorschulalters (*bis 6/7 Jahre*) benötigen ausreichende Bewegungsmöglichkeiten, die fantasieanregend und variabel zum

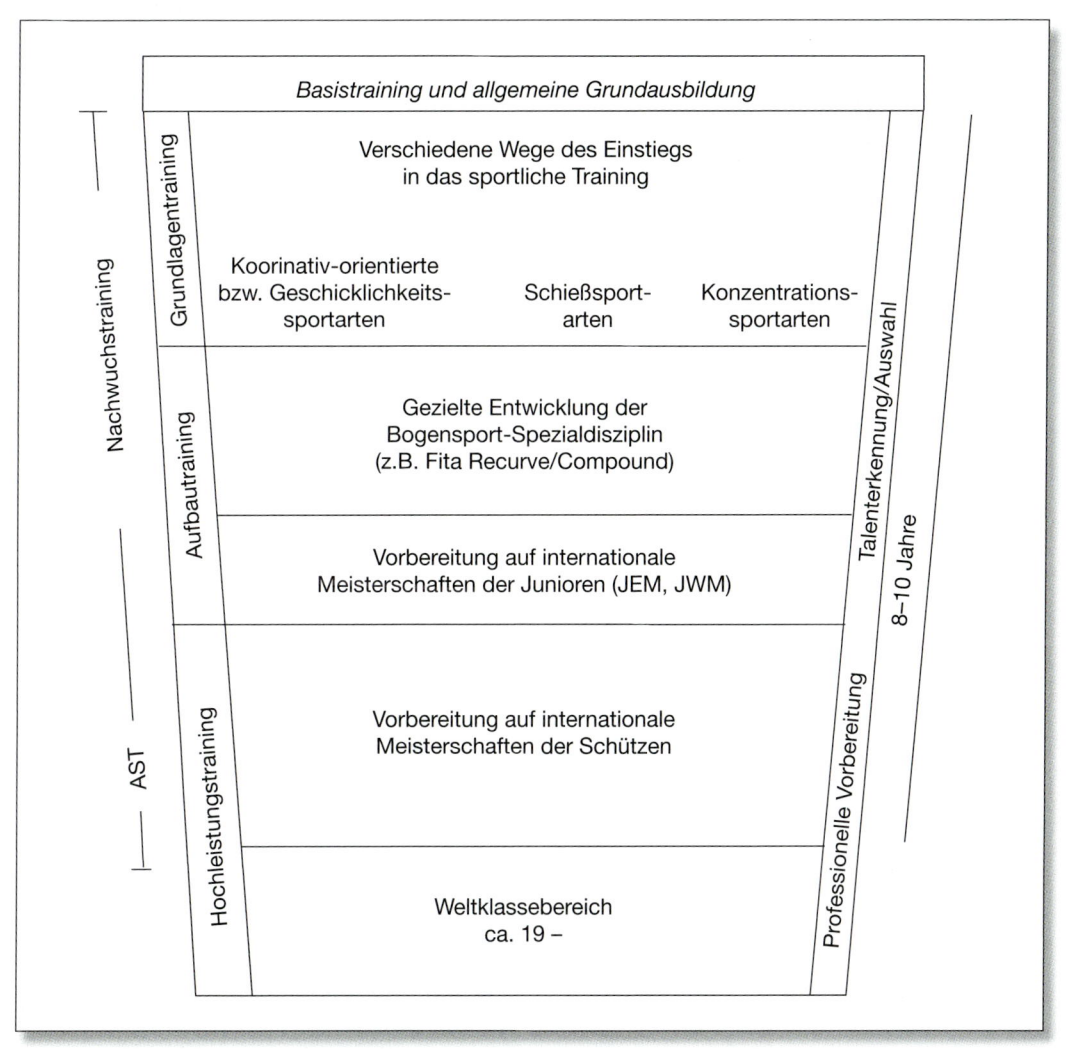

Abb. 177: Modell eines langfristigen Leistungsaufbaus im Bogenschießen (verändert nach *Reiß* et al. 1993, 13; AST: Anschlusstraining, JEM: Junioren-Europameisterschaft, JWM: Junioren-Weltmeisterschaft.

Wettkampfklassen	Alter
Schülerklasse C m + w	8–10
Schülerklasse B m + w	11–12
Schülerklasse A m + w	13–14
Jugendklasse m + w	15–16
Juniorenklasse B m + w	17–18
Juniorenklasse A m + w	19–20
Schützenklasse	21–45
Damenklasse	21–45
Altersklasse	46–55
Damenaltersklasse	46–55
Seniorenklasse m	56 und älter

Tab. 18: Mögliche Struktur der Wettkampfklassen im Bogenbereich des Deutschen Schützenbundes (vgl. *Ruhl* 2008)

Laufen und Springen, Kriechen und Klettern, Steigen und Balancieren, Hängen, Schwingen und Schaukeln, Ziehen (z.B. Verwendung eines Nusssteckenbogens), Schieben und Tragen sowie Werfen und Fangen anregen (vgl. *Weineck* 2010, 182).

Schwerpunkt des Basistrainings ist die vielseitige (auch beidseitige) variantenreiche Entwicklung der koordinativen Fähigkeiten (s. S. 335). Im besonderen Maße ist darauf zu achten, dass die Anforderungen altersgemäß, freudebetont, vielfältig, allgemein und variabel gestaltet werden, um eine systematische Erweiterung des Bewegungsschatzes und das Sammeln unterschiedlichster Bewegungs- und Körpererfahrungen zu ermöglichen (vgl. *Weineck* 2010, 83).

> Das Basistraining ist vor allem ein koordinativ orientiertes Training, das Spaß macht und spielerisch das Kind für sportliche Aktivitäten begeistert (*Weineck* 2010, 84; Abb. 178).

Im biologischen Alter von *5–7 Jahren* gilt es, polysportive Grundlagen für viele verschiedene Bewegungen zu legen, d.h. die Plastizität des zentralnervösen Systems für die Anlage vieler Bewegungen und nicht für die perfekte Ausführung einer einzelnen Sportart bzw. einer Einzelbewegung zu nutzen (Abb. 178).

> Inhaltlich gilt: Koordinationstraining vor Konditionstraining.

Im biologischen Alter von *6/7–10 Jahren* gilt es eine Vielzahl von Basistechniken (z.B. Fingerhaltung, Griff oder Ankern) in verschiedenen Disziplinen (Blankbogenschießen, olympisches Schießen oder Compoundschießen) zu erproben und in der Folge in verfeinerter Form zu lernen und zu vertiefen (vgl. *Köthe* u. *Stark* 1996, 25; *Park* 2008).

Abb. 178: Möglichkeiten der Erfahrung unterschiedlicher Bewegungsmöglichkeiten im Basistraining

> *Beachten Sie:* Die Grundlage aller Basistechniken bilden die Positionsphasen (s. S. 367). Ihr variables Beherrschen ist die Zielstellung für die allgemeine Grundausbildung.

Tab. 19 gibt eine zusammenfassende Übersicht über die Möglichkeiten der sporttechnischen Ausbildung im Basistraining der Bogenschützen.

Allgemeine Grundausbildung

Die allgemeine Grundausbildung bezieht sich auf ein biologisches Alter von etwa *10–12 Jahren* (vgl. *Joch* 1992, 245). Höhere Genauigkeitsleistungen – wie dies für das Bogenschießen erforderlich ist – sind in dieser Altersstufe begrenzt möglich. Das noch immer vorliegende Überwiegen der Erregungsprozesse, verbunden mit ausgeprägten Irradiationsvorgängen der zentralnervösen Steuerungsprozesse, führt leicht zu einer »Verwischung« der Bewegungsschleifen (s. S. 102 ff.) und erschwert das Behalten. Aus diesem Grund muss neu Erlerntes in dieser Phase ausreichend oft wiederholt werden (vgl. *Weineck* 2010, 100). Methodisch ist es in dieser Altersstufe wichtig, zum schießtechnischen Leitbild altersbedingte, *realisierbare Leitbildstufen*, die Positionsphasen, zu entwickeln und zu festigen. Von besonderer Bedeutung sind Schießhilfen, wie etwa Thera-Band, sehr leichter Bogen oder geringes Zuggewicht.

Methodische Möglichkeiten bieten im Sinne einer ersten bogenschießspezifischen Ausrichtung die spielerische Verwendung von Lang-, Holz- oder einfachen Compoundbögen sowie das Schießen auf verschiedene Ziele und Auflagen. *Bachmann* (1996) gibt für das Training eines 10- bis 12-jährigen Schülers 2–3 Trainingseinheiten mit 50–80 Schuss pro Trainingseinheit bei einer Jahresgesamtbelastung von 6000–8000 Pfeilen vor (Tab. 20).

> *Beachten Sie:* In der allgemeinen Grundausbildung erscheint eine kombinierte Lehrmethodik (ganzheitlich und zergliedernd) als günstig. Dabei werden zunächst die Positionsphasen (als ganzheitliche komplexe Gelenkwinkelstellungen) geschult und anschließend sukzessive wesentliche Elemente (z.B. Fingerplatzierung, Griff etc.) angefügt. Damit müssen nicht mehr alle Einzelheiten der Gesamtbewegung aufwendig aus dem Gesamtprozess herausgelöst werden. Einzelne Elemente können andererseits gezielt geschult, analysiert und korrigiert werden.

Alter	Bis 5 Jahre	5–7 Jahre	8–10 Jahre
Aktivitäten, Sportarten, Techniken, Disziplinen	Alle Bewegungsspiele mit • Laufen und Springen • Kriechen und Klettern • Steigen und Balancieren • Hängen, Schwingen und Schaukeln • Ziehen, Schieben und Tragen • Werfen und Fangen	Polysportive Grundlagen in allen Sportarten, z.B. • Turnen • Bewegungskünste • Schwimmen • Gymnastik und Tanz • Ballett	Basistechniken im Bogenschießen, z.B. • Fingerhaltung • Griff • Ankern auf der Basis der Positionsphasen in verschiedenen Disziplinen • Blankbogenschießen • Olympisches Schießen • Compoundschießen • Feldschießen • Clou-Schießen • 3-D-Schießen

Tab. 19: Möglichkeiten in der sporttechnischen Ausbildung im Basistraining des Bogenschützen

Trainings-abschnitt/ Trainer	Biologisches Alter des Sportlers	Dauer des Trainings-abschnitts	Anzahl TE/Woche	Schuss-zahl/TE	Schuss-zahl/Trai-ningsjahr
Allgemeine Grund-ausbildung/ Vereine und Eltern	10–12 Jahre	ca. 6–12 Monate	2–3	50–80	6000–8000

Tab. 20: Zusammenhänge zwischen Trainingsabschnitt, Alter, Dauer des Trainingsabschnitts, Anzahl der Trainingseinheiten (TE) pro Woche und Schusszahlen pro Trainingseinheit in der allgemeinen Grundausbildung (vgl. *Bachmann* 1996)

Grundlagentraining

Das Grundlagentraining liegt etwa im Alter zwischen *12 und 14 Jahren* und unterliegt den folgenden Zielsetzungen:
- Ausbildung vielseitiger bogenschießgerichteter Grundlagen (z.B. Gleichgewichtsschulung).
- Einsatz vielfältiger und allgemein bildender Trainingsinhalte und -methoden. Das Verhältnis der allgemein bildenden Körperübungen zu den Spezialübungen beträgt etwa 3:1 (vgl. *Stark* 1992/93)
- Erwerb grundlegender technischer Fertigkeiten wie beispielsweise die Schulterblattbewegung auf der Zugarmseite oder die Stabilisierung der Bogenschulter. Schwerpunkt ist die Schulung der Bewegungsphasen unter ständiger Überprüfung und Verbesserung der Positionsphasen (s. S. 367 ff.)

Beachten Sie: Im Grundlagentraining sollten die Positionsphasen weitgehend automatisiert sein. Im Rahmen des Techniktrainings müssen insbesondere die Bewegungsphasen unter Berücksichtigung individueller Besonderheiten geschult werden. Gleichzeitig werden einzelne Elemente (z.B. Kopfstellung, Druckpunkt, Schulterzug, enges Lösen) bewusst aus dem Bewegungsablauf herausgelöst und verbessert.

Aufgrund der noch ungenügend ausgebildeten Differenzierungshemmung ist vor allem der kinästhetische Analysator (s. S. 95) zu diesem Zeitpunkt noch wenig entwickelt, wodurch die Genauigkeit der Bewegung Einbußen in der Qualität der räumlich-zeitlichen Strukturmerkmale erfährt (vgl. *Weineck* 2010, 183). Deshalb ist auch hier in besonderem Maße auf die Schulung koordinativer Fähigkeiten einzugehen. *Meinel* (1977) spricht bei dieser Phase vom »besten Lernalter«.

Tab. 21 zeigt ein von *Park* (1994, 20/21) vorgeschlagenes Trainingsprogramm der technischen Grundlagen. Interessant ist in diesem Zusammenhang, dass in den ersten 4 Wochen kein Bogen eingesetzt und dieser auch erst nach 3 Monaten in Kombination mit einem Pfeil verwendet wird. Insgesamt soll dadurch erreicht werden, dass der Schütze nicht durch das »Treffenwollen« vom eigentlichen Bewegungsablauf abgelenkt wird. »Der Anfänger sollte nach dieser Phase technisch in der Lage sein, den Pfeil sicher auf die Scheibe zu schießen. Ohne zu schießen wird gelehrt/gelernt, den Körper zu beherrschen und zu einem guten Schießstil zu kommen. Misserfolgserlebnisse (Vorbeischießen) bleiben aus.«

Ob dieses Modell jedoch kindgemäß und ausreichend motivierend ist und den Ansprüchen an Spaß und Freude entspricht, ist zu bezweifeln: Das Kind als Schütze will das tun, was seine erwachsenen Vorbilder ihm vormachen und nicht nur technische Details automatisieren!

Einen pädagogischen Ansatzpunkt für ein freudvolles und abwechslungsreiches Training bietet die Durchführung so genannter Schieß-

Woche	Trainingsmittel	Trainingsziel	Anweisung des Trainers
1.–2.	Keine	• Richtiges Einsetzen der Bogenhand • Richtiges Positionieren der Bogenschulter	Versuche den Bogenarm in einer Bewegung zu heben, während das Schulterblatt zurück- bzw. heruntergenommen wird
3.–4.	Deuserband	• Aktivierung der Rückenmuskulatur	Praktiziere das Ausziehen. Achte darauf, dass die Position der Bogenschulter immer tief bleibt
5.–12.	Leichter Bogen (15–18 lbs), jedoch kein Pfeil	• Wirksamwerden des Rückenzuges • Entspannte Bogenhand bei vollem Auszug • Richtiges Einsetzen der Zugfinger	Halte die Rückenspannung aufrecht und das Handgelenk locker
13.–14.	Leichter Bogen (ohne Klicker), ein Pfeil	• Erlernen des Einnockens	Es darf nicht geschossen werden
15.–16.	Leichter Bogen (mit Klicker), ein Pfeil	• Erlernen des Klickereinsatzes	Achte auf einen kontinuierlichen Zug durch den Klicker

Tab. 21: Trainingsprogramm der technischen Grundlagen im Bogenschießen in Südkorea (vgl. *Park* 1994, 20/21)

spiele. Dabei wird unabhängig von der Schießtechnik und der Bogendisziplin durch differenzierte Aufgabenstellungen auf verschiedene Entfernungen und unterschiedliche Ziele geschossen (Tab. 22; s. auch S. 570 ff. und S. 448 ff.).

Bachmann (1996) gibt für das Training eines 11- bis 13-jährigen Schülers 3–4 Trainingseinheiten mit 80–100 Schuss pro Trainingseinheit bei einer Jahresgesamtbelastung von 10000–14000 Pfeilen vor (Tab. 23).

Aufbautraining

Das Aufbautraining reicht im Bogenschießen etwa vom *14.–16. Lebensjahr* (und zum Teil darüber hinaus); in diesem Abschnitt werden Voraussetzungen für den Übergang zum Hochleistungstraining geschaffen (vgl. *Bachmann* 1996). Das bedeutet insbesondere (abgesehen von Ergänzungssportarten) eine weitere Spezifizierung der eingesetzten Trainingsmethoden und -inhalte. Dazu zählen Blindschießen und verlängerter Schuss im Techniktraining genauso wie Vergleichswettkämpfe (z.B. K.-o.-Schießen, Set Play, s. S. 576 f.) im Wettkampftraining. Jedoch weisen *Reiß* et al. (1993, 14) darauf hin, dass in diesem Abschnitt Wettkämpfe vorwiegend noch »aus dem Training heraus«, ohne längere wettkampfspezifische Vorbereitung, zu bestreiten sind (vgl. *Weineck* 2010, 86).

Im Rahmen des Aufbautrainings soll der Schütze über ein bewusstes Schießen zu einem automatisierten Bewegungsablauf (*Engrammbil-

Name des Spiels	Beschreibung	Anmerkung und Variation
Luftballons schießen	Mehrere Kinder schießen der Reihe nach auf den Luftballon. Wer bringt ihn zum Platzen?	• Verschiedene Größen und Entfernungen entsprechend Bogendisziplin, Leistungsstärke und Alter
Punkte schießen mit Luftballons	Die Größe des Luftballons entspricht einer bestimmten Punktezahl.	• Finaltraining: Wer erzielt als Erster eine bestimmte oder die höchste Punktzahl?
Reihenfolge einhalten	Auf zwei Scheiben werden jeweils 5 Luftballons gehängt. Zwei Schützen bzw. Mannschaften schießen jeweils auf eine Scheibe. Die Luftballons müssen in einer bestimmten Reihenfolge getroffen werden.	• Verschiedene Größen und Entfernungen entsprechend Bogendisziplin, Leistungsstärke und Alter • Abstand zwischen den Luftballons variieren
Platzen lassen verboten	Mehrere Luftballons werden so auf einer Auflage befestigt, dass Teile verdeckt werden. Zwei Schützen oder Mannschaften schießen wie in einem normalen Wettkampf (z.B. 36 Pfeile auf 30 m). Trifft ein Schütze einen Luftballon, darf er in dieser Passe nicht mehr weiter schießen.	• Verschiedene Größen und Entfernungen entsprechend Bogendisziplin, Leistungsstärke und Alter
Bogen Tic-Tac-Toe	Zwei Schützen oder Mannschaften schießen abwechselnd auf ein Gitternetz. Ziel ist es, als Erster mit seinen 3 Pfeilen 3 Felder in einer Reihe (horizontal, vertikal, diagonal) zu besetzen.	• Der erste Schütze, der ein Quadrat trifft, besetzt dieses. Weitere Treffer auf dieses Quadrat zählen nicht. • Trifft ein Schütze die Linie eines Quadrats, darf er auswählen, welche Zelle er belegt.
Schrumpfendes Ziel	Nach mehreren erfolgreichen Treffern (z.B. 3 Pfeile) auf ein Blatt Papier bestimmter Größe wird dieses nach und nach verkleinert. Gewonnen hat derjenige Schütze oder diejenige Mannschaft, der oder die nach einer festgelegten Anzahl von Passen auf die kleinste Blattgröße schießt	• Verschiedene Einstiegsgrößen und Entfernungen entsprechend Bogendisziplin, Leistungsstärke und Alter
Verkehrte Welt	Verkehrte Wertung der Ringzahlen, d.h., der normale 1er-Ring zählt 10, der 2er-Ring zählt 9 etc.	• Verschiedene Auflagengrößen und Entfernungen entsprechend Bogendisziplin, Leistungsstärke und Alter
Abräumen	Geschossen wird auf eine normale Auflage. Gewonnen hat derjenige Schütze oder diejenige Mannschaft, der oder die zuerst alle Ringe von 1–10 getroffen hat.	• Verschiedene Auflagengrößen und Entfernungen entsprechend Bogendisziplin, Leistungsstärke und Alter
Hase und Jäger	Der Hase hat 3 Pfeile (3 Leben), der Jäger hat 4 Schüsse (4 Pfeile). Der Hase läuft weg (schießt einen seiner Pfeile). Der Jäger schießt hinterher. Trifft der Jäger (erzielt er mindestens die Ringzahl des Hasen), verliert der Hase ein Leben und läuft erneut weg. Der Jäger schießt dann erneut hinterher. Verfehlt der Jäger den Hasen (erzielt er eine geringere Ringzahl als der Hase), muss er erneut schießen. Die Pfeile werden nicht gezogen. Derjenige, der keine Pfeile mehr übrig hat, hat verloren.	• Verschiedene Auflagengrößen und Entfernungen entsprechend Bogendisziplin, Leistungsstärke und Alter • Anzahl der Pfeile zu Beginn in Abhängigkeit von der Leistungsstärke der Schützen
Bogen-Glücksscheiben		• Verschiedene Auflagengrößen und Entfernungen entsprechend Bogendisziplin, Leistungsstärke und Alter

Tab. 22: Schießspiele im Kinder- und Jugendtraining (vgl. *Goes* 2008, 64; *Krüger* 2009)

dung) kommen (vgl. *Henderson* 1987, 23). Erreicht wird dies mitunter durch höhere qualitative (z.B. Rhythmusvorgabe) und quantitative Trainingsbelastungen (z.B. höhere Schusszahlen). *Bachmann* (1996) fordert hier 3–4 Trainingseinheiten mit 100–130 Pfeilen pro Trainingseinheit bei einer Jahresgesamtbelastung von 12000–16000 Pfeilen (Tab. 24).

Anschlusstraining

Das Anschlusstraining bezeichnet den expliziten Übergang vom Nachwuchs- zum Hochleistungstraining und umfasst das biologische Alter von *16–18 Jahren*. In Anlehnung an *Reiß* et al. (1993, 16) und *Weineck*) 2010, 87) gelten für das Bogenschießen folgende grundlegende trainingsmethodische Schwerpunkte:
- Anwendung der *Doppelperiodisierung* mit Makrozyklen (s. S. 170 ff.), die eine feste Folge der Trainingsakzente auf hoher Anforderungsstufe im Jahresverlauf wiederholen und eine Phase der unmittelbaren Wettkampfvorbereitung vor dem entscheidenden Wettkampf einschließen
- Zunahme *wettkampfspezifischer Belastungen* (z.B. Leistungskontrollen unter Zusatzbedingungen) und Erweiterung des Wettkampfspektrums (z.B. erste Teilnahme an Weltcups)
- Sammlung erster Erfahrungen mit *speziellen*, bislang nicht verwendeten *Trainingsmethoden* (z.B. Biofeedback, Augmented Feedback, s. S. 507)
- Bewusste Sicherung einer ausgeprägten *Belastungs- und Erholungsdynamik*
- Periodische Nutzung *leistungsdiagnostischer Verfahren* zur Überprüfung konditioneller, technischer und taktischer Parameter sowie der Einschätzung der Wirksamkeit des Trainings

Im Anschlusstraining muss das Training hinsichtlich des Umfangs (120–150 Schuss pro Trainingseinheit) und der Intensität nochmals gesteigert werden. Die Jahresbelastung sollte bei 16000–20000 Pfeilen liegen (*Bachmann* 1996; Tab. 25).

Abb. 179 zeigt den Wettkampfkalender eines Nationalkaderschützen der Jugend- bzw. Juniorenklasse, eingebettet in den Kalender des Erwachsenenkaders. Beispielhaft bietet sich der Weltcup in Dover (30. Juli bis 5. August) an,

Trainings-abschnitt/ Trainer	Biologisches Alter des Sportlers	Dauer des Trainings-abschnitts	Anzahl TE/Woche	Schuss-zahl/TE	Schuss-zahl/Trainingsjahr
Grundlagen-training/Vereine und Region	11–13 Jahre	2 Jahre	3–4	80–100	10000–14000

Tab. 23: Zusammenhänge zwischen Trainingsabschnitt, Alter, Dauer des Trainingsabschnitts, Anzahl der Trainingseinheiten (TE) pro Woche und Schusszahlen pro Trainingseinheit im Grundlagentraining (vgl. *Bachmann* 1996)

Trainings-abschnitt/ Trainer	Biologisches Alter des Sportlers	Dauer des Trainings-abschnitts	Anzahl TE/Woche	Schuss-zahl/TE	Schuss-zahl/Trainingsjahr
Aufbautraining/ Region- und Landesverband	14–16 Jahre	2 Jahre	3–4	100–130	12000–16000

Tab. 24: Zusammenhänge zwischen Trainingsabschnitt, Alter, Dauer des Trainingsabschnitts, Anzahl der Trainingseinheiten (TE) pro Woche und Schusszahlen pro Trainingseinheit im Aufbautraining (vgl. *Bachmann* 1996)

um als Jugendlicher erste Erfahrungen im Spitzenbereich zu erlangen.

Hochleistungstraining

Werden im Aufbautraining keine Leistungsfortschritte mehr erzielt, erfolgt das Hochleistungstraining, das etwa mit dem *18. Lebensjahr* einsetzen kann. Dieses gliedert sich nach *Tschiene* (1995, 17) bezogen auf den Leistungsaufbau in eine *Zone der persönlichen Höchstleistung* und eine *Zone der Erhaltung eines hohen bzw. des höchsten Leistungsniveaus*.

Um Spitzenleistungen zu erreichen, gelten für das Hochleistungstraining folgende Zielsetzungen (vgl. *Weineck* 2010, 87 f.):
- Höchstmögliche, *optimale Steigerung des Trainingsumfangs* (Spitzenschützen der GUS-Staaten, Korea und China schießen bis zu 500 Pfeile pro Tag).
- Weitere Spezifizierung von Trainingsmethoden und -inhalten. Hauptinhalt des Trainings ist das systematisch erarbeitete Üben nach dem Prinzip »*Wiederholen ohne Wiederholung*«: Aufgabenstellung und Übungsbedingungen werden dabei kontinuierlich variiert (z.B. Anhalten, Schießen unter Störfaktoren), so dass eine ständige Weiterentwicklung der Ausführungsqualität (Bewegungsgüte) möglich ist und kein zeitweiliger Güteabfall (z.B. infolge nachlassender Konzentration bei Ermüdung) eintritt (vgl. *Harre* 1982, 211).
- Perfektionierung, Stabilisierung und *variable Verfügbarmachung der sportlichen Technik*. Dies wird unter anderem dadurch erreicht, dass das Training auch unter ungünstigen Bedingungen (z.B. schlechte Witterungsverhältnisse, physische Vorbelastung, Leistungsdruck) absolviert wird (vgl. *Weineck* 2010, 88).
- Ausrichtung und Spezifizierung des Trainings auf *Wettkämpfe* (vgl. unmittelbare Wettkampfvorbereitung s. S. 190 ff.).
- Reduktion allgemeiner Trainingsübungen im Jahresverlauf.

Tab. 26 gibt eine Übersicht über Trainingsabschnitt, Alter, Dauer des Trainingsabschnitts, Anzahl der Trainingseinheiten pro Woche und Schusszahlen pro Trainingseinheit im Hochleistungstraining (vgl. *Bachmann* 1996).

Trainings-abschnitt/ Trainer	Biologisches Alter des Sportlers	Dauer des Trainings-abschnitts	Anzahl TE/Woche	Schuss-zahl/TE	Schuss-zahl/Trainingsjahr
Anschlusstraining/Landesverband und Nationalkader	16–18 Jahre	2 Jahre	4–5	120–150	16000–20000

Tab. 25: Zusammenhänge zwischen Trainingsabschnitt, Alter, Dauer des Trainingsabschnitts, Anzahl der Trainingseinheiten (TE) pro Woche und Schusszahlen pro Trainingseinheit im Anschlusstraining (vgl. *Bachmann* 1996)

Trainingsabschnitt/ Trainer	Biologisches Alter des Sportlers	Dauer des Trainings-abschnitts	Anzahl TE/Woche	Schuss-zahl/TE	Schuss-zahl/Trainingsjahr
Hochleistungstraining	ab 18 Jahre	So lange die Leistung stimmt	4–6	120–160	über 20000

Tab. 26: Übersicht über Trainingsabschnitt, Alter, Dauer des Trainingsabschnitts, Anzahl der Trainingseinheiten pro Woche und Schusszahlen pro Trainingseinheit im Hochleistungstraining (vgl. *Bachmann* 1996)

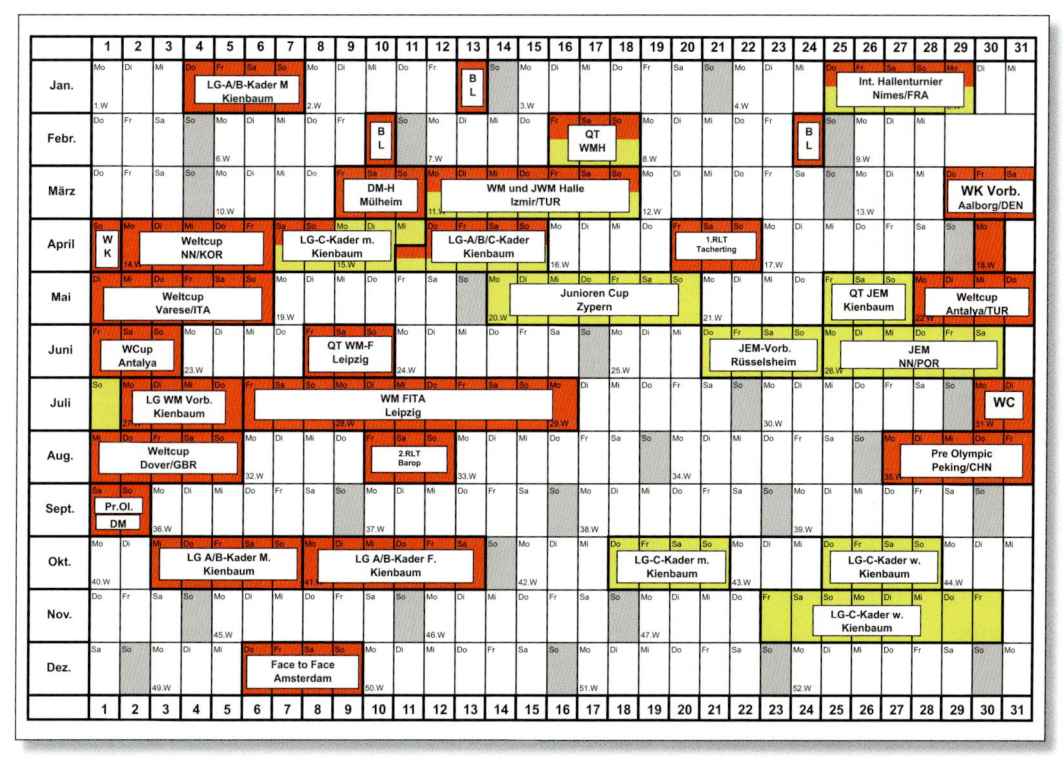

Abb. 179: Wettkampf- und Lehrgangskalender eines Nationalkaderschützen der Jugend- bzw. Juniorenklasse (*gelb*), eingebettet in den Kalender des Erwachsenenkaders (vgl. *Frederick* 2006; LG: Lehrgang, BL: Bundesliga, QT WMH: Qualifikationsturnier Weltmeisterschaft Halle, DM: Deutsche Meisterschaft, JWM: Juniorenweltmeisterschaft, WK: Wettkampf, RTL: Ranglistenturnier, QT JEM: Qualifikationsturnier Junioreneuropameisterschaft, Pr.Ol.: Präolympischer Testwettkampf)

Tab. 27 zeigt die Zielstellung allgemeiner (z.B. allgemeines Kraft- bzw. Kraftausdauertraining) und spezieller Inhalte (z.B. Trockenzugtraining mit dem Bogen bzw. Schießtraining mit erhöhtem Zuggewicht) im Hinblick auf den Hauptwettkampf. Dienen die allgemeinen Trainingsübungen vor allem dem Schaffen der Leistungsvoraussetzungen, so sollen die speziellen Trainingsinhalte und -methoden insbesondere der Leistungsausprägung dienen.

Einen zusammenfassenden Überblick über die Makrostruktur des Grundlagen-, Aufbau-, Anschluss- und Hochleistungstrainings gibt Tab. 28.

Periode	Trainingsübungen	Zielstellung
Vorbereitungsperiode	• Allgemeine TÜ • Allgemeine/spezielle TÜ • Spezielle TÜ/WÜ/ allgemeine TÜ	• Belastbarkeit • Allgemeine/spezielle LV • LV und komplexe Leistungsausprägung
Wettkampfperiode	• Spezielle TÜ • Wettkampfübung • Allgemeine TÜ	• Leistungsausprägung • Leistungsstabilisierung, -realisierung • Kompensation
Übergangsperiode	• Allgemeine TÜ	• Regeneration

Tab. 27: Zielstellungen allgemeiner Trainingsübungen im Periodenzyklus von Hochleistungssportlern (vgl. *Harre* 1994, 528; TÜ: Trainingsübungen, WÜ: Wettkampfübung, LV: Leistungsvoraussetzungen)

Grundlagentraining		Aufbautraining		Anschlusstraining		Hochleistungstraining	
Jahreslehrplan	Jahreslehrplan	Jahrestrainingsplan	Jahrestrainingsplan	Individueller Jahrestrainingsplan	Individueller Jahrestrainingsplan	Individueller Jahrestrainingsplan	Individueller Jahrestrainingsplan
1. Trainingsjahr	2. Trainingsjahr	3. Trainingsjahr	4. Trainingsjahr	5. Trainingsjahr	6. Trainingsjahr	7. Trainingsjahr	8. Trainingsjahr

Tab. 28: Makrostruktur des Grundlagen-, Aufbau-, Anschluss- und Hochleistungstrainings (vgl. *Bachmann* 1996)

Training und Periodisierung

Begriffsbestimmung

Unter Periodisierung versteht man die Festlegung einer kontinuierlichen Folge von Zeitabschnitten – so genannten Periodenzyklen – im Prozess der Herausbildung der sportlichen Form innerhalb eines Trainingsjahres (Jahreszyklus).

Gliederung der Jahreszyklen

Da sich der Schütze, wie bereits erwähnt, im Verlauf eines langjährigen Trainingsprozesses nicht ununterbrochen »in Form« befinden kann, unterwirft man den Aufbau, die Erhaltung bzw. den Verlust der sportlichen Form einer zyklisch sich wiederholenden Periodisierung (vgl. *Weineck* 2010, 91).

Ein Trainingszyklus kann sich je nach Zielstellung bzw. Qualifikation des Schützen ein-, zwei- oder in Extremfällen sogar dreimal im Verlauf des Jahres wiederholen; er wird im Allgemeinen in drei Perioden unterteilt:
- Vorbereitungsperiode; Zielstellung: Entwicklung der sportlichen Form
- Wettkampfperiode; Zielstellung: Weiterentwicklung der sportlichen Form durch Wettkampfteilnahme
- Übergangsperiode; Zielstellung: aktive Erholung und Regeneration des Schützen, Verlust der sportlichen Form

Die Periodisierung sollte insgesamt leistungsniveauspezifisch konzipiert werden unter Berücksichtigung individueller Variationen (vgl. *Martin* 1980, 55).

Vorbereitungsperiode

Die Vorbereitungsperiode des Anfängertrainings bzw. des mittleren Leistungsbereichs wird in zwei Phasen unterteilt. In der ersten Phase steht eine breite allgemein-konditionelle Vorbereitung im Vordergrund, in der zweiten Phase überwiegen die bogenschießspezifischen Mittel unter Erhöhung des Umfangs und im weiteren Verlauf die Erhöhung der Intensität. Im Spitzensport dominiert die wettkampfspezifische Belastungsintensität in der gesamten Vorbereitungsperiode (vgl. *Weineck* 2010, 91; vgl. Tab. 26).

Abb. 180 zeigt beispielhaft die Umsetzung der Vorbereitungsperiode in die Trainingsplanung eines Schützen des mittleren Leistungsbereichs. In Abschnitt 1 (VP-1) werden über die Steigerung des Schießumfangs (Pfeilzahlen) in Kombination mit allgemeinen Trainingsinhalten (z.B. Grundlagenausdauer- und allgemeines Kraftausdauertraining) die konditionellen Voraussetzungen für die nachfolgenden Phasen geschaffen. Die bogenschießspezifischen Übungsformen beschränken sich in erster Linie auf das Positionsphasen-, Bewegungsphasen- und Elemententraining (s. S. 451).

Abschnitt 2 der Vorbereitungsperiode (VP-2) bringt inhaltlich die höchste Gesamtbelastung während des gesamten Trainingsjahres. Technikanwendungstraining (z.B. Schießen auf Zielpunkt, Auflage) und Spezialübungen (z.B. BAT auf Wettkampfentfernung) und Wettkampfformen (z.B. Leistungskontrollen oder Aufsteigertraining, s. S. 579) bestimmen nun das Training. Abschließend werden die Leistungskomponenten Kondition, Technik und Taktik beispielsweise durch Schießen unter taktischen Vorgaben (z.B. Anhalten) in einer ersten Form aufeinander abgestimmt (Tab. 29).

Wettkampfperiode

Die Wettkampfperiode ermöglicht über die hohen Belastungen der verschiedenen Wettkämpfe die Entwicklung und Stabilisierung der individuellen Form. Quantität und Qualität der Wettkämpfe hängen dabei von der individuellen Belastungsfähigkeit ab (vgl *Weineck* 2010, 92). Zu Beginn der Wettkampfperiode sollte das Bestleistungsniveau des Vorjahres erreicht sein.

Ähnlich der Vorbereitungsperiode lässt sich auch die Wettkampfperiode in mehrere Phasen unterteilen. Phase 1 dient insgesamt einer aktiven Rehabilitation. In Phase 2 sollen Mängel und Fehler, die in Leistungskontrollen und Kontrollwettkämpfen festgestellt wurden, beseitigt (z.B. durch Elementen- und Bewegungsablauftraining) und insbesondere die Technik durch Ergänzungsübungen (z.B. Schießen auf einem Kreisel) automatisiert sein, so dass in Phase 3 durch gesteigerte Wettkampfanforde-

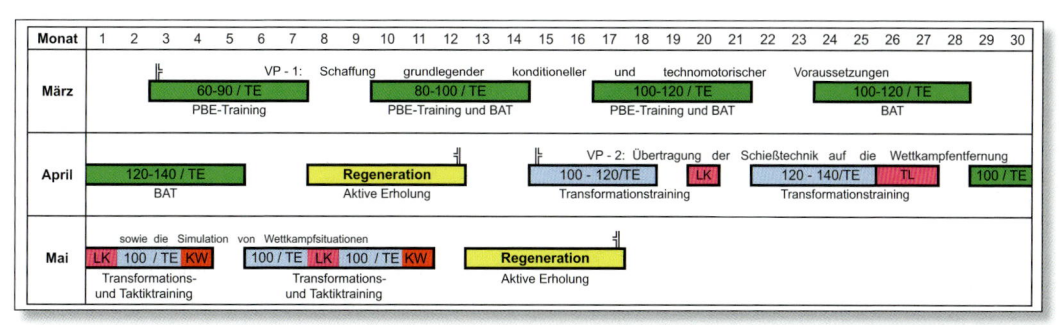

Abb. 180: Umsetzungsmöglichkeiten der Vorbereitungsperiode in der Trainingsplanung eines Schützen des mittleren Leistungsbereichs (VP: Vorbereitungsperiode, TE: Trainingseinheit, PBE: Positionsphasen-, Bewegungsphasen- und Elemententraining, BAT: Bewegungsablauftraining, LK: Leistungskontrolle, KW: Kontrollwettkampf)

Vorbereitungsperiode	Schwerpunkte	Belastungsprinzipien und Inhalte
Phase 1	• Allgemein-konditionelle Vorbereitung	• Steigerung des Schießumfangs • Grundlagenausdauer- und allgemeines Kraftausdauertraining • Elementetraining • Bewegungsablauftraining
Phase 2	• Bogenschießspezifische Mittel unter Erhöhung des Umfangs • Bogenschießspezifische Mittel unter Erhöhung der Intensität	• Höchste Gesamtbelastung • Technikanwendungstraining (z.B. Schießen auf Zielpunkt, Auflage) • Spezialübungen (z.B. Bewegungsablauftraining auf Wettkampfentfernung) • Kondition, Technik und Taktik aufeinander abstimmen

Tab. 29: Ziele, Schwerpunkte und Hauptaufgaben sowie Voraussetzungen, Inhalte und Trainingsmittel der Vorbereitungsperiode

rungen in die unmittelbare Wettkampfvorbereitung des Hauptwettkampfes (Tapering, s. S. 190) übergeleitet werden kann (Tab. 30).
Zur Vermeidung eines Übertrainings sollte in der Wettkampfperiode der Belastungsumfang mit zunehmender Wettkampfnähe reduziert werden, was sich in geringeren Pfeilzahlen und einem allgemeinen Erhaltungstraining der motorischen Hauptbeanspruchungsformen (s. S. 273) äußert. Bei mehreren Wettkampfhöhepunkten müssen Zwischenetappen und Zwischenziele (z.B. konkrete Ergebnisse oder Umsetzung taktischer Verhaltensweisen) eingebaut werden. Das Höchstleistungsniveau sollte nach 6–10 Wochen Wettkampfperiode erreicht und dann stabilisiert werden. Auf individuelle Unterschiede (Spitzen- und Nachwuchsschützen) ist besonders zu achten (s. S. 116).

Abb. 181 zeigt beispielhaft die Umsetzung der Wettkampfperiode in der Trainingsplanung eines Schützen des mittleren Leistungsbereichs.

Übergangsperiode
Die Übergangsperiode stellt die Nahtstelle zwischen zwei Trainingszyklen dar und dient der aktiven Erholung des Schützen sowie dem vorübergehenden, geplanten Verlust der sportlichen Form. Um ein zu starkes Abfallen der Leistungsparameter zu verhindern (z.B. Grundlagenausdauer), sollen in dieser Phase Ausgleichssportarten wie Radfahren, Schwimmen oder Rudern (Ausgleich muskulärer Dysbalancen durch beidseitig gleiche Muskeleinsätze) zum Einsatz kommen. Hauptaufgabe ist die vollständige psychophysische Regeneration (z.B. durch Sauna und Massage), um ein »Umkippen« der Regulationsmechanismen und Anpassungsvorgänge im Sinne eines Übertrainings zu vermeiden und in der folgenden Vorbereitungsperiode zu einem höheren Belastungsumfang übergehen zu können (s. auch S. 193 f.).

Problem der Einfach- und Doppelperiodisierung

Je nach Zielstellung und in Abhängigkeit vom Wettkampfkalender kann die Herausbildung der sportlichen Form über eine einfache (Jahresvorbereitung zielt auf einen Höhepunkt), zweifache oder mehrfache Periodisierung erfolgen. Für das Bogenschießen empfiehlt sich eine Zweifachperiodisierung (Doppelperiodi-

Training und Periodisierung

Phase	Schwerpunkte	Inhalte
Phase 1	• Aktive Rehabilitation • Reduzierung des Trainings • Alternativprogramme	• Sauna, Massage • Jogging, Erhaltungstraining der motorischen Hauptbeanspruchungsformen
Phase 2	• Akkumulation (Vervollkommnung der Technik) • Beheben von Mängeln und Fehlern	• Belastungssteigerung bis zur Höchstbelastung • Technikergänzungstraining • Bewegungsablauftraining (eventuell mit Hilfsmitteln) • Leistungskontrollen und Kontrollwettkämpfe • Gruppentraining
Phase 3	• Realisierung (Festigung und Vervollkommnung der wettkampfspezifischen Belastung)	• Leistungskontrollen unter verschiedenen Bedingungen (Zusatzaufgaben) • Testwettkämpfe
Phase 4	• Phase der unmittelbaren Wettkampfvorbereitung als Abfolge von Inhalten aller vorher genannten Zyklen	

Tab. 30: Ziele, Schwerpunkte und Hauptaufgaben sowie Voraussetzungen, Inhalte und Trainingsmittel der Wettkampfperiode

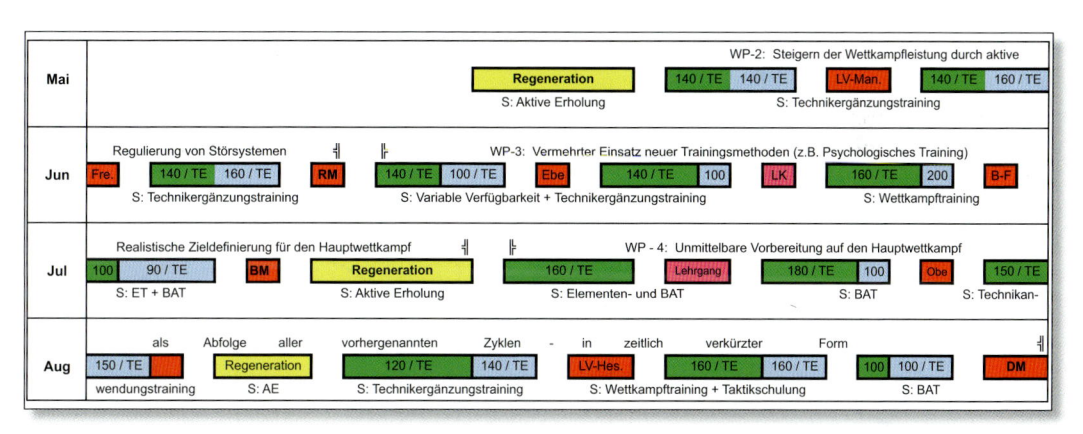

Abb. 181: Umsetzungsmöglichkeiten der Wettkampfperiode in der Trainingsplanung eines Schützen des mittleren Leistungsbereichs (WP: Wettkampfperiode, TE: Trainingseinheit, LV: Ländervergleich, R: Realisierungstraining, LK: Leistungskontrolle, B-F: Bezirksmeisterschaft FITA, ET: Elementartraining, BAT: Bewegungsablauftraining, BM: Bayerische Meisterschaft, AE: aktive Erholung, Fre/EBE: offene Turniere, S: Schwerpunkt)

sierung), da die Wettkampfhöhepunkte im Frühjahr und Sommer bzw. Spätsommer liegen. Beispielhaft zeigt Abb. 182 eine schematische *Einfachperiodisierung* mit idealisierter Leistungsfähigkeitskurve in der Vorbereitung eines Spitzenschützen auf einen Hauptwettkampf. Dabei muss ein kurzweiliger Verlust der sportlichen Form mindestens 6 Wochen vor dem Hautwettkampf eingeplant werden, um eine psychophysische Regeneration zu ermöglichen.

Aufgrund der starken Terminierung bei Spitzenschützen (Meisterschaften, Rangliste, Grand Prix, Europameisterschaft Halle und FITA, Weltcups, Olympische Spiele) ist die Periodisierung wesentlich differenzierter zu betrachten (z.B. Einschub einer Regenerationswoche wegen des späten Hauptwettkampfes) als bei Schützen, die das »normale« Meisterschaftsprogramm durchlaufen. Dies zeigt sich insbesondere in der unmittelbaren Vorbereitung auf den Hauptwettkampf, der bei den Spitzenschützen (Olympische Spiele) eine gesonderte Stellung erfährt (s. S. 190).

Abb. 183 zeigt eine mögliche *Doppelperiodisierung* für den mittleren Leistungsbereich, ausgerichtet auf einen Hauptwettkampf im August. Die Vorbereitung auf die neue Saison beginnt im Oktober mit der Vorbereitungsphase 1, bevor Mitte Januar die eigentlichen Wettkämpfe mit dem Saisonhöhepunkt Halle (z.B. Deutsche Meisterschaft) stattfinden. Nach einer relativ kurzen Übergangsphase (bedingt durch die meist frühen Termine der ersten Ranglistenturniere Anfang Mai) beginnt die Vorbereitung auf die Freiluftsaison Anfang März. Die erste Rangliste muss in einer Doppelperiodisierung beinahe zwangsläufig »aus dem Training heraus« in der Vorbereitungsperiode 2 geschossen werden. Wettkampfperiode 2 (ab Juni) dauert dann etwa 11–13 Wochen und wird durch den Saisonhöhepunkt abgeschlossen. Mit der zirka 2- bis 4-wöchigen Übergangsperiode 2 (diese ist gleichzeitig die Übergangsperiode der nachfolgenden Saison) wird die Saison abgerundet bzw. das neue Trainings- und Wettkampfjahr begonnen. Eine mögliche Doppelperiodisierung im Spitzenbereich gibt Tab. 31 wieder.

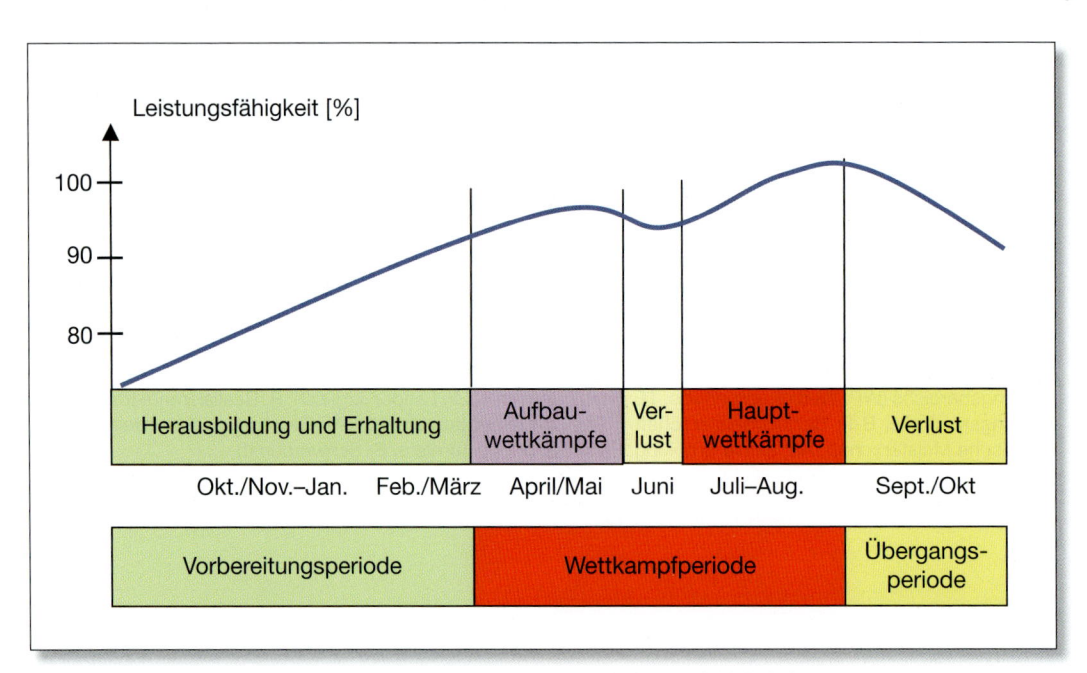

Abb. 182: Schematische Einfachperiodisierung mit idealisierter Leistungsfähigkeitskurve

Training und Periodisierung

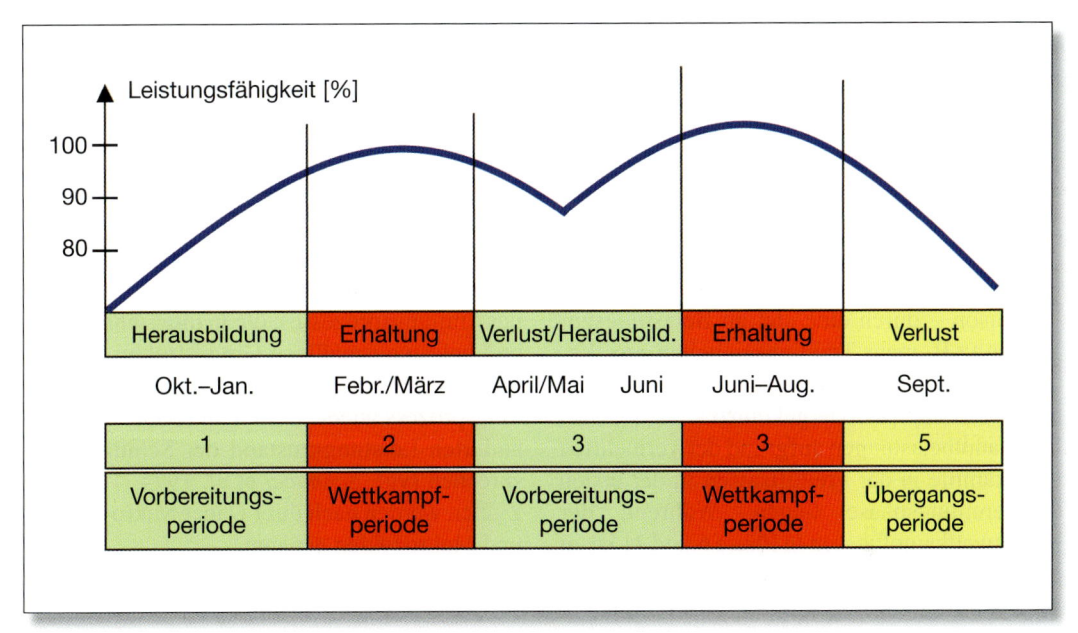

Abb. 183: Schematische Doppelperiodisierung mit idealisierter Leistungsfähigkeitskurve

Periode	Monat	Woche	Dauer [Wochen]
1. Makrozyklus			
Vorbereitungsperiode 1 Allgemein	Sept.–Okt.	35–41	6
Allgemein/speziell	Okt.–Nov.	42–47	6
Speziell	Dez.–Jan.	48–04	8
Wettkampfperiode 1	Feb.–März	06–11	6
Übergangsperiode 1	März	12	1
2. Makrozyklus			
Vorbereitungsperiode 2 Allgemein	März	13	1
Speziell	April	14–15	2
Wettkampfperiode 2 Regeneration UWV (Weltmeisterschaft Turin)	Mai–Juni Mai Mai–Juli	16–19 20 21–26	4 1 6
Übergangsperiode 2	Sept.–Okt.	32–35	4

Tab. 31: Doppelperiodisierung im Bogenschießen (ausgerichtet auf die Weltmeisterschaften in Turin 2011; UWV: unmittelbare Wettkampfvorbereitung)

Wie Abb. 184 deutlich macht, ist insbesondere für das Doppelperiodisierungsschema des Anfänger- und Jugendtrainings sowie den mittleren Leistungsbereich ein individuell angepasster Wechsel von Belastung und Erholung notwendig, um entsprechende Anpassungsmöglichkeiten des jeweiligen Schützen auszunutzen. Der Beginn (Phase 1) der Hallensaison (Oktober) ist – ebenso wie der Beginn der Freiluftsaison – durch eine stetige Belastungszunahme (z.B. mehr Trainingseinheiten pro Woche bzw. höhere Pfeilzahlen, s. S. 116) bis hin zur Wettkampfperiode gekennzeichnet, wobei die Hauptbelastungen aufgrund der vermehrten Wettkämpfe in der Freiluftsaison in der ersten Vorbereitungsphase liegen. Während der Hauptwettkampfphasen in Phase 6 und 11 ist zu erkennen, dass im Augenblick der Hauptwettkämpfe die Belastungsumfänge zu reduzieren sind.

Abb. 185 gibt eine Übersicht über Möglichkeiten der Einbindung der verschiedenen Perioden am Beispiel einer Mehrfachperiodisierung in einem Olympiajahr als komplexes Beispiel der Periodisierung.

Makro-, Meso- und Mikrozyklen

Der zielgerichtete Aufbau der sportlichen Leistungsfähigkeit vollzieht sich als ein hierarchisches System von kürzeren und längeren Abschnitten des Trainings bzw. von Trainingszyklen (vgl. *Weineck* 2010, 94).

Trainingszyklen sind definiert als Abschnitte des Trainingsprozesses, die in ihrer inhaltlichen und belastungsmäßigen Grundstruktur und damit in ihrer Hauptwirkungsrichtung im Trainingsprozess wiederkehren und dabei dem veränderten Leistungszustand der Schützen entsprechen (vgl. *Schnabel* et al. 1994, 417). Die Zyklen werden nach ihrer Dauer Mikro-, Meso- und Makrozyklen genannt.

Mikrozyklus

Ein Mikrozyklus besteht aus mindestens zwei Trainingseinheiten, wird aber am häufigsten als Wochenzyklus geplant und realisiert. Die Mikrozyklen können sich, da sie kürzere Zeiträume erfassen, präziser an die gegebenen Umstände (z.B. augenblicklicher Trainingszustand, Trainingsbereitschaft, klimatische Verhältnisse) anlehnen und das jeweilige Belastungsmaß (z.B. Pfeilzahlen) differenzierter bestimmen (vgl. *Weineck* 2010, 94).

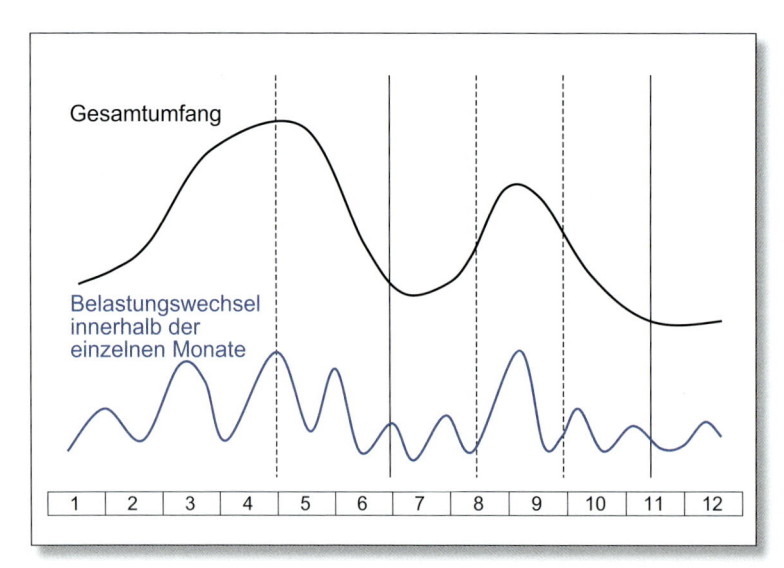

Abb. 184:
Periodisierungsschema des Anfänger- und Jugendtrainings sowie des mittleren Leistungsbereichs im Jahresverlauf (1: September, 2: Oktober etc.): Die obere Kurve zeigt den Verlauf der Gesamtbelastung (z.B. Pfeilzahlen, die untere Kurve den periodischen Belastungswechsel innerhalb der einzelnen Monate (in Anlehnung an *Matwejew* 1972, 95).

Training und Periodisierung

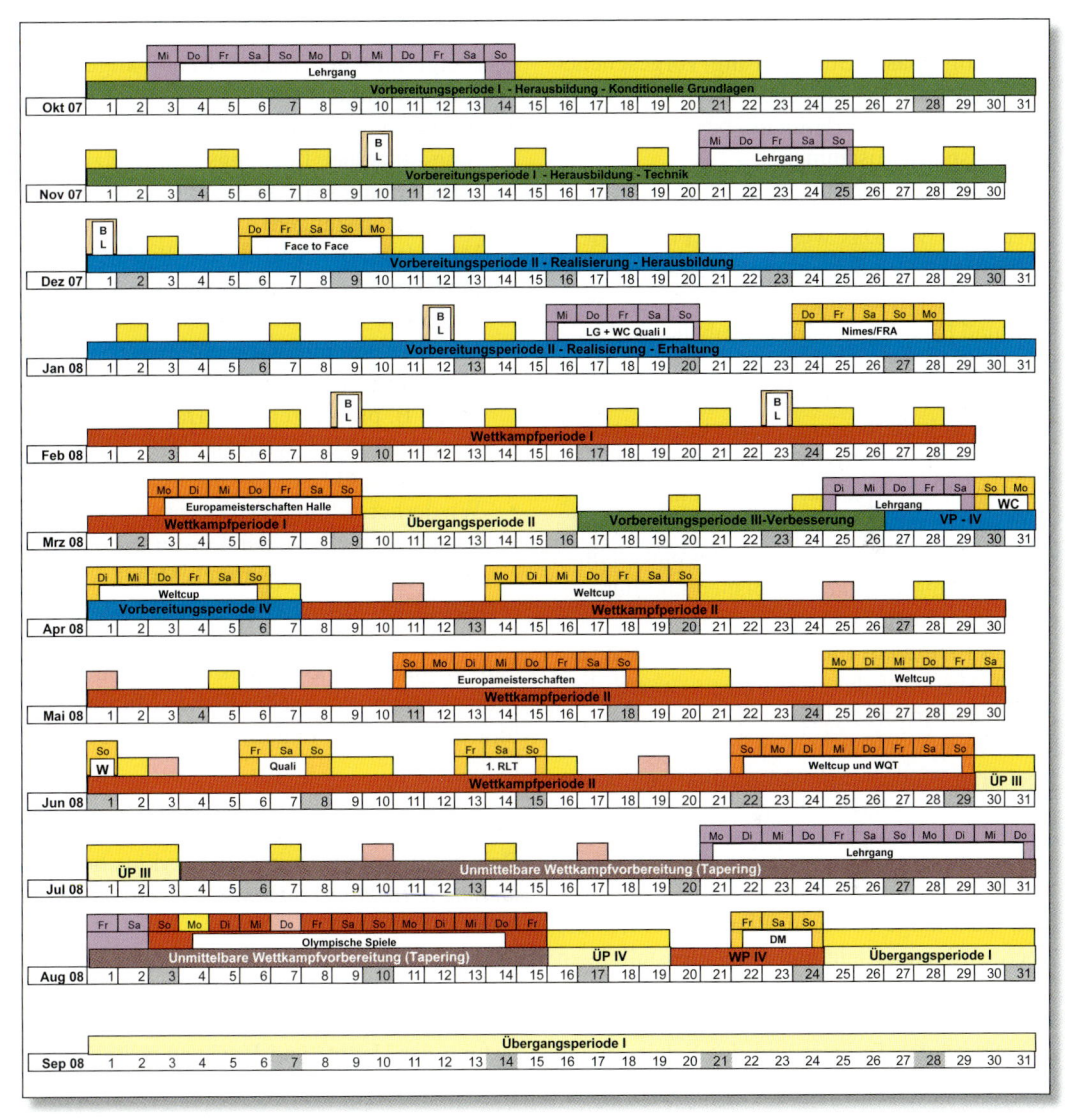

Abb. 185: Möglichkeiten der Einbindung der verschiedenen Perioden am Beispiel einer Mehrfachperiodisierung in einem Olympiajahr (BL: Bundesliga, LG: Lehrgang, WC: World Cup, RLT: Ranglistenturnier, WQT: World Cup Qualification Tournament, DM: Deutsche Meisterschaft, ÜP: Übergangsperiode)

In der Regel setzt sich der Mikrozyklus aus der Belastungsphase (Stimulierung vorgesehener Adaptionsprozesse und sporttechnischer Lernprozesse) und der Erholungs- bzw. Wiederherstellungsphase zusammen.

Beachten Sie: Das wesentliche Prinzip des Mikrozyklus ist das optimale Verhältnis von Belastung (Belastungsumfang und -intensität) und Erholung. Trainingseinheiten mit hoher Belastung müssen solche mit geringer Belastung folgen. Intensität und Umfang verhalten sich hierbei umgekehrt proportional. Grundlage des Mikrozyklus ist daher der systematische Wechsel von Trainingseinheiten und Erholung. Haupteinheiten sind auf der Basis von wiederhergestellter und erhöhter Leistungsfähigkeit zu planen und durchzuführen. Im Rahmen dieser *Schlüsseleinheiten des Trainings* muss der Sportler nach jedem Abschnitt des Trainingsprozesses die Fähigkeit erworben haben, die vorangehende Belastung mit erhöhten quantitativen (z.B. höheren Pfeilzahlen) und qualitativen (z.B. verbesserter Schießtechnik) Merkmalen auszuführen (vgl. *Platonov* 2008, 17).

Von den längerfristigen Plänen werden die übergeordneten Ziele und Aufgabenstellungen sowie die Gesamtbelastung für die jeweilige Woche übernommen. Zusätzlich fließen die Erkenntnisse des Trainers und des Schützen aus den letzten Wettkämpfen (z.B. Probleme auf der 90-m-Distanz) und die Anforderungen des künftigen Wettkampfes ein. Kurzfristige Zwischenziele sollen das perspektivische Etappenziel (s. Mesozyklus) bzw. Gesamtziel (s. Makrozyklus) erreichbar machen.

Unter dem Aspekt struktureller Besonderheiten unterscheiden *Platonov* (1986, 267 f.) und *Suslov* et al. (1997, 367 f.) hinsichtlich der Hauptaufgaben und Inhalte folgende Mikrozyklen (MIZ):

- Einleitender MIZ (Wiederherstellung und Steigerung der Belastbarkeit, allgemeine Trainingsmittel)
- grundlegender MIZ (akzentuierte Verbesserung einzelner Leistungsvoraussetzungen, Stimulierung von Anpassungsvorgängen für höhere Belastungen)
- Vorbereitungs- und Kontroll-MIZ (Leistungskontrollen, Aufbau- und Kontrollwettkämpfe)
- Vervollkommnungs- bzw. Realisierungs-MIZ (Korrektur von Fehlern, Spezialübungen, z.B. propriozeptives Training)
- Wettkampf-MIZ (wettkampfnahes Training, z.B. Set Play)
- Wiederherstellungs-MIZ (psychologische Wiederherstellung der Leistungsfähigkeit, allgemeine Trainingsmittel, Mittel der aktiven Erholung)

Tab. 32 gibt einen Überblick der verschiedenen Zielsetzungen unterschiedlicher Mikrozyklen und Beispiele für bogenschießspezifische Inhalte.

Eine besondere Bedeutung erfährt die Frage der Belastungsgestaltung im Mikrozyklus bei *zwei und mehr Trainingseinheiten pro Tag*.

Platonov (2008, 18) weist darauf hin, dass eine hohe Wirksamkeit von zwei Trainingseinheiten pro Tag dann zu beobachten ist, wenn die Belastung der Haupt- und Ergänzungseinheit auf rationelle Weise miteinander verbunden sind, d.h. wenn die Vergrößerung der Gesamtzahl an Trainingseinheiten nicht von einer zahlenmäßigen Abnahme der Einheiten mit großen Belastungen begleitet wird. Als Startpunkt der Durchführung von zwei oder mehr Einheiten pro Tag gilt hierbei insbesondere die Vorbereitungsperiode 2.

Tab. 33 und 34 stellen exemplarisch die Trainingsinhalte eines Mikrozyklus in der Vorbereitungsperiode bzw. Wettkampfphase dar.

Art des Mikrozyklus (MIZ)	Hauptaufgaben	Inhalte, methodische Maßnahmen und Trainingsmittel
Einleitender MIZ	• Verbesserung der allgemeinen und speziellen Kondition • Erarbeitung der grundlegenden technischen Voraussetzungen • Allmähliche Vorbereitung zu hohen Belastungen des nächsten Mikrozyklus	• Überwiegend ET • Relativ geringer Umfang (z.B. geringe Pfeilzahlen pro Trainingseinheit)
Grundlegender MIZ	• Stimulierung von Anpassungsvorgängen für höhere Belastungen • Stabilisierung und Vervollkommnung der grundlegenden technischen, taktischen und psychischen Voraussetzungen sowie der allgemeinen und speziellen Kondition • Aufbau der Wettkampfleistung	• Überwiegend BAT • Hohe Bewegungsgüte (technisch saubere Schüsse) • Hoher Trainingsumfang • Wachsender Anteil der wettkampfspezifischen Belastung
Vorbereitungs- und Kontroll-MIZ	• Stabilisierung der Schießtechnik in Verbindung mit einem hohen Leistungsniveau • Überprüfung des Leistungsniveaus in den Kontrollwettkämpfen • Überprüfung des Materials (Grundeinstellungen)	• Optimaler Wechsel zwischen Technik- und Wettkampftraining (WT) sowie Kontrollwettkämpfen • Optimaler Wechsel zwischen hohen und mittleren Belastungen • Höhere Gesamtbelastung als im Wettkampf (> 150 Pfeile/TE)
Vervollkommnungs-MIZ	• Korrektur und Beseitigung erkannter Mängel und Fehler • Vervollkommnung der Schießtechnik	• BAT und WT bei mittleren Belastungen (Pfeilzahlen) • Spezielle Trainingsmittel (z.B. Kreisel, Video) • Individuell unterschiedliche Inhalte (nach Bedarf)
Wettkampf-MIZ	• Stabilisierung der Schießtechnik im Wettkampf • Optimierung des Materials (z.B. Fein- und Mikrotuning)	• Hoher Anteil wettkampfnaher Belastungsformen in Verbindung mit Techniktraining und Rehabilitationsmaßnahmen • Absteigende Belastungsdynamik in den Vorwettkampfmikrozyklen
Wiederherstellungs-MIZ	• Wiederherstellung und Stabilisierung der Leistungsfähigkeit innerhalb einer langen Wettkampfperiode	• Verstärktes Anwenden von Mitteln zur aktiven Erholung • Zunächst Reduzieren der Belastungsanforderungen, dann Wiederheranführen an die Wettkampfbelastung durch spezielle Trainingsmittel einschließlich Wettkampfübungen

Tab. 32: Übersicht der verschiedenen Zielsetzungen unterschiedlicher Mikrozyklen und Beispiele für bogenschießspezifische Inhalte (ET: Elementtraining, BAT: Bewegungsablauftraining, TE: Trainingseinheit)

Wochentag	Mo	Di	Mi	Do	Fr	Sa	So
Ausdauer		Spinning		Inlineskating			
Kraft			Speziell		Kraftausdauer		
Koordination	Kreisel		Spiegel		»Gefühl«		
Beweglichkeit		Allgemein		Speziell			
Schusszahlen	90–150	90–150		90–150	90–150		90–150
Technik	PPT, ET	PPT, ET, BPT		ZPT	Auflage (WE)		
Taktik					Anhalten		
Psychologie			AT				Visualisierung
Wettkampf							LK

Tab. 33: Beispiel eines Mikrozyklus in der Vorbereitungsperiode (inhaltliche Schwerpunktsetzungen; AT: autogenes Training, BPT: Bewegungsphasentraining, ET: Elementetraining, LK: Leistungskontrolle, PPT: Positionsphasentraining, WE: Wettkampfentfernung, ZPT: Zielpunkttraining)

Wochentag	Mo	Di	Mi	Do	Fr	Sa	So
Ausdauer	Jogging		Jogging		Schwimmen		
Kraft		Allgemein			Speziell		
Koordination	Blind	Rhythmus					
Beweglichkeit		Allgemein		Speziell			
Schusszahlen	160	190		210	160		200
Technik	Verbesserung	Kontrollen		Kompletter Schuss	Auflage		
Taktik				Anhalten	Regentraining		Ersatzmaterial
Psychologie			Atemenspannung				Prognosetraining
Wettkampf				K.-o.-Schießen	Finale		LK/WK

Tab. 34: Beispiel eines Mikrozyklus in der Wettkampfperiode (inhaltliche Schwerpunktsetzungen; LK: Leistungskontrolle, WK: Wettkampf)

> Trainingseinheiten mit besonderen Anforderungen an die Technik (z.B. Bewegungsablauftraining) oder die koordinativen Fähigkeiten (z.B. Vibrationstraining) sollten nur an Tagen der optimalen Leistungsfähigkeit durchgeführt werden (vgl. *Weineck* 2010, 94)

Mesozyklus

Der Mesozyklus ist ein aus mehreren Mikrozyklen bestehender Trainingsabschnitt, der je nach Plan einen Zeitraum von 1–6 Wochen umfasst. Die Mesozyklen sind in ihrer inhaltlichen Aufgabenstellung den Mikrozyklen übergeordnet. Sie dienen damit der Steuerung der sich aus den Mikrozyklen ergebenden Trainingseffekte (vgl. *Schnabel* 1994, 422/ 423).

Der Mesozyklus hat einerseits das optimale Verhältnis von Belastung und Erholung zu gewährleisten, andererseits die Notwendigkeit des akzentuierten Trainierens einer bestimmten Teilaufgabe der Leistungsentwicklung (z.B. Kraftausdauer) zu berücksichtigen.

Für den Mesozyklus speziell ist zu beachten, dass sich einerseits bei ständig fortlaufendem Training ein zunehmendes »Aufstocken« der Ermüdung (= Belastungsmikrozyklus) ergibt. Nach *Matwejew* (1981, 215) muss daher nach einigen »fordernden« Mikrozyklen innerhalb eines Mesozyklus ein relativ entlastender oder ein Wiederherstellungsmikrozyklus folgen (Sicherung effektiver Adaptions- und Informationsprozesse auch im Rahmen der technischen Ausbildung). Andererseits gelten in den Mesozyklen bestimmte übergeordnete Trainingsaufgaben wie die Erholung bzw. Wiederherstellung nach vorangegangener Wettkampfperiode, die Steigerung der Belastbarkeit, die Erweiterung und/oder Stabilisierung des bogenschießtechnischen bzw. technisch-taktischen Repertoires oder die Erweiterung der energetischen Leistungsvoraussetzungen (z.B. erhöhte Kraftausdauer).

Anhand der Hauptaufgaben und Inhalte lassen sich folgende Mesozyklus (MEZ) unterscheiden (vgl. *Matwejew* 1981, 216 f., *Schnabel* et al. 1994, 425; *Weineck* 2010, 96):

- Einleitender MEZ (Wiederherstellung und Steigerung der Belastbarkeit, allgemeine Trainingsmittel)
- Grundlegender MEZ (akzentuierte Verbesserung einzelner Leistungsvoraussetzungen, z.B. statische Kraftausdauer, spezielle Trainingsmittel)
- Vorbereitungs- und Kontroll-MEZ (Leistungskontrollen, Aufbau- und Kontrollwettkämpfe)
- Vervollkommnungs- bzw. Realisierungs-MEZ (Korrektur von Fehlern, Spezialübungen, z.B. verlängerter Schuss)
- Wettkampf-MEZ (Aufbau der komplexen sportlichen Leistungsfähigkeit, wettkampfnahes Training, z.B. K.-o.-Schießen)
- Zwischen-MEZ (Wiederherstellung der Leistungsfähigkeit, Mittel der aktiven Erholung)
- MEZ der unmittelbaren Wettkampfvorbereitung
- Wiederherstellungs-MEZ (psychologische Wiederherstellung, allgemeine Trainingsmittel)

Die Tab. 35 gibt eine Übersicht der verschiedenen Zielsetzungen unterschiedlicher Mesozyklen und Beispiele für bogenschießspezifische Inhalte.

> *Beachten Sie*: In Abhängigkeit von der Trainingsstufe (Grundlagen-, Aufbau- oder Hochleistungstraining) und der Trainingsperiode (Übergangs-, Vorbereitungs- oder Wettkampfperiode) werden innerhalb der Mesozyklen Inhalte des Konditions-, Technik- und Taktiktrainings mit unterschiedlicher Gewichtung aufeinander abgestimmt.

Art des Meso-zyklus (MEZ)	Hauptaufgaben	Inhalte, methodische Maßnahmen und Trainingsmittel
Einleitender MEZ	• Erarbeitung der grundlegenden technischen Voraussetzungen • Verbesserung der allgemeinen und speziellen Kondition • Allmähliche Vorbereitung zu hohen Belastungen des nächsten Mesozyklus	• Überwiegend Elemententraining • Steigender Trainingsumfang • Relativ geringe Intensität (z.B. niedriges Zuggewicht) • Zunehmender Belastungsumfang (Pfeilzahlen)
Grundlegender MEZ	• Stabilisierung und Vervollkommnung der grundlegenden technischen Voraussetzungen sowie der allgemeinen und speziellen Kondition • Aufbau der Wettkampfleistung	• Überwiegend Bewegungsablauftraining • Hohe Bewegungsgüte (technisch saubere Schüsse) • Hoher Trainingsumfang (z.B. Pfeilzahlen) • Wachsender Anteil der wettkampfspezifischen Belastung
Vorbereitungs- und Kontroll-MEZ	• Stabilisierung der Schießtechnik in Verbindung mit einem hohen Leistungsniveau • Überprüfung des Leistungsniveaus in den Kontrollwettkämpfen • Überprüfung des Materials (Grundeinstellungen)	• Optimaler Wechsel zwischen Technik- und Wettkampftraining sowie Kontrollwettkämpfen • Optimaler Wechsel zwischen hohen und mittleren Belastungen • Rehabilitationsmaßnahmen
Vervollkommnungs-MEZ	• Korrektur und Beseitigung erkannter Mängel und Fehler • Vervollkommnung der Schießtechnik	• Bewegungsablauf- und Wettkampftraining bei mittleren Belastungen • Spezielle Trainingsmittel (z.B. Kreisel, Video)
Wettkampf-MEZ	• Stabilisierung der Schießtechnik im Wettkampf • Optimierung des Materials (z.B. Fein- und Mikrotuning)	• Hoher Anteil wettkampfnaher Belastungsformen in Verbindung mit Techniktraining und Rehabilitationsmaßnahmen • Absteigende Belastungsdynamik in den Vorwettkampfmikrozyklen
Zwischen-MEZ	• Wiederherstellung und Stabilisierung der Leistungsfähigkeit innerhalb einer langen Wettkampfperiode	• Verstärktes Anwenden von Mitteln zur aktiven Erholung • Zunächst Reduzieren der Belastungsanforderungen, dann Wiederheranführen an die Wettkampfbelastung durch spezielle Trainingsmittel einschließlich Wettkampfübungen

Tab. 35: Arten von Mesozyklen zur Steuerung des Trainings in der Vorbereitungs- und Wettkampfperiode (modifiziert nach *Matwejew* 1981, 216 f.)

Makrozyklus

Der Makrozyklus setzt sich aus mehreren Mesozyklen zusammen und hat in der Regel eine Dauer von einigen Monaten bis zu einem Trainingsjahr. Ausnahmen sind die vierjährigen Olympiazyklen (vgl. *Schnabel* et al. 1994, 426). Abgeleitet von *Matwejews* These (1965, 38 f.) von der gesetzmäßigen phasenhaft verlaufenden Herausbildung der optimalen Leistungsfähigkeit ergibt sich für den Makrozyklus eine bestimmte Grundstruktur, bestehend aus 3 Abschnitten:

- Abschnitt 1 ist auf die Herausbildung der bogenschießspezifischen Leistungsfähigkeit ausgerichtet (s. S. 35 ff.).
- Abschnitt 2 dient der relativen Stabilisierung eines hohen Niveaus der Leistungsfähigkeit des Schützen.
- Bei Abschnitt 3 stehen Erholung und Wiederherstellung nach den vorangegangenen Belastungen im Mittelpunkt (Tab. 36).

Tab. 37 macht gleichzeitig eine mögliche Einordnung zweier Makrozyklen innerhalb der Doppelperiodisierung im Jahresverlauf deutlich.

Phasen der Entwicklung	Periode	Dauer	Ziele	Ausbildungsschwerpunkte
Phase der Aneignung	VP	¼–⅓ des gesamten Periodenzyklus (ca. 10 Wochen)	• Erreichen der Höchstleistung der vorangegangenen Periodenzyklen • Schaffen neuer Grundlagen für den weiteren Aufbau der spezifischen Wettkampfleistung	• Steigerung der Belastbarkeit (z.B. Pfeilzahlen) • Erhöhung des physischen, schießtechnischen, schießtaktischen, strategisch-taktischen, intellektuellen und psychischen Leistungsniveaus (s. S. 35) • Entwicklung bogenschießspezifischer Fähigkeiten in ihrer Komplexität (z.B. spezielle Kraftausdauer, Anhalten)
Phase des Erhaltens bzw. der relativen Stabilisierung	WP	¼–⅓ des Periodenzyklus (ca. 12 Wochen)	• Erreichen der höchstmöglichen Leistung	• Stabilisierung der Schießtechnik • Optimale Vorbereitung auf den Hauptwettkampf
Phase des zeitweiligen Verlustes	ÜP	3–4 Wochen	• Erhalten des psychophysischen Gleichgewichts	• Vollständige psychophysische Regeneration des Organismus

Tab. 36: Modell des Aufbaus eines Makrozyklus (ÜP: Übergangsperiode, VP: Vorbereitungsperiode, WP: Wettkampfperiode; modifiziert nach *Matwejew* 1981, 225f.; aus *Schnabel* et al. 1994, 428)

1. Makrozyklus					2. Makrozyklus					
VP-1			WP-1		ÜP-1	VP-2		WP-2		ÜP-2
Okt.	Nov.	Dez.	Jan.	Feb.	März	April	Mai	Juni	Juli	Aug.	Sep.

Tab. 37: Möglichkeit einer Doppelperiodisierung im Bogenschießen: Das Sportjahr wird dabei in zwei Makrozyklen zerlegt (ÜP: Übergangsperiode, VP: Vorbereitungsperiode, WP: Wettkampfperiode)

Eine Gegenüberstellung von Zyklisierung und Periodisierung innerhalb eines Trainingsjahres zeigt Abb. 186.

Im Leistungssport hat sich die Erkenntnis durchgesetzt, dass für das Erreichen sportlicher Höchstleistungen individuelle Voraussetzungen und unterschiedliche Adaptabilität der Schützen auch ihre Entsprechung in der Struktur und zeitlichen Dauer des Makrozyklus finden müssen (vgl. *Schnabel* et al. 1994, 430/431).

Tab. 38 zeigt einen Rahmenplan (s. auch S. 135) für eine Freiluftsaison eines Leistungsschützen auf nationaler Ebene. Ausgehend von den Hauptwettkämpfen (DM, LM, Ranglistenturniere) werden in der Wettkampfperiode Regenerationsphasen (Ü) eingeplant. Die Schusszahlen werden wellenförmig gestaltet, jedoch zu den Hauptwettkämpfen hin (außer 1. Rangliste) jeweils abgebaut (psychophysisch erholt in den Wettkampf).
Die entscheidende Steuergröße bei der Trainingsplanung ist – wie bereits mehrfach erwähnt – der Belastungsumfang. Im Sinne der Periodisierung (s. S. 168) in den verschiedenen Phasen des Trainingsjahres ist sowohl ein wellenförmiger Verlauf als auch ein gesteigerter Anspruch der Wettkämpfe notwendig, um am »Tag X« die bestmögliche Leistung abrufen zu können. Die jeweiligen Trainingsformen (Inhalte, Methoden, Mittel) müssen daher optimal aufeinander abgestimmt sein. Tab. 39 gibt eine Möglichkeit wieder, wie einerseits die Schusszahlen in der jeweiligen Periode geplant werden können, andererseits beispielsweise ein optimales Verhältnis von Elementen-, Transformations- und Wettkampftraining realisiert werden kann. So ist beispielsweise in der 16. Woche das Verhältnis zwischen Techniktraining (z.B. Elemententraining) zu Transformationstraining (z.B. Gruppierungen Schießen auf Auflage ohne Wertung) zu Wettkampftraining (z.B. Leistungskontrolle) wie 3:1:1.

Komplexes Beispiel

Abb. 187 zeigt ein komplexes Beispiel der Trainings- und Wettkampfplanung in Hinblick auf die Vorbereitung auf die Olympischen Spiele.

Vorbereitungsperiode

Die Vorbereitungsperiode dient der Schaffung grundlegender konditioneller, schießtechnischer und anderer Voraussetzungen für hohe Ergebnisse und Trainingsbelastungen in der Wett-

Einleitender Mesozyklus	1. Makrozyklus	Trainingsjahr	1. Periodenzyklus	1. Etappe
Grundlegender Mesozyklus			1. Vorbereitungsperiode	
Kontrollmesozyklus				
Zwischenmesozyklus				
Vorbereitungsmesozyklus				2. Etappe
Wettkampfmesozyklus			1. Wettkampfperiode	
Grundlegender Mesozyklus	2. Makrozyklus		2. Periodenzyklus	1. Etappe
Vorbereitungsmesozyklus			2. Vorbereitungsperiode	2. Etappe
Wettkampfmesozyklus				1. Etappe
Vorwettkampfmesozyklus (UWV)			2. Wettkampfperiode	2. Etappe
Zwischenmesozyklus (Erholung)			Übergangsperiode	

Abb. 186: Modellartige Gegenüberstellung von Zyklisierung und Periodisierung am Beispiel eines Trainingsjahres, bestehend aus zwei Makro- bzw. Periodenzyklen (Doppelperiodisierung; modifiziert nach *Schnabel* et al. 1994, 430)

kampfperiode. Im Spitzenbogensport ist die Vorbereitungsperiode in verschiedene Mesozyklen (s. S. 180) von 3- bis 6-wöchiger Dauer untergliedert, da hierdurch ein präziseres Eingehen auf die Gesetzmäßigkeiten des Bogensports möglich ist (vgl. *Weineck* 2010, 91; *Starischka* 1988, 33). Die Anzahl der Mesozyklen kann in den einzelnen Abschnitten (Vorbereitungsperiode 1 oder 2) variieren, je nachdem, ob der Saisonhöhepunkt in der Halle oder im Freien liegt.

Die Vorbereitungsperiode 1 erfährt eine mehrfache Differenzierung, wobei sich einzelne Mesozyklen wiederholen können.

Einleitender Mesozyklus
Der einleitende Mesozyklus (s. S. 180) ist relativ allgemein gehalten und soll vor allem konditionell vorbereiten. Aus inhaltlicher Sicht wird der einleitende Mesozyklus vielseitig auf die Entwicklung allgemeiner und spezieller koordinativer und konditioneller Fähigkeiten (Grundlagenausdauer, Kraftausdauer und Maximalkraft, spezielle Komponenten des Schnelligkeits- und Beweglichkeitstrainings) ausgerichtet. Neben allgemeinen Kräftigungsübungen liegt der Schwerpunkt des Krafttrainings im semispezifischen Kraftausdauertraining. Zur Verbesserung des Schießstils bieten sich Übungen zur Bewegungswahrnehmung und technikorientiertes Elemententraining (z.B. Schießen ohne Auflage, vgl. Techniktraining, S. 449) an. Die Verwendung eines leichten Bogens (z.B. für das Trainingsziel der Schulterblattpositionierung) kann hilfreich sein.

Insgesamt ist die Trainingsbelastung des Schützen mittel bis hoch (Trainingsumfänge im Schießtraining: 60–100 Schuss pro Trainingseinheit), und die Trainingsinhalte sind relativ unspezifisch (vgl. *Starischka* 1988, 33). Nach 2–3 Trainingswochen mit ansteigender Belastung können einige Tage zur Regeneration eingelegt werden. Eine Übersicht der Inhalte des einleitenden Mesozyklus 1 innerhalb des Wochenverlaufs gibt Tab. 40.

Tab. 38: Halbjahresplan in der Freiluftsaison unter besonderer Berücksichtigung verschiedener Arten von Meso- und Mikrozyklen (in Anlehnung an *Bachmann* 1996; ÜP: Übergangsperiode, VP: Vorbereitungsperiode, WP: Wettkampfperiode; ELM: einleitender Mesozyklus [MEZ], GLM: grundlegender MEZ, VKM: Vorbereitungs- und Kontroll-MEZ, VVM: Vervollkommnungs-MEZ, WKM: Wettkampf-MEZ, UWKV: unmittelbare Wettkampfvorbereitung, ZMZ: Zwischen-MEZ; RMZ: Rehabilitationsmikrozyklus, EMZ: einleitender Mikrozyklus [MIZ], GMZ: grundlegender MIZ, VBZ: vorbereitender MIZ, VVZ: Vervollkommnungs-MIZ, WMZ: Wettkampf-MIZ, K: Kreismeisterschaft, B: Bezirksmeisterschaft, V: Vorbereitungsturnier, MC: Materialcheck, LM: Landesmeisterschaft, KW: Kontrollwettkampf, NM: Nationale Meisterschaft)

Phase	März	April	Mai	Juni	Juli	Aug.	Sept.
Phase	ÜP-1	VP-2	VP-2	WP-2	WP-2	WP-2	ÜP-2
Mesozyklus	ZMZ	ELM	GLM	VKM	ZMZ-VVM	WKM	ZMZ und UWKV	ZMZ
LK/WK			K	V	B MC	LM	KW	NM
Mikrozyklus	EMZ / RMZ	GMZ	VBZ	VVZ	RMZ / EMZ	VBZ / VVZ / WMZ	VBZ / EMZ / VBZ / VVZ / WMZ	RMZ
Kalenderwoche	10 11 12	13 14 15 16	17 18 19 20	21 22 23 24 25	26 27 28 29	30 31 32	33 34 35	36 37

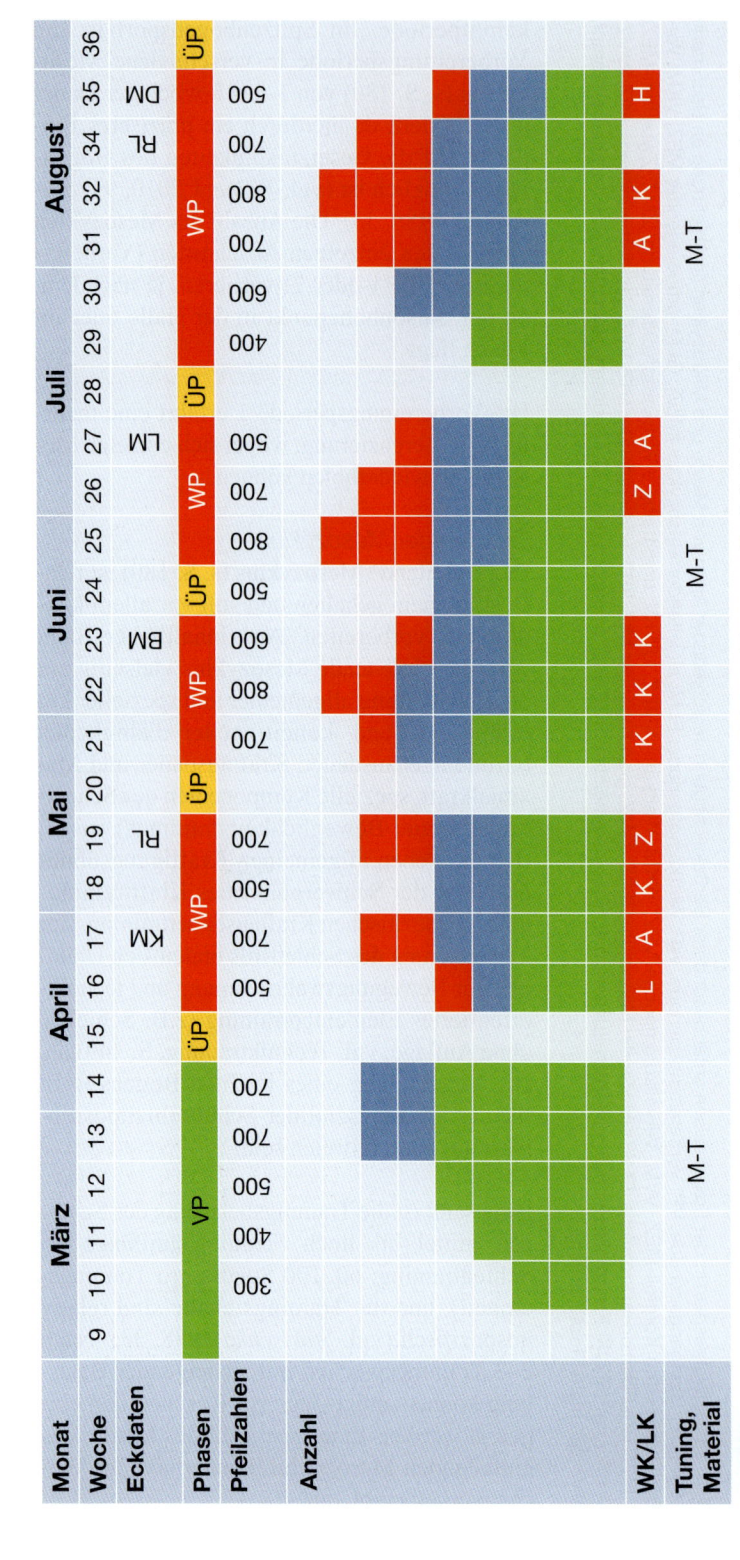

Monat	März					April					Mai					Juni					Juli					August			
Woche	9	10	11	12	13	14	15	16	17	18	19	20	21	22	23	24	25	26	27	28	29	30	31	32	33	34	35	36
Eckdaten									KM		RL				BM				LM							RL	DM	
Phasen	VP					ÜP			WP			ÜP		WP			ÜP		WP	ÜP					WP			ÜP
Pfeilzahlen	300	400	500	700	700	700	500	700	500	700	800	700	600	500	800	700	500	400	600	700	800	700	500
Anzahl																												
WK/LK								L	A	Z		K	K	K			Z	A				A	K		H
Tuning, Material		M-T														M-T							M-T					

Tab. 39: Beispiel eines Rahmenplans für die Freiluftsaison eines Schützen im Anschlusstraining unter Berücksichtigung der Anteile von Technik- (grün), Transformations- (blau) und Wettkampftraining (rot; in Anlehnung an *Ulrich* 1998, 46; KM: Kreismeisterschaft, RL: Rangliste, BM: Bezirksmeisterschaft, LM: Landesmeisterschaft, DM: Deutsche Meisterschaft, VP: Vorbereitungsperiode, ÜP: Übergangsperiode, WP: Wettkampfperiode, L: Leistungskontrolle, A: Aufbauwettkampf, K: Kontrollwettkampf, Z: Zwischenwettkampf, H: Hauptwettkampf, M-T: Materialtest/Check bzw. Tuning am Ende der Vorbereitungsperiode)

Training und Periodisierung

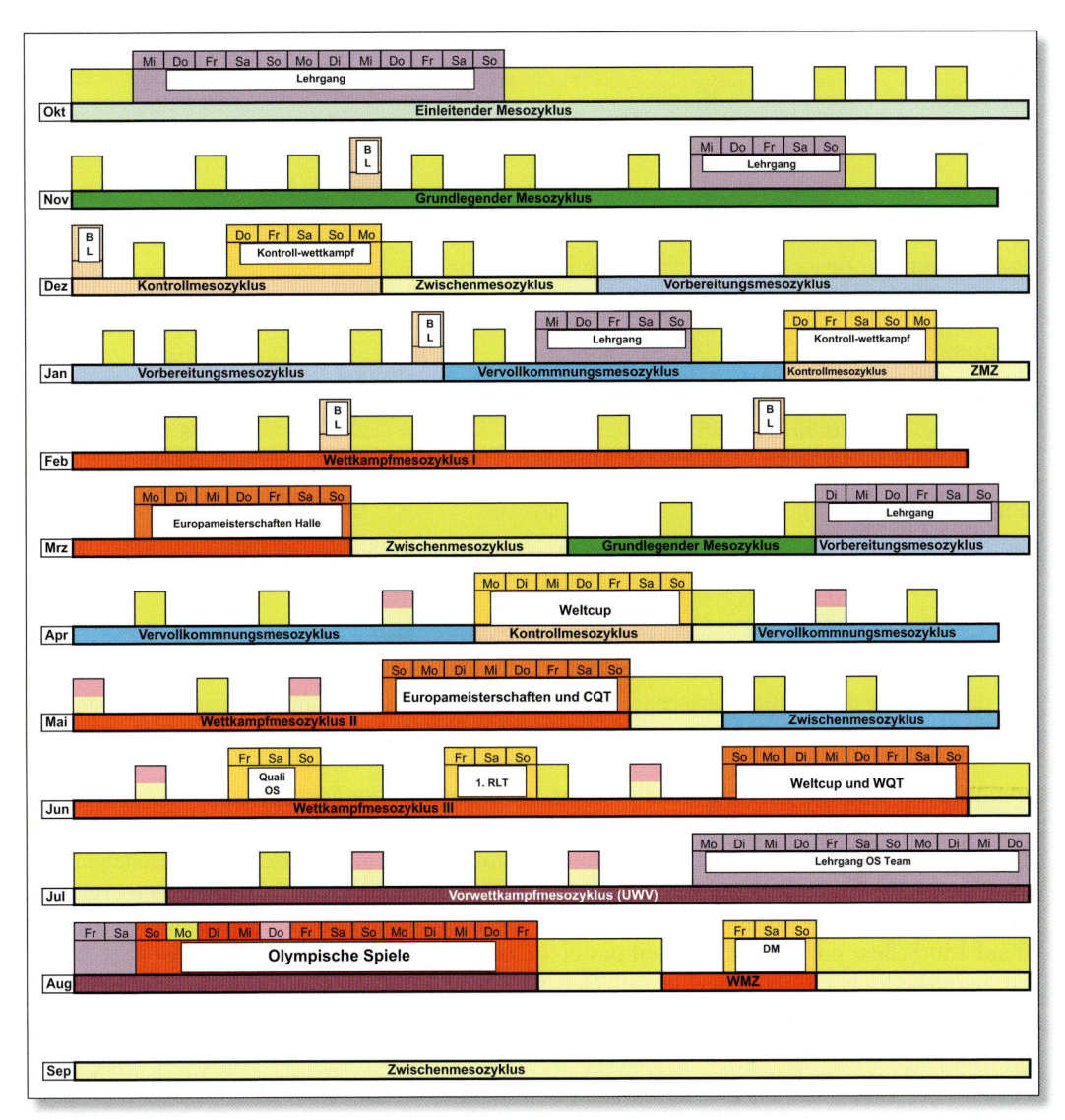

Abb. 187: Komplexes Beispiel der Trainings- und Wettkampfplanung im Hinblick auf die Vorbereitung auf die Olympischen Spiele (BL: Bundesliga, ZMZ: Zwischenmesozyklus, CQT: Continental Qualification Tournament, OS: Olympische Spiele, RLT: Ranglistenturnier, WQT: World Cup Qualification Tournament, DM: Deutsche Meisterschaft)

Grundlegender Mesozyklus

Der grundlegende Mesozyklus soll den Übergang zwischen allgemeiner und spezieller Vorbereitung (»Zwischenetappe«: z.B. Zielpunktschießen) schaffen. Ziel ist die Entwicklung der Schießtechnik bei hoher Bewegungsgüte unter standardisierten Bedingungen. Dazu werden das allgemeine Kraft- und Ausdauertraining reduziert und das spezielle Krafttraining für den Aufbau der Schießmuskulatur (vgl. Training der motorischen Hauptbeanspruchungsformen, S. 273 ff.) erhöht. Die Trainingswoche wird in zwei Belastungsblöcke von 2–3 Tagen eingeteilt. Nach einem Belastungshöhepunkt folgt ein Tag mit regenerativen bzw. kompensatorischen Maßnahmen, um die Leistungsfähigkeit

Wochentag	Mo	Di	Mi	Do	Fr	Sa	So
Ausdauer		45 min		30 min		45 min	
Kraft	60 min		60 min				
Koordinationsanteil	25 % (speziell)		25 % (allgemein)				
Beweglichkeit	20 min		20 min	20 min		20 min	
Schusszahlen/TE	60–100	60–100		60–100	60–100	60–100	
Technikanteil	75 %	75 %		50 %	50 %	50 %	
Psychologie			20 min			20 min	

Tab. 40: Beispiel eines Mikrozyklus im einleitenden Mesozyklus (letzter Abschnitt; TE: Trainingseinheit)

wieder herzustellen und Überforderungen zu vermeiden. Schwerpunkt bildet im Techniktraining das Training der Positionsphasen (s. S. 367 und 468).

Grundsätzlich sind die Trainingsinhalte dieser Phase bogenschießspezifisch und die Trainingsbelastung hoch bis zur Grenzbelastung (vgl. *Starischka* 1988, 34). Der Trainingsumfang im Schießtraining wird stufenförmig von 90 auf 150 Schuss pro Trainingseinheit gesteigert. In methodischer Reihung und je nach Notwendigkeit kommen Tafelschießen, Zielpunktschießen, Scheibenschießen und Schießen auf kleinere Auflagen als Trainingsmittel zur Anwendung (s. S. 468, Transformationstraining; vgl. *Möslein* 1994, 22; *Schnabel* et al. 1994, 425).

Eine Übersicht der Inhalte des grundlegenden Mesozyklus im Wochenverlauf zeigt Tab. 41.

Kontrollmesozyklus
Im anschließenden Kontrollmesozyklus finden vermehrt Leistungskontrollen und ein Aufbau- bzw. Kontrollwettkampf (Soll-/Istwert-Vergleich!) statt.

Zwischenmesozyklus
Im Zwischenmesozyklus wird nach mehreren Trainingswochen eine Regenerationswoche zur aktiven Erholung eingelegt.

Vorbereitender Mesozyklus
Nach einem erneuten grundlegenden Mesozyklus (z.B. Fehlerkorrektur oder Beheben von Mängeln) soll der nachfolgende vorbereitende Mesozyklus auf die Wettkampfphase vorbereiten bzw. entsprechende Parameter (z.B. in der Schießtechnik) vervollkommnen.
Ziel des vorbereitenden Mesozyklus ist das Schaffen wettkampfspezifischer Leistungsgrundlagen (z.B. Wettkampfentfernung, Ersatzmaterial einschießen). Hauptaufgaben sind neben der Beseitigung erkannter Schwächen die Korrektur von Fehlern und das Stabilisieren neu erworbener Fähigkeiten und Fertigkeiten (z.B. Schießrhythmus, Anhalten, psychoregulative Methoden).

Inhaltlich gilt es insbesondere im Techniktraining (dieses erfährt hier eine verstärkte Akzentuierung; vgl. *Weineck* 2010, 886), den technisch perfekten Bewegungsablauf auf die Wettkampfentfernung vollständig zu transformieren. Aufgrund der beginnenden psychischen

Wochentag	Mo	Di	Mi	Do	Fr	Sa	So
Ausdauer		30 min		45 min		60 min	
Kraft	60 min		60 min		60 min		
Koordinationsanteil	25 % (speziell)		25% (allgemein)		25 % (speziell)		
Beweglichkeit	20 min		20 min	20 min	20 min		
Schusszahlen	90–150	90–150		90–150	90–150		90–150
Technikanteil	75 %	75 %		50 %	50 %		
Taktik					25 %		
Psychologie			20 min				20 min
Wettkampf							LK

Tab. 41: Beispiel eines Mikrozyklus im grundlegenden Mesozyklus (LK: Leistungskontrolle)

Mehrbelastung (z.B. durch Leistungskontrollen) empfiehlt sich ein vermehrter Einsatz psychoregulativer Verfahren (diese müssen aber bereits erlernt sein).
Insgesamt sind die Trainingsinhalte wettkampfspezifisch und variierend (z.B. auch Taktiktraining). Die Trainingsbelastung ist hoch bis zur Grenzbelastung, wobei Schusszahlen von 150–200 Schuss (und mehr) pro Trainingseinheit notwendig sind (vgl. *Bachmann* 1996). Tab. 42 gibt ein inhaltliches Beispiel für einen Wochenverlauf im vorbereitenden Mesozyklus.

Kontrollmesozyklus
Ein Kontrollmesozyklus mit Leistungskontrollen bzw. einem Kontrollwettkampf (Soll-/Istwert-Vergleich!) muss folgen, um die Effektivität des Trainings zu überprüfen.

Vervollkommnungsmesozyklus
Ein anschließender Vervollkommnungsmesozyklus (nach Analyse des vorausgegangenen Wettkampfes und Technikstabilisierung) soll den Einstieg in den Wettkampfmesozyklus vorbereiten.

Materialfragen, Veränderungen der Ausrüstung, Auswahl und Grobtuning, neuer Bogen etc. müssen in der Vorbereitungsperiode abgeschlossen sein.
Zusammenfassend sind Ziele, Schwerpunkte und Hauptaufgaben sowie Voraussetzungen, Inhalte und Trainingsmittel einer allgemeinen (= einleitender Mesozyklus) und speziellen Vorbereitungsperiode in Tab. 43 dargestellt (vgl. *Ulrich* 1996, 8.5).

Wettkampfperiode

> Die Wettkampfperiode ermöglicht dem Schützen über die hohen Belastungen der verschiedenen Wettkämpfe die Entwicklung und Stabilisierung seiner individuellen Höchstform (*Weineck* 2010, 92).

Im Sinne der dargestellten Doppelperiodisierung (Hallen- und Freiluftsaison) – man spricht auch von einer »komplizierten« Wettkampfperiode – erfahren sowohl Wettkampfperiode 1 als auch Wettkampfperiode 2 eine mehrfache Differenzierung.

Wochentag	Mo	Di	Mi	Do	Fr	Sa	So
Ausdauer		45 min		45 min		45 min	
Kraft	60 min		60 min				
Koordinationsanteil	25 % (speziell)		25 % (allgemein)		25 % (speziell)		
Beweglichkeit	20 min		20 min	20 min			20 min
Schusszahlen	150–200	150–200		150–200	150–200		150–200
Technikanteil	75 %	50 %		50 %	25 %		
Taktik				25 %	25 %		25 %
Psychologie			20 min				20 min
Wettkampf							LK

Tab. 42: Beispiel eines Mikrozyklus im vorbereitenden Mesozyklus (LK: Leistungskontrolle)

Phase	Schwerpunkte	Inhalte	Ziele
Allgemeine Vorbereitung	• Aufbau der allgemeinen und speziellen Kondition • Stabilisierung der grundlegenden schießtechnischen Voraussetzungen	• Stetig wachsende Belastung (Zuggewicht, Pfeilzahlen) • Großer Anteil an Elementen- und Bewegungsablaufübungen (s. S. 468 ff.)	• Entwicklung allgemeiner Wettkampfvoraussetzungen (z.B. Kampfgeist) • Erreichen eines hohen Niveaus allgemeiner Kondition • Anbahnung einer stabilen Schießtechnik
Spezielle Vorbereitung	• Aufbau der Bestform	• Wachsender Anteil an Wettkampftraining • Vorbereitungs- und Kontrollwettkämpfe	• Einwicklung spezieller Wettkampfvoraussetzungen (z.B. Bauchatmung) • Erreichen eines hohen Niveaus spezieller Kondition (z.B. Kraftausdauer schießrelevanter Muskulatur) • Transformation der Schießtechnik auf den Wettkampf (z.B. Wettkampfentfernung, Schießrhythmus)

Tab. 43: Ziele, Schwerpunkte und Hauptaufgaben sowie Voraussetzungen, Inhalte und Trainingsmittel einer allgemeinen und speziellen Vorbereitungsperiode

Wettkampfmesozyklen 1 und 2

Die Wettkampfmesozyklen 1 und 2 dienen sowohl innerhalb der Wettkampfperiode 1 (Vorbereitung auf den Höhepunkt in der Hallensaison) als auch in der Wettkampfperiode 2 (Vorbereitung auf den Hauptwettkampf in der Freiluftsaison) vor allem dem Sammeln von Wettkampferfahrungen durch den Einsatz konkreter Handlungsmuster (z.B. bestimmter Schießrhythmen, Anhalten).

Ziel dieser Wettkampfmesozyklen sind schnelles Steigern der Wettkampfleistung, Erziehung zu Wettkampfhärte, Erkennen von Schwächen und Reserven, Sammeln von Wettkampferfahrung, Festigung der Schießtechnik unter Wettkampfbedingungen, Ausarbeitung variabler und standardisierter strategisch-taktischer Handlungen (z.B. beim ersten/letzten Pfeil) und deren Training unter wettkampfnahen Bedingungen.

Hauptinhalte des Trainings sind das Training unter verschiedensten Wettkampfbedingungen (z.B. Schießen im K.-o.-System, Prognosetraining, Training der Nichtwiederholbarkeit, Visualisierung), Aufbauwettkämpfe mit ansteigendem Schwierigkeitsgrad (nur sie schaffen spezielle physiologische und emotionale Bedingungen, die im Training nicht erreicht werden können) sowie das Kontrolltraining. Fehler, die sich während des Wettkampfes ausgeprägt haben, müssen im Training sofort beseitigt werden; dazu soll unmittelbar nach dem Wettkampf bzw. am Tag bzw. in der Woche danach ein so genanntes »Sauberschießen« vorrangig mittels Tafelschießen absolviert werden (vgl. *Möslein* 1994, 23). Die Belastungsumfänge im Schießtraining liegen in dieser Zeit bei mindestens 1000 Schuss pro Woche (vgl. *Giodispotti* 1980, Trainersymposium Bad Goisern, *Bachmann* 1994). Tab. 44 gibt ein inhaltliches Beispiel für einen Wochenverlauf von Wettkampfmesozyklus 1 und 2.

Zwischenmesozyklus

Insbesondere im Anschluss an Mesozyklus 2 erfolgt ein Zwischenmesozyklus, der von einer Regenerationsphase eingeleitet wird. Ziele sind die aktive Erholung, die Beseitigung der in den Wettkämpfen erkannten Schwächen und die psychologische Wiederherstellung. Inhaltlich kommen bei mittlerem Belastungsumfang (ca. 600–800 Schuss pro Woche) in einer ersten Phase verstärkt Mittel der aktiven Erholung (allgemeine Übungen wie Schwimmen und Radfahren) und Techniktraining zur Anwen-

Wochentag	Mo	Di	Mi	Do	Fr	Sa	So
Ausdauer		45 min		45 min			
Kraft	60 min		60 min				
Koordinationsanteil	25 %	25 %			25 %		
Beweglichkeit	20 min		20 min	20 min			20 min
Schusszahlen	170	190		210	230		200
Technikanteil	75 %	50 %		50 %	25 %		
Taktik		25 %		25 %	25 %		25 %
Psychologie			20 min				20 min
Wettkampf (LK)				25 %	25 %		75 %

Tab. 44: Beispiel eines Mikrozyklus im Wettkampfzyklus 1 (LK: Leistungskontrolle)

dung. In der zweiten Phase soll der Schütze bereits wieder an die Wettkampfbelastung durch spezielle Trainingsmittel einschließlich Wettkampfübungen (z.B. in methodischer Reihung: Tafelschießen, Schießen auf eine Wettkampfentfernung ohne Auflage mit Zielpunkt, mit Auflage, mit Zusatzbedingung, Rhythmuswechsel, veränderter Zielpunkt etc.) herangeführt werden. *Schnabel* et al. (1994, 294) sprechen hierbei von »Transformationstraining« (s. S. 468).

Wettkampfmesozyklus 3

Er dient als »Zwischenetappe«, in der erprobte Verhaltensweisen (z.B. Schießrhythmus) im Hinblick auf den Hauptwettkampf durch Mehrfachanwendung gefestigt werden sollen.

Ziele sind die Stabilisierung des Wettkampfzustandes, die Vorbereitung auf Qualifikations- oder Ausscheidungswettkämpfe und die Bewährung unter besonders schwierigen Wettkampfbedingungen (z.B. Schießen unter Leistungsvorgabe mit Konsequenzen). Durch Wettkämpfe mit höherem Schwierigkeitsgrad als im ersten Zyklus und einer allmählichen Reduzierung des Belastungsumfangs (Pfeilzahlen) im Training nach individuellen Erfordernissen (vgl. *Henderson* 1987, 70) erfährt diese Phase entscheidenden Charakter im Hinblick auf die psychologische Entwicklung des Schützen. Pädagogisches Geschick des Trainers ist dabei besonders gefragt. Der Mesozyklus 3 endet mit der Teilnahme an einem Wettkampf auf international höchsten Niveau.

Unmittelbare Wettkampfvorbereitung auf den Saisonhöhepunkt (Tapering bzw. »Vorwettkampfetappe«)

Der Mesozyklus der unmittelbaren Wettkampfvorbereitung ist eine Abfolge von Inhalten aller vorher genannten Mesozyklen in Abhängigkeit vom vorangegangenen Jahrestrainingsaufbau (vgl. *Starischka* 1988, 35; *Martin* 1991, 284 f.; *Schnabel* et al. 1994, 425 f.; *Weineck* 2010, 97). Ziele sind die optimale Herausbildung der Leistungsvoraussetzungen und ihres Zusammenwirkens (z.B. Kraftausdauer und Schießtechnik) sowie das Erreichen der sportlichen Höchstform (z.B. Bestergebnis; vgl. *Starischka* 1988, 37 f.; *Martin* 1991, 284 f.; *Möslein* 1994, 22 f.; *Schnabel* et al. 1994, 425 f.; *Weineck* 2007, 96).

Abb. 188 zeigt beispielhaft die Einordnung der Phase der unmittelbaren Wettkampfvorbereitung in den Jahresplan.

In der bisherigen Praxis hat sich im Bogenschießen eine Dauer der unmittelbaren Wettkampfvorbereitung von 5–7 Wochen als günstig erwiesen (vgl. *Lehnert* 1994, 12). In dieser Etappe sind folgende trainingsmethodischen Aufgaben zu lösen:

- *Konditionelle Aufgaben*: Herstellung bzw. Stabilisierung eines optimalen Niveaus der konditionellen Voraussetzungen (insbesondere spezielle Kraftausdauer) für die effektive Umsetzung der Schießtechnik und -taktik sowie zur Bewältigung der hohen Gesamtanforderungen im Verlauf der Wettkämpfe
- *Technische Vorbereitung*: Vervollkommnung der Schießtechnik, Korrektur technischer Mängel, Anpassung der technischen Aus-

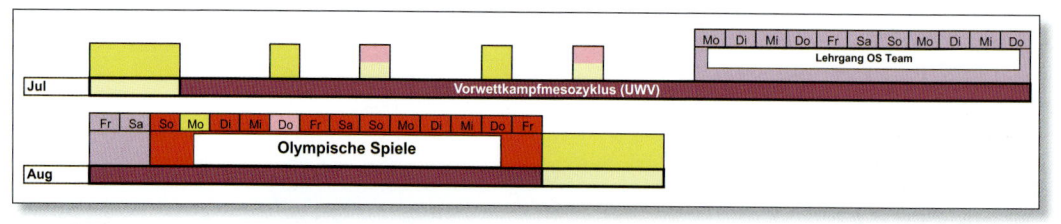

Abb. 188: Beispielhafte Einordnung der Phase der unmittelbaren Wettkampfvorbereitung (6 Wochen) in den Jahresplan (OS: Olympische Spiele, gelb: Regeneration, rosa: leichte Belastung)

führung an die konkreten Wettkampfbedingungen (z.B. 2- bzw. 4-Minuten-Rhythmus, Entfernungswechsel, alternierend Schießen)
- *Taktische Vorbereitung*: Präzisierung und Stabilisierung der eigenen Konzeption der Wettkampfführung
- Ausprägung der *komplexen sportlichen Leistung* (optimales Schießen unter allen Bedingungen)
- Schaffung einer leistungsfördernden *Gesamtatmosphäre* (»I feel good!«)
- *Motivierung und Mobilisierung emotionaler Triebkräfte* für ein erfolgreiches Abschneiden (z.B. Trainer, Umfeld)
- Festigung des *Selbstvertrauens* in die eigene Leistungsfähigkeit

- Einstellung auf *Besonderheiten der psychischen Wettkampfführung* (»Im Finale halte ich meinen Rhythmus!«)
- Einstellung auf *Besonderheiten der allgemeinen Atmosphäre* vor und während der Wettkämpfe (Verhalten der Zuschauer, der Medien, Visualisierung!)

Für das Erreichen der individuellen Höchstleistung am Tag des Hauptwettkampfes sind die richtige Auswahl und die Folge von Trainingsinhalten sowie eine entsprechende Dynamik der Trainingsbelastung entscheidend. Wie Abb. 189 zusammenfassend zeigt, sollte der Umfang des Trainings allmählich gesteigert werden und seinen Höhepunkt etwa 3 Wochen vor dem Haupt-

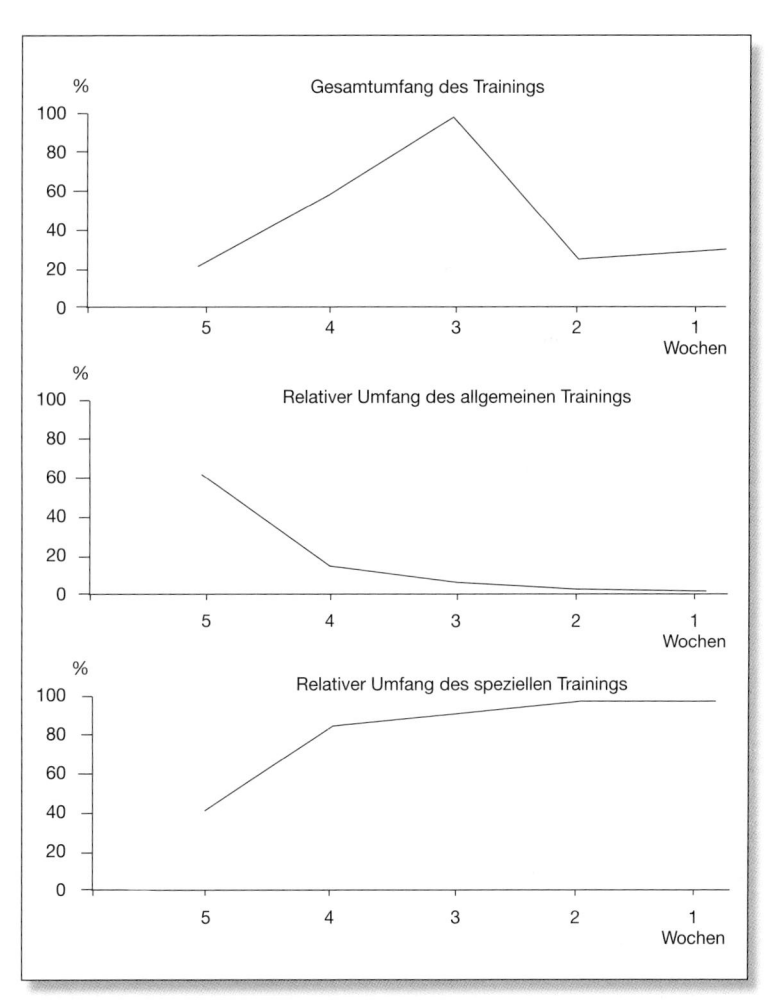

Abb. 189:
Verlauf der einzelnen Belastungskomponenten in der unmittelbaren Wettkampfvorbereitung im Schießen (nach *Lehnert* 1994, 13)

wettkampf erreichen. Der relative Umfang des allgemeinen Trainings nimmt während der gesamten Phase der unmittelbaren Vorbereitung ab, während spezielle Trainingsmittel, -inhalte und -methoden zunehmen.

Bei einer längerfristigen Wettkampfvorbereitung über mehrere Wochen (4–6) ist die folgende Gesamtstruktur – sie wird auch als Konzept der wechselnden Dominanz von wesentlichen Trainingsinhalten bezeichnet – vorteilhaft (vgl. hierzu auch *Lehnert* 1994, 13; *Tschiene* 1999, 327f.):

- *Phase der Erholung (Dauer: ca. eine Woche)*: Es empfiehlt sich eine kurze aktive, vor allem psychische Erholung, bei der allgemeine Trainingsmittel, Ausgleichssport und physiotherapeutische Maßnahmen im Vordergrund stehen. Der Schießumfang ist gering bis mittel.
- *Phase des Aufbaus (Dauer: ca. 2–3 Wochen)*: Diese Phase dient vorwiegend der Lösung der konditionellen, schießtechnischen und taktischen Einzelaufgaben (Beseitigung der Mängel und Fehler) sowie dem Einsatz spezieller konditioneller, technischer (z.B. Elementen-, Bewegungsablauftraining) und taktischer Übungen (z.B. Anhalten). Die Trainingsumfänge sind hoch und können mit einem Kontrollwettkampf abgeschlossen werden.
- *Phase der Leistungsausprägung (Dauer: ca. 1–2 Wochen)*: In den Vorwettkampfmikrozyklen wird die bogenschießspezifische Leistung unter Wettkampfbedingungen (z.B. Trefferbild- und Spezialtraining) ausgeprägt und durch das Mikrotuning (z.B.

Veränderungen des Sehnenabstands, Windungszahl etc.) ergänzt. *Lehnert* (1994, 13) empfiehlt insgesamt wettkampfnahe Intensitäten (gleiches Zuggewicht) bei mittleren Belastungen (Pfeilzahlen).

Beachten Sie: Die Dauer bis zum Auftreten der »verspäteten Transformation« (vgl. *Matwejew* 1964, in Platonov 2008, 18) im Sinne eines sprunghaften Anstiegs der sportlichen Leistung kann vom Zeitpunkt des Etappenabschlusses an je nach Qualifikation und Trainingsstatus des Schützen, Größe und Richtung der Belastung sowie individueller Besonderheiten unterschiedlich sein. Ein individuelles Erproben innerhalb des langfristigen Trainingsprozesses ist daher eine unabdingbare Voraussetzung für das Erreichen von Spitzenresultaten zu einem definierten Zeitpunkt.

Abb. 190 zeigt beispielhaft die Einordnung der Phase der unmittelbaren Wettkampfvorbereitung unter Berücksichtigung der einzelnen Teilphasen.

Beachten Sie: Während der unmittelbaren Wettkampfvorbereitung sollten an Technik und Material keine *grundlegenden* Veränderungen mehr vorgenommen werden.

Eine zusammenfassende Übersicht der möglichen Inhalte des Schießtrainings der unmittelbaren Wettkampfvorbereitung gibt Tab. 45.

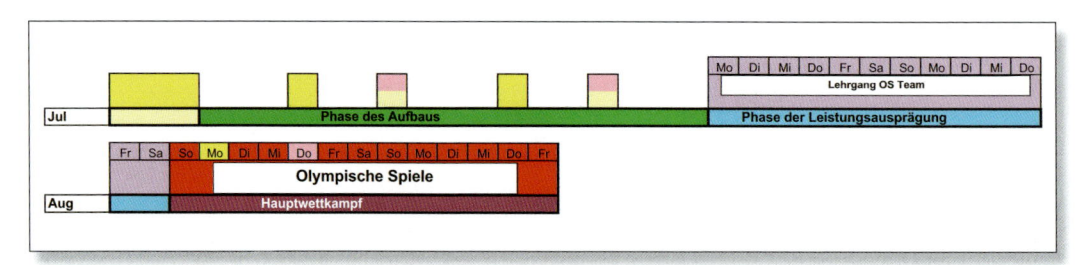

Abb. 190: Möglichkeiten der Einordnung der Phase der unmittelbaren Wettkampfvorbereitung in den Jahresplan unter Berücksichtigung der einzelnen Phasen (OS: Olympische Spiele)

Ausscheidung oder WK	1. Woche	2. Woche	3. Woche	4. Woche	5. Woche	6. Woche	Hauptwettkampf
	Aktive Erholung, niedrige Belastung	Hohe Belastung, ET, BAT, TBT	Hohe Belastung, BAT, TBT	Hohe Belastung, ET, BAT, TBT Kontroll-WK	Mittlere Belastung, BAT, TBT, ET	Mittlere Belastung, BAT, TBT, WT	

Tab. 45: Gesamtstruktur der unmittelbaren Wettkampfvorbereitung über mehrere Wochen (in Anlehnung an *Lehnert* 1994, 13; ET: Elemententraining, BAT: Bewegungsablauftraining, TBT: Trefferbildtraining, WT: Wettkampftraining

Insgesamt lassen sich folgende bogenschießspezifische Grundsätze für die Wettkampfperiode formulieren:
- Unmittelbar nach einem Wettkampf erfolgt das »Sauberschießen«. Hierbei sollten Fehler bereits erkannt, analysiert und gegebenenfalls korrigiert werden (vgl. *Möslein* 1994, 22 f.).
- In den Tagen nach dem Wettkampf (»Technikphase«) liegt wegen der notwendigen psychophysischen Erholung der Schwerpunkt im Techniktraining bei einem stufenförmigen Belastungsanstieg (vgl. *Bachmann* 1994).
- In den Tagen vor dem nächsten Wettkampf (»Realisierungs-« bzw. Transformationsphase) kommen verstärkt Mittel des komplexen Trainings zur Anwendung, z.B. Gesamtablauftraining auf Auflage ohne bewusste Beachtung des Schießablaufs durch Rhythmusschießen.
- Unmittelbar vor dem Wettkampf (ca. 30 Minuten vor den Trainingspfeilen) empfiehlt sich ein auf das »Bewegungsgefühl« ausgerichtetes Einschießen auf eine kurze Entfernung ohne Auflage.

Übergangsperiode

Die Übergangsperiode dient der aktiven Erholung des Schützen und dem vorübergehenden, geplanten Verlust der sportlichen Form (vgl. *Weineck* 2010, 91).

Das Schießtraining kann für 3–4 Wochen vom Trainingsplan gestrichen werden (vgl. *Möslein* 1994, 23).

Hauptaufgabe ist die vollständige psychophysische Regeneration (z.B. durch Sauna und Massage), um ein »Umkippen« der Regulationsmechanismen und Anpassungsvorgänge im Sinne eines Übertrainings zu vermeiden und in der folgenden Vorbereitungsperiode zu einem höheren Belastungsumfang übergehen zu können (vgl. S. 170).

Timecode	Daten	Intervallgeschwindigkeit

5 Bewegungswissenschaftliche Grundlagen des Bogenschießens

Begriffsbestimmung

Die Bewegungslehre bzw. -wissenschaft ist eine Teildisziplin der Sportwissenschaft und stellt – vergleichbar mit der Trainingslehre bzw. -wissenschaft – ein interdisziplinäres Fachgebiet dar.

Allgemeine Bewegungslehre

Die allgemeine Bewegungslehre ist gleichermaßen grundlagen- und anwendungsorientiert und umfasst die Außen- und Innensicht von Bewegungen im Sport. Sie beinhaltet die biomechanischen Grundlagen und Prinzipien sowie die für die Bewegungsbeschreibung notwendigen Bewegungsmerkmale. Weitere zentrale Themen sind die Analyse des Aufbaus einer Bewegungshandlung, der motorische Lernprozess und die Beschreibung sportmotorischer Tests.

Spezielle Bewegungslehre

Die bogensportrelevanten Gesetzmäßigkeiten und Prinzipien der allgemeinen Bewegungslehre werden nachfolgend auf die Sportart Bogenschießen übertragen und zur Anwendung gebracht.
Ziel der speziellen Bewegungslehre ist die Leistungsoptimierung. In diesem Sinne ist die spezielle Bewegungslehre ein wichtiger Zubringer für die Trainingslehre.

Der Gegenstandsbereich der Bewegungslehre im Bogenschießen erstreckt sich gleichermaßen auf den äußerlich sichtbaren Schießablauf, d.h. auf die Bewegung als räumlich-zeitliche Veränderung wie auf die körperinternen Steuerungs- und Funktionsprozesse (Wie wird der Schuss wahrgenommen?), die am Zustandekommen des Schusses beteiligt sind. In diesem Zusammenhang wird von Außen- und Innenaspekten der Bewegung gesprochen.

Wesentliche Ziele der Bearbeitung des *Außenaspekts* sind unter anderem die Beschreibung, Erklärung, Systematisierung und Klassifizierung der Schießtechnik, die Bereitstellung allgemeiner Beurteilungskategorien (qualitativ und quantitativ) sowie die präzise Analyse der realen Bewegungsausführung (z.B. Soll-Istwert-Vergleich) und der ablaufrelevanten Rahmenbedingungen (z.B. Umweltbedingungen). Im zweiten Bereich, der den *Innenaspekt* betrifft, steht die Ermittlung von Gesetzmäßigkeiten der Bewegungskoordination im Vordergrund. Besondere Aufmerksamkeit wird ihrer Veränderung durch motorische Lern- und Entwicklungsprozesse gewidmet, was insbesondere im Kinder- und Jugendtraining von entscheidender Bedeutung ist.

Betrachtungsweisen der Bewegungslehre

Bei der Analyse des Schießablaufs können verschiedene Betrachtungsweisen zur Darstellung unterschiedlicher Aspekte der Schießtechnik herangezogen werden.

Morphologische Betrachtungsweise

Primäres Ziel der morphologischen (die äußere Gestalt betreffend) Betrachtungsweise ist es, dem Trainer bzw. Schützen alle erforderlichen Informationen zur Beurteilung, Korrektur oder Anleitung des Schießablaufs (Trainer) zu geben bzw. zur Schaffung einer Bewegungsvorstellung (Schütze) beizutragen. Die morphologische Betrachtungsweise ist eine unverzichtbare Komponente der qualitativen Bewegungsbeurteilung in der Sportpraxis. Der »Expertenblick« des Trainers erfasst unmittelbar die Qualität des Schießablaufs, was insbesondere bei der Ursachenkorrektur bei Fehlern von herausragender Bedeutung ist.

Beim Erlernen der Schießtechnik können charakteristische und typische Eigenschaften der individuellen Bewegungsausführung festgehalten, verglichen und beurteilt werden (vgl. Bewegungsanalyse, S. 213). Dabei können sowohl der Gesamtablauf als auch einzelne Elemente (z.B. Griff, Fingerpositionierung) der Bewegung untersucht werden. Bei der Beurteilung kommt den qualitativen Bewegungsmerkmalen (s. S. 216) eine herausragende Bedeutung zu.

Wesentliche Elemente der morphologischen Betrachtung sind:
- *Beschreibung der Bewegung*: Die externe Beschreibung/ Beobachtung kann durch Fotos, Serienfotos, Bildreihen, Videoaufnahmen etc. unterstützt bzw. objektiviert werden.
- *Begründungen und Anweisungen zur Bewegungsausführung*: Durch die Erfassung von Einzelaspekten des Schießablaufs, wie etwa Längenmerkmale (z.B. Auflagefläche beim Ankern), Winkelmerkmale (z.B. Schießdreieck) oder Zeitmerkmale (z.B. Haltezeit) können Informationen zur Optimierung der Qualität der Schießtechnik abgeleitet werden (Abb. 191).
- *Fehleranalyse und Korrekturhinweise*: Die genaue Beobachtung des Schießablaufs ermöglicht das Aufzeigen möglicher Fehler und erlaubt dadurch die Vermittlung entsprechender Korrekturen.

Konsequenzen für die Trainingspraxis:
- Versuchen Sie den Bewegungsablauf zu beschreiben; verwenden Sie dabei Fotos, Serienfotos, Bildreihen, Videoaufnahmen etc.
- Erfassen Sie in den verschiedenen Lehr- und Lernphasen Einzelaspekte, wie etwa Längenmerkmale (z.B. Auflagefläche beim Ankern), Winkelmerkmale (z.B. Schießdreieck) oder Zeitmerkmale (z.B. Dauer der Klickerendphase).
- Analysieren und korrigieren Sie Fehler (s. S. 254).

Anatomisch-physiologische Betrachtungsweise

Diese Betrachtungsweise baut auf den Erkenntnissen der Muskelanatomie und -physiologie auf (s. S. 47). Sie beschreibt, wie der optimale Krafteinsatz gestaltet werden muss, um die Muskelkraftwirkung bestmöglich zur Geltung kommen zu lassen. Sie eruiert Belastungsgrenzen und gibt Hinweise auf leistungsoptimierende Belastungsformen (z.B. hohe Aktivität des Trapezmuskels im Vollauszug, optimal abgestimmte Aktivität des großen und kleinen Rauten- bzw. vorderen Sägemuskels in der Klickerendphase).

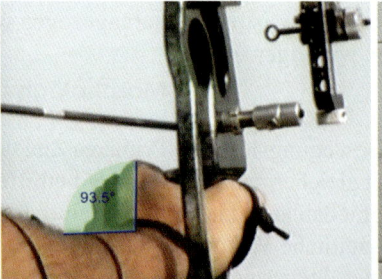

Abb. 191: Längenmerkmale (Auflagelänge im Anker), Winkelmerkmale (Bogenhand) und Zeitmerkmale (Haltezeit) bei der Bewegungsausführung

Untersuchungen an Schützen unterschiedlicher Leistungsstärke zeigen, dass ein ökonomischer Bewegungsablauf eine ausgewogene Muskelaktivität und damit eine hohe Schuss-Reproduktionsfähigkeit durch ein hohes Maß an Stabilität des Bogen- und Zugarms bedingt (vgl. *Clarys* et al. 1990, 25; s. S. 222).

»Die Kunst des Schießens« besteht somit in der kompletten Ausschaltung von überflüssigen Bewegungen im Moment des Lösens (vgl. *Hennessy* u. *Parker* 1990, 7/10).

Der Grund liegt darin, dass eine erhöhte Muskelaktivität im Augenblick der Schussfreigabe Gegenkräfte für die Reaktion des Bogens hervorruft. Hieraus bestätigt sich einmal mehr der Bedarf des Nachhaltens (4. Positionsphase) und die Notwendigkeit der Antizipation (mentale Vorwegnahme) der nachfolgenden Kraftänderungen der verschiedenen Gelenke im Moment des Lösens (s. S. 209 ff.).

Nach *Lenders* et al. (1991, 127) sind kognitive Vorgänge zu vermeiden (typisch für Anfänger); Spitzenschützen zeichnen sich vielmehr durch einen hohen Automatisationsgrad ihrer Bewegungen ohne unnötige Denkprozesse aus.

Konsequenzen für die Trainingspraxis:
- Erspüren Sie den Einsatz unterschiedlicher Muskelgruppen und unterschiedliche Gelenkwinkelstellungen (vor allem die Lage der Schulterblätter) bei unterschiedlichen Techniken (z.B. bei verändertem Ankerpunkt) und Materialien (z.B. verschiedene Zuggewichte, Tabs) innerhalb der verschiedenen Positionsphasen (s. S. 366).
- Variieren Sie die Belastungen hinsichtlich Umfang (z.B. Pfeilzahlen) und Intensität (z.B. Zuggewicht) und beobachten Sie mittelfristige Auswirkungen auf die Schießtechnik.

Neurophysiologische Betrachtungsweise

Gute Schützen sind »völlig leer« und »nur auf das Ziel ausgerichtet« (J. Williams, Olympiasieger München 1972).

Die neurophysiologische Betrachtungsweise ist eine Subkategorie der anatomisch-physiologischen Betrachtungsweise und basiert auf Forschungsergebnissen zur Struktur und Funktion des Nervensystems. Eine Sportart wie Bogenschießen, bei der sich über einen längeren Zeitraum wiederholt innerhalb von Sekundenbruchteilen entscheidende Nervenprozesse abspielen – wie etwa im Augenblick des Lösens – muss die neuronalen Gegebenheiten ins Kalkül ziehen (s. S. 98 ff.).

Beachten Sie: Zu Beginn des motorischen Lernprozesses (s. S. 239) überwiegen insbesondere Erregungs- statt Hemmungsprozesse in der Großhirnrinde, wodurch überflüssige Muskelgruppen mit innerviert werden (Irradiation).

Bei zielgerichteten Aktivitäten funktioniert die Muskulatur nur in Zusammenarbeit mit dem Zentralnervensystem (ZNS). Aus dem ZNS kommen die Signalströme, welche die Muskulatur zur Kraftbildung anregen sowie die Informationen für die Feinabstimmung der Muskeln generieren. Das Zusammenspiel von ZNS und Muskulatur funktioniert dann am besten, wenn der Schütze möglichst wenig bewusst agiert. Andererseits können in Worte gefasste Bewegungsanweisungen (Schlüsselbegriffe, mentale Spots in der Zugbewegung) in kritischen Phasen gestört ablaufende Bewegungen wieder optimieren. Es ist nicht zuletzt eine Aufgabe des Trainings und insbesondere des Trainers zusammen mit dem Schützen, angemessene Schlüsselbegriffe (z.B. »Spannung-Zehn«, »Erhöhe den Druck in Richtung Ziel«, »Spüre deine Schulterblattbewegung«) zu entwickeln (vgl. *Park* 2008).

Konsequenzen für die Trainingspraxis:
- Konzentrieren Sie sich zu Beginn des Lernprozesses auf das Erreichen der Positionsphasen (Vorspannung, Set-up, Ankern und Nachhalten).
- Trainieren Sie als Leistungsschütze insbesondere unter variierenden (z.B. veränderte Griffschale) oder erschwerten Bedingungen (z.B. Blindschießen).

Biomechanische Betrachtungsweise

Die Biomechanik (des Sports) ist die Wissenschaft von der Beschreibung und Erklärung der Erscheinungen und Ursachen von Bewegungen (im Sport) unter Zugrundelegung der Grundlagen des menschlichen Organismus (vgl. *Roth* u. *Willimczik* 1999, 21).

Bei dieser Betrachtungsweise steht die Anwendung mechanischer Gesetze auf den Schützen im Vordergrund. Mithilfe der Newton'schen Gesetze, spezieller Bewegungsanalysesysteme (Video, Hochgeschwindigkeitsaufnahmen, Kraftmessplatten, Elektromyografie, Computeranalysesysteme etc.) kann eine Optimierung von Technik, Ausrüstung, Trainingsmethoden und Coaching erreicht werden (vgl. *Lee*, 2007, 69).

Wertvolle Dienste leisten hierbei mechanische Modelle, weil diese helfen, kinematische und dynamische Sachverhalte darzustellen. *Kinematische Technikmodelle* erwachsen aus der Analyse von räumlich-zeitlichen Veränderungen des Gesamtkörpers und von Körperteilen. Beispiele:
- *McKinney* (1999, 6) weist darauf hin, dass insbesondere in der Grundausbildung eine präzise Oberkörperhaltung zu schulen ist. Diese erfolgt allerdings nicht notwendigerweise durch einen rein koordinierten Muskeleinsatz, sondern dadurch, dass der Schütze den passiven Bewegungsapparat (Knochen) in eine entsprechende Position bringen soll (Abb. 198 Mitte; vgl. *Park* 2008).
- Der Ellbogen des Zugarms sollte während der Klickerendphase (als Teil der Hauptfunktionsphase) um das Schultergelenk der Zugarmseite rotieren (Abb. 198 rechts). Dies ergibt sich dadurch, dass das Schulterblatt der Zugarmseite zur Wirbelsäule hin bewegt wird.

Konsequenzen für die Trainingspraxis:
- Achten Sie auf eine präzise aufrechte Oberkörperhaltung.
- Halten Sie während des Ankers kurz inne (Transferzeit und Ladevorgang).
- Spüren Sie, wie sich das Schulterblatt während des Endzugs in Richtung Wirbelsäule bewegt (s. Techniktraining S. 449).

Dynamische Technikmodelle beschreiben die Ursache der kinematisch zu beobachtenden Wirkungen. So wird zum Beispiel im Spitzenrecurve-Bereich die Beschleunigung des Pfeils durch eine Kraft von durchschnittlich 38 lbs (Damen) bis zu 47 lbs (Herren; 1 lbs = ca. 454 g) verursacht.
Innerhalb biomechanischer Technikmodelle werden die biologischen Gegebenheiten des Schützen als begrenzende Faktoren der Mechanik berücksichtigt. Beispielsweise stehen dem Schützen aufgrund seiner limitierten muskulären Energiespeicher begrenzte Zielzeiten zur Verfügung.
Optimale Zielzeiten liegen unter Laborbedingungen im Recurvebereich zwischen 2 und 4 Sekunden (Compound bis etwa 8 Sekunden; vgl. *Keast* u. *Elliott* 1990, 203; *Lee* u. *Benner* 2009, 216). Mit zunehmender muskulärer Beanspruchung werden zunehmend größere motorische Einheiten rekrutiert, so dass die motorische Feinkontrolle bei großen Relativkräften abnimmt (vgl. *Zipp* et al. 1978, 382; s. Bewegungskoordination, S. 102).
Die optimale Zeit der Schussausführung hängt ferner von der Zeit der Zielerfassung (optische Diskriminationsfähigkeit) ab und ist mitunter sowohl inter- als auch intraindividuell unterschiedlich. Dennoch zeigt sich in der Schießpraxis häufig ein typischer Verlauf des Winkel-

ausschlages des Bogenarmes – die so genannte Badewannenkurve (Abb. 192). Zu einem individuellen Zeitpunkt ergibt sich ein minimaler Tremor des Bogenarmes. Ein Ziel des Schützen muss es daher sein, sich im Augenblick des Lösens bei optimaler Zielerfassung in dieser minimalen Bewegung zu befinden.

Wesentliche Technikelemente in einer vorgegebenen Abfolge (z.B. 1. Stand, 2. Fingerpositionierung) mit höchster Präzision in räumlicher (Resultatfeinheit), kraftmäßiger (Dosierung) und zeitlicher (Tempo) Hinsicht zu realisieren, fordert eine hinlänglich simple Bewegungsform (vgl. *Kratzer* 1997,11). *Barrs* (1992, 41/42) sieht in der kreisförmigen Bewegung des Zugarmellbogens um die Zugarmschulter ein hinreichendes Modell der Hauptfunktionsphase (Klickerendphase und Lösen) des Schießablaufs. Wie Abb. 193 zeigt, ergibt sich für die Vollauszugsphase (Erreichen der 3. Positionsphase) eine andere Kreisform als in der Klickerendphase bzw. im Erreichen der 4. Positionsphase. Biomechanisch ist dies dadurch zu erklären, dass die Kreisbewegung in der Klickerendphase durch eine durch die Zugrichtung bestimmte Kombination von Translation und Rotation entsteht (s. auch Winkelbewegung, S. 61 und 430 ff.; vgl. *Lee* u. *Benner* 2009, 113).

Präaktional fordert *McKinney* (1998, 57), den Ellbogen des Zugarms hoch und eng zur Ausrichtung des Körpers zu halten. Dies erlaubt es, einerseits beim Auszug »im Rücken zu bleiben« (d.h. optimale Muskelspannungserhaltung), andererseits wird auch die Hebelwirkung des Zugarmes während des Ankerns (= Positionierung der Schulterblätter) in einer biomechanisch günstigen Position gehalten. Zu beachten ist allerdings, dass ein zu hoher Ellbogen einen

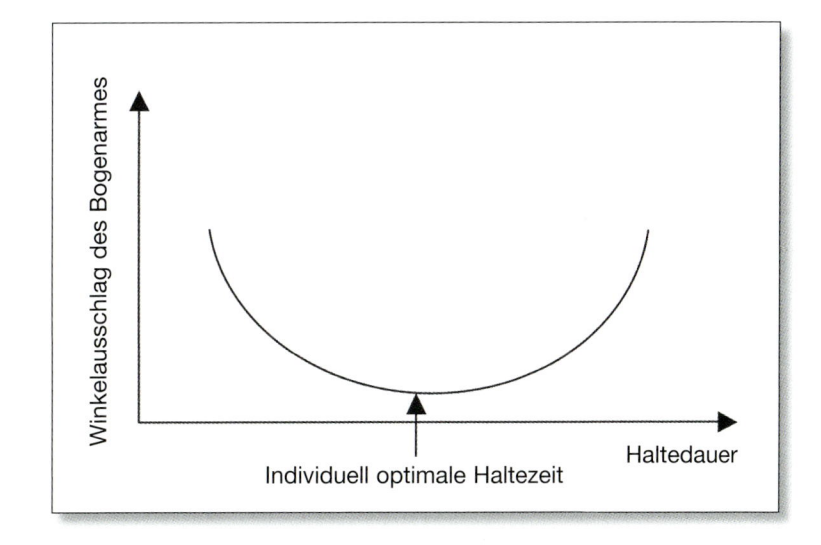

Abb. 192: Schematische Darstellung der so genannten »Badewannenkurve«: Bei einer individuell optimalen Haltezeit ergeben sich minimale Bewegungen des Bogenarmes

Abb. 193: Verschiedene Kreisbewegungen im Vollauszug und in der Klickerendphase. Die blaue Kurve ergibt sich aus einer Kombination aus Translation (Zugrichtung) und Rotation

stärkeren Einsatz des Zeige- und Mittelfingers der Zughand hervorrufen kann (s. S. 348).

Wie die kinematischen Untersuchungen von *Edelmann-Nusser* et al. (1999, 50) zeigen, bestehen individuell zum Teil deutlich unterschiedliche Positionen der Gelenkpunkte, die zu individuell unterschiedlichen Gelenkmomenten und Kraftverläufen führen (Abb. 194). Schütze 9 zeigt im Vergleich zu Schütze 7 eine biomechanisch ungünstigere Gelenkstellung, weil ein Zurückziehen der Bogenschulter auch eine Verlagerung des Zugarmellbogens nach sich zieht. Die auftretenden Kraftvektoren sind betragsmäßig nicht gleichgerichtet (s. S. 209). Abb. 195 zeigt ein Beispiel für ein Kräftegleichgewicht auf Bogenarm- und Zugarmseite

sowie die Möglichkeit der Erfassung eines Kinegramms.

Konsequenzen für die Trainingspraxis:
Einsatz kinematografischer und dynamografischer Maßnahmen im Training:
- Arbeiten Sie mit Bildfolgen wie Videoaufnahmen, Serienbilder, Lichtspuraufnahmen, Computereinsatz (z.B. Dartfish) und erfassen Sie Kinegramme (Abb. 203).
- Benutzen Sie Handdynamometer (Messung der maximalen Kraft der Handmuskeln), Kraftmessplatten (Gleichgewichtsverteilung beim Stand während des Schießvorgangs → Bewegungskonstanz) oder EMG-Ableitungen hinsichtlich der Muskelbeteiligung.

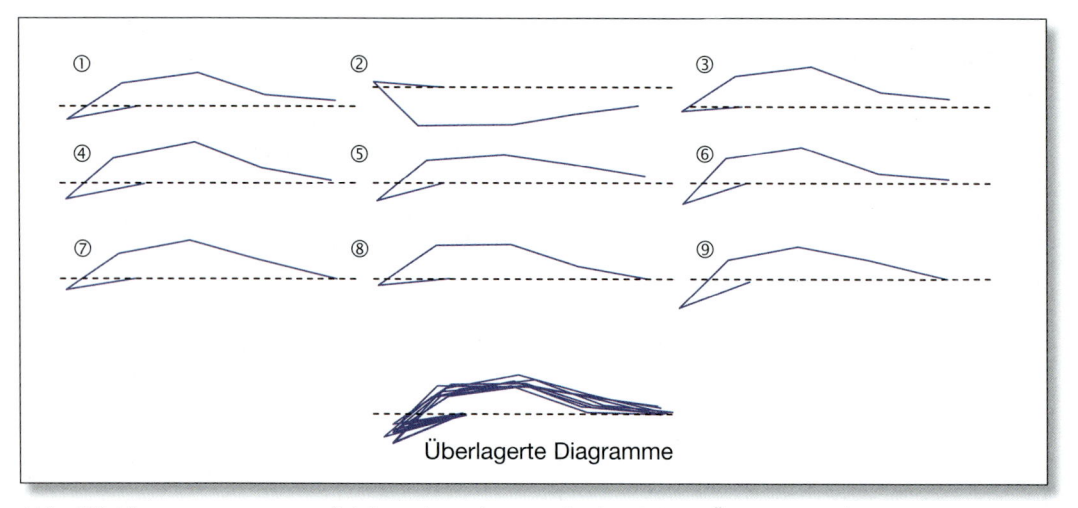

Abb. 194: Kinegramme von neun Schützen (von oben gesehen) und deren Überlagerung (vgl. *Edelmann-Nusser* et al. 1999, 50): Die unterschiedlichen Gelenkpositionen bedingen unterschiedliche Kraftverläufe (Bild 2 ist ein Linkshandschütze, der nachträglich horizontal gespiegelt wurde)

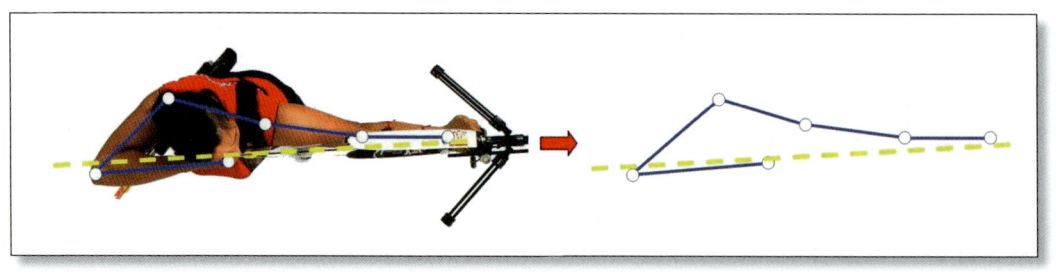

Abb. 195: Erfassung des Kinegramms: Positionieren und Vergleichen der Gelenkpositionen mit der Pfeilachse bzw. der Zug- und Druckrichtung

- Ermitteln Sie Ihre optimale Zielzeit durch einen Vergleich von Treffgenauigkeit und Zielzeit (Bei welcher Zeit der Schussauslösung ergeben sich tendenziell die besten Gruppierungen?).

Psychologische Betrachtungsweise

Der Forschungsbereich »Psychomotorik« befasst sich vorwiegend mit der psychologischen Basis von Bewegungslernen und -verhalten. Bewegung und Bewegungsauffälligkeiten lassen aus psychologischer Sicht Rückschlüsse auf den Charakter bzw. den momentanen Zustand des Schützen zu (Unsicherheit/ Selbstsicherheit, Verkrampftheit/ Gelöstheit).

Um die Grundlagen des Bewegungsverhaltens und deren Veränderung durch Lernen möglichst allgemeingültig zu beschreiben, wurde die so genannte »Schematheorie« nach *Schmidt* entwickelt (vgl. auch *Lippens* 1998, 18 f.).

Zentraler Punkt der Schematheorie ist die Postulierung eines Handlungsschemas, das je nach Ausgangsbedingungen und Sollwert spezifisch modifiziert werden kann. Sehr vereinfacht ausgedrückt bedeutet dies, dass man nicht ein ganz spezifisches Bewegungsprogramm erlernt, sondern eine Art Handlungsgrundmuster – ein Schema, das an die speziellen situativen Anforderungen hinsichtlich der räumlichen, zeitlichen und dynamischen Gestaltung des Bewegungsablaufs angepasst wird.

> Die Schematheorie ist im Bogenschießen von Bedeutung, weil das Grundmuster des Schießablaufs (Erreichen der Positionsphasen) stets bestimmten inneren (z.B. kinästhetische Empfindungen) und äußeren Bedingungen (z.B. Lage des Zieles im Feldschießen) angepasst werden muss.

Der Schießablauf schlägt sich somit nach der Schematheorie psychologisch in einem motorischen Handlungsschema nieder, das durch die Verarbeitung von Informationen aus den folgenden vier Quellen gebildet wird:
- *Anfangsbedingungen* (Entfernung zum Ziel, Windstärke und -richtung usw.)
- *Handlungsspezifikationen* (Körperausrichtung, Schulterpositionierung, Fingerplatzierung, Ankern, Druck/Zug, Zielerfassung)
- *Sensorische Konsequenzen* (kinästhetische Empfindungen, wie z.B. im Bogengriff, visuelle und auditive Rückmeldungen, z.B. Abschussgeräusch des Bogens)
- *Handlungsergebnis* (Lage der Treffer, Ringzahl)

Beispiel: Solange die Rückmeldungen über einen gleichmäßig optimalen Druck und Zug (des kompletten Schießablaufs) als »quasi-kontinuierliche Kontrolle« (*Cruse* et al. 1990, 57 f.) vorliegen, kann die Bewegungsproduktion ohne besondere Aufmerksamkeit »quasi-automatisiert« bzw. »routiniert« vollzogen werden. Dies entspricht der von *Zimmer* u. *Körndle* (1988 in *Lippens*) postulierten Kontrolle der Gesamtbewegung auf einer hohen Integrationsstufe des Schießschemas ohne »bewusste« Kontrolle der Teilbewegungen.

Erst wenn die oben genannten Phasen eine bestimmte Zeit- oder Kinegrammschwelle (z.B. längere Zielphase, veränderte Stellung der Bogenschulter) überschreiten, muss eine Subroutine der motorischen Kontrolle aktiviert werden. Dies entspricht der Kontrolle der Teilbewegungen auf einer niedrigeren Schemaebene.

Bei Störungen aufgrund von Umgebungsbedingungen (z.B. Wind) lässt sich nach *Cruse* et al. (1990, 71 f.) auf einen dritten Typ der Nutzung von sensorischen Informationen verweisen, die eher einer Feedforwardsteuerung (der Schütze kalkuliert Veränderungen ein und kann aus Handlungsalternativen auswählen) entsprechen.

Um die zeitlichen Abhängigkeiten der koordinativen Aspekte (Substrukturen) der Bewegungsregulation aufzuzeigen, empfiehlt *Edel-*

mann-Nusser (1998) die Entwicklung von Taskzustandsdiagrammen. Dem Wesen nach sind diese Diagramme einem Modell der Innensicht der Bewegungsregulation durch Parallelverarbeitung gleichzusetzen. Ziel des Modells ist die Darstellung der Zusammenhänge informationsverarbeitender Prozesse.

Beispiel: Die Zugbewegung erfordert eine zeitlich und räumlich parallele Druckerhöhung auf der Bogenarmseite, um Kraftquerkomponenten minimal zu halten.

> *Beachten Sie:* Im Bewegungsprogramm des Schützen laufen mehrere S-Tasks (Substruktur einer Aufgabe oder Handlung) gleichzeitig ab (z.B. Druckerhöhung auf der Bogenarmseite und Zugbewegung auf der Zugarmseite). Diese können sich gegenseitig zum Beispiel durch die Übergabe von Daten (Lade- und Transferphase, S. 427) beeinflussen (vgl. *Edelmann-Nusser* u. *Gollhofer* 1998, 76).

Ein Taskzustandsdiagramm ist allgemein aus kinematischen und elektrophysiologischen Da-

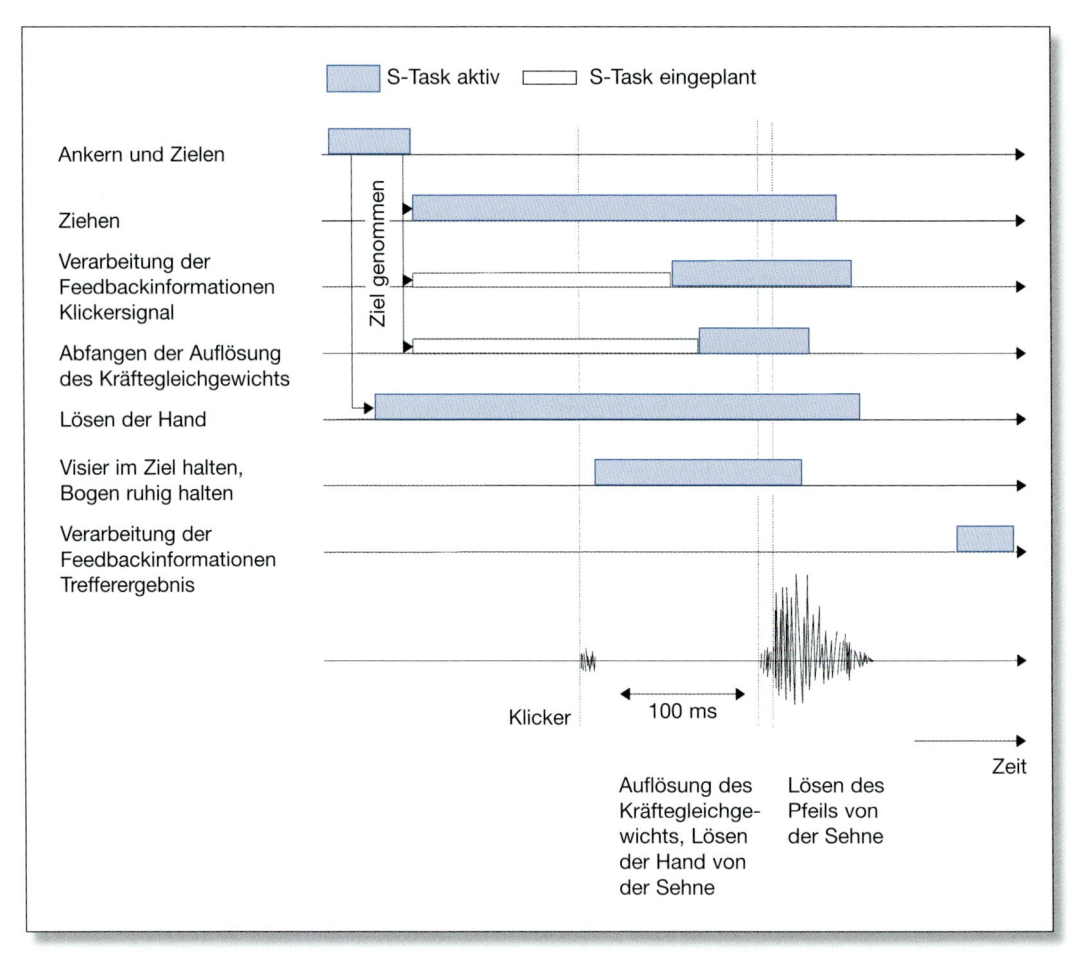

Abb. 196: Taskzustandsdiagramm eines idealen Schusses. Das motorische Programm der Schussauslösung wird im Sinne einer Open-Loop-Bewegung bereits vor dem Zeitpunkt des Klickens initiiert, und das Lösen erfolgt nicht als Reaktion auf das Klickersignal (vgl. *Edelmann-Nusser* et al. 1999, 52)

ten erstellbar und lässt sich folgendermaßen erklären (Abb. 196):
- Sobald der Schütze beim Ankern und Zielen das Visier im Ziel hat, gewinnt die Sub-Task »Visier im Ziel halten, Bogen ruhig halten« an Relevanz.
- Kurz darauf muss die Sub-Task »Ankern und Zielen« beendet und der Pfeil über den Klicker gezogen werden. Dazu müssen – zum Erreichen der 4. Positionsphase – die Sub-Tasks »Abfangen und Auflösen des Kräftegleichgewichts« und »Lösen der Hand« eingeplant sein.
- Der Übergang der Sub-Tasks »Abfangen und Auflösen des Kräftegleichgewichts« sowie »Lösen der Hand« in den Zustand des aktiven Nachhaltens (4. Positionsphase) ist durch ein im Automatismus der Bewegung verankertes Timing in Wechselwirkung mit der Sub-Task »Druck und/ oder Zug« vorstellbar. Der Übergang erfolgt nicht als Reaktion auf das Klickersignal.
- Die Aktivierung der Sub-Task »Verarbeitung der Feedbackinformation Klickersignal« erfolgt zwar bereits vor der Auflösung des Kräftegleichgewichts, die Verarbeitung ist aber bis zum Lösen des Pfeils von der Sehne noch nicht so weit fortgeschritten, dass die verarbeitete Information zur Bewegungsregulation verwendet werden könnte (vgl. Open-Loop-Bewegungen: *Schmidt* 1988, 232).

Als Folge der Informationsverarbeitung durch umfangreiches Techniktraining hat der Schütze die Technik des Schießablaufs und die Bewegungsparameter als Schema gespeichert. Diese Schemata sind Abstraktionen der Beziehung zwischen den vier oben genannten Informationsquellen (Abb. 197).

Im Laufe des häufigen Übens hat sich die Stärke der Beziehungen zwischen den vier gespeicherten Elementen (Anfangsbedingungen, Handlungsspezifikationen, sensorische Konsequenzen, Handlungsergebnis) so erhöht, dass in großer Regelmäßigkeit das erwartete Schießresultat auf der Basis eines konstanten Bewegungsablaufs auch produziert werden kann.

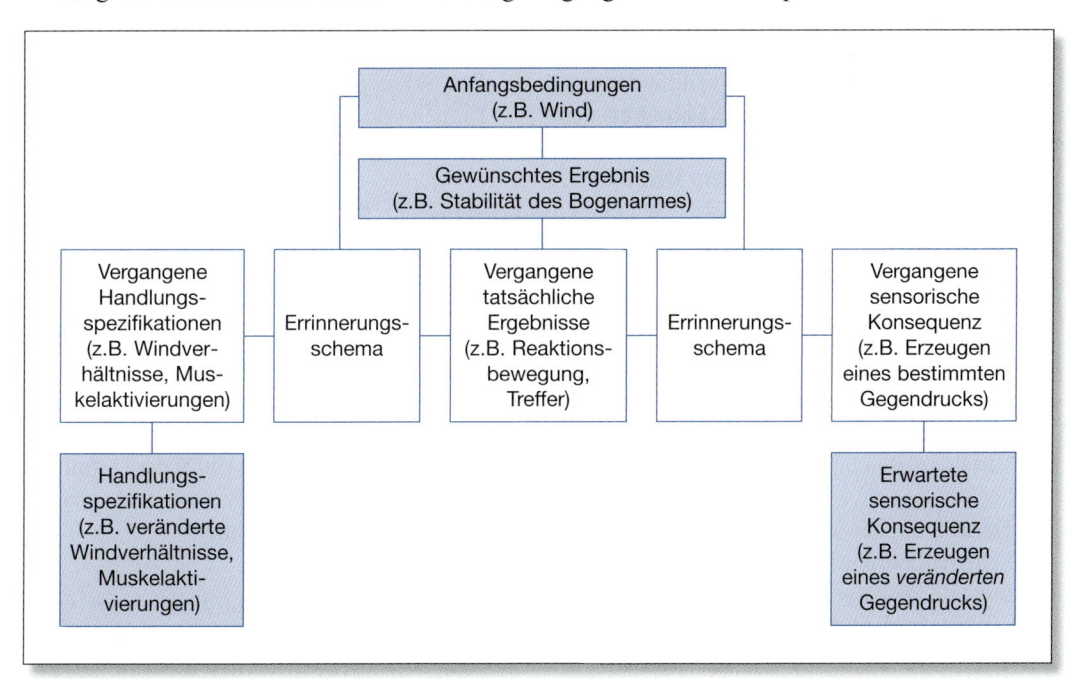

Abb. 197: Erinnerungs- und Wiedererkennungsschema in Beziehung zu verschiedenen Informationsquellen am Beispiel der Stabilität des Bogenarms (*Schmidt*, zitiert nach *Kaul* u. *Zimmermann* 1990)

Wenn nun der geübte Schütze einen Schuss auszuführen hat, beginnt seine mentale Vorbereitung mit zwei Informationen, nämlich dem erwünschten Bewegungsergebnis und den Anfangsbedingungen. Aus der Beziehung zwischen den früheren Ergebnissen und den früheren Handlungsspezifikationen (dem Erinnerungsschema) bestimmt er beispielsweise durch entsprechende Winkelstellungen im Feldschießen oder beim Schießen bei unterschiedlichen Witterungsbedingungen (Wind, Regen), welcher Satz an Spezifikationen das erwünschte Ergebnis zustande bringen wird. Der Schütze braucht diese Informationen dabei noch niemals vorher hergestellt zu haben, da sie durch eine Kombination von Anfangsbedingungen und Ergebnis bestimmt werden. Die Spezifikationen können mithilfe der durch die Anfangsbedingungen modifizierten Schemaregel (aus Ergebnis und Handlungsspezifikationen) als Interpolation früherer Spezifikationen bestimmt werden. Nachdem die Spezifikationen festgelegt worden sind, vollzieht der Schütze das Bewegungsprogramm mit diesem Satz von Spezifikationen; der Schuss wird optimal ausgeführt.

Ein wichtiges Merkmal für die Qualität der persönlichen Schießtechnik ist die Fähigkeit des Schützen, die initiierte Bewegung beim Bewegungsvollzug wieder zu erkennen. Diese Leistung wird in der Schematheorie dem Wiedererkennungsgedächtnis (recognition memory) zugeschrieben, während der mentale Akt der Bewegungsherstellung (s. vorheriger Absatz) auf der Grundlage des Erinnerungsgedächtnisses (recall memory) vollzogen wird. Man nimmt an, dass diese beiden Gedächtnisarten unabhängig voneinander sind, selbst wenn sich einige der Variablen ähneln.

Die Darstellung der Schießtechnik aus der Sicht der Schematheorie gibt ein Bild über wesentliche mentale Prozesse, die zur Bewegungssteuerung unumgänglich sind. Daraus lassen sich angemessene Konsequenzen für die Organisation des Techniktrainings ableiten (s. S. 449).

Konsequenzen für die Trainingspraxis:
- Berücksichtigen Sie *während des Trainings* sowohl als Schütze als auch als Trainer folgende psychologische Fragestellungen:
    - Wie wird die Bewegung (insgesamt und in Teilen) wahrgenommen?
    - Wie wurde der Schuss empfunden?
    - Welche Emotionen waren an der Bewegung beteiligt?

  Oder *während des Wettkampfes:*
    - Welcher Motivationsgrad lag vor?
    - Wie und warum änderte sich die Motivation?
    - Welche psychologischen Konsequenzen kann man daraus schließen?
- Setzen Sie Taskzustandsdiagramme des idealen Schusses zur Visualisierungskontrolle und somit zur Vermittlung einer bewussten Bewegungsvorstellung ein, um interindividuelle Unterschiede in der Bewegungsregulation – basierend auf elektromyografischen Daten – festzustellen.
- Arbeiten Sie bei gleichzeitiger Bewegungsausführung mit aufmerksamkeitslenkenden Übungen, die jeweils eine spezifische Sub-Task betonen (z.B. Schulterblattstellung). Der Schießablauf wird dabei als integrative Einheit von Wahrnehmung und Bewegungsausführung betrachtet (vgl. *Park* 2008).

Funktionale Betrachtungsweise

Die funktionale Betrachtungsweise geht davon aus, dass eine Bewegung nur vor dem Hintergrund einer entsprechenden Bewegungszuweisung zu verstehen ist, wobei die zugrunde liegende Absicht entscheidend ist.

Der Ausgangspunkt der funktionalen Betrachtungsweise ist für *Göhner* (1992) die Definition eines grundlegenden Analyseelements, das er als *Funktionsphase* bezeichnet:

> Unter einer Funktionsphase soll jener Geschehensabschnitt eines Bewegungsablaufs verstanden werden, für den sich aufzeigen lässt, dass das, was während dieses Gesche-

hens vom Sportler ausgeführt wird, eine bestimmte Funktion hat – im Hinblick auf die mit der Bewegung zu erreichenden Bewegungsziele und die dabei einzuhaltenden Bedingungen.

Beispiel: Das Annähern des Schulterblattes zur Wirbelsäule auf der Zugarmseite soll eine konstante Auszugslänge bei höchster Bewegungsgüte ermöglichen.

Hat man die Funktionsphasen einer Bewegung erkannt, dann ergeben diese kein beliebiges Gebilde, sondern sind in sich geordnet. Zwischen ihnen können funktionale Abhängigkeitsbeziehungen bestehen, die *Göhner* als Grundlage für ihre Klassifizierung heranzieht. Dabei gibt es zunächst zwei Möglichkeiten: Ein Bewegungsabschnitt kann entweder *funktional abhängig* von einem anderen oder *funktional unabhängig* sein. Als funktional abhängig ist eine Phase dann zu bezeichnen, wenn ihre Funktion nur dadurch beschrieben werden kann, dass auf eine weitere Funktionsphase Bezug genommen wird. Bei funktional unabhängigen Abschnitten ist es dagegen nicht notwendig, andere Phasen zur Funktionsbeschreibung heranzuziehen. Ihre Bedeutung ergibt sich allein aus den Bezugsgrundlagen, insbesondere aus den vorgegebenen Bewegungszielen.

Beispiele für funktional unabhängige Phasen sind im Bogenschießen die Fingerplatzierung, der Griff und der Stand. Der Vorauszug (Vorspannung) und das Anheben des Bogens haben dagegen eine vorbereitende Funktion (Erreichen einer möglichst guten Ausgangsposition) für andere Geschehensabschnitte (z.B. Klickerendphase) und sind daher als funktional abhängig einzuordnen.

Aufgrund der Einführung der funktionalen Abhängigkeitsbeziehungen ergeben sich also zunächst zwei Phasentypen. Für die funktional unabhängigen Abschnitte wählt *Göhner* (1979) den Begriff der *Hauptfunktionsphase*, während er für die funktional abhängigen Abschnitte den Begriff der *Hilfsfunktionsphase* verwendet. In der Hauptfunktionsphase wird die eigentliche Bewegungsaufgabe bewältigt. Sie ist daher nicht austauschbar.

Wie Tab. 46 deutlich macht, kommt es unter Beachtung der Zeitfolge zu einer Typisierung der funktionalen Abhängigkeiten. Man unterscheidet zwischen vorbereitenden, unterstützenden und überleitenden Abschnitten, je nachdem, ob bei der Kennzeichnung der Funktion der entsprechenden Phasen auf nachfolgende, zugleich ablaufende oder bereits abgelaufene Funktionsphasen Bezug genommen wird. Die 1. Positionsphase wird durch Stand, Griff und Fingerplatzierung selbst vorbereitet. Von entscheidender Bedeutung ist einmal mehr die Klickerendphase bzw. der Übergang von der 3. auf die 4. Positionsphase, die insbesondere durch das so genannte »Mindsetting« (vgl. *Lee* 2007, 49; s. S. 377) auch eine psychologische Hilfsfunktionsphase erfährt.

Konsequenzen für die Trainingspraxis:
- Machen Sie sich die funktionalen Abhängigkeiten ihres Schießablaufs bewusst, indem Sie durch Veränderungen in der Vorbereitungsphase (z.B. höherer Griff durch Verändern der Griffschale) Konsequenzen für die Hauptfunktionsphase wahrnehmen.
- Erstellen Sie eine Verlaufsanalyse Ihres Schusses unter den für Sie wesentlichen Gesichtspunkten bzw. Schlüsselelementen (z.B. Griff, Anker) auf der Basis der Positionsphasen unter Berücksichtigung einer zeitlichen Struktur (vgl. Bewegungsrhythmus bzw. Bewegungstempo, S. 233 und S. 220).

Biomechanische Prinzipien

Bei der Analyse des Schießablaufs in den verschiedenen Altersstufen bzw. Leistungsniveaus spielt die biomechanische Betrachtungsweise eine herausragende Rolle. Aufgrund der Tatsache, dass die Schießabläufe vieler verschiedener Spitzenschützen hinsichtlich ihrer Struktur starke Ähnlichkeiten aufweisen, lassen sich

Quantitative/qualitative Merkmale		NS	Vorspannung	1. PP	Set-up	2. PP	Vollauszug	3. PP	Hauptphase	4. PP
Bewegungsanalyse	Phasen	NS	Vorspannung	1. PP	Set-up	2. PP	Vollauszug	3. PP	Hauptphase	4. PP
Morphologisch	Beschreibung		Elemente zueinander positionieren unter Aufbau einer Vorspannung				Spannen des Bogens und Erreichen des Ankerpunktes		Zug- und/oder Druckbewegung bzw. Druckerhöhung	
Morphologisch	Aktionen/Positionen	Wartelinie → Schießlinie	Stand / Fingerplatzierung / Griff	Vorspannung und Oberkörperausrichtung	Anheben des Bogens Sehnenschatten	Schulterpositionierung bzw. -fixierung	Vorzielen / Vollauszug / Anker	Schulterpositionierung	Laden / Zielen und Transfer / Klickeraktion / Lösen	Nachhalten und Nachziehen
Morphologisch	Biomechanisch			Kombiniert	Rotation	Rotation	Kombiniert	Kombiniert	Kombiniert	
Funktional	Physiologisch (vorrangig)		Finger- und Handgelenkmuskulatur	Grob koordinierter Einsatz des Trapezmuskels		Trapez- und Deltamuskel		Hinzunahme des Muskeleinsatzes (Rautenmuskulatur)	Fein dosierte koordinierte Kontraktion u.a. der Raumten- (Zugbewegung) und Sägemuskulatur (Druckerhöhung)	Restspannung und nachfolgende Entspannung
Funktional	Psychologisch	Einstimmung	Atmung	Konzentration → Mindsetting		Centering →	Steuerfunktion des Kopfes			Atmung und Feedback

Tab. 46: Darstellung verschiedener Verfahren der Bewegungsanalyse anhand einer Verlaufsanalyse auf der Basis der Positionsphasen (PP: Positionsphase)

spezielle Kriterien zur Beurteilung der Zweckmäßigkeit bzw. Effektivität bezüglich der Bewegungsausführung festlegen, die als biomechanische Prinzipien bezeichnet werden.

> Eine sportliche Technik kann nur dann optimal sein, wenn sie aus biomechanischer Sicht zweckmäßig ist und gleichzeitig das Niveau aller biomechanischen Voraussetzungen und Eigenschaften möglichst hoch ist.

Die für das Bogenschießen wesentlichen biomechanischen Prinzipien sind:
- Prinzip der Gegenwirkung
- Prinzip der Koordination der Teilimpulse

Prinzip der Gegenwirkung

Kurzcharakteristik: Das Prinzip der Gegenwirkung beruht auf dem 3. Newton'schen Gesetz (»actio est reactio«, »jede Aktion bewirkt eine Reaktion«). Es besagt, dass eine Kraft nie alleine auftritt. Vielmehr besteht zu jeder Kraftwirkung eine entgegengesetzt gerichtete, gleich große Kraftwirkung, die als Gegenwirkung bezeichnet wird.

Die Gegenwirkung tritt beim Bogenschießen während zweier Phasen besonders in Erscheinung. Zum einen in der Vorbereitung zur 1. Positionsphase (beim Stand inklusive der Oberkörperausrichtung), zum anderen in der Klickerendphase zum Erreichen der 4. Positionsphase.

Vorbereitung zur 1. Positionsphase

Durch das Ausziehen und Halten des Bogens sowie durch eine unterschiedliche Ausrichtung des Standes (offen oder geschlossen, s. S. 373) erfährt der Rumpf insbesondere im Schulterbereich eine Verspannung (Verwringung). Änderungen in der Verspannung (die Wirbelsäule ist mit einem Bootsmast vergleichbar, der über ein entsprechendes Verspannungssystem senkrecht im Deck [= Becken] verankert werden soll) an einer Stelle erfordern im gesamten restlichen Vertauungssystem ein Nachstellen und damit eine erschwerte Bewegungskonstanz durch ungleichmäßige bzw. unverhältnismäßige Krafteinsätze (Abb. 198).

Abb. 198: Vergleich des offenen (*links*) und geschlossenen (*rechts*) Standes hinsichtlich notwendiger Verspannungen mit einem Bootsmastmodell: Je offener der Stand, desto mehr Nachspannungen sind notwendig

Erreichen der 4. Positionsphase
(4. Bewegungsphase; Klickerendphase)

Während des Schießablaufs ist das Prinzip der Gegenwirkung insofern von entscheidender Bedeutung, als der Druck in der Klickerendphase einen gleichgroßen, aber entgegengesetzten Zug erfordert. Unterschiedliche Druck-Zug-Verläufe erfordern stets ein Nachstellen der Muskulatur und damit eine unökonomische Arbeitsweise.

Andererseits bewirken gleichmäßige Druckerhöhungen und Zugbewegungen eine Erhaltung des Gleichgewichts (Aufhebung entstehender Drehimpulse) und damit eine Erhöhung der Zielgenauigkeit (Abb. 199).

> *Beachten Sie:* Die Druckerhöhung auf der Bogenarmseite erfordert eine gleichgroße Zugbewegung auf der Zugarmseite und umgekehrt.

Prinzip der Koordination der Teilimpulse

Kurzcharakteristik: Um den Schuss so ökonomisch wie möglich zu gestalten und damit ein hohes Maß an Bewegungskonstanz zu erhalten, müssen die auftretenden Kräfte entweder gleichgerichtet oder entgegengesetzt verlaufen (vgl. Gegenwirkung), dann aber betragsmäßig gleich sein, um resultierende Querkräfte zu minimieren. Hinsichtlich der Bewegungskoordination sind räumliche und zeitliche Aspekte besonders zu berücksichtigen.

Räumlicher Aspekt

Beim Schießablauf müssen die Kraftvektoren derart ausgerichtet sein, dass sie auf der Bogenarmseite senkrecht zur Scheibe hin, auf der Zugarmseite entgegengesetzt gerichtet – aber betragsmäßig gleich – von der Scheibe weg wirken. Das Kräftegleichgewicht fordert bei Erhöhung einer Komponente (z.B. Zugbewegung) auch die Erhöhung der zweiten Komponente (Druck). Die resultierende Kräftewirkung bewirkt damit die Realisierung der Klickerendphase (vgl. Prinzip der Gegenwirkung).

Horizontale Betrachtung

Abb. 200–202 zeigen die Entwicklung eines schematischen Modells der Körpersegmente während der Klickerendphase (s. S. 427) und deren Ausrichtung bzw. Rotationsrichtung von oben. Insbesondere zeigt Abb. 202 die schematische Darstellung der Körpersegmente nach *Carellas* »single plane concept« (1993). Die nahezu geschlossene Schultergürtelhaltung (geringster Abstand zwischen Pfeilachse und Bogenarm) in Kombination mit einem halbparallelen Anstellwinkel der Bogenhand birgt biomechanisch die geringsten Querkomponenten. Der Schütze greift mit seiner Spannkraft F an der Hand der Bogenseite und der Hand der Zugseite an.

Wie aus Abb. 200 zu erkennen ist, erzeugt der Schütze mittels seiner Muskeln Gegenkräfte, so dass ein statisches Gleichgewicht entsteht. Durch diese Gegenkräfte entstehen in den Gelenken Momente (blaue Kreise im Bild). Diese Momente in den Gelenken sind, bei gleicher

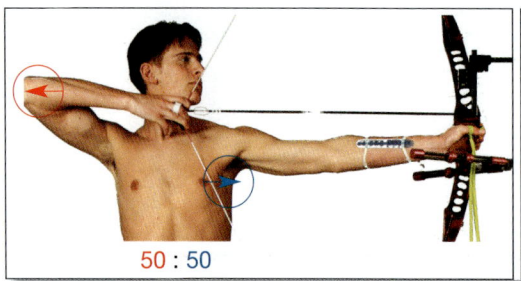

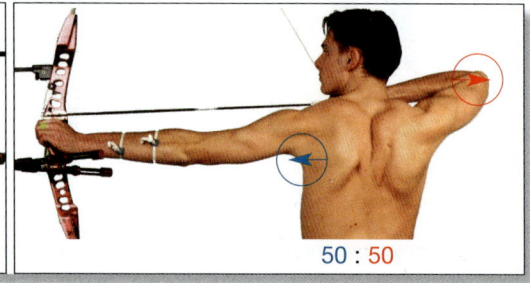

Abb. 199: Kräftegleichgewicht: Die Zugbewegung erfordert eine gleichgroße Druckerhöhung

Kraft F, umso größer, je weiter die Gelenkpunkte von der Pfeilachse entfernt sind (Abstände a, b, c, d und e im Bild; vgl. *Gollhofer* et al. 1996, 54).

Aus ökonomischer Sicht muss es für einen Bogenschützen insbesondere darum gehen, die Abstände a, b, c und d möglichst klein zu halten. Nur dadurch können eine entsprechende Stabilität und gleichmäßige Gruppierungen erreicht werden (Abb. 201).
Eine nahezu geschlossene Schultergürtelhaltung (geringster Abstand zwischen Pfeilachse und Bogenarm) in Kombination mit einem halbparallelen Anstellwinkel der Bogenhand birgt biomechanisch die geringsten Querkomponenten. Die Bogenschulter wird dabei nach innen geführt (Abb. 202).

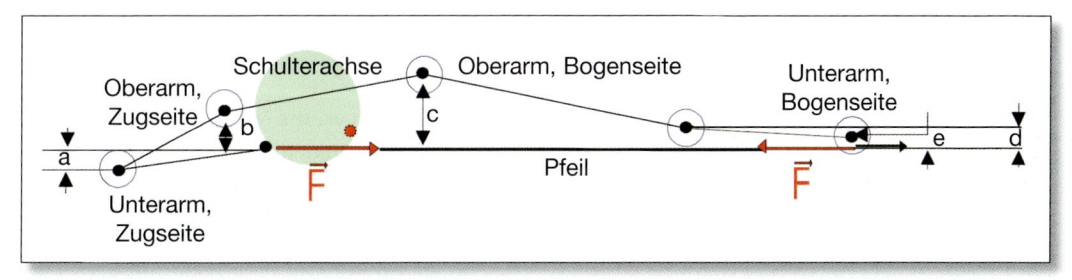

Abb. 200: Schematische Darstellung der Körpersegmente eines Schützen von oben (offene Schultergürtelhaltung): Der Ellbogen der Zughand bewegt sich auf zwei hintereinander geschalteten Kreisbögen (s. S. 220 und 413) um das Schultergelenk, während das Moment des Bogenarmschultergelenks den Bogenarm stabil hält

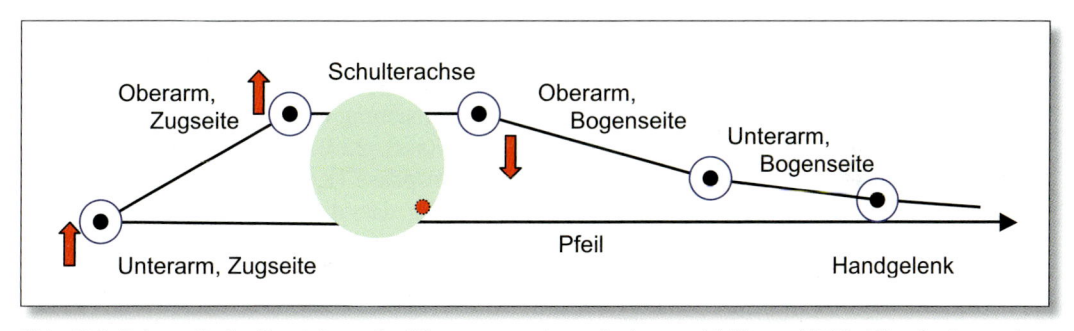

Abb. 201: Schematische Darstellung der Körpersegmente nach der von *McKinney* (1983, 42) geforderten Ausrichtung in eine parallele Schultergürtelhaltung; die Pfeile kennzeichnen die Bewegungsrichtungen der Gelenkpunkte in eine biomechanisch günstigere Position (*McKinney* 1983, 42; vgl. auch *Bachmann* 1995, 31)

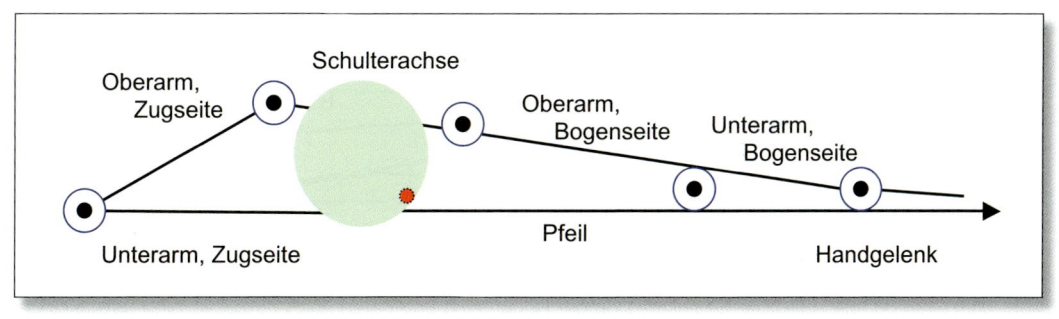

Abb. 202: Schematische Darstellung der Körpersegmente nach *Carellas* »single plane concept« (1993); die Bogenschulter wird dabei nach innen geführt

> Die parallele Ausrichtung der Schulterblätter erfolgt bei fixierter Hüftposition, unabhängig vom Stand, d. h., während des gesamten Bewegungsablaufs verläuft die Hüfte parallel zum Stand, während die senkrechte Ausrichtung zur Scheibe durch eine Oberkörperdrehung erfolgt (Abb. 327).

Von besonderer Bedeutung für eine »optimale Linie« (d.h., der Schütze steht hinter dem Pfeil, die Kraftvektoren wirken optimal, und es entstehen nur minimale Querkomponenten) ist die Stellung des Handgelenks der Bogenhand. Die Position gilt dann als biomechanisch günstig, wenn der resultierende Kraftvektor so durch das Handgelenk verläuft, dass das Schultergelenk auf Bogen- und Zugarmseite getroffen wird (Abb. 203a). Wird das Handgelenk beispielsweise nach außen gekippt (Abb. 203b), wandert unter Umständen auch die Bogenschulter nach hinten, und der Auszug verkürzt sich. Der Schütze muss den Pfeil dadurch länger und mit erhöhter Kraftanstrengung halten.

Vertikale Betrachtung

Wie die Ausführungen von *Axford* (2006, 79 f.) zeigen, ist bei der Positionierung der Bogenschulter besonders darauf zu achten, dass der resultierende Kraftvektor (R) aus der Zugkraft und dem Bogengewicht das Schultergelenk »trifft«. Die Bogenschulter gilt in Abhängigkeit von Griffschale und Bogenzuggewicht dann als »getroffen«, wenn der Kraftvektor R parallel zur Pfeilachse und *durch* das Schultergelenk verläuft (Abb. 204).

> *Beachten Sie:* Die richtige Wahl der Griffschale in Abhängigkeit von der Geometrie der Hand ist eine Grundvoraussetzung für gute Gruppierungen und hohe Ergebnisse.

Gleichzeitig gilt es, die Momente um die Schultergelenke minimal und betragsmäßig gleich groß zu halten. Dies erfordert Zugkräfte in den Muskeln, die den Bogenarm bzw. Zugoberarm (in mehreren Ebenen) drehen (z.B. Delta-, Kapuzen- und Rautenmuskel; Abb. 205). Von einer hohen Stabilität im Bewegungsablauf kann dann gesprochen werden, wenn die Summe aller Kräfte im Schultergürtelbereich gleich Null ist.

Zeitlicher Aspekt

Zur Realisierung eines optimalen Bewegungsflusses (s. S. 227) ist es während der Hauptfunktionsphase (Klickerendphase und Lösen) notwendig, dass die Kraftwirkungen der Teilbewegungen auch zeitlich optimal aufeinander

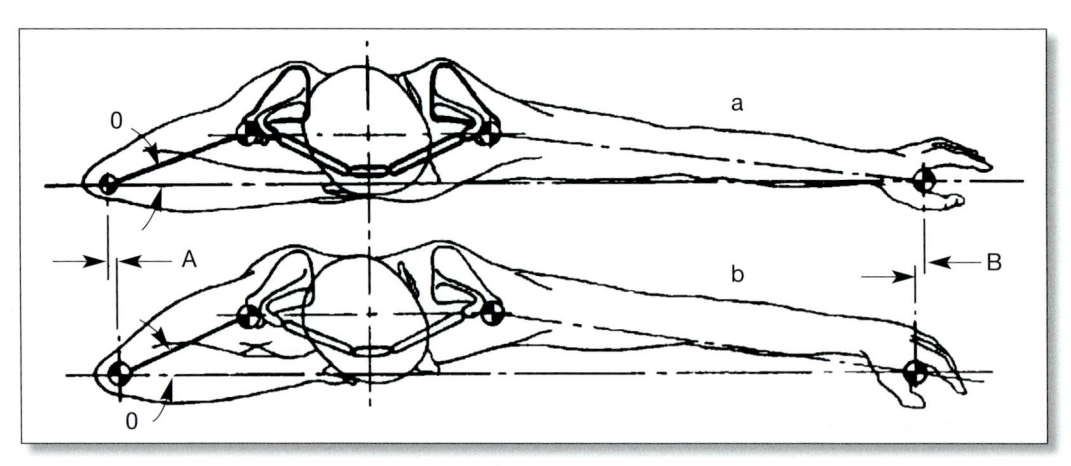

Abb. 203: Gute (a) und schlechte Gelenkstellung der Bogenhand und deren Auswirkung auf die Auszugslänge: Eine nach innen gedrehte Bogenhand (b) verkürzt den Auszug des Schützen (Abstände A und B; vgl. *Axford* 2006, 85)

Biomechanische Prinzipien

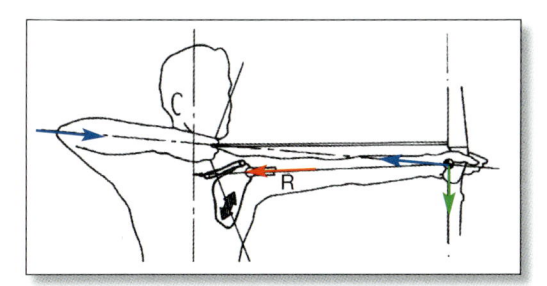

Abb. 204: Schematische Darstellung des resultierenden Kraftvektors R: Die Bogenschulter gilt als »getroffen«, wenn der Kraftvektor R parallel zur Pfeilachse verläuft (vgl. *Axford* 2006, 79)

abgestimmt sind. Läuft beispielsweise die Zugbewegung der Druckerhöhung zeitlich voraus, entstehen Querkomponenten (Abb. 206). Der Bogenarm rotiert gegebenenfalls um die Bogenschulter nach innen, während sich der Oberkörper nach vorne bewegt.

Von Bedeutung sind aus anatomisch-physiologischer Sicht Kinetion und Modulation sowie das so genannte »Go-and-Stop-Prinzip« (*Wiemann* 1984), drei Begrifflichkeiten, die in der Laienliteratur fälschlicherweise ebenfalls als biomechanische Prinzipien bezeichnet werden. Kinetion besagt, dass grobmotorische Bewegungen (z.B. die 1. Phase des Vollauszugs) insbesondere von den großen Muskelgruppen (z.B. Trapezmuskel) ausgeführt werden. Modulation hingegen steht bei fein koordinierten Bewegungen (z.B. in der Klickerendphase) im Vordergrund und wird von kleinen Muskeln übernommen, die einen hohen Anteil an motorischen Einheiten aufweisen.

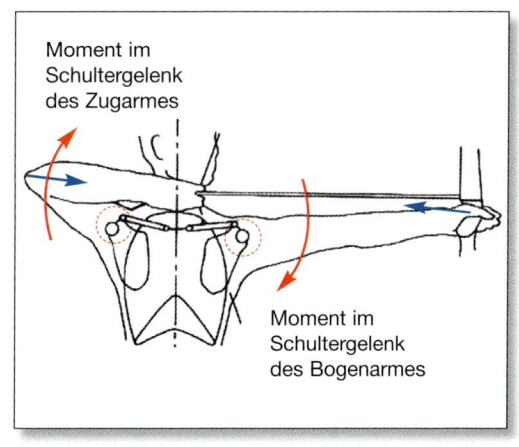

Abb. 205: Schematische Darstellung der Kräfte und Momente in der 3. Positionsphase (vgl. *Axford* 2006, 79)

Go-and-Stop-Prinzip

Dieses Prinzip äußert sich im Bogenschießen auf zwei Arten – zum einen *physiologisch*, zum anderen *handlungsorientiert*.

Physiologische Kurzcharakteristik

Verschiedene Muskeln und Muskelgruppen werden von unterschiedlich vielen Nervenfasern innerviert. Eine Bewegung ist dann fein koordiniert, wenn eine hohe Anzahl motorischer Einheiten rekrutiert wird. Der Bewegungsablauf beim Bogenschießen erfordert einerseits in der Vorbereitungsphase einen hohen Krafteinsatz der Rücken- und Bogenarmmuskulatur, andererseits in der Klickerendphase ei-

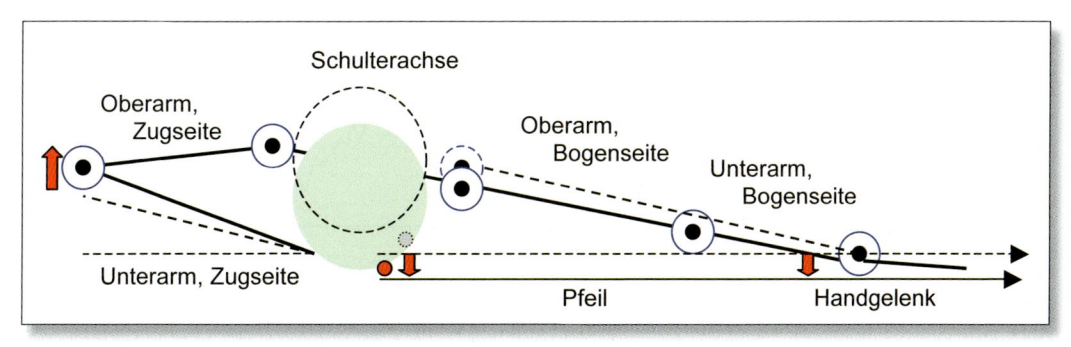

Abb. 206: Querkomponenten bei zeitlich unkoordinierten Bewegungsausführungen; der Bogenarm rotiert um die Bogenschulter nach innen, während der Oberkörper nach vorne »fällt«

ne präzise abgestimmte Aktivierung kleiner, fein koordinierter Muskeln. Diese Umschaltung – unter Aufrechterhaltung des Kräftegleichgewichts in Druck und Zug – wird im Go-and-Stop-Prinzip realisiert.

Jede Phase des Schusses hat ihr eigenes Muskelgefüge (s. Teil 3, S. 66). Während also beispielsweise die Zugbewegung bis zum Ankerpunkt hauptsächlich durch die großen Rückenmuskeln übernommen wird, verändert sich deren Funktion in der Hauptfunktionsphase grundlegend. Die Zugbewegung und Druckerhöhung in der Klickerendphase müssen von fein koordinierteren Muskeln (z.B. großer und kleiner Rauten- bzw. vorderer Sägemuskel) übernommen werden (summierter Muskeleinsatz).

Im Sinne des Go-and-Stop-Prinzips (vgl. *Göhner* 2001; *Lee* 2007, 71) ist es insbesondere im Anfängertraining notwendig, dass der Schütze nach dem Erreichen der 3. Positionsphase, d.h. während des Ankerns, einen Stopp einbaut. Dadurch lässt sich beispielsweise auch der Klicker kontrollieren und das Zielbild stabilisieren, während die Spannung in der entsprechenden Muskulatur (z.B. Rautenmuskulatur) weiter ansteigt. Im so genannten Ladevorgang (= Einleitung der Klickerendphase; S. 430) wird dann die Zusatzarbeit von den fein gesteuerten Muskeln (vor allem Rauten- und Oberarmspeichenmuskulatur) übernommen (vgl. *Park* 2008).

> Man spricht hier auch von der *Transferwirkung* der kinetischen auf die modularen Muskelgruppen, weil die schwachen, aber feinen Muskeln die (Spannung der) starken (eher grob koordinierten) Muskeln ausnutzen (vgl. Kinetion und Modulation).

Erfolgt beispielsweise beim Anfänger während des Ankerns keine Haltephase, so dominieren auch in der Klickerendphase und während des Lösens die großen grob koordinierten Muskeln. Die Bewegung wird ungenau und ungleichmäßig.

Im Spitzenbereich muss es das Ziel sein, die Haltephase (Stopp) der Bewegung während des Ankerns zu minimieren. Dies verlangt eine entsprechende Schnelligkeit bei der Zielbilderfassung bzw. eine höchste Bewegungspräzision in der Zielbildstabilität nach erfolgtem Vorzielen. Abb. 207 zeigt den Geschwindigkeitsverlauf der Zughand während des kompletten Schusses der Olympiasiegerin von Athen, Park Sung Hy-

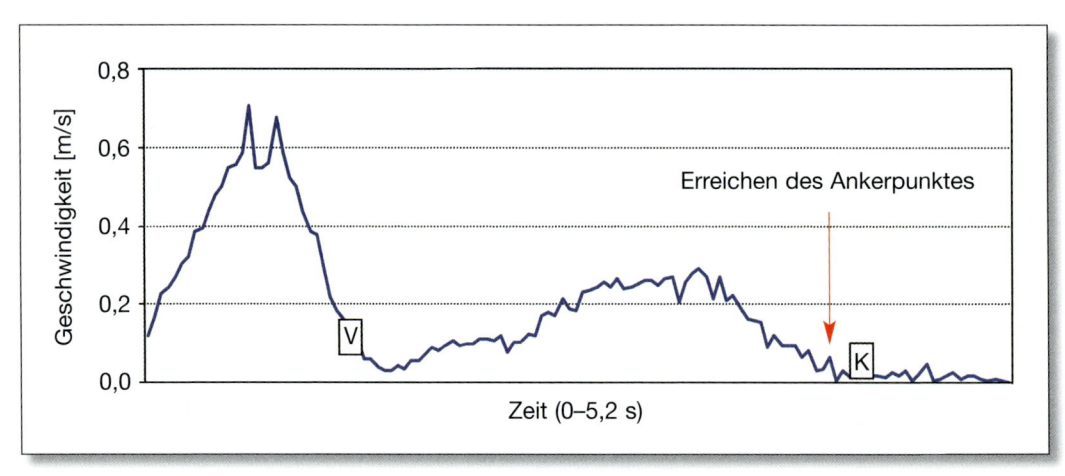

Abb. 207: Geschwindigkeitsverlauf der Zughand während des kompletten Schusses der Olympiasiegerin von Athen, Park Sung Hyun; die Geschwindigkeit der Zughand wird beim Erreichen des Ankerpunktes auf Null abgebremst (PP: Positionsphase, K: Beginn der Klickerendphase, V: Beginn des Vollauszuges)

un. Wie deutlich zu erkennen ist, wird die Geschwindigkeit der Zughand beim Erreichen des Ankerpunktes auf Null abgebremst, so dass eine Transformation auf die modularen Muskelgruppen erfolgen kann.

Handlungsorientierte Kurzcharakteristik

Die Aussage vieler Trainer (z.B. *Kobler* 2003, *Bachmann* 2006, *Park* 2008), dass ein Schuss nur dann optimal ausgeführt werden kann, wenn die entsprechenden Eingangsbedingungen (z.B. optimale Gelenkwinkelstellungen im Ankern und Lösen) erfüllt sind, bestätigt das *Positionsphasenmodell* (s. S. 366 ff.). Wie Abb. 208 zeigt, muss zur Ausführung beispielsweise einer individuell optimalen Schulterblattposition auf der Zugarmseite eine entsprechende Position des Schulterblattes auf der Bogenarmseite vorliegen. Die Positionsphase 3 (PP-3) ist also nur dann möglich, wenn die Positionsphase 2 (PP-2) erreicht bzw. stabilisiert wurde. Das Go-and-Stop-Prinzip trägt diesem Umstand Rechnung.

Konsequenzen für die Trainingspraxis:
- Ermitteln Sie Ihren Verspannungsgrad der Wirbelsäule durch Blindschießen auf kurzer Distanz bei unterschiedlichen Öffnungswinkeln. Optimal ist der Stand, bei dem Sie sich am wohlsten fühlen und die besten »Blindgruppierungen« erzielen.
- Experimentieren Sie mit unterschiedlichen Griffschalen (hoch, tief, Eigenbau entsprechend der Handgeometrie), Tabs und Zuggewichten (z.B. Thera-Band, Zusatzgewichte). Achten Sie dabei stets auf ein ausgewogenes Verhältnis von Druck und Zug (vgl. *Lee* 2007 76)
- Arbeiten Sie mit verschiedenen Druck- und Zugverläufen und erspüren Sie die Auswirkungen bei unterschiedlichen Krafteinsätzen von Druck und Zug während des Schießens.
- Erstellen Sie Ihr individuelles Positionsphasenmodell (z.B. zeitlich) und bauen Sie in dieses Ihre speziellen Schlüsselbegriffe ein.

Bewegungsanalyse mithilfe der Bewegungsmerkmale

Die Bewegungsmerkmale stehen im Zentrum der morphologischen Betrachtungsweise (s. S. 195) und erlauben sowohl dem Bewegung-Lehrenden (z.B. Coach, Trainer, Übungsleiter, Lehrer) als auch dem Bewegung-Lernenden (Schütze), den Schießablauf nach seinem äußeren Erscheinungsbild zu analysieren bzw. genau zu beschreiben sowie innerlich eine präzise Bewegungsvorstellung aufzubauen. Ebenso trägt die biomechanische Betrachtungsweise

PP-1	PP-2	PP-3	PP-4
• Finger-positionierung	• Anhebewinkel des Bogenarmes	• Zughand-positionierung	• Zughand-positionierung
• Griff-positionierung	• Schulterblatt-fixierung Bogenarmseite	• Schulterblatt-positionierung Zugarmseite	• Schulter-positionierung Bogenarmseite
• Schulterblatt-positionierung Bogenarmseite	• Schulterblatt-positionierung Zugarmseite		• Schulter-positionierung Zugarmseite

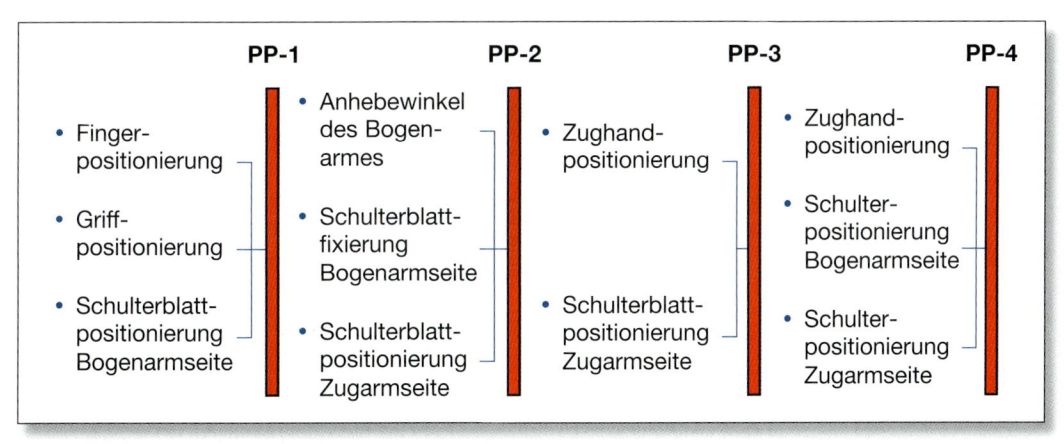

Abb. 208: Positionsphasenmodell auf der Grundlage des Go-and-stop-Prinzips (PP: Positionsphase; s. S. 366): Erst wenn eine Position (Gelenkwinkelstellung) vollständig erreicht ist, kann ein eine neue übergeleitet werden.

mithilfe physikalischer, insbesondere biomechanischer Prinzipien dazu bei, den Schießablauf nach seinen charakteristischen Kennzeichen zu erfassen.

Zur genaueren Beurteilung des Bewegungsablaufs verwendet man sowohl quantitative als auch qualitative Bewegungsmerkmale.

Quantitative Bewegungsmerkmale

Bei den quantitativen Bewegungsmerkmalen handelt es sich um objektiv messbare Kriterien, die mit Hilfsmitteln wie etwa Stoppuhr oder entsprechender Software (z.B. Videoschnittprogramme) relativ einfach zu erfassen sind (Tab. 47). Im Vordergrund stehen demnach kinematische und dynamische Bewegungsaspekte.

Ziel	Hilfsmittel	Beispiel	Praxistipp
Messen der tatsächlichen Auszugslänge[1]	Videosoftware (z.B. Dartfish)		• Vergleichen Sie die Pfeillänge mit der tatsächlichen Auszugslänge • Vergleichen und optimieren Sie die Zugmuster hinsichtlich der Bewegungskonstanz (s. S. 221) und Biomechanik (Kraftlinien)
Messen der Zeitdauer des gesamten Bewegungsablaufs (unter Laborbedingungen)	• Stoppuhr • Videosoftware (z.B. Dartfish)		• Vergleichen und optimieren Sie die Zeitverläufe hinsichtlich der Bewegungskonstanz und des Bewegungsrhythmus (Zwischenmarken)
Messen der Gelenkwinkel	• Videosoftware (z.B. Dartfish) • Foto		• Vergleichen und optimieren Sie die Gelenkwinkel hinsichtlich der Bewegungskonstanz • Vergleichen und optimieren Sie die Zugmuster hinsichtlich der Bewegungskonstanz und Biomechanik (Kraftlinien)

[1] *Beachten Sie*: Die tatsächliche Auszugslänge liefert Hinweise über die Bewegungskonstanz im Zugmuster

Tab. 47: Möglichkeiten der Erfassung quantitativer Bewegungsmerkmale

Dabei beschreiben die kinematischen Bewegungsmerkmale räumlich-zeitliche Veränderungen (Orts- und Lageveränderungen) des gesamten Körpers oder einzelner Körperteile, die sich über die Erfassung von Wegstrecken (z.B. tatsächliche Auszugslänge), Geschwindigkeiten (z.B. mittlere Zugarmgeschwindigkeit) und Beschleunigungen darstellen lassen (z.B. Geschwindigkeitsverlauf der Zugbewegung).

Die dynamischen Bewegungsmerkmale analysieren bei der Bewegungsausführung auftretende Kräfte, die bedingt durch das Zuggewicht Auswirkungen auf den Verlauf bei unterschiedlichen Bogen- und Pfeilgewichten haben. Von besonderer Bedeutung sind ferner verschiedene Wurfarmstärken und Materialbeschaffenheiten.

Komplexes Beispiel: Nach *Garnreiter* (2008) ist die aktuelle Leistungsfähigkeit eines Schützen quantitativ durch Streuanalysen messbar. Wie Abb. 209 zeigt, schießt der Schütze eine bestimmte Anzahl von Pfeilen auf Spots (Abb. 209 links). Hinter der Auflage befindet sich deckungsgleich mit dem Zentrum ein Blatt Papier (Abb. 209 Mitte links), bei dem die Einschussstellen der Pfeile sichtbar werden. Betrachtet man beispielsweise das Trefferbild B (Abb. 209 Mitte rechts), so lässt sich erkennen, dass einerseits die Visiereinstellung des Schützen nicht optimal ist, andererseits treten häufiger vertikale als horizontale Streuungen auf. Der Schütze sollte deshalb beispielsweise kurz- bzw. mittelfristig mehr auf horizontale Streifen trainieren (Abb. 209 rechts) und dabei die Streifenbreite allmählich reduzieren.

Zur Ermittlung einer aktuell optimalen Streifenbreite empfiehlt *Garnreiter* (2008) ferner, die Scheibenauflage in mehrere konzentrische Kreise zu zerlegen (Abb. 210 links).

Rechnerisch ergibt sich zum Beispiel bei 20 Pfeilen ein erster Durchschnitt von 9,73 Ringen ([5 x 10,3 + 5 x 10,0 + 4 x 9,7 + 3 x 9,3 + 0 x 9,0 + 2 x 8,7] : 20 = 9,73; Abb. 210 Mitte links), was einer Streifenbreite von etwa 5 cm entsprechen würde. Durch Verschieben der Schablone nach rechts (Abb. 210 Mitte rechts) ergibt sich jedoch aufgrund der Pfeilgruppierung rechts ein tatsächlicher Wert von 9,90 Ringen ([6 x 10,3 + 6 x 10,0 + 5 x 9,7 + 2 x 9,3 + 1 x 9,0 + 0 x 8,7] : 20 = 9,90). Die Streifenbreite sollte daher nur bei < 4 cm liegen (Abb. 210 rechts).

Konsequenzen für die Trainingspraxis:
- Verwenden und vergleichen Sie verschiedene Typen von Mittelstücken und Wurfarmen (Hersteller) in Kombination und erspüren Sie die unterschiedlichen Krafteinsätze während des Bewegungsablaufs.
- Analysieren Sie die Lage der Pfeilgruppierungen und ermitteln Sie dadurch die optimale Streifenbreite beim Horizontal- und Vertikaltraining (s. auch S. 422 bzw. 470)

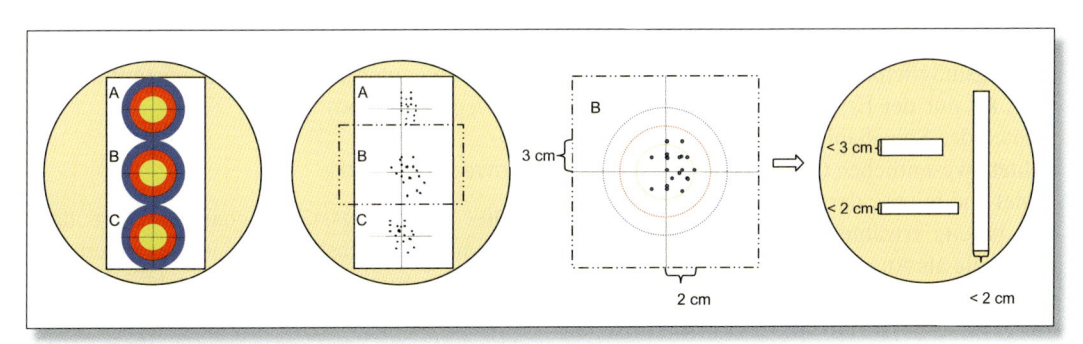

Abb. 209: Streuanalyse zur quantitativen Beurteilung der Leistungsfähigkeit des Schützen

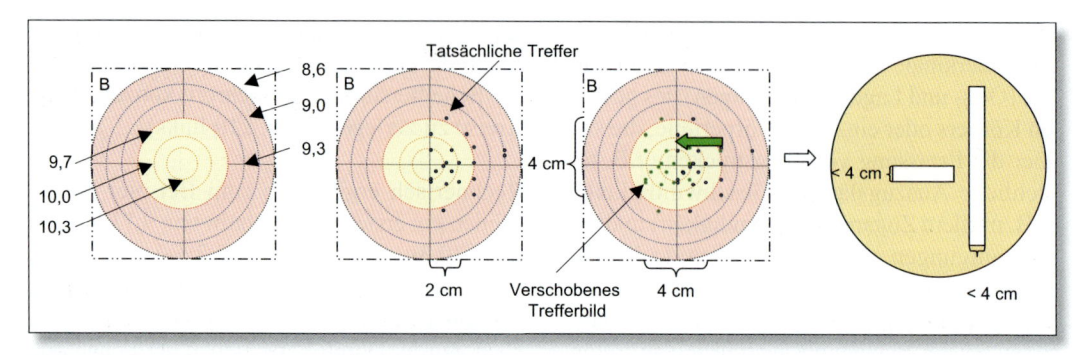

Abb. 210: Ermittlung einer optimalen Streifenbreite: differenzierte Einteilung der Scheibenauflage, Analyse der Pfeilgruppierung, Verschieben der Schablone (grüner Pfeil) und Erstellen der aktuellen, individuellen Streifenbreite beim Horizontal- und Vertikaltraining

Qualitative Bewegungsmerkmale

> Die Qualität der Bewegungsausführung erfordert grundsätzlich ein gewisses Maß an Risikobereitschaft (vgl. *Kahn* 2008, 287).

Die quantitativen Bewegungsmerkmale allein reichen für eine umfassende Beurteilung des Schießablaufes nicht aus. Insbesondere die Schaffung einer genauen Bewegungsvorstellung erfordert daher zusätzliche qualitative Beurteilungskriterien. Diese lassen sich allgemein in elementare, mittlere und dynamische Merkmale unterteilen. Die Beurteilung von Bewegungsabläufen hat jedoch den Nachteil, dass sie auf einem hohen Maß an Subjektivität beruht. Um eine möglichst objektive Aussage hinsichtlich der Qualität einer Bewegung treffen zu können, bedarf es sowohl einer großen Bewegungserfahrung, einer umfassenden Beobachtungskompetenz als auch entsprechender (zum Beispiel video- und computergestützter) Darstellungsmöglichkeiten; dies wird umso deutlicher, als nur der Erfahrene die »Schlüsselelemente« des Schießablaufs kennt, daher zielgerichtet »wesentliche« Qualitätsmerkmale beobachtet und präzise darzustellen weiß.

Wie bereits erwähnt, dienen die Bewegungsmerkmale als Ausdruck der Bewegungskoordination der Schaffung einer genauen Bewegungsvorstellung. Ihr kommt im motorischen Lernprozess eine besondere Bedeutung zu, da sie leitende, programmierende und regulierende Funktionen beinhaltet. Ohne genaue Bewegungsvorstellung bzw. Vorgabe eines idealen Sollwertes (optimale Schießtechnik) kann der Schütze die geforderte Bewegungsaufgabe (z.B. Schulterpositionierung, Zugverlauf, enges Lösen) nicht bewältigen bzw. entwickeln.

Die qualitativen Bewegungsmerkmale ermöglichen auch eine genaue Bewegungskorrektur, da mit ihrer Hilfe Schlüsselelemente des Schießablaufs (z.B. Griff und Ankern) erkannt und beschrieben werden können.

Darüber hinaus erlauben die Bewegungsmerkmale die unmittelbare Ergebnisrückmeldung des Beobachters (Trainer, Lehrer) und ermöglichen dadurch eine schnelle Bewegungskorrektur vor Ort.

Elementare qualitative Bewegungsmerkmale

Elementare qualitative Bewegungsmerkmale sind Bewegungsstärke, Bewegungsumfang und Bewegungstempo.

Bewegungsstärke

> Die Bewegungsstärke charakterisiert das Ausmaß des Muskelkrafteinsatzes innerhalb des Bewegungsablaufs und steht in enger Beziehung zur koordinativen Fähigkeit der muskulären Differenzierungsfähigkeit.

Die Bewegungsstärke spielt im Bogenschießen eine entscheidende Rolle, weil sich der Krafteinsatz einzelner Muskelgruppen während des Schießablaufs sehr differenziert gestaltet. So zeigen beispielsweise die Regressionsgeraden des Verlaufs der elektrischen Aktivitäten (EA-Verlauf) in Abb. 104 (s. Teil 3, S. 75), dass es bei zu langen Halte- bzw. Zielzeiten zu einer starken Aktivitätszunahme verschiedener Anteile des Deltamuskels sowie des Trapezmuskels (auf der Bogen- und Zugarmseite) kommt. Andererseits wird während der Klickerendphase eines optimal ausgeführten Schusses die fein koordinierte Druckerhöhung und Zugbewegung unter anderem durch eine erhöhte Aktivität der Rautenmuskulatur auf der Zugarmseite und der Sägemuskulatur auf der Bogenarmseite notwendig (vgl. S. 82), während insbesondere der Einsatz des Trapezmuskels in dieser Phase relativ konstant bleibt (s. S. 81). Dies hat den Vorteil, dass die Klickerendphase feinmotorisch gesteuert werden kann, wodurch ein »ruhiges« Lösen, ein stabiler Sehnenschatten und ein geringer Pfeilreflex möglich werden.

Untersuchungen an Schützen unterschiedlicher Leistungsstärke zeigen ferner, dass insbesondere ein niedriger Ökonomieindex – als Maß der Bewegungsstärke im Sinne eines ökonomischen Einsatzes relevanter Muskelgruppen (intra- und intermuskuläre Koordination) – eine hohe Schuss-Reproduktionsfähigkeit und damit eine hohe Bewegungskonstanz, eine ausgewogene Muskelaktivität und ein hohes Maß an Stabilität des Bogen- und Zugarms fördert (vgl. *Clarys* et al. 1990, 25).

Abb. 211 macht deutlich, dass im Lauf des Trainingsprozesses die Muskelbeteiligung im Schießablauf stetig reduziert und damit unter anderem die Konzentrationsleistung erhöht werden kann. Dies bestätigen auch *Hennessy* und *Parker* (1990, 7/10), welche »die Kunst des Schießens« in der kompletten Ausschaltung von überflüssigen Bewegungen im Moment des Lösens sehen. Der Grund liegt für sie darin, dass eine erhöhte Muskelaktivität im Moment des Lösens Gegenkräfte für die Reaktion des Bogens hervorrufen kann.

Gute Dienste zur Erfassung der Bewegungsstärke während des Schießablaufs leisten zeitliche Verläufe der Momentanmedianfrequenz (Aktivität des Muskels). *Witte* et al. (2001, 37 bzw. 2010, 4) konnten zeigen, dass die Medianfrequenz-Zeit-Kurven auch bei Spitzenschützen intra- und interindividuell sowohl während eines einzelnen Schusses (Abb. 212a) als auch

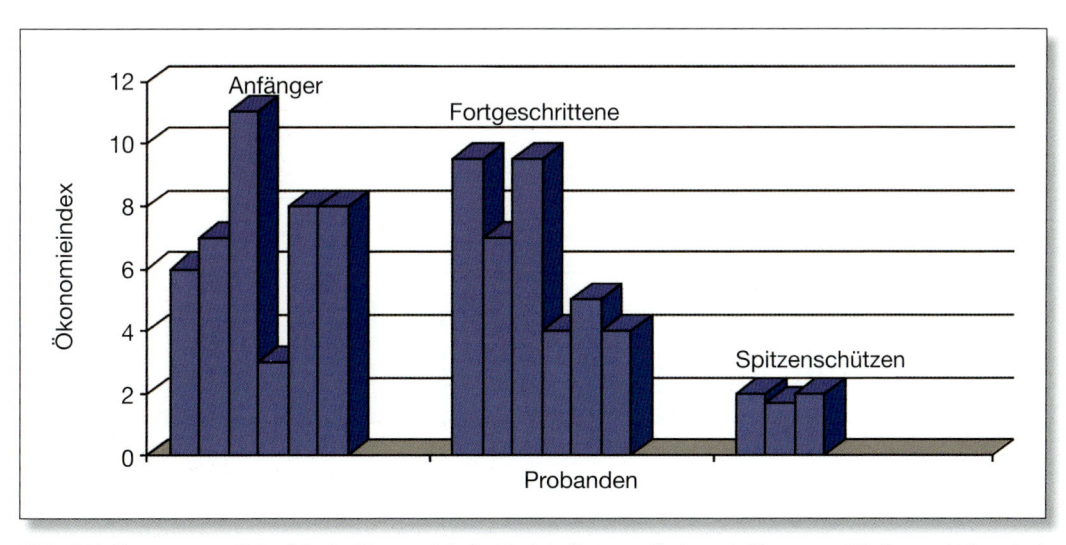

Abb. 211: Bewegungsstärke (Muskelökonomieindex) bei Anfängern, Fortgeschrittenen und Spitzenschützen (vgl. *Clarys* et al. 1990, 25)

im Mittel an mehreren Untersuchungstagen zum Teil sehr variabel sind (Abb. 212b).
Abb. 213 zeigt ferner einen interindividuellen Vergleich dreier Schützinnen unterschiedlicher Leistungsstärke. Es ist zu erkennen, dass die mittlere Medianfrequenz des M. trapezius (pars transversa) durchschnittlich für die A-Kader-Schützin insbesondere zum Zeitpunkt des Lösens am geringsten und für die C-Kader-Schützin am höchsten ist.

> *Beachten Sie:* Ein Trainingsrückstand führt direkt zu einer veränderten intramuskulären Koordination und damit zu einem veränderten Frequenzspektrum, was wiederum bedeutet, dass ein entsprechendes Frequenzverhalten und damit das Muster der neuronalen Ansteuerung der motorischen Einheiten nicht langzeitstabil ist (vgl. *Witte* et al. 2001, 37).

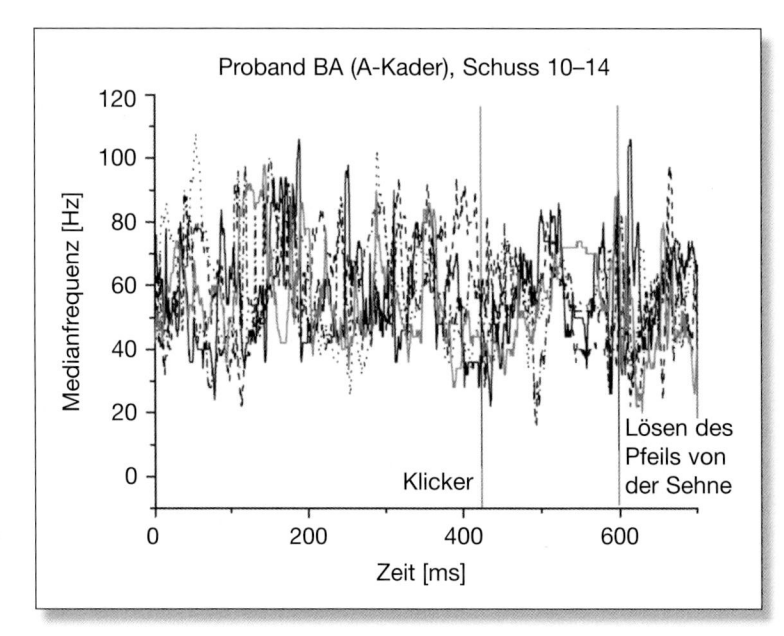

Abb. 212a: Momentanmedianfrequenz in Abhängigkeit von der Zeit für fünf aufeinander folgende Schüsse einer A-Kader-Athletin. Die Zeitpunkte »Klicker« und »Lösen des Pfeils von der Sehne« kennzeichnen den Zeitraum, innerhalb dessen die Muskelaktionen zur Bewältigung der Auflösung des Kräftegleichgewichts erfolgen (vgl. *Witte* et al. 2001, 37)

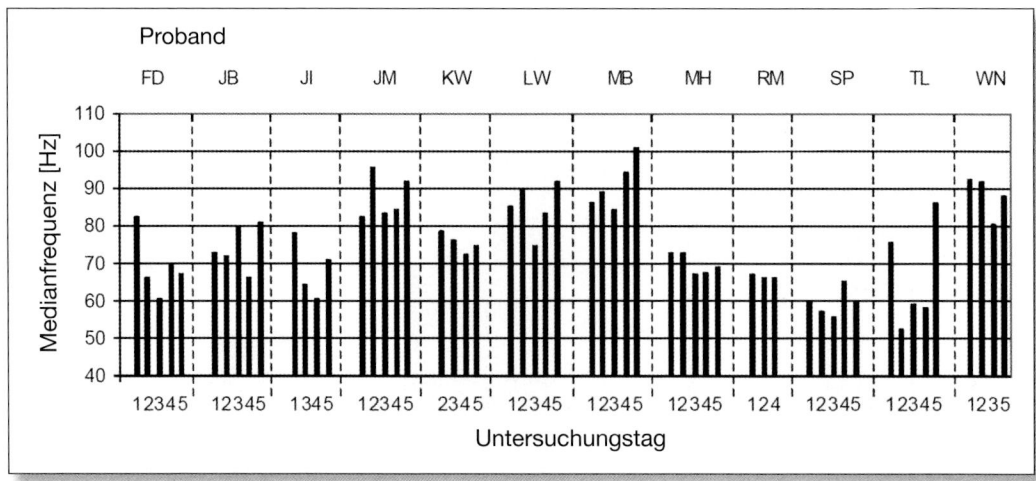

Abb. 212b: Mittlere Medianfrequenzen des M. trapezius pars transversa aller Schützen an allen Testtagen (vgl. *Witte* et al. 2001, 37)

Bewegungsanalyse mithilfe der Bewegungsmerkmale

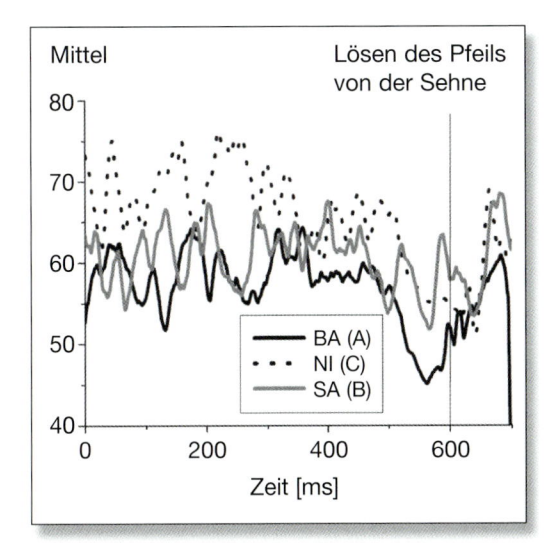

Abb. 213: Zeitlicher Verlauf der durchschnittlichen Momentanmedianfrequenzen für A-, B- und C-Kader-Athleten (vgl. *Witte* et al. 2001, 37)

Konsequenzen für die Trainingspraxis:
Experimentieren Sie mit unterschiedlichen Druck-Zug-Verläufen, indem Sie beispielsweise die Klickerendphase mehr »drücken« oder »ziehen«. Beobachten Sie dabei Ihre Gruppierungen.

Bewegungsumfang

> Der Bewegungsumfang beinhaltet die optimale räumliche Ausdehnung einer Bewegung.

Der Bewegungsumfang äußert sich beim Bogenschießen in zwei Dimensionen: einerseits in der räumlichen Ausdehnung während des Vollauszugs (Übergang von der 2. auf die 3. Positionsphase), andererseits in der Tremorbewegung des Bogenarms in der Zielphase (s. S. 88).

Wie Abb. 214 und 215 zeigen, soll die Zughand während des Vollauszuges nahe der Kraftlinie, d.h. eng am Körper (mit minimalen Abweichungen in der Horizontalen) und mit geringen vertikalen und horizontalen Abweichungen zum Anker geführt werden. Nur dadurch sind eine ökonomische Arbeitsweise und eine hohe Reproduktionsfähigkeit des Schießablaufs gewährleistet.

Abb. 216 macht deutlich, dass die Bewegung des Ellbogens auf der Zugarmseite eine doppelte Kreisbewegung beschreibt (rote und blaue Kurve). Während die rote Kurve den Verlauf des Zugarmellbogens im Vollauszug und Ankern beschreibt (Erreichen der 3. Positionsphase), setzt die blaue Kurve erst in der Phase des

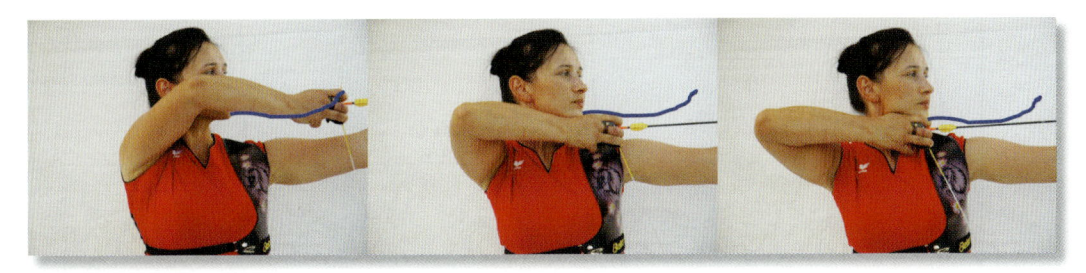

Abb. 214: Vertikalbewegung der Zughand während des Vollauszuges

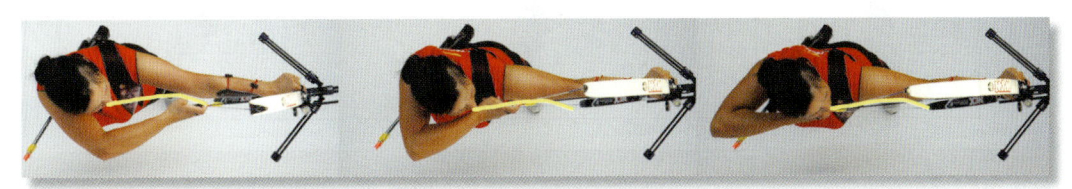

Abb. 215: Horizontalbewegung der Zughand während des Vollauszuges

Abb. 216: Bewegung des Ellbogens auf der Zugarmseite (rote und blaue Linie) während der 3. und 4. Bewegungsphase

Transfers (Übergang in die 4. Positionsphase) ein. Der unterschiedliche Verlauf liegt daran, dass die Kraftvektoren im Lösen stärker translatorisch wirken müssen, um eine effektive Zugbewegung zu gewährleisten.

Konsequenzen für die Trainingspraxis:
Erfühlen und vergleichen Sie unterschiedliche Zugverläufe während des Vollauszugs. Achten Sie dabei auf eine konstante Position des Zughandrückens.

Bewegungstempo
»Mein Schießtempo war zu langsam – dadurch konnte ich die Konzentration nicht mehr aufrechterhalten« (PARK Kyung-Mo, Korea, Silbermedaillengewinner Olympische Spiele 2008 nach dem verlorenen Finale).

Das Bewegungstempo beschreibt die Geschwindigkeit von Gesamt- und Teilbewegungen innerhalb des Bewegungsablaufs.

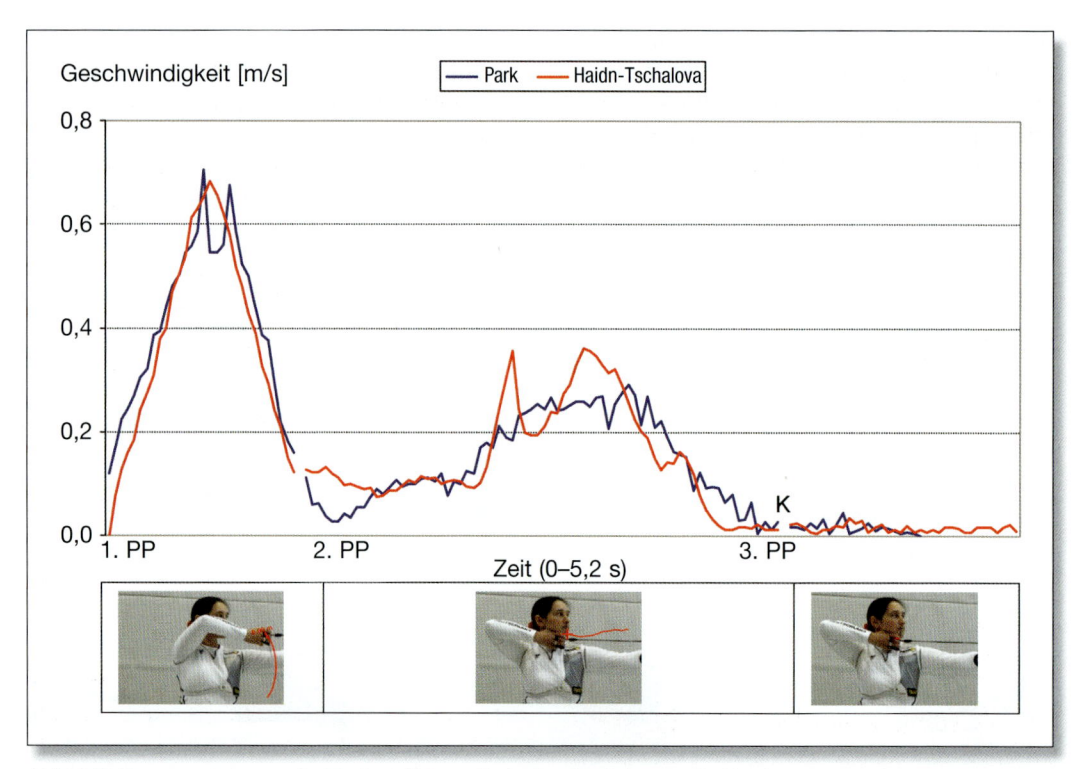

Abb. 217: Bewegungstempo der Zughand bis zur Freigabe des Schusses im Vergleich zweier Spitzenschützinnen (PP: Positionsphase, K: Beginn der Klickerendphase)

Das Bewegungstempo kann sowohl als quantitatives als auch als qualitatives Bewegungsmerkmal interpretiert werden und hängt im Bogenschießen sowohl von entsprechenden Kraftfähigkeiten als auch von Witterungsbedingungen ab. So führt einerseits eine mangelhafte Kraftausdauer zu einer zu schnellen (und vor allem nicht kurzfristig abbaubaren) Übersäuerung und damit zu Geschwindigkeitsschwankungen, die ihrerseits eine unökonomische Arbeitsweise hervorrufen. Andererseits bedingt beispielsweise Seitenwind oftmals verlängerte Zielzeiten und dadurch ein langsameres Bewegungstempo.

Dennoch zeigen die Verlaufsanalysen von Spitzenschützen, dass die Geschwindigkeiten einzelner Teilphasen hochgradig übereinstimmen. Abb. 217 verdeutlicht, dass sich die Geschwindigkeit der Zughand im Vollauszug bis kurz vor das Ankern erhöht, wo diese dann als Abschluss der 3. Positionsphase auf 0 m/s abfällt. Dies bestätigt auch *Rabska* (in *Ruis* u. *Stevenson* 2004, 18), der in diesem kurzzeitigen »Abstoppen« eine notwendige Voraussetzung für die Lade- und Transferphase sieht. Während die Bewegungsgeschwindigkeit mit dem Erreichen der 3. Positionsphase (Ankern inklusive Schulterblattpositionierung auf der Zugarmseite) nahezu vollständig abgebremst ist, wird sie in der Klickerendphase (Transfer) aber gleichmäßig gehalten (ca. 2 mm/s).

Konsequenzen für die Trainingspraxis:
Experimentieren Sie mit unterschiedlichen Zug- und Druckgeschwindigkeiten (vor allem im Vollauszug und in der Klickerendphase).

Mittlere qualitative Bewegungsmerkmale
Mittlere qualitative Bewegungsmerkmale sind Bewegungskonstanz, Bewegungsfluss und Bewegungspräzision.

Bewegungskonstanz

> Die Bewegungskonstanz ist als Grad der Übereinstimmung wiederholt ausgeführter Bewegungsabläufe zu verstehen.

Die Bewegungskonstanz ist im Bogenschießen mit der Bewegungspräzision das entscheidende Merkmal. *Williams* (1993) spricht in diesem Zusammenhang von der Fähigkeit, einen einmal perfekt abgegebenen Schuss immer und immer wieder zu duplizieren. Nur konstante Abläufe auf der Grundlage gleichmäßiger Krafteinsätze ermöglichen beste Gruppierungen und damit hohe Ringzahlen. Die Konstanz der Bewegung äußert sich im Bogenschießen somit in drei Ausprägungsformen: Muskelaktivität, räumliche Ausdehnung und zeitliche Übereinstimmung.

> *Beachten Sie: Eine* präzise Wiederholung des Schusses ist auch unter Laborbedingungen nur in begrenztem Umfang möglich ist, weil die Bewegungskonstanz sowohl vom Grad des »Eingearbeitetseins« als auch von der Ermüdung des Sportlers abhängt.

Muskelaktivität
Abb. 218 illustriert ausgewählte Muskelinnervationen bei einem Anfänger und einem Spitzenschützen während des gesamten Schießablaufs (0 – 100%). Es ist deutlich zu erkennen, dass beim Anfänger bei zwei aufeinander folgenden Schüssen eine größere Differenz bezüglich der Muskeleinsätze besteht, während beim Spitzenschützen die Krafteinsätze in den einzelnen Muskeln hochgradig übereinstimmen.

Abb. 219 zeigt beispielhaft zeitabhängige Spektren (Muskelaktivitäten) des M. trapezius (pars transversa) einer A- und einer C-Kader-Athletin. Die quasi-dreidimensionale Darstellungsweise gibt an, zu welchem Zeitpunkt welche Frequenzbereiche die entsprechenden Leistungen aufweisen.

Für beide Schützinnen ist deutlich erkennbar, dass sich die Leistung im letzten Zeitdrittel erheblich verringert. Dies lässt sich mit dem Aufheben des Kräftegleichgewichts und der damit verbundenen Reduzierung der Aktivität des M. trapezius (pars transversa) interpretieren. Weiterhin ist festzustellen, dass die Spektren für je-

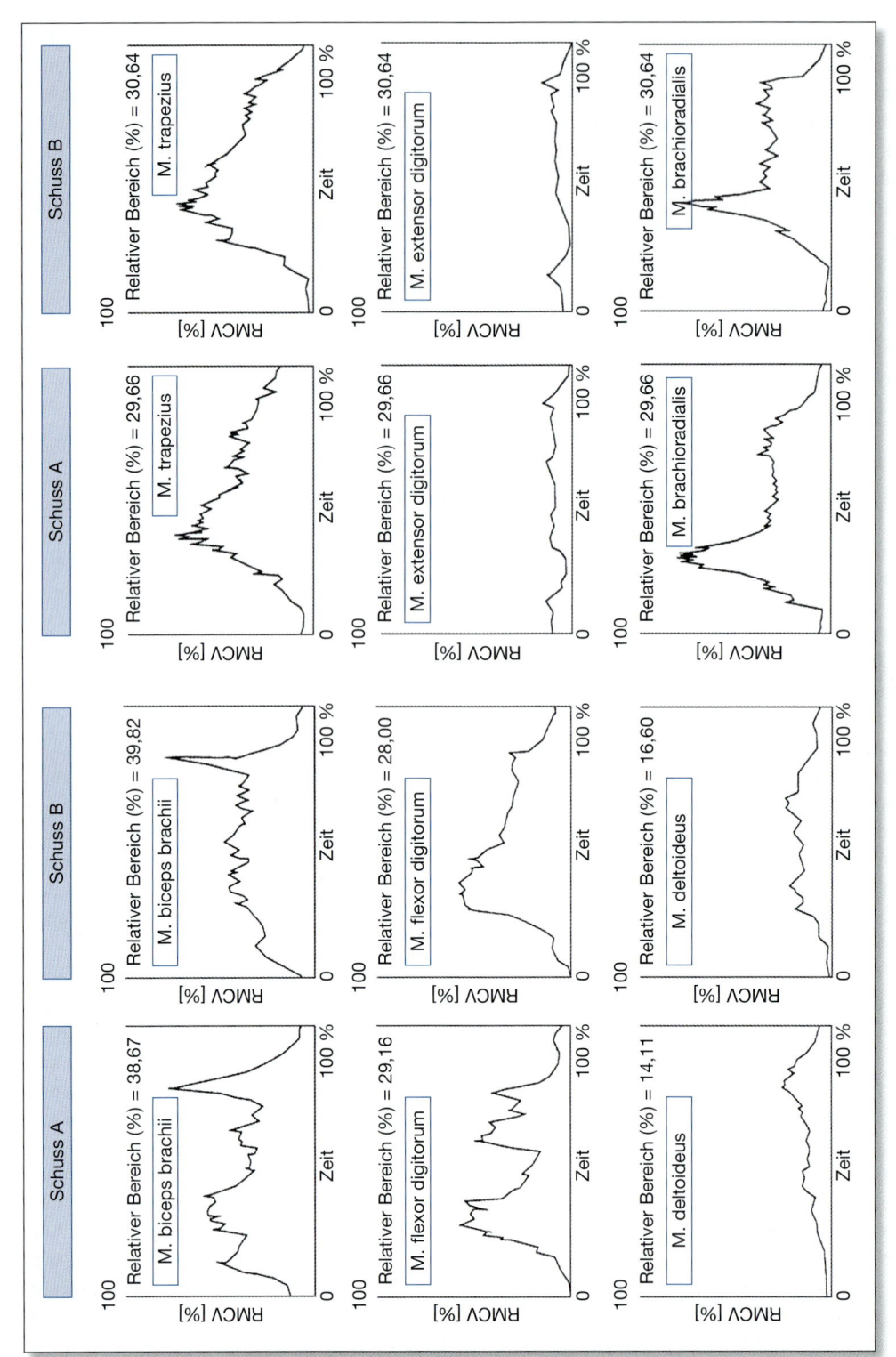

Abb. 218: Innervationscharakteristika bei einem Anfänger (*links*) und einem Spitzenschützen (*rechts*; vgl. Clarys et al. 1990, 251/252; RMVC: relative maximale willentliche Kontraktion)

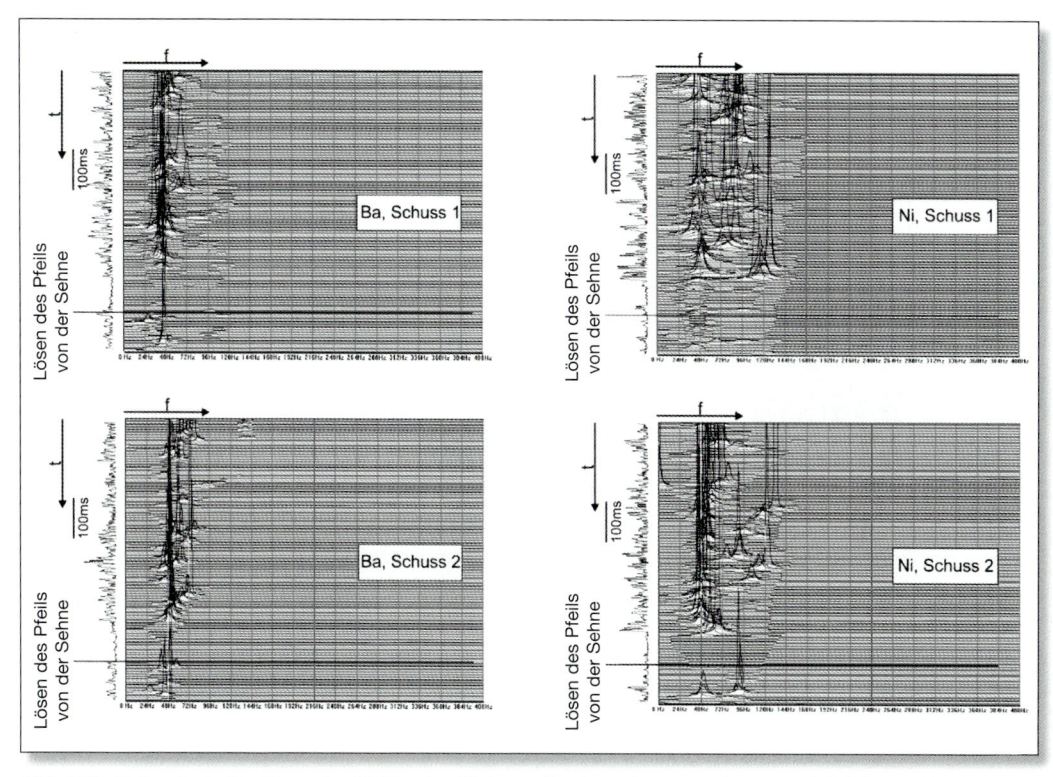

Abb. 219: Zeitvariante Spektren des EMGs des M. trapezius (pars transversa) von zwei Schüssen der Schützinnen Ba und Ni. Links, von oben nach unten verlaufend, ist das gleich gerichtete EMG über der Zeit aufgetragen. Rechts daneben sind die zeitlich zugehörigen momentanen Spektren des EMG-Signals in diskreten Zeitabständen von 3 ms zu sehen (vgl. *Witte* et al. 2001, 36)

weils dieselbe Probandin sehr unterschiedlich sind. Dies konnte in ähnlicher Weise auch für die Beinstreckmuskulatur beim isometrischen Beinkrafttraining von *Jöllenbeck* und *Witte* (1999) nachgewiesen werden. Insgesamt lässt sich ableiten, dass trotz konstanter äußerer Bedingungen und Bewegungsergebnisse die Mechanismen der Muskelaktivierung noch relativ variabel sind und die Bewegungskonstanz noch nicht hochgradig gegeben ist (vgl. *Witte* et al. 2001, 36).

Gleichmäßige Frequenzspektren bei Fortgeschrittenen und Spitzenschützen äußern sich insbesondere in stabilen Pfeilgruppierungen (Abb. 220) Während beim Anfänger noch starke Schwankungen hinsichtlich kleiner Streuradien auftreten, zeichnet sich der Spitzenschütze durch eine stabile relative Abweichung von nur wenigen Zentimetern aus.

Räumliche Ausdehnung

Möglichkeiten zur Ermittlung einer hohen Konstanz innerhalb der räumlichen Ausdehnung bieten in der Trainingspraxis unter anderem parallele Vergleiche (z.B. zwei aufeinander folgende Schüsse) bzw. Überlagerungen mithilfe von Spuraufnahmen (Tracking; Abb. 221). Abb. 222 zeigt den Vergleich zweier Nationalkaderschützen hinsichtlich einer konstanten Bewegungsausführung in einem Zeit-Weg-Diagramm während der Klickerendphase (< 2,5s) bis zum Lösen. Es ist deutlich erkennbar, dass Schütze A (links) ein wesentlich gleichmäßigeres Bewegungsmuster aufweist als Schütze B (rechts).

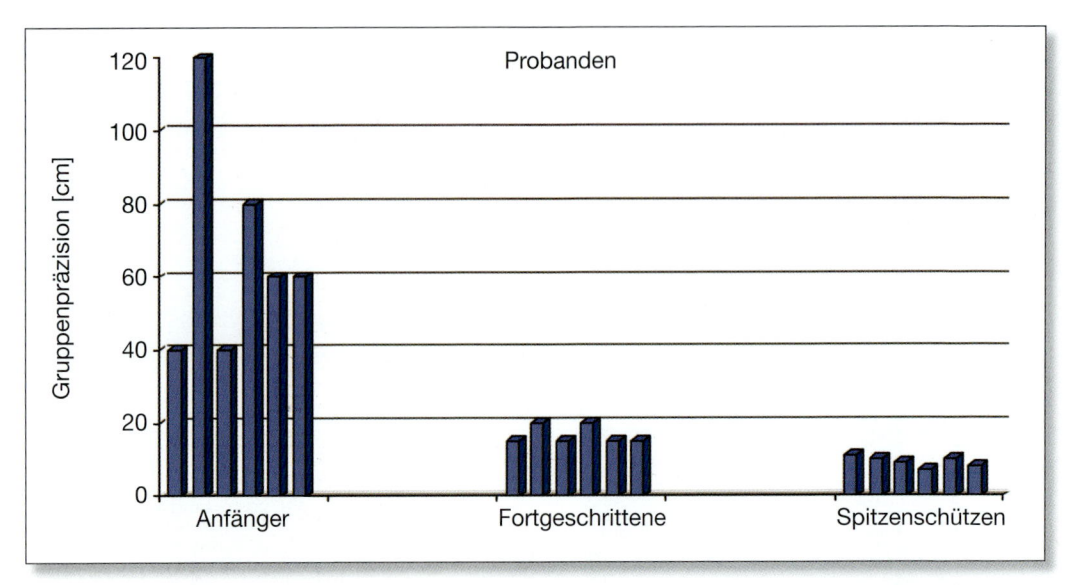

Abb. 220: Einfluss der Bewegungskonstanz auf die Gruppierung der Pfeile (vgl. *Clarys* et al. 1990, 254)

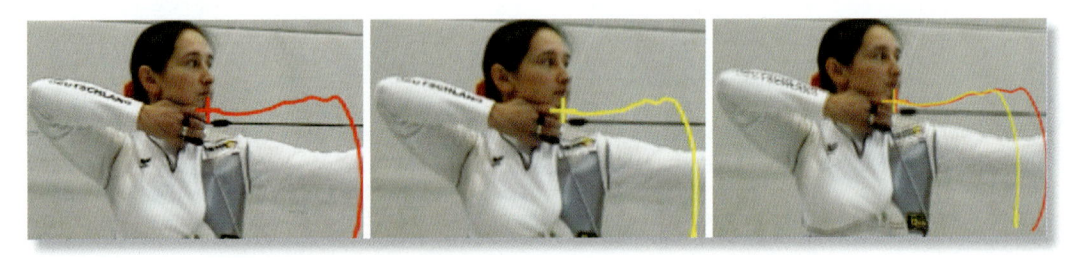

Abb. 221: Bestimmung der Bewegungskonstanz von Teilabläufen: paralleler Vergleich (z.B. zwei aufeinander folgende Schüsse) bzw. Überlagerung (*rechts*) mithilfe von Spuraufnahmen (Tracking)

Untersucht man Zeit-Weg-Diagramme hinsichtlich Mittelwert und Standardabweichung zu jedem Zeitpunkt über mehrere Schüsse während einer Trainingseinheit, so ist feststellbar, dass bei beiden Schützen die Schwankungen der Bewegungsgeschwindigkeit mit zunehmender Nähe zum Lösen abnehmen (Abb. 223). Allerdings ist für Schütze A der rote Bereich (Standardabweichung) wesentlich schmaler und kennzeichnet die hohe Konstanz aller Schüsse. Der deutlich weitere Bereich von Schütze B lässt somit zum einen Rückschlüsse auf technische Unregelmäßigkeiten und eine mangelnde Konstanz der Bewegungsausführung zu.

Die Konstanz der Auszugslänge beim Zielen und dem zeitlichen Verlauf der Klickerendphase kann indirekt über die Durchbiegung des Klickers erfasst werden (vgl. *Edelmann-Nusser* 2007, 8). Da der Klicker sich beim Zielen vorn an der Pfeilspitze befinden soll, führen Veränderungen der Auszugslänge aufgrund der Form der Pfeilspitze zu Änderungen der Durchbiegung des Klickers.

Zeitliche Übereinstimmung

Der zeitliche Verlauf des Messsignals ist beispielhaft für einen Schuss in Abb. 224 dargestellt. Ein über die Videoaufnahmen sichtbares Zusammenfallen (als Nachlassen der Auszugslänge) ist deutlich im Kurvenverlauf des Messklickers als Tal zu erkennen. Während der Messungen von aufeinander folgenden Schüssen äußert sich eine räumlich-zeitliche Konstanz im

Bewegungsanalyse mithilfe der Bewegungsmerkmale

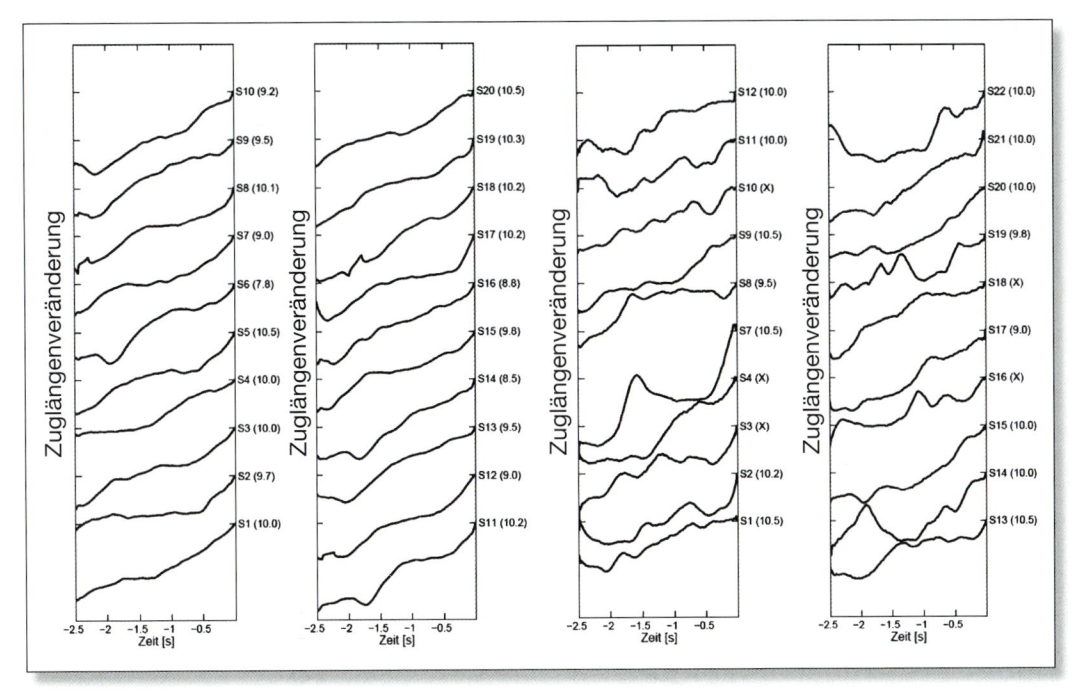

Abb. 222: Vergleich zweier Nationalkaderschützen hinsichtlich einer konstanten Bewegungsausführung in einem Zeit-Weg-Diagramm während der Klickerendphase (< 2,5 s; vgl. *Edelmann-Nusser* 2007)

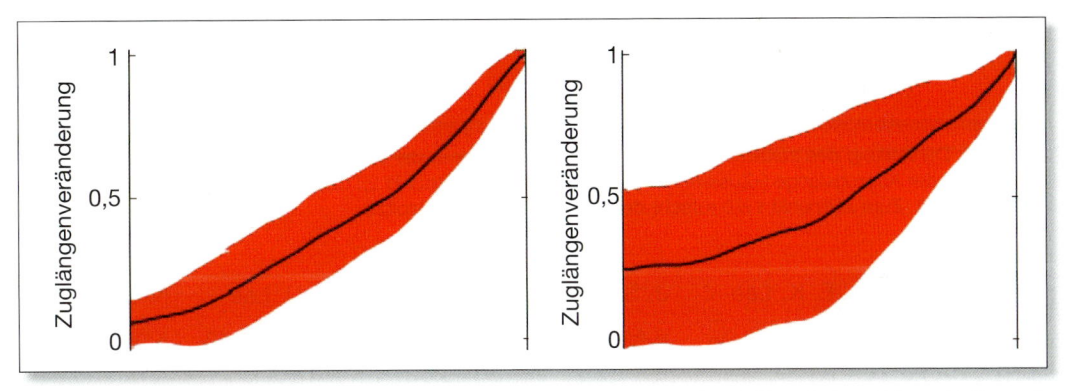

Abb. 223: Mittelwert (*schwarze Linie*) und Standardabweichung (*roter Bereich*) zu jedem Zeitpunkt über alle Schüsse eines Tests; Schütze A zeigt dabei eine höhere Bewegungskonstanz in der Zugbewegung (vgl. *Edelmann-Nusser* 2007, 21)

Bewegungsablauf durch qualitativ ähnliche Kurvenverläufe. Die Auswertung der Kurvenverläufe ist hauptsächlich qualitativ möglich, da sich durch Veränderungen im Material (z.B. Verwendung eines anderen Pfeils/einer anderen Pfeilspitze) auch Veränderungen in den Kurvenverläufen ergeben.

Eigene Untersuchungen (Weltmeisterschaft Riom 1999) bestätigen die hohe zeitliche Konstanz des Bewegungsablaufs bei Spitzenschützen. Trotz schwieriger äußerer Bedingungen (starker Seitenwind) zeigen sich sowohl innerhalb der einzelnen Positionsphasen als auch während des gesamten Bewegungsablaufs nur geringe zeitliche Differenzen (Tab. 48a).

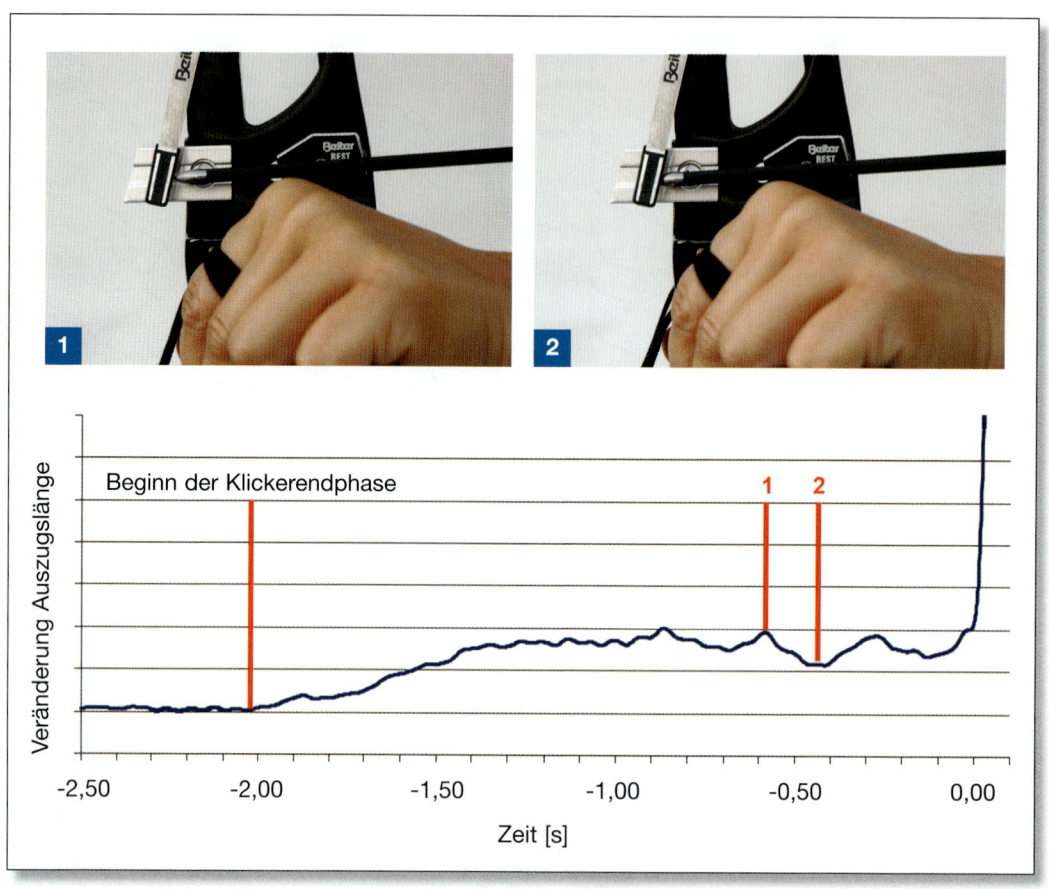

Abb. 224: Darstellung des zeitlichen Verlaufs der Auszugslänge in der Klickerendphase. Der Schütze zeigt ein Nachlassen der Auszugslänge (»Zusammenfallen«, Bild 2 bzw. Zeitpunkt 2), das sich im Signal des Messklickers als Tal darstellt. Zum Zeitpunkt t = 0 rutscht der Klicker über die Pfeilspitze

Testperson	E. K. Lee	J. S. Kim	C. S. Chung	H. J. Lee	N. Valeeva
Gesamtzeit (s) pro Schuss	8,74 – 8,98 $\Delta = 0,24$	8,83 – 9,65 $\Delta = 0,82$	8,83 – 9,65 $\Delta = 0,82$	8,33 – 8,50 $\Delta = 0,17$	5,99 – 6,67 $\Delta = 0,68$
1.–3. PP (s)	4,37 – 5,49 $\Delta = 1,12$	3,72 – 3,77 $\Delta = 0,05$	3,70 – 3,80 $\Delta = 0,10$	3,61 – 3,77 $\Delta = 0,16$	3,91 – 4,23 $\Delta = 0,32$
3. PP – Lösen (s)	1,59 – 2,59 $\Delta = 1,00$	4,33 – 6,41 $\Delta = 2,08$	1,29 – 2,35 $\Delta = 1,00$	1,72 – 3,01 $\Delta = 1,29$	1,26 – 1,82 $\Delta = 0,56$
Lösen bis 4. PP (s)	2,22 – 2,46 $\Delta = 0,24$	2,02 – 2,16 $\Delta = 0,14$	1,74 – 2,06 $\Delta = 0,32$	1,70 – 2,00 $\Delta = 0,30$	1,77 – 2,01 $\Delta = 0,24$

Tab. 48a: Zeitdifferenzen (Δ) im Schießablauf von vier Spitzenschützinnen (12 Schüsse; PP: Positionsphase)

TQ	tKB-CV
Alle (n=68)	-,371
A-B-Kader (n=34)	-,528
C-Kader (n=34)	-,237 n.s.

Tab. 48b: Zusammenhang zwischen der Trefferquote (TQ) und der zeitlichen Konstanz der Schussauslösung (ausgedrückt über den prozentualen Variationskoeffizienten tKB-CV des zeitlichen Abstands zwischen Zeitpunkt Klicker und Zeitpunkt Lösen des Pfeils) getrennt nach Kaderzugehörigkeit (Pearson-Korrelationskoeffizient; p < 0,01; n.s.: nicht signifikant)

Edelmann-Nusser et al. (2007, 22) konnten ferner einen Zusammenhang zwischen der Konstanz der Schussauslösung (ausgedrückt über einen geringen Variationskoeffizienten der Zeitdauer zwischen Klicker und Lösen – tKB-CV) und der Trefferquote zeigen (Tab. 48b). Kaderspezifisch zeigt sich, dass insbesondere für die A-B-Kader-Schützen ein Zusammenhang besteht (r = -,528), während dieser für die C-Kader-Schützen nicht signifikant ausfällt.

Konsequenzen für die Trainingspraxis:
- Benutzen Sie im Training ein Metronom, das Ihnen eine Rhythmusunterstützung anbietet (zeitliche Komponente).
- Vergleichen Sie Ihre Schüsse mittels Tracking (räumliche Komponente; Abb. 221) bzw. Zuglängenveränderungen in Zeit-Weg-Diagrammen.

Bewegungsfluss

Der Bewegungsfluss ist ein wesentliches Kennzeichen der Bewegungsstruktur und beschreibt den Grad der Kontinuität im Ablauf eines motorischen Aktes. Der Bewegungsfluss kennzeichnet sich demnach dadurch, dass die Bewegung »rund« ausgeführt wird und Beschleunigungsänderungen minimiert sind.

Im Bogenschießen wird dann von einem ansprechenden Bewegungsfluss gesprochen, wenn die einzelnen Positionsphasen (Vorarbeit, Set-up, Ankern/Stützphase und Nachhalten) »nahtlos« – also ohne Verzögerung – ineinander überführt werden.

Konsequenzen für die Trainingspraxis:
- Versuchen Sie Ihre Bewegungen flüssig, d.h. ohne große Beschleunigungsänderungen, auszuführen. Achten Sie unbedingt auf einen festen Anker, d.h. kein Rutschen der Sehne am Kinn! Kontrollieren Sie Ihre Klickerarbeit visuell.
- Visualisieren Sie die Veränderungen ihrer Auszugslänge (vgl. *Edelmann-Nusser* 2007, 7)

Bewegungspräzision

Die Bewegungspräzision beinhaltet im sportlichen Bereich die Fähigkeit zu einer möglichst genauen Bewegungsausführung.

Bei der Bewegungspräzision unterscheidet man im Schießsport die Ziel- und Treffgenauigkeit sowie die Ablaufgenauigkeit im Rahmen des Bewegungsablaufs.

Die Ziel- und Treffgenauigkeit kann sowohl als quantitatives als auch als qualitatives Bewegungsmerkmal dargestellt werden. Die *Treffgenauigkeit* ist als quantitatives Merkmal insbesondere bei der Trefferbildanalyse sowie bei der Pfeilauswahl von Bedeutung (Abb. 225).

Die *Ablaufgenauigkeit* spielt im Bogenschießen dahingehend eine entscheidende Rolle, als nur durch das Erreichen eines konstanten Griff- oder Ankerpunktes gleichmäßige Kraftübertragungen und Abschusswinkel möglich sind. Bereits Unterschiede von einem Millimeter beim Ankern können an der Scheibe Abweichungen von mehreren Zentimetern bewirken. Gleiches gilt für verschiedene Druckpunkte im Griff, wodurch häufig Höhenabweichungen entstehen.

Insgesamt ist im Bogenschießen insbesondere auf die Schulung einer präzisen 1. Positionsphase (Fingerplatzierung, Griff, Schulter- und

Oberkörperausrichtung, Vorspannung) zu achten, weil nur dadurch automatisierte Bewegungsmuster im Sinne entsprechender Muskelschlingen angesteuert werden können.

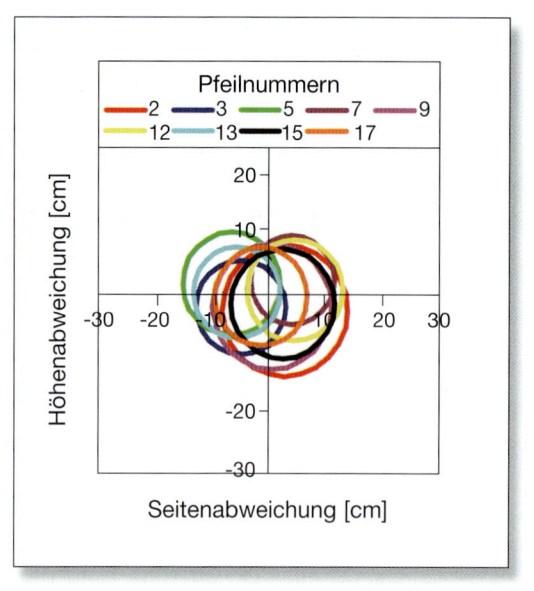

Abb. 225: Trefferbereiche einzelner Pfeile und ihre horizontalen und vertikalen Abweichungen (vgl. *Garnreiter* 2003)

Hinsichtlich der *Zielgenauigkeit* konnte *Heller* (2004, 42) in einer zweijährigen Längsuntersuchung an 12 Kaderathleten zeigen, dass die Auslenkung des Visierkorns in horizontaler x-Richtung signifikant größer ist als die Auslenkung in vertikaler y-Richtung (Tab. 49).

Auch in Abhängigkeit von der Zeit zeigen sich signifikante Unterschiede in den Zielbewegungen, und zwar sowohl in der letzten Sekunde (1,07 mm vs. 0,64 mm; p < 0,01) als auch in den letzten beiden Sekunden (2,09 mm vs. 1,19 mm; p < 0,01) vor dem Lösen. Das Bewegungsausmaß (horizontal und vertikal) ist dabei innerhalb der letzten Sekunde nur noch etwa halb so groß wie innerhalb der letzten beiden Sekunden (Abb. 226). Die höhere horizontale Zielbewegung zeigt sich zudem auf intraindividueller Ebene (bei 8 von 26 Schützen ist der Unterschied jedoch nicht signifikant; p > 0,05: vgl. *Edelmann-Nusser* 2007, 25).

Räumliche Abweichungen werden insbesondere im so genannten *Haltefenster* visualisiert und über Standardabweichungen berechnet. Als Einheit dient der Abstand zwischen den Ringen der Zielscheibe. Der Vergleich der Schützen unterschiedlicher Leistungskategorien (B- und C-

Anzahl der Schüsse	x-Auslenkung	y-Auslenkung	Signifikanz
1448	x = 07,3 ± 0,32	y = 0,56 ± 0,26	p < 0,001

Tab. 49: x-y-Auslenkung der Schützen mit Signifikanzprüfung (U-Test)

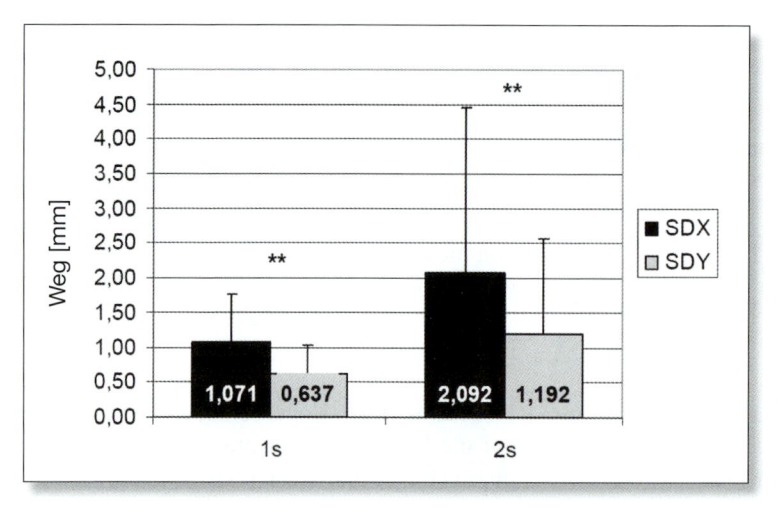

Abb. 226: Vergleich der horizontalen (SDX) und vertikalen Zielbewegungen (SDY) des Visiers innerhalb der letzten Sekunde (1 s) und der letzten beiden Sekunden (2 s) vor dem Lösen des Pfeils (n = 612 Schüsse: vgl. *Edelmann-Nusser* 2007, 25)

Kader) ergab deutlich kleinere mittlere Haltefenster in der Gruppe der leistungsstärker eingestuften B-Kader (p < 0,001). Zusätzlich konnte festgestellt werden, dass die Varianz in der Größe der mittleren Haltefenster bei den C-Kadern um mehr als das 4fache gegenüber dem wesentlich kleineren Haltefenster der B-Kader variiert (Tab. 50).

Der Vergleich zwischen den mittleren Haltefenstern und der Höhe der Trefferquoten ergab für die Differenzierung nach den 20 höchsten und den 20 geringsten Trefferergebnissen einen signifikanten (p < 0,05) und für die Differenzierung nach den 10 höchsten und den 10 geringsten Ergebnisse einen hochsignifikanten (p < 0,001) Unterschied (Tab. 51).

Abb. 227 zeigt eine grafische Darstellung der mittleren Haltefenster eines B- und eines C-Kaderschützen an mehreren Untersuchungsterminen. Deutlich zu erkennen sind die Ausprägung der Auslenkung des Bogens in x-y-Richtung und die Langzeitstabilität des Zielverhaltens. Ferner konnte für alle Schützen festgestellt werden, dass jeweils kleinere mittlere Haltefenster mit einer größeren Trefferquote einhergehen (50 Datensätze: $r_{xy} = -0,36$).

In einer Längsuntersuchung (n = 636) anlässlich der Weltmeisterschaften in Leipzig untersuchten *Gantner* et al. (2007) die Zielgenauigkeit mittels Sichttrajektorien (s. S. 358). Wie Abb. 228 und 229 deutlich machen, besteht ein

Kader	Datensätze	Arithmetisches Mittel der mittleren Haltefenster	Signifikanz
B	14	0,29 ± 0,10	p < 0,001
C	36	0,48 ± 0,21	

Tab. 50: Vergleich der mittleren Haltefenster und Standardabweichung der B-Kader mit denen der C-Kader mit Signifikanzprüfung (t-Test)

Datensätze	Rangreihenfolge der Trefferquoten	Arithmetisches Mittel der mittleren Haltefenster	Signifikanz
10	1–10	0,26 ± 0,07	p < 0,001
10	41–50	0,51 ± 0,17	
20	1–20	0,39 ± 0,15	p < 0,05
20	31–50	0,49 ± 0,21	

Tab. 51: Vergleich der mittleren Haltefenster und Standardabweichung der höchsten 10 bzw. 20 Trefferergebnisse mit denen der niedrigsten 10 bzw. 20 Trefferergebnisse mit Signifikanzprüfung (t-Test)

Abb. 227:
Mittlere Haltefenster (Standardabweichung in Ringen innerhalb der letzten Sekunde vor dem Lösen des Schusses) zweier Schützen für mehrere Untersuchungstermine (vgl. *Edelmann-Nusser* 2007)

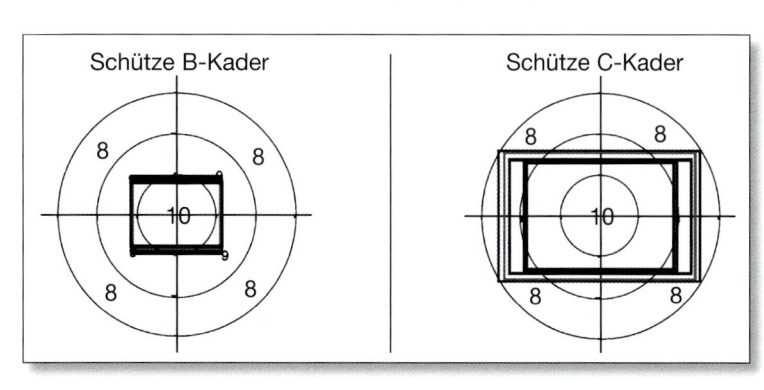

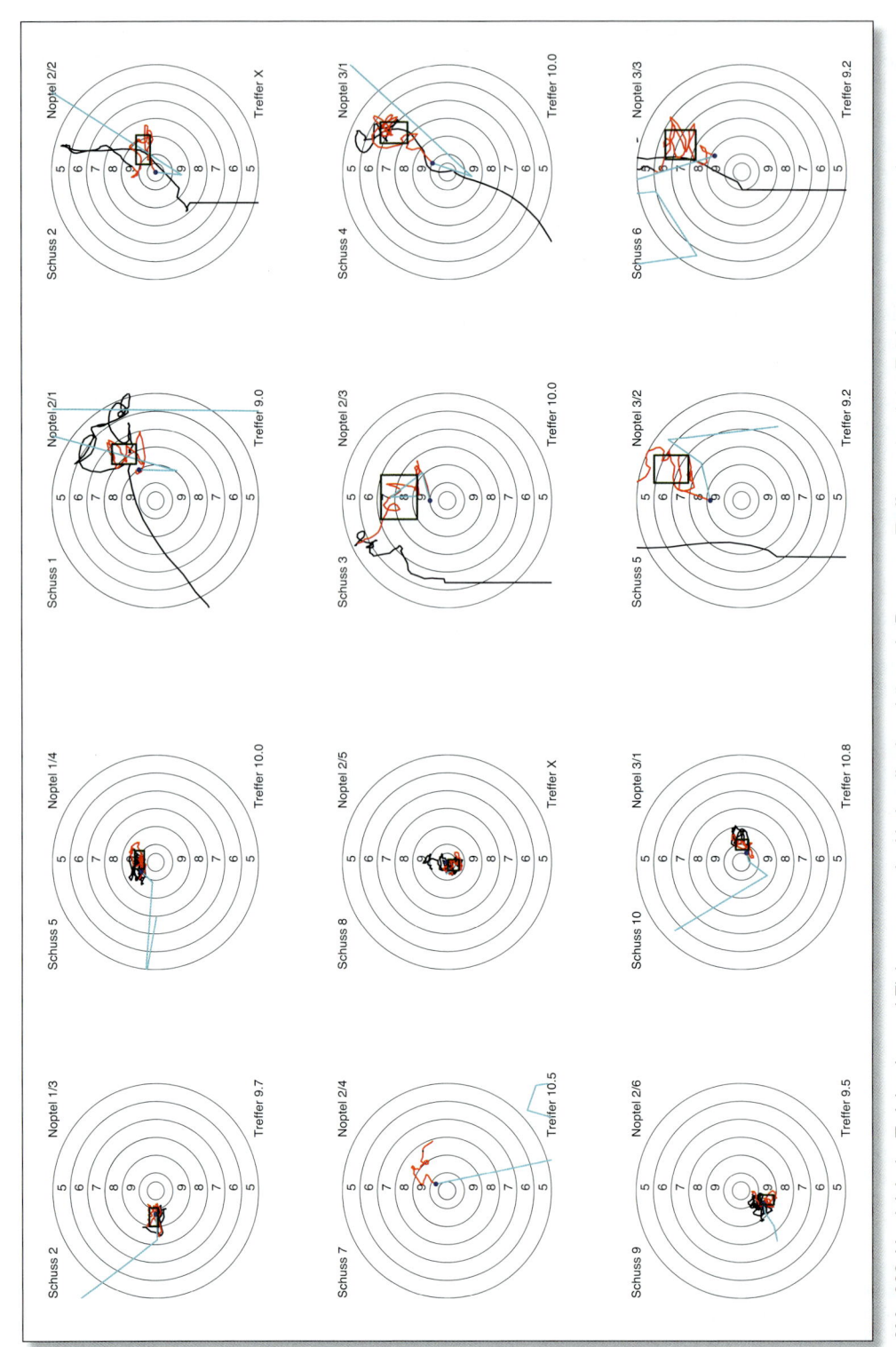

Abb. 228: Vergleich der Trajektorien und Zielmuster zweier Nationalkaderschützen in Bezug zur Treffgenauigkeit im Zeitfenster des Lösens (schwarz = 2s, rot = 1s, türkis = nach dem Lösen); Schütze A (*links*) weist ein wesentlich präziseres Zielmuster auf als Schütze B (*rechts*)

Bewegungsanalyse mithilfe der Bewegungsmerkmale

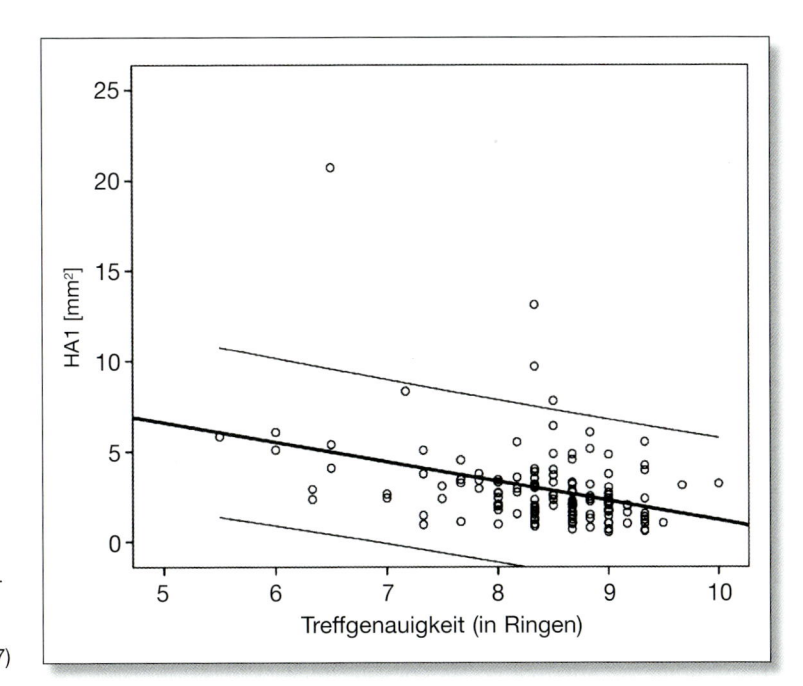

Abb. 229:
Zusammenhang zwischen dem Haltefenster (HA 1) und dem Schießresultat: Je kleiner das Haltefenster (Fläche in mm^2), desto präziser ist die Treffgenauigkeit (vgl. *Edelmann-Nusser* et al. 2007)

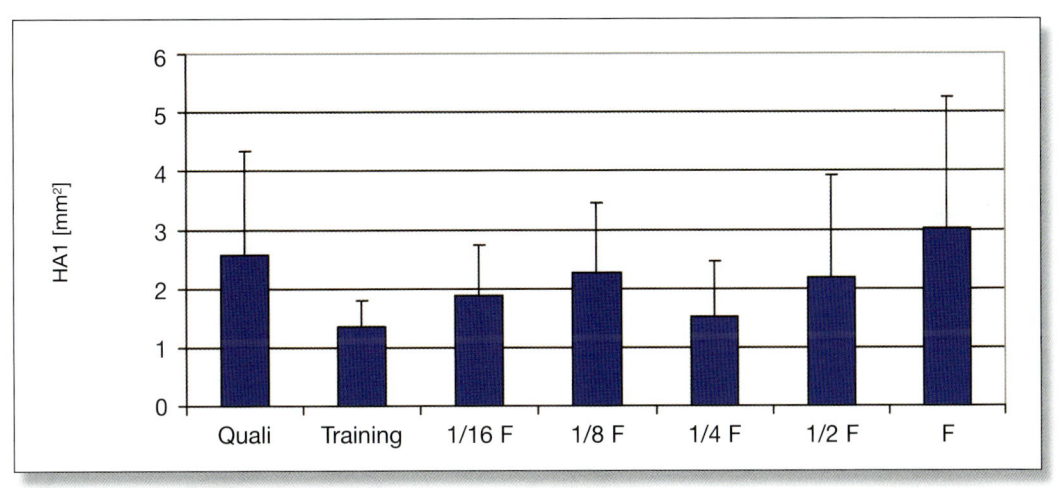

Abb. 230: Haltefenster in Abhängigkeit von der Wettkampfphase (vgl. *Edelmann-Nusser* et al. 2007; F: Finale)

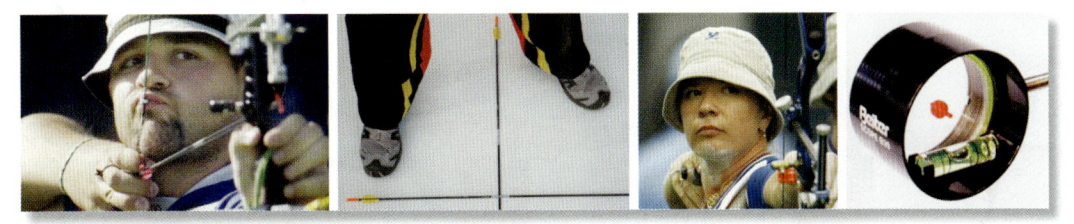

Abb. 231: Möglichkeiten der Bewegungspräzisierung in der Praxis: Mundmarke (*links*), Hilfslinien (*Mitte links*), Puder (*Mitte rechts*) und Wasserwaage (*rechs*; vgl. *Beiter* 2007)

signifikanter Zusammenhang zwischen dem Haltefenster und dem Schießresultat: Je kleiner das Haltefenster (Fläche in mm²), desto präziser ist die Treffgenauigkeit. Gleichzeitig konnte festgestellt werden, dass das Haltefenster mit fortschreitender Wettkampfphase (Training → Qualifikation → ... → Halbfinale → Finale) tendenziell zunimmt (Abb. 230).

Konsequenzen für die Trainingspraxis:
- Verwenden Sie geeignete Hilfsmittel (z.B. Mundmarke, Markierungen am Griff, in der Hand oder am Kinn, Wasserwaage) und kontrollieren Sie diese in entsprechenden Abständen (Abb. 231).
- Trainieren Sie mit unterschiedlichen Visieren und Anhaltepunkten (Größe und Form). Bringen Sie den Bogen aus verschiedenen Vorzielpunkten in Richtung Zentrum (vgl. differenzielles Lernen, S. 251)
- Schulen Sie horizontale Haltefenster mehr als vertikale, aber lassen Sie Freiräume für individuelle Zielmuster (vgl. *Ganter* et al. 2008)

Dynamische qualitative Bewegungsmerkmale

Dynamische qualitative Merkmale sind die Bewegungskopplung und der Bewegungsrhythmus.

Bewegungskopplung

> Die Bewegungskopplung beinhaltet die Abstimmung der Teilbewegungen einer sportlichen Aktion zu einem einheitlichen Ganzen.

Der Bewegungsablauf im Bogenschießen kann nur dann perfekt zur Durchführung kommen, wenn es dem Schützen gelingt, alle am Bewegungsablauf beteiligten Teilbewegungen optimal aufeinander abzustimmen (s. biomechanisches Prinzip der Koordination der Teilimpulse). Das bedeutet insbesondere in der Phase des Vollauszugs (Erreichen der 3. Positionsphase), dass die Bogenschulter nach innen vorne geführt wird, während der Zugarm bei gleichem (aber entgegengesetztem Kraftaufwand) zum Ankerpunkt nach hinten geführt wird (Abb. 232).

Abb. 232: Nachvorneschieben der Bogenschulter bei entgegengerichteter Bewegung des Zugarmes

Abb. 233: Simultane Bewegungen von Bogen- und Zugarm in der Klickerendphase (4. Bewegungsphase)

Bei der hochkomplexen Klickerendphase ist der Druck zur Scheibe bei konstanter Bogenschulter u.a. durch die (vermehrte Aktivierung der) Sägemuskulatur richtungs- und betragsmäßig mit einer konstanten Spannung der Trapezmuskulatur und einer zunehmenden Kontraktion der Rautenmuskulatur (Zugbewegung) gekoppelt (Abb. 233). Man spricht in diesem Zusammenhang auch von einer Muskelschlinge bzw. Muskelkette, weil alle leistungsrelevanten Muskeln über eine perfekte Bewegungs- bzw. Impulsübertragung so innerviert werden, dass sie zu einem optimalen Bewegungsmuster beitragen. Dabei wirkt sich jede Bewegung eines Gliedes des Gelenksystems zunächst auf die benachbarten Glieder und in der Folge auf die entfernten Glieder der Kette aus.

Die Bewegungskopplung zeigt sich insgesamt in einem stabilen und präzisen Zielvorgang, der als funktionales Zusammenwirken aller Elemente des Schießvorgangs verstanden werden kann (s. auch Kopplungsfähigkeit).

Konsequenzen für die Trainingspraxis:
- Versuchen Sie Teilbewegungen Ihres Schießablaufs zuerst so hintereinander auszuführen, dass Sie den Muskeleinsatz aufeinander folgender Krafteinsätze erspüren.
- Variieren Sie die Zielphase zeitlich und räumlich, indem Sie zum Beispiel verschiedene Auflagengrößen und -arten verwenden (Abb. 234).

Bewegungsrhythmus

> Der Bewegungsrhythmus beinhaltet die bewegungsspezifische zeitlich dynamische Ordnung einer motorischen Aktion.

Eine fließende, ästhetisch perfekte Bewegung (s. auch Bewegungsfluss, S. 227) beruht auf einem jeder Bewegung innewohnenden Rhythmus. Im Bewegungsrhythmus des Bogenschießens werden Teilbewegungen einer Bewegungsaufgabe miteinander in fein abgestimmter zeitlicher Ordnung verbunden.

Insbesondere im Anfängertraining muss bereits auf ein individuelles und konstantes zeitliches Verhältnis innerhalb der Positionsphasen hingearbeitet werden (s. S. 442), weil nur so optimale Muskelkrafteinsätze – im Sinne einer statischen bzw. dynamischen Ausprägung (s. S. 62 ff.) – ermöglicht werden. Beim motorischen Lernprozess (s. S. 102, 240) kann der Bewegungsrhythmus beispielsweise durch verbale oder musikalische Begleitung unterstützt werden.
Biomechanisch bzw. physiologisch lässt sich der Bewegungsrhythmus durch Kraft- und Beschleunigungskennlinien bzw. durch Elektromyogramme objektivieren.

Konsequenzen für die Trainingspraxis:
Begleiten Sie, insbesondere im Anfängertraining, den Schießablauf auditiv. Achten Sie auf entsprechende Zeitverhältnisse, wie beispielsweise: Vorarbeit und Vollauszug : Klickerendphase und Lösen : Nachhalten = 4 : 2 : 2 = 2. BP : 3. BP : 4 BP und entwickeln Sie ihr individu-

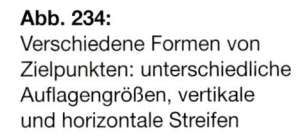

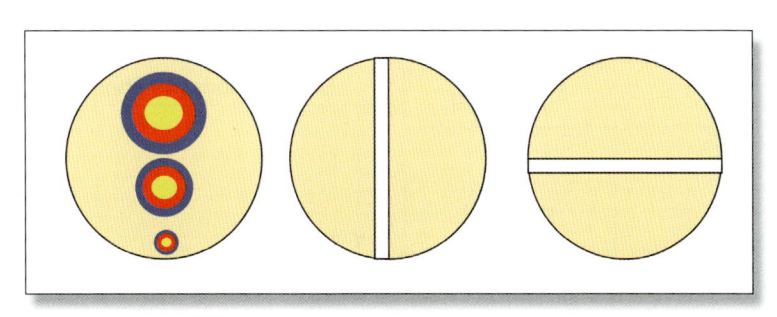

Abb. 234:
Verschiedene Formen von Zielpunkten: unterschiedliche Auflagengrößen, vertikale und horizontale Streifen

elles Zeitmuster (BP = Bewegungsphase; vgl. Rhythmisierungsfähigkeit, S. 341)

Bewegungshandlung

Unter Bewegungshandlung ist im Bogenschießen die bewusste, zielgerichtete, erwartungsgesteuerte, in sich abgeschlossene, zeitlich und inhaltlich strukturierte Einheit des Schießablaufs zu verstehen. Sie ist durch Antizipation des Handlungsprogramms sowie durch situationsadäquate Kontroll- und Regulationsprozesse charakterisiert.

Einflussfaktoren

Im Sinne einer ganzheitlichen Betrachtung und Beurteilung der Bewegungshandlung im Bogenschießen ist es nötig, innere und äußere Handlungskomponenten zu berücksichtigen. Die Erklärung des Schießablaufs wäre unvollständig, wenn nur nervöse Steuerungsvorgänge (Physiologie), Funktionen des aktiven und passiven Bewegungsapparats (Anatomie) oder dynamische Komponenten der räumlich zeitlichen Gliederung (Biomechanik) berücksichtigt werden würden und subjektive Empfindungen und Motive sowie kognitive und soziale Faktoren (z.B. Zuschauereinfluss, Erwartungsdruck des Trainers) keine entsprechende Beachtung fänden. Ebenso müssen äußere Faktoren bzw. handlungsbegleitende Rahmenbedingungen (z.B. ungünstige Witterungsbedingungen, ungünstiger Zeitplan, enges Wettkampffeld) in den Handlungsvollzug einbezogen werden.

Aufbau

Eine Bewegungshandlung lässt sich formal in mehrere funktional verbundene Teilabschnitte untergliedern (Abb. 235). Man unterscheidet Antriebsteil, Orientierungsteil, Entscheidungsteil, Ausführungsteil und Ergebnisteil. Alle an der Bewegungshandlung beteiligten Teilkomponenten sind aufs engste miteinander verknüpft und bedingen sich gegenseitig.

Antriebsteil

Der Antriebsteil stellt die psychosoziale Komponente der Handlungsstruktur dar. Motive

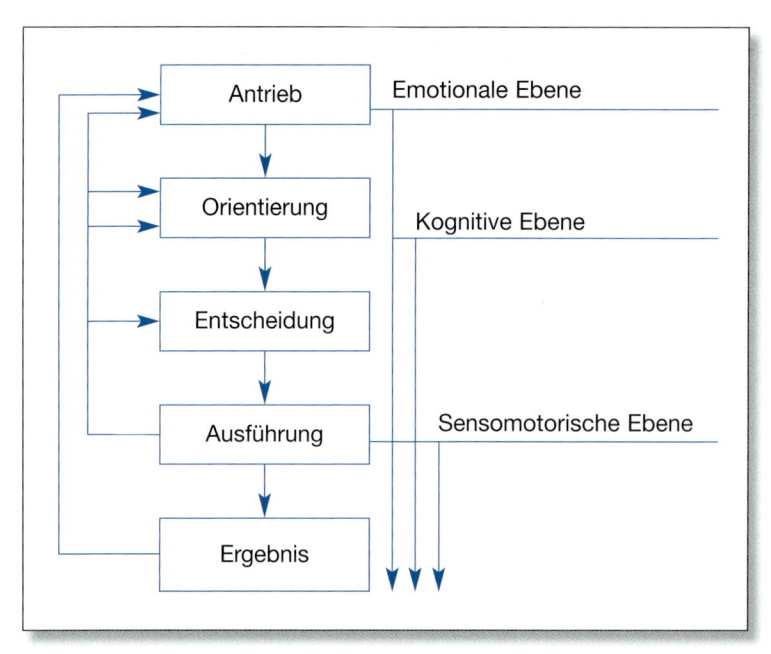

Abb. 235:
Aufbau einer Bewegungshandlung

(z.B. Bewegungsmotiv, Freude am Wettkampf, Leistung, Erfolg), Einstellungen, Bedürfnisse, Interessen, Erwartungen wirken als antriebsregulierende Faktoren und bestimmen den Grad der Motiviertheit eines Schützen. Nur ein »hoch motivierter«, leistungsbereiter Schütze wird an die Grenzen seiner individuellen psychophysischen Leistungsfähigkeit gehen können. Der Antriebsteil beeinflusst demnach wesentlich die nachfolgenden Abschnitte der Bewegungshandlung und ist entscheidend für leistungsbestimmende psychisch-kognitive Faktoren wie Wachheitszustand, Konzentration und Aufmerksamkeit.

Konsequenzen für die Trainingspraxis:
Beobachten und beurteilen Sie Ihr Leistungsvermögen in Abhängigkeit von Ihrem Aktivierungsgrad. Versuchen Sie, im Training und Wettkampf individuelle leistungsfördernde Zustände bewusst hervorzurufen (z.B. angenehme Trainingsatmosphäre, motivierende Trainingspartner, optimales Material).

Orientierungsteil
Im Orientierungsteil kommt es zur Planung der Handlungsausführung auf der Grundlage des Erkennens und Analysierens situativer Gegebenheiten. Hier sind im Bogenschießen insbesondere taktische Überlegungen (Seitenwind, Regen, Sonneneinstrahlung und Lichtverhältnisse) von Bedeutung, weil diese beispielsweise das Zeitprogramm des Schusses (z.B. schnelleres Schießen bei Regen) sowie den Rhythmus (z.B. Schießen bei Windflauten) beeinflussen können.
Dabei spielen bereits gespeichertes Wissen und Erfahrungen über die Bewältigung gleicher oder ähnlicher Situationen eine wichtige Rolle (»War ich in vergleichbaren Situationen mit meinem Anhalten erfolgreich oder nicht?«). Die Erstellung eines Handlungsplans ist unter anderem abhängig von der Einschätzung in die eigenen Fähigkeiten und Fertigkeiten. So wird beispielsweise ein selbstbewusster oder erfahrener Schütze seinen Schießrhythmus bei wechselnden Witterungsbedingungen eher variabel gestalten können als ein verunsicherter Schütze bzw. ein Anfänger.

Konsequenzen für die Trainingspraxis:
- Trainieren Sie bei unterschiedlichen Witterungsbedingungen an verschiedenen Orten.
- Verändern Sie bewusst Ihren Schießrhythmus bzw. Ihr Timing (Makro- und Mikrorhythmus; vgl. Rhythmisierungsfähigkeit, S. 341 ff.) und testen Sie mehrere Anhaltepunkte.

Entscheidungsteil
Im Entscheidungsteil wählt der Schütze das vom eventuell automatisierten Bewegungsablauf abweichende (z.B. kürzere oder längere, mit oder ohne Anhalten) Schießprogramm aus. Der Könner kann aufgrund seiner größeren Erfahrung »cooler« und schneller zu einer Entscheidung kommen als der Anfänger, weil er mehr automatisierte Handlungsalternativen aufweist.

Konsequenzen für die Trainingspraxis:
- Variieren Sie bewusst die Umgebungsbedingungen (z.B. unterschiedliche Feldparcours)
- Verändern Sie Ihren Schießablauf (z.B. drei Pfeile schnell, drei Pfeile langsam schießen)

Ausführungsteil
Hier wird der abgerufene Handlungsplan durch den Vollzug des Schießablaufs realisiert. Dieser Abschnitt unterliegt der unbewussten und bewussten Regulation auf der Grundlage ständiger körperinterner (Wie fühlt sich der Schießablauf an?) sowie körperexterner Informationsaufnahme (z.B. veränderte Witterungsbedingungen) und -verarbeitung.
Je nach Bewegungsgeschwindigkeit erfolgt die Regulierung der Bewegungshandlung bewusst oder wird als automatisiert ablaufendes Programm unverändert übernommen: Beim Einstudieren eines neuen oder veränderten Bewegungsablaufs (z.B. verändertes Zug- oder Zeitmuster) wird der Handlungsablauf bewusst gesteuert und unterliegt daher einer ausgeprägten

kognitiven und emotionalen Kontrolle, die zum Teil schon während des Bewegungsablaufs eine korrigierende Einflussnahme ermöglicht.

Bei automatisierten Bewegungsmustern läuft die Bewegung fast ausschließlich unbewusst bzw. reflektorisch ab. Dabei wird das Bewegungsprogramm gleichsam unverändert »prototypisch« abgewickelt, da die Feedbackinformationen höherer zentralnervöser Steuerungszentren mehr Zeit benötigen, als es der in Gang gesetzte Bewegungsablauf zulässt: Eine Beeinflussung bzw. Änderung des Schießablaufs ist dadurch nicht oder nur in geringem Maße möglich.

Der Ausführungsteil wird in der Regel von einer Vielzahl von endogenen (z.B. Alter, Geschlecht, Trainingszustand) und exogenen Faktoren (z.B. Qualität und Quantität der Belastung, Ernährung) beeinflusst. Seine Stabilität hängt demnach vom momentanen Niveau der koordinativ-technischen und konditionellen Fähigkeiten, von gesundheitlichen, psychosozialen, emotional-affektiven und kognitiven sowie umweltbedingten Einflüssen ab. Es ist in der Regel dem Spitzenschützen vorbehalten, auch unter ungünstigen Gesamtbedingungen sein Leistungspotenzial auszuschöpfen; der weniger routinierte Anfänger hingegen ist in dieser Hinsicht wesentlich störanfälliger und instabiler.

Zudem sind auch Rückwirkungen auf den Antriebsteil möglich, die sich hemmend (z.B. Resignation nach mehreren schlechten Schüssen in Folge) oder aktivierend (Begeisterung, wenn mehrere erfolgreiche Schüsse die eigene Leistungsfähigkeit unterstreichen) auswirken.

Konsequenzen für die Trainingspraxis:
- Trainieren Sie neue Bewegungsabläufe als Anfänger zu Beginn mit verlängerten Bewegungsmustern und geringen Pfeilzahlen bei entsprechenden Pausenlängen. Begleiten Sie den Schießablauf unter anderem durch Sprachbegleitung (z.B. Vorspannung, Anheben, Auszug und Gegendruck, Ankerpunkt finden, Zielen, Druck und Zug, Nachhalten), aber in der Folge reduzierend und rhythmisch (d.h. immer weniger Anweisungen, z.B. »1 – 2 – 3 – 4« für die Positionsphasen).
- Automatisieren Sie ihren Bewegungsablauf durch hohe Pfeilzahlen in Folge. Beispiel: 3 x 12 Pfeile in schneller Folge, Pause, 3 x 12 Pfeile in schneller Folge, Pause …

Ergebnisteil

Der Ergebnisteil oder Interpretationsabschnitt findet im Bogenschießen meist schon in der 4. Positionsphase (Nachhalten) statt. Hierbei kommt es zu einer finalen Analyse und Bewertung durch den Schützen selbst, wobei seine Bewegungserfahrung und sein Bewegungsgefühl von besonderer Bedeutung sind. Spitzenschützen können unter standardisierten Bedingungen mit hoher Wahrscheinlichkeit die Lage des Schusses bereits unmittelbar nach dem Abschuss vorhersagen.

Eine zusätzliche Hilfestellung in der eigenen Bewertung kann über eine Beurteilung und Bewertung durch den Trainer oder Übungsleiter erfolgen (s. S. 252 ff.).

Konsequenzen für die Trainingspraxis:
- Geben Sie sich in speziellen Trainingseinheiten unmittelbar nach jedem Schuss ein positives Feedback (z.B. »Mein Lösen wird besser!«).
- Vermeiden Sie bei Fehleranalysen »Nicht«-Formulierungen (z.B. »Die Bogenschulter war nicht stabil!«; vgl. Psychologisches Training, S. 487 ff.).

Bewegungshandlung als Regelkreismodell – Eigen- und Fremdanalyse

> Die Südkoreanische Nationalmannschaft setzte in ihrer Vorbereitung auf die Olympischen Spiele in Peking 2008 bewusst Störfaktoren im Training ein. So wurde nicht nur das spezifische chinesische Zuschauerverhalten simuliert, sondern auch das Finalstadion in Peking nachgebaut.

Die Bewegungshandlung im Bogenschießen stellt eine komplexe Folge von unterschiedlichen Teilkomponenten dar, die vom Antriebs- bis zum Ergebnisteil reicht. Für den Schützen spielt der Ausführungsteil, der durch vielfältige Steuerungs- und Regelungsprozesse gekennzeichnet ist, die zentrale Rolle. Aus diesem Grund soll das Modell des Regelkreises – es wird auch für den motorischen Lernprozess verwendet – auf die Bewegungshandlung übertragen werden.

Wie Abb. 236 verdeutlicht, geht der Schütze unmittelbar vor dem Schuss noch einmal mental alle Elemente seines Schusses durch, um im ZNS (= Regler) eine optimale Sollwerteinstellung zu erzielen. Anschließend führt er seinen Schuss unter anderem mithilfe der Rumpf-, Arm- und Rückenmuskulatur (= Stellglieder) aus. Während des Schusses nimmt er mit seinen äußeren und inneren Analysatoren (= Fühler; s. auch S. 344 ff.) Informationen zu seinem Schuss auf (= Istwert), welche die Grundlage für die nachfolgende Eigenanalyse darstellen.

Die Informationen der *äußeren* Analysatoren bestehen darin, dass der Schütze
- sieht, wo sich sein Visierkorn befindet,
- fühlt, wie der Druck der Bogenhand zur Scheibe und der Zug der Finger an der Sehne arbeitet,
- hört, wie die Sehne nach dem Lösen (weich/hart) nachklingt etc.

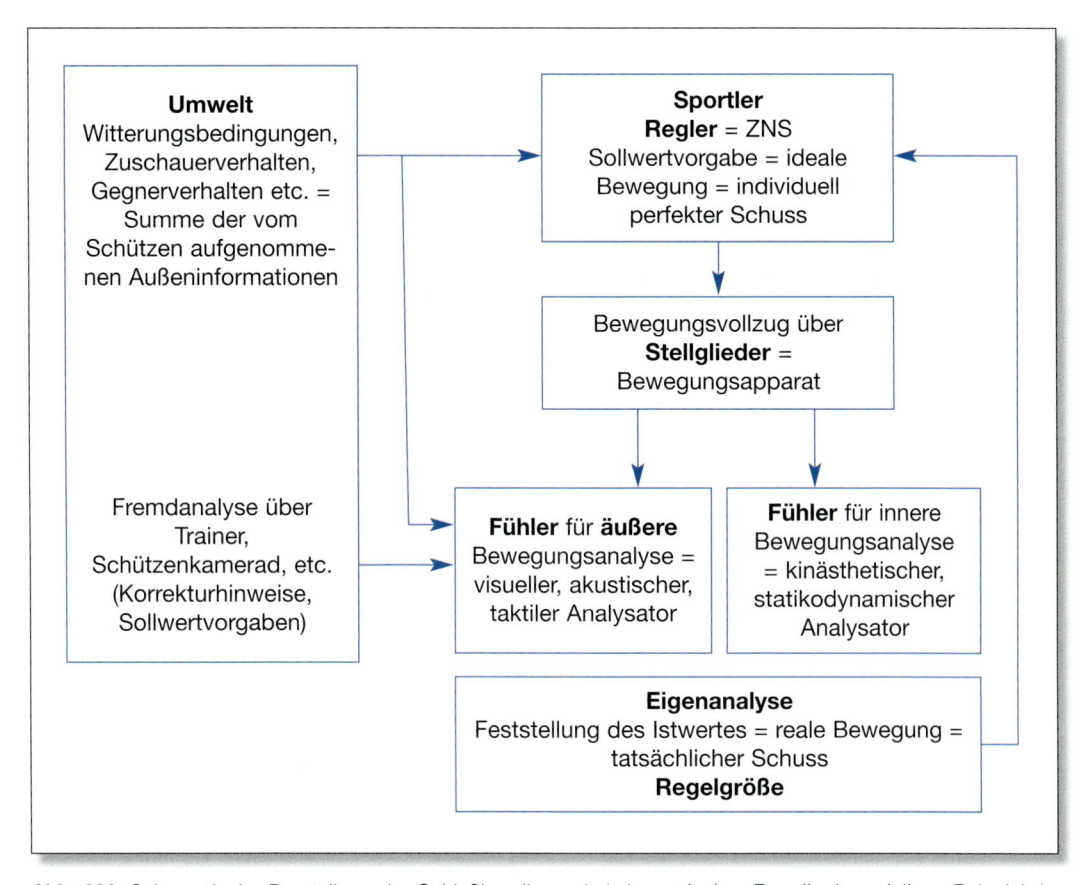

Abb. 236: Schematische Darstellung der Schießhandlung als kybernetisches Regelkreismodell am Beispiel der Eigen- und Fremdanalyse

Die Informationen der *inneren* Analysatoren bestehen darin, dass der Schütze
- über seinen Muskelsinn wahrnimmt, dass er sauber hinter dem Pfeil steht und die Druckerhöhung und Zugbewegung kontinuierlich ausführt,
- über seinen Gleichgewichtssinn spürt, dass er seinen Oberkörper durch ein zu langes Halten nach vorne oder hinten abgleiten lässt.

Bei der *Eigenanalyse* führen diese Informationen zur Feststellung des Istwertes (= Regelgröße), der dann zum ZNS weitergeleitet wird. Besteht eine Differenz zwischen Ist- und Sollwert, gibt das ZNS (= Regler) für den nächsten Schuss eine neue Anweisung, die dazu beiträgt, dass der Istwert im Sinne einer Annäherung an die Idealbewegung angepasst wird. Als Störgrößen, die den Regler negativ beeinflussen, können beispielsweise psychische Spannungszustände (starker Wettkampfstress, Versagensängste, hoher Erwartungsdruck, Zuschauerkommentare etc.) – häufig sichtbar durch ein unnötiges »Absetzen«, d.h. Unterbrechen des Schusses – und umgebungsbedingte Faktoren (ungewohnte Witterungsbedingungen, schlechte Wettkampfanlagen etc.) wirken.

Die Eigenanalyse muss gegebenenfalls durch die *Fremdanalyse* unterstützt werden. Der Trainer gibt adäquate Informationen (visuell, akustisch, mit/ohne Hilfsmittel, wie z.B. Video) in der Form einer Bestärkung (bei einem guten Schuss bzw. »perfektem« Schuss) oder einer Korrektur (im Fall eines technisch fehlerhaften Schusses) an den Schützen weiter, so dass dieser über das ZNS eine präzise Bewegungsvorstellung als Ausgangspunkt für den nächsten Schuss erhält.

> Eigen- und Fremdanalyse zielen beide in die gleiche Richtung. Sie tragen dazu bei, dass der Schütze sich schrittweise der idealen Bewegungsausführung annähert.

Einen zusammenfassenden Überblick über den Aufbau einer Bewegungshandlung am Beispiel des Anhaltens gibt Tab. 52.

Konsequenzen für die Trainingspraxis:
- Trainieren Sie bewusst unter Störbedingungen (z.B. Zuschauer, Zeitdruck) und variieren Sie diese stets.
- Arbeiten Sie mit computergestützten verzögerten Live-Aufnahmen (z.B. D-Live bei Dartfish), die eine unmittelbare Bewegungsanalyse ermöglichen.
- Schießen Sie bei unterschiedlichen Umgebungsbedingungen (z.B. Lichtverhältnissen) und testen Sie in der Vorbereitungsphase unterschiedliches Material (z.B. Griff, farbige Visiertunnel, verschiedene Tab-Leder).
- Erarbeiten Sie mit Ihrem Trainer individuell optimierte Analysen hinsichtlich Art (unmittelbar oder distanziert), Zeitdauer (z.B. kurze Statements oder ausführliche Besprechungen und Häufigkeit (nach jedem Schuss, nach jeder Passe oder nach dem Wettkampf).

Motorischer Lernprozess

Allgemeine theoretische Grundlagen

> Unter Lernen ist allgemein die individuelle oder kollektive Anpassung des Verhaltens an Gegebenheiten der Umwelt zu verstehen.

Für alle Lern- und Anpassungsvorgänge ist das Gedächtnis unentbehrlich, da jegliche Verhaltensmodifikation auf einem vergleichenden Beurteilen, Einordnen und Neuentwerfen beruht.

> Das Gedächtnis ist die Basis jeglichen Lernens und damit auch die Grundbedingung für jeden motorischen Lernprozess.

Aufbau der Bewegungshandlung	Beispiel: Anhalten wegen starkem Seitenwind
Antriebsteil (emotionale Ebene) • Energetische Komponente der Handlungsstruktur • Antriebsregulierende Faktoren: Motive, Einstellungen, Bedürfnisse, Interessen, Erwartungen	• Siegeswille • Sich selbst etwas beweisen • Lob von anderen erhalten
Orientierungsteil (kognitive Ebene) • Planung der Handlungsausführung • Erkennen und Analysieren der Situation • Denkprozesse: Wissen, Erfahrung, Einschätzung der Fähigkeiten und Fertigkeiten (entfällt bei Spontanhandlungen)	• Anhalten, Verkürzung des Zeitprogramms • Seitenwind von links • Bei diesem Wind treibt der Pfeil mindestens 1–2 Ringe ab
Entscheidungsteil (emotional/kognitiv) • Abrufen des gebildeten Handlungsplans (oder mehrerer Handlungspläne) • Eventuell Auswahl des günstigsten Handlungsplans	• Anhalten im »Achter« links
Ausführungsteil (sensomotorische Ebene) • Ständige Regulation (bewusst/ unbewusst) der Bewegung aufgrund von Informationsaufnahme aus der Umwelt unter Beeinflussung äußerer Umstände (z.B. Ermüdung)	• Körperhaltung durch Bewegung der Körperteile korrigieren (Anstellwinkel ändern) • Gegendruck des Bogenarms aufbauen • Seitenwind ausgleichen
Ergebnisteil • Gedankliche Beurteilung und emotionale Bewertung der Bewegung → Speicherung für weitere Bewegungen	• »Das war gut« • Beim nächsten Schuss noch konsequenter anhalten

Tab. 52: Aufbau einer Bewegungshandlung am Beispiel des Anhaltens

Voraussetzung für das motorische Lernen eines Bewegungsablaufs bzw. der Schießtechnik im Speziellen ist demnach das Wahrnehmen und das nachfolgende Behalten des Lernangebots. Die zu speichernden Informationen können visueller, verbaler, kinästhetischer, taktiler, vestibulärer oder gemischter Natur sein. Die unterschiedlichen Informationen von den Rezeptoren des sensorischen Systems – also den bereits dargestellten Analysatoren (s. auch S. 344) – werden aufgenommen und in einem ersten Prozess verarbeitet (Abb. 237).

Aufgrund der begrenzten Aufnahmekapazität der verschiedenen Sinnesrezeptoren findet eine erste Begrenzung bzw. Selektion der einlaufenden Informationen bereits auf Analysatorebene statt. Nach der Verarbeitung im sensorischen System kommt es zu weiteren Datenreduzierungen. Als wesentlich eingeschätzte Informationen werden in den Langzeitspeicher weitergeleitet. Es ist daher insbesondere für Anfänger und junge Schützen besonders wichtig, einerseits relativ wenige Informationen (z.B. nur zu den Positionsphasen) zu geben, diese in unter-

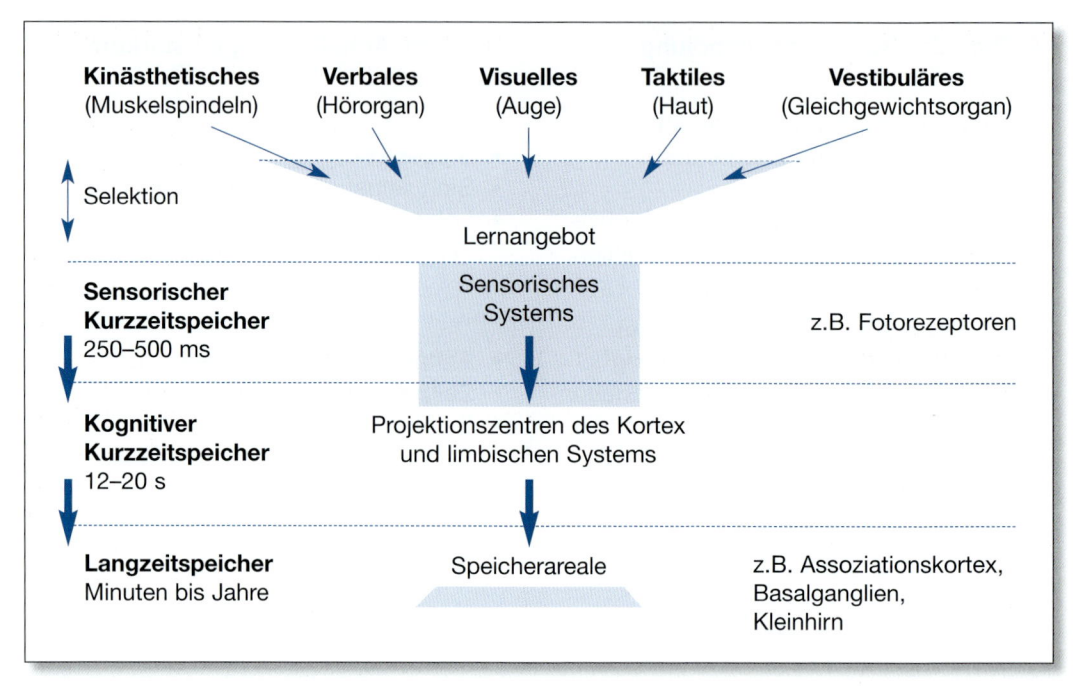

Abb. 237: Schematische Darstellung der Aufnahme, Selektion und Speicherung von Informationen eines Lernangebots (vgl. *Weineck* u. *Weineck* 2005, 99)

schiedlicher Art und Weise darzustellen (z.B. Bildreihen und Videoclips) und die wichtigsten Elemente (z.B. »Druck-Zug-Gefühl«) immer wieder verschiedenartig anzusprechen.

Im *sensorischen Kurzzeitspeicher* sind die Rezeptoren der jeweiligen Analysatoren (z.B. Fotorezeptoren) über einen bestimmten Zeitraum hinweg erregt und ermöglichen ein erstes, kurzzeitiges Behalten von 250–500 Millisekunden.

Im *kognitiven Kurzzeitspeicher* – auch Arbeitsgedächtnis genannt – werden Informationen in Form von kreisenden Aktivierungen innerhalb von Neuronenverbänden behalten (»Bewegungsschleifen«) (12–20 Sekunden; vgl. Engrammbildung, S. 102). Ob dabei Informationen aus dem Kurzzeitgedächtnis in das *Langzeitgedächtnis* überführt werden, hängt unter anderem vom Neuigkeitsgrad der Information, von der Aufmerksamkeit des lernenden Schützen und von so genannten Gedächtnisverstärkern ab. Man unterscheidet hierbei positive Verstärker (Lob, Aufmerksamkeit, Motivation) und negative Verstärker (Tadel, Lernstress, Lustlosigkeit).

Dabei ist zu berücksichtigen, dass Lernprozesse im Kindes- und Jugendalter von Reifeprozessen abhängen, die bestimmte Lernprozesse zum Teil erst ermöglichen, unter Umständen erschweren oder im Einzelfall unmöglich machen. Lernen erfolgt immer auf der Basis von motorischen Vorerfahrungen bzw. in Abhängigkeit vom individuellen Bewegungsschatz und der intellektuellen Reife.

Beispiel: Das mentale Training eignet sich erst, wenn der Schütze bereits eine gute Vorstellung des eigenen Bewegungsablaufs besitzt.

Motorisches Lernen im Bogenschießen meint damit den Neuerwerb, die Weiterentwicklung und die Perfektionierung des Schießablaufs.

Konsequenzen für die Trainingspraxis:
- Ermöglichen Sie Anfängern unterschiedliche *Bewegungserfahrungen* (z.B. auch mit Langbögen, beim Feldschießen).
- Geben Sie im Anfängertraining so wenig Informationen wie nötig. Beschränken Sie sich beispielsweise auf die *Schlüsselbegriffe* innerhalb der einzelnen Positionsphasen (z.B. Vorarbeit, Druck-Zug-Phase, Ankern und Lösen).
- Verwenden Sie *unterschiedliche Darstellungsformen* des Bewegungsablaufs (z.B. Bildreihen, Videoclips, Zeichnungen).
- Verzichten Sie im Basistraining (s. S. 159) auf den *Klickereinsatz*, um die optimale Auszugslänge erfühlend zu entwickeln.
- Sorgen Sie als Trainer vor allem zu Beginn des motorischen Lernprozesses in jeder Trainingseinheit für neue oder *neu präsentierte Inhalte* (z.B. Schießen auf unterschiedliche Ziele) und *altersgemäße Methoden* der Darbietung (verbal oder optisch).
- Unterstützen Sie Ihren Schützen durch *positive Verstärkungen* und seien Sie dabei selbst das beste Vorbild.

Phasen des motorischen Lernens

Der italienische Weltrekordhalter (Halle) und Weltmeister (2001) *M. Frangilli* fuhr 1989 als Schüler mit seinem Vater zur Weltmeisterschaft nach Lausanne, um die Weltklasse der Bogenschützen nicht nur zu beobachten, sondern seine eigene Schießtechnik aus der Analyse der 24 Topplatzierten zu entwickeln (vgl. *Frangilli* 2006, 149).

Das motorische Lernen erfolgt im Bogenschießen selten »auf Anhieb«. In der Regel führt der Lernprozess stufenweise vom Istwert, den ersten Pfeilen, zum Soll- bzw. Idealwert, dem eigentlichen individuellen Schießablauf. Der Lernverlauf erfolgt nicht kontinuierlich, sondern durch ein Erreichen so genannter Lernplateaus: Es lassen sich sowohl Perioden des Lernfortschritts als auch der Stagnation feststellen. Man unterscheidet insbesondere die Phasen der Vermittlung und Erfassung, der Grobkoordination, der Feinkoordination und der Stabilisation bzw. der variablen Verfügbarkeit.

Phase der Vermittlung und Erfassung

Der Schütze wird mit der Schießtechnik bekannt gemacht und schafft sich die notwendigen Voraussetzungen für die Konzipierung eines Handlungsplans. Dabei helfen ihm seine Bewegungserfahrungen, sein motorisches Ausgangsniveau und seine damit oftmals verbundene Beobachtungs- und Auffassungsgabe.

In dieser ersten Lernphase bekommt der Lernende eine erste Vorstellung des Schießablaufs. Der Vorgabe der *Bewegungsvorstellung* kommt im motorischen Lernprozess eine Schlüsselstellung zu. Diese erste Vorstellung wirkt für die gesamte weitere Entwicklung leitend, programmierend, trainierend und regulierend. So wird ein Schütze mit guten Bewegungsvorbildern seine eigene Bewegung stets durch eine gute Bewegungsvorstellung optimieren können, während schlechte oder falsche Bewegungsbilder sogar zu langfristigen Fehlerbildern führen können. Eine Verbesserung der Schießqualität wird demnach stets mit der Optimierung der Vorstellung des Schusses in Beziehung stehen. Abb. 238 zeigt eine mögliche Lehrbildreihe aus verschiedenen Perspektiven. Im Anfängertraining ist insbesondere darauf zu achten, dass die Informationen kurz und auf das Nötigste beschränkt sind.

Phase der Grobkoordination

Zu Beginn des Lernprozesses wird der Trainer die Schießtechnik entweder selbst vormachen oder von einem »Könner« vormachen lassen, einen Lehrfilm oder eine Videoaufzeichnung zeigen und unterstützend eine altersgemäße Bewegungsbeschreibung geben. Nach der Bildung der Bewegungsvorstellung folgen dann die ersten Schießversuche ohne Hilfsmittel, dann mit einem Gummiband und später mit einem leichten Bogen (vgl. Grundlagentraining, S. 162 bzw. Techniktraining/Methodik, S. 449). Am Ende der Phase der Grobkoordination – *Park* (2008) schlägt hier, in Abhängigkeit vom Bewegungsschatz, eine Zeitdauer von etwa 4 Mo-

Abb. 238: Mögliche Lehrbildreihen zur Vermittlung und Erfassung der Schießtechnik (vgl. DSB 2005)

naten vor – steht die Beherrschung des Schießablaufs in seiner Grobstruktur (Positionsphasen).

Charakteristische qualitative *Bewegungsmerkmale* der Grobkoordination:
- Die Bewegungsstärke (erkennbar zum Beispiel durch eine verkrampfte Fingerhaltung der Zughand) ist durch übermäßigen bzw. zu geringen oder teilweise falschen Krafteinsatz fehlerhaft.
- Der Bewegungsrhythmus in Bezug auf den Wechsel von Spannung und Entspannung ist unzweckmäßig, was sich in unterschiedlichen Schusszeiten zeigt.
- Eine ungenügende Kopplung der Teilbewegungen äußert sich in einer hohen und zurückgezogenen Bogenschulter, während der Schütze in »den Rücken fällt«.
- Mangelnder Bewegungsfluss, der sich in Pausen im Bewegungsablauf zeigt, lässt sich durch die »ruckelnde« Klickerendphase (ähnlich einem Violinspieler) des Pfeils am Bogenfenster beobachten.
- Zu weiter oder zu geringer Bewegungsumfang in der Bewegung der Zughand kann genauso sichtbar werden wie ein zu langsames oder zu schnelles Bewegungstempo in der Ankerphase oder im Schuss allgemein.
- Gleichsam ist eine zu geringe Ausprägung der Bewegungspräzision und der Bewegungskonstanz erkennbar, was sich in ungleichmäßigen Haltezeiten und verschiedenen Ankerpunkten (Abb. 239) zeigt.

Konsequenzen für die Trainingspraxis:
- Beachten Sie das motorische Ausgangsniveau des Schützen.
- Stellen Sie Lernaufgaben präzise und unterstützen Sie verbal und optisch (Demonstration).
- Ermöglichen Sie erste gelungene Ausführung nach wenigen Versuchen bei Ermüdungsfreiheit beispielsweise durch ein leichtes Zuggewicht und Hilfestellungen (z.B. Führen der Zughand).

Abb. 239:
Grob koordinierte Bewegungen beim Anfänger

- Setzen Sie Korrekturen sparsam, aber effektiv und zeitlich günstig ein.

Phase der Feinkoordination

Durch vielfaches Üben (»Übung macht den Meister«) erfolgt eine allmähliche Überführung der Grob- in die Feinkoordination. Die Irradiation der Erregungen in den zentralen Rindenbereichen in der Phase der Grobkoordination weicht zunehmend einer Konzentration der neuronalen Erregungen (s. S. 107). Die Bewegungsvorstellung ist genau, und es wächst die Fähigkeit, innere und äußere Rückinformationen bewegungsoptimierend zu verarbeiten. Der Schießablauf wird somit insgesamt ökonomischer, während sich gleichzeitig das Schießgefühl progressiv verbessert. Es gelingt dem Schützen beispielsweise einerseits zu erfühlen, wenn sich die Bogenschulter hochzieht oder sich das Zeitmuster verändert. Durch einen forcierten Krafteinsatz in der Sägemuskulatur ist er in der Lage, diese Störung bereits im Ansatz umzuprogrammieren. Die zunehmende konstante Bewegungspräzision (z.B. der wiederholbare Vollauszug bis auf 2 Millimeter in den Klicker) ist im Wesentlichen auf die immer bessere Verarbeitung verbaler und vor allem kinästhetischer Informationen zurückzuführen.

Allerdings ist auch diese Phase noch anfällig für interne und externe *Störeinflüsse*, die vor allem bei Wettkämpfen in Erscheinung treten und die Qualität der Bewegungsausführung negativ beeinflussen können. Ungünstige Witterungsbedingungen führen beispielsweise zu ungleichmäßigen Schießrhythmen und unökonomischen Krafteinsätzen, etwa einem vermehrten Einsatz des Bizepsmuskels anstelle der Rückenmuskulatur in der Klickerendphase. Des Weiteren kann es im Lernprozess zu einer zeitweiligen Leistungsstagnation kommen, die den Lernfortschritt hemmt und die Motivation des Übenden vorübergehend beeinträchtigen kann. Charakteristische qualitative *Bewegungsmerkmale* der Feinkoordination (Abb. 240):

- Die Bewegung wird zunehmend flüssiger, die inter- und intramuskuläre Koordination der beteiligten Muskeln wird gleichzeitig exakter und ökonomischer.
- Der Schießablauf erfolgt annähernd fehlerfrei und weist unter Standardbedingungen (Halle) bereits eine relativ hohe Stabilität auf. Die Bewegungsmerkmale entsprechen in ihrer Ausprägung dem vorgegebenen »Idealbild«: Sowohl Vorarbeit und Vollauszug als auch Vollauszug und Klickerendphase sind rhythmisch optimal gekoppelt (Linie! Abb. 248).
- Insbesondere die Klickerendphase zeigt eine dynamische und flüssige »Rückbewegung« des Pfeils durch eine konstante Druckerhöhung und Zugbewegung.
- Gleichzeitig weist der Schuss eine hohe Bewegungskonstanz in seiner räumlichen (Bewegungsumfang) und zeitlichen (Bewegungstempo) Struktur auf (s. S. 213 ff.).

Beachten Sie: Insbesondere wachstumsbedingte Veränderungen – man denke hier beispielsweise an das ausgeprägte Extremitätenwachstum zum Zeitpunkt der ersten puberalen Phase (13.–14./15. Jahre) und die an-

Abb. 240: Fein koordinierte Bewegungen beim fortgeschrittenen Schützen, zum Beispiel deutliche Positionsphasen sowie ein absolut präzises Nachhalten in der Horizontalen

schließende »Reharmonisierung« der Körperproportionen – führen dazu, dass sich das Kind bzw. der Jugendliche erst wieder an die neuen Gegebenheiten anpassen muss. Eine genaueste Beobachtung der Pfeillänge und des Zuggewichtes im Trainingsalltag ist hier leistungsprägend, weil beispielsweise ein zu kurzer Pfeil einerseits die »Linie« des Schützen stört, andererseits aber auch ein zu geringes Zuggewicht das konditionelle Potenzial des Schützen nicht ausnutzt.

Konsequenzen für die Trainingspraxis:
- Arbeiten Sie im Anfängertraining und bei Bebung technischer Mängel mit vielen bewussten und qualitativ hochwertigen Wiederholungen.
- Lenken Sie die Aufmerksamkeit auf Einzelaspekte des Schießablaufs (z.B. Schulterpositionierung).
- Sprechen Sie kinästhetische Empfindungen an.
- Geben Sie Zusatzinformationen durch Einsatz von Hilfsmitteln (z.B. Spiegel, Biofeedback).
- Verbalisieren Sie Bewegungsempfindungen und arbeiten Sie mit Selbstbefehlen.
- Variieren Sie Umweltbedingungen moderat (z.B. Windtraining, Zuschauer).

Phase der Vervollkommnung der Feinkoordination – variable Verfügbarkeit

Diese Phase ist durch die Ausbildung der Feinstkoordination bzw. Perfektionierung der Schießtechnik gekennzeichnet und ist geprägt von einer hohen Leistungskonstanz auch unter ungewohnten (z.B. unbekanntes Wettkampffeld, Zeitverschiebung) und schwierigen Bedingungen (z.B. ungünstige Witterungsbedingungen, Wettkampfunterbrechungen; Abb. 241). Die individuelle Schießtechnik ist nun jederzeit und uneingeschränkt abrufbar, läuft also »automatisch« ab. Man spricht hier von der Existenz eines *Bewegungsstereotyps*.

Charakteristische qualitative *Bewegungsmerkmale* der variablen Verfügbarkeit:
- Der Bewegungsstereotyp kennzeichnet sich durch eine hohe Schießtechnik- und Ergebnispräzision. Sie erlaubt dem Schützen, vorgegebene Leistungsziele vorhersagbar und sehr genau einzuhalten bzw. zu reproduzieren.
- Parallel zum automatisierten Schießablauf kommt es beim Schützen zu einer Perfektionierung der Analysatoren und damit verbundenen Sinnesleistungen. Beispiel: der Schütze nimmt minimale Änderungen in der Stellung der Bogenschulter wahr.
- Hinsichtlich der Bewegungsgenauigkeit spürt der Sportler kleinste Sollwertabweichungen früher und differenzierter und ist in der Lage, unmittelbar darauf zu reagieren. So werden beispielsweise ein veränderter Druck im Bogengriff oder veränderte Lichtverhältnisse (Pfeilgruppierungen wandern beispielsweise mit dem Schatten) sofort wahrgenommen.

Abb. 241: Variable Verfügbarkeit des Bewegungsablaufs auch unter anspruchsvollen, schwierigen, oder ungünstigen äußeren Bedingungen (z.B. Olympisches Finale, Regen, Wind)

Aber selbst diese dritte Phase ist keine »Endphase«, die eine weitere Optimierung ausschließt. Sich verändernde Eigenschaften (z.B. konditionelle oder auch psychische Faktoren) erfordern stets eine erneute Anpassung an wechselnde interne Bedingungen.

Konsequenzen für die Trainingspraxis:
- Üben Sie unter bogenschießspezifisch variierenden Bedingungen (z.B. Feldschießen) und Anforderungen (z.B. verschiedene Gegner)
- Arbeiten Sie hinsichtlich der Fehlerkorrektur bewusst und mit Zusatzinformationen (z.B. durch computergestützte Bewegungsanalyse und zeitlich verzögerte Live-Aufnahmen; s. S. 214 ff.).
- Bauen Sie neue Trainingsformen in den Trainingsalltag ein (z.B. ideomotorisches Training).

Tab. 53 gibt eine zusammenfassende Übersicht über die Lernphasen bzw. den Lernverlauf im motorischen Lernprozess.

Lernverlauf	Grobkoordination (1. Lernphase)	Feinkoordination (2. Lernphase)	Stabilisierung der Feinkoordination und variable Verfügbarkeit (3. Lernphase)
Erfüllung der motorischen Aufgabenstellung (z.B. Nachhalten)/ erzielten Leistung	• Aufgabe wird nur bei günstigen Aufgabenbedingungen erfüllt	• Bei günstigen Bedingungen wird die Aufgabe ohne Probleme gelöst • Nur bei ungewohnten Bedingungen besteht eine Störanfälligkeit	• Aufgabe wird auch unter erschwerten Bedingungen mit großer Sicherheit erfüllt • Anwendbarkeit ist in verschiedenen Situationen gegeben • Hohe und höchste Leistungen mit großer Konstanz
Bewegungsausführung, Bewegungsgüte	• Ausführung entspricht der Grundstruktur • Bewegungsgüte mangelhaft • Merkmale einer koordinierten Bewegung nur schwach ausgeprägt	• Bei günstigen Bedingungen entspricht die Bewegung dem Technikleitbild einer gut koordinierten Bewegung • Nur bei erschwerten Bedingungen deutliche Ausführungsmängel	• Ausführung auch unter erschwerten Bedingungen • Volle Beherrschung der Technik • Allgemeine Bewegungsmerkmale optimal ausgeprägt
Bewegungsempfindungen, Informationsaufnahme und -verarbeitung	• Ungenau und verschwommen, die kinästhetische Komponente ist weitgehend nicht vorhanden • Unzureichende Verbindung von Bewegung und Sprache • Bewegungsvorbild (Demonstration) wird nur grob erfasst • Optische Information überwiegt	• Bewegungsempfindungen weitgehend präzisiert, differenziert, bewusst erfassbar und verbalisierbar • Kinästhetische Komponente verstärkt enthalten • Verarbeitung detaillierter verbaler Informationen	• Hohe Genauigkeit und Präzision der Bewegungsempfindungen • Hohe Präzision der kinästhetischen Empfindungen (auch bewusst erfassbar, wenn erforderlich)

Tab. 53: Zusammenfassende Übersicht über die Lernphasen bzw. den Lernverlauf im motorischen Lernprozess (Fortsetzung auf der nächsten Seite)

Lern-verlauf	Grobkoordination (1. Lernphase)	Feinkoordination (2. Lernphase)	Stabilisierung der Feinkoordination und variable Verfügbarkeit (3. Lernphase)
Bewegungs-programmierung, Bewegungs-vorstellung	• Rahmenprogramm steuert den Grobablauf • Antizipation und Feinprogrammierung unvollkommen • Bewegungsvorstellung vorwiegend optisch bestimmt bzw. verschwommen und undifferenziert	• Feinprogrammierung auf der Grundlage verfeinerter Empfindungen • Bewegungsantizipation vervollkommnet • Bewegungsvorstellung differenziert und präzisiert	• Detailliertes Bewegungsprogramm mit variablen Elementen (z.B. Anhebewinkel) • Differenzierte Bewegungsantizipation und Vorausnahme von Schwierigkeiten und Störungen • Bewegungsvorstellung als detailliertes Bild
Steuerung und Regelung	• Regelung und Steuerung unvollkommen (zum Teil über den äußeren Regelkreis) • Verstärkte Anspannung bestimmter Muskeln	• Regelung aufgrund genauer Sollwertvorgabe (Feinprogrammierung) • Vorausnahme der zu erwartenden Rückmeldungen (innerer Regelkreis dominiert)	• Regelung sichert die Stabilität der Bewegung auch bei unvermittelt auftretenden Soll-Istwert-Differenzen
Ablaufstruktur des Lernprozesses	• Erfassen der Lernaufgabe • Erste, grobe Vorstellung (besonders optisch, u. U. auch kinästhetisch) • Erste Versuche (u. U. Lernen auf Anhieb) • Angemessene Übungsdauer • Realisation bei günstigen Bedingungen • Geringe messbare Leistung	• Kontinuierliche Verbesserung (räumlich, zeitlich, dynamisch) • Eventuell auch zeitweilige Stagnation	• Weitere Verbesserung • Relativer Abschluss des Lernprozesses • Selbst auf hohem Niveau weiteres Lernen erforderlich
Erscheinungsbild	• Falscher Krafteinsatz • Verkrampfen • Fehlende Kopplung verschiedener Phasen der Bewegung • Geringe Präzision	• Unter gewohnten, günstigen Bedingungen Fehlerfreiheit der Bewegung • Hohe Präzision und Konstanz • Dosierter Krafteinsatz • Zweckmäßige Bewegungskopplungen und -umfänge • Guter Bewegungsfluss	• Schießtechnik unter wechselnden Bedingungen (vor allem im Wettkampf) erfolgreich anwenden • Aufmerksamkeit von Bewegungsausführung gelöst • Hohe Bewegungspräzision und -konstanz • Genauigkeit und Konstanz der Leistung trotz Ermüdung, Gegnerdruck, psychischem Druck und wechselnden Bedingungen

Tab. 53: Fortsetzung

Konsequenzen für die Trainingspraxis:
- Achten Sie auf die Entwicklung einer optimalen Bewegungsvorstellung. Nur technisch einwandfreie Bewegungsvorbilder (Topschützen) können technisch hochgradige Schießabläufe und damit neue Spitzenleistungen ermöglichen.
- Berücksichtigen Sie die Lateralität (Seitigkeit) des Schützen und die entsprechenden Transferwirkungen:
  - Linksschützen als Bewegungsvorbilder für Linkshänder
  - Üben mit einem Linkshandbogen für Rechtshänder zur Entwicklung eines verstärkten Bewegungsgefühls
- Planen Sie »Zeitfenster« für wachstumsbedingte Veränderungen ein und passen Sie das Material (z.B. Pfeillänge und Zuggewicht) unmittelbar und optimal an den Schützen an.
- Beobachten Sie die Ausprägung der qualitativen Bewegungsmerkmale, bevor Sie neue Trainingsformen und »härtere« Wettkämpfe einsetzen. Nur der erfolgreiche Abschluss einer Phase lässt die bestmögliche Entwicklung einer nachfolgenden Phase zu.

Einflussfaktoren

Ein Vorteil asiatischer Spitzenschützen liegt zweifelsfrei darin, dass bereits zu Beginn des Schießens neben den physischen und technisch-taktischen Fähigkeiten entsprechende psychische Fähigkeiten und Fertigkeiten mitgeschult, mitgelernt und mitentwickelt werden.

Lernfortschritte in größerem Umfang können nur erreicht werden, wenn es gelingt, leistungsfördernde Faktoren zu optimieren und den individuellen Gegebenheiten und Ansprüchen anzupassen (s. auch S. 449). Beispiele hierzu sind nachfolgend aufgeführt.

Entwicklung
Die Vervollkommnung der Schießtechnik ist ein ständiger Lernprozess, der wesentlich dadurch bestimmt wird, inwieweit der Schütze den Schuss beeinflussen, sprich regulieren kann. Die äußeren Merkmale der Schießtechnik (z.B. in der Linie schießen) wie auch ihre inneren Voraussetzungen (z.B. in welchem Ausmaß der Schuss erfüllt wird) verändern sich im Verlauf der körperlich-konstitutionellen, geistigen und generellen Leistungsentwicklung des Schützen. Die optimale Anpassung und gleichzeitige Weiterentwicklung aller Faktoren sichert eine wachsende Leistungsfähigkeit.

Zeitweilige Differenzen bzw. entwicklungs- oder trainingsbedingte Phasenverschiebungen (z.B. Technikstörungen durch konstitutionelle Veränderungen, Beeinflussung der Koordination des Schießablaufs durch Belastungswirkungen im Konditionstraining) sind möglich. Ihre Lösung ist Aufgabe der sportlichen Ausbildung. Dies wird umso leichter fallen, je besser der Schütze in der Lage ist, geistig mitzuarbeiten, d.h. Bewegungserfahrungen zu bewegungsregulatorischen Prozessen bewusst zu beeinflussen.

Beispiel: Nur wenn der Schütze den Druck in der Bogenhand differenziert erfühlen kann, ist es ihm möglich, die Lage des Druckpunktes zielgenau zu verändern und zu stabilisieren.

Missverhältnis zwischen Kondition und Technik
Häufig resultieren bewegungsregulatorische Probleme (z.B. Druck-Zug-Verhältnis in der Klickerendphase) aus einer ungenügenden Abstimmung zwischen Kondition und Technik in der Trainingsgestaltung. Wenn beispielsweise zu intensive oder zu lang andauernde Belastungen aufgrund zu hoher Pfeilzahlen oder eines zu hohen Zuggewichts auftreten, können die psychischen Auswirkungen dahingehend auftreten, dass lang anhaltende Ermüdungsprozesse beispielsweise Konzentration, Bewegungswahrnehmung und Motivation beeinträchtigen.

Emotionen und Gefühle

Im Wettkampf, aber auch im Training entstehen häufig dadurch Probleme, dass der Schütze technisch und psychisch nicht gleichmäßig entwickelt ist. So ist beispielsweise zu berücksichtigen, dass das »Zeitgefühl« durch zentralnervale Aktivierungszustände beeinflusst wird und sich auf die Tempogestaltung (Timing) auswirkt. Ein sicherer und mutiger Schütze wird demnach seinen Schuss schneller und konsequenter ausführen. Beispiel: Der Olympiasieger von Seoul, Jay Barrs, schoss bei den Weltmeisterschaften in Lausanne 1991 einen 3-Pfeile-Rhythmus von 35–40 Sekunden.

Negative wie auch positive Gefühle (z.B. Angst, Unsicherheit, Misserfolg, aber auch Freude durch Erfolg, starke aktuelle Motivation, unbedingtes Wollen) führen allgemein zu unterschiedlichen Erregungszuständen und haben Einfluss auf die Differenziertheit von Bewegungswahrnehmungen (z.B. Anspannungsgrad der Zugfinger), die Bewegungsharmonie, die Feinabstimmung motorischer Vorgänge und das Reaktionsvermögen (z.B. Fingeröffnungsgeschwindigkeit beim Lösen). Inhalt und Dynamik (Stärke, Tiefe, Dauer) des Erlebens sowie die damit verbundenen Aktivierungsvorgänge und deren Auswirkung auf die Bewegungsregulation unterscheiden sich bei den einzelnen Sportlern teils erheblich (vgl. *Hahn* 1996, 38 ff.).

Witterungsverhältnisse

Ungünstige klimatische Bedingungen können den Lernprozess nicht nur verzögern, sondern auch behindern. So führt beispielsweise Kälte zu ungleichmäßigen Schießabläufen, da die Entspannungsfähigkeit der Fingeröffner beim Lösen stark eingeschränkt ist. Ähnliches gilt bei hohen Temperaturen bzw. Regen, wenn der Schütze – bedingt durch Schweiß oder Nässe – die Sehne zu stark greift.

Die sportliche Praxis macht deutlich, dass im Bogenschießen eine weitere Vergrößerung der Trainingsumfänge kaum möglich ist (dies gilt ausschließlich für den Hochleistungssport); eine intensivierte und qualitativ optimierte Techniknschulung ist daher eine der Möglichkeiten zur zukünftigen Leistungssteigerung.

Konsequenzen für die Trainingspraxis:
Achten Sie auf die harmonische Entwicklung aller am motorischen Lernprozess beteiligten Faktoren. Vor allem zu Beginn der Ausbildung sind hier gleichsam Laborbedingungen, d.h. optimale Lehr- und Lernbedingungen (z.B. angenehme Trainingsatmosphäre, bestausgebildete Trainer), zu schaffen.

Lehrmethoden

Der Lernprozess hängt nicht nur von einer Reihe interner und externer Faktoren, sondern auch von der richtigen Lehrmethode ab (vgl. Abb. 242). Ähnlich wie zum Techniktraining seien nachfolgend aus praktischen Erfahrungen gewonnene bogenschießrelevante Methoden dargestellt. Eigenen Untersuchungen zeigen, dass im Techniktraining eine kombinierte Lehrmethodik langfristig die stabilsten Bewegungsabläufe liefert (s. S. 448 ff.)

Zergliederungsmethode

Während bei der so genannten Ganzheitsbewegung (sie empfiehlt sich vor allem bei einfachen Bewegungsabläufen) die Bewegung »in toto« gelernt wird und das Lernziel unmittelbar und auf direktem Weg angegangen wird, ist in einigen Bogensportnationen der bogenschießtechnische Lern- und Übungsprozess nach der Teillehrmethode aufgebaut. Dabei wird der komplexe Bewegungsablauf – meist in Form einer methodischen Übungsreihe – in seine funktionellen Einzelbestandteile (Positionsphasen und Elemente) zerlegt und vom Einfachen zum Komplexen (s. S. 449 ff.) bzw. vom Leichten zum Schwierigen (z.B. unter Zusatzbedingungen) fortschreitend zur Gesamtbewegung (kompletter Schuss) geführt. Bevor also beispielsweise das Erreichen der 3. Positionsphase (Vollauszug) trainiert werden kann, sollten beim Anfänger sowohl ein zweckmäßiger Stand, die richtige Oberkörper- und Kopfhaltung sowie die Finger- und Griffplatzierung (1.

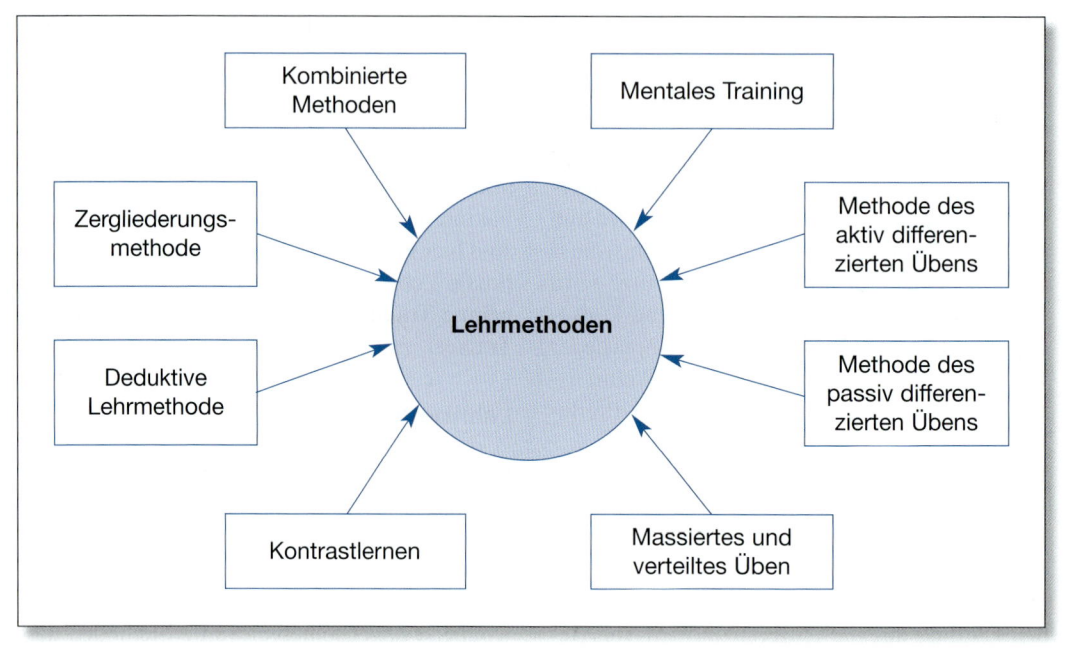

Abb. 242: Lehrmethoden im Bogensport (s. auch S. 161 und 448 ff.)

Positionsphase) als auch das Anheben des Bogenarmes mit und ohne Bogen in eine günstige Ausgangsposition (2. Positionsphase) ausreichend geschult werden (vgl. Techniktraining S. 454 ff.).

Die Zergliederungsmethode ist sehr zeitaufwendig und hat bisweilen den Nachteil, dass sie auf den Schützen sehr monoton wirkt. Nach *Garnreiter* (2008) ist diese Methode im Bogenschießen allerdings zielführend, weil Einzelheiten der Gesamtbewegung nicht mehr aufwendig aus dem Gesamtprozess herausgelöst, Elemente (z.B. Griffpositionierung), jedoch gezielt analysiert und korrigiert werden können.

Methode des aktiv differenzierten Übens

- Das aktive differenzierte Üben ist ein ständiges aktives Wiederholen der Gesamttechnik (kompletter Schuss) bzw. ihrer Einzelkomponenten (z.B. enges Lösen, gleichmäßiger Durchzug) unter standardisierten (diese führen neben koordinativen Verbesserungen auch zu ökonomischeren Ausführungen) oder veränderten Bedingungen.

(vgl. *Weineck* 2010, 858). Praktische Möglichkeiten zur Veränderung der Übungsbedingungen sind:

- Ungewohnte Ausgangsstellungen in der Bewegungsausführung (z.B. im Feldschießen)
- Veränderung des Bewegungstempos insgesamt und in den Übergängen innerhalb der einzelnen Positionsphasen
- Veränderung der Wettkampfdistanz bzw. der Hüftneigung zum Erreichen unterschiedlicher Abschusswinkel
- Erschwerung der Bewegungsausführung (vor- bzw. nachgeschaltete andere Bewegungen, schwererer/leichterer Bogen, leichteres Zuggewicht, Gewichtsweste)
- Üben bei ungewohnten äußeren Bedingungen, die erhöhte Konzentration erfordern (z.B. schwierige Wetterlage, Schießen auf einem Kreisel)

Zur Methode des aktiv differenzierten Übens gehört auch die Methode des *differenziellen Lernens*.

> Bei der Methode des differenziellen Lernens steht nicht das stereotype Wiederholen einer am Idealbild (= Sollwert) ausgerichteten Bewegung im Sinne eines »Einschleifens« des optimalen Bewegungsablaufs im Vordergrund, sondern das variable Üben. Sowohl bei Beginn des Lernprozesses als auch bei der späteren Optimierung des technischen Bewegungsablaufs eines Könners eröffnet diese Methode neue Möglichkeiten zur Trainingseffektivierung und Ökonomisierung (vgl. *Weineck* 2010, 858).

Differenzielles Lernen beinhaltet den gezielten Einsatz unterschiedlicher Bewegungsausführungen mit großen Differenzen zwischen den ausgeführten Bewegungen (z.B. unterschiedliche Zugverläufe oder verschiedene Ankerpunkte) und vermeidet jede Wiederholung »identischer« Bewegungsabläufe – nicht nur zu größeren Leistungssteigerungen (größere Lernraten), sondern auch zu längerfristigen Behaltensleistungen (kleinere Vergessensraten) pro Zeiteinheit im Vergleich zu traditionellen Lernmethoden. Ein weiterer Vorteil des differenziellen Lernens ist in der unbewussten, permanenten Anpassung der Bewegung an die sich ständig verändernden konditionellen Bedingungen des Schützen zu sehen (vgl. *Weineck* 2010, 858).
Bogenschießspezifische Beispiele sind unter anderem:
- Verwendung unterschiedlicher Griffarten (tief, hoch, halbkugelförmig etc.), Zuggewichte oder Tabs (mit/ohne Ankerplatte)
- Variieren von Haltezeiten innerhalb der einzelnen Positionsphasen sowie der Öffnungswinkel zur Scheibe (z.B. offener oder geschlossener Stand)

Methode des passiv differenzierten Übens
Beim passiv differenzierten Üben stehen mentales Training, observatives Training, verbale Information und vergleichbare Trainingsformen (vgl. Psychologisches Training) im Mittelpunkt. Sie führen beim Schützen zur Entstehung physiologischer Prozesse, die auch für die real ausgeführte Bewegung charakteristisch sind und somit eine hervorragende Ergänzung zur aktiven Standardmethode darstellen (vgl. *Weineck* 2010, 859). Trainingsinhalte sind computergestützte Videoaufnahmen (z.B. Dartfish), Lehrbildreihen, Demonstrationen, Bewegungsbeschreibungen, Begleittexte etc.

Massiertes und verteiltes Lernen
Massiertes Lernen ist ein Üben ohne Zwischenpausen, verteiltes Lernen ein Üben mit mehr oder weniger zeitlicher Ausdehnung der Pausen. Bezüglich der Pausengestaltung innerhalb der Trainingseinheit stellen *Haase* und *Hänsel* (1996, 50) fest, dass abgesehen vom Training der Grundlagenausdauer (vgl. Ausdauertraining) das verteilte Üben dem massierten leicht überlegen scheint. Die verteilte Übung entspricht im Bogenschießen auch der Wettkampfstruktur (z.B. 2-, 3- oder 6-Pfeile-Rhythmus).
Zu beachten ist allerdings, dass zu Beginn des Neulernens und bei der Fehlerfindung dem massierten Lernen der Vorzug gegeben werden sollte, da durch die ständige Wiederholung des Schießablaufs über einen längeren Zeitraum ein schnellerer Lernerfolg erzielt werden kann, ohne dass es zu Interferenzen (Überlagerungen) bzw. Störungen mit anderen Bewegungen kommt. Ferner ist durch das intensive Üben »en bloc« eine günstige Grundlage für die Fixierung der jeweiligen Bewegungsschleife im Langzeitgedächtnis gegeben.
Hohe Pfeilzahlserien (z.B. 3 x 12 Pfeile unmittelbar hintereinander) können zudem eingesetzt werden, wenn aufgrund der Ermüdungserscheinungen Fehlerbilder sichtbar gemacht werden sollen.

Kontrastlernen
Körperliche Bewegungen bewirken kinästhetische Empfindungen. Durch ungewohnte (z.B. Vertauschen von Zug- und Druckarm bei leichterem Gerät) oder übertrieben ausgeführte Bewegungen (z.B. extrem enges Lösen oder sehr tiefer Griff) werden besonders intensive Empfindungen hervorgerufen. Der Schießablauf muss erneut durchdacht werden. Dies führt zu

einer Verfeinerung der Bewegungsvorstellung. Automatisierte Bewegungsmechanismen werden dadurch wachgerufen, dass ein deutlich spürbares Kontrastempfinden zwischen der flüssigen Bewegungsausführung im bevorzugten Arm und der »ungelenken« Bewegung auf der »schwachen« Seite entsteht. Dies gilt auch für automatisierte Fehler, weil es durch die erhöhte Aufmerksamkeit beim Bewegungslernen auf der anderen Körperseite erst möglich wird, eingeschliffene Fehler zu korrigieren (vgl. Coaching S. 589 ff.; vgl. *Weineck* 2010, 838).

Deduktive Lehrmethode

Das deduktive Lernen erfolgt durch genaue Bewegungsanweisungen und -vorschriften des Trainers. Durch eine exakte Vorgabe der Lernschritte wird versucht, auf kürzestem Weg das Lernziel zu erreichen. So wird beispielsweise konkret vorgegeben, wie und wann die Bogenschulter zu stellen und wo der Ankerpunkt gesetzt wird. Aufgrund eines stark vorgegebenen Technikleitbildes (vgl. Schießtechnik, S. 363 ff.) ist im Bogenschießen der deduktiven Methode – im Gegensatz zur induktiven Methode (der Sportler arbeitet eigenständig) – im Allgemeinen der Vorzug zu geben.

Mentales Training

Neben den Methoden des praktischen Übens kommen für das Erlernen neuer Bewegungen auch psychologische Methoden infrage (vgl. Psychologisches Training, S. 487). Besondere Beachtung findet im Bogenschießen das mentale Training, bei dem der Schütze versucht, sich seinen Bewegungsablauf geistig vorzustellen.

Motorisches Lernen und Korrektur

Beim Erlernen der Schießtechnik muss bei der schrittweisen Entwicklung des Bewegungsablaufs die Bewegungsvorstellung bzw. das innere Modell des Schusses zunehmend präzisiert und perfektioniert werden (vgl. *Hotz* u. *Weineck* 1988, 46). Bei jedem Schuss müssen demnach fehlerhafte Teilbewegungen erkannt und korrigiert sowie in der Folge eliminiert werden. Zu unterscheiden ist nach *Sperle* (1981, o. S.) zwischen Fehlern und Mängeln.

Begriffsbestimmung

Mängel lassen sich definieren als Abweichungen im räumlich-zeitlichen und dynamischen Verlauf, wobei die Grundstruktur der Bewegung richtig beherrscht und ausgeführt wird.

Fehler hingegen sind bei klar definiertem Bewegungsziel und -ablauf strukturelle Abweichungen, die durch Korrekturmaßnahmen zu beseitigen und durch eine richtige Strukturierung zu ersetzen sind. Individuelle, durch zweitrangige Besonderheiten (z.B. Witterungsbedingungen) verursachte Abweichungen vom Sollwert werden nicht als Fehler bezeichnet und dürfen daher nicht Inhalt einer Korrektur sein (*Sperle* 1981, o. S.).

Bewegungsanalytisch sind technische Fehler Abweichungen vom Sollwert, d.h. von strukturellen und adaptiven Hauptbestandteilen der Bewegung, die

- nicht Ausdruck eines individuellen Stils sind (z.B. starker Seitenanker),
- nicht durch häufige Ausführung (Üben) quasi-automatisch durch innere Regelung (innere Selbstkorrektur) abgebaut werden können,
- mit einer gewissen Regelmäßigkeit auftreten,
- bei einer Automatisierung die potenziellen Leistungsmöglichkeiten des Schützen vermindern.

Abb. 243 zeigt beispielhaft zwei Technikvarianten beim Ankern. Es ist als individuelle Ausprägung nicht notwendig, dass die Sehne während des Ankerns in der Kinnmitte verläuft oder die Nase als »Kimme« eingesetzt wird. Zu beachten ist allerdings, dass beide Technikvarianten hinsichtlich einer geforderten Bewegungskonstanz wesentlich schwieriger zu reproduzieren sind.

Abb. 243: Technikvarianten: extremer Seitenanker (*links*) und fehlende Nasenberührung während des Ankerns (*rechts*)

Beachten Sie: Von einer äußeren Korrekturmaßnahme ist abzusehen, wenn
- die Beeinträchtigung unwesentlich ist und Korrekturaufwand und Erfolg in einem ungünstigen Verhältnis stehen,
- nicht angenommen werden kann, dass durch die Korrektur eine erfolgreichere Bewegungsausführung erreicht wird.

Fehleranalyse

Intentional (von der Absicht ausgehend) kann die Beobachtungsfähigkeit sowohl durch gezielte Beobachtungsaufgaben, bei denen die Aufmerksamkeit selektiv auf Teilaspekte des Bewegungsablaufs gerichtet wird (Stand, Bogenhand, Fingerplatzierung, Schulterblattbewegung, Lösen, Nachhalten etc.), als auch durch die Vorgabe von Beobachtungsschemata (Gesamtkoordination, Timing, Übergänge innerhalb der Positionsphasen) verbessert werden.

Im kognitiven Bereich muss der Schütze in die Lage versetzt werden, eigene Fehler an bestimmten Indizien zu erkennen und die funktionalen Zusammenhänge zwischen eigenem Bewegungsablauf und Fehlern festzustellen. Nach *Bremer* (1981) handelt es sich hierbei um einen Lern- und Erfahrungsprozess, in dem Bewegungsaufgaben gestellt und bewusste Experimentalphasen (»Was passiert, wenn ...?«) angeboten werden, durch die das Schießresultat und die Bewegungsausführung miteinander in Beziehung gesetzt werden.

Im innerreflektorischen Bereich muss der Sportler lernen, seine nervalen Rückmeldungen (z.B. Stellung der Bogenschulter) zu registrieren und zu interpretieren. Dazu bietet es sich an, Empfindungen zu beschreiben oder beschreiben zu lassen (vgl. Training der koordinativen Fähigkeiten, S. 335). Spitzenschützen sind beispielsweise in der Lage (unter Laborbedingungen), die Position und das Resultat eines Schusses unmittelbar nach dem Lösen mit hoher Wahrscheinlichkeit vorherzusagen.

Beachten Sie: Die Analyse eines Fehlers muss kurz, präzise und effektiv durchgeführt werden. »Wenn Sie ihre Fehler untersuchen, verschwenden Sie soviel Zeit und Energie, dass sie sich selbst zum Versager machen.« (Paralyse durch Analyse; vgl. *Arthur Ashe*, in *Henderson* 1987, 15)

Konsequenzen für die Trainingspraxis:
- Experimentieren Sie mit speziellen Bewegungsaufgaben, z.B.: »Was passiert, wenn ich den Druck in der Bogenhand erhöhe? Wie verändern sich dann die Gruppierungen?«
- Analysieren Sie den Bewegungsablauf kurz, aber präzise hinsichtlich der Ursache (z.B. Innenrotation des Zugarmellbogens als Folge einer instabilen Bogenschulter).

Fehlerkorrektur

Bei der Fehlerkorrektur ist darauf zu achten, dass bei der Auswahl geeigneter Korrekturmaßnahmen diejenigen zu bevorzugen sind, die sich an der Situation orientieren (Tab. 54).

Henning und *Hänsel* (1996, 51) fassen allgemeine Rückmeldungstendenzen wie folgt zusammen:
- Rückmeldungen sollen nicht nach jedem Schuss gegeben werden.
- Gemittelte oder akkumulierte Rückmeldungen, die das Bewegungsergebnis erst nach mehreren Schüssen als Durchschnittswert darstellen, sind effektiver als ein permanentes Feedback.
- »Bandwidth-Feedback«, bei dem ein gewisser, individueller Spielraum für Fehler eingeräumt wird (in der Regel 5–10 Prozent), ist gegenüber einem exakten Feedback zu bevorzugen.
- Der Zeitpunkt der Information sollte nicht später als zirka 5 Sekunden nach einer Bewegung liegen (vgl. *Hotz* u. *Weineck* 1988, 46).

Der Verarbeitungszeitraum der Rückmeldung (und damit der zeitliche Abstand zur nächsten Bewegung) liegt bei etwa 5–20 Sekunden. Tab. 54 gibt einen allgemeinen Überblick über geeignete Korrekturmaßnahmen. Orientiert sich der Schütze an bestimmten Normen (z.B. Gelenkwinkelstellung, Stand), können sowohl das eigene Beobachten als auch die Korrektur durch den Trainer wertvolle Hinweise zur Bewegungssteuerung liefern. Im Rahmen der Situationsorientierung (z.B. Empfinden eines Finalablaufs) wird insbesondere der innere Regelkreis (Innensicht des Schützen) angesprochen, der über ein Empfinden, Merken, Vergleichen und Reagieren zu Verhaltensmodifikationen führen kann.

Verbale Beispiele von Rückmeldungen bietet auch *Mars* (1997) nach folgender Klassifizierung:
- *Allgemeine verbale positive Rückmeldungen* zur Form, Einstellung bzw. Bewegungsausführung:
  – Super!
  – Weiter so!
  – Genau so!
  – Gut gemacht!

- *Spezielle verbale positive Rückmeldungen* zur Form, Einstellung bzw. Bewegungsausführung (die eine präzise Information für den Schützen beinhalten):
  – Guter, stabiler Anker!
  – Toller Rhythmus bei den letzten drei Pfeilen!
  – Es sieht gut aus, wie du deine Rückenmuskulatur einsetzt. Ich konnte fühlen, wie sich dein Schulterblatt auf der Zugarmseite zur Wirbelsäule hin bewegt hat!

- *Positive Rückmeldungen zum Verhalten*; der Schütze erfährt hierbei, was er gut macht:
  – Du wirkst heute unheimlich konzentriert!
  – Du bist heute sehr aufmerksam!
  – Du strahlst Sicherheit aus!

Normorientierung		Situationsorientierung	
Beobachten	Fremdbestimmte Korrektur	Selbstbestimmte Korrektur	
Registrieren			Merken
Analysieren	Steuern	Regeln	Vergleichen
Korrigieren			Reagieren

Tab. 54: Schema geeigneter Korrekturmaßnahmen (vgl. *Koch* 1981, o. S.; *Whittingham* 2008, 52)

- *Spezielle korrigierende Rückmeldungen* zum Bewegungsablauf:
  - Philip, dein Stand könnte offener sein!
  - Vanessa, lass dir etwas mehr Zeit zwischen den einzelnen Schüssen!
  - Lea, versuch deine Hüfte noch stabiler zu halten, indem du von unten herauf etwas mehr Spannung aufbaust.

- Verbale Anweisungen vor der Bewegungsausführung, im Sinne einer speziellen *Aufmerksamkeitslenkung*:
  - Denk daran, im Ankern (3. Positionsphase) sollte die Sehne die Nasenspitze berühren!
  - Schulterzug durch Rotation des Zugarmellbogens!

- Verbale Führungen *während* der Bewegungsausführung (z.B. im Sinne einer Rhythmusgebung):
  - Hooooch – rein – – – ab!
  - 1 und 2 und 3 und 4 (für die Positionsphasen)!
  - 1 – 2 – 3 – Druck und Zug – 4!
  - Spannung!
  - Druck und Zug!

Korrekturgrundsätze

Damit der Übende die jeweilige Korrektur im Sinne einer Bewegungsoptimierung umsetzen kann und sich keine fehlerhaften Bewegungen einschleichen und fixieren, sind bestimmte Korrekturgrundsätze zu berücksichtigen (vgl. *Hotz* u. *Weineck* 1988, 46).

Auswahl der richtigen Korrekturinhalte

Der Korrekturinhalt muss auf das Wesentliche beschränkt und dem Auffassungsvermögen des Schützen angepasst werden. Insbesondere zu Beginn des motorischen Lernprozesses sind daher die Schlüsselelemente bzw. Positionsphasen des Schusses (s. auch Elemententraining, S. 468) sowie vor allem die Druckerhöhung und die Zugbewegung (Laden und Transfer) der Hauptphase zu betonen.

Die Korrektur muss ferner zwar auf den erkannten Fehler (z.B. Fallenlassen des Bogenarmes nach dem Abschuss) hin ausgerichtet sein, darf aber nicht die gute Motivationslage des Schützen beeinträchtigen oder gar einen »Lernstress« auslösen. Positive Verstärker (z.B. »Das hast du gut gemacht. Versuche Deinen Bogenarm aber *noch länger* im Ziel zu halten!«) sind hier die Voraussetzung.

Berücksichtigung des jeweiligen Lerntyps

Je nach Lerntyp – man unterscheidet insbesondere einen visuellen, auditiven oder kinästhetischen – sollte die Lehrmethode bzw. Informationsweise im Vordergrund stehen, die dem Schützen (Lernenden) am meisten liegt. Manche Schützen lernen mehr über das Sehen (z.B. Beobachtung eines guten Schusses oder Verhalten eines Topschützen in einer schwierigen Situation), manche bevorzugen detaillierte Bewegungsbeschreibungen, die zum Verständnis des Schießens beitragen, wieder andere müssen den Schuss erfühlen, um eine adäquate Bewegungsvorstellung zu bekommen bzw. das im Augenblick für sie wesentliche zu trainierende Schießelement zu begreifen.

Da vielfach eine kombinierte Lehrweise am erfolgreichsten beim Aufbau der Bewegungsvorstellung des Schießablaufs bzw. bei der Optimierung des motorischen Lernprozesses ist, sollten möglichst viele Informationstypen unter Berücksichtigung der individuellen Präferenz einbezogen werden.

Korrektur zum richtigen Zeitpunkt

Beim Erlernen und Verbessern des Schießablaufs werden verschiedene Gedächtnisprozesse beansprucht, die letztendlich zum Behalten und zur variablen Verfügbarkeit des geübten Schusses führen. Der Trainer hat somit den richtigen Zeitpunkt zu wählen und unter anderem auch die Vorteile der Schnellinformation zu berücksichtigen; sie erfolgt unmittelbar nach der Ausführung des Schusses, wenn das innere Bild des Schusses noch frisch ist. So und nur dann ist es möglich, auf jeder Stufe der Gedächtnisbildung prozessfördernd einzuwirken. Technische Hilfsmittel, wie etwa D-Live (Zeitverzögerung) können hier unterstützend wirken.

Auf eine Korrektur während des Schusses sollte verzichtet werden, da sich die praktische Ausführung und die verbale Information zu diesem Zeitpunkt stören. Auch Bewegungsanweisungen (z.B. »Bleib im Zug!« oder »Halte deine Bogenschulter tief!«) müssen zuvor oder danach angesprochen werden.

Berücksichtigung der individuellen Bewegungserfahrung bzw. des vorliegenden Bewegungsschatzes

Der Prozess des Erlernens des Schießablaufs wird durch die vorhandene Bewegungserfahrung bzw. den vorhandenen Bewegungsschatz (Zahl der bereits verfügbaren Bewegungsschleifen) sowohl quantitativ als auch qualitativ maßgeblich beeinflusst. Dies ist dadurch zu erklären, dass jede neu zu erlernende Bewegung Anteile bereits früher erlernter Bewegungen enthält. Die Zahl der vorliegenden »automatisierten« Bewegungsschleifen erleichtert damit die Lösung einer neuen Bewegungsaufgabe.

Für den bewegungserfahrenen Bogenschützen sind neue Bewegungen daher nur partiell neu. Er lernt schneller, weil der Einbau bereits vorliegender Teilautomatismen einfacher ist als die Bahnung völlig neuer Gedächtnisspuren. Aufgrund der Begrenztheit des Neuen kann er sich sofort auf die wesentlichen Punkte der gestellten Aufgabe konzentrieren (vgl. Weineck 2007, 804). Zu beachten ist jedoch Folgendes:
- Beim Anfänger müssen andere, vor allem einfachere Korrekturen gegeben werden als bei einem Spitzenschützen. So gelingt es einem Anfänger in der Regel zwar mit der Anweisung der Art »Beobachte die Pfeilspitze, wie sie sich stetig nach hinten bewegt!« zurechtzukommen, während ein Hinweis wie »Erfühle, wie du den Druck der Bogenhand in Richtung Scheibe gleichmäßig ver-stärkst!« erst bei einem fortgeschrittenen Schützen umgesetzt werden kann.
- Das Lerntempo ist beim Anfänger gering zu halten, um ihn nicht mit der Fülle der Korrekturhinweise zu überfordern. Die Positionsphasen und Schlüsselelemente (z.B. Druck-Zug-Phase) sind kurz, prägnant und vor allem immer wieder anzusprechen, um diese entsprechend einzuschleifen.

Vermeiden des Umlernens

Das Lernen einer Bewegung führt, wie bereits erwähnt, zur Ausbildung eines Bewegungsstereotyps, der durch eine fixierte neuronale Vermaschung (Ausbildung einer Bewegungsschleife) gekennzeichnet ist. Aus diesem Grund muss stets darauf geachtet werden, dass die Schießtechnik von Anfang an korrekt gelernt wird, da das Auslöschen bzw. Zerstören einer bereits fixierten »Schießschleife« bzw. eines automatisierten Schussablaufes meist mit großen Schwierigkeiten verbunden ist.

Das Problem des Umlernens (z.B. von einem Mitten- auf einen Seitenanker oder in ein schnelleres Zeitprogramm) besteht vor allem darin, dass anstelle einer bestehenden (aber untauglich gewordenen) eine nahezu gleiche Bewegungsschleife herausgebildet werden muss. Insbesondere in Stresssituationen (z.B. im Rahmen eines Wettkampfes) kommt es oft wieder zu einem »Rückfall« in alte Gewohnheiten und damit in alte Fehler.

Eine Möglichkeit der bewussten Verhaltensmodifikation bietet in diesem Zusammenhang das mentale Training (s. S. 499). Hierbei kommt es durch das wiederholte geistige Vorstellen des Schießablaufs (auch in seiner zeitlichen Struktur) zu einer Präzisierung des inneren Modells des korrekten Schusses und damit zu einer größeren Trennschärfe gegenüber dem fehlerhaften Schuss, was eine Löschung falscher Bewegungselemente erleichtert.

Ein effektiver Lernprozess muss daher stets darauf abzielen, die wesentlichen Strukturelemente der korrekten Schießtechnik in räumlicher, zeitlicher und dynamischer Hinsicht frühzeitig richtig zu erfassen und zu stabilisieren, um die Schwierigkeiten und Umwege des Umlernens zu vermeiden.

Beachten Sie: Wie die Ausführungen von *Bassham* (1995, 81) zeigen, sollte im Verlauf des langfristigen Trainingsprozesses – insbesondere dann, wenn der Bewegungsablauf verstanden ist – auf das Benennen der Fehler zunehmend verzichtet werden. Stattdessen sollte sich der Schütze an den Teilen der Bewegung orientieren, die beispielsweise besonders gut verlaufen sind, mit dem Ziel, diese zu reproduzieren. Dies impliziert, insbesondere dann viel zu trainieren, wenn der Schütze gut schießt.

Konsequenzen für die Trainingspraxis:
- Beim Lernprozess ist auf eine Korrektur zum richtigen Zeitpunkt, in der richtigen Art und mit dem richtigen Inhalt zu achten, wobei die leistungsfördernden Faktoren, vor allem aber die Motivation, so weit wie möglich berücksichtigt werden sollten.
- Es muss von Anfang an die richtige Schießtechnik gelernt werden, um die Schwierigkeiten eines späteren Umlernens zu vermeiden.

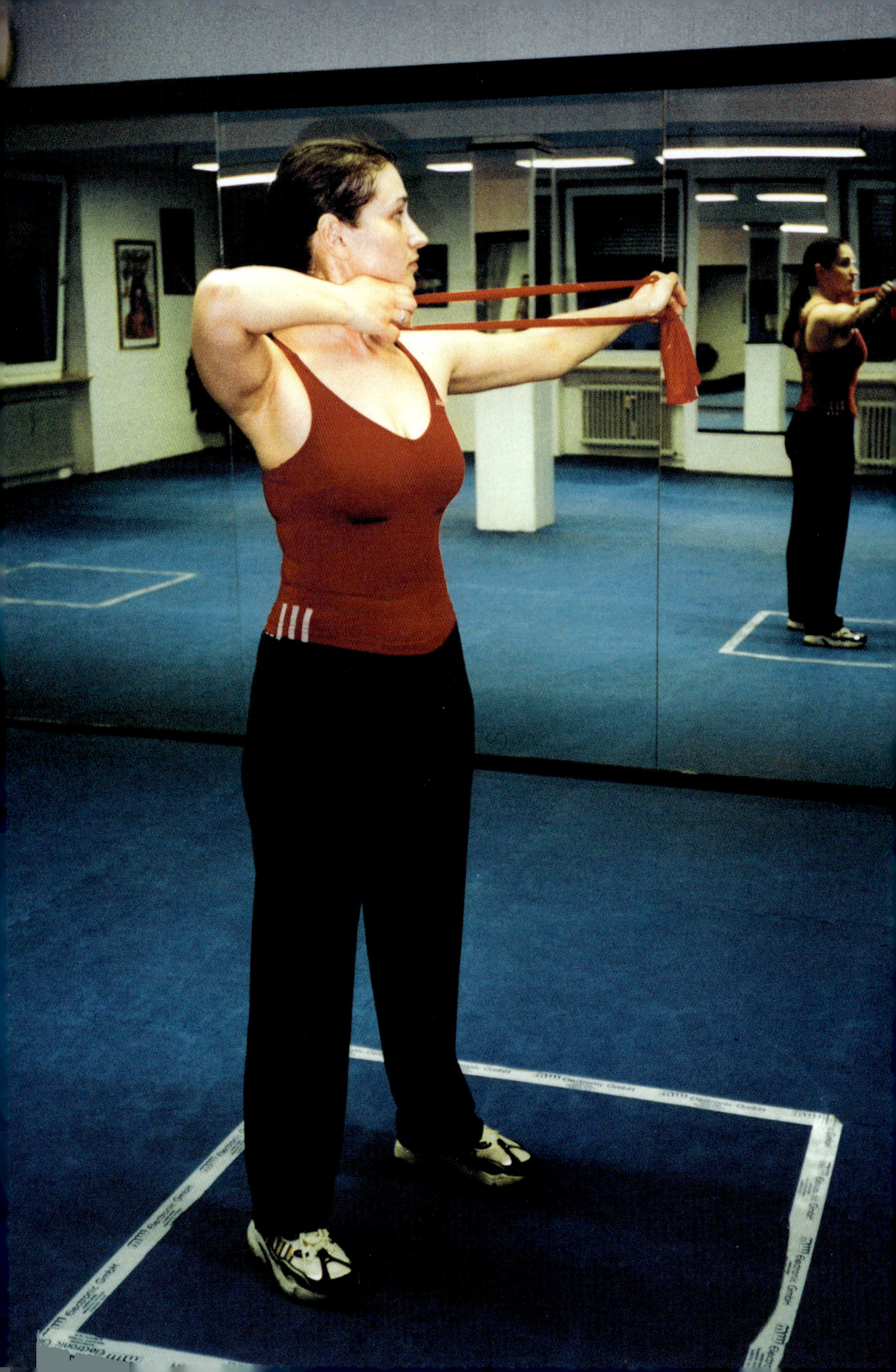

6 Auf- und Abwärmen

Aufwärmen

Begriffsbestimmung

> Unter Aufwärmen werden alle Maßnahmen verstanden, die vor einer sportlichen Belastung – sei es für das Training oder für den Wettkampf – der Herstellung eines optimalen psychophysischen und koordinativ-kinästhetischen Vorbereitungszustandes sowie der Verletzungsprophylaxe dienen (vgl. *Weineck* 2010, 939).

Durch ein sinnvolles Aufwärmen sollen verbesserte Ausgangsbedingungen für die neuromuskuläre, organische und seelisch-geistige Leistungsfähigkeit bzw. Leistungsbereitschaft des Schützen geschaffen werden, die auch im Sinne einer optimalen Verletzungsprophylaxe wirken.

Arten des Aufwärmens

Man unterscheidet grundsätzlich ein allgemeines und ein spezielles Aufwärmen. Das Aufwärmen an sich kann aktiv, passiv, mental oder in kombinierter Form durchgeführt werden.

Allgemeines Aufwärmen

Beim allgemeinen Aufwärmen sollen die funktionellen Möglichkeiten des Organismus insgesamt auf ein höheres Niveau gebracht werden.

Im Zentrum der Vorbereitungen auf die sportliche Belastung (z.B. Techniktraining, Krafttraining) stehen im Sinne des allgemeinen Aufwärmens aktive Übungen (z.B. Schwunggymnastik, Übungen mit dem Thera-Band), die von einem speziellen, bogenschießrelevanten Aufwärmen und Vorbelasten bzw. Belasten bogenschießspezifischer Muskulatur (z.B. durch Simulation des Bewegungsablaufs ohne/mit Hilfsmittel bzw. Einschießen) gefolgt werden.

Physiologische Wirkungen

Im Mittelpunkt des allgemeinen aktiven Aufwärmens, beispielsweise in Form einer Schwunggymnastik in Verbindung mit koordinativen Aufgaben (z.B. Hampelmann), steht die Erhöhung der Körperkern- und Muskeltemperatur.

Aus physiologischer Sicht hat das Aufwärmen im Bogenschießen die Aufgabe, die einzelnen funktionellen Systeme, die die Leistungsfähigkeit des Schützen mitbestimmen, optimal aufeinander einzustellen, damit der Organismus auf der Höhe seiner Leistungsfähigkeit seine Arbeit beginnen kann.

Wirkungen des allgemeinen Aufwärmens sind nach *Weineck* (2010, 941 ff.):
- Erhöhung der Körperkern- und Muskeltemperatur (Optimaltemperatur) und damit ein günstiger Wirkungsgrad physiologischer Reaktionen (RGT-Regel: Geschwindigkeit der Stoffwechselvorgänge steigt nach der Reaktions-Geschwindigkeits-Temperatur-Regel mit zunehmender Temperatur an) und Zunahme der Empfindlichkeit der Sinnesrezeptoren (koordinative Leistungsfähigkeit)
- Verbesserte Sauerstoff- und Substratversorgung als Grundvoraussetzung für jegliche Stoffwechselsteigerung (unter anderem durch Zunahme der aeroben und anaeroben Enzymaktivität)
- Gesteigerte Reaktions- und Kontraktionsgeschwindigkeit durch erhöhte Erregbarkeit des Zentralnervensystems
- Aktivierung zentraler Strukturen (Formatio reticularis) und damit erhöhter Wachzustand, der sich in einer gesteigerten Auf-

merksamkeit und speziell in einer verbesserten optischen Wahrnehmung äußert (verbesserter technischer Lernprozess, erhöhte koordinative Leistungsfähigkeit und Präzision motorischer Handlungen, z.B. die Zielbilderfassung und -stabilisierung)
- Positive Beeinflussung von Übererregungs- und Hemmungszuständen (*Konzag* 1976, 272).

Beachten Sie: Das allgemeine Aufwärmen hat dem speziellen vorauszugehen.

Spezielles Aufwärmen

Beim speziellen Aufwärmen erfolgt das Aufwärmen bogenschießspezifisch, d.h., es werden solche Bewegungen ausgeführt, die der Erwärmung derjenigen Muskeln dienen, die in direktem Zusammenhang zum Schießablauf stehen (z.B. Schultermuskulatur).

Im Bogenschießen steht das »Einarbeiten« in die speziellen Belange (z.B. Drucksensibilisierung auf der Bogenarmseite, Zugbewegung auf der Zugarmseite, Körperstabilisierung) im Vordergrund. Durch das »Einschießen« im Sinne der Trockenarbeit (aktiv ohne Gerät und/oder mental), der Übungen mit dem Thera-Band und der Übungen mit dem Gerät (z.B. Auszugs- und Positionsübungen sowie »Warmschießen« auf eine leere Scheibe und anschließend auf die Wettkampfdistanz, s. S. 266) werden die bedingt reflektorischen Bewegungsautomatismen nochmals aufgefrischt und den aktuellen Bedingungen angepasst (vgl *Weineck* 2010, 943; s. auch S. 102 ff.).

Beim speziellen Aufwärmen sollte darauf geachtet werden, dass die Aufwärmübungen hinsichtlich ihrer dynamischen und kinematischen Struktur dem individuellen Schießablauf entsprechen (vgl. *Kuntoff* u. *Darwish* 1975, 5).

Grundsätzlich gilt es – insbesondere im Bogenschießen–, das Aufwärmen vielfältig zu gestalten. Verschiedene technische Elemente (z.B. Schulterblattpositionierung, Fingeröffnung), taktische Handlungen (z.B. veränderter Schießrhythmus) sowie das mentale Rekapitulieren von Bewegungsfolgen (z.B. Stand einnehmen, Pfeil aus dem Köcher ziehen und einnocken) sollten enthalten sein.

Das spezielle Aufwärmen beinhaltet zudem ein individuelles Gymnastikprogramm (Dehnungs- und Lockerungsübungen), das der optimalen Vordehnung der Arbeitsmuskulatur (z.B. im Schulterbereich) dient (Abb. 244).

Physiologische Wirkungen

Physiologische Wirkungen des speziellen Aufwärmens sind (vgl. *Weineck* 2010, 943):
- Bedarfsgerechte Umverteilung des vorher allgemein aus den Blutspeichern (vor allem aus dem Magen-Darm-Trakt) mobilisierten Blutes
- Parallele Kapillarisierung und enzymatische Aktivitätserhöhung zur Förderung optimaler Koordinationsleistungen (z.B. Hand-Auge-Koordination)

Aktives und mentales Aufwärmen

Beim aktiven Aufwärmen führt der Schütze Übungen bzw. Bewegungen praktisch aus, beim mentalen Aufwärmen stellt er sie sich nur vor. In Kombination mit aktiven Aufwärmungsmethoden ist das mentale Aufwärmen im Bogenschießen von großer Wirksamkeit, weil hierdurch geforderte feinmotorische Abläufe in Gang gesetzt werden können (Carpenter-Effekt).

Passives Aufwärmen

Das passive Aufwärmen in Form von heißen Duschen, Einreibungen, Massagen, Diathermie etc. ist für den Bogenschützen ohne Bedeutung bzw. kontraproduktiv, da es allgemein zu einer Senkung des Muskeltonus führt und damit die Stützmotorik (insbesondere in den Positionsphasen) negativ beeinflusst.

Phasen des Aufwärmens

Das Aufwärmen im Bogenschießen durchläuft in der Regel 5 Phasen: ein allgemeines Aufwärmen zur Lockerung und Erwärmung, spezifische Dehnübungen, spezielles Aufwärmen zur Blutumverteilung, ergänzende mentale Vorbereitung sowie das Einschießen.

- 1. Phase: Das *allgemeine Aufwärmen* beginnt beispielsweise mit elementaren dynamischen gymnastischen Übungsformen (z.B. Ellbogenkreisen, Abb. 244), gefolgt von Übungen mit erhöhter Komplexität (z.B. Hampelmann).
- 2. Phase: **Spezifische Dehnübungen** können sowohl dynamisch (»Ballistics«) als auch statisch (»Hold«) kombiniert werden (s. S. 322 ff.).
- 3. Phase: Das *spezielle Aufwärmen* zur Blutumverteilung kann mit oder ohne Hilfsmittel durchgeführt werden, sollte sich aber hinsichtlich der Belastungsintensität dem Schießablauf stufenweise anpassen. Als Hilfsmittel der Wahl gilt das Thera-Band, weil dadurch der Bewegungsablauf – infolge differenzierter Zug-, Druck- und Haltearbeit – optimal angenähert werden kann (Abb. 246).
- 4. Phase: Die *mentale Vorbereitung* dient der Herstellung eines optimalen Leistungszustandes (Alphazustands) zum Beispiel mithilfe der Silva-Mind-Methode (dreimaliges Vorstellen der Zahlen von Zehn abwärts und damit verbundene positive Affirmationen; anschließende Wiederholung von Fünf abwärts; vgl. *Silva* 2004).
- 5. Phase: Das *Einschießen* erfolgt in der Regel auf kurzer Distanz ohne Auflage und kann mit elementaren Übungen (z.B. Blindschießen) oder mentalem Training kombiniert werden.

In der Folge beginnt das eigentliche Training mit dem jeweiligen Schwerpunkt bzw. das Einschießen auf die Wettkampfentfernung.

Beachten Sie: Bei Wettkampfunterbrechungen (z.B. Distanzwechsel, neues Match) sollte sich der Schütze passiv warm halten, bei längeren Unterbrechungen (z.B. Mittagspause) allerdings erneut ein verkürztes aktives Programm anwenden.

Aufwärm-Basisprogramm für Bogenschützen

Beachten Sie: Durch die Umverteilung des Blutes in die Arbeitsmuskulatur im Rahmen des speziellen Aufwärmens ist die Muskulatur in der Lage, optimale Stoffwechselleistungen zu erbringen. Sie muss allerdings auf diese Leistung *stufenweise* vorbereitet werden: Eine zunehmende Belastungssteigerung und Annäherung an die Zielleistung über die Belastungskette »Aktivieren – Vorbelasten – Ausbelasten« stellt die Grundvoraussetzung eines richtigen speziellen Aufwärmprogramms im Bogenschießen dar.

Aus Motivationsgründen empfiehlt es sich, das Aufwärmen
- gruppendynamisch,
- rhythmisch (z.B. durch lautes Mitsprechen) und/oder
- unter Musikbegleitung

durchzuführen.

Tab. 55 sowie Abb. 244–246 geben eine Übersicht möglicher Inhalte des allgemeinen und speziellen Aufwärmens in den verschiedenen Aufwärmphasen.

Beachten Sie: Um sich auf die entsprechenden Anforderungen der jeweiligen Trainingseinheit (z.B. Technik- oder Krafttraining) schnell einstellen zu können, sollte jeder Schütze im Verlauf des Trainingsprozesses sein individuelles Aufwärmprogramm entwickeln.

Phase	Inhalte	Dauer
Phase 1	**Allgemeines Aufwärmen (Lockerung und Erwärmung)**	**10 min**
Elementar	• Leichtes Einlaufen oder Aktivierung der Venenpumpe durch abwechselndes (bzw. gleichzeitiges) Hochgehen in den Zehenstand • Hüftkreisen rechts- und linksläufig • Drehbewegungen um die Körperlängsachse (Arme schwingen locker mit) • Drehbewegung des Kopfes (langsam!) • Schulterkreisen (vorwärts, rückwärts, gleichzeitig, alternierend, gegengleich) • Schwingen der Arme in Oberkörpervorhalte (Kreuzen und Achter) • Gegengleiches Schulterdrehen in T-Position • Butterfly • Ellbogenkreisen (s. Schulterkreisen) • Handgelenkkreisen und Finger bewegen (z.B. öffnen und schließen) sowie Klopfen der Fingerkuppen (Fingerschnappen) • Ziehen der Finger und Massieren des Unterarmes und des Daumenballens (Druckpunkt!)	
	• Lockern und Ausschütteln	1 min
Komplex	• Hampelmann • Rechter Ellbogen zum linken Knie und umgekehrt (Rücken gerade!) • Oberkörperdrehung (Rücken gerade), linke Hand greift zur rechten Ferse und umgekehrt • Einfache Koordinationsübungen (z.B. Einbeinstand, Standwaage, s. S. 349 ff.)	
	• Lockern und Ausschütteln	1 min
Phase 2	**Stretching**	**10 min**
	S. Kapitel Stretching (S. 325 bzw. 326)!	1 min
	Lockern und Ausschütteln	
Phase 3	**Spezielles Aufwärmen (Blutumverteilung)**	**10 min**
Ohne Hilfsmittel	• Schwungbewegungen der Arme in Oberkörpervorhalte (Rücken gerade!): gleichgerichtet oder entgegengesetzt (Abb. 244) • Mehrdimensionale Schubbewegung aus dem Schultergelenk • Zugbewegung unter Einbeziehung einer optimalen Zugfingerhaltung (z.B. Hakenbildung und gerader Handrücken) • Zug- und Druckarbeit in einzelnen Positionsphasen (s. S. 367 ff.) • Schießablauf ohne Gerät	
	• Lockern und Ausschütteln	1 min
Mit Hilfsmittel (Abb. 246)	• Mehrfache Zugbewegung aus der 2. (Set-up) in die 3. Positionsphase (Ankern; z.B. mit Thera-Band) • Mehrfache Druckerhöhungen während der 3. Bewegungsphase (z.B. mit Thera-Band) • Schießablauf mit Thera-Band oder leichtem Bogen	
	• Lockern und Ausschütteln	1 min

Tab. 55: Aufwärm-Basisprogramm für Bogenschützen (s. auch Abb. 244); Fortsetzung auf der nächsten Seite

Phase	Inhalte	Dauer
Phase 4	**Mentales Aufwärmen**	**5 min**
	• Herstellen des Alphazustandes, z.B. über die Silva-Mind-Methode • Mentales Vorstellen des Bewegungsablaufs	
	• Lockern und Ausschütteln	1 min
Phase 5	**Einschießen**	**20 min**
	• Schießablauf auf 5 m (Bewegungsgefühl!; eventuell mit mentalem Training koppeln)	
	• Lockern und Ausschütteln	1 min
Phase 6	**Eigentlicher Beginn der Trainingseinheit bzw. des Wettkampfes**	

Tab. 55: Fortsetzung

Methodische Grundsätze

Sowohl für das allgemeine als auch für das spezielle Aufwärmen sind die folgenden methodischen Grundsätze zu beachten (vgl. *Weineck* 2010, 946 f.):

- *Zeitpunkt des Aufwärmens:* Als optimaler zeitlicher Abstand zwischen dem Abschluss des Aufwärmens und dem Wettkampfstart gelten 5–10 Minuten (vgl. *Israel* 1977, 389).
- *Aufwärmen im Wettkampf:* Vor Wettkämpfen sollte niemals ein Wechsel in der Aufwärmmethode, der Intensität oder im Umfang erfolgen, da sich hieraus eine Über- bzw. Unterdosierung mit entsprechender Leistungsminderung ergeben kann. Das richtige individuelle Aufwärmen hat auf den Erfahrungen der Trainings- und Wettkampfpraxis zu basieren und sollte in einem längerfristigen Entwicklungsprozess nach den individuellen Notwendigkeiten hin optimiert und fixiert werden.
- *Aufwärmzeit*: Als optimale Aufwärmzeit gelten im Bogenschießen 20–60 Minuten (inklusive Einschießen).
- *Tageszeit:* Das Aufwärmen am Morgen muss allmählicher und länger durchgeführt werden als zu einem späteren Zeitpunkt, da es nach dem Aufwachen eine gewisse Zeit dauert, bis die maximale Leistungsfähigkeit erreicht werden kann.
- *Durchführungsmodalitäten:* Die Übungen sind körpernah zu beginnen (Ausnutzung der Körperkerntemperatur), erst danach ist die Peripherie zu erwärmen. Gleichzeitig sollten dynamische Ausführungen langsam begonnen, mit kleiner Schwingungsamplitude ausgeführt und behutsam gesteigert werden. Die Bewegungsabläufe sollten ferner rund und fließend sowie zuerst elementar und erst im weiteren Verlauf in ihrer Komplexität zunehmen (Aktivierung der Muskelschlingen!).

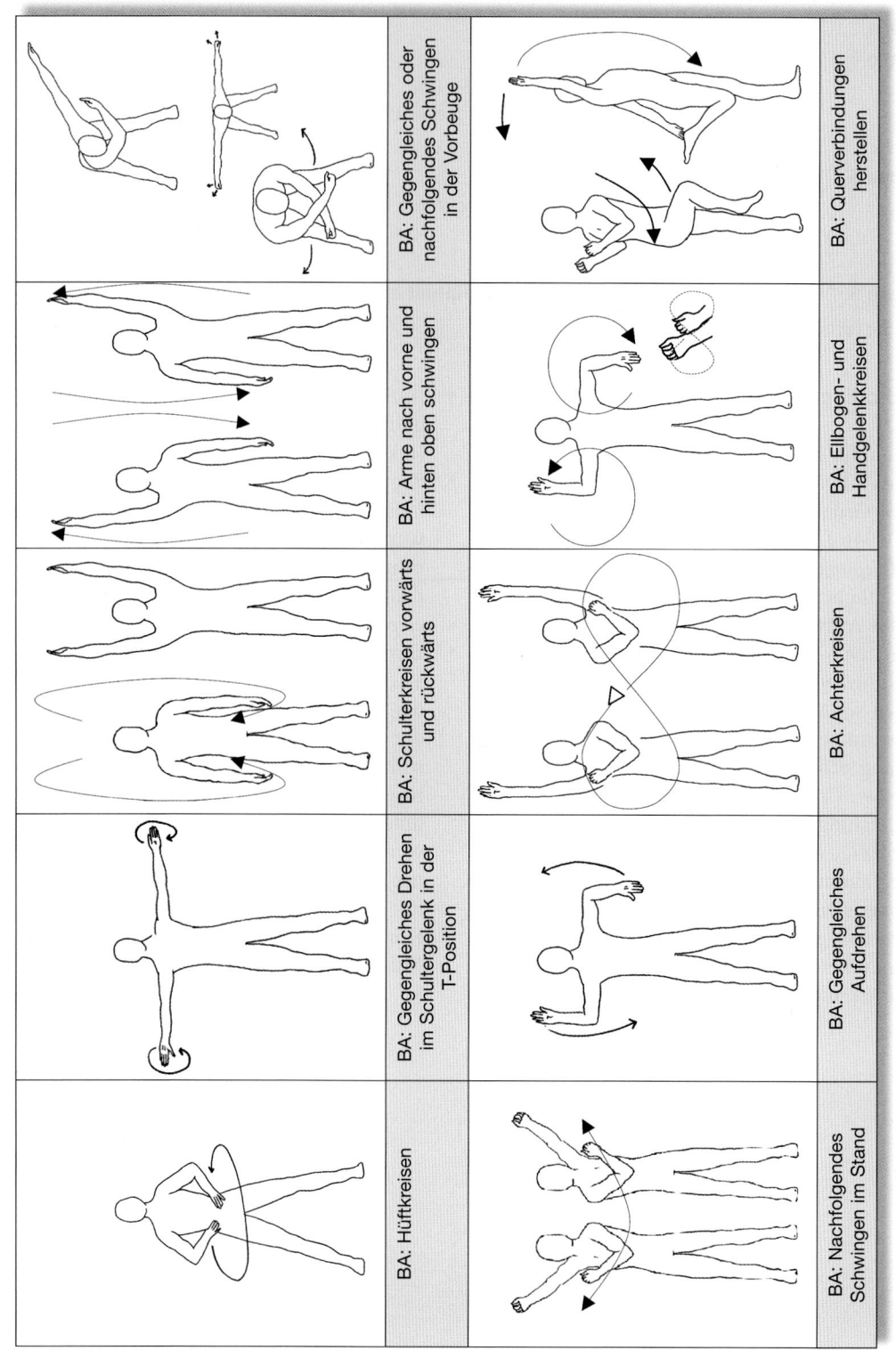

Abb. 244: Möglichkeiten verschiedener dynamischer Aufwärminhalte ohne Hilfsmittel (BA: Bewegungsausführung)

Aufwärmen

HM: Schultermuskulatur	HM: Rücken- und Armmuskulatur
BA: Bei 90-Grad-gebeugten Ellbogen werden die Unterarme gegen den Widerstand des Thera-Bandes nach außen geführt, während die Oberarme am Körper anliegend bleiben	BA: Bei etwa 90-Grad-gebeugten Ellbogen werden die Arme aus der Hochhalte gegen den Widerstand des Thera-Bandes nach außen gestreckt
HM: Oberarmmuskulatur	HM: Schulter- und Armmuskulatur
BA: Bei 90-Grad-gebeugten Ellbogen werden die Arme aus der Vorhalte gegen den Widerstand des Thera-Bandes auf Brusthöhe nach außen gestreckt	BA: Gegen den Widerstand des Thera-Bandes wird aus den diagonal gestreckten Armen der obere Arm in die 90-Grad-Vorhalte geführt

Belastungskomponenten in Abhängigkeit vom Trainingszustand:
- Reizintensität: 20–40 % (z.B. gelbes oder rotes Band)
- Reizdichte: 20–30 Sekunden Serienpause
- Reizdauer: ca. 10 Sekunden
- Reizumfang: 6–8 Wiederholungen

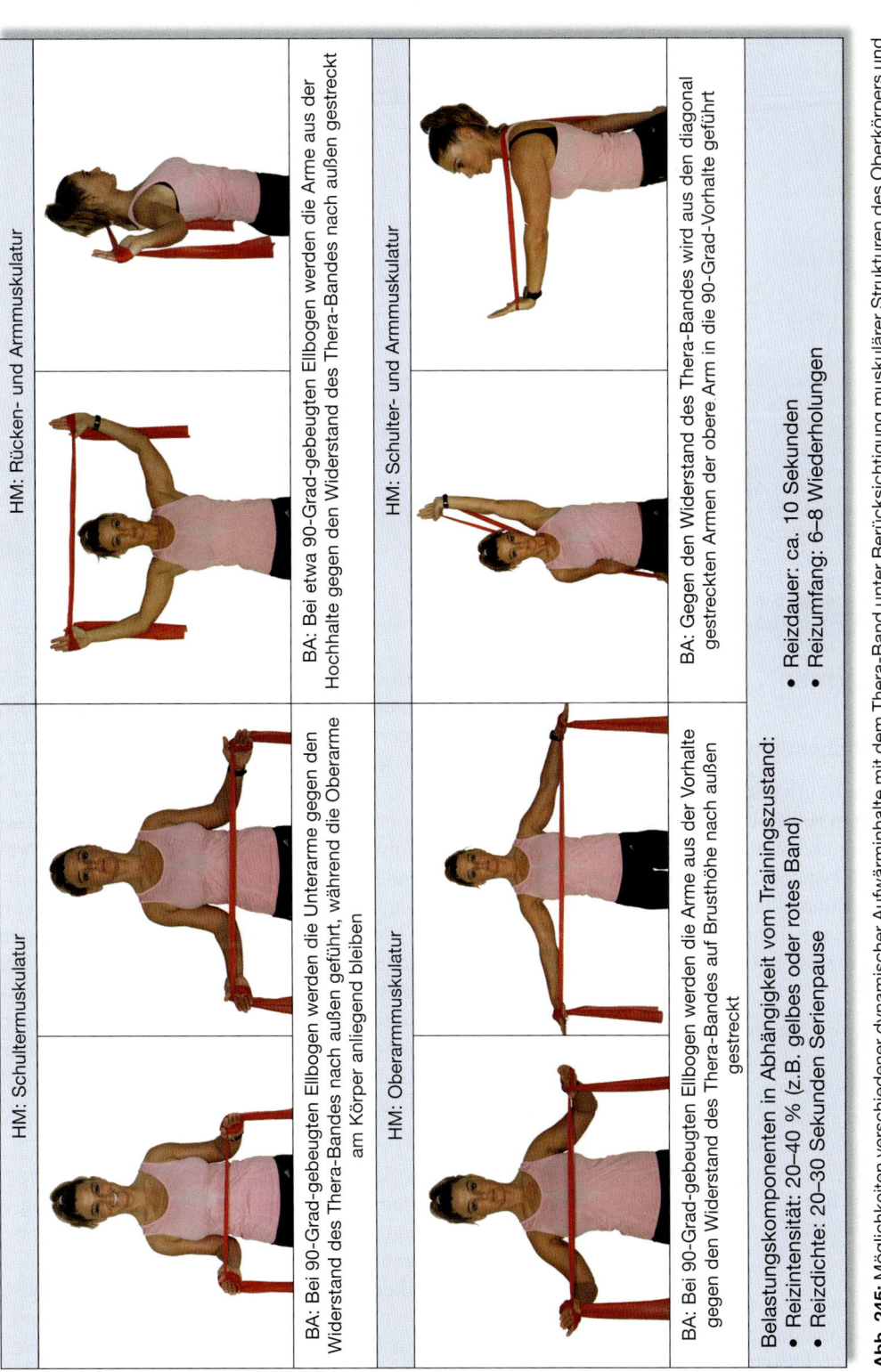

Abb. 245: Möglichkeiten verschiedener dynamischer Aufwärminhalte mit dem Thera-Band unter Berücksichtigung muskulärer Strukturen des Oberkörpers und der Arme (HM: Hauptmuskulatur, BA: Bewegungsausführung)

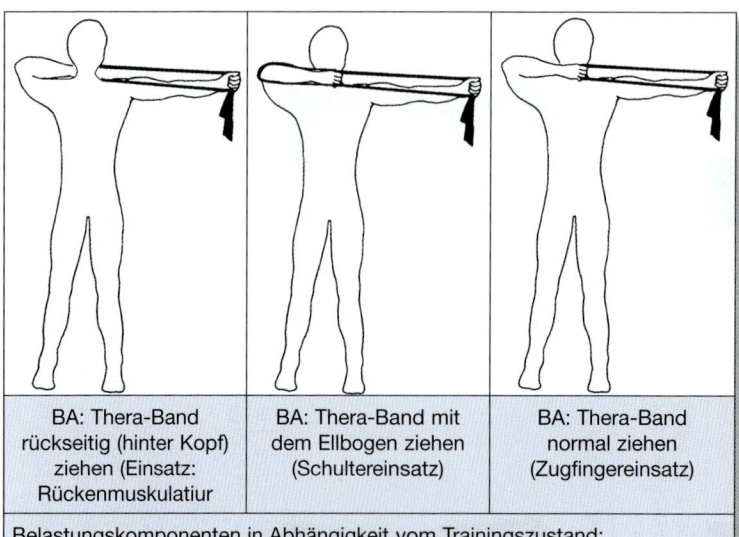

BA: Thera-Band rückseitig (hinter Kopf) ziehen (Einsatz: Rückenmuskulatiur)	BA: Thera-Band mit dem Ellbogen ziehen (Schultereinsatz)	BA: Thera-Band normal ziehen (Zugfingereinsatz)

Belastungskomponenten in Abhängigkeit vom Trainingszustand:
- Reizintensität: 20–40 % (z. B. gelbes oder rotes Band)
- Reizdichte: 20–30 Sekunden Serienpause
- Reizdauer: mindestens 5 Sekunden
- Reizumfang: 6–8 Wiederholungen

Abb. 246:
Möglichkeiten verschiedener spezieller statisch-dynamischer Aufwärminhalte mit dem Thera-Band als Einarbeiten in den Schießablauf; ausgehend von der 2. Positionsphase (Set-up) erreicht und stabilisiert der Schütze die »3. Positionsphase« mehrmals hintereinander und bereitet Laden und Transfer vor und wiederholt die Übung.

Abwärmen

Begriffsbestimmung

Wie das Aufwärmen gehört auch das Abwärmen zum selbstverständlichen Prozedere nach Training und Wettkampf. Es soll den Schützen nach Belastung (z.B. Wettkampfstress) wieder in den Ruhezustand überführen, um schnellstmöglich die Erholungs- und Wiederherstellungsprozesse in Gang zu bringen.

Unter Abwärmen (Cool-down) werden alle Maßnahmen verstanden, die den Organismus nach Belastung, Anspannung und Leistung wieder in den Zustand der Entlastung, Entspannung und Ruhe versetzen und auf diese Weise einen wichtigen Beitrag zur psychophysischen Regeneration des Sportlers leisten (vgl. *Weineck* 2010, 950).

Das Abwärmen hat die Muskelentspannung und -entmüdung zum Ziel. Die Übungen (z.B. Stretching, lockeres Auslaufen) sollen den Regenerationsprozess einleiten und beschleunigen, das individuelle subjektive Wohlbefinden steigern und langfristig die Gesundheit fördern (vgl. *Rothenfluh* u. *Kunz* 2001, 42).

Schober et al. (1990) weisen darauf hin, dass intermittierende (wiederkehrende und unterbrechende), dynamische Dehnungen nach Kraftausdauerleistungen die Regenerationsfähigkeit der Muskulatur fördern, statische Dehnungen dagegen hemmend wirken, weil durch länger dauernde statische Dehnungen (nach Kraftausdauertraining) mit der damit verbundenen Kompression der Kapillaren die notwendige Durchblutung und damit der Stoffantransport und -abtransport behindert werden.

Im Bogensport haben sich intermittierende, dynamische Dehnübungen (z.B. Schwungübungen) sowie Maßnahmen der Sofortregeneration bewährt (Auslaufen, sofortiger Flüssigkeits-, Nähr- und Mineralstoff- sowie Vitaminersatz). Erst etwa eine Stunde nach dem Training bzw. Wettkampf sollen passive

Dehnungsformen bevorzugt und die Dehnungsstellung für einen längeren Zeitraum gehalten werden (vgl. *Freiwald* et al. 1998, 272).

Arten des Abwärmens

Beim Abwärmen lassen sich wie beim Aufwärmen aktive Verfahren (z.B. Ausschießen, lockeres Auslaufen, auflockernde Spiele, bewusste funktionelle Dehnung, Entspannungsübungen) von passiven Verfahren (Duschen nach der Trainingseinheit) unterscheiden (vgl. *Weineck* 2000, 661).

Orientiert an der vorausgehenden Belastung lässt sich ferner ein allgemeines, spezielles sowie ein individuelles Abwärmen differenzieren.

Physiologische Wirkungen
Physiologische Wirkungen des Abwärmens nach *Schneider* (1997, 27 f.) sind:
- Senkung des Muskeltonus (z.B. durch Atemübungen, bewusste Körperwahrnehmung oder progressive Muskelrelaxation)
- Allgemeine Weitung der peripheren Blutgefäße mit erhöhter Durchblutung zur verbesserten Eliminierung von Ermüdungs- und Schlackenstoffen
- Verlangsamung des Pulsschlags und Senkung des Blutdrucks durch Dämpfung des Sympathikus
- Verlangsamung der Atemfrequenz und höhere Gleichmäßigkeit der Atemzyklen bei Abnahme des Sauerstoffverbrauchs
- Aktivierung des Stoffwechsels insbesondere durch Auslaufen, auflockernde Spiele und Entspannung
- Reduktion muskulärer Verspannungen und Kontraktionsrückstände (z.B. nach intensiven Kraftausdauerleistungen des Schützen innerhalb eines lang andauernden Wettkampfes) durch funktionelles Dehnen

Phasen des Abwärmens

An erster Stelle der körperlichen Regeneration nach Belastung steht das Abwärmen. Dieses gliedert sich im Bogenschießen in der Regel in 3 Phasen (Tab. 56):
- *1. Phase:* Ein *lockeres Ausschießen* sowie ein *anschließendes Auslaufen* tragen zur aktiven Erholung bei. Dabei wird der venöse Rückfluss über die so genannten »Muskelpumpen« optimiert, da die Umlaufgeschwindigkeit des Blutes im Vergleich zu Ruhebedingungen noch deutlich erhöht ist (vgl. *Rothenfluh* u. *Kunz* 2001, 43; *Weineck* 2010, 951).
- *2. Phase:* Dem Ausschießen bzw. Auslaufen folgt ein *unspezifisches teilaktives Abwärmen* im Sinne einer Entspannung. Anwendung finden hierbei Körperbewusstseinsübungen bzw. eine gelenkte Körperwahrnehmung und Üben mit Bewusstheit, wodurch ein zusätzlicher Beitrag zur Muskelentspannung (Senkung des Muskeltonus) erreicht werden soll. Hierzu können verschiedene Ausgleichsbewegungen mit unterschiedlichen Hilfsmitteln (z.B. Bälle; s. S. 269) genauso gehören wie anschließende Entspannungstechniken und -geschichten (Fantasiereisen) bzw. deren Kombinationen.
- *3. Phase:* In der Folge kommen unterschiedliche *physiotherapeutische und diätetische Maßnahmen* zum Einsatz (Duschen, Solarium, Sauna, Massagen, Nahrungsergänzungen), welche die Wiederherstellungsprozesse final optimieren.

Abwärm-Basisprogramm für Bogenschützen

Aus psychoregulativer Sicht empfiehlt es sich, die Durchführung des Abwärmens im Bogenschießen
- individuell und eventuell
- unter ruhiger Musikbegleitung

zu gestalten.

Tab. 56 zeigt, wie das Abwärmen nach dem Training bzw. dem Wettkampf durchgeführt werden kann.

Tab. 57 und 58 zeigen spezielle Regenerationsprogramme für Bogenschützen. Dabei ist insbesondere auch auf regenerative Maßnahmen der Beinmuskulatur zu achten (vgl. *Park* 2008).

Methodische Grundsätze

Für die verschiedenen Formen des Abwärmens sind die folgenden methodischen Grundsätze zu beachten (vgl. *Weineck* 2010, 950):
- *Vorangegangene Beanspruchung:* Der Cooldown muss auf die vorangegangene Beanspruchung abgestimmt sein und darf keine Zusatzbelastung im Sinne einer die Erholungsvorgänge beeinträchtigenden Aktivität sein.

Phase	Inhalte	Dauer
Phase 1: spezifisches aktives Abwärmen mit und ohne Sportgerät	**Entspannung durch lockeres Ausschießen und anschließendes Auslaufen**	**30 min**
	• Ausschießen mit dem Wettkampfgerät (auf 5 m): z.B. auch Blindschießen • Ausschießen mit leichterem Bogen • Ausschießen mit Thera-Band • Simulieren des korrekten Bewegungsablaufs ohne Hilfsmittel (aktive und mentale Kombinationen) • Auslaufen	
Phase 2: unspezifisches teilaktives Abwärmen	**Entspannungsübungen**	**10 min**
	• Entspannung durch Körperbewusstseinsübungen, gelenkte Körperwahrnehmung (z.B. Übungen mit Tennisbällen, Stäben, s. S. 269; Körperbeobachtung im Laufen, Gehen, Liegen; Reise durch den Körper; Atembeobachtung) • Entspannungstechniken (z.B. Beruhigungsatmung, progressive Muskelrelaxation, autogenes Training; s. S. 491 ff.) • Entspannungsgeschichten (z.B. Fantasiereisen, Meditation) • Kombinationen	
Phase 3: passives Abwärmen	**Körperpflege, Kleidung**	**10 min**
	• Duschen, Solarium, Sauna, Massagen • Wechsel der Sportkleidung	

Tab. 56: Abwärm-Basisprogramm für Bogenschützen

Abwärmen

Bezeichnung und Ziel	Bewegungsausführung	Ausgangsposition	Ausführung bzw. Variation	Beobachtung	Hinweis bzw. Variation
Seilstrecken mit geradem Bein Dehnen der Oberschenkelmuskulatur	Anspannen des Quadrizeps und Hüftbeugers, während das Seil in Richtung Kopf gezogen wird			Dehnung im Bereich der Achillessehne und Waden	Beide Beine gestreckt halten, Zehen in Richtung Schienbein ziehen
Beindehnen über Kreuz Steigerung der Flexibilität in den Gesäßmuskeln und Iliotibialbändern	In Rückenlage ein Bein gestreckt über den Körper ziehen			Dehnung an den Außenseiten des Gesäßes und der Oberschenkel	Anspannen der Adduktoren, Zehen zeigen nach oben
Beindehnen nach außen Steigerung der Flexibilität der Adduktoren (Innenseiten der Schenkel)	In Rückenlage ein Bein gestreckt vom Körper weg ziehen			Ziehen in der Leiste	Zehen zeigen nach oben
Beindehnen in Bauchlage Steigerung der Flexibilität des Quadrizeps und der Hüften	In Bauchlage die Ferse eines Beines zum Gesäß ziehen			Ziehen in der Hüfte und im Quadrizeps	Gesäß und hintere Oberschenkelmuskulatur anspannen
Trizepsdehnen Verbesserung der Flexibilität des Trizeps und der Rotatorenmanschetten	Ein Arm zieht mithilfe des Seiles die Hand des anderen Armes entlang der Wirbelsäule nach unten			Aktivierung des M. latissimus dorsi	Ausatmen, um Dehnen zu unterstützen

Tab. 57: Regenerationsprogramm mit dem Seil (vgl. *Verstegen* 2006, 208 f.)

Bezeichnung und Ziel	Bewegungsausführung	Ausgangsposition Ausführung bzw. Variation	Beobachtung	Hinweis und Variation
Greifen, Rollen, Heben Verbesserung der Beweglichkeit des oberen Rückens und der Schultern	Im Kniestand und mit offenen Handflächen den Ball nach vorne rollen und die Hüften zurückschieben		Ziehen im oberen Rücken und in den Schultern	Nicht selbst rollen!
Dehnen im 90-Grad-Winkel Verbesserung der Flexibilität der Rotatoren	Aus der Seitlage Öffnen der Schultern durch Oberkörperdrehung, wobei Rücken und Arm anschließend flach auf den Boden gehalten werden		Ziehen im oberen Teil der Hüften und unteren bzw. mittleren Rückenbereich	Zu Beginn beide Knie am Boden, obere Schulter flach am Boden halten (Strecken!)
Bodendrücken Verbesserung der Mobilität des unteren Rückens	Im Vierfüßlerstand abwechselnd unteren Rücken einsinken lassen und anschließend Hüften so weit wie möglich zurückschieben		Ziehen in den Hüften	Wölbung der Lenden beim Zurückschieben der Hüften
Schulterdehnen in Seitlage Dehnen der äußeren Rotatormuskeln der Schulter	In Seitlage (Ellbogen im 90-Grad-Winkel) untere Hand vor dem Bauchnabel zum Boden senken; der obere Arm unterstützt		Ziehen an der Rückseite der Schultern	Schulterblatt soll sich nicht bewegen!

Tab. 58: Regenerationsprogramm mit dem Ball bzw. ohne Hilfsmittel (vgl. *Verstegen* 2006, 208 f.)

- *Angemessene Dauer und Intensität:* Im Allgemeinen empfehlen sich etwa 20- bis 30-minütige Cool-down-Maßnahmen (inklusive Ausschießen). Gleichzeitig sind die Übungen dosiert zu gestalten (Beruhigung des Herz-Kreislauf-Systems!) und der Entspannungscharakter (Atmung) der Übungen zu beachten.

- *Geeignete Aktivität:* Im Bogenschießen eignen sich vor allem gering beanspruchende und entspannende Tätigkeiten wie etwa Ausschießen mit leichterem Zuggewicht, Auslaufen oder Fahrradfahren (vgl. *Löchelt* 2005, 26). Auf statische und dynamische Kräftigungsübungen sollte im Sinne der Regeneration verzichtet werden (vgl. *Weineck* 2010, 950).

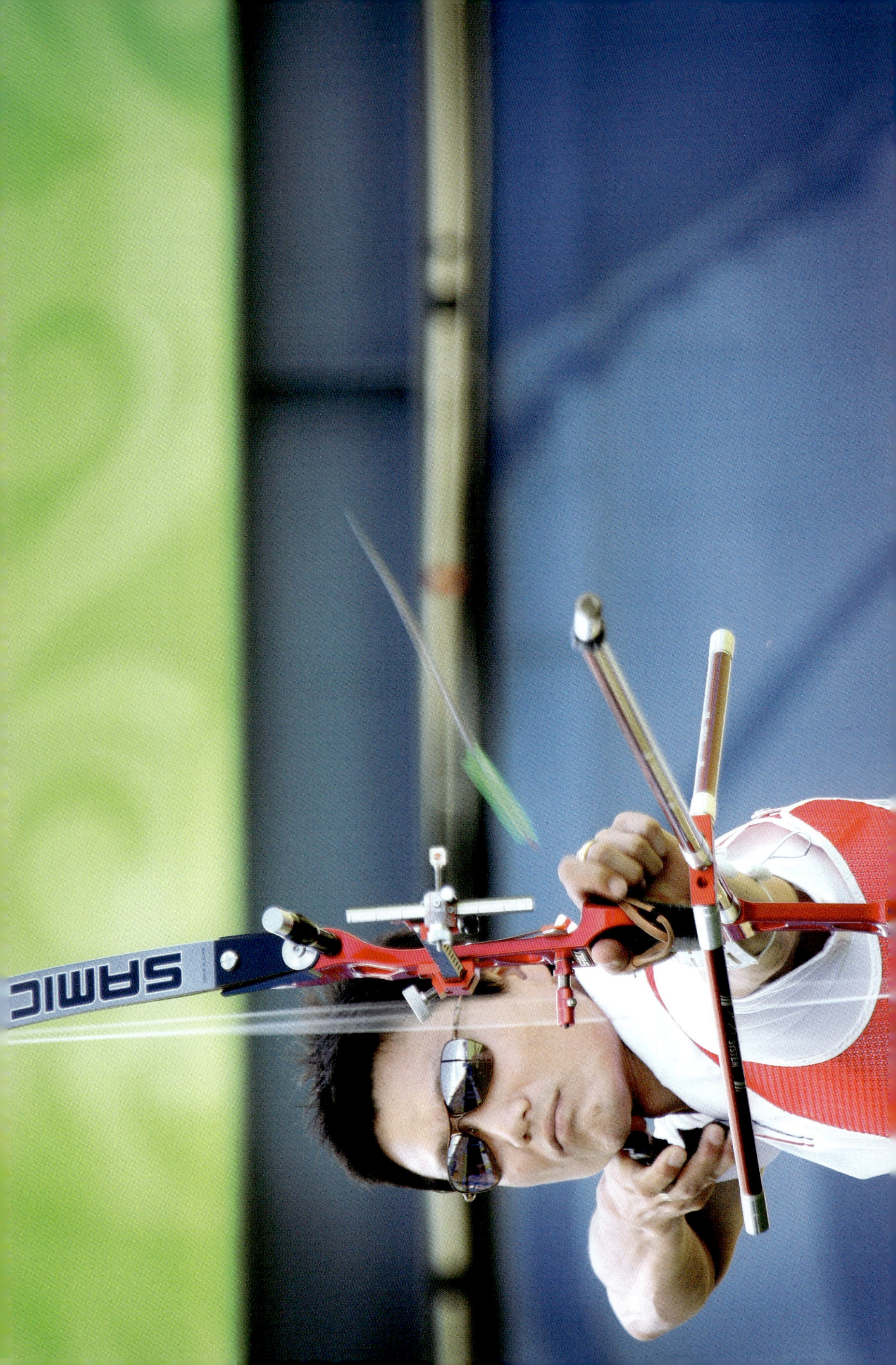
SAMIC

7 Training der konditionellen Fähigkeiten

Begriffsbestimmung

In der allgemeinen Trainingslehre unterscheidet man prinzipiell zwischen allgemeiner und spezieller Kondition, d.h. einer Kondition, die das allgemeine Niveau energetischer Prozesse des Organismus beschreibt, und einer sport- oder disziplinspezifischen Ausprägung konditioneller Fähigkeiten. Leistungsbestimmende konditionelle Fähigkeiten im Bogenschießen sind die *Ausdauerfähigkeit* (vor allem die allgemeine Grundlagenausdauer sowie spezifische Subkategorien), die Kraftfähigkeit (vor allem Kraftausdauer), einige Komponenten der Schnelligkeit – wie die Wahrnehmungsschnelligkeit (z.B. Wahrnehmung von Windstärkenveränderungen während des Zielvorgangs), die Reaktionsschnelligkeit (z.B. »unbewusst« schnelles Reagieren auf das Klickersignal) oder die Aktionsschnelligkeit (Fingeröffnungsgeschwindigkeit im Lösen) – und die *Beweglichkeit* (vor allem Schulter- und Handgelenksbeweglichkeit; vgl. *Park* 2008; Abb. 247).

Bedeutung der konditionellen Fähigkeiten

Weil koordinative Fähigkeiten, Taktik und Willenseigenschaften sowie die Schießtechnik nur in dem Maße effektiv umgesetzt werden können, wie das die energetisch verursachten Muskelleistungen erlauben, ist die Kondition eine wesentliche Voraussetzung für das Niveau des sportlichen Leistungszustandes. Kondition ist damit die »Conditio sine qua non« (vgl. *Martin* 1991, 89; *Echeev* 1993, 198; *Park* 1994, 20; *Weineck* 2010, 225).

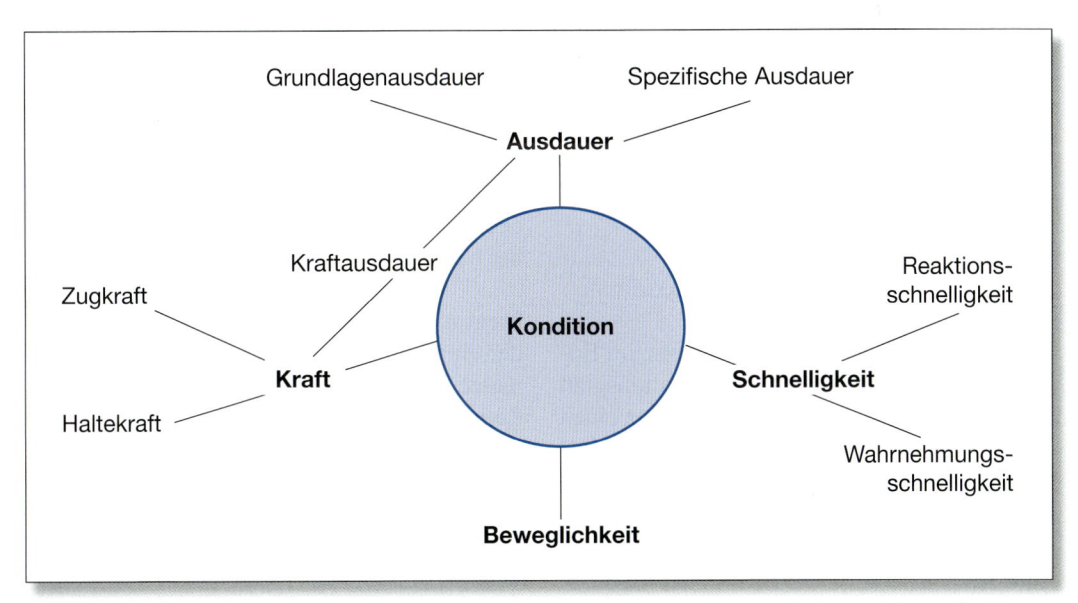

Abb. 247: Komponenten der Kondition und Wechselbeziehungen der physischen Leistungsfaktoren im Bogenschießen

Ausdauertraining

Begriffsbestimmung

> Unter Ausdauer wird allgemein die psychophysische Ermüdungswiderstandsfähigkeit des Sportlers verstanden.

Dabei beinhaltet die *psychische* Ausdauer die Fähigkeit des Athleten, einem Reiz, der zum Abbruch einer Belastung auffordert, möglichst lange widerstehen zu können, die *physische* Ausdauer die Ermüdungswiderstandsfähigkeit des gesamten Organismus bzw. einzelner Teilsysteme (vgl. *Weineck* 2010, 229).

Für das Bogenschießen relevante Arten der Ausdauer

> Im Hochleistungsbogenschießen gelten die allgemeine aerobe dynamische und lokale anaerobe statische Ausdauer als leistungslimitierend.

Während die allgemeine Ausdauer durch eine erhöhte Kapazität des Herz-Kreislauf-Systems charakterisiert ist, wird die lokale Ausdauer im Bogenschießen vor allem in Verbindung mit der Kraft als spezielle Kraftausdauer sowie durch die neuromuskuläre Koordination (Technik) des Schützen bestimmt (s. S. 363 ff.; vgl. *Haber* u. *Pont* 1977, 358; *Gaisl* 1979, 240).

Allgemeine aerobe dynamische Ausdauer (Grundlagenausdauer)

Grundbedingung für Spitzenergebnisse im Bogenschießen ist ein hoher Automatisationsgrad des Schießablaufs. Eine wirksame, über einen längeren Zeitraum realisierbare Automatisierung ist nur möglich, wenn die konditionelle Leistungsfähigkeit des Organ- und Muskelapparats relativ konstant bleibt (*Hahn* 1983, 54). Eine entsprechende Grundlagenausdauer ist dazu notwendig. Für *Hollmann* und *Hettinger* (2000, 303) liegt diese Form der Muskelbeanspruchung vor, wenn eine dynamische Arbeit über einen längeren Zeitraum unter Einsatz von mehr als einem Siebtel bis einem Sechstel der gesamten Skelettmuskulatur durchgeführt wird (z.B. beim Lauftraining).

Die Bedeutung der allgemeinen aeroben dynamischen Ausdauer äußert sich für den Bogenschützen in einer erhöhten physischen Leistungsfähigkeit (Realisierung eines intensiven Trainingsprogramms), in einer optimierten Erholungsfähigkeit – auch an mehreren aufeinander folgenden Trainings- und Wettkampftagen (durch die raschere Umstellung einer sympathikotonen auf eine vagotone Situation) –, in einer gesteigerten psychischen Belastbarkeit, z.B. in den Finalrunden (erhöhte Stressresistenz und psychische Stabilität, niedrigere Pulsfrequenz; vgl. *Knöbel* u. *Baumann* 1996, 32) und in verringerten technischen Fehlleistungen (Aufrechterhalten der Feinmotorik im Schießablauf, z.B. bei der Druck- und Zugarbeit; *Röttger* 1998, 13) durch Konzentrationsmängel, vor allem gegen Ende eines Wettkampfes. Darüber hinaus weist *Harre* (1982, 163) auf die sich entwickelnden Persönlichkeitseigenschaften wie Durchhaltefähigkeit, Willensspannkraft, Selbstbeherrschung, Selbstvertrauen, Härte und Ähnliches hin.

Lokale anaerobe statische Ausdauer

Die lokale anaerobe statische Ausdauer soll hier nur kurz dargestellt werden, da die entsprechende Kraftmanifestation im Krafttraining näher behandelt wird (s. S. 283 ff.).

Liegt allgemein eine Beanspruchung vor, bei der ein Gewicht von mehr als 15% der maximalen statischen Kraft über einen längeren Zeitraum gehalten werden muss, erfolgt die Energiebereitstellung zunehmend anaerob (d.h. ohne Sauerstoff; vgl. *Weineck* 2010, 230). Bereits ab 15% kommt es dann zu einer zunehmenden Einschränkung der Muskeldurchblutung.

Die Belastungsdauer während des Zielvorgangs variiert im Mittel interindividuell zwischen 2 und 6 Sekunden (*Keest* u. *Elliot* 1990, 203). In dieser Zeit muss der Schütze in vielen Muskelgruppen (z.B. Trizepsmuskel auf der Bogenarmseite, Rumpfmuskulatur) vor allem statische Muskelarbeit leisten. Mit dem Bogeneigengewicht (ca. 4 kg) und dem Zuggewicht (bei Schützinnen etwa 17–21 kg, bei Schützen ungefähr 21–26 kg) liegen Gewichte von mehr als 15% der maximalen statischen Haltekraft vor.

Beachten Sie: Der Bogenschütze hat seine statische Haltearbeit optimal, aber nicht maximal zu entwickeln, damit er den Anforderungen seiner Sportart entsprechend vorbereitet ist.

Bereits 1962 stellte *Rohmert* eine Beziehung für jede Haltekraft zur Ausdauer (maximale Haltekraft in Minuten) dar. Wie aus Abb. 248 hervorgeht, erhöht sich bei vergrößerter maximaler statischer Kraft die maximale Haltezeit eines Gewichts. Für den Bogenschützen bedeutet dies, dass er mit Zunahme seiner maximalen statischen Kraft beispielsweise im Arm- und Schulterbereich in der Lage ist, seinen Bogen bei jedem Schuss länger zielgenau zu halten und diese Fähigkeit für die Dauer des Wettkampfes aufrechtzuerhalten.

Eine optimal entwickelte Haltearbeit ist insbesondere bei lang andauernden Wettkämpfen von Bedeutung (z.B. dauert eine große Fita-Runde mehrere Stunden pro Tag), denn vor allem am Ende eines Wettkampfes werden mit steigender muskulärer Beanspruchung zunehmend größere motorische Einheiten rekrutiert, so dass die motorische Feinkontrolle bei großen Relativkräften abnimmt (vgl. *Zipp* et al. 1978, 382).

Physiologisch betrachtet, verringert sich durch ein lokales Kraftausdauertraining der intramuskuläre Druck (die Last wird auf leistungsfähige Muskelfasern verteilt), der – wie bereits erwähnt – ab 15% der statischen Kraft zu einer Kompression der Kapillaren führt und dadurch die Durchblutung drosselt. Somit kann dem Muskel mehr Sauerstoff zugeführt werden und damit die Bildung von Ermüdungsstoffen (z.B. Milchsäure) vermindert werden.

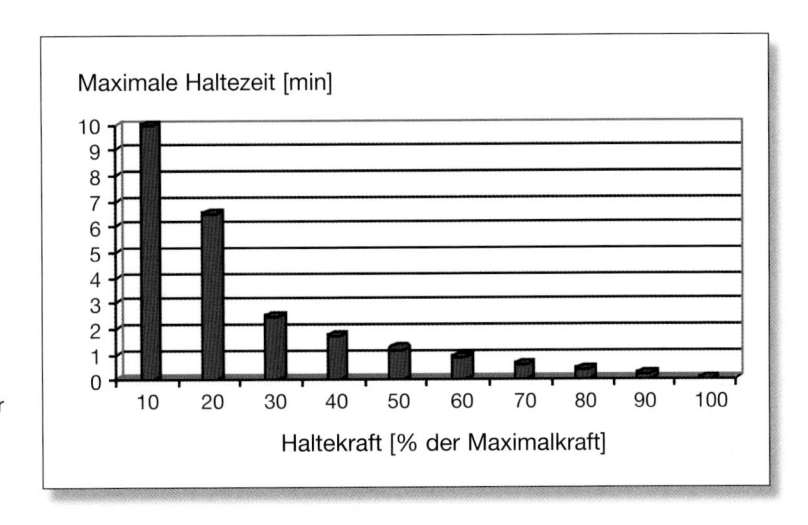

Abb. 248: Haltezeit von Bruchteilen der maximalen statischen Kraft (vgl. *Hollmann* u. *Hettinger* 2000, 339)

Bedeutung der Grundlagenausdauer

Eine gut entwickelte Grundlagenausdauer bewirkt Folgendes (vgl. *Weineck* 2010, 233f.):
- *Erhöhung der physischen Leistungsfähigkeit:* Eine vorzeitige Ermüdung verkürzt die mögliche Übungszeit, macht die Realisierung eines intensiven Trainingsprogramms unmöglich und begrenzt die Wahl gegebener Trainingsmethoden und -inhalte.
- *Optimierung der Erholungsfähigkeit:* Der Organismus des ausdauertrainierten Schützen kann anfallende Ermüdungsstoffe schneller eliminieren. Sein Vegetativum ist in der Lage, sich schneller von einer sympathikonen (auf Leistung ausgerichteten) Situation auf eine vagotone, die Erholungsvorgänge positiv unterstützende Gesamtstoffwechsellage umzustellen.
- *Minimierung von Verletzungen:* Besser trainierte Sportler verletzen sich seltener als frühzeitig ermüdende.
- *Steigerung der psychischen Belastbarkeit:* Der ausdauertrainierte Athlet besitzt eine erhöhte Stressresistenz und eine höhere psychische Stabilität. Er ist zudem in der Lage, Misserfolge besser zu verarbeiten, ohne die sonst häufig auftretenden Motivationsprobleme und negativen Stimmungsänderungen (im Sinne einer depressiven Grundeinstellung) in Kauf nehmen zu müssen.
- *Verringerung technischer Fehlleistungen:* Der ausdauertrainierte Schütze ist bis zum Schluss voll konzentriert, was seine schießtechnische Fehlerquote gering hält.
- *Stabilere Gesundheit:* Der ausdauertrainierte, »abgehärtete« Sportler verbessert seine immunologische Abwehrlage dahingehend, dass er seltener an banalen Infektionskrankheiten wie Schnupfen, Husten, Grippe und Ähnlichem erkrankt. Damit vermeidet er unnötige Leistungseinbußen durch Trainings- und Wettkampfausfälle.

Methoden und Inhalte des Ausdauertrainings

Um eine effektive Leistungssteigerung der für das Bogenschießen relevanten Ausdauerfähigkeiten zu ermöglichen, müssen solche Trainingsmethoden und -inhalte eingesetzt werden, die den metabolischen (den Stoffwechsel betreffenden) Anforderungen der Wettkampfdisziplin entsprechen bzw. nahe kommen.

Für den Bogensport bietet sich für die Verbesserung der Grundlagenausdauer vor allem die *extensive Dauermethode* (hoher Umfang – geringe Intensität) mit Herzfrequenzen von 130–150 Schlägen pro Minute an (s. auch S. 96 f.; Abb. 249), die aus sportbiologischer Sicht zu Anpassungen im Bereich des Fettstoffwechsels (Aktivitätszunahme der Enzyme der Betaoxidation) führt (vgl. *Lorenz* et al. 1973, 165).

Für die Steigerung der Grundlagenausdauer weniger geeignet sind die verschiedenen Formen der *Intervallmethode*, die nach dem Prinzip der *lohnenden Pause* aufgebaut sind. (Beim Erreichen einer Pulsfrequenz von etwa 120–140 Schlägen/Minute wird bereits der nächste Belastungsreiz gesetzt, es erfolgt also *keine vollständige Erholung*.) Die Intervallmethoden arbeiten im Bereich der anaeroben Schwelle bzw. darüber und beanspruchen damit vor allem den Zuckerstoffwechsel, nicht jedoch den Fettstoffwechsel.

Aufgrund ihrer hohen und höchsten Intensitäten für den Bogenschützen ungeeignet sind für die Verbesserung der Grundlagenausdauer die insbesondere in der Leichtathletik verwendeten Methoden, wie etwa die Wiederholungs- (wiederholtes Absolvieren einer gewählten Strecke mit maximaler Intensität nach jeweils vollständiger Erholung) und die Wettkampfmethode (dichte Wettkampffolge in der Art eines Wettkampfblocks).

Beachten Sie: Die Freude am Ausdauertraining steht und fällt mit der Art der Durchführung (vgl. *Weineck* 2010, 360).

Ausdauertraining

```
% der Trainings-
fähigkeit
Völlige
Ermüdung
  25
  50                                            Ende
  75                                            der
                                                Trainings-
 100                                            tätigkeit
        Anzahl der Wiederholungen in der Zeiteinheit
```

	Intensität	Belastungs-dichte	Belastungs-umfang	Belastungs-dauer
Lauf	70–95%	Üben ohne Pause	Sehr groß	Sehr lang

Physiologische Wirkung:
- Ökonomisierung des Stoffwechsels
- Herz-Kreislauf-Regulation
- Kapillarisierung
- Sauerstoffaufnahmevermögen

Trainingseffekt:
- Grundlagenausdauer
- Kraftausdauer

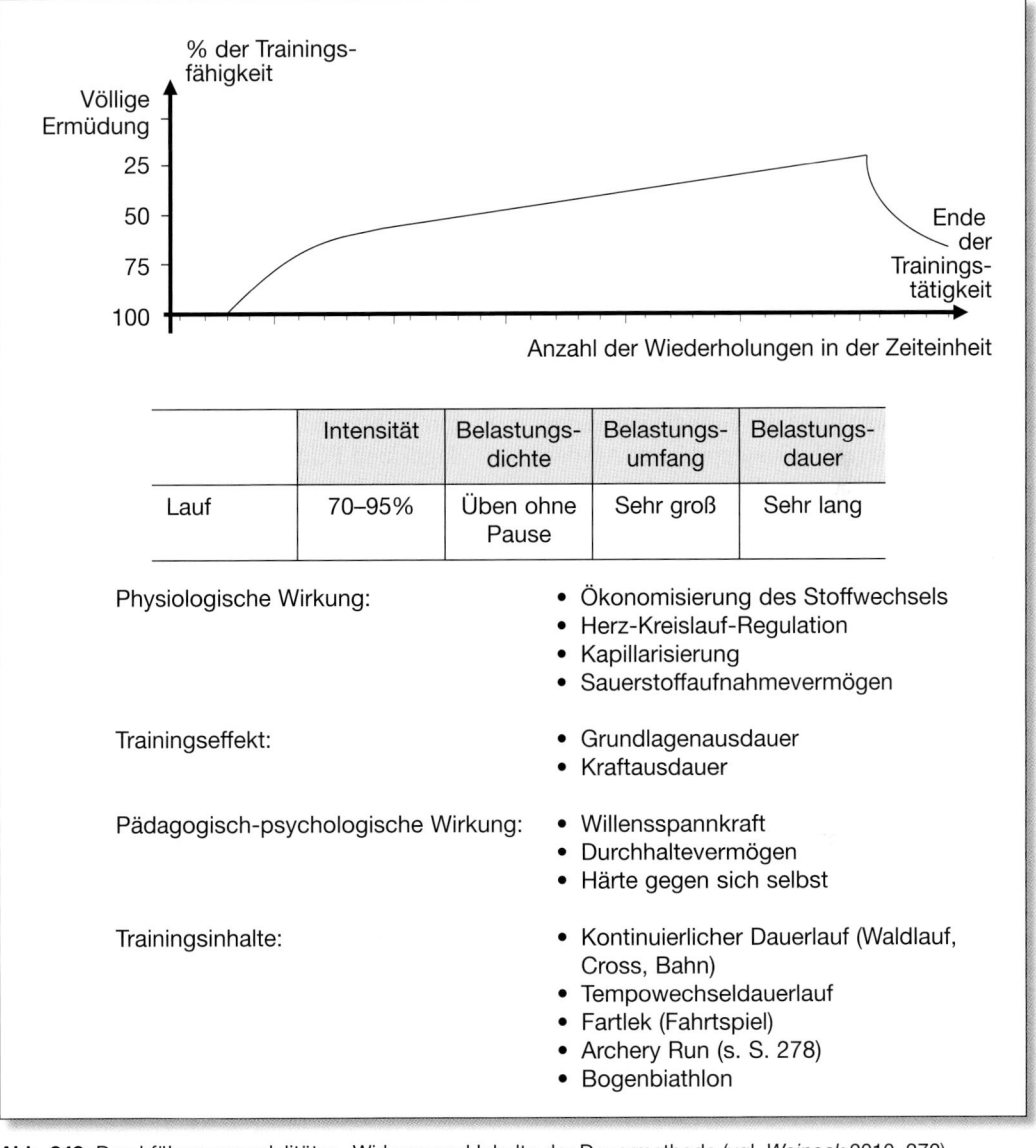

Pädagogisch-psychologische Wirkung:
- Willensspannkraft
- Durchhaltevermögen
- Härte gegen sich selbst

Trainingsinhalte:
- Kontinuierlicher Dauerlauf (Waldlauf, Cross, Bahn)
- Tempowechseldauerlauf
- Fartlek (Fahrtspiel)
- Archery Run (s. S. 278)
- Bogenbiathlon

Abb. 249: Durchführungsmodalitäten, Wirkung und Inhalte der Dauermethode (vgl. *Weineck* 2010, 270)

Als Trainingsinhalte zur Verbesserung der Grundlagenausdauer dienen Dauerläufe in verschiedenen Variationen (z.B. als Wald- oder Crosslauf) sowie länger dauernde Belastungen in verschiedenen Ergänzungssportarten (z.B. Schwimmen, Rudern, Radfahren, Spinning, Inlineskating, Skilanglauf).

Dabei gilt: Je höher der Prozentsatz an beteiligter Muskulatur, desto effektiver ist die Entwicklung der Grundlagenausdauer. Demnach führen »körpertragende« Sportarten (z.B. Joggen) schneller und ökonomischer zur Verbesserung der Grundlagenausdauer als »nicht körpertragende« Sportarten (z.B. Radfahren).

Zur Steigerung der lokalen anaeroben Kraftausdauer – beispielsweise im Sinne der Haltearbeit in der 3. Positionsphase (Ankern, s. S. 415) – eignen sich insbesondere die Methoden des isometrischen (statischen) Kraftausdauertrainings (s. S. 285 ff.).

Ausdauertraining im Kindes- und Jugendalter

Frühes und spätes Schulkindalter

Die Aufgabe des Trainings der Ausdauerleistungsfähigkeit im frühen und späten Schulkindalter ist die Schaffung der Grundlagenausdauer, nicht die Herausbildung spezieller Ausdauerfähigkeiten. Die Grundlagenausdauer ist in dieser Altersstufe bevorzugt über die Dauermethode mit möglichst gleichmäßiger Laufgeschwindigkeit zu erreichen, da hierbei die vorhandene Leistungskapazität insbesondere von untrainierten Kindern am ökonomischsten genutzt wird (vgl. *Weineck* 2010, 358).

Erste und zweite puberale Phase

Die höchste Trainierbarkeit der Grundlagenausdauer liegt bei Kindern vor allem in den Perioden des beschleunigten Wachstums vor (vgl. *Dobrzynski* 1976, 456; *Koinzer* 1978, 145). Gegen Ende der Adoleszenz (zweite puberale Phase) erfolgt eine zunehmende Annäherung an das Erwachsenentraining im Sinne spezieller Trainingsmethoden (s. S. 290).

Trainingsinhalte im Kinder- und Jugendtraining sind beispielsweise (vgl. *Weineck* 2010, 361f.):
- Kleine Mannschaftsspiele: z.B. Parteiball, Turmball, Rollball, Mini-Basketball
- Figurenlaufen: die Laufgruppen zeichnen Figuren auf dem Schießgelände
- Orientierungslauf: z.B. in Form einer »Schnitzeljagd«
- Biathlon: s. u.
- Alterslauf: Wer kann sein Alter in Minuten laufen?
- Wald- und Geländeläufe aller Art
- Zeitschätzläufe, Tandemläufe
- Große Mannschaftsspiele etc.
- Jagd- und Feldschießen in erhöhtem Lauftempo

Eine spezielle Möglichkeit der Schulung der Grundlagenausdauer ist das so genannte Archery Run (bzw. Ski Arc und Bogenbiathlon). Dabei handelt es sich um eine Kombination von Bogenschießen und Laufen (bzw. Skilanglauf; vgl. *Gegg* 2000, 22). Das Reglement ist ähnlich wie beim Biathlon.

Abb. 250 zeigt den Aufbau einer möglichen Laufstrecke sowie die Zieleinrichtungen. Bei Erreichen einer bestimmten Punktezahl wird entweder Tor A, B, C, D oder E passiert und dadurch eine entsprechende »Zusatzrunde« gelaufen. Werden beispielsweise bei 4 Schüssen alle 4 Spiegel getroffen, passiert der Schütze Tor A. Verfehlt er allerdings 2 Spiegel, so muss er durch Tor C laufen. Eine Variationsmöglichkeit

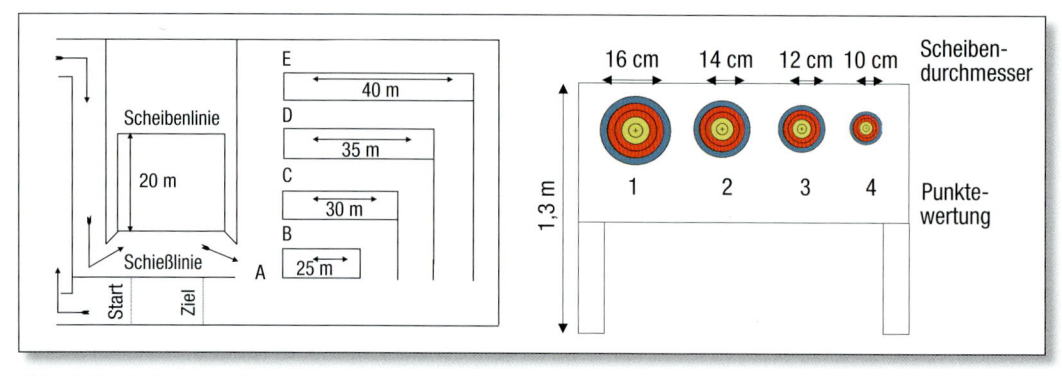

Abb. 250: Mögliche Laufstrecke und Zieleinrichtung beim Archery Run

ist durch zusätzliche Punktwertungen (in Form von Zeitguthaben), unterschiedliche Auflagen oder Hit-and-Miss-Wertungen (s. S. 572) gegeben.

Bedeutung von Ausdauertests im Bogenschießen

Nur über allgemeine bzw. spezielle Testverfahren lassen sich Fehler in der Trainingsplanung und -gestaltung sowie im Einsatz von Trainingsmethoden und -inhalten erkennen und korrigieren (vgl. *Weineck* 2010, 302). Ein Vergleich von Ist- und Sollwert muss daher sowohl die allgemeine als auch die spezielle Ausdauer erfassen.

Die Tests sind insbesondere zu Beginn der Vorbereitungsperiode, in ihrer Mitte und am Ende, aber durchaus auch während der Wettkampfperiode (Ermittlung des Niveaus der aeroben Ausdauer) durchzuführen (s. auch S. 168 ff.). Parallel dazu ist im Rahmen der Leistungsdiagnostik der stete Vergleich mit der Schießleistung durchzuführen.

Bestimmung der allgemeinen Ausdauer

Als allgemeine Testverfahren eignen sich im Bogenschießen »einfache« Lauftests (z.B. Cooper-Test), Lauftests mit begleitender Herzfrequenzmessung (z.B. Conconi-Test) und Laktattests (vgl. *Weineck* 2010, 302 ff.).

Tab. 59 zeigt beispielhaft eine Wertungstabelle zur Einschätzung der Ausdauerleistungsfähigkeit von Jungen über die im Cooper-Test (12-Minuten-Lauf) erreichte Streckenlänge.

Wie Abb. 251 zeigt, kommt es durch Ausdauertraining zu einer Verschiebung des Herzfrequenzumschlagpunkts: Je besser trainiert der Sportler ist, bei desto höheren Herzfrequenzwerten wird er seinen Umschlagpunkt erreichen.

> Ein Schütze mit geringerer Ausdauerleistungsfähigkeit wird schon bei Herzfrequenzen von 130 Schlägen pro Minute übersäuern, während der gut trainierte Schütze auch Frequenzen von 180 Schlägen pro Minute (aerob, d.h. ohne Laktatbildung) toleriert.

Bestimmung der speziellen Ausdauer

Als spezielle Testverfahren gelten insbesondere Leistungskontrollen bzw. die Wettkämpfe selbst mit begleitender Herzfrequenz- und Laktatmessung sowie die Bestimmung der maximalen Sauerstoffaufnahmefähigkeit (vgl. *Weineck* 2010, 328). Geeignet ist ferner die Beobachtung von Pfeilgruppierungen bei hohen aufeinander folgenden Pfeilzahlen (z.B. 3-mal 18

Alter [Jahre]	11	12	13	14	15	16	17
Kondition/Streckenlänge [m]							
• Ausgezeichnet	2800	2850	2900	2950	3000	3050	3100
• Sehr gut	2600	2650	2700	2750	2800	2850	2900
• Gut	2200	2250	2300	2350	2400	2450	2500
• Befriedigend	1800	1850	1900	1950	2000	2050	2100
• Mangelhaft	1200	1250	1300	1350	1400	1450	1500
• Ungenügend	Weniger Meter als bei mangelhaft						

Tab. 59: Wertungstabelle zur Einschätzung der Ausdauerleistungsfähigkeit von Jungen über die im Cooper-Test (12-Minuten-Lauf) erreichte Streckenlänge; für Mädchen gelten 200 m weniger als bei Jungen (nach *Grosser* et al. 1986, 129)

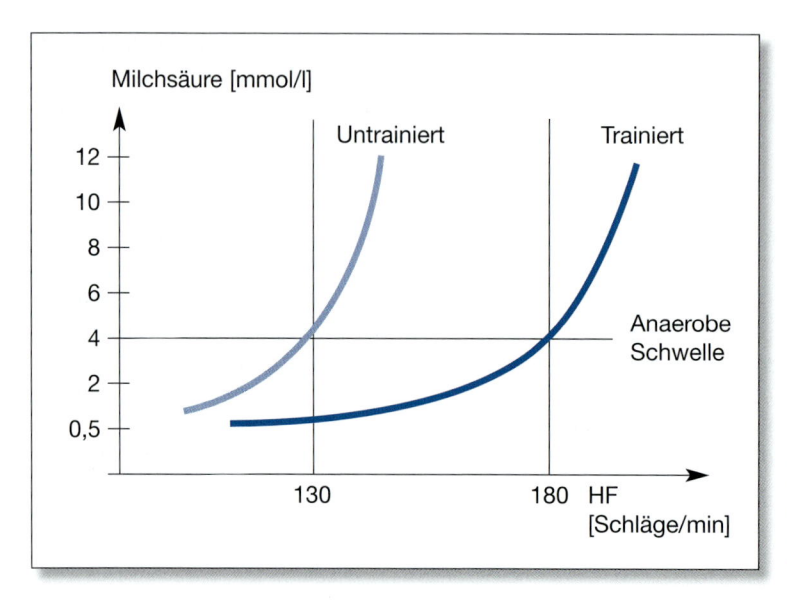

Abb. 251:
Verschiebung des Herzfrequenzumschlagpunktes durch Ausdauertraining (vgl. *Weineck* 2010, 314)

Pfeile am Stück). Aufgrund ihrer engen Korrelation zur Kraft (Kraftausdauer) gestaltet sich eine Abgrenzung schwierig, und es sei hier auf die Testverfahren der Kraftausdauer verwiesen (s. S. 314 ff.).

Beachten Sie: Die Durchführung hoher aufeinander folgenden Pfeilzahlen unter Beobachtung der Pfeilgruppierungen bzw. des Schießergebnisses verlangt sowohl anschließend ausreichende Erholzeiten sowie ein folgendes qualitativ hochwertiges Techniktraining. Nur so lassen sich die infolge der Ermüdung unter Umständen hervorgerufenen technischen Mängel kompensieren.

Periodisierung des Ausdauertrainings

Für die Entwicklung der Grundlagenausdauer sind etwa 4–6 Wochen Training erforderlich, um funktionelle und strukturelle Anpassungen auf erhöhtem Niveau zu erreichen (vgl. *Weineck* 2010, 331). Allerdings gilt: Die Ausdauer ist nur optimal (= Grundlagenausdauer), nicht maximal zu entwickeln. Die kritiklose Übernahme des Trainings eines leichtathletischen Ausdauersportlers ist demnach abzulehnen. *Lee* (2006, 148) empfiehlt für das Ausdauertraining im Leistungsbereich des Bogenschützen beispielsweise ganzjährig 1–2 Crossläufe pro Woche sowie 6 Einheiten pro Woche auf der Laufbahn zu 2–3 km.

Prinzipiell steht zu Beginn der Vorbereitungsperiode die Dauermethode zur Optimierung der Grundlagenausdauer im Vordergrund. Im späteren Verlauf der Vorbereitungsperiode gewinnen die spezifischeren Methoden zur Entwicklung spezieller Kraftausdauerfähigkeiten an Bedeutung, wobei längere Dauerläufe als Regenerationstraining auch während der Wettkampfperiode in einem angemessenen Trainingsprogramm zu finden sein sollten.

Tab. 60 zeigt ein Ausdauerbasisprogramm für Leistungsschützen: Während in der Vorbereitungsperiode eine kontinuierliche Belastungssteigerung anzustreben ist (3–5 pro Woche), muss in der Wettkampfperiode die Grundlagenausdauer nur gehalten werden (1–2 pro Woche). In der Übergangsperiode genügt im Sinne eines regenerierenden Gesundheits- und Erhaltungstrainings ein verkürztes Programm (2–3 pro Woche).

Eingeordnet in den Rahmenplan der Freiluftsaison, stellt Abb. 252 beispielhaft die Verhältnismäßigkeit von allgemeiner Grundlagenausdauer und spezieller Kraftausdauer für einen jugendlichen Leistungsschützen dar.

Methodische Grundsätze

- Die Grundlagenausdauer bildet die Basis jeder speziellen Ausdauer.
- Das Ausdauertraining sollte insbesondere im Kinder- und Jugendtraining abwechslungsreich, kurzweilig und altersgemäß sein. Es sollte Spaß machen und wo immer möglich einen Bezug zum Schießsport herstellen (z.B. Biathlon).
- Innerhalb des Schießtrainings sollte ein ergänzendes Ausdauertraining (z.B. Lauftraining) in der Regel am Ende der Trainingseinheit durchgeführt werden, um Beeinträchtigungen der Schießtechnik aufgrund von Ermüdungsvorgängen zu vermeiden.
- In der Wettkampfperiode ist nach entsprechender Vorbereitung ein Erhaltungstraining zu absolvieren, um einen Abfall der Grundlagenausdauer zu verhindern.
- Wettkämpfe (z.B. stabile und saubere Technik auch am Ende des Wettkampfes) sollen Aufschluss über die jeweilige Leistungsfähigkeit sowie über die Effektivität der eingesetzten Trainingsmethoden und -inhalte geben. Die Wirksamkeit des Ausdauertrainings hängt nicht nur von optimalen Trainingsbelastungen, sondern auch von optimalen Wiederherstellungsmaßnahmen (z.B. ausreichende Erholungszeiten, richtige Ernährung) ab (vgl. *Weineck* 2010, 342 bzw. 367).

Woche	1	2	3	3	5	6	7	8
Phase								
• VP	2 x 15 min	2 x 30 min	3 x 20 min	3 x 20 min	2 x 45 min	2 x 45 min	3 x 45 min	5 x 45 min
• WP	2 x 45 min	2 x 45 min	2 x 45 min	2 x 45 min	2 x 45 min	2 x 45 min	2 x 45 min	2 x 45 min
• ÜP			2 x 30 min	3 x 30 min	2 x 30 min	3 x 30 min	2 x 30 min	3 x 30 min

Tab. 60: Ausdauertrainingsprogramm im Bogenschießen (vgl. auch *Knöbel* u. *Baumann* 1996, 28ff; *Gegg* u. *Flute* 1996, 48: VP: Vorbereitungsperiode, WP: Wettkampfperiode, ÜP: Übergangsperiode)

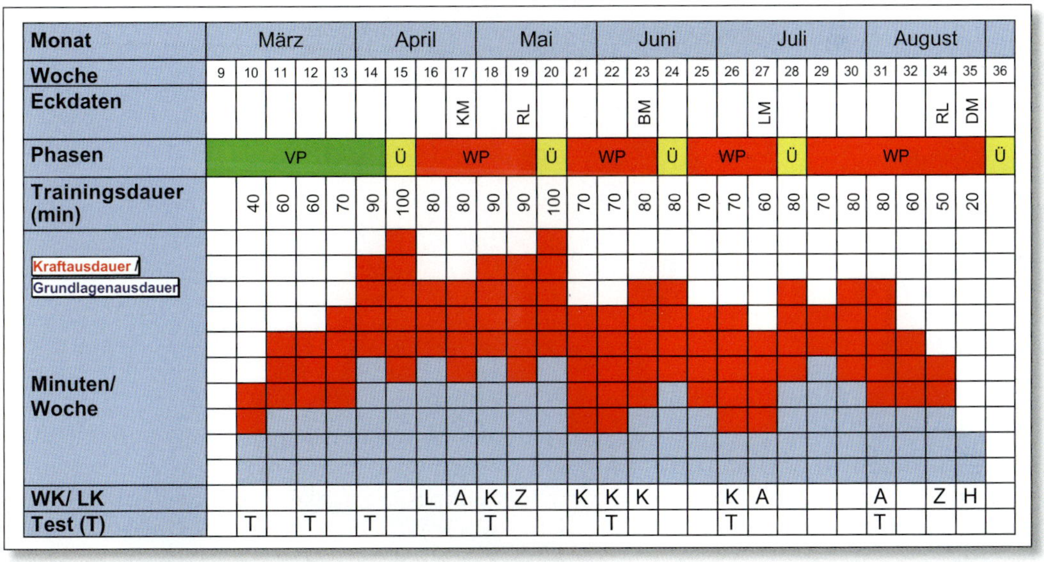

Abb. 252: Verhältnismäßigkeit der allgemeinen Grundlagenausdauer und der speziellen Kraftausdauer im Sinne eines Rahmentrainingsprogramms für die Freiluftsaison eines jugendlichen Leistungsschützen (in Anlehnung an *Ulrich* 1998, 46; KM: Kreismeisterschaft, BM: Bezirksmeisterschaft, LM: Landesmeisterschaft, RL: Rangliste, DM: Deutsche Meisterschaft, VP: Vorbereitungsperiode, Ü: Übergangsperiode, WP: Wettkampfperiode, L: Leistungskontrolle, A: Aufbauwettkampf, K: Kontrollwettkampf, Z: Zwischenwettkampf, H: Hauptwettkampf)

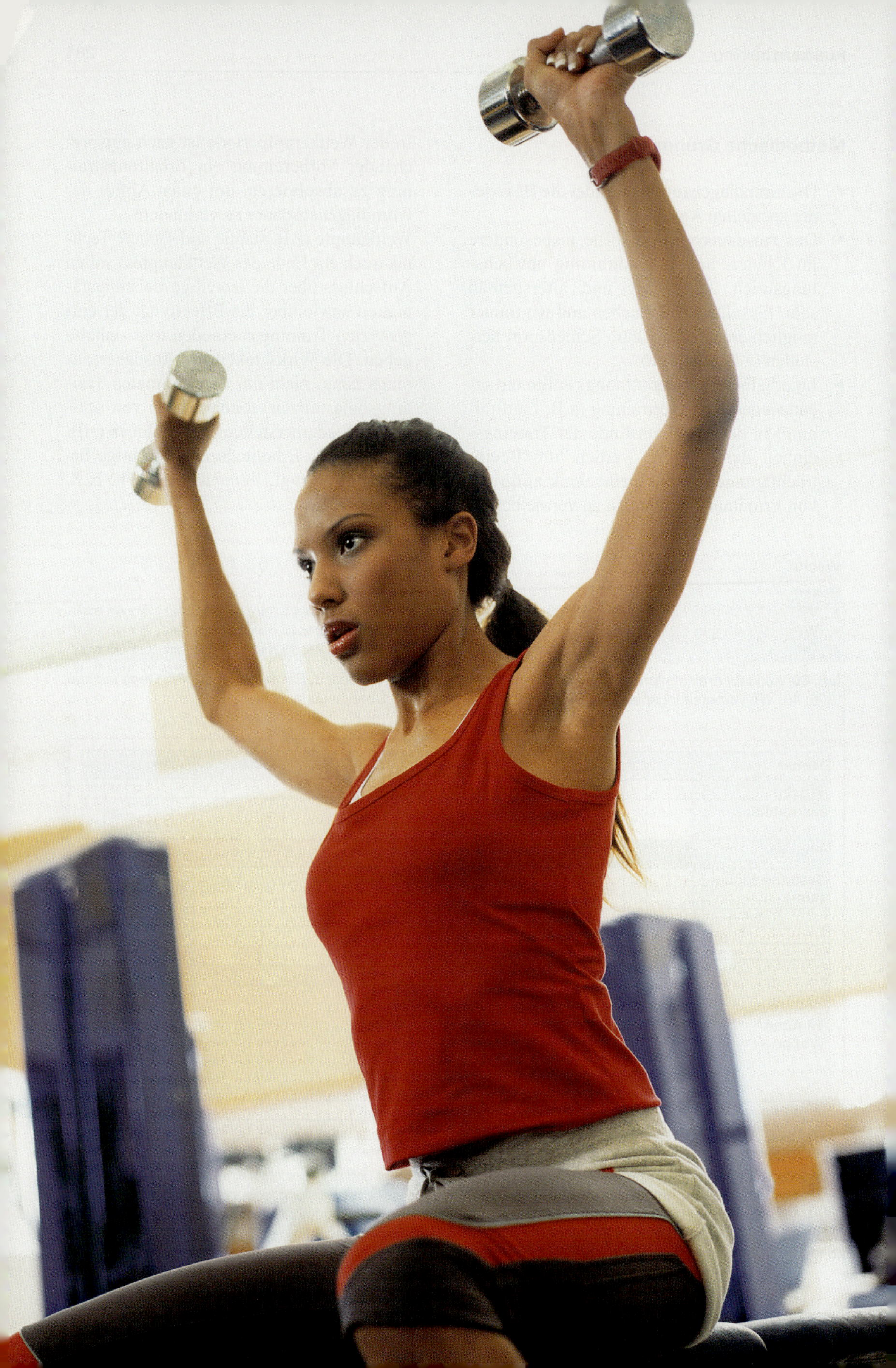

Krafttraining

Begriffsbestimmung

Eine definitorische Klärung des Kraftbegriffes ist nur im Zusammenhang mit den verschiedenen Arten der Kraftmanifestationen möglich (*Weineck* 2010, 371).

Für das Bogenschießen relevante Arten der Kraft

Prinzipiell muss die Kraft stets unter dem Aspekt der allgemeinen (sportartunabhängige Kraft aller Muskelgruppen) und der speziellen Kraft (die für das Bogenschießen bestimmte Manifestationsform sowie ihr spezifisches Muskelkorrelat, vgl. Tab. 6, S. 66 ff.) betrachtet werden.

Beachten Sie: Das Krafttraining des Bogenschützen umfasst nicht nur die am Schießvorgang direkt beteiligte Muskulatur des Oberkörpers (z.B. Schulter-, Arm- und Handmuskulatur), sondern auch deren Antagonisten (Gegenspieler) und Stabilisatoren (Rumpf-, Gesäß- und Beinmuskulatur; vgl. *Lee* 2006, 143; *Musta*, in *Ruis* u. *Stevenson* 2004, 69; *Rabska*, in *Ruis* u. *Stevenson* 2004, 13; *Park* 2008; *Knöbel* 2008, 31; Abb. 253).

Von den drei Hauptformen der Kraft, nämlich Maximalkraft, Schnellkraft und Kraftausdauer, ist für den Bogenschützen vor allem die Kraftausdauer von Bedeutung, weil Kraftleistungen wiederholt ausgeführt und über mehrere Wettkampftage konstant aufrechterhalten werden müssen (vgl. *Lovo* 1996, 12; *Park* 2008).

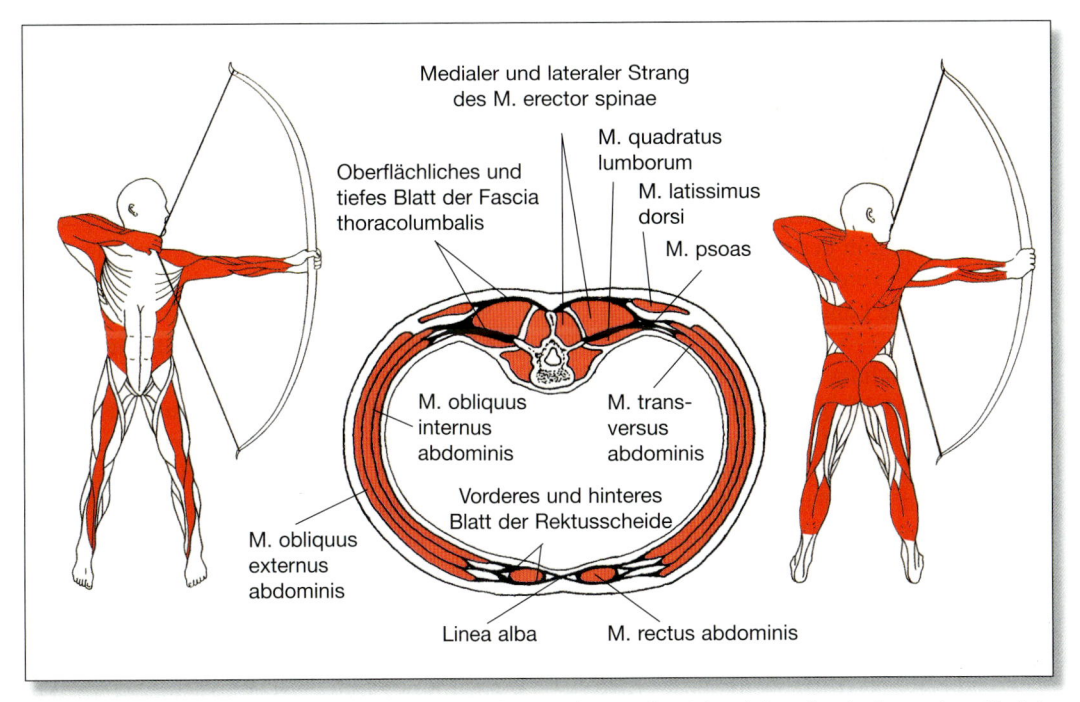

Abb. 253: Allgemeine Muskelbeanspruchung beim Bogenschützen (frontal und dorsal) unter besonderer Berücksichtigung der Schichtung und Fixierung der Bauchmuskulatur, dargestellt am Rumpfquerschnitt (vgl. *Weineck* 2008, 121)

> Die lokale anaerobe statische Kraftausdauer lässt sich als Ermüdungswiderstandsfähigkeit des Organismus gegenüber Belastungen größer als 30% des individuellen isometrischen Kraftmaximums definieren (vgl. *Weineck* 2010, 379).

Entsprechend dem Modell der Positionsphasen (s. S. 367 erfährt die Kraftausdauer in den einzelnen Phasen eine zweifache Differenzierung:
- *Zugarmseite:* Die Arbeit der Hauptmuskelgruppen auf der Zugarmseite (s. S. 66 ff.) ist insgesamt kombiniert. In der Phase des Vollauszugs ist sie dynamisch (überwindend), im Ankern (3. Positionsphase) kurzfristig statisch (verharrend) und im Endzug wiederum überwindend. Die Art der Muskelanspannung ist innerhalb der einzelnen Positionsphasen auxotonisch (Kombination von isometrischer und isotonischer Muskelanspannung).
- *Bogenarmseite:* Die Arbeit der Hauptmuskelgruppen auf der Bogenarmseite (s. S. 73) ist ab der 2. Positionsphase (Anheben) hauptsächlich statisch (verharrend), die Art der Muskelanspannung in der Klickerendphase also isometrisch. Hierbei erhöht sich die Spannung in der entsprechenden Muskulatur (z.B. vorderer Sägemuskel, Trizepsmuskel) ohne Längenveränderung.

Bei der Entwicklung der Kraftausdauerfähigkeiten ist auf nachfolgende Grundforderungen zu achten (vgl. *Frey* 1994, 86; *Reiß* 1992, 18):
- *Belastungsstruktur:* Testübung, Trainingsübung und Schießablauf sind sowohl im Hinblick auf den Krafteinsatz als auch hinsichtlich der zeitlichen Struktur des Bewegungsablaufes ähnlich zu halten. Dies gilt insbesondere für Körperpositionen bzw. Gelenkwinkel (Positionsphasen), da sich bei verschiedenen Winkelstellungen differierende Kraftzunahmen in unterschiedlichen Muskelgruppen ergeben.

Beispiel: Übungen an der Zugmaschine werden – entsprechend der Klickerendphase der Zugarmseite – in eine bestimmte Gelenkwinkelstellung geführt, kurz gehalten und anschließend minimal weitergeführt (s. S. 288).
- *Hauptmuskelgruppen:* Die Auswahl sowohl allgemeiner als auch spezieller Übungen ist auf die Hautmuskelgruppen des Schießvorgangs zu richten (Agonisten und Antagonisten).
- *Zusatzlasten:* Vor allem im zweiten Teil der Vorbereitungsperiode sollten höhere Widerstände (größeres Zuggewicht, schwererer Bogen, Gewichtsmanschetten) als im Wettkampf Verwendung finden (s. S. 182 ff.).

Bedeutung der Kraft

Die Bedeutung der *allgemeinen Kraft* liegt für den Bogenschützen in der Effektivierung sowie der Perfektionierung technisch-konditioneller Fähigkeiten (vgl. *Chapman* 1998). Insbesondere dient eine optimal entwickelte allgemeine Kraft der Haltungsprophylaxe (*Thein* 1991, 36; *Lee* 2006, 143), der Vermeidung muskulärer Dysbalancen (d.h. Verletzungsprohylaxe) und der Kompensierung einseitig sportartspezifischer Belastungen (z.B. einseitige Zug- und Druckbelastungen).

Die *spezielle Kraft* findet ihre Bedeutung in einer hohen Bewegungskonstanz (Durchführung wiederholt hoher Schusszahlen auf der Grundlage einer präzisen Haltearbeit im Ankern), einem geringen Zugarmtremor in der Zielphase (Bewegungspräzision), einer verbesserten Körperkontrolle im Rahmen der Bewegungskopplung (z.B. »in Linie halten« der Schulterpartien auf der Bogen- und Zugarmseite oder Einsatz der fein koordinierteren Rautenmuskulatur in der Klickerendphase) sowie einem schnellen Kraftaufbau (der aus der Vorspannung des Bogens resultiert).

Methoden und Inhalte des Krafttrainings

Beachten Sie: Die Intensität der durchgeführten Übungen hängt sowohl im allgemeinen als auch im speziellen Krafttraining von der Maximalkraft des Schützen ab und hat sich an dieser zu orientieren. Ein entsprechender Maximalkrafttest (s. S. 316) ist daher eine notwendige Voraussetzung eines erfolgreichen Krafttrainings (vgl. *Bär* 2010).

Unter dem Aspekt der Anspannungsarten lassen sich die Methoden des Krafttrainings in *dynamisches* (auxotonisches) und *statisches* (isometrisches) Krafttraining aufgliedern.

Die Annäherung bzw. Übereinstimmung der Trainingsmethoden und -formen mit den Kraft-Zeit-Verläufen des Schießablaufs sollte im Rahmen eines spezifischen und effektiven (insbesondere) Kraftausdauertrainings Eingang finden (s. auch S. 289; *Reiß* 1992, 18). Kennzeichnend für die Hauptfunktionsphase des Bogenschießens (Klickerendphase) sind kleine Geschwindigkeiten (1 mm/s) und fein koordinierte Ausgleichsbewegungen (z.B. bei der Zielbilderfassung) bei hohen Kräften (ca. 200 N; vgl. *Göhner* 1992, 124 ff.). Folglich empfehlen sich neben dem dynamischen auch insbesondere das statische Krafttraining sowie als ergänzende Formen das Vibrationstraining und das propriozeptive Krafttraining (Abb. 254; *Ehlenz* et al. 1987, 117; *Weineck* 2010, 463 u. 467).

Beachten Sie: Bei der Anwendung verschiedener muskulärer Arbeitsweisen (dynamisch, statisch) im Training ist die muskuläre Kraftzunahme höher als bei der Anwendung von nur einer Arbeitsweise (vgl. *Weineck* 2010, 500).

Dynamisches oder auxotonisches Krafttraining

Dynamische Krafttrainingsmethoden unterteilen sich in allgemeine und spezielle Methoden.

Allgemeine Methoden

Das dynamische Krafttraining wird allgemein in ein positiv dynamisches und ein negativ dynamisches Krafttraining (bremsend, nachgebend) unterteilt (vgl. *Weineck* 2010, 421).

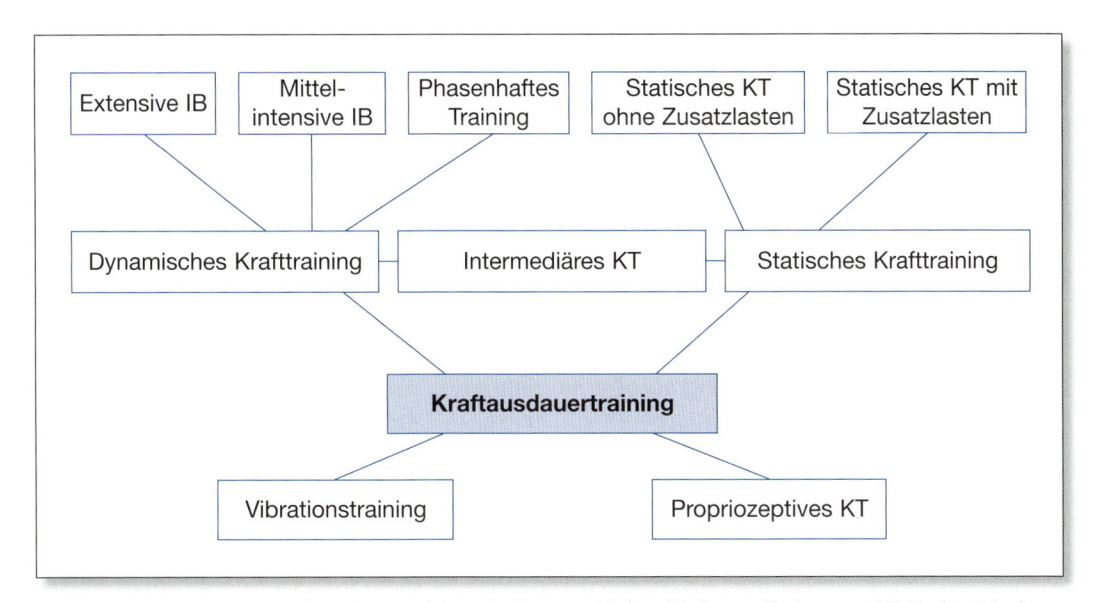

Abb. 254: Methoden des Kraftausdauertrainings im Bogenschießen (IB: Intervallbelastung, KT: Krafttraining)

Beim positiv dynamischen Krafttraining steht der überwindende Teil einer Bewegung im Vordergrund und ist damit für den Schießablauf insbesondere zum Erreichen der 3. Positionsphase (Ankern) von großer Bedeutung (vgl. Barrs 1992, 28). Diese Trainingsart findet unter anderem im gerätegestützten Krafttraining seine Anwendung.

Das dynamische Training der Kraftausdauer erfährt aus einer auf die Belastungsstruktur ausgerichteten Sichtweise eine Unterteilung in das Training mittels extensiver bzw. mittelintensiver Intervallbelastung sowie das phasenhafte Training (vgl. *Grosser* u. *Müller* 1990; aus *Stemper* u. *Wastl* 1995, 22).

Die *extensive und mittelintensive Intervallbelastung* (ohne Schießgerät) unterscheiden sich hinsichtlich Intensität und Dauer (Tab. 61). Die extensive (geringere) Intervallbelastung sollte daher am Beginn der Trainingsperiode eingesetzt werden. Entscheidendes Kriterium beider Trainingsmethoden ist die entsprechend dem individuellen Bewegungstempo des Schießablaufs angepasste Bewegungsausführung und ein nahezu pausenloses Üben. Wie Untersuchungen von *Pampus* et al. (1989, 9; in *Stemper* u. *Wastl* 1995) zeigen, führt dies zu einer hohen Stoffwechseldurchsatzrate als Grundlage der Kraftausdauerverbesserung.

Das *phasenhafte Training* wird mit dem Bogen selbst oder einem entsprechenden Hilfsmittel (z.B. Thera-Band bzw. Zusatzgewichte) durchgeführt.

Spezielle Methoden

Eine spezielle Trainingsform des dynamischen Krafttrainings ist im Bogenschießen das Intervallschießen. Neben der Entwicklung vor allem der lokalen Kraftausdauer dient es der Automatisation des Bewegungsablaufs. Tab. 62 gibt einen Überblick über die Durchführungsmodalitäten dieser speziellen Trainingsform.

Trainings-belastung	Extensive Intervallbelastung	Mittelintensive Intervallbelastung	Intensive Phase: phasenhaftes Training des schießspezifischen Bewegungsablaufs
Intensität	30–40 %	30–50 (60) %	40–70 (80) %
Dauer	30–20 Wiederholungen	25–15 Wiederholungen	20–50 Wiederholungen
Umfang	1–2 Durchgänge	2–4 Durchgänge	4–10 Sätze
Ausführung	Langsam/ ruhig	Langsam/ ruhig	Langsam/ ruhig
Pause zw. Übung	30–60 Sekunden	30–60 (120) Sekunden	1–3 Minuten
Pause zw. Serien	3 Minuten	3–5 Minuten	3–5 Minuten
Muskelmechanismen	Erhöhung *aerober* und anaerober Energiebereitstellung sowie Verbesserung der intra- und intermuskulären Koordination	Erhöhung *anaerober* und aerober Energiebereitstellung sowie Verbesserung der intra- und intermuskulären Koordination	

Tab. 61: Arten und Methoden des Kraftausdauertrainings in Abhängigkeit von der Maximalkraft des Schützen (in Anlehnung an *Grosser* u. *Müller* 1990; aus *Stemper* u. *Wastl* 1995, 24; *Musta*, in *Ruis* u. *Stevenson* 2004, 69; *Lee* 2005, 143)

> *Beachten Sie:* beim Intervallschießen gilt es, die Qualität der Ausführungen des Schießablaufs auf höchstem Niveau zu halten. Zu Beginn dieser Trainingsform kann daher ein geringeres Zuggewicht Verwendung finden.

Anwendung finden in der Praxis ferner Kombinationen von Intervallschießen mit zusätzlichen koordinativen Aufgabenstellungen (z.B. Schießen auf einem Kreisel; s. S. 354)

Statisches oder isometrisches Krafttraining

Beim statischen Krafttraining kommt es zu keiner sichtbaren Kontraktion oder Dehnung des Muskels, sondern zu einer hohen Spannungsentwicklung. Das isometrische Training in seinen verschiedenen Formen sollte im Bogenschießen daher niemals isoliert zur Verbesserung der Kraftausdauer durchgeführt werden. In Verbindung mit einem dynamischen Training ist diese Methode jedoch hochgradig effektiv, da mit einem voll aktivierten Muskel gearbeitet wird.

Tab. 63 gibt einen Überblick über allgemeine Durchführungsmodalitäten eines isometrischen Trainings. Dabei ist zu beachten, dass sich die Anspannungszeit im Lauf des Trainingsprozesses an der tatsächlichen individuellen optimalen Haltezeit beim Schießen orientieren sollte (s. S. 440).

Zur Entwicklung der Kraftausdauer eignen sich insbesondere isometrische Methoden ohne und mit Zusatzlasten sowie die »statisch-dynamische Methode« (vgl. *Cometti* 1988, 69 f; *Weineck* 2010, 452).

Allgemeines isometrisches Training ohne Zusatzlasten

Der Körper wird im allgemeinen isometrischen Training in einer bestimmten Position gehalten und eine ausgewählte Muskelgruppe über einen bestimmten Zeitraum isometrisch angespannt.

Beispiele:
- Halten der Liegestützposition (Ellbogen 90 Grad gebeugt): Kräftigung der Armstrecker
- Halten der Klimmzugposition (Armbeugewinkel 90 Grad): Kräftigung der Armbeuger

Allgemeines isometrisches Training mit Zusatzlasten

Es können die gleichen Übungen, wie oben erwähnt, durchgeführt werden. Eine Erhöhung der Belastungsintensität ergibt sich durch Zusatzlasten wie Bleiweste, Hantelscheiben (1–5 Kilogramm) oder Armbinden bzw. Gewichtsmanschetten (für Bogen- und Zugarm).

Belastungsart	Belastungsdauer	Belastungsumfang	Belastungsdichte
Kompletter Schuss	Pro 3 Pfeile ca. eine Minute	Hoch: 12–24 Pfeile (= eine Serie)	Serienpause: 5–10 Minuten

Tab. 62: Durchführungsmodalitäten des Intervallschießens

Belastungsdauer	Belastungsumfang	Belastungsdichte	Übungshäufigkeit
6–8 Sekunden	3 bzw. 6 Wiederholungen bei 6–12 Serien	1 bzw. 2 Minuten zwischen den Wiederholungen, 10–15 Minuten zwischen den Serien	Maximal 4 Serien pro Trainingseinheit

Tab. 63: Allgemeine Durchführungsmodalitäten des isometrischen Trainings (verändert nach *Ehlenz* et al. 1987, 118)

Allgemeine statisch-dynamische Methode (intermediäres Krafttraining)

> Die statisch-dynamische Methode gilt aufgrund ihrer engen Verflechtung zum Schießablauf als Methode der Wahl im Kraftausdauertraining des Bogenschützen.

Bei der statisch-dynamischen Methode wird innerhalb eines Bewegungsablaufs in einer bestimmten Winkelstellung ein isometrischer Stopp von 2–3 Sekunden eingelegt, gefolgt von einer dynamischen Weiterführung der Bewegung. Dadurch wird versucht, die Anspannungszeit des Muskels durch isometrische Einschübe zu verlängern und damit erhöhte Wachstumsreize zu setzen.

Spezielles isometrisches Training ohne Zusatzlasten

Das isometrische Training ohne Zusatzlasten findet im Bogenschießen beispielsweise in Form eines extensiven (vor allem im Anfängerbereich) bzw. eines intensiven Haltetrainings bzw. des »Positionstrainings« (vgl. *Lee* 2006, 146) statt. Das Positionstraining verfolgt das Ziel, eine korrekte – in »Linie« gebrachte – Position der Schulterblätter über ein mehrmaliges rückseitiges Ausziehen und Halten des Bogens zu erfühlen. Tab. 64 gibt eine Übersicht möglicher Inhalte und Durchführungsmodalitäten.

Spezielles isometrisches Training mit Zusatzlasten

Es können die gleichen Übungen, wie bereits erwähnt, durchgeführt werden. Eine Erhöhung der Belastungsintensität ergibt sich durch Zusatzlasten wie Bleiweste, Hantelscheiben (1–5 Kilogramm), Armbinden bzw. Gewichtsmanschetten (für Bogen- und Zugarm) und größerem Zuggewicht (vgl. *Gegg* 1999, 24).

Eine weitere Möglichkeit zur Schulung der speziellen Kraft kann durch ein wiederholt exaktes Ausziehen und Halten des Bogens mit einem zusätzlichen Gummiband erfolgen (Abb. 255).

Abb. 255: Isometrisches Training mit Zusatzlasten: Ein Thera-Band (Gummiband) wird zusätzlich an der Sehne und am Mittelstück des Bogens befestigt

Erschwerte Bedingungen sind wiederum durch Gewichtsmanschetten oder instabilen Untergrund (s. S. 290 propriozeptives Krafttraining) möglich.

Spezielle statisch-dynamische Methode (intermediäres Krafttraining)

Bei der statisch-dynamischen Methode werden im Speziellen zwei Formen unterschieden: das KSE-Training (konzentrisch-statisch-exzentrisch) und das KSK-Training (konzentrisch-statisch-konzentrisch). Beide Formen werden mit dem Schießgerät (eventuell geringeres Zuggewicht) durchgeführt.

Trainings-form	Belastungsart	Belastungs-dauer	Belastungsum-fang	Belastungs-dichte
Extensives Halte-training	Halten der 3. PP (Ankern)	6–15 Sekunden	20 Wiederholungen in 3–5 Serien	Serienpause: 2–5 Sekunden
Intensives Halte-training	Halten der 3. PP (Ankern)	30–60 Sekunden	10 Wiederholungen	Serienpause: doppelte individuelle Haltezeit
Positions-training	Positionierung der Schulterblätter zueinander	6–15 Sekunden	6–12 Wiederholungen	Serienpause: 2–5 Sekunden

Tab. 64: Durchführungsmodalitäten des extensiven und intensiven Haltetrainings sowie des Strukturtrainings (PP: Positionsphase; vgl. *Lee* 2006, 145; *Gollhofer* 2010, 5)

KSE-Training

Beim KSE-Training erfolgt ein Wechsel aus konzentrischer (überwindender) und exzentrischer (nachgebender) Arbeitsweise. Hierbei wird innerhalb des Bewegungsablaufs nach erfolgter konzentrischer Arbeitsweise in einer bestimmten Winkelstellung ein isometrischer Stopp von 2–3 Sekunden eingelegt, gefolgt von einer exzentrischen Rückführung der Bewegung. Dadurch wird versucht, auch innerhalb der Antagonisten einen erhöhten Kraftzuwachs zu erreichen. In der Trainingspraxis des Bogenschützen wird das KSE-Training als Lade- und Transfertraining realisiert (vgl. *Lee* 2005): Aus der 2. Positionsphase (PP) wird dabei in die Halteposition (3. PP) gezogen und anschließend durch das Laden und den Transfer ergänzt (s. S. 427). Diese Position sollte dann 3–5 Sekunden gehalten, anschließend jedoch nur in die 2. Positionsphase zurückgegangen werden. Es folgen etwa 6–12 Wiederholungen zu 3–6 Serien mit Pausen von 3–6 Minuten. Die Gesamtdauer beträgt zirka 30 Minuten (Tab. 65).

KSK-Training

Das KSK-Training ist im Vergleich zum KSE-Training durch eine zunehmende Annäherung an den Schießablauf gekennzeichnet, wobei der Bewegungsablauf jeweils in die Nullstellung (s. S. 367) zurückgeführt wird. Das KSK-Training kann auf zwei Arten durchgeführt werden: zum einen in Form eines exzentrischen, zum anderen in Form eines konzentrischen Bewegungsabschlusses. Grundsätzlich wird bei beiden Formen innerhalb eines Bewegungsablaufs in einer bestimmten Winkelstellung ein isometrischer Stopp von 2–3 Sekunden eingelegt, gefolgt von einer dynamischen Weiterführung der Bewegung bis zum Abschluss der 3. Positionsphase (Ankern).

Wird die Bewegung anschließend in die Ausgangsstellung (ohne zu Lösen und ohne Signal des Klickers) zurückgeführt (1. Form des KSK-Training), erfolgt abschließend eine zusätzliche exzentrische Arbeitsweise. Dadurch wird versucht, die Anspannungszeit des Muskels durch isometrische Einschübe zu verlängern und damit erhöhte Wachstumsreize zu setzen.

Eine konzentrische Weiterführung der Bewegung (als 2. Form des KSK-Trainings) erfolgt in der Schießpraxis im so genannten »verlängerten Schuss« (vgl. *Bachmann* 1996): Nach dem akustischen Signal des Klickers wird die Zugbewegung für 2–3 Sekunden unterbrochen, anschließend wird der Pfeil jedoch noch 2–3 Millimeter weitergezogen und erst dann »gelöst«.

Tab. 65 gibt eine Übersicht möglicher Inhalte und Durchführungsmodalitäten beim speziellen isometrischen Training innerhalb der statisch-dynamischen Methode.

Weitere variierende Inhalte im speziellen Kraftausdauertraining des Bogenschützen sind:
- *Halteübung der 2. Positionsphase (PP):* Bogen ohne Zugbewegung in der 2. PP halten (z.B. 5-mal à 10 Sekunden, Höhe der Bogenschulter beachten)
- *Halteübung der 3. PP:* Zuggewicht in der 3. PP halten und die Belastungszeit nach jeder Ausführung sukzessive steigern (z.B. 5 – 10 – 15 – 20 Sekunden)
- *Zuggewichterhöhung:* Schießen mit kurzfristiger Erhöhung des Zuggewichts (vgl. *Volkland* 2005)

> *Beachten Sie:* Die Übungen können in methodischer Reihung und unter Einsatz methodischer Hilfsmittel (z.B. Spiegel, Videokamera) mit geschlossenen Augen, unter Zieleinbindung sowie unter Zusatzbedingungen (z.B. Kreisel) stattfinden. Die Schießtechnik muss in jedem Fall durch den Trainer kontrolliert werden.

Vibrationstraining

Das Vibrationstraining wurde Ende der 1970er-Jahre als Muskelkrafttraining mit Vibrationsplattformen oder Vibrationshanteln bzw. -stäben entwickelt. Durch dieses Training sollen verschiedene Formen der Kraft sowie der Beweglichkeit und der koordinativen Leistungsfähigkeit verbessert werden (vgl. *Weineck* 2010, 465). Durch die schnelle, seitenalternierende Bewegung bei *Vibrationsplatten* (seitenalternierendes Vibrationstraining, z.B. »Galileo«) werden in der Muskulatur Dehnreflexe ausgelöst, die eine Kontraktion (Zusammenziehen) der Muskulatur in den Beinen bis hinauf in den Rumpf (insbesondere auch im Rücken) bewirken können.
Andererseits bewirkt ein in Schwingung gebrachter *Vibrationsstab* (bzw. Hantel oder »Flexibar«) durch seine Vibration eine reflektorische Anspannung insbesondere des Rumpfes. Dabei können sowohl die Arm- und Schultermuskulatur, die tief und medial liegenden Rückenstrecker, die gesamte Bauchmuskulatur als auch der Beckenboden gegen die auf den Körper wirkende Schwingung eingesetzt werden.
Während niedrige Frequenzen vor allem der Lockerung von Verspannungen und dem Ausgleich muskulär bedingter Dysbalancen dienen, können hohe Frequenzen zu einer Steigerung der Muskelleistung aufgrund einer verbesserten inter- und intramuskulären Koordination sowie zu einer optimierten motorischen Kontrolle (z.B. für eine erhöhte Stabilität des Schützen bei ungünstigen äußeren Bedingungen) beitragen. Tab. 66 beschreibt die Belastungskomponenten eines mehrwöchigen Vibrationstrainings beispielsweise mit einem Vibrationsstab oder -brett.
Abb. 256 und 257 zeigen beispielhaft mögliche Formen des Vibrationstrainings.

Propriozeptives Krafttraining

> Unter propriozeptivem Krafttraining versteht man einerseits ein Training, das der Kräftigung der jeweiligen Zielmuskulatur dient, andererseits die parallele Schulung des gesamten propriozeptiven Systems sowie die Optimierung der koordinativen Leistungsfähigkeit, insbesondere der Gleichgewichtsfähigkeit (vgl. *Weineck* 2010, 467).

Beim propriozeptiven Krafttraining werden Übungen auf instabilen Unterlagen bzw. einem labilen Untergrund (z.B. Wackelbrett, Therapiekreisel, Balance-Pads, Pedalo, Medizinball, Weichbodenmatte, Minitrampolin, Schwimmbrett, Gymnastikmatte, »Pezzi«- bzw. Sitzball) ausgeführt (Abb. 258).
Weitere Beispiele eines allgemeinen propriozeptiven Krafttrainings sind:
- Einbeinige halbe Kniebeugen auf dem Drehkreisel (abwechselnd rechts und links)
- Beidbeinige halbe Kniebeugen auf dem Drehkreisel

Trainings-form	Belastungsart	Belastungs-dauer	Belastungs-umfang	Belastungs-dichte
KSE-Training: Transfer- und Ladetraining	Wechsel zwischen 2. und 3. PP unter besonderer Beachtung der Lade- und Transferphase (s. S. 427)	3–5 Sekunden	6–12 Wiederholungen zu 3–6 Serien	3–6 Minuten, korrekte Ausführung der Technik beachten
KSK-Training: 1. Form	Bewusstes längeres Halten der 3. PP (Ankern) ohne zu Lösen	Reale Schießablaufzeit + 3 Sekunden	6 Wiederholungen zu 3–6 Serien	Serienpause: 3–6 Minuten, doppelte Haltezeit
KSK-Training: 2. Form (verlängerter Schuss)	Bewusstes Halten der 3. PP (Ankern) und anschließende dynamische Weiterführung von 2–3 mm nach dem Klickersignal	Reale Schießablaufzeit + 3–5 Sekunden	6 Wiederholungen zu 3–6 Serien	Serienpause: 3–6 Minuten, doppelte Haltezeit

Tab. 65: Durchführungsmodalitäten beim speziellen isometrischen Training innerhalb der statisch-dynamischen Methode (PP: Positionsphase; vgl. *Lee* 2006, 145)

Belastungs-intensität	Belastungs-dauer	Belastungs-umfang	Belastungs-dichte	Trainings-häufigkeit
Niedrige Frequenz mit 20–30 % Steigerung in jeder Folgewoche	3 Minuten pro Serie	5 Serien	Serienpause: 5–10 Sekunden	3-mal pro Woche

Tab. 66: Belastungskomponenten des Vibrationstrainings mit einem Vibrationsstab oder -brett (verändert nach *Berschin* et al. 2003, 11)

- Bauchmuskeltraining im Sitzen auf dem Drehkreisel: Beinbeuge- und Streckbewegungen
- Training der Rückenmuskulatur: Bauchstrecklage auf dem Pezziball, abwechselnd Arme bzw. Beine beugen und strecken, »Brustschwimmen« etc.
- Vierfüßlerstand auf zwei Ballkissen: Liegestützübung
- Stand auf Kreisel bzw. labiler Unterlage: verschiedene Arm-/ Beinzugübungen mit elastischen Expanderseilen
- Seilspringen auf verschiedenen Unterlagen (z.B. Weichbodenmatte, Minitrampolin)

Wie die Untersuchungen von *Knobloch* und *Martin-Schmitt* (2006, 27) verdeutlichen, kann durch ein derartiges Krafttraining nicht nur die allgemeine Koordinationsfähigkeit verbessert, sondern auch die allgemeine Kraft im Extremitäten- und Rumpfbereich gesteigert werden.

Darüber hinaus wird durch dieses Training auch die Fähigkeit zu einer erhöhten muskulären

Das propriozeptive Krafttraining eignet sich aufgrund seiner außergewöhnlichen Variier- und Steuerbarkeit hochgradig für jeden Leistungs- und Altersbereich sowie für die Prävention und die Rehabilitation von Verletzungen.

Tab. 67 und Abb. 259 zeigen beispielhaft weitere Beispiele eines allgemeinen propriozeptiven Krafttrainings im Rahmen der Ganzkörperstabilisierung mit Ball bzw. Seilen.

Abb. 258: Verschiedene Formen des propriozeptiven Krafttrainings: für die Armmuskulatur (*links*), die Bauch- und Rückenmuskulatur (*Mitte*) sowie die Bein- und Hüftstreckmuskulatur (*rechts*; vgl. *Weineck* 2010, 467)

Bezeichnung, Ziel	Bewegungsausführung	Ausgangsposition	Ausführung bzw. Variation			Beobachtung	Hinweis bzw. Variation
Y Verbesserung der Stabilität der Schultern	Gestreckt auf dem Ball liegen, Arme formen über dem Kopf ein Y					Anspannung im Rücken auf Höhe des unteren Teils des Schulterblattes	Daumen nach oben halten, oberer Teil der Bauchmuskeln in der Mitte des Balls; Zusatzgewichte
T Verbesserung der Stabilität der Schultern	Gestreckt auf dem Ball liegen, Arme formen mit dem Rumpf ein T; Ziehen der Schulterblätter in Richtung Wirbelsäule					Anspannung im oberen Rücken zwischen den Schulterblättern	Kopf in einer Linie mit der Wirbelsäule halten
W Kräftigung der Rotatorenmanschetten	Gestreckt auf dem Ball liegen, Ellbogen gegen die Rippen drücken; Daumen zur Decke drehen, Schulterblätter zusammendrücken und ein W bilden					Anspannung im Rücken zwischen den Schulterblättern	Bei Drehung der Daumen Druck im unteren Teil der Schultern spüren
L Kräftigung der Rotatorenmanschetten	Gestreckt auf dem Ball liegen, Ellbogen um 90 Grad zum Oberarm winkeln: Schulterblätter zusammendrücken; Drehung im Schultergelenk in L-Position					Anspannung im tiefen hinteren Teil der Schultern	Hände so weit wie möglich zurückdrehen

Tab. 67: Beispiele eines propriozeptiven statischen Krafttrainings mit Bällen zur Verbesserung der Körperstabilität (Fortsetzung auf der nächsten Seite)

Krafttraining

Bezeichnung, Ziel	Bewegungsausführung	Ausgangsposition	Ausführung bzw. Variation	Beobachtung	Hinweis bzw. Variation
Liegestütz Verbesserung der Kraft in Schultern, Brust und Trizeps	Bei eingezogenem Bauchnabel und gestrecktem Körper Liegestütze machen			Anspannung von Bauch- und Brustmuskeln sowie Trizeps	Bauchnabel arretieren und Körper gerade halten
Russian Twist Verbesserung der Kraft in Schultern und Hüften	Bei gestreckten Armen Schultern nach rechts und links drehen			Ziehen der Bauchmuskeln, Anspannung der Hüftmuskeln	Stets in die Ausgangsposition zurückkehren; Zusatzgewichte
Crunch Verbesserung der Kraft des Rumpfes	Bei eingezogenem Bauchnabel Oberkörper langsam aufrichten			Ziehen der Bauchmuskeln, Anspannung der Körpermitte	Oberkörper vollständig über den Ball legen; Brust und Becken in Richtung Bauchnabel rollen; Zusatzlasten
Kniebeuger Verbesserung der Stabilität der Schultern sowie Dehnung des unteren Rückens	Aus der Liegestützposition Knie zur Brust ziehen, nur die Fußspitzen berühren den Ball			Ziehen im unteren Rücken, Anspannung des Rumpfes und der Schultern	Bauchnabel eingezogen halten; Ball heranrollen und mit einem Bein zurückrollen
Kreuzstrecken liegend Entwicklung der diagonalen Rückenstabilität	Aus bauchseitiger Lage auf dem Physioball wechselseitiges Anheben von Arm und Gegenbein in die diagonal gestreckte Körperhaltung			Anspannung im unteren Rücken, Gesäß und den Schultern	Gesäßmuskeln anspannen
Wechselndes Beinheben Kräftigung des unteren Rückens und des Gesäßes	Aus bauchseitiger Lage auf dem Physioball Beine in eine gestreckte Körperhaltung anheben			Ziehen im unteren Rücken und Gesäß	Hände bleiben abgewinkelt am Boden; wechselseitiges Beinheben
Beckenheben Kräftigung des unteren Rückens und des Gesäßes	Aus rückseitiger Lage auf dem Physioball Hüften in eine gestreckte Körperhaltung anheben			Ziehen im unteren Rücken und Gesäß	Nur Kopf, Schultern und Arme berühren den Boden; Bein anheben und/oder zur Brust ziehen

Tab. 67: Fortsetzung

Ausgangsposition	Ausführung	Ausgangsposition	Ausführung
Abwechselndes Beinstrecken		**Paralleles Beingrätschen rücklings**	
 Stütz vorlings auf den Unterarmen bei angezogenen Beinen	 Wechselseitiges oder gleichzeitiges Strecken der Beine	 Stütz rücklings auf den Unterarmen bei gestreckten Beinen	 Grätschbewegung der Beine
Liegestützen		**Paralleles Beingrätschen vorlings**	
 Liegestützposition	 Liegestütze	 Stütz vorlings auf den Unterarmen bei gestreckten Beinen	 Grätschbewegung der Beine
Zugbewegung		**Beingrätschen seitlich**	
 Ganzkörperstreckung bei leicht angewinkelten Armen	 Zugbewegung nach oben bei gestreckter Körperhaltung	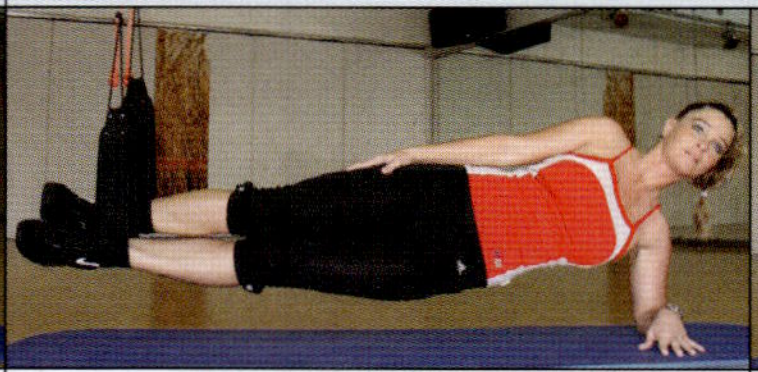 Stütz seitlich auf dem Unterarm bei gestreckten Beinen	 Gestrecktes Anheben eines Beines

Beachten Sie bei jeder Übungsausführung:
- Der Nabel sollte leicht eingezogen werden, ohne die Lordose der Lendenwirbelsäule aufzuheben (»Intensität verringern!«).
- Der Beckenboden ist leicht anzuspannen (»Genitalien ohne Bewegung einziehen!«).
- Das Zwerchfell sollte durch eine leichte Pressatmung aktiviert werden.

Abb. 259: Beispiele eines propriozeptiven Krafttrainings mit Seilen (Sling-Training)

Methodische Grundsätze für das propriozeptive Krafttraining:
- Übungen nur im »frischen Zustand« ausführen;
- Wiederholungs- und Serienzahl dem jeweiligen Alter und Trainingszustand anpassen; Abbruch der Übungen bei abnehmender Konzentration
- Schwierigkeitsgrad sowohl vom koordinativen Anspruch her als auch hinsichtlich der Kraftanforderungen progressiv steigern.
- Übungen zuerst mit offenen, dann mit geschlossenen Augen ausführen
- Kraftübungen zuerst ohne, später mit Zusatzbelastung (z.B. Gewichtsmanschette)

Durchführungs- und Organisationsformen für das Krafttraining

Die verschiedenen Trainingsmethoden werden in verschiedenen Durchführungs- und Organisationsformen zur Anwendung gebracht. In der Praxis haben sich das Stationstraining, das Pyramidentraining, die Übungsausführung mit maximaler Wiederholungszahl und das Circuit- oder Kreistraining bewährt (Abb. 260).

Stationstraining
Beim Stationstraining werden verschiedene allgemeine und spezielle Übungen mit gleichen bzw. wechselnden Belastungs- und Wiederholungszahlen durchgeführt. Man unterscheidet verschiedene Formen des Stationstrainings (vgl. *Weineck* 2010, 472):

a) *Stationstraining mit gleich bleibender Belastungs- und Wiederholungszahl:*

$$\frac{70\,\%}{12\times} + \frac{70\,\%}{12\times} + \frac{70\,\%}{12\times} \text{ etc.}$$

Allgemeines Beispiel: An verschiedenen Krafttrainingsgeräten (z.B. Zugmaschine, Butterfly, s. S. 307) werden jeweils 12 Wiederholungen mit einer Belastungsintensität von 70 % der Maximalkraft durchgeführt.

Spezielles Beispiel: An verschiedenen Schießstationen (z.B. unterschiedliche Auflagen, beweglicher Untergrund, Blindschießen) werden jeweils 12 Schuss mit dem gleichen Zuggewicht (z.B. 70 % von 40 lbs = 32 lbs) ausgeführt.

b) *Stationstraining mit veränderlicher Belastungshöhe und gleich bleibender Wiederholungszahl:*

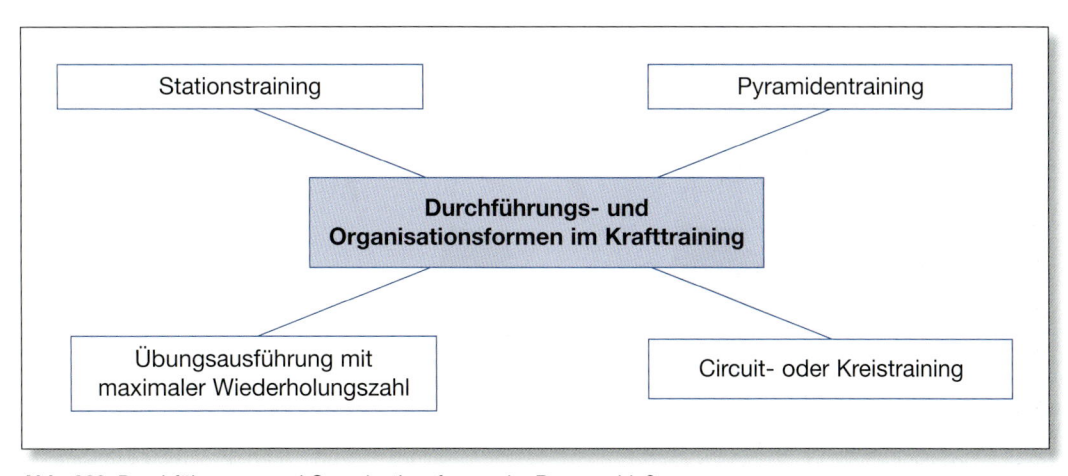

$$\frac{50\,\%}{12\times} + \frac{60\,\%}{12\times} + \frac{70\,\%}{12\times} \text{ etc.}$$

Abb. 260: Durchführungs- und Organisationsformen im Bogenschießen

Spezielles Beispiel: Der Schütze benutzt unterschiedliche Zuggewichte (z.B. durch Verwendung unterschiedlicher Wurfarmstärken), wobei jeweils 12 Schuss ausgeführt werden.

c) *Stationstraining mit gleich bleibender Belastungshöhe und veränderlicher Wiederholungszahl:*

$$\frac{80\,\%}{12\times} + \frac{80\,\%}{9\times} + \frac{80\,\%}{6\times} \text{ etc.}$$

Spezielles Beispiel: an verschiedenen Schießstationen unterschiedlicher Reizkomplexität (z.B. unterschiedliche Auflagen, beweglicher Untergrund, Blindschießen) werden je nach Schwierigkeitsgrad der Übung entweder 12, 9 oder 6 Pfeile mit dem gleichen Zuggewicht (z.B. 80% von 40 lbs = entspricht 32 lbs) geschossen (Abb. 261).

Pyramidentraining

Diese Trainingsform verdankt ihren Namen der pyramidenähnlichen Zu- bzw. Abnahme der Belastungshöhe. Das *allgemeine* Pyramidentraining orientiert sich an der Maximalkraft (100%) des Sportlers (s. S. 315) und kann sowohl dynamisch über die Intensität bzw. Wiederholungszahl als auch statisch durch die Änderung der Anspannungszeit erfolgen (Abb. 262).

Im *speziellen* Pyramidentraining kann die zunehmende Belastungshöhe dynamisch über das Bogen- oder das Zuggewicht und statisch über die Haltezeit in der 3. Positionsphase gesteuert werden (Abb. 263). Der Schütze schießt dabei beispielsweise 36 Pfeile mit 30 lbs, anschließend 12 Pfeile mit 34 lbs, 6 Pfeile mit 38 lbs und schließlich 3 Pfeile mit 42 lbs Wurfarmen, bevor das Zuggewicht wieder bis auf sein eigentliches Zuggewicht reduziert wird (Wettkampfgerät).

Tab. 68 gibt zusammenfassend eine Übersicht der Belastungskomponenten im Pyramidentraining.

Belastungsintensität	Belastungsdauer	Belastungsumfang	Belastungsdichte
60–100%	1–8 Wiederholungen	5–10 Sätze pro Übung bei 4–5 Übungen	Satzpausen: 1–2 Minuten

Tab. 68: Durchführungsmodalitäten beim Pyramidentraining

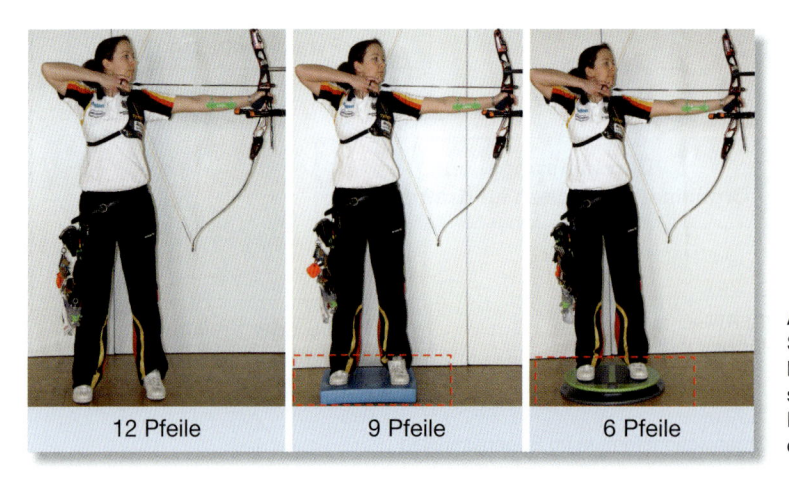

Abb. 261: Stationstraining mit gleich bleibender Belastungsintensität sowie unterschiedlicher Reizkomplexität und veränderlicher Wiederholungszahl

Beachten Sie: Im Bogenschießen muss zur Entwicklung und Verbesserung der Kraftausdauer insbesondere die Pyramidenbasis betont werden, d.h. 15 und mehr Wiederholungen bei geringer Intensität (unter 40–20 % der Maximalkraft).

Übungsausführung mit maximaler Wiederholungszahl

Bei einer geringen Belastungshöhe (etwa bis zu 50 % der individuellen Maximalkraft) stehen Veränderungen im Bereich des Muskelstoffwechsels im Vordergrund (Entleerung der Glykogenspeicher mit anschließender Superkompensation, s. S. 119) und damit eine Verbesserung der Kraftausdauer.

Beachten Sie: Bei jeder Trainingsübung ist – falls möglich – die individuelle Wiederholungszahl für eine gegebene submaximale Belastung (ca. 70 %) zu ermitteln. Als Richtwert gelten für ein Kraftausdauertraining Belastungen, die 20–25 Wiederholungen in Serie zulassen.

Als besondere Herausforderung empfehlen *Lee* und *Benner* (2009, 35) als Abschluss einer Trainingsperiode (z.B. am Ende der Vorbereitungsperiode 2) die »1000 Arrow Challenge«. Hierbei schießt der Spitzenschütze 1000 Pfeile in Folge und überprüft dabei den biomechanischen Entwicklungsstand seiner Schießtechnik.

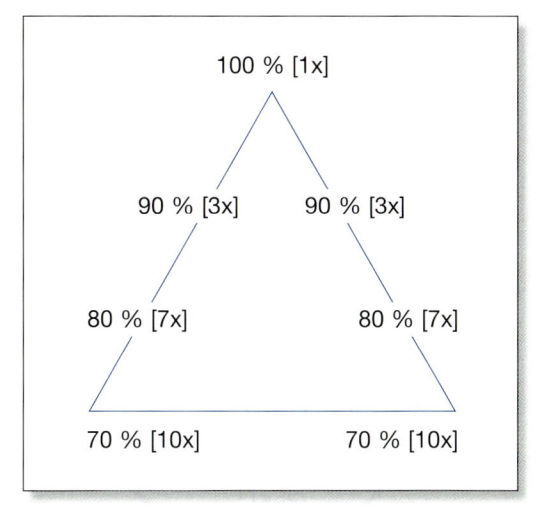

Abb. 262: Allgemeines Pyramidentraining: Mit zunehmender Belastungshöhe verringert sich die Wiederholungszahl (nach *Weineck* 2010, 473)

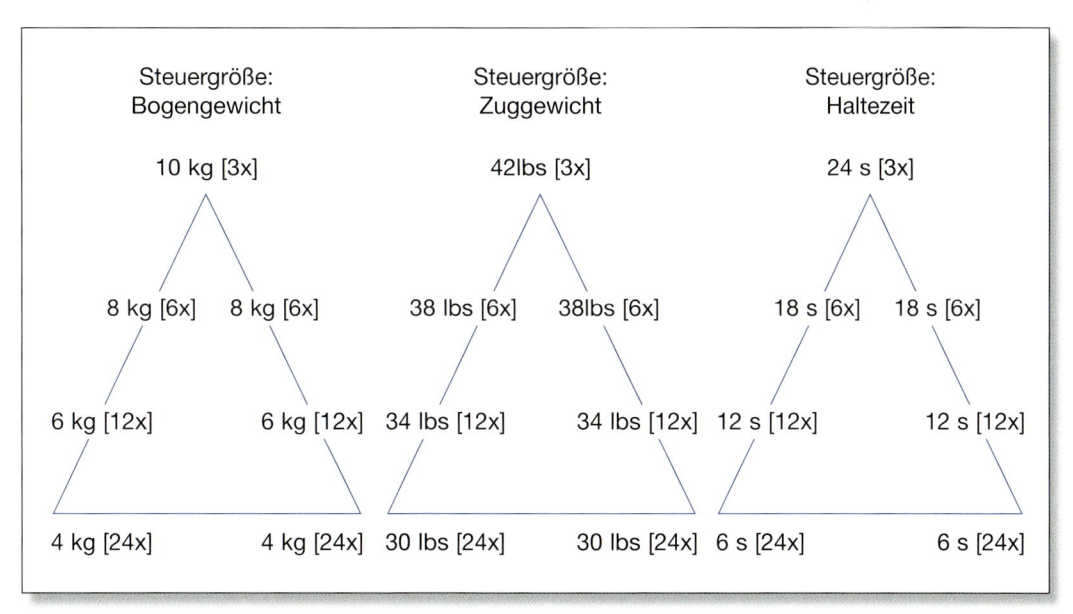

Abb. 263: Spezielles Pyramidentraining: Die zunehmende Belastungshöhe kann dynamisch sowohl über das Bogen- oder Zuggewicht als auch statisch über die Haltezeit in der 3. Positionsphase gesteuert werden

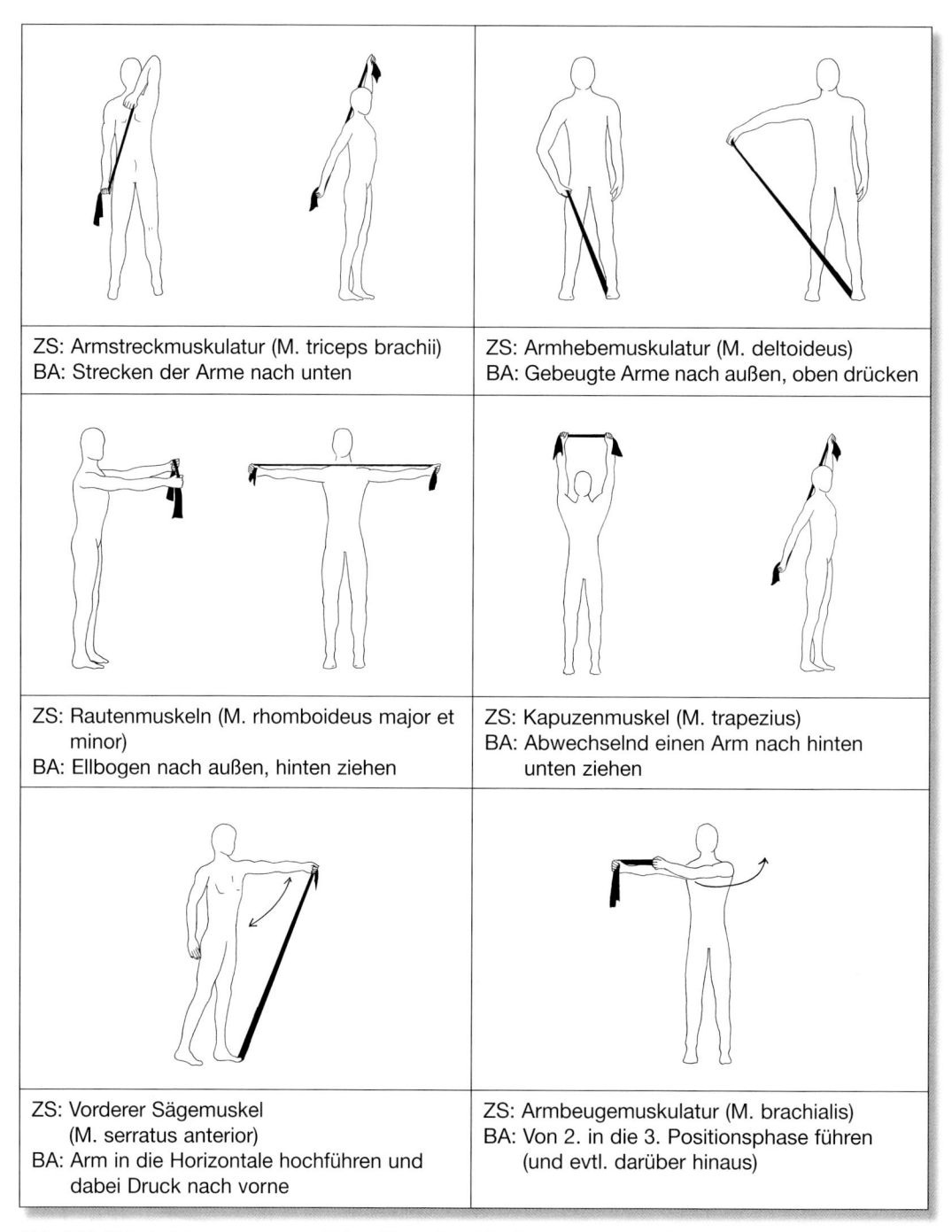

ZS: Armstreckmuskulatur (M. triceps brachii) BA: Strecken der Arme nach unten	ZS: Armhebemuskulatur (M. deltoideus) BA: Gebeugte Arme nach außen, oben drücken
ZS: Rautenmuskeln (M. rhomboideus major et minor) BA: Ellbogen nach außen, hinten ziehen	ZS: Kapuzenmuskel (M. trapezius) BA: Abwechselnd einen Arm nach hinten unten ziehen
ZS: Vorderer Sägemuskel (M. serratus anterior) BA: Arm in die Horizontale hochführen und dabei Druck nach vorne	ZS: Armbeugemuskulatur (M. brachialis) BA: Von 2. in die 3. Positionsphase führen (und evtl. darüber hinaus)

Abb. 266: Heimtrainingsprogramm mit dem Thera-Band für Bogenschützen (ZS: Zielsetzung, BA: Bewegungsausführung; vgl. *Fransen* 1998, 216)

Krafttraining

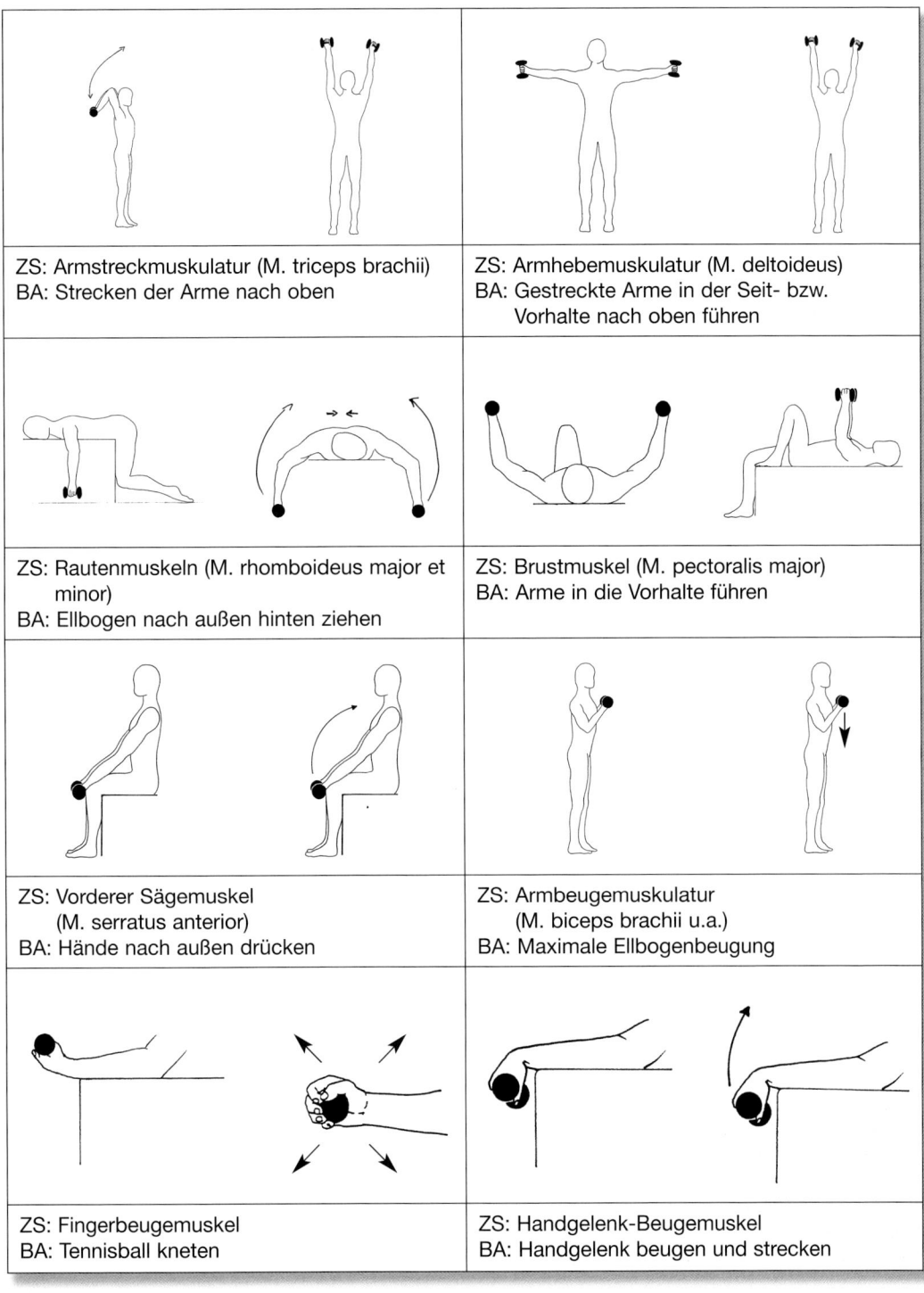

ZS: Armstreckmuskulatur (M. triceps brachii) BA: Strecken der Arme nach oben	ZS: Armhebemuskulatur (M. deltoideus) BA: Gestreckte Arme in der Seit- bzw. Vorhalte nach oben führen
ZS: Rautenmuskeln (M. rhomboideus major et minor) BA: Ellbogen nach außen hinten ziehen	ZS: Brustmuskel (M. pectoralis major) BA: Arme in die Vorhalte führen
ZS: Vorderer Sägemuskel (M. serratus anterior) BA: Hände nach außen drücken	ZS: Armbeugemuskulatur (M. biceps brachii u.a.) BA: Maximale Ellbogenbeugung
ZS: Fingerbeugemuskel BA: Tennisball kneten	ZS: Handgelenk-Beugemuskel BA: Handgelenk beugen und strecken

Abb. 267: Spezielle Kurzhantel- und Tennisballübungen für Bogenschützen (ZS: Zielsetzung, BA: Bewegungsausführung)

Ermüdung und Erholung beim dynamischen und statischen Krafttraining

Um ein optimales Krafttraining zu gewährleisten, ist die Kenntnis entsprechender Belastungs- und Erholungsparameter notwendig (vgl. *Weineck* 2010, 502).

Wie Abb. 268 zeigt, tritt bei dynamischer (auxotonischer) und statischer (isometrischer) Muskelarbeit unterschiedlich schnell eine Ermüdung mit entsprechendem Kraftabfall ein.

Die Grafik verdeutlicht, dass der Kraftabfall bei isometrischer Muskelarbeit nicht nur schneller, sondern auch wesentlich ausgeprägter ist als bei auxotonischer Muskelarbeit.

In der Erholungsphase ergeben sich ebenfalls unterschiedliche Kurvenverläufe für isometrische und auxotonische Muskelarbeit (Abb. 269). Dabei laufen die Erholungsvorgänge bei dynamischer Arbeit erheblich schneller ab als bei statischer. Als Orientierung für die Wiederherstellung können die Richtzeiten in Tab. 69 gelten.

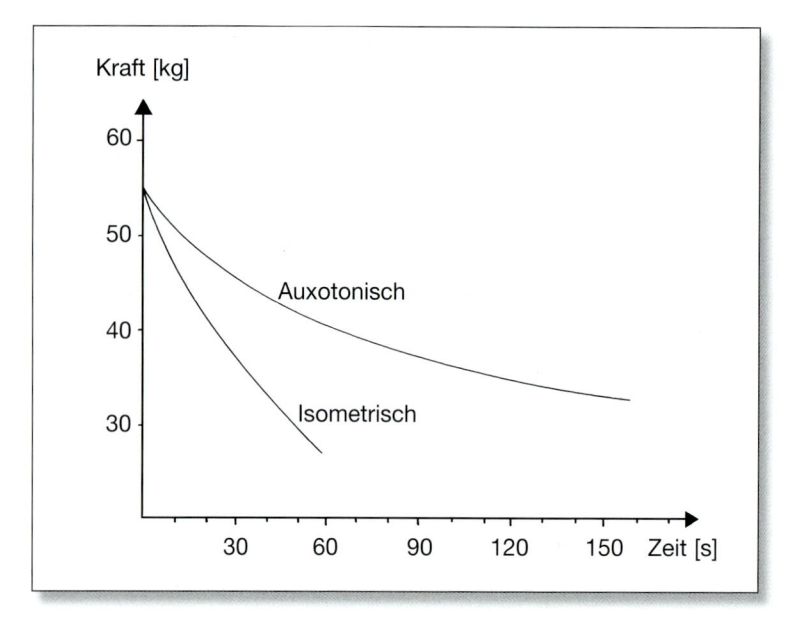

Abb. 268: Ermüdungskurven bei dynamischer und statischer Arbeit (vgl. *Weineck* 2010, 502)

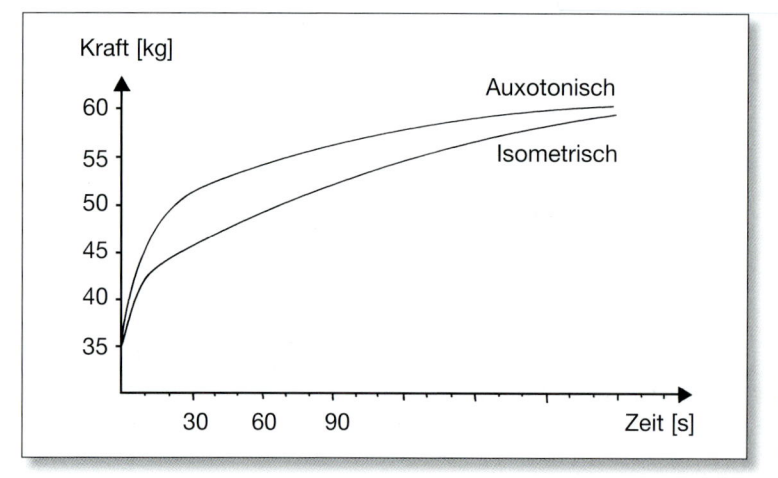

Abb. 269: Erholungskurven bei dynamischer und statischer Arbeit (vgl. *Weineck* 2010, 503)

Inhalte des Krafttrainings

Beachten Sie: Alle Trainingsübungen sind nach Zielsetzung und individuellem Leistungsvermögen auszuwählen.

Tab. 70 zeigt zusammenfassend neben einem speziellen Rumpfprogramm (s. auch S. 310) muskelspezifische Trainingsinhalte im Sinne eines Heimtrainingsprogramms für Bogenschützen.

Neben den oben erwähnten Trainingsinhalten zeigt Abb. 270 eine Auswahl von Trainingsinhalten eines gerätegestützten Krafttrainings. Diese Übungen können sowohl statisch als auch dynamisch sowie kombiniert durchgeführt werden.

Leistungsstufe	Regenerationszeit zwischen den Sätzen	Regenerationszeit zwischen den Trainingseinheiten
Anfänger	2-5 Minuten	12–18 Stunden
Leistungs- bzw. Hochleistungssportler	1–2 Minuten	3–6 Stunden

Tab. 69: Regenerationszeiten beim Krafttraining in verschiedenen Leistungsstufen (nach *Ehlenz* et al. 1983, 44)

Muskelgruppe	Muskelbezeichnung	Bogenschießspezifische Hauptfunktion	Trainingsinhalte
Bauchmuskulatur	Gerader Bauchmuskel	Stabile und aufrechte Körperhaltung	s. S. 308
	Äußerer und innerer schräger Bauchmuskel synergistisch jeweils mit der Gegenseite	Kippbewegung des Oberkörpers bei Entfernungswechseln	s. S. 308
Muskulatur des Schultergürtels	Kapuzenmuskel	• Positionierung der Bogenschulter • Großräumige Zugbewegung, Vollauszug • Positionierung der Bogenschulter	Hantelübungen (z.B. im Grätschstand mit vorgebeugtem und gestrecktem Oberkörper): Heben der Arme in Seithalte bis zur Horizontalen
	Großer und kleiner Rautenmuskel	• Kleinräumige Zugbewegung in der Klickerendphase	Hantelübungen (z.B. in der Bauchlage – auf einer Erhöhung liegend – Beugen der Arme durch Hochziehen der Ellbogen)
	Vorderer Sägemuskel	• Schiebt den Bogenarm in Richtung Scheibe	vgl. Kapuzenmuskel
Muskulatur des Schultergelenks	Deltamuskel	• Rotationsbewegung des Zugarmes • Anheben und Halten des Zugarmes • Anheben und Halten des Zug- und Bogenarmes • Anheben und Halten des Zugarmes	Hantelübungen (z.B. Seitheben bis zur Horizontalen)
	Obergrätenmuskel	• Zentrierung des Bogenarmes im Schultergelenk • Unterstützt die Zugbewegung	s. Deltamuskel

Tab. 70: Bogenschießspezifisches Muskelkorrelat (Hauptmuskelgruppen, Funktion, Muskelarbeit und Trainingsinhalte des Krafttrainings; vgl. *Zipp* 1979, 378; *Giodispotti* 1980, *Park* 2008; Fortsetzung auf der nächsten Seite)

Muskel-gruppe	Muskel-bezeichnung	Bogenschießspezifische Hauptfunktion	Trainingsinhalte
Muskulatur des Schultergelenks	Untergrätenmuskel	• Zentrierung des Bogenarmes im Schultergelenk • Dreht und fixiert den Ellbogen des Bogenarmes nach innen • Unterstützt die Zugbewegung	Hantelübungen (z.B. in der Seitlage mit angelegtem [< 90°] Arm): Heben des Unterarmes
	Unterschulterblattmuskel	• Zentrierung des Bogenarmes im Schultergelenk	Druckerhöhungen gegen festen Widerstand
	Breiter Rückenmuskel	• Unterstützt die Drehbewegung im Ellbogen des Bogenarmes • Unterstützt die Zugbewegung	Alle Formen von Zugbewegungen
	Großer Rundmuskel	• Dreht den Zugarmellbogen aus der Linie • Zentrierung des Bogenarmes im Schultergelenk	Druckerhöhungen gegen festen Widerstand
Muskulatur des Ellbogengelenks	Zweiköpfiger Armmuskel	• Heranführen der Hand an das Kinn (Ankern) • Halten der Ankerposition • Bei unökonomischer Technik (!): Zugbewegung	Bewegungsablauf mit dem Thera-Band bzw. Schießtraining
	Dreiköpfiger Armmuskel	• Streckung und Fixierung des Bogenarmes	Liegestütz, Barrenstütz, Bankdrücken
	Oberarmspeichenmuskel	• Beugung des Zugarmes	Liegestütz, Barrenstütz
Muskeln des Handgelenks	Ulnarer Handgelenkbeuger	• Anstellen der Bogenhand bei *tiefem* Griff	Tennisball kneten, Hantelübungen (z.B. Unterarm auflegen, Handgelenk frei: Hanteln nach oben und unten drehen), Abschussübungen
	Ulnarer sowie langer und kurzer radialer Handgelenkstrecker	• Anstellen der Bogenhand bei *hohem* Griff	s. ulnarer Handgelenkbeuger
Muskeln der Hand	Oberflächlicher und tiefer Fingerbeuger	• Halten der Sehne im tiefen Haken • Lösen der Sehne bei Entspannung	Finger vor der Brust verhaken und auseinander ziehen

Tab. 70: Fortsetzung

Exkurs: Notwendigkeit eines Ergänzungs- bzw. Crosstrainings

Die Wichtigkeit eines ergänzenden Krafttrainings wird nachfolgend am Beispiel des Trainings der Rumpfmuskulatur verdeutlicht.

Von Crosstraining spricht man im Bogenschießen, wenn zusätzliche Trainingsinhalte (z.B. auch in Form von Ausgleichssportarten) als Ergänzung bzw. als Ausgleich hinzugenommen werden, um einseitige, defizitäre Entwicklungen bzw. muskuläre Dysbalancen vorzubeugen (vgl. auch Moran u. McGlynn 1997, 4; Weineck 2010, 538).

Crosstraining ist im Bogenschießen insofern von Bedeutung, weil aufgrund hoher Belastungen im Kraftausdauerbereich (Zug- und Druckarbeit während des Schießens) bzw. einer entsprechenden Seitigkeit (Stand) muskuläre Dysbalancen auftreten können.

Neben einem Training durch beidseitig beanspruchende Ausgleichssportarten, wie Laufen, Schwimmen, Radfahren, Skilanglaufen, Rudern (vgl. *Lee* 2006, 146), spielen zur Ausbalancierung des Rumpfes bzw. zur Aufrechterhaltung des Gleichgewichts insbesondere die verschiedenen Bauch- und Rückenmuskeln eine entscheidende Rolle.

Zu den lokalen Stabilisatoren der Lendenwirbelsäule zählen insbesondere der M. transversus abdominis, die spinalen Muskeln, Mm. multifidi und Mm. rotatores, dazu das Zwerch-

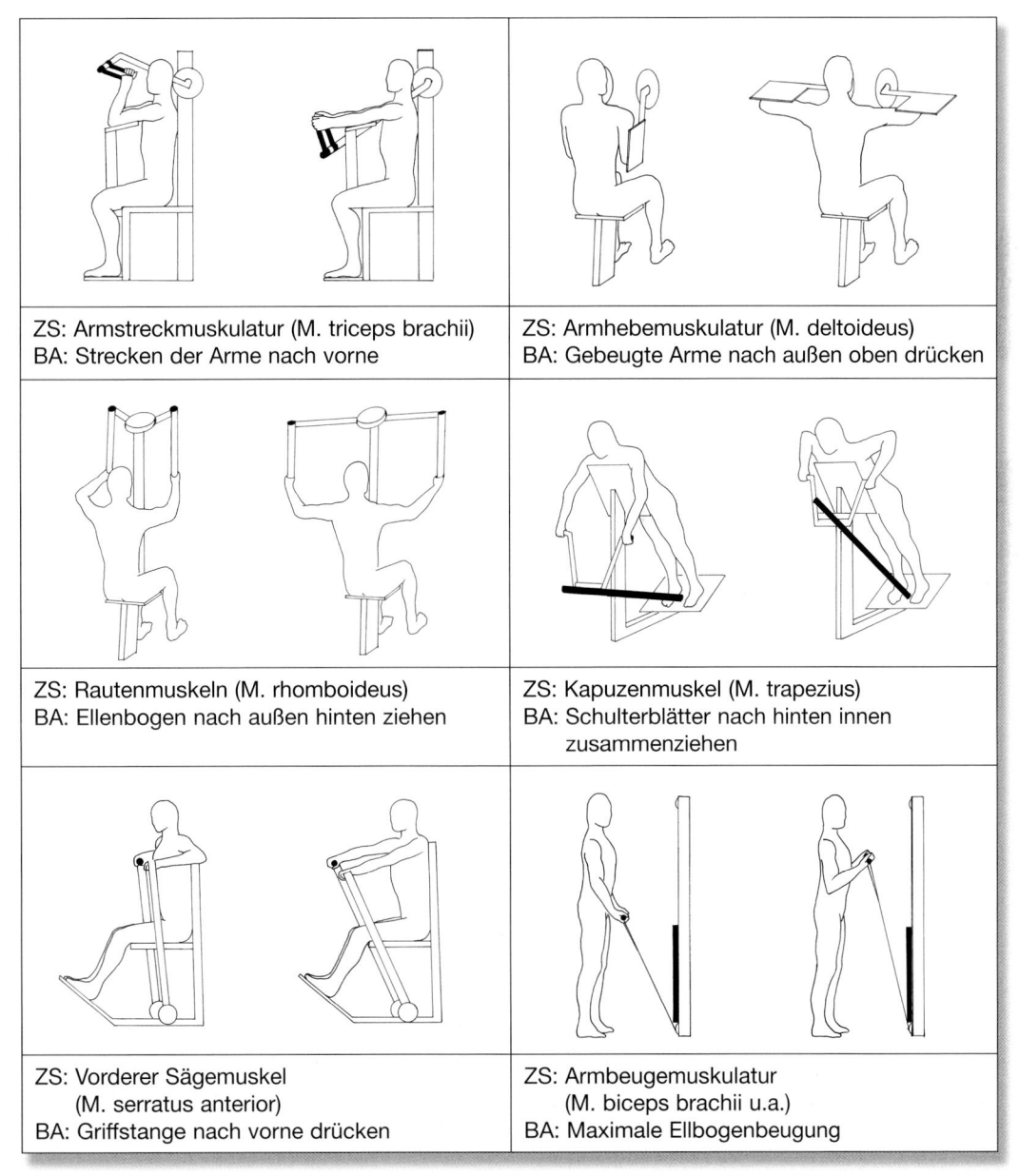

ZS: Armstreckmuskulatur (M. triceps brachii) BA: Strecken der Arme nach vorne	ZS: Armhebemuskulatur (M. deltoideus) BA: Gebeugte Arme nach außen oben drücken
ZS: Rautenmuskeln (M. rhomboideus) BA: Ellenbogen nach außen hinten ziehen	ZS: Kapuzenmuskel (M. trapezius) BA: Schulterblätter nach hinten innen zusammenziehen
ZS: Vorderer Sägemuskel (M. serratus anterior) BA: Griffstange nach vorne drücken	ZS: Armbeugemuskulatur (M. biceps brachii u.a.) BA: Maximale Ellbogenbeugung

Abb. 270: Gerätegestütztes Kraft-Basisprogramm für Bogenschützen (ZS: Zielsetzung, BA: Bewegungsausführung; vgl. *Stemper* u. *Wastl* 1995, 51–78)

fell und der Beckenboden (vgl. *Meier* 2005, 35). Der M. multifidus (gesamtes spinales System) übernimmt dabei für die Stabilität des Standes fast zwei Drittel der Arbeit (vgl. *Wilke* et al. 1995).

Übungen zur Kräftigung der Bauchmuskulatur
Das besondere Problem bei der Schulung der Bauchmuskulatur besteht darin, dass die Hüftbeugemuskeln mit starker Verkürzungstendenz oft mehr belastet und verkürzt werden als die eigentliche Zielgruppe.
Abb. 271 gibt eine Übersicht über die verschiedenen Möglichkeiten der Bauchmuskelschulung.

Übungen zur Kräftigung der Rückenstrecker
Das ständige Ausbalancieren des Rumpfes (z.B. während des Zielvorgangs) ist nur durch das komplexe Zusammenspiel aller Rumpf- und Beckenmuskeln möglich (vgl. *Lee* 2005, 143). Synergistisch zur Bauchmuskulatur muss daher die Muskulatur des Rückens wirken. Abb. 272 und 273 zeigen einfache Möglichkeiten zur Kräftigung der Rückenstrecker. Durch die Auflage des Rumpfes auf dem Kasten in Abb. 272 kommt es zu einer Entlastung des lumbalen Rückenstreckers, also dem Teil der Rückenmuskulatur, der bei Sportlern häufig zur Verkürzung und damit zur Hohlkreuzbildung tendiert (vgl. *Weineck* 2010, 550). Neben der

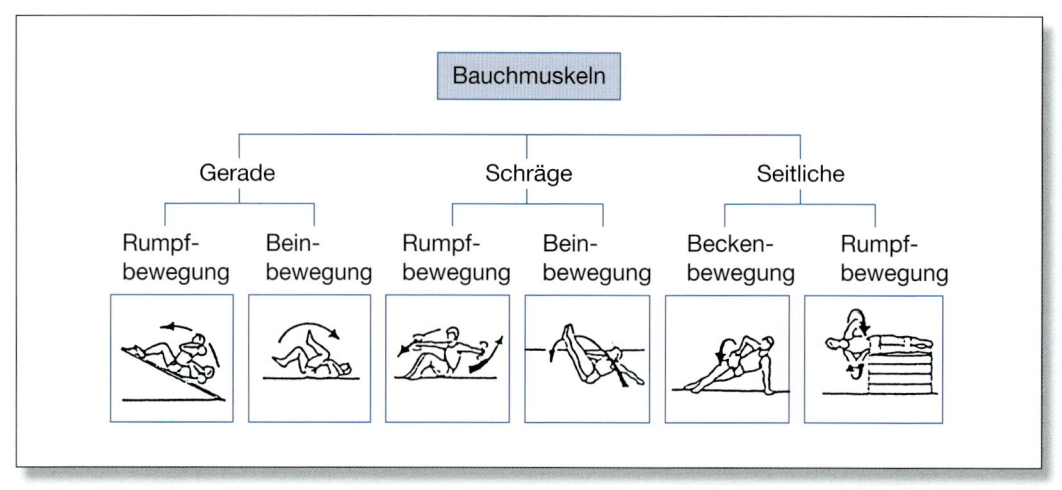

Abb. 271: Übersicht über die verschiedenen Möglichkeiten einer umfassenden Bauchmuskulaturkräftigung (vgl. *Weineck* 2010, 550)

Abb. 272: Oberkörper- und Schulterheben rückwärts am Kasten (vgl. *Weineck* 2010, 551)

Abb. 273: Rumpfstrecken im Kniestand (vgl. *Weineck* 2010, 551)

Krafttraining

tiefen Rückenstreckmuskulatur werden gleichzeitig der für den Schießvorgang wesentliche oberflächliche Kapuzenmuskel (M. trapezius) und die verschiedenen dorsalen Schulterblattmuskeln mittrainiert.

Eine einfache, aber sehr effektive Übung zur Kräftigung der Rückenstreckmuskulatur ist auch die Trainingsform »Rumpfstrecker im Kniestand« (Abb. 273). Bei dieser Übungen werden der Kapuzenmuskel (M. trapezius) und der große Gesäßmuskel (M. glutaeus maximus) mittrainiert.

Beachten Sie: Die Rumpfstreckung soll nicht zu einer Überstreckung der Hüfte mit Hohlkreuzbildung führen. Die Übung dient der Kraftausdauer; das Ausführungstempo sollte langsam erfolgen, und die Wiederholungszahl sollte bei 16–25 liegen (vgl. *Weineck* 2010, 551).

Als komplexe Ganzkörperübungen – sie involvieren die gesamte Rumpfmuskulatur sowie die Bauch- und Rückenmuskulatur – haben sich einfache statische Übungen als besonders effektiv erwiesen, da sie im Rahmen eines jeden Trainings problemlos nebenbei (z.B. im Anschluss an das Schießtraining) eingebaut werden können (Abb. 274).

Tab. 71 zeigt ferner ein Basisprogramm zur Kräftigung und Stabilisierung von Schulter-, Rumpf- und Gesäßmuskulatur.

Abb. 274:
Isometrische Übungen zur Ganzkörperstabilisierung:
a) Stütz auf den Unterarmen und den Füßen (oder Knien);
b) desgleichen, aber erschwert (für Fortgeschrittene) mit wechselweisem Anheben des linken bzw. rechten Beines; c) Seitliegestütz mit Stütz auf dem Unterarm (oder der Hand);
d) desgleichen, aber erschwert (für Fortgeschrittene) mit Abheben des oberen Beines (beachte: Seitenwechsel!); e) Unterarmliegestütz rücklings mit Stütz auf Unterarmen und Fersen;
f) desgleichen, aber erleichtert (für Anfänger) mit angebeugten Beinen; g) desgleichen, aber bei nur einem angebeugten Bein, wobei beide Hände gegen das Knie des gebeugten Beines drücken; h) desgleichen, aber erschwert (für Fortgeschrittene) mit wechselseitigem Abheben des gestreckten Beines (vgl. *Weineck* 2010, 553)

Bezeichnung, Ziel	Bewegungsausführung	Ausgangsposition	Ausführung bzw. Variation	Beobachtung	Hinweis bzw. Variation
Hüftrollen Aufbau von Mobilität und Kraft im Rumpf durch Trennung von Hüften und Schultern	Drehen der abgewinkelten Beine bis knapp über den Boden			Streckung und Anspannung der Rumpfmuskeln	Mit ausgestreckten Beinen ausführen
Skorpion Dehnung und Stärkung der Rumpfmuskeln sowie Dehnung von Brust-, Hüft- und Bauchmuskeln	Strecken der linken Ferse zur rechten Hand, indem die linke Hüfte gedreht und die rechte fest am Boden gehalten wird			Ziehen in der Brust, Oberschenkel- und Beugemuskeln der Hüften	Beidseitige Ausführung
Handlauf Aufbau von Kraft in den Schultern und im Rumpf zur Dehnung der Oberschenkelrückseite sowie der Waden und des unteren Rückens	Bei gestreckten Beinen auf den Händen nach vorne gehen, anschließend folgen die Beine			Ziehen in den Achillessehnen sowie im unteren Rücken	Bauchnabel einziehen
Standwaage Verbesserung der Körperstabilität sowie Stärkung der Rumpfmuskulatur	Beugung in der Hüfte unter Beibehaltung einer perfekten Haltung			Ziehen in der Wade	Gerade Linie von Kopf bis Fuß
Beckenheben Verbesserung Gesäßmuskulatur	Bei eingezogenem Bauchnabel und 90 Grad abgewinkelten Beinen Hüften rücklings anheben, während Schultern, Arme, Hände und Ferse auf dem Boden bleiben			Anspannung im Gesäßbereich; nicht (!) im Rücken	Gesäßmuskulatur angespannt halten; Knie zur Brust ziehen; eventuell Ball zwischen die Knie einklemmen
Säulenbrücke nach vorne Verbesserung der Körperstabilität	Brückenhaltung auf den 90 Grad abgewinkelten Unterarmen und Zehen			Anspannung in den Schultern	Arm und/oder Bein heben
Säulenbrücke in Seitlage Verbesserung der Körperstabilität	Brückenbildung auf dem 90 Grad abgewinkelten Unterarm und einer Außenkante des Fußes			Anspannung in Rumpf, Hüften, Schultern und Bauch	Bein heben bzw. anziehen und halten

Tab. 71: Basisprogramm zur Kräftigung und Stabilisierung von Schulter-, Rumpf- und Gesäßmuskulatur

Krafttraining im Kindes- und Jugendalter

Viele Kinder und Jugendliche erreichen ihre potenzielle Leistungsfähigkeit im Sport deshalb nicht, weil die während der Wachstumsvorgänge für den Haltungs- und Bewegungsapparat gesetzten Entwicklungsreize unzureichend bzw. zu einseitig waren (vgl. *Weineck* 2010, 584).

> Von besonderer Bedeutung für den wachsenden Organismus ist die Durchführung eines dynamischen Trainings, das verkürzende *und* dehnende Reize auf die Muskulatur ausübt.

Frühes Schulkindalter (6–10 Jahre)

Da sich jüngere Kinder meist nur für kurze Zeit auf eine Aufgabe konzentrieren können, hat sich im frühen Schulkindalter das Zirkeltraining mit kindgemäßer Übungsauswahl als besonders günstig erwiesen: Es kommt dem Bedürfnis der Kinder nach kurzfristigen Einzelleistungen entgegen und garantiert eine gute Allgemeinbildung des Muskelapparats (vgl. *Weineck* 2010, 592).

Gute allgemein bildende Trainingsmittel sind insbesondere Hindernisturnen, Übungen an der Sprossenwand, mit dem Tau, Übungen am kleinen Kasten, Stangenklettern und Tauziehen in verschiedenen Variationen, Kampfspiele wie Zieh- und Schiebekämpfe, Raufballspiele (Abb. 275–281), Hangelspiele am Reck oder Barren, Liegestützspiele (s. Abb. 280) sowie Klimmzugübungen in verschiedenen Variationen (vgl. *Weineck* 2007, 592).

> *Beachten Sie:* Der Kräftigung der Bauch- und Rückenmuskeln ist in dieser Altersstufe aufgrund ihrer hervorragenden Trainierbarkeit besondere Beachtung zu schenken; bei gleichem Training erzielen Kinder im Vergleich zu Jugendlichen hoch signifikante Leistungszuwächse (vgl. *Gleeson* 1986, 23; in *Weineck* 2010, 594).

Bei den in Abb. 276 gezeigten Schwungübungen kommt es nicht nur zu einer exzellenten Kräftigung der Rumpf-, sondern auch der Schulter- und Armmuskulatur. Die Stützkraft kann spielintegriert, im so genannten »Krebsfußball« (Abb. 279), aber auch gezielt durch spezielle freudbetonte Übungen an verschiedenen Geräten verbessert werden (Abb. 280 und 281). Abb. 280 zeigt eine Reihe von Übungen an der Langbank, die hervorragend zur Verbesserung der Stützkraft geeignet sind (vgl. *Weineck* 2010, 596 f.).

Abb. 275: Übungen an der Sprossenwand: 1: Aufrollen am schräg eingestellten Kastendeckel, 2: »Scheibenwischer«, 3: Hin- und Herheben der Beine über kleine Kästen, jeweils mit kurzfristigem »Entspannungs-Bodenkontakt«, 4: Aufrollen – Drehen nach einer Seite – Abrollen (Bodenkontakt zur Entspannung) – Aufrollen – Drehen zur anderen Seite (vgl. *Weineck* 2010, 593)

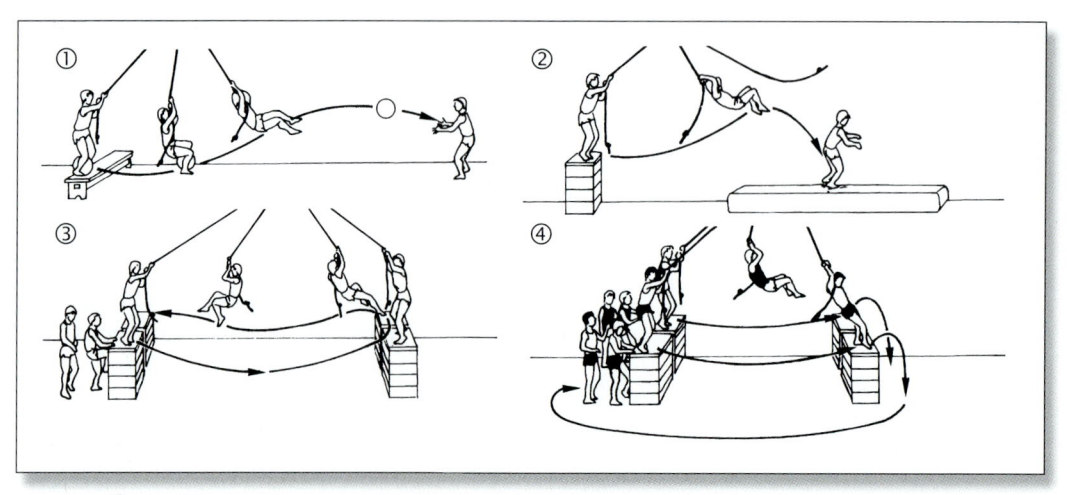

Abb. 276: Übungen mit dem Tau: 1: Vorhochschwingen des Balles zum Partner, 2: Abschwingen vom hohen Kasten auf Weichboden (Tartan); 3: Umkehrstaffel mit Tau; die Kinder schwingen hin und her und übergeben das Tau an das jeweils nachfolgende; 4: Umkehrstaffel mit Tau; nach dem Schwingen zur anderen Seite, zurücklaufen und das nächste Gruppenmitglied »abschlagen« zum Start (verändert nach *Medler* 1990, 19; in *Weineck* 2010, 594)

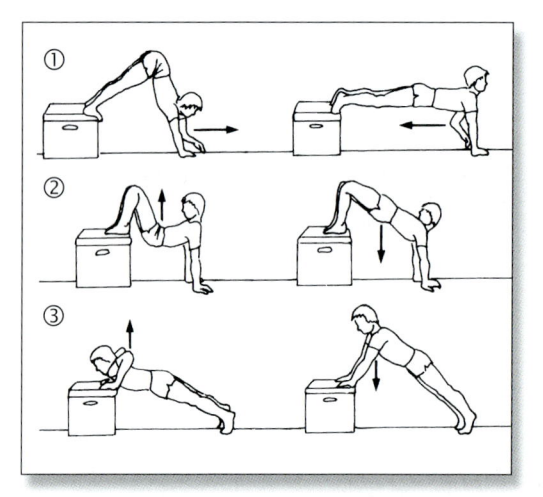

Abb. 277: Übungen am kleinen Kasten zur Verbesserung der Stütz- und Rumpfkraft: 1: Liegestützlaufen vor und zurück, 2: Hüfte heben und senken im Liegestütz rücklings, 3: Schrägliegestütz (vgl. *Weineck* 2010, 594)

Zur Verbesserung der Stützkraft kommen weiterhin folgende Übungen infrage:
Wechselwalze (Abb. 281a)
- Schiebe- und Ziehwettkämpfe im Liegestütz
- Luftballon hochhalten im Liegestütz, Luftballon im Liegestütz vorwärts treiben

- »Mühle« (Abb. 281b): Wer schafft bei der Mühle am schnellsten eine »Radumdrehung«? Die »Mühle« kann auch als Verfolgungsrennen im Einzel oder Mannschaftskampf durchgeführt werden.

Spätes Schulkindalter (10–12 Jahre)

Im späten Schulkindalter (es endet mit dem Eintritt der Pubertät, also bei den Mädchen mit 11/12 Jahren, bei den Jungen etwa mit 12/13 Jahren) erfährt die allgemeine und vielseitige Kräftigung der wichtigen Muskelgruppen durch Übungen, die das Überwinden des eigenen Körpergewichts beinhalten, bzw. durch die Hinzunahme geringer Zusatzlasten (z.B. Medizinbälle, Sandsäcke) eine weitere Steigerung (vgl. *Weineck* 2010, 598).

Als Trainingsinhalte kommen zu den bereits genannten folgende hinzu: Übungen zur gezielten Kräftigung der Bauch- und Rückenmuskulatur (z.B. als Partnerübungen), Übungen zur Verbesserung der Armstützkraft wie Schubkarrenfahren, Zappelhandstand, im Liegestütz abwechselnd einen Ball dribbeln, einen Luftballon hochhalten etc.

Krafttraining

Abb. 278: Spielformen zur allgemeinen Konditionierung mithilfe von Schiebe- und Ziehwettkämpfen sowie verschiedenen Raufspielen: 1: «Armdrücken», 2: Kampf um den Medizinball, 3: Fußschiebekampf, 4: Umstoßen, 5: Ziehen über den Strich, 6: Tauziehen im Viereck, 7: Schiebekampf nach Rugbyart, 8: »Hinaus aus dem Kreis« (vgl. *Weineck* 2010, 595)

Abb. 279: Krebsfußball: Es darf nur im »Vierfüßlergang« rücklings gelaufen werden. Das Tor kann die gesamte Stirnwand, aber auch eine Weichbodenmatte sein (vgl. *Weineck* 2010, 596)

Krafttraining im Jugendalter

> Der Eintritt in die Pubertät bedeutet das Ende des Kindesalters und den Beginn des Jugendalters (vgl. *Weineck* 2010, 601).

Neben der allgemeinen Kraftschulung – sie beinhaltet vor allem das Zirkeltraining (jetzt altersadaptiert, bereits erwachsenenorientiert, s. S. 300), verschiedene Zieh- und Schiebewettkämpfe (s. Abb. 278) sowie gymnastische Übungen ohne und mit Gerät (z.B. Bälle, Medizinbälle, Seile) – sollte in dieser Altersstufe auch zur Entwicklung der speziellen Kraft mit bogenschießspezifischen technisch konditionellen Übungsverbindungen übergegangen werden (s. S. 289; vgl. *Weineck* 2010, 604).

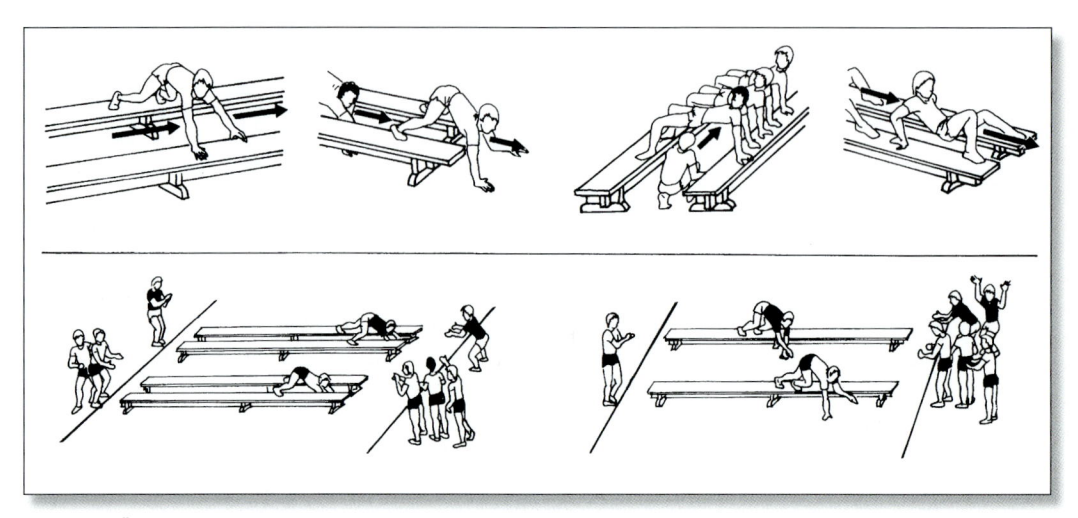

Abb. 280: Übungen und Spielformen zur Verbesserung der Armstreck-, Schulter- und Rumpfkraft (verändert nach *Medler* 1990, 48/49; in *Weineck* 2010, 596)

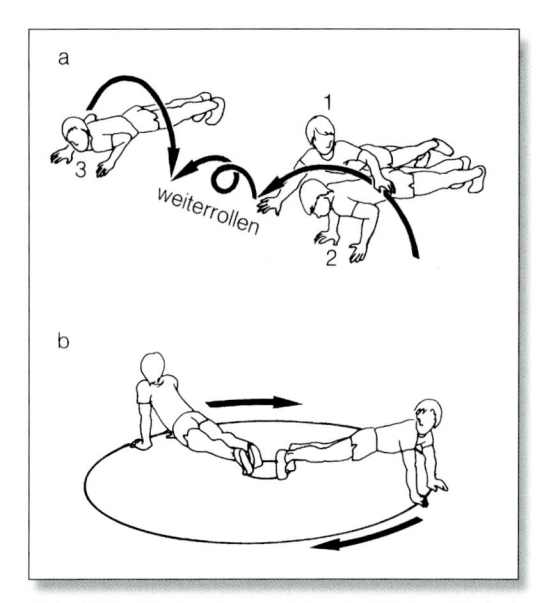

Abb. 281: »Wechselwalze« (a) und »Mühle« (b); (vgl. *Weineck* 2010, 597)

Methodische Grundsätze

- Oberster Grundsatz beim Krafttraining mit Kindern und Jugendlichen ist die risikolose, aber umfassende Ausbildung der körperlichen Leistungsfähigkeit.
- Die Kraftschulung im Kindes- und Jugendalter sollte der harmonischen Allgemeinausbildung dienen. Sie sollte der jeweiligen Altersstufe entsprechen und vielseitig, abwechslungsreich und freudbetont gestaltet werden.
- Das Krafttraining im Kindesalter erfolgt fast ausschließlich über Spielformen oder spielimmanente Übungsformen und stets im Zusammenhang mit der koordinativen Schulung (vgl. *Weineck* 2010, 607).

Bedeutung von Krafttests im Bogenschießen

Bei der Durchführung eines gerätegestützten Krafttrainings ist insbesondere auf die richtige, individuell abgestimmte Übungsauswahl und -zeit unter entsprechender Anleitung und funktioneller Anpassung der Geräte zu achtem (vgl. *Löchelt* 2006, 45).

Eine exakte Erfassung der verschiedenen Kraftparameter erlaubt neben genauen Aussagen über eventuelle Detailschwächen (z.B. muskuläre Dysbalancen des Trapezmuskels auf der Bogen- und Zugarmseite) im Sinne der Verletzungsprophylaxe auch eine präzise Erfassung der Kraftentwicklung im Lauf des Trainingsprozesses. Trainingsmethodische Fehler lassen

sich damit frühzeitig erkennen und korrigieren (vgl. *Weineck* 2010, 505ff.).
Wie die Untersuchungsergebnisse von *Bär* (1996) deutlich machen (Tab. 72), kann beispielsweise eine unterschiedliche Entwicklung der Armzugkraft gegenüber der Armdruckkraft in der Klickerphase zu ungleichmäßigen Zug-Druck-Verhältnissen führen. Dadurch kann es langfristig zu Instabilitäten in der Bogenschulter kommen. Abb. 282 zeigt, dass Instabilitäten in der Bogenschulter häufig mit einem biomechanisch ungünstigen Schießdreieck (s. auch S. 209) einhergehen. Eine Vorwärtsbewegung des Zugarmellbogens muss durch eine erhöhte Bizepsaktivität ausgeglichen werden. Der Schütze kommt aus der »Linie«, und der Schuss wird unökonomisch.

Bestimmung der Kraftausdauer

Möglichkeiten im Bereich der Kraftausdauer sind das Messen der maximal möglichen Wiederholungszahl bei dynamischer Muskelarbeit (z.B. allgemein innerhalb eines Kraftausdauerzirkels, speziell durch maximale Wiederholungszahlen beim Ausziehen des Bogens) bzw. der maximalen Haltezeit bei statischer Muskelarbeit (z.B. allgemein über das Halten in einer bestimmten Gelenkwinkelstellung bzw. speziell den Bogen bei vollem Auszug maximal lang halten unter Berücksichtigung des Bogenarm- bzw. Zugarmtremors sowie elektromyografischer Leistungsdiagnostik; vgl. *Westlund* 1975, 46; *Weineck* 2010, 524ff.).

Die Trainingswirkung lässt sich demnach in eine Ausdauerkomponente (entsprechend einer Zunahme der maximalen Wiederholungszahl bei gleicher Last) und eine Kraftkomponente (Steigerung der Last bei gleicher Wiederholungszahl) unterteilen (vgl. *Klein* u. *Fröhlich* 200, 218)

Bestimmung der Maximalkraft

Die Bestimmung der Maximalkraft ist insofern von Bedeutung, weil verschiedene Methoden des Kraftausdauertrainings entsprechende prozentuale Angaben der Belastungsintensität verlangen. Im Bogensport haben Maximalkrafttests leistungsrelevanter Muskelgruppen damit Voraussetzungscharakter (vgl. *Bär* 2010)

Neben der Bestimmung der Maximalkraft der Fingerbeuger mithilfe eines Handdynamome-

Testdatum	KG [kg]	Bankdrücken					Armziehen				
		Maximalkraft (MK)		Schnellkraft (SK)		Verhältnis SK/MK [%]	Maximalkraft (MK)		Schnellkraft (SK)		Verhältnis SK/MK [%]
		F_{max} [kp]	F_{maxrel} [kp/kg]	F_{max} [kp]	F_{maxrel} [kp/kg]		F_{max} [kp]	F_{maxrel} [kp/kg]	F_{max} [kp]	F_{maxrel} [kp/kg]	
25.09.1996	69	77	1,12			0	94	1,36			0
22.01.1997	72	112	1,56			0	106	1,47			0
Mittelwerte		85,8	1,23	0	0	0	97	1,39	0	0	0

Tab. 72: Testergebnisse im Bankdrücken und Armziehen des Spitzenschützen *Philip Dietl* (vgl. *Bär* 1997)

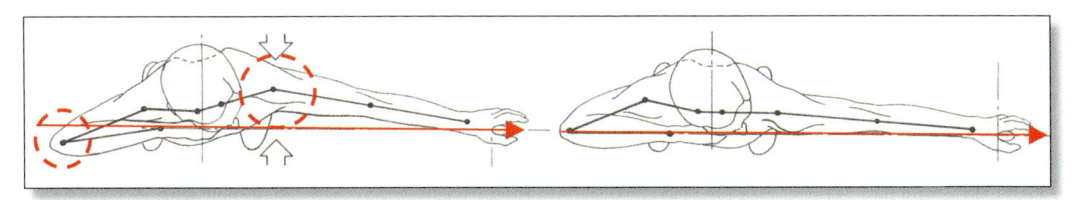

Abb. 282: Mögliche Auswirkungen eines Kräfteungleichgewichts zwischen der Druckarbeit auf der Bogenarmseite und Zugarbeit auf der Zugarmseite. Die Bogenschulter wandert nach hinten, während sich der Zugarmellbogen nach vorne verschiebt (*links*); korrekte Ausrichtung in Linie durch entsprechende Kraftfähigkeiten (*rechts*)

ters leistet insbesondere die Oberflächen- und Tiefenelektromyografie beim Schießen gute Dienste im Sinne einer objektiven Erfassung vor allem der quantitativen Aspekte der Bewegungsmerkmale (*Gollhofer* et al. 1996; *Edelmann-Nusser* et al. 1999, 48).
Zur Durchführung des isometrischen Maximalkrafttests ist es im Sinne einer Bestimmung des relativen muskulären Beanspruchungsprofils notwendig, in »normaler« Schussauslage die willkürlich erzeugbare Maximalkraft (MVC) synchron zu den EMG-Ableitungen zu erfassen (Abb. 283). Dabei scheint die Maximalkraft eine notwendige aber nicht hinreichende Voraussetzung für die Schusspräzision zu sein.

Abb. 283: Schützin beim willkürlichen isometrischen Maximalkrafttest. Die Schützin hat die Aufgabe, in Schussauslage mit maximaler Kraft am Griff zu ziehen. Synchron zur Kraft werden Elektromyogramme messtechnisch erfasst (*Edelmann-Nusser* et al. 1999, 49 ff.)

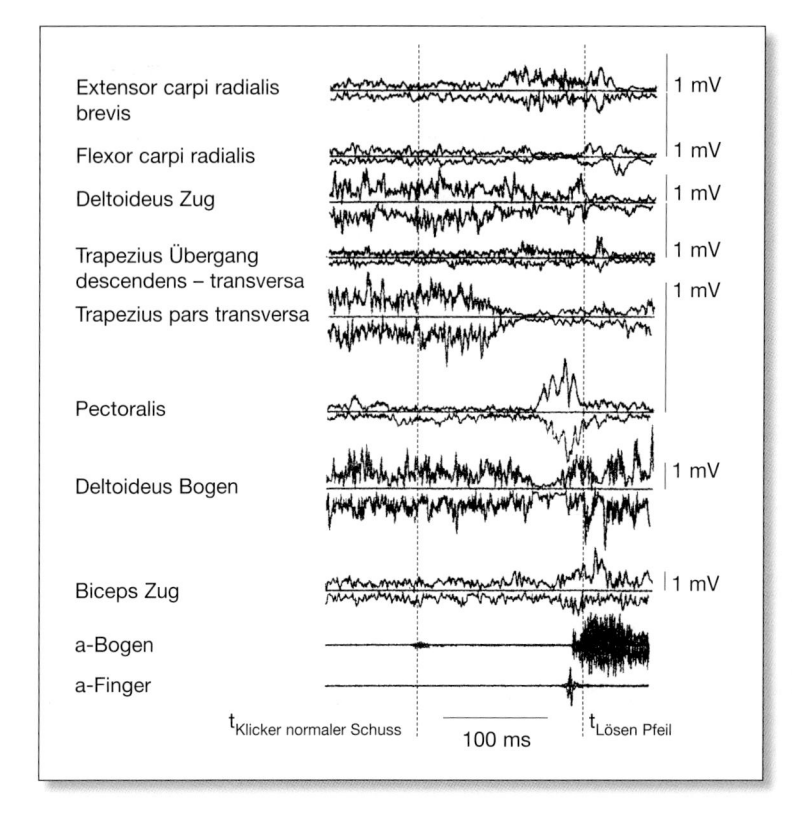

Edelmann-Nusser et al. (1999, 49ff.) stellen fest, dass sich bei einigen Schützen beim realen Schießen im Vergleich zur MVC-Messung eine höhere Aktivität einzelner Muskeln – insbesondere beim verlängerten Schuss – zeigt (Abb. 284 und 285).

Abb. 284: Vergleich der EMGs eines verlängerten Schusses (jeweils die unteren der beiden Kurven je Messpunkt) mit den EMGs eines normalen Schusses. Die EMGs wurden so aufgetragen, dass der Zeitpunkt $t_{Lösen\ Pfeil}$ für beide Schüsse zusammenfällt. Die EMG-Muster zeigen große Ähnlichkeit. Daraus kann geschlossen werden, dass sich beim normalen Schuss keine der abgeleiteten Muskelaktivitäten als Reaktion auf das Klickersignal verändert (*Edelmann-Nusser* et al. 1999, 50 ff.)

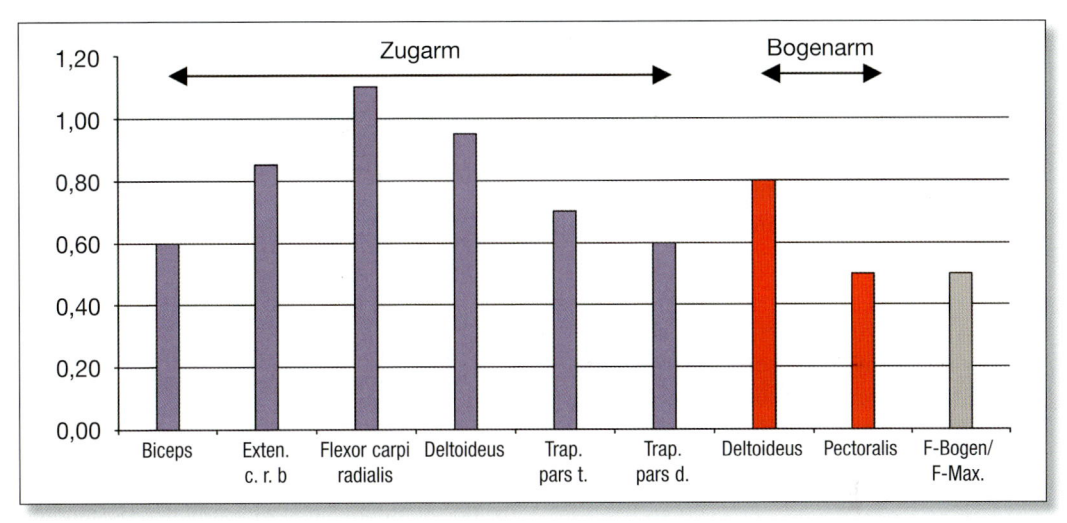

Abb. 285: EMG-Ableitungen beim realen Schießen im Vergleich zur willkürlich erzeugbaren Maximalkraft (MVC): Die ersten acht Säulen zeigen das Verhältnis der über 300 ms integrierten EMG-Ableitungen beim realen Schießen zu den über 300 ms integrierten EMG-Ableitungen der MVC in Schussauslage eines Schützen. Die graue Säule zeigt das Verhältnis zwischen der Kraft, die nötig ist, um den Bogen in Schussauslage zu spannen, und der MVC (*Edelmann-Nusser* et al. 1999, 49 ff.; Exten. c. r. b: Extensor carpi radialis brevis, Trap. pars t./d.: Trapezius pars transversa/descendens).

Periodisierung des Krafttrainings

Entsprechend der Gliederung der allgemeinen Trainingsperiodisierung ergibt sich auch für das Krafttraining eine inhaltliche und auf unterschiedliche Ziele ausgerichtete Unterteilung in Vorbereitungs-, Wettkampf- und Übergangsperiode (s. S. 168).
Bei der Gestaltung des Mikrozyklus (eine Woche; s. S. 140) im Krafttraining ist zu beachten, dass bei zweimaligem wöchentlichen allgemeinem Krafttraining (z.B. in der Freiluftsaison) mit gleichen Umfängen und Intensitäten trainiert werden kann, da ausreichende Erholungszeiten (2–3 Tage) zwischen den Trainingseinheiten vorliegen. Bei dreimaligem Training (z.B. in der Hallensaison) pro Woche sollte montags, mittwochs und freitags trainiert werden, wobei am Montag und Freitag mit gleichen, am Mittwoch mit 10–15% geringeren Belastungen trainiert werden soll (vgl. *Ehlenz* et al. 1983, 129). Ein spezielles Krafttraining (z.B. KSK-Training) sollte nach *Lee* (2006, 148) im Hochleistungsbereich ganzjährig dreimal wöchentlich stattfinden.

Beachten Sie: Insgesamt gilt es im Bogenschießen, ein ganzjähriges Krafttraining durchzuführen, sei es im Sinne der Leistungsoptimierung, der Verletzungsprophylaxe oder als Ausgleichs-, Erhaltungs- bzw. Ergänzungstraining (s. S. 306, Crosstraining).

Vorbereitungsperiode (Kraftzuwachstraining)

Trotz unterschiedlicher Zielsetzungen und der Auswahl charakteristischer Methoden und Inhalte der Vorbereitungsperioden VP-1 und VP-2 ist beiden Etappen eine progressive Belastungszunahme gemeinsam.

Um in den verschiedenen Krafttrainingsarten (allgemein und speziell) zu optimalen Ergebnissen zu kommen, haben sich in der Vorbereitungsperiode folgende Anwendungszeiträume für ein bogenschießspezifisches Krafttraining (vor allem Kraftausdauer) als notwendig erwiesen: Gesamtdauer eines Vorbereitungszyklus: etwa 10–16 Wochen, davon 4–8 Wochen Muskelaufbautraining (allgemeines Krafttraining), 3–5 Wochen zielgerichtetes Krafttraining (z.B.

in Zusammenhang mit einer Koordinationsschulung) und etwa 3 Wochen intermuskuläres/technisches Training (spezielles Krafttraining mithilfe des bogenschießspezifischen Bewegungsablaufs, z.B. reales Schießen, KSE- oder KSK-Training oder Intervalltraining; vgl. auch *Musta*, in *Ruis* u. *Stevenson* 2004, 70; Abb. 286).

Beachten Sie: Wird über einen längeren Zeitraum mit einem »falschen Bogen(zug)gewicht« (zu schwer, zu leicht) gearbeitet, kann es zur Ausbildung eines veränderten (z.B. zu langsamen bzw. zu schnellen) Bewegungsprogramms kommen, bei dem andere bzw. zusätzliche Muskelgruppen aktiviert bzw. rekrutiert werden, als diejenigen, die den individuellen Schießablauf feinkoordiniert steuern. Um dies zu vermeiden, sollten mit zunehmender Nähe zur Wettkampfperiode keine Gerätegewichte gewählt werden, die mehr als 10–15% vom Wettkampfbogen(zug)gewicht abweichen.

Tab. 73 zeigt beispielhaft eine Variation des speziellen Krafttrainings im Hochleistungsbereich bei drei Trainingseinheiten pro Woche unter Verwendung unterschiedlich schwerer Bögen (Eigen- bzw. Zuggewicht) bzw. veränderter Pfeilzahlen und Methoden. Während bei geringen Pfeilzahlen insbesondere die Fehlerkorrektur der Schießtechnik wesentlicher Bestandteil des Trainings ist, dominieren in der mittelintensiven (110–140 Pfeile) und hochintensiven

Spezielles Krafttraining
Kraftschulung mithilfe des bogenschießspezifischen Bewegungsablaufs (z.B. KSE- und KSK-Training)
ca. 2 TE/Woche über 3 Wochen

Vielseitig zielgerichtetes Krafttraining
sowie zielorientierte Koordinationsschulung (z.B. Vibrationstraining, propriozeptives Krafttraining)
ca. 2–3 TE/Woche über 3–5 Wochen

Allgemeines Krafttraining
Basistraining mithilfe von Hanteln und Kraftmaschinen sowie ergänzendes Crosstraining
ca. 3 TE/Woche über 4–8 Wochen

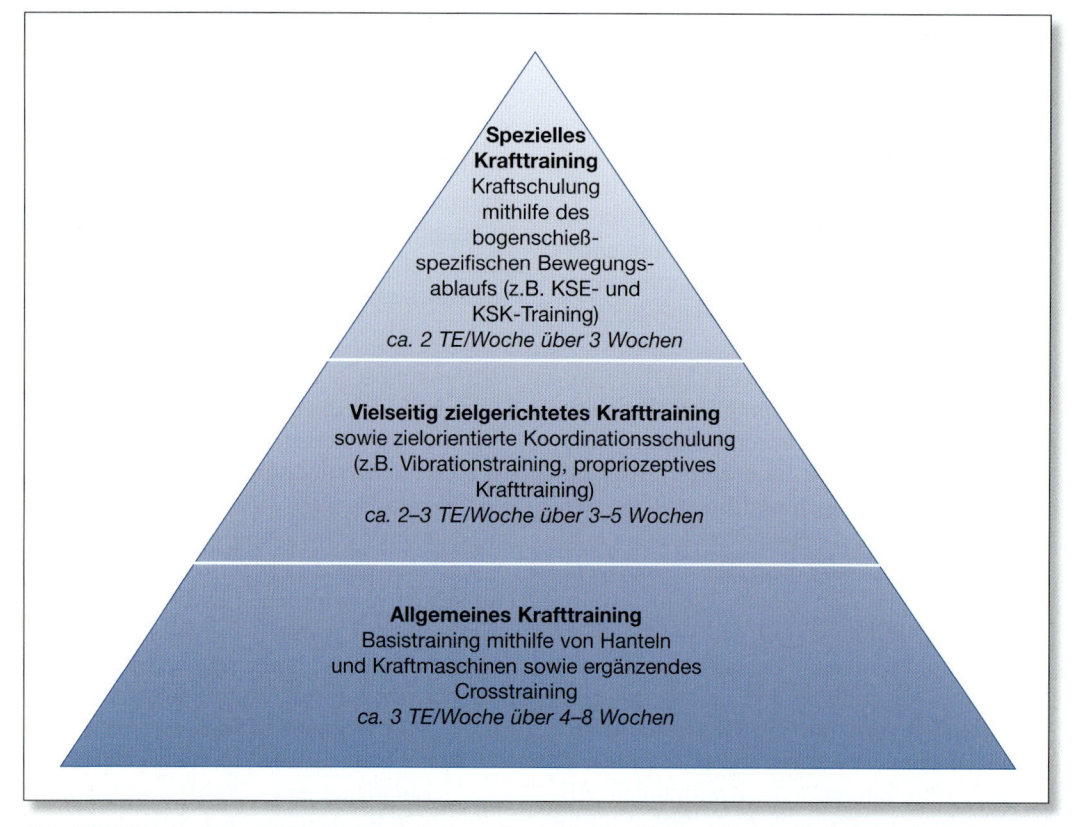

Abb. 286: Zielsetzungen und Anwendungszeiträume für ein bogenschießspezifisches Krafttraining (verändert nach *Egger* 1992, 36; in *Weineck* 2010, 560; KSE-Training: konzentrisch-statisch-exzentrisch, KSK-Training: konzentrisch-statisch-konzentrisch, TE: Trainingseinheit)

Phase (140–180 Pfeile) in Abhängigkeit von der Pfeilzahl der Wechsel zwischen erschwertem und erniedrigtem Bogen(zug)gewicht (s. auch S. 299).

Wettkampfperiode (Krafterhaltungstraining)
Während der Wettkampfperiode sollte das erworbene Kraftniveau über ein so genanntes Erhaltungstraining durch ein mindestens einmaliges wöchentliches Krafttraining erhalten bleiben. Damit werden Einbußen in der Kraftausdauer verhindert und wesentliche Faktoren der Leistungsfähigkeit des Schützen auf dem erforderlich hohen Niveau gehalten.

Von besonderem Interesse sind weiterhin kurzfristig wirksame Methoden wie KSK- und KSE-Training, sowie im Sinne der variablen Verfügbarkeit des Schießablaufs ergänzend propriozeptives Training oder Vibrationstraining im Rahmen eines Pyramiden- oder Stationstrainings, die auch in der unmittelbaren Wettkampfvorbereitung eine Rolle spielen (vgl. Weineck 2010, 566).

Übergangsperiode (Krafterhaltungstraining)
Die Ergebnisse von *Graves* (1989, 318) lassen erkennen, dass ein durch Training erworbenes Kraftniveau bei reduziertem, aber ausreichend intensivem Training über einen Zeitraum von 3 Monaten fast vollständig »konserviert« werden kann, bei einem völlig eingestellten Training jedoch mit einer drastischen Krafteinbuße zu rechnen ist.

Gemäß dem Trainingsprinzip von allgemeiner und spezieller Belastung stellt Abb. 287 zusammenfassend einen Rahmentrainingsplan für einen Schützen auf nationaler Ebene über einen Zeitraum von 6 Monaten dar. Dabei ist zu erkennen, dass das spezielle Krafttraining bis zur Phase der unmittelbaren Wettkampfvorbereitung im Vergleich zu einem allgemeinen Krafttraining zunimmt, die Gesamtbelastung innerhalb der Wettkampfperiode aber annähernd gleich bleibt. In der Phase des *Taperings* kommt es schließlich zu einer Wiederholung des vorausgegangenen Abschnittes (März – Juli) in zeitlich verkürzter Form (s. S. 190).

Trainings-einheit (TE)	1	2	3
Umfang (Pfeilzahlen/TE)	110–140	80–110	140–180
Methode (vorrangig)	Dynamisch	Statisch	Dynamisch
Inhalte	Z.B. 1/3 Wettkampfgerät 1/3 leichtere Wurfarme 1/3 schwerere Wurfarme	Z.B. verlängerte Haltezeit in der 3. Positionsphase (Ankern)	Z.B. 60% Wettkampfgerät 30% leichtere Wurfarme 10% schwerere Wurfarme + Gewichtsmanschetten
Ziel	Mittelintensive Kraftausdauerausprägung	Vor allem Fehlerkorrektur mit wettkampfidentischen oder leichteren Geräten	Hochintensive Kraftausdauerausprägung

Tab. 73: Variationsmöglichkeiten im speziellen Krafttraining in der Vorbereitungsperiode eines Leistungsschützen

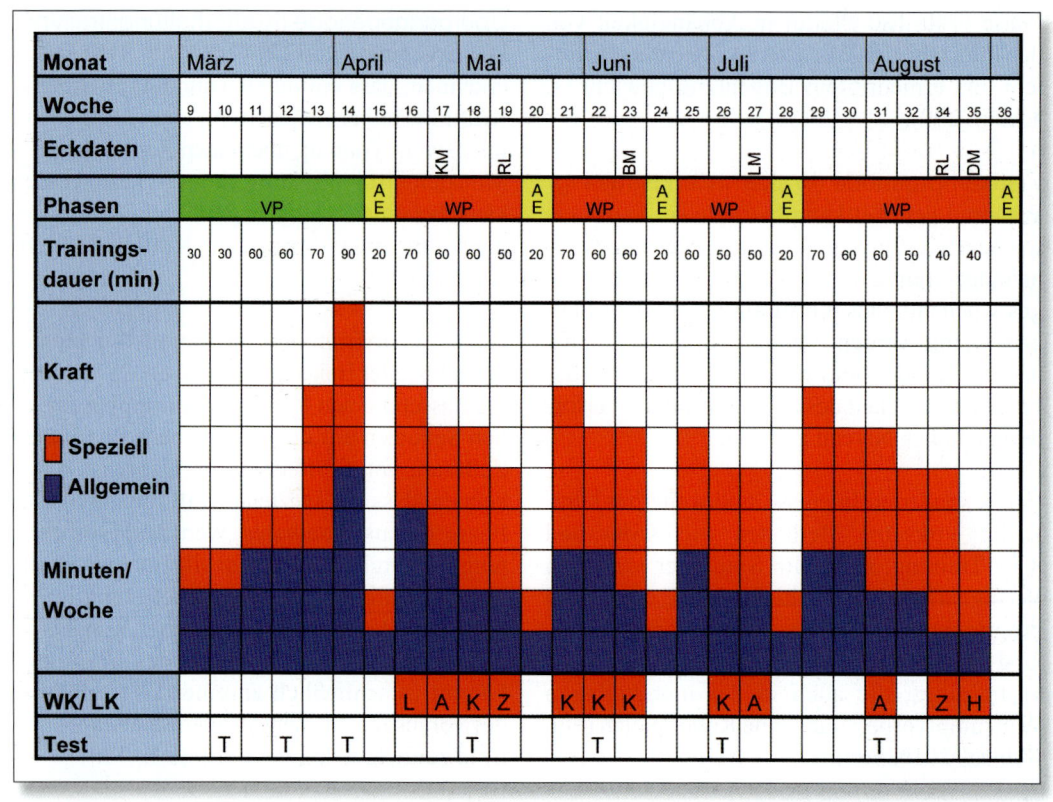

Monat	März					April					Mai				Juni				Juli				August				
Woche	9	10	11	12	13	14	15	16	17	18	19	20	21	22	23	24	25	26	27	28	29	30	31	32	34	35	36
Eckdaten						KM			RL					BM				LM						RL	DM			
Phasen	VP					AE	WP				AE	WP			AE	WP			AE	WP								AE
Trainingsdauer (min)	30	30	60	60	70	90	20	70	60	60	50	20	70	60	60	20	60	50	50	20	70	60	60	50	40	40		
Kraft ■ Speziell ■ Allgemein Minuten/ Woche																												
WK/ LK				L	A	K	Z		K	K	K			K	A				A		Z	H						
Test	T		T		T			T			T				T				T									

Abb. 287: Beispiel eines Rahmentrainingsprogramms der Kraft für die Freiluftsaison (KM: Kreismeisterschaft, DM: Deutsche Meisterschaft, RL: Rangliste, BM: Bezirksmeisterschaft, LM: Landesmeisterschaft, VP: Vorbereitungsperiode, AE: aktive Erholung, WP: Wettkampfperiode, L: Leistungskontrolle, A: Aufbauwettkampf, K: Kontrollwettkampf, Z: Zwischenwettkampf, H: Hauptwettkampf; in Anlehnung an *Ulrich* 1998, 46; *Chapman* 1998)

Methodische Grundsätze

- Kein spezielles Krafttraining ohne vorhergehendes allgemeines Krafttraining (Haltungsprophylaxe, Vermeidung muskulärer Dysbalancen, Verletzungsprophylaxe).
- Die Kraft des Bogenschützen ist nicht maximal, sondern optimal zu entwickeln, d.h. nur soweit dies für die individuelle Leistungsfähigkeit nötig ist (z.B. Recurve oder Compound).
- Harmonische Entwicklung von Agonist und Antagonist (erhöhte Kraftentfaltung und Haltungsstabilisierung).
- Statisches und dynamisches Krafttraining sollten stets kombiniert durchgeführt werden.
- Kein Krafttraining ohne paralleles Dehnungstraining (Muskeltonus wird gesenkt und damit die Erholungszeit verkürzt, Verletzungsprophylaxe).
- Spezialübungen müssen in der Teilstruktur, in den Arbeitswinkeln und im Kraft-Zeit-Verlauf im Wesentlichen mit der Wettkampfübung übereinstimmen (vgl. statisch-dynamische Methode).
- Kein Krafttraining ohne paralleles Schießtraining (Feinmotorik bleibt erhalten). Eine Ausnahme bildet hier die Übergangsperiode bzw. der erste Teil der 1. Vorbereitungsperiode (vgl. *Harre* 1976, 130; *Ehlenz* 1987, 117; *Barrs* 1992, 28; *Reiß* 1992, 18; *Weineck* 2010, 579).

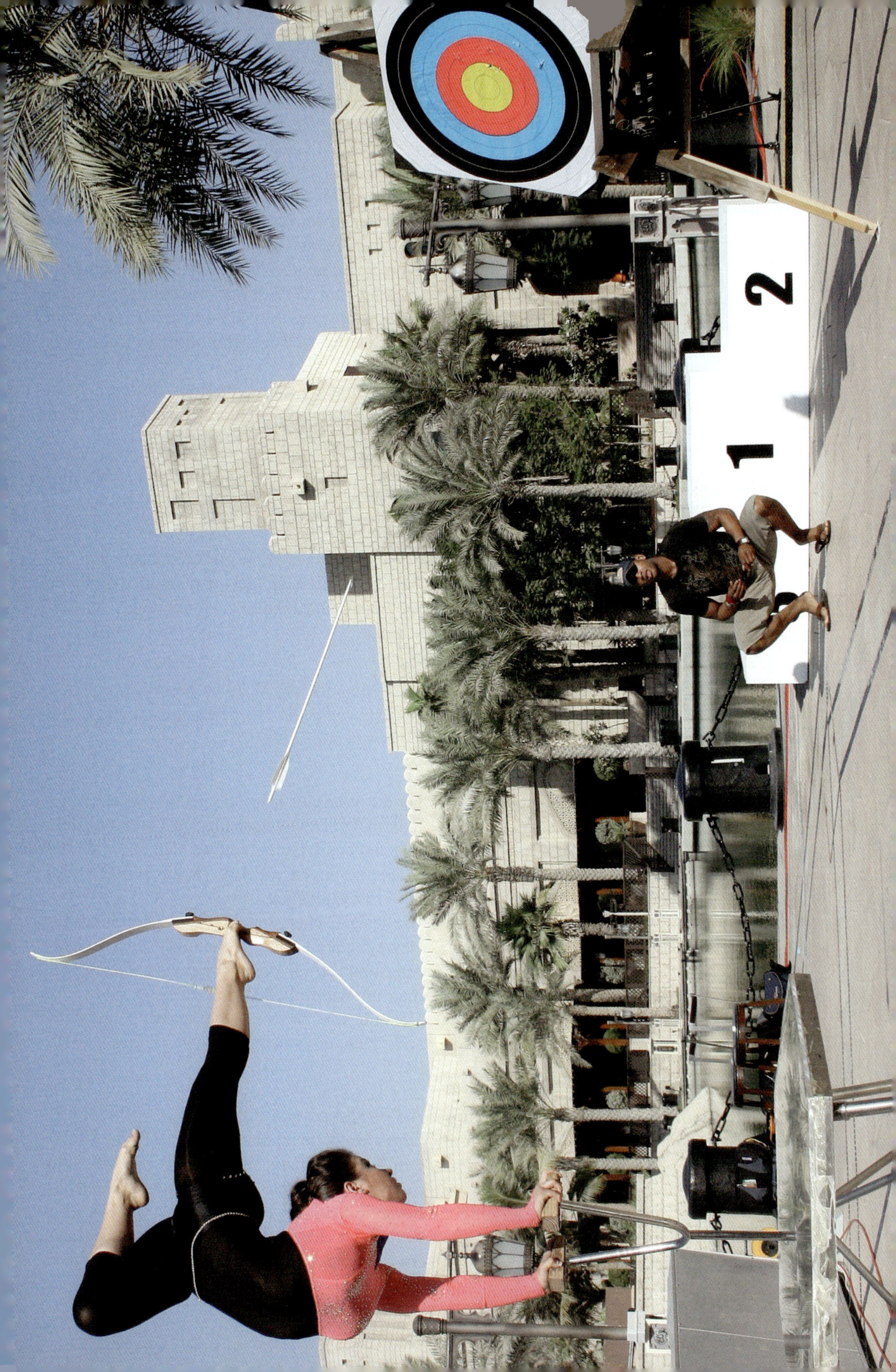
2
1

Beweglichkeitstraining

Begriffsbestimmung

> Die Beweglichkeit ist die Fähigkeit und Eigenschaft des Sportlers, Bewegungen mit großer Schwingungsweite selbst oder unter dem unterstützenden Einfluss äußerer Kräfte in einem oder in mehreren Gelenken ausführen zu können (vgl. *Weineck* 2010, 735).

Arten der Beweglichkeit

Neben einer ausreichend entwickelten allgemeinen Beweglichkeit – sie betrifft vor allem die wichtigsten Gelenksysteme wie das Hüftgelenk und die Wirbelsäule – benötigt der Bogenschütze eine akzentuierte Beweglichkeit im Schultergelenk sowie in den Hand- und Fingergelenken.

Bedeutung der Beweglichkeit

Die Bedeutung einer optimal entwickelten Beweglichkeit zeigt sich für den Bogenschützen unter anderem in folgenden Punkten (vgl. *Baumann* u. *Reim* 1994,122/123; *Grosser* 1988, 89; *Israel* 1995, 13; *Musta*, in *Ruis* u. *Stevenson* 2004, 83; *Weineck* 2010, 740):
- Qualitativ optimierende Bewegungsausführung: das Schießen wirkt flüssiger und harmonischer.
- Verbesserte koordinativ-technische Leistungsfähigkeit: Nur durch ausreichende Flexibilität im Schulterbereich ist unter anderem ein Schießen in der biomechanisch günstigen »Ideallinie« (s. S. 209 bzw. 211 möglich.
- Förderung der Körperwahrnehmung: gesteigerte Empfindlichkeit der Propriorezeptoren führt zu verbessertem kinästhetischem Empfinden..
- Optimierung konditioneller Fähigkeiten: Verkürzte und unzureichend dehnfähige Muskeln haben eine geringere Kraft (Bewegungsökonomisierung).
- Erhöhte Elastizität, Dehnbarkeit und Entspannungsfähigkeit der beteiligten Muskulatur: Nur durch ein optimal schnelles Entspannen der Fingerbeuger ist ein »weiches« Lösen beim Abschuss möglich.
- Beschleunigte Wiederherstellung nach Training und Wettkampf: Eine beschleunigte Senkung des Muskeltonus führt zu einem schnellerern Regenerationseintritt und -verlauf.
- Erhöhte Psychoregulation: Dadurch kann ein Beitrag zur Steigerung der Konzentrationsfähigkeit geleistet werden.

Methoden und Inhalte des Beweglichkeitstrainings

Entsprechend den beweglichkeitsbegrenzenden Faktoren unterscheidet man unterschiedliche Methoden und Inhalte zur Steigerung der Flexibilität.

> Die Methode der Wahl ist beim Beweglichkeitstraining die Wiederholungsarbeit (vgl. *Weineck* 2010, 749).

Da die Wirkung einer einzigen bzw. einzelner maximalen Dehnungen für den Trainingseffekt ungenügend ist, empfiehlt es sich, die Zahl der Wiederholungen auf etwa 15, die Serien auf etwa 3–5 festzulegen.

Die spezifischen Inhalte zur Ausbildung der Beweglichkeit sind Dehnungs- und Lockerungsübungen. In der Sportpraxis unterscheidet man im Wesentlichen drei Hauptgruppen von Dehnungsmethoden: aktive, passive und statische Dehnungsmethode (vgl. *Weineck* 2010, 747).

Aktive Dehnungsmethode

Diese Methode beinhaltet gymnastische Übungen (»Ballistics«), die mittels Federn und Schwingen die normalen Grenzen der Gelenkbeweglichkeit erweitern (s. auch S. 264). Der Vorteil der aktiven Dehnungsübungen liegt darin begründet, dass die Übungen bestimmter

Muskelgruppen durch die aktive Kontraktion ihrer Antagonisten (Gegenspieler) erfolgen und somit zu einer Kräftigung beitragen.

Passive Dehnungsmethode
Im Gegensatz zum aktiven Dehnen enthält die passive Methode Dehnungsübungen, bei denen äußere Kräfte zu einer verstärkten Dehnung bestimmter Muskelgruppen führen, ohne dass deren Antagonisten gekräftigt werden. Der Nachteil einer rein passiven Flexibilitätsschulung besteht darin, dass sie im Gegensatz zur aktiven Methode nicht zu einer parallelen Kräftigung der Antagonisten führt und somit nur als ergänzende Methode, nicht aber als ausschließliches Verfahren zur Steigerung der Beweglichkeit infrage kommt (vgl. *Weineck* 2010, 749).

Statische Dehnungsmethode
Diese auch als Stretching bezeichnete Methode beinhaltet das langsame Einnehmen (innerhalb von ca. 5 Sekunden) einer Dehnungsposition und ein nachfolgendes Halten über mindestens 10–60 Sekunden.

Stretching vor den Training und Wettkampf
Unter einer Vielzahl von verschiedenen Stretchingmethoden haben sich (etwa 15–20 Minuten) vor Trainings- bzw. Wettkampfbeginn speziell für den Bogenschützen folgende Methoden durchgesetzt (vgl. *Sölveborn* 1983, 112/113; *Wiemann* 1991, 298 f.; *Wydra* 1993, 104; *Weineck* 2010, 751): Anspannungs-Entspannungs-Methode (»Contract-Relax«), Dehnen des Agonisten bei gleichzeitiger Kontraktion des Antagonisten sowie Kombination von »Contract-Relax« und Dehnung des Agonisten bei gleichzeitiger Kontraktion des Antagonisten.
Die Methoden des passiven Ausziehens bzw. des »zähen Dehnens« bzw. der Dehnung unter Ausnutzung der reziproken Hemmung (der Agonist wird angespannt, während der Antagonist gleichzeitig entspannt wird) erweisen sich im Bogensport als eher nachteilig. Zum einen beeinflusst die Methode des »zähen Dehnens« über einen längeren Zeitraum (bis 2 Minuten) die Muskeldurchblutung ungünstig, indem sie die oxidative Energiebereitstellung beeinträchtigt. Andererseits führt beispielsweise beim Dehnen der Finger- und Handgelenkbeuger unter Ausnutzung der reziproken Hemmung die Kontraktion zur Anspannung der antagonistischen Strecker im Sinne einer Handgelenkstabilisierung. Die angestrebte Entspannung ist bei diesen (für das Bogenschießen wichtigen) Muskelgruppen demnach nicht erreichbar (vgl. *Weineck* 2010, 753).

Anspannungs-Entspannungs-Methode
(Dehnen unter Ausnutzung der Eigenhemmung)
Bei dieser Art des Stretching wird der zu dehnende Muskel unmittelbar vor Beginn der Dehnung etwa eine Sekunde maximal isometrisch angespannt und dann zugleich 10–30 (60) Sekunden gedehnt (vgl. *Weineck* 2010, 752). Der Muskel soll vor Beginn der isometrischen Anspannung bereits passiv in der nachfolgenden Dehnungsrichtung vorgedehnt sein (Abb. 288).

Dehnen des Agonisten bei gleichzeitiger Kontraktion des Antagonisten
Durch die starke Kontraktion des Antagonisten wird der Agonist reflektorisch vermehrt entspannt und ist nachfolgend besonders dehnfähig (*Weineck* 2010, 753).

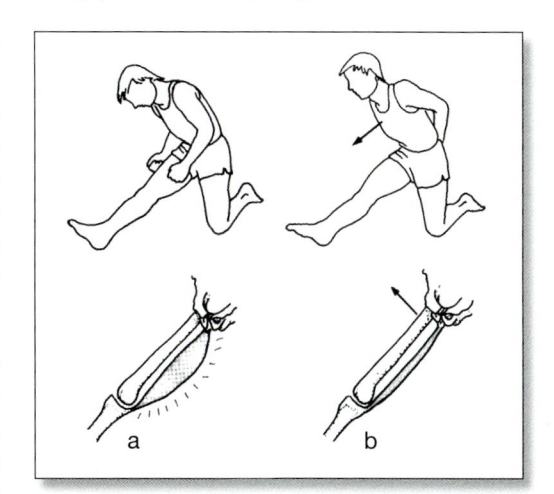

Abb. 288: Bei der Anspannungs-Entspannungs-Methode wird der Muskel vor der Dehnung (b) zuerst angespannt (a); (vgl. *Weineck* 2010, 752)

Kombination von Anspannen – Entspannen und Dehnen des Agonisten bei gleichzeitiger Kontraktion des Antagonisten

Die Durchführungsmodalitäten ergeben sich aus den obigen Ausführungen. Zu beachten ist jedoch, dass der Effekt einer der Dehnung vorausgehenden maximalen Muskelanspannung zeitlich sehr eng begrenzt ist und bereits nach etwa 5 Sekunden vollständig abklingt.

Stretching nach dem Training oder Wettkampf

Schober et al. (1990) weisen darauf hin, dass intermittierende (d.h. ein bis mehrere Sekunden dauernder Wechsel von Anspannung und Entspannung), dynamische Dehnungen nach kraftausdauernden Leistungen – sprich dem Training oder Wettkampf – die Regenerationsfähigkeit der Muskulatur fördern, statische Dehnungen hingegen diese hemmen, weil durch länger dauernde statische Dehnungen (nach Kraftausdauertraining) mit der damit verbundenen Kompression der Kapillaren die notwendige Durchblutung und damit der Stoffan- und -abtransport behindert werden (vgl. *Weineck* 2010, 759). Insgesamt haben sich Maßnahmen der Sofortregeneration am besten bewährt (Auslaufen, sofortiger Flüssigkeits-, Mineralstoff- und Vitaminersatz; vgl. *Löchelt* 2005, 26). Erst etwa eine Stunde nach dem Training bzw. Wettkampf sollen passive Dehnungsformen bevorzugt und die Dehnungsstellung für einen längeren Zeitraum gehalten werden (vgl. *Freiwald* et al. 1998, 272).

> *Beachten Sie:* Für den Bogenschützen ist eine Kombination aus verschiedenen Dehnmethoden (dynamisch und statisch) vorteilhaft. In der Belastungsvor- und -nachbereitung kommt es darauf an, in Abhängigkeit von der jeweiligen Belastung (z.B. Schießtraining, Krafttraining oder Ausdauertraining) zum richtigen Zeitpunkt die richtige Dehntechnik in der richtigen Form (z.B. intermittierend oder lang andauernd) zur Anwendung zu bringen.

Allgemeine Durchführungshinweise zum Stretching

- Die Steigerung der Beweglichkeit ist ein allmählicher Prozess, der mehrere Wochen benötigt. Optimal ist eine ganzjährige tägliche Flexibilitätsarbeit.
- Dem eigentlichen Stretching hat eine zumindest 5-minütige Aufwärmarbeit (s. S. 262) vorauszugehen.
- Die leistungsrelevanten Muskeln sollten abwechselnd gedehnt werden.
- Die Dehnungsposition sollte langsam und kontinuierlich eingenommen und mindestens 10 Sekunden gehalten werden, da sonst der inverse Dehnungsreflex der Sehnenspindeln nicht ausgelöst wird.
- Bei der Dehnung sollte tief und ruhig geatmet werden. Die detonisierende Wirkung des Stretchings wird durch eine regelmäßige und ruhige Atmung verstärkt (vgl. *Weineck* 2010, 762).

Abb. 289 zeigt ein allgemeines Dehnungsprogramm, Abb. 290 ein spezielles Minimalprogramm zur Schulung der Flexibilität, das in jedem Training und Wettkampf im Aufwärmprogramm (s. S. 261 ff.) eingebaut werden kann. Entscheidend ist dabei generell die *richtige Durchführung*.

In formelhafter Kürze gelten für beide Programme die folgenden Hinweise (vgl. *Spring* et al. 1986, 9):
- Nehmen Sie die abgebildete Dehnstellung ein.
- Ändern Sie langsam die Position in Richtung der Pfeile, die Dehnung wird dadurch verstärkt.
- Vermeiden Sie ruckartige Bewegungen.
- Halten Sie diese Stellung 15–30 Sekunden.
- Atmen Sie regelmäßig, tief und ruhig; versuchen Sie, sich zu entspannen (vgl. *Spring* et al. 1986, 9).

Beweglichkeitstraining

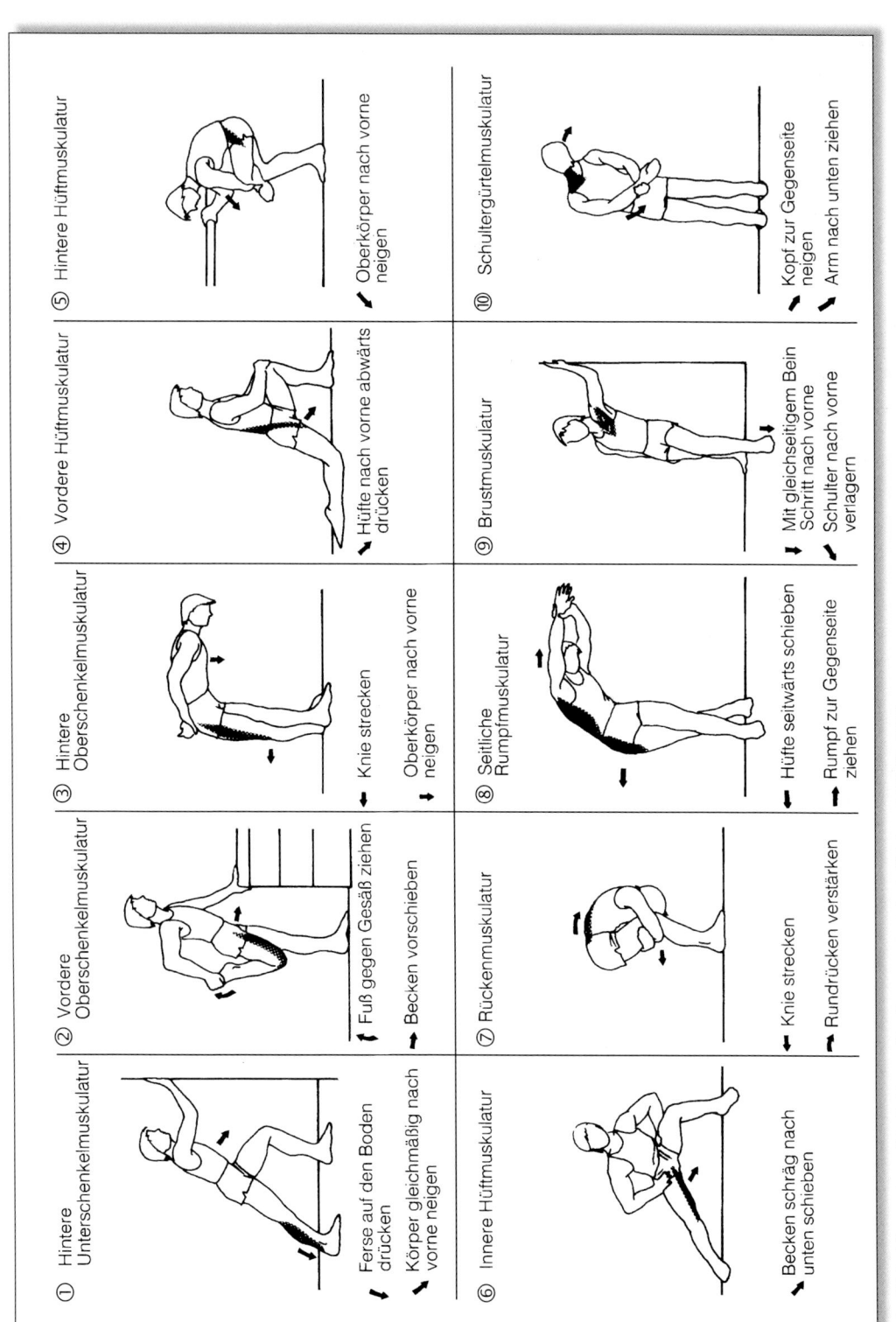

① Hintere Unterschenkelmuskulatur
↓ Ferse auf den Boden drücken
↑ Körper gleichmäßig nach vorne neigen

② Vordere Oberschenkelmuskulatur
↑ Fuß gegen Gesäß ziehen
↑ Becken vorschieben

③ Hintere Oberschenkelmuskulatur
↓ Knie strecken
→ Oberkörper nach vorne neigen

④ Vordere Hüftmuskulatur
↗ Hüfte nach vorne abwärts drücken
↙ Oberkörper nach vorne neigen

⑤ Hintere Hüftmuskulatur
↙ Oberkörper nach vorne neigen

⑥ Innere Hüftmuskulatur
↑ Becken schräg nach unten schieben

⑦ Rückenmuskulatur
↓ Knie strecken
↑ Rundrücken verstärken

⑧ Seitliche Rumpfmuskulatur
↓ Hüfte seitwärts schieben
↑ Rumpf zur Gegenseite ziehen

⑨ Brustmuskulatur
→ Mit gleichseitigem Bein Schritt nach vorne
↙ Schulter nach vorne verlagern

⑩ Schultergürtelmuskulatur
↗ Kopf zur Gegenseite neigen
↙ Arm nach unten ziehen

Abb. 289: Allgemeines Stretching – Basisprogramm (vgl. *Weineck* 2010, 769)

① Armvorwärtsführer	② Hintere Schultermuskulatur	③ Hintere Oberarmmuskulatur und obere Seitenmuskulatur des Rückens
MA: Ellbogen vorne zusammenführen S: Ellbogen nach hinten ziehen	MA: Ellbogen nach vorne außen drücken S: Ellbogen zur Gegenschulter drücken	MA: Ellbogen gegen Wand pressen S: Ellbogen nach hinten unten drücken
④ Hintere Oberarmmuskulatur und hintere Schultermuskulatur	⑤ Außenseite der Unterarmmuskulatur	⑥ Innenseite der Unterarmmuskulatur
MA: Arm gegen Widerstand heranziehen S: Arm zur Gegenschulter ziehen	MA: Faust gegen anderen Arm pressen S: Unterarm nach innen drehen	MA: Finger gegen Widerstand pressen S: Finger nach hinten ziehen
⑦ Obere Rückenmuskulatur und Nacken	⑧ Tiefe Rückenmuskulatur	⑨ Seitenmuskulatur des Halses
MA: Kopf nach hinten pressen S: Kopf nach vorne ziehen	MA: Rücken nach hinten drücken S: Rücken nach vorne beugen	MA: Kopf gegen Hand pressen S: Kopf zur Schulter ziehen

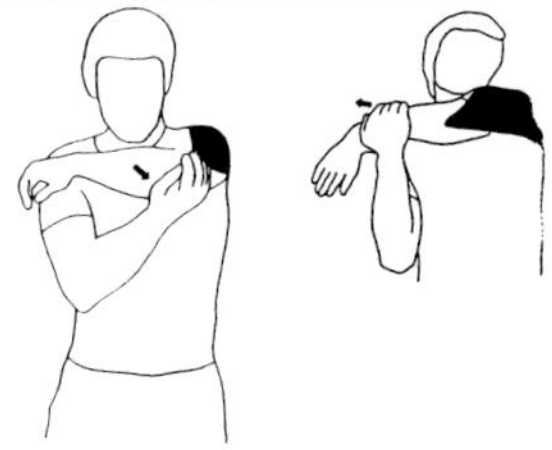

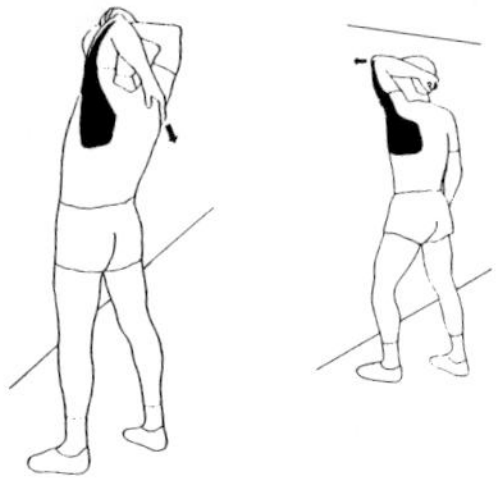

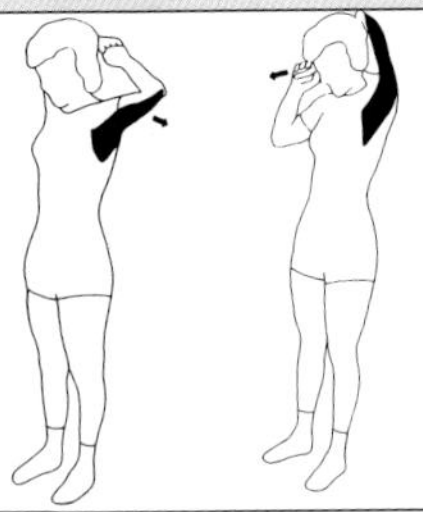

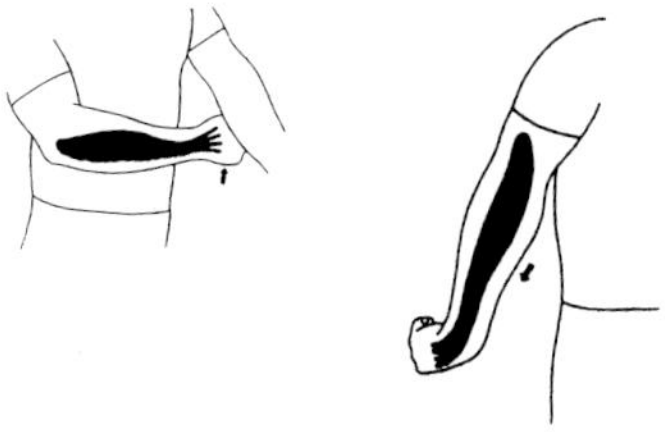

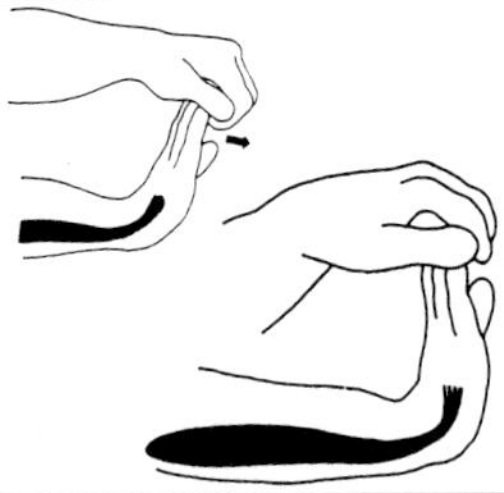

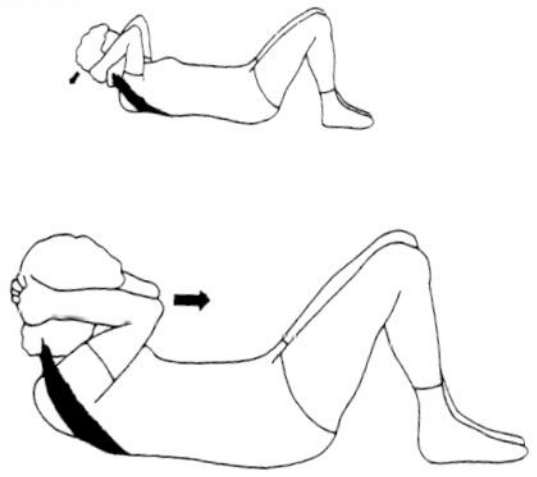

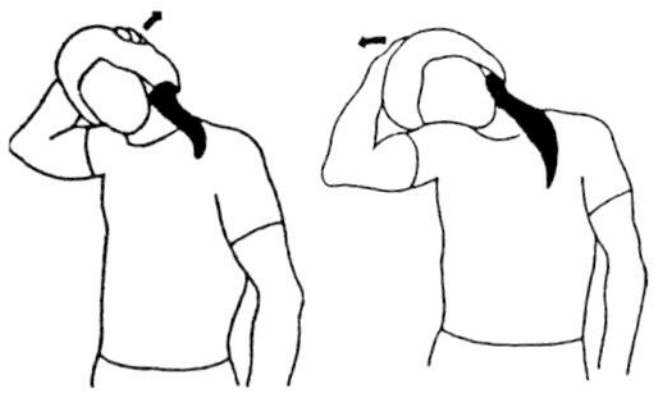

Abb. 290: Spezielles Stretching-Minimalprogramm für Bogenschützen im Rahmen der Aufwärmarbeit für das Schießtraining (MA: Muskelanspannung, S: Stretch)

Beweglichkeitstraining im Kindes- und Jugendalter

Beachten Sie: Im Kindesalter überwiegen aufgrund des ausgeprägten Bewegungsdrangs die aktiven, dynamischen Beweglichkeitsübungen gegenüber den passiven oder statischen.

Abb. 291 und 292 zeigen beispielhaft zwei Übungen zur Verbesserung der Wirbelsäulenbeweglichkeit.

Spätes Schulkindalter
Die Beweglichkeit des Schultergelenks (z.B. zur exakten Positionierung des Zugarmellbogens) nimmt nur mehr in der Richtung zu, in der sie geübt wird (vgl. *Meinel* 1976, 361). Aus diesem Grund sollte die Hauptarbeit der Beweglichkeitsschulung in einem speziellen Beweglichkeitstraining mit Spezialübungen durchgeführt werden (s. S. 325 f.).

Pubeszenz
In dieser Phase kann es zu einer Verschlechterung der Beweglichkeit kommen (z.B. durch hormonelle Veränderungen, Längenwachstumszunahme). Die konsequente Schulung der Beweglichkeit ist somit dringend vonnöten. Dabei sollten jedoch passive Dehnungsübungen sowie einseitige, intensive und umfangreiche Dehnungsübungen unterlassen werden (vgl. *Weineck* 2010, 788).

Adoleszenz
In der Beweglichkeitsschulung können nun verstärkt die Stretchingmethode sowie das zielorientierte, bogenschießspezifische Übungsgut der Erwachsenen eingesetzt werden. Ein Minimal- und Basis-Stretchprogramm (s. S. 326) sollten allmählich zur Selbstverständlichkeit für jeden jugendlichen Bogenschützen werden.

Methodische Grundsätze
- Bis zum 10. Lebensjahr sollte überwiegend ein allgemeines Beweglichkeitstraining absolviert werden.
- Das Beweglichkeitstraining sollte altersgemäß durchgeführt werden.
- Die verschiedenen Beweglichkeitsübungen sollten vor allem aus dem Bereich der aktiven Dehnungsübungen gewählt werden (vgl. *Weineck* 2010, 790).

Abb. 291: Kombinierte Übung zur Verbesserung der Verwringungsfähigkeit der Wirbelsäule (vgl. *Weineck* 2010, 787)

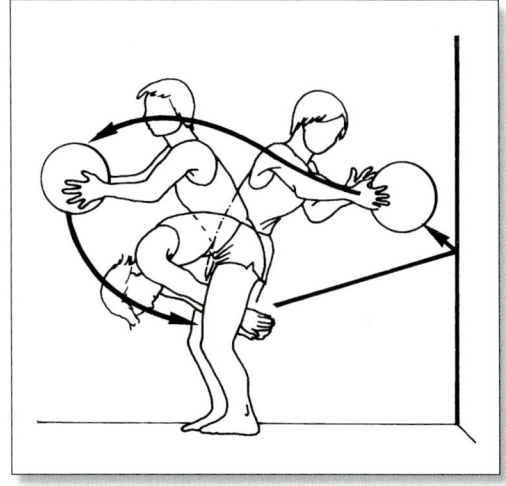

Abb. 292: Kombinierte Übung zur Verbesserung der Wirbelsäulenbeweglichkeit (vgl. *Weineck* 2010, 787)

Beachten Sie: Beweglichkeitstraining ist stets in Verbindung mit einem gezielten Krafttraining zu sehen: Je mehr eine Muskelgruppe gekräftigt wird, desto mehr muss sie unmittelbar im Anschluss an die Kräftigung gedehnt und gelockert werden.

Bedeutung von Beweglichkeitstests im Bogenschießen

Um die Effektivität des Beweglichkeitstrainings objektiv beurteilen zu können, müssen standardisierte Kontrollübungen herangezogen werden. Diese Kontrollübungen, die das Maß der Beweglichkeit entweder in Graden oder in Zentimetern angeben, sollen im Bogenschießen insbesondere die Beweglichkeit des Schultergelenks der Zugarmseite verbessern. Für Schützen, die den »offenen Stand« (s. S. 375) bevorzugen, empfiehlt sich eine Feststellung der Verwringungsfähigkeit der Wirbelsäule (vgl. *Williams* 1993, 118; *Weineck* 2007, 776). Dies lässt sich durch Rumpfdrehen seitwärts (Abb. 293) testen (Angabe in Graden; vgl. auch *Schönthaler* 1998, 223).

Abb. 293: Rumpfdrehen seitwärts (vgl. *Weineck* 2010, 521)

Die Schultergelenkbeweglichkeit kann durch Ausschultern mit gestreckten Armen festgestellt werden (Abb. 294). Gemessen wird dabei (unter Berücksichtigung der Schulterbreite des Probanden) die Griffbreite (Angabe in cm).

Im Sinne einer langfristigen Schadensprophylaxe sowie als Trainings- und Ausgleichskorrektiv sollte für Spitzenschützen alljährlich eine genaue trainingsbegleitende orthopädische Befundung erfolgen.

Abb. 294: Beweglichkeit des Schultergelenks (vgl. *Weineck* 2010, 777)

Periodisierung im Beweglichkeitstraining

> Das Beweglichkeitstraining sollte keinem jahreszeitlichen Zyklus unterworfen werden, sondern ganzjährig, wenn möglich täglich, durchgeführt werden. Je öfter, desto besser ist die Wirkung (vgl. *Lee* 2005, 148; *Weineck* 2010, 783).

Im Allgemeinen benötigen Sportler, die eine »Beweglichkeitspause« (d.h. kein Beweglichkeitstraining) eingelegt haben, einen Zeitraum von etwa 6–8 Wochen, bis sie die für den Trainingsbetrieb optimale Beweglichkeit erreicht haben.

Methodische Grundsätze

(vgl. *Grosser* 1988, 89; *Martin* 1991, 226/227; *Weineck* 2010, 784)
- Der Beweglichkeitsschulung sollte eine gute Aufwärmarbeit (z.B. Warmlaufen) vorausgehen. Das Einschießen erfolgt anschließend.
- Das Beweglichkeitstraining sollte nicht nur vor (statisch), sondern auch nach (dynamisch) der sportlichen Belastung zur Anwendung kommen (schnellere Muskelerholung).
- Systematik und Dauer des Beweglichkeitstrainings richten sich nach Tageszeit und dem Hauptziel der Trainingseinheit.
- Das Flexibilitätstraining sollte nicht in stark ermüdetem Zustand durchgeführt werden.
- Um ein Höchstmaß an Beweglichkeit zu erreichen, sollten die Dehnübungen nicht nur ein-, sondern mehrdimensional durchgeführt werden.
- Die leistungsrelevanten Muskelgruppen sollten abwechselnd gedehnt werden.
- Die Serienpausen sind mit Entspannungs- und Lockerungsübungen auszufüllen.

Schnelligkeitstraining

Begriffsbestimmung

Bei der Schnelligkeit handelt es sich um einen außergewöhnlich vielfältigen und komplexen Fähigkeitskomplex, der sich in den verschiedenen Sportarten in recht unterschiedlicher Weise darstellt. Eine umfassende allgemeine Definition der Schnelligkeit gibt *Grosser* (1991, 13), der neben den konditionell-koordinativen Aspekten auch die psychische Komponente mit einbringt.

> Schnelligkeit im Sport ist die Fähigkeit, aufgrund kognitiver Prozesse, maximaler Willenskraft und der Funktionalität des Nerv-Muskel-Systems höchstmögliche Reaktions- und Bewegungsgeschwindigkeiten unter bestimmten gegebenen Bedingungen zu erzielen.

Arten der Schnelligkeit

Schnelligkeit ist nicht nur die Fähigkeit, schnell zu laufen, sondern sie spielt im Bogenschießen sowohl im Sinne der motorischen als auch der psychisch-kognitiven Schnelligkeit eine wichtige Rolle. Für den Bogenschützen von Bedeutung sind in diesem Sinne Reaktions-, Aktions-, Wahrnehmungs- und Antizipationsschnelligkeit.
Als Subkategorien der *motorischen Schnelligkeit* werden die Reaktions- und die Aktionsschnelligkeit – neben den komplexen Schnelligkeitsformen – als reine Schnelligkeitsformen wie folgt definiert (vgl. *Weineck* 2010, 611):

> *Reaktionsschnelligkeit* ist die Fähigkeit, auf einen Reiz in kürzester Zeit zu reagieren.
> Die *Aktionsschnelligkeit* bezeichnet im Bogenschießen die Fähigkeit, die Fingermuskulatur maximal schnell zu entspannen (s. S. 84, Klassifizierung des Lösens).

Die *psychisch-kognitive Schnelligkeit* (Wahrnehmungs- und Antizipationsfähigkeit) des Spitzenschützen zeigt sich im raschen Erfassen von wechselnden Umgebungsbedingungen (z.B. Windeinflüsse).

Wahrnehmungsschnelligkeit ist die Fähigkeit, durch die Sinne (vor allem Seh- und Tastsinn) wesentliche Informationen aus der Umwelt schnell aufnehmen, verarbeiten und bewerten zu können (vgl. *Weineck* 2010, 612).
Antizipationsschnelligkeit im Bogenschießen ist die Fähigkeit, auf der Grundlage von Erfahrungswissen und aktueller Erkenntnis (z.B. Umgebungsbedingungen) die Zielbewegungen (Verlauf des Zielkorns) vorauszuahnen.

Bedeutung der Schnelligkeit

Reaktionsschnelligkeit
Die Reaktionsschnelligkeit zeigt sich im Bogenschießen in einem unbewusst schnellen Reagieren auf das Klickersignal. Ungleichmäßige Zeitdifferenzen zwischen Klickersignal und Abschuss führen zwangsläufig zu ungleichmäßigen Krafteinsätzen sowohl insgesamt – in der Beteiligung aller am Schießvorgang beteiligten Muskeln – als auch innerhalb der einzelnen Muskeln selbst.

Abb. 295 zeigt schematisch den zeitlichen Übergang zwischen dem Klickersignal, dem Lösen der Hand, sowie dem Lösen des Pfeils von der Sehne. *Gruber* et al. (2001, 28) konnten dabei anhand von 9 Probanden zeigen, dass die Klicker-Schuss-Zeiten zwischen 160 und 200 ms schwanken, wobei die Standard Abweichungen sehr gering (<10 ms) ausfallen. Eine Korrelation zwischen der Variablen und dem Schussergebnis konnte nicht nachgewiesen werden. Generell kommt es allerdings zu längeren Reaktionszeiten, wenn die Schützen unter der Bedingung, den Bogen ruhig zu halten, schießen sollten (Abb. 296).

Beachten Sie: Der Klicker gilt nicht als Lösesignal, sondern als Auszugskontrolle (vgl. *Thiele* 2000, 58).

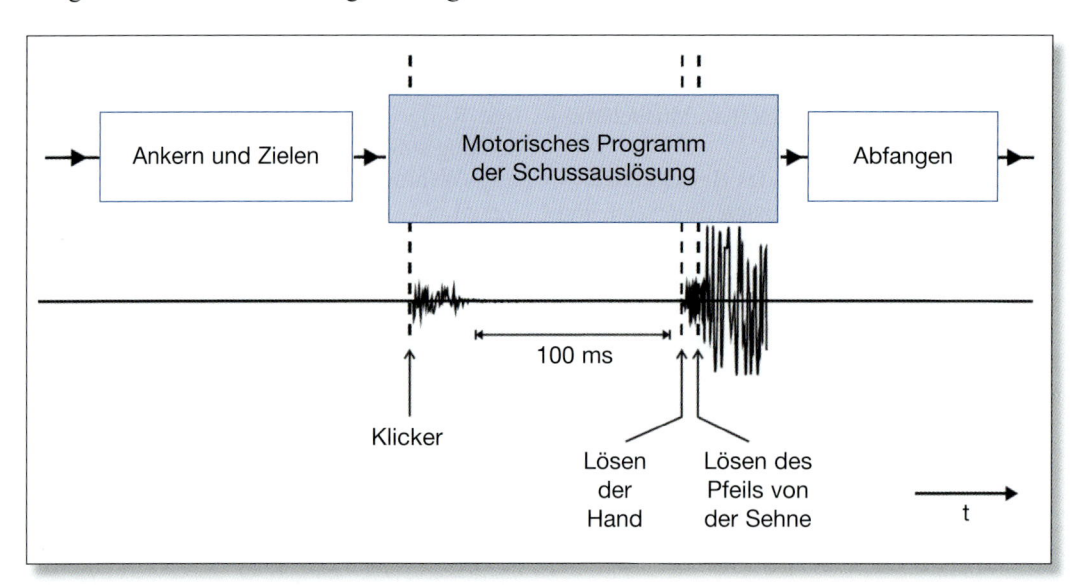

Abb. 295: Schematische Darstellung des zeitlichen Übergang zwischen dem Klickersignal, dem Lösen der Hand sowie dem Lösen des Pfeils von der Sehne (vgl. *Gruber* 2001, 28)

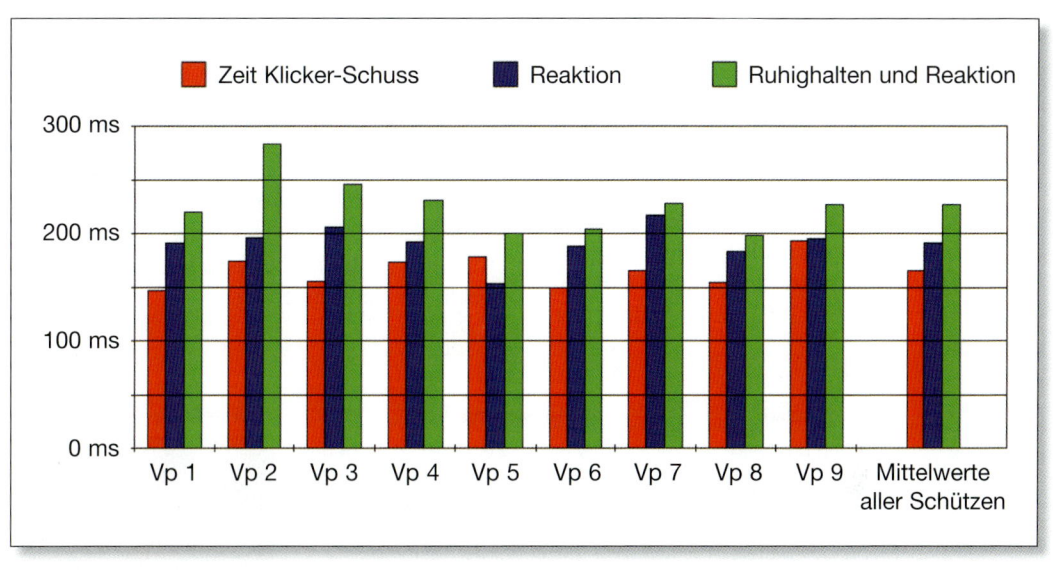

Abb. 296: Mittelwerte der Zeiten Klicker-Schuss (35 Schüssen je Schütze), der Reaktionszeiten (10 Versuche) und der Reaktionszeiten unter der Bedingung ruhig zu halten (10 Versuche; Vp: Versuchsperson; vgl. *Gruber* 2001, 27)

Antizipationsschnelligkeit

Aufgrund der auftretenden Körperschwankungen (Instabilität des Systems Schütze – Bogen) kommt es zu ständigen Zielbildveränderungen, die in entscheidenden Phasen antizipiert werden können. Die Antizipation erfolgt schneller als eine Reaktion auf ein nicht vorhersehbares Ereignis, da der Schütze das reaktionsauslösende Signal (»Zielbild stimmt!«) in seiner Entwicklung »voraussieht«. Er wird damit durch das Signal nicht überrascht.

Während des Zielvorgangs muss der Schütze veränderte Umweltbedingungen (z.B. drehender Wind oder stärkerer Regen) schnellstmöglich wahrnehmen, um darauf noch reagieren zu können (z.B. veränderter Anhaltepunkt oder Absetzen). Die Wahrnehmungsfähigkeit hängt vor allem vom taktilen und kinästhetischen Analysator ab (s. S. 89 bzw. 344).

Aktionsschnelligkeit

Eine hohe Fingeröffnungsgeschwindigkeit verringert den Sehnen- und damit den Pfeilreflex. Dadurch erfährt der Pfeil eine geringere Durchbiegung und ein stabileres Flugverhalten.

Beachten Sie: Das Öffnen der Zugfinger sollte nicht bewusst erfolgen, weil kognitive Prozesse den Bewegungsfluss hemmen und damit die Ausführungsgeschwindigkeit reduzieren.

Methoden und Inhalte des Schnelligkeitstrainings

Kratzer (2007) weist darauf hin, dass im Rahmen eines allgemeinen Schnelligkeitstrainings verschiedene Einfach- und Auswahlreaktionen periodisch geschult werden sollten. Tab. 74 zeigt beispielhaft ergänzende Übungen, die mittels geeigneter Software (z.B. Senso Control; vgl. *Kratzer* u. *Pihaule* 2007) durchgeführt werden können.

Beachten Sie: Das spezielle Schnelligkeitstraining des Bogenschützen erfolgt im Rahmen der Schulung allgemeiner und spezieller koordinativer Fähigkeiten bzw. durch das Schießen selbst. Hieraus ergeben sich auch entsprechende Kontroll- und Testverfahren, Besonderheiten für das Kinder- und Jugendtraining, methodische Grundsätze sowie Aspekte der Periodisierung.

Test	Programmziel	Realisierung	Darstellung
Einfache Reaktion	Messung der Reaktionszeit in Millisekunden (ms) vom Moment der Darstellung des optischen Signals, bis zur Reaktion des Probanden mittels Drucktaster; außerdem wird die Anzahl der Fehler bestimmt, z.B. bei zu früh gedrückt	Zu dem Zeitpunkt, zu dem das Reaktionsobjekt (Standard = roter Vollkreis) angezeigt wird, sollte so schnell wie möglich der Taster auf der Tasterbox gedrückt werden	
Unterscheidungsreaktion	Wie oben, aber: eine korrekte Reaktion, sollte nur auf das Reaktionssignal (Standard = rot), nicht aber auf das Fehlersignal (gelb) erfolgen	Zu dem Zeitpunkt, zu dem das Reaktionsobjekt (Standard = roter Vollkreis) angezeigt wird, sollte so schnell wie möglich der Taster auf der Tasterbox gedrückt werden; das Drücken bei einem Fehlersignal (gelber Vollkreis) muss vermieden werden	
Antizipierte Reaktion	Ermittlung der Zeitdifferenz in Millisekunden (ms), die sich zwischen den einzelnen Punkten rechnerisch ergibt, wenn der rote Kreisläufer nicht an den einzelnen grünen Haltepunkten zum Stillstand gebracht werden kann; außerdem wird die Anzahl der Fehler bestimmt; Fehler können sich ergeben, wenn der Kreisläufer bis zum Start/Endpunkt wieder durchläuft	Zu dem Zeitpunkt, zu dem das Reaktionsobjekt (roter Vollkreis) sich der grünen Marke nähert, soll der Taster der Tasterbox so gedrückt werden, dass der rote Kreisläufer möglichst auf dem grünen Haltepunkt-Vollkreis deckungsgleich zum Stehen kommt; da sich der rote Kreisläufer fortlaufend bewegt, muss je nachdem etwas früher gedrückt (antizipiert) werden	
Auffassungsgeschwindigkeit (Mengenschätzen)	Ermittlung von Mengendifferenzen zwischen einer tatsächlichen angezeigten Menge von Objekten (Standard = schwarze Vollkreise) mit der Menge, die wahrgenommen und in das System per Tastatur eingegeben wurde	Wenn die Objekte angezeigt werden, soll deren Anzahl schnell geschätzt werden und diese Anzahl per Tastatur möglichst schnell dem System mitgeteilt werden	

Tab. 74: Beispiele eines rechnergestütztes Schnelligkeitstraining (z.B. Senso Control; vgl. *Kratzer* u. *Pihaule* 2007)

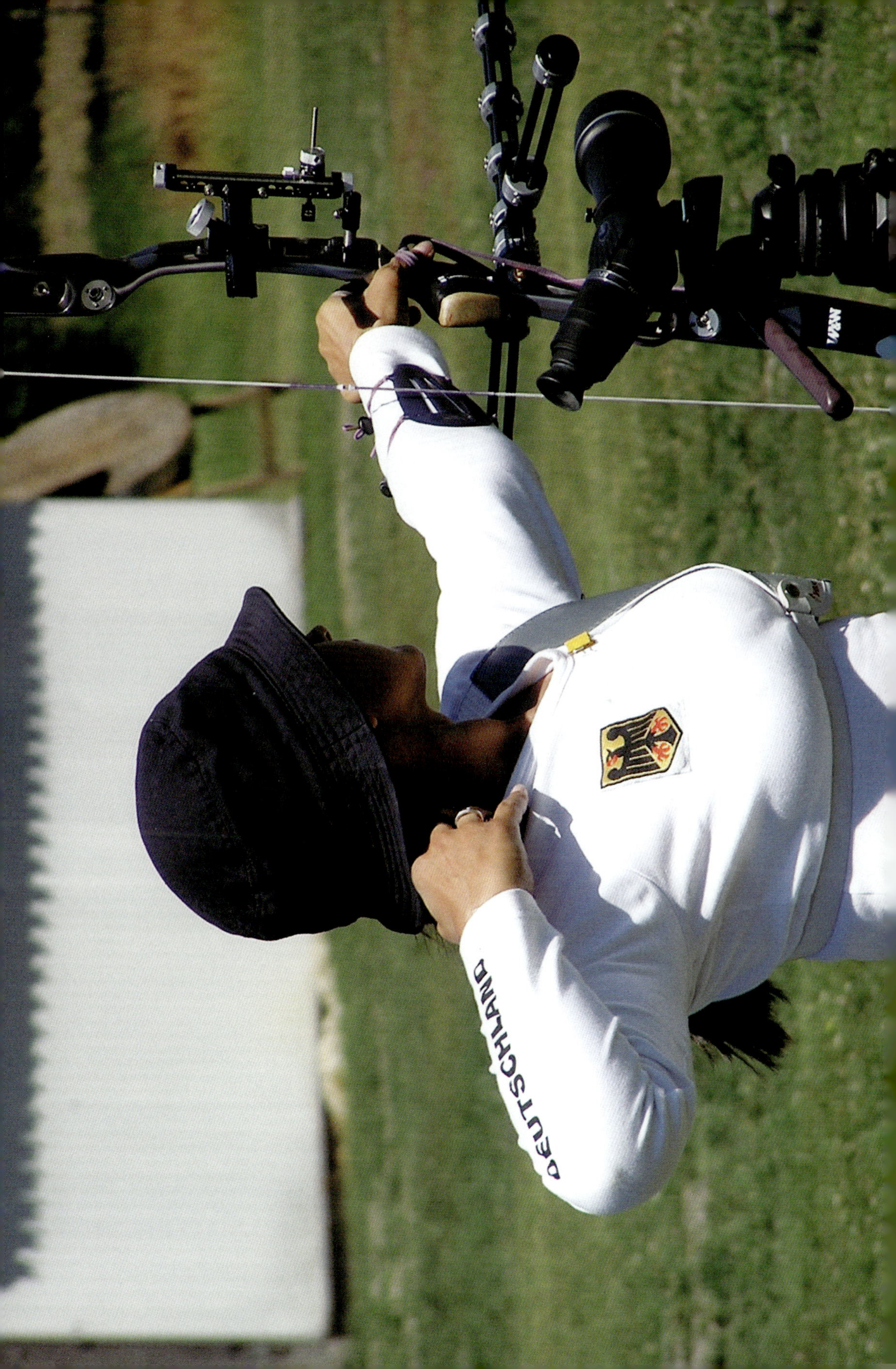
DEUTSCHLAND

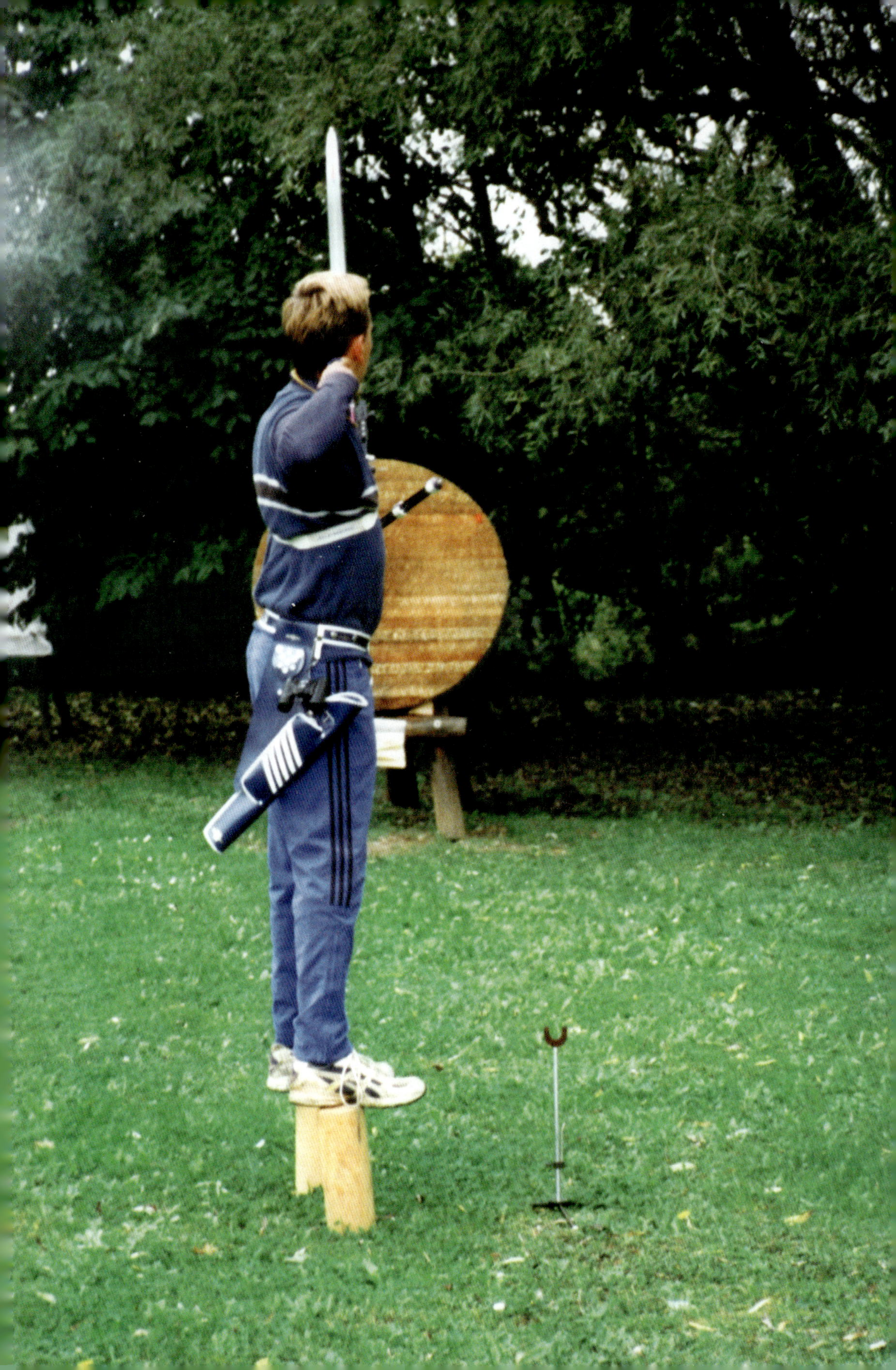

8 Training der koordinativen Fähigkeiten

Begriffsbestimmung

> Koordination beinhaltet das Zusammenwirken von ZNS und Skelettmuskulatur innerhalb eines gezielten Bewegungsablaufs (vgl. *Hollmann* et al. 2003, 132).

Man unterscheidet allgemein:
- *Intermuskuläre Koordination:* Harmonisches Zusammenspiel der an einer Bewegung beteiligten Muskulatur (Agonist/Antagonist)
- *Intramuskuläre Koordination:* Zusammenspiel der einzelnen Muskelfasern innerhalb eines einzelnen Muskels (gezielter Einsatz von Muskelfasereinheiten)

> Die koordinativen Fähigkeiten sind Fähigkeiten, die durch die Prozesse der Bewegungssteuerung und Regelung bestimmt werden. Sie befähigen den Sportler, motorische Aktionen in vorhersehbaren (Stereotyp) und unvorhersehbaren (Anpassung) Situationen sicher und ökonomisch zu beherrschen und sportliche Bewegungen sicher und schnell zu erlernen (vgl. *Frey* 1977, 356; *Hirtz* 1981, 348; *Weineck* 2010, 793).

Arten der koordinativen Fähigkeiten

Man unterscheidet allgemeine und spezielle koordinative Fähigkeiten (vgl. *Weineck* 2010, 793).
Die *allgemeinen* koordinativen Fähigkeiten sind das Ergebnis einer vielfältigen Bewegungsschulung in verschiedenen Sportarten. Sie treten daher auch in diversen Bereichen des Alltagslebens und des Sports dadurch zutage, dass beliebige Bewegungsaufgaben rationell und schöpferisch gelöst werden können.

Die *speziellen* koordinativen Fähigkeiten im Bogenschießen sind durch das Variationsvermögen in der Technik des Schützen gekennzeichnet. Minimale Abweichungen in der Bewegungsausführung (z.B. Instabilitäten der Bogenschulter in der 3. Positionsphase) können dadurch differenziert wahrgenommen, beurteilt und ökonomisch verarbeitet werden (z.B. Druckerhöhung auf der Bogenarmseite).

Bedeutung der koordinativen Fähigkeiten

Ganz allgemein werden die koordinativen Fähigkeiten benötigt, um Situationen zu meistern, die ein schnelles und zielgerichtetes Handeln erfordern. Sie sind demnach auch im Sinne einer Unfallprophylaxe von höchster Wertigkeit (Vermeiden von Kollisionen, Stürzen etc.).
- Die Koordinativen Fähigkeiten sind die Grundlage einer guten sensomotorischen Lernfähigkeit, d.h., je höher ihr Niveau, desto schneller und effektiver können neue bzw. schwierige Bewegungen erlernt werden. *Korobkov* (zitiert nach *Raeder* 1970, 68) bezeichnet das Training der Gewandtheit als ein »Training der Trainierbarkeit«.
- Die einer hoch entwickelten Gewandtheit innewohnende hohe Ökonomie – bedingt durch die Präzision der Bewegungssteuerung – erlaubt es, gleiche Bewegungen mit einem geringeren Aufwand an Muskelkraft zu vollziehen und damit energiesparend zu wirken. Auf diese Weise bestimmen sie die

Höhe des Ausnutzungsgrades der konditionellen Fähigkeiten.
- Auf der Grundlage einer gut entwickelten koordinativen Leistungsfähigkeit können auch noch in späteren Trainingsjahren sporttechnische Fertigkeiten neu- und umgelernt werden.
- Ein hohes Niveau an koordinativen Fähigkeiten gestattet eine rationale Aneignung von sporttechnischen Fertigkeiten aus anderen Sportarten, die zum Beispiel für die allgemeine Konditionierung und für das Ausgleichstraining genutzt werden können (vgl. *Weineck* 2010, 793).

Trainierbarkeit der koordinativen Fähigkeiten

Obwohl die einzelnen Komponenten der koordinativen Fähigkeiten ihr Entwicklungsoptimum zu teilweise recht unterschiedlichen Zeitpunkten haben, lässt sich im Allgemeinen feststellen, dass die koordinativen Fähigkeiten ihren größten Entwicklungsschub im Kindesalter erhalten (vgl. *Stemmler* 1977, 278; *Hirtz* 1976, 385).

> Die rechtzeitige Schulung der koordinativen Fähigkeiten ist deshalb für den später erreichbaren Grad der Entwicklungsfähigkeit und damit der Schießleistung entscheidend.

Aus Abb. 297 geht hervor, dass die koordinativen Fähigkeiten einerseits in der Schießtechnik zum Ausdruck kommen und sich andererseits als Folge dieser Tätigkeit entwickeln (vgl. *Blume* 1978, 32).

Eine besondere Bedeutung kommt neben den analysatorischen Fähigkeiten (s. S. 89 bzw 236) und den physischen Leistungsvoraussetzungen dem Bewegungsschatz und der Bewegungserfahrung des Schützen zu. Dies ist darauf zurückzuführen, dass jede Bewegung, wie neu sie auch sein mag, immer auf der Grundlage alter Koordinationsverbindungen ausgeführt wird. Je größer demnach der Bewegungsschatz an bedingt reflektorischen motorischen Verbindungen ist, desto mehr wird das ZNS entlastet und der Schießablauf über mehr oder weniger automatisierte Ablaufmuster vollzogen (vgl. *Weineck* 2010, 794). Der Schütze gelangt dadurch nicht nur schneller in einen »unbewussten« Bewegungsablauf, sondern kann diesen auch über einen längeren Zeitraum koordinativ auf höchstem Niveau ausführen.

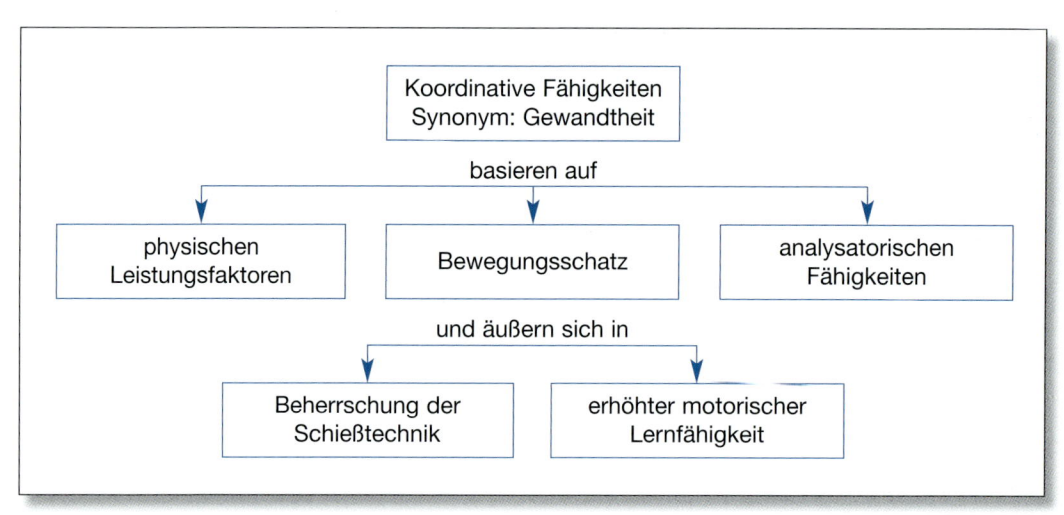

Abb. 297: Schematische Übersicht über die Grundlagen bzw. Manifestationsformen der koordinativen Fähigkeiten im Bogenschießen (vgl. *Hirtz* et al. 1972, 743; in *Weineck* 2010, 795)

Komponenten der koordinativen Fähigkeiten im Bogenschießen

Um insbesondere die Beseitigung von Teilschwächen in der technischen Ausführung (z.B. instabiler Stand, unregelmäßiges Timing) zu ermöglichen, dürfen Fähigkeiten nicht nur komplex betrachtet werden. Die koordinativen Fähigkeiten sind demnach wesentlich zu verbessern, wenn die einzelnen Komponenten ebenso zielgerichtet entwickelt werden.

Als Komponenten der koordinativen Fähigkeiten gelten übergeordnet Steuerungsfähigkeit, Adaptionsfähigkeit und motorische Lernfähigkeit sowie untergeordnet motorische Anpassungs- und Umstellungsfähigkeit, Differenzierungs- bzw. Steuerungsfähigkeit, Reaktionsfähigkeit, Gleichgewichtsfähigkeit, Orientierungsfähigkeit, Rhythmisierungsfähigkeit sowie Kombinations- bzw. Kopplungsfähigkeit (Abb. 298; vgl. *Hirtz* et al. 1972, 742; *Frey* 1977, 356).

Wie Tätigkeitsanalysen und Untersuchungen von *Blume* und *Lea* (1989) zeigen, beeinflussen koordinative Fähigkeiten wie Differenzierungsfähigkeit, Gleichgewichtsfähigkeit und Reaktionsfähigkeit bei der Koordination von Visierbilderfassung und Lösen das Schießresultat wesentlich. Hinzu kommen im Sinne einer weitestgehenden Konstanthaltung des Bewegungsablaufes entsprechend dem voraus genommenen bzw. gespeicherten Programm (unter Kompensation jeglicher Störung, die den vorgesehenen Bewegungsablauf zu verändern droht) die Kopplungs- und Rhythmisierungsfähigkeit (vgl. *Eliason* 1992, 33).

Nachfolgend werden die genannten Fähigkeiten und ihre *speziellen Bedeutungen* für das Bogenschießen kurz beschrieben.

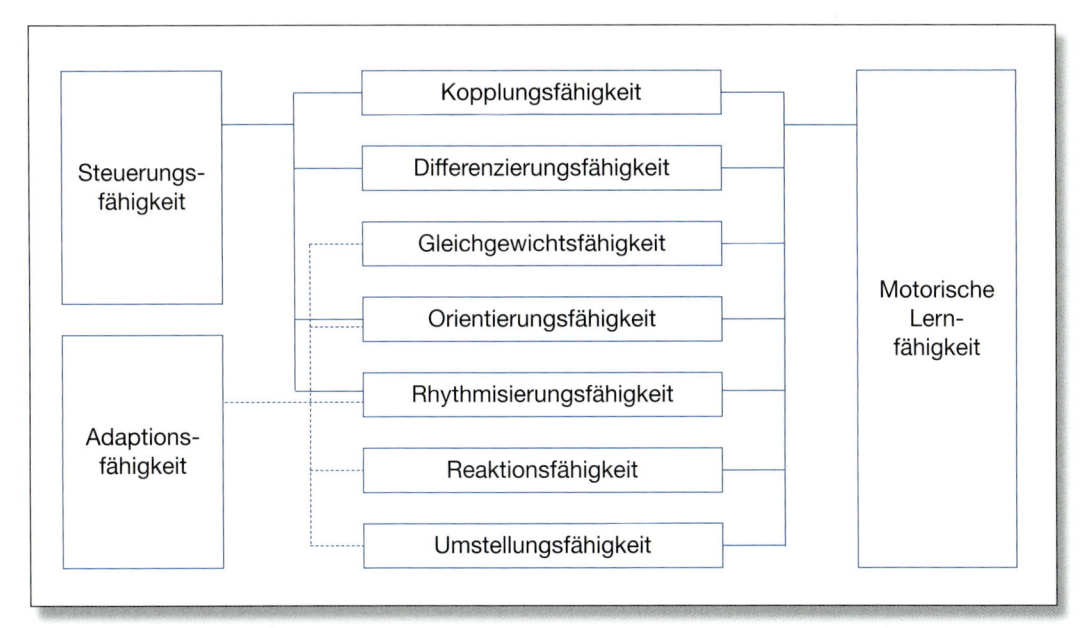

Abb. 298: Strukturelles Gefüge der koordinativen Fähigkeiten (vgl. *Meinel* u. *Schnabel* 1987, 258; in *Weineck* 1997, 539)

Differenzierungsfähigkeit

Unter Differenzierungsfähigkeit verstehen *Meinel* und *Schnabel* (1987, 248) die Fähigkeit zum Erreichen einer hohen Feinabstimmung einzelner Bewegungsphasen und Teilkörperbewegungen, die in großer Bewegungsgenauigkeit und -ökonomie zum Ausdruck kommt.

Die Differenzierungsfähigkeit ermöglicht eine hochgradig muskuläre Feinabstimmung, die zur Stabilität und Konstanz des Bewegungsablaufs und damit zu hohen Schussleistungen im Bogenschießen beiträgt (vgl. *Williams* u. *Helgeland* 1993, 117).
Als Abschluss der Koordinationsphase Halten-Zielen-Lösen (Übergang von der 3. auf die 4. Positionsphase) entscheidet die Art der Schussauslösung letztlich darüber, ob ein guter Treffer erzielt wird. Eine hohe Bewegungs-, Druck- und Kraftempfindlichkeit (Finger, Hand, Arm), d.h. eine entsprechende taktil-kinästhetische Sensibilität (vgl. *Kratzer* 1997, 10), ist hier erforderlich. Die Differenzierungsfähigkeit äußert sich allgemein im Bewegungsgefühl (vgl. *Rieder* u. *Lehnertz* 1992, 230), speziell im Bogenschießen im *Schießgefühl* (s. S. 441). Die Wahrnehmung der Raum- (z.B. Position der Zughand am Kinn beim »Ankern« oder Grundhaltung), Zeit- (z.B. Dauer zwischen Ankern und Lösen) und Spannungsverhältnisse (z.B. in der Rücken- und Schultermuskulatur während der Klickerendphase) erfolgt – wie bereits erwähnt – insbesondere über den kinästhetischen Analysator; Abb. 299).

Konsequenzen für die Trainingspraxis:
- Erspüren Sie verschiedene Positionen ihrer Schießhaltung bzw. innerhalb des Bewegungsablaufes, indem Sie jeweils kurz in einer bestimmten Gelenkwinkelstellung inne halten.
- Konzentrieren Sie sich auf konstante Bewegungszeiten insbesondere in der Klickerendphase (z.B. durch innerliches Zählen).
- Nehmen Sie die unterschiedlichen Spannungsveränderungen innerhalb einzelner Muskelgruppen während des Schießablaufs wahr (z.B. während der Schulterblattbewegung auf der Zugarmseite).

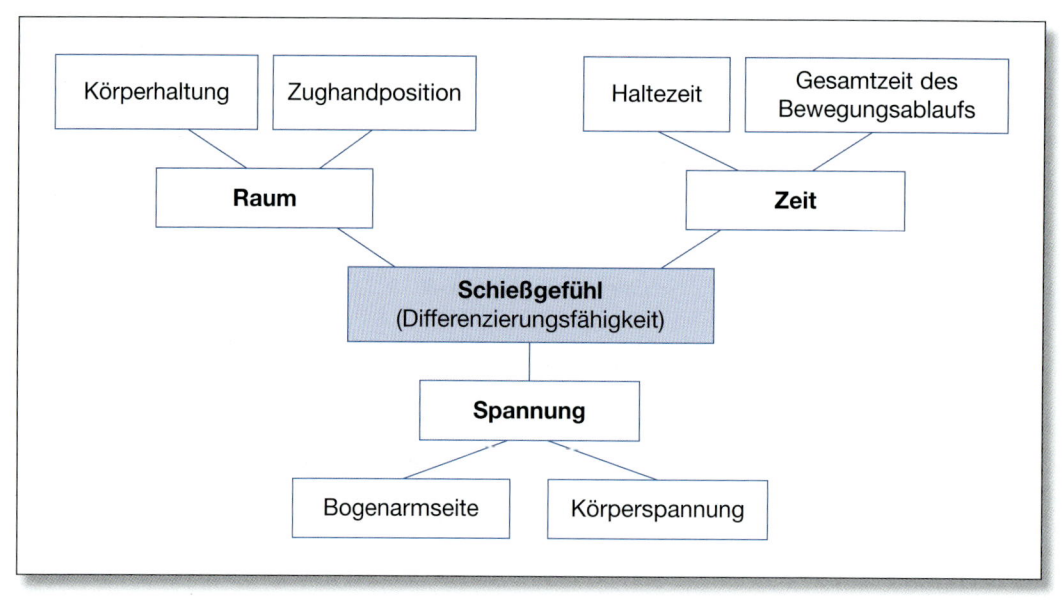

Abb. 299: Schießgefühl in Abhängigkeit von wesentlichen Raum-, Zeit und Spannungs- bzw. Kraftparametern im Bogenschießen

Gleichgewichtsfähigkeit

Unter Gleichgewichtsfähigkeit verstehen *Meinel* und *Schnabel* (1987, 253) die Fähigkeit, den gesamten Körper im Gleichgewicht zu halten oder während und nach umfangreichen Körperverlagerungen diesen Zustand beizubehalten bzw. wiederherzustellen.

Während Anfänger insbesondere 4–6 Sekunden vor dem Lösen vermehrte Instabilitäten aufweisen, konnte *Lee* (2006, 79) mithilfe von Stabilitätsplattformen deutlich machen, dass Spitzenschützen in der Lage sind, in zeitlicher Nähe des Lösevorgangs ihre Stabilität zu erhöhen.
Die bestätigen auch die Untersuchungen von *Edelmann* und *Nusser* (2008), die anhand von 7 C-Kader-Athleten zusätzlich zeigen konnten, dass Schwankungen des Körperschwerpunkts anterior-posterior (vor und zurück) deutlich größer waren als links-rechts.

Die Gleichgewichtsfähigkeit tritt in den verschiedensten Erscheinungsformen auf (Abb. 300). So ist im Bogenschießen nicht nur der eigene Körper im Gleichgewicht (z.B. während der Rotationsbewegung des Zugarmellenbogens in der Klickerendphase) zu halten, sondern insbesondere auch der Bogen (Verkanten). Diese Vielfältigkeit sollte im Trainingsprozess insbesondere im Rahmen unterschiedlichster Inhalte berücksichtigt werden.

Konsequenzen für die Trainingspraxis:
Das Trainingsziel »Verbesserung der Gleichgewichtsfähigkeit« kann durch eine progressive Steigerung der Anforderung mithilfe eines Kreisels in nachfolgender methodische Reihung erreicht werden:
- Allgemeine Gleichgewichtsübungen (z.B. Einbeinstand)
- Gleichgewichtsübungen auf dem Kreisel ohne Gerät
- Schießablauf auf dem Kreisel ohne Gerät
- Schießablauf auf dem Kreisel mit Deuserband
- Schießablauf auf dem Kreisel mit Gerät auf eine Entfernung von 5 Metern (auf leere Scheibe)

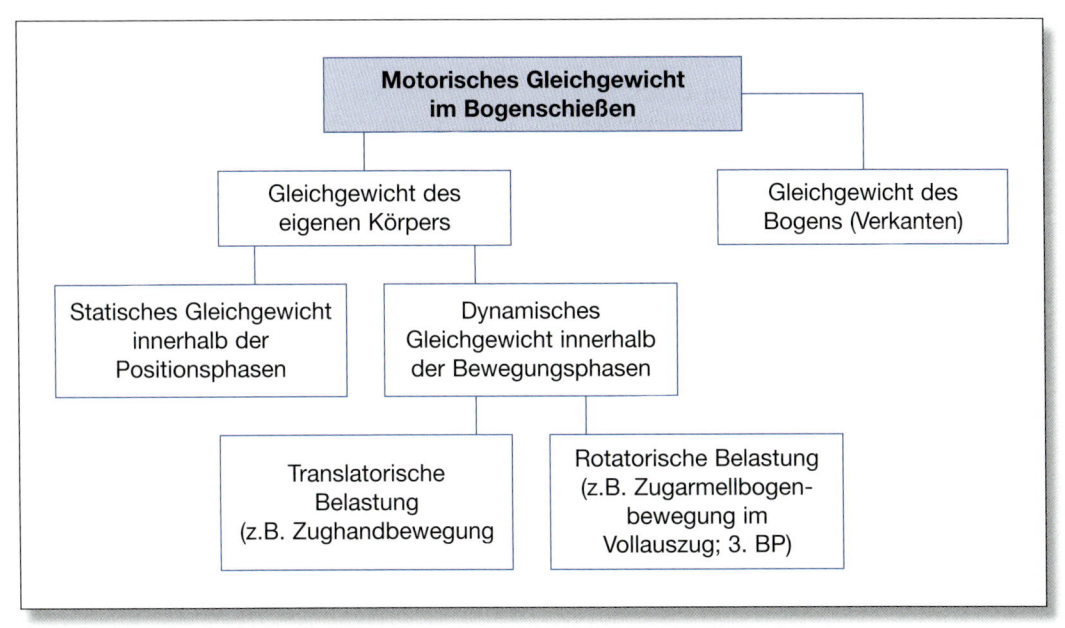

Abb. 300: Arten des Gleichgewichts im Bogenschießen (BP: Bewegungsphase; verändert nach *Fetz* 1989, 258; in *Weineck* 1997, 542)

- Schießablauf auf dem Kreisel mit Gerät auf eine Entfernung von 5 Metern (auf Zielpunkt)
- Schießablauf auf dem Kreisel mit Gerät auf eine Wettkampfentfernung (auf leere Scheibe)
- Schießablauf auf dem Kreisel mit Gerät auf eine Wettkampfentfernung (auf Zielpunkt)
- Schießablauf auf dem Kreisel mit Gerät auf eine Wettkampfentfernung (auf Auflage)
- Schießablauf auf verschiedenen instabilen Unterlagen mit Gerät mit und ohne Partner sowie auf eine Wettkampfentfernung (mit Auflage; Abb. 301)

Kopplungsfähigkeit

Unter Kopplungsfähigkeit verstehen *Meinel* und *Schnabel* (1987, 250) die Fähigkeit, Teilkörperbewegungen (beispielsweise der Extremitäten, des Rumpfes und des Kopfes) untereinander und in Beziehung zu der auf ein bestimmtes Handlungsziel gerichteten Gesamtkörperbewegung zweckmäßig zu koordinieren.

Abb. 301: Spezielle Schulung der Gleichgewichtsfähigkeit mit einem Partner

Im Bogenschießen spielt diese Fähigkeit bei der zeitlich parallel ablaufenden Zug-Druck-Arbeit des Zug- bzw. Bogenarmes sowie beim geforderten fließenden Übergang der Positionsphasen innerhalb so genannter Muskelschlingen eine wesentliche Rolle. Unterschiedliche Zug-Druck-Kraft-Verhältnisse bedingen zwangsläufig Seitenstreuungen und führen dadurch zu schlechteren Schießleistungen (vgl. *Bachmann* 1994).

Die Kopplung der Schulterblattbewegung auf der Zugarmseite mit der Stabilisierung des Schulterblattes auf der Bogenarmseite gilt als Basis eines biomechanisch optimalen Bewegungsablaufs im Bogenschießen.

Die Komplexität des Gesamtablaufs und die dadurch geforderte Kopplungsfähigkeit zeigen sich insgesamt im Zielvorgang, der als übergreifendes Element einen funktionalen Zusammenhang zwischen den einzelnen Positionsphasen bzw. deren Übergängen (Vorspannen, Setup, Vollauszug und Anker, Klickerendphase, Lösen und Nachzielen bzw. Nachhalten) herstellt. Nur der Schütze, der Teilkörperbewegungen optimal aufeinander abstimmt, kann letztendlich den Bogen entsprechend ruhig halten und genau zielen.

Muskelphysiologisch äußert sich die Kopplungsfähigkeit während der Hauptfunktionsphase (Klickerendphase) in einer optimalen intermuskulären Koordination. Nur durch ein Gleichgewicht der Zugarbeit auf der Zugarmseite (unter anderem Mm. rhomboideus major et minor) und der Druckerhöhung auf der Bogenarmseite (unter anderem M. serratus anterior), kann es dem Schützen letztendlich gelingen »in Linie«, und damit biomechanisch günstig, zu schießen. Eine gut koordinierte Schultermuskulatur im Allgemeinen und ein stabiler Anker im Besonderen bilden dabei insgesamt die Voraussetzung für die individuell optimale

Schulterblattpositionierung (s. S. 395, 406, 421 und 439, Schießtechnik).
Zusammenfassend ist festzuhalten, dass nur eine optimale Kopplung aller Teilbewegungen (z.B. Heben des Bogens und Vorspannung, Fixieren der Schulter und Übernehmen der Muskelarbeit durch die Rückenmuskulatur) eine hohe Ökonomie der Bewegung hinsichtlich Zeit, Umfang und Kraftaufwand ermöglicht. Erst dadurch sind Präzisionsleistungen, wie sie im Bogenschießen gefordert sind, sicherzustellen (vgl. *Munkenbeck* 1983, 23/24).

Konsequenzen für die Trainingspraxis:
- Achten Sie auf ein ausgewogenes Verhältnis (50 : 50) der Zugbewegung auf der Zugarmseite und Druckerhöhung auf der Bogenarmseite (s. S. 208).
- Beobachten Sie Ihre Zielbildbewegungen (als Maß einer optimalen Kopplungsfähigkeit) unter Verwendung verschiedener Materialkombinationen (z.B. verschiedene Längen des Frontstabilisators, unterschiedliche Griffe und Tabbs).

Rhythmisierungsfähigkeit

Unter Rhythmisierungsfähigkeit verstehen *Meinel* und *Schnabel* (1987, 255) die Fähigkeit, einen von außen vorgegebenen Rhythmus zu erfassen und motorisch zu reproduzieren sowie den »verinnerlichten«, in der eigenen Vorstellung existierenden Rhythmus einer Bewegung in der Bewegungstätigkeit zu realisieren.

Fremdrhythmen sind beim Bogenschießen vorgegeben durch die automatische Ampelschaltung (z.B. 30 Sekunden im alternierenden Finalschießen bzw. 2 Minuten bei einem 3-Pfeile-Rhythmus bzw. 4 Minuten bei einem 6-Pfeile-Rhythmus). Der verinnerlichte Rhythmus findet sich sowohl in der zeitlichen Aufeinanderfolge von 3 bzw. 6 Schüssen (Makrorhythmisierung) als auch in der zeitlichen Ordnung des Bewegungsablaufs (Mikrorhythmisierung), die sich in der Dynamik des Kraftverlaufs und darüber hinaus auch im räumlich-zeitlichen Verlauf der Bewegung widerspiegelt (vgl. *Meinel* und *Schnabel* 1977, 129). Bewegungsfluss, -präzision und -konstanz (s. S. 221) charakterisieren eine harmonische Einheit räumlicher, zeitlicher und energetischer Ausprägung der Bewegung. Die Wahrnehmung solcher »Objektrhythmen« erfolgt durch visuelle, akustische und kinästhetische Analysatoren.
Ein optimaler zeitlicher Ablauf einzelner Phasen gibt die Sicherheit, auch bei ungewohnten Einflüssen wie Wind, Regen oder Lärm den Bewegungsablauf konstant halten zu können. Der eigene Schießrhythmus kann durch das Feststellen individueller Sequenzen sowie durch das Training von Zeitprofilen erarbeitet und vervollkommnet werden.

Feststellen individueller Sequenzen
Um den Rhythmus zu automatisieren, empfiehlt es sich, den Bewegungsablauf zunächst in Sequenzen zu unterteilen. Eine Sequenz ist ein Abschnitt des Schießablaufs, der durch einen bestimmten Raumweg und eine bestimmte Ablaufzeit eines oder mehrerer bestimmter Körperpunkte (z.B. Zughand) markiert ist (vgl. *Ungerer* 1977). Abb. 302 zeigt die Zerlegung des Bewegungsablaufs in die 4 Positionsphasen (s. auch S. 442) unter Berücksichtigung von Raum- (Zughand) und Zeitmerkmalen.

Mithilfe eines Taktgebers (Metronom), dem eigenen Atemrhythmus, einer Uhr, mit Musik oder dem mentalen Impuls können einfachste sensorische Rückmeldungen gegeben werden (*Kobler* 1998, *Park* 2008). Durch das abwechselnde praktische Üben und mentale Durchgehen (ideomotorisches Training) des Schießablaufs – ergänzt durch einen vorgegebenen Takt (z.B. 1 = Fingerplatzierung, Griffposition und Vorspannung, 2 = Set-up, 3 = Ankern, Klickerendphase, 4 = Nachzielen und Nachhalten) – können schließlich Ist- und Sollwert aneinander angeglichen werden. Ein mentaler Impuls kann zudem über ein (Sprech-) Kommando (z.B. »eins – zwei – drei – Druck und Zug – vier«)

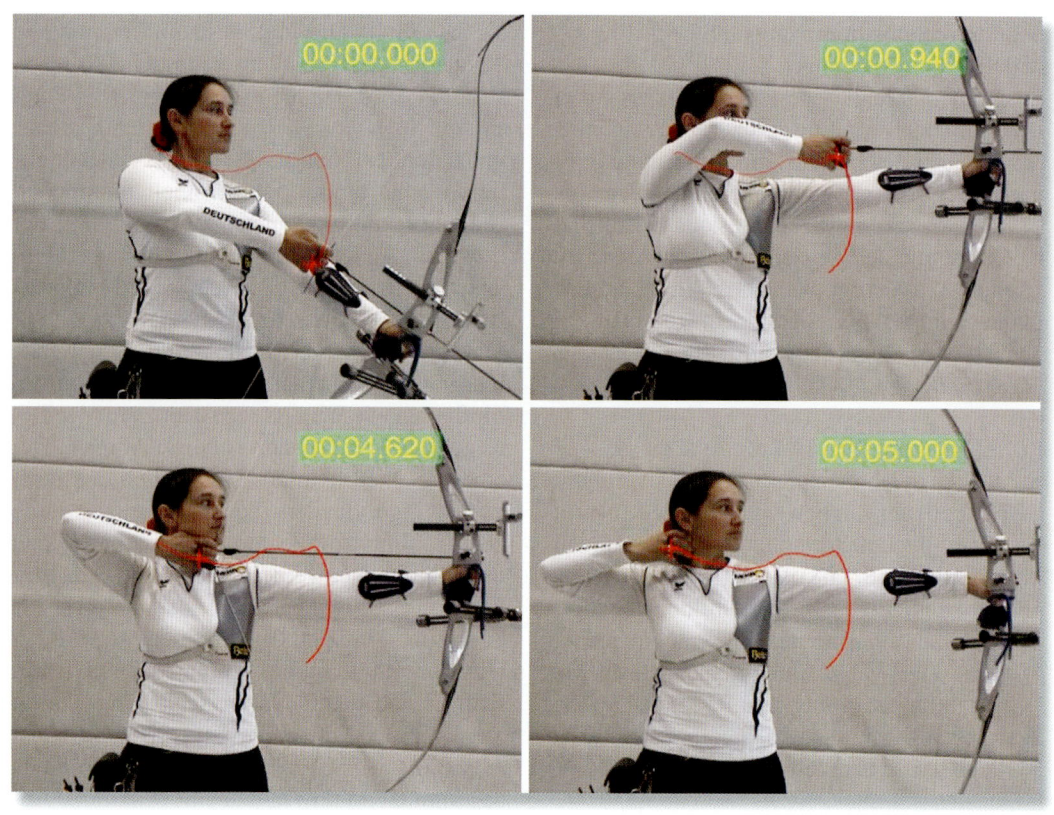

Abb. 302: Raumwege und Zeitsequenzen im Schießablauf

das Lösen einleiten (s. auch S. 514, Psychologisches Training; vgl. *Park* 2008).

Training von Zeitprofilen
Eine Möglichkeit zur Stabilisierung des Timings beschreiben *Teipel* et al. (1997) durch das psychologische *Training von Zeitprofilen*. Dies erfolgt unter anderem
- als optisch/akustische Darbietung mit einer Kontrollmöglichkeit durch Zeitlupenaufnahmen,
- als akustische Darbietung am PC im Soll-Istwert-Vergleich (Vergleich zwischen dem vorgegebenen Zeitprofil mit dem vom Schützen aus dem Gedächtnis rekapitulierten Zeitprofil bzw. über Referenzclips; z.B. mit Dartfish),
- als Integration in das autogene Training oder mentale Training,
- als Integration in das autogene Training oder mentale Training innerhalb so genannter »mind machines« (d.h. Einleitung des Zeitmusters über Sequenzen von individuell abgestimmten Tonfolgen; vgl. *Evans* 2007, 155 ff.).

Das mentale Training von Zeitprofilen verfolgt zunächst das Ziel, einen dynamischen Bewegungsrhythmus zu entwickeln, der über einen effektiveren Krafteinsatz zur Verbesserung der sportlichen Leistung im Training und Wettkampf führen soll.

Bei den Zeitprofilen werden unter anderem zeitliche Abstände als Tonfolgen/Rhythmen dargeboten, die den zeitlichen Bewegungsfolgen entsprechen. Unter Umständen ist es gerade zu Beginn dieses Trainings leichter, den Schuss nicht zu detailliert zu gliedern, sondern eher die zeitlichen Verhältnisse bestimmter Abschnitte (z.B. Positionsphasen) auditiv zu begleiten. Abb. 303 zeigt anteilsmäßig den zeitlichen Verlauf eines kompletten Schusses. So können sich beispielsweise die Verhältnisse innerhalb der einzelnen Positionsphasen wie 2 : 1 : 2 : 2, deren Übergänge wie 1 : 2 : 1 verhalten. Während die Schützin beispielsweise die Set-up-Position eine Sekunde stabilisiert, benötigt sie für den Vollauszug zirka 2 Sekunden.

Beachten Sie: Das Training der Zeitprofile mithilfe von auditiven Vorgaben (Tonträger) kann als Einstimmung auf den eigenen Schießrhythmus bereits vor den Technikeinheiten erfolgen; hochgradig effektiv ist das Training der Zeitprofile als Verinnerlichung der Zeitrhythmen allerdings erst parallel zum Schießtraining.

Die speziellen individuellen Zeitrhythmen sollen mit Beginn des allgemeinen Grundlagentrainings erarbeitet werden und durch entsprechende Zählrhythmen – eventuell unter Zuhilfenahme des Atemrhythmus – in das Schießtraining mit eingearbeitet werden (s. auch S. 501, Knotenpunkte im mentalen Training). Zu beachten ist hierbei allerdings, dass sich der Atemrhythmus mit dem Erregungsniveau ändern kann. In der unmittelbaren Wettkampfvorbereitung wird der Einsatz des mentalen Trainings der Zeitprofile mit den Tonbandkassetten einen Tag vor Wettkampfbeginn und 2–3 Tage nach dem Wettkampf, wenn in der Folgewoche ein neuer Wettkampf stattfindet, empfohlen (vgl. *Teipel* et al. 1997).

Ein festes Zeitmuster des Bewegungsablaufs und damit ein allgemeines Training des Timings (z.B. über den Atemrhythmus) ist im Allgemeinen bestimmten *äußeren* (Wind, Regen, Außentemperatur) und *inneren* (z.B. Wachzustand) Bedingungen unterworfen. Jedoch zeigen die Zeitdifferenzen von Spitzenschützen trotz schwieriger Bedingungen (Wind) nur minimale Abweichungen im Zeitprofil einzelner Schüsse bzw. deren Phasen und offenbaren somit ein entsprechend notwendiges Training (s. S. 226 und S. 442).

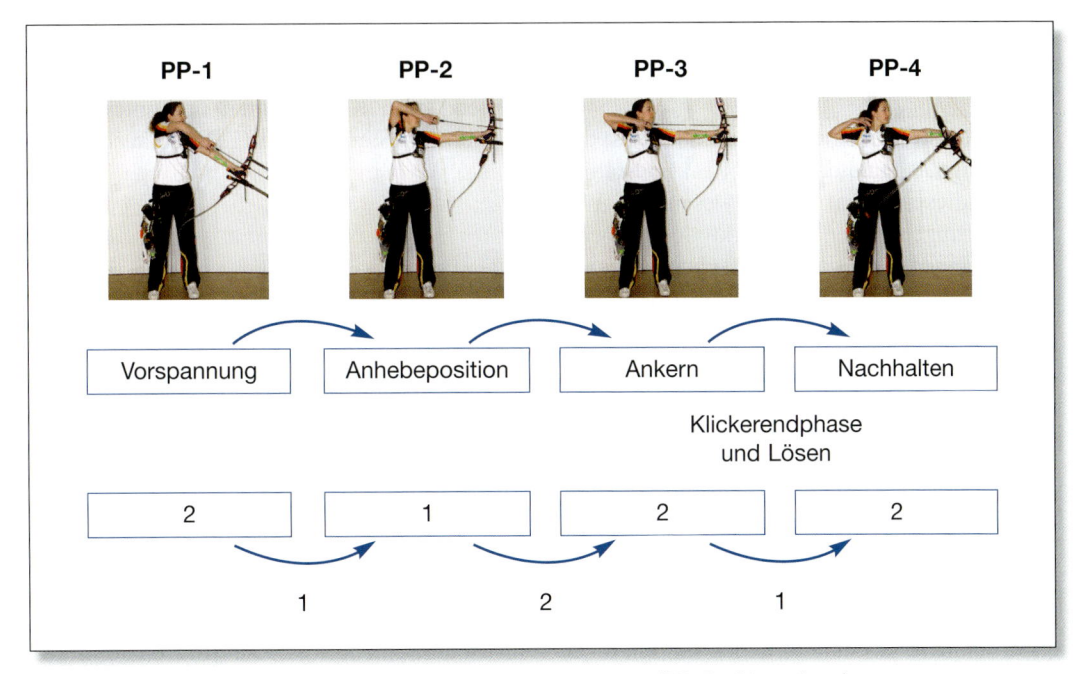

Abb. 303: Zeitlicher Ablauf (anteilsmäßig) des kompletten Schusses (PP: Positionsphase)

Konsequenzen für die Trainingspraxis:
- Entwickeln Sie Ihre individuellen Bewegungssequenzen, z.B. mithilfe des Positionsphasenmodels.
- Stabilisieren Sie Ihre Zeitprogramme, z.B. durch den Einsatz akustischer, visueller oder mentaler Hilfsmittel (Metronom, Atemrhythmus, Uhr, Musik oder mentaler Impuls).

Reaktionsfähigkeit

> Unter Reaktionsfähigkeit verstehen *Meinel* und *Schnabel* (1987, 251) die Fähigkeit zur schnellen Einleitung und Ausführung zweckmäßiger kurzzeitiger Aktionen auf ein Signal hin.

Die Reaktionsfähigkeit wurde bereits als eine Teilkomponente der Schnelligkeit dargestellt (s. S. 329 ff.). Die Länge der Reaktionszeit (z.B. auf das Klickersignal) ist abhängig von der Art und Intensität des Signals, der Körpertemperatur, den psychischen und physischen Einflüssen sowie den chemischen Einflussfaktoren (Alkohol, Nikotin, Medikamente, Drogen; nach *Baumann* u. *Reim* 1994, 115).

Für den Leistungs- bzw. Spitzenschützen ist das Klickersignal – und damit die Reaktionsfähigkeit auf dieses Signal – nicht wesentlich. Wie Veränderungen in der EMG-Aktivierung beim Schuss zeigen, wird das motorische Programm für die Schussauslösung bereits vor dem Moment des Klickens initiiert (vgl. *Gollhofer* et al. 1996, 58).

Aufgrund der Körperschwankungen (Instabilität des Systems Schütze – Bogen) vor allem bei ungünstigen äußeren (z.B. Wind) und inneren Bedingungen (z.B. unzureichende Kraftfähigkeiten) kommt es zu ständigen Zielbildveränderungen, die in entscheidenden Phasen antizipiert werden müssen. Die Antizipation erfolgt dabei schneller als eine Reaktion auf ein nicht vorhersehbares Ereignis, da der Schütze das reaktionsauslösende Signal (»Zielbild stimmt!«) in seiner Entwicklung »voraussieht«. Er wird durch das Signal nicht überrascht.

> *Beachten Sie:* Der Klicker gilt dennoch als physisches und mentales Steuerelement im Gesamtablauf des Schusses. Er führt den Pfeil (durch sauberes Andrücken des Pfeiles an die Pfeilanlage) und steuert den Auszug (immer gleich bleibende Vollauszugslänge und somit gleiche Haltung und Gelenkstellung sowie gleiche Krafteinsätze und damit Energieübertragungen) (vgl. *Ulrich* 1996, 3.6).

Konsequenzen für die Trainingspraxis:
- Verwenden Sie den Klicker nur als Auszugskontrolle. Geben Sie deshalb insbesondere zu Beginn des motorischen Lernprozesses (Anfängertraining) konkrete Hinweise, wann der Schuss gelöst werden soll (z.B. auch Selbstbefehle).
- Trainieren Sie den verlängerten Schuss im Fortgeschrittenentaining, um Klickerreaktionen zu unterbinden (s. S. 469).
- Arbeiten Sie im Leistungstraining begleitend zum Klickersignal mit unterschiedlichsten Störfaktoren (z.B. Geräuschkulisse).

Bedeutung der Analysatoren

»Unterschätze beim Schießen nie die Kraft des Gefühls, denn über das Gefühl kannst Du lernen, Deinen Schuss zu beherrschen« (*McKinney* 1995, 45).
»Ich möchte, dass der Schütze den Schuss fühlt, dass er ihn in allen Phasen erfühlt, die Vorbereitung, die Explosion, die Entspannung« (*Henderson* 1987, 42).

Im Bogenschießen ist eine differenzierte und präzise Wahrnehmung Ausgangspunkt aller bewussten Regulationsprozesse. Die sportliche Praxis macht deutlich, dass vor allem diejenigen Schützen erfolgreich sind, die im Trainings- und Wettkampfprozess. verschiedenste Informationen (z.B. Stellung des Schulterblattes in der 3. Positionsphase, Veränderungen der Umgebungsbedingungen) selbständig verarbeiten können und gleichzeitig über eine möglichst große Flexibilität ihres Handelns verfügen. An die Schützen müssen daher möglichst breite und variable Anforderungen gestellt werden. Dies betrifft insbesondere das Bewegungsrepertoire und die damit verbundenen Bewegungs- und Körpererfahrungen über so genannte Analysatoren (s. auch S. 90). Wie bereits erwähnt, stellen die Analysatoren Teilsysteme der Sensorik dar, die Informationen auf der Grundlage von Signalen bestimmter Qualität empfangen, umkodieren, weiterleiten und aufbereitend verarbeiten (vgl. *Weineck* 2010, 802).

In Bewegungs- bzw. Übungssystemen wie Yoga, Tai Chi, Qi Gong, mit psychomotorischen Spielen, der Feldenkrais-Methode, unterschiedlichen Entspannungsmethoden und anderen lernt der Sportler, Körperreaktionen differenzierter wahrzunehmen und die schießspezifischen Anforderungen bewusster zu verarbeiten (vgl. *Grosser* u. *Neumaier* 1982, 120 ff.). Dies betrifft insbesondere technische Fehlleistungen innerhalb der individuellen Schießtechnik (z.B. zu enge Fingerplatzierung, Stellung des Zugarmellbogens außerhalb der Linie), die der Schütze erst dann bewusst korrigieren kann, nachdem er diese mithilfe seiner Bewegungsempfindungen (über die Propriorezeptoren) auch erlebt, verspürt, d.h. wahrgenommen hat. Bei der Korrektur eines Fehlers in der sportlichen Technik wird deshalb innerhalb der Kontrastmethode empfohlen, vor dem Üben der richtigen Ausführung den Fehler sogar mehrmals bewusst »überzubetonen« (s. S. 251).

Für die motorische Koordination sind im Wesentlichen fünf Analysatoren wichtig: optischer, akustischer, taktiler, kinästhetischer und der statikodynamischer Analysator (s. S. 92).

Optischer Analysator

Die optische Wahrnehmung stellt den wichtigsten Analysator im Bogenschießen dar, z.B. bei der Kontrolle der Fußstellung und Handhaltung, dem Verlauf des Sehnenschattens sowie der Auszugsweite (Klickereinzug) und dem Zielen (Zielbilderfassung und -stabilisierung). Die optische Wahrnehmung kann in der Trainingspraxis verändert bzw. eingeschränkt werden.

Konsequenzen für die Trainingspraxis:
- *Ausschalten oder Einschränken der Umgebungsinformation des optischen Analysators (Sehen)*: Durch Blindübungen (Wahrnehmungsaufgaben zu Einzelheiten der Bewegung) kann auch die Empfindlichkeit des kinästhetischen Analysators verbessert werden (s. S. 94). *Meyer* (1995, 11 f.) verweist in diesem Zusammenhang auf das Harmonisierungstraining. Um Bewusstsein und Unterbewusstsein harmonisch aneinander anzugleichen, sollen Blindübungen mit Zielübungen im Techniktraining so lange kombiniert werden, bis sich einheitliche Gruppierungen feststellen lassen.
- *Lighttraining*: Bei beleuchteter Scheibe soll sich der Schütze nur auf seinen Bewegungsablauf konzentrieren. Der Sportler selbst steht dabei im Dunkeln (er sieht so weder Sehnenschatten noch Klicker). Ziel ist die Gleichförmigkeit der Körperbewegung, die für eine korrekte Auszugslänge wichtig ist (vgl. *Youn* 1995, 60).
- Verwendung unterschiedlicher Visiertunnel bzw. verschiedener Längen des Auslegers (s. S. 650).

Akustischer Analysator

Er spielt beim Schützen eine untergeordnete Rolle, da der Informationsgehalt der im Bewegungsakt aufgenommenen unmittelbaren akustischen Signale relativ begrenzt ist (vgl. *Weineck* 2000, 548). Allerdings sind – wie bereits dargestellt – die bewegungsbegleitenden Geräusche (z.B. Abschussgeräusch) für die Schießleistung nicht zu unterschätzen.

Konsequenzen für die Trainingspraxis:
- *Sprachliche Auswertung nach einem Schuss:* Der Schütze sollte sich nach dem Versuch nochmals intensiv im Geiste (mental) mit dem soeben ausgeführten Bewegungsablauf auseinandersetzen, sich auf die eben erhaltenen Informationen konzentrieren (z.B. »Wie fühlte sich das Lösen an? Aus welchem Muskel kam der Endzug?«) und diese Eindrücke sprachlich formulieren. Dabei sollten die Wahrnehmungen so oft »durchlaufen« werden, bis diese bewusstseinsfähig gemacht wurden (s. S. 499, mentales Training). Insgesamt kann dadurch eine entscheidende Schlüsselstelle (z.B. Druck- und Zugarbeit) besser beschrieben und benannt und bei weiteren Versuchen besser wahrgenommen werden.
- *Wahrnehmen des Klangs der Sehne:* Über das Geräusch der Sehne kann der Schütze unter anderem Informationen über die Feinabstimmung des Materials (z.B. Anschlagen der Sehne am Armschutz, Tiller) sowie ein »sauberes« (reflexfreies) Lösen erhalten.

Eine rechnergestützte Möglichkeit zur Schulung des optischen Analysators bieten *Kratzer* und *Pihaule* (2007) im Rahmen eines allgemeinen Augentrainings an. Tab. 75 zeigt beispielhaft Übungen, die mittels geeigneter Software (z.B. Senso Control) durchgeführt werden können.

Taktiler Analysator

Die Rezeptoren des taktilen Analysators sind in der Haut lokalisiert und informieren beim Bogenschießen beispielsweise über den Griff (Handhaltung und Druckpunkt), die Fingerpositionierung, den Ankerpunkt (vgl. *Ulrich* 1996, 13 ff.) sowie die Druck-Zug-Kraftverläufe in der Bogen- bzw. Zughand:

Konsequenzen für die Trainingspraxis:
- *Einsatz verschiedener Bögen* hinsichtlich Zuggewicht (Wurfarmstärke) und Bogengewicht, um taktile Informationen (z.B. Druckpunkt) zu verstärken.
- *Verwendung unterschiedlicher Materialien des Bogenzubehörs,* wie Griffschalen, Tabbs, Mundmarken in Form und Beschaffenheit (s. S. 647 ff.).

Test	Aufgabe	Darstellung
Punkt-Tapping	Aufleuchtende Punkte müssen nacheinander fixiert werden. Die zeitliche Frequenz der Fixierungen sowie die Größe der Punkte sind variabel. Der Umfang des Trainings wird individuell festgelegt.	
Kreis-Tracking	Der Sportler verfolgt einen sich auf einer (nicht sichtbaren) Kreisbahn bewegenden Punkt. Geschwindigkeit und Richtung sind frei wählbar.	
Stern-Tracking	Auf jeweils einer von 4 sternförmig angeordneten (nicht sichtbaren) Linien bewegt sich ein Punkt, der vom Schützen verfolgt werden muss, danach springt der Punkt zur nächsten (vom Schützen nicht vorhersehbaren) Linie und ist dort weiter zu verfolgen. Die Geschwindigkeit des Punktes ist frei wählbar, die Linienwahl ist zufällig.	
Optische Fixierung	Mehrere Punkte sind in einer Linie angeordnet, wobei der jeweils aufleuchtende Punkt fixiert wird. Die Zeit für die jeweilige Fixierung ist frei wählbar.	

Tab. 75: Beispiele eines rechnergestützten Augentrainings (z.B. Senso Control; vgl. *Kratzer* u. *Pihaule* 2007)

Kinästhetischer Analysator

Dem kinästhetischen Analysator wird aufgrund seiner speziellen Fähigkeit, jeden Bewegungsvorgang räumlich-zeitlich erfassen zu können, eine Sonderstellung für die Bewegungskontrolle – im Sinne eines Ist-Sollwert-Vergleichs – eingeräumt (vgl. *Krempel* 1987, 114). Kinästhetische Wahrnehmungen sind nicht immer dem Bewusstsein zugänglich, können aber jederzeit durch Aufmerksamkeitslenkung bewusst kontrolliert und reguliert werden – sie sind zumindest bewusstseinsfähig und damit trainierbar (vgl. *Poehlmann* u. *Kirchner* 1979, 202; *Kratzer* 1997, 10). Insbesondere tragen sie zur Entwicklung von genaueren Bewegungsvorstellungen und zur Verbesserung des Bewegungsgedächtnisses bei. Letzteres stellt eine Grundvoraussetzung für Spitzenleistungen im Bogenschießen dar (*Balov* 1986, in *Heim* u. *Wendland* 1986, 97). Die Ausprägung des kinästhetischen Analysators entscheidet letztlich über das Schießgefühl (s. S. 338), und damit darüber, ob ein Schuss für gut oder schlecht empfunden wird.

Konsequenzen für die Trainingspraxis:
- *Kinästhetische Bestandsaufnahme des Körpers* (Sensualisierung; vgl. *Syer* u. *Connolly* 1987, 33): In einem entspannten Zustand versucht der Sportler, seine Aufmerksamkeit auf bestimmte Körperteile (z.B. Handhaltung, Schulterblattposition) zu richten und über den kinästhetischen Sinn Informationen darüber zu erlangen, wie »sie sich anfühlen«.
- Eine verkürzte, bogenschießspezifische Form der Sensualisierung beschreibt der dreimalige Weltmeister *Rick McKinney* (1995, 44): »Der Schütze soll am Anfang so tief wie möglich in seinen Körper blicken: (er sollte) den Druck der Sehne auf den Fingern, die Belastung der Füße, die Spannung im Druck- und im Zugarm, den konstanten Weiterzug durch den Klicker (und) das Entspannen der Zugfinger bzw. der Hand fühlen.« (vgl. auch *Lovo* 1996, 10; *Henderson* 1987, 8). Gute Schützen spüren minimale Veränderungen in der Ausführung des Schusses (»Die Rückenspannung kann sich besser anfühlen!«, »Meine Zughand muss lockerer werden!«).
- *Verlangsamtes bzw. beschleunigtes Ausführen der Bewegung* zur Steigerung der Wahrnehmungssensibilität durch Kontrastwahrnehmungen. Nach dem Lösen sollte man in der resultierenden Stellung verharren (*Nachhalten*): Dadurch werden die Positionsphasen (s. S. 366) verdeutlicht, stabilisiert und fixiert.
- *Selbstanweisungen* des Schützen (z.B. »Wenn ich gut schieße, spüre ich ..., sehe ich ..., fühle ich, dass ...«) können die Aufmerksamkeit des Schützen bewusst auf bestimmte Wahrnehmungen im Bewegungsablauf lenken. Gleichzeitig können die »Qualität der Antizipation« (z.B. Lösezeitpunkt des Schusses; *Schellenberger* 1980, 45) und das Handlungsfeld, in dem die Bewegung ablaufen wird (z.B. Gelenkwinkelstellungen, zeitlicher Ablauf), stärker vorstrukturiert werden (vgl. auch *Franseen*, in *Ruis* u. *Stevenson* 2004, 101).
- *Hinweise auf das Bewegungsgefühl in der End- oder Übergangsphase*: Solche Hinweise beziehen sich oft nicht auf die eigentliche Hauptphase, sondern die unmittelbar folgende Phase. Befindet sich ein Schütze in Hochform, braucht er sich beispielsweise unmittelbar vor dem Schuss nur noch eine gelungene »Zehn« vorzustellen, um das korrekte Programm ablaufen zu lassen. Das Sichvorstellen (Antizipieren) des Finalereignisses kann zur positiven Folge haben, dass sich das – vielleicht noch nicht optimale – Bewegungsprogramm in einer Art Selbstorganisation dem internalisierten und vorgestellten Sollwert eigendynamisch anpasst (vgl. *Körndle* 1993, 169ff.; *Rabska* 2007, 56).
- *Experimentieren mit schlechten Schüssen* (vgl. *McKinney* 1995, 45): Der Schütze muss sich des falschen und richtigen Bewegungsablaufs bewusst werden (*Verkoelen*

1995). Nur dann kann er ein Gefühl dafür bekommen, wann und warum Pfeile an eine bestimmte Stelle fliegen. Das Experimentieren mit schlechten Schüssen ist daher ein effektives Mittel in der Fehleranalyse. Aufgrund der möglichen Aneignung falscher Bewegungsprogramme sollte es allerdings nicht zu häufig angewendet werden (s. S. 250, Differenzielles Lernen).
- *Festlegung von sensorischen Konzentrationsschwerpunkten* (vgl. *McKinney* 1995, 45): Der Schütze konzentriert sich während des ganzen Schusses (d.h. vom Einnocken des Pfeiles bis zu dessen Eintreffen in der Scheibe) auf ein Element. Beispiel: »Wie spüre ich den Druck der Sehne auf den Fingern während des Anhebens des Bogens, in der Vorspannung (Vorarbeit), beim Zielen, während des Lösens?«. Als günstig hat es sich dabei erwiesen, zwischen den einzelnen Schüssen die »Beobachtungselemente« zu wechseln (vgl. S. 468, Elemententraining).

Statikodynamischer Analysator

Der statikodynamische Analysator wird auch als vestibuläres Informationssystem bezeichnet (s. S. 92). Er ist im Vestibularapparat des Innenohrs lokalisiert und informiert über Richtungs- und Beschleunigungsänderungen des Kopfes. Er ist damit unmittelbar an die Gleichgewichtsfähigkeit gekoppelt und informiert insbesondere über Körperschwankungen.

Konsequenzen für die Trainingspraxis sind bei allen Formen der Schulung des Gleichgewichts zu finden (s. S. 350).

Methoden und Inhalte des Koordinationstrainings

Beachten Sie: Für die Auswahl der Trainingsübungen und der zu verwendenden Methoden verweisen *Schnabel* et al. (1994, 313 ff.) auf folgende spezifischen Prinzipien:
- Koordinative Fähigkeiten können nur mit mehreren (verschiedenen) und koordinativ anspruchsvollen Übungen ausgeprägt und vervollkommnet werden. Koordinativ anspruchsvoll sind entweder neue, ungewohnte, komplizierte, schwierige und »knifflige« oder einfache, durch Kombination und Variation erschwerte Übungen (s. S. 306 ff.).
- Auch im Koordinationstraining gilt das allgemeine Trainingsprinzip von der Steigerung der Trainingsbelastung. Dies bedeutet u. a. Erhöhung der Präzision, Erhöhung des Zeitdrucks, Erhöhung der Komplexität etc.

Aufgrund der Komplexität der koordinativen Fähigkeiten kann man allgemeine und spezielle Trainingsmethoden unterscheiden. Die *allgemeinen* Trainingsmethoden werden zur Verbesserung des allgemeinen Ausprägungsgrades der koordinativen Fähigkeiten angewandt. Die *speziellen* Trainingsmethoden dienen (hier) der Verbesserung der bogenschießspezifischen Komponenten (s. S. 35, Anforderungsprofil) und damit auch der zuvor dargestellten speziellen analysatorischen Fähigkeiten.

Methoden zur Schaffung einer Bewegungsvorstellung

Da die Bewegungsvorstellung die Grundvoraussetzung für das Erlernen des Bewegungsablaufs im Bogenschießen darstellt, stehen die Methoden zur Schaffung einer entsprechenden Vorstellung am Beginn der Bewegungsschulung.

Über das Vorstellen und Denken erfolgt die Verarbeitung der aufgenommenen Informationen, die im Gedächtnis gespeichert werden. Die immer differenziertere Vorstellung des Schießablaufs vertieft gleichzeitig die Bewegungsempfindungen während der aktiven Bewegungsausführung und umgekehrt. Aus diesem Grund führt die unmittelbare zeitliche und inhaltliche Kopplung von Vorstellungsübungen (s. S. 502) und praktischer Bewegungsausführung zu größeren Lernerfolgen als der voneinander unabhängige Einsatz praktischer und mentaler Übungsformen (vgl. *Hahn* 1996, S. 69 ff.).

In Abhängigkeit von Alter, intellektueller Belastbarkeit und Niveau der bereits entwickelten koordinativen Fähigkeiten erweisen sich vor allem zwei Vermittlungsmethoden als günstig.
- *Methode der optischen Information*: Diese Methode ist in besonderem Maße für den sportlichen Anfänger geeignet, da die Vorstellung vom Bewegungsablauf bei ihm im Wesentlichen ein optisches Abbild darstellt; im Gegensatz zum fortgeschrittenen Schützen enthält sie nur in geringem Maße die für die Bewegungsvorstellung so wichtigen kinästhetischen Anteile (vgl. *Meinel* 1976, 242; *Hotz* u. *Weineck* 2010, 806).
- *Methode der verbalen Information*: Sie kann der optischen Methode vorausgehen, parallel dazu gebracht werden oder nachfolgen. In jedem Fall dient sie der Bewegungspräzisierung und -klarstellung.

Methoden der Variation und Kombination

Weiterhin kommt die Methode der Variation und Kombination von Übungen zur Erhöhung der koordinativen Anforderungen infrage. Folgende spezielle Variationsmöglichkeiten sind denkbar (vgl. *Weineck* 2010, 806):
- Variation der Ausgangsstellung (z.B. veränderte Öffnungswinkel beim Stand)
- Variation der Übungsausführung (z.B. als Rechtshandschütze mit leichterem Zuggewicht links schießen)
- Variation der Bewegungsdynamik (z.B. schnellere und langsamere Bewegungsausführung durch erleichterte und erschwerte Bedingungen, wie geringeres Zuggewicht bzw. erhöhtes Eigengewicht des Bogens)
- Variation der räumlichen Bewegungsstruktur (z.B. bewusst enger Vollauszug oder Lösen)
- Variation der äußeren Bedingungen (z.B. Schießen bei starkem Wind, Regen, mit dunkler Sonnenbrille oder bei blendender Sonne)
- Variation der Informationsaufnahme (z.B. Blindschießen)
- Kombination von Bewegungsfertigkeiten (z.B. Schießen auf unebener Unterlage)
- Üben unter Zeitdruck (z.B. 6 Pfeile in einer Minute schießen)

Allgemeine Schulungsinhalte

Methodische Maßnahmen zur Entwicklung der koordinativen Fähigkeiten im Bogenschießen führen nur dann zu Anpassungserscheinungen, wenn, wie bereits erwähnt, immer wieder neue Reize gesetzt werden, d.h. wenn vielseitig, variantenreich und ungewohnt geübt wird. Tab. 76 zeigt beispielhaft allgemeine Inhalte zur Schulung koordinativer Fähigkeiten, die organisatorisch im Rahmen eines Stationsbetriebs (Abb. 304) umgesetzt werden können; sie sollten aber ständig variiert, verändert und in ihrem Schwierigkeitsgrad bzw. ihrer Belastungsintensität erhöht werden.

Ergänzende Übungen, die mittels geeigneter Software (z.B. Senso Control; vgl. *Kratzer* u. *Pihaule* 2007) durchgeführt und auch als Kontrollmöglichkeiten und Tests eingesetzt werden können, sind in Tab. 77 dargestellt.

	Inhalt	Beschreibung
1	Wippe	Die Wippe kann alleine oder zu zweit überquert werden, mit offenen oder geschlossenen Augen
2	Physioball (Pezziball)	Auf dem Ball sitzen, knien, liegen (auf dem Bauch, Rücken)
3	Schwebebalken	Auf dem Schwebebalken Badminton spielen
4	Langbank	Auf der Langbank balancieren und gleichzeitig einen Gymnastikstab auf zwei Fingern balancieren; Variation: vorwärts und rückwärts laufen
5	Moonhopper	Dynamisches Gleichgewicht auf dem Moonhopper (eventuell zusätzlich einen Ball prellen)
6	Rollende Langbank (LB)	Möglichst lange auf der LB stehen; Partner, der ebenfalls auf der LB ist, versucht zu stören. Wer bleibt länger auf der LB?
7	Pedalo	Pedalo fahren, auch als Wettrennen; Pedalo fahren und gleichzeitig Bälle jonglieren
8	Seiltanz	Seil ist an zwei Reckstangen befestigt und wird durch die Holme von zwei Barren gespannt; Sichern mit Matten; Überqueren des Seiles mithilfe einer Hochsprunglatte und Partnerhilfe (Partner hält ein Ende der Hochsprunglatte)
9	Schaukel	Langbank wird ca. 50 cm über zwei Schaumstoffmatten in die Schaukelringe gehängt (Achtung mit Seilen sichern!); leicht schaukeln und gleichzeitig auf der Langbank stehen; Partner wirft einen Ball zu etc.
10	Medizinballstehen	Zwei Sportler stehen auf zwei Medizinbällen auf einer Schaumstoffmatte und werfen sich gegenseitig einen Ball (zwei Bälle) zu

Tab. 76: Inhalte und Übungsbeschreibungen allgemeiner Inhalte zur Schulung koordinativer Fähigkeiten im Rahmen eines Stationsbetriebes (s. Abb. 304)

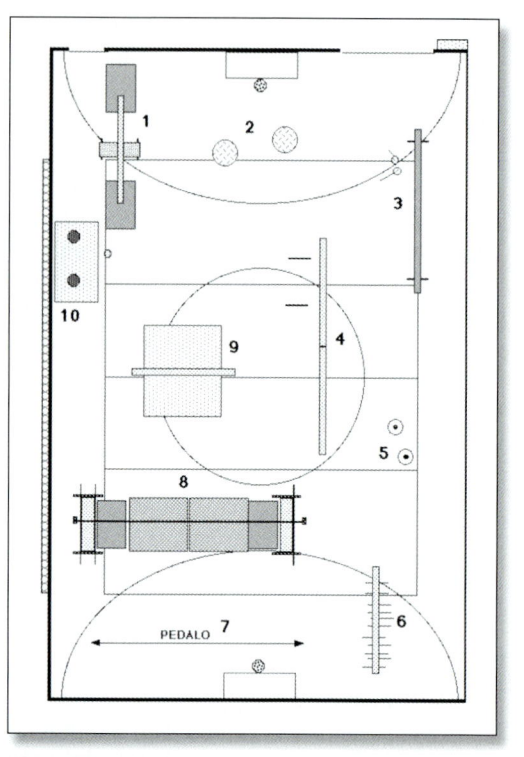

Abb. 304: Mögliche organisatorische Realisierung eines allgemeinen Koordinationstrainings im Rahmen eines Stationsbetriebs: Die Sportler durchlaufen paarweise den Parcours, wobei die Belastungsdauer bei jeder Station etwa eine Minute beträgt (Übungsbeschreibungen 1–10 s. Tab. 76).

Spezielle Schulungsinhalte

Beachten Sie: Im Zentrum des Trainings der speziellen koordinativen Fähigkeiten steht der Schießablauf.

Der Bewegungsablauf im Bogenschießen ist ein hochpräziser Steuerungsvorgang. Es gilt daher spezifische Übungen auszuwählen, die den individuellen Bewegungsablauf geringfügig verändern bzw. beeinflussen und entsprechender Anpassungskorrekturen bedürfen. Um dies zu erreichen, bedient man sich vorzugsweise der bereits erwähnten Methoden der Erhöhung der koordinativen Anforderungen (Tab. 78).

Test	Programmziel	Realisierung	Darstellung
Diskrimination (Ringkorn)	Messung der räumlichen Differenzen, die von der optischen Mitte der dargestellten Objekte abweichen	Das Objekt (Korn) ist mittels der Cursortasten oder mit dem virtuellen Steuerkreuz in die Richtung zu bewegen, die dem individuellen optischen Mittelpunkt am nächsten kommt	
Kreuzsupport	Jeweils zwei rote (Standard) Lichtpunkte leuchten auf und ergeben in ihrem Schnittpunkt ein Antwortfeld, das mithilfe der Maus so schnell wie möglich anzuklicken ist	Werden die beiden roten (Standard) Vollkreise angezeigt, ist mit dem Mauszeiger zügig zu deren Kreuzungspunkt zu fahren	
Zieltapping	Jeweils ein Feld leuchtet auf und muss so schnell wie möglich angeklickt werden; danach leuchtet das nächste Antwortfeld auf usw.	Wird der rote (Standard) Vollkreis angezeigt, ist mit dem Mauszeiger so schnell wie möglich auf diesen zu fahren	

Tab. 77: Beispiele eines rechnergestützten Koordinationstrainings (z.B. Senso Control; vgl. *Kratzer* u. *Pihaule* 2007)

Sonderform: propriozeptives Training

Unter Propriozeption – auch Tiefensensibilität genannt – versteht man die Fähigkeit des Körpers bzw. der Gelenke, ihre Lage im Raum und ihre Stellung zueinander zu bestimmen (vgl. *Giese* 2006, 35)

Die Propriozeption ist mit entscheidend für die Feinkoordination bzw. die Steuerung von Gelenkbewegungen (vgl. *Weineck* 2010, 809). Sie ist somit für die Gleichgewichtsfähigkeit des Schützen besonders wichtig.

Zur Propriozeption zählen als Rezeptorsysteme im Wesentlichen die Muskelspindeln, Sehnenrezeptoren und Mechanorezeptoren der Gelenke). Unterstützt wird die Tiefensensibilität durch die Rezeptoren der Körperoberfläche (kinästhetische und taktile Rezeptoren), die Tastempfindungen (z.B. bei der Fingerplatzierung), Druckempfindungen (z.B. in der Griffschale), Vibrationsempfindungen (z.B. Abschussempfinden) etc. aufnehmen und zur weiteren Verarbeitung an das ZNS weiterleiten.

Folgende allgemeine Übungen sind geeignet (Abb. 305 und 306):
- An das jeweilige Leistungsvermögen angepasste Balancierübungen
- Sprünge auf Teppichfließen mit anschließender »Rutschpartie«
- »Rollerfahren« auf Teppichfliesen
- Pedalo, Einradfahren, Klappradfahren
- Laufen und Seilhüpfen auf verschiedenen Unterlagen

Im Trainingsprozess lässt sich das propriozeptive Training variabel, zielgerichtet und effektiv in das allgemeine und bogenschießspezifische Training einbauen. Wie verschiedene Untersu-

Methodische Maßnahme	Übungsbeispiele	Dominante Wirkungsrichtung
Variation der Bewegungsausführung	• Übungen mit Tempo- und Rhythmuswechsel (unterschiedliche Rhythmen in den einzelnen Schüssen und Passen; auch unter Wettkampfbedingungen) • Veränderung der Krafteinsätze (Verhältnis von Druck und Zug, Schießen mit und ohne Vorspannung, unterschiedliche Druckpunkte) • Beidseitigkeit (Rechtshandschütze schießt links) • Experimentieren mit schlechten Schüssen • Wechsel zwischen Schüssen mit Thera-Band und realem Schießen	Differenzierungs-, Kopplungs-, Rhythmusfähigkeit
Veränderung der äußeren Bedingungen	• Übungen im veränderten Gelände (z.B. Feldschießen) • Verschiedene Entfernungen und Auflagen (z.B. Balkenscheibe, s. S. 422 bzw. 470) • Verschiedene Anhaltepunkte • Schießen mit unterschiedlichen Bögen, Gewichtsmanschetten oder Bleiweste • Schießen mit verschiedenen Gegnern • Schießen bei schwierigen Witterungsverhältnissen • Nachtschießen (Lighttraining) • Schießen vor dem Spiegel	Umstellungs-, Differenzierungs-, Gleichgewichtsfähigkeit
Üben unter Zeitdruck	• Schießen mit Ampel (z.B. 9 Pfeile in 2 Minuten) • Mannschaftsschießen mit Sehnen- oder Bogenwechsel	Kopplungs-, Reaktionsfähigkeit
Kombinieren von Bewegungsfertigkeiten	• Schießen auf einem Kreisel oder auf einer Wippe • Schießen auf einem Bein • Schießen während des Gehens • Schießen während dem Fahren mit Inline Skates	Kopplungs-, Gleichgewichtsfähigkeit
Variation der Informationsaufnahme	• Blindschießen • Üben vor dem Spiegel • Schießen ohne Visier, Stabilisation oder Tab • Videoeinsatz (z.B. zeitverzögertes D-Live mit Dartfish) • Biofeedback (s. S. 507) • Zuruf als Klickerersatz	Differenzierungs-, Gleichgewichtsfähigkeit
Üben nach Vorbelastung	• Präzisionsschießen am Ende einer Trainingseinheit • Wertungsschießen nach Vorbelastung (z.B. Ausdauertraining) • Schießen nach mehreren schnellen Rollen oder Drehungen	Differenzierungs-, Gleichgewichts-, Reaktionsfähigkeit

Tab. 78: Methodische Maßnahmen und Übungsbeispiele zur Entwicklung koordinativer Fähigkeiten (in Anlehnung an *Harre* 1979, 91; *Eliason* 1992, 33; *Spigarelli* 1996)

Methoden und Inhalte des Koordinationstrainings

Abb. 305: Möglichkeiten und Variationen eines allgemeinen propriozeptiv-koordinativen Trainings im Kinderbereich (vgl. *Thieme* 2009)

Abb. 306: Möglichkeiten und Variationen eines allgemeinen propriozeptiv-koordinativen Trainings im Jugend- und Erwachsenenbereich (vgl. *Weineck* 2010, 812 und 813)

chungen zeigen, kann dadurch das koordinativ-technische Leistungsvermögen signifikant angehoben werden (vgl. *Knobloch* u. *Martin-Schmitt* 2006, 27).

Folgende spezielle Übungen sind unter Verwendung verschiedener Hilfsmittel geeignet (Abb. 307 und 308):

- Stand auf dem Drehkreisel, Pflöcke, Kippbrett etc. und Schießen auf verschiedene Entfernungen und mit unterschiedlichen Bögen und Zuggewichten
- Einbeinstände auf Drehkreisel, Pflöcke, Kippbrett etc. mit bogenschießspezifischen Zusatzaufgaben (z.B. verschiedene Haltepunkte, Zeitdruck, extra langes Halten)

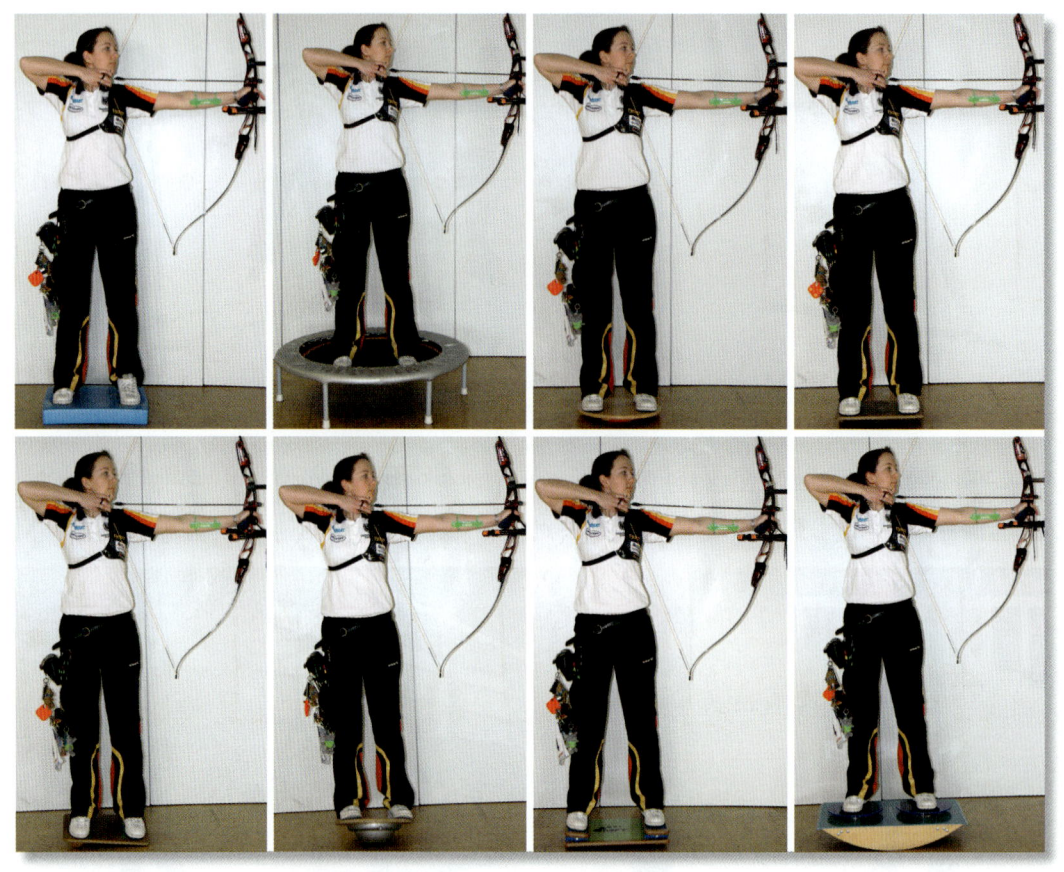

Abb. 307: Beispiele eines speziellen propriozeptiven Koordinationstrainings

Balance-Pad	Koordinationswippe	Trampolin	Erhöhter Sportkreisel
Ortho-Pad	Kipp-Fußbretter	Sport-Disc	Fit-Disc

Abb. 308: Auswahl an Trainingsmitteln eines propriozeptiven Koordinationstrainings (vgl. *Thieme* 2009)

Koordinationstraining im Kindes- und Jugendalter

Vorschul- und Schulkindalter

Im Kindesalter liegen aufgrund der fulminanten Entwicklung des Gehirns sowie seiner hohen Plastizität und Anpassungsfähigkeit besonders günstige Voraussetzungen für die Optimierung der koordinativen Fähigkeiten vor. Zu keinem Zeitpunkt im Leben ist die koordinative Schulung daher so erfolgreich und erfolgt so rasch und umfassend.

> Bei der gezielten Erweiterung des Bewegungsschatzes ist eine vielseitige und variationsreiche Aufgabenstellung mit genügend hoher Häufigkeit von großer Bedeutung. Dabei darf jedoch nicht vergessen werden, dass dieses gute motorische Lernalter vor allem für das Erlernen einfacher Bewegungsfertigkeiten (s. auch S. 451 ff., Technikerwerbstraining) geeignet ist (vgl. *Weineck* 2010, 827).

In der Phase des späten Schulkindalters erfahren die koordinativen Fähigkeiten vor allem im Bereich der muskulären Differenzierungsfähigkeit (»Schießgefühl«) sowie der Gleichgewichts- und Rhythmisierungsfähigkeit die steilsten Zuwachsraten. Daher ist der akzentuierten Schulung dieser Teilkomponenten besondere Aufmerksamkeit zu schenken.

Das »Lernen auf Anhieb« ist nach *Meinel* (1976, 361) umso ausgeprägter entwickelt, je feiner, genauer und vielfältiger die Kinder ihr Bewegungskönnen entwickeln konnten, d.h. je größer ihr bis dahin erworbener Bewegungsschatz ist.

Pubeszenz

Mit Eintritt in die Pubertät kann es aufgrund des Längenwachstumsschubes und der Veränderung der Körperproportionen zu einer vorübergehenden Stagnation oder sogar zu einer koordinativen Leistungsminderung kommen (z.B. Instabilitäten in der Auszugslänge, Timing). Allerdings nimmt mit zunehmendem Alter im Kindes- und Jugendalter die Fähigkeit zu, neue Bewegungen schneller und besser zu erlernen.

Adoleszenz

In dieser Entwicklungsphase kommt es zu einer allgemeinen Stabilisierung der Bewegungsausführung (z.B. stabile Auszugslänge bzw. Zeitmuster im Schießablauf) sowie einer Verbesserung der Steuerungs- und Kombinationsfähigkeit (z.B. Druck- und Zugarbeit in der Klickerendphase). Insgesamt stellt die Adoleszenz nochmals eine Periode guter motorischer Lernfähigkeit dar.

> Aus der Sicht des Spitzenbogensports ist eine frühzeitige Schulung unabdingbar. Wer hier nicht schon frühzeitig die koordinative Basis gelegt hat, wird später kaum mehr zu Spitzenleistungen befähigt sein (vgl. *Weineck* 2010, 823)

Bedeutung von Kontroll- und Testverfahren

Durch spezielle Tests werden einzelne Komponenten bzw. Komponentenkomplexe der Gewandtheit objektiviert. Zum Teil versucht man auch selektiv die für die Entwicklung der koordinativen Fähigkeiten bedeutsame Leistungsfähigkeit der einzelnen Analysatoren (s. S. 344) zu erfassen (vgl. *Weineck* 2010, 815). Auf diese Weise ist nicht nur eine Bestandsaufnahme, sondern auch eine Verlaufskontrolle im Trainingsprozess durchführbar.

Allgemeine Koordinationstests

Allgemeine Gewandtheitstests sind der Kasten-Bumeranglauf (Abb. 309) und der Wiener Koordinationsparcour (Abb. 310) von *Warwitz*

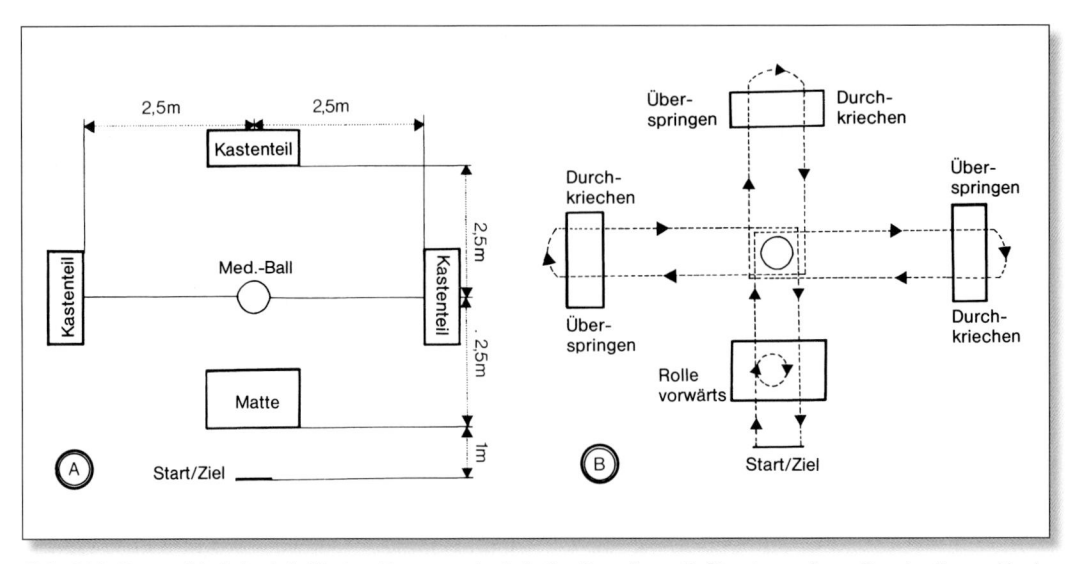

Abb. 309: Gewandtheitslauf als Kasten-Bumeranglauf: A: Geräteaufbau, B: Streckenaufbau. Beschreibung: Hochstart, Rolle vorwärts auf der Matte – mit einem viertel Kreis um den Medizinball laufen – Kastenteil 1 – Umlaufen des Balles – Kastenteil 2 – Umlaufen des Balles – Kastenteil 3 – Umlaufen des Balles – Ziellinie. Der Medizinball befindet sich rechts vom Läufer und wird nicht berührt. Der letzte Abschnitt des Laufes vom Medizinball zur Ziellinie wird frei durchlaufen (ohne Rolle!). Das Kastenteil wird aus der Laufrichtung nach außen frei übersprungen und anschließend von außen durchkrochen. Wertungsregeln: Die Versuchspersonen haben einen Probe- und einen Wertungslauf. Wenn der Ball beim Umlaufen so angestoßen wird, dass er seine Lage verändert, dann ist der Versuch ungültig und wird wiederholt. Leistungsregistrierung: Registriert wird die Zeit (in Sekunden und Zehntelsekunden) vom Startkommando bis zum Überschreiten der Ziellinie (vgl. *Warwitz*, in *Weineck* 2010, 816)

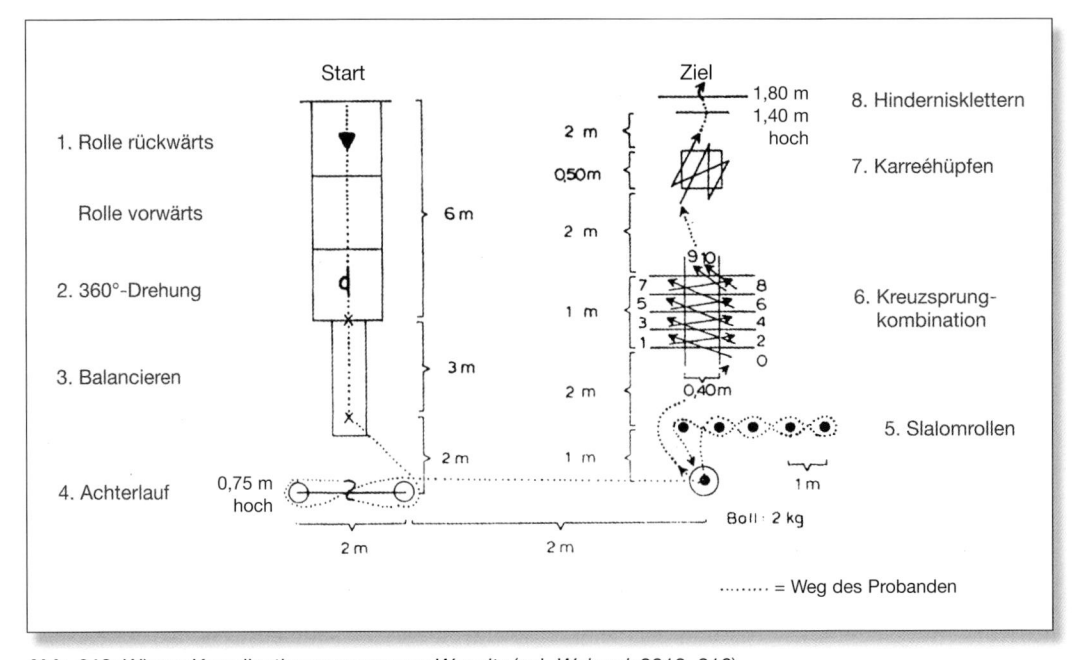

Abb. 310: Wiener Koordinationsparcour von *Warwitz* (vgl. *Weineck* 2010, 816)

(1976, 51). Sie testen komplex die Gesamtheit aller koordinativen Fähigkeiten ab und ermöglichen eine Einschätzung des allgemeinen koordinativen Leistungsniveaus (vgl. *Weineck* 2010, 815). Die Einzelgeräte sind entsprechend den streng vorgegebenen Lösungswegen nach Erklärung, Demonstration und Vorversuch in kürzester Zeit zu bewältigen.

Spezielle Koordinationstests

Durch spezielle Tests werden einzelne Komponenten (z.B. Kopplungsfähigkeit beim Hampelmann-Test; Abb. 311) bzw. Komponentenkomplexe (z.B. Seilspringen-Test, Visierbildtest) objektiviert (vgl. *Weineck* 2010, 815).

Blume und *Lea* (1989, 113) empfehlen im Sportschießen die folgenden speziellen Testverfahren:
- Visierbildtest: Ein am Bogen angebrachter Laser wird auf eine zweite, aber seitlich versetzte Zielscheibe projiziert, so dass der Schütze den Laser beim Zielvorgang nicht sehen kann; zusätzlich wird ein Beschleunigungsaufnehmer so eingestellt, dass beim Lösen des Pfeils von der Sehne eine Leuchtdiode aufleuchtet, die der Synchronisation von Laserpunktbewegung und dem Zeitpunkt des Lösens dient (*Edelmann-Nusser* et al. 1999, 49)
- Gewichtsprobetest nach *Klemm*
- Propriozeptionstest (z.B. Zeitdauer, um auf einem Kreisel blind das Gleichgewicht zu halten)
- Motoriktest nach *Bicht*
- Handruhetest: Ein Laser-Lichtpunkt ist auf einen Sensor auszurichten. Mit geeigneter Elektronik wird dies in elektrische Signale umgewandelt, die an einen Computer gesendet und ausgewertet werden.
- Senso-Control-Test nach *Kratzer* und *Pihaule*: Testserie bezüglich der Einfach- und Unterscheidungsreaktionen sowie der Reaktionen auf antizipierbare Reize, der Geschwindigkeit der Informationsaufnahme,

Abb. 311: Hampelmann-Test (vgl. *Weineck* 2010, 821)

der Fähigkeit zur Bestimmung der Mittenlage, der Umstellungsfähigkeit und Beständigkeit der Aufmerksamkeit sowie der optomotorischen Regulation (s. S. 351)
- Stabilografischer Plattformtest
- Reaktionszeittest: Um eine möglichst eindeutige Trennung zwischen motorischer Programmierung und ereignisgetriggerter Einstellung zu bekommen, wird die individuelle Reaktionszeit nach dem in Tab. 79 angegebenen Verfahren bestimmt (*Edelmann-Nusser* et al. 1999, 49).

Möglichkeiten der Objektivierung sind weiterhin die Untersuchung der Kraftkennlinien (z.B. Kraft-Zeit-Verlauf im Druckpunkt am Griff), der Winkelwerte (z.B. Winkel-Zeit-Verlauf Bogenarm und Schulterachse während der 3. und 4. Positionsphase), der Treffgenauigkeit bei Variation (z.B. Zeitdruck, s. 352) sowie die leistungsdiagnostischen Testverfahren zu Zielgenauigkeit, Zeit-Weg-Verlauf in der Klickerendphase und Gleichgewichtsfähigkeit (s. auch S. 339).

Zielgenauigkeit

In einer Längsuntersuchung (636 Probanden) anlässlich der Weltmeisterschaften in Leipzig untersuchten *Gantner* et al. (2007) die Zielgenauigkeit mittels Sichttrajektorien (zweidimensionale Bewegungen des Zielpunktes in unmittelbarer Nähe des Lösens; s. S. 229). Dabei liefert ein Videosignal mittels Kalibrierung ein Abbild der zweidimensionalen Bewegungen des Visierkorns des Schützen, wodurch insbesondere die Differenzierungsfähigkeit bzw. die Bewegungspräzision objektivierbar werden (Abb. 312).

Zeit-Weg-Verlauf

Abb. 313 zeigt ein Beispiel einer komplexen Testform der Zeit-Weg-Verläufe der Pfeilspitze in der Klickerendphase mehrerer aufeinander folgender Schüsse. Gleichmäßige Verläufe lassen dabei auf eine hohe Bewegungskonstanz bzw. eine gute Druck-Zug-Koordination (Kopplungsfähigkeit) schließen. Im Rahmen leistungsdiagnostischer Verfahren und trainingsbegleitender Maßnahmen liefert der Vergleich zu einer errechneten Referenz (z.B. Mittelwert mehrerer Schüsse) Möglichkeiten der Objektivierung (s. auch S. 215).

Gleichgewichtsfähigkeit

Gleichgewichtstests können Aufschluss über den individuell optimalen Stand (z.B. offen, parallel) geben, indem Druck- und Körperschwerpunktveränderungen aufgezeichnet werden. Wie Abb. 314 beispielhaft illustriert, treten bei vielen Schützen sowohl Bewegungen des Körperschwerpunktes, als auch Veränderungen des Druckschwerpunktes unmittelbar vor dem Lösen (< 2 Sekunden) auf. Tendenziell treten Körperschwerpunktschwankungen anterior-posterior deutlich stärker auf, als links-rechts (vgl. *Edelmann-Nusser* 2008, 25).

Testserie	1	2
Testbeschreibung	Schalter mit einem Finger gedrückt halten und diesen nach Ertönen eines Signals möglichst schnell loslassen	Wie 1, aber mit der Zusatzaufgabe, einen Laserpunkt innerhalb des gelben Bereichs einer Zielscheibe möglichst ruhig zu halten
Wiederholungen	10	10

Tab. 79: Reaktionszeittest (vgl. *Edelmann-Nusser* et al. 1999, 49)

Bedeutung von Kontroll- und Testverfahren 359

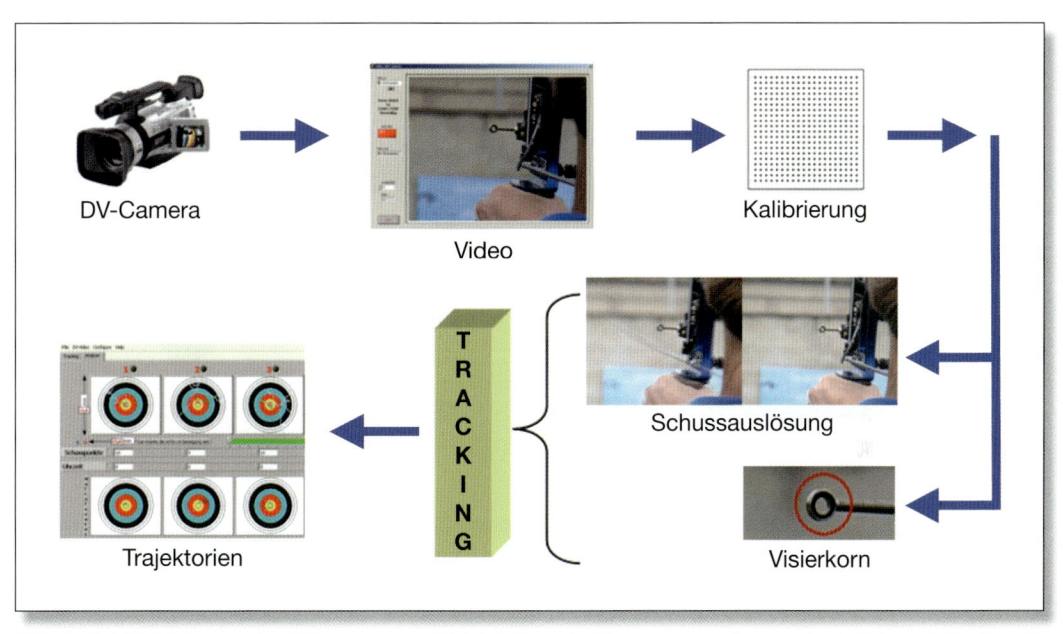

Abb. 312: Objektivierung der Differenzierungsfähigkeit bzw. der Bewegungspräzision durch Videotrajektorien: Ein Videosignal liefert mittels Kalibrierung ein Abbild der zweidimensionalen Bewegungen des Visierkorns (vgl. *Ganter* et al. 2008)

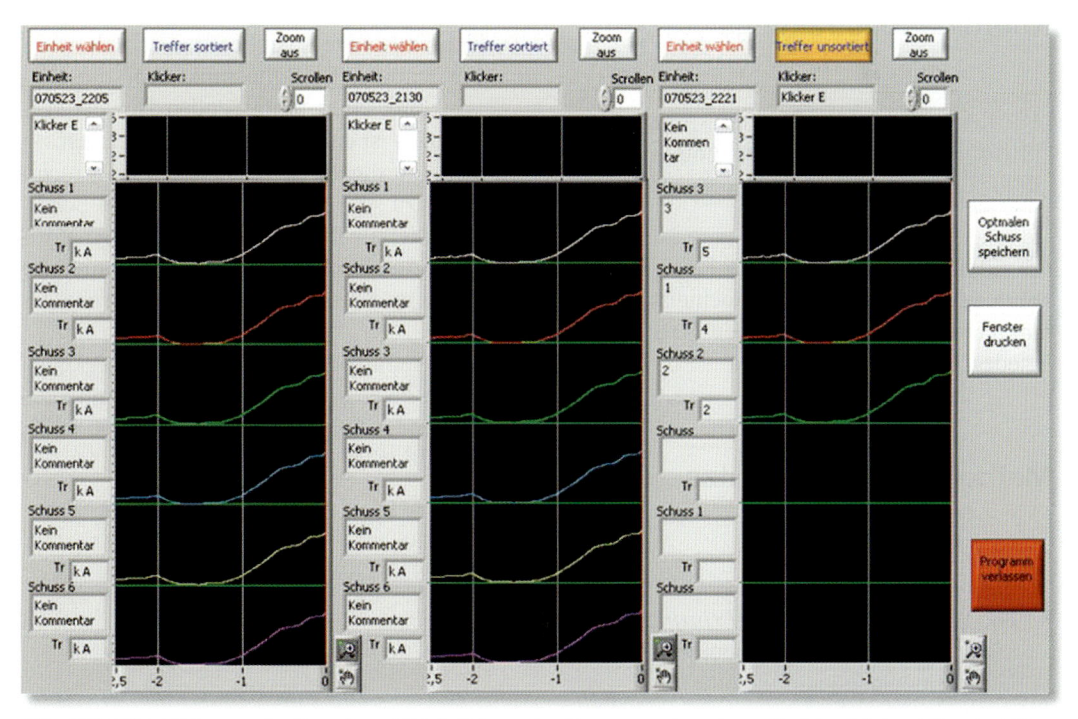

Abb. 313: Objektivierung der Kopplungsfähigkeit bzw. der Bewegungskonstanz: Ein Messklicker informiert über Zeit-Weg-Verläufe der Pfeilspitze in der Klickerendphase mehrerer aufeinander folgender Schüsse (vgl. *Ganter* et al. 2008)

Druckschwerpunktveränderung links　　　KSP-Veränderung

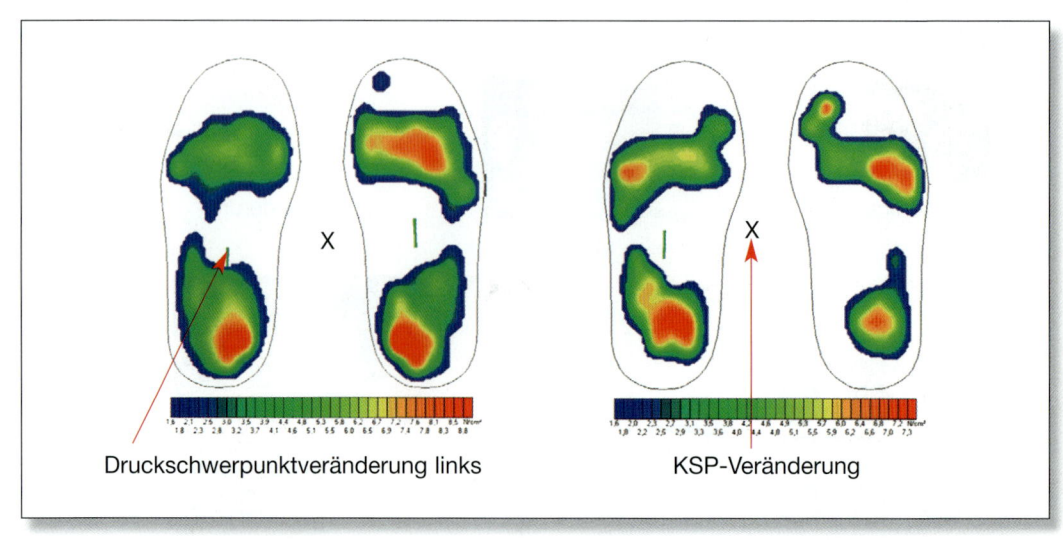

Abb. 314: Körperschwerpunktschwankungen, Druckverteilung unter beiden Füßen und Veränderungen der Druckschwerpunkte der Füße zweier Schützen in den letzten 2 Sekunden unmittelbar vor dem Lösen des Schusses (KSP: Körperschwerpunkt; vgl. *Edelmann-Nusser* 2008).

Optimaler Zeitpunkt des Koordinationstrainings

Für den langfristigen Trainingsprozess gilt prinzipiell: Koordinationstraining vor Konditionstraining!

Lee (2006, 148) empfiehlt, die Koordinationsschulung im Anschluss- und Hochleistungstraining in verschiedensten Formen (s. S. 349 ff.) in jedes Training einzubauen.

Methodische Grundsätze

- Die koordinativen Fähigkeiten sind vorrangig *komplex* zu verbessern.
- Die Hauptmethode ist das *Prinzip der ständigen Variation* und Kombination der Übungsmethoden und -inhalte.
- Eine vielseitige *Bewegungserfahrung* verkürzt die Lernzeiten bzw. effektiviert den Trainingsprozess bei der Herausbildung einer stabilen Schießtechnik: Auf die Entwicklung eines umfassenden Bewegungsschatzes ist daher größter Wert zu legen.
- Die koordinativen Fähigkeiten sind *rechtzeitig* zu schulen (frühes und spätes Schulkindalter als Phase einer sehr guten motorischen Lernfähigkeit), da sie die Grundlage eines späteren technischen Lernprozesses sind.
- Das Training der koordinativen Fähigkeiten sollte *beim Neulernen* nicht im ermüdeten Zustand erfolgen (vgl. *Bringmann* 1973, 846; *Weineck* 2010, 824).

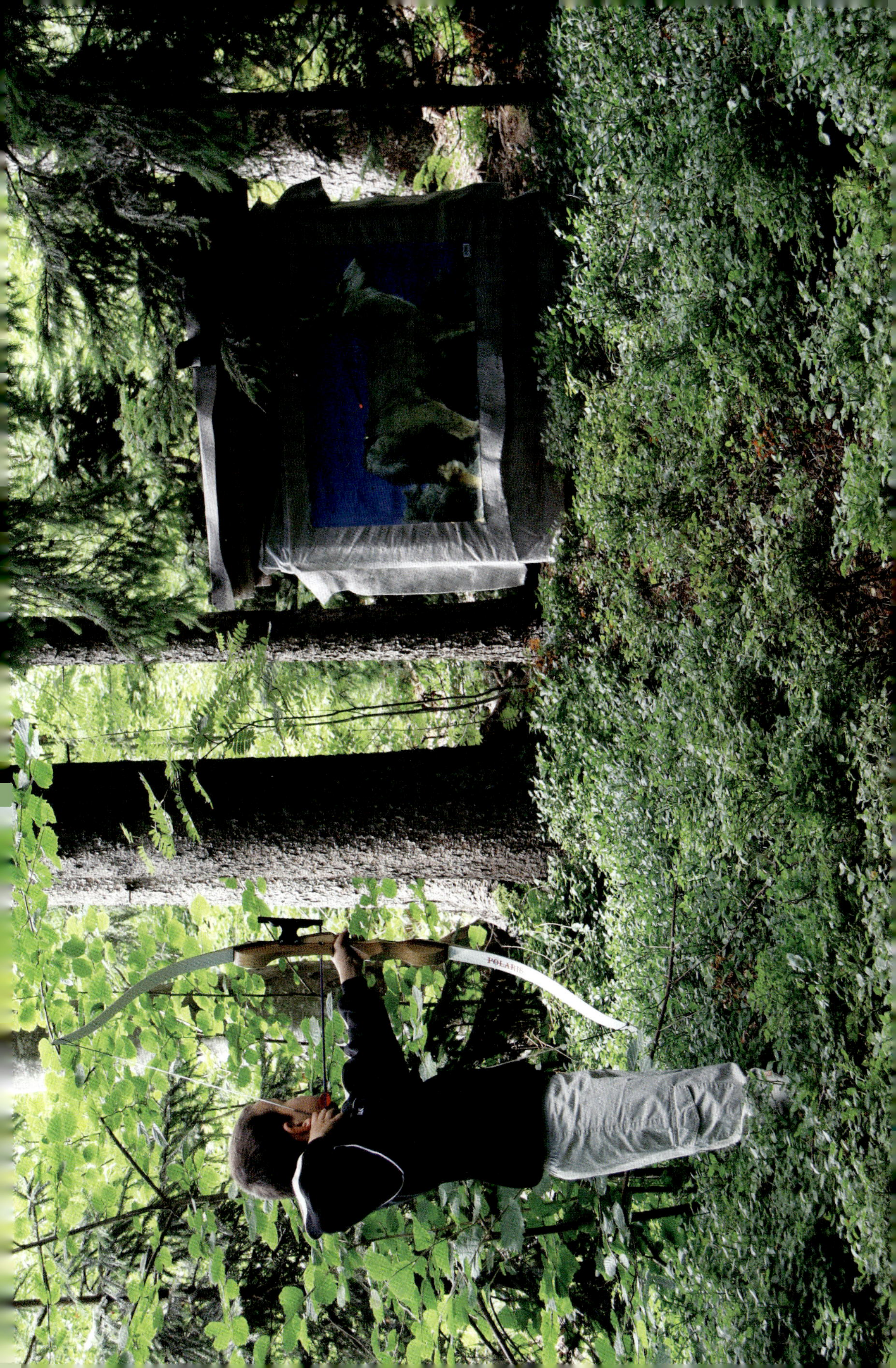
POLARIS

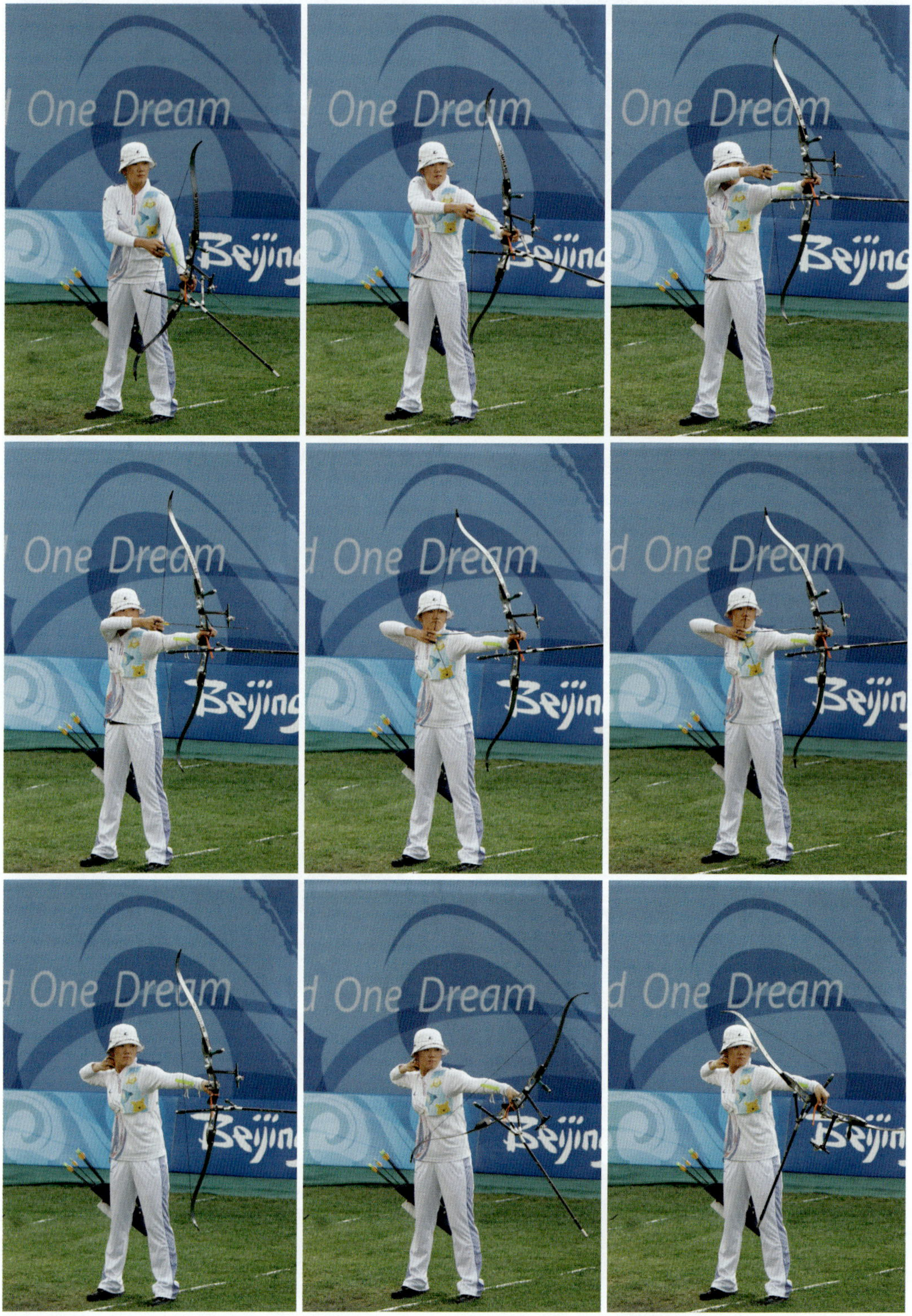
One Dream

9 Technik und Techniktraining im Bogenschießen

Technik

Begriffsbestimmung

> Unter sportlicher Technik versteht man ein meist in der Praxis entwickeltes Verfahren, eine bestimmte Bewegungsaufgabe (Bewegungsablauf) auf möglichst zweckmäßige und ökonomische Weise zu lösen (*Weineck* 2010, 835).

Von einer guten bzw. erfolgreichen Technik im Bogenschießen wird dann gesprochen, wenn damit das aktuelle biomechanische Optimum in hohem Grad an Präzision, Konstanz und Stabilität sowie bei variabler Anwendung erreicht und hohe Ergebnisse – auch im Wettkampf – erzielt werden.

Komponenten der Technik

Ein optimales Wettkampfverhalten hat im Bogenschießen einen technisch optimalen und konstanten Bewegungsablauf zur Voraussetzung. Neben der Notwendigkeit, sich ständig wechselnden inneren (z.B. Motivationslage, Sicherheit) und äußeren Bedingungen (z.B. Wind, Sonneneinstrahlung) anzupassen, kommt es darauf an, die wesentlichsten Technikelemente in einer vorgegebenen Abfolge mit höchster Präzision in räumlicher (Resultatfeinheit), kraftmäßiger (Dosierung) und zeitlicher (Tempo) Hinsicht zu realisieren (vgl. *Kratzer* 1997, 11).

Wie Abb. 315 deutlich macht, ist eine technisch einwandfreie Ausführung nur auf der Basis einer entsprechenden konditionellen Grundlage (koreanische Spitzenschützen betreiben beispielsweise 40% Konditionstraining; vgl. *Park*

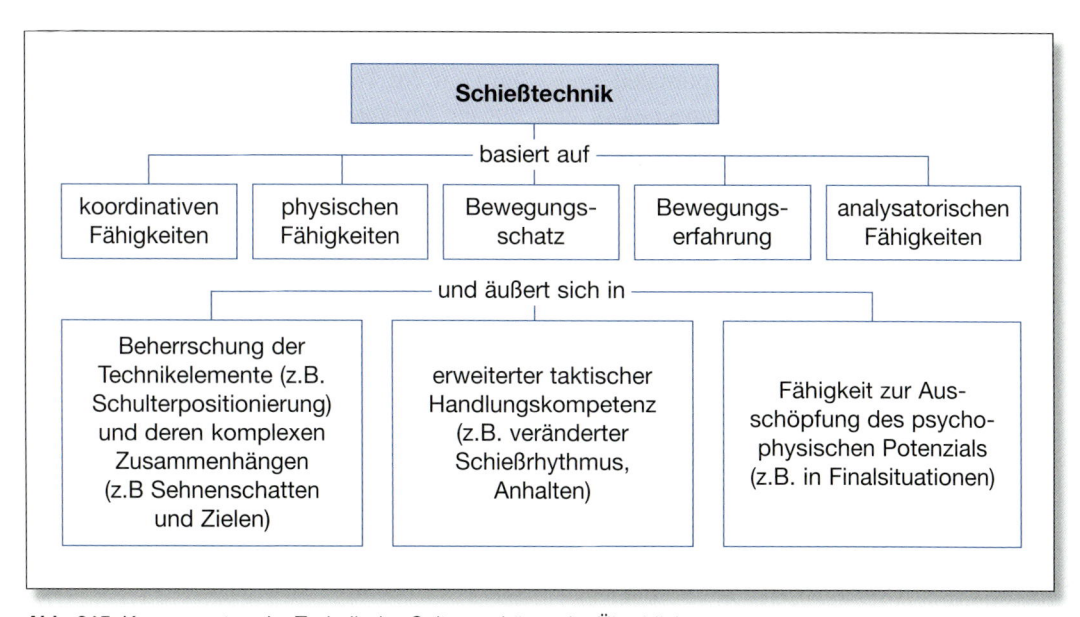

Abb. 315: Komponenten der Technik des Spitzenschützen im Überblick

1993, 20; s. S. 273 ff.), koordinativer Fähigkeiten, einem entsprechendem Bewegungsschatz bzw. einer guten Bewegungserfahrung sowie konstitutioneller Voraussetzungen realisierbar: Wie sollte beispielsweise ein notwendiges »enges Lösen« umgesetzt werden, wenn ein anatomisch ungünstiges Längenverhältnis Oberarm-Unterarm vorliegt; oder wie sollte es einem Schützen möglich sein, mit einem annehmbaren Zuggewicht hohe Pfeilzahlen umzusetzen, wenn ihm dazu notwendige Grundlagen im Bereich der Kraftausdauer fehlen (s. S. 283)?

Die Schießtechnik kann nur dann optimal entwickelt werden, wenn möglichst alle techniklimitierenden Faktoren im langfristigen Trainingsprozess (s. S. 131 und 158) angemessen berücksichtigt werden.

Bedeutung der Technik

Beim Bogenschießen ist es wichtig, sich auf zwei Dinge zu konzentrieren – auf das Ziel und auf das Schießgefühl (*Park* 2004, 26).

Aus phänomenologischer Sicht lässt sich die Bedeutung einer individuell optimalen und ökonomischen Technik im Bogenschießen in folgender Weise konkretisieren:
- Eine optimale Technik kann *koordinative Strukturen aufbauen* bzw. stabilisieren (z.B. optimales Zusammenspiel von Druck und Zug) sowie räumliche (z.B. »in Linie« schießen), zeitliche (z.B. Timing) und dynamische (z.B. enges Lösen) Ausführungsparameter optimieren (*Rieder* u. *Lehnertz* 1991, 150).
- Feinmotorische Abläufe – insbesondere in der Klickerendphase – erfahren durch den koordinativen Aufbau und die parallel verlaufende Ökonomisierung des Schießablaufs eine weitgehende *Automatisierung*, die bei sich verändernden sowie instabilen Außenbedingungen als Bewegungsgrundmuster ihre Funktion beibehalten. Ein Bewegungsablauf gilt dabei als automatisiert, wenn er gleichsam »von selbst« abläuft, so dass der Schütze seine Aufmerksamkeit auf das Zielen richten kann (vgl. *Meinel* u. *Schnabel* 1977, 24). Automatisierte Bewegungsabläufe stellen damit eine Basis für hohe und höchste Ergebnisse im Bogenschießen dar (vgl. *Park* 1993, 20).
- Die Sicherheit und Variabilität der sportlichen Technik bildet eine wesentliche Bedingung für ein stabiles Selbstvertrauen des Schützen und seine Regulationsmöglichkeiten im Wettkampf.

In der langfristigen Wettkampfvorbereitung kommt es darauf an, die Schießtechnik unter den verschiedensten inneren und äußeren Bedingungen zu trainieren und zu festigen. Ein frühzeitiges und variabel gestaltetes Training der bewegungsregulatorischen Voraussetzungen (Körper- und Bewegungswahrnehmung, Vorstellungsfähigkeit, im Gedächtnis gespeicherte Abbilder und Bewegungserfahrungen, sprachliches Ausdrucksvermögen) kann dafür gute Grundlagen schaffen (vgl. *Hahn* 1996, 96).

Im Lauf des Trainingsprozesses müssen nicht nur die Technik, sondern auch die physischen Leistungsfaktoren (z.B. die Kondition) entwickelt, verbessert und stabilisiert werden (s. S. 273 ff.).

Wird die parallele Entwicklung der motorischen Hauptbeanspruchungsformen und der Technik vernachlässigt, kann es zu einer Diskrepanz zwischen technischem Können und konditionellem Niveau kommen, wodurch der Schütze seine Technik unter Umständen nicht optimal umsetzen bzw. über einen lang andauernden Wettkampf hinweg nicht beibehalten kann.

Modellbildung der Phasen des Schießablaufs

> Der Schütze muss sich in der Ausführung seiner Technik wohl fühlen und genügend Freiraum haben, um seinen eigenen Stil zu entwickeln.

Im Bogenschießen existiert kein einheitliches Technikbild (vgl. *Gollhofer* et al. 1996, 57). Der Spitzenschütze hat vielfach seinen persönlichen Stil schon so entwickelt, dass eine Leistungsverbesserung oft nur noch zu erreichen ist, wenn die Technik mehr auf die individuelle Eigenart hin geformt wird als auf Merkmale, die aus dem Vergleich mit anderen Spitzenathleten als technikbestimmend bekannt sind. Dennoch zeigt die Praxis, dass bestimmte Gelenkwinkelstellungen und Gelenkabstände von der Pfeilachse (s. S. 48) aus biomechanischer und funktioneller Sicht einen präzisen und konstanten Bewegungsablauf und damit gute Gruppierungen und hohe Ergebnisse unterstützen.

> Wesentliche Merkmale eines optimalen Ablaufes sind nach *Frederick* und *Bachmann* (2010):
> - Klare, einfache und feinmotorische Abläufe
> - Ökonomischer Einsatz der gegebenen Hebelverhältnisse und der Muskulatur
> - Exakte Wiederholung von einzelnen, klar definierten Elementen (s. Folgeausführungen)
> - Harmonische Abfolge von statischen und dynamischen Teilen mit gleich bleibendem Rhythmus

Ansatzpunkte
Morphologische, biomechanische, funktionelle und vor allem methodische Überlegungen liefern die Grundlage für die nachfolgende Modellbildung. Ausgangspunkt ist die von *McKinney* (1999) und *Park* (2004, 24) postulierte Forderung nach dem Erreichen bestimmter Gelenkwinkelstellungen im Knochenapparat des Schützen (vgl. passiver Bewegungsapparat, S. 48).

Elemente im Schießablauf

> Unter einem Element wird ein funktioneller Bestandteil des Bewegungsablaufs verstanden.

Beispiele für Elemente im Bogenschießen sind der Stand, der Griff oder die Fingerplatzierung. Dabei gilt der im Sport allgegenwärtige Grundsatz:

> Nur wer seine Elemente und Prozesse kennt, kann sie beschreiben und darstellen. Nur wer seine Elemente und Prozesse kontrolliert und aufzeichnet, kann sie verbessern.

Statische und dynamische Elemente
Im Schießablauf können hinsichtlich ihrer Arbeitsweise statische und dynamische Elemente unterschieden werden (Abb. 316).
- Als *statisch* soll ein Element dann gelten, wenn es nach einer Phase der Entwicklung in einem definierten Zeitraum nicht mehr verändert wird. Statische Elemente sind der Stand, die Kopfstellung, die Körperspannung und der Griff.
- Ein Element ist *dynamisch*, wenn es innerhalb des Schießablaufs eine fortlaufende Anpassung bzw. Änderung erfährt. Alle Elemente, wie etwa das Anheben des Bogens oder der Vollauszug, die für das Erreichen der einzelnen Gelenkwinkelstellungen (Positionsphasen) in seinen interindividuellen Ausprägungen notwendig sind, gelten als Beispiele für dynamische Elemente.

Zu bedenken ist, dass ein Element, beispielsweise der Griff, ein rein statisches Element ist, während die Zugfinger bis zur Phase der Schussauslösung statisch (fixiert) und erst dann dynamisch (entspannend) arbeiten.

Einfache und komplexe Elemente

Entsprechend ihren Freiheitsgraden können statische und dynamische Elemente einfach oder komplex auftreten.
- Ein Element ist *statisch einfach*, wenn es unabhängig von anderen Elementen ist. So hat beispielsweise der Stand Auswirkungen auf die nachfolgenden Positionsphasen, kann aber unabhängig vom Griff eingenommen werden.
- Ein Element gilt als *dynamisch einfach*, wenn es nur eine Bewegungsrichtung (Dimension) enthält. Der Vollauszug ist beispielsweise einfach, weil das Erreichen des Ankerpunktes (bei stabilem Schulterblatt auf der Bogenarmseite) in der Regel nur in einer Richtung (kürzester Weg zum Ankerpunkt) erfolgt.

Eine Sonderstellung nimmt das Zielen ein, das bis zum Erreichen des Ankerpunktes dynamisch komplex ist, anschließend aber statisch ist, weil das Visierkorn ruhig gehalten werden muss.

Positionsphasen, Nullstellung und Bewegungsphasen

Begriffsbestimmungen

Der funktionelle Zusammenhang statischer und dynamischer Elemente wird im so genannten Positionsphasenmodell realisiert, das seinerseits durch das Modell der Bewegungsphasen ergänzt wird und den Schießablauf komplettiert.

Schießablauf

- Statische Elemente
  - Einfach
    - Stand
    - Kopfstellung
    - Körperspannung
    - Griff
    - Zugfingerplatzierung
  - Komplex
    - Schulterblattpositionierung Bogenarmseite
    - Schulterblattpositionierung Zugarmseite
    - Vorzielen
    - Sehnenschatten
    - Druckerhöhung auf der Bogenarmseite
    - Ankern
    - Nachhalten
- Dynamische Elemente
  - Komplex
    - Vorspannung
    - Schulterblattbewegung Bogenarmseite
    - Schulterblattbewegung Zugarmseite
    - Laden und Transfer
    - Zugbewegung auf der Zugarmseite
    - Lösen
  - Einfach
    - Anheben des Bogenarms
    - Anheben der Zughand
    - Vollauszug

Zielen

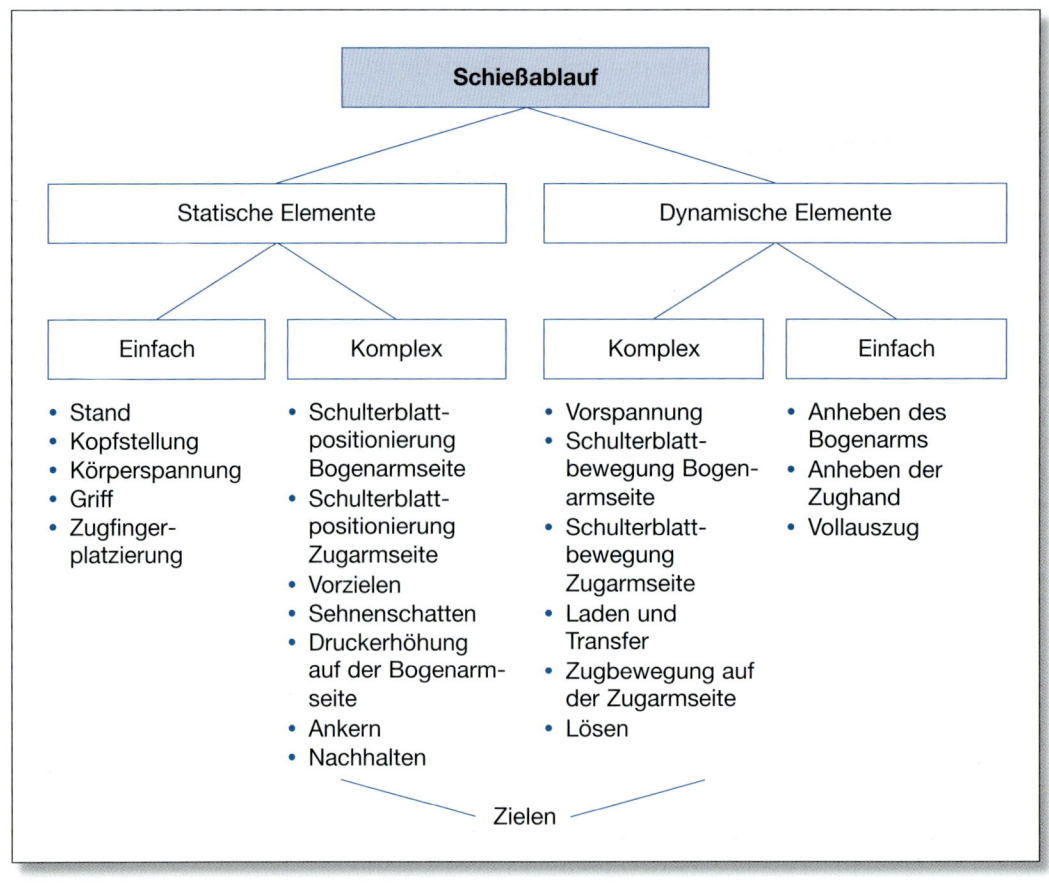

Abb. 316: Arten von Elementen im Schießablauf

> Unter einer *Positionsphase* (PP) versteht man eine innerhalb des Bewegungsablaufs auftretende Gelenkwinkelstellung im Knochenapparat des Schützen.

> *Beachten Sie:* Das Automatisieren der einzelnen Positionsphasen – im Sinne wiederkehrender Gelenkwinkelstellungen – ist die Grundlage für das Erlernen und das Verbessern der Schießtechnik. Erst auf der Basis stabiler Positionshasen ist es möglich, harmonische, präzise und gleichmäßig rhythmische Bewegungsphasen zu entwickeln und zu vervollkommnen.

Die Positionsphasen werden eingebettet in die so genannte Nullstellung (s. S. 370), in der sowohl die Nach- als auch die Vorbereitung des Schusses erfolgen (Abb. 318). Im Gegensatz zu den Positionsphasen hat die Nullstellung zwar Voraussetzungscharakter, jedoch keinen direkten Einfluss auf den Schießablauf.

> Die *Nullstellung* bezeichnet die Vorbereitungs- bzw. Start- und Übergangsphase des Bewegungsablaufs des Schützen.

Während die Positionsphasen – als Basiselemente des Schießablaufs – allen Schützen gemeinsam sind, bestehen bei deren Übergang zahlreiche individuelle Ausprägungen (räumliche, zeitliche und dynamische Technikvarianten).

> Die Abschnitte bzw. Übergänge zwischen den einzelnen Positionsphasen werden als *Bewegungsphasen* (BP) bezeichnet.

Positionsphasen

Der Bewegungsablauf lässt sich in vier funktional miteinander verbundene Positionsphasen (statisch komplexe Elemente) zerlegen, die ihrerseits durch dynamische Übergänge und einzelne statische Elemente beschrieben werden:

- *1. Positionsphase:* fixierte Zugfinger-, Griff- und Kopfhaltung, stabiles Schulterblatt auf der Bogenarmseite und entsprechende Körperspannung, sowie eine tiefe Schultergürtelstellung (individuell optimale Vorspannungsposition)
- *2. Positionsphase:* definierter Winkel vom Oberkörper zum Bogenarm, positioniertes Schulterblatt auf der Zugarmseite und fixiertes Schulterblatt auf der Bogenarmseite (Set-up bzw. Anhebeposition)
- *3. Positionsphase:* konstante Zughandposition am Kinn, positioniertes Schulterblatt auf der Zugarmseite (Ankern)
- *4. Positionsphase:* konstante Zughandposition, stabiles Schulterblatt auf der Bogen- und Zugarmseite (Nachhalten)

Abb. 317 zeigt die Verflechtung der einzelnen Positionsphasen inklusive ihrer statischen Elemente (vgl. auch Techniktraining, S. 454 ff.). Positionsphase 2 (Set-up) kann beispielsweise nur dann optimal erreicht werden, wenn der Schütze Positionsphase 1 (individuell optimale Vorspannungsposition) abgeschlossen hat (vgl. Go-and-Stop-Prinzip, S. 211). Andererseits erfordert ein stabiles Ankern (3. PP) neben einer präzisen Zielbilderfassung eine korrekte Zughandpositionierung (1. PP) sowie ein optimal gesetztes Schulterblatt und einen stabilen Schultergürtel auf der Bogenarmseite (2. PP).

> Das Modell der Positionsphasen ist in der Trainingspraxis insbesondere im Anfängertraining von Vorteil, da hierbei für den Schützen in einfacher Weise die Schlüsselpositionen der Bewegung aufgezeigt und erlernt (vgl. motorisches Lernen, S. 102, 240 und 252) werden können, ohne die Hintergrundinformationen klären zu müssen (vgl. Techniktraining, S. 454).

	PP-1	PP-2	PP-3	PP-4
	• Finger-positierung • Griff und Kopffixierung • Schulterblatt-positionierung Bogen- und Zugarmseite	• Anhebewinkel des Bogen-armes • Schulterblatt-fixierung Bogenarmseite • Schulterblatt-positionierung Zugarmseite • Vorzielen	• Zughand-positionierung • Schulterblatt-positionierung Zugarmseite • Zielen	• Zughand-positionierung • Schulter-positionierung Bogen- und Zugarmseite

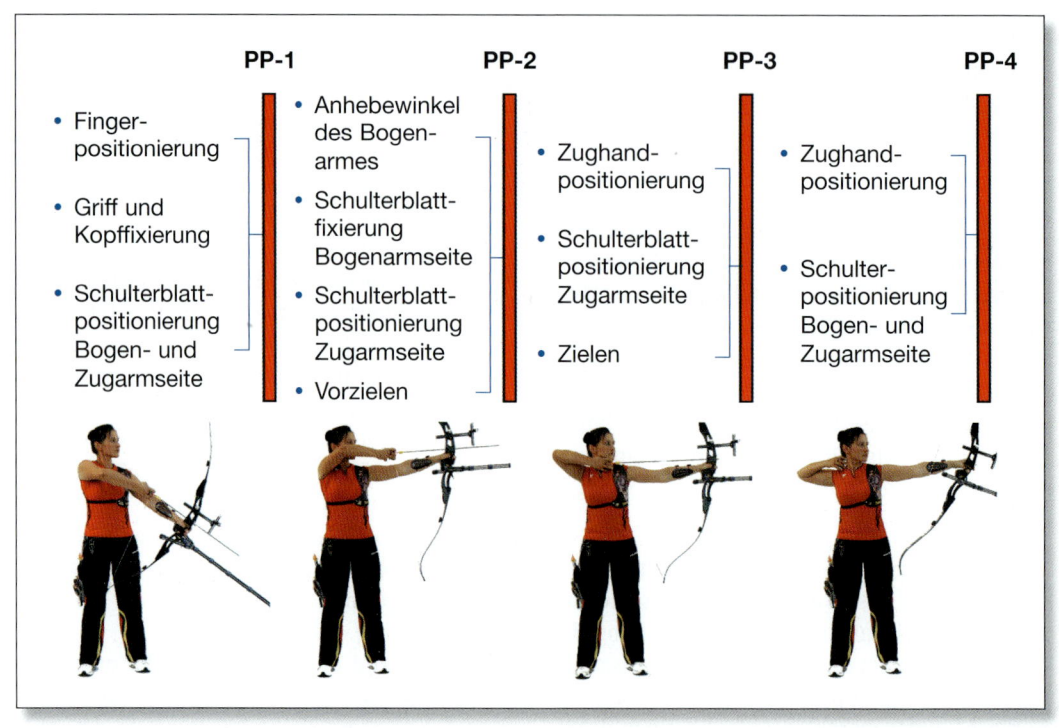

Abb. 317: Verflechtung der einzelnen Positionsphasen inklusive ihrer statischen Elemente auf der Basis einer guten Körperspannung und stabiler Schulterpositionen

Bewegungsphasen

Eine Positionsphase gilt als erreicht, wenn ein optimaler Ausgangspunkt für die nachfolgende Bewegungsphase hergestellt ist und die dazu notwendigen dynamischen Elemente bestmöglich, d.h. qualitativ hochwertig und biomechanisch günstig, ausgeführt werden können (Tab. 80).

Die fünf Bewegungsphasen sind
- *1. Bewegungsphase:* Erzeugen einer individuell optimalen Vorspannung auf der Basis stabiler, vorbereiteter Elemente (z. B. Stand, Griff, Fingerplatzierung)
- *2. Bewegungsphase:* gleichzeitiges Anheben des Bogen- und Zugarmes unter Optimierung der Vorspannung (Bogenschulter wird nach innen geführt)
- *3. Bewegungsphase:* Vollauszug
- *4. Bewegungsphase:* Klickerendphase, d.h. Endzug und Druckerhöhung unter Erhaltung des Gleichgewichts auf Zug- und Bogenarmseite, sowie Lösen
- *5. Bewegungsphase:* Übergang in die Nullstellung (s. S. 370)

Beachten Sie: Im Kontext der Bewegungsphasen sind die Klickerendphase und das Lösen (4. BP) von herausragender Bedeutung. Sie werden daher auch zusammenfassend als Hauptfunktionsphase bezeichnet.

Funktionelle Zusammenhänge und Nullstellung

Abb. 318 zeigt den Zusammenhang zwischen den Positions- und Bewegungsphasen unter Beachtung der Nullstellung. Von besonderer Bedeutung sind dabei – wie bereits mehrfach erwähnt – die *Klickerendphase* und das *Lösen* (Übergang zwischen der 3. und 4. Positionsphase (s. S. 427). Die Hauptfunktionsphase

Bewegungs-phase	1	2	3	4
Dynamische Elemente	• Vorspannung • Schulterblattbewegung auf der Zugarmseite auf der Basis stabiler, vorbereiteter Elemente (z.B. Stand, Griff, Fingerplatzierung)	• Anheben des Bogen- und des Zugarmes • Schulterblattbewegung Bogenarmseite • Schulterblattbewegung Zugarmseite	• Vollauszug • Schulterblattbewegung Zugarmseite	• Laden und Transfer • Druckerhöhung und Zugbewegung (Schulterblattbewegung auf der Zugarmseite) • Lösen
		mündet in		
Statische Elemente	• Schulterblattpositionierung auf der Bogenarm- und Zugarmseite • Optimale Vorspannungsposition (Schulterstellung)	• Anhebewinkel Oberkörper-Bogenarm • Schulterblattfixierung Bogenarmseite • Schulterblattpositionierung Zugarmseite • Vorzielen	• Zughandpositionierung • Schulterblattpositionierung Zugarmseite • Zielen • Schulterstellung	• Zughandpositionierung • Schulterblattpositionierung Zugarmseite
Positionsphase	1	2	3	4

Tab. 80: Erreichen der Positionsphasen durch die Umsetzung von dynamischen Elementen innerhalb der Bewegungsphasen

beinhaltet insbesondere das Zielen, die Druckerhöhung auf der Bogenarmseite, den Endzug auf der Zugarmseite und das anschließende Lösen (s. S. 435).

Gesamtübersicht

Der Bewegungsablauf des Schützen gliedert sich insgesamt in vier funktional abhängige Funktionsphasen (s. S. 204 f.), die im Rahmen des Positionphasenmodells spezifische Aufgaben zu erfüllen haben.
- Vorbereitung (vorbereitende Hilfsfunktion)
- Vorarbeit (unterstützende Hilfsfunktion)
- Klickerendphase und Lösen (Hauptfunktion)
- Nacharbeit (nachbereitende Hilfsfunktion)

Die *Vorbereitungsphase* soll günstige Voraussetzungen für die nachfolgenden Phasen schaffen und endet in der 1. Positionsphase. Grundlegende Elemente sind der Stand, die Zugfingerplatzierung, die Griffpositionierung, die Kopfstellung und die individuelle Vorspannungsposition.

Die *Vorarbeit* leistet mit dem Anheben des Bogens (2. Positionsphase) und dem Vollauszug den größten Bewegungsumfang und mündet in der 3. Positionsphase. Von besonderer Bedeutung sind in dieser Bewegungsphase neben einer stabilen Schulterstellung die mentale Einstellung des Schützen sowie das Vorzielen.

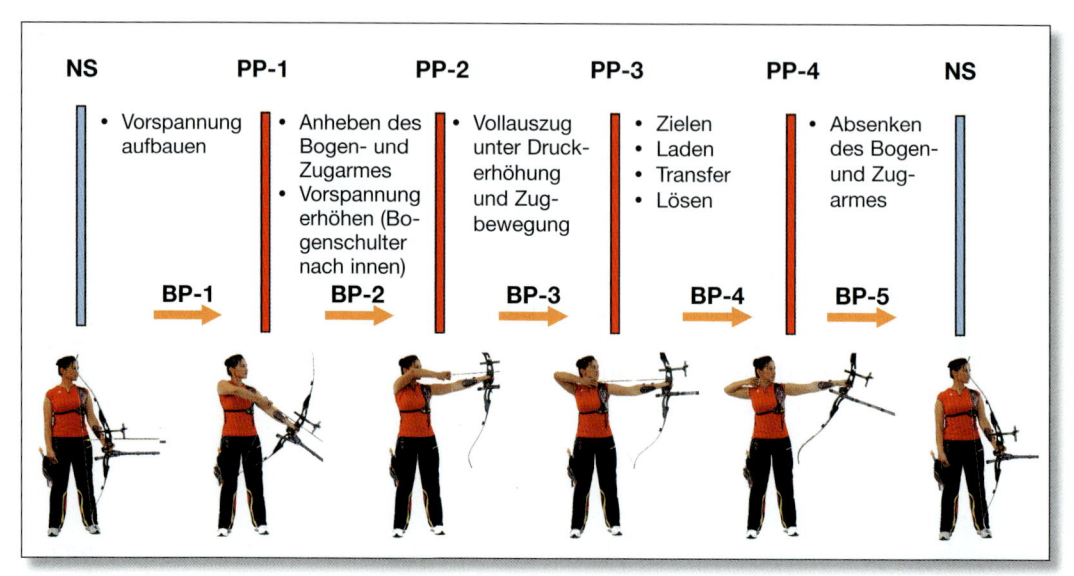

NS	PP-1	PP-2	PP-3	PP-4	NS
• Vorspannung aufbauen	• Anheben des Bogen- und Zugarmes • Vorspannung erhöhen (Bogenschulter nach innen)	• Vollauszug unter Druckerhöhung und Zugbewegung	• Zielen • Laden • Transfer • Lösen	• Absenken des Bogen- und Zugarmes	
	BP-1 →	BP-2 →	BP-3 →	BP-4 →	BP-5 →

Abb. 318: Zusammenhang zwischen Positions- und Bewegungsphasen unter Einbettung in die Nullstellung (PP: Positionsphase, BP: Bewegungsphase, NS: Nullstellung)

Die Klickerendphase und das Lösen stellen die *Hauptfunktionsphase* des Schießablaufs dar. Wesentliche Kennzeichen sind das Zielen, das Laden und der Transfer, der Enddruck und -zug sowie das Lösen. In diesem Abschnitt wird das Bewegungsziel letztendlich realisiert.

Die 4. Positionsphase ist das Bindeglied zur *Nacharbeit*. In ihr erfolgen das Nachzielen bzw. -halten und die Analyse des Bewegungsablaufs.

Einen zusammenfassenden Überblick des Schießzyklus inklusive einer zeitlichen Ordnung gibt Abb. 319.

Elementare Betrachtungen der Schießtechnik

Vorbereitung des Schießablaufs (Erreichen der Nullstellung)
Der Schießablauf wird eingeleitet durch:
- Aufnehmen des Bogens
- Konzentration an der Wartelinie
- An die Schießlinie gehen

Die Nullstellung – als individuell optimale Ausgangsstellung für die Einleitung des Schießablaufs – wird erreicht durch:
- Einnehmen des Standes
- Positionierung des Bogens in individuelle Ausgangsstellung
- Auflegen und Einnocken des Pfeils
- Ruhige, gleichmäßige Atmung (evtl. Bauch- bzw. Zen-Atmung zur Erregungsminderung) und visuelle Fixierung einer »Linie« (z.B. Baumreihe, Horizont) bzw. eines Punktes in Scheibenhöhe (Stabilität!)
- Rhythmusfindung (z.B. über die Atmung)
- Entspannung, Konzentration und Fokussieren (z.B. Blick zur Scheibe; Abb. 320).

1. Positionsphase (Vorspannung)
Ausgangspunkt und Kennzeichen

Ausgangspunkt für das Erreichen 1. Positionsphase sind die vorbereitenden Elemente Stand, Körperspannung, Fingerplatzierung, Griffhaltung und Kopfstellung. Innerhalb der 1. Bewegungsphase erfolgt das Einnehmen einer individuell optimalen Vorspannungsposition.

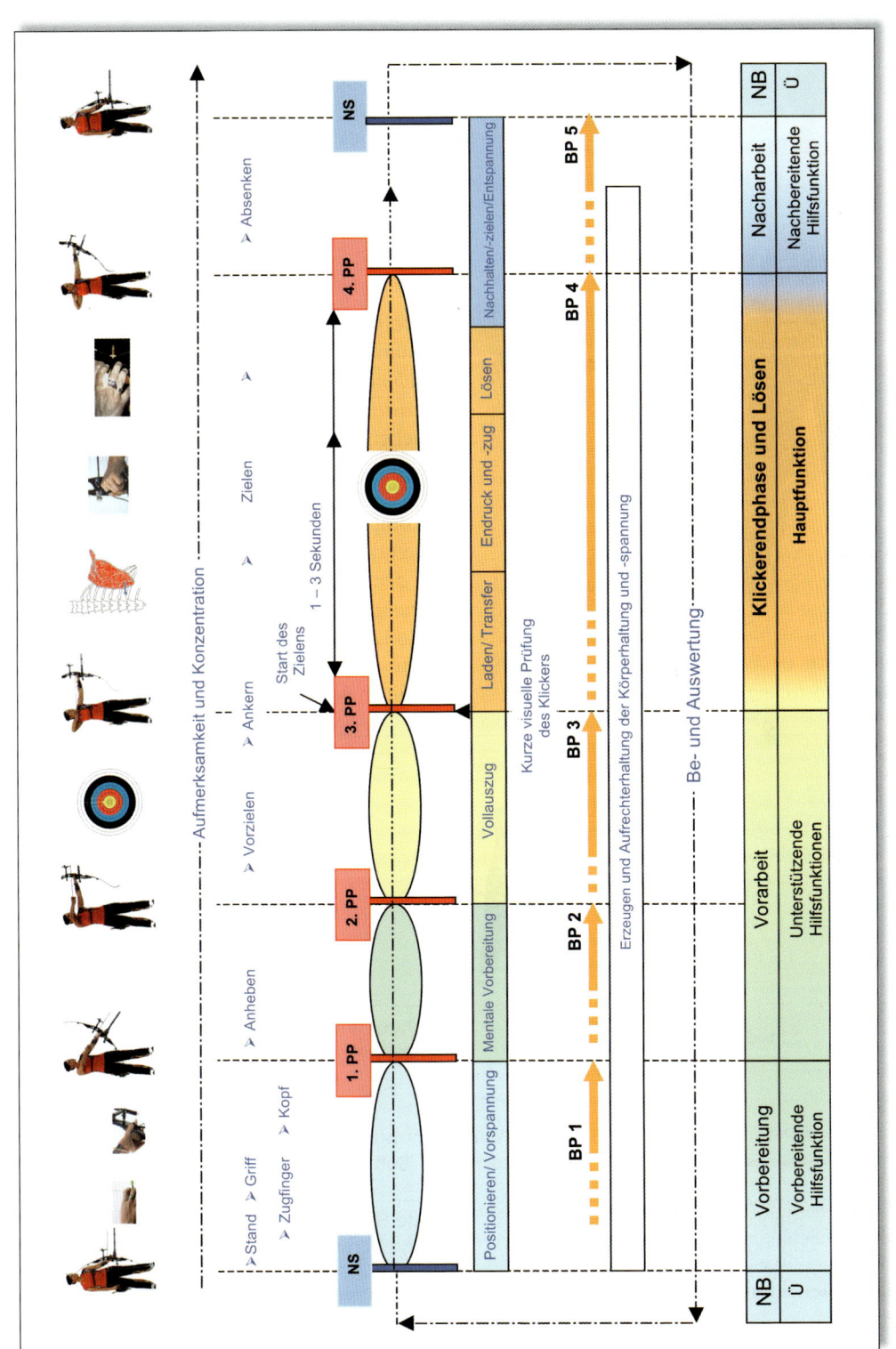

Abb. 319: Grundstruktur des Schießzyklus (PP: Positionsphase, BP: Bewegungsphase, NS: Nullstellung, Ü: Übergangsphase, NB: Nachbereitung; verändert nach *Rohrberg* 2009, *Dietl* 2008, *Lee* 2005, *Ulrich* u. *Bachmann* 1997)

Abb. 320: Vorbereitung des Schießablaufs

Kennzeichen der 1. Positionsphase sind eine stabile Fingerpositionierung, ein konstanter Griff sowie ein exakt positioniertes Schulterblatt auf der Bogenarmseite bei nach innen geführter Bogenschulter auf der Basis oben genannter statischer und dynamischer Elemente (Abb. 321).

Statische und dynamische Elemente

Die statischen Elemente gliedern sich in das *Einnehmen des Standes*, die *Kopfstellung* und die *Positionierung des Griffes* (Abb. 322). Die statischen Elemente zum Erreichen der 1. Positionsphase sind alle einfach.

Die komplexen dynamischen Elemente zum Erreichen der 1. Positionsphase sind die *Platzierung der Finger* und das *Aufbauen einer Vorspannung* (individuell optimale Vorspannungsposition) inklusive der Schulterbewegung auf der Bogen- (nach innen) und Zugarmseite (rücklings; Abb. 323).

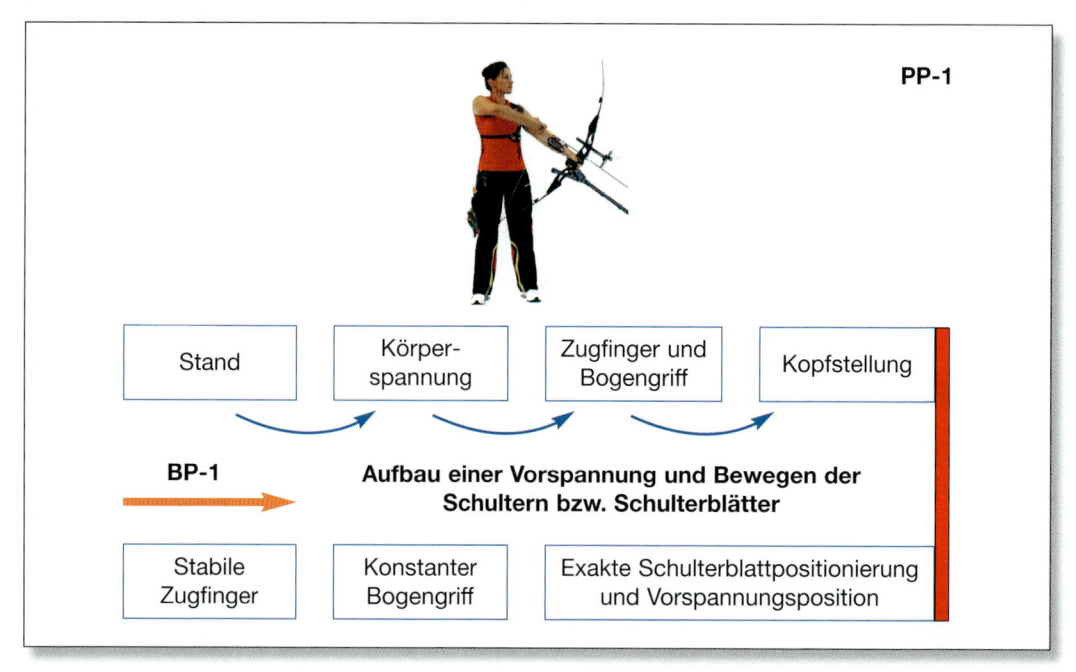

Abb. 321: Basiselemente und Erscheinungsformen der 1. Positionsphase (PP) nach Ausführung der 1. Bewegungsphase (BP)

Technik

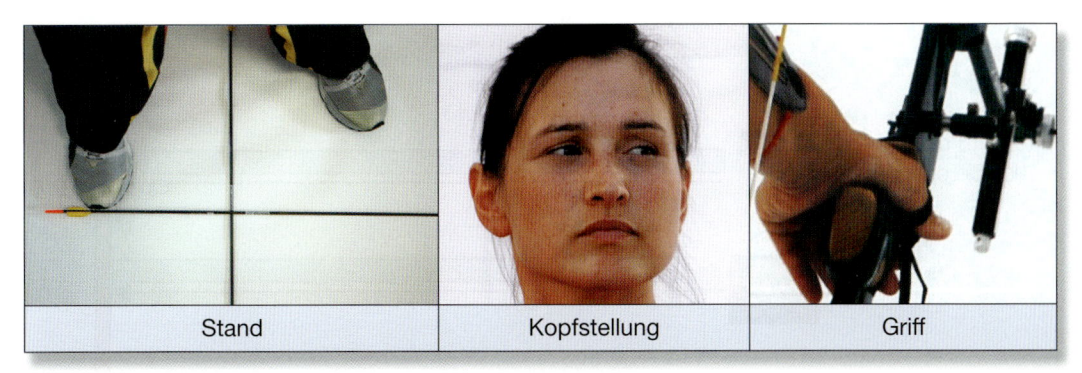

Stand	Kopfstellung	Griff

Abb. 322: Einfache statische Elemente zum Erreichen der 1. Positionsphase

Abb. 323:
Komplexe dynamische Elemente zum Erreichen der 1. Positionsphase (1. Bewegungsphase)

Fingerplatzierung	Vorspannung und Schulterbewegung

Zeitliche Ordnung

Hinsichtlich der zeitlichen Ordnung zeigt das folgende Taskzustandsdiagramm (s. auch S. 202) eine mögliche Umsetzung (Abb. 324): Zum Erreichen der ersten Positionsphase nimmt der Schütze zuerst seinen Stand ein. Unter optischer und/oder taktiler Führung positioniert er seine Finger an der Sehne und seine Bogenhand im Griff des Bogenmittelstücks. Nach dem Einnehmen der Kopfstellung baut er eine Vorspannung auf (leichter Zug an der Sehne) und positioniert seine Schultern bzw. Schulterblätter.

Beachten Sie: Zur Vermeidung von horizontalen Bewegungen sollten Sie zuerst ihre Zugfinger und dann die Bogenhand im Griff positionieren.

Stand

Der Stand bildet das Fundament für einen präzisen Gesamtablauf (vgl. *Park* 2008; *Lee* 2005, 49; *Ulrich* u. *Bachmann* 1997) und beinhaltet die *Fußstellung,* den *Öffnungswinkel zur Schießlinie,* die *Fußbelastung* und die *Schwerpunktslage* sowie die *Körperhaltung* mit entsprechender Muskelanspannung und mentaler Vorbereitung (Mindsetting; Abb. 325).

Fußstellung

Die Fußstellung sollte im Anfängertraining grundsätzlich parallel, gerade und schulterbreit sein, weil nur hierdurch alle Möglichkeiten einer individuellen Stilfindung offen gehalten werden.

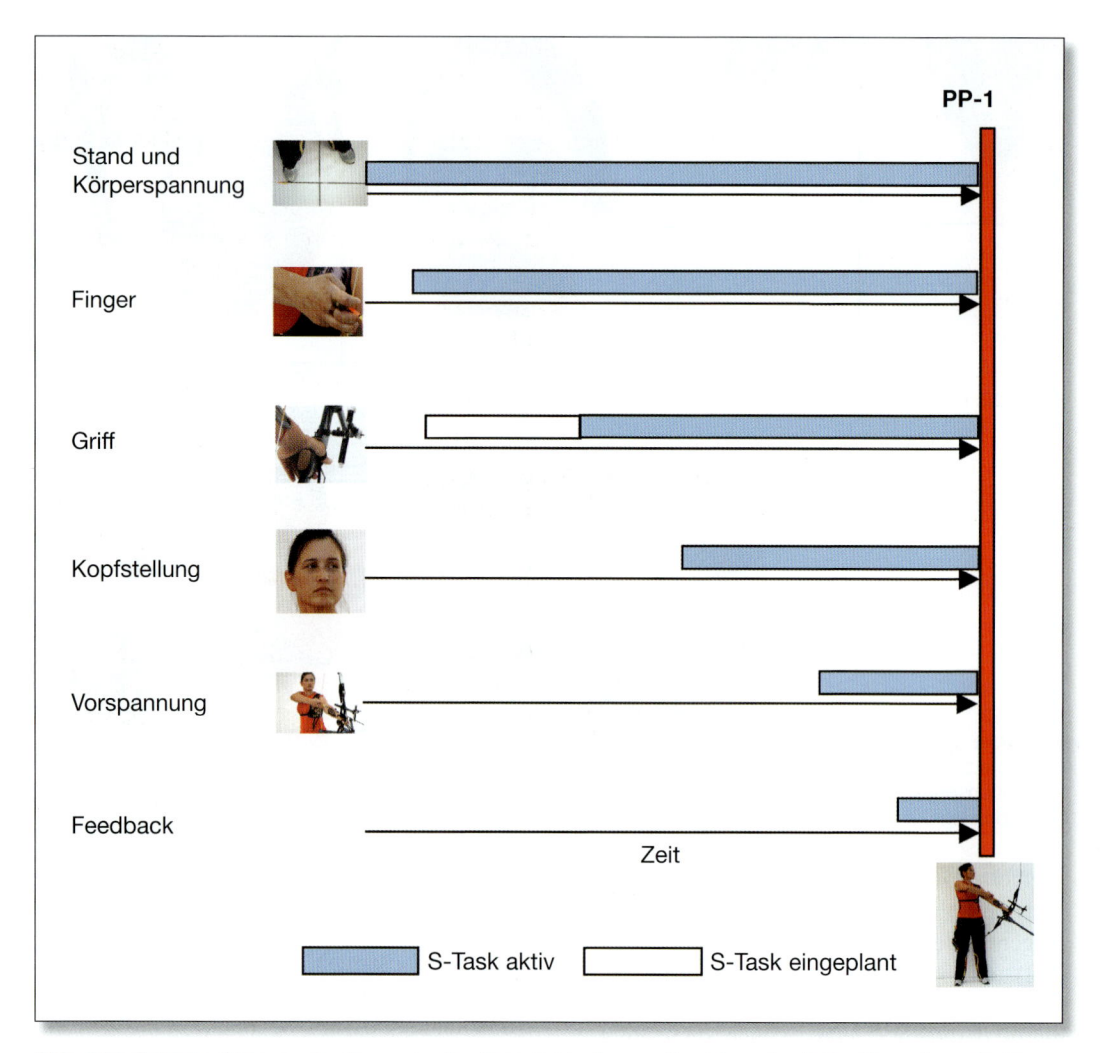

Abb. 324: Zeitliche Ordnung der Elemente des Schießablaufs zum Erreichen der 1. Positionsphase (1. Bewegungsphase)

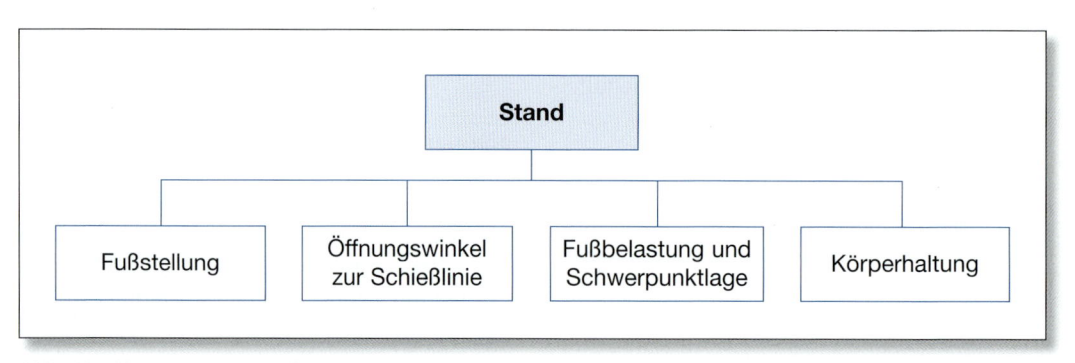

Abb. 325: Komponenten des Standes

Anatomisch lässt sich die parallele Fußstellung dadurch begründen, dass durch eine *angenäherte »Schneepflugstellung«* (Knie werden leicht nach innen gedreht) das Becken (durch den Bandapparat) verriegelt wird. Dadurch bleiben die lateralen Körperaußenseiten während des kompletten Schusses parallel zur Schießrichtung. Dies bedeutet
- eine erleichterte Stabilität und Konstanz der Position der Bogenarmschulter ohne zusätzliche Oberkörperdrehung (parallel zur Schießrichtung) einerseits und
- ein ökonomischeres Schießen »in Linie« andererseits (parallele Kraftwirkung, weil der Zugarmellbogen besser hinter dem Pfeil gebracht werden kann).

Abb. 326 zeigt die parallele, die offene sowie die geschlossene Fußstellung.

Öffnungswinkel zur Schießlinie

Der Öffnungswinkel sollte zwischen 0 und 30 Grad liegen (vgl. *Ulrich* 1996, 11).

Ein offener Stand ermöglicht zwar ein größeres Kraftdreieck, bewirkt aber auch gegenläufige Kraftvektoren, sofern nicht der Schultergürtel gerade gestellt bzw. gehalten wird (Abb. 327). Ein kleines Kraftdreieck – dieses liegt insbesondere beim geschlossenen Stand vor – bewirkt weniger Querkomponenten der Kraft und damit ein reflexfreies Lösen sowie einen geringeren Pfeilreflex.

Es ist von höchster Wichtigkeit, dass ein offener Stand und ein offenes Becken insbesondere im Erreichen der 1. Positionsphase eingestellt und in den nachfolgenden Phasen fixiert bleiben, während der Schultergürtel senkrecht zur Schießlinie ausgerichtet wird (Abb. 328).

Barrs (2002, 14) gibt insgesamt zu bedenken, dass ein geschlossener Stand zwar (insbesondere im Anfängerbereich) den Schultergürtel leichter senkrecht zur Schießlinie ausrichten

Abb. 326: Parallele (*links*), offene (*Mitte*) und geschlossene (*rechts*) Fußstellung

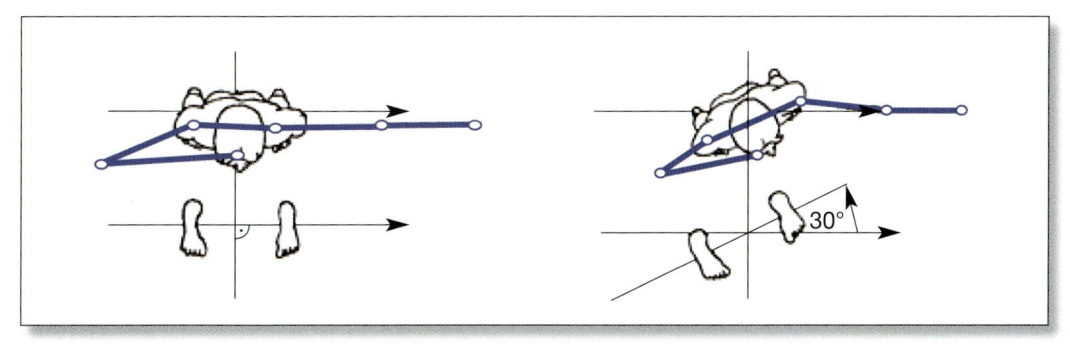

Abb. 327: Verschiedene Öffnungswinkel (0 und 30 Grad) und deren Auswirkung auf das Kraftdreieck, falls der Schultergürtel nicht gerade gestellt wird

lässt, aber auch anfälliger bei Wind und unebenem Gelände (z.B. Feldschießen) ist. Gleichzeitig bewirkt ein versetzter Stand (offen oder geschlossen) einen stabileren Oberkörper, weil die geforderte Drehung die Rückenmuskulatur von unten her anspannt, wodurch auch die Muskulatur der Bogenschulter eine Vorinnervation erfährt und dadurch besser mitstabilisiert wird.

Fußbelastung und Schwerpunktslage

> Die Fußbelastung sollte gleichmäßig sein, so dass das Lot durch den Schwerpunkt die Unterstützungsfläche mittig (Mitte der Fußflächen) trifft (Abb. 329).

In der Praxis verlagern viele Schützen ihre Körperachse so nach vorne, dass eine Druckverteilung auf das vordere Drittel des Fußes, im Bereich der Fußballen (ca. 60–70%), erreicht wird. Dadurch kann zwar eine ungenügende Sehnenfreiheit ausgeglichen werden, es treten aber auch leichter Instabilitäten bei störenden Umweltbedingungen (z.B. Wind, unebener Untergrund) auf. Gleiches gilt bei zu starker Gewichtsverlagerung auf die Fersen (vgl. *Lee* 2005, 33).

Abb. 328: Senkrechte Ausrichtung des Schultergürtels im offenen (*links*) und parallelen (*rechts*) Stand

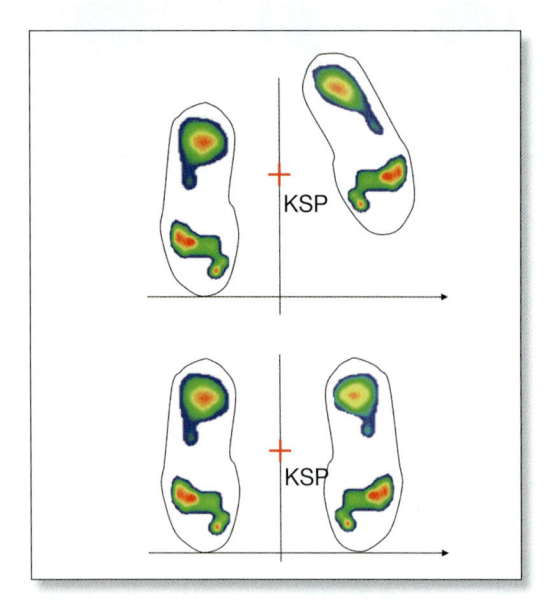

Abb. 329: Fußbelastung und Schwerpunktslage (KSP: Körperschwerpunkt) bei einer offenen versetzten (*oben*) und einer geschlossenen parallelen Fußstellung (*unten*): Die Belastung sollte auf Vorderfuß und Fersenbereich gleichmäßig verteilt sein

> *Trainingstipp:*
> Stellen Sie sich einen Baum vor, der durch den Körper geht, das untere Ende (Wurzeln) fest im Boden und das obere (Baumkrone) als Kopf.
> - Der Schwerpunkt sollte etwa zwischen den Füßen liegen.
> - Die Hüften sind leicht nach hinten gekippt, was sich anfühlen sollte, als wenn die Gesäßmuskeln zusammengedrückt werden.
> - Das Brustbein ist tief zu halten, um vorne mehr Bewegungsfreiheit zu schaffen.
> - Die Schultern sind in einer Linie mit dem Ziel und die Hüften zum Ziel offen (Abb. 330).

ckenstellung ermöglicht, so dass im Moment des Lösens keine reflektorischen Drehbewegungen erfolgen. *Lee* (2005) empfiehlt hier, das Becken bereits in der Vorbereitung des Schusses geringfügig nach vorne zu kippen (gemeint ist nicht die Beckenschaufel – sie kippt nach hinten –, sondern die Schambeinäste!), so dass die Gesäßmuskeln leicht angespannt sind, und diese Position während des gesamten Schießablaufs (1. bis 4. Positionsphase) zu halten (Abb. 331).

Eine Umsetzung in der Praxis des Anfängertrainings erfolgt beispielsweise durch ein leichtes Anspannen der unteren Bauchmuskulatur (ca. 60–70%). Dadurch kippt das Becken im Bereich der Schambeinäste automatisch nach vorne. Die zusätzliche Anspannung der Gesäß- und Beinmuskulatur schafft die notwendige Stabilität der gesamten Körperposition.

Beachten Sie: Bei korrekter Körperhaltung und optimaler Schulterpositionierung muss während des gesamten Bewegungsablaufs eine ansprechende Sehnenfreiheit gewährleistet sein.

Abb. 330: Optimal aufrechte Körperhaltung in der Praxis

Körperhaltung und Muskelanspannung

Die Körperhaltung ist insgesamt locker und aufrecht. Dabei ist die Oberkörperhaltung gerade (kein Hohlkreuz). Die Knie sind gestreckt, und der Spannungsaufbau erfolgt von unten her, d.h. in der Vorbereitung erst Spannung im Fußbereich, dann in den Beinen etc. (Abb. 330).

Grundsätzlich muss der Schütze einen Stand einnehmen, der eine konstante und stabile Be-

Mentale Vorbereitung

Die mentale Vorbereitung (Mindsetting) meint die Konzentration auf den nachfolgenden Bewegungsprozess und beinhaltet sowohl das Fokussieren des Zielbildes, die geistige Vorwegnahme des Bewegungsablaufs als auch die Wahrnehmung spezifischer Umgebungsbedingungen (z.B. Wind).

Wie die Ausführungen von *Garnreiter* (2008) deutlich machen, ist grundsätzlich dann eine *Konzentration auf den Bewegungsablauf* ratsam, wenn Störungen von außen (z.B. Finaldruck) das motorische Programm zu unterbrechen drohen (Abb. 332).

Zusammenfassend gelten in Anlehnung an *Lee* und *Benner* (2009, 13) sowie *Frederick* und *Bachmann* (2010) folgende Bewegungsmerkmale für den Stand und die Körperhaltung in der 1. Positionsphase:
- Die Füße stehen etwa schulterbreit.
- Die Fußstellung ist parallel bis leicht offen (maximal 30 Grad).
- Die Knie sind gerade, aber nicht fest.
- Die Brust ist entspannt und tief gesetzt.
- Die Schultern sind tief und locker.
- Der Rücken ist gerade, ohne Hohlkreuz.
- Die Körperhaltung ist aufrecht bei leichter Anspannung des gesamten Körpers.

Abb. 331: Kippbewegung des Beckens zum Erreichen einer stabilen und aufrechten Körperposition (vgl. DSB 2005)

Funktionelle Zusammenhänge

Abb. 333 macht deutlich, dass nur bei einer aufrechten Körperhaltung biomechanisch günstige und leicht reproduzierbare Bewegungsmuster erreicht werden können. Verlaufen beispielsweise Schulter-, Hüft- und Pfeilachse während

Abb. 332: Formen der mentalen Vorbereitung: Konzentration auf den Bewegungsprozess (*links*), das Zielbild (*Mitte*) und die aktuellen Umgebungsbedingungen (*rechts*)

Technik

des Vollauszuges und der Klickerendphase nahezu parallel, so arbeitet der Schütze ökonomisch (s. S. 209 ff.).

Auch während des Vollauszuges sollte aus ökonomisch-biomechanischer Sicht eine aufrechte Körperhaltung beibehalten werden. Dies bedeutet zum einen, dass Oberkörperschwankungen sowohl anterior-posterior (Abb. 334) als auch links-rechts (Abb. 335) vermieden werden können.

Praxistipp:
Wählen Sie ihren Stand so, dass nach der exakten Positionierung der Bogenschulter (s. S. 209 ff., 396 ff. und 414) ein geradliniges Anheben des Bogenarmes möglich ist. Das heißt: Wird der Bogenarm gerade (und senkrecht) angehoben, sollten Sie auf direktem Weg ins Ziel gelangen. Horizontale Bewegungen sind nicht notwendig (Abb. 336).

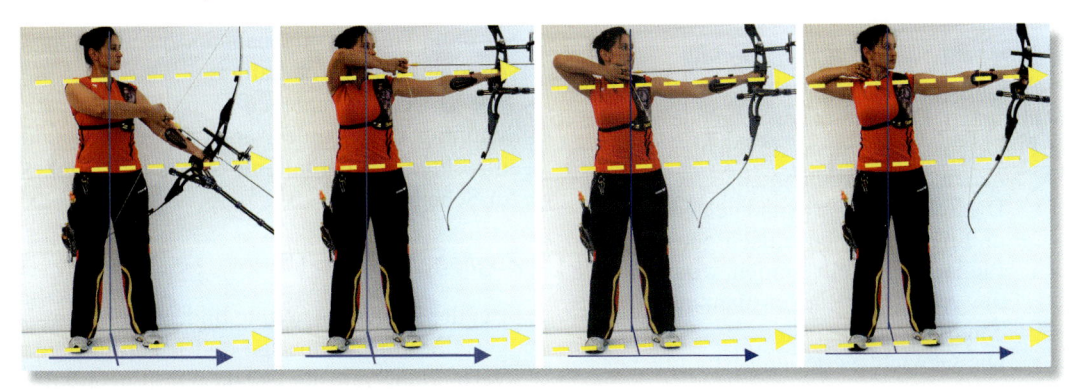

Abb. 333: Stabile Haltung durch Parallelität von Pfeil- und Schulterachse, Hüfte und Stand: Die Schützin ist zum Ziel hin offen

Abb. 334: Funktionelle Zusammenhänge: Während des Vollauszuges (3. Bewegungsphase) sollte eine aufrechte Körperhaltung beibehalten werden, um Oberkörperschwankungen anterior-posterior (senkrecht zur Schießrichtung) zu vermeiden. Die Körperebenen bleiben parallel

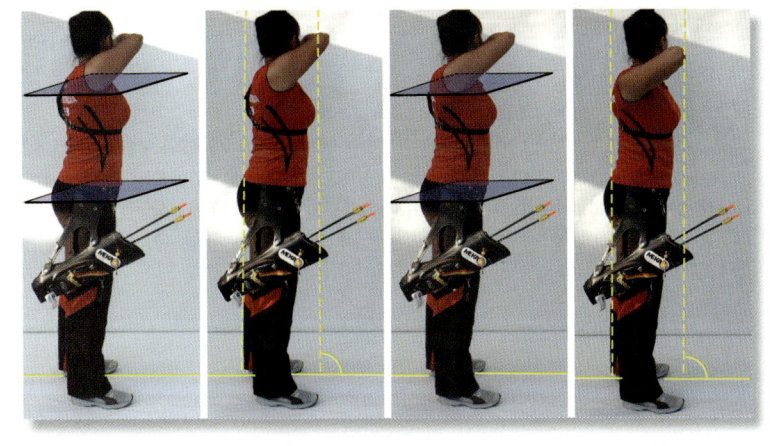

Abb. 335: Funktionelle Zusammenhänge: Während des Vollauszuges sollte eine aufrechte Körperhaltung beibehalten werden, um Oberkörperschwankungen nach links und rechts (parallel zur Schießrichtung) zu vermeiden

Abb. 336: Anheben des Bogens: Nach exakter Standwahl sollte der Bogen von unten her geradlinig ins Ziel gebracht werden können.

Hinweis für das Anfängertraining:
Anfänger sollten mit dem *parallelen* Stand beginnen. Dafür sprechen folgende Vorteile:
- Der parallele Stand ist leichter zu erlernen und zu reproduzieren.
- Die Schulterachse kann leichter parallel – und damit biomechanisch günstig – zur Pfeilachse gestellt werden, wodurch auch die geforderte Rückenspannung korrekt eingesetzt werden kann.
- Die Gewichtsverteilung ist einfacher zu kontrollieren, weil beim offenen Stand, tendenziell mehr Druck auf dem Vorderfuß (im Bereich der Fußballen) entsteht (vgl. *Lee* 2005, 29).

Empfehlung für Fortgeschrittene:
Die empfohlene Stellung ist der *offene* Stand. Dieser sorgt für eine biomechanisch stabile Haltung, insbesondere bei Wind. Die Füße sollten etwa schulterbreit auseinander stehen, wobei das Gewicht gleichmäßig auf beide Füße verteilt wird. Hierfür spricht Folgendes:
- Der offene Stand ermöglicht eine bessere »Gesicht-zum-Ziel«-Haltung, die wiederum einen stärkeren Bogenarm erzeugt.
- Der Seitenanker wird erleichtert, wodurch beim Lösen Konflikte mit dem Kinn vermieden werden.
- Der Zugarmellbogen kann leichter in Linie mit dem Pfeil gebracht werden, was einen kräftigen bzw. dynamischen Schuss bei besserer Ausrichtung und Gesamthaltung erzeugt (vgl. *Lee* 2005, 45).

Spezielle Trainingsmaßnahmen zur Schulung von Stand und Körperhaltung

Tab. 81 zeigt beispielhaft Möglichkeiten zur Schulung des Standes, einer konstanten und aufrechten Körperhaltung, sowie des Blickes zur Scheibe.

Zugfingerplatzierung

Bei der Fingerplatzierung bilden die Zugfinger eine formschlüssige und hakenförmige Verbindung mit der Sehne. Die Fingerhaltung ist ein dynamischer Prozess, der neben der Platzierung der Finger an der Sehne auch das Ziehen der Sehne sowie die Handhaltung während des Schießablaufs beinhaltet (*Ulrich* 1996, 16; Abb. 338).

Bei der Fingerplatzierung werden einerseits ein sicheres, konstantes und festes Halten und Ziehen der Sehne sowie andererseits ein weiches und widerstandsloses Lösen gefordert.

Beachten Sie: Die Positionierung der Finger weist im Kontext der Einordnung statisch – dynamisch die Besonderheit auf, dass sie bis zum Lösen ein statisches Element ist.

Technik

Technik-element	Methodische Hilfsmittel	Methodische Hinweise	Anmerkung
Fußbelastung und Körperhaltung	Kreisel, Wippe, Holzpflöcke	• Ohne Bogen • Mit Deuserband • Mit Bogen/ ohne ZP • Mit Bogen und ZP • Mit Bogen und Auflage	Vgl. Abb. 337b
Körperhaltung	• Schattenschießen (Licht von rücklings) • Spiegel, Video • Verschiedene Haltepunkte	• Vgl. S. 195 ff. • Ohne Bogen • Mit Bogen und ZP • Mit Bogen und Auflage	• Winkel kleiner 30 Grad • Oberkörper-Vertikalausrichtung • Vgl. Abb. 337a
Öffnungswinkel	• Blindschießen • Fußmarkierungen	• Steigende Entfernungen • Harmonisierungstraining	• Optimal, wenn sich die besten Gruppierungen bilden
Gerades Becken	• Video • Seitliche Führung		Vgl. S. 375
Fokussieren	• Verschiedene Markierungen und Haltepunkte • Ampel (s. S. 526)	• Auf verschiedene Entfernungen • Einsatz von Störfaktoren	Vgl. Konzentrationstraining, S. 520
Blick zur Scheibe	• Stand- bzw. Scheibenerhöhungen		Vgl. Abb. 337c und d

Tab. 81: Schematische Übersicht methodischer Maßnahmen zur Schulung des Standes sowie einer konstanten, aufrechten Körperpositionierung (ZP: Zielpunkt)

Abb. 337: Schuss am Spiegel (a) bzw. auf Holzpfählen (b), Schießen vom Turm (c), Positionieren der Scheiben auf dem Turm (d)

Positionieren der Sehne

Die Sehne wird mit Zeige-, Mittel- und Ringfinger als Einheit umfasst und liegt in etwa im ersten Fingerglied (vgl. Empfehlung S. 383). Die Nocke des Pfeils sitzt zwischen dem Zeige- und Mittelfinger. Ein Abstand zur Nocke ist bei entspannter Fingerhaltung nicht notwendig (Abb. 339a; vgl. *Park* 2005, 22).

Liegt die Sehne weiter vorne, ermöglicht dies zwar ein schnelleres Lösen, verhindert aber gleichzeitig eine entspannte Haltung des Handrückens, weil durch den vergrößerten Abstand des Handrückens von der Sehne eine größere Kraft durch geringere Kraftverteilung wirkt (Abb. 339b). Liegt die Sehne zu weit hinten, so erhält sie im Moment des Lösens einen Schlag der Fingerkuppen, wodurch der Sehnen- und Pfeilreflex erhöht ist (vgl. *Park* 2005, 22).

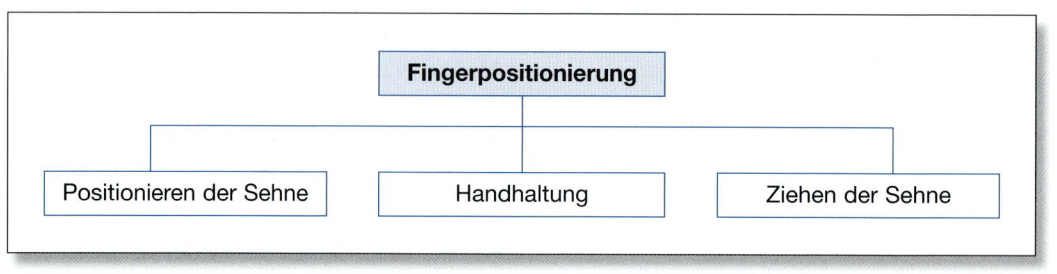

Abb. 338: Komponenten der Fingerplatzierung

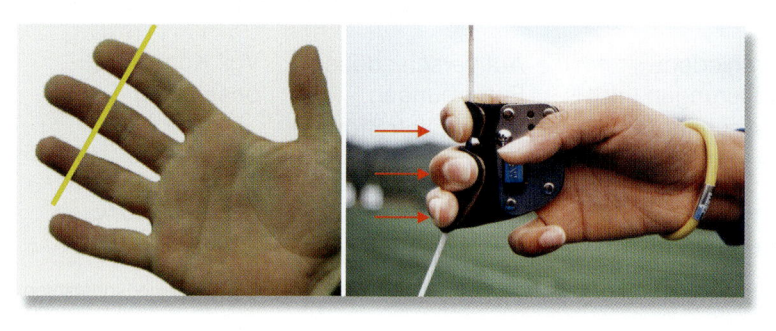

Abb. 339a: Positionierung der Sehne mit Zeige-, Mittel- und Ringfinger

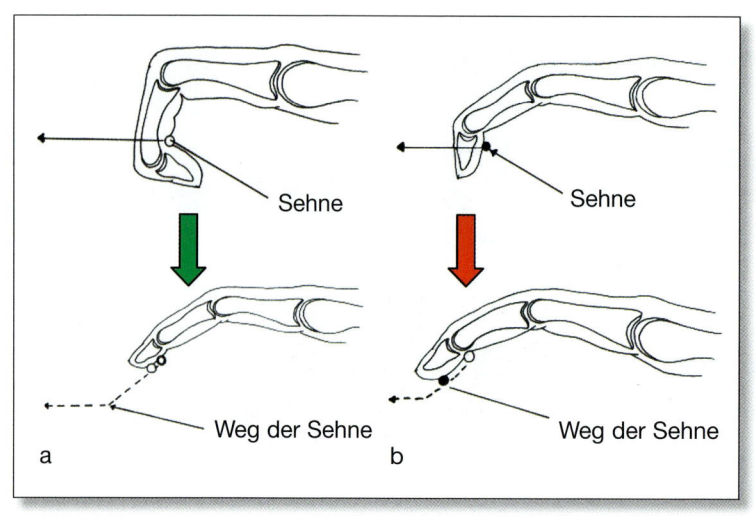

Abb. 339b: Auswirkungen von Zugfingerhaltung und Sehnenlage auf Hebel- und Kraftverhältnisse: Ideale Lage im Sinne eines »tiefen Hakens« (a), die Sehne liegt zu weit vorne (b) – sie bekommt einen Schlag

Empfehlung:
Positionieren Sie die Sehne direkt vor dem 1. Gelenk von Zeige- und Ringfinger und hinter dem 1. Gelenk des Mittelfingers (vgl. Abb. 339a). Halten Sie diese Position auch in der 3. Positionsphase konstant bis zum Lösen (Abb. 340).

Handhaltung

Der Handrücken ist gerade und locker und bildet in der Vertikalen eine Parallele zur Sehne. Dadurch werden Kraftquerkomponenten vermieden und durch eine entsprechende Daumenlage und Position der Handoberkante eine gute Auflagefläche für den Anker vorbereitet (Abb. 341).

Beachten Sie: Bei geradem Handrücken bleiben das Handgelenk bzw. die Hand in der Klickerendphase passiv, d.h., das Handgelenk ist steif und die Fingerkrümmung wird gehalten, ohne zusätzliche Zugarbeit zu leisten (vgl. *Ulrich* 1996, 29).

Empfehlung:
- Verwenden Sie insbesondere im Anfängertraining keine Ankerplatten, da diese ein stabiles Anliegen des gesamten Oberteils der Zughand unter dem Kinn verhindern und das taktile Empfinden reduzieren.
- Führen Sie Daumen und Zeigefinger zusammen, um das Handgelenk zu stabilisieren (Abb. 341 links; vgl. *Park* 2005, 23)

Um einen idealen Kraftfluss zu erreichen, empfiehlt *Garnreiter* (2008), den Winkel zwischen Zeige- und Mittelfinger in der Zughand möglichst klein zu halten und die Kraftentwicklung der Zughand durch den Ansatz von Elle und Speiche laufen zu lassen (Abb. 342).

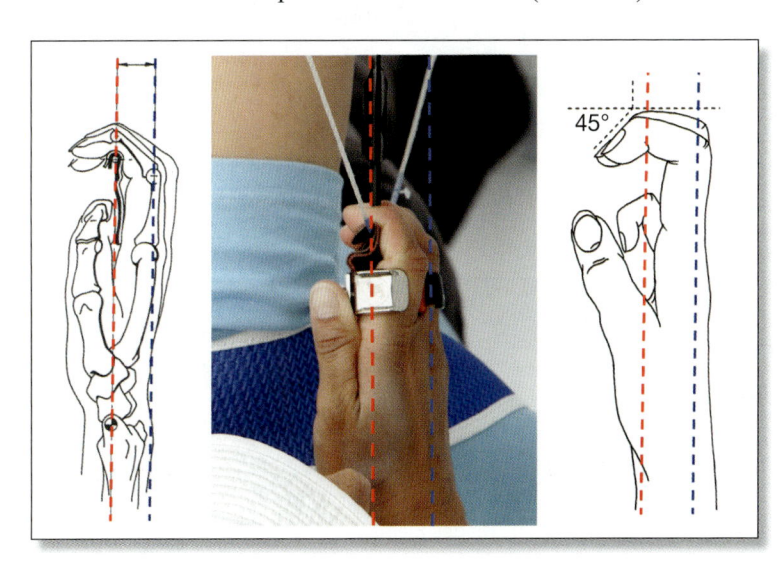

Abb. 340: Tiefer Haken: Die Position der Finger bleibt auch in der 3. Positionsphase erhalten

Abb. 341: Parallelität von Handrücken und Pfeilachse zur Vermeidung von Kraftquerkomponenten (vgl. DSB 2005): Der Daumen kann dabei am Zeigefinger angelegt (*links*) oder abgewinkelt (*rechts*) werden.

Halten der Sehne

Es ist von großer Bedeutung, dass die Zugfingerhaltung bis zum Lösen konstant bleibt (Abb. 343): Der »tiefe Haken« wird dabei während des gesamten Zugvorganges beibehalten. Gleichzeitig muss eine Ausrichtung des Handrückens parallel zur Sehne entlang der Pfeillinie erfolgen, weil bei hohen Kraftanstrengungen (z.B. durch falschen Muskeleinsatz oder Ermüdung) mitunter ein »Zukrallen« der Fingerkuppen zu beobachten ist (vgl. *Park* 2005, 22).

Aus der unterschiedlichen Fingerkrümmung ergeben sich naturgemäß unterschiedliche Zugverhältnisse. Wie bei vielen Spitzenschützen zu beobachten ist, wird dabei der Mittelfinger zum führenden Element der Lastein- und Lastausleitung (vgl. *Beiter* 2008; Abb. 344).

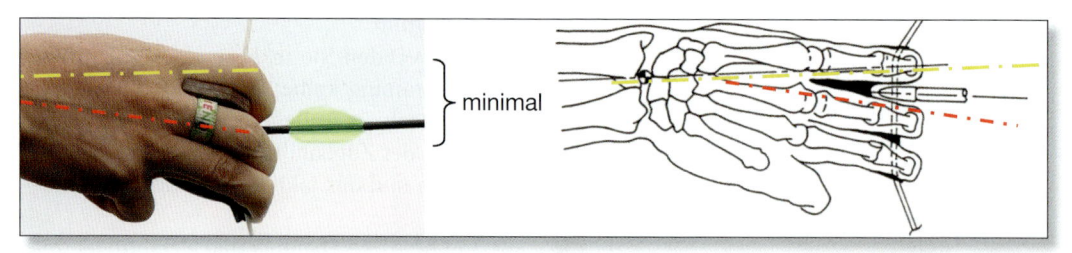

Abb. 342: Optimale Kraftentwicklung der Zughand durch optimale Kraftentfaltung durch den Ansatz von Elle und Speiche

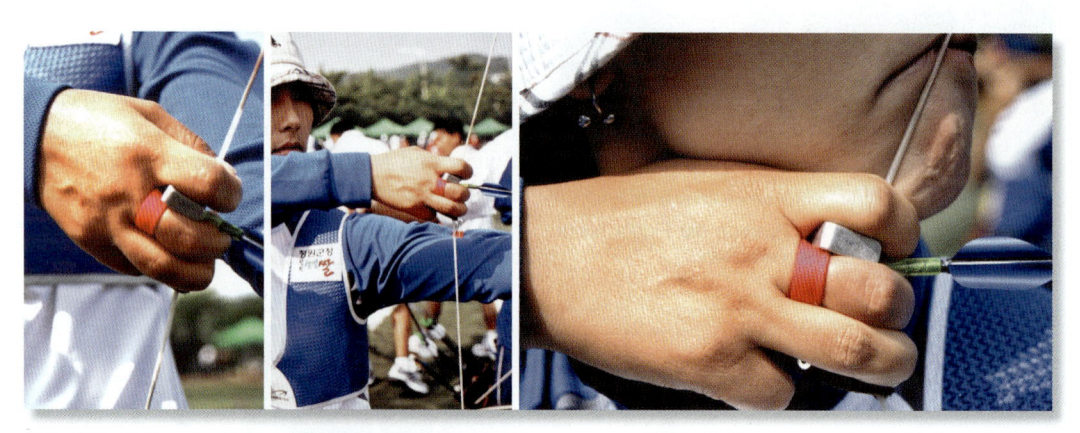

Abb. 343: Halten der Sehne: Während des gesamten Zugvorgangs (1. bis 3. Bewegungsphase) bleiben die Zugfinger in einer konstanten Halteposition

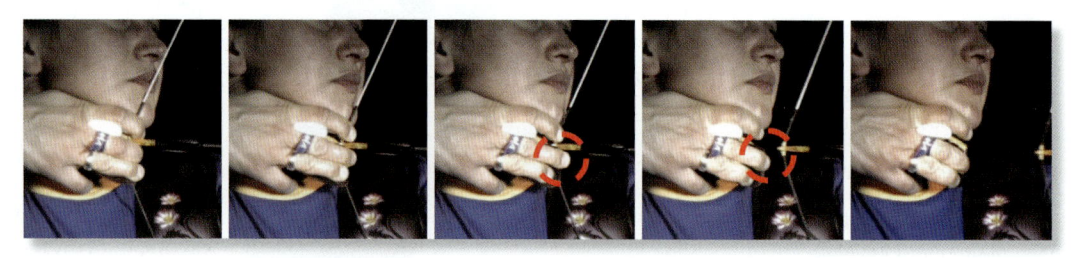

Abb. 344: Mittelfinger als führendes Element der Lastein- und Lastausleitung (vgl. *Beiter* 2008)

Für die Fingerplatzierung gelten zusammenfassend die folgenden Merkmale (Abb. 345):
- Die Sehne liegt in der ersten Fingerbeuge.
- Der Handrücken und das Handgelenk sind entspannt und gerade.
- Die Position der Finger an der Sehne und deren Lastverteilung sind immer gleich.
- Die Hand- und die Sehnenfläche verlaufen parallel.

Funktionelle Zusammenhänge

Wie biomechanische Überlegungen zeigen, besteht eine Wechselbeziehung zwischen dem Ellbogen, dem Handgelenk und der Fingerplatzierung auf der Zugarmseite. So bewirkt ein hoher Ellbogen einen großen Winkel zwischen Zeige- und Mittelfinger und damit einen biomechanisch ungünstigen Verlauf der beteiligten Kraftvektoren und eine unökonomische Arbeitsweise (Abb. 346).

Ähnliche Probleme resultieren aus einem vertikal bzw. horizontal abgewinkeltem Handgelenk (Abb. 347 und 348), sowie in einem forciert eingesetzten Ringfinger, welcher seinerseits zu einem tieferen Ellbogen auf der Zugarmseite führen kann (vgl. *Park* 2005, 22).

Beachten Sie: Das Handgelenk ist biomechanisch optimal gestellt, wenn der Kraftvektor der Zugbewegung (Pfeillinie) mittig durch den Ansatz von Elle und Speiche verläuft (Abb. 349). Finger-, Hand- und Ellbogengelenk sind dabei in der 3. Positionsphase in einer Ebene (Abb. 350; vgl. *Lee* u. *Benner* 2009, 39)

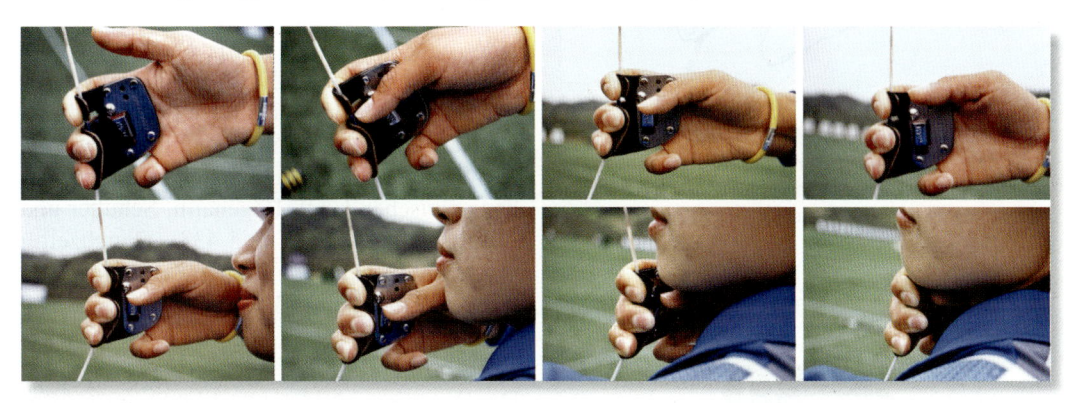

Abb. 345: Fingerplatzierung während verschiedener Phasen des Bewegungsablaufs

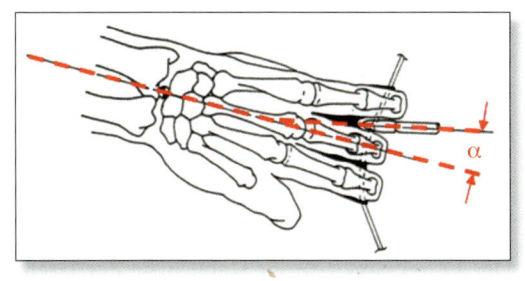

Abb. 346: Wechselbeziehung zwischen Ellbogen und Fingerplatzierung auf der Zugarmseite: Ein hoher Ellbogen bewirkt einen großen Winkel zwischen Zeige- und Mittelfinger

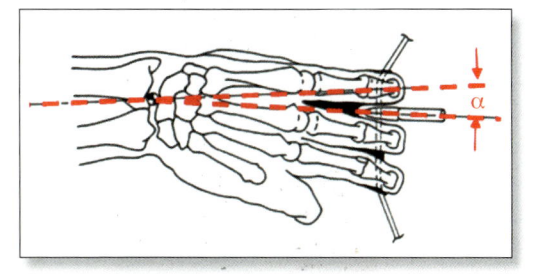

Abb. 347: Wechselbeziehung zwischen einem abgewinkeltem Handgelenk und der Fingerstellung auf der Zugarmseite: Das nach unten abgewinkelte Handgelenk (z.B. durch einen tiefen Ellbogen) bewirkt einen großen Winkel zwischen Zeige- und Mittelfinger

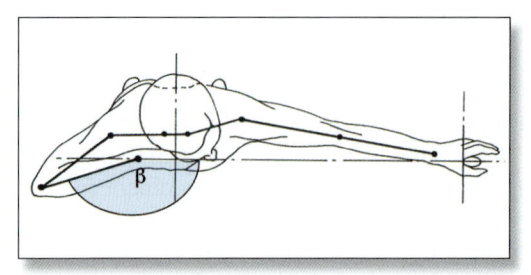

Abb. 348: Verlieren der »Linie«: Bei horizontal abgewinkeltem Zughandgelenk kann der Zugarmellbogen nicht hinter dem Pfeil gebracht werden. Der Winkel (β) zwischen Handrücken und Unterarm (b) ist zu klein (vgl. *Axford* 2006, 101)

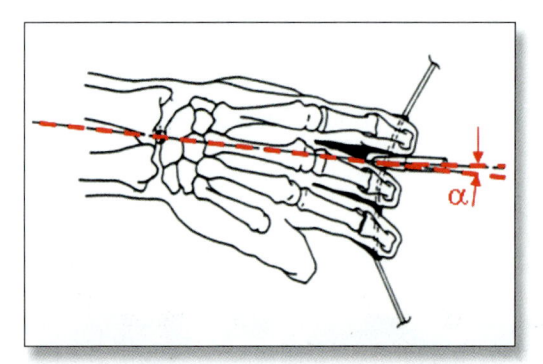

Abb. 349: Optimale Stellung des Handgelenks: Der Kraftvektor der Zugbewegung verläuft mittig durch den Ansatz von Elle und Speiche. Der Winkel (a) zwischen Kraft-(zug-) und Pfeillinie ist minimiert

Abb. 350: Optimale Stellung der Elemente des Zugarms in der 3. Positionsphase (Ankern): Finger, Hand- und Ellbogengelenk befinden sich in einer Ebene

Beachten Sie: Wegen der Verkleinerung des Sehnenwinkels während der 3. Bewegungsphase (Vollauszug) kann sich auch die Druckbelastung auf die einzelnen Zugfinger verändern (vgl. *Lee* u. *Benner* 2009, 34).

Spezielle Trainingsmaßnahmen zur Schulung der Fingerplatzierung

Tab. 82 gibt eine Übersicht der methodischen Maßnahmen zur speziellen Schulung der Fingerplatzierung.

Griff

Der Griff ist das form- und kraftschlüssige Element zwischen Bogen (Griffstück bzw. Griffschale) und Schütze (vgl. *Ulrich* 1996, 13). Der Griff ist bestimmt durch die Handform, den Druckpunkt sowie den Anstell- und Kippwinkel der Bogenhand (Abb. 351).

Der Griff hat direkten Einfluss auf den Verlauf der Kraftlinien bzw. den Bogenreflex durch Kraftquerkomponenten und damit auf das System Schütze-Bogen (funktioneller Zusammenhang zwischen Griff, Bogenarm, Schulter und Lösen, s. S. 394, 407 und 438). Gleichzeitig steht die Griffhaltung in engem Zusammenhang mit dem Tiller (s. S. 639)

Handform

Die Bogenhand bildet zum Fassen des Griffes mit Zeigefinger und Daumen eine Gabel (Abb. 352). Der Daumen zeigt in etwa in Richtung Scheibe (vgl. *Lee* 2005). Der Daumenballen schließt mit dem Griff des Mittelstücks ab, wobei die Griffschale auf die Handgeometrie des Schützen ausgerichtet bzw. angepasst sein muss.

Druck- und Drehpunkt

Der Druckpunkt in der Hand bzw. der Drehpunkt (pivot point) am Bogen muss wegen der verbesserten Differenzierungsfähigkeit (taktiler und kinästhetischer Analysator, s. S. 344 ff.) möglichst kleinflächig und tief getroffen wer-

Technikelement	Methodische Hilfsmittel	Methodische Hinweise	Anmerkung
Verschiedene Fingerpositionen (weit, eng, zwei Finger)	Verschiedene Tabs bzw. Fingertrenner	Wechsel und Variation	Gruppierung beachten
Exakte Fingerpositionierung	Markierung an der Sehne	• Exakte Wiederholung • Unterschiedliche Zuggewichte oder Gewichtsmanschetten am Handgelenk, unterschiedliche Zuglastverteilung auf Zeige-, Mittel- oder Ringfinger	• Beobachtung durch Trainer • Eigenbeobachtung (»Fühlen«) während des gesamten Schießvorgangs
Handgelenkstellung	Schiene		Nur kurzfristig einsetzen!
Komplette Fingerpositionierung	Video	Mit optischer bzw. ohne optische Kontrolle	Eigenbeobachtung (»Fühlen«) während des gesamten Schießvorgangs

Tab. 82: Spezielle Trainingsmaßnahmen zur Schulung der Fingerplatzierung

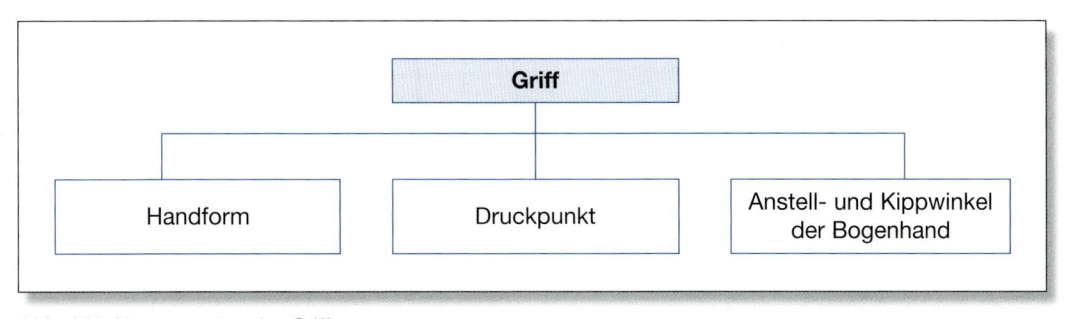

Abb. 351: Komponenten des Griffes (Griff: Handform, Druckpunkt, Anstell- und Kippwinkel der Bogenhand)

den und auf der zentralen Linie durch das Bogenmittelstück liegen (Abb. 353 und 354; vgl. *Park* 2004, 26). Dadurch können Drehungen bzw. ein Verkanten minimiert werden.

Beachten Sie: Minimale Veränderungen in der Griffhaltung verändern den Drehpunkt am Griff und damit den Tiller (s. S. 639) des Bogens und die Trefferlage der Pfeile. Der Druckpunkt liegt ideal zwischen Daumen- und Zeigefingerwurzel (Abb. 355).

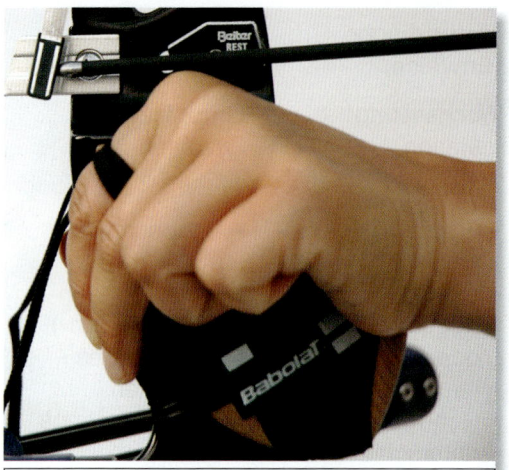

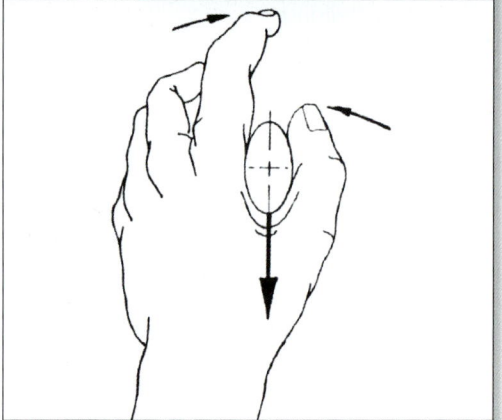

Abb. 352: Handform seitlich (*oben*) und schematisch von oben (*unten*; vgl. Axford 2006, 113)

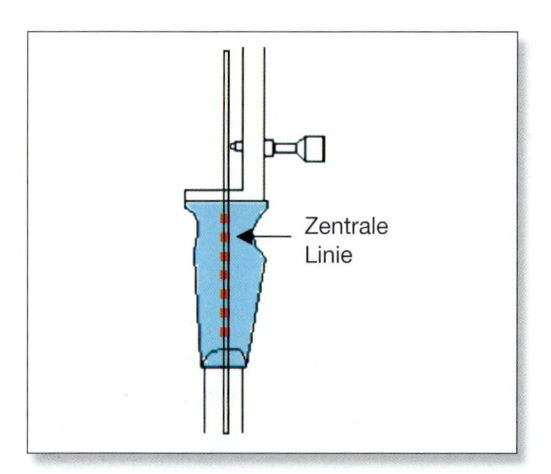

Abb. 353: Der Drehpunkt am Griff muss auf der zentralen Linie durch das Bogenmittelstück liegen

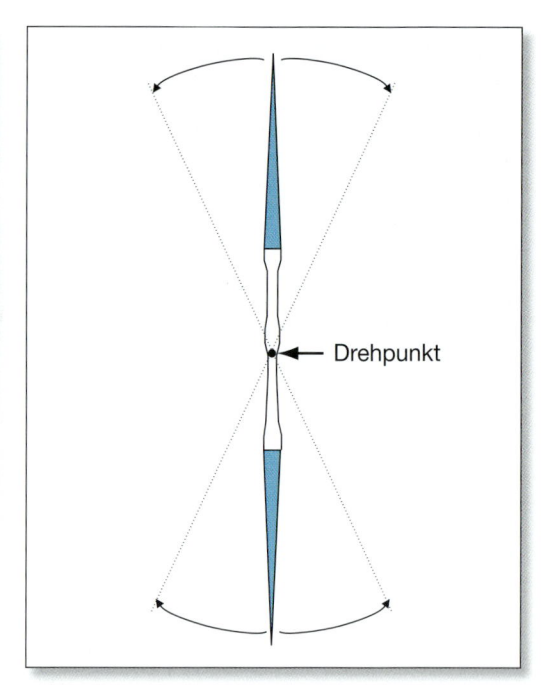

Abb. 354: Auslenkungen bzw. Verkanten durch unterschiedliche Ansatzpunkte am Drehpunkt

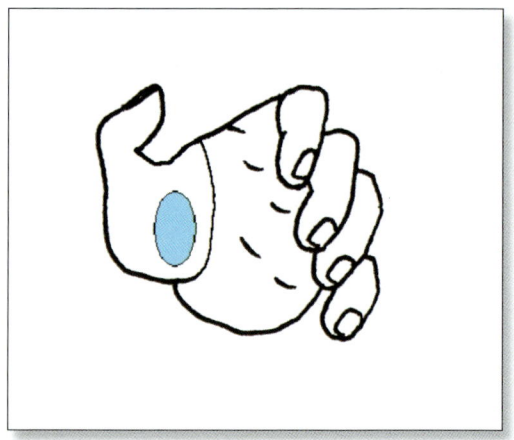

Abb. 355: Position des mittleren Druckpunktes in der Hand

Beachten Sie: Mit Beginn der 1. Positionsphase (Vorspannung) darf die Stellung der Bogenhand am Griff nicht mehr verändert werden (vgl. *Lee* 2005). Ziel des Schützen muss es sein, den Druckpunkt der Bogenhand stabil, d.h. ohne Bildung von Kraftquerkomponenten, am Drehpunkt der Griffschale anzusetzen und diese Position bis zum Abschuss (Lösen) beizubehalten (Abb. 356 oben; vgl. *Warner* o. J.). Während der Freigabe des Pfeils folgt die Druckrichtung dem Pfeil (Abb. 357).

Der Ansatz des Druckpunktes kann auf unterschiedliche Art geschehen, und zwar von unten (tiefer Griff), gerade (mittlerer oder neutraler Griff) oder von oben (hoher Griff) her (Abb. 358–360; vgl. *Frangilli* 2006, 73). Abb. 361 zeigt den hohen und tiefen Griff in der Praxis.

Von einem stabilen Griff (abgesehen von einem subjektiven Empfinden) kann nach *Warner* (o. J.) dann gesprochen werden, wenn minimale Vertikalbewegungen des Frontstabilisators in den ersten zwei Dritteln des Vollauszuges zu beobachten sind. Als Anhaltspunkt kann hierbei gelten: Bewegt sich der Frontstabilisator nach oben, ist der Griff zu tief (und umgekehrt).

Anstell- und Kippwinkel der Bogenhand

Die Betrachtung des Druckansatzpunktes am Griff in Zusammenhang mit einer optimalen Sehnenfreiheit führt zum Begriff des Anstellwinkels der Bogenhand. Der Anstellwinkel ergibt sich bei fixiertem Handgelenk aus einer Innenrotation des Bogenarms im Schultergelenk (Abb. 362) und bleibt während des gesamten Bewegungsablaufs erhalten (Abb. 363).

Abb. 356: Die Stellung der Bogenhand bleibt bis zum Lösen des Pfeils konstant

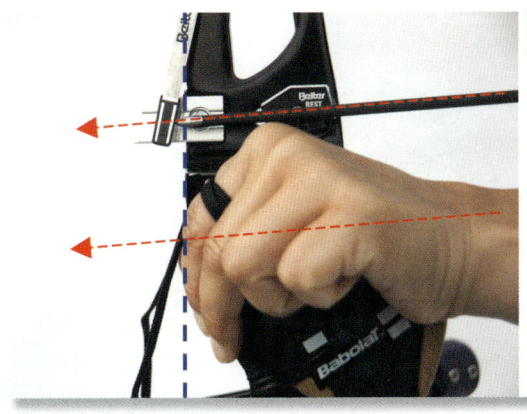

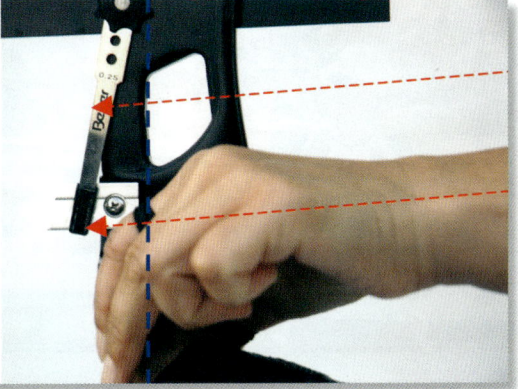

Abb. 357: Optimaler Druckpunkt: Während der Freigabe des Schusses folgt die Druckrichtung dem Pfeil

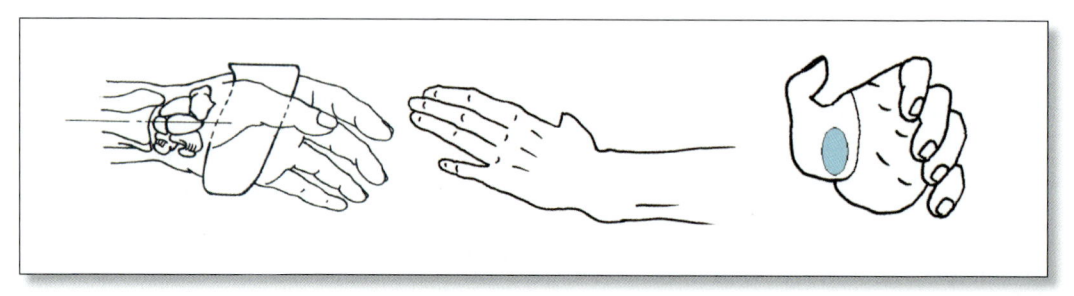

Abb. 358: Tiefer Griff: Druckpunkt liegt tief am unteren Teil des Daumenballens

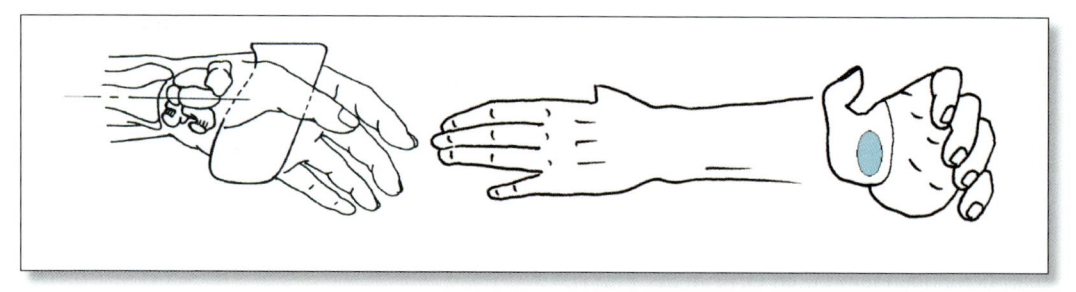

Abb. 359: Mittlerer (neutraler) Griff: Druckpunkt liegt mittig im Daumenballen

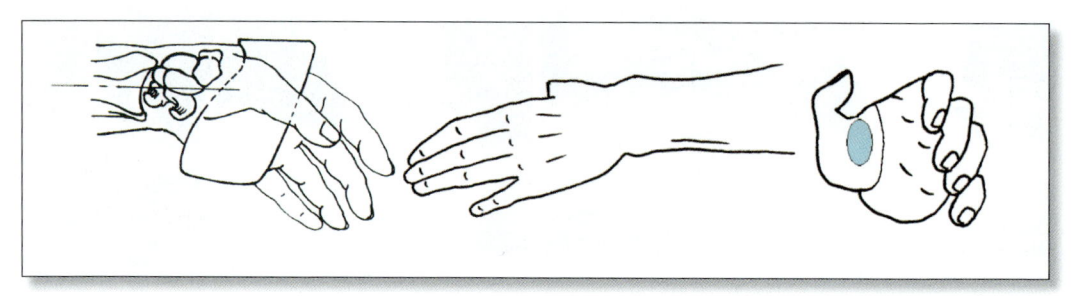

Abb. 360: Hoher Griff: Druckpunkt liegt hoch im oberen Teil des Daumenballens

Abb. 361: Hoher (*links*) und tiefer (*rechts*) Griff in der Praxis: Ein tiefes Handgelenk bringt dabei mehr Kraft auf den unteren Teil der Griffschale, wodurch sich der Tiller (s. S. 639) verkleinert

Technik

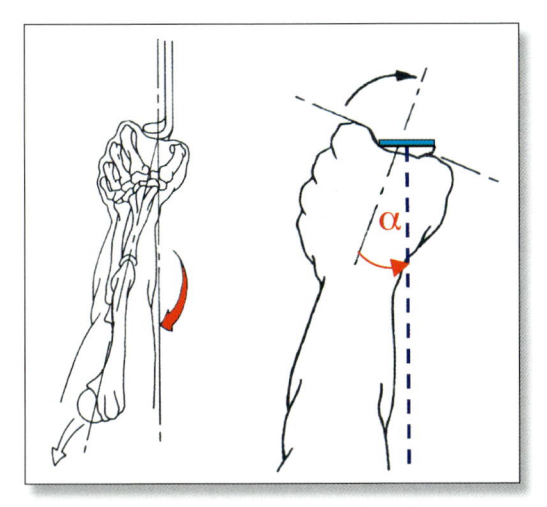

Abb. 362: Erreichen eines optimalen Anstellwinkels der Bogenhand (schematisch)

> Der Anstellwinkel der Bogenhand gilt als optimal, wenn im Augenblick des Lösens keine Sehnenreflexe (z.B. durch ein Anschlagen der Sehne am Bogenarm) auftreten.

Nach *Ulrich* (1996, 5) können ferner verschiedene Kippwinkel bzw. Beugebewegungen der Bogenhand unterschieden werden. Abb. 364 zeigt den parallelen, den offenen und den geschlossenen Kippwinkel.

Die verschiedenen Möglichkeiten des Kippens der Bogenhand machen deutlich, dass insbesondere in den Fällen einer offenen bzw. einer geschlossen Handgelenkbeugung Gelenksmomente auftreten, die biomechanisch günstige Kraftwirkungen erschweren.

Abb. 363: Anstellwinkel der Bogenhand beim Erreichen der 3. Positionsphase: flacher (*links*) und steiler (*rechts*) Anstellwinkel

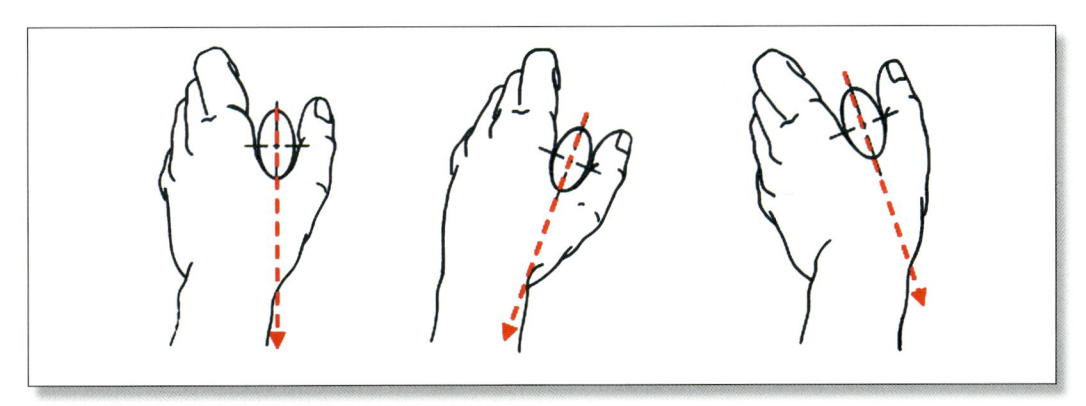

Abb. 364: Formen des Kippwinkels der Bogenhand: paralleler (*links*), offener (*Mitte*) und geschlossener (*rechts*) Kippwinkel sowie die auftretenden Kraftwirkungen durch das System Schütze-Bogen

Abb. 365: Verschiedene Positionen des Griffs: frontal, seitlich und von oben (vgl. *DSB* 2005)

Der Kippwinkel der Bogenhand gilt als optimal, wenn alle unmittelbar beteiligten Kräfte parallel wirken, d.h. im Augenblick des Lösens keine seitlichen Reflexe auftreten. Der Kippwinkel ist dabei so zu wählen, dass eine optimale Kraftübertragung des Bogenarms auf den Bogengriff ermöglicht wird; der Schütze sollte bei seinem Kippwinkel das Gefühl haben, die geringsten Kraftanstrengungen aufbringen zu müssen (Tab. 83).

Für den Griff gelten zusammenfassend die folgenden Bewegungsmerkmale (Abb. 365; vgl. *Barrs* 2002, 66):
- Auf absolute Gleichmäßigkeit achten
- Finger locker halten, Daumen und Zeigefinger bilden eine Gabel
- Griffform des Bogens der Handgeometrie anpassen
- Nur einen Druckpunkt wählen
- Den Bogenkräften geradlinig entgegenwirken
- Fingerschlinge verwenden

Funktionelle Zusammenhänge
Unterschiedliche Druckpunkte und Druckbedingungen verändern die Auszugslänge (Abb. 366). So lässt zum Beispiel eine geschlossenere Gabel (rechts im Bild) die Griffschale tiefer in die Gabel der Hand dringen, wodurch sich der Auszug verlängert.

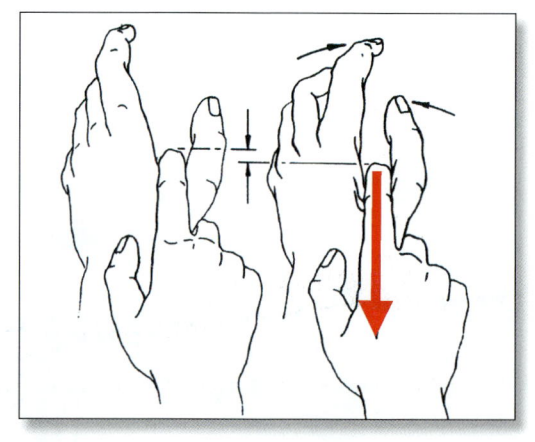

Abb. 366: Unterschiedliche Druckpunkte und Druckbedingungen beeinflussen die Auszugslänge: Eine geschlossenere Gabel (*rechts*) vergrößert die Auszugslänge

Spezielle Trainingsmaßnahmen zur Schulung des Griffes
Tab. 83 zeigt methodische Maßnahmen zur Schulung des Griffes.

Beachten Sie:
- *Die Fingerpositionierung und der Griff erfordern ein leichtes Anziehen der Sehne.*
- *Sowohl der Tab als auch der Griff benötigen eine individuelle Anpassung an die Geometrie der Hand und die taktilen Fähigkeiten des Schützen (z.B. durch unterschiedliche Griffbänder bzw. Oberflächen; s. S. 647 ff.).*

Technikelement	Methodische Hilfsmittel	Methodische Hinweise	Anmerkung
Verschiedene Griffpositionen (hoch, mittel, tief)	• Verschiedene Griffschalen und Oberflächen (rau, glatt) • Tape	Wechsel und Variation	• Gruppierung beachten • Griffschale anpassen
Handhaltung und Druckpunkt	Kreide, Lippenstift	• Exakte Wiederholung • Unterschiedliche Zuggewichte oder Gewichtsmanschetten	• Beobachtung durch Trainer
Kippwinkel	• Partner • Video	• Wie verlässt der Bogen die Hand beim Schießen ohne Fingerschlinge?	• Partner fängt den Bogen!
Kompletter Griff	• s. o.	• Mit optischer oder ohne optische Kontrolle	• Blick auf den Griff • Videounterstützung

Tab. 83: Spezielle Trainingsmaßnahmen zur Schulung des Griffes

Kopfstellung
Die Kopfstellung ist im Sport und insbesondere im Bogenschießen von entscheidender Bedeutung, weil der statikodynamische Analysator im Innenohr (s. S. 348) alle Bewegungen hinsichtlich des Gleichgewichts steuert und damit die Orientierung im Raum (z. B. »Zielbild stimmt« bzw. »Körper ist im Gleichgewicht!«) ermöglicht.

Die Steuerfunktion des Kopfes steht in engem Zusammenhang mit dem *Fokussieren* und Stabilisieren des Zielbildes. Kopfbewegungen im Bewegungsablauf führen zu Teil- bzw. Ganzkörperbewegungen und somit zu Abweichungen im gesamten System Schütze – Bogen – Ziel (z.B. Veränderungen in der Auszugslänge). Die Stellung des Kopfes darf deshalb während des gesamten Schießablaufs nicht mehr verändert werden (Abb. 367).

Eine konstante Kopfhaltung ist die Voraussetzung für einen gleichmäßigem Ankerpunkt, eine wiederholbare Klickerendphase (s. S. 427) und einen konstanten Gesamtablauf.

Wie die Ausführungen von *Axford* (2006, 150) zeigen, hat die Kopfstellung zwei Komponenten des Bewegungsablaufs zu gewährleisten.

Horizontale Komponente: Die Kopfstellung muss ein freies Blickfeld zum Visier und zur Scheibe gewährleisten. *Axford* (2006, 153) empfiehlt hierzu eine Drehung von mindestens 50 Grad gegenüber der frontalen Körperausrichtung (Abb. 368).

Abb. 367: Fokussieren des Zielbildes durch den Blick zur Scheibe: Die Position des Kopfes wird während des gesamten Bewegungsablaufs konstant gehalten

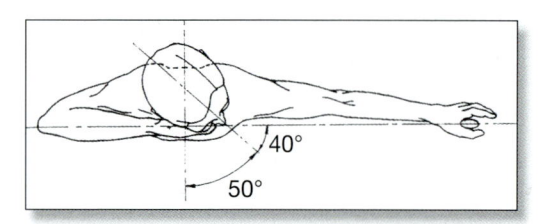

Abb. 368: Drehung des Kopfes gegenüber der frontalen Körperausrichtung

Beachten Sie: Die Kopfdrehung bzw. -position gilt in Abhängigkeit vom Stand und Ankerpunkt dann als optimal, wenn bei guter Sicht im Augenblick des Lösens ein »Schießen in Linie« derart erfolgen kann, dass die Gesicht- sowie die Nackenmuskulatur minimal angespannt sind (vgl. *Lee* u. *Benner* 2009, 53).

Vertikale Komponente: Die vertikale Komponente betrifft die Neigung des Kopfes. Grundsätzlich sollte der Schütze eine Kopfneigung (unabhängig von der Position der Sehne in Bezug auf das Kinn und die Nasenspitze) einnehmen, die einerseits seiner normalen Kopfhaltung (höchste Bewegungskonstanz) entspricht (vgl. Fehler und Mängel, S. 254) und andererseits eine möglichst große Auflagefläche für die Zughand unter dem bzw. am Kieferknochen gewährleistet.

Beachten Sie: Wie die Untersuchungen an verschiedenen Spitzenschützen zeigen, ergeben sich insbesondere beim Seitenanker eine natürliche Kopfstellung bzw. eine gute Ankerposition durch eine Parallelität von Augen- und Pfeilachse bei gleichzeitigem Kontakt der Sehne zur Nase (Abb. 369; vgl. auch *Lee* u. *Benner* 2009, 53).

Funktionelle Zusammenhänge

Wie Abb. 370 verdeutlicht, bedingen bei konstanter Ankerposition am Kinn verschiedene Drehwinkel (horizontal) unterschiedliche Gelenkwinkelstellungen. Wird beispielsweise der Kopf mehr in Scheibenrichtung gedreht, verändert sich auch die Position des Zugarmellbogens in der Horizontalen. Der Schütze verliert seine »Linie«.

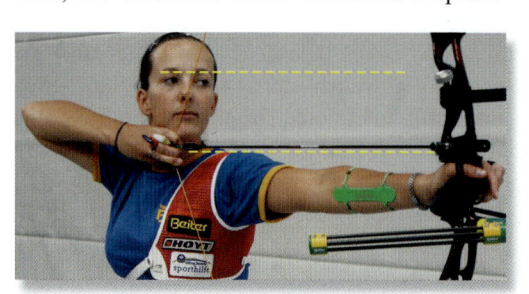

Abb. 369: Seitenanker: mögliche Parallelität von Augen- und Pfeilachse

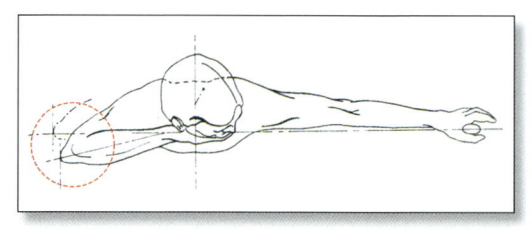

Abb. 370: Verschiedene Drehwinkel des Kopfes bewirken bei konstanter Ankerposition am Kinn unterschiedliche Gelenkwinkelstellungen (verändert nach *Axford* 2006, 155)

In Abhängigkeit von der Neigung des Kopfes können sich bei konstanter Auflagefläche der Zughand am bzw. unter dem Kieferknochen unterschiedliche Positionen des Zugarmes und damit der Bogenschulter und des Druckpunktes im Griff ergeben. So führt ein stark nach unten geneigter Kopf bei konstanter Ankerfläche zu einem höheren Zugarmellbogen und einer tieferen Bogenschulter (Abb. 371 Mitte).

Spezielle Trainingsmaßnahmen zur Schulung der Kopfstellung

Tab. 84 zeigt beispielhaft Möglichkeiten zur Schulung der Kopfstellung.

Schulter- und Schulterblattpositionierung auf der Bogen- und Zugarmseite (vollständiges Erreichen der 1. Positionsphase)

Das wesentliche Kennzeichen der 1. Positionsphase ist die optimierte Schulter- und Schulterblattpositionierung auf der Bogen- und Zugarmseite. Sie steht damit in engem Zusammenhang mit der Vorspannung.

Unter Vorspannung versteht man das Spannen der Sehne im Sinne einer ersten Druck- und Zugphase sowie den Spannungsaufbau in der entsprechenden Muskulatur (z.B. Trizepsmuskel auf der Bogenarmseite) zum Erreichen einer individuell optimalen Vorspannungsposition.

Beim Vorspannen der Sehne entwickeln die Elemente »Griff« und »Fingerpositionierung« ihre Aktivität und können in dieser Phase gesetzt bzw. stabilisiert werden.

Gleichzeitig wird die Schulter des Bogenarmes nach innen geführt, was die Zugbewegung erhöht und ein Ausrichten der gesamten Schulterpartie in eine geschlossene und damit biomechanisch günstigere Schultergürtelstellung (s. S. 414) ermöglicht.

Nach *McKinney* (1999, 6) soll der Spannungsaufbau erst bei leicht angehobenem Bogen erfolgen, weil nur dadurch ist eine »tiefe« Schulterpositionierung möglich ist. Die besondere

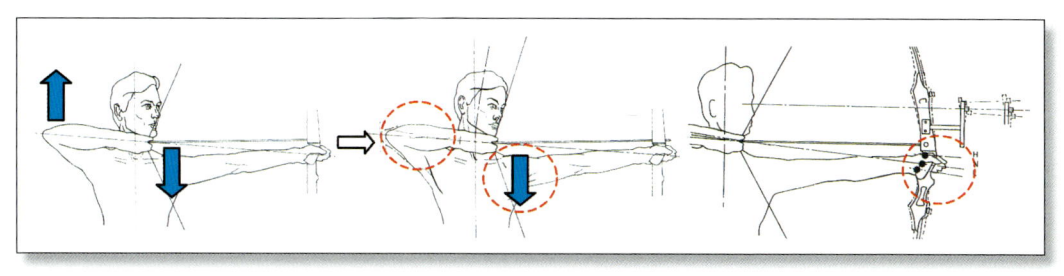

Abb. 371: Abhängigkeiten der Gelenkpositionen bei unterschiedlicher Kopfneigung: Bei konstanter Auflagefläche der Zughand am bzw. unter dem Kieferknochen können sich unterschiedliche Positionen des Zugarmes und damit der Bogenschulter (*Mitte*) sowie des Druckpunktes im Griff (*rechts*) ergeben

Technikelement	Methodische Hilfsmittel	Methodische Hinweise	Anmerkung
Kopfstellung	T-Position und Kopfdrehung	• Ohne Bogen • Mit Deuserband • Mit Bogen/ ohne ZP • Mit Bogen und ZP • Mit Bogen und Auflage	• Technikvoraussetzungstraining (s. S. 451 und 457)

Tab. 84: Methodische Maßnahmen zur Schulung der Kopfstellung (ZP: Zielpunkt)

Bedeutung des Spannungsaufbaus liegt vor allem darin, dass
- durch die Innenrotation bzw. ein nach Innenführen der Bogenschulter und die damit verbundene fortgeführte Zugbewegung des Zugarmes der Übergang zwischen der grob koordinierten Trapezmuskelaktion zur fein koordinierten Rautenmuskelaktion für die Klickerendphase (Hauptfunktionsphase) eingeleitet bzw. möglich wird,
- durch das »Nach-vorne-Drücken« des Bogenarmes (bei gleichzeitigem Anstellen des Handgelenks; s. S. 389) der vordere Sägemuskel als Hauptindikator einer koordinierten Druckerhöhung und Zugbewegung auf der Bogenarmseite aktiviert wird und
- nach eingeleitetem Spannungsaufbau eine Außenrotation des Bogenarmellbogens in der Weise möglich ist, dass bei Bedarf eine zusätzliche Sehnenfreiheit (clearance) erreicht werden kann.

> Die Stellung der Schulterachse in Bezug zur Pfeilachse innerhalb der 1. Positionsphase ist von höchster Wichtigkeit für jede nachfolgende Phase des Schusses, weil kleinste Veränderungen im System »Bogenschulter« wechselseitige Auswirkungen auf eine koordinierte Druckerhöhung und Zugbewegung haben (s. auch S. 431).

Zum Erreichen der 1. Positionsphase werden die Schultern (keine hoch- bzw. zurückgezogene Schulter) parallel zur Schießrichtung gestellt. Wie Abb. 372 deutlich macht, ergibt sich die Schulterpositionierung auf der Bogenarmseite aus einem Nach-innen-Schieben der Bogenarmschulter (»sich« hinter den Pfeil bringen) und dem »Nach-vorne-unten-Drücken« des Bogenarmes bzw. einem leichten Zurückführen der Zughand auf der Zugarmseite wodurch das Schulterblatt der Zugarmseite der Wirbelsäule angenähert wird (vgl. *Kobler* u. *Dietl* 2001, *Lee* u. *Benner* 2009, 71).

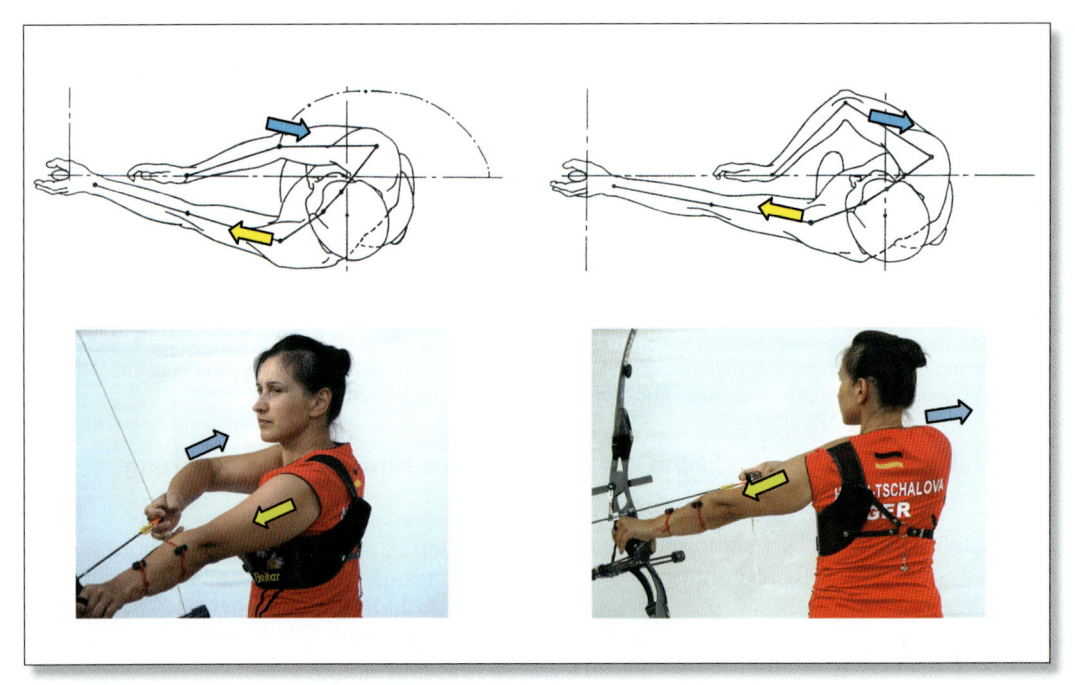

Abb. 372: 1. Bewegungsphase: Bewegungsrichtung und Stabilisierung der Bogenschulter zum Erreichen der 1. Positionsphase (individuell optimale Vorspannungsposition)

Bei korrekt erfolgter Positionierung sollte es nicht notwendig sein, die Bogenschulter nach unten zu drücken. Voraussetzung ist allerdings eine – bereits in dieser Phase – in der T-Position befindliche Normalstellung beider Schultern (s. S. 74).

Es ist wichtig, dass der Druck parallel zum Ziel erfolgt und die Zugrichtung entgegengesetzt und in ihrer Stärke – im Sinne eines Kräftegleichgewichts – dem des Druckes stetig angeglichen wird.

Die Zugbewegung ist insbesondere im Anfängertraining gerade so weit auszuführen, dass das Gewicht des Bogens mit der Zughand gehalten wird. Dadurch erfährt auch die Bogenarmseite in der 1. Positionsphase den entsprechend notwendigen Druck und lässt gleichzeitig individuelle Freiräume für nachfolgende Entwicklungen (vgl. *Barrs* 2002, 66).

Park (2004, 14) empfiehlt, bereits in der 1. Bewegungsphase (nach Fingerpositionierung und Griffplatzierung) die Bogenschulter in folgender Weise nach innen zu führen:
- Erfühlen Sie, dass die Linie des Pfeils von der Bogenschulter bis zum tiefsten Punkt der Zugschulter geht. Sie sollten dabei eine leichte Spannung am Armende und in den Bauchmuskeln wahrnehmen.
- Halten Sie die Rippen gesenkt und schieben Sie das Becken leicht nach vorne.

Beachten Sie: Durch das Nach-innen-Führen der Bogenschulter wird mit dem Erreichen der individuellen Vorspannungsposition auch das Schulterblatt der Bogenschulter in seine charakteristische Position (optimaler Stütz) gebracht.

Für das Aufbauen der Vorspannung ist insbesondere zu beachten:
- Die Zugfinger und der Griff sind präzise zu positionieren.
- Die Bogen- und Zugarmseite werden »harmonisch« aufeinander abgestimmt (Gleichgewicht der Druckerhöhung und Zugbewegung).
- Die individuelle »Linie« wird vorbereitet.
- Das »Signal« des folgenden Krafteinsatzes wird an die Rückenmuskulatur gesendet. Die Bewegung des Schulterblattes auf der Zugarmseite wird einleitend wahrgenommen.
- Die Kopfstellung ist fixiert, locker und aufrecht. Es sind keine weitere Korrekturen notwendig.
- Ein gleichmäßiger räumlicher und zeitlicher Ablauf ist einzuhalten.
- Maximal 50 % des Gesamtzuges wird in der Vorspannung eingeleitet.

Spezielle Trainingsmaßnahmen zur Schulung der Vorspannung

Spezielle Trainingsmaßnahmen zur Schulung der Vorspannung sind in Tab. 85 aufgeführt.

Technikelement	Methodische Hilfsmittel	Methodische Hinweise	Anmerkung
Verschiedene Vorspannungen (z.B. durch unterschiedliche Vorauszugslängen)	• Deuserband • Unterschiedliche Wurfarme	Wechsel und Variation	Kraftanstrengung beobachten

Tab. 85: Spezielle Trainingsmaßnahmen zur Schulung der Vorspannung

Zusammenfassend gelten die folgenden Merkmale für die 1. Positionsphase:
- Die Basiselemente Stand, Kopf- und Körperhaltung, Fingerplatzierung und Griffpositionierung sind optimal eingestellt.
- Bogen- und Zugarmseite werden harmonisch aufeinander abgestimmt (Gleichgewicht der Druckerhöhung und Zugbewegung).
- Die individuelle Linie (Schulterachse) wird vorbereitet.
- Die Schulterblätter auf der Bogen- und Zugarmseite sind durch das Aufbauen einer Vorspannung positioniert.

Abb. 373 zeigt eine zusammenfassende Übersicht der 1. Positionsphase aus verschiedenen Perspektiven.

2. Positionsphase (Set-up und Vorzielen)

Ausgangspunkt und Kennzeichen

Ausgangspunkt für die 2. Positionsphase ist die 1. Positionsphase. Innerhalb der 2. Bewegungsphase erfolgt das Anheben des Bogen- und Zugarmes bei gleichzeitiger Druckerhöhung und Zugbewegung (Erhöhung der Vorspannung) und das Einrichten bzw. Nachstellen der Schultern bzw. Schulterblätter.

Abb. 373: Zusammenfassende Übersicht der 1. Positionsphase aus verschiedenen Perspektiven

Kennzeichen der 2. Positionsphase sind ein stabiler Bogenarm, eine konstante Zughandstellung, korrekt positionierte Schultern bzw. Schulterblätter auf der Bogen- und Zugarmseite sowie ein erster Vorzielpunkt und der Sehnenschatten (Abb. 374).

Statische und dynamische Elemente

Die *statischen* Elemente zum Erreichen der 2. Positionsphase sind das präzise Vorzielen und ein genau festgelegter Verlauf des Sehnenschattens, der in der 3. Positionsphase unter Umständen präzisiert werden muss. Das Vorzielen gilt als externes Resultat der Umsetzung der dynamischen Elemente (Abb. 375).

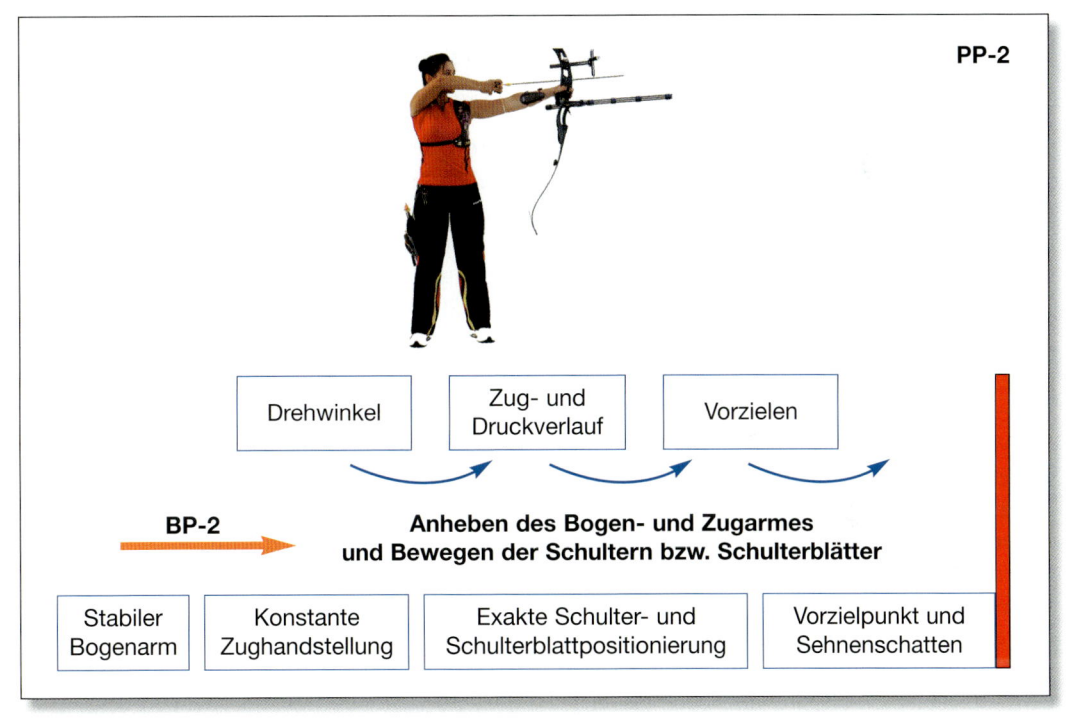

Abb. 374: Basiselemente und Erscheinungsformen der 2. Positionsphase (PP) nach Ausführung der 2. Bewegungsphase (BP)

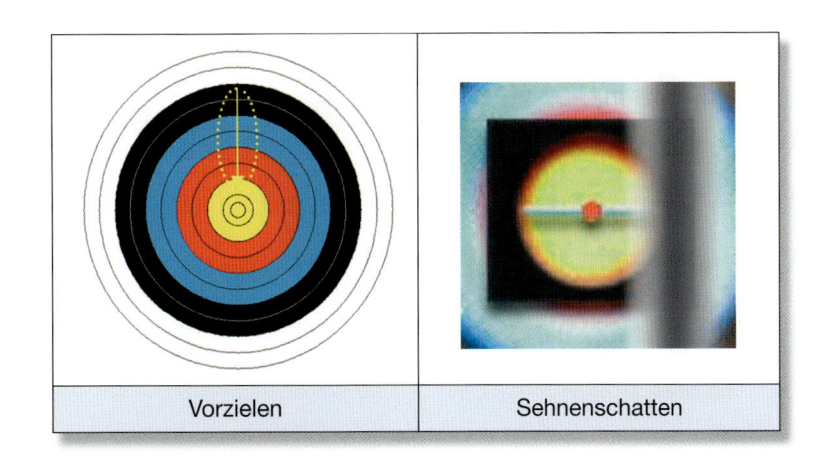

Abb. 375: Statische Elemente zum Erreichen der 2. Positionsphase

Die *dynamischen* Elemente zum Erreichen der 2. Positionsphase sind das Anheben von Bogen- und Zugarm sowie das Positionieren der Schulterachse und Schulterblätter (Abb. 376) durch eine zeitlich und räumlich parallele Druckerhöhung und Zugbewegung (2. Bewegungsphase).

Die Schießpraxis macht deutlich, dass sowohl das Anheben des Bogenarmes als auch des Zugarmes von unterschiedlicher räumlicher Ausdehnung sind. So heben einige Schützen den Bogen über das Ziel hinaus an, während andere das Visier exakt auf Höhe des Ziels positionieren. Ähnliches gilt für die Position der Zughand (s. S. 402).

Zeitliche Ordnung

Hinsichtlich der zeitlichen Ordnung zeigt das folgende Taskzustandsdiagramm (s. S. 202) eine mögliche Umsetzung (Abb. 377): Innerhalb der 2. Bewegungsphase hebt der Schütze seinen Bogen- und Zugarm an, während er gleichzeitig die Vorspannung verstärkt, d.h. den Druck des Bogenarmes in Richtung Ziel erhöht und den Zugarm entgegengesetzt bewegt. Unter Beibehalten eines »Vorzielpunktes« erfühlt er seine Gelenkwinkelstellung (s. auch S. 95 bzw. 74, Kinästhetisches Analysator, Lage der Schulterblätter) und stellt die Schulterachse bzw. die Position der Schulterblätter ein, indem er nach dem Anheben die Vorspannung nochmals leicht erhöht.

Beachten Sie: Das Erreichen der 2. Positionsphase erfolgt durch eine Druckerhöhung auf der Bogenarmseite und eine Zugbewegung des Zugarmes. Hierbei wird das Schulterblatt sowohl auf der Zug- (zur Wirbelsäule hin) als auch auf der Bogenarmseite (von der Wirbelsäule weg) bewegt.

Anheben und Halten von Bogen- und Zugarm

Um Querkomponenten zu vermeiden, empfiehlt es sich, den Bogen bei gestrecktem Bogenarm geradlinig, d.h. vertikal von unterhalb der Scheibe, anzuheben. Parallel dazu erfolgt das Hochführen der Zughand (vgl. *Lee* 2005, 37).

Park (2005, 15) unterscheidet zwei Varianten des Anhebens:
- Das Anheben *ohne* Veränderung der Druck-Zug-Arbeit: Der Bogen wird angehoben, ohne dass die Vorspannung aus der 1. Positionsphase verändert wird.
- Das Anheben *mit* Veränderung der Druck-Zug-Arbeit: Der Bogen wird angehoben, wobei die Vorspannung aus der 1. Positionsphase stetig erhöht wird. Der Bogenarm wird weiter in Richtung Ziel gedrückt, während die Zughand in Richtung Ankerpunkt gezogen wird.

| Anheben von Bogen- und Zugarm | Druckerhöhung und Zugbewegung | Bewegen der Schulterblätter |

Abb. 376: Komplexe dynamische Elemente zum Erreichen der 2. Positionsphase

Technik

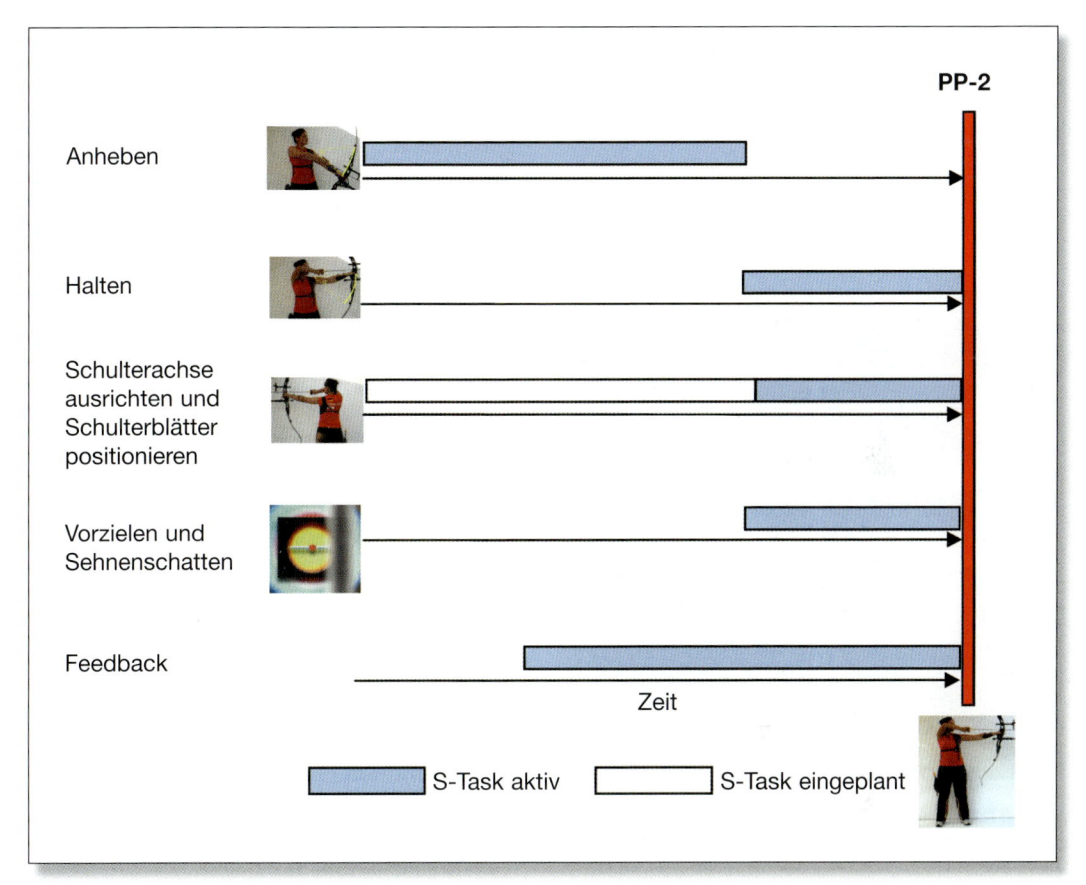

Abb. 377: Zeitliche Ordnung der Elemente des Schießablaufs zum Erreichen der 2. Positionsphase

Beachten Sie: Aus biomechanischer Sicht sollte nach dem Erreichen der Anhebeposition in jedem Fall die Stellung der Schulterachse auf ihre Parallelität zur Pfeilachse überprüft werden. Ein Nach-innen-Führen der Bogenschulter wird dabei durch eine erhöhte Vorspannung erreicht.

Das Anheben des Bogens sollte insgesamt den folgenden Bedingungen genügen:

Vermeiden horizontaler Bewegungen: Bei horizontalen Bewegungen (z.B. des Bogens bzw. Bogenarms) besteht die Gefahr, dass die Beckenstellung über mehrere Schüsse hinweg nicht konstant gehalten wird; dies kann verschiedene Gelenkwinkelstellungen im Schulterbereich und damit unterschiedliche Muskelaktivitäten nach sich ziehen (Abb. 378).

Erreichen eines konstanten Anhebe(dreh)winkels: Das Anheben des Bogens sollte bei konstant positionierter Bogenschulter stets im gleichen Winkel erfolgen, da sich ansonsten nachfolgend unterschiedliche Auszugslängen ergeben können (Abb. 379). Aufgrund der unterschiedlichen Entfernungen sowohl im Feldschießen als auch in der FITA-Runde (90 bzw. 70, 70 bzw. 60, 50 und 30 Meter) muss die Differenz Zielpunkt-Anheben des Bogens durch eine entsprechende Hüftneigung (nach dem Anheben) ausgeglichen werden (vgl. *Lee* 2005, 36).

Anheben nahe der Kraftlinien: Um Kraftquerkomponenten zu vermeiden, muss bereits beim Anheben des Bogens darauf geachtet werden, dass die Zughand optimal nah an der Kraftlinie

(Pfeilachse) angehoben wird. Zu beachten ist dabei, dass eine zu enge Ausrichtung entlang des Bogenarmes die Gefahr eines abgewinkelten Handgelenks (auf der Zughandseite) im Anker (3. PP) und damit eine Hemmung der nachfolgenden Bewegungsphase bewirken kann (Abb. 380; vgl. *Kobler* u. *Dietl* 2001).

Beachten Sie: Das Anheben der Zughand erfolgt im Allgemeinen über die Lage der Bogenhand hinaus. Dabei ist zu berücksichtigen, dass die Zielfindung auf unterschiedlichen Distanzen bzw. im Gelände durch ein Kippen in der Hüfte erfolgt (s. S. 57), das nach dem Anheben des Bogens durchgeführt wird.

In der Praxis existieren hinsichtlich der Bewegungsphase des Anhebens zwei gängige Varianten:

Technikvariante 1: Wird der Bogen über das Ziel hinaus angehoben und die Vorspannung (Druckerhöhung und Zugbewegung) nur geringfügig erhöht, so kann nach *Axford* (2006, 73), *Park* (2005, 15) und *Ellison* (1999b, 6) eine individuell bessere Ausgangsposition für das Setzen der Schulterblätter auf Bogen- und Zugarmseite erreicht werden (Abb. 381). Zu beachten ist allerdings, dass aufgrund der Höhenunterschiede von Zughand und Ankerpunkt die Zugrichtung während des Vollauszugs und des Endzugs nicht auf einer Höhe verläuft, wodurch zusätzliche Kraftquerkomponenten auftreten können (Abb. 382).

Abb. 378: Anheben des Bogens ohne horizontale Bewegungen: Die Schützin lenkt den Bogenarm seitlich nicht aus

Abb. 379: Erreichen eines konstanten Winkels beim Anheben

Abb. 380: Anheben der Zughand nahe der Kraftlinien

Technik

Technikvariante 2: Neben dem Anheben des Bogens über das Ziel hinaus erfolgt im Rahmen der Hybridtechnik (vgl. *Ellison* 1999, 5) eine starke Vorspannung während des Erreichens der 3. Positionsphase, wobei das Anheben maximal bis auf Zielhöhe erfolgt (Abb. 383). Die Hybridtechnik wird häufig deshalb eingesetzt, weil aufgrund der starken Vorspannung des Bogens der Deltamuskel vorinnerviert wird (erhöhte Anfangskraft).
Ellison (1999b, 2) weist allerdings darauf hin, dass die Bogenschulter innerhalb dieser Technikvariante insbesondere im Anfängerbereich häufig mit angehoben wird (vgl. hohe Schulter, S. 56).

Druckerhöhung und Zugbewegung während des Anhebens des Bogens

Während des Anhebens des Bogens findet parallel zum erhöhten Druckaufbau auf der Bogenarmseite eine sichtbare Zugbewegung statt, welche die Positionierung der Schulterachse bzw. der Schulterblätter auf der Bogen- und der Zugarmseite vorbereitet (Abb. 384). Als optimale Auszugswerte gilt der Bereich von 50–70% des Vollauszugs (vgl. *Ulrich* 1996, 21)

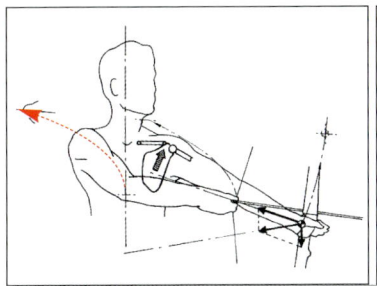

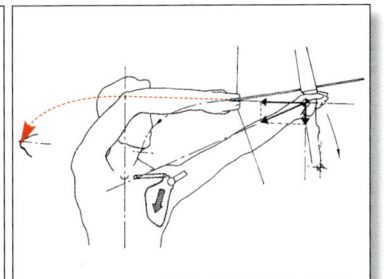

Abb. 381: Anheben des Bogens über das Ziel hinaus

Abb. 382: Zugverlauf nach dem Anheben des Bogens über das Ziel hinaus, wodurch die Schulterblätter stabiler gesetzt, jedoch zusätzliche Kraftquerkomponenten in der Frontalebene auftreten können

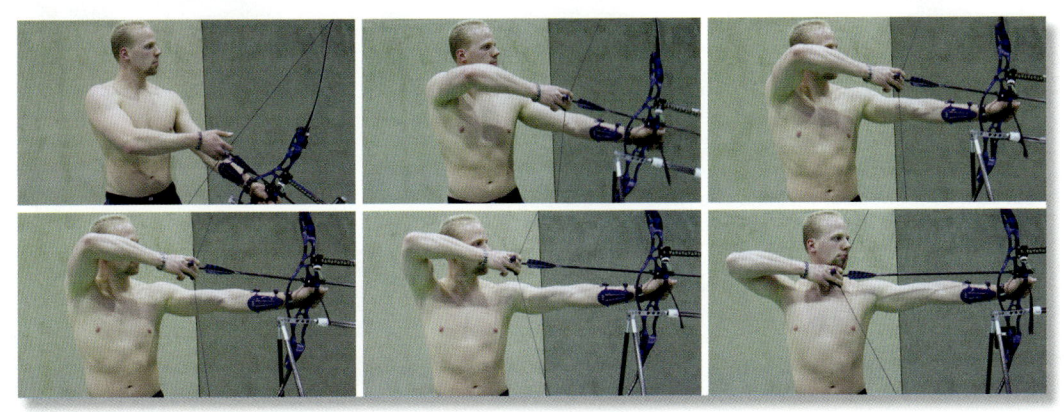

Abb. 383: Hybridtechnik: Während des Anhebens des Bogens bis auf Zielhöhe erfolgt bereits der gesamte Vollauszug

Die Praxis zeigt, dass die Position der Zughand in der Phase des Vorzielens und damit der Vorauszug zum Erreichen der 2. Positionsphase (2. Bewegungsphase) interindividuell unterschiedlich ausgeprägt ist, für den Schützen aber ein *Knotenpunkt* (s. S. 501) seiner Bewegung ist. Dabei variieren sowohl die Auszugslänge und auch die Höhe der Zughand (Abb. 385).

Vorzielen

Empfehlung:
Lee (2005, 53) empfiehlt ein Anheben des Bogenarmes über das Ziel hinaus, weil neben den bereits erwähnten biomechanisch günstigen Positionierungsmöglichkeiten der Schulterblätter nur so ein zusätzlicher Spannungsaufbau im Bogenarm erreicht werden kann.
Der »Vorzielpunkt« liegt i. A. bis zu mehreren Zentimetern oberhalb des Zielzentrums und gilt als Kontrollpunkt einer optimalen Ausgangslage der 3. Bewegungsphase (Abb. 386).

Der Schütze sollte das Zielbild nach dem Erreichen der 2. Positionsphase bis auf eine eventuell stattfindende kurze Kontrolle der Pfeilspitzenposition im Klicker (s. S. 444) nicht mehr aus dem Auge verlieren und (in der Phase des Zielens) versuchen, eine Übereinstimmung – im Sinne einer Überlagerung – zwischen Zielbild und Visierkorn bzw. Visiertunnel zu halten (vgl. *Park* 1999).

Spezielle Trainingsmaßnahmen zur Schulung des Vorzielens

Tab. 86 gibt eine Übersicht verschiedener spezieller Trainingsmaßnahmen zur Schulung des Vorzielens.

Sehnenschatten

Der Sehnenschatten bezeichnet das in der Regel unscharfe Projektionsbild der Sehne an einer definierten Position (z.B. Visiertunnelrand oder Griffstück) am Bogen. Das Einrichten des Sehnenschattens gilt als Teil des Zielvorgangs.

Für gleichmäßig vertikale Gruppierungen ist es von grundlegender Bedeutung, dass der Sehnenschatten in der 2. Positionsphase stets exakt an der gleichen Stelle gesetzt und über die 3. Positionsphase (Ankern) hinaus stabilisiert wird.

Abb. 384: Zugbewegung während des Anhebens des Bogens

Abb. 385: Interindividuelle Unterschiede bezüglich Höhe der Zughand (a, b) und Auszugslänge (c, d) in Abhängigkeit von der Kopfstellung

Technikelement	Methodische Hilfsmittel	Methodische Hinweise	Anmerkung
Vorzielen	• Verschiedene Zieleinrichtungen • Laserpunkt	• Leere Scheibe • Zielpunkt • Auflage • Wechselnde Entfernungen	• Stellung der Schulterblätter erfühlen • Vgl. Zielen (S. 418)

Tab. 86: Spezielle Trainingsmaßnahmen zur Schulung des Vorzielens

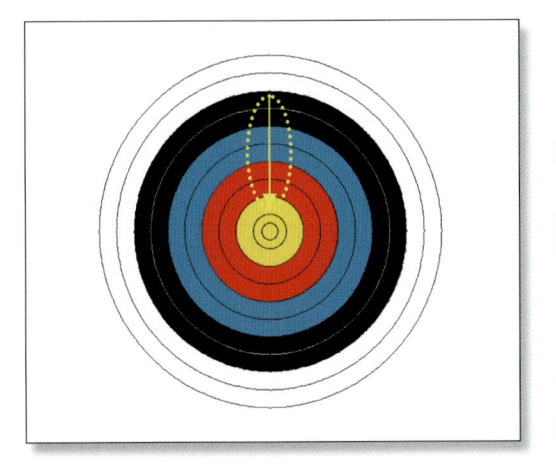

Abb. 386: Möglicher Vorzielpunkt bzw. -bereich

Abb. 387: Sehnenschatten rechts vom Visiertunnel (vgl. *Lee* 2005, 66; DSB 2005)

Die Angaben über den Verlauf des Sehnenschattens differieren in der Schießpraxis von links vom Korn bis rechts am Bogenfenster (für Rechtshandschützen). Abb. 387 zeigt einen möglichen Verlauf des Sehnenschattens im Ankern rechts vom Visiertunnel.

Beachten Sie: Durch wechselnde Lichtverhältnisse wird die Sehnenschattenlage beeinflusst, was durch entsprechende Visierkorrekturen ausgeglichen werden muss.

Funktionelle Zusammenhänge

Garnreiter (2008) weist darauf hin, dass der Sehnenschatten in enger Wechselbeziehung zur Kopfhaltung steht. Verändert der Schütze beispielsweise während der 3. Bewegungsphase (Vollauszug) seine Kopfstellung, so variiert auch die Position des Sehnenschattens, was zu unterschiedlichen Gelenkwinkelstellungen und Krafteinsätzen führen kann.

Der Sehnenschatten gilt als das wichtigste Hilfsmittel für exakt reproduzierbare Kraftverläufe (*Kobler* 1999).

Wichtig für die Kraftverläufe zum Erreichen der 3. und 4. Positionsphase ist die Beobachtung des Verlaufs des Sehnenschattens während des Vollauszuges und der Klickerendphase (Abb. 388). Entscheidend ist dabei nicht die Form des zeitlich-räumlichen Verlaufs, sondern die Bewegungskonstanz. Der Sehnenschatten bildet damit ein hervorragendes Kontrollorgan für einen gleichmäßig exakten Bewegungsablauf.

Beachten Sie: Im Anfängertraining ist innerhalb der 3. Bewegungsphase eine Verlaufsform anzustreben, die einen ökonomischen Krafteinsatz ermöglicht. Voraussetzungen dafür sind ein gerades Zughandgelenk und eine stabile Fingerplatzierung.

Spezielle Trainingsmaßnahmen zur Schulung des Sehnenschattens
Tab. 87 zeigt eine Auswahl methodischer Maßnahmen zur Schulung des Sehnenschattens.

Schulterblattpositionierung auf der Bogen- und Zugarmseite (vollständiges Erreichen der 2. Positionsphase)

Die wesentlichen Kennzeichen der 2. Positionsphase sind die optimierte Stellung der Schulterachse sowie die Schulterblattfixierung auf der Bogenarmseite.

Die 2. Positionsphase ist von hoher Wichtigkeit, da hier neben dem Vorzielen (s. S. 404) die Schulterblattpositionierung auf der Zugarmseite vorbereitet sowie die Schulterblattfixierung auf der Bogenarmseite durchgeführt werden (s. auch S. 414). Dazu sind drei Abschnitte zu beachten:

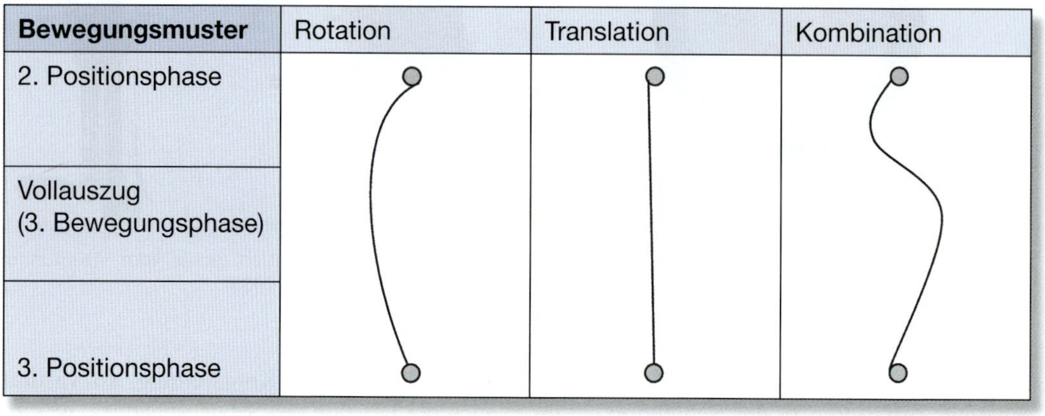

Bewegungsmuster	Rotation	Translation	Kombination
2. Positionsphase			
Vollauszug (3. Bewegungsphase)			
3. Positionsphase			

Abb. 388: Schematische Darstellung verschiedener Verlaufsformen des Sehnenschattens von oben während der 3. Bewegungsphase (Vollauszug)

Technikelement	Methodische Hilfsmittel	Methodische Hinweise	Anmerkung
Sehnenschattenverlauf	• Markierungen am Bogen bzw. Mittelstück • Videoaufnahmen	Exakte Wiederholung (Abb. 386)	• Beobachtung • Abb. 386 • Gruppierungen beobachten
Sehnenschattenfixgerade	• Markierungen am Bogen bzw. Mittelstück • Videoaufnahmen	• Exakte Wiederholung • Blinde Ausführung – im Anschluss optische Kontrolle	• Variieren • Erfühlen • Gruppierungen beobachten

Tab. 87: Spezielle methodische Maßnahmen zur Schulung des Sehnenschattens

1. Zu Beginn des Anhebens des Bogens sollten beide Schultern (insbesondere auch die Schulterblätter) bereits so zueinander positioniert sein, dass die Schulterachse mindestens parallel zur Pfeilachse verläuft (Abb. 389).
2. Während des Anhebens des Bogens erfolgt eine Druckerhöhung auf der Bogenarmseite und eine zusätzliche Zugbewegung auf der Zugarmseite.
3. Nach erreichter Anhebeposition werden als Abschluss der 2. Positionsphase die Bogenschulter – unter sich erhöhender Vorspannung – weiter nach innen geführt und die Schulterachse parallel zum Oberarm (Bogenseite) ausgerichtet, so dass sich die Schulter der Zugarmseite auf einer Linie mit dem Hand-, Ellbogen- und Schultergelenk des Bogenarmes befindet (Abb. 390 und 391).

Funktionelle Zusammenhänge

Lee (2005, 107) weist darauf hin, dass insbesondere durch eine korrekte Schulterblattpositionierung auf der Zugarmseite nach dem Anheben des Bogens der untere Trapezmuskel auf der Zugarmseite seine volle Kraft entfalten kann und dadurch ein ökonomisches Schießen erleichtert wird.

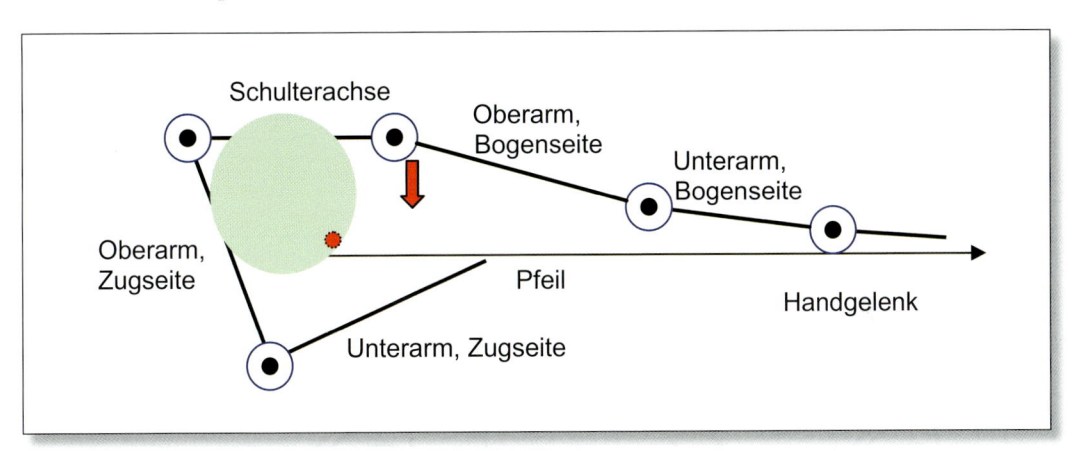

Abb. 389: Ausrichtung der Schulterblätter parallel zur Pfeilachse: Die Bogenschulter wird nach innen bewegt (roter Pfeil)

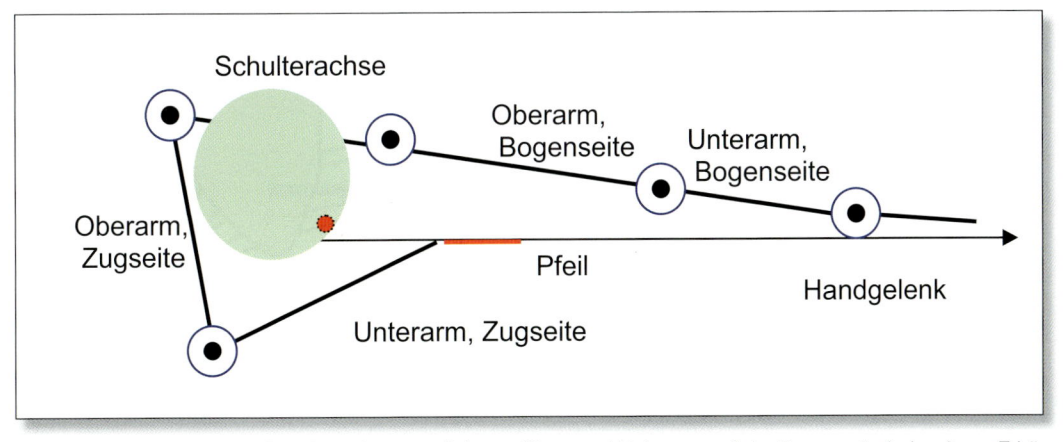

Abb. 390: Ausrichtung der Schulterachse parallel zum Ober- und Unterarm auf der Bogenseite bei weiterer Erhöhung der Vorspannung (rot)

Abb. 391: Nach-innen-Führen der Bogenschulter zum Erreichen einer annähernden Parallelität zwischen Oberarm (Bogenarmseite) und Schulterachse (s. Abb. 390)

Die Positionierung der Zugarmschulter ist insgesamt ein dynamischer Prozess, der im Bewegungsablauf des Schützen eine stetige Anpassung erfährt. Die 2. Positionsphase schafft durch eine erste horizontale und vertikale Stabilisierung den Ausgangspunkt für das Erreichen der 3. Positionsphase (Ankern). Insbesondere durch die horizontale Positionierung der Zugarmschulter ist damit im weiteren Verlauf lediglich die Annäherung des Schulterblattes an die Wirbelsäule notwendig, um den vielfach zitierten »Schulterzug« (vgl. *Kobler* 1999, *Garnreiter* 2006, *Park* 2008) umzusetzen (Abb. 392).

Beachten Sie: Grundsätzlich ist es möglich, die Bogenschulter erst im Vollauszug nach innen zu führen (s. S. 414). Dies erscheint in einer Anfängermethodik aufgrund von Simultankopplungen schwierig.

Spezielle Trainingsmaßnahmen zur Schulung des Anhebens des Bogens

Tab. 88 gibt eine Übersicht verschiedener spezieller Trainingsmaßnahmen zur Schulung des Anhebens

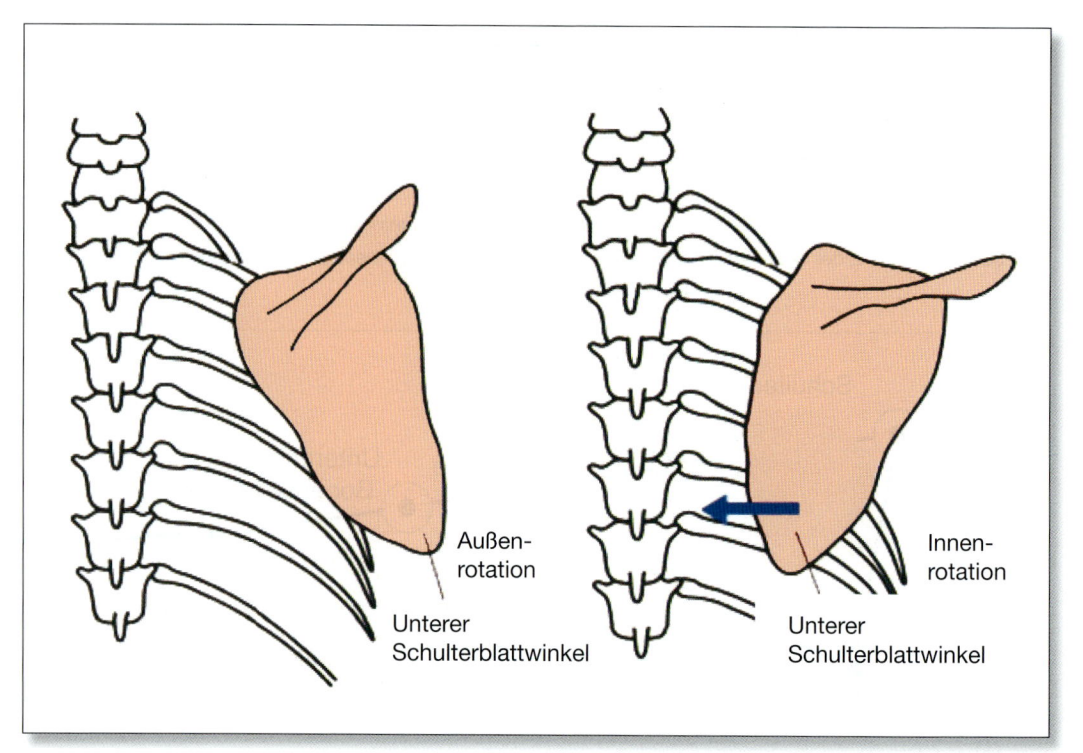

Abb. 392: Ausgangsstellung des Zugarmschulterblattes in der 1. Positionsphase (*links*) und ihre Bewegungsrichtung in der nachfolgenden Zugphase zum Erreichen der 3. Positionsphase (*rechts*)

Technikelement	Methodische Hilfsmittel	Methodische Hinweise	Anmerkung
Bogen anheben	• Geländefixpunkte • Markierung an der Scheibe	• Exakte Wiederholung, d.h. immer auf Markierungshöhe bzw. Vorzielpunkt anheben • Kombination mit Blindschießen	• Beobachtung durch Trainer • Eigenbeobachtung während der Vorspannung
Schulterpositionierung	Leichterer Bogen	Steigendes Zuggewicht	Unterschiedliche Zeitpunkte der Positionierung (vgl. DL, S. 250)
Hüftneigung	Feldschießen	Positive und negative Winkelvergrößerung	Videoaufnahmen
Anhaltspunkt der Zughand		• Exakte Wiederholung • Kombination mit Blindschießen	Gelenkwinkelstellungen »erfühlen«
Vorzielen	• Verschiedene Visiereinrichtungen • Laserpunkt	• Leere Scheibe • Zielpunkt • Auflagen wechseln • Entfernungen ändern	Vgl. Zielen (S. 418)

Tab. 88: Spezielle Trainingsmaßnahmen zur Schulung des Anhebens des Bogens (DL: differenzielles Lernen)

Zusammenfassend gelten folgende Bewegungsmerkmale für die 2. Bewegungs- und Positionsphase:
- Das geradlinige Anheben des Bogens erfolgt parallel mit dem Heben des Zugarms.
- Der Bogenarm ist gestreckt.
- Die Vorspannung wird stetig erhöht (leichte bis mittlere Zugbewegung), wodurch das Schulterblatt auf der Zugarmseite positioniert sowie auf der Bogenarmseite fixiert wird.
- Die Bogenschulter wird nach dem Anheben des Bogens im Rahmen einer sich erhöhenden Vorspannung nach innen geführt (Parallelität von Oberarm auf der Bogenarmseite und Schulterachse).
- Unterschiedliche Anhebewinkel werden durch eine veränderte Hüftneigung erreicht.
- Der Vorzielpunkt liegt im Allgemeinen bis zu mehrere Zentimeter oberhalb des Zielzentrums.
- Der Sehnenschatten ist individuell optimal positioniert (Ausschießen bzw. Gruppierungen).

Abb. 393 zeigt eine zusammenfassende Übersicht der 2. Positionsphase aus verschiedenen Perspektiven.

Abb. 393: Zusammenfassende Übersicht der 2. Positionsphase aus verschiedenen Perspektiven

3. Positionsphase (Ankern)

Ausgangspunkt und Kennzeichen

Ausgangspunkt für die 3. Positionsphase ist die 2. Positionsphase. Innerhalb der 3. Bewegungsphase erfolgt der Vollauszug zum Erreichen eines stabilen Ankerpunktes und das Einrichten des Schulterblattes auf der Zugarmseite bei einer entsprechenden Positionierung des Zugarmellbogens.

Kennzeichen der 3. Positionsphase sind ein stabiler Bogenarm, eine konstante Zughandstellung (Ankerpunkt) bei optimaler Auszugslänge (Position der Pfeilspitze im Klicker), ein exakt positioniertes Schulterblatt auf der Zugarmseite, ein stabilisiertes Schulterblatt auf der Bogenarmseite (Stützseite) sowie eine präzise Zielbilderfassung (Abb. 394).

Technik

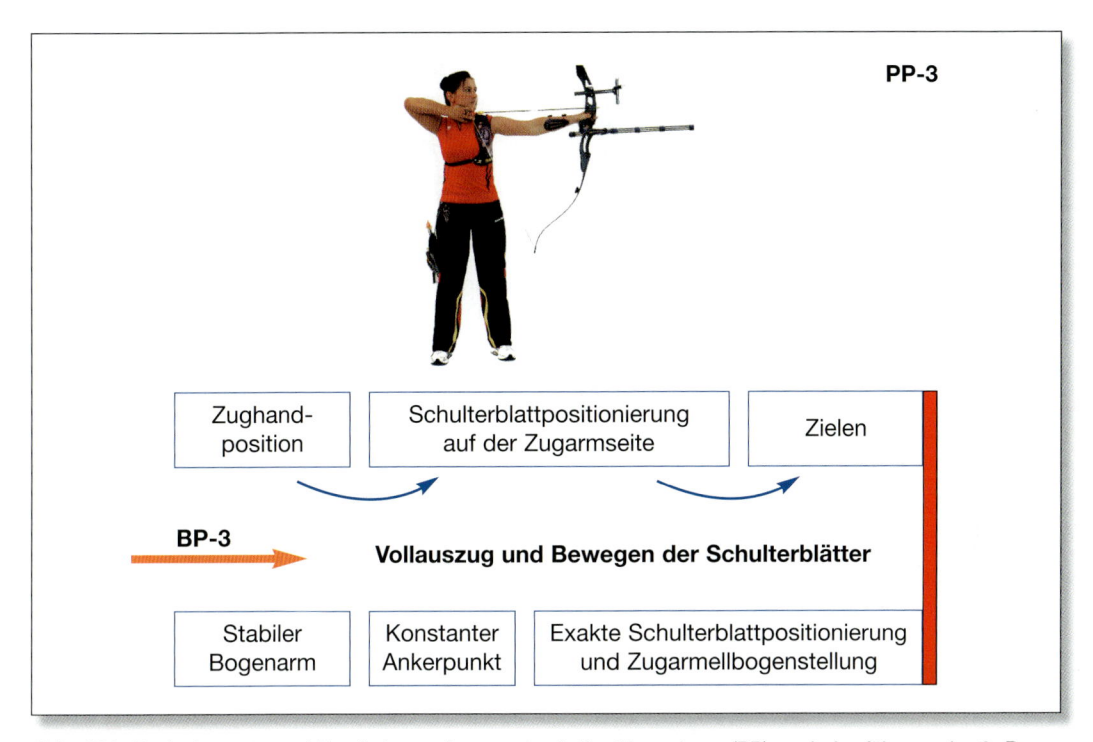

Abb. 394: Basiselemente und Erscheinungsformen der 3. Positionsphase (PP) nach Ausführung der 3. Bewegungsphase (BP)

Statische und dynamische Elemente
Die *statischen* Elemente beim Erreichen der 3. Positionsphase sind das Ankern und die Kontrolle des Sehnenschattens. Als Abschluss der 3. Positionsphase wird das Zielen statisch (Abb. 395).
Die *dynamischen* Elemente zum Erreichen der 3. Positionsphase sind der Vollauszug, das Positionieren des Schulterblattes auf der Zugarmseite durch eine zeitlich und räumlich parallele Druckerhöhung und Zugbewegung (Abb. 396) sowie das Zielen.

Beachten Sie: Die dynamischen Elemente Vollauszug und Positionieren des Zugarmschulterblattes sind in der 3. Bewegungsphase stets komplex zu betrachten. Im langfristigen Trainingsprozess bedürfen sie daher einer besonderen Beachtung.

Zeitliche Ordnung
Hinsichtlich der zeitlichen Ordnung zeigt das folgende Taskzustandsdiagramm (s. S. 202) eine mögliche Umsetzung (Abb. 397): Zum Erreichen der 3. Positionsphase führt der Schütze seinen Zugarm aus der Vorhalte in die Seithalte (Vollauszug), während er gleichzeitig den Druck auf der Bogenarmseite erhöht. Unter Erreichen eines exakten Ankerpunktes erfühlt er seine Gelenkwinkelstellung und optimiert die

Abb. 395: Statische Elemente beim (Ankern) bzw. nach dem Erreichen (Zielen) der 3. Positionsphase

| Bewegen des Schulterblattes auf der Zugarmseite | Druckerhöhung und Zugbewegung | Vollauszug |

Abb. 396: Dynamische Elemente innerhalb der 3. Bewegungsphase (Erreichen der 3. Positionsphase)

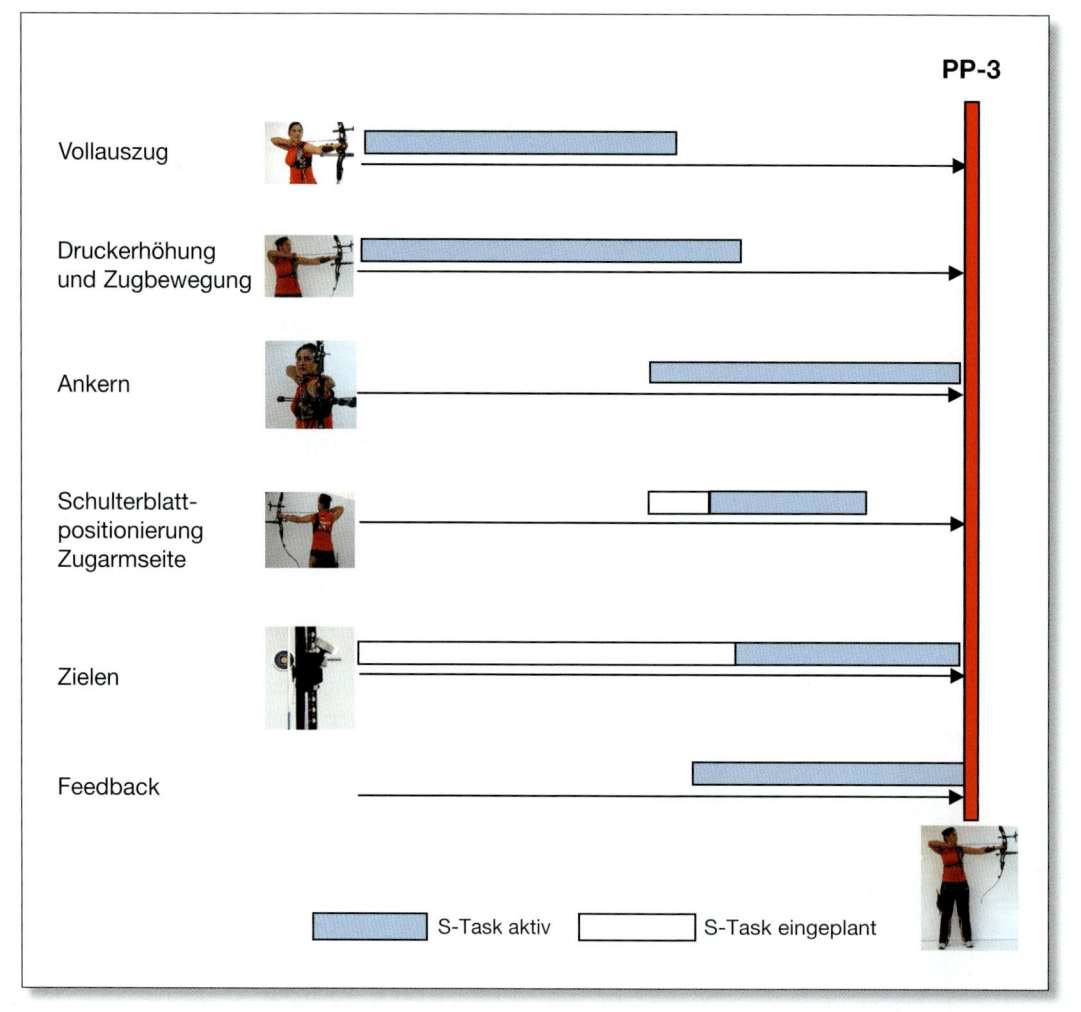

Abb. 397: Zeitliche Ordnung der Elemente des Schießablaufs zum Erreichen der 3. Positionsphase

Position des Schulterblattes auf der Zugarmseite als Ausgangspunkt für eine ökonomische Klickerendphase (s. S. 427).

Erreichen des Ankerpunktes

Das Erreichen des Ankerpunktes erfolgt durch das Rückführen der Zughand aus der 2. Positionsphase (Set-up) an eine definierte Position (Anker am Kinn bzw. Hals) bei gleichzeitiger Druckerhöhung auf der Bogenarmseite.

Die *Bewegung der Zughand* zum Ankerpunkt (Vollauszug) sollte durch ein Ziehen nahe der Kraftlinie sowohl unökonomische Kraft-Querkomponenten vermeiden als auch günstige Voraussetzungen für die Klickerendphase schaffen. Dies bedeutet die Umsetzung der folgenden Bedingungen:

- Die Zughand wird bei stabilen und geradem Zughandrücken nahe der Kraftlinie, d.h. optimal eng am Körper, zurückgeführt (Abb. 398 und 399).
- Der Zugarmellbogen bewegt sich etwa auf Höhe der Augen auf einer Kreisbahn um das Schultergelenk (optimale Kraftentfaltung der Rückenmuskulatur; Abb. 400 und 401; vgl. *Park* 2004, 16).
- Die Sehne wird bei stabiler Kopfstellung (!) an das Kinn geführt.

Abb. 398: Erreichen des Ankerpunktes in der Sagitalebene: Die Sehne wird an das Kinn geführt

Abb. 399: Erreichen des Ankerpunktes in der Transversalebene: Die Zughand wird nahe der Kraftlinien, d.h. bei stabilem und geradem Zughandrücken optimal eng am Körper aus der Vorhalte in die Seithalte geführt

Abb. 400: Erreichen des Ankerpunktes in der Frontalebene: Der Zugarmellbogen befindet sich zu Beginn etwa auf Augenhöhe und wird anschließend auf die Pfeilachse gebracht

Abb. 401: Erreichen des Ankerpunktes: Der Zugarmellbogen bewegt sich kreisförmig um das Schultergelenk (rote Linie)

Zeitlich parallel zur Bewegung der Zughand (Vollauszug) erfolgt eine stetige *Druckerhöhung auf der Bogenarmseite*. Eine Positionsveränderung des Schulterblattes auf der Bogenarmseite ist in dieser Phase nicht mehr notwendig. Dies sollte bereits als Abschluss der 2. Positionsphase geschehen sein (s. S. 398 ff.).

Die 3. Positionsphase gilt als erreicht, wenn sich die Zughand an einem stabilen, exakt wieder erreichbaren Ankerpunkt (in Abstimmung mit einer optimalen Klickervorarbeit, s. S. 425) befindet und ein Kräftegleichgewicht zwischen Druck- und Zugseite besteht.

Technikvariante: Die Schießpraxis zeigt, dass viele Spitzenschützen die Bogenschulter erst im Vollauszug, also *nach* Abschluss der 2. Positionsphase, nach innen führen und damit die von Lee (2005, 101) propagierte Parallelität des Unterarmes auf der Zugseite mit der Geraden aus Handgelenk und Zugschulter erreichen (Abb. 402–405).

Beachten Sie: Ein zu spätes Nach-innen-Führen der Bogenschulter ist im Anfängertraining insofern bedenklich, da die Bogen- und Zugarmseite zeitgleich stabilisiert werden müssen (s. S. 408).

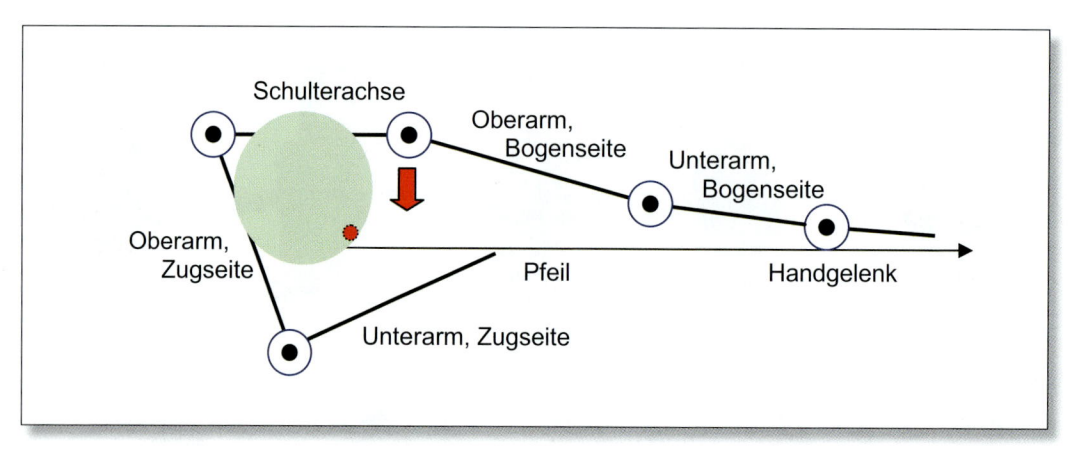

Abb. 402: Ausrichtung der Schulterachse parallel zum Oberarm durch Nach-innen-Führen der Bogenschulter während des Vollauszugs (3. Bewegungsphase)

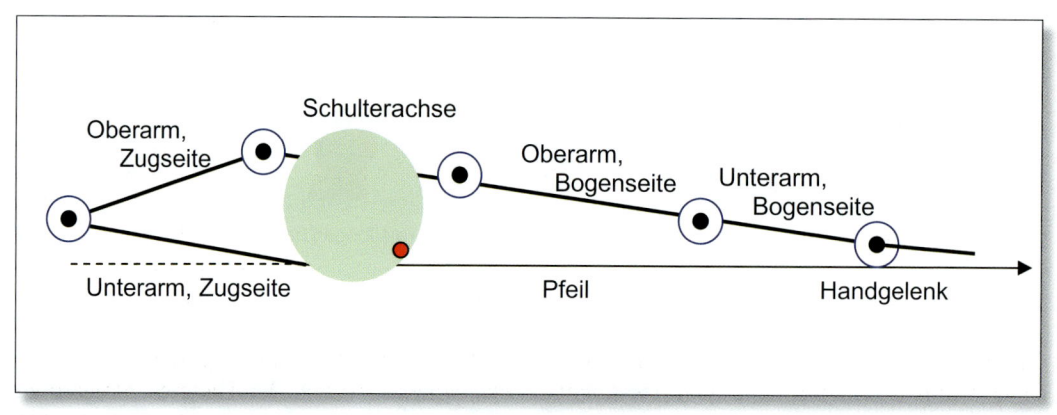

Abb. 403: Biomechanisch günstigste Lage der Schulterblätter in der 3. Positionsphase: Parallelität des Unterarmes auf der Zugseite mit der Geraden aus Handgelenk und Zugschulter (vgl. Lee 2005, 101)

Abb. 404: Ausrichtung der Schulterachse parallel zum Oberarm auf der Bogenseite durch Nach-innen-Führen der Bogenschulter während des Vollauszugs von unten

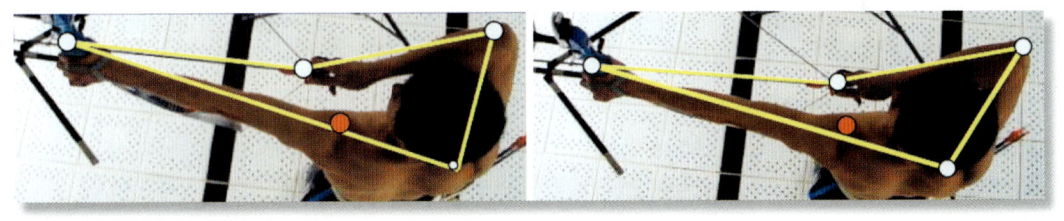

Abb. 405: Ausrichtung der Schulterachse parallel zum Oberarm auf der Bogenseite durch Nach-innen-Führen der Bogenschulter während des Vollauszugs von oben (vgl. *Kim* 2008, 29)

Beachten Sie: Ein Abfall des Druckes auf der Bogenarmseite ist gleich bedeutend mit einem »Zurückziehen« der Bogenschulter. Dies führt zu einem Ungleichgewicht im Druck-Zug-System. Andererseits bewirkt ein Verschieben des Ellbogens des Zugarmes auf die Pfeillängsachse eine Verminderung des Gelenkmoments im Ellbogen und damit eine Reduktion der Aktivität des Bizeps der Zugarmseite. Der Schütze kommt in den »Schulterzug« (Abb. 406; *Edelmann-Nusser* et al. 1999, 50).

Spezielle Trainingsmaßnahmen zum Erreichen des Ankerpunktes

Tab. 89 zeigt eine Auswahl spezieller methodischer Maßnahmen zum Erreichen des Ankerpunktes.

Ankern
»Ankern ist nicht Parken« (Sauer C. 2001).

Die Sehne und die Zughandoberkante (bzw. die Schiene des Tabs) bilden im erreichten Ankerpunkt einen festen Kontakt zu Kinn und Kiefer. Man spricht hier vom festen Block oder Anker (vgl. *Ulrich* 1996, 23).

Als Abschluss der 3. Bewegungsphase (Koordinationsphase Vollauszug auf der Zugarmseite und Druckerhöhung auf der Bogenarmseite) wird die Sehne entweder in die Mitte des Kinns – man spricht vom Mittenanker (Abb. 407) – oder seitlich an das Kinn – man spricht vom Seitenanker (Abb. 408) – platziert. Der Nackenanker, bei dem der Daumen hinter dem Hals den Anker quasi verriegelt, gilt als Technikvariante (Abb. 409).

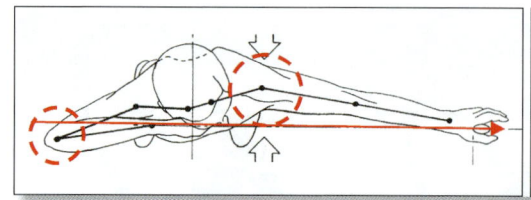

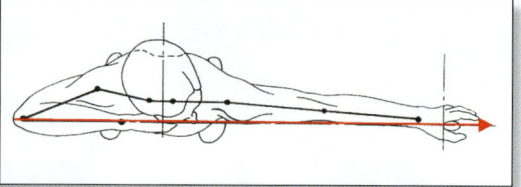

Abb. 406: Falsche (*links*) und gute (*rechts*) Schulterblattpositionierung und deren Auswirkungen auf das Kräftegleichgewicht: Beim Schützen links ist das Schulterblatt der Bogenarmseite instabil und die Schulter zurückgezogen, so dass der Zugarmellbogen in der Klickerendphase nicht »in Linie« mit dem Pfeil kommt und im Augenblick des Lösens Querkräfte entstehen können. Der Schütze rechts positioniert den Zugarmellbogen zumindest auf die Pfeilachse und kommt dadurch in den »Schulterzug« (vgl. *Axford* 2006, 101)

Technik-element	Methodische Hilfsmittel	Methodische Hinweise	Anmerkung
Ziehen in der Kraftlinie	• Gitternetz im Spiegel • Videobeobachtung mit Gitternetz	Exakte Wiederholung	Beobachtung der Auslenkung des Sehnenschattens
Spannungsaufbau	Verschiedene Zuggewichte	Kombination mit Blindschießen	Erfühlen

Tab. 89: Spezielle Trainingsmaßnahmen zur Schulung der 3. Bewegungsphase (Vollauszug; vgl. *Park* 2005, 21 f.)

Abb. 407: Mittenanker: Die Sehne wird in der Kinnmitte platziert

Abb. 408: Seitenanker: Die Sehne wird seitlich am Kinn platziert

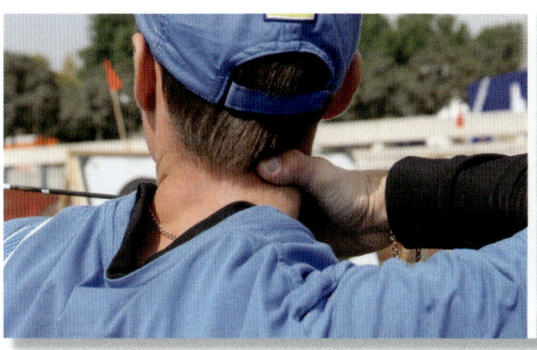

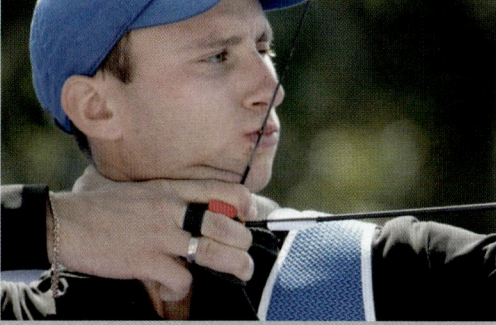

Abb. 409: Nackenanker: Der Daumen hinter dem Hals verriegelt den Anker

Abb. 410: Technikvariante: kein Nasenkontakt beim Ankern in der Kinnmitte

Wie die Bewegungsmuster verschiedener Spitzenschützen zeigen, ist ein Kontakt der Sehne zur Nase nicht notwendig (Abb. 410), aber eventuell hilfreich. So erleichtert ein Kontakt der Sehne mit der Nasenspitze die Kontrolle seitlicher Abweichungen des Bogens (z.B. Verkanten).

Der »Nasenkontakt« beim Mittenanker birgt unter Umständen die Schwierigkeit, dass eine Kippbewegung bzw. Korrekturmaßnahme des Kopfes notwendig ist, wodurch ein zusätzlicher Muskeleinsatz im Nacken- und Schulterbereich entsteht.

Ein einheitliches Technikbild hinsichtlich des Ankerns kann nicht abgeleitet werden. Allen guten Ankern gemeinsam ist jedoch eine stabile und großflächige Auflage (vgl. *Lee* u. *Benner* 2009, 127). Der Vorteil des Mittenankers liegt insbesondere darin begründet, dass der Sehnenreflex – auch bei geringer Kopfdrehung – durch den Kieferknochen verhindert wird. Wie die Schießpraxis zeigt, gelingt es vielen Schützen jedoch beim Seitenanker mitunter einfacher, den Ellbogen des Zugarmes »in Linie« zu stellen (s. S. 413, 433 bzw. 436).

Zusammenfassend gelten folgende Bewegungsmerkmale für das Ankern:
- Der Kopf befindet sich in einer natürlichen, aufrechten in Zielrichtung gedrehten Position (s. S. 393).
- Der Mund ist geschlossen, die Zähne liegen aufeinander.
- Die Sehne ist fest am Kinn.
- Die Zughandkante und der Kiefer bilden einen festen Block (Abb. 411).
- Der Zughandrücken und das Handgelenk sind locker und gerade.
- Der Weg der Pfeilspitze bis zur Auslösung des Klickersignals sollte im Fortgeschrittenenbereich nicht mehr als 1–3 Millimeter betragen.

Abb. 411: Fester Block beim Ankern: Der Schütze hat bei optimaler Auflagefläche der Zughand stabilen Kontakt zum Kinn

Technikvariante: Sowohl *Frangilli* (2006, 89) als auch *Lee* (2005, 90) empfehlen die visuelle Kontrolle des Klickers (s. S. 444) am Ende der 3. Positionsphase (Ankern). Das bedeutet, dass das Zielen unter Umständen kurzfristig unterbrochen und Bewegungen des Kopfes (als Steuerelement) und damit auch anderer Körperpartien auftreten können.

Spezielle Trainingsmaßnahmen zur Schulung des Ankerns
Tab. 90 zeigt eine Auswahl spezieller methodischer Maßnahmen zur Schulung des Ankerns.

Zielen
»Das Wichtigste beim Bogenschießen ist für mich, das Zielen sekundär zu halten« (vgl. Voss 1998).

Unter Zielen versteht man das möglichst ruhige und konstante Halten der Visiereinrichtung (Korn bzw. Tunnel beim Recurve- bzw. Compoundschützen sowie zum Beispiel die Pfeilspitze beim Blankbogenschießen) an einem definierten Punkt des Zieles.

Es gilt als individuelle Eigenart, ob der Schütze beim Zielvorgang ein Auge schließt oder beide Augen offen hält (Abb. 412). Zur besseren Belichtung und einer entspannten Gesichtsmuskulatur wird empfohlen, beide Augen offen zu halten. *Lee* (2005, 65) weist darauf hin, dass während des Zielens nicht »geblinzelt« und das Zielen an sich mit dem »Führungsauge« ausgeführt werden sollte.

Abb. 412: Möglichkeiten des Zielens: Beide Augen sind offen (*links*), oder ein Auge ist geschlossen (*rechts*)

Technikelement	Methodische Hilfsmittel	Methodische Hinweise	Anmerkung
Ankerdruck	• Verschiedene Tabs bzw. Ankerplatten • Leichtes Zuggewicht bzw. Thera-Band	Variierend (Kontrastmethode), dann gleich bleibend!	Erfühlen, wie stark der Kontakt der Sehne mit dem Kinn erfolgt
Ankerposition	• Mundmarke • Ankerplatte • Puder	Konstant	Auflagefläche und Zugarmstellung beobachten
Lage der Schulterblätter	Leichtes Zuggewicht bzw. Thera-Band	Differenzielles Lernen (s. S. 250)	• Erfühlen • Aufmerksamkeitslenkung durch Trainer (Berührung!)
Vollauszug (mit Rückenspannung)	Verschiedene Zuggewichte	• Konzentration auf Zugarmellbogen, Bogenschulter, Schulterblattstabilisierung der Bogenarmseite sowie Schulterblattbewegung der Zugarmseite • Kombination mit Blindschießen	• Erfühlen • Unterschiedliche Geschwindigkeiten der Ausführung
Konstante Auszugslänge	• Spiegel am Bogenfenster • Doppelklicker • Videoeinsatz	• Zugbewegung ohne Pfeil • Zugbewegung mit Pfeil • Laborbedingungen • Unebenes Gelände	Erfühlen

Tab. 90: Spezielle Trainingsmaßnahmen zur Schulung des Ankerns (vgl. *Park* 2005, 21; *Frangilli* 2006, 91)

Zur Ermittlung des führenden Auges eignet sich der so genannte *Blicksprungtest*: Ein gestanztes Blatt Papier wird rückwärts in Richtung der Augen bewegt und landet bei Fixierung (der Stanzung) vor dem Führungsauge (vgl. *Park* 2006, 31).

Während der 3. Bewegungsphase ist es – wegen der Steuerfunktion des Kopfes – zu empfehlen, den Blick immer im Ziel bzw. auf dem Zielpunkt zu halten. Dadurch können die Abstandshöhe (Abstand Ankerpunkt bis Auge) konstant gehalten und zusätzliche Muskeleinsätze für ein etwaiges Nachstellen (z.B. bei Verlust des Zielbildes) vermieden werden. Die 3. Positionsphase gilt hinsichtlich des Zielens dann als abgeschlossen, wenn der Schütze das Ziel nicht nur möglichst präzise erfasst hat, sondern auch die Visiereinrichtung (z.B. Tunnel oder Korn), sowohl vertikal, als auch horizontal ruhig im Ziel halten kann (Abb. 413).

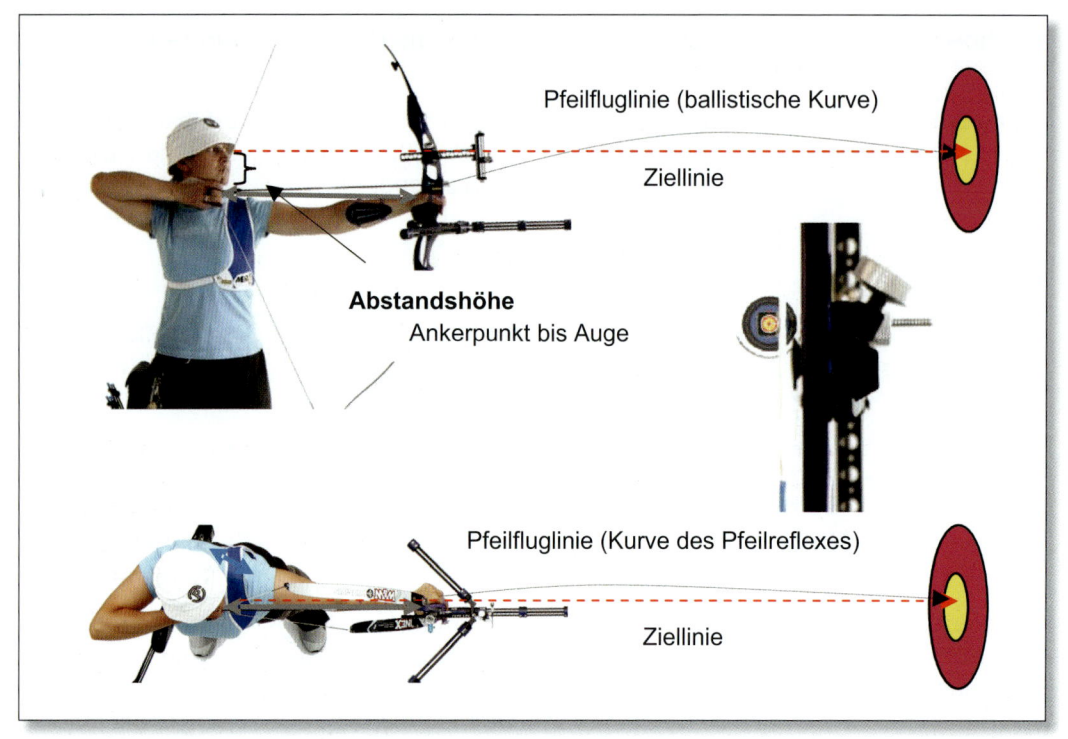

Abb. 413: Zielen: konstantes vertikales (*oben*) und horizontales (*unten*) Halten der Visiereinrichtung bei exakter Positionierung des Sehnenschattens unter Berücksichtigung der Pfeilfluglinien (in Anlehnung an *Frederick* u. *Bachmann* 2010)

Beachten Sie: Der natürliche Tremor (s. S. 88) verhindert, dass die Visiereinrichtung konstant ruhig auf einen Punkt gehalten werden kann. Der Schütze sollte daher eher versuchen, sein Visier in einer bestimmten Fläche zu halten (Haltefenster s. S. 288 ff.). Ein Ziel des Trainings muss darin bestehen, dieses »Zielfenster« zu minimieren.

Im Bogenschießen gibt es drei grundsätzlich unterschiedliche Zielvorgänge (vgl. *Park* 2006, 30). Diese werden durch die verschiedenen Disziplinen und Bogenarten bestimmt:
- *Blankbogen:* Das Zielen erfolgt ohne Zusatzeinrichtungen, nur durch die Zughandstellung und die Pfeilspitze.
- *Olympischer Bogen:* Gezielt wird mit Visier, die Kimme (aus dem Gewehr- und Pistolenbereich) wird durch den Anker ersetzt.
- *Compoundbogen:* Das Zielen erfolgt mit Sehnendiopter, Anker und Korn bzw. Lupe.

Beachten Sie: Im Sinne einer Aufrechterhaltung des Bewegungsflusses sollte versucht werden, den Zielpunkt bereits in der 3. Bewegungsphase (s. auch S. 404) zu finden, so dass als Abschluss der 3. Positionsphase (im Anker) nur mehr Feinkorrekturen vorgenommen werden müssen.

Wie bereits erwähnt, ist eine absolut präzise Zielbilderfassung bzw. -stabilisierung nicht möglich. Der Zielpunkt beschreibt während der Zielphase in der Regel einen ungleichmäßigen Verlauf innerhalb des Ziels (Haltefläche bzw. Haltefenster). Je länger die Zielphase anhält, umso größer wird dabei der beschriebene Zielbereich. Daraus lässt sich schließen, dass die

Genauigkeit des Zielens durch die Dauer der Klickerendphase beeinflusst wird. Ein gleichmäßiges Ziehen auf der Zugarmseite sowie eine angepasste Druckerhöhung auf der Bogenarmseite sind damit Voraussetzungen für ein exaktes Visieren. Eine genaue Vorarbeit (1–3 mm zum Klick) sorgt zudem für einen kurzen Zugweg, der dem Zielvorgang Stabilität verleiht und für eine angemessene zeitliche Abfolge sorgt (vgl. *Frederick* u. *Bachmann* 2010).

Spezielle Trainingsmaßnahmen zur Schulung des Zielens

Tab. 91 gibt eine zusammenfassende Übersicht spezieller methodischer Maßnahmen zur Schulung des Zielens. Weitere Möglichkeiten der Variation finden sich in Abb. 414.

Abb. 415 zeigt Beispiele zum Zielen unter Störfaktoren (s. auch Stresstraining, S. 563): Wichtig ist beispielsweise bei der Ballangel, dass der Ball in Bewegung gehalten wird und sich der Schütze (trotzdem) nur auf das Ziel konzentriert. Andererseits sollte die Lichterorgel permanent variiert (Position, Geschwindigkeit, Farben etc.) und durch akustische Störfaktoren ergänzt werden, um keine Einschleifprozesse zu gestatten.

Schulterblattpositionierung auf der Zugarmseite (vollständiges Erreichen der 3. Positionsphase)

Ausgehend von der 2. Positionsphase, nähert der Schütze zum Erreichen der 3. Positionsphase das Schulterblatt auf der Zugarmseite der Wirbelsäule an (Abb. 416a), während der Druck auf der Bogenarmseite in Richtung Ziel entsprechend angepasst (erhöht) wird. Sichtbar wird die Zugbewegung durch ein kreisförmiges Zurückführen des Zugarmellbogens (Abb. 416b; s. auch Abb. 401).

Ziel des Schützen muss es sein, in der 3. Positionsphase die Zugschulter und den Ellbogen des Zugarmes so zu positionieren, dass eine ökonomische und dynamische Arbeitsweise der Muskulatur insbesondere für den Übergang in die 4. Positionsphase (4. Bewegungsphase: Klickerendphase und Lösen) erreicht wird. *Lee* (2005, 108) empfiehlt – wie bereits erwähnt – aus biomechanischer Sicht (s. S. 211) eine Parallelität des Unterarmes auf der Zugseite und der Schulterachse (Abb. 416). Dies ist durch den Trainer wiederholt zu kontrollieren und gegebenenfalls zu korrigieren.

Technikelement	Methodische Hilfsmittel	Methodische Hinweise	Anmerkung
Zielen	• Verschiedene Auflagen • Verschiedene Entfernungen • Feldschießen • 3-D-Schießen • Anhalten • Lighttraining (s. S. 345) • Verschiedene Längen des Visierauslegers bzw. der Größe und Farbe des Korns oder Tunnels • Lasertraining (vgl. *Sauer* 2001)	• Anhalten auf Zielpunkt • Zielpunkt auf Spiegel • Verschiedene Zielpunkte • Verschiedene Auflagengrößen und -formen • Anhalten auf Spiegel ohne Zielpunkt • Wechsel zwischen verschiedenen Anhaltepunkten • Zielen unter Störfaktoren (z.B. wechselndes Licht, Wind)	Variationen!

Tab. 91: Spezielle Trainingsmaßnahmen zur Schulung des Zielens

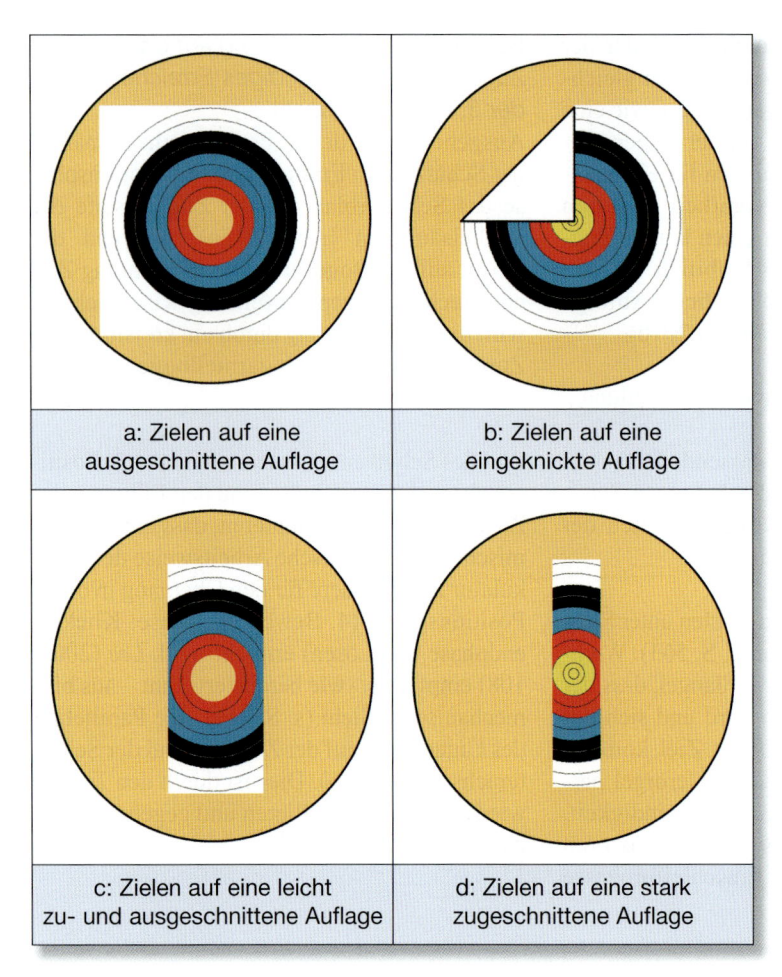

a: Zielen auf eine ausgeschnittene Auflage	b: Zielen auf eine eingeknickte Auflage
c: Zielen auf eine leicht zu- und ausgeschnittene Auflage	d: Zielen auf eine stark zugeschnittene Auflage

Abb. 414: Trainingsinhalte zur Schulung des Zielens

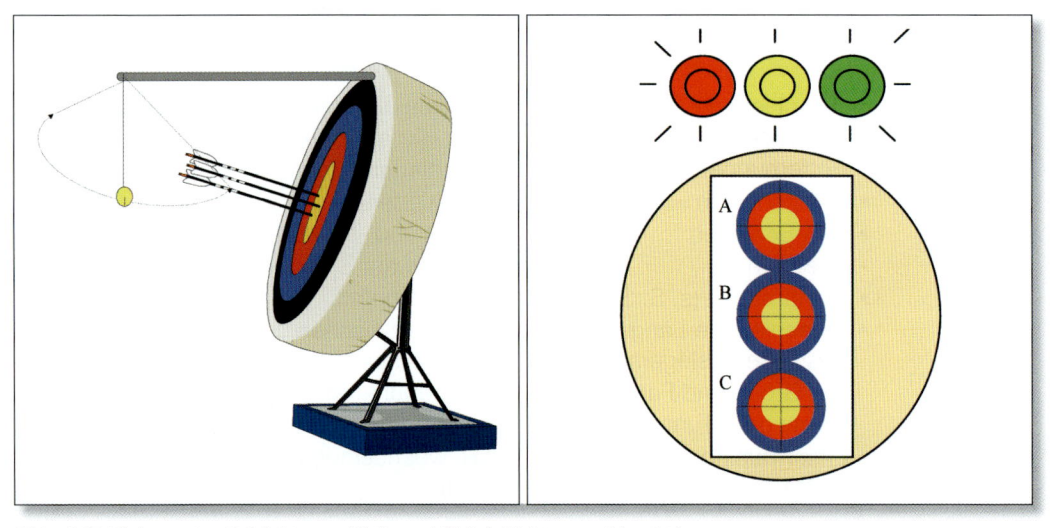

Abb. 415: Zielen unter Störfaktoren: Pfeilangel (*links*), Lichterorgel (*rechts*)

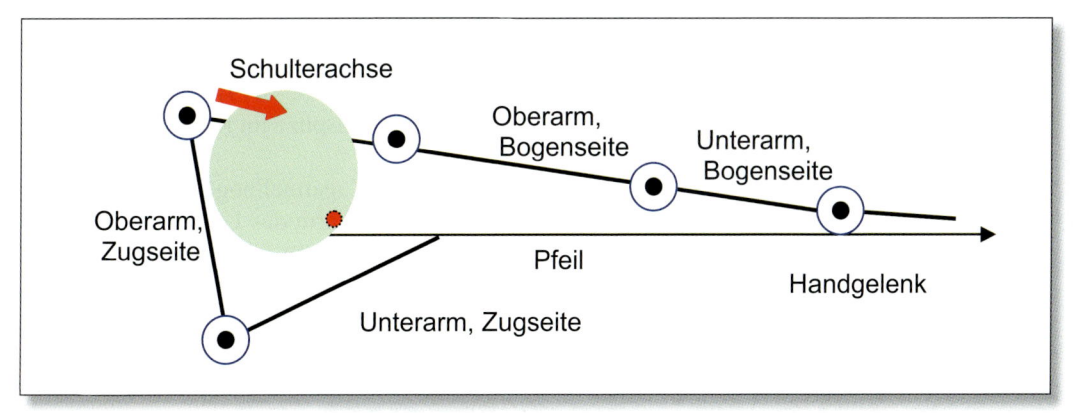

Abb. 416a: Schulterblattbewegung auf der Zugarmseite in Richtung Wirbelsäule (roter Pfeil) während der 3. Bewegungsphase

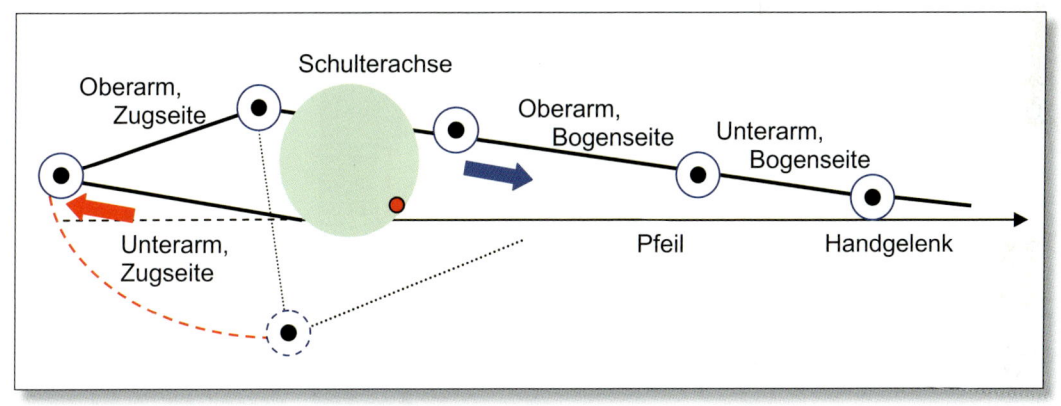

Abb. 416b: Biomechanisch optimales Zurückführen des Zugarmellbogens bei angedeuteter Zug- (roter Pfeil) und Druckrichtung (blauer Pfeil) in der 3. Bewegungsphase (Vollauszug)

Die 3. Positionsphase gilt als abgeschlossen, wenn sich der Schütze bei exakter Zielbilderfassung in einer stabilen Ankerposition und biomechanisch optimal gesetzten Gelenkwinkeln befindet (Abb. 417): Das bedeutet, dass ein weiterer Spannungsaufbau der Muskulatur insbesondere auf der Bogenarmseite sowie ein »Weg« für das Schulterblatt auf der Zugarmseite möglich sind (Abb. 418). Letzteres gilt vor allem, um einen dynamischen und geradlinigen Lösevorgang zu erreichen.

Grundsätzlich ist zu beachten, dass in Abhängigkeit von anatomischen Gegebenheiten (z.B. Verhältnis der Längen von Ober- und Unterarm auf der Zugarmseite) drei Möglichkeiten für die horizontale Position des Zugarmellbogens möglich sind (Abb. 417):
- Der Zugarmellbogen befindet sich auf der Pfeilachse (Abb. 417 links).
- Der Zugarmellbogen befindet sich vor der Pfeilachse (Abb. 417 Mitte).
- Der Zugarmellbogen befindet sich hinter der Pfeilachse (Abb. 417 rechts).

Beachten Sie: Aus biomechanischer Sicht sollte sich der Zugarmellbogen im Augenblick des Lösens mindestens auf der Pfeilachse (Abb. 417 links) befinden, wobei die Tendenz hinter die Pfeilachse gerichtet ist (Abb. 417 rechts). Während das Schulterblatt auf der Zugarmseite zur Wirbelsäule hin bewegt wird, erhöht sich auf der Bogenarmseite zwar der Druck, das Schulteblatt wird jedoch in seiner Stellung gehalten (Abb. 418).

Äußerlich sichtbar wird das Erreichen der 3. Positionsphase durch die kurzfristig fixierte Zugarmstellung (Abb. 419) und die optimale Position der Pfeilspitze im Klicker (Abb. 420).

Die Höhe des Zugarmellbogens wird unter anderem von der Form des Unterkiefers (Kinn), der Kopfstellung bzw. der Fingerplatzierung bestimmt. Ein steil verlaufender Kieferknochen bedingt beispielsweise bei gleicher Kopfstellung in der Regel einen hohen Zugarm.

Abb. 417:
Ähnliche Gelenkwinkelstellungen als Abschluss der 3. Positionsphase: Der Zugarmellbogen befindet sich auf (*links*), vor (*Mitte*) oder hinter (*rechts*) der Pfeilachse (vgl. Kim 2008, 29)

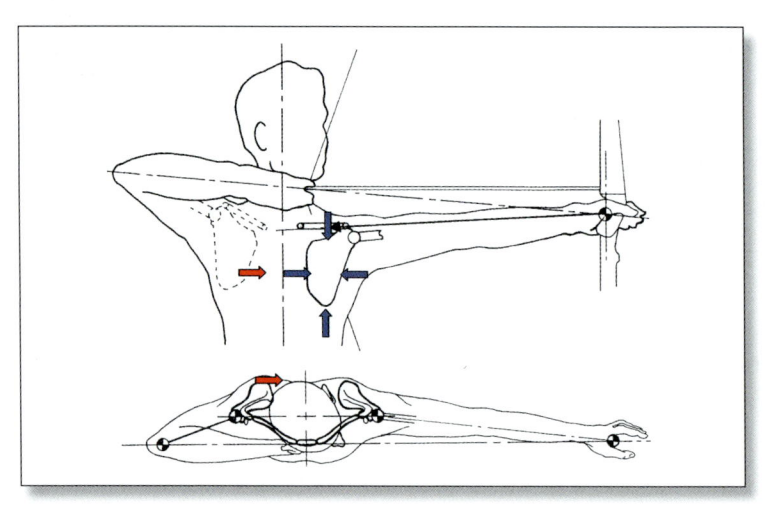

Abb. 418:
Lage der Schulterblätter und Position des Zugarmellbogens als Abschluss der 3. Positionsphase: Der Schütze hat noch »Weg«, um ein Lösen aus der Bewegung zu ermöglichen (vgl. Axford 2006, 79)

Technik

Abb. 419: Möglichkeiten der Zugarmstellung in der 3. Positionsphase: hoher (*links*) und tiefer Zugarmellbogen (*rechts*)

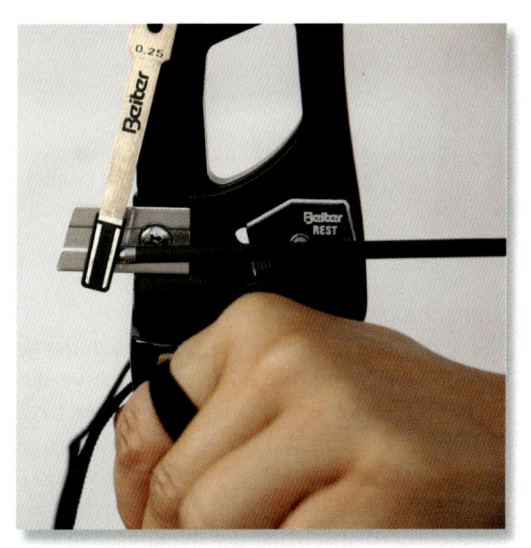

Abb. 420: Optimale Ausgangsposition für die Einleitung der 4. Bewegungsphase: Die Schützin hat noch einen »Zugweg« von 1–3 Millimetern zurückzulegen

Beachten Sie: Der von *Lee* (2005, 128) empfohlenen Parallelität des Unterarmes auf der Zugseite und der Schulterachse (s. S. 423) sind vielfach anatomische Grenzen gesetzt. Eine Annäherung lässt sich in geringem Maß über die Höhe des Zugarmellbogens steuern. Dabei ist allerdings zu berücksichtigen, dass das Schulterblatt mit angehoben wird.

Funktionelle Zusammenhänge

Wie bereits angedeutet (s. S. 53 und 402) empfehlen unter anderem *Lee* (2005, 53), *Axford* (2006, 101) und *Park* (2005, 14) in der 2. Positionsphase zur besseren Positionierung der Schulterblätter ein Anheben des Bogen über die Schulterachse hinaus (Abb. 421). Die resultierenden Kraftvektoren verlaufen oberhalb der Bogenschulter, so dass diese »tief« gehalten werden kann. Abb. 422 zeigt einen möglichen Verlauf der Zughand innerhalb der 2. und 3. Bewegungsphase.

Zusammenfassend gelten folgende Bewegungsmerkmale für die 3. Bewegungs- und Positionsphase:
- Konstantes, gleichmäßiges und geradliniges Bewegen des Zugarmes eng am Körper bei geradem Zugarmhandgelenk
- Positionieren des Schulterblattes auf der Zugarmseite nahe der Wirbelsäule
- Individuell optimales Timing
- Optimale Position der Pfeilspitze im Klicker

Abb. 423 gibt eine zusammenfassende Übersicht der 3. Positionsphase aus verschiedenen Perspektiven.

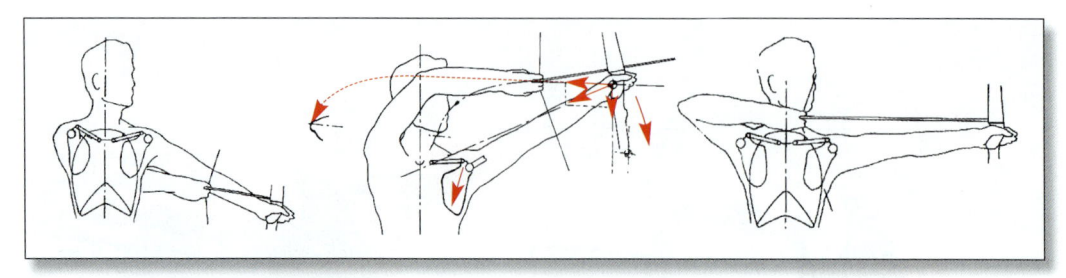

Abb. 421: Anheben des Bogens über die die Schulterachse hinaus: Die resultierenden Kraftvektoren (*Mitte*) verlaufen oberhalb der Bogenschulter, so dass diese »tief« gehalten werden kann (vgl. *Axford* 2006, 101)

Abb. 422: Verlauf der Zughand innerhalb der 2. und 3. Bewegungsphase

4. Positionsphase (Nachhalten)

Ausgangspunkt und Kennzeichen

Ausgangspunkt für die 4. Positionsphase ist die 3. Positionsphase. Innerhalb der 4. Bewegungsphase erfolgen die koordinierte Druckerhöhung auf der Bogenarmseite und die Zugbewegung auf der Zugarmseite sowie das Lösen.

Kennzeichen dieser Phase sind ein stabiler Bogenarm und eine fixierte Bogenschulter, eine gleichmäßige Zugbewegung und Druckerhöhung, eine hohe Zielbildstabilität sowie ein enges Lösen parallel zur Pfeilachse (Zughandverlauf) und ein konstantes Nachhalten und -zielen (Abb. 424).

Statische und dynamische Elemente

Die *statischen* Elemente zum Erreichen der 4. Positionsphase sind das Zielen inklusive der Kontrolle des Sehnenschattens, das Laden bzw. die Druckerhöhung auf der Bogenarmseite und das Nachzielen bzw. Nachhalten (s. S. 438). Das Zielen gilt, ebenso wie das Vorzielen, als Resultat der Umsetzung der dynamischen Elemente (Abb. 425).

Die *dynamischen* Elemente zum Erreichen der 4. Positionsphase sind der Transfer, die zeitlich und räumlich parallel zur Druckerhöhung erfolgende Zugbewegung (Endzug) sowie das Lösen (s. S. 428; Abb. 426).

Abb. 423: Zusammenfassende Übersicht der 3. Positionsphase aus verschiedenen Perspektiven

Zeitliche Ordnung

Hinsichtlich der zeitlichen Ordnung zeigt das folgende Taskzustandsdiagramm (s. S. 202) eine mögliche Umsetzung (Abb. 427): In der 4. Bewegungsphase erhöht der Schütze die Spannung der Schultermuskulatur (Laden) und überträgt diese Spannung anschließend in eine koordinierte Druckerhöhung und Zugbewegung (Transfer), so dass im Augenblick des Lösens alle Kraftvektoren optimal, d.h. parallel zueinander wirken. Während der Blick weiterhin auf das Ziel gerichtet bleibt (Nachzielen), wird auch die Körperspannung im Nachhalten noch gehalten, bis der Pfeil das Ziel erreicht.

Laden und Transfer als Voraussetzung der Klickerendphase

> Die Klickerendphase bezeichnet den zeitlichen Abschnitt zwischen dem Ankern und dem Lösen als Folge der koordinierten Druckerhöhung und Zugbewegung und dauert in der Regel 2–3 Sekunden (vgl. *Lee* 2005, 56).

Wichtigstes Kriterium der Klickerendphase (als Teil der Hauptfunktionsphase des Schießablaufs) ist die kontinuierliche Spannungserhöhung rekrutierter Muskelgruppen.

PP-4

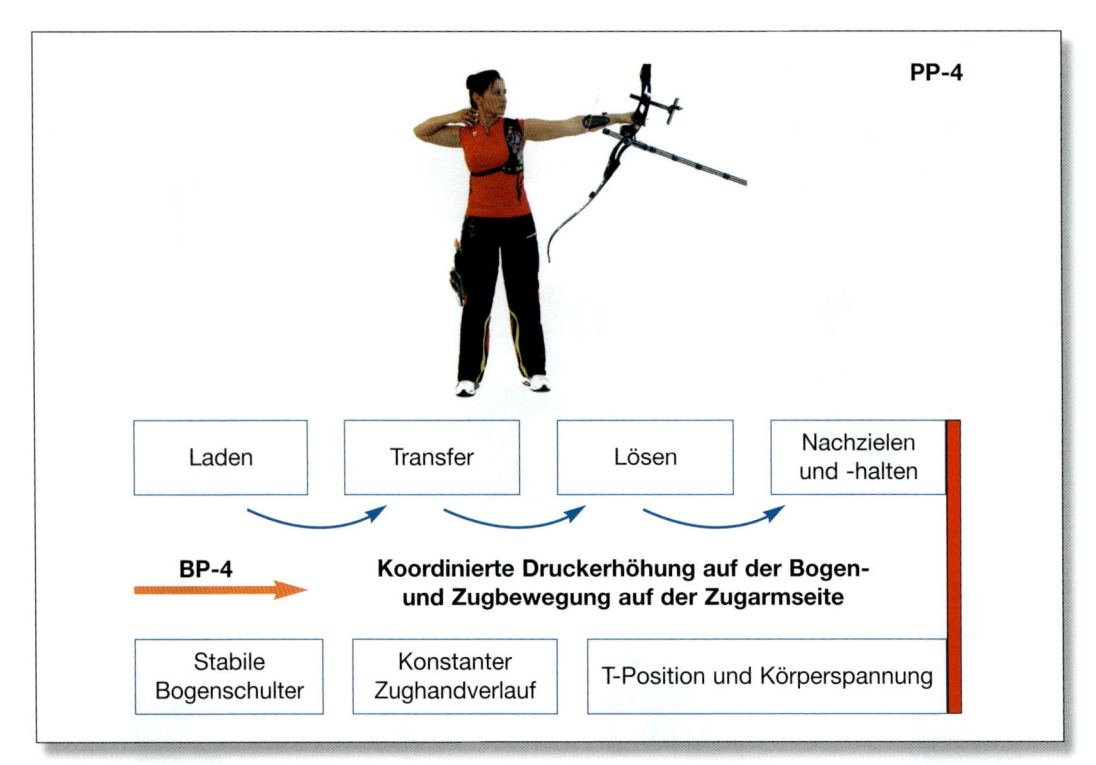

| Laden | Transfer | Lösen | Nachzielen und -halten |

BP-4 → Koordinierte Druckerhöhung auf der Bogen- und Zugbewegung auf der Zugarmseite

| Stabile Bogenschulter | Konstanter Zughandverlauf | T-Position und Körperspannung |

Abb. 424: Basiselemente und Erscheinungsformen der 4. Positionsphase (PP) nach Ausführung der 4. Bewegungsphase (BP)

| Zielen | Laden und Druckerhöhung | Nachzielen | Nachhalten |

Abb. 425: Statische Elemente zum Erreichen der 4. Positionsphase

| Transfer | Zugbewegung | Lösen |

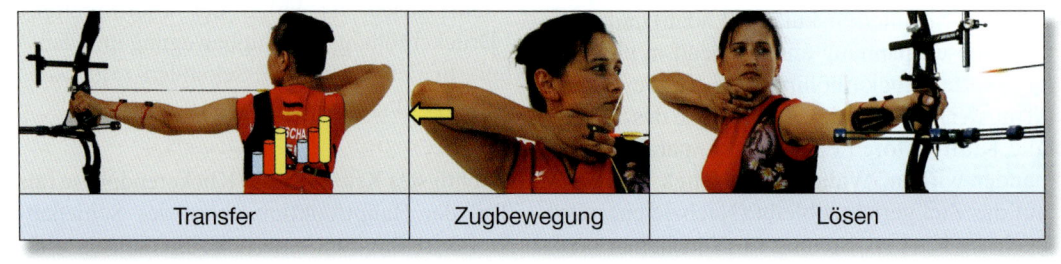

Abb. 426: Komplexe dynamische Elemente zum Erreichen der 4. Positionsphase

Technik

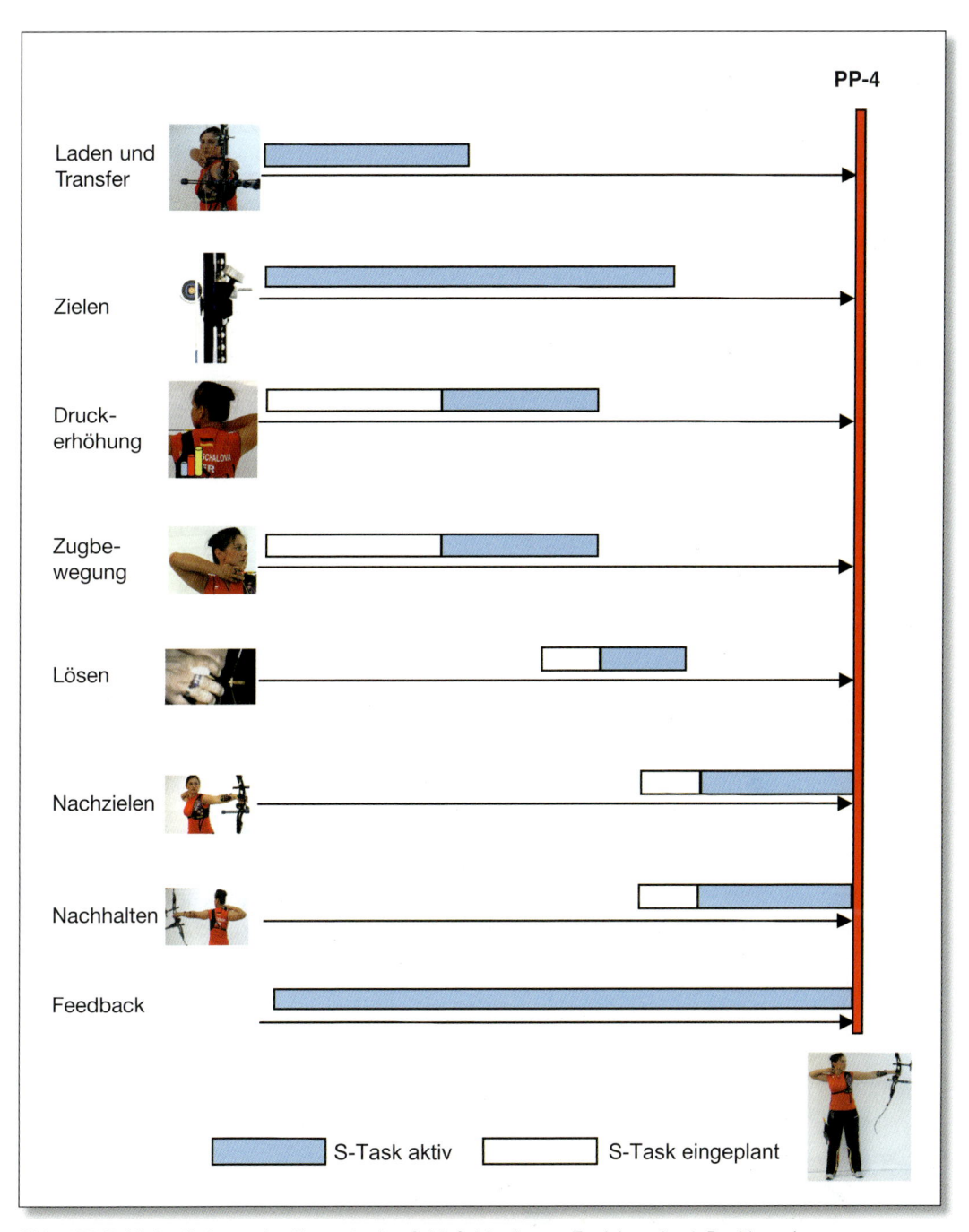

Abb. 427: Zeitliche Ordnung der Elemente des Schießablaufs zum Erreichen der 4. Positionsphase

> Unter *Laden* versteht man die kontinuierliche Spannungserhöhung spezifischer, d.h. unmittelbar am Schießvorgang beteiligter Muskeln in der Klickerendphase (vgl. *Lee* 2005, 57).

Zum präzisen Erreichen der individuell optimalen Auszugslänge muss die zusätzlich zu leistende Arbeit von tiefer liegenden »feinen« – d.h. mit einer hohen Anzahl an motorischen Einheiten (s. S. 198) versehenen – Muskelgruppen (z.B. Rautenmuskulatur, vorderer Sägemuskel) mit übernommen werden (vgl. auch *Frangilli* 2006, 94).

> *Transfer* meint die Rekrutierung weiterer zur präzisen Bewegungsausführung fähigen Muskeln (z.B. Rautenmuskulatur) für die zusätzliche Zug- und Druckarbeit in der Klickerendphase. Dabei wird eine zweite Winkelbewegung des Zugarmes (insbesondere des Zugarmellbogens) vorbereitet bzw. eingeleitet (s. S. 413; Abb. 401; vgl. *Lee* u. *Benner* 2009, 113).

> *Beachten Sie:* Laden und Transfer sind spürbar.

Der Schütze muss im Lauf des Trainingsprozesses ein Gefühl dafür entwickeln, dass in der Lade- und Transferphase bereits eingesetzte Muskeln vermehrt rekrutiert sowie zusätzliche Muskeln angesprochen werden (Wärmegefühl!).

Mit dem Transfer erfolgt die Bewegung des Schulterblatts auf der Zugarmseite zur Wirbelsäule hin (4. Bewegungsphase). Parallel dazu erhöht sich der Druck des Bogenarmes (aus der Schulter heraus; s. S. 432) in Richtung Ziel (Gleichgewicht von Druck und Zug!).

In Anlehnung an *Kobler* (1996) spricht man in Zusammenhang mit der Lade- und Transferphase vom »Druck bzw. Zug ohne Weg« und meint dabei die Spannungserhöhung in der Muskulatur auf der Bogen- und Zugarmseite, ohne deren Längenveränderung. Dies bestätigt auch *Lee* (2005, 58) in seinen Ausführungen, dass sich der Schießablauf von einer externen auf eine interne Bewegung verlagert. Abb. 428 zeigt schematisch den Lade- und Transfervorgang – bei angedeuteter nachfolgender Zugbewegung und Druckerhöhung – als internen Spannungsaufbau.

Günstige Voraussetzungen für eine gute Kraftentwicklung der Ladephase liefert ein individuell optimales Kraftdreieck (Abb. 429). Bildet dieses Dreieck im Schultergelenk auf der Zugarmseite einen zu großen Winkel (α), kann der Schütze – obwohl biomechanisch günstig – unter Umständen keinen weiteren Zug ausführen, weil ihm der Winkelweg fehlt. Das Schulterblatt auf der Zugarmseite ist der Wirbelsäule zu nah. Ist hingegen der Winkel zu klein, treten in der Regel Instabilitäten in der Stützschulter (Bogenschulter) auf und der Schütze »schießt sich an die Finger« (*Rohrberg* 2009).

Abb. 428: Angedeutete Mitinnervation zur Feinkoordination fähiger Muskulatur der Bogen- und Zugarmseite in der Lade- und Transferphase

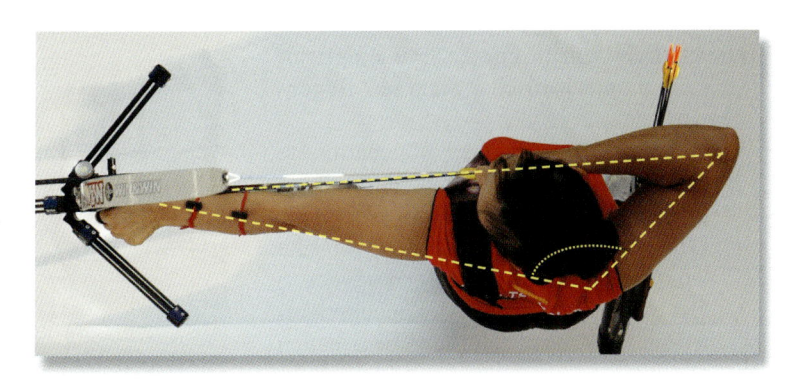

Abb. 429:
Kraftdreieck: Eine gute Kraftentwicklung in der Ladephase und die Möglichkeit einer effektiven Winkelbewegung ist nur bei optimalem Kraftdreieck möglich

Beachten Sie: Das Kraftdreieck und die Position des Klickers (s. S. 425 und 444) sind individuell zu erarbeiten und optimal aufeinander abzustimmen. Dies verlangt in der Regel einen Kompromiss aus einer biomechanisch günstigen Gelenkwinkelstellung und einer guten Kraftentwicklung bzw. Winkelbewegung.

Koordinierte Druckerhöhung und Zugbewegung (4. Bewegungsphase – 1. Teil)

Die koordinierte Druckerhöhung (Bogenarmseite) und Zugbewegung (Zugarmseite) bildet den 1. Teil der 4. Bewegungsphase und stellt mit dem nachfolgenden Lösen die Hauptfunktionsphase des Schießablaufs dar.

In der Praxis lassen sich verschiedene Technikvarianten der koordinierten Druck- und Zugarbeit unterscheiden.

Expansionstechnik: Innerhalb der Expansionstechnik verläuft die Bewegung der Schulterblätter gleich gerichtet, d.h., das Schulterblatt der Bogenarmseite bewegt sich von der Wirbelsäule weg in Richtung Ziel, während das Schulterblatt der Zugarmseite der Wirbelsäule angenähert wird. Die Expansionstechnik birgt den Nachteil, dass sie sehr komplex und der koordinative Aufwand sehr groß ist, weil der Schütze gleichzeitig zwei gegensätzlich verlaufende Bewegungen aufeinander abstimmen muss. Andererseits können Druckbewegungen auf der Bogenarmseite den Druckpunkt im Bogengriff verändern und dadurch unterschiedliche Gruppierungen erzeugen.

Kontraktionstechnik:. Sowohl *Barrs* (1996) als auch *McKinney* (1999) vertreten die Auffassung, dass sich in der Klickerendphase die Schulterblätter aufeinander zu bewegen sollen. In diesem Fall verrichten neben dem Trapezmuskel die *beidseitigen* Rautenmuskeln die »Zug«-Arbeit, wodurch in der Regel ein »Ausbrechen« des Bogenarms nach links (beim Rechtshandschützen) verursacht wird. Die Kontraktionstechnik bietet allerdings den Vorteil, dass sie als synchrone Bewegungsform einfacher zu erlernen ist.

Push-Technik: Bei dieser von *Frangilli* (2006, 90) propagierten Technik wird das Schulterblatt der Zugarmseite fixiert, während das Schulterblatt auf der Bogenarmseite in Zielrichtung bewegt wird. Die Push-Technik verhindert ein »Einbrechen« des Bogenarms (Abwinkeln im Ellbogengelenk), erfordert aber ein außergewöhnlich gutes Druckempfinden im Griff, um Veränderungen des Druckpunktes (und damit des Tillers) zu vermeiden.

Statisch-dynamische Technik: Wird das Schulterblatt der Zugarmseite zur Wirbelsäule hin bewegt (u.a. über eine Kontraktion der Trapez- und der Rautenmuskulatur), während das Schulterblatt der Bogenarmseite fixiert bleibt, so spricht man von der statisch-dynamischen Technik.

Die statisch-dynamische Technik empfiehlt sich aus biomechanischer Sicht aus folgenden Gründen:
- Das Schulterblatt auf der Bogenarmseite kann in der stabilen Stellung der 2. Positionsphase gehalten werden.
- Der Bewegungsfluss auf der Zugarmseite kann kontinuierlich fortgesetzt werden.
- Die Bewegungsrichtung des Schulterblattes auf der Zugarmseite kann beibehalten werden.

Die koordinierte Druckerhöhung und Zugbewegung können im Rahmen der statisch-dynamische Technik in der folgenden Art und Weise umgesetzt werden (Abb. 430):
- Das Schulterblatt der Bogenarmseite wird in seiner Position in Bezug zur Wirbelsäule gehalten. Erreicht wird dies durch eine »Druckerhöhung« (Spannungserhöhung) des vorderen Sägemuskels der Bogenarmseite in Richtung Ziel. Die Bogenschulter wird dabei insbesondere durch den Trizepsmuskel sowie den oberen Anteil des Deltamuskels gestützt.

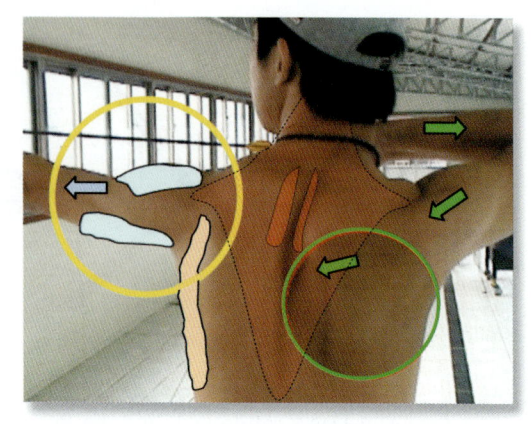

Abb. 430: Umsetzung der koordinierten Druckerhöhung und Zugbewegung in der Klickerendphase: Der Schütze erhöht den Druck auf der Bogenarmseite in Richtung Ziel entsprechend der Kraftentwicklung auf der Zugarmseite. Dadurch bleibt das Schulterblatt der Bogenarmseite fixiert, während sich das Schulterblatt der Zugarmseite in Richtung Wirbelsäule bewegt

- Das Schulterblatt der Zugarmseite wird rotierend in Richtung Wirbelsäule bewegt (z.B. mithilfe der Trapez- und Rautenmuskulatur), indem der Zugarmellbogen um das Schultergelenk rotiert (Abb. 431; vgl. *Barrs* 1989, *Lee* u. *Benner* 2009, 113).

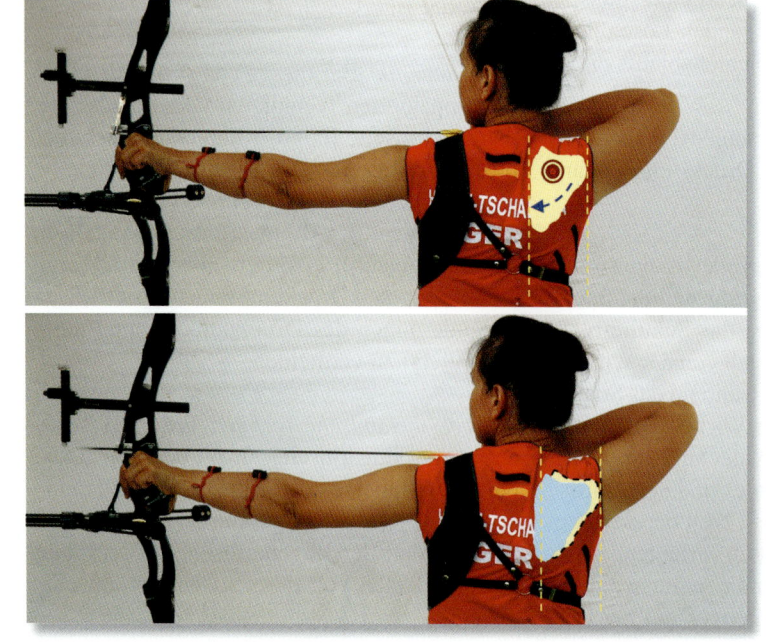

Abb. 431: Lage des Schulterblattes auf der Zugarmseite als Abschluss der 3. Positionsphase (*oben*). Das Schulterblatt wird anschließend zum Erreichen der 4. Positionsphase weiter an die Wirbelsäule angenähert und gleichzeitig um die Wirbelsäule herum bewegt (Winkelbewegung)

Beachten Sie:
- Die *Zugbewegung auf der Zugarmseite* ist auxotonisch und das Resultat einer Kombination aus Rotation und Translation (Abb. 432). Das bedeutet für den Schützen in der 4. Bewegungsphase die parallele Ausführung zweier Bewegungen:
  - Bewegen des Schulterblattes zur Wirbelsäule
  - Bewegen der Zughand entlang der Pfeillinie (Kraftlinie) (Abb. 433)
- Die *Druckerhöhung* auf der Bogenarmseite erfolgt isometrisch. Das Schulterblatt wird in seiner Position zur Wirbelsäule gehalten. Dabei sollte sich dennoch ein Gefühl einstellen, als wenn der Bogen aus der Bogenarmschulter heraus in Richtung Ziel geschoben wird.
- Die koordinierte Druckerhöhung und Zugbewegung ist insgesamt kraftvoll, konsequent, mutig und dennoch ruhig und stabil.

Es ist in der Klickerendphase von entscheidender Bedeutung, die sehr kurze Strecke bis zum Lösepunkt (ca. 2 mm) und darüber hinaus durch eine kraftvolle Zugbewegung und gleichmäßige Druckerhöhung konstant weiter zu führen, ohne dabei den Zielpunkt zu verändern (vgl. *Ulrich* 1996, 28).

Beachten Sie: Eine gut koordinierte Druck- und Zugarbeit ist für den Trainer innerhalb der Klickerendphase dadurch sichtbar, dass sich die Pfeilspitze gleichmäßig und zügig durch den Klicker bewegt.

Zusammenfassend gelten folgende Bewegungsmerkmale für die koordinierte Druckerhöhung und Zugbewegung:
- Die Gesamtkörperhaltung (insbesondere auch die Kopfhaltung) bleibt stabil.
- Das Schulterblatt der Zugarmseite nähert sich der Wirbelsäule an, während sich der Zugarmellbogen kreisförmig nach hinten (zuerst auf der Pfeilachse, dann rücklings) bewegt.
- Die Zughand bewegt sich entlang der Pfeil- und Kraftlinie nach hinten.
- Das Schulterblatt der Bogenarmseite bleibt in seiner Position zur Wirbelsäule stabil (innerer Druck bzw. Spannungserhöhung in Richtung Ziel).
- Die Pfeilspitze bewegt sich gleichmäßig nach hinten.

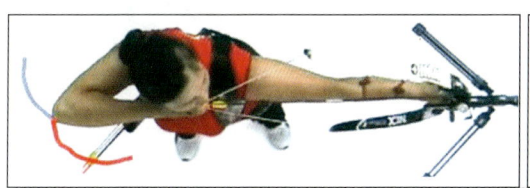

Abb. 432: Verlauf der Ellbogenspitze auf der Zugarmseite: Die Zugbewegung ist eine Kombination aus Rotation und Translation (Winkelbewegung)

Abb. 433: Optimaler Vollauszug durch Parallelität von Unterarm der Zugarmseite und Kraftlinie, d.h., die Ellbogenspitze befindet sich auf der Kraftlinie; das Lösen steht unmittelbar bevor

Funktionelle Zusammenhänge

Das Gleichgewicht der Druckerhöhung und Zugbewegung ergibt sich aus der Notwendigkeit eines stabilen Ankerpunktes bzw. einer stabilen Bogenschulter (Abb. 434):

- *Zugarmseite*: Erfolgt die Klickerarbeit durch eine im Vergleich zur Druckerhöhung zu forcierte Zugbewegung, kann dies ein »Rutschen« der Sehne entlang des Kinns in Zugrichtung bedeuten und damit unterschiedliche Abschusspositionen bewirken. Gleichzeitig wird beispielsweise der Bogenarm nach innen gedreht bzw. die Bogenschulter rücklings verschoben (s. S. 416).
- *Bogenarmseite:* Verlagert sich das Gleichgewicht zu Lasten der Druckerhöhung, so bedeutet dies unter Umständen ein »Vorrutschen« der Sehne am Kinn und damit gleichzeitig ein Aufgeben der »Linie« (s. S. 227) bei verkürztem Auszug. Die Folgen sind das »Kriechen« bzw. das »Zusammenfallen« (vgl. *Henderson* 1987):
  - Das *Kriechen* tritt dann auf, wenn sich der Ellbogen der Zughand in Zielrichtung bewegt. Gleichzeitig rutscht häufig der Ankerpunkt nach vorne.
  - *Zusammenfallen* bedeutet, dass der Schütze bei vollem Auszug den Oberkörper dreht und den Winkel Bogenarm-Schulterachse verkleinert.

Nach Abschluss der 3. Positionsphase (Stabilisierung des Ankerpunktes, Setzen des Schulterblattes auf der Zugarmseite und Positionierung des Zugarmellbogens) erfolgt in der 4. Bewegungsphase neben dem Laden der Transfer auf fein steuerbare Muskelgruppen. In der Klickerendphase wird dabei das Schulterblatt auf der Zugarmseite in einer Winkelbewegung der Wirbelsäule angenähert bzw. um diese quasi herum bewegt (Abb. 435).

Als Kontrollinstanz für eine effektive und ökonomische Zughandhaltung nennt *Lee* (2005) den kleinen Finger der Zughand: Die Stellung dieses Fingers sollte sich vom Ankern bis zum Lösen nicht ändern, weil jede Veränderung des kleinen Fingers in Position oder Spannung Einfluss auf die Spannung der Zugfinger insgesamt hat (*Lee* 2005).

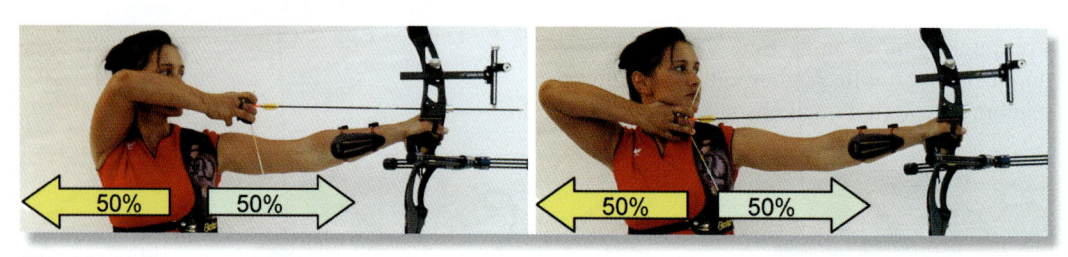

Abb. 434: Kraftverteilung von Druck und Zug: In jeder Bewegungs- und Positionsphase sollte ein Gleichgewicht zwischen Druck und Zug bestehen

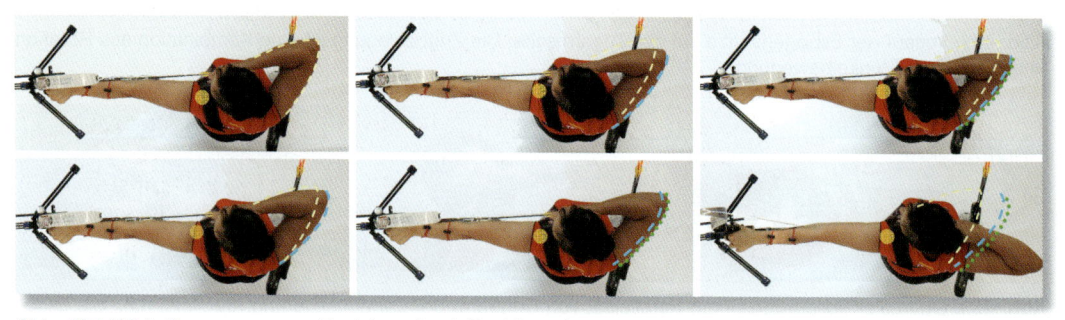

Abb. 435: Winkelbewegung zum Erreichen der 4. Positionsphase

Spezielle Trainingsmaßnahmen zur Schulung der koordinierten Druck- und Zugarbeit

Tab. 92 gibt eine zusammenfassende Übersicht spezieller methodischer Maßnahmen zur Schulung der koordinierten Druckerhöhung und Zugbewegung.

Lösen (4. Bewegungsphase – 2. Teil)

Das Lösen bildet den 2. Teil der Hauptfunktionsphase (4. Bewegungsphase) im Schießablauf und schließt sich an die koordinierte Druck- und Zugarbeit an.

Technikelement	Methodische Hilfsmittel	Methodische Hinweise	Anmerkung
Konstanter Ankerpunkt	• Spiegel • Video	Exakte Wiederholung	• Position der Sehne am Kinn beachten • Gitternetzlinien in der Videoanalyse (z.B. Dartfish) • Gitternetzlinien am Spiegel
Spannungserhöhung	• Druckmesssensoren	• Kombination mit Blindschießen	• Erfühlen • Variation: schnell/langsam, stark/schwach
Klickerendphase	• Spiegel am Bogenfenster • Video	• Beobachtung der Klickerarbeit • *Erfühlen* der Klickerarbeit	• Trainer • Selbstbeobachtung! • kleiner Finger
Druckempfinden der Sehne am Kinn und an der Nasenspitze	• Kisser (Mundmarke) • Ankertab	• Variierend (Kontrastmethode), dann • *Gleich bleibend!*	Erfühlen (s. S. 417)
Ellbogenbewegung	• Thera-Band (Carella-Formaster) • Verschiedene Zuggewichte	• Unterschiedliche Zugbewegungen und Richtungen • Wechsel zwischen Thera-Band und Bogen (differenzielles Lernen)	Vorstellen eines imaginären Punktes, hinter den der Zugarmellbogen gezogen werden soll
Schulterblattbewegung	• Video • Trockenübung, Thera-Band, unterschiedliche Zuggewichte etc.	Kombination mit Blindschießen	• Video mit Live-Verzögerung (z.B. Dartfish) • Trainer berührt und führt (Anfängertraining)

Tab. 92: Spezielle Trainingsmaßnahmen zur Schulung der koordinierten Druckerhöhung und Zugbewegung

> Unter dem Lösen versteht man das Freigeben des Schusses durch Entspannen der Zugfingerbeugemuskulatur.

Ein guter Lösepunkt ist erreicht, wenn der Unterarm des Zugarmes (bei optimal abgestimmter Auszugslänge) parallel zur Schulterachse verläuft (Abb. 436). In dieser Stellung treten biomechanisch die geringsten Kraftquerkomponenten auf, wodurch eine maximale Pfeilbeschleunigung (clearance) erreicht wird.

> *Beachten Sie:* Das lockere Lösen – als Teil der Hauptfunktionsphase des Schießablaufs – ist ein Resultat der Entspannung der Zugfingermuskulatur (Abb. 437; vgl. *Park* 2004, 24). Durch die Spannkraft des Bogens und kinästhetische Empfindungen (Informationen über die erreichte Auszugslänge bzw. den Spannungszustand leistungsrelevanter Muskulatur) wird der Schuss antizipiert und die Zugfinger unbewusst entspannt.

Ein sauberes, reflexfreies Lösen ist damit neben einer entsprechenden Vorarbeit (z. B. exakte Fingerpositionierung an der Sehne) abhängig von der Entspannungsfähigkeit der Zugfingerbeugemuskulatur und nicht etwa von der Kontraktionsfähigkeit der Zugfingerstrecker (s. S. 84). Die Zugfinger nehmen nach dem Verlassen der Sehne ihre gekrümmte, natürliche Haltung wieder ein. Die Bewegung zeigt sich als locker, fortlaufend und unverkrampft.

Als Folge der richtigen Körperhaltung und eines konsequenten Schulterzuges auf der Zugarmseite – in Verbindung mit einer stetig erhöhten Spannung in der Schultermuskulatur der Bogenarmseite – gleitet die Zughand entlang der Kraftlinie (eng am Hals) nach hinten (Abb. 438). Gleichzeitig mit der Freigabe des Schusses löst sich der Druck auf der Bogenarmseite, so dass ein Nach-vorne-Schnellen des Bogenarms aus der Schulter heraus erfolgt (Abb. 439 und 440).

Abb. 436: Lösen entlang der Kraftlinie: Die Lösebewegung erfolgt geradlinig (*oben*) und in einer Ebene (*unten*)

Abb. 437: Lösen als Folge der Entspannung der Zugfingermuskulatur (vgl. *Beiter* 2008)

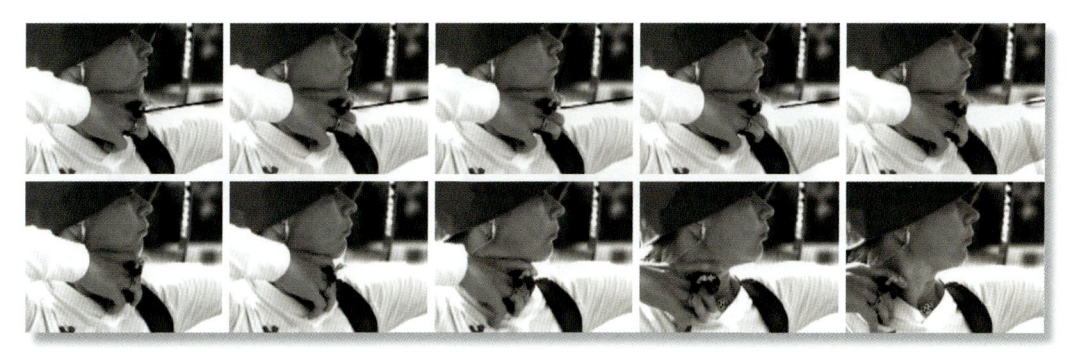

Abb. 438: Lösen eng am Hals entlang

Abb. 439: Das Lösen in der Frontalebene: Der Bogenarm streckt sich nach dem Abschuss in Richtung Ziel

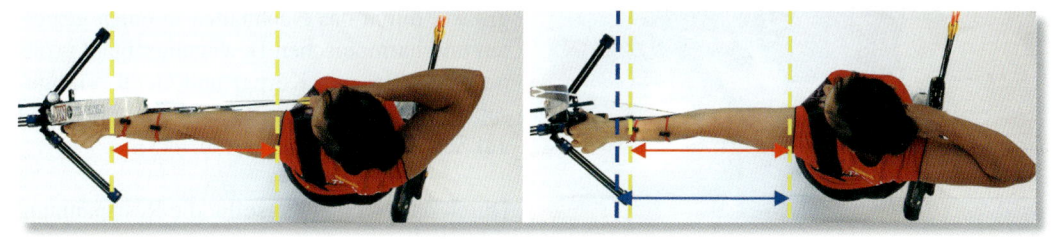

Abb. 440: Vergleich der Bogenarmstellung unmittelbar vor und nach dem Lösen: Der Bogenarm bewegt sich nach dem Abschuss in Richtung Ziel

Beachten Sie: Es ist ein Ziel des technisch-psychologischen Trainingsprozesses, dass das Lösen unbewusst stattfindet (vgl. *Park* 2006, 32)

Zusammenfassend gelten folgende Bewegungsmerkmale für das Lösen:
- Die Zugbewegung wird kraftvoll weitergeführt.
- Die Löserichtung entspricht der Zugrichtung.
- Die Zugfingerbeuger werden entspannt, damit das Lösen reflexfrei und locker stattfindet.
- Die Zughand gleitet unter enger Führung am Kiefer und Hals zurück.

Funktionelle Zusammenhänge

Das Lösen erfolgt aus der koordinierten Druckerhöhung und Zugbewegung heraus, wodurch sich der Bogenarm in Zielrichtung streckt (Abb. 441). Somit müssen Spannungserhöhung

Abb. 441: Lösen aus der koordinierten Druckerhöhung und Zugbewegung heraus: Der Bogenarm streckt sich in Zielrichtung, die Zughand gleitet in die Gegenrichtung

und Auszugslänge so aufeinander abgestimmt sein, dass die Freigabe des Pfeils in einem optimalen Spannungspunkt der Druckerhöhung bei optimaler Gelenkwinkelstellung des Zugarms und der Schulterblattposition auf der Zugarmseite erfolgt. Dies verlangt, dass der Unterarm der Zugarmseite im Moment des Lösens mindestens in der Sehnenebene liegt (Abb. 442).

Abb. 442: Lösen aus der koordinierten Druckerhöhung und Zugbewegung heraus: Der Zugarmellbogen bewegt sich in der Sehnenebene

Spezielle Trainingsmaßnahmen zur Schulung des Lösens

Tab. 93 gibt eine zusammenfassende Übersicht spezieller methodischer Maßnahmen zur Schulung des Lösens.

Nachhalten und Nachzielen

> Das *Nachhalten* bezeichnet den Abschnitt zwischen dem Lösen des Schusses und dem Herabnehmen des Bogens. Der Blick bleibt dabei auf das Ziel gerichtet (*Nachzielen*).

Die im Lösen des Schusses frei werdende Energie soll durch das Nachhalten in einen gezielten und harmonischen Bewegungsablauf – ohne Querreflexe in Körper und Gerät – umgesetzt werden. Der Bogenarm bleibt gerade und auf Schulterhöhe fixiert (Abb. 443).

Durch das Nachhalten sollte die Restspannung im Schultergürtel, Zug- und Bogenarm erfühlt und die Grundspannung im Körper aufrechterhalten werden. Psychologisch-kognitiv dient

Technikelement	Methodische Hilfsmittel	Methodische Hinweise	Anmerkung
Konstantes Lösen	• Spiegel • Video	Exakte Wiederholung	Beobachtung und Erfühlen der Zughand (enger Kontakt zum Kinn bzw. Hals)
Kontinuierlich angepasster Druck des Bogenarms in Richtung Ziel	• Spiegel • Video	Kombination mit Blindschießen (z.B. »Wo ist die Bogenhand?«)	Beobachtung der Bogenhand bzw. des Ausschwingens der Wurfarme

Tab. 93: Spezielle Trainingsmaßnahmen zur Schulung des Lösens

das Nachhalten der Entspannung und Analyse. Der Schütze bewertet Teilelemente der Bewegung (z.B. Vorarbeit oder Lösen) oder den Gesamtablauf (z.B. hinsichtlich Zeitmuster oder Krafteinsatz).

Im Nachzielen muss die Kopfstellung beibehalten und der Blick auf das Ziel fixiert bleiben (vgl. *Ulrich* 1996, D34). Abb. 444 zeigt das Nachzielen und -halten in der Praxis bei verschiedenen Schützen.

Zusammenfassend gelten folgende Bewegungsmerkmale für das Nachhalten:
- Die Grundspannung und aufrechte Position bleiben erhalten.
- Eine Restspannung in Schultergürtel, Zug- und Bogenarm ist zu erfühlen.
- Die Kopfposition bleibt stabil; der Blick ist auf den Zielpunkt gerichtet, bis der Pfeil einschlägt.

Abb. 443: Nachhalten: Der Bogenarm bleibt nach dem Lösen gerade und auf Schulterhöhe fixiert

Spezielle Trainingsmaßnahmen zur Schulung des Nachhaltens

Tab. 94 gibt eine zusammenfassende Übersicht spezieller methodischer Maßnahmen zur Schulung des Nachhaltens.

Schulterblattpositionierung auf der Bogen- und Zugarmseite (vollständiges Erreichen der 4. Positionsphase)

Die Positionen der Schulterblätter auf der Bogen- und Zugarmseite gelten als Resultat der vorausgegangenen Phasen. Das Schulterblatt auf der Zugarmseite liegt optimal eng an der Wirbelsäule an, während das Schulterblatt auf der Bogenarmseite in der Phase des Nachhaltens seine Position noch kurzfristig hält. Anschließend geht der Schütze in die Nullstellung über.

Abb. 444: Nachzielen und Nachhalten

Technikelement	Methodische Hilfsmittel	Methodische Hinweise	Anmerkung
Ausschwingen des Bogens	Gitternetz am Spiegel	Exakte Wiederholung	Beobachtung des Kurvenverlaufs im Ausschwingen der Wurfarme
Nachhalten	Video	Bewusste Verlängerung dieser Phase	• Bewusstes Herabnehmen des Bogens • Kontrolle einzelner Elemente (z.B. Zughand)
Bogenreflex	Trainer	Später blind	Bogen wird am unteren Teil des Griffstücks aufgefangen

Tab. 94: Spezielle Trainingsmaßnahmen zur Schulung des Nachhaltens (vgl. *Di Buo* 1999)

Zusammenfassend gelten folgende Merkmale für die 4. Bewegungs- und Positionsphase:
- Druck und Zug sind harmonisch aufeinander abgestimmt, d.h. Druckerhöhung bei Zugbewegung.
- Das Schulterblatt und die Schulter der Bogenarmseite werden in ihrer stabilen Position zur Wirbelsäule gehalten.
- Das Schulterblatt der Zugarmseite nähert sich der Wirbelsäule an, während sich der Zugarmellbogen auf einer Kreisbahn rückseitig und nach hinten bewegt (Winkelbewegung).
- Die Pfeilspitze bewegt sich gleichmäßig nach hinten.
- Das Lösen erfolgt als Folge der Entspannung der Fingerbeugemuskulatur bei optimalem Kraftdreieck.
- Im Nachhalten wird die Restspannung im Schultergürtel, Zug- und Bogenarm aufrechterhalten.

Abb. 445 zeigt eine zusammenfassende Übersicht der 4. Positionsphase aus verschiedenen Perspektiven.

Komplexe Betrachtung der Schießtechnik

Die komplexe Betrachtung der Schießtechnik soll übergreifende Teilabläufe darstellen. Betrachtet werden Zeitmuster, Atmung und Klickerarbeit.

Zeitmuster

Wie die Untersuchungen an zahlreichen Spitzenschützen zeigen, wiederholt sich der zeitliche Ablauf der einzelnen Positionsphasen unter Laborbedingungen in einem wiederkehrenden Muster. Im Lauf des Trainingsprozesses ist es daher notwendig, zuerst die einzelnen Positionsphasen und im Anschluss (im Sinne einer Automatisierung) auch deren Übergänge (Bewegungsphasen) zeitlich (und räumlich) zu schulen (s. auch S. 449 ff.).

Abb. 446 zeigt ein mögliches Zeitmuster innerhalb der Positionsphasen und deren Übergängen. Dauert beispielsweise der komplette Schuss (ab dem Kontakt der Finger zur Sehne nach dem Einlegen des Pfeils) 15–16 Sekunden, werden der Vorbereitung zur 1. Positionsphase 3 Sekunden, dem Halten dieser Phase

Abb. 445: Zusammenfassende Übersicht der 4. Positionsphase aus verschiedenen Perspektiven

und ihrem Übergang in die 2. Positionsphase 2 Sekunden sowie dem Ankern (bzw. Zielen) 2–3 Sekunden eingeräumt (vgl. *FITA* 2009, 12/19).

Beachten Sie: Ziel des Techniktrainings (s. S. 449 ff.) muss es sein, gleich bleibende und ökonomische Bewegungsfolgen mit geringst möglichen zeitlichen Abweichungen zu vollziehen.

Wie die Ausführungen zur Rhythmisierungsfähigkeit (s. S. 233 bzw. 341) zeigen, können Störungen im Zeitmuster (Makro- bzw. Mehrpfeilrhythmus und Mikro- bzw. Einpfeilrhythmisierung) zu unterschiedlichen Kraftverläufen und damit unter Umständen zu ungleichmäßigen Gruppierungen führen.

Ein exaktes Zeitmuster zeigt sich für den Schützen in einem »guten Schießgefühl«, d.h. durch einen hohen Automatisierungsgrad hinsichtlich Bewegungstempo, -präzision, -fluss und -ökonomie (s. S. 216 ff.).

	PP-1		PP-2		PP-3		PP-4

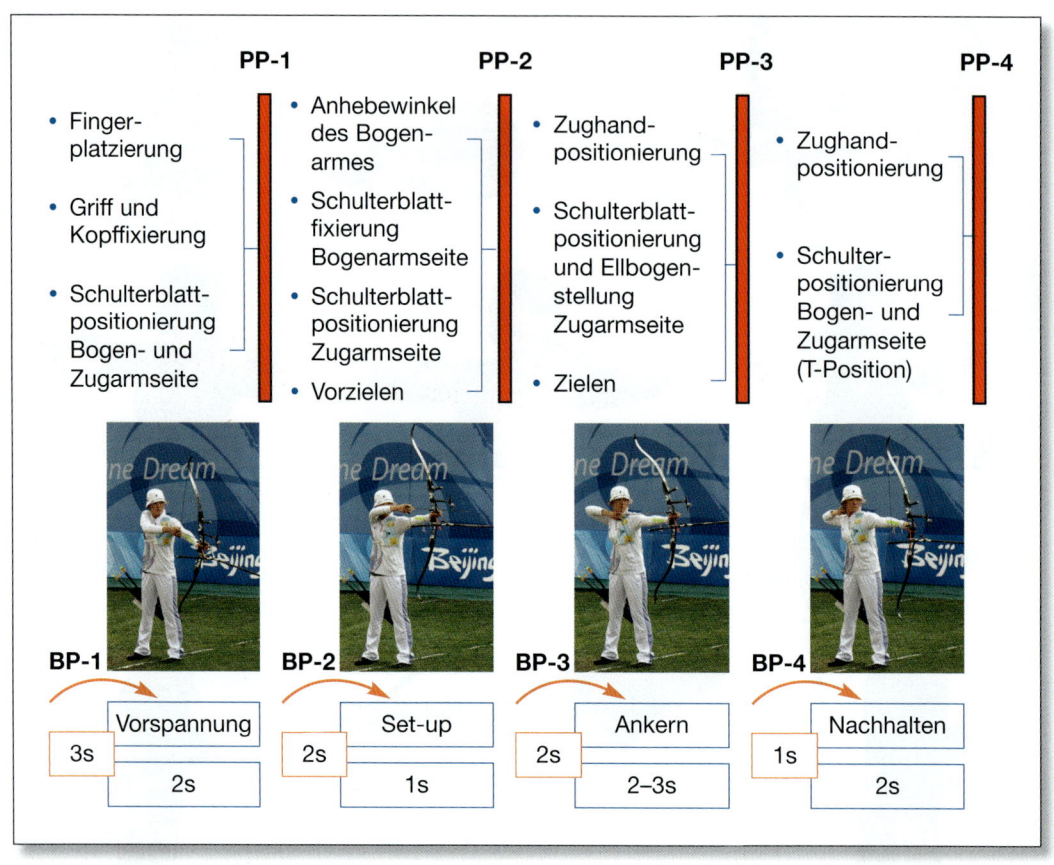

- Fingerplatzierung
- Griff und Kopffixierung
- Schulterblattpositionierung Bogen- und Zugarmseite

- Anhebewinkel des Bogenarmes
- Schulterblattfixierung Bogenarmseite
- Schulterblattpositionierung Zugarmseite
- Vorzielen

- Zughandpositionierung
- Schulterblattpositionierung und Ellbogenstellung Zugarmseite
- Zielen

- Zughandpositionierung
- Schulterpositionierung Bogen- und Zugarmseite (T-Position)

BP-1 → BP-2 → BP-3 → BP-4

3s	Vorspannung	2s	Set-up	2s	Ankern	1s	Nachhalten
	2s		1s		2–3s		2s

Abb. 446: Mögliches Zeitmuster innerhalb der Positionsphasen und deren Übergängen (s: Sekunden, PP: Positionsphase, BP: Bewegungsphase)

Zusammenfassend gelten im Schießablauf folgende Merkmale für das Zeitmuster (vgl. *Lee* u. *Benner* 2009, 219):
- Der zeitliche Ablauf innerhalb der einzelnen Positionsphasen ist individuell unterschiedlich.
- Optimale Zielzeiten liegen zwischen 2 und 4 Sekunden (s. auch S. 198 und 226).
- Das Zeitmuster innerhalb der einzelnen Bewegungsphasen sollte auch unter variierenden äußeren (z.B. Wind) und inneren (z.B. Unsicherheit) Bedingungen beibehalten werden.

Spezielle Trainingsmaßnahmen zur Schulung des Zeitmusters

Tab. 95 gibt eine zusammenfassende Übersicht spezieller methodischer Maßnahmen zur Schulung des Zeitmusters. Der Makrorhythmus bezieht sich dabei – wie bereits erwähnt – auf die rhythmische Abfolge des Schießens von mehreren Pfeilen hintereinander, während der Mikrorhythmus die zeitliche Rhythmisierung der Bewegungsphasen innerhalb des Schießablaufs darstellt (Abb. 447).

Technikelement	Methodische Hilfsmittel	Methodische Hinweise	Anmerkung
Makrorhythmus (über mehrere Pfeile)	• Metronom • Musik	Exakte Wiederholung	Variieren des Rhythmus nach jeder Serie (z.B. 6 Pfeile schnell, mittel oder langsam ausführen)
Mikrorhythmus (innerhalb eines Schusses)	• Metronom • Musik	• Atem- bzw. Sequenzsteuerung • Mind Machine (s. S. 342) • Exakte Wiederholung • Kombination mit Blindschießen	• Variieren des Zeitmusters • Langsame/ schnelle Ausführung der einzelnen Positions- bzw. Bewegungsphasen (s. S. 250, DL) • Erfühlen!

Tab. 95: Spezielle Trainingsmaßnahmen zur Schulung des Zeitmusters (DL: differenzielles Lernen)

Atmung

Eng verknüpft mit dem Zeitmuster ist die Atmung des Schützen.

> Die korrekte Atmung ist ein wichtiger Bestandteil des Kontrollsystems eines Bogenschützen. […] Deshalb – vorausgesetzt die übrigen Bedingungen sind für alle gleich – werden die Bogenschützen am erfolgreichsten sein, die wissen, welchen Einfluss die Atmung auf ihre Leistung hat. […] Die Änderung der Muskelspannung und Atemfrequenz wirkt sich negativ auf die Feinmotorik, die Konzentration, den Körperschwerpunkt und den zeitlichen Ablauf aus. (*V. Ruban*, Olympiasieger 2008; vgl. *Gegg* 2008, 19)

Verschiedene Atemmuster beeinflussen die Muskelarbeit in unterschiedlicher Art und Weise (z.B. ungleichmäßige Sauerstoffversorgung). Es ist daher sehr wichtig, einen gleichmäßigen Atemrhythmus zu halten.
Abb. 447 zeigt eine Möglichkeit für den Atemrhythmus. Dabei soll deutlich werden, dass die Schützin in der Nullstellung in natürlicher Weise atmet. In der 1. Positionsphase wird ein- und ausgeatmet, um den Körper mit Sauerstoff anzureichern. Während des Anhebens des Bogens (1. Bewegungsphase) wird eingeatmet, bevor in der 2. Positionsphase etwa zur Hälfte ausgeatmet wird. In der 3. Positions- und 4. Bewegungsphase (Klickerendphase und Lösen) sollte nicht geatmet werden, um möglichst ruhig im Ziel bleiben zu können. Erst mit dem Erreichen der 4. Positionsphase (nach dem Lösen) wird wieder in den natürlichen Atemrhythmus übergegangen.
Alternativ empfehlen *Lee* und *Benner* (2009, 200) beim Übergang von der 2. auf die 3. Positionsphase (2. Bewegungsphase bzw. Vollauszug) nochmals leicht einzuatmen (ca. auf 70 %) und nach Abschluss der 3. Positionsphase (während des Transfers) auf etwa 65% auszuatmen.

> *Beachten Sie:* Die Schulung des Atemrhythmus im Schießablauf muss bereits zu Beginn des technischen Lernprozesses als fester Bestandteil der Technik integriert sein (s. auch S. 53). Psychologische Entspannungsformen (s. S. 492 ff.) sollten hierbei unterstützend eingesetzt werden.

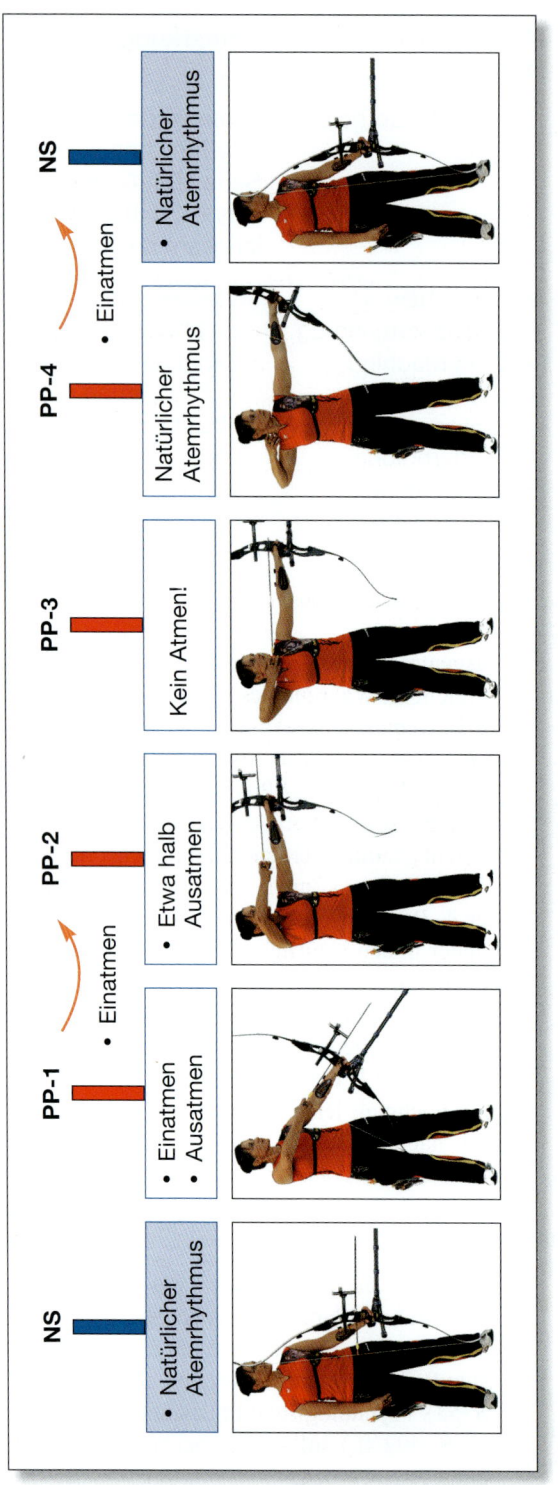

Abb. 447: Mögliche Einbettung des Atemrhythmus beim Schießen in den natürlichen Atemrhythmus (NS: Nullstellung, PP: Positionsphase)

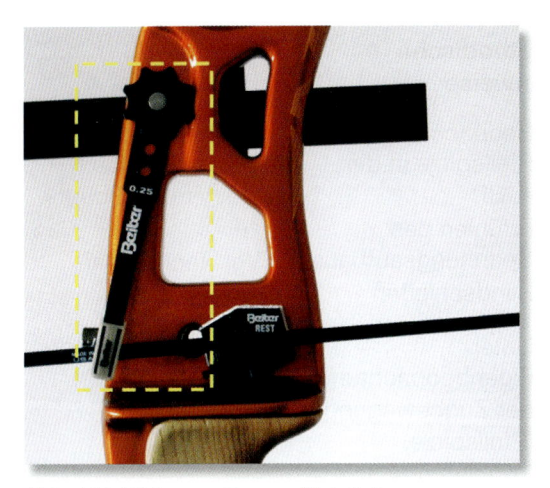

Abb. 448: Klicker am Bogenmittelstück

Schüssen anzeigt, dass er eine konstante Auszugslänge praktiziert (*Edelmann-Nusser* et al. 1999, 53/54).

Die Auszugslänge (s. auch Theoretische Pfeillänge, S. 654) muss so abgestimmt sein, dass die Klickerposition ein optimales Timing im Spannungsaufbau ermöglicht. Der Klicker sollte daher so gesetzt sein, dass der Schütze nach Abschluss der 3. Positionsphase (im Anker) – bei optimaler Gelenkwinkelstellung – für die Pfeilspitze noch einen Weg von maximal 1–3 Millimeter bis zum Klickersignal zu vollziehen hat (vgl. Abb. 420). Es ist *nicht* notwendig, dass das Lösen auf das Signal erfolgt.

Zusammenfassend gelten im Schießablauf folgende Merkmale für das Atmen (vgl. *Lee* u. *Benner* 2009, 203):
- Niemals maximal ein- oder ausatmen.
- Kein Atmen in der Klickerendphase.
- Ein leichtes Ausatmen in der 2. Positionsphase kann die Schulterpositionierung unterstützen (z.B. tiefe Stellung der Bogenschulter).

Beachten Sie: Der Klicker kann zu Beginn der 3. Positionsphase (Ankern) visuell überprüft werden. Eine weitere Kontrolle sollte nach *Lee* (2005) dann nicht mehr stattfinden, weil die externe Aufmerksamkeit visuell beim Zielen, die interne Aufmerksamkeit auf den Bewegungsablauf (Körpergefühl) gerichtet sein sollte (s. S. 518). Der Schütze muss im Verlauf des Trainingsprozesses auch ohne visuelle Beobachtung des Klickers ein Gefühl dafür entwickeln, wann die für die 3. Positionsphase optimale Auszugslänge erreicht ist und in die Hauptfunktionsphase (Klickerendphase und Lösen) übergeleitet werden kann (Feinkoordination; s. auch kinästhetischer Analysator S. 95 bzw. 243).

Klickerarbeit

Der Klicker ist eine Vorrichtung (in der Regel ein Metallstück) am Griffstück zur Pfeilführung und dient der Steuerung der Auszugslänge (Abb. 448).

Die funktionelle Bedeutung des Klickers liegt in der zeitlichen Trennung des Programms »Ankern und Zielen« vom Programm der Schussauslösung sowie in einer Feedbackinformation, die dem Schützen auch nach mehreren

Spezielle Trainingsmaßnahmen zur Schulung der Klickerarbeit

Tab. 96 gibt eine Auswahl spezieller methodischer Maßnahmen zur Schulung der Klickerarbeit.

Technikelement	Methodische Hilfsmittel	Methodische Hinweise	Anmerkung
Schuss ohne Klicker	• Spiegel als Klickerersatz • Video	• Beobachtung der Pfeilspitze in der 4. BP • Erfühlen des Spannungsaufbaus • Blindschießen	• Beobachtung der Pfeilspitze durch Trainer und Schütze • Vgl. Techniktraining (S. 469)
Verzögerter Schuss	Klicker	• Unter Eigenbeobachtung der Zugbewegung (Pfeilspitze) • Erfühlen des Spannungsaufbaus • Blindschießen	Vgl. Techniktraining (S. 469)
Verlängerter Schuss	• Klicker • Doppelklicker (zwei Klicker hintereinander)	• Unter Eigenbeobachtung der Zugbewegung (Pfeilspitze) • Erfühlen des Spannungsaufbaus • Blindschießen	Vgl. Techniktraining (S. 469)
Normaler Schuss	Klicker	• Beobachten der Klickerarbeit • Erfühlen der Klickerarbeit	Variation des Bewegungstempos innerhalb der 4. BP

Tab. 96: Spezielle Trainingsmaßnahmen zur Schulung der Klickerarbeit (BP: Bewegungsphase)

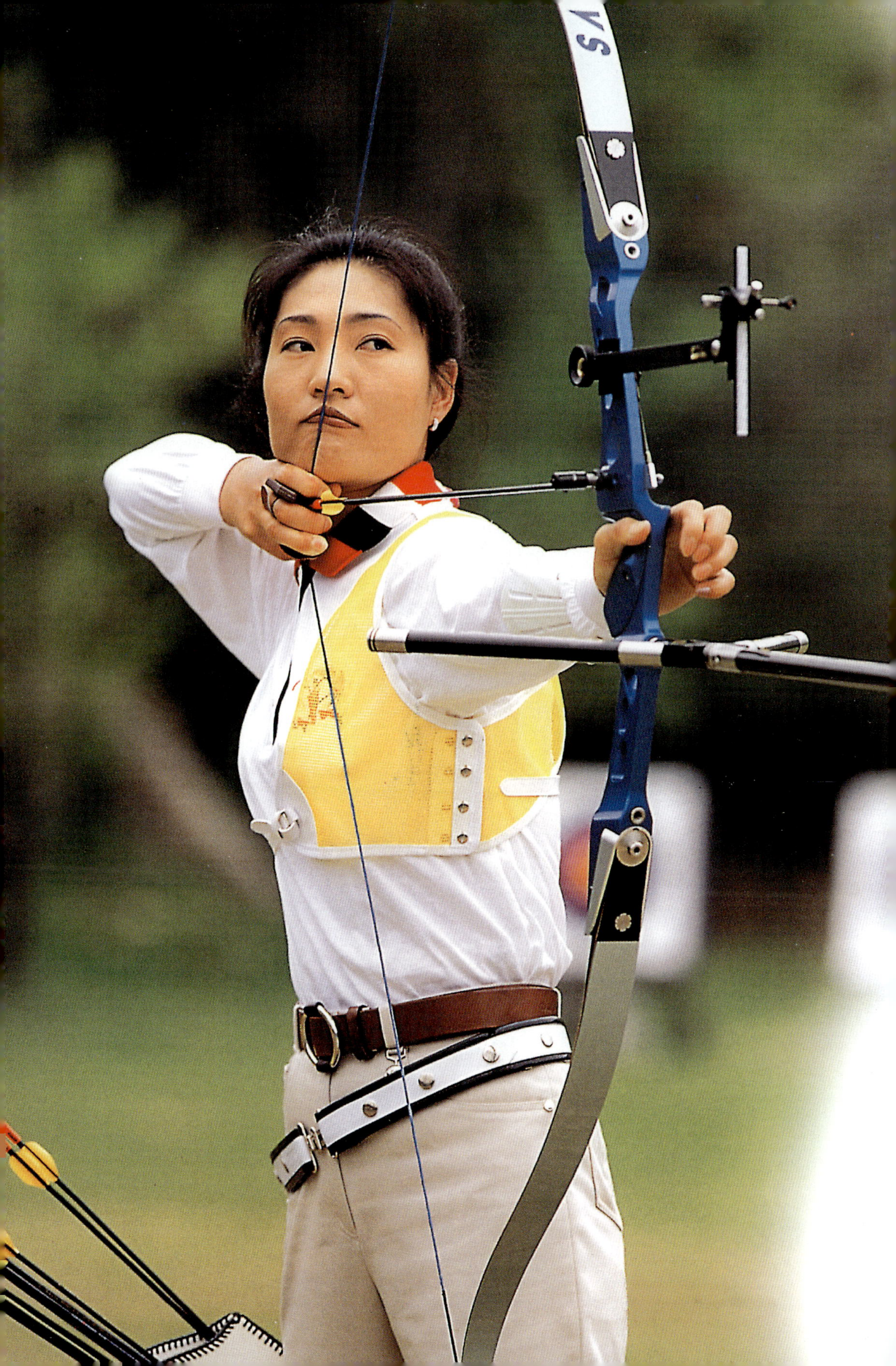

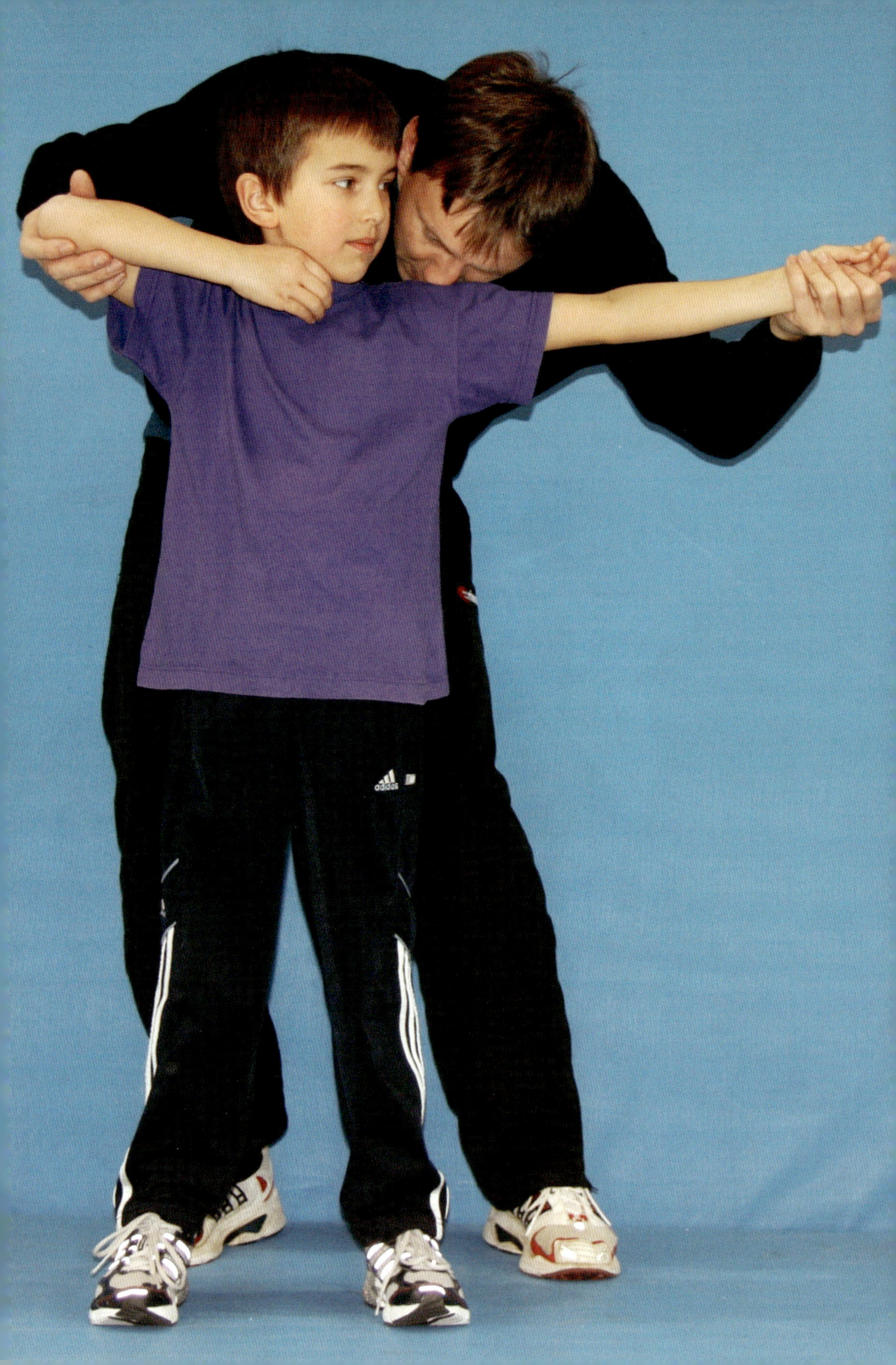
adidas

Techniktraining

In der Trainingspraxis des Bogenschießens stehen drei Fragen im Vordergrund (vgl. auch *Keller* 1980, 87 ff.):
- Wie lernt ein Sportler möglichst rasch den erfolgreichen Schießablauf?
- Wie kann der Trainingsprozess unter diesem Aspekt möglichst lernwirksam gestaltet werden?
- Wie ist ein technisch perfekter Schießablauf mit einem Höchstmaß an Konstanz und Automatismus langfristig zu gewährleisten?

Begriffsbestimmung

> Unter Techniktraining versteht man im Bogenschießen eine Trainingsart, die systematisch auf die Schaffung von Voraussetzungen, den Erwerb und die Anwendung statischer und dynamischer sowie einfacher und komplexer Schießelemente gerichtet ist (vgl. *Weineck* 2010, 835).

Im Techniktraining wird das Ziel verfolgt, die sportliche Technik nach bogenschießspezifischen Positions- und Bewegungsphasen im Sinne einer systematischen Reduktion bestehender Soll-Ist-Differenzen zu optimieren (vgl. *Daugs* et al. 1996, 32; *Krug* 1996, 7).

Techniklernen und sportliche Leistungsfähigkeit

Das Techniklernen hängt – wie bereits erwähnt – von einer Vielzahl externer und interner Bedingungen ab (Abb. 449). Der wichtigste Faktor für den motorischen Lernprozess und die sportliche Leistung ist die Motivation.

> Eine positive Motivationslage erweist sich im Sport als generelle Voraussetzung für eine sportmotorische Leistung – unabhängig vom Leistungsniveau (vgl. *Joch* 1992, 130).

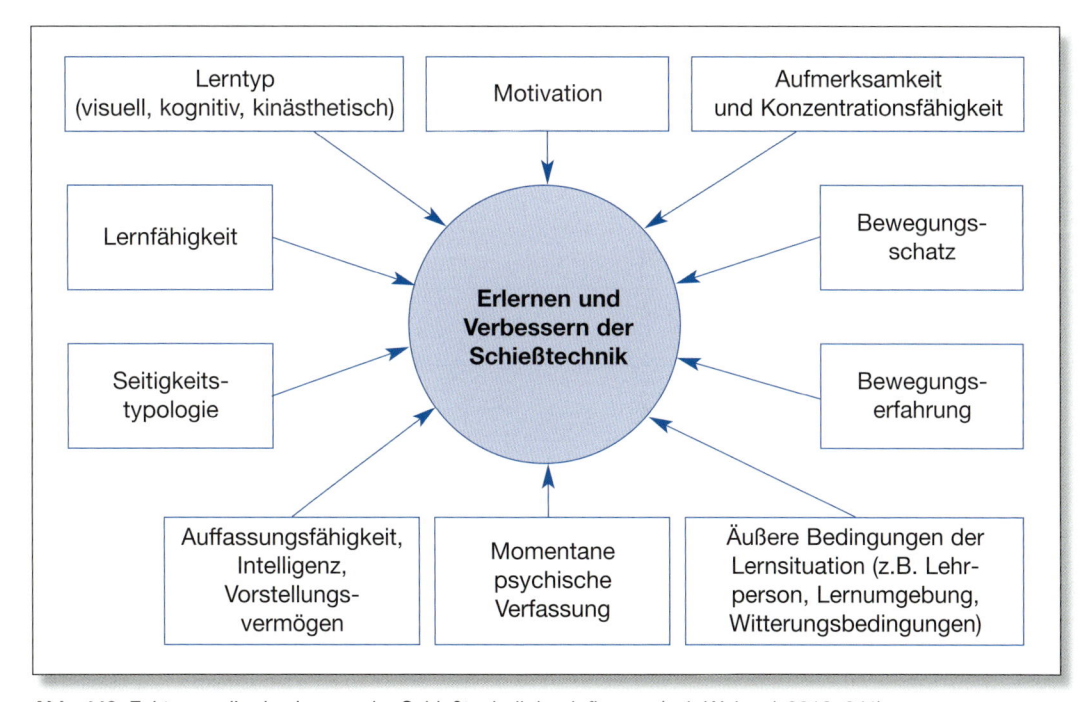

Abb. 449: Faktoren, die das Lernen der Schießtechnik beeinflussen (vgl. *Weineck* 2010, 841)

Lernfortschritte in größerem Umfang können nur erzielt werden, wenn es gelingt, die internen und externen leistungsfördernden Faktoren zu optimieren und den individuellen Ansprüchen anzupassen.

Dabei ist zu berücksichtigen, dass die Lernleistung entscheidend von der Art des Lehrverfahrens abhängt (Abb. 450, s. auch S. 249; vgl. *Weineck* 2010, 854). Damit sind Lernbedingungen zu schaffen, die es dem Schützen einerseits ermöglichen, seine Bewegung (insbesondere im Anfängertraining) zu sehen; andererseits sollte der Trainer den Athleten auch immer wieder dazu ermutigen, seine Bewegung zu beschreiben. Dies kann beispielsweise in verbaler, schriftlicher oder bildhafter Form geschehen.

Von besonderer Bedeutung für ein effektives Lernen eines Bewegungsablaufs ist zudem der kontralaterale Transfer (vgl. *Weineck* 2010, 81). Ein beidseitiges Üben (Übungen mit dem Thera-Band links und rechts sowie Verwendung von Links- und Rechtshandbögen) bewirkt Folgendes:
- *Erhöhte Lerngeschwindigkeit:* Schnellere Lernerfolge sind dabei insbesondere bei niedrigem Leistungsniveau festzustellen.
- *Verbesserte Bewegungsqualität:* Eine sequenzielle Reihenfolge (z.B. 12 Schüsse rechts, 12 Schüsse links) ist dabei günstiger als ein ständiges Alternieren.
- *Verbesserte Bewegungsvorstellung:* Beidseitiges Üben schafft eine Differenzierung im psychomotorischen Denken und damit eine bewusste, strukturierte Bewegungsvorstellung.
- *Erhöhtes kinästhetisches Empfinden:* Die Anwendung lokaler Übungen (z.B. Druckbewegung) verdoppelt die Schärfe des Empfindens (Kontrastlernen).
- *Raschere Erholung:* Über das so genannte »Setschenow-Phänomen« (es beinhaltet ein Üben mit der Gegenhand) kommt es zu einer schnelleren Entmüdung und Erholung der eigentlichen Leistungshand (vgl. *Weineck* 2010, 883).

Etappen und Typen des Techniktrainings

Am schwersten ist die Übung zu Hause, dann in der Menge und dann in der Pagode (aus einem vietnamesischen Volkslied; vgl. *Thich Nhat Hanh* 1999, 21).

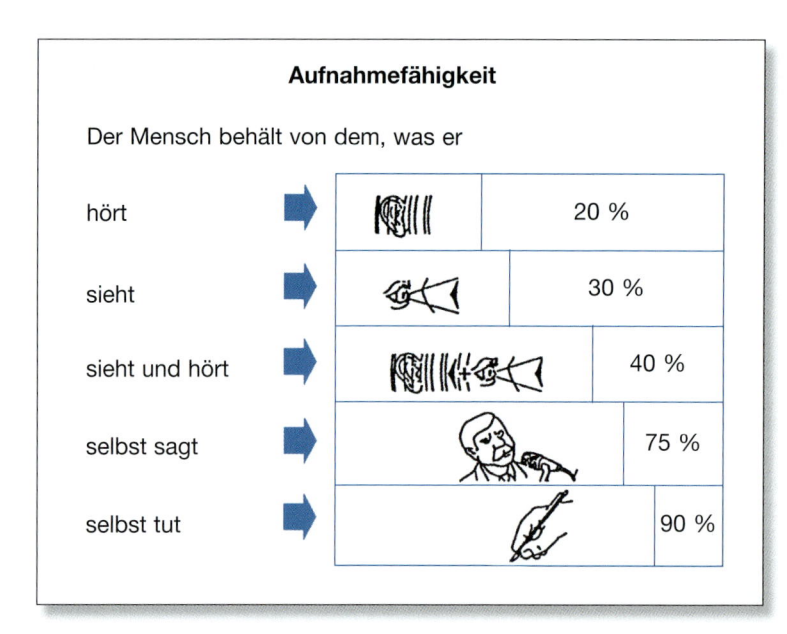

Aufnahmefähigkeit

Der Mensch behält von dem, was er

hört	20 %
sieht	30 %
sieht und hört	40 %
selbst sagt	75 %
selbst tut	90 %

Abb. 450: Behaltens-(Lern-)leistung in Abhängigkeit vom Lehrverfahren (vgl. *Weineck* 2010, 854)

Das Techniktraining ist aus Gründen der Systematik in folgende Trainingstypen zu gliedern:
- Technikvoraussetzungstraining
- Technikerwerbstraining
- Technikanwendungstraining
- Technisches Ergänzungstraining

Diese Trainingstypen werden gestützt durch das erforderliche Lernen von Fertigkeiten (s. S. 581) und das Wettkampftraining (s. S. 562). Alle Bereiche wirken dabei prozesshaft zusammen (vgl. *Martin* et al. 1991, 50 f.).

Beachten Sie: Eine entsprechende Etappe gilt als abgeschlossen, wenn die dieser Etappe zugrunde liegenden Fertigkeiten bzw. Technikformen (z.B. stabile Positionsphasen, konstante Zeitmuster) ohne Ausrichtung der Aufmerksamkeit bei hoher Güte automatisiert ausgeführt werden können (vgl. *Seitz* 2001, 345).

Technikvoraussetzungstraining

Ziel des Technikvoraussetzungstrainings ist die Entwicklung eines sportartunabhängigen und sportartspezifischen Körper- und Bewegungsgefühls.

Um günstige Voraussetzungen des Technikerwerbs zu schaffen, müssen möglichst viele, auch bogenschießunabhängige Bewegungserfahrungen gesammelt werden, die zur Sensibilisierung von Körperwahrnehmungen – im Hinblick auf eine umfassende Entwicklung einer auch in dynamischen Umfeldern (z.B. Wettkampf) erprobten Körperbeherrschung – führen (s. auch S. 159).

Technische Voraussetzungen können als erfüllt gelten, wenn der Sportler beispielsweise innerhalb differenzierter Übungsformen (z.B. Standwaage, Einbeinstand) ein räumlich-zeitlich-dynamisch akzentuierendes Timing sowie ein sensorisch differenziertes Bewegungsgefühl auszudrücken vermag (vgl. *Hotz* 1995, 40). Das Technikvoraussetzungstraining hat damit eine zeitliche Schlüsselposition für den Beginn bzw. Neuerwerb des motorischen Lernens der Schießtechnik.

Technikerwerbstraining

Das Ziel des Technikerwerbstrainings (= Postitionsphasen und Elemententraining; vgl. *Park* 2008) besteht darin, unter einfachen Bedingungen das Erreichen spezifischer Gelenkwinkelstellungen (s. S. 365) unter sukzessiver Zuhilfenahme einzelner Elemente des Schusses zu trainieren bzw. zu verbessern.

Das Technikerwerbstraining bahnt die automatisierte Beherrschung des Bewegungsablaufs, der sich im Lauf des Trainingsprozesses durch einen hohen Grad an »Stabilität« sowohl in seiner komplexen Struktur (kompletter Schuss als Abfolge der Positions- und Bewegungsphasen) als auch in den einzelnen Elementen (z.B. Fingerplatzierung, Griff, Schulterpositionierung und -ausrichtung) auszeichnen muss (Abb. 451).

Die Trainingsmethodik, die auf das richtige Erlernen und Automatisieren der feinmotorischen Abläufe im Bogenschießen abzielt, bedient sich dabei eines synthetisch-analytischen Ansatzes unter besonderer Beachtung des differenziellen Lernens (s. S. 161 bzw. S. 249 ff.).

Der motorische Lernprozess gilt hierbei als abgeschlossen, wenn die Postitionsphasen innerhalb der Schießtechnik ohne Ausrichtung der Aufmerksamkeit automatisch, sicher und mit zügiger Geschwindigkeit ausgeführt werden können (vgl. *Seitz* 2001, 345).

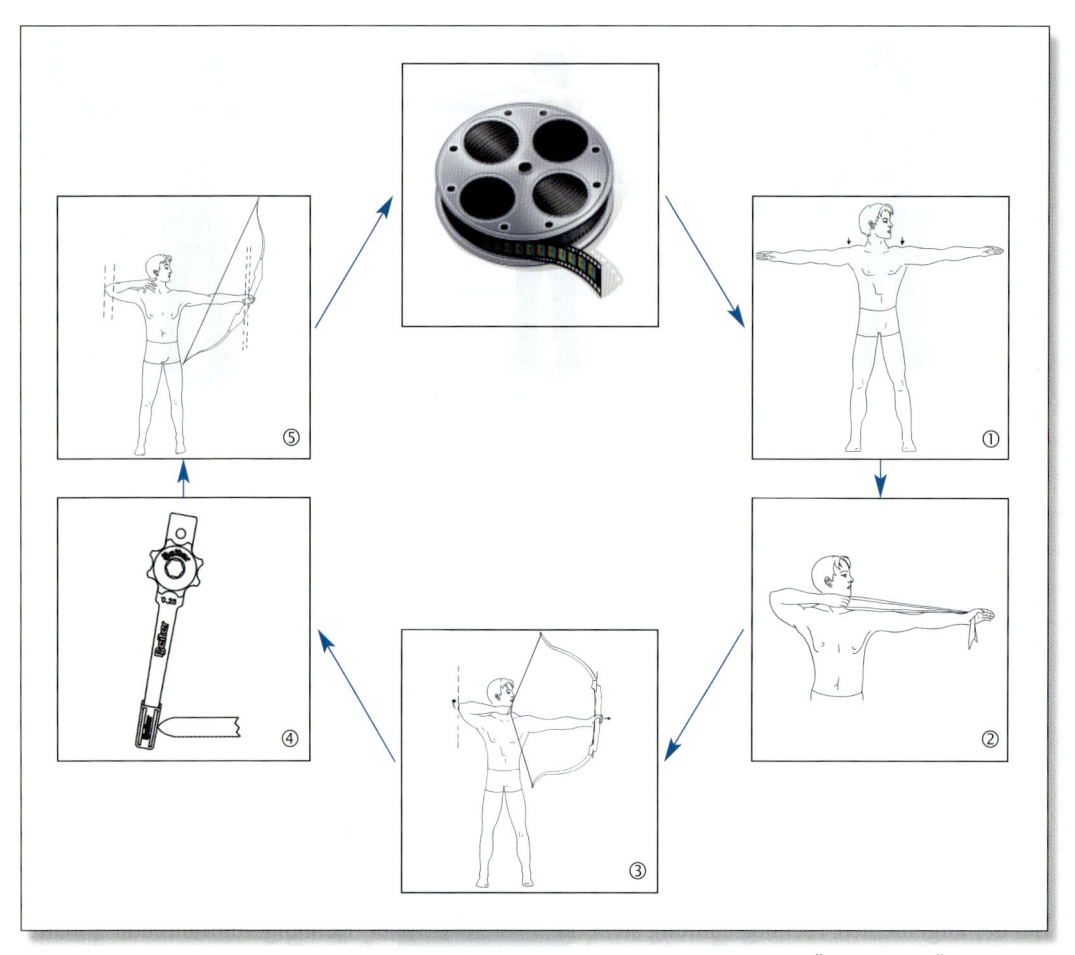

Abb. 454: Inhalte des Technikerwerbstrainings: 1: einführende Inhalte, 2: hinführende Übungen, 3: Übungen mit dem Bogen, 4: Übergang zum Klickerschuss, 5: Ausführung des kompletten Schusses

Hinführende Übungen ohne Hilfsmittel
Tab. 97–100 geben eine Übersicht über Reihenfolge, Bewegungsaufgabe, Zielstellung und besondere Beobachtungshinweise bzw. Hilfsmittel zum Erreichen bzw. Festigen der einzelnen Positionsphasen, die mehrfach und auch in späteren Phasen (z.B. im Aufwärmprogramm) immer wieder eingeschliffen und verfeinert werden sollen.

Beachten Sie: Die einzelnen Übungen werden einerseits in den einzelnen Positionsphasen statisch gehalten (elementare Bewegungsaufgabe), andererseits – im Rahmen der Bewegungsphasen (s. S. 368) – in die nachfolgende Positionsphase dynamisch (komplexe Bewegungsaufgabe) übergeführt. Dabei ist grundsätzlich auf eine korrekte Körperspannung zu achten.

Techniktraining

Schritt	Ausgangsstellung	Bewegungsaufgabe	Ziel	Hinweis/Hilfsmittel
1. Fußstellung		• Parallel zur Schießlinie • Fußabstand = Schulterbreite	Gleichmäßige Fußbelastung	• Leichte Schneepflugstellung • Bodenmarkierung
2. Körperspannung		Bauch-, Bein- und Gesäßmuskulatur anspannen	Schwerpunkt finden	• Schultergürtel entspannt • Erfühlen der Körperspannung • Wechsel zwischen Spannung und Entspannung
3. Kopfdrehung		• Schultern senkrecht zum Ziel stabilisieren • Kopf drehen	Optimaler Drehwinkel zur visuellen Zielerfassung bei natürlicher Kopfhaltung	Nackenmuskulatur entspannt
4. Fingerplatzierung		Zugfinger (Zeige-, Mittel- und Ringfinger) bilden in der zweiten Rille tiefen Haken	Tiefen Haken der Zugfinger bilden und konstante Position von Daumen und kleinem Finger finden	• Fassen eines dünnen Stabes • Visuell überprüfen
5. Griff		Handgelenk leicht einwärts drehen		• Finger entspannt halten • Druckpunkt individuell finden • Visuell überprüfen
6. PP-1		• Bogen- und Zugarm leicht anheben • Kopf in Richtung Ziel drehen • Schultern senkrecht zum Ziel stabilisieren	Ausgangsposition der Schulterblätter und Aufrechterhalten der Körperspannung	• Nackenmuskulatur entspannt • Schultern tief halten • Erfühlen der Körperspannung • Körperspannung halten • Spiegel (frontal)

Tab. 97: Hinführende Inhalte im speziellen Technikerwerbstraining zum Erreichen der 1. Positionsphase (PP)

Schritt	Ausgangsstellung	Bewegungsaufgabe	Ziel	Hinweis/Hilfsmittel
1. Haltung, Schulterposition, Kopfdrehung		• Drehung/Ausrichten des Kopfes zur Scheibe • Einnehmen der T-Position	Konstante Position der Schulterblätter und Aufrechterhalten der Körperspannung	• Schultern tief halten • Erfühlen der Körperspannung • Ziel erfassen • Spiegel (frontal)
2. PP-1		• Bogen- und Zugarm leicht anheben • Kopf in Richtung Ziel drehen • Schultern senkrecht zum Ziel stabilisieren	Ausgangsposition der Schulterblätter und Aufrechterhalten der Körperspannung	• Nackenmuskulatur entspannt • Schultern tief halten • Erfühlen der Körperspannung • Ziel erfassen • Spiegel (frontal)
3. PP-2		Anheben des Bogen- und Zugarms auf etwa Augenhöhe	Ausgangsposition der Schulterblätter und Aufrechterhalten der Körperspannung	• Nackenmuskulatur entspannt • Bogenschulter tief und stabil halten (Bild unten in Rückenansicht) • Zugarmellbogen auf Augenhöhe • Kopfposition stabil halten • Erfühlen der Schulterblattstellung • Spiegel (frontal)

Tab. 98: Hinführende Inhalte im speziellen Technikerwerbstraining zum Erreichen der 2. Positionsphase (PP)

Techniktraining

Schritt	Ausgangsstellung	Bewegungsaufgabe	Ziel	Hinweis/Hilfsmittel
1. Zughandhaltung		• Drehung/Ausrichten des Kopfes zur Scheibe (in Richtung Ziel) • Zughand fest unter dem Kieferknochen platzieren • Zughand zum Hals drehen	Natürliche Kopfhaltung bei korrekter Ankerposition	• Gerader Handrücken • Korrekte Stellung der Zugfinger sowie des Daumens und kleinen Fingers • Erfühlen
2. PP-1		• Bogen- und Zugarm leicht anheben • Kopf in Richtung Ziel drehen • Schultern senkrecht zum Ziel stabilisieren	Ausgangsposition der Schulterblätter und Aufrechterhalten der Körperspannung	• Nackenmuskulatur entspannt • Schultern tief halten • Kopfposition stabil halten • Ziel erfassen • Erfühlen der Körperspannung • Spiegel (frontal)
3. PP-2		Anheben des Bogen- und Zugarms auf etwa Augenhöhe	Ausgangsposition der Schulterblätter und Aufrechterhalten der Körperspannung	• Nackenmuskulatur entspannt • Bogenschulter tief und stabil halten (Bild unten in Rückenansicht) • Zugarmellbogen auf Augenhöhe • Kopfposition stabil halten • Erfühlen der Schulterblattstellung • Spiegel (frontal)
4. PP-3		Zughand zum Ankerpunkt bringen	Erreichen der optimalen Position des Zugarmschulterblattes und Konstanthalten der Position der Bogenschulter sowie Aufrechterhalten der Körperspannung	• Bogenschulter tief halten • Korrekter Anker • In »Linie« kommen • Kopfposition stabil halten • Erfühlen der Schulterblattstellung • Spiegel (frontal)

Tab. 99: Hinführende Inhalte im speziellen Technikerwerbstraining zum Erreichen der 3. Positionsphase (PP)

Schritt	Ausgangsstellung	Bewegungsaufgabe	Ziel	Hinweis/Hilfsmittel
1. PP-1		• Bogen- und Zugarm leicht anheben • Kopf in Richtung Ziel drehen • Schultern senkrecht zum Ziel stabilisieren	Ausgangsposition der Schulterblätter und Aufrechterhalten der Körperspannung	• Nackenmuskulatur entspannt • Schultern tief halten • Erfühlen der Körperspannung • Spiegel (frontal) • Kopf aufrecht halten
2. PP-2		Anheben des Bogen- und Zugarms auf etwa Augenhöhe	Ausgangsposition der Schulterblätter und Aufrechterhalten der Körperspannung	• Nackenmuskulatur entspannt • Bogenschulter tief und stabil halten (Bild unten in Rückenansicht) • Zugarmellbogen auf Augenhöhe • Kopfposition stabil halten • Erfühlen der Schulterblattstellung • Spiegel (frontal)
3. PP-3		Zughand zum Ankerpunkt bringen	Stabilen Ankerpunkt finden	• Bogenschulter tief halten • Körperspannung • Korrekter Anker • Kopf stabil halten • Erfühlen der Schulterblattstellung • Spiegel (frontal)
4. Laden und Transfer auf der Zugarmseite		• Zugarm über Schulterblattstellung positionieren • Schulterblatt der Zugarmseite der Wirbelsäule annähern	In »Linie« kommen	• Körperspannung • Kopf stabil halten • Erfühlen der sich erhöhenden Muskelspannung und der Schulterblattbewegung • Spiegel (frontal)
5. Lösen		• Zugarmellbogen vom Ziel weg bewegen • Zughandfinger entspannen • Zughand eng am Hals nach hinten gleiten lassen	• Schulterblatt der Zugarmseite zur Wirbelsäule hin bewegen • Enges Lösen	• Kopf aufrecht halten • Fließendes und dynamisches Lösen • Spiegel (frontal) • Körperspannung
6. PP-4		Körperposition nach dem Lösen halten	Nachhalten	• Kopf aufrecht halten • Restspannung erfühlen

Tab. 100: Hinführende Inhalte im speziellen Technikerwerbstraining zum Erreichen der 4. Positionsphase (PP)

Hinführende Übungen mit einfachen (speziellen) Hilfsmitteln

Abb. 455 zeigt die methodische Fortführung des Technikerwerbstrainings mithilfe eines Thera-Bandes. Dabei gilt es, die Schritte 1–6 aus Tab. 99 mit einfachen Hilfsmitteln (z.B. Thera-Band, Gummiseil) durchzuführen.

Beachten Sie: Das Erreichen der 3. Positionsphase muss unter ständiger Anpassung des Druckes im Bogenarm zur Bewegung des Zugarms erfolgen (Gleichgewicht von Druck und Zug). Dies gilt insbesondere auch für die Lade- und Transferphase.

Übungen mit dem Bogen

Die Übungen mit dem Bogen (unter Zuhilfenahme eines einfachen Tabs, d.h. ohne Ankerplatte, eines Armschutzes und einer Bogenschlinge) orientieren sich an den Übungen ohne Bogen bzw. mit dem Thera-Band. Neu im Gesamtablauf integriert werden jetzt der Sehnenkontakt, das Vorzielen und das Zielen (Tab. 101).

Beachten Sie:
- *Bogen:* Das Erlernen und Verbessern des Bewegungsablaufs erfolgt in dieser Phase mit einem leichtem Bogen (Eigengewicht) und einem sehr geringen Zuggewicht.
- *Zielpunkt:* Der Zielpunkt ist zu Beginn des motorischen Lernens nur grob zu erfassen und dient insbesondere der konstanten Positionierung der Bogenschulter sowie der Anhebeposition (2. Postitionsphase). Im Verlauf des Trainingsprozesses (Anfänger, Fortgeschrittener, Leistungsschütze, Spitzenschütze) ist die Zielphase zunehmend präziser zu gestalten (s. S. 418 bzw. 421 f.).

Abb. 455: Methodische Fortführung des Technikerwerbstrainings mithilfe eines Thera-Bandes

Schritt	Ausgangsstellung	Bewegungsaufgabe	Ziel	Hinweis/Hilfsmittel
1. Fingerplatzierung		Zugfinger (Zeige-, Mittel- und Ringfinger) bilden einen tiefen Haken	Tiefer Haken und Position von Daumen und kleinem Finger bestimmen	• Visuelle Kontrolle • Sehne oder dünner Stab
2. Griff		Handgelenk leicht einwärts drehen		• Finger entspannt halten • Druckpunkt bestimmen und im weiteren Verlauf konstant halten • Griffschalen
3. PP-1		• Bogen- und Zugarm leicht anheben • Kopf in Richtung Ziel drehen • Schultern stabilisieren	Ausgangsposition der Schulterblätter und Aufrechterhalten der Körperspannung	• Nackenmuskulatur entspannt • Schultern tief halten • Erfühlen von Druck und Zug • Spiegel (frontal) • Kopf aufrecht halten!
4. PP-2		• Anheben des Bogen- und Zugarmes etwa auf Augenhöhe • Druck im Druckpunkt nach vorne erhöhen	Ausgangsposition der Schulterblätter und Aufrechterhalten der Körperspannung	• Nackenmuskulatur entspannt • Bogenschulter tief und stabil halten (Bild unten in Rückenansicht) • Zugarmellbogen auf Augenhöhe • Kopfposition stabil halten • Erfühlen der Schulterblattstellung
5. Vorzielen		Visierkorn in der oberen Hälfte der Scheibe möglichst mittig platzieren	• Konstanten Vorzielpunkt einüben • Einsatz des dominanten Auges (s. S. 95 f.)	• Vertikale Streifen auf der Scheibe (s. S. 233) • Visuelle Kontrolle • Kopfposition stabil halten

Tab. 101: Übungen mit dem Bogen im speziellen Technikerwerbstraining (PP: Positionsphase); Fortsetzung auf der nächsten Seite

Techniktraining 465

Schritt	Ausgangsstellung	Bewegungsaufgabe	Ziel	Hinweis/Hilfsmittel
6. Sehnenschatten		Sehnenschatten erkennen und platzieren	Konstante Position des Sehnenschattens halten	• Vertikale Streifen auf der Scheibe (s. S. 233) • Kontrast zwischen Mittelstück und Sehne herstellen (z.B. unterschiedliche Farben) • Visuelle Kontrolle • Kopfposition stabil halten
7. Ankern vorbereiten		Zughand zum Ankerpunkt bringen	Stabilen Ankerpunkt finden	• Bogenschulter tief halten • Körperspannung • Kopf stabil halten • Erfühlen der Schulterblattstellung • Druck im Druckpunkt anpassen
8. PP-3		Zughand in Ankerposition stabilisieren	Sehne und Handoberkante bilden einen festen Kontakt zu Kinn und Kiefer	• Sehne berührt eventuell zusätzlich Nasenspitze • Körperspannung • Kopf stabil halten • Erfühlen der Ankerposition • Druck nach vorne halten • Linie halten
9. Zielen		Visierkorn bzw. -tunnel im Ziel platzieren	• Zielpunkt möglichst präzise halten • Einsatz des dominanten Auges (s. S. 95 f.) • Stabilen Ankerpunkt halten	• Verschiedene Zielpunkte auf der Scheibe (s. S. 471) • Visuelle Kontrolle • Linie halten

Tab. 101: Fortsetzung

Übungen mit Pfeil und Bogen

Die Übungen mit Pfeil und Bogen orientieren sich an den Übungen mit dem Bogen (vgl. Tab. 101). Das Erreichen der 4. Positionsphase wird durch den Einsatz des Klickers optimiert (Tab. 102).

Beachten Sie:
- *Zugfingerplatzierung:* Während des gesamten Bewegungsablaufs ist auf eine konstante Positionierung der Zugfinger zu achten.
- *Zielen:* Im Rahmen des Technikerwerbstrainings kann insbesondere in der Phase der Schulung der optimalen Auszugslänge bzw. der Entwicklung der Schulterblattbewegung auf der Zugarmseite auf den Zielvorgang zeitweise verzichtet werden (z.B. Blindschießen).
- *Klicker:* Der Klicker kann erst dann eingesetzt werden, wenn eine konstante Auszugslänge erreicht ist. Er ist hierbei ein Hilfsmittel, um einen kontinuierlichen Spannungsaufbau in der Klickerendphase zu unterstützen.

Schritt	Ausgangsstellung	Bewegungsaufgabe	Ziel	Hinweis/Hilfsmittel
1. PP-3 (Auszugslänge)		• Zughand in Ankerposition stabilisieren • Erreichen der konstanten Auszugslänge	Konstante Auszugslänge erarbeiten und festigen	• Sehne berührt eventuell zusätzlich Nasenspitze • Körperspannung • Kopf stabil halten • Erfühlen der Ankerposition • Druck nach vorne • Trainer • Spiegel • Visuelle Kontrolle halten
2. Klicker		Individuelle Auszugslänge erfühlen	Erreichen der individuellen Auszugslänge, d.h. maximal 1–3 mm Weg der Pfeilspitze bis zur hinteren Klickerkante (s. S. 426)	• Trainer • Visuelle Kontrolle (Pfeilspitze beobachten) • Schulterblattposition auf der Zugarmseite erfühlen • Druck nach vorne • Stabiler Ankerpunkt • Linie halten
3. Zielen		Visierkorn bzw. -tunnel im Ziel platzieren	• Zielpunkt möglichst präzise halten • Einsatz des dominanten Auges (s. S. 95 f.) • Stabilen Ankerpunkt halten	• Verschiedene Zielpunkte auf der Scheibe (s. S. 471) • Visuelle Kontrolle • Individuelle Auszugslänge erhalten • Linie halten

Tab. 102: Übungen mit dem Bogen im speziellen Technikerwerbstraining (mit Lösen; PP: Positionsphase); Fortsetzung auf der nächsten Seite

Techniktraining

Schritt	Ausgangsstellung	Bewegungsaufgabe	Ziel	Hinweis/Hilfsmittel
4. Laden und Transfer auf der Zugarmseite		• Zugarm über die Schulterblattstellung positionieren • Schulterblatt der Zugarmseite der Wirbelsäule annähern und gleichzeitig Druck auf der Bogenarmseite anpassen • Zugarmellbogen vom Ziel weg bewegen	• In »Linie« kommen • Pfeilspitze gleichmäßig durch den Klicker bewegen	• Gleichmäßige Zugbewegung • Entsprechende Druckerhöhung nach vorne • Bogenschulter tief halten • Körperspannung • Kopf stabil halten • Erfühlen der Schulterblattbewegung auf der Zugarmseite (Bild oben) • Im Ziel bleiben • Klickersignal ist kein Lösesignal
5. Lösen		• Zugarmellbogen weiter vom Ziel weg bewegen • Zughandfinger entspannen • Zughand eng am Hals nach hinten gleiten lassen	• Schulterblatt der Zugarmseite weiter zur Wirbelsäule hin bewegen • Enges Lösen	• Kopf aufrecht halten • Fließendes und dynamisches Lösen • Spiegel (frontal) • Körperspannung
6. PP-4		Körperposition halten	• Nachzielen • Nachhalten	• Kopf aufrecht halten • Restspannung erfühlen

Tab. 102: Fortsetzung

Variationen, Ergänzungen und Hilfsmittel:
- Schießen ohne Fingerschlinge (Trainer fängt den Bogen)
- Einsatz von Bildreihen, Videokamera (D-Live: zeitverzögerte Wiedergabe des Bewegungsablaufs) etc.
- Bewusstes Verkannten des Bogens (differenzielles Lernen)
- Platzieren eines Federballs oder Pappbechers auf dem Kopf (Schulung einer ruhigen Kopfhaltung, kein Nachblicken!)
- Einsatz einer Personenwaage (Gleichgewichtsverlagerungen)
- Schießen von einer Weichgummiunterlage, Kreisel, Kippbrett, Wippe
- Rhythmusunterstützung (Timing) durch Taktgeber oder Zählen
- Wechsel zwischen Thera-Band und Bogen
- Führung des Zugarmellbogens durch den Trainer
- Verlängerte Haltephasen in den einzelnen Positionsphasen

Technikanwendungstraining

Im Spitzenbereich des Bogenschießens geht es nicht darum, neue Techniken zu erlernen – wie etwa beim Turnen –, sondern den individuellen Schießablauf unter den Bedingungen innerer (z.B. Angst) und äußerer Veränderungen (z.B. Witterungsverhältnisse) möglichst stabil zu halten (vgl. Variable Verfügbarkeit, S. 245).

Das Technikanwendungstraining beschreibt das Üben des Bewegungsablaufs bei unterschiedlichen – jedoch nicht zusätzlich erschwerten – Trainingsbedingungen und gliedert sich in das Positionsphasen-, Bewegungsphasen- und Elemententraining (PBE-Training) sowie das Transformationstraining auf die Wettkampfentfernungen.

Positionsphasen-, Bewegungsphasen- und Elemententraining (PBE-Training)

Tab. 103 gibt inhaltliche Beispiele des PBE-Trainings. Die Basis des Technikanwendungstrainings bildet dabei nach wie vor die kontinuierliche Verbesserung bzw. Stabilisierung der Positionsphasen. Gleichzeitig sollten die einzelnen Elemente der Schießtechnik sowohl elementar (z.B. besondere Beachtung eines geradlinigen Ausschwingens des Bogens durch einen konstanten und stabilen Bogenarm), komplex (z.B. dynamische Klickerendphase durch optimiertes Zusammenwirken von Zugbewegung und Druckerhöhung) bzw. im weiteren Verlauf auch kombiniert (Bewegungsphasen) geübt werden.

Beachten Sie:
- *Augenhöhe:* Um die Transformation auf die Wettkampfentfernungen zu erleichtern, sollten alle Übungen auf Augenhöhe durchgeführt werden.
- *Stand:* Durch Blindschießen kann auch der individuelle Stand (offen/ parallel/ geschlossen) gefunden werden. Hierzu empfiehlt Meyer (1993) einen Vergleich der Pfeilgruppierungen bei unterschiedlichen Ausgangsstellungen.

Transformationstraining

Das Transformationstraining hat das Ziel, den komplexen Bewegungsablauf auf die Wettkampfentfernung zu übertragen. Tab. 104 gibt inhaltliche Beispiele des Technikanwendungstrainings im Rahmen des Transformationstrainings.

Trainingsinhalte	Trainingsziele und -wirkungen	Hinweise und Beobachtungsschwerpunkte
Trockenschuss ohne Hilfsmittel	Imitationsübung unter Beachtung einzelner Elemente bzw. der einzelnen Positionsphasen, Einstimmung, Aufwärmen	»Gefühl bekommen«, beidseitig üben
Trockenschuss mit Gummiband	Imitationsübung unter Beachtung einzelner Elemente bzw. der einzelnen Positionsphasen, Einstimmung, Aufwärmen	»Gefühl bekommen«, beidseitig üben
Schuss ohne Klicker	Schulung der Rückenspannung und einer konstanten Auszugslänge sowie Entspannen der Finger beim Lösen	• Erfühlen der Schulterpositionierung bzw. Schulterblattbewegung auf der Zugarmseite • Sauberer Einsatz der Zugfinger
Schuss unter Klickerbeobachtung	Schulung des Vollauszugs (3. Bewegungsphase), des Ladens und Transfers sowie der Klickerendphase (s. S. 427)	Ständige Beobachtung der gleichmäßigen Pfeilbewegung durch den Klicker
Schuss mit geschlossenen Augen (bzw. Wechsel von geschlossenen und offenen Augen)	Schulung der Klickerendphase und des Lösens (Verbesserung der Bewegungswahrnehmung, intuitive Bewegungsausführung und Entwicklung des Bewegungsgefühls)	• Erfühlen der Schulterpositionierung bzw. Schulterblattbewegung auf der Zugarmseite • Beim Lösen sollen die Finger den Hals streifen (enges Lösen)
Schuss am Spiegel	Schulung der Klickerendphase (dynamisch-zeitliche Gliederung unter dem Aspekt des Kraftverlaufs) und des Lösens (unmittelbare Korrekturmöglichkeiten)	• Stabile Kopfhaltung • Konstanter Ankerpunkt • Großflächig und beweglich
Kompletter Schuss auf 5 Meter (ohne Zielen)	Verbesserung des gesamten Bewegungsablaufs unter einfachen Bedingungen sowie Schießen von exakten Gruppierungen mit und ohne Beobachtung einzelner Elemente	• Gleichmäßige Zugbewegung und Druckerhöhung • Flüssige Übergänge innerhalb der Positionsphasen
Zeitlich verlängerter Schuss (mit und ohne Zielen)	Vermeidung von Klickerreaktionen, Aufrechterhalten der Schulter- und Rückenspannung nach dem Klickersignal	• Konstante Zuggeschwindigkeit; Aufrechterhaltung der Spannung nach dem Klickersignal ohne weitere Zugarbeit
Dynamisch verlängerter Schuss (mit und ohne Zielen)	Vermeidung von Klickerreaktionen, Aufrechterhalten der Schulter- und Rückenspannung nach dem Klick durch Weiterziehen	• Konstante Zuggeschwindigkeit vor und nach dem Klickersignal ca. 3 Millimeter über die hintere Klickerkante hinaus

Tab. 103: Inhalte des PBE-Trainings im Bogenschießen (vgl. auch *Bachmann* 1994)

Trainingsinhalte	Trainingsziele und -wirkungen	Hinweise und Beobachtungsschwerpunkte
Bewegungsablauftraining auf 5 Meter	Automatisation unter einfachen Bedingungen	Sauberer Ablauf des Schusses, Analyse
Schießen auf eine Wettkampfentfernung ohne Zielpunkt	Transformation des Bewegungsablaufs auf eine Wettkampfdistanz, Automatisierung der Teilabläufe und des gesamten Bewegungsablaufs	Flüssige Übergänge innerhalb der Positionsphasen, Analyse
Schießen auf eine Wettkampfentfernung mit einem Zielpunkt (Streifen)	Transformation des Bewegungsablaufs auf ein Wettkampfentfernung unter Zieleinbindung	Schwerpunkte liegen im Zielvorgang unter Einhaltung einer methodischen Reihung (Abb. 456)
Schießen auf einer Wettkampfentfernung mit Auflage (Trefferbildtraining)	Verbesserung des gesamten Bewegungsablaufs unter erschwerten (wettkampfähnlichen) Bedingungen, Optimierung des Schießrhythmus	Zur Umsetzung des Schießrhythmus z.B. 3 Pfeile auf eine Auflage und 3 Pfeile ohne Zielpunkt (eventuell mit Zeitbeschränkung)
Mannschaftstraining	Schulung des Schießrhythmus und der Zusammenarbeit mit den Mannschaftsmitgliedern	Vgl. S. 341 bzw. 483

Tab. 104: Inhalte des Transformationstrainings im Bogenschießen (verändert nach *Grosser* u. *Neumaier* 1982, 112; *Bachmann* 1994)

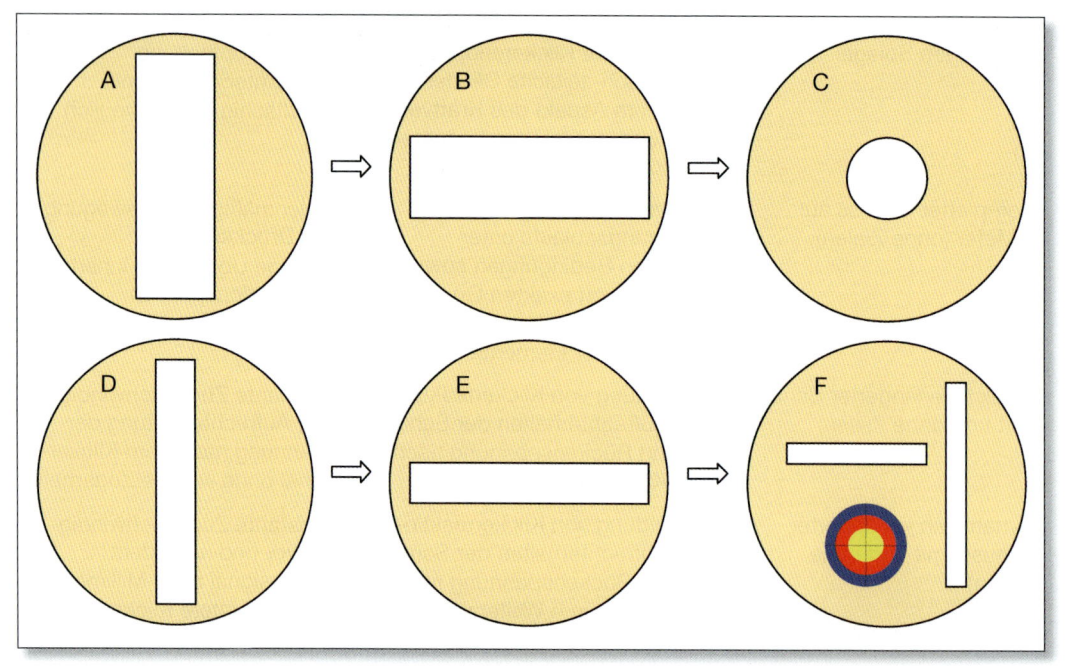

Abb. 456: Methodische Reihung des Zielpunkttrainings: Schießen auf Vertikalstreifen (A), Horizontalstreifen (B), Zielpunkt (C) sowie auf verkleinerte vertikale (D) und horizontale Streifen (E) bzw. deren Kombinationen (F)

Technikergänzungstraining

Inhalte des Technikergänzungstrainings sind alle Bedingungen, die zu einer Erschwerung des Trainings führen und somit den Wettkampf in besonderer Weise simulieren. Beispiele hierfür sind (vgl. Wettkampftraining bzw. Koordinationstraining, S. 562 und 335):

- Trainieren bei starkem Lärm oder schlechtem Licht (z.B. zu dunkel, blendend)
- Nicht angekündigte Verlängerung des Trainings
- Erfüllen von vorher nicht genannten Zusatzaufgaben (z.B. Zeitdruck; vgl. Taktik, S. 483)
- Training bei ungünstigen Witterungsverhältnissen (z.B. Schießen bei starkem und/oder wechselndem Wind)
- Veränderung der Auflagengröße: Abb. 457 zeigt beispielhaft die Erschwerung der Bedingungen (z.B. Zielen und Fokussieren) durch verkleinerte Auflagen bzw. durch Schaffung bewusster Ablenkungen; weiterführen lässt sich dies durch den Wechsel der Auflagen, ein weiteres Zuschneiden (nur das Gelbe auf 70 Meter) sowie durch Kombinationen mit psychologischen Trainingsmethoden (vgl. S. 490 ff.)
- Aufrechterhaltung des Schießrhythmus trotz störender Licht- oder Tonsignale (z.B. veränderte Ampelschaltung)
- Systematischer Wechsel zwischen Tafel- (leere Scheibe) und Auflagenschießen.
- Schießen vom Turm (vgl. *Gegg* 1999, 28): Um das Vertrauen in die eigene Sicherheit zu fördern, wird von einem mehrere Meter hohen Gerüst auf einen 70 Meter entfernten Turm geschossen(s. S. 381)
- Schießen unter Wettkampfbedingungen (z.B. Anpfiff, Ampel, Zuschauergeräusche, Wettkampfkleidung, Zeitbegrenzung)
- Kombinationen erschwerter Bedingungen (z.B. Zuschauer, Zeitdruck und Kreisel)

Techniktraining im Kindes- und Jugendalter

Da das Training der koordinativen Fähigkeiten in vielen Punkten das Techniktraining berührt bzw. dessen unmittelbare Voraussetzung darstellt, wird an dieser Stelle kurz und ergänzend auf bestimmte Besonderheiten des Techniktrainings im Kindes- und Jugendalter eingegangen.

Frühes Schulkindalter

Die gute motorische Lernfähigkeit im frühen Schulkindalter ist im Sinne der Erweiterung des Bewegungsschatzes bzw. der Bewegungserfahrung (z.B. durch das Ausprobieren und Lernen in verschiedenen Sportarten) zu nutzen. In dieser Phase ist demnach zwar ein kindgemäßes, aber bereits gezieltes Techniktraining auf der Basis einer vielseitigen Allgemeinausbildung (z.B. Gleichgewichtsschulung, Hand-Auge-Koordination) möglich.

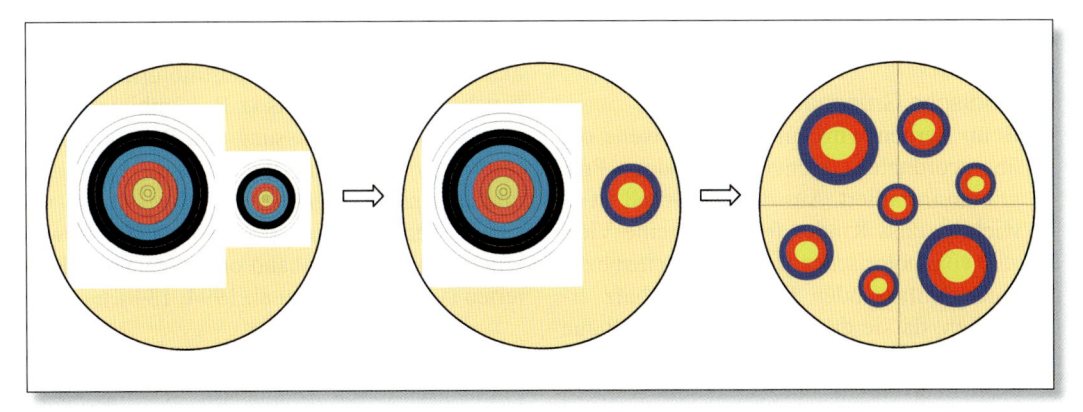

Abb. 457: Erschwerung der Bedingungen durch verkleinerte Auflagen bzw. durch bewusste Ablenkungen

Spätes Schulkindalter
Dieses »beste« motorische Lernalter ist besonders gut für eine allgemeine sportartspezifische technische Grundausbildung geeignet. Für das frühe und späte Schulkindalter ist die Lernmethode der Wahl das »Vormachen – Nachmachen« bzw. die Imitationsmethode.

Beachten Sie: Jedes Kind ahmt den Schießablauf der »Vorbilder« so gut wie momentan möglich nach. Es werden vor allem die Elemente (Positionen) herausgefiltert, die dem augenblicklichen Entwicklungs- und Könnensstand entsprechen und daher das Wesentliche für das Kind darstellen.

Dieses Teillernen ist äußerst wichtig, da das Kind bereits Teilaspekte (z.B. Vorspannen, Anheben, Ankern, Nachhalten) verinnerlicht und bei fortgeschrittener Entwicklung die noch fehlenden Teile im Sinne einer »Mosaikstein-Theorie« nachfolgen können (vgl. *Weineck* 2010, 888).

Pubeszenz
Im Kindes- und Jugendalter wird das Beherrschen eines feinmotorischen Ablaufs in der Schießtechnik bisweilen durch das schnelle Längenwachstum der Extremitäten und des Rumpfes bei adäquater Anpassung des Materials (z.B. Zuggewicht, Bogen- und Pfeillänge) erschwert. Es empfiehlt sich daher bisweilen, das Zuggewicht niedrig zu halten und parallel ein ausgleichendes beidseitiges Kraft- und Koordinationstraining zu forcieren.

Methodische Grundsätze
- Beim Lernen wird im Gehirn jeweils ein übergeordnetes, generalisierendes Programm installiert. Aus diesem Grund ist es wichtig, dass Kinder frühzeitig eine Vielzahl von motorischen Basisfertigkeiten bzw. einen umfassenden Bewegungsschatz erwerben, da sie dadurch in der Folge neue Bewegungsabläufe (z.B. Seitenanker, Nackenanker) nicht nur schneller, sondern auch präziser erlernen können.
- Die Vermittlung und Entwicklung der Schießtechnik sollte im Anfängertraining 60–70 % der Trainingszeit umfassen.
- Das schnellstmögliche Erlernen der Feinform des Schießablaufs ist wichtig für eine frühzeitige Wettkampfteilnahme (Motivation).
- Der technische Ausbildungsprozess erfordert bei Kindern eine verstärkte Systematisierung mit der Verteilung von Teilzielen auf die verschiedenen Etappen (z.B. Fita Target Awards, Gürtelabzeichen im DSB; s. auch S. 158 ff.).

Bedeutung von Kontroll- und Testverfahren

Wichtige Kriterien für die Bewertung der Technik sind nach *Djackov* (1973, 16) die Effektivität der Positionsphasen als Schlüsselelemente in der kinematischen Kette. Nur über die Zuverlässigkeit und Genauigkeit der Positions- und Bewegungsphasen sowie die Automatisation und Stabilität des Schießablaufs gegenüber ungünstigen inneren und äußeren Einflüssen ist es möglich, im Bogensport langfristig erfolgreich zu sein (vgl. *Bachmann* 1994; *Rabska* 1995, 123).

Als Hauptmethode zur Objektivierung einer realisierten Technik eignen sich neben der qualitativen Bewegungsanalyse (S. 216) allgemein biomechanische Registrier- und Messmethoden (z.B. Varianz bzw. Standardabweichung der Quotienten EMGV/EMGK; vgl. *Gollhofer* et al. 1996, 58), spezielle sportmotorische bzw. psychomotorische Tests (z.B. kombinierte Laser-Video-EMG-Erfassung und Reaktionszeittests; vgl. *Edelmann-Nusser* et al. 1999, 47) und die – nach Möglichkeit videogestützte – visuelle Erfassung und Beurteilung der Bewegungshandlungen anhand oben genannter Kriterien (vgl. *Schnabel* et al. 1994, 134 f.).

Im Folgenden werden drei Ansatzpunkte einer praxisorientierten Diagnostik hervorgehoben (s. auch *Schnabel* 1982).

Kontrolle der Übereinstimmung des Bewegungsablaufs mit dem bogenschießtechnischen Leitbild (s. S. 365 ff.)

Um die Richtigkeit und Zweckmäßigkeit der realisierten Technik im Vergleich mit dem Leitbild (Positionsphasen) als Idealtechnik zu überprüfen, eignet sich das parameterorientierte Training oder Messplatztraining (vgl. *Krug* 1987, 1988). Diese computergestützte Trainingsform – zumeist mit Video- und Phasenbild gekoppelt – bietet folgende Möglichkeiten:
- Entsprechend effektiverer Video-Feedbackstrategien lassen sich ohne wesentliche Zeitverzögerung (z.B. durch zeitverzögertes D-Live) zwischen Bewegungsausführung und Rückinformation die wichtigsten Parameter für den Schützen als individueller Soll-Ist-Vergleich per Computer bereitstellen und mit mentalen Trainingsformen kombinieren.
- Die Bereitstellung von räumlichen (z.B. Oberkörper-Bogenarm-Winkel) sowie biomechanischen Parametern wie Haltezeit, Gelenkwinkelstellung in der 3. Positionsphase oder Zuggeschwindigkeit im Endzug als Feedback im Training verbessert die begrenzte subjektive Wahrnehmungsgenauigkeit (s. S. 344 ff.).

Kontrolle des Niveaus der Fertigkeit bezüglich Stabilität und Variabilität

Zur Bestimmung des Niveaus der Schießtechnik ist die Stabilität unter unterschiedlichen Bedingungen Voraussetzung. Verglichen wird dazu die Übereinstimmung mit dem Leitbild (individuelle Positionsphasen) entweder bei erleichterten (z.B. Labor- oder Meßplatztraining) und normalen Bedingungen oder bei normalen und erschwerten Anforderungen (z.B. nach konditioneller Vorbelastung oder im Wettkampf). Eine weitere Möglichkeit des Techniktrainings unter erschwerten Bedingungen ist die Bestimmung des ermüdungsbedingten Technikabfalls, zum Beispiel nach extrem hohen Schusszahlen (s. auch 1000 Arrow Challenge, S. 299). *Kratzer* (1987, 25–27) verweist in diesem Zusammenhang auf Veränderungen der Präzision, der zeitlichen Struktur der Bewegung (z.B. Zuggeschwindigkeiten und veränderte Haltezeiten, s. S. 199, 251 bzw. 275), der Bewegungswahrnehmung sowie der Bewegungsvorstellung und des Bewegungsgedächtnisses als Objektivierungskriterien. Haupttrainingsmittel sind die visuelle Erfassung sowie computergestützte Mess- und Trainingsplätze.

Kontrolle der Teilaspekte bzw. -prozesse der Bewegungsregulation

Ansatzpunkte sind motorische Empfindungen und Wahrnehmungen, Bewegungsvorstellungen sowie die intermuskuläre Koordination.
Während die intermuskuläre Koordination mit differenzierten elektromyografischen Aufzeichnungen (vgl. *Zipp* 1979, 288 ff.) noch relativ gut objektiviert werden kann, sind Bewegungsempfindungen- und -wahrnehmungen nur mithilfe definierter Bewegungs- und (Selbst-)Beobachtungsaufgaben möglich (z.B. Erfühlen der Schulterblattannäherung an die Wirbelsäule auf der Zugarmseite, Druckerhöhung auf der Bogenarmseite in der Klickerendphase). Zugang zur Bewegungsvorstellung lassen sich mittels Befragung bzw. Interviewmethode sowie durch verbale oder zeichnerische Angaben von Technik- bzw. Bewegungsmerkmalen finden (vgl. *Schnabel* et al. 1994, 136).

Periodisierung des Techniktrainings

Im Allgemeinen erfolgt im Jahreszyklus ein ganzjährliches Techniktraining, das jeweils etwa einen Monat vor Beginn der Wettkampfperiode zur Herausbildung der technischen Perfektion unter Wettkampfbedingungen akzentuiert wird (= zentraler Inhalt der speziellen Vorbereitungsperiode 1 bzw. 2; s. S. 182 ff.; vgl. *Weineck* 2010, 886).
Um- und Neulernprozesse von Bewegungstechniken (z.B. neuer Ankerpunkt, veränderte Position des Zugarmellbogens in der 3. Positionsphase) sind vorrangig der Vorbereitungsperiode zuzuordnen, in der andererseits die konditionelle Vorbereitung der Sportler einen zentralen Stellenwert hat. In der Vorbereitungsperiode wird ein tägliches Techniktraining

empfohlen, das gewöhnlich in der ersten Hälfte des Hauptteils der Trainingseinheit stattfinden soll (vgl. *Matwejew* 1977, 116). Um eine Übereinstimmung der Effekte der technischen und konditionellen Vorbereitung zu ermöglichen, sollen

- die *optimale Belastungsverteilung von Technik und Kondition* sowohl in der Struktur der einzelnen Trainingseinheit als auch insgesamt nach Etappen gesichert werden und
- das »*Prinzip der gezielten Verknüpfung*« angewendet werden: Dies beinhaltet zum einen die Annäherung von Bewegungsabläufen des Konditionstrainings (z.B. dynamisch-statisches Krafttraining, S. 285 ff.) an aktuell im Rahmen des Techniktrainings zu trainierende Bewegungsabläufe (z.B. Vollauszug und Ankerphase); zum anderen soll der Schießablauf im Anschluss- bzw. Hochleistungstraining auch mit Zusatzlasten (z.B. Gewichtsmanschetten) durchgeführt werden.

Beachten Sie: Sowohl im Rahmen einer Trainingseinheit als auch innerhalb eines Mikrozyklus ist prinzipiell von einer negativen Beeinflussung des Neulernens im Techniktraining durch vorher platzierte hohe konditionelle Belastungen auszugehen (zentralnervöse/allgemeine Ermüdungsprozesse). Dies gilt jedoch nicht für eine bereits verfestigte bzw. automatisierte Schießtechnik: Hier kann es aufgrund des belastungsbedingt erhöhten neuronalen Aktivierungsniveaus sogar zu einer Leistungssteigerung kommen (vgl. *Olivier* 1996, 20). Dementsprechend ist ein technisches Training nach hohen konditionellen Belastungen bzw. in ermüdetem Zustand durchaus immer wieder in das Techniktraining des Leistungs- und insbesondere des Spitzenschützen zu integrieren.

Tab. 105 und 106 zeigen beispielhaft Möglichkeiten der Einordnung des Techniktrainings in der Vorbereitungsperiode bzw. zu Beginn der Wettkampfperiode unter Berücksichtigung der Anteile von Technikerwerbs-, Technikanwendungs- und Technikergänzungstraining.

Methodische Grundsätze

- Die technische Fertigkeit des Schützen unterliegt einer ständigen Abhängigkeit vom Stand der physischen Leistungsfaktoren bzw. ihrer Schwankungen und Veränderungen im Zusammenhang mit Makro- und Mikrozyklen. Veränderte konditionelle Voraussetzungen bedingen demnach Veränderungen im Bewegungs- und Haltesystem (ein im Schultergelenk beweglicherer Schütze kann beispielsweise die »Linie« leichter erreichen).
- Eine spezielle Technik (z.B. Expansionstechnik, Push-Technik, dynamisch-statische Technik, s. S. 431) erfordert spezielle Trainingsmaßnahmen (z.B. statisches bzw. dynamisches Krafttraining, spezielles Elementtraining) sowie den Einsatz entsprechender Trainingsmittel (z.B. Thera-Band, Video- und Sprechbegleitung).
- Beim Technikerwerbstraining sollte sich der Schütze in erholtem Zustand befinden um ein adäquates (d. h. konditionell angepasstes) Zuggewicht technisch »einwandfrei« umsetzen zu können. Gleichzeitig muss Technikerwerbstraining aber teilweise bis zur zentralnervösen Ermüdung führen, damit bereits automatisierte Bewegungsabläufe wieder bewusstseinspflichtig werden.
- Beim Technikanwendungstraining muss im Allgemeinen so trainiert werden, dass den Anforderungsmustern des Wettkampfes (z.B. Fita-Runde, Olympische Runde) entsprochen wird.
- Präzise Bewegungskorrekturen verlangen den Einsatz objektiver Kontrollverfahren (s. S. 472).
- Eine zu frühe Wettkampfteilnahme bei noch ungenügend stabilisierter Technik kann die technische Entwicklung negativ beeinflussen. Durch nicht regulier- und steuerbaren Wettkampfstress werden unter Umständen falsche Bewegungsmuster eingeschliffen,

Monat	März					April	
Woche	9	10	11	12	13	14	15
Phasen	Vorbereitungsperiode						ÜP
Schusszahlen	300	300	400	500	700	700	–
Technikerwerbstraining	100%	100%	75%	75%	50%	50%	–
Technikanwendungstraining	–	–	25%	25%	25%	25%	–
Technikergänzungstraining	–	–	–	–	25%	25%	–

Tab. 105: Möglichkeiten der Einordnung des Techniktrainings in der Vorbereitungsperiode (ÜP: Übergangsperiode)

Monat	April		Mai		
Woche	16	17	18	19	20
Phasen	Wettkampfperiode				ÜP
Schusszahlen	500	700	500	700	–
Technikerwerbstraining	30%	30%	30%	30%	–
Technikanwendungstraining	40%	40%	30%	30%	–
Technikergänzungstraining	30%	30%	40%	40%	–

Tab. 106: Möglichkeiten der Einordnung des Techniktrainings zu Beginn der Wettkampfperiode (ÜP: Übergangsperiode)

bzw. alte, nicht vollständig überschriebene Fehler aufgebrochen.
- Der technische Lernprozess muss ohne lange Unterbrechungen zwischen den Trainingseinheiten vollzogen werden, da sich sonst die Effektivität des Trainings vermindert.
- Das Techniktraining sollte in der Makrostruktur der Vorbereitungsperiode vorrangig als Blocktraining durchgeführt werden, wobei zwischen den Blöcken mindestens ein Mikrozyklus mit unterschiedlicher Inhaltsstruktur liegen sollte. Beim Techniktraining in der Mikrostruktur sollten Ermüdungs- und Regenerationsprozesse das »Wann«, das »Wie oft« und das »Wie lange« bestimmen. Innerhalb einer Trainingseinheit sollte das Techniktraining am Anfang stehen (Ausnahme: im Stresstraining und im Rahmen der Stabilisierung; s. S. 563; vgl. *Grosser* u. *Neumaier* 1982, 16 f.; *Martin* 1991, 73; *Rieder* u. *Lehnertz* 1991, 176; *Weineck* 2010, 887).

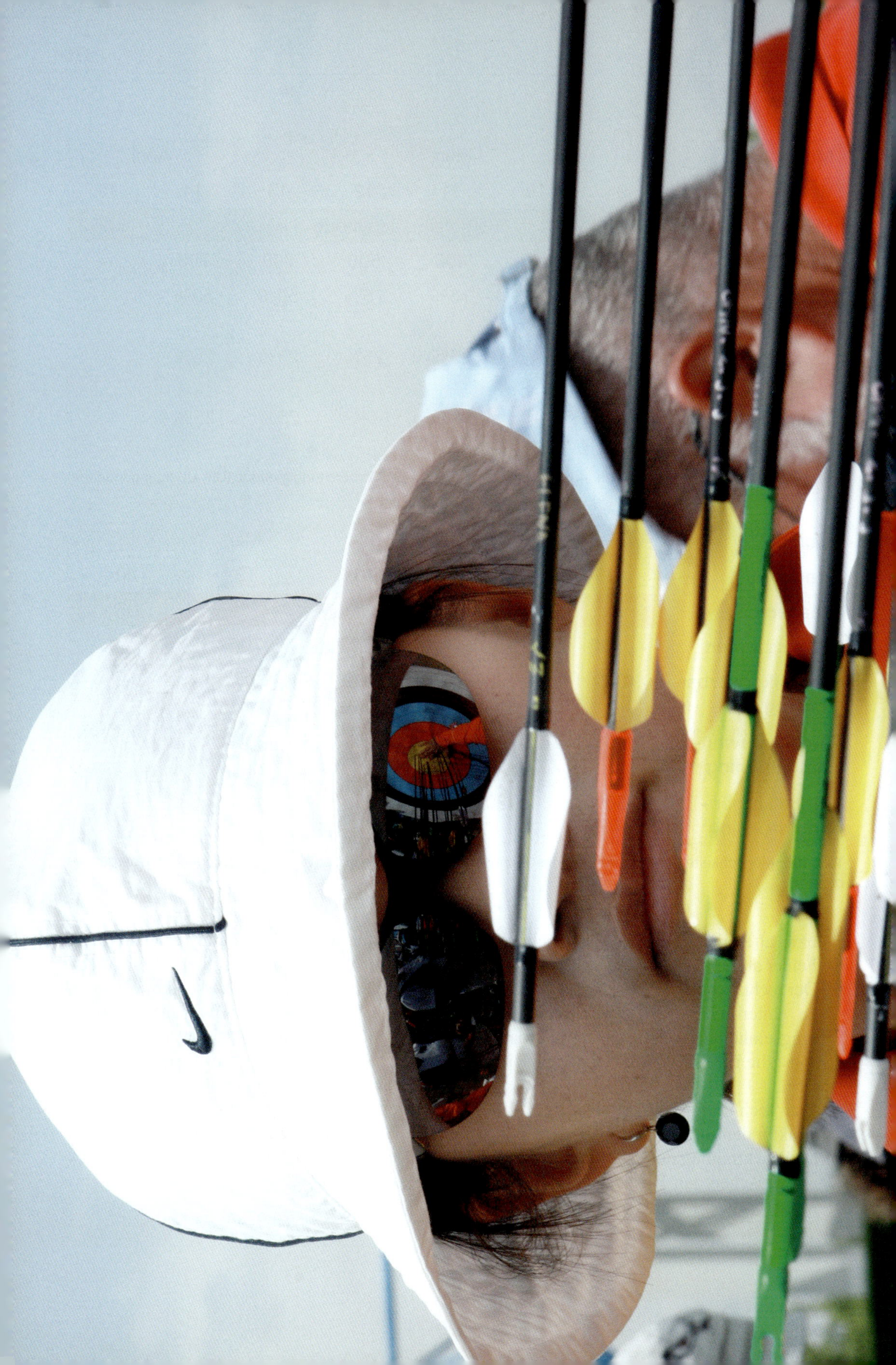

10 Taktik und Taktiktraining im Bogenschießen

»Ich habe meine allgemeine Wettkampftaktik angewandt: Schießen ohne absetzen, ohne viel nachzudenken, kurze Konzentrationsphasen, nicht in Details verlieren« (K. Winter, Hallenweltmeisterin Recurve 2009; in Schulz 2009, 22).

Taktik

»Denke nicht ans Gewinnen, doch denke darüber nach, wie man nicht verliert.«
(Gichin Funakoshi, Vater des modernen Karate)

Begriffsbestimmung

Unter Taktik versteht man das planmäßige, auf die eigene und gegnerische Leistungsfähigkeit sowie die äußeren Umstände abgestellte Verhalten in einem Einzel- oder Mannschaftswettbewerb (vgl. *Weineck* 2010, 891).

Im Gegensatz zu den Kampf- oder Spielsportarten zielt die Taktik im Schießen vorwiegend auf die eigene Leistung ab, weniger auf die der Gegner.

Komponenten der Taktik

Ein optimales Wettkampfverhalten hat eine optimale taktische Einstellung des Schützen zur Voraussetzung. Dabei basiert ein taktisches Konzept auf einer dem jeweiligen Schützen entsprechenden technischen Grundlage, korrespondierenden konditionellen Voraussetzungen (z.B. Kraftausdauer) und angemessenen psychisch-volitiven und intellektuellen Fähigkeiten (Gedächtnistätigkeit, Geschwindigkeit der Auffassung, Fantasie, Kombinationsfähigkeit, Umstellungsfähigkeit, schnelle Reaktionen, Abstraktionskraft und Eigenständigkeit; vgl. *Weineck* 2010, 891). Einen Überblick über die Komponenten der Taktik im Bogenschießen gibt Abb. 458.

Wie sollte man auch bei böigem Wind und Regen gleichmäßige Gruppierungen erzielen, wenn man nicht in der Lage ist, die Abdrift des Pfeils einzuschätzen und seine Technik (z.B.

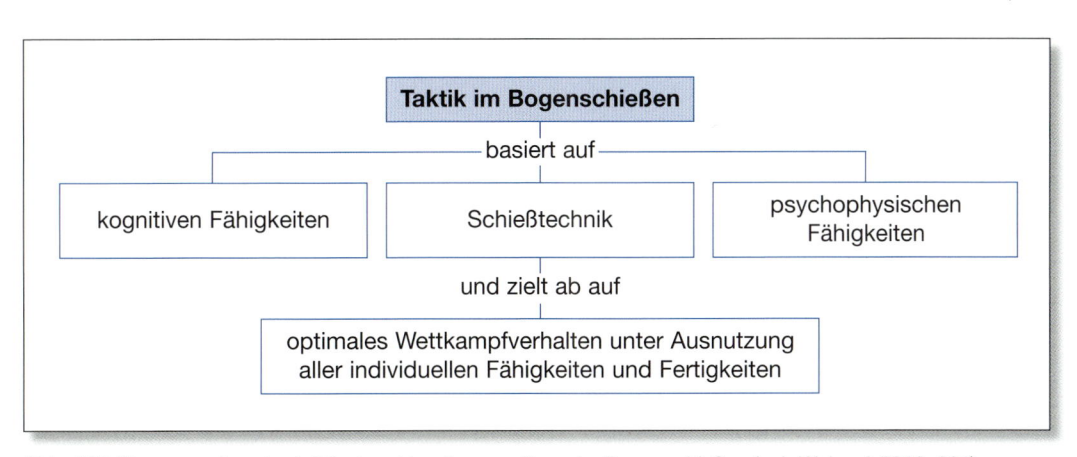

Abb. 458: Komponenten des taktischen Handlungsgefüges im Bogenschießen (vgl. *Weineck* 2010, 891)

Anhalten) darauf auszurichten. Taktik bedeutet aber auch, in einem Finalschießen, psychisch so gefestigt zu sein, dass man in der Lage ist, plötzlich seinen Schießrhythmus zu verändern und dadurch seinen Gegner zu stören.

Die Aufrechterhaltung der inneren Antriebs- und Steuerungsmechanismen bedarf der so genannten Steuerungsfähigkeiten (Abb. 459). Diese werden benötigt, um innere Schwierigkeiten und äußere Hindernisse zu meistern (Abb. 460).

Beachten Sie: Es ist eine Aufgabe des langfristigen Trainingsprozesses, individuelle Steuerungsfähigkeiten des Schützen bereits im Kindes- und Jugendalter zu entwickeln und in ausreichendem Maße kontinuierlich zu fördern. Nur so ist es möglich, sich den ständig verändernden Trainings- und Wettkampfsituationen erfolgreich anzupassen.

Bedeutung der Taktik

Beim Bogenschießen ist das taktische Denken – ähnlich wie auch beim Wasserspringen oder Eiskunstlauf – darauf ausgerichtet, kinematische und dynamische Bewegungsparameter (Positions- und Bewegungsphasen) unter erschwerten Bedingungen (in einem Wettkampf) so zu steuern, dass der Schießablauf zum einem definierten Zeitpunkt (Tag X) bestmöglich ausgeführt werden kann.

Eine optimale Steuerung beruht dabei anerkanntermaßen auf ausgeprägten spezifischen Erfahrungen (z. B. beim Feldbogenschießen) sowie einer guten Situations- und Handlungsantizipation (z. B. Maß des Anhaltens). Kenntnisse über die Bedeutung situativer Merkmale (z.B. Wind, Regen, Licht, abfallendes bzw. unebenes Gelände) sind daher für taktische Handlungen unerlässlich (vgl. *Rohrberg* 2009).

Mit der Einführung des K.-o.-Systems bzw. des Set-Play (2010) im Bogenschießen erfährt die Taktik eine bisher ungeahnte Dimension und damit eine weit größere Bedeutung, als dies ursprünglich der Fall war. Richtiges taktisches Handeln bedeutet damit im Bogenschießen u. a., dass eine Höchstleistung nicht schon in der Qualifikation erbracht werden muss. Hier gilt es in erster Linie, sich eine günstige Ausgangsposition (z.B. in Bezug auf Mannschaftsmitglieder) zu schaffen und seine Technik bis zu den Finalrunden »sauber« zu halten (vgl. *Bachmann* 1994).

Taktik

Steuerungsfähigkeiten:

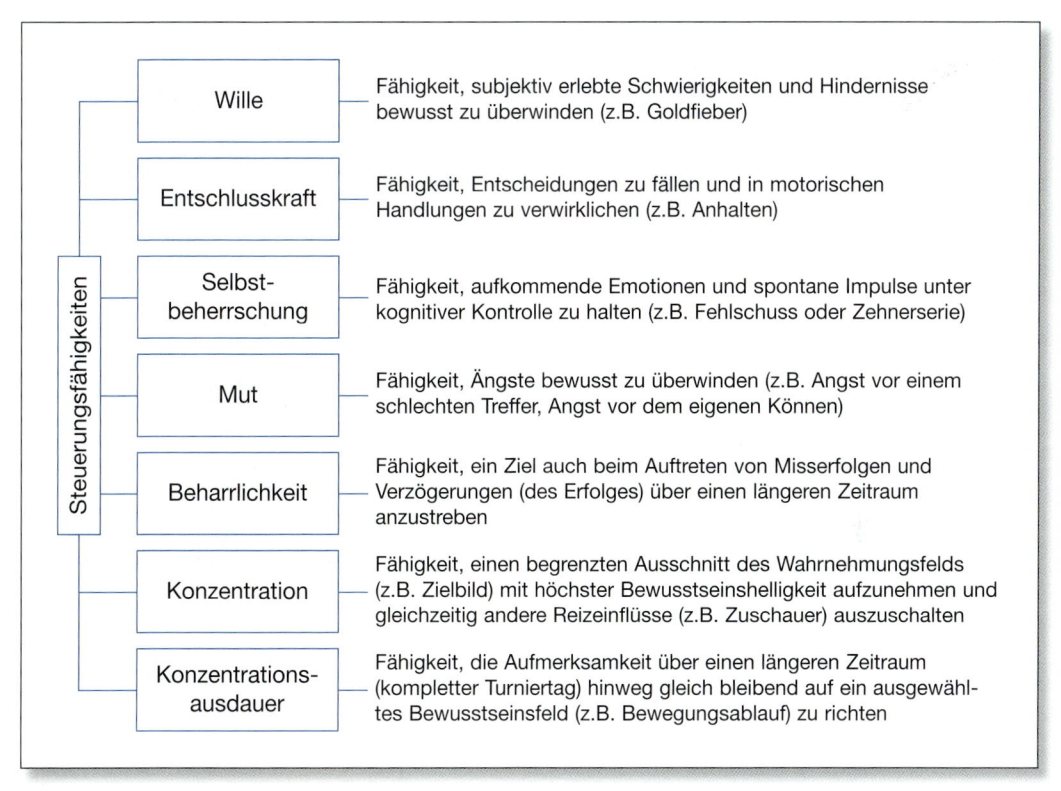

- **Wille** — Fähigkeit, subjektiv erlebte Schwierigkeiten und Hindernisse bewusst zu überwinden (z.B. Goldfieber)
- **Entschlusskraft** — Fähigkeit, Entscheidungen zu fällen und in motorischen Handlungen zu verwirklichen (z.B. Anhalten)
- **Selbstbeherrschung** — Fähigkeit, aufkommende Emotionen und spontane Impulse unter kognitiver Kontrolle zu halten (z.B. Fehlschuss oder Zehnerserie)
- **Mut** — Fähigkeit, Ängste bewusst zu überwinden (z.B. Angst vor einem schlechten Treffer, Angst vor dem eigenen Können)
- **Beharrlichkeit** — Fähigkeit, ein Ziel auch beim Auftreten von Misserfolgen und Verzögerungen (des Erfolges) über einen längeren Zeitraum anzustreben
- **Konzentration** — Fähigkeit, einen begrenzten Ausschnitt des Wahrnehmungsfelds (z.B. Zielbild) mit höchster Bewusstseinshelligkeit aufzunehmen und gleichzeitig andere Reizeinflüsse (z.B. Zuschauer) auszuschalten
- **Konzentrationsausdauer** — Fähigkeit, die Aufmerksamkeit über einen längeren Zeitraum (kompletter Turniertag) hinweg gleich bleibend auf ein ausgewähltes Bewusstseinsfeld (z.B. Bewegungsablauf) zu richten

Abb. 459: Steuerungsfähigkeiten im Bogenschießen (in Anlehnung an *Baumann* 1986, 138)

innerer Schwierigkeiten:
- Erregungszustände (z.B. erster/letzter Pfeil)
- Emotionen (z.B. bei mehreren sehr guten Treffern)
- Ermüdung (z.B. nach harten Trainingseinheiten)
- Schwächezustände (z.B. infolge unzureichender Ernährung)
- Dauerbelastungen (z.B bei Wettkampfblöcken)
- Konflikte (z.B. bei Motivationsproblemen)

Steuerungsfähigkeiten werden benötigt zur Überwindung

äußerer Hindernisse:
- Erschwerte Trainings- und Wettkampfbedingungen
- Zuschauer
- Unbekannte Umgebung

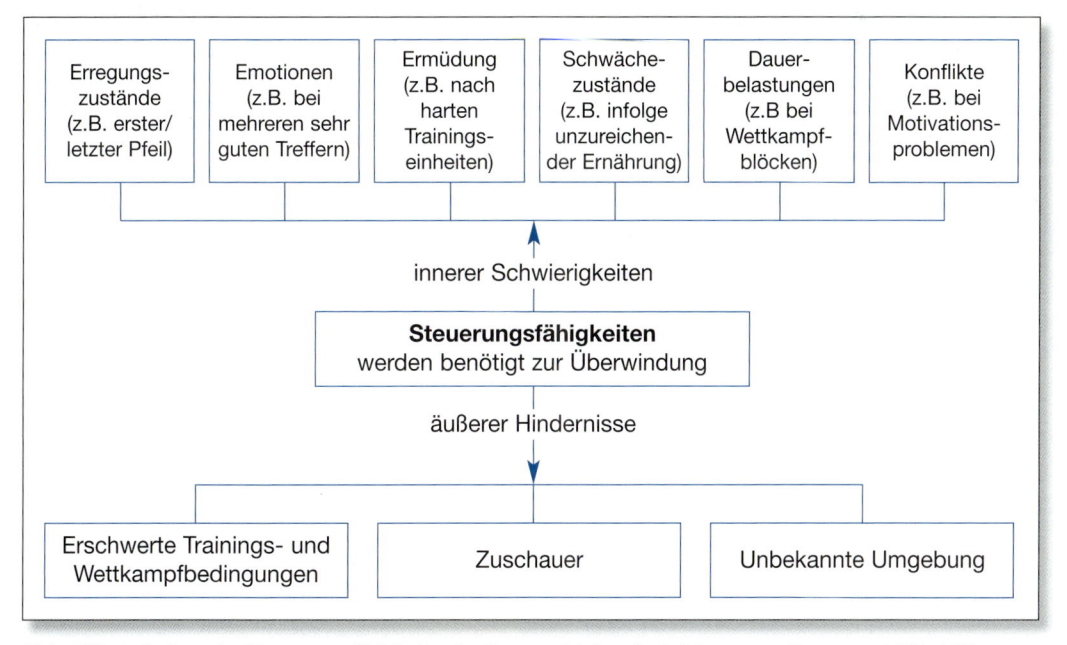

Abb. 460: Aufgaben der Steuerungsfähigkeiten im Bogenschießen (in Anlehnung an *Baumann* 1986, 137)

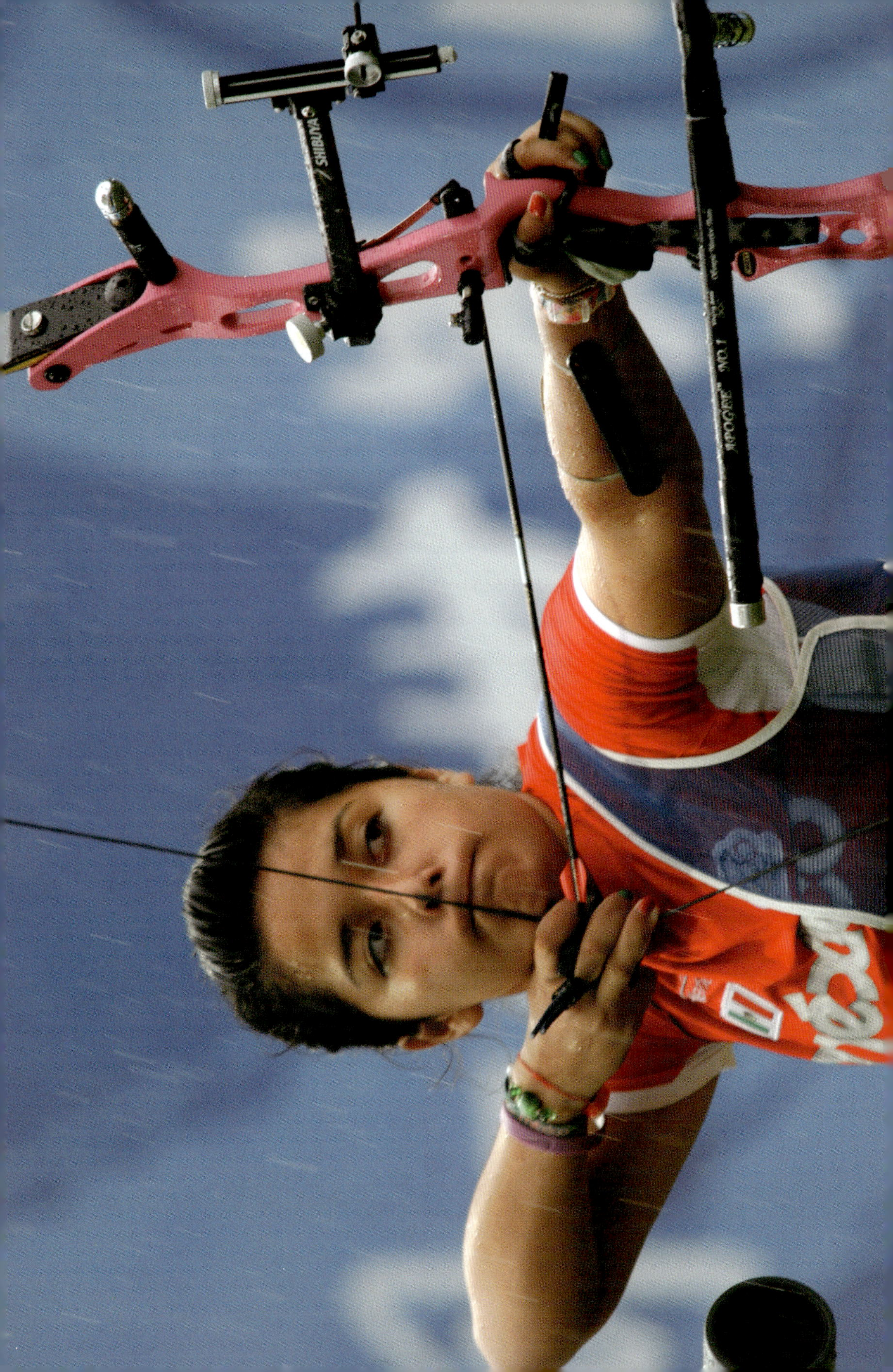
SHIBUYA

Taktiktraining

Methoden und Inhalte

Die trainingsmethodische Bewältigung von taktischen Fragen kann letztlich nur in Verbindung mit konkret zu lösenden Wettkampfaufgaben unter Berücksichtigung der momentanen technischen und konditionellen Voraussetzungen ermöglicht werden. Dies setzt ausreichende Kenntnisse in der Organisation und Führung des sportlichen Wettkampfes voraus (vgl. Wettkampf und Wettkampftraining, S. 535).
Inhaltlich lässt sich die taktische Ausbildung in eine theoretische und praktische Schulung unterteilen (vgl. *Weineck* 2010, 894 ff.).

Theoretische Ausbildung

Die Aufgabe der theoretischen Ausbildung ist die Schulung der intellektuellen und kognitiven Fähigkeiten. Im Bogenschießen ist dies insbesondere die Schulung der Lernfähigkeit, der bogenschießspezifischen Denkfähigkeit sowie der Informationsaufnahme und -verarbeitung durch Lenkung und Schärfung der Aufmerksamkeit und der emotional-volitiven Eigenschaften.

Lernfähigkeit

Die Lernfähigkeit dient der Aneignung von bogenschießspezifischem Wissen:
- Kenntnis der Wettkampfbestimmungen des Deutschen Schützenbundes und der Regeln des internationalen Verbandes der FITA
- Wissen über Organisation und Führung des sportlichen Wettkampfes (s. S. 541 ff.)
- Wissen in der Materialkunde (s. S. 633 ff.)

Bogenschießspezifische Denkfähigkeit

Diese Fähigkeit dient dem Vermögen zur selbständigen Handlungsänderung bei sich verändernden Umgebungsbedingungen.
Tab. 107 gibt eine zusammenfassende Übersicht veränderter Umgebungsbedingungen (und deren Auswirkungen auf das Material), spezieller taktischer Handlungsweisen sowie entsprechender Konsequenzen für die Trainingspraxis.

Veränderte Umgebungsbedingungen	Auswirkungen auf Material und Schützen	Taktische Handlungsweise	Konsequenzen für die Trainingspraxis
Leichter Wind	Pfeil kann abtreiben	Seitlich anhalten, Visier seitlich stellen oder Verkanten des Bogens	Anhalten auf unterschiedlichen Sektoren
Gegenwind	Pfeil wird gedrückt	Hoch anhalten oder Visier nach unten stellen	Anhalten auf unterschiedlichen Sektoren
Rückenwind	Pfeil wird gehoben	Tief anhalten oder Visier hoch stellen	Anhalten auf unterschiedlichen Sektoren
Mit der Höhe wird der Wind stärker	Pfeilflugdestabilisierung	Windanzeiger ermitteln (z.B. große Fahnen oder Bäume beobachten)	Training in unterschiedlichem Gelände
Wind trifft auf Hindernisse	Gegenwind, Winddrehungen (Wirbel)	»Wind lesen«, windstille Pausen nutzen	Verschiedene Schießrhythmen trainieren

Tab. 107: Übersicht veränderter Umgebungsbedingungen, deren Auswirkungen auf das Material, spezieller taktischer Handlungsweisen sowie entsprechender Konsequenzen für die Trainingspraxis (vgl. *Bachmann* 1994; *Park* 1994, 20; *Knöbel* 1999, 22; *Kobler* 1999, *Garnreiter* und *Rohrberg* 2010); Fortsetzung auf der nächsten Seite

Veränderte Umgebungsbedingungen	Auswirkungen auf Material und Schützen	Taktische Handlungsweise	Konsequenzen für die Trainingspraxis
Regen	Drückt den Pfeil, Tab wird langsamer	Höher anhalten oder Visier nach unten stellen sowie Tab, Bogen und Pfeile bei Regen so trocken wie möglich halten	Materialwechsel simulieren
Sehr hohe Außentemperaturen (z.B. auch Wärmereflektion von Tartanbahnen)	Wurfkraft des Bogens kann nachlassen (Pfeile reagieren evtl. steifer) → Schussbild verlagert sich beim Rechtsschützen nach links	Button weicher stellen, bei starker Sonneneinstrahlung Bogen komplett in den Schatten stellen	Individuelle Auswirkungen tabellarisch festhalten
Wechselnde Außentemperaturen	Ungleichmäßige Aufheizung der Wurfarme → Tillerverstellung und damit Hoch- und Tiefschüsse (Längsgruppierungen)	Bogen schützen (z.B. Abdecken)	Individuelle Auswirkungen tabellarisch festhalten
Sehr niedrige Temperaturen	Wurfkraft des Bogens kann sich erhöhen (Pfeile reagieren weicher) → Schussbild verlagert sich beim Rechtsschützen nach rechts	Button härter stellen	Individuelle Auswirkungen tabellarisch festhalten
Starker Lichteinfall von der Seite	Verschiebung des Trefferbildes auf dieselbe Seite	Visier stellen oder anhalten	Training bei unterschiedlichen Lichtverhältnissen (s. auch Lighttraining S. 345)
Schräg verlaufender Horizont oder schräg verlaufende Scheiben	Pfeile gruppieren entsprechend der Lage der tieferen Scheibe	Visierkorrektur, Bogen verkanten	Training in unterschiedlichem Gelände (z.B. Feldschießen)

Tab. 107: Fortsetzung

Trainings- und Wettkampftipp:
- Trainieren Sie veränderte Schießrhythmen und nutzen Sie dadurch insbesondere im Wettkampf verbesserte Umgebungsbedingungen (z.B. windstille Pausen, nachlassender Regen).
- Ermitteln Sie die Nullstellung Ihres Visiers (=Seiten- und Höheneinstellung unter Laborbedingungen) und testen Sie Ihre Gruppierungen durch Anhalten und/oder Stellen des Visiers.

Informationsaufnahme und -verarbeitung durch Lenkung und Schärfung der Aufmerksamkeit

Ziel des Schützen muss es sein, die Aufmerksamkeit auf sich selbst und den eigenen Schießablauf zu richten, ablenkende Gespräche und Überlegungen bewusst auszuschalten und die Bereitschaft aufzubauen, nur Traineranweisungen entgegen- bzw. aufzunehmen. Möglichkeiten bieten hierzu das Konzentrations- bzw. Stressimpfungstraining (s. S. 520 und 563).

Emotional-volitive Eigenschaften

Selbstbeherrschung, Durchhaltevermögen, Leistungsbereitschaft, Entschlussfreudigkeit bzw. Wettkampfhärte können maßgeblich die taktische Handlungsfähigkeit beeinflussen; ihre Entwicklung zum Beispiel mittels Wettkampftraining (s. S. 562) ist demnach bedeutungsvoll für die taktische Handlungsoptimierung.

Praktische Ausbildung

Die praktische Ausbildung des Schützen zum Erwerb taktischer Handlungsfähigkeiten beinhaltet die wiederholte Ausführung spezieller Verhaltensschemata. (Abb. 461):

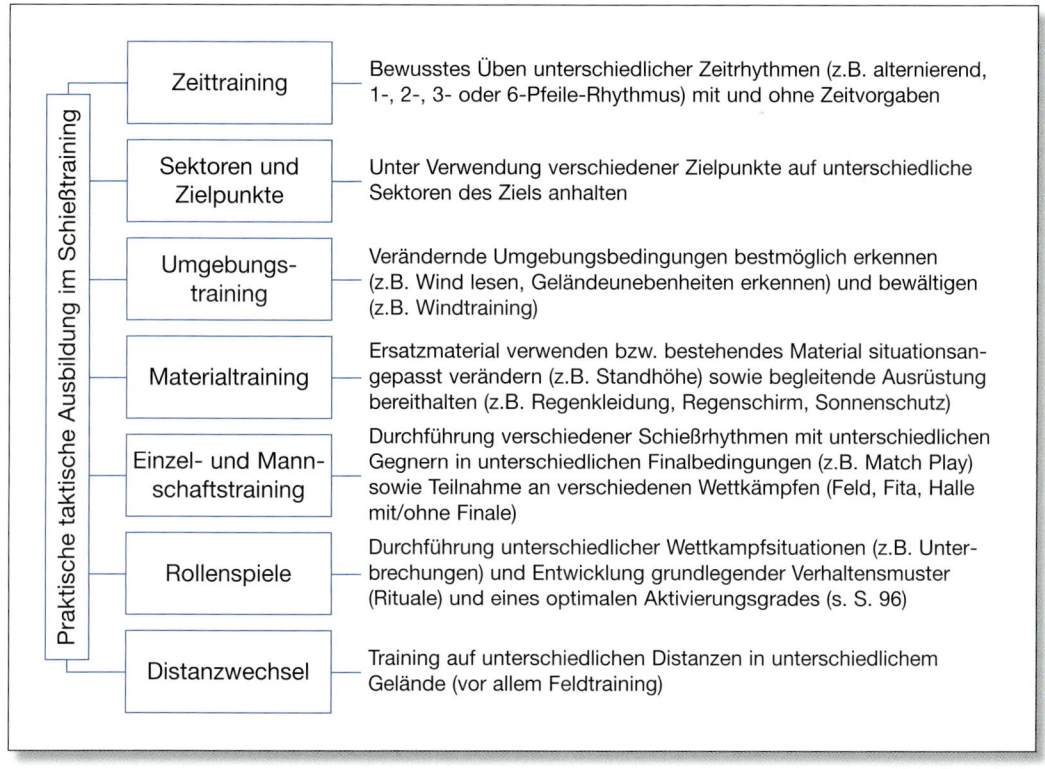

Praktische taktische Ausbildung im Schießtraining		
Zeittraining	Bewusstes Üben unterschiedlicher Zeitrhythmen (z.B. alternierend, 1-, 2-, 3- oder 6-Pfeile-Rhythmus) mit und ohne Zeitvorgaben	
Sektoren und Zielpunkte	Unter Verwendung verschiedener Zielpunkte auf unterschiedliche Sektoren des Ziels anhalten	
Umgebungstraining	Verändernde Umgebungsbedingungen bestmöglich erkennen (z.B. Wind lesen, Geländeunebenheiten erkennen) und bewältigen (z.B. Windtraining)	
Materialtraining	Ersatzmaterial verwenden bzw. bestehendes Material situationsangepasst verändern (z.B. Standhöhe) sowie begleitende Ausrüstung bereithalten (z.B. Regenkleidung, Regenschirm, Sonnenschutz)	
Einzel- und Mannschaftstraining	Durchführung verschiedener Schießrhythmen mit unterschiedlichen Gegnern in unterschiedlichen Finalbedingungen (z.B. Match Play) sowie Teilnahme an verschiedenen Wettkämpfen (Feld, Fita, Halle mit/ohne Finale)	
Rollenspiele	Durchführung unterschiedlicher Wettkampfsituationen (z.B. Unterbrechungen) und Entwicklung grundlegender Verhaltensmuster (Rituale) und eines optimalen Aktivierungsgrades (s. S. 96)	
Distanzwechsel	Training auf unterschiedlichen Distanzen in unterschiedlichem Gelände (vor allem Feldtraining)	

Abb. 461: Übersicht verschiedener Inhalte der praktischen Ausbildung innerhalb des Schießtrainings (vgl. *Lovo* 1996, 12; *Knöbel* 1999, 15)

> *Beachten Sie:* Der Schütze kann durch unterschiedliche praktische Trainingsmaßnahmen Störfaktoren in seiner Bewegungsvorstellung antizipieren und diese bereits bei der Bewegungsprogrammierung und Aktivierung der sensorischen »Kontrollinstanzen« entsprechend berücksichtigen (vgl. *Grosser* u. *Neumaier* 1980, 57).

Bedeutung von Kontroll- und Testverfahren

Objektive Informationen sind unverzichtbar, um das eigene Handeln anhand von Fakten einschätzen und beobachten zu lernen.
Als *praktische Kontrollmaßnahmen* eignen sich beispielsweise Leistungskontrollen bei Wind/Regen, vorgegebenem Rhythmus oder bei verändertem Anhaltepunkt sowie unter Gegnerbeeinflussung.
Als *theoretische Überprüfungen* können die Besprechung von Wettkampfsituationen und das Erarbeiten von Alternativlösungen (»Was mache ich, wenn ...«) dienen.

Periodisierung des Taktiktrainings

Das Taktiktraining gehört im Kinder- und Jugendtraining oft zu den Stiefkindern der Ausbildung. Vor allem im Bereich der praktischen Schulung (z.B. Anhalten, Einschießen von Ersatzmaterial) wird die taktische Vorbereitung häufig unzureichend in den Trainingsalltag eingearbeitet.

> *Beachten Sie:* Im Bogenschießen sind taktische Maßnahmen leistungsbestimmend. Es ist daher von Beginn an auf eine den langfristigen Trainingsprozess begleitende Taktikausbildung zu achten.

Methodische Grundsätze

- Die technische und taktische Ausbildung ist parallel zu entwickeln; das technische Niveau bestimmt die taktischen Möglichkeiten ebenso wie die psychophysischen Voraussetzungen. Beispiel: Ein Schütze, der technisch sauber schießt, hat einen besseren Pfeilflug, der Pfeil wird bei Wind weniger abgelenkt und der Schütze muss unter Umständen weniger oder gar nicht anhalten.
- Ein individueller Verhaltensplan (z.B. Verhalten bei Regen, bestimmter Gegner in Finalrunden) ist im Training einzuüben.
- Theoretische und praktische Ausbildung erfolgen in enger Wechselbeziehung. Theoretische Grundlagen sollten daher – wo immer möglich – in der Praxis aufgezeigt werden (z.B. Windtraining).
- Im Jahreszyklus erfolgt ein Taktiktraining akzentuiert in der Vorwettkampfperiode aber auch – im Sinne eines ständigen Auffrischens (z.B. Anhaltetraining) – während der Wettkampfperiode.
- Die taktische Meisterschaft ist erreicht, wenn das taktische Konzept auch unter schwierigen äußeren und inneren Bedingungen realisiert werden kann (vgl. *Weineck* 2010, 898).

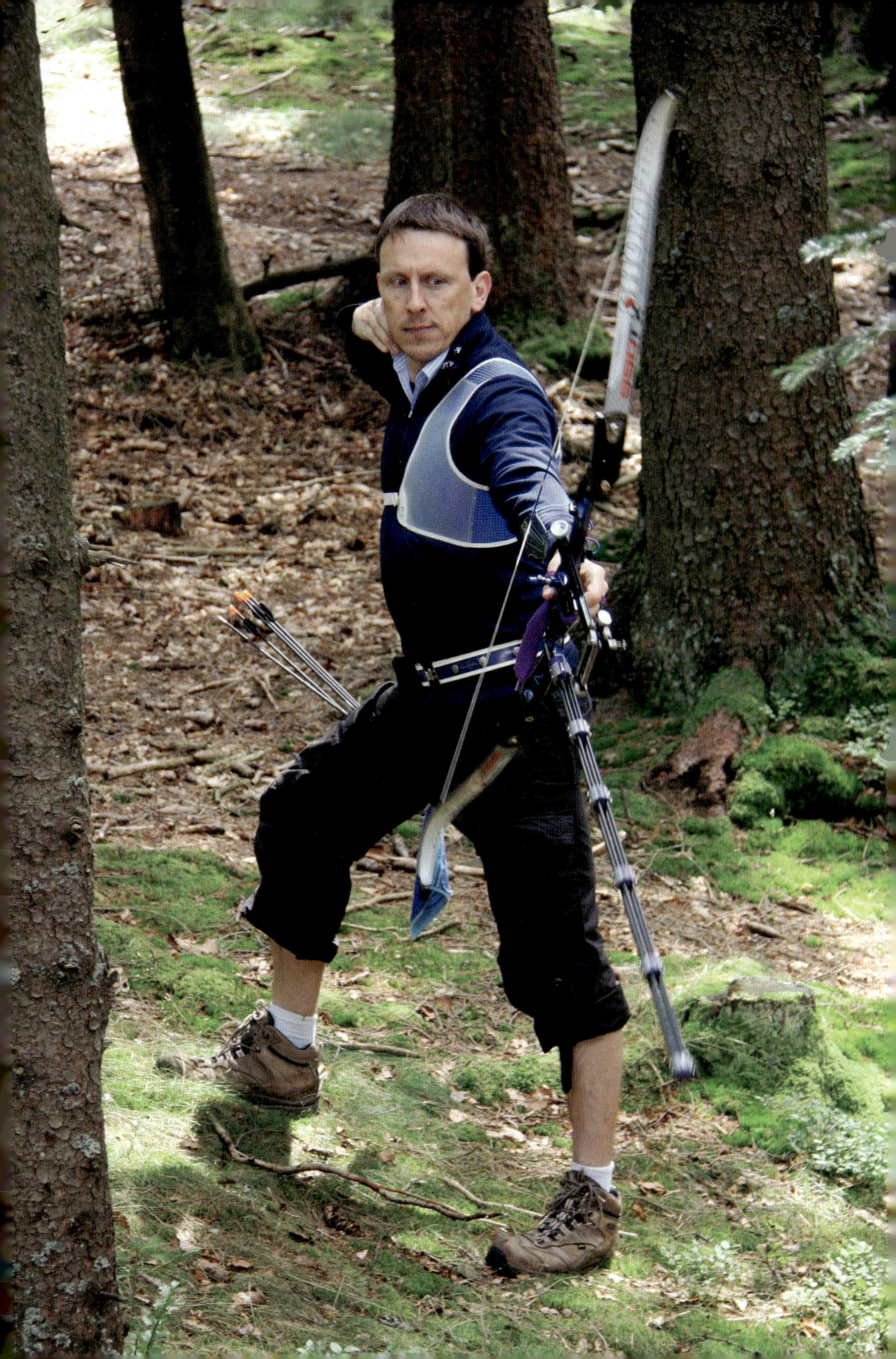

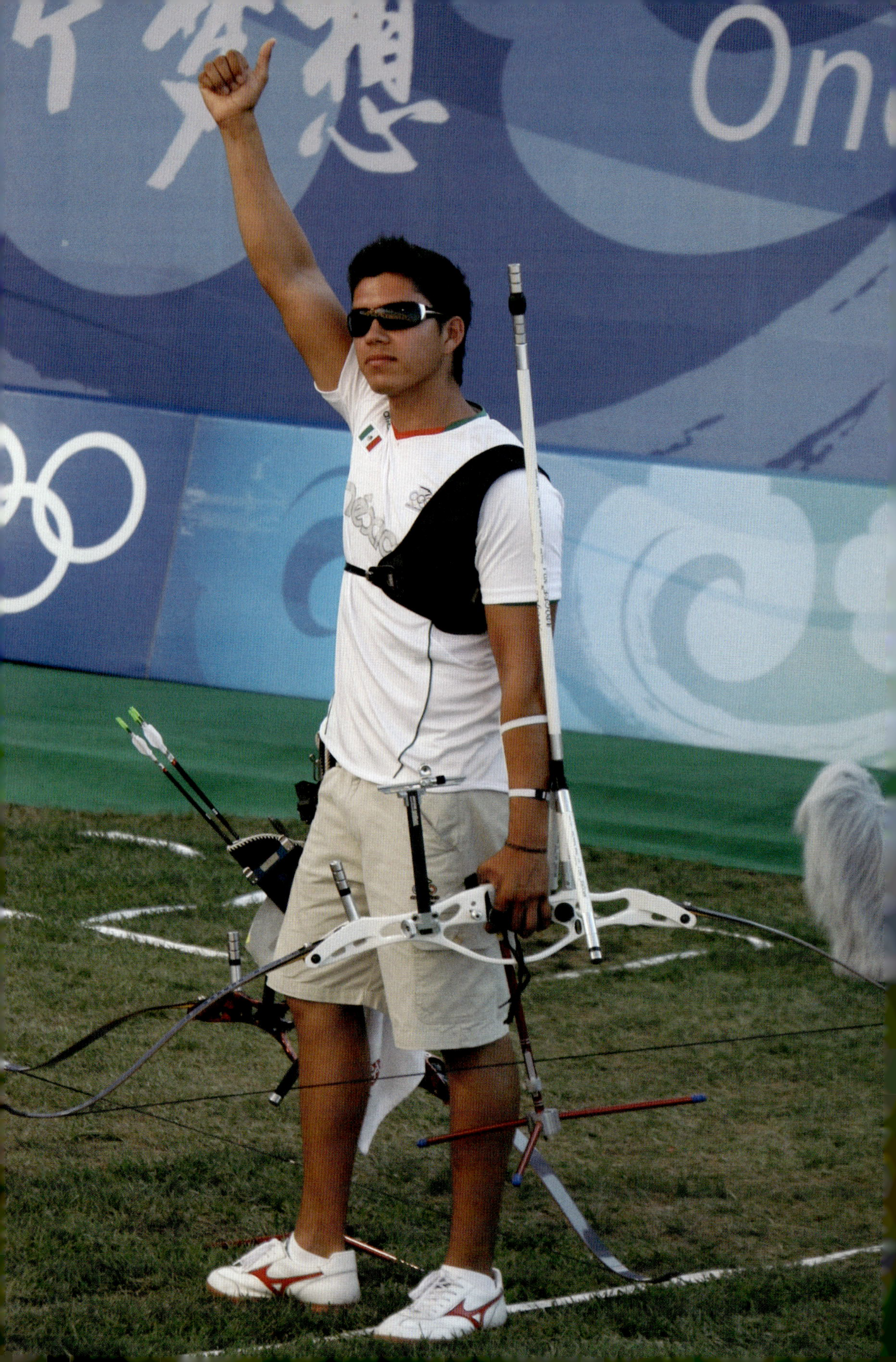

11 Psychologisches Training im Bogenschießen

Begriffsbestimmung

»Gewonnen wird im Kopf« (Franseen 1998).

> Unter psychologischem Training im Sport verstehen *Schnabel* et al. (1994, 395) psychologische Maßnahmen zur Leistungsausprägung und Verhaltensoptimierung, die die Verbesserung der sportlichen Leistungsfähigkeit entsprechend den individuellen Zielvorstellungen unterstützen und in sportliche Ausbildungsprogramme integriert werden.

Bedeutung des psychologischen Trainings

»Über Sieg oder Niederlage entscheiden vor allem die Gedanken. Sie beeinflussen die Bewegungen und Aktionen viel mehr als man gemeinhin glaubt. Schon wer auch nur den Gedanken hegt, einen schlechten Tag erwischt zu haben, wird verlieren« (Suinn 1993, 32).

Während die Optimierungsprozesse im konditionellen, technischen und taktischen Bereich systematisch gesteuert werden, wird der Möglichkeit der Regulation psychischer Anforderungen für die wettkampforientierten Beanspruchungssituationen in vielen Fällen weniger Beachtung geschenkt. Häufig wird die Steuerung psychischer Belastungen dem Athleten autoregulativ überlassen. So sind häufig Coaching-Hinweise vor dem Wettkampf durch den Trainer Ad-hoc-Informationen, die nur die sichtbar gewordenen Verhaltensauffälligkeiten in der definierten Situation ansprechen, nicht aber eine systematische Regulation des Verhaltens darstellen. Dies kann nur bedeuten, dass auch die relevanten psychischen Prozesse einem Training unterliegen müssen, das entsprechenden Prinzipien des Trainings folgt.

Trainingsaufgaben

Psychologisches Training soll den Schützen in die Lage versetzen, die richtige Leistung zur richtigen Zeit zu bringen. Als konstanter Teil des Trainings kann es leistungsorientiert, bogenschießspezifisch, präventiv und in Hilfsfunktionen (bis therapeutisch) eingesetzt werden. Es bezieht sich auf die Trainings- und Wettkampfplanung ebenso wie auf die Reflexion und Analyse der Ergebnisse von Wettkämpfen und Training.

Ausgehend von der Optimierung der Handlungs- und Selbstregulationskompetenz lassen sich im Bogenschießen die folgenden Aufgaben des psychologischen Trainings definieren (vgl. Schnabel 1994, 398 f.).

Verbesserung der psychophysischen Wiederherstellung und Leistungsfähigkeit: Durch die mitunter extremen Belastungssituationen des Wettkampfes ist der Schütze gezwungen, schnellstmöglich physische Erschöpfungszustände und psychische Übererregungszustände zu beseitigen. Das geschieht durch trainingsmethodische, sportmedizinische, diätetische und sportpsychologische Maßnahmen. Wiederherstellung muss dabei als Bestandteil des gesamten Trainingskonzepts geplant und gestaltet werden.

Verbesserung des technischen Lernprozesses bzw. der Bewegungsregulation: Was ich wahrnehme bzw. abspeichere, ist nicht identisch mit der Wirklichkeit. Ich mache mir ein Bild auf Basis meiner (selektiven) Wahrnehmung selbst –

ich konstruiere es. Leitend sind dabei individuelle Erfahrungen und Einstellungen, aber auch neuronale Funktionsweisen (Oltmann 2009).
Bewegungsregulation ist die motorische Komponente der Handlungsregulation und bezeichnet in erster Linie die Innensicht (Erleben und inneres Beeinflussen) des Bewegungsablaufs (vgl. *Hahn* 1996, 37).

Insbesondere durch ein Training von Bewegungswahrnehmungen (s. auch S. 347) und -vorstellungen (z.B. im mentalen Training) können die Ausführung des Schießablaufs und die Koordination von Teilbewegungen (z.B. Druck- und Zugarbeit) erlernt (vgl. Motorisches Lernen, S. 259) und verbessert, aber auch Fehler eliminiert werden. Dies führt insgesamt zu einer stabileren Schießtechnik, auch bei variablen inneren (z.B. Ermüdung, Konzentration, Willenseinsatz, Erfolgs-/Misserfolgserlebnisse) und äußeren (z.B. Witterung, Windverhältnisse) Bedingungen.

Bewältigung psychischer Störfaktoren – insbesondere im Wettkampf: Startfieber, Startapathie, die Angst vor dem ersten schlechten Schuss oder einem schlechten Ergebnis führen zwangsläufig zum Misserfolg. Die Aufgabe des psychologischen Trainings muss daher unter anderem darin bestehen, den Vorstartzustand zu regulieren, Angst und andere leistungshemmende Faktoren zu kontrollieren bzw. zu beseitigen, aber auch Erfolg und Misserfolg leistungsfördernd zu verarbeiten.

> *Beachten Sie:* Ein Schütze muss lernen, zum jeweiligen Zeitpunkt an das Richtige zu denken. Dies setzt im Allgemeinen einen hohen Erfahrungsschatz und das Aufsuchen unterschiedlichster Wettkampfsituationen voraus. (*McKinney*, in *Ruis* u. *Stevenson* 2004, 7).

Nach *Lazarus* (1966) sind *Stresssituationen* komplexe Wechselwirkungsprozesse zwischen den Anforderungen der Situation (z.B. Finale) und der handelnden Person (Schütze). Im Gegensatz zu früheren Stresstheorien geht *Lazarus* davon aus, dass nicht die Beschaffenheit der Reize oder Situationen für die Stressreaktion von Bedeutung sind (z.B. schlechter Treffer, Materialdefekt), sondern die individuelle kognitive Verarbeitung des Betroffenen (des Schützen). Stress entsteht weniger durch die Ereignisse selbst als vielmehr dadurch, wie diese bewertet werden. Verschiedene Sportler können für einen bestimmten Stressor höchst unterschiedlich anfällig sein.

Jede neue oder unbekannte Situation wird in zwei Phasen kognitiv bewertet: zum einen, ob die Situation eine Bedrohung enthält, und zum anderen, ob die Situation mit den verfügbaren Ressourcen bewältigt werden kann. Nur wenn die Ressourcen nicht ausreichend sind, wird eine Stressreaktion ausgelöst (s. S. 563).

Verbesserung der Antriebsregulation: Der Schütze muss in die Lage versetzt werden, seinen Handlungsverlauf auf Ziele auszurichten und an diesen festzuhalten. Durch erlernbare Selbstbeeinflussungs- und Selbstmotivierungstechniken sollte es ihm möglich werden, einen leistungsrelevanten Zustand herzustellen bzw. zu optimieren.

Klare Zielhierarchien, Prioritäten für bestimmte Zeitabschnitte, Teilziele und die damit verbundene Belastungsdynamik erleichtern die Zielaktivierung. Je klarer und überschaubarer die jeweiligen Ziele sind und je stärker die Bewältigung der Trainings- und Wettkampfanforderungen von positiven Gefühlen begleitet werden, die auch durch den Schützen selbst hervorgerufen werden können müssen, desto geringer ist die notwendige Willenskapazität für den Entscheidungsprozess und desto höher ist die zur Verfügung stehende Energie (Antriebswirkung) für die Handlungsausführung. Im Lauf der sportlichen Karriere lernt der Schütze, »sich selbst immer besser zu organisieren«. Man sagt: »Der Kopf ist frei für die Leistung« (vgl. *Hahn* 1996, 62).

Verbesserung der Aufmerksamkeitsregulation: Ein häufig beobachtbares Problem der Schießpraxis besteht darin, dass insbesondere im Verlauf eines guten Wettkampfes die Zielphase in ihrer Bedeutung für den Schützen zunimmt, während die eigentliche Bewegungsaufgabe (Durchführung der Bewegungs- bzw. Erreichen der Positionsphasen) in den Hintergrund gedrängt wird. In dieser Situation muss ein Schütze fähig sein, seine Aufmerksamkeitspunkte in ihrer Gewichtung zu ändern bzw. zu regulieren.

Verbesserung der Selbstwirksamkeit: Bei der sportspezifischen Selbstwirksamkeitserwartung (vgl. *Bandura* 1997) handelt es sich um eine stabile Erwartungshaltung, welche die subjektive Überzeugung zum Ausdruck bringt, aufgrund eigenen Handelns Anforderungen im Training und Wettkampf bewältigen zu können (vgl. *Schwarzer* 1993, 188). Erfolgreiche Sportler zeichnen sich unter anderem durch die Zuversicht in die eigenen Fähigkeiten und Fertigkeiten aus und sind gleichsam überzeugt, dass ihre Handlung (z.B. Anhalten) zu den erwünschten Konsequenzen führen (vgl. *Garnreiter* 2007).

Trainingsziele

»Zuerst muss man daran glauben, erst dann kann es geschehen« (Meyer 2010)

In der Sportpraxis kommt es immer wieder vor, dass trotz einer scheinbar sorgfältigen Wettkampfvorbereitung bereits erbrachte Trainingsleistungen aufgrund aktueller Veränderungen des psychischen Zustands im Wettkampf nicht umgesetzt werden können (Trainingsweltmeister). Die vielfältigen Ursachen, die zu Auslenkungen des optimalen Erregungsniveaus führen, lassen sich meist auf eine unzureichende Erlebnisverarbeitung situativer äußerer und innerer Bedingungen am Wettkampfort zurückführen (vgl. *Kratzer* 2009, 60).

Hinsichtlich der Ziele des psychologischen Trainings unterscheidet *Hahn* (1996, 210) direkte und indirekte leistungsdienliche Ziele.

Die Methoden der Körperkontrolle (progressive Muskelrelaxation, autogenes Training, Yoga, s. S. 492 ff.), der Stressbewältigung (s. S. 563) und der Motivations- und Willenskontrolle sind indirekt leistungsdienlich. Sie müssen Schritt für Schritt erlernt werden, ohne den erhofften Erfolg garantieren zu können. Hingegen sind die direkten Methoden der Bewegungsregulation (neben der Optimierung der Koordination), wie etwa die Visualisierung oder das subvokale mentale Training, speziell auf die Lösung von motorischen Problemen zugeschnitten. Sie können daher nicht als Bewältigungsstrategien in andere Problembereiche übertragen werden.
Spitzenschützen sind in der Lage, sich im Wettkampf in einen so genannten *»Flow-Zustand«* zu versetzen. Sie nehmen den Wettkampf als positive Herausforderung an. In diesem Zustand vereinigen sich das Selbst und die Aktivität. Es kommt zu einer Bündelung, Fokussierung aller Kräfte auf nur ein Ziel: die bestmögliche Leistung zu erreichen unter Wegfall aller Störfaktoren. Nach *Zsheliaskova-Koynova* (2003, 50) bildet sich eine Art Synergie von Interaktionen zwischen der Persönlichkeit des Sportlers und der Umwelt bzw. den Wettkampfumständen und Rahmenbedingungen. Ein Leistungssprung ist die Konsequenz.
Wörz (o. J., 4) sieht im Erreichen des Flow-Zustands das Ziel der mentalen Vorbereitung. Gemeint ist das völlige Aufgehen des Handelnden in seiner Tätigkeit (*Csikszentmihalyi* 1993, 58). Der Schütze ist sich in diesem Zustand zwar seiner Handlungen bewusst, nicht aber ihrer selbst. Im Flow-Zustand folgt Handlung auf Handlung, was kein bewusstes Eingreifen des Athleten zu erfordern scheint; der Schütze erlebt den Prozess als einheitliches Fließen – ganzheitlich und tranceähnlich.

Maßnahmen zur Erreichung des Flow-Zustands sind unter anderem (Abb. 462):
- Handeln im »Hier und Jetzt« (vgl. *Eberspächer* 1990; Konzentration in der Zeit; s. S. 521),
- Verwendung von *Knotenpunkte-Kürzeln* (vgl. Mentales Training, S. 501)

- *Couverant-Kontrolle* (Aufbau positiver Gedanken über die eigene Person, s. S. 514 bzw. 526, *Fliegel* 1989)
- *Gedankenstopp* (Unterbrechung und Blockierung unerwünschter Gedanken bei gleichzeitigem Aufbau positiver Alternativgedanken; s. S. 514; vgl. *Draksal* 2003, 53)
- *Rational-emotive Therapie* (Veränderung der Konsequenzen durch kognitive Umstrukturierung der Bewertungsebene)
- Entspannungsmethoden z.B. Tiefenmuskelentspannung oder autogenes Training
- Schaffung eines *Ruhebildes* (Aufbau von Bildern, z.B. Schießen aus/in einem Tunnel, unter Einbeziehung möglichst vieler Sinnesorgane),
- Entwicklung von Trainings- und Wettkampfstrategien zur Handlungsoptimierung
- Training der Nichtwiederholbarkeit (vgl. *Eberspächer* 1990, s. S. 527).

Methoden und Inhalte

Gefragt sind Methoden, die dazu beitragen, Schützen psychisch positiv zu verändern, ihre Motivation zu erhöhen, ihre kognitiven Fertigkeiten zu schulen, ihre emotionalen Irritationen abzubauen etc., sofern man den Eindruck gewinnt, dass auf diesen Funktionsebenen Leistungslimitierungen anzunehmen oder Leistungsressourcen zu erschließen sind.

> Die Indikationsfrage lautet: »Welche Maßnahme (Methode), durch wen (Schütze, Psychologe, Trainer) führt beim Schützen mit dieser speziellen psychischen Konstitution, unter welchen Bedingungen, in welchem Zeitraum, zu welchen Ergebnissen?« (vgl. *Haase* u. *Hänsel* 1995, 34).

Unter besonderer Berücksichtigung dieser Fragestellung werden gemäß ihrer Zielorientierung Methoden beschrieben, die sich meist auf relativ breit gefasste psychologische bzw. psychophysiologische Merkmale, Zustände, Prozesse

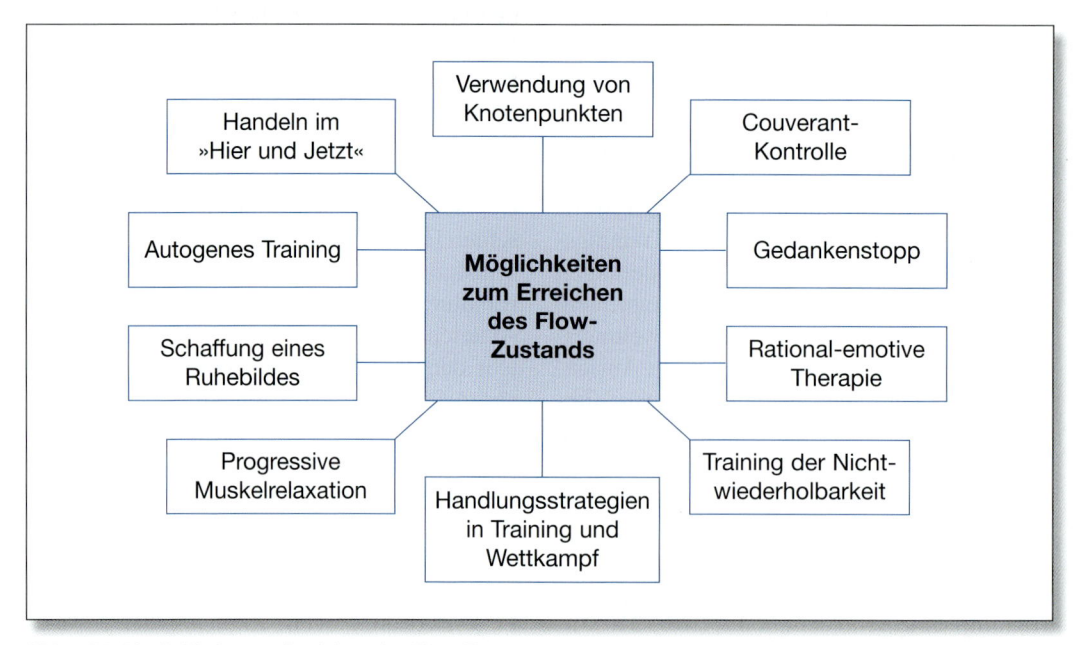

Abb. 462: Möglichkeiten zu Erreichen des Flow-Zustands

und/oder Fertigkeiten richten, die im Bogenschießen auftreten können.

Beachten Sie: Die gekennzeichneten Handlungsebenen sollten möglichst immer als Einheit beispielsweise mit konditionellen, koordinativen oder technischen Elementen trainiert werden (Optimierungsgedanke), weil im Sport psychische Regulation letztlich immer über die Bewegung realisiert wird.

Im Trainingsprozess des Bogenschützen haben sich unter Berücksichtigung entsprechender Zielstellungen verschiedenste Trainingsmethoden als wirkungsvoll bewährt. Neben den Methoden zur Verbesserung der Wiederherstellung und Steigerung der physischen Leistungsfähigkeit, des technischen Lernprozesses, der Antriebs- und Aufmerksamkeitsregulation, sowie der Selbstwirksamkeit sind insbesondere Methoden gefragt, welche psychische Störfaktoren beheben, die die sportliche Leistung beeinflussen (Tab. 108).

Wiederherstellung und Steigerung der physischen Leistungsfähigkeit

Im Bogenschießen stellt die adäquate Aktivierungslage einen bedeutenden Faktor für gleichmäßiges Schießen und damit hohe Ringzahlen dar (vgl. *Suk* 1995). Insbesondere eine zu hohe Aktivierung ist der Nährboden für technische Mängel (z.B. unruhiges Zielen) und leistungshemmende Verhaltensweisen.

Ziele	Methoden, Techniken und Verfahren
Verbesserung der Wiederherstellung und Steigerung der physischen Leistungsfähigkeit	Atementspannung, AT, TME, Atemregulation, Biofeedbackmethoden, Aktivtherapie, Musikentspannung, Yoga, psychoregulatives Training, psychotonisches Training und Meditation, Tai Chi, Kurzschlaf, Meditation
Verbesserung des technischen Lernprozesses	MT, OT in Verbindung mit Videoanalyse (auch Videokonfrontation), Bewegungsvorstellungen und -fantasien, ideomotorisches Training, Drehbücher mit Unterstützung des VT
Behebung psychischer Störfaktoren, die die sportliche Leistung beeinflussen	Hypnose, Desensibilisierung (kognitive Umbewertung), Biofeedback, Stressbewältigung (Verarbeitung negativer Emotionen), Konfrontation mit Stressoren und Selbstbehauptung
Verbesserung der Antriebsregulation	Volitive Regulation, Handlungsplanung und -kontrolle, Aufgabenanalyse, Problemlösungstraining, Selbstbehauptung, Selbstinstruktion bzw. Selbstgespräche, Selbstsicherheit, Selbstmotivierung, Willenstraining
Verbesserung der Aufmerksamkeitsregulation	Aufmerksamkeits- und Konzentrationstraining durch Fokussieren, Objektkonzentration, Zen-Meister-Übung
Verbesserung der Selbstwirksamkeit	Prognosetraining, Training der Nichtwiederholbarkeit ohne/mit Zeitverzögerung

Tab. 108: Klassifikation verschiedener Verfahren des psychologischen Trainings im Leistungssport unter Berücksichtigung der Zielstellung (AT: autogenes Training, TME: Tiefenmuskelentspannung, MT: mentales Training, OT: observatives Training, VT: verbales Training)

Psychologische Methoden zur Verbesserung der Wiederherstellung und Steigerung der physischen Leistungsfähigkeit sind die Atementspannung bzw. Atemregulierung, autogenes Training nach *Schultz* bzw. die daraus abgeleitete Aktivtherapie (*Frester* 1972), progressive Muskelrelaxation nach *Jacobsen* sowie psychoregulatives Training nach *Gissen*, psychotonisches Training (vgl. *Thiery* 1972, 287) und Formen der Musikentspannung (*Frester* 1993).

Auch Meditation, Yoga, konzentrative Entspannung (*Seefeldt* 1989, in *Schnabel* et al. 1994, 398) und andere Methoden finden Anwendung (vgl. *Schnabel* et al. 1994, 398).

Die folgenden Methoden stellen vorwiegend Möglichkeiten dar, die der Schütze bei zu hoher Aktivierung vor, während/zwischen und nach sportlichen Anforderungen in Training und Wettkampf einsetzen kann. Längsschnittuntersuchungen an Spitzenschützen belegen die positive Wirkung eines derartigen psychologischen Trainings (*Kratzer* 1988, 43–51).

Youn (1995, 59) empfiehlt hinsichtlich des Umfangs psychologischer Trainingsprogramme grundsätzlich ein tägliches Training von etwa 20 Minuten, das als Einstieg beispielsweise aus Atemübungen, progressiver Muskelentspannung und autogenem Training besteht.

Atementspannung
(visualisierendes Entspannungsatmen) bzw. Atemregulierung

Begriffsbestimmung

> Bei der Atementspannung bzw. Atemregulierung wird versucht, über einen gleichmäßigen Atemrhythmus Entspannungszustände in einzelnen Körperteilen hervorzurufen bzw. die Anspannung bestimmter Muskelgruppen zu regulieren (vgl. *Franseen*, in *Ruis* u. *Stevenson* 2004, 92).

Anwendung

Während bei der Atementspannung – sie wird in der Regel mit der sukzessiven Vorstellung entspannter Körperteile kombiniert – ein *beruhigendes Atmen* vorherrscht (Einsatz bei zu hoher Erregung vor oder während des Wettkampfes), sollte das *anregende Atmen* insbesondere bei zu geringem Erregungsniveau (zum Beispiel am Morgen) oder in Zusammenhang mit anderen aktivierenden Maßnahmen (bei auftretenden Ermüdungserscheinungen; vgl. *Kratzer* 2009, 61) eingesetzt werden.

Die Bedeutung der Atementspannung liegt für Bogenschützen insbesondere darin, dass diese Atemtechnik variabel anwendbar ist und bereits mit wenigen Atemzügen eingeleitet werden kann. Somit können Schlüsselstellen des Wettkampfes (z.B. Übergang Probepfeile/ Wertungspfeile, letzte Passe einer Distanz, Beginn einer neuen Distanz, Finale), die durch eine erhöhte Erregung gekennzeichnet sind, kontrolliert und ausgeglichen werden.

Durchführung

Kurzprogramm nach Pace (1994)
Um den Wettkampfzustand zu regulieren bzw. um sich vor dem einzelnen Schuss zu entspannen, beschreibt *Pace* (1994) als Kurzformel: »Beim Einatmen denke ich ›ent-‹, beim Ausatmen ›-spannen‹.«

15-Schritte-Programm nach *Hermann* und *Eberspächer*
Eine praktikable und einfache Form der Entspannungsatmung beschreiben *Hermann* und *Eberspächer* (1994, 66/70; Tab. 109). Die Abfolge der Übungen kann zunächst entweder selbst auf ein digitales Speichermedium zum Anhören gesprochen werden, oder eine andere Person liest sie vor.
Eine Übungseinheit dieser Technik pro Tag genügt in der Regel, um sie nach wenigen Wochen auch im Wettkampf – hier in Form einer Kurzregulation (Schritte 12–15) – einsetzen zu können.

15 Schritte der Atementspannung

1. Nehmen Sie eine bequeme Sitz- oder Liegehaltung ein; legen Sie die Arme seitlich und schließen Sie die Augen.
2. Stellen Sie zunächst einen gleichmäßigen Atemrhythmus her und beobachten Sie in Gedanken, wie sich Ihre Bauchdecke im Rhythmus der Atmung hebt und senkt. Die Schultern werden beim Einatmen nicht hochgezogen, sondern bleiben in tendenziell abfallender Haltung (20–30 Atemzüge).
3. Wählen Sie dann einen Atemzug aus und stellen Sie sich beim – möglichst langen – Ausatmen vor, wie sich Ihr dominanter Arm von der Schulter bis in die Fingerspitzen entspannt.
4. Beobachten Sie anschließend in Gedanken wieder das gleichmäßige Heben und Senken der Bauchdecke im Rhythmus der Atmung (ca. 10 Atemzüge).
5. Wählen Sie dann wieder einen Atemzug aus und stellen Sie sich beim – möglichst langen – Ausatmen vor, wie sich der andere Arm von der Schulter bis in die Fingerspitzen entspannt.
6. Beobachten Sie anschließend in Gedanken wieder das gleichmäßige Heben und Senken der Bauchdecke im Rhythmus der Atmung (ca. 10 Atemzüge).
7. Wählen Sie dann wieder einen Atemzug aus und stellen Sie sich beim – möglichst langen – Ausatmen vor, wie Ihre Gesichts- und Nackenmuskeln entspannt werden.
8. Beobachten Sie anschließend in Gedanken wieder das gleichmäßige Heben und Senken der Bauchdecke im Rhythmus der Atmung (ca. 10 Atemzüge).
9. Wählen Sie dann wieder einen Atemzug aus und stellen Sie sich beim – möglichst langen – Ausatmen vor, wie Brust, Bauch und Rücken entspannt werden.
10. Beobachten Sie anschließend in Gedanken wieder das gleichmäßige Heben und Senken der Bauchdecke im Rhythmus der Atmung (ca. 10 Atemzüge).
11. Wählen Sie dann wieder einen Atemzug aus und stellen Sie sich beim – möglichst langen – Ausatmen vor, wie die Beine und Füße entspannt werden.
12. Beobachten Sie anschließend in Gedanken wieder das gleichmäßige Heben und Senken der Bauchdecke im Rhythmus der Atmung (ca. 10 Atemzüge). Vergegenwärtigen Sie sich dann nacheinander nochmals das Gefühl entspannter Arme (zuerst der dominante, dann der andere Arm), des entspannten Gesichts und Nackens, der entspannten Brust-, Bauch- und Rückenmuskulatur sowie der entspannten Beine und Füße.
13. Wählen Sie dann wieder einen Atemzug aus und versuchen Sie, mit dem langen Ausatmen ihr gesamtkörperliches Entspannungsgefühl weiter zu vertiefen.
14. Atmen Sie noch einige Züge gleichmäßig ein und aus. Intensivieren Sie dann die Einatmung, ziehen Sie dabei die Schultern hoch, öffnen Sie die Augen und zählen Sie jeden der abschließenden fünf Atemzüge, indem Sie von 5 bis 1 herunterzählen.
15. Stehen Sie auf und bewegen Sie sich locker.

Tab. 109: Programm zur Atementspannung (vgl. *Hermann* u. *Eberspächer* 1994, 66/70)

7-Schritte-Programm nach *Lee* (2006)
Nach *Lee* (2006, 156) sollte die Atementspannung für Bogenschützen durch die so genannte »Zwerchfell- oder Zen-Atmung« erfolgen, die sich auch in Phasen erhöhter Erregung (z.B. Wettkampf) anwenden lässt. Dabei werden die folgenden Schritte der Entspannung durchgeführt:
- *Aufrechte Körperhaltung:* Bei leicht gebeugten Knien steht der Schütze in aufrechter Körperhaltung.
- *Entspannung:* Entspannen der Nacken-, Arm- und Schultermuskulatur sowie Reduzieren der Spannung im Gesicht und Kiefer durch ein leichtes Lächeln.
- *Konzentration:* Konzentration auf die Bewegung der Bauchmuskulatur und Erfühlen des Wechsels von Anspannung und Entspannung.
- *Einatmen:* Langsames, tiefes Einatmen (eventuell durch die Nase) und Bewegen des Zwerchfells in Richtung Bauchnabel unter Beobachtung einer Ausdehnung des Magens (Bauchraumes).
- *Entspannung halten:* Beibehalten der Entspannung in der Nacken-, Arm- und Schultermuskulatur. Eine Wölbung im Brustbereich sollte nicht stattfinden.
- *Ausatmen:* Langsames Ausatmen, unter Beachtung einer weiteren Entspannung.
- *Vergegenwärtigung:* Rückführung und Konzentration auf die anstehende Aufgabe (z.B. Schießen; vgl. *Franseen*, in *Ruis* u. *Stevenson* 2004, 92; *Schellbach* 2005, 49)

Regulationsprogramm nach *Beljajew* und *Kopylowa* (2009)
Beljajew und *Kopylowa* (vgl. *Kratzer* 2009, 61) empfehlen insbesondere zur Selbstregulierung von unterschiedlichen Entspannungszuständen ein Atemzählen im Rahmen unterschiedlicher Zeitspannen. Soll die Atmung insgesamt zur Beruhigung beitragen, wird die Ausatmung verlängert, und das Halten erfolgt nach der Ausatmung. Beim Atmen zur Anregung dominiert vor allem die Einatmung, wobei das Halten nach der Einatmung stattfindet (Tab. 110).

Das Regulationsprogramm nach *Beljajew* und *Kopylowa* kann vor allem von Sportlern eingesetzt werden, denen es schwerfällt, sich mithilfe von Vorstellungen oder Selbstbefehlen auf spezifische Aufgabenstellungen im Wettkampf zu konzentrieren.

Verwandte Formen
Weitere Methoden sind unter anderem die *Yishou-Methode* (unter regelmäßigem Bauchatmen wird die Konzentration auf einen bestimmten Punkt des Körpers gelenkt), die *Suixi-Methode* (Gedanken sind auf hebende und senkende Bauch-Atembewegungen gerichtet), die *Shuxi-Methode* (Atembewegungen werden so lange gezählt, bis man nichts mehr wahrnimmt und an nichts mehr denkt) sowie die *Monian-Methode* (unter regelmäßigem Bauchatmen wird an bestimmte Sätze oder Wörter gedacht, z.B. »Ich bin ganz ruhig« oder »Entspannung«; vgl. auch *Thich Nhat Hanh* 1999).

Beruhigendes Atmen			Anregendes Atmen		
E	A	H	E	H	A
4	4	2	4	2	4
4	5	2	5	2	4
4	6	2	6	3	4
4	7	2	7	3	4
4	8	2	8	4	4
5	8	2	8	4	5
6	8	3	8	4	6
7	8	2	8	4	7
8	8	4	8	4	8
7	8	4	8	4	7
6	7	3	7	3	6
5	6	2	6	3	5
4	5	2	5	2	4

Tab. 110: Beispiele der Rhythmisierung durch unterschiedliche Zeitintervalle (Sekunden) beim Einatmen (E), Halten (H) und Ausatmen (A)

Beachten Sie: Auch zu tiefe Entspannungszustände (z.B. nach der Mittagspause) sind regulierbar. Entspannende Effekte können in aktivierende übergehen, indem man sich vornehmlich auf die Einatmung konzentriert (Brustatmen). Dem kräftigen Einatmen folgt dann jeweils ein zeitlich etwas kürzeres Ausatmen (vgl. *Hermann* u. *Eberspächer* 1994, 67).

Autogenes Training

Begriffsbestimmung

Unter autogenem Training ist eine konzentrative Selbstentspannung zu verstehen, die durch Autosuggestion in den Zustand des Hypnoids – einen gesenkten Bewusstseinszustand mit optimaler Muskelentspannung – führt (*Rosa* 1973, 18; *Weineck* 2010, 905).

Anwendung

Beachten Sie: Von einem autogenen Training unmittelbar vor dem Wettkampf bzw. während der Wettkampfpausen ist abzuraten, da eine zu starke Muskelentspannung kontrolliertes Schießen erschwert. *Cernikova* und *Daskevic* (1972, 817) sowie *Weineck* (2010, 909) weisen darauf hin, dass eine totale Entspannung zu einer unter Umständen allgemeinen physischen und psychischen Schlappheit führen kann.

Das autogene Training spielt im Bogenschießen vor allem eine Rolle in der Erholung und Wiederherstellung der physischen und psychischen Potenzen des Schützen sowie nach extremen Belastungssituationen in Training und Wettkampf (z.B. Wettkampf über mehrere Tage bzw. Wettkampfblock).

Durchführung, physiologische Grundlagen

Ein systematisches, rhythmisierendes Üben, das fest in den Tagesablauf eingeplant ist, ist im autogenen Training ebenso erforderlich wie ein völliges Freimachen von Leistungsvorstellungen (vgl. *Weineck* 2010, 905).

Den Einstieg in die *Unterstufe* des autogenen Trainings findet der Schütze durch autosuggestive Formen wie »Ich bin ganz ruhig«. Im Anschluss daran durchläuft er die 6 Übungen der Unterstufe (Tab. 111). Dieser folgt normalerweise die *Oberstufe* mit ihrer meditativen Aufgabenstellung: Erleben von Farben, Formen, anderen Menschen bzw. des Unterbewussten. Die Oberstufe ist aber im Sportbereich mit seiner Forderung nach einer optimierten Wiederherstellung in kürzester Zeit meist nicht verwendbar.

Schwere-Übung: Formel: »Der rechte Arm ist ganz schwer.« Physiologische Vorgänge: Es wird bei dieser Übung bewusst der rechte Arm bevorzugt – die meisten Menschen sind Rechtshänder, da in der Hirnrinde des Gyrus praecentralis (Hirnwindung, die die motorischen Felder beinhaltet) die rechte Hand besonders umfangreich repräsentiert und die davon ausgehende Ausstrahlung auf andere Rindengebiete umfassend ist. Das Gefühl der Schwere lässt sich durch die Abnahme des Muskeltonus erklären und ist objektiv durch elektromyografische Aufzeichnungen nachweisbar.

Wärme-Übung: Formel: »Der rechte Arm ist ganz warm«. Physiologische Vorgänge: Mit der Herabsetzung des Muskeltonus ist die Abnahme des Gefäßtonus verbunden. Dadurch kommt es zur Weitstellung der Gefäße mit nachfolgender Erhöhung der Hauttemperatur, wodurch das Gefühl der Wärme entsteht. Parallel dazu erfolgt eine Abnahme der Herzfrequenz und des Blutdrucks, was sich ebenfalls günstig auf die Entspannungs- bzw. Erholungsfähigkeit auswirkt.

Herz-Puls-Übung: Formel: »Das Herz schlägt ganz ruhig und kräftig.« Physiologische Vorgänge: Durch diese Übung wird die schon in der Wärme-Übung eingeleitete Herzberuhigung fortgeführt und vertieft. Die Tendenz zur Herzfrequenzabnahme steht in positiver Beziehung zur Umschaltung auf eine trophotrope, auf Erholung ausgerichtete Reaktionslage (vgl. *Cernikova* u. *Daskevic* 1972, 819; *Tonn* 1977, 34; *Weineck* 2010, 906).

Atem-Übung: Formel: »Der Atem ist ruhig und regelmäßig.« Physiologische Vorgänge: Die Atemübung führt durch die Verlängerung des Ausatmens zu einer weiteren Entspannung, da das Exspirium zu einer Muskelrelaxation, insbesondere der Gliedmaßenmuskulatur, führt (vgl. *Strohmeier* 1981, 101).

Bauchorgan-Übung: Formel: » Das Sonnengeflecht ist strömend warm.« Physiologische Vorgänge: Durch die selbstregulative Mehrdurchblutung der Bauchorgane (Abb. 463) kommt es zu einer weiteren psychovegetativen Beruhigung mit gleichzeitiger Regulierung der Magensaftproduktion. Folgen sind eine erhöhte Darmmobilität und ein ungestörter Verdauungsablauf (vgl. *Kraft* 1982, 95 f.). Zudem kennzeichnet die Sonnengeflechtsübung eine Entlastung des Blutes in die Bauchhöhle (vgl. *Hoffmann* 1982, 271).

Kopf-Übung: Formel: »Die Stirn ist angenehm kühl.« Die Kopf-Übung grenzt sich in ihrer Formel »Die Stirn ist angenehm kühl« von dem Allgemeinzustand des Körpers im autogenen Training ab, der von einem Wärmeerlebnis gekennzeichnet ist (vgl. *Schultz* 1979, 92). Physiologische Vorgänge: Zur Selbstregulierung psychischer bzw. vegetativer Zustände wird das Wort, die suggestive Formel, eingesetzt. Dadurch können über das zweite Signalsystem bestimmte Funktionen des Organismus aktiviert bzw. gedämpft und somit auch psychische Zustände entsprechend beeinflusst werden (*Cernikova* u. *Daskevic* 1972, 814; *Eberspächer* 1982, 217; *Weineck* 2010, 907).

Eine zusammenfassende Übersicht über die Unterstufe des autogenen Trainings gibt Tab. 111.

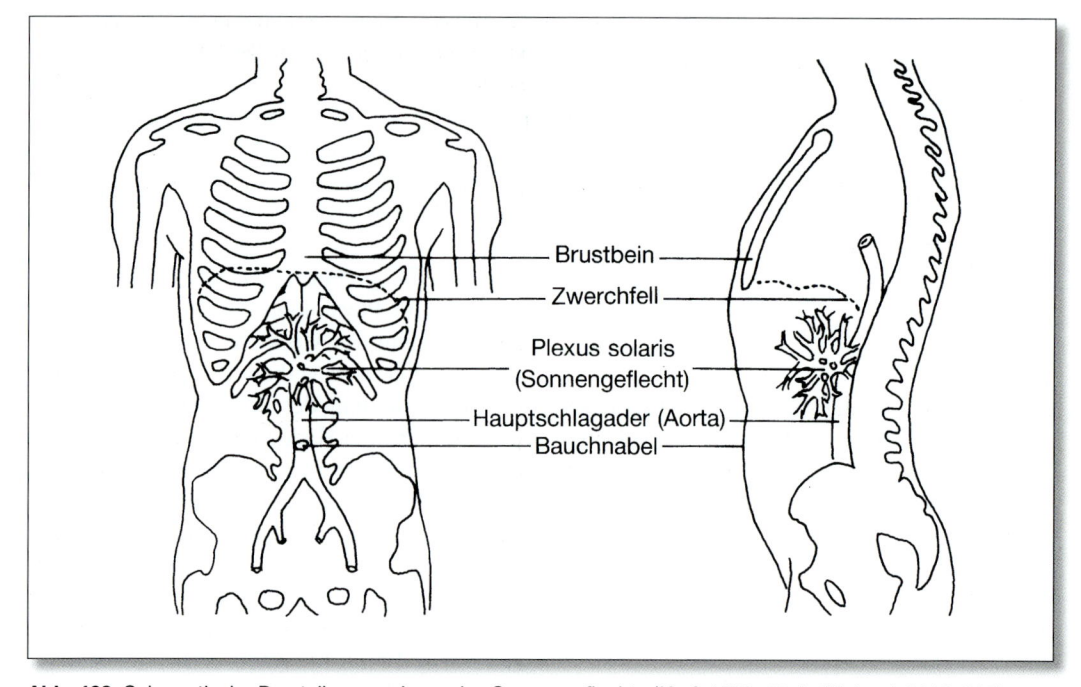

Abb. 463: Schematische Darstellung zur Lage des Sonnengeflechts (*Kraft* 1982, 96; in *Weineck* 2010, 907)

	Übungsart	Übungsformel	Wirkung	Begleiterscheinung
	Ruhetönung*	»Ich bin vollkommen ruhig«	Allgemeine Beruhigung Von Körper und Psyche	
1	Schwereübung	»Der rechte (linke) Arm ist ganz schwer«	Muskelentspannung, allgemeine Beruhigung	Autogene Entladungen aller Art sind möglich, Nachwirkungen durch falsches Zurücknehmen
2	Wärmeübung	»Der rechte (linke) Arm ist ganz warm«	Entspannung der Blutgefäße, Beruhigung	Autogene Entladungen
3	Herzübung	»Herz schlägt ganz ruhig und gleichmäßig«	Normalisierung der Herzarbeit, Beruhigung	Autogene Entladungen durch Erwartungseinstellung, durch »Organerinnerung« können Organsymptome ausgelöst werden
4	Atemübung	»Atmung ganz ruhig (und gleichmäßig)«	Harmonisierung und Passivierung der Atmung, Beruhigung	(wie oben)
5	Leib- (Sonnengeflecht-) übung	»Sonnengeflecht (Leib) strömend-warm«	Entspannung und Harmonisierung aller Bauchorgane, Beruhigung	(wie oben)
6	Kopfübung	»Stirn angenehm kühl«	Kühler, klarer Kopf, Entspannung der Blutgefäße im Kopfgebiet, Beruhigung	Autogene Entladungen, gelegentlich Kopfschmerzen und Schwindel

* Die Ruhetönung kann nur bei gegebener Indikation als selbständige Übung angesehen werden; im Allgemeinen gilt sie als »richtungsweisendes Einschiebsel« im Sinne von Schultz.

Tab. 111: Übungsart, Übungsformel, Wirkung und Begleiterscheinungen der Unterstufe des autogenen Trainings (nach Lindemann 1974; in Weineck 2010, 908).

Jeweils am Ende des autogenen Trainings erfolgt die »Rücknahme«, d.h. die Umschaltung aus dem entspannten in den normalen Wachzustand, über Formeln wie »Arme fest«, verbunden mit kurzen isometrischen Anspannungsübungen zur Wiederaufnahme des normalen Muskeltonus (vgl. Weineck 2010, 908).

Tiefenmuskelentspannung

Diese Methode wird auch als neuromuskuläre Relaxation, als Entspannungstraining bzw. als progressive Muskelrelaxation bezeichnet und wurde von E. Jacobsen entwickelt. Sie ist in der Wirkung ähnlich wie das autogene Training, hat aber keine Hochziele, wie sie in der Oberstufe des autogenen Trainings enthalten sind. Da die Tiefenmuskelentspannung nicht nur auf eine Verbesserung der physischen Wiederherstellung, sondern auch auf die Behebung psychischer Störfaktoren (z.B. Angst vor einem Fehlschuss) einwirkt, ist sie bei den eingangs erwähnten psychologischen Trainingsmethoden sowohl in der ersten als auch dritten Zielgruppe einzuordnen (Tab. 108). Die Tiefenmuskelentspannung ist im Gegensatz zum autogenen Training relativ rasch zu erlernen: Zur Vermittlung der Grundkenntnisse reichen 2 Stunden aus; anschließend genügt ein mehrmaliges kurzes Wiederholen.

Die Übungsdauer beträgt etwa 10 Minuten. Das Training zeigt folgende Wirkungen im physischen und psychischen Bereich (*Weineck* 2010, 909):
- Beseitigung oder Abschwächung von Einschlafstörungen
- Verringerung oder Beseitigung bestehender Schmerzen durch Erhöhung der Schmerzschwelle
- Verringerung oder Beseitigung unangenehmer Stimmungszustände (z.B. Angst)
- Allgemeine Toleranzerhöhung gegenüber Stress
- Normalisierung verschiedener Körperfunktionen (z.B. Blutdruck- und Herzfrequenzsenkung, nervale Beruhigung wie beim autogenen Training)
- Erhöhung der Durchblutung des gesamten Muskelsystems

Durchführung
Die Einstimmung bei der Tiefenmuskelentspannung erfolgt durch tiefe und ruhige Ein- und Ausatmung. Dann werden nacheinander bewusst alle Hauptmuskelgruppen des Körpers langsam, aber intensiv angespannt, die Spannung wird etwa 5–7 Sekunden aufrechterhalten und dann wieder entspannt (vgl. *Bußmann* 2003, 18). Etwa folgende Reihenfolge ist einzuhalten: Nacken, Hände, Arme, Beine, Becken und untere Rückenmuskulatur, Gesäß und Gesicht.

Ein weiterer Vorteil der Tiefenmuskelentspannung liegt in der Tatsache begründet, dass das Kontrastlernen »Anspannung – Entspannung« zu einer Verbesserung der propriozeptiven Wahrnehmung beiträgt und damit positiv auf den Trainingsprozess einwirkt (vgl. *Stützle* 1981, 790). In Abhängigkeit von individuellen Vorstartmerkmalen gibt *Kemmler* (1973, 74) als Limit für die Applikation der Tiefenmuskelentspannung 60–20 Minuten vor dem Start an. Ein Unterschreiten dieser Grenze ist zu vermeiden, da sich ein zu dichter Abstand zum Start leistungsmindernd auswirken kann.

Centering
Eine erweiterte Form der Tiefenmuskelentspannung stellt das von *Vorderegger* (1995, 24 ff.) propagierte *Centering* (Finden der inneren Mitte) dar. Über Erinnerungsmechanismen (körperliche Entspannung, geistige Entspannung, Schlüsselwort, Zustand halten) soll ein bekannter Entspannungszustand hervorgerufen werden. Tab. 112 zeigt einen möglichen Ablauf des Centerings.

Körperliche Entspannung	• Atemübungen in Kombination mit Tiefenmuskelentspannung
Geistige Entspannung	• Hervorrufen eines früheren positiven Erlebnisses (Jahreszeit, Tageszeit, beteiligte Personen, Temperatur etc.) • Übertragung dieses Gefühls auf jetziges und zukünftiges Fühlen
Schlüsselwort	• Definition eines Schlüsselwortes (z.B. Sonnenaufgang; kausaler Zusammenhang zum Erlebnis) und mehrmaliges intensives Wiederholen desselben
Zustand halten	• Versuchen, diesen Zustand zu halten

Tab. 112: Möglicher Ablauf des Centerings (vgl. *Vorderegger* 1995, 24 ff.)

Weitere Formen

Weitere verwandte Formen des autogenen Trainings sind (vgl. *Weineck* 2010, 911 ff.):
- *Psychoregulatives Training* (Aufbau einer muskulären Entspannung durch Senkung des Informationsflusses)
- *Psychotonisches Training* (selektive Beeinflussung des Muskeltonus mittels der Unterstufenübungen des autogenen Trainings)
- *Psychohygienetraining* (aus dem Yoga abgeleitetes Verfahren nach *Lindemann* 1984)
- *Relaxations-Aktivations-Methode* (Kombination von entspannenden und für den Wettkampf gezielt dosierten anspannenden Übungen)
- *Aktivtherapie* (Kombination von entspannenden Übungen und einer entsprechenden Schwunggymnastik)

Beachten Sie: Alle Methoden zur Verbesserung der Wiederherstellung und Steigerung der physischen Leistungsfähigkeit (z.B. autogenes Training, Tiefenmuskelentspannung) müssen im Vorfeld eines Wettkampfes auf ihre Wirksamkeit und Applikationszeit im Rahmen von Leistungskontrollen und Aufbauwettkämpfen mehrfach überprüft werden.

Verbesserung des technischen Lernprozesses

»Zuerst sehe ich den Pfeil dort, wo ich ihn hinschießen möchte. Da steckt er mitten in der Zehn. Dann wechselt meine Vorstellung schnell, und ich sehe, wie der Pfeil dorthin fliegt. Ich sehe seine Bahn, seine Kurve und sogar sein Verhalten beim Einschlag. Dann wird abgeblendet, und die nächste Szene zeigt mir, wie ich schießen muss, um die vorhergehenden Bilder in die Wirklichkeit umzusetzen« (in Anlehnung an J. Niclaus).

Die nunmehr zu beschreibenden Maßnahmen richten sich direkt auf den Prozess der Aufgabenbewältigung. Alle Verfahren wie »Inner Training«, mentales Training, observatives Training, Beobachtungslernen oder Videokonfrontation versuchen, die koordinativen Prozesse der Aufgabenbewältigung direkt im Sinne einer Optimierung zu beeinflussen. Derartige Maßnahmen lenken die Aufmerksamkeit (Selektionen) auf wichtige Reize (Momente), die bei der richtigen Bewegungsausführung eine Rolle spielen. Insofern wirken diese Trainingsformen wie bei jedem motorischen Optimierungs- oder Lernprozess nur im unmittelbaren Zusammenhang mit der Bewegungsausführung (vgl. *Janssen* 1995, o. S.).

Mentales Training

»*Was den Menschen bewegt, sind nicht die Dinge selbst, sondern die Ansichten, die er von ihnen hat*« *(Epiktet, 50–138 n. Chr.).*

Begriffsbestimmung

Unter mentalem Training (MT) versteht man das Erlernen oder Verbessern eines Bewegungsablaufs durch intensives Vorstellen ohne gleichzeitiges Üben (vgl. *Volkamer* 1972, 137).

Kunze (1971, 340–343) unterteilt das mentale Training in *subvokales Training* (mit sich selbst über den Bewegungsablauf sprechen), *verdecktes Wahrnehmungstraining* (in der Vorstellung den Bewegungsablauf bei einem anderen beobachten) und *ideomotorisches Training* (in der Vorstellung selbst ausführen).

Anwendung

Im Bogenschießen kann das mentale Training insbesondere dazu eingesetzt werden, um die Präzision des Bewegungsablaufs zu erhöhen bzw. zu stabilisieren. Es erlaubt »geistige« Zeitlupenstudien und ermöglicht damit insbesondere bei komplexen Teilabläufen (z.B. Zug-Druck-Arbeit, Schulterblattbewegung) eine Verbesserung der Bewegungsvorstellung. Gleichzeitig kann MT dazu beitragen, die Vorstart- und Wettkampfsituation zu simulieren (der Schütze geht damit unbelasteter an den Wettkampf heran), Ängste zu bewältigen bzw. abzubauen und die Motivation zu fördern.

Im Unterschied zum *observativen Training*, bei dem der Bewegungsablauf, der geübt werden soll, nur in seinen räumlich-zeitlichen Koordinaten gewissermaßen distanziert beobachtet wird, betont das mentale Training den visuellen Mitvollzug (das Sich-hinein-Versetzen) bzw. das Miterleben sensorischer, insbesondere kinästhetischer Begleiterscheinungen des Ablaufs und ist dadurch für das Bogenschießen in besonderem Maße geeignet.

Physiologische Grundlagen

Die Untersuchungen von *Kohl* und *Krüger* (1972, 125 f.) zeigen, dass es bereits durch intensives Vorstellen eines Bewegungsablaufs zu einer zentralen Erregung des motorischen Rindenfeldes des Gehirns und damit zu Mikrokontraktionen der Muskeln kommt. Die Folgen sind eine Intensivierung des Gasstoffwechsels, eine Beschleunigung von Atem- und Herzfrequenz, eine Blutdruckerhöhung, eine erhöhte Empfindlichkeit des peripheren Sehens und eine stärkere Erregbarkeit der peripheren Nerven (Carpenter-Effekt; vgl. *Weineck* 2010, 920). Nicht zuletzt deshalb erscheint ein kombinierter Einsatz von mentalem und praktischem Training besonders sinnvoll.

Durchführung

Grundsätzlich gilt für das mentale Training wie für alle Trainingsmethoden, dass optimale Lernbedingungen die Trainingswirkungen optimieren. Somit beeinflussen innere und äußere Faktoren entscheidend die Effektivität des mentalen Trainings (vgl. *Weineck* 2010, 916 f.).

Innere Bedingungen sind eine positive Einstellung auf die folgende konzentrierte Gedankenführung, Motivation, ein relativer Entspannungszustand (z.B. durch Vorschaltung psychoregulativer Verfahren), eine vorherige Relaxation und eine genaue Vorstellung des Sollwerts beim Sportler.

Die *äußeren Bedingungen* werden vor allem durch das Kriterium der Außenreizverarmung bestimmt (Vermeidung von großem Lärm, grellem Licht, Schwitzen oder Frieren). Um Übereinstimmungen mit dem realen Schießablauf zu schaffen, sollte das mentale Training im Stehen durchgeführt werden. Des Weiteren spielen Faktoren wie Entwicklungsstand, aktuelles Lernniveau, Aufnahmefähigkeit, Motivation etc. eine wichtige Rolle (vgl. Abb. 449, S. 449).

Bei der Durchführung des mentalen Trainings ist es wichtig, dass der gedankliche Ablauf flüssig und ohne Verharren auf einem bestimmten Teil der Bewegung erfolgt. Die Zeitdauer entspricht (z.B. ab der 4. Stufe in Abb. 465) der der praktischen Ausführung. Nach *Syer* und *Conolly* (1987, 71) sollte das mentale Training täglich und stets zur gleichen Zeit durchgeführt werden und insbesondere zu Beginn des Lernprozesses nicht länger als 5–10 Minuten dauern (konzentrative Ermüdung).

Beachten Sie: Um ein wirksames mentales Training durchführen zu können, ist eine klare Bewegungsvorstellung der Schießtechnik nötig. Je differenzierter die Vorstellung des Schießablaufs, desto wirkungsvoller ist das mentale Training. Es eignet sich daher erst, wenn sich der Schütze in der Phase der Feinkoordination (vgl. Motorisches Lernen, S. 243) befindet, da die Funktionsfähigkeit des kinästhetischen Analysators während der Grobkoordination noch nicht gegeben ist (vgl. *Hotz* u. *Weineck* 1983, 76).

Ist eine Bewegungsvorstellung nicht schon aufgrund früherer Bewegungserfahrungen des Sportlers vorhanden, wird mittels verbaler Information (vgl. Verbales Training, S. 505 und/oder bildlicher Wahrnehmung (vgl. Observatives Training, S. 504) eine Sollwertvorgabe erreicht.

Vor allem für Schützen, die mit dem mentalen Training noch wenige Erfahrungen haben, kann

Durchführungsmodalitäten für das mentale Training

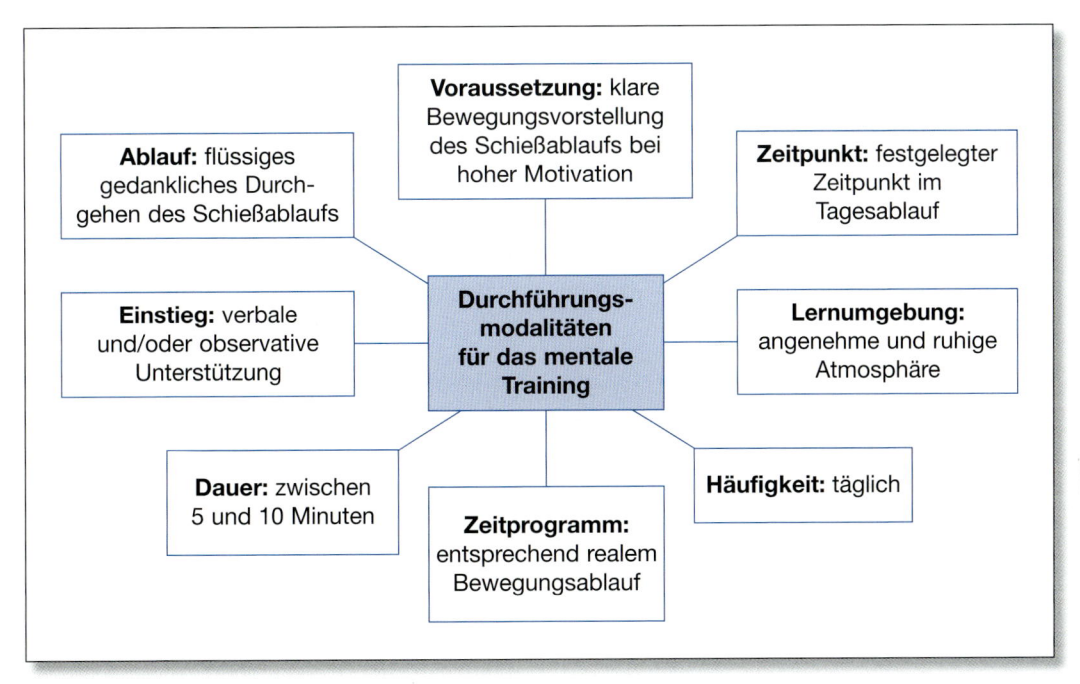

- **Voraussetzung:** klare Bewegungsvorstellung des Schießablaufs bei hoher Motivation
- **Ablauf:** flüssiges gedankliches Durchgehen des Schießablaufs
- **Zeitpunkt:** festgelegter Zeitpunkt im Tagesablauf
- **Einstieg:** verbale und/oder observative Unterstützung
- **Lernumgebung:** angenehme und ruhige Atmosphäre
- **Dauer:** zwischen 5 und 10 Minuten
- **Zeitprogramm:** entsprechend realem Bewegungsablauf
- **Häufigkeit:** täglich

Abb. 464: Durchführungsmodalitäten für das mentale Training

es zunächst eine Hilfe sein, über das *subvokale Training* einzusteigen und dann das *verdeckte Wahrnehmungstraining* zu praktizieren. Letztlich muss jedoch die ideomotorische Perspektive angestrebt werden – zuerst in der Außenansicht, dann jedoch aus der Innensicht, d.h., der Schütze sieht sich nicht komplett, sondern nur in dem Ausschnitt, den er auch beim praktischen Üben vor Augen hat (Abb. 464).

3-Stufen-Programm von Kemmler

Der Einstieg in das mentale Training kann durch das Programm von *Kemmler* (1973, 84) erleichtert werden:

- Verbalisierung des gesamten Bewegungsablaufs
- Beobachten einer vorbildlichen Demonstration (Lehrfilm etc.)
- Einige vorstellungsmäßige Ausführungen des Bewegungsablaufs unter besonderer Berücksichtigung der den Bewegungsablauf begleitenden Körpergefühle (kinästhetische Empfindungen) und spezifisch technischer Schwierigkeiten in der Bewegungsstruktur

Stufe	Inhaltlicher Schwerpunkt
1	Technikbeschreibung mündlich und schriftlich
2	Internalisieren
3	Knotenpunkte beschreiben
4	Knotenpunkte symbolisieren und rhythmisieren

Tab. 113: Stufen des mentalen Trainings (vgl. *Eberspächer* 2004, 101)

4-Stufen-Programm von Eberspächer

Die Grundstruktur des mentalen Trainings beschreibt *Eberspächer* (2004, 101) in 4 Stufen (Tab. 113), wobei die zu verarbeitende Informationsmenge stetig reduziert wird.

- *1. Stufe (Technikbeschreibung mündlich und schriftlich):* Der zu trainierende Bewegungsablauf (kompletter Schießablauf oder Teilablauf) sollte so detailliert wie möglich beschrieben und der Ablauf in Ich-Form fixiert werden. Nicht-Aussagen (»Ich achte

darauf, dass ich nicht...«) sollten unterbleiben, da sie den Fehler in die zu trainierende Bewegung hineintragen.
- 2. Stufe (Internalisieren): Auf dem Wege intensiven Lesens wird die Bewegungsbeschreibung nahezu auswendig gelernt, so dass sie per Selbstgespräch beschrieben werden kann. Erst wenn diese subvokale Vorstellung problemlos realisiert wird, folgt die 3. Stufe.
- 3. Stufe (Knotenpunkte beschreiben): Einzelne Elemente des Schießablaufs werden zusammengefasst, systematisiert und so ihre Struktur verdeutlicht. Die Knotenpunkte der Bewegung, d.h. die für die Bewegungsausführung entscheidenden Stellen, werden hervorgehoben. Knotenpunkte sind beim Bogenschießen beispielsweise die 4 Positionsphasen (s. S. 366).
- 4. Stufe (Knotenpunkte symbolisieren und rhythmisieren; kinästhetisch-rhythmische Kodierung): Die Knotenpunkte werden nun symbolisch markiert, d.h., sie werden in individuelle Kurzformeln umbenannt, wobei ein Knotenpunkt als Startpunkt festgelegt werden sollte (Bassham 2008, 45). Die in Stufe 3 deklarierten Knotenpunkte können beispielsweise als »Rein« – »Hoch« – »Zug« – »Ab« – »Zehn« definiert werden. Diese Kurzworte werden im Folgenden so ausgesprochen, dass sie zum relevanten Rhythmus der Bewegung passen: »Rein – Hoooooch – Zug – Ab – Zeeehn!«. Auf dem Niveau der 4. Stufe kann der Schütze nun jederzeit den Bewegungsablauf abrufen (mentaler Impuls).

Beachten Sie: Während der realen Bewegungsausführung rät *Bassham* (2008, 45) in der Phase der Automatisierung (s. S. 107), die symbolisierten Knotenpunkte beispielsweise durch Konzentration auf die Wahrnehmung der Atmung oder die Bewegung des Schulterblattes auf der Zugarmseite zu ersetzen, um ein unbewusstes Schießen zuzulassen.

5-Stufen-Programm von Frester
Frester (1984, 122) schlägt hinsichtlich des mentalen Trainings ein fünfphasiges Vorgehen vor:
- Autogenes Training
- Sollwertaktualisierung durch optische Darbietung
- Ideomotorisches Training
- Praktische Imitation des Bewegungsablaufs
- Praktische Ausführung des Gesamtablaufs

Karlsruher Psychologisches Training
Alle Ergebnisse der MT-Forschung zu berücksichtigen scheint das Karlsruher Psychologische Training (Abb. 465). Das Training erstreckt sich über mehrere Wochen. Im Grundprogramm erlernt der Sportler dabei drei psychoregulative Verfahren. Die Kurzfassung kommt erst zur Anwendung, sobald die psychophysischen Reaktionen mittels Langprogramm stabilisiert sind (*Förster* 1990, 95).

Für das eigentliche mentale Training werden schriftliche Hilfsmittel wie genaue Übungsanleitungen und Bewegungstexte gereicht. Angewendet wird das mentale Training schließlich in Form von Kurzprogrammen und zunächst in das Training sowie in vorbereitende Wettkämpfe integriert, bevor es auch in normale Wettkämpfe einbezogen werden kann (*Förster* 1990, 96).

Beachten Sie: Im Allgemeinen ist das Tempo der Visualisierung beim mentalen Training mit der gleichen Geschwindigkeit wie das aktive Training durchzuführen. Eine Ausnahme bildet die Behebung automatisierter Technikfehler: Hier empfiehlt es sich, die Bewegung »in Zeitlupe« auszuführen (vgl. *Weineck* 2010, 920).

Preplay, Replay
Preplay: Das mentale Durchgehen des Bewegungsablaufs vor der eigentlichen Ausführung des Schusses wird als Preplay bezeichnet (*Syer* u. *Conolly* 1987, 79). *Olivier* et al. (1989, in

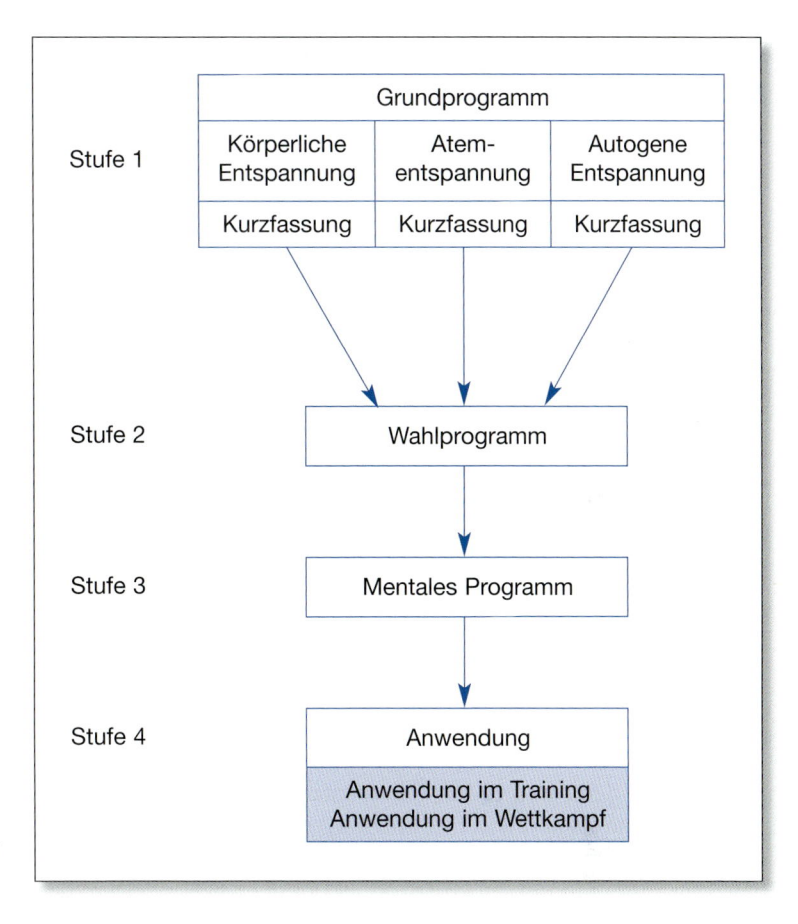

Abb. 465:
Aufbau des Karlsruher Psychologischen Trainings (*Förster* 1990, 95; in *Weineck* 2010, 919)

Stufe 1: Grundprogramm — Körperliche Entspannung / Atementspannung / Autogene Entspannung (Kurzfassung)
Stufe 2: Wahlprogramm
Stufe 3: Mentales Programm
Stufe 4: Anwendung — Anwendung im Training / Anwendung im Wettkampf

Wiemeyer 1996) konnten zeigen, dass präaktionale Aufmerksamkeitslenkungen (die Aufmerksamkeit wird bereits vor der Bewegungsaufgabe entsprechend erhöht) zu signifikanten Leistungsvorteilen führen, die auf eine verbesserte Bewegungsvorstellung zurückgeführt werden (vgl. *Wiemeyer* 1996, 100). Durch das Visualisieren der bevorstehenden Aufgabe kann vom störenden Denken auf die Handlung selbst übergeleitet werden. Störende Gedanken im Sinne einer Zerstreutheit können nach *Thich Nhat Hanh* (1999, 19) durch Bewusstseinslenkungen beispielsweise auf die Atmung auch im Wettkampf selbst (z.B. vor einem entscheidenden Pfeil) ausgeschaltet werden.

Beispiel aus dem Trainingsbuch eines Schützen: »Im Lauf des mentalen Trainingsprozesses sehe ich immer mehr Einzelheiten. Ich sehe den Pfeil ins Gold fliegen. Ich sehe, wie der Pfeil in der Zehn landet und manchmal gelingt es mir sogar, dass ich mich auf dem Pfeil sitzend, ins Zentrum mitfliegen sehe.«

Meyer (1993, 5) fordert ferner, dass die Bewegungsvorstellung immer mit einem positiven Ergebnis abschließen soll (der Schütze sieht den Pfeil im Zentrum stecken), weil auf diese Weise das Unterbewusstsein versuchen wird, diese geistigen Bilder (die Zehn) zu verwirklichen. Um negative Gedankengänge auszuschließen, sollte die Aufgabe nach dem Replay ohne Verzögerung ausgeführt werden.

Replay: Als Ergänzung zum Preplay und um schießtechnisch perfekte Momente (z.B. einen individuell optimalen Bewegungsablauf oder »Treffen der Zehn«) tiefer in das Sinngedächtnis einzuprägen, empfehlen *Syer* und *Conolly* (1987, 87) eine sofortige mentale Wiederholung der Leistung (Replay). Ähnlich äußert sich *McKinney* (1990, 5): »Für die wichtigen Wettkämpfe bereite ich mich innerlich vor, indem ich im Geiste meine besten Schüsse wiederhole, während ich körperlich trainiere«. Insgesamt wird der Bewegungsablauf, den man gerade vollendet hat, visualisiert und gleichsam darauf geachtet, wie dieser sich angefühlt hat.

Schellbach (2005, 19) weist darauf hin, der positiven Ergebnisvisualisierung (Pfeil steckt im Gold) mitunter den Bewegungsablauf *rücklaufend (wind back)* nachzuschalten: Der Schütze sieht den Pfeil im Ziel, anschließend visualisiert er, wie der Pfeil in das Ziel fliegt, sieht sich dann selbst beim Nachhalten (4. Positionsphase), Ankern (3. Positionsphase), Set-up (2. Positionsphase), bei der Vorspannung (1. Positionsphase) und seiner Vorbereitung.

> *Beachten Sie:* Der Schießablauf ist erst dann wirklich effizient, wenn das, was der Schütze denkt, innerlich sieht und fühlt, übereinstimmt mit dem, was er tut. Die mentalen Prozesse sind dann mit dem Bewegungsablauf synchronisiert.

Observatives Training und Videoanalysen

Begriffsbestimmung

> Unter observativem Training (OT) ist das planmäßige wiederholte gezielte Beobachten der Übung anderer Personen zu verstehen (*Ulich* 1973, 7; *Krug* et al. 1996, 13–16; *Weineck* 2010, 924).

Das Ziel besteht darin, eine Bewegungsvorstellung zu präzisieren bzw. zu festigen. Da das observative Training meist jedoch eine Sollwertangabe darstellt, liegt das Augenmerk dieser Trainingsmethode weniger in der Stabilisierung als in der Aneignung und Verbesserung von Bewegungsfertigkeiten (vgl. *Weineck* 2010, 924).

Physiologische Grundlagen

Aus physiologischer Sicht treten beim observativen Training ähnliche Reaktionen wie beim mentalen Training auf (Carpenter-Effekt). Die Rückmeldung über die Videokonfrontation mit der eigenen Bewegungsausführung sollte selektiv mit Bezug zu dem Einzelaspekt eines Sollwerts (z.B. enges Lösen) gegeben werden. Dies bedeutet: Das observative Training ohne praktische Ausführung und Rückmeldung über den Istzustand ist eine rein mentale Konzentrationsübung ohne direkte motorische Trainingsfolgen. Ebenso wenig zahlt sich eine isolierte Videokonfrontation nach dem Training aus (vgl. *Hahn* 1994, 204). Der Schütze sollte daher, wo immer möglich, das observative Training mit dem Schießtraining (Techniktraining) kombinieren.

Durchführung

Als Inhalte dienen Vormachen, Filme, Bildreihen, Zeichnungen etc. Die Verwendung von Bildreihen erscheint effektiver als die Verwendung eines Ringfilmes, da längere Betrachtungszeiten mit besseren motorischen Leistungen korrelieren (vgl. *Mester* u. *de Marées* 1980, 172/175).

Grundsätzlich muss die Demonstration dem technisch richtigen Bewegungsablauf entsprechen, sie ist mehrfach zu wiederholen und ihr muss eine verbale Information vorausgehen.
Es muss allerdings darauf hingewiesen werden, dass insbesondere bei der Verwendung von Videoaufzeichnungen vorrangig Informationen zur Bewegungsausführung (knowledge of performance) als Informationen zum Ergebnis (knowledge of results) gegeben werden sollten. Andererseits stellen *Daugs* et al. (1996, 33) fest, dass beim Modelllernen bei Verfügbarkeit von Sollwertinformationen bessere Lernleistungen erzielt werden als bei reiner Istwertinformation. Insbesondere ergeben sich dort sogar bessere Leistungsgewinne, wenn der Lerner ausschließlich Sollwertinformationen erhält.

Konsequenzen für die Trainingspraxis:
- Geben Sie vorrangig Informationen zur Bewegungsqualität (s. S. 216 ff.). Schießen Sie auf kurze Entfernungen oder ohne Verwendung von Scheibenauflagen.
- Orientieren Sie sich an technischen Leitbildern (z.B. mithilfe von Referenzaufnahmen), d.h. lernen Sie, wie die Bewegung korrekt aussehen sollte (und nicht, was technisch falsch ist).
- Verwenden Sie zeitverzögerte Videoaufnahmen (D-Live) sowie im Rahmen der Sollwertvorgabe so genannte Referenzclips eines individuell optimalen Bewegungsablaufs.

Eine Kombination von Videotraining und der Schaffung eines positiven Finalereignisses – im Sinne der Erhöhung von Selbstvertrauen und Selbstsicherheit – lässt sich beispielsweise durch eine Koppelung von optimaler Bewegungsausführung mit guten Trefferaufnahmen erreichen.

In der Praxis haben sich folgende Aufnahmewinkel für Schützen bewährt (Abb. 466; vgl. *Knöbel* 1999, 46–49):

- *Aufnahme frontal:* Ankerposition und Lösen, Veränderung von Bogenhand und -arm
- *Aufnahme seitlich:* Bewegung des Bogenarmes und Linie des Zugarmes; ebenso Bewegungen der Zughand sowie Verhalten des Bogens nach dem Abschuss
- *Aufnahme seitlich mit Monitor:* z.B. im Rahmen zeitversetzter Aufnahmen (D-Live) als Kontrolle

Beachten Sie: Jeder Demonstration muss eine verbale Information vorausgehen, um die Wahrnehmung nicht dem Zufall zu überlassen, sondern bei den Sportlern eine sinnerfassende Wahrnehmung auszulösen.

Verbales Training

Begriffsbestimmung

Unter verbalem Training (VB) ist eine planmäßige wiederholte gezielte verbale Kommunikation über den Ablauf der zu lernenden sensomotorischen Fertigkeiten zu verstehen (vgl. *Ulich* 1973, 356; *Weineck* 2010, 926).

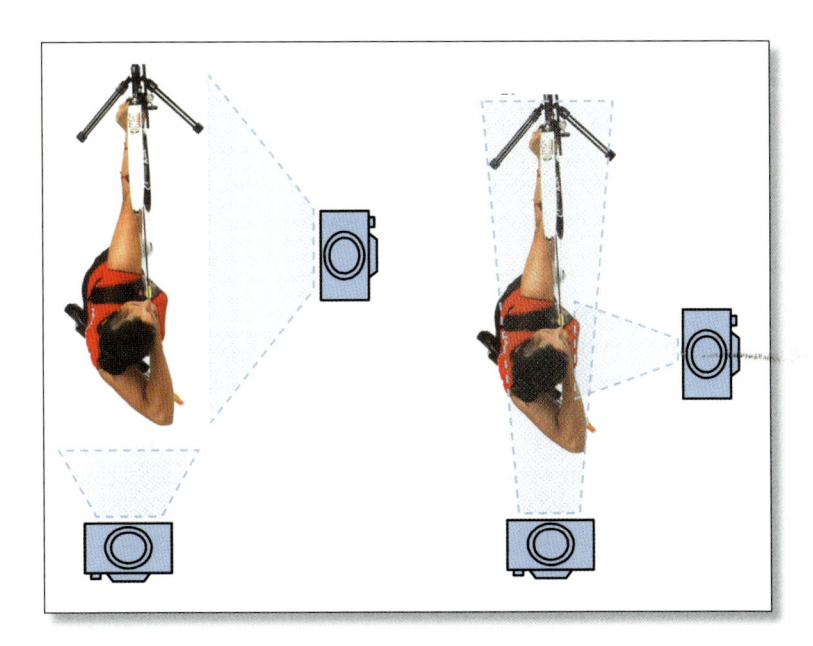

Abb. 466:
Allgemeine (*links:* gesamte Schützin) und spezielle (*rechts:* Teilbewegung) Aufnahmepositionen beim observativen Training (vgl. *Knöbel* 1999, 46-49)

Nach *Ulich* (1974, 106) lassen sich drei Formen unterscheiden:
- Kommunikation mit anderen Personen
- Mitsprache bei Teilen der Vorbereitung und Ausführung der Bewegung
- Sprechen mit sich selbst

> Im Leistungsbereich wird dem Sprechen mit sich selbst, das sich unter anderem in Selbstbefehlen (z.B. »Lass den Bogenarm länger stehen!«) äußern kann, besondere Bedeutung zugemessen (s. S. 514).

Physiologische Grundlagen und Durchführung

Physiologisch lassen sich auch beim verbalen Training Veränderungen von EEG-Werten und Intensivierungen von Muskelpotenzialen im EMG feststellen (vgl. *Weineck* 2010, 926).
Als Trainingsmethoden eignen sich insbesondere Bewegungsbeschreibung, -erklärung, -vorschrift (z.B. enges Lösen), -korrektur und Ähnliches (vgl. *Kremer* 1985, 190).

Der Bewegungsablauf ist in der Fachsprache des Schützen und des Trainers möglichst lückenlos schriftlich zu erarbeiten. Entsprechend dem Fortschritt des Schützen muss das Drehbuch – der Ablauf der zu lernenden sensomotorischen Fertigkeiten – umgeschrieben werden. Dieses Drehbuch ist beispielsweise auf digitale Speichermedien zu sprechen, damit es für das Training jederzeit abrufbar ist. Das Abspielen des Drehbuchs sollte einer praktischen Ausführung vorausgehen.

Inhaltlich verlangt das verbale Training eine genaue Formulierung der konkreten Aufgabe durch den Trainer, wobei im Verlauf des Trainingsprozesses versucht werden soll, die Bewegungen zu erfühlen. Diese Aufgabe ist dann durch den Schützen wörtlich exakt zu wiederholen, nochmals »gedanklich vorzusprechen«, aktiv auszuführen und anschließend zuerst durch den Sportler, dann durch den Trainer zu beurteilen (vgl. *Puni* 1961, 91/92).

Zur Verdeutlichung der dynamischen Struktur der Bewegung erweist sich eine Wiederholung der Verbalinformation in der Form einer bewegungsbegleitenden, rhythmisierten Sprache als günstig (vgl. *Fetz* 1989, 89).

Behebung psychischer Störfaktoren

»Bei meinem ersten FITA-Turnier pfiff ein schlimmer Wind über die Anlage, während wir die 90 Meter schossen. Das war 1979, und wir benutzten damals ausschließlich Aluminiumpfeile. In der ersten Runde verfehlten zwei meiner Pfeile nicht nur die Scheibenauflage, sondern die komplette Scheibe. Das war mir so peinlich, dass ich versuchte, mich unbemerkt hinter die Scheibe zu schleichen, um meine Pfeile zu suchen. Sobald ich hinter der Scheibe war, schaute ich nach links und entdeckte Ed Eliason (US-Bogensportlegende), der ebenfalls nach einem Pfeil suchte. Zu meiner Rechten sah ich Darell Pace (Olympiasieger 1976, 1984), der gerade seinen Pfeil aufhob« (Olympiasieger J. Barrs 2002, 16).

Psychologische Methoden zur Behebung psychischer Störfaktoren sind im Bogenschießen unter anderem Hypnose, Desensibilisierung und Biofeedback.

Hypnose

Begriffsbestimmung

> Hypnose ist ein Verfahren zum Erreichen eines schlafähnlichen Zustandes, gekennzeichnet durch eine vorübergehende geänderte Aufmerksamkeit und meist tiefe Entspannung.

Durchführung

Der Sportler wird durch den Hypnotiseur in einen schlafähnlichen Zustand versetzt. Anschließend werden ihm Anweisungen suggeriert, die er noch unter dem Einfluss der Hypnose oder im späteren Wachzustand ausführt.

Möglichkeiten und Grenzen in der Sportpraxis

Die sportliche Leistung ist durch hypnosuggestive Maßnahmen zu beeinflussen. Dies gilt vor allem für den psychischen Bereich wie beispielsweise bei unbegründeten Versagensängsten.

Eine Leistungssteigerung im physischen Bereich ist nur insoweit möglich, als Störungen oder Hemmungen im psychischen Bereich für eine potenziell mögliche Leistung durch die Hypnose aufgehoben werden. Eine bewusste Hinlenkung und Konzentration auf den Wettkampf ist jedoch nicht möglich, weil die Selbstkontrolle in der Hypnose weitgehend ausgeschaltet ist.

Mitunter wird Hypnose im Bogensport als Ergänzung zum mentalen Training eingesetzt, um beispielsweise spezielle technische Elemente im Schießablauf fehlerfrei und ohne Störungen (z.B. durch äußere Bedingungen) beobachten zu können (vgl. *Lee* 2006, 167).

Desensibilisierung, systematische Verhaltensmodifikation

Begriffsbestimmung

Die *Desensibilisierung* wurde von *Wolpe* (1958) als eine der Methoden der Verhaltenstherapie entwickelt. Sie dient der Beseitigung bzw. Verringerung von neurotischen Verhaltensweisen, beispielsweise von Angst als Symptom unangepasster Realisationen aufgrund »falscher« Lernprozesse.

Bei der *systematischen Verhaltensmodifikation* werden die Entspannungen so lange wiederholt, bis die Vorstellung der Situation über den Gewöhnungseffekt keine hemmenden Reaktionen mehr auslöst.

Durchführung

Beim Desensibilisierungstraining werden nach einer systematischen Schulung und Auseinandersetzung mit den Inhalten des bevorstehenden Wettkampfes die individuellen traumatisierenden Faktoren so lange bewusst bearbeitet, bis sie in diesem mentalen Bereich allmählich ihre Bedeutung verlieren und die Störungen im Bereich nervaler Regulationsmechanismen beseitigt werden (vgl. auch *Whittingham* 2008, 62).

Biofeedback

Begriffsbestimmung

Biofeedback-Training bezeichnet eine Gruppe von Behandlungsverfahren, deren Ziel darin besteht, Schützen das Erlernen der Kontrolle über (inadäquate oder gestörte) physiologische Körperfunktionen zu ermöglichen (vgl. *Hahn* 1996, 201). Dabei werden unbewusst ablaufende psychophysiologische Prozesse durch Rückmeldung (Feedback) über Messungen (z.B. der Hautleitwerte, Herzfrequenzen, Muskelkontraktionen, Atemfrequenzen) wahrnehmbar gemacht.

Möglichkeiten in der Sportpraxis

Aufmerksamkeitsprozesse spielen im Bogenschießen eine bedeutende Rolle. Die individuelle Vorbereitungszeit auf den nächsten Schuss dient der Konzentration auf das Ziel und der Unterdrückung unbeabsichtigter Bewegungen. Der Abbruch der Zielbewegung (z.B. beim Herabsenken des Bogens) ist oft eine Folge der subjektiven Empfindung, dass sich der Schütze in einem ungünstigen (Konzentrations-)Zustand wähnt.

Untersuchungen an Spitzenschützen (vgl. *Hillmann* et al. 2000, 71–83) zeigen, dass dem Abbruch der Zielbewegungen im Vergleich zu ausgeführten Handlungen eine Erhöhung der Gehirnaktivität im Alpha- und Betaspektrum vorausgeht. Insbesondere der Anstieg der Aktivitäten im Alphawellen-Spektrum wird als eine unangemessene Aufmerksamkeitsstörung interpretiert. Die Kenntnis dieser Zusammenhänge kann im Sinne eines Biofeedbacktrainings genutzt werden: Der Schütze muss lernen, negative zerebrale Aktivitäten zu regulieren, d.h. in positive Aktionen umzuwandeln.

Durchführung
Das Biofeedbackverfahren ist an Apparate gebunden, mit deren Hilfe man elektromyografische oder elektroenzephalografische Rückmeldungen bei Entspannungsvorgängen geben kann. Dabei werden ein oder mehrere physiologische Indikatoren, beispielsweise Muskelspannung, Atmung oder periphere Temperatur, mithilfe von Elektroden abgeleitet und in ein optisches oder akustisches Signal umgewandelt und kontinuierlich als Biosignal für den Anwender rückgemeldet (z.B. Pektoralisaktivität zu einem bestimmten Zeitpunkt; vgl. *Edelmann-Nusser* et al. 1999, 54)

Im sportlichen Trainings- und Wettkampfalltag dient es der Herausbildung einer allgemeinen oder spezifischen Entspannung sowie einer Aktivierung, dem Abbau hypotoner oder hypertoner Reaktionslagen, der Beseitigung muskulärer Verkrampfungen im psychischen und physischen Bereich sowie der Wirkungserhöhung anderer psychoregulativer Maßnahmen und psychologischer Prozesse sowie des mentalen Trainings und damit unter anderem der Wettkampfvorbereitung (vgl. *Christen* et al. 1979, 196 ff.).

Von allen übrigen Verfahren unterscheidet sich das Biofeedbackverfahren dadurch, dass es unmittelbar an den physiologischen Begleiterscheinungen einer inadäquaten Aktivierung der Erregung ansetzt. Das Verfahren eignet sich demnach in besonderem Maße für das Bogenschießen, weil durch die relativ statische Handlung des Schießens, die durch das Verfahren wahrnehmbar gemachten physiologischen Veränderungen im Rahmen verschiedenster Selbstregulationstechniken (z.B. Atemkontrolle, Selbstinstruktionen, Aufmerksamkeitslenkung, Gefühlsinduktion) unmittelbar beeinflusst werden können.

Regulierung der Antriebsregulation

Zielsetzung

»Wer den Hafen nicht kennt, in den er segeln will, für den ist kein Wind ein günstiger« (Seneca 4 v. Chr. – 65 n. Chr.).

»Alle Träume können wahr werden, wenn wir den Mut haben, ihnen zu folgen« (Walt Disney).

Begriffsbestimmung

Unter Zielsetzung versteht man ein Festlegen auf klare, eindeutige, realistische und insofern auch engagiert zu verfolgende Ziele. Kurz-, mittel- und langfristige Ziele werden in eine Hierarchie gebracht und Feedbackschleifen eingesetzt, um die motivierende Kraft erreichter Unterziele auf die Folgeziele hin zu transferieren (vgl. *Haase* 1995, 38).

Zur Zieldefinition müssen möglichst viele Faktoren, die für die Erreichung eines Zieles eine Rolle spielen, in Betracht gezogen werden. Dadurch gelingt es, seinen momentanen Standort (Istzustand) zu definieren und – im Sinne eines Trainingsplans – eine Strategie zu entwickeln, um Schritt für Schritt den gesetzten Zwischenzielen und damit auch dem Langzeitziel näherzukommen.

Kurzzeitziele (z.B. Erhöhung der Kraftausdauer oder Konzentrationsfähigkeit, Umsetzungen taktischer Anforderungen oder auch hohe Ausführungsqualität der Schießtechnik in einer einzelnen Trainingseinheit) sind nur situativ-kurzfristig definierbar und können sich auch auf einzelne Trainingseinheiten bzw. spezielle Wettkämpfe beziehen. Ihr Erreichen oder Nichterreichen kann zu einer Veränderung oder Präzisierung der *Zwischenziele* (z.B. Ergebnissteigerung, Meisterschaftsteilnahme, Erhöhung der Stressresistenz) führen. Das *Langzeitziel* (z.B. Ranglistenteilnahme, Kaderzugehörigkeit, Medaillen, Selbständigkeit und Handlungsregulation) wird in der Regel nicht verändert (vgl. *Hermann* u. *Eberspächer* 1994, 38).

Abb. 467 veranschaulicht beispielhaft den Zusammenhang zwischen Istzustand (z.B. Mitglied des Landeskaders, Leistungsstärke: 1280 Ringe) und den verschiedenen Zielfristigkeiten (Leistungsausbau, Bundeskaderzugehörigkeit, Leistungsstabilisierung) in einem Zeitraum von 6 Jahren. Kurzfristige Ziele sind beispielsweise eine bestimmte Platzierung oder ein bestimmtes Ergebnis, je nach Leistungsstand des Schützen.

Zielorientierungen wie Ergebnisziele (»Ich will heute gewinnen!«), Durchführungsziele und Prozessziele (»Ich will die Taktik durchhalten!«, bewusste Zen-Atmung bei jedem Schuss in den Finalrunden, optimaler Bewegungsablauf unter allen Bedingungen) bedürfen im Bogenschießen besonderer Beachtung, da diese zu Veränderungen der Aktivierungslage führen können (vgl. *Eberspächer* 2004, 175).

Tendenziell ist man der Meinung, dass ergebnisorientierte Ziele zwar die Motivation steigern, aber auch Angst und Stress provozieren können; Durchführungs- und Prozessziele seien dagegen stressfreier zu verfolgen (vgl. *Haase* 1995, 38).

Eine zusammenfassende Übersicht bei der Zielbildung des Sportlers gibt *Franseen* (in *Ruis* u. *Stevenson* 2004, 96). Ziele müssen insgesamt
- realistisch, aber auch herausfordernd gesetzt,
- individuell und speziell abgestimmt,
- positiv formuliert,
- saisonal aktualisiert,
- variabel deklariert (d.h. Freiraum für Veränderungen und Anpassungen lassen),
- schriftlich fixiert,
- periodisch (z.B. monatlich) evaluiert bzw. auf ihr Erreichen hin analysiert werden.

Grundsätzlich sollen Ziele so gesetzt werden, dass sie eine mittlere Wahrscheinlichkeit haben, auch erreicht werden zu können. Nur so ist es möglich, intermediäre Größen wie Selbstbewusstsein, Selbstvertrauen, Engagement und Konzentration zu verbessern.

Als Abschluss der kurz-, mittel- und langfristigen Zielbildung lautet die Indikationsfrage: Was muss im Training und Wettkampf, wann, wie und in welchem Zeitraum für welchen Schützen sowie intern (persönlich) und extern (Umfeld bzw. Verband) getan werden, um die gesetzten Ziele zu erreichen?

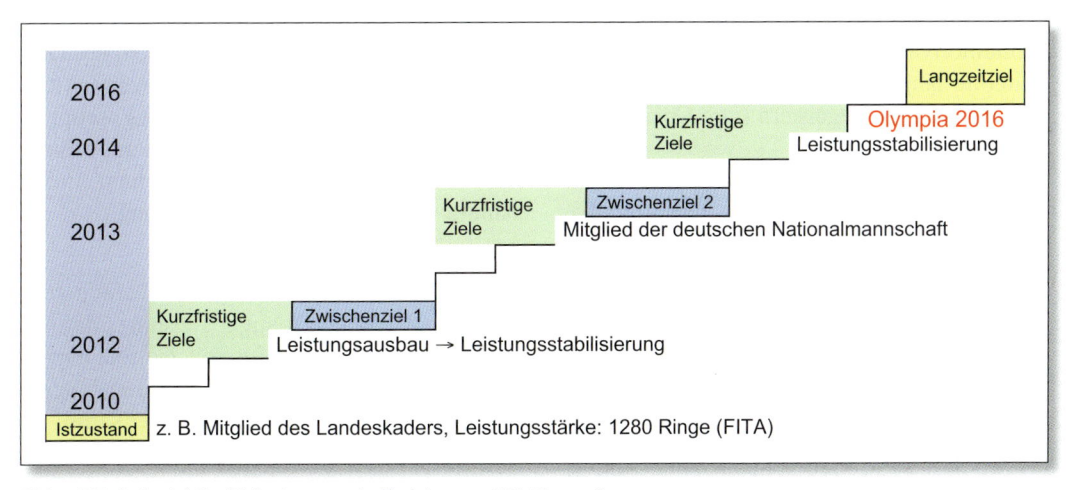

Abb. 467: Beispiel für Zielsetzungen in Training und Wettkampf

Motivation und Motivierung (Motivationsentwicklung)

»Wenn Du ein Schiff bauen willst, dann trommle nicht Männer zusammen, um Holz zu beschaffen und Arbeit einzuteilen, sondern lehre die Männer Sehnsucht nach dem weiten, endlosen Meer« (Antoine de Saint-Exypery).

Motivationale Antriebe sind der wichtigste Faktor für die sportliche Leistung. Eine positive Motivationslage muss daher als eine generelle Voraussetzung – unabhängig vom Leistungsniveau – betrachtet werden (vgl. *Weineck* 2010, 841).

Begriffsbestimmung

> *Motivation* ist die Kunst, sich selbst zum Handeln zu veranlassen (*Eberspächer* 2004, 133).
> Unter *Motivierung* bzw. Motivationsentwicklung werden alle Maßnahmen verstanden, die der Trainer oder Sportler selbst ergreift, um beim Sportler Lern- und Leistungsbedürfnisse zu wecken.

Anwendung

Neben der Selbst- bzw. Eigenmotivation des Schützen sind – insbesondere in Phasen ausbleibender Erfolge – die Kompetenz und die Erfahrung des Trainers hinsichtlich einer Fremdmotivation gefragt, um einen Schützen weiterhin langfristig für den Sport (auch nach Misserfolgen) zu begeistern (vgl. Coaching, S. 589 ff.).

Whittingham (2008, 51) weist in diesem Zusammenhang darauf hin, dass eigene kognitive Steuerungsvorgänge (z.B. Selbstmotivation oder verbale Begleitungen in der Schussausführung) insbesondere in der Phase des Techniktrainings einen eventuell gewünschten Bewegungsautomatismus unterbrechen können, und fordert daher, in wiederkehrenden zeitlichen Abständen positive Fremdmotivierungen (z.B. »Guter Schuss!«, »Du schießt heute sehr sicher!«) zuzulassen. Dabei ist zu berücksichtigen, dass die Rückmeldungen zu definierten Zeitpunkten (z.B. nach dem ersten Schuss einer Serie) erfolgen sollten, um als Schlüsselreiz (vgl. Trigger, S. 104) unbewusste Vorgänge (z.B. unbewusster Bewegungsablauf) auszulösen (vgl. Fehlerkorrektur, S. 254).

Methoden im Motivationstraining sind neben der Zielbildung und der volitiven Regulation das Prognosetraining (s. S. 527) und externe Stimulationen durch äußere oder auch nur vorgestellte motivierende Konstellationen (Videotraining, Musikmotivierung etc.; vgl. *Kratzer* 1992, 13).

Durchführung

Entsprechend dem Motivationsmodell von *Heckhausen* (1989) unterscheidet man vier Motivations- und Handlungsphasen, die der Schütze im Training und Wettkampf zu durchlaufen hat: *Motivationsphase, Entscheidungsphase, Durchführungsphase* und *Bewertungsphase*. Die Strategien der Handlungskontrolle beziehen sich auf die Entscheidungs- (präaktionale) und Durchführungsphase (aktionale Phase).

Motivationsphase

Abb. 468 zeigt Möglichkeiten der Motivationsentwicklung. Das Herstellen einer positiven Motivationslage erfolgt beispielsweise sowohl durch die Schaffung einer angenehmen Trainingsatmosphäre (z.B. engagierter und fachlich kompetenter Trainer, angenehmes soziales Umfeld), die Vermittlung von Erlebniswerten (z.B. neue Trainingsinhalte: Videotraining, propriozeptives Koordinationstraining) als auch durch die Anerkennung sportlicher Leistung, unabhängig von Ergebnis oder Platzierung.

> Selbstmotivierungstraining bezieht sich auf die Schaffung langfristiger Leistungsmotive – insbesondere verbunden mit Zielsetzungen über unterschiedliche Zeiträume, Leistungserwartungen für Training und Wettkampf – sowie auf die Antriebsregulation (vgl. *Schnabel* et al. 1994, 398).

Möglichkeiten der Motivationsentwicklung

- Vermeidung sozialer Konflikte innerhalb der Trainingsgruppe
- Festlegung erreichbarer Ziele
- Sprachliche Selbstmotivation
- Belohnung für konsequente Trainingsarbeit
- Schaffung einer angenehmen Trainingsatmosphäre
- Anerkennung sportlicher Leistungen bei Sieg und Niederlage
- Einhaltung allgemeiner und spezieller Trainingsprinzipien
- Vermittlung von Erlebniswerten, Lenkung der Aufmerksamkeit auf das ästhetisch Erfassbare
- Bewusstmachen, dass sportliches Handeln nicht immer einen Zweck erfüllen muss und der Bewegungsablauf an sich schon motivieren kann

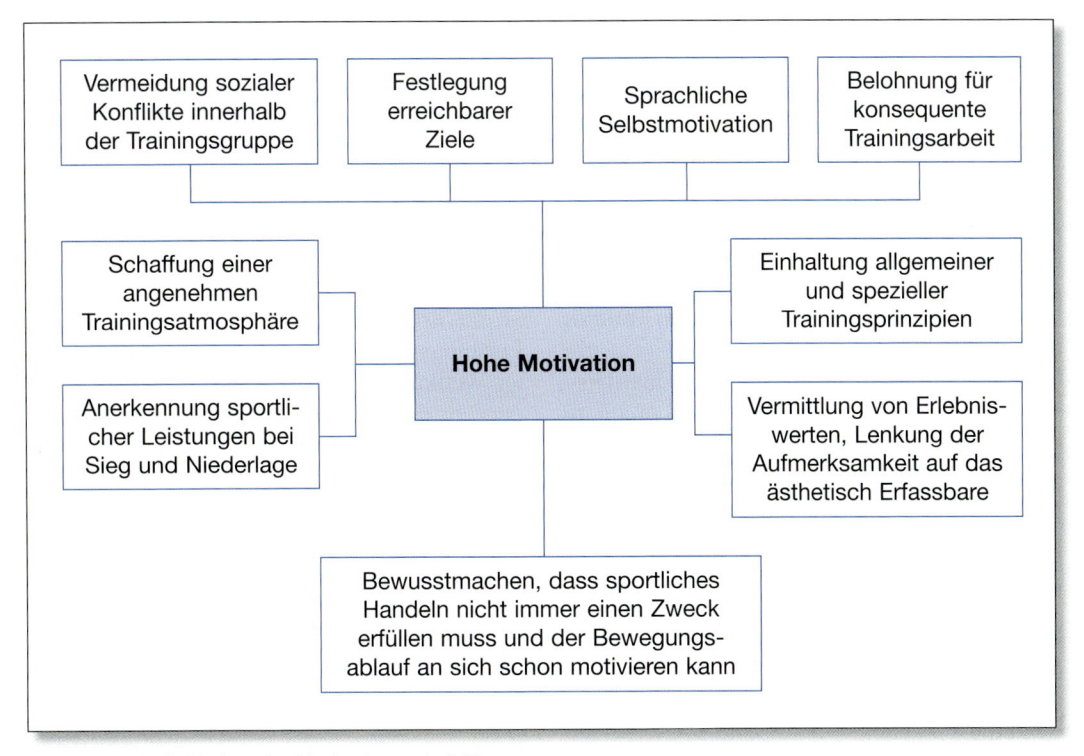

→ **Hohe Motivation**

Abb. 468: Möglichkeiten der Motivationsentwicklung

Entscheidungsphase

Für die Entscheidungsphase formuliert *Hahn* (1996, 207 f.) folgende Strategien:

- *Autonomie:* Die Entscheidung für das Ziel (z.B. Durchführung eines bestimmten Handlungsplans, wie optimales Schießen unter allen Bedingungen) muss autonom (d.h. auch unabhängig vom Trainer) gefällt werden.
- *Sparsamkeit der Informationsbewältigung:* Nur so viele Informationen, wie notwendig geben (»Lieber handeln als zaudern«). Aufgabenirrelevante Gedanken sind zu beschränken.
- *Selektive Aufmerksamkeit:* Alles, was mit der Vorbereitung und Ausführung der Aufgabe in Verbindung steht, ist gedanklich und praktisch zu verwirklichen (Handeln im »Hier« und »Jetzt«).
- *Umweltkontrolle:* Situationen sollen so aufgebaut sein, dass die gewünschten Reaktionen gezeigt werden können (z.B. Finaltraining mit unterschiedlichen Gegnern).
- *Enkodierkontrolle:* Situative Reize, die für das Erreichen des Handlungsziels günstig sind, werden zweckbezogen wahrgenommen bzw. gedeutet (z.B. Training mit Spitzenschützen).
- *Emotionskontrolle:* Einsatz ausschließlich hilfreicher, positiver Gefühle (»Ich kann das!).
- *Anreizaufschaukelung:* Schaffung zusätzlicher Anreize (z.B. Wettkampfteilnahme).

Durchführungsphase

Um mit Schwierigkeiten und Widerständen während der Durchführung des Trainings bzw. des Wettkampfes umgehen zu lernen, sind Maßnahmen der Handlungskontrolle notwendig. Handlungsbegleitende Kontrollmaßnahmen im Bogenschießen sind beispielsweise:
- Anstrengungskontrolle (Wann fällt mir das Training bzw. der Wettkampf schwer?)
- Ermüdungskontrolle (Wann tritt im Training oder Wettkampf Ermüdung auf?)
- Leistungskontrolle bezüglich Qualitäts-, Quantitäts- oder Zeitnormen (z.B. qualitative und quantitative Bewegungsmerkmale, S. 213, Schießen unter Zeitdruck etc.)
- Kontrolle der Zieldiskrepanz (Wie entwickelt sich mein Leistungsvermögen im Vergleich zu den gesetzten Zielen?)

Motivationsprobleme liegen nach *Samulski* (1986, 4 f.) in zu geringer Motivation (z.B. durch trainingsintensive Phasen, monotone Trainingseinheiten, wiederholte Misserfolge), Übermotivation (übertriebener Ehrgeiz bei besonders wichtigen Wettkämpfen), Motivationsschwankungen (instabile, leicht zu beeinflussende Trainings- und Wettkampfmotivation), Motivfixierung (insbesondere das Leistungsmotiv), negativer Motivation (Angst vor Misserfolg, Versagensangst), unrealistischen Erwartungen und Zielsetzungen (»Ich darf nie versagen!«), extrinsischer Motivierung (Bedürfnis nach permanenter Aufmerksamkeitszuwendung und Anerkennung durch andere Personen), unangemessener Selbstbekräftigung (»Ich beschimpfe mich ständig im Wettkampf!«) sowie unangemessener Ursachenerklärung (alles auf sich zurückführen oder alles von sich weisen, z.B. Materialfehler).

Selbstkonditionierung und -programmierung

»*Wirkungsvoll hat sich bei mir erwiesen, niemals ›nicht‹ zu sagen*« (Rohrberg 2004).

Begriffsbestimmung

Selbstkonditionierung (Synonym: Selbstprogrammierung) bedeutet die eigenständige Steuerung der Leistungsverfassung des Sportlers mit dem Ziel einer positiven Leistungsentwicklung.

Anwendung

»Eine erfolgreiche Steuerung Ihrer idealen Leistungsverfassung und die Fähigkeit, ein guter Wettkämpfer zu werden, machen es erforderlich, dass Sie Ihre negative Grundeinstellung unter Kontrolle bekommen. Gedanken haben zweifellos Kommandocharakter. Darum zwingt Angst vor Fehlern diese Fehler herbei. Die immer wiederkehrende Frage: »Aber wie werde ich diese negativen Gedanken los?« ist im Grunde mit der lakonischen Feststellung von *Emile Coué* (Begründer der modernen Autosuggestion, 1823–1904) zu beantworten: »Unser Denken ist lernbar!« (vgl. *Loehr* 1988).

Durchführung

Möglichkeiten der mentalen Selbstprogrammierung bieten das 3-Phasen-Kurzprogramm von *Loehr* (1988) sowie das erweiterte 5-Phasen-Programm von *Schellbach* (2006).

3-Phasen-Kurzprogramm

Wie die Ausführungen von *Loehr* (1988) und *Whittingham* (2008, 51) zeigen, stellt die mentale Programmierung (Selbst- oder Fremdprogrammierung) eine Basis für hohe Leistungen im Sport dar. Die Selbstprogrammierung erfordert einen entsprechenden Handlungsplan und erfolgt als Kurzprogramm innerhalb der folgenden drei Phasen:
- *Reflektion* der eigenen Sprache und Gedanken durch bewusstes Hören der eigenen Sprache und der Überprüfung der eigenen Denkweise unter Bereithaltung eines »Stopp-Befehls« bei jedem negativen Input.
- *Gedankenstopp* bei Erkennen negativer Einstellungen: Beim Bewusstwerden einer negativen Einstellung erfolgt der Gedanken- oder Redestopp.

- *Positives Überschreiben:* Negatives Gerede oder negative Gedanken werden durch etwas Positives und Konstruktives ersetzt.

Beispiel: »Wenn ich nicht so gut schieße, wie ich dies erwarte und merke, wie ich deswegen langsam wütend werde, versuche ich, meine Wut sofort zu stoppen, indem ich mich auf mein eigentliches Problem konzentriere. Ich versuche mir einen guten Schuss vorzustellen. Ich versuche mir klar zu machen, wie sich der Bewegungsablauf eines guten Schusses anfühlt. Dann versuche ich den Bewegungsablauf beim nächsten Schuss mit dem Gefühl des guten Schusses, den ich mir gerade vorstellte, zu vergleichen. Ich werde wahrscheinlich nicht sofort wieder gut schießen, aber ich weiß, auf was ich mich besonders konzentrieren muss, und das blendet meine Wut aus« (vgl. auch *Barrs* 2002, 16).

5-Phasen-Programm

Eine Ergänzung des oben genannten Programms liefert *Schellbach* (2006, 22) auf der Grundlage einer *Ist-Soll-Umwandlung*, die unter Berücksichtigung entsprechender Zielvorstellungen eine Situation analysiert und die Neukodierung (Umprogrammierung) der Gedanken in Richtung Sollwert ausrichtet. Die Verankerung des »neuen Zustands« erfolgt durch wiederholte Erinnerung des gewünschten Zustands mithilfe so genannter »Anker« (z.B. Schlüsselwörter) oder positiver Affirmationskarten (PA-Karten; s. S. 516 f.). Anker sind dabei mentale Programme, die eine mentale Antwort auf einen bestimmten Stimulus auslösen.

Im erweiterten Konditionierungsprogramm durchläuft der Schütze 5 Phasen:
- *Situationsanalyse:* Feststellen, welche Abläufe beim Auftreten einer belastenden Situation stattfinden (»Ich fange an nervös zu werden. Mein Bogenarm verspannt sich und ich beginne leicht zu zittern.«)
- *Neukodierung:* Umformulierung in positive Gedanken (»Ich bin in jeder Situation ganz ruhig. Mein Bogenarm ist stabil!«)
- *Selbstmotivierende Ergänzung:* Bilden eines positiven Vorsatzes (»Ich bin in jeder Situation ganz ruhig. Mein Bogenarm ist stabil! Ich kann meine Trainingsleistung im Wettkampf umsetzen. Ich glaube an mich!«)
- *Verankerung:* wiederholte Erinnerung an den Vorsatz durch Ankerpunkte (z.B. Schlüsselwörter) oder PA-Karten (Bilder oder Texte)
Beispiel: Das Schlüsselwort »Gelassen!« wird durch einen farbigen Punkt auf den Handrücken des Bogenarmes symbolisiert bzw. konditioniert. Alternativ ist das Abhören einer Audio-CD mit entsprechenden Schlüsselwörtern bzw. –sätzen (»Ich fühle mich gut! Ich bin gelassen!«) denkbar (vgl. *Schellbach* 2006, 10)
- *Integration:* Kombination des »Ankers« mit der Bewegungsausführung bzw. dem Störfaktor. Beim Betreten der Schießlinie wird beispielsweise das Schlüsselwort mit der Einleitung des Schießablaufs gekoppelt

Nach *Schellbach* (2005, 50) genügt beim Auftreten von Störfaktoren der Aufruf des Schlüsselwortes (z.B. »Gelassen!«) oder spezifischer »Anker« (z.B. Erkennen des farbigen Punktes auf der Bogenhand), um eine entsprechende Konditionierung (z.B. ruhig werden) auszulösen. Eine mögliche Unterstützung der Abläufe kann durch eine beruhigende Atmung erfolgen.

> *Beachten Sie:* Die Verwendung spezifischer »Anker« sollte sowohl optisch als auch verbal realisiert werden, weil Bilder und Töne das Unterbewusstsein sehr schnell ansprechen und die Rückerinnerung bzw. die Auslösung des mentalen Impulses dadurch leichter fällt (vgl. *Schellbach* 2005, 50).

Weitere Selbstbeeinflussungstechniken sind nach *Kratzer* (2009, 59):
- Umbewertungstechnik (»Ich schieße insgesamt genauso viele schlechte Zehner wie gute Neuner!«)

- Motivationstechnik (»Der nächste Schuss wird eine Zehn!«)
- Beruhigungstechnik (»Tief durchatmen, ganz ruhig!«)
- Konzentrationstechnik (voll auf den technischen Ablauf konzentrieren)
- Informationssuche und Einsatz taktischer Mittel (Blickkontakt zum Trainer oder Betreuer suchen, Tipps nutzen)
- Ablenkungstechnik (Abschalten, an etwas anderes denken)
- Abreaktion (heftige Bewegung oder Schrei, um Wut loszuwerden)
- Zieländerungen (»Ich will zumindest noch die Qualifikation schaffen«)
- Erinnerungstechnik (»Was habe ich das letzte Mal in dieser Situation gemacht?«)

Selbstgespräche und Selbstinstruktionen

Begriffsbestimmung

Selbstgespräche stellen eine Sonderform der Selbstprogrammierung dar. Im Unterschied zu sensorisch (visuell/kinästhetisch) orientierten Techniken der Selbststeuerung bauen Selbstgesprächsmethoden auf die verbale Repräsentation von Inhalten und Signalen als verhaltenssteuernde Elemente.
Selbstmotivierungstechniken in Form von Selbstgesprächen sind dann *Selbstinstruktionen*, wenn sie einen auffordernden Charakter besitzen.

Anwendung

Haase (1995, 38) sieht die Wirkung sprachlicher Vorgaben auf drei Ebenen:
- *Signalfunktion:* verbales Signal dient als Stimulus für konditionierte Abläufe
- *Ausdrucksfunktion:* innere Befindlichkeitsäußerung zur Entlastung bzw. Selbsterkenntnis
- *Darstellungsfunktion:* Steuerung des Verhaltens hinsichtlich des Ablaufs, der Intensivierung bzw. Abschwächung gewünschter versus unerwünschter Aktionen

Auch wenn die Wirksamkeit von Selbstgesprächen wissenschaftlich noch nicht vollständig abgesichert ist (vgl. *Haase* 1995, 38), tragen sprachlich repräsentierte Selbststeuerungstechniken zumindest zur Stabilisierung des inneren »geistigen Milieus« und insofern zur allgemeinen Verhaltenssicherheit bei (vgl. *Hardy* u. *Jones* 1994). *Draksal* (2003, 48) sieht im »inneren Dialog« (auch mit unterstützenden Videoaufnahmen aus Training und Wettkampf) ferner Möglichkeiten zum Auffinden von Trainingsdefiziten.

Beachten Sie: Das Führen positiver Selbstgespräche sollte systematisch trainiert werden. Dabei geht es nicht darum, irgendwelche Ziele per Selbstgespräch »herbeizuzaubern«, sondern die eigenen realistischen Leistungsmöglichkeiten ausspielen zu können, wenn es darauf ankommt.

Durchführung

Nach *Franseen* (in *Ruis* u. *Stevenson* 2004, 95) gibt es – ähnlich den Methoden der Selbstprogrammierung – unter anderem folgende Selbstgesprächstechniken:
- *Gedankenstopp:* Der Sportler versucht, destruktive Gedanken (»Schon wieder ein Siebener!«) zu unterbinden (»Stopp!«) und durch konstruktive Sätze (»Das kann ich besser!«) zu ersetzen.
- *Positive Selbstanweisungen und Signalwörter:* Positive Selbstanweisungen (»Ich kann konsequent durchziehen!«) werden mehrmals täglich wiederholt und durch Signalwörter (»Gut!«, »Ruhig!«) ergänzt (s. auch S. 512). Dadurch sollen negative Gedanken bereits im Ansatz unterbrochen bzw. an sich nicht zugelassen werden.
- *Distanzierung:* Bestimmte Situationen entziehen sich einem unmittelbaren Begreifen (z.B. wenn ein Pfeil unerwartet schlecht trifft). Der Schütze sollte ab und an »Neune gerade sein lassen«, sich nicht mit jedem Detail aufhalten, den soeben ausgeführten

Schuss »abhaken« und sich auf den folgenden Schuss konzentrieren.

Selbstaufforderungen (»Raff Dich auf!«, »Auf geht's!«, »Und jetzt noch einmal drei Zehner!«) oder auch das Vergegenwärtigen eigener positiver Fähigkeiten (»Das kannst du doch!«, »Ich glaub an mich!«, »Ich stell mir dann eine Situation vor, in der ich das schon mal geschafft habe.«; vgl. *Schellbach* 2006, 14) sind eng mit der Selbstmotivierung verbunden und bedienen sich ebenso der Techniken der Selbstbekräftigung (z.B. sich selbst loben bzw. belohnen) und der Antizipation von Fremdbekräftigung (»Ich denk dann an meinen Platz in der Nationalmannschaft«). Dabei appellieren Sportler häufig an ihren Siegeswillen und ihre eigene Stärke.

Beachten Sie: Es sind ausschließlich positive Affirmationen zu verwenden. Bereits eine Aussage wie: »Gib bloß nicht so schnell auf!« birgt hier schon eine Negation, weil das Unterbewusstsein nur das Wort »Aufgeben« registrieren wird.

Konsequenzen für die Trainings- und Wettkampfpraxis:
Beobachten Sie sich im Training und Wettkampf: Welche Gespräche führen Sie? Welche Gedanken lassen Sie zu? Welche Möglichkeiten nutzen Sie, um sich selbst zu motivieren bzw. positiv zu konditionieren?

Selbstbild und Komfortzone
»Selbstbild und Leistung entsprechen einander stets. Um deine Leistung zu verbessern, musst du erst dein Selbstbild ändern« (Bassham 1995, 26).
»Du solltest dir während des Wettkampftrainings Gedanken darüber machen, ob du einen Wettkampf gewinnst, und deine Leistung auf den großen Tag hin ausrichten. Um erfolgreich zu sein, musst du dein Selbstbild glauben machen, dass du gewinnen wirst. Du kannst diese Einstellung erreichen, indem du dir jedes Mal während des Trainings vorstellst, dass du gewinnst« (Bassham 2008, 18).

Begriffsbestimmung
Ein häufig beobachtbares Phänomen aus der Schießpraxis ist das Erreichen bestimmter Ergebnisse auf unterschiedlichste Art und Weise. Beginnt beispielsweise ein Schütze während eines Wettkampfes mit sehr starken Passen (hohen Ringzahlen), so ist gegen Ende oft ein Leistungseinbruch festzustellen. Umgekehrt verhält es sich, wenn der Schütze mit schwachen Treffern beginnt und zum Ende stark ausschießt, so dass dann doch ein Ergebnis erreicht wird, das im Rahmen seiner Möglichkeiten liegt. Er schießt in seiner Komfortzone.

Unter *Komfortzone* versteht man im Schießsport den Streubereich der Leistung eines Schützen, der unter Laborbedingungen erreicht wird. Anfänger haben im Vergleich zu Spitzenschützen in der Regel einen wesentlich größeren Streubereich ihrer Leistungsfähigkeit (z. B. Schießresultat) und damit eine erweiterte Komfortzone.
Das *Selbstbild* bezeichnet die Vorstellung, die ein Sportler von sich selbst hat. Das Selbstbild beruht auf Selbstwahrnehmung, misst sich am Wunschbild (wie jemand gerne sein möchte) und steht im Gegensatz zum Fremdbild, also wie Dritte jemanden von außen wahrnehmen.

Nach *Bassham* (2008, 29) definiert das Selbstbild (self-image) eines Schützen die obere und untere Grenze seiner Komfortzone. Solange sich ein Schütze in seiner Komfortzone befindet, ist das Selbstbild nicht tangiert.

Durchführung und Möglichkeiten der Beeinflussung
Das gegenwärtige Selbstbild ist das Ergebnis des Leistungsstadiums des Schützen und kann umgekehrt durch positive Ergebnisse (z.B. gute Schießresultate) beeinflusst werden. Es gilt da-

her positive Erlebnisse (z.B. das Schießen einer Zehn) entsprechend einzuprägen, wobei die jeweilige Methode den Grad der Prägung bestimmt.

Als Methode der Wahl gilt das bewusste Aufrufen eines emotionalen Zustands höchster Zufriedenheit (z.B. Erinnerung an einen optimalen Schuss) unmittelbar vor und nach einem Schuss. Dabei ist zu beachten, dass diese Prägung regelmäßig trainiert werden muss.

Zusammenfassend formuliert *Bassham* (2008, 30) vier Schritte zur Veränderung des Selbstbildes:
- *Bereitsein zur Veränderung:* Nur auf der Grundlage eigener Wünsche und Entscheidungen kann ein neues Selbstbild wirksam werden.
- *Identifizierung von Gewohnheiten:* Schütze und Trainer müssen die Gewohnheiten und Einstellungen ausfindig machen, die einer Änderung bedürfen. Beispiel: »Ich suche nach einer Lösung, meine aufkommenden Sorgen, bei einem nahenden Wettkampf schlechter als gewöhnlich zu schießen, zu beheben!«.
- *Identifizierung eines neuen Selbstbildes:* Das neue Selbstbild muss im direkten Konflikt zum alten Selbstbild stehen. Beispiel: »Ich denke nur an das, was in den folgenden Wettkämpfen geschehen soll.«
- *Ersatz:* Das alte Selbstbild wird durch das gewünschte Selbstbild durch Einprägung neuer Einstellungen und Gewohnheiten auf der Basis des Überschreibens unerwünschter Gedanken und Gefühle ersetzt.

Ergänzend weist *Ryals* (2007, 37) darauf hin, dass ein Schütze von positiven Ergebnissen nicht überrascht sein sollte. Gute und sehr gute Ergebnisse sollen vielmehr den »Normalfall« darstellen. *Barrs* (1999, 56 ff.) empfiehlt hinsichtlich der positiven Verschiebung der Komfortzone das Erstellen von positiven Affirmationskarten (*PA-Karten*). Dabei werden auf etwa 7,5 × 12,5 cm großen Karten selbständig und handschriftlich diejenigen Dinge aufgeschrieben, die man verbessern will. Zu beachten ist, dass
- ein Ziel beschrieben werden soll, das relativ hoch, aber realistisch ist,
- nicht mehr als zehn Karten beschrieben,
- die Karten mehrmals pro Tag gelesen werden.

Ein Beispiel für eine solche Karte zeigt Abb. 469. Da hohe Ringzahlen wetterabhängig sind, sollten auch Affirmationen benutzt werden, die weniger definiert sind (Abb. 470). Selbst wenn sich nach geraumer Zeit ein »Auswendig-Gelernt« einstellt, weist *Barrs* (1999, 57) darauf hin, die Karten immer wieder aufmerksam (Wort für Wort) zu lesen und dabei zu visualisieren, was dort geschrieben steht. Gleichzeitig kann es hilfreich sein, die einzelnen Aussagen (Ziele) mit Bildern zu kombinieren, weil da-

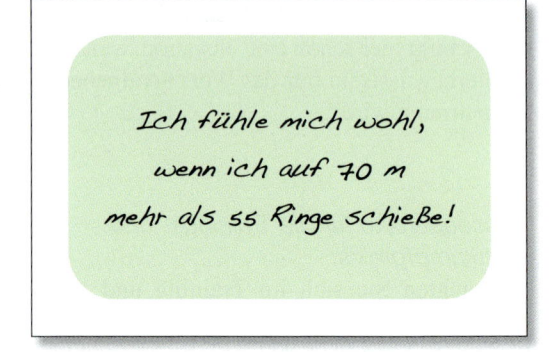

> Ich fühle mich wohl, wenn ich auf 70 m mehr als 55 Ringe schieße!

Abb. 469: Beispiel 1 einer PA-Karte (*Barrs* 1999, 57)

> Ich genieße es, wenn ich meinen Bewegungsablauf konsequent umsetze!

Abb. 470: Beispiel 2 einer PA-Karte (*Barrs* 1999, 57)

durch insbesondere die Visualisierung erleichtert wird (Abb. 471 und 472).

Nach Erreichen der Ergebnisse bzw. Vorgaben der Karten müssen die Anforderungen erhöht werden. Die anderen Karten werden so lange weiter gelesen, bis sie mit der tatsächlichen Leistung übereinstimmen. Erst dann soll die entsprechende Karte ersetzt werden.

Barrs (1999, 56 f.) beschreibt zusammenfassend die Wirkungsweise der PA-Karten nach folgenden Gesichtspunkten: »Dein Geist setzt Dir ein Limit, bei allem, was Du tust. Es gibt ein hohes und ein niedriges Limit. Den Spielraum dazwischen nennen wir der Einfachheit halber Deine *Sicherheitszone* (Komfortzone). Dein Unterbewusstsein lässt es nicht zu, dass Du Dich außerhalb Deiner Sicherheitszone bewegst. ... Wenn Du also Deine Leistungsfähigkeit steigern willst, musst Du Deine Sicherheitszone ausweiten. Um das zu erreichen, gibt es zwei Möglichkeiten: Der harte Weg und der einfache Weg.

Der harte Weg ist, die eigene Leistung zu verbessern – *höhere Ergebnisse zu schießen*, als Du jemals geschossen hast, und das mehrmals zu wiederholen. Dann glaubt Dein Unterbewusstsein (vielleicht), dass Du doch besser bist und erweitert Deinen Spielraum innerhalb Deiner Sicherheitszone (vgl. auch *McKinney*, in *Ruis* u. *Stevenson* 2004, 8). Das ist der harte Weg, denn Du befindest Dich in einem Teufelskreis. Du kannst nicht besser werden, solange Dein Unterbewusstsein nicht glaubt, dass Du besser bist, und das wird es auch nicht glauben, solange Du nicht wirklich besser bist.

Um Deine Ergebnisse auf dem *einfachen Weg* zu verbessern, musst Du die *Erwartungen Deines Unterbewusstseins erhöhen*, bevor Du beginnst, höhere Ergebnisse zu schießen. Jeder Bogenschütze, der über den Status des Anfängers hinaus ist, ist rein physisch in der Lage, höhere Ergebnisse zu schießen. Nur das Unterbewusstsein hält uns davon ab, dies tatsächlich zu tun. Jetzt ist der Zeitpunkt gekommen, wo Du Dich frägst, wieso dein Unterbewusstsein glaubt, Du wärst jetzt besser als Du bist, nur weil Du ein paar Karten gelesen hast.

Dein Unterbewusstsein erkennt keinen Unterschied zwischen Deinen Gedanken etwas zu tun und dem tatsächlichen Tun. In anderen Worten: Wenn Du Dir vorstellst, einen Pfeil optimal zu schießen, kann Dein Unterbewusstsein nicht erkennen, ob Du das tatsächlich tust oder ob Du Dir das nur vorstellst. Wenn Du Dir also vorstellst, was auf Deinen Karten steht, denkt Dein Unterbewusstsein, Du tust es tatsächlich. Wenn Du nun über ein paar Monate Deine Karten gelesen und visualisiert hast, glaubt Dein Unterbewusstsein, dass Du über Monate hinweg Deine Leistung verbessert hast. Deshalb wird es Deine Sicherheitszone erweitern.

Wenn Dein Unterbewusstsein Dein Level in der Sicherheitszone erst einmal erhöht hat, wird es alles daran setzen, Deine Leistung auf dieses

Abb. 471: Beispiel 3 einer PA-Karte in Kombination mit Bildern

Abb. 472: Beispiel 4 einer PA-Karte in reiner Bildform

höhere Niveau zu bringen, ... denn Dein Unterbewusstsein lässt es nicht zu, dass Du Dich außerhalb Deiner Sicherheitszone bewegst.«

Steigerung der Aufmerksamkeit

Aufmerksamkeit und Aufmerksamkeitsregulation
»Wo immer du sein mögest, sei mit ganzem Herzen dort« (Bassham 1995, 82).

Begriffsbestimmung

> Unter Aufmerksamkeit ist die Fähigkeit eines Organismus zu verstehen unter den Informationen, die ihm durch Sinne und Erinnerung verfügbar sind, willkürlich diejenigen auszuwählen, die bewusst verarbeitet werden sollen (vgl. *Völp* 1987, 19).

Aufmerksamkeitsregulation beinhaltet demnach die Regulierung bzw. Verarbeitung reflektierter Informationen.

In Anlehnung an das zweidimensionale Aufmerksamkeitsmodell von *Nideffer* (1976, 1979) lassen sich vier Grundhaltungen der Aufmerksamkeit unterscheiden: Die *weit-externale*, die *weit-internale*, die *eng-externale* und die *eng-internale* Ausrichtung der Aufmerksamkeit. Die Aufmerksamkeit gilt beispielsweise als eng-internal, wenn der Sportler seine Aufmerksamkeit auf einen bestimmten Bereich (eng) in sich selbst (internal) richtet (Abb. 473).

Die einzelnen Ausrichtungen sind insgesamt komplex zu betrachten, jedoch kann jeweils einer bestimmten, eng umgrenzten Situation (z.B. Zielvorgang) genau eine dominierende Aufmerksamkeitshaltung zugeordnet werden.

Eine eng-externale Haltung ist insbesondere während des Zielvorgangs erforderlich, weil hier nur ein situativer Reiz (Ziel) für das eigene Verhalten relevant ist (vgl. *Völp* 1987, 23; *Um* 1994, 8). Andererseits ermöglicht eine eng-interne Aufmerksamkeitsausrichtung es dem Schützen, sich seiner selbst, seiner Gedanken, Gefühle und seines Anspannungsniveaus, sowie seines Schießablaufs bewusst zu werden. Dies ist sowohl bei der praktischen Ausführung, als auch beim mentalen Durchgehen des Bewegungsablaufs und bei der Konzentrationsfindung vor dem Training und dem Wettkampf (z.B. Umgehen mit belastenden Situationen) von Bedeutung (*Völp* 1987, 20).

	External	
W E I T	**Weit-external** Optimal, um komplexe Situationen zu »lesen«, um Umfelder einzuschätzen; ermöglicht hohes Maß an Antizipation	**Eng-external** Erforderlich beim Reagieren auf eine situative Anforderung, Aufmerksamkeit eingeengt, fokussiert (z.B. Zielen)	**E N G**
	Weit-internal Analyse des Eigenzustandes, der Gesamtbefindlichkeit, z.B. vor Entscheidungen; wichtig für schnelles Lernen	**Eng-internal** Optimal, um Sensibilität für psychische und somatische Prozesse zu erwerben (»In-sich-hinein-Hören«); erforderlich, um sich zu »zentrieren« (Centering) zu regulieren und mental zu trainieren	
	INTERNAL	

Abb. 473: Formen der Aufmerksamkeit; blau unterlegte Felder zeigen die dominanten Richtungen im Bogenschießen (vgl. *Nideffer* 1981, in *Eberspächer* 1990, 51)

Es ist insgesamt die Flexibilität der Aufmerksamkeit, die den Spitzenschützen auszeichnet. So ist es im Bogenschießen neben der perfekten Beherrschung der eng-externen bzw. eng-internen Aufmerksamkeitshaltung vor allem die Fähigkeit, sich den wechselnden Anforderungen (kurze, aber konzentrierte Phasen der Leistungspräsentation und längere Zeiten der Inaktivität in den Serienpausen) bestmöglich anzupassen (vgl. *Draksal* 2003, 40).

Anwendung
In der Schießpraxis tritt die Regulierung der Aufmerksamkeit in zwei Erscheinungsformen auf. Zum einen in der *Verteilung der Aufmerksamkeit*, zum anderen in einem *Wahrnehmen ohne bewusste Steuerung*.

Verteilung der Aufmerksamkeit
Edelmann-Nusser et al. (1999, 54) weisen darauf hin, dass aufgrund der zeitlichen Parallelität der Sub- bzw. Teilstrukturen der Bewegungsausführung (z.B. gleichzeitige Druck-Zug-Arbeit in der Klickerendphase; vgl. Taskzustandsdiagramme, S. 202), aufmerksamkeitsgelenkte Übungen, die jeweils *eine* spezifische S-Task betonen, zu einer Verbesserung der Bewegungsausführung führen können. Dies ergänzen *Jermolajova* et al. (1997, 25 f.) und *Henderson* (1987, 42) dahingehend, dass die Verteilung der Aufmerksamkeit in den einzelnen Positions- und Bewegungsphasen im Schießablauf in Abhängigkeit vom Trainingszustand und Leistungsvermögen des Schützen inter- und intraindividuell durchaus unterschiedlich ausfallen kann, da einzelne Aktionen zeitabhängig ungleich höher automatisiert sein müssen als andere (s. S. 520). Dennoch sollte die Aufmerksamkeit im Augenblick des Lösens deutlich niedriger sein, als in den anderen Phasen des Schusses. Die Konzentration erfolgt in dieser Phase wenn, dann lediglich auf das Zielen und die Bewegung des Schulterblattes auf der Zugarmseite (s. S. 520 ff.).

Beachten Sie: Für den Grad der Aufmerksamkeit (AG) des kompletten Schießablaufs ist ein wechselnder Verlauf anzustreben:
- Der Aufmerksamkeitsgrad ist in der 1.–3. Positionsphase (inklusive der Zielphase) maximal hoch (wahrnehmende Kontrollfunktion!).
- In der Hauptfunktionsphase (Klickerendphase und Lösen) reduziert sich das Aufmerksamkeitsniveau deutlich: lediglich Wahrnehmen von Druck- und Zugarbeit (Schulterblattbewegung!). Das Lösen sollte unbewusst erfolgen.
- In der 4. Positionsphase (Nachzielen und -halten) nimmt der Grad der Aufmerksamkeit wieder zu (Abb. 474).

Beachten Sie: Die Aufmerksamkeitsregulation hinsichtlich der eigenen Person und der Aufgabe scheint grundsätzlich nur dann möglich, wenn zuvor alle Bedingungen, die in die Anforderungssituation hineinspielen, analysiert und bewertet werden, d.h., wenn man mit sich selbst abgeklärt hat, welche Rolle und welche Bedeutung diese Bedingungen für den Schuss darstellen. Sie tauchen sonst in der konkreten Situation als störende Gedanken auf (vgl. *Eberspächer* 1990). Abklären sollte man in jedem Fall die Sinnfrage, die Konsequenzerwartung und die Ist-Soll-Diskrepanz (»Wo stehe ich und wo will ich hin?«).

Wahrnehmen ohne Steuerung
»Das Optimum mentaler Anstrengung und eine Haltung wie ›Lass uns heute einfach nur Spaß haben‹ liegen nahe beieinander. Vertraue auf dein Unterbewusstsein und lasse es nur seine Arbeit machen. Erledige dein mentales Programm und bemühe dich einfach nur so gut du kannst zu gewinnen – und nicht 1 % mehr« (Olympiasieger L. Bassham 2008, 44).

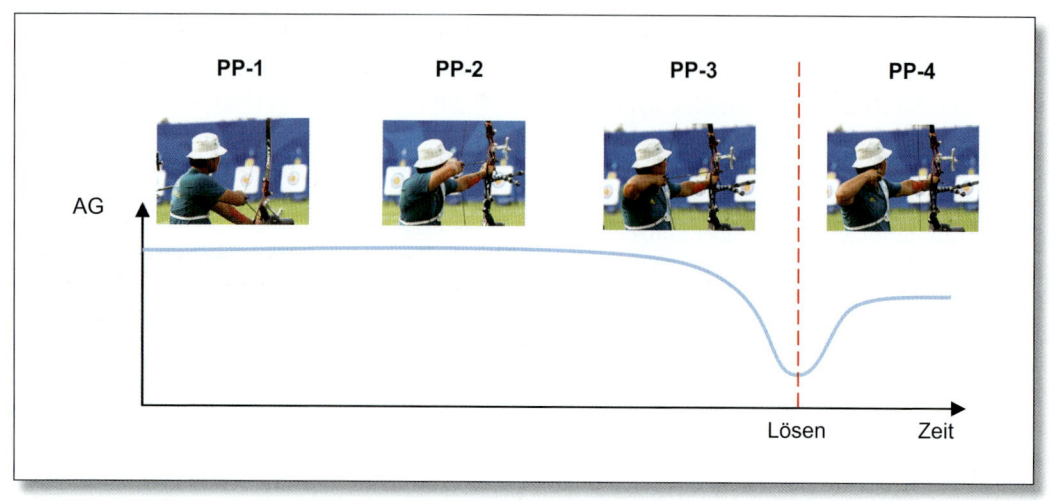

Abb. 474: Schematische Verteilung der Aufmerksamkeit im Schießablauf: höchste Aufmerksamkeit in der 1.–3. Positionsphase, geringe Aufmerksamkeit in der Klickerendphase (auf Zielen und Schulterblattbewegung auf der Zugarmseite); das Lösen erfolgt unbewusst (AG: Grad der Aufmerksamkeit)

Sowohl *Thich Nhat Hanh* (1999), *Rabska* (2007, 56) als auch *Bassham* (2008, 17) gehen davon aus, dass ein optimales Arbeiten des Unterbewusstseins (z.B. Automatismus der Klickerendphase) nur dann effektiv ist, wenn das Bewusstsein weitestgehend inaktiv ist bzw. nur den Schießablauf mitverfolgt. Das Schießen bzw. der Bewegungsablauf (Fühlen der Körpermitte, der Schulterblattstellung etc.) wird in seiner augenblicklichen Situation zwar wahrgenommen, das Zielen und das Lösen aber unterbewusst gesteuert. Auch *Franseen* (in *Ruis* u. *Stevenson* 2004, 94) fordert, beliebige – ausgenommen negative – Gedanken zuzulassen, diesen aber keine Aufmerksamkeit im Sinne einer bewussten Steuerung zu schenken.

Konzentration und Konzentrationstraining

Begriffsbestimmung

Unter Konzentrationsfähigkeit versteht man im Bogenschießen das Vermögen des Schützen, seine Aufmerksamkeit *bewusst* auf jene Faktoren zu richten, deren Beachtung für einen erfolgreichen Schuss (Treffer) unerlässlich ist.

Während sich also *Aufmerksamkeit* auf die Wahrnehmung beschränkt, bezieht sich *Konzentration* auf das Arbeiten selbst. Damit ist gemeint, dass bei der Konzentration nur auf eine bestimmte Sache geachtet wird (z.B. Druck im Bogengriff; vgl. *Westhoff & Hagemeister* 2005, 16). Der Begriff der Konzentration beschreibt also, die auf ein bestimmtes Ziel bewusst gerichtete Aufmerksamkeit.

Konzentrationstraining umfasst alle Maßnahmen, die dazu beitragen, die Konzentrationsfähigkeit des Schützen zu entwickeln und nach Bedarf zu regulieren.

Anwendung

Eine gute Konzentrationsfähigkeit bedeutet, insbesondere die Faktoren Visiereinrichtung, Scheibe (Ziel), Wind- und Lichtverhältnisse, technische Parameter der Schießausrüstung sowie innere Rückmeldungen (z.B. Spannung, Anker, Druck- und Zugarbeit) rechtzeitig zu beachten. Dabei ist es notwendig, sowohl die Aufmerksamkeitsrichtung (z.B. externes Zielen, internes Lösen), den Aufmerksamkeitsumfang (Übergang von verteilter Aufmerksamkeit auf mehrere Bedingungen bis hin zur Zentrierung der Aufmerksamkeit auf den momentan leistungsentscheidenden Faktor, z.B. Schulterblattbewegung) sowie auch die Intensität (aufmerksame Grundbereitschaft – höchste externe Intensität beim Zielen) umzuschalten (vgl. *Kratzer* 1997, 10f.).

Ursachen von Konzentrationsstörungen sind nach *Baumann* (1985, 40):
- *Innere, emotionale Faktoren:* Sie ergeben sich aus den Bedingungen der Affektbildung. Dies sind beispielsweise Ermüdung, Minderwertigkeitsgefühle, Angst, psychische Übersättigung, Selbst- und Fremderwartung, Enttäuschung und Frustration.
- *Äußere Ablenkung:* Hier liegt eine verminderte intellektuelle, bewusste Kontrolle vor (z.B. durch Zuschauer, Witterungs- oder Lichtverhältnisse).

Erfahrungsgemäß versagen Schützen oft deshalb, weil sie im entscheidenden Augenblick nicht die Handlung, die sie durchführen sollen, mit ihren Gedanken begleiten, sondern an die Konsequenzen denken, die dieser Handlung folgen. Eine Forderung an den Schützen muss sowohl im Techniktraining als auch in kritischen Wettkampfsituationen daher immer wieder lauten, er solle sich nur auf sich und seine Aufgabe (Durchführung des Bewegungsablaufs) konzentrieren. Auf der Basis dieser Konzentration kann der Schütze in die Lage versetzt werden, seinen Schießablauf optimal zu verwirklichen.

Hahn (1996, 97) weist darauf hin, dass es für viele Schützen hinsichtlich ihrer Erfolgs- bzw. Misserfolgsverarbeitung im Wettkampf wichtig ist, nur diejenigen Gedanken zuzulassen, die zur aktuellen Handlungsregulation notwendig sind, und alles, was davon ablenkt, in den Hintergrund zu schieben bzw. durch handlungsfördernde Gedanken zu ersetzen. So sollten beispielsweise Gedanken darüber, warum etwas besonders gut oder schlecht gelungen ist oder äußere Umstände (Witterung, Platzierung) die Handlungsregulation im Wettkampf nicht belasten.

Dies bestätigen auch die Ausführungen von *Eberspächer* (1990, 53), der als wichtige Voraussetzung für effektives Handeln im Prozess der Aufmerksamkeitsregulation die *Konzentration in der Zeit* nennt. Gemeint ist damit die Fähigkeit des Konzentrierens auf die momentan zu verrichtende Tätigkeit, ohne ständiges Voraus- oder Zurückdenken. Nur der eben ausgeführte Schuss ist wichtig, denn nur dieser lässt sich »im Moment« beeinflussen.

Für das Techniktraining – insbesondere das Elementetraining – empfiehlt *Lovo* (1996, 12) im Sinne einer Spezifizierung der Inhalte, sich nur jeweils auf eine Sache zu konzentrieren. In den meisten Fällen ist dies zum Beispiel bei vielen Spitzenschützen die Position der Schulterblätter, des Ellbogens oder der Schulter des Bogenarmes.

Beachten Sie: Im Anfängertraining kann es hilfreich sein, die Konzentration auf den momentan auszuführenden Schießablauf durch ein innerliches »Mitsprechen« der einzelnen Bewegungselemente (z.B. nocke den Pfeil ein, positioniere die Zugfinger, platziere den Griff) bzw. der Positionsphasen (»1 – 2 – 3 – 4!«) zu unterstützen.

Durchführung

Allgemeine Inhalte des Konzentrations- und Aufmerksamkeitstrainings

Zu den allgemeinen Inhalten des Konzentrations- und Aufmerksamkeitstrainings zählen – auch im Sinne einer erhöhten Informationsverarbeitungsgeschwindigkeit nervöser Prozesse (z.B. Wahrnehmungsschnelligkeit, s. S. 330) bzw. der Aktivierung – das Nummernsuchen, die kombinierte Motorik-Kognitions-Übung »Alphabet« bzw. »Uhr« und das passive Denken.

Nummernsuchen
Erklärung: In einer begrenzten Zeit müssen so viele aufeinander folgende Zahlen wie möglich abgestrichen werden (Abb. 475).

Kombinierte Motorik-Kognitions-Übung »Alphabet«
Erklärung: Beim »Durchgehen« des Alphabets muss bei jedem Buchstaben eine vorgegebene motorische Aktion folgen (z.B. beim »L«, »R« usw. linke bzw. rechte Hand auf die rechte Schulter legen; Abb. 476).

Kombinierte Motorik-Kognitions-Übung »Uhr«
Ziel: Konzentrationsverbesserung und Verbesserung der Hand-Auge-Koordination (vgl. Lee 2006, 152).

Erklärung: Während der Schütze den Sekundenzeiger der Uhr verfolgt, werden bestimmte motorische Aktionen ausgeführt (z.B. Augenzwinkern, Fingerschnippen mit der einen oder Klopfen auf den Tisch mit der anderen Hand). Tab. 114 gibt hierzu einige Beispiele.

Variation und erhöhter Schwierigkeitsgrad erfolgen durch zusätzliches Hören von Musik oder Nachrichten bzw. durch das Führen von Gesprächen.

Labyrinth
Erklärung: Unter alleiniger Zuhilfenahme der Augen (d.h. ohne die Finger) muss der Weg ins Innere gefunden werden (Abb. 477).

Konzentrationsübung
Hinweise: Beginne mit 00 und verbinde die Zahlen der Reihe nach mit einer Linie.

84	27	51	78	59	52	13	85	61	55
28	60	92	04	97	90	31	57	29	33
32	96	65	39	80	77	49	86	18	70
76	87	71	95	98	81	01	46	88	00
48	82	89	47	35	17	10	42	62	34
44	67	93	11	07	43	72	94	69	56
53	79	05	22	54	74	58	14	91	02
06	68	99	75	26	15	41	66	20	40
50	09	64	08	38	30	36	45	83	24
03	73	21	23	16	37	25	19	12	63

Abb. 475: Nummernsuchen

Passives Denken

Erklärung: Im Minutentakt erfolgt ein Wechsel zwischen der »Beobachtung« eingehender Gedanken (passives Denken) bei geschlossenen Augen und einer entsprechenden Pause, wobei dieser Wechsel auditiv angedeutet wird (vgl. *Lee* 2006, 154). Zu beachten ist insbesondere, dass die einfließenden Gedanken in keiner Weise manipuliert werden sollten. Die Gesamtübungszeit sollte nicht mehr als 15–20 Minuten betragen.

Variation und erhöhter Schwierigkeitsgrad erfolgen durch offene Augen und Umgebungsgeräusche.

Aktivierungsübung

A	B	C	D	E	F
L	R	B	L	L	R
G	H	I	J	K	L
L	B	R	B	L	R
M	N	O	P	Q	R
L	B	L	R	R	L
S	T	U	V	W	X
L	B	R	L	R	B
Y	Z				
L	B				

L = linke Hand auf rechte Schulter
R = rechte Hand auf linke Schulter
B = beide Arme hochstrecken

Abb. 476: Kombinierte Motorik-Kognitions-Übung »Alphabet«

Abb. 477: Labyrinth

Zeitspanne	1. motorische Aktion	2. motorische Aktion
1. und 2. Minute	Alle 5 Sekunden mit den Augen zwinkern, mit den Fingern schnippen oder mit einer Hand auf den Tisch klopfen	
3. und 4. Minute	Alle 5 Sekunden mit den Augen zwinkern	Alle 10 Sekunden mit einer Hand auf den Tisch klopfen
5. und 6. Minute	• Alle 5 Sekunden mit den Augen zwinkern • Alle 10 Sekunden mit den Fingern schnippen • Alle 15 Sekunden auf den Tisch klopfen	Mit einer Hand eine Minute im Uhrzeigersinn das Ziffernblatt der Uhr abstreichen, dann Richtungswechsel

Tab. 114: Zeitspannen und motorische Aktionen bei der kombinierten Motorik-Kognitions-Übung »Uhr« (vgl. *Lee* 2006, 152)

Spezielle Inhalte des Konzentrations- und Aufmerksamkeitstrainings

Zu den speziellen Inhalten zählen unter anderem die Objektkonzentration, das Fokussieren und Atemzählen (Zählen der Atemzüge ohne Konzentrationsverlust), die spezielle Aufmerksamkeitsregulation, die Zen-Meister-Übung, das bewusste Ausführen langsamer Körperbewegungen, spezielle Umschaltübungen, die Schulung des »Tunnelblicks« sowie das Schießtraining unter veränderten Bedingungen bzw. Störfaktoren.

Ziel dieser Übungen ist es, die flexible Einübung, die Konzentration bzw. die Aufmerksamkeit gegenüber Störreizen aufrechtzuerhalten (vgl. *Kratzer* 1992, 13).

Objektkonzentration

> Die Objektkonzentration dient der konzentrativen Einstimmung auf den Wettkampf, der Entwicklung von Wettkampfsicherheit und der Beseitigung erhöhter Nervosität vor dem Wettkampf.

In einer entspannten Haltung wird der Bogen (oder ein anderer spezieller Punkt in der Umgebung des Schützen) – unter gleichmäßigem Atmen – anvisiert. Indem man alle Einzelheiten wie Visier, Stabilisatoren etc. bewusst wahrnimmt, versucht man, sich völlig in den Anblick des Bogens zu versenken. Anschließend macht man sich in der Art eines inneren Dialogs mit dem persönlichen Sportgerät seiner Aufgabe und Wichtigkeit bewusst.

Die Objektkonzentration wird einmal pro Training unmittelbar vor Trainingsbeginn für 10–15 Minuten durchgeführt. Sie wird anschließend direkt vor Wettkampfbeginn angewendet, jedoch hier nur für etwa 5–10 Minuten (vgl. *Syer* u. *Connolly* 1987, 20 f.; *Reinhardt* 1993, 79; *Seiler* u. *Stock* 1994, 118).

Fokussieren

»Wenn ich an die Schießlinie gehe, blicke ich als erstes in die Zehn. Ich starre darauf, ziele und schieße den Pfeil in die Zehn. Alles konzentriert sich auf die Zehn« (McKinney 1983, 134).

> Durch das Fokussieren sollen Wettkampfnervosität abgebaut, die Konzentration aufrechterhalten und Störquellen (z.B. Klickergeräusche des Scheibennachbarn) ausgeblendet werden.

Ergänzend kann der Schütze Konzentrationsobjekte festlegen, auf welche die Aufmerksamkeit während des gesamten Wettkampfes immer wieder gerichtet werden soll.

Beispiel: Während des Schießens erfolgt die Konzentration auf die »Zehn«, zwischen den einzelnen Schüssen und in den Pausen nur auf die Atmung. Unmittelbar vor Trainings- bzw. Wettkampfbeginn schließt man die Augen und versucht, die Fokusobjekte vor dem inneren Auge zu sehen. Während der ganzen Trainingseinheit bzw. im Wettkampf wird die festgelegte Konzentrationsrichtung immer wieder angesteuert, gleichzeitig läuft die Bewegung intuitiv ab.

> *Beachten Sie:* Fokussieren sollte im Training häufiger geübt werden, bevor es im Wettkampf angewendet wird, da sonst sehr schnell konzentrative Ermüdungserscheinungen auftreten können (vgl. *Stemme* u. *Reinhardt* 1988, 232–235; *Nideffer* 1989, 138; *Seiler* u. *Stock* 1994, 119).

Zen-Meister-Übung

> Die Zen-Meister-Übung dient dem Herstellen entspannter Konzentration, dem Erhöhen des inneren Wohlbefindens und der Bewegungsfreude.

Der Schütze nimmt seine ihm eigene Ausgangsstellung (offener/geschlossener/paralleler Stand) für das Schießen ein, schließt die Augen und lässt seine Atmung von selbst zur Ruhe kommen. Nachdem sich ein Zustand »heiterer Gemütsruhe« eingestellt hat, öffnet er die Augen und lässt das Schießen *intuitiv* geschehen (vgl. *Herrigel* 1987: »Es« schießt!).

Aufgrund der zeitlichen Begrenzung im Wettkampf darf die Übung nur wenige Sekunden oder Atemzüge dauern. Es empfiehlt sich daher, sie zu jeder sich bietenden Gelegenheit zu trainieren. Ihre Anwendung im Wettkampf erfolgt insbesondere in Standardsituationen (z.B. die letzten drei Pfeile, der Finalbeginn; vgl. *Herrigel* 1989, 59–68; *Seiler* u. *Stock* 1994, 125).

Langsame Körperbewegungen

> Durch das Ausführen bewusst langsamer Bewegungen sollen sowohl die Körperwahrnehmung als auch die Gleichgewichtsfähigkeit verbessert werden.

Beispiel: Der Schütze führt einzelne Elemente des Bewegungsablaufs (z. B. Anheben des Bogens oder Vollauszug) bewusst langsam aus und versucht dadurch bestimmte Körperempfindungen hervorzurufen.

Als Variation kann der Schießablauf mit einem leichteren Bogen bzw. Zuggewicht oder mit geschlossenen Augen durchgeführt werden (vgl. *Mayer* 2003; *Draksal* 2003, 41).

Spezielle Umschaltübung

> Das spezielle Umschalten erfolgt im Bogenschießen zwischen dem Zielen (eng-external) und der Wahrnehmung bestimmter Bewegungen im Schießablauf (eng-internal).

Unter Verwendung verschiedener Zielpunkte (s. S. 526) versucht der Schütze, seine Aufmerksamkeit während mehrerer aufeinander folgender Schüsse zwischen dem Zielpunkt und speziellen Körperpartien (z.B. Fußbelastung, Schulterblattposition) zu wechseln.

Schulung des »Tunnelblicks«
Beispiel: *Darrell Pace* (amerikanischer Doppelolympiasieger 1976 und 1984) erreichte seine »absolute« Konzentration auf den Schuss, indem er bewusst Ablenkungen im Training einsetzte. So trainierte er neben Bahnlinien und Straßen. Vor dem Schuss richtete er seine Aufmerksamkeit entweder vor sich auf den Boden oder er fixierte das Gold der Zielscheibe (Kopfsteuerung!). »Manchmal sehe ich nicht einmal mehr die anderen Farben auf der Zielscheibe. Sobald ich über die Schießlinie trete, gehe ich in eine andere Welt; es ist, wie wenn man einen Schalter anmacht: Ich höre den Pfiff, ich schieße und der Schalter wird wieder ausgemacht.« *Pace* beschreibt diesen Zustand als »tunnel vision«, als ob er in einen Tunnel blickt, und nichts kann ihn mehr ablenken (vgl. *Kobler* 1999).

Abb. 478 zeigt beispielhaft zwei Möglichkeiten zur speziellen Schulung des »Tunnelblicks«. Sowohl bei der »Blume« als auch bei der »Ampel« sollte der Schütze versuchen, entweder jeden Pfeil auf eine Auflage zu schießen oder innerhalb einer Serie zwischen den einzelnen Auflagen zu wechseln.

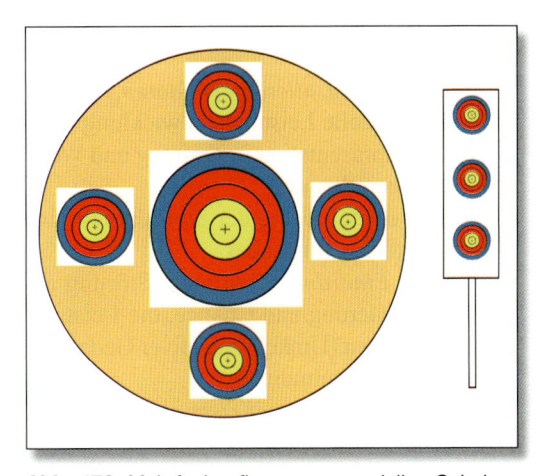

Abb. 478: Mehrfachauflagen zur speziellen Schulung des »Tunnelblicks«

Schießtraining unter veränderten Bedingungen bzw. Störfaktoren

> Eine Störung ist erst dann eine Störung, wenn man ihr erlaubt, eine zu sein (vgl. *Lee* 2006, 154).

Jede Ablenkung des Schützen kann Einfluss auf die Ausführung des Schusses und damit auf die Trefferlage des Pfeils nehmen. Es ist daher unerlässlich, alle denkbaren Formen der Ablenkung zu erkennen und den Umgang bzw. die Abschaltung entsprechender Störfaktoren zu trainieren. Zu den Störfaktoren zählen:
- Andere Schützen
- Mannschaftskameraden
- Trainer
- Familienangehörige und Freunde
- Zuschauer, Mobiltelefone, Kinder
- Familiäre Probleme
- Medien (Fotografen, Journalisten, Videokameras)
- Stadionsprecher
- Fehler (z.B. hinsichtlich Schießtechnik, Vorbereitung)
- Unerwartet hohe eigene oder fremde Ergebnisse
- Unerwünschte Wetterbedingungen
- Veränderungen im Wettkampfprogramm

Der Umgang mit Störfaktoren kann durch das folgende Programm systematisch trainiert werden (*Lee* 2006, 163):
- *Identifizierung aller Störfaktoren*, welche die individuelle Leistungsentwicklung bzw. Leistungspräsentation in Training und Wettkampf beeinflussen
- *Analyse und Ordnung* der Störfaktoren hinsichtlich ihres Ausmaßes
- *Mentale Einordnung* jeglicher Störung als Herausforderung und Chance, die Leistung zu optimieren (Umkehr negativer Gedanken in positive Stimmungen)
- *Entwicklung eines »Krisenplans«* (Refokusplan) zum Umgang mit bestimmten Störfaktoren bzw. Desensibilisierung durch Schaffung ähnlicher bzw. vielfältigerer Situationen im Training (z.B. Pausen, Ampelschaltung) und im Rahmen von Aufbauwettkämpfen (s. S. 127, 537, 557)
- *Schaffung erhöhter leistungsförderlicher Maßnahmen* in der Vorbereitung auf den Folgewettkampf (z.B. ausreichend Schlaf, angepasste Ernährung)

> *Beachten Sie:* Im speziellen Schießtraining gilt es, Bedingungen zu schaffen, die den Wettkampf nicht nur simulieren, sondern in seinen Anforderungen sogar übertreffen. Inhaltlich sind all diejenigen Störfaktoren insbesondere zu trainieren, die für den einzelnen Schützen Ablenkungen darstellen und ihn in seiner Leistungsentwicklung noch negativ beeinflussen.

Erhöhung der Selbstwirksamkeit

»Wer die Welt seiner Gedanken verändert, der verändert auch die Welt« (N. V. Peales).

Im Training gilt es die Handlungskompetenz des Schützen so weit zu erhöhen, dass die Voraussetzungen für erfolgreiches Handeln im Wettkampf geschaffen werden. Selbstwirksamkeitserfahrungen (z.B. »Das hat auch beim letzten Wettkampf gut funktioniert!«) können dabei genauso zur Unterstützung beitragen, wie das Setzen von realistischen Zielen (s. S. 508) und die Planung ihrer Umsetzbarkeit.

Im Training der Selbstwirksamkeit muss es deshalb einerseits darum gehen, realistische Ziele zu formulieren und andererseits deren erfolgreiche Umsetzung zu erfahren. Möglichkeiten bieten hierzu das *Prognosetraining*, das *Training der Nichtwiederholbarkeit* und das *Nichtwiederholbarkeitstraining mit Zeitverzögerung*.

Grundlage dieser Trainingsformen bilden psychologische Unterschiede zwischen Wettkampf und Training (vgl. *Hermann* u. *Eberspächer* 1994, 101 ff.):

- Wettkampfsituationen gehen immer – bewusst oder unbewusst – mit einer Prognose über das erwartete Ergebnis einher.
- Wettkampfsituationen sind in der Regel nicht wiederholbar.
- Wettkampfsituationen haben immer Konsequenzen.
- In Wettkämpfen wird der Zeitpunkt der Leistungsabgabe von außen definiert.

Beachten Sie: Prognosestellung, Einmaligkeit, Konsequenzen und fremdgesetzte Zeitpunkte müssen somit Hauptinhalte des wettkampfnahen Trainings sein.

Prognosetraining

Begriffsbestimmung

Unter Prognosetraining versteht *Eberspächer* (1990, 34) das Festlegen einer Anforderung und eines definitiven Leistungsziels vor dem eigentlichen Handlungsvollzug.

Anwendung

Ziel des Prognosetrainings ist es, Prognose und Leistung in relative Übereinstimmung zu bringen, so dass die Athleten die Sicherheit erleben, ihre Leistungsfähigkeit einschätzen zu können. Dies erhöht das Selbstvertrauen für Wettkampfsituationen.
Prinzipiell sollte jedoch wettkampfnahes Prognosetraining nicht zu häufig, mit ausreichendem zeitlichem Abstand (mehrere Tage) und nicht erstmalig unmittelbar vor einem Wettkampf durchgeführt werden.

Durchführung

Beispiel: Jeder Schütze in der Trainingsgruppe legt zunächst die Anforderung fest (z.B. 12 Pfeile auf die 70-Meter-Distanz). Anschließend gibt jeder Teilnehmer seine Prognose über das Ergebnis ab (z.B. »Ich schieße 107 Ringe!«) und versucht dann diese – schriftlich festgehaltene – Prognose zu erfüllen. Abschließend ist zu prüfen, ob die vorhergesagte Leistung erreicht, nicht erreicht oder übertroffen wurde und eine objektive Analyse des Handlungsausgangs durchzuführen ist.

Eine Verschärfung erfolgt im so genannten »offenen Prognosetraining« (vgl. *Eberspächer* 1990, 31). Hier wird die aufgestellte Prognose nicht nur zwischen Trainer und Schützen vereinbart, sondern auch in der Trainingsgruppe veröffentlicht.

Zur Optimierung des Vertrauensprozesses in Effektivität und Realisierbarkeit erworbener motorischer, technischer und taktischer Voraussetzungen entwickelte *Eberspächer* (1990, 32) zwei Varianten des wettkampfnahen Prognosetrainings: das *Training der Nichtwiederholbarkeit* (Handlungsabbruch bei Nichterbringen einer definierten Leistung) und das *Training der Nichtwiederholbarkeit mit Zeitverzögerung* (zielgerichtete Konfrontation mit zeitlichen Verzögerungen vor der Abgabe der Leistung).

Training der Nichtwiederholbarkeit

Begriffsbestimmung

Das Training der Nichtwiederholbarkeit ist eine Sonderform des Prognosetrainings. Es führt jedoch zu einem Handlungsabbruch bei Nichterbringen einer definierten Leistung.

Durchführung

Der Schütze, der seine Leistung auf Abruf erbringen möchte oder soll, darf bei diesem Training nur einmal handeln (ähnlich dem »Stechen« im K.-o.-System) – auch im Fall eines Misserfolges. Der Bogenschütze sagt zum Beispiel: »Jetzt genau zu diesem Zeitpunkt schieße ich eine Zehn. Wenn ich das nicht schaffe, wiederhole ich den Vorgang nicht. Dann packe ich meine Sachen.«

Verstärkt wird die Wettkampfnähe, wenn zuerst der Trainer einen Zeitpunkt der Leistungsabgabe festlegt, weil auch bei Wettkämpfen der

Zeitpunkt von außen definiert wird. Der Athlet kann sich auf die Leistungsabgabe vorbereiten und hat dann einen Versuch, für dessen Ausgang er eine Prognose stellt.

Nichtwiederholbarkeitstraining mit Zeitverzögerung

Begriffsbestimmung

> Das Training der Nichtwiederholbarkeit mit Zeitverzögerung beinhaltet die zielgerichtete Konfrontation mit zeitlichen Verzögerungen vor der Abgabe der Leistung.

Durchführung
Innerhalb dieser Trainingsform wird der Schütze zielgerichtet mit zeitlichen Verzögerungen (z.B. verlängerte Pausen oder Unterbrechungen) vor der Abgabe der Leistung konfrontiert. Das Erbringen der Leistung wird damit schwieriger, da in Vorbereitungs- und Wartezeiten Gedanken die Konzentration auf die Leistung stören können.

Kombinierte Methoden

Im heutigen Spitzensport hat die Suche nach optimalen Trainingsmethoden zu einer Reihe von Kombinationen verschiedener Trainingsarten geführt. Eine dieser Kombinationen ist die Verbindung von autogenem und mentalem Training. Bei dieser Verbindung zeigt es sich, dass auf der Grundlage eines Entspannungszustandes der ideomotorische Lernprozess aufgrund der erhöhten Empfänglichkeit und Leitfähigkeit des ZNS besonders günstig zu beeinflussen ist.

Weitere Kombinationsmöglichkeiten ergeben sich aus der Verbindung von aktivem Training – der konventionellen und wichtigsten Form des Trainings – mit verbalem, observativem und mentalem Training.

Nur der Einsatz aller zur Verfügung stehenden Trainingsmethoden in ihrer optimalen Verbindung ermöglicht höchstmögliche Effektivität und Ökonomie im Trainingsprozess. Untersuchungen zeigen, dass zum Beispiel alternierendes aktives und mentales Training eine höhere Trainingswirksamkeit erzielen als der alleinige Einsatz des aktiven Trainings. Aktives Training ist jedoch – wie die Praxis zeigt – unersetzlich, da es die Erfahrung des Handlungsablaufs sowie die Kenntnis und Verarbeitung der Resultate (Feedback) ermöglicht – beides Faktoren, die im mentalen oder observativen Training nicht mit dem gleichen Realitätsgrad möglich sind. Eine präzise Sollwerteinstellung ist zudem nur durch das individuelle »Erfahren« aller Komponenten der sportmotorischen Bewegungsfertigkeit möglich.

> Als günstigste Reihenfolge gilt: Zuerst verbales Training, dann observatives Training, mentales Training und praktisches Üben, da die während des verbalen und observativen Trainings aufgenommenen Informationen in der Phase des mentalen Trainings weiterverarbeitet werden und der daraus resultierende Handlungsplan im praktischen Training auf seine »Effektivität« hin überprüft wird (vgl. *Ulich* et al. 1976, 146).

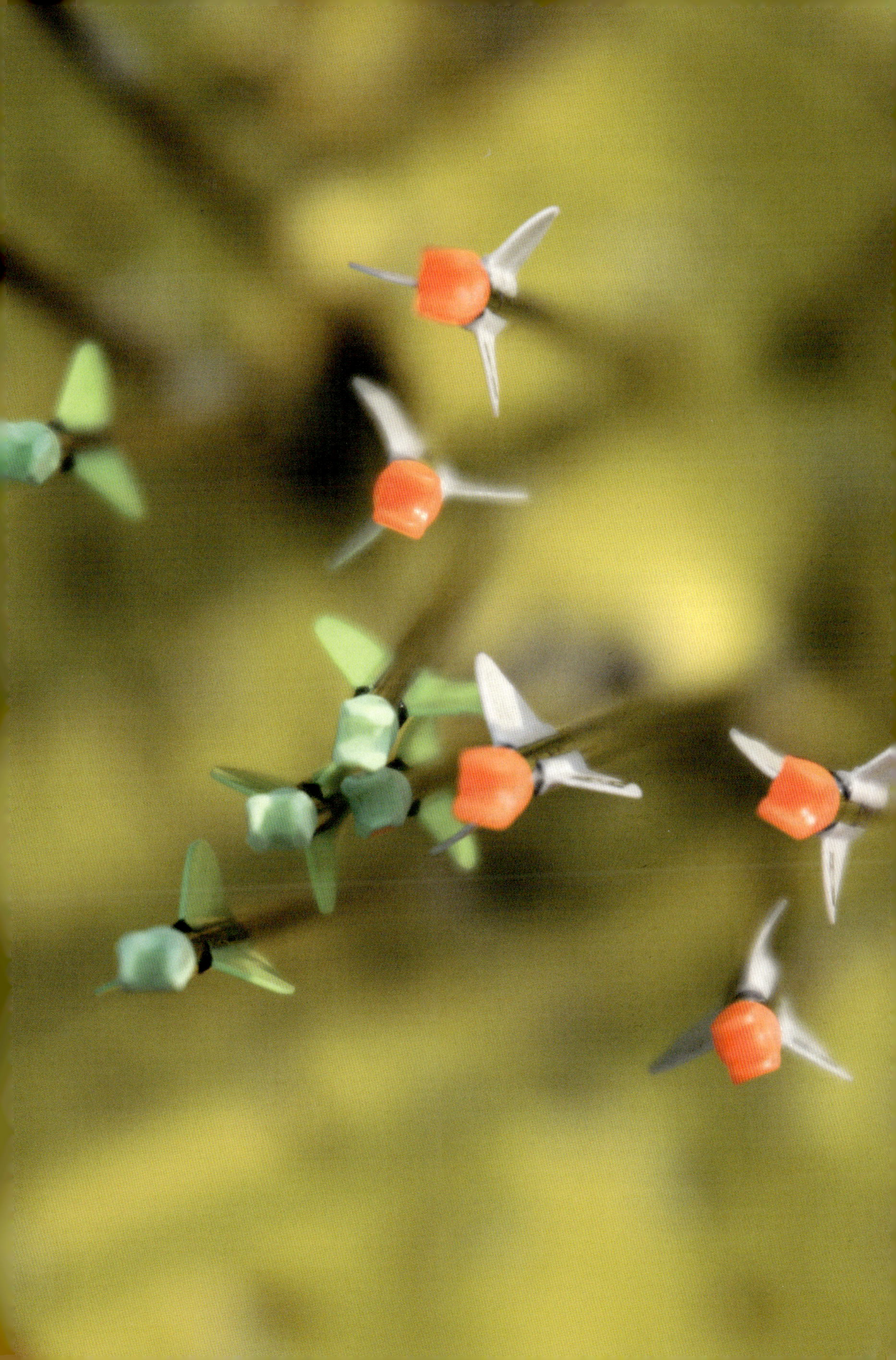

Komplexes Beispiel: Goldangst oder Scheibenpanik

In der Schießpraxis zeigt sich, dass spezifische Probleme (z.B. Goldfieber) nicht durch *eine* psychologische Methode lösbar sind. Vielmehr sind sowohl die Ursache als auch deren Lösung in der Regel komplex, d.h. eine Kombination psychoregulativer Verfahren mit technischen Spezialübungen (z.B. Blindschießen) auf der Basis lerntheoretischer Überlegungen.

Ein häufiges Problem in der Bogensportwelt ist die »Goldangst« oder »Target Panic« (s. auch S. 107). Diese Form der Angst vor dem Versagen tritt in zwei Formen in Erscheinung:

- *Verfrühtes Lösen des Pfeils*: Der Schütze gibt den Schuss bereits frei, bevor das Ziel erfasst ist. Die Freigabe des Pfeils erfolgt entweder beim Erreichen des Ankerpunktes oder bereits davor. Der Bewegungsablauf wird in jedem Fall unvollständig.
- *Einfrieren (Verriegeln):* Der Schütze hält den Pfeil in der 3. Positionsphase, ist aber dann unfähig, den Bewegungsablauf (zum Erreichen der 4. Positionsphase) weiterzuführen.

Die Ursachen der Scheibenpanik sind vielschichtig, gründen aber meist in einer Versagensangst (vgl. *Schellbach* 2006, 14; *Höhn* 2008, 20) auf der Basis von Reiz-Reaktions-Modellen im Sinne der klassischen Konditionierung (vgl. *Pawlow* 1927; Motorisches Lernen, S. 239). Entstehungsgründe sind für *Schellbach* (2006, 8) aus technisch-materieller Sicht ein zu hohes Zuggewicht, motorische Fehler im Bewegungsablauf, ein falscher Zielvorgang, kein Nachhalten nach dem Abschuss, aus trainingsmethodischer Sicht ein zu einseitiges Training (z.B. permanentes Schießen auf Auflage) bzw. aus psychologischer Sicht die Angst vor dem Versagen (Fehlern), Stress, Motivationsmangel, Motivationsdruck, falsche (z.B. extrinsische) Motivation, eine zu rasche Leistungsentwicklung oder zu geringe bzw. keine Beachtung mentaler Faktoren und Zusammenhänge.

Das Resultat ist eine falsche bzw. unangemessene Konditionierung (s. auch S. 512), mit dem »Sehen des Goldes«, die in einer falschen, jedoch automatischen Reaktion des Körpers mündet: einem bedingten Reflex – dem frühzeitigen Lösen oder Einfrieren (vgl. *Pawlow* 1905; *Schellbach* 2006, 11, *Kidwell* 2009, *Pellerite* 2009).

Eine Lösungsmöglichkeit besteht darin, dass der Schütze seinen Schießablauf wieder bewusstseinsfähig machen muss und die fehlerhafte Bewegungsschleife überschreibt (s. S. 102). Dies kann zum Beispiel erfolgen über:

- *Zerlegung des Schießablaufs* in die einzelnen Positionsphasen und Elemente insbesondere im Erreichen eines optimalen Vorspannungspunktes (1. Positionsphase), im Anheben des Bogens (2. Positionsphase: Set-up) und im Vollauszug (3. Bewegungsphase).
- *Bewusstes Verharren in den Positionsphasen 1–3* (vor allem 3. Positionsphase: Ankern) sowie bewusstes Erspüren bestimmter Teilaspekte des Bewegungsablaufs (z.B. Druckpunkt der Bogenhand, Körperspannung, Schulterblattpositionierung).
- *Mentale Einbindung der 4. Positionsphase* (Nachzielen und -halten) ohne praktische Ausführung: Der Schuss endet nicht mit dem Lösen, sondern mit dem Nachhalten!
- *Durchführung von Trockenschüssen unter Zieleinbindung* (Mehrfach-Zielauffassung): Der Schütze führt den Bewegungsablauf bis zum Erreichen der 3. Positionsphase durch, zielt, führt das Visier wieder aus dem Ziel heraus und setzt den Schuss ab. Nach einer Reihe von Wiederholungen (z.B. 6 Trockenschüsse) wird ein bewusster, kompletter Schuss inklusive dem Lösen durchgeführt.
- *Bewusste Steuerung des Bewegungsablaufs* beispielsweise durch Mitsprechen, schriftliche Notizen (Schießkarten) oder ideomotorisches Training (= Überschreiben, s. S. 499).
- *Anwendung ergänzender psychoregulativer Maßnahmen* (z.B. Atemanspannung durch Zen-Atmung, s. S. 494).

- *Variation des Bewegungsablaufs* durch methodische Maßnahmen, wie Blindschießen oder Einsatz entsprechender Hilfsmittel (z.B. Thera-Band), leichter Bogen, ohne Klicker, verschiedene Zielformen, kurze Entfernungen (vgl. auch *Schellbach* 2006, 17)

Reichelt (2002, 14) und *Whittingham* (2008, 62) empfehlen neben einer Neuorientierung seiner Ziele (in Anpassung an die individuellen Möglichkeiten) im psychologischen Bereich ferner die systematische *Desensibilisierung* (s. S. 507), die positive *Konditionierung* (s. S. 512), die *Laserpunkt-Technik* (Definieren eines neuen Zielpunktes auf der Scheibe) und den *Gedankenstopp*. Beim Gedankenstopp wird bewusst ein Reiz eingebaut (z.B. bewusstes Unterbrechen eines Gedankengangs durch ein hörbares »Stopp!«), damit die Antwort (z.B. zu frühes Lösen) nicht mehr in ihrer typischen (aber falschen) Art und Weise erscheint (s. auch S. 512 ff.).

Beachten Sie: Die Neuprogrammierung des Schießablaufs erfordert sehr hohe Schusszahlen (ca. 2000 Pfeile) auf eine kurze Distanz und ohne Auflage (eventuell auch blind). Positive Eigen- und Fremddrückmeldungen (z.B. »Gut gemacht!«) nach erfolgreichen Ausführungen können die Lernzeit aber unter Umständen erheblich verkürzen.

Bedeutung von Kontroll- und Testverfahren

Die Erfassung des Ausprägungsgrades leistungsbestimmender psychischer Komponenten (z.B. optische Auffassung, Reaktion, Konzentration) erlaubt Rückschlüsse auf den aktuellen psychophysischen Zustand – eine wichtige Voraussetzung für die Einschätzung der Belastbarkeit eines Schützen sowie die Beurteilung der Wirkung konkreter Trainingsbelastungen mit dem Ziel einer Optimierung der Belastungsgestaltung bzw. einer Erhöhung der individuellen Belastbarkeit.

Möglichkeiten hierzu bietet allgemein das PC-Programm »Senso-Control« (vgl. *Kratzer* 1997,12), bei dem über mehrere Test- und Trainingsverfahren (z.B. Einfach- und Unterscheidungsreaktionen oder Bestimmung der Mittenlage; vgl. Koordinative Fähigkeiten, S. 332 bzw. 346) eine differenzierte Erfassung psychologischer Leistungsvoraussetzungen vollzogen wird.

Als spezielles Kontrollverfahren des Timings erfolgt nach *Teipel* et al. (1997) die Erstellung der Zeitprofile eines Schützen in Form von Tonfolgen durch Bildschirmaufzeichnungen eines exakten Schusses im Training oder Wettkampf bei simultaner Anwendung der Videozeitmessung im Live-Bild (> 25 Bilder pro Sekunde). Die sportlichen Bewegungsfolgen (z.B. Positions- oder Bewegungsphasen) werden durch Töne an den entsprechenden Anfangs- und Endpunkten untersetzt. Die so erhaltenen Zeitabstände und Tonlängen werden als Tonfolgen/Parameterblöcke digital abgespeichert und können damit in das autogene bzw. mentale Training integriert werden.

Periodisierung des psychologischen Trainings

»Und was ist mit jenen Tagen, an denen man einfach nicht trainieren will oder an denen es sich anfühlt, als hätte man das Schießen komplett verlernt? Ausgerechnet diese Tage sind es, die für ein mentales Training wie geschaffen sind. Bewahre eine positive Einstellung, unabhängig von den erzielten Ergebnissen. Jammere nicht und unterlasse Schuldzuweisungen. Schieße mit Begeisterung und täusche diese vor, wenn es sein muss. Tu so, als wärst du zuversichtlich. Versuche, vergnügt und beschwingt zu sein« (vgl. *Franseen*, in *Ruis* u. *Stevenson* 2004, 100).

Das psychologische Training bedarf einer Schulung und Anwendung im Verlauf des gesamten Trainingsjahres. Dabei ist zu beachten, dass entsprechende Wirkungen meist einer Phase der Akkumulation und Ausprägung bedürfen. Psychologische Trainingsmethoden sollten daher bereits in der Vorbereitungsperiode erlernt und überprüft werden, um deren optimalen Einsatz innerhalb der Phase der Wettkämpfe zu gewährleisten.

Methodische Grundsätze

Für das psychologische Training im Bogenschießen lassen sich folgende Prinzipien festhalten (vgl. *Hahn* 1997, 29–33):

- *Präventiv einsetzen:* Psychologisches Training hat in erster Linie das Ziel, die Handlungsfähigkeit des Schützen vorausschauend zu entwickeln (= präventiver Charakter). Es kann jedoch auch zur Lösung aktuell auftretender Probleme genutzt werden, wenn eine eng begrenzte Fragestellung vorliegt, Bedingungen und Ursachen klar erkennbar sind und das entsprechende Programm mit Konsequenz realisiert wird (= therapeutischer Charakter). Psychologisches Training ist dann am erfolgreichsten, wenn es als vorgreifende Anpassung an künftige Anforderungen bzw. Belastungen geplant und durchgeführt wird (*Kratzer* 1991, in *Hahn* 1997, 29). Es soll beim Sportler aktives Lernen auslösen, es zielt auf unmittelbare Veränderungen und sollte sich möglichst auf relativ überdauernde Handlungsgrundlagen beziehen (*Gabler* et al. 1990, in *Hahn* 1997, 29).
- *Programme bogenschießspezifisch orientieren:* Zielstellungen und Inhalte des psychologischen Trainings sind aus den individuellen Problemstellungen abzuleiten. Dies erfordert individuelle Anforderungsanalysen unter Berücksichtigung perspektivischer Zielstellungen (*Konzag* u. *Kratzer* 1991, 136 ff.; *Mathesius* 1992, 25–30; *Bassham* 2008, 28).
- *Individuelle Knotenpunkte der Handlungen im Wettkampf und im Schießablauf herausfinden:* Mithilfe des psychologischen Trainings lernt der Schütze, sein Handeln unter unterschiedlichen inneren und äußeren Bedingungen bewusst zu regulieren. Dafür ist es notwendig, die Handlungsphasen (z.B. Verhalten in Training und Wettkampf) bzw. Knotenpunkte seines Bewegungsablaufs (z.B. Positionsphasen) auszuwählen, in bzw. an denen ein Regulationsbedarf besteht und der Sportler bei entsprechendem Training auch bewusst eingreifen kann. Diese Phasen bzw. Punkte können je nach Zielstellung in der Handlungsvorbereitung (z.B. Startvorbereitung), im Handlungsverlauf (z.B. Finalgestaltung) und in der Handlungsnachbereitung (z.B. Ergebnisbewertung, Wiederherstellung) liegen. Ziel ist die Ausbildung und Vervollkommnung situationsbezogener psychischer Regulationsprozesse, ohne dabei Handlungsabläufe übermäßig zu intellektualisieren bzw. Bewegungen zu entautomatisieren. Es wird angestrebt, dass der Schütze bei Bedarf den entsprechenden Regulationsvorgang bewusst einleiten kann und dieser dann möglichst automatisiert abläuft. Große Bedeutung haben dabei das Vorstellungstraining,

das Training der Selbstwahrnehmung, die Verbalisierung von Bewegungs- und Handlungserfahrungen (z.B. anhand eines Videos), die Arbeit mit Metaphern (z.B. unbewusstes Lösen, als wenn der Griff eines Eimers aus den Fingern gleitet) und das Imitationstraining.
- *In das sportliche Training integrieren:* Erfahrungen zeigen dabei, dass ein wirkungsvoller Einsatz psychologischer Programme bei Wettkampfhöhepunkten mindestens ein einjähriges psychologisches Training erfordert. Psychologisches Training sollte daher als fester Bestandteil in jedem Training integriert sein. Als besonders wirkungsvoll gilt die Kombination mit dem praktischen Training.
- *Psychologisches Training langfristig aufbauen:* Das psychologische Training sollte spätestens im Nachwuchstraining beginnen. Dabei gilt das Prinzip: Je höher die Leistungsausprägung, desto individueller die psychologischen Trainingsprogramme.
- *Trainingsprogramme komplex zusammensetzen:* Psychologische Trainingsprogramme basieren stets auf mehreren psychologischen Verfahren, zum Beispiel der Kombination von Entspannungs- und Vorstellungsmethoden zur Vorbereitung auf den Wettkampf. Das psychologische Training sollte demnach variabel und vielfältig durchgeführt werden.
- Als Einstieg in das psychologische Training ist auf eine *altersgemäße Darbietung* besonders zu achten. Insbesondere ist die Dauer des psychologischen Trainings in der Trainingseinheit individuell unterschiedlich zu gestalten (Belastungsverträglichkeit).
- Das psychologische Training sollte – insbesondere *in der Phase der unmittelbaren Wettkampfvorbereitung (Tapering)* – täglich stattfinden.
- *Kein psychologisches Training nach harten Trainingseinheiten:* Unmittelbar nach lang andauernden (schweren) Trainingseinheiten sollte kein psychologisches Training erfolgen.

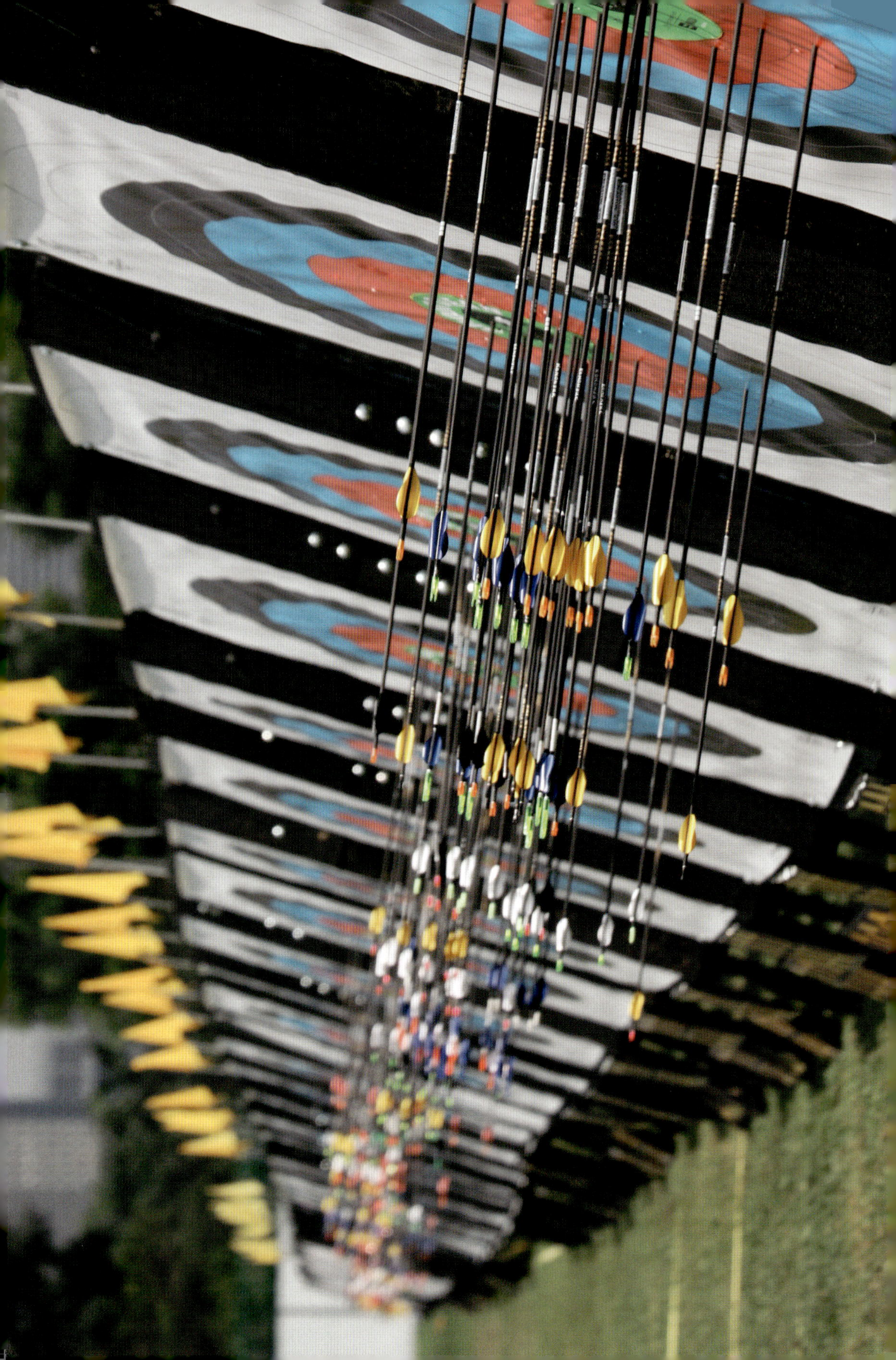

12 Wettkampflehre und -training im Bogenschießen

Wettkampflehre

»Wir sind nicht hier, um zu leiden« (W. Wolf 2000).

Es gibt eine Zeit, um hart zu arbeiten. Aber das ist nicht der Wettkampf. Die Zeit des Arbeitens liegt in der Vorbereitung (Training) und nicht in der Ausführung (Wettkampf). Vertraue auf dein Training. Lass den Schuss passieren und das mentale Programm ablaufen und versuche das gerade so stark, dass es zum Gewinnen ausreicht und nicht 1% mehr (vgl. *Bassham* 2008, 45).

Begriffsbestimmung, Wettkampfarten

> Unter Wettkampf versteht man im Bogensport einen Leistungsvergleich, der auf der Grundlage der Wettkampfordnung und -bestimmungen zwischen Schützen bzw. Mannschaften mit dem Ziel ausgetragen wird, höchste sportliche Leistungen bzw. den Sieg zu erreichen und eine Rangfolge der Platzierten zu ermitteln (*Schnabel* et al. 1994, 470).

Je nach Zielbereich unterscheidet man Wettkämpfe im Hochleistungs-, Wettkampf-, Breiten- und Behindertensport. Die verschiedenen Arten von Wettkämpfen unterscheiden sich graduell in ihren Zielsetzungen hinsichtlich ihrer Einflussnahme auf die körperliche/ sportliche Leistungsfähigkeit, ihre Art der Vorbereitung (Methoden und Inhalten) sowie ihre Ergebnisse bzw. psychosozialen Effekte und erfahren damit eine weitere Differenzierung in Vorbereitungs-, Aufbau-, Kontroll- und Hauptwettkämpfe (vgl. *Weineck* 2010, 102).

Wesen des Wettkampfes

»Triumpf und Sturz können dich nicht mehr gefährden, wenn du beide als Schwindler und Schein erkennst« (Kippling 1910)

In Anlehnung an *Schnabel* et al. (1994, 470) lassen sich vier Wesenszüge des Wettkampfes im Bogenschießen formulieren:
- Wettkämpfe sind eine *Zielgröße des sportlichen Trainings*: Training und Wettkämpfe sind zwei eng aufeinander bezogene, sich ergänzende und voneinander abhängige Tätigkeitsbereiche. Dadurch wird der Wettkampf zum Bezugspunkt für das langfristig zu planende Training.
- Wettkämpfe sind ein *methodisches Mittel zur Entwicklung der wettkampfspezifischen Leistungsfähigkeit*: Siegorientierte Verhaltensweisen und Handlungen können nicht allein im Training, sondern müssen vor allem durch bewusst gestaltete Wettkampftätigkeit erworben werden. Nur die Leistungen und das Verhalten der Schützen in Wettkämpfen geben dem Trainer zuverlässig Aufschluss über deren Leistungsstand.
- Wettkämpfe sind *Stimuli für die Sportler*: Das erzielte Ergebnis, die nachgewiesene Leistungsentwicklung, die erlebte Freude bei den Wettkampfhandlungen können Motivation für das weitere Üben und Trainieren fördern und neue Zielsetzungen auslösen.
- Wettkämpfe sind *Bestandteil des kulturellen Lebens der Gesellschaft*.

Eberspächer (1990, 30) weist ferner darauf hin, dass Wettkampfsituationen im Unterschied zum Training nicht wiederholbar sind, immer mit einer Prognose einhergehen und stets Konsequenzen (z.B. Qualifikation, K.-o.-System s. S. 576) haben. Gleichzeitig heben *Grosser* et al.

Training	Wettkampf
Leistung wird langfristig entwickelt	Leistung wird kurzfristig realisiert
Zyklischer Aufbau der Leistungsgrundlagen und der komplexen Wettkampfleistung	Situationsangemessene Entscheidungsfindung und -realisierung (z.B. Taktik: Anhalten, Schießrhythmus)
Kein Vorstartzustand, konfliktfrei	Vorstartzustand, erhöhte nervliche Anspannung (Stresssituationen), hohe Emotionalität und Konzentration
Großzügige Zeitlimits für Handlungen	Begrenzte Zeitlimits (zum Teil hoher Zeitdruck, z.B. alternierender 20-Sekunden-Rhythmus)
Starke Einflussnahme durch Trainer	Geringe Trainerbeeinflussung, verstärkt Selbststeuerung

Tab. 115: Unterschiede zwischen Training und Wettkampf im Bogensport

(1986, 47) zudem Unterschiede zwischen Training und Wettkampf hinsichtlich Entwicklung, Dominanz, Phasenbedeutung, Einfluss und Konfliktanregung hervor (Tab. 115).

Beachten Sie: Die Aufgabe des Wettkampftrainings muss vorrangig darin bestehen, im Training Situationen zu schaffen, die unter anderem eine kurzfristige Entscheidungsfindung und Leistungsrealisierung verlangen, begrenzte Zeitlimits und eine verstärkte Selbststeuerung fordern sowie erhöhte nervliche Anspannung, Emotionalität und Konzentration einbinden.

Bedeutung des Wettkampfes

Training dient der »Leistungsentwicklung«, der Wettkampf der »Leistungsentfaltung« (vgl. *Hotz* 1994, 16). Training ohne Wettkampf verliert für den Sportler an Wert, denn das Training ist nicht Selbstzweck, sondern stellt im Leistungssport die Vorbereitung auf das erfolgreiche Bestehen des Wettkampfes dar.

Im gesamten Hochleistungstraining spielt der Wettkampf eine herausragende Rolle und besitzt insgesamt eine zentrale Steuerfunktion sowohl für die Steigerung der Leistungen und des spezifischen Funktionsniveaus (z.B. Durchführung spezieller taktischer Maßnahmen, Einsatz psychoregulativer Maßnahmen, Abrufen des Schießautomatismus) des Schützen hinsichtlich seines individuellen Leistungspotenzials als auch zur Leistungsrealisierung zu einem bestimmten Termin.

Sportliche Wettkämpfe haben daher in mehrfacher Hinsicht Bedeutung. Sie dienen dem systematischen Leistungsaufbau, der Entwicklung des Trainingszustands der Schützen, der Überprüfung des sportlichen Leistungsstands, dem Erreichen guter Platzierungen und der Kontrolle der Trainingswirksamkeit.

Bedingungen der Wettkampfauswahl

Da sich der Belastungsumfang im Spitzensport kaum noch steigern lässt, tritt das Anforderungsniveau der Wettkämpfe an die Spitze der eingesetzten Belastungskomponenten (s. S. 113).

Besondere Aufmerksamkeit bedarf hinsichtlich der Wettkampfplanung somit die *Differenzierung* der Wettkämpfe. Dabei sind vorangehende Wettkämpfe dem Saisonhöhepunkt grundsätzlich unterzuordnen. Sie haben lediglich Aufbau- und Kontrollfunktion (vgl. *Weineck* 2010, 103).

- Bei der Auswahl der Wettkämpfe – sie ist insbesondere bei der mittelfristigen Wettkampfvorbereitung von Bedeutung – ist allgemein Folgendes zu beachten: Richtige *Wettkampfabfolge* (steigende Anforderungen) unter Einhaltung ausreichender Erholungs- und Entwicklungsphasen. Ein ansteigender Schwierigkeitsgrad (progressive Steigerung von psychophysischen Anforderungen: z.B. 70-Meter-Runden, FITA, 70-Meter-Runden mit Finale, FITA mit Finale) der Wettkämpfe (vgl. Sportordnung) unter Berücksichtigung der augenblicklichen Form.
- Ausreichende *Zahl* an Wettkämpfen: Je nach Wettkampfart (z.B. Einzel- oder Mannschaftswettkampf, national oder international) und Trainingsalter bedarf es einer unterschiedlichen Anzahl an Wettkämpfen. Im langfristigen Trainingsprozess gilt es daher, individuelle Wettkampfhöhepunkte im Jahresverlauf aufzudecken. Ein Spitzenschütze benötigt etwa 20–25 Wettkämpfe pro Jahr.
- Optimale *Wettkampfdichte*: In der Wettkampfperiode sollte mindestens im 2-Wochen-Rhythmus ein Wettkampf stattfinden, welcher je nach Bedarf wochenweise durch Leistungskontrollen aufzufüllen ist.
- Ein dem jeweiligen Vorbereitungszustand entsprechendes *Niveau* der Wettkämpfe: Über Aufbauwettkämpfe soll zu Wettkämpfen mit zunehmend höheren Anforderungen übergegangen werden. Wettkämpfe ohne wettkampfspezifische Anforderungen (z.B. entsprechende Teilnehmerzahl, adäquate Konkurrenz) sind wertlos, da die psychophysische Belastung unzureichend ist.
- Die augenblickliche *Form*: Kein Wettkampf zum falschen Zeitpunkt.
- Im *Kindes- und Jugendsport* gelten insbesondere die folgenden Grundsätze:
  - Der junge Sportler soll sich wettkampfmäßig in unterschiedlichen Disziplinen (FITA, Jagd- und Feld, Halle, 3-D-Schießen etc.) und auch in anderen Schießarten (z.B. Compound, Langbogen, Blankbogen) betätigen.
  - Die Wettkampffolge und -häufigkeit werden nicht von einem Hauptwettkampf bestimmt.
  - Wettkämpfe sind ganzjährig und in allen Trainingsabschnitten durchzuführen. Dabei sollten Wettkämpfe (z.B. Rangliste, Qualifikationen) innerhalb einer Trainingsgruppe oder zwischen Trainingsgruppen gleicher Leistungsstärke durchgeführt werden.
  - Wettkämpfe müssen progressiv steigende Anforderungen (konditionell, psychisch-mental und technisch-taktisch) stellen und den Jugendlichen an die besondere Situation des Wettkampfes bzw. den Wettkampfstress gewöhnen.
  - Wettkämpfe sollen die Kinder/Jugendlichen dazu befähigen, adäquat mit Sieg und Niederlage umzugehen.

Beachten Sie: Niederlagen sind nicht dazu da, um sie zu verdrängen oder den Glauben an sich zu verlieren. Niederlagen sind dazu da, innezuhalten, sich Zeit zu geben und zu analysieren. Dabei müssen die Botschaften herausgefiltert werden, die in ihnen stecken, um aus ihnen zu lernen (vgl. *Kahn* 2008, 284).

Wettkampfprobleme

»Wer sich selbst besiegt, ist stark« (Laotse, chinesischer Philosoph).

Probleme im Wettkampf sind häufig die Folge einer unzureichenden Bewältigung bzw. Lösung kritischer Wettkampfsituationen. Diese sind nach *Kratzer* (2009, 59):

- Unzufriedenheit
- Übergang von Trainings- zu Wertungspfeilen
- Knappe Treffer

- Letzte Pfeile bzw. letzter Pfeil
- Mehrere Zehner in Folge
- Mehrere schlechte Schüsse bzw. Treffer hintereinander
- Verzögerungen
- Materialdefekte

Nach *Gabler* (1979, 58 f.) geben Schützen als häufigste Schwierigkeit beim Wettkampf psychische Störungen an. Etwa 62% nennen Konzentrationsstörungen, 30% Nervosität und 18% übergroße Spannungen als Grund schlechter Leistungen. Auch mit 25% sind Störungen im sozioemotionalen Bereich (z.B. Zuschauer, Gegner) noch als relativ häufig anzusehen.

Im technomotorischen Bereich sind vergleichsweise geringe Schwierigkeiten erkennbar, Ursachen für schlechte Leistungen sehen 18% in Störungen des Bewegungsablaufs, 21% in technischen Problemen und 14% in konditionellen Voraussetzungen.

Im Allgemeinen scheinen die Anfangsschwierigkeiten mit am größten zu sein (vgl. Verlauf der Erregung, S. 41). Dies stimmt jedoch nicht unbedingt mit den Wettkampfergebnissen überein, da meist zu Beginn eines Turniers relativ gut begonnen wird. Es ist daher anzunehmen, dass während des Wettkampfes eine bis mehrere Einstellungsänderungen stattfinden. Während die Athleten am Anfang vielfach mit zu hohen Erwartungen das Turnier beginnen, orientieren sie sich im Wettkampf eher an den noch möglichen Erfolgen (»Wenn ich jetzt im Schnitt noch 29 schieße, schaffe ich die 340 noch!«).

Interessanterweise verändern 59% ihren technischen Bewegungsablauf nach Misserfolgen nicht. 37% sind jedoch durch den Misserfolg so irritiert, dass sie während des Wettkampfes andere Formen erproben (z.B. verändertes Druck-Zug-Verhältnis), die allerdings nur selten zu Erfolgen führen.

Stark beeinflusst werden die Reaktionen der Athleten auch auf einen schlechten Schuss. Hieraus entsteht offenbar die gängigste Antwort auf Unentschlossenheit beim Schießen. Viele Schützen (42 %) rekonstruieren den Fehler (vgl. Coaching S. 589) und fixieren somit unbewusst – was lerntheoretisch erwiesen ist – das Fehlverhalten. Etwa 10 % reagieren affektiv nervös und benötigen eine längere Konzentrationsphase, um auf die normale Leistung zu kommen.

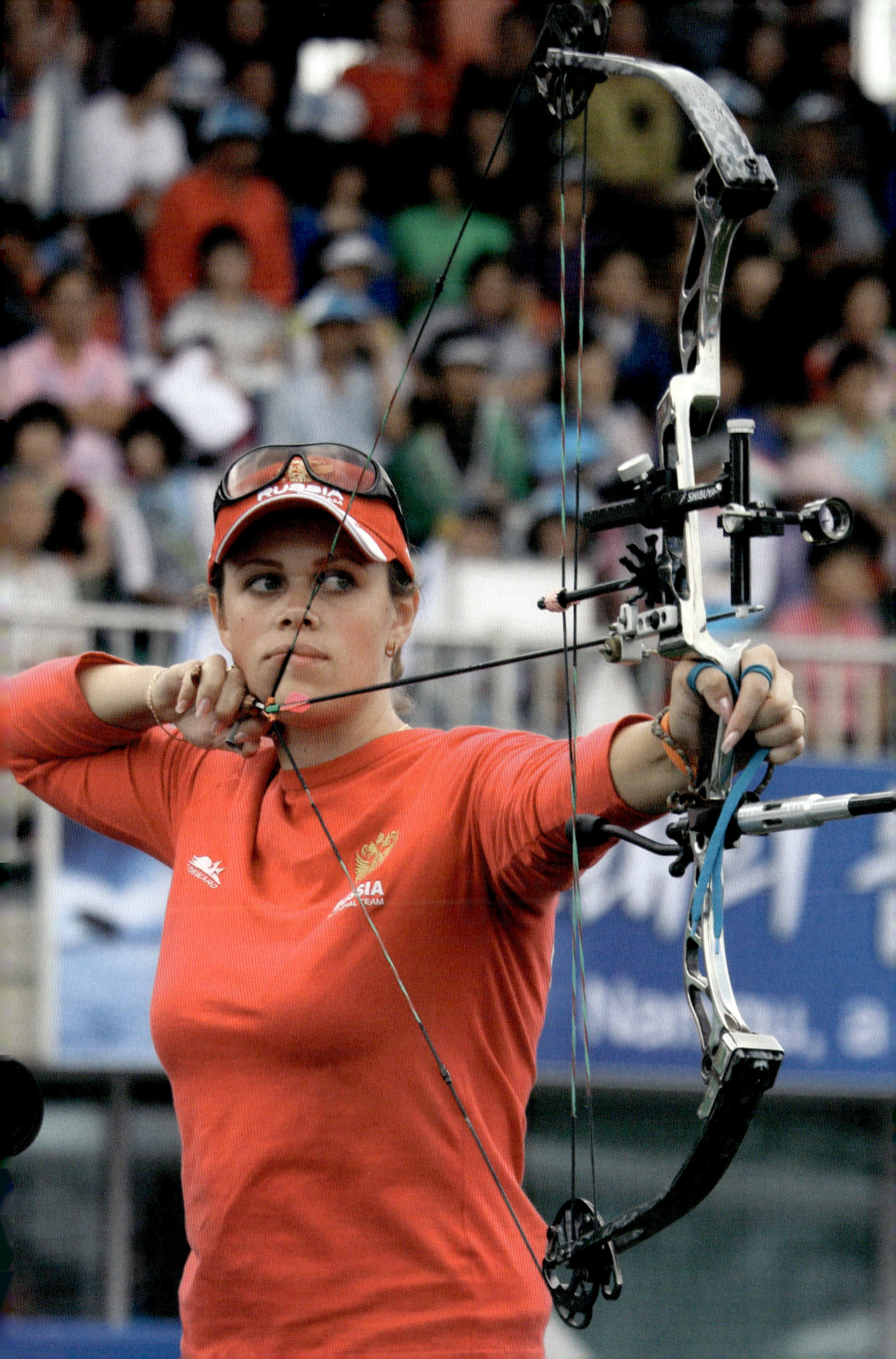
RUSSIA
SHIBUYA

Wettkampfdimensionen

Zu Beginn der 1980er-Jahre dominierten die amerikanischen Spitzenschützen Darell Pace und Rick McKinney die Bogenszene nahezu nach Belieben. Immer wieder stellten beide neue Weltrekorde auf. Als McKinney während eines Turniers »beiläufig« feststellte: »Du, ich glaube, ich schieße einen neuen FITA-Weltrekord!«, entgegnete Pace nur kühl: »Macht nichts, ich bin voraus!«. Pace schoss an diesem Tag einen neuen Weltrekord.

Im Leistungssport sind das gesamte Training, das Absolvieren ausbildungsbezogener Wettkämpfe und alle damit in Zusammenhang stehenden Maßnahmen auf das Vollbringen sportlicher Höchstleistungen zu Wettkampfhöhepunkten ausgerichtet.

Beachten Sie: Wenn auch der Trainer im Wettkampf nur bedingt Einfluss nehmen kann, so zeigt die Praxis häufig, wie sehr falsche Wettkampfmuster des Athleten (z.B. häufiges Absetzen, Schießen unter Zeitdruck) davon abhängen, ob und inwieweit dessen Wettkampfeigenschaften vom Trainer systematisch geschult worden sind.

Um (1994, 8) weist in diesem Zusammenhang auf sieben Dimensionen von Spitzenresultaten während des Wettkampfes im Schießsport hin, die bereits im Training systematisch erarbeitet, trainiert und regelmäßig überprüft werden müssen (Abb. 479).

Gleichzeitig hebt er sieben psychophysische Zustände in diesen Situationen hervor, die bereits im bzw. durch ein entsprechendes Training mehr oder weniger vorbereitet werden können:

- *Geistig erholt:* Der Schütze beschreibt diesen Zustand häufig mit innerer Ruhe bei gleichzeitig hohem Konzentrationsgrad.
- *Konditionell fit:* Die Bewegungen wirken flüssig, sicher, ökonomisch und harmonisch.
- *Selbstvertrauen und Optimismus:* Der Bogenschütze fühlt sich im Stande, sich trotz vielfältiger Störungen (Umgebung, Resultate etc.) bzw. wechselnder Herausforderungen (z.B. andere Gegner) im Gleichgewicht zu halten. Der Druck (des Wettkampfes) wirkt eher anregend als hemmend. Für *Henderson* (1987, 13) ist dabei Selbstvertrauen das Wichtigste (»Als Schütze muss man sich und seinen Vorbereitungen vertrauen. Dies gilt sowohl für den Bewegungsablauf als auch für den Glauben an sich selbst und daran, dass der Pfeil ins Gold geht.«)

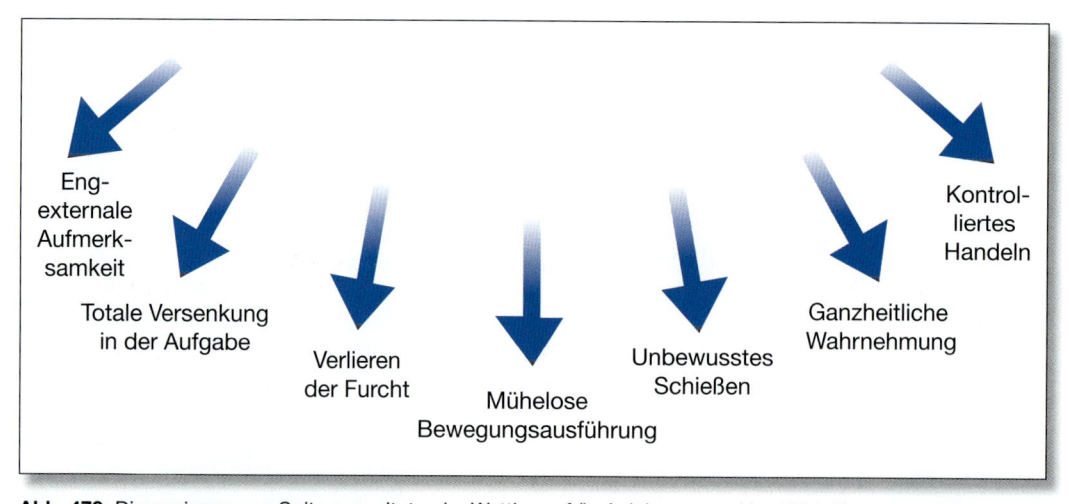

Abb. 479: Dimensionen von Spitzenresultaten im Wettkampf (in Anlehnung an *Um* 1994, 8)

- Eng-externale Aufmerksamkeit
- Totale Versenkung in der Aufgabe
- Verlieren der Furcht
- Mühelose Bewegungsausführung
- Unbewusstes Schießen
- Ganzheitliche Wahrnehmung
- Kontrolliertes Handeln

- *Gegenwartsorientierung:* Der Athlet ist sich seines Handelns und seiner Person bewusst (vgl. Konzentration in der Zeit S. 521). Es existieren keine Gedanken an Vergangenheit oder Zukunft. Die Bewegung vollzieht sich unbewusst, automatisiert und *jetzt*.
- *»Highly energized«:* Der Schütze hat Spaß am Schießen und ist »heiß« auf den Wettkampf (»Ich fühle mich stark!«).
- *Kontrolle:* Körper und Geist scheinen ohne äußere und innere Kontrolle gerade das zu tun, was wesentlich (wichtig) erscheint (vgl. Flow-Erleben, S. 489 ff.).
- *Tunnelkonzentration:* Der Schütze hat das Gefühl, aus einem »Pappkarton« heraus zu schießen, abgeschirmt von äußeren Einflüssen und Ablenkungen (vgl. auch »Light Training«: Schießen bei Nacht, wobei nur das Gold beleuchtet ist; S. 345).

Loehr (1996, 19) reduziert die »mentale Stärke« auf vier emotionale Komponenten:
- *Flexibilität:* Fähigkeit, sich auf unerwartete emotionale Veränderungen einzustellen sowie locker und ausgeglichen zu bleiben, nicht aufzubrausen und in Bezug auf den Wettkampf eine positive Einstellung zu entwickeln.
- *Engagement:* Fähigkeit, emotional alert und engagiert zu bleiben, auch wenn man unter Druck steht.
- *Stärke:* Fähigkeit, sich auch unter Druck das Gefühl der eigenen Stärke zu geben sowie in scheinbar aussichtslosen Situationen unbeugsamen Kampfgeist an den Tag zu legen.
- *Spannkraft:* Fähigkeit, Enttäuschungen, Fehler und vergebene Chancen schnell abzuhaken und mit voller Kraft und Konzentration den Wettkampf wieder aufzunehmen.

Wettkampfvorbereitung

»Der Wettkampf wird meist bereits vor dem Wettkampf selbst entschieden« (Kobler 1999).

Beispiel einer professionellen Wettkampfvorbereitung: Auf dem Trainingsfeld der koreanischen Olympiamannschaft wurde der Finalplatz der Olympiade in Peking 2008 nachgebaut. 2000 Statisten wurden eingeladen, um an speziellen Trainingstagen chinesisches Zuschauerverhalten zu simulieren (vgl. *Gegg* 2008, 14).

> Unter Wettkampfvorbereitung ist die Gesamtheit der Maßnahmen zu verstehen, die den Sportler zum Erreichen optimaler sportlicher Leistungen bei Wettkämpfen befähigen (vgl. *Weineck* 2010, 105).

Da die Wettkampfleistung, wie bereits erwähnt, von einer Vielzahl von Faktoren abhängt (Abb. 480), ist jeder Wettkampf komplex und umfassend vorzubereiten. Dies bedeutet sowohl die Optimierung externer Maßnahmen (z.B. ein erfolgsorientiertes Coaching) als auch die effektive Entwicklung und Steuerung interner Faktoren (z.B. psychische Konditionierung, schießtechnische Vervollkommnung).

Eine erfolgreiche Wettkampfvorbereitung ist insbesondere im Bogenschießen nur dann möglich, wenn sowohl die Anforderungsstruktur der jeweiligen Disziplin (z.B. FITA, Feld, Halle, Finale etc.) als auch die individuellen Leistungsvoraussetzungen des Schützen bei der Erarbeitung der Vorbereitungsprogramme berücksichtigt werden.

Der Wettkampf sollte insgesamt über charakteristische Voretappen systematisch vorbereitet werden. Dabei werden folgende Phasen unterschieden (vgl. *Thieß* u. *Tschiene* 1999, 186):
- *Wettkampforientiertes Training:* In dieser Phase erfolgt die langfristige Vorbereitung aller Leistungsvoraussetzungen zur Optimierung der Wettkampfkompetenz (s. S. 562 ff.).

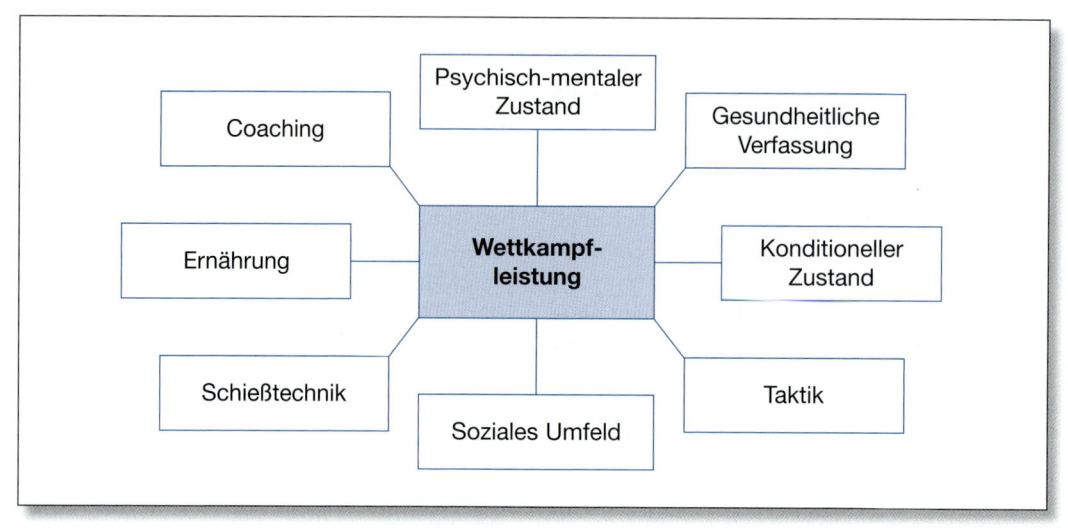

Abb. 480: Faktoren, welche die Wettkampfleistung beeinflussen (vgl. *Weineck* 2010, 105)

- *Allgemeine Wettkampfvorbereitung:* Diese Phase beinhaltet eine akzentuierte mittelfristige Vorbereitung der Leistungsvoraussetzungen und die Entwicklung der Belastungsverträglichkeit mithilfe zyklisierter Trainingsbelastungen (vgl. Periodisierung, S. 168).
Beispiel: Training der speziellen Kraftausdauer bei anstehenden mehrtägigen Wettkampfbelastungen (s. S. 285 ff.)
- *Spezielle Wettkampfvorbereitung:* Charakteristisch für diese Phase ist ein wettkampfspezifisches Training, das auch psychisch dem Stress des Wettkampfes nahe kommt (vgl. S. 563 bzw. 569 ff.).
Beispiele:
  – Schaffung von zusätzlichen und sich verändernden Drucksituationen (z.B. Zeitlimit, verschiedene Gegner)
  – Erfahren psychovegetativer Erregungen, die ansonsten im Training kaum auftreten: z.B. durch spezielle Vorgaben (Prognosen für die letzten drei Pfeile), Prämien etc. (*Schellenberger* 1991, 294, in *Tschiene* 1995)
  – Hervorrufen emotionaler Zustandsänderungen (z.B. durch »niedrigere« Treffer aufgrund kleinerer Auflagen oder veränderter Umgebungsbedingungen)
- *Unmittelbare Wettkampfvorbereitung:* Diese Phase führt über spezielle Konzeptionen und Modelltrainings direkt zum Wettkampf (s. auch S. 190 bzw. 543).
Beispiel: Einüben von Besonderheiten der Wettkampftätigkeit durch mehrfaches variierendes Absolvieren bzw. Simulieren des bevorstehenden Wettkampfprogramms (Pfeilrhythmus, Finaltraining)

> Die Wettkampfvorbereitung hat die Aufgabe, trainingsmethodische, pädagogisch-psychologische und organisatorische Maßnahmen so einzusetzen, dass der Schütze zum Zeitpunkt der Hauptwettkämpfe seine sportliche Höchstform erreicht und psychisch sowie physisch leistungsstabil auf diese Wettkämpfe eingestellt ist. Das Training muss sich damit auf möglichst viele Situationen der späteren Bedingungen (z.B. Störfaktoren, Stresssituationen) einstellen (vgl. *Martin* 1991, 285).

Hinsichtlich einer zeitlichen Strukturierung unterscheidet man eine lang- bzw. mittelfristige sowie eine unmittelbare Wettkampfvorbereitung.

Langfristige Wettkampfvorbereitung

Die langfristige Wettkampfvorbereitung weist große zeitliche Differenzen auf. In der Regel liegt ein Zeitraum zwischen einem und mehreren Jahren vor. Wesentlichen Einfluss darauf haben folgende Faktoren (vgl. *Schnabel* et al. 1994, 496):
- *Zeitlicher Rhythmus* der Austragung der *Wettkampfhöhepunkte* (Olympische Spiele alle 4 Jahre, Welt- und Europameisterschaften alle 2 Jahre).
- *Leistungsniveau* und *Wettkampferfahrung* der Schützen: Ein leistungsstarker bzw. erfahrener Schütze benötigt eine kürzere Vorbereitung.
- Bedingungen des *sozialen Umfelds*: Dem Schützen muss eine entsprechende Relation zwischen Training, Wettkampf, Ausbildung und Beruf ermöglicht werden (z.B. Halbtagsarbeit oder Sportschule ab mindestens einem Jahr vor Olympischen Spielen).

Grundsätzlich empfiehlt *Ulrich* (1996, 9) in dieser Phase der Vorbereitung die Festlegung des (realisierbaren) Zielwettkampfes, die Erstellung des Trainingsplans inklusive der Trainingslager, die Meldung zu den Vorbereitungsturnieren sowie das Testen von neuem Material.

> *Beachten Sie:* Die Vorbereitung auf den Hauptwettkampf beginnt mit der Planung des Jahresverlaufs, der in die mehrjährige konzeptionelle Planung eingeordnet ist.

Mittelfristige Wettkampfvorbereitung

Die mittelfristige Wettkampfvorbereitung umfasst im Allgemeinen einen Zeitraum von mehreren Monaten.

> Mittelfristig gilt es, den Zielwettkampf zu organisieren. Dies bedeutet: Trainingsplan überprüfen, Kontrollwettkämpfe planen, Schießtechnik (weiter) optimieren, Bogen- und Pfeiltuning kontrollieren (z.B. neues Pfeilmaterial ausschießen), Startliste des Hauptwettkampfes ansehen, Fahrt/Flug und Unterkunft organisieren etc.

Unmittelbare Wettkampfvorbereitung (Tapering)

Ziel der unmittelbaren Wettkampfvorbereitung (auf den Hauptwettkampf; vgl. Periodisierung. S. 190) ist nach *Tschiene* (1999, 325) die ganzheitliche Funktionsoptimierung, d.h. die Erweiterung, Stabilisierung und/oder Wiederherstellung der individuellen Handlungsfähigkeit.

Umfang, Inhalt und Dauer der Vorbereitung hängen nach *Lehnert* (1994, 12) von folgenden Faktoren ab:
- Bedeutung bzw. Charakter des Wettkampfes: Hauptwettkämpfe bedürfen einer längeren Vorbereitung als Kontrollwettkämpfe.
- Geografische Lage des Wettkampfortes: Wettkämpfe, die unter ungewohnten Bedingungen (z.B. neuer Tag-Nacht-Rhythmus) stattfinden, verlangen eine längere Dauer der unmittelbaren Wettkampfvorbereitung.
- Umfang und Niveau der Wettkampferfahrung des Athleten.

In der unmittelbaren Wettkampfvorbereitung sollten hinsichtlich der Planung in jedem Fall folgende Fragestellungen vorweg geklärt und berücksichtigt werden (vgl. *Eder* 1987, 42):
- Welches Anspruchsniveau besitzt der Hauptwettkampf für den Schützen (Ehrgeiz wecken!)?
- Welche besonderen Bedingungen stellt der Hauptwettkampf (Olympische Runde, FITA, Finale, Jagd und Feld oder Halle)?
- Wie soll der künftige Verlauf des Trainings und der Kontrollwettkämpfe aussehen (situative Störfaktoren, z.B. Zuschauer, Wett-

kampfstätte, sind mit einzubeziehen!)?
- Welches soziale Umfeld liegt vor (Schule, Beruf etc.)?
- Was bleibt für eine optimale Ausgangslage noch zu tun?

> Im Jahresverlauf hat sich eine methodische Variante als optimal erwiesen, die in der unmittelbaren Wettkampfvorbereitung (mit kleineren Veränderungen) auf einem höheren Niveau nur wiederholt wird. Es ist daher vorteilhaft, verschiedene Formen der Vorbereitung zu erproben und sukzessive leistungsfördernde Elemente zusammenzusetzen.

Wie die Ausführungen von *Kratzer* (2000, 5) zeigen, ist es von höchster Wichtigkeit, dass die unmittelbare Wettkampfvorbereitung unmittelbar in den Wettkampf selbst übergeht und dass konkrete Elemente (z.B. Schießtechnik, taktische Handlungsweisen etc.) auch in der Wettkampfdurchführung abrufbar bleiben müssen, um die anforderungsgerechte Handlungsfähigkeit aufrechtzuerhalten.

Belastungsgipfel
Nach den Untersuchungsergebnissen von *Lehnert* (1994, 12) liegen die Belastungsgipfel der einzelnen Komponenten vor Wettkampfbeginn wie folgt (s. S. 191):
- Allgemeine Trainingsmittel (z.B. Kraftausdauertraining): 5–4 Wochen
- Trainingsumfang (komplex): 4–3 Wochen
- Spezielle Trainingsmittel (z.B. Pfeilzahlen): 3–2 Wochen

Das Belastungsmaximum (Schießtraining) liegt in der 3.–2. Woche vor dem Wettkampf. Auf diese Weise erreicht man eine hohe Trainingsbelastung über 2–4 Wochen mit unterschiedlichen Mitteln und durch ihre zeitliche »Überlagerung« bzw. Summierung eine Höchstleistung zu einem Zeitpunkt, wenn richtig geplant, zum entscheidenden Wettkampf.

Vorbereitungswettkämpfe
Bei der unmittelbaren Vorbereitung des Hauptwettkampfes stellen Vorbereitungswettkämpfe ein wichtiges Instrumentarium zur Ausbildung der individuellen Topform dar. *Lehnert* (1994, 13) beschreibt dies – übertragen auf den Bogensport – wie folgt: Wettkämpfe im Abschnitt der unmittelbaren Wettkampfvorbereitung stellen ein wichtiges Mittel der Vorbereitung dar und sind für die Lösung unterschiedlichster Trainingsaufgaben (z.B. Schießrhythmus, Konzentration auf den Schießablauf) unverzichtbar. Sie tragen den Charakter von Kontroll- und Überprüfungswettkämpfen zur Bestimmung des Niveaus einzelner leistungsrelevanter Faktoren (z.B. Kraftausdauer, Umsetzung taktischer oder psychoregulativer Maßnahmen), dienen der Stabilisierung der Technik und der taktischen Konzeption der Wettkampfführung, der Ausprägung der komplexen Wettkampfleistung sowie der Anpassung an den zu erwartenden Wettkampfrhythmus (z.B. alternierendes Schießen im Finale). Diese Wettkämpfe sind Bestandteil des Trainings und aus dem Training heraus zu gestalten.

> *Beachten Sie:* Wettkämpfe mit einem hohen Leistungsziel in dieser Etappe (z.B. verspäteter Nachweis der Qualifikationsnorm, Prestigewettkämpfe) wirken sich meist negativ auf das Erreichen der Höchstleistungen zum entscheidenden Wettkampf aus (vgl. *Weineck* 2010, 111).

Arten der unmittelbaren Wettkampfvorbereitung
Die unmittelbare Wettkampfvorbereitung bzw. Taperingphase hängt von verschiedenen Faktoren ab (Abb. 481). Ihre optimale Ausprägung äußert sich in einer höchsten individuellen Leistungspräsentation und einem optimalen Wettkampfverhalten unter Ausschöpfung des psychophysischen Potenzials.

```
┌─────────────────────────────────────────────────────────────────┐
│                  Unmittelbare Wettkampfvorbereitung             │
│                              │ ist                              │
│   pädagogisch-        methodisch-didaktisch    strategisch-taktisch │
│   psychologisch                                                 │
│              ── konzipiert und äußert sich in ──                │
│   höchster individueller    optimalem         Ausschöpfung des psy- │
│   Leistungspräsentation   Wettkampfverhalten   chophysischen Potenzials │
└─────────────────────────────────────────────────────────────────┘
```

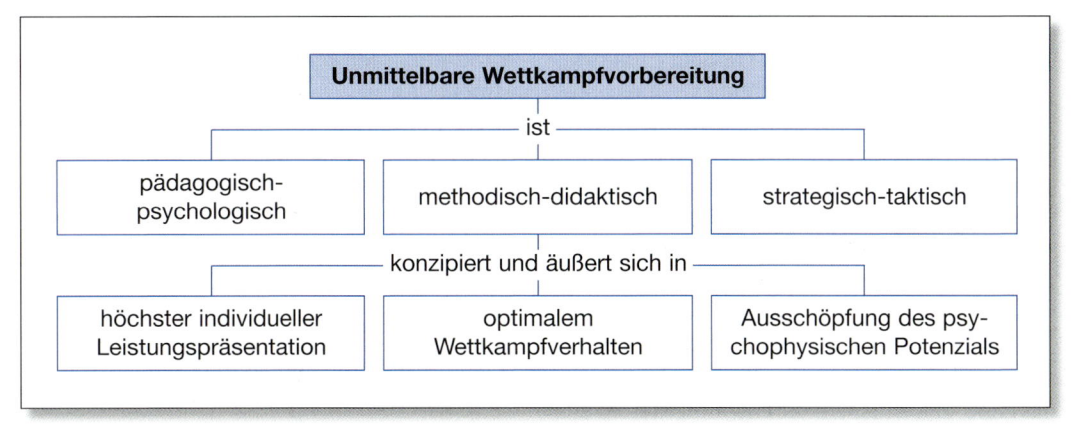

Abb. 481: Faktoren und Arten der unmittelbaren Wettkampfvorbereitung

Trainingsmethodische Vorbereitung
Ziel der trainingsmethodischen Vorbereitung ist es, eine unmittelbar und mittelbar vorbereitende Mikrostruktur zu konzipieren, die zu Beginn des betreffenden Wettkampfes zum momentan optimal möglichen Leistungsstand führt. Dabei ist insbesondere das Lösen der folgenden Aufgaben zu beachten:
Konditionelle und koordinative Aufgaben: Herstellung bzw. Stabilisierung (in Abhängigkeit von der Lage dieses Abschnitts in der Wettkampfsaison) eines optimalen Niveaus der konditionellen und koordinativen Voraussetzungen (z.B. Kraftausdauer, Gleichgewichtsfähigkeit) für die effektive Umsetzung der Technik und Taktik sowie zur Bewältigung der hohen Gesamtanforderungen im Verlauf der Wettkämpfe.

Beachten Sie: Im Sinne einer psychophysischen »Ausgeruhtheit« ist der Belastungsumfang etwa 3 Tage vor dem Wettkampf stark zu reduzieren.

Technische und taktische Aufgaben: Vervollkommnung der Schießtechnik, Korrektur kleinerer technischer Mängel sowie Anpassung an die konkreten Wettkampfbedingungen (z.B. Schießrhythmus) und Präzisierung und Stabilisierung der eigenen Konzeption der Wettkampfführung unter Beachtung der spezifischen Bedingungen der Lage des Wettkampfortes (z.B. Windeinflüsse).
Ausprägung der komplexen sportlichen Leistung: Während die konditionellen, technischen und taktischen Aufgaben am Anfang der Wettkampfvorbereitung noch einzeln und isoliert gelöst werden können, muss mit dem nahenden Wettkampftermin die komplexe sportliche Leistung – in ihrer Gesamtheit (bis auf wenige Ausnahmen) und nach Möglichkeit unter den zu erwartenden Bedingungen – ausgeprägt und stabilisiert werden. Dies umfasst unter anderem ein Training bei wechselnden äußeren Bedingungen (z.B. Regen, Wind, Kälte, schlechte Sicht) und das Durchsetzen des eigenen Schieß- und Wettkampfrhythmus auch unter Störfaktoren (s. auch S. 526).

Beachten Sie: Insgesamt kann die Anpassung bzw. Einstellung auf den Wettkampfrhythmus nur durch eine mehrmalige Wiederholung des Wettkampfprogramms (z.B. 2-mal 36 Pfeile auf 70 Meter + Finale im 6- bzw. 3-Pfeile- bzw. AB-CD-Rhythmus) erreicht werden.

Motivation: Motivierung und Mobilisierung vor allem der emotionalen Triebkräfte für ein erfolgreiches Abschneiden im Wettkampf (s. S. 510 ff.).

Abwechslung: Das Training – insbesondere die Inhalte in den letzten Tagen vor dem Ereignis – sollte sowohl abwechslungsreich als auch anregend durchgeführt werden (z.B. Schießspiele, Auflagenwechsel etc.). Schwerpunkte bilden ferner genaue Technikdurchführungen (Wechsel zwischen Elementen- und Bewegungsablauftraining), eine konsequente Optimierung der Muskelelastizität und Gelenkbeweglichkeit sowie regenerative Maßnahmen (Massagen).
Selbstvertrauen: Festigung des Selbstvertrauens in die eigene Leistungsfähigkeit und Wirksamkeit der eigenen Konzeption der Wettkampfführung durch Schaffung positiver Erlebnisse (z.B. Perfect Shooting, s. S. 575).
Wettkampfzeit und -atmosphäre: Einstellung auf einige Besonderheiten der allgemeinen Atmosphäre vor (z. B. Fahrt zum Wettkampfgelände) und während der Wettkämpfe (Verhalten der Zuschauer, der Medien, der Mannschaftskameraden und Gegner, sowie der Schieds- und Kampfrichter). Möglichkeiten bieten hierbei unter anderem das Zeigen von Bild- oder Filmmaterial bezüglich Wettkampfort und -gelände. Das Training in der unmittelbaren Wettkampfvorbereitung sollte ferner zur gleichen Tageszeit stattfinden wie der Wettkampf selbst. So absolvierte der koreanische Weltmeister von Jakarta 1995 *Lee Kyung-Chul* täglich zwei Trainingseinheiten zu den Wettkampfzeiten: morgens von 9.30–12.00 Uhr und nachmittags von 14.30–17.00 Uhr (vgl. Baumann 1996, 26). Das Gleiche gilt auch für das »individuelle Ritual« des Warmmachens zum Zeitpunkt dieser Vorbereitungsarbeit am Wettkampftag.

Pädagogisch-psychologische Wettkampfvorbereitung

»Ich habe an der gegenüberliegenden Wand meines Schreibtisches eine Zielscheibe befestigt. Zwei- oder dreimal am Tag starre ich sie an und stelle mir vor, dass ich auf einem Wettkampf bin. Ich sehe meine Haltung, den Abschuss und den Pfeil, wie er direkt die Mitte der Scheibe trifft. [...] Wenn ich mir vor einem Wettkampf meine Schüsse erst vorstelle, dann werden meine Bewegungen natürlicher und automatischer.
[...] Ich bin auf einen intensiven Wettkampf vorbereitet, bei dem es für mich keine Überraschungen geben wird. Ich kann entspannt meine Leistungen vollbringen, wie ich sie im Geiste schon vorher ausgeübt habe« (McKinney 1990, 5).

Komponenten der pädagogisch-psychologischen Wettkampfvorbereitung

> Die psychologische Vorbereitung zum Wettkampf kann nur dann als abgeschlossen gelten, wenn der Schütze moralisch genügend gefestigt ist, sowie klar und nüchtern seine eigenen Kräfte und die seiner Gegner einzuschätzen vermag. Dieser Zustand wird auch als subjektive Bereitschaft zum Wettkampf bezeichnet (*Umarov* o. J., 55).

Die subjektive Bereitschaft (Motivation) zum Wettkampf hängt nach *Kratzer* (2000, 6 ff.) von verschiedenen Komponenten ab. Dies sind unter anderem die Zielbestimmung, die Stärkung des Selbstvertrauens, die Stabilisierung des Sicherheitsgefühls, die Vorstellung des optimalen Bewegungsablaufs, die Erregungssteuerung, die Aufmerksamkeitskontrolle, die Zustandsbahnung und die Bekräftigung (Abb. 482).

Zielbestimmung: Mit der Definition eines Wettkampfziels (z.B. optimales Schießen unter allen Bedingungen; vgl. Psychologisches Training, S. 508 ff.) nimmt der Schütze gedanklich die Leistungen (Ergebnisse) vorweg. Dabei werden für den Schützen im Rahmen der Handlungsregulation drei wichtige Funktionen erfüllt:
- Antriebswirksamkeit: Über den Motivbildungsprozess werden jene Aktivitäten ausgelöst, die eine Zielerreichung gewährleisten sollen.
- Handlungsleitung: Verhalten und Training werden auf das Ziel hin organisiert und gesteuert.
- Handlungskontrolle: Inwieweit stimmen die erreichten Resultate mit den angestrebten Zielvorstellungen überein?

Wettkampfvorbereitung

```
Pädagogisch-psychologische Wettkampfvorbereitung
├── Zielbestimmung — z.B. optimales Schießen unter allen Bedingungen
├── Stärkung des Selbstvertrauens — z.B. durch Vergegenwärtigen guter Trainings- und Wettkampfleistungen
├── Stabilisierung des Sicherheitsgefühls — z.B. durch Einsatz erfolgreicher Bewältigungsstrategien bei auftretenden Hindernissen oder Störgrößen
├── Bekräftigung — z.B. Eigen- und Fremdbekräftigung
├── Zustandsbahnung — Hervorrufen eines individuell optimalen Leistungszustands
├── Vorstellen des optimalen Bewegungsablaufes — z.B. Intensivierung mentaler Verhaltensweisen
├── Aufmerksamkeitskontrolle — z.B. Konzentration auf das Zielen bzw. technische Elemente
└── Erregungssteuerung — z.B. durch psychoregulative Maßnahmen bzw. Aktivierungsübungen
```

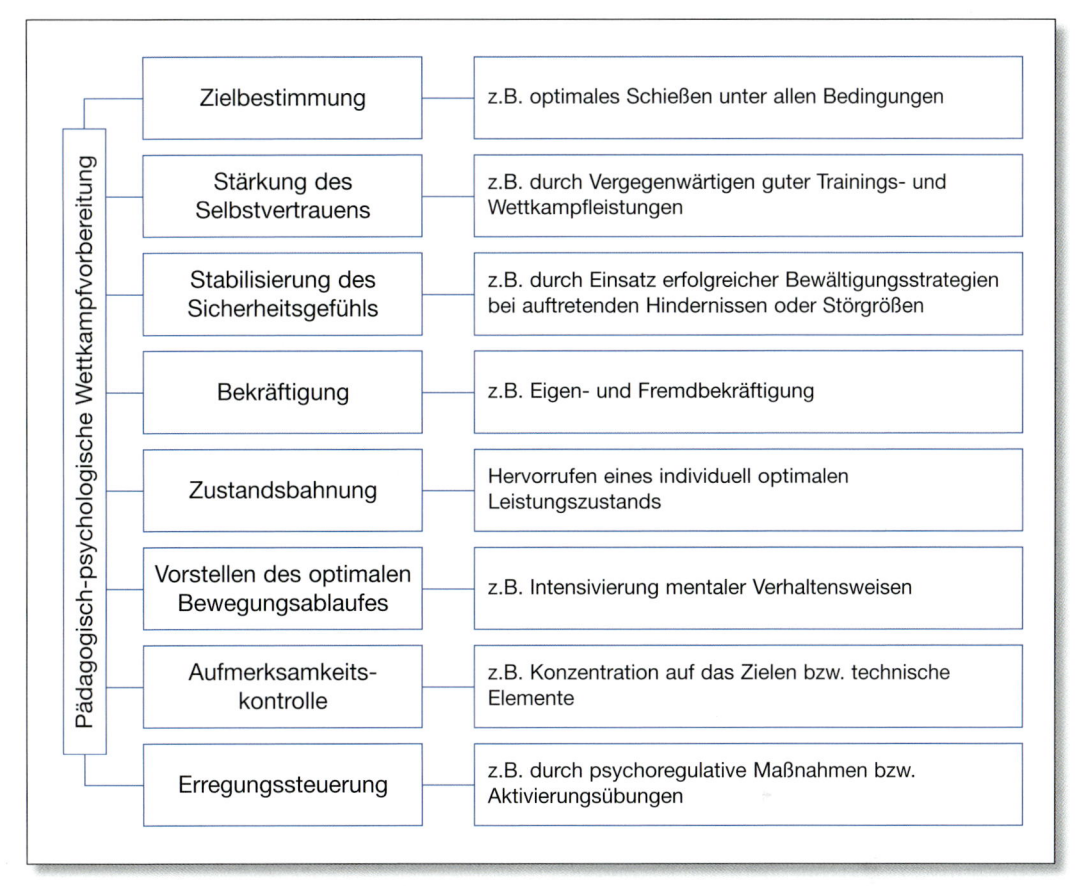

Abb. 482: Komponenten einer optimalen pädagogisch-psychologischen Wettkampfvorbereitung

Damit Ziele diese Funktionen erfüllen können, müssen sie *eindeutig* formuliert sein, ein Niveau haben, das als Herausforderung erlebt werden kann, begründet sein und bei der Überwindung aller denkbaren Hindernisse auch erreichbar sein. Ziele können sich beziehen auf
- die Ausführungsqualität einzelner Schüsse (z.B. mindestens 67% technisch saubere Schüsse),
- das Ergebnis selbst (z.B. Ringe, Gold),
- Platzierungen (z.B. Sieg, unter die ersten 3, 6 oder 10, Qualifikation für das Finale).

Stärkung des Selbstvertrauens: Selbstvertrauen hat derjenige Schütze, der von seinen Stärken überzeugt ist und dem seine Stärken bewusst sind. Es kommt demnach darauf an, dass sich der Schütze seine Stärken vergegenwärtigt und gute sowie sehr gute Trainings- und Wettkampfleistungen rekapituliert.

Gerade die Beschäftigung mit den eigenen Stärken führt langfristig zu einem umfangreichen Inventar eigener Stärken und auch Umfeldstärken. Tab. 116 zeigt ein Beispiel einer Auflistung eigener Stärken und Umfeldstärken.

Stabilisierung des Sicherheitsgefühls: Langjährige Erfahrungen mit Spitzenschützen zeigen, dass diese sich mit Hindernissen und möglichen (realistischen) Störgrößen beschäftigen, jedoch immer unter dem Aspekt, wie sie das Ziel dennoch erreichen können.

Eigene Stärken	Umfeldstärken
Physis: Kraft, Ausdauer, Koordination	Sehr gute Trainer
Ich analysiere gründlicher als andere	Familie steht dahinter
Motivation (ich will unbedingt ...)	Gute/optimale Trainingsbedingungen
Ich kann mich steigern, auch bei Hindernissen	Freunde unterstützen mich und geben mir Kraft
Ich reagiere schneller als andere (z.B. Technik- oder Materialänderung)	Beruf/Schule und Sport lassen sich gut aufeinander abstimmen
Ich liebe meinen Sport und bin ein positiv Verrückter	Finanzielle Unterstützung/Sicherheit ist gegeben
Ich kann meine Erregung in Leistung umsetzen	
Gute Konzentrationsfähigkeit	
Ich lebe leistungssportgerecht	
Guter Techniker	
Ich bin erfolgsorientiert	

Tab. 116: Beispiel einer Auflistung eigener Stärken und Umfeldstärken: Was spricht dafür, dass ich meine Ziele erreiche? (vgl. *Kratzer* 2000, 7)

»Im Wettkampf auftretende Schwierigkeiten (Hindernisse) sind nur halb so schlimm, wenn ich sie im Vorfeld gedanklich bereits bewältigt habe.«

Der Schütze muss überzeugt sein, dass er – egal was passiert – so vorbereitet ist, dass das Ziel trotzdem erreicht werden kann. In der Vorbereitung auf einen Wettkampfhöhepunkt werden daher mögliche Hindernisse angesprochen um sicherzustellen, dass der Schütze über die entsprechenden Bewältigungsstrategien verfügt.

Vorstellen des optimalen Bewegungsablaufs: Neben dem Carpenter-Effekt (unterschwellige Impulssalven, die zu Koordinationsverbesserungen führen) dient das Vorstellen des optimalen Bewegungsablaufs der konzentrativen Einstimmung auf das Schießen sowie der Verbesserung vorgreifender Einstellungsprozesse insgesamt.

In der unmittelbaren Wettkampfvorbereitung wird das mentale Training intensiviert und in das Verhaltenstraining einbezogen. In der aktuellen Wettkampfvorbereitung werden mit der nochmaligen, gedanklichen Bekräftigung der erfolgreichen sportlichen Handlung die Stabilität der Bewegungsausführung, die Aufmerksamkeitsspannung sowie das Gefühl der Sicherheit weiter erhöht.

Erregungssteuerung: Jede sportliche Tätigkeit erfordert einen bestimmten Aktivierungsgrad. Wie Abb. 483 zeigt, ist im Bogenschießen das Optimum der Erregung nicht nur schmaler als in anderen Sportarten (z.B. Ausdauersportarten), sondern auch niedriger (als z.B. in den Kampf- und Spielsportarten).
In Sportarten mit überwiegend physischer Belastung wird die notwendige Aktivierung durch eine entsprechende körperliche Vorbereitung (disziplinspezifische Übungen, Gymnastik, Lauf) erreicht. Diese ist aber im Bogenschießen

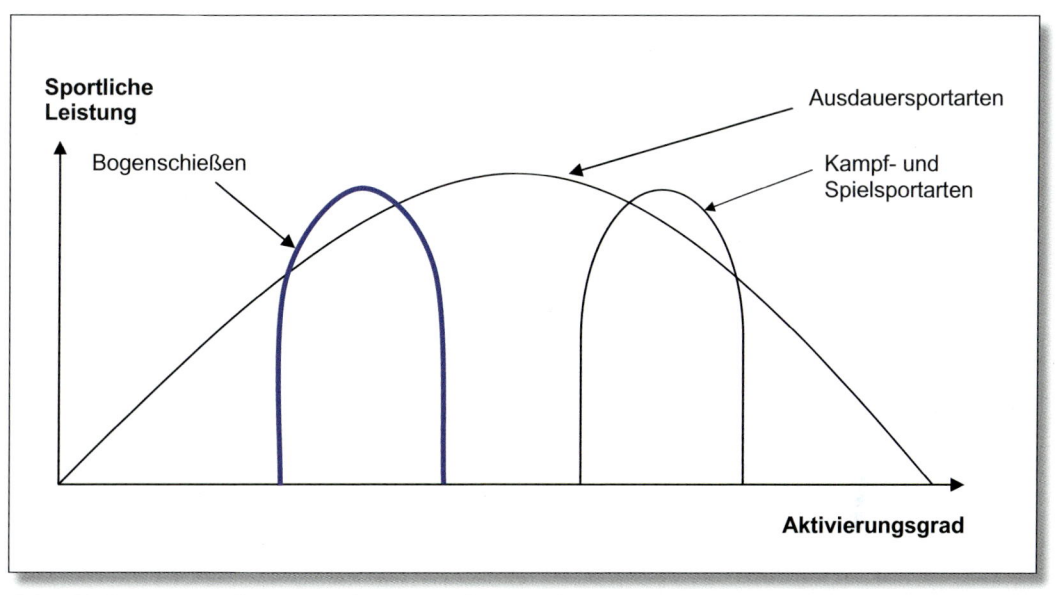

Abb. 483: Optimum der Erregung im Bogenschießen im Vergleich zu anderen Sportarten: Hohe sportliche Leistungen ergeben sich bei einem unterhälftig mittleren Aktivierungsgrad des Schützen (vgl. *Bassham* 2008, 39)

nicht bzw. nur begrenzt möglich, da eine körperliche Beanspruchung nicht nur eine Steigerung der zentralnervösen Aktivierung bewirkt, sondern gleichzeitig auch andere Systeme (z.B. Herz-Kreislauf-System) beeinflusst werden, was u. a. zu mangelnder Körper-, sowie Arm- und Handruhe führen kann, so dass unmittelbar vor dem Wettkampf andere Methoden zum Erreichen eines optimalen Aktivitätsniveaus eingesetzt werden müssen. Bewährt haben sich neben psychoregulativen Maßnahmen (s. S. 491) unter anderem:

- Reaktionsübungen mit Ball oder anderen Gegenständen (z.B. Jonglieren, Tischtennis)
- Apparative Aktivierung (z.B. Senso-Control)
- Simulationsübungen mit und ohne Hilfsmittel (Bogen bzw. Thera-Band)
- Ideomotorisches Training (s. S. 499)

Aufmerksamkeitskontrolle/-regulation (s. S. 518): Aufmerksamkeitsanforderungen können sich in Training und Wettkampf durchaus unterscheiden. Wird im technischen Lerntraining (Schießtraining) häufig auch über einen längeren Zeitraum hinweg die Konzentration auf einen oder nur wenige Sachverhalte verlangt (z.B. Zielen, Schulterblattbewegung), so muss der Schütze in Vorbereitung auf den Wettkampfhöhepunkt lernen, seine Aufmerksamkeit mitunter auf mehrere tätigkeitsrelevanten Inhalte zu richten.

Dazu müssen entsprechende Strategien (Programme) erarbeitet werden, die sicherstellen, dass der Sportler sich im richtigen Moment genau auf jene Sachverhalte konzentriert, die eine anforderungsgerechte Handlungszuverlässigkeit gewährleisten. Gleichzeitig kommt es darauf an, tätigkeitsfremde Außenreize (z.B. Zuschauer) und ablenkende Gedanken aktiv abzuschirmen.

Zustandsbahnung: Die Frage nach der Herstellung eines »idealen Leistungszustands« involviert die Frage nach dessen Merkmalen. Dabei interessieren *nicht* Gemeinsamkeiten zwischen Schützen, die es auch gibt, sondern die individuelle Ausprägung dieses Zustands. Der Schütze erhält langfristig die Aufgabe, seinen »idealen Leistungszustand« zu definieren. Abb. 484 zeigt beispielhaft individuelle Merkmale des »idealen Leistungszustandes«.

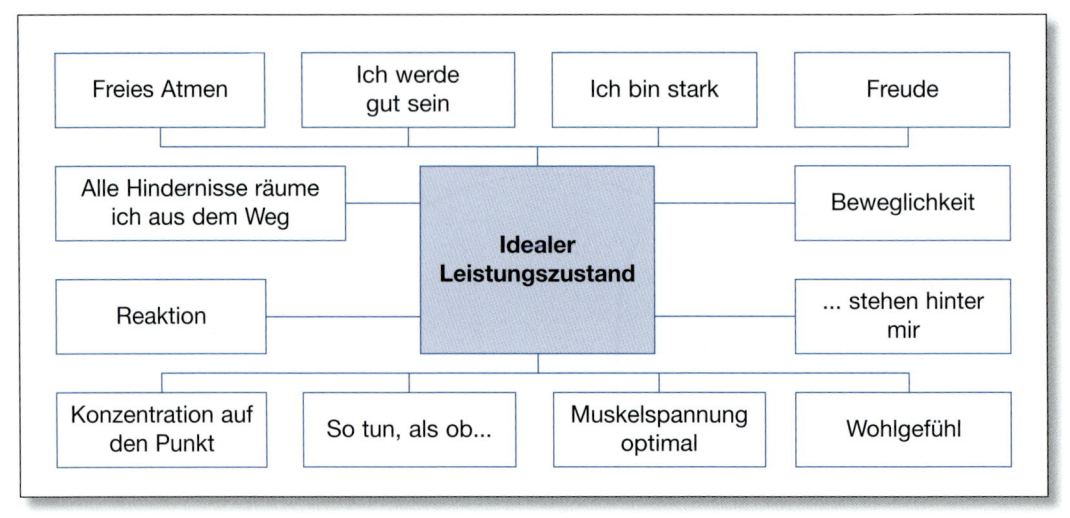

```
┌─────────────────────────────────────────────────────────────────────────┐
│  ┌──────────────┐   ┌──────────────┐   ┌──────────────┐  ┌──────────┐   │
│  │ Freies Atmen │   │  Ich werde   │   │ Ich bin stark│  │  Freude  │   │
│  │              │   │   gut sein   │   │              │  │          │   │
│  └──────┬───────┘   └──────┬───────┘   └──────┬───────┘  └─────┬────┘   │
│                                                                         │
│  ┌──────────────────┐                                    ┌───────────┐  │
│  │ Alle Hindernisse │                                    │Beweglich- │  │
│  │räume ich aus dem │────┐   ┌─────────────────┐   ┌─────│   keit    │  │
│  │      Weg         │    │   │    Idealer      │   │     └───────────┘  │
│  └──────────────────┘    ├───│ Leistungszustand│───┤                    │
│  ┌──────────────────┐    │   │                 │   │     ┌───────────┐  │
│  │    Reaktion      │────┘   └─────────────────┘   └─────│ ... stehen│  │
│  │                  │                                    │ hinter mir│  │
│  └──────────────────┘                                    └───────────┘  │
│                                                                         │
│  ┌──────────────┐  ┌──────────────┐  ┌──────────────┐  ┌──────────┐     │
│  │Konzentration │  │So tun, als ob│  │Muskelspannung│  │Wohlgefühl│     │
│  │ auf den Punkt│  │     ...      │  │   optimal    │  │          │     │
│  └──────────────┘  └──────────────┘  └──────────────┘  └──────────┘     │
└─────────────────────────────────────────────────────────────────────────┘
```

Abb. 484: Individuelle Merkmale des »idealen Leistungszustands« am Beispiel eines Spitzenschützen (vgl. *Kratzer* 2000, 9)

Hilfestellung bieten die Fragen nach dem Denken, Fühlen und Handeln (Was denke, was fühle, was mache ich?), wenn der »ideale Leistungszustand« vermeintlich gegeben ist. Dabei entsteht in der Regel zunächst eine recht unvollständige Beschreibung dieses Zustands, die aber im Lauf eines langfristigen Trainingsprozesses vervollkommnet wird.

In der unmittelbaren Wettkampfvorbereitung wird an geeigneter Stelle (meist nach einer Entspannungs- oder Lockerungsphase) der Zustand gedanklich durchgespielt. Meist wird über eine schon vorhandene Zustandsqualität (z.B. bestimmte Muskelspannung, Kribbeln) eingestiegen und der Bahnungsprozess eingeleitet. Nach und nach werden einzelne Qualitäten abgerufen und selbst suggeriert.

Bekräftigung (s. S. 514 ff.): Eine permanente Selbstbekräftigung, in der Selbstvertrauen, Zuversicht und Sicherheit im Vordergrund stehen, ist gerade in der Vorbereitung auf einen Wettkampf von herausragender Bedeutung. Die Bekräftigung enthält in der Regel Elemente aus den erläuterten Bausteinen (Stärkung des Selbstvertrauens, Stabilisierung des Sicherheitsgefühls, Bewegungsvorstellung, Zustandsbahnung). Hinzu kommen Fremdbekräftigungen durch Trainer und Betreuer.

Aufgaben der pädagogisch-psychologischen Wettkampfvorbereitung

Die Aufgaben der pädagogisch-psychologischen Wettkampfvorbereitung lassen sich hinsichtlich allgemeiner und spezieller Zielsetzungen unterteilen.

Mittel- und langfristig gilt es leistungsrelevante Einstellungen sowie psychische Trainings- und Wettkampfeigenschaften vorzubereiten und zu stabilisieren (z.B. durch autogenes Training, Selbstwirksamkeitstraining S. 495 und 526). Die kurzfristige Vorbereitung dient dazu, eine optimale Startbereitschaft bzw. einen optimalen Vorstartzustand zu schaffen (s. S. 554).

Allgemeine Wettkampfvorbereitung
Hierzu gehört die Entwicklung der Leistungs- und Wettkampfbereitschaft, der positiven Einstellung zur harten Trainingsarbeit und zum Wettkampf, des selbstgesteuerten Willens zur Handlung, die Herausformung und Stabilisierung schießspezifischer Persönlichkeitseigenschaften (vgl. Psychologisches Anforderungsprofil, S. 40) und vor allem die Hinführung zur Selbsterziehung und Selbstregulierung bei Erfolg und Misserfolg.

Wettkampfspezifisch bedeutet dies die Herstellung einer positiven Grundstimmung: »Sie müssen den Wettkampf bejahen!« (*Henderson* 1987, 16). Dies macht eine langfristige und zielgerichtete erzieherische Einflussnahme auf den Schützen notwendig und bezieht sich vor allem auf die Herausbildung von Motiven, die Erziehung zur Selbständigkeit, die Überzeugung, in einem guten Vorbereitungszustand zu sein, sowie die Fähigkeit, sich selbst richtig einschätzen zu können. *Loehr* (1996, 134) spricht in diesem Zusammenhang von einem Brechen negativer mentaler Gewohnheiten durch eine *positive »Gehirnwäsche«*. Leistungshemmende Verhaltensweisen (z. B. häufiges unangemessenes Absetzen) werden dabei durch positive Affirmationen (z. B. PA-Karten, s. S. 516) ersetzt.

Spezielle Wettkampfvorbereitung
Sie befasst sich mit der Einstimmung auf den konkreten Wettkampf. Zu den wesentlichen Faktoren dieses Zustands gehören die Einstellung, den Sieg oder ein optimales Resultat zu erreichen, sowie ein bestimmtes Niveau emotionaler Erregung, das die erforderliche motorische Aktivität zur Umsetzung des Schießablaufs, die Willensqualität und die Exaktheit der Steuerung dieser Aktivität (präzise Positions- und Bewegungsphasen) gewährleistet.

Der kommende Wettkampf sollte als willkommene Bewährungsprobe angesehen werden (in dem man nun *endlich* die Möglichkeit hat, das bisher Trainierte in eine Leistung auf neuem Qualitätsniveau umzusetzen). Dabei gelten u. a. die folgenden Grundsätze:
- Die vorangehenden Wettkämpfe sollen den Charakter von Kontroll- und Testwettkämpfen (zur Bestimmung des Niveaus einzelner leistungsrelevanter Faktoren) haben. Nach *Umarov* (o. J., 38) gilt es, sich auf jeden Wettkampf neu einzustellen, genau auf die Aufgabe ausgerichtet (d.h. immer nur von Wettkampf zu Wettkampf »denken«!) und sich der Bedeutung desselben für sich und die Mannschaft im Klaren sein.
- Während der unmittelbaren Wettkampfvorbereitung sollte der gesamte Prozess der Startvorbereitung kontrolliert und optimiert werden (vgl. Startfieber, S. 554).
- Das Training in den letzten 5–8 Tagen vor dem Wettkampf sollte neben dem Techniktraining und der Optimierung des Tunings (als Anpassung an den momentanen Bewegungsablauf, s. S. 658 ff.) vor allem auch Erfolgserlebnisse bescheren. Inhaltlich bieten sich beispielsweise das »Perfect Shooting« (s. S. 575) oder kleine Wettkämpfe mit mehreren Gewinnchancen an (z.B. mehrmals 3 Pfeile ausschießen oder verschiedene Wertungen, wie die meisten Zehner, die höchste Ringzahl, der schnellste Schießrhythmus etc.).

Strategisch-taktische Wettkampfvorbereitung

> Strategisch-taktisches Handeln äußert sich in der Planung, der Organisation und im situationsgemäßen Führen von Wettkämpfen.

Zu einer optimalen strategisch-taktischen Wettkampfvorbereitung gehören unter anderem das *Aufstellen eines Wettkampfplans*, das *Erproben von Drehbüchern* sowie die *Entwicklung von Routinehandlungen*.

Wettkampfplan
Zur strategischen Wettkampfvorbereitung gehört zunächst das Aufstellen eines *Wettkampfplans*, mit dem die taktische Wettkampfführung theoretisch durchgespielt werden kann. Hierzu zählt zum Beispiel die Art des Schießrhythmus (z.B. bei Wind entschlossener, d.h. »windstille« Phase abwarten und dann flüssig schießen; vgl. *Knöbel* 1999, 53 f.) oder die Reaktion auf ein Absetzen oder einen schlechten Schuss (z.B. zweimal tief durchatmen und dann konsequentes Schießen). Der pädagogisch-psychologische Wert einer durch diesen Plan gesteuerten taktischen Vorbereitung liegt darin, dem Schützen Selbstvertrauen in die eigene Leistung zu vermitteln und deshalb das Konzept hauptsächlich

auf *seine Stärken* aufzubauen und diese auszunutzen.

Die taktische Vorbereitung des Schützen bzw. der Trainer und Betreuer besteht neben den organisatorischen Aufgaben (Anfahrt, Unterkunft, Verpflegung, Freizeitgestaltung etc.) insbesondere in der Lösung der folgenden Aufgaben:
- Rechtzeitige Information über den Wettkampfbeginn, den Schießrhythmus (z.B. FITA-Runde, 70-Meter-Runde, Halle im AB-CD-Rhythmus, Bundesliga, Finalrunden, Set-Play, alternierend etc.) und die Wettkampfanlage (z.B. Schießrichtung, Sonnenverlauf, Taktik) sowie Training unter ähnlichen Bedingungen (z.B. bevorzugte Windrichtung, ähnliche Lichtverhältnisse, zur Wettkampfzeit oder Schießen in der Gruppe).
- Kenntnis der gültigen Wettkampfbestimmungen und der Möglichkeiten ihrer Auslegung (z.B. Vierer-Spiegel auf 30 Meter oder Konsultieren von maximal einem Kampfrichter bei Entscheidungen bezüglich der Trefferaufnahme).
- Einstellung auf die allgemeine Wettkampfatmosphäre: Übermittlung entsprechender Kenntnisse mittels Film und Video, Durchführung des Trainings und der Trainingswettkämpfe unter simulierten Bedingungen oder vorherige Teilnahme an Wettkämpfen am zukünftigen Wettkampfort.
- Analyse des Verlaufs und der Ereignisse nach dem Wettkampf, um entsprechende Konsequenzen in Hinblick auf nachfolgende Wettkämpfe zu ziehen (s. S. 557; vgl. *Martin* 1980, 250 f.).

Drehbücher

Eberspächer (1990, 11) weist darauf hin, dass Bewegungsbeschreibungen, -anweisungen, aber auch methodische Reihen im Prinzip nichts anderes als Gebrauchsanleitungen oder Drehbücher sind, die vorgeben, was man zu welchem Zeitpunkt im Wettkampf tun muss, um eine bestimmte Wirkung zu erzielen. In schwierigen Situationen bzw. Problemsituationen (z.B. der erste Wettkampfschuss, die letzten drei Pfeile, Finale) kann es hilfreich sein, sich genau an diese Anleitung zu erinnern und sie sich gewissermaßen vorzusagen, um die entsprechende Handlung zielgerichtet zu Ende zu bringen.

Drehbücher berücksichtigen (im Gegensatz zu Bewegungsbeschreibungen und -anweisungen) die Prozesse, die in der Person ablaufen (Innenperspektive). Der Schütze erhält konkrete Anweisungen (Regieanweisungen) darüber, was er tun soll, um in einer bestimmten Situation seine Gedanken regulieren zu können (s. auch S. 489 ff.). Pauschalierungen wie »Bleibe einfach locker!« oder »Konzentriere Dich!« wirken hierbei meist zu undifferenziert und müssen daher person- und situationsspezifisch präzisiert werden (Abb. 485).

Beachten Sie: Drehbuchanweisungen im Sport sind prinzipiell immer gleich (z.B. entschlossenes Denken und Handeln; *Loehr* 1996, 35). Dabei reagieren Emotionen ähnlich wie Muskeln. Diejenigen, die am häufigsten stimuliert werden (positive oder negative Gedanken), entwickeln sich am stärksten und auch am zuverlässigsten.

Routinehandlungen

Richtiges strategisch-taktisches Handeln und beständige Leistungen basieren in erheblichem Maße auf Erfahrungswerten, die ihrerseits in so genannten Routinehandlungen münden (*Terry* 1990, 159).

Routinehandlungen sind dabei nicht nur vor (z.B. routinemäßiges Aufwärmen in einer konkreten Übungsabfolge → Trockenschüsse → Deuserbandschüsse → Einschießen → Schießbeginn), sondern auch während des Wettkampfes (zu vorher festgelegten Zeitpunkten) nützlich und sollten kontrollierbar, positiv, persönlich und detailliert sein. Tab. 117 verdeutlicht dies beispielhaft.

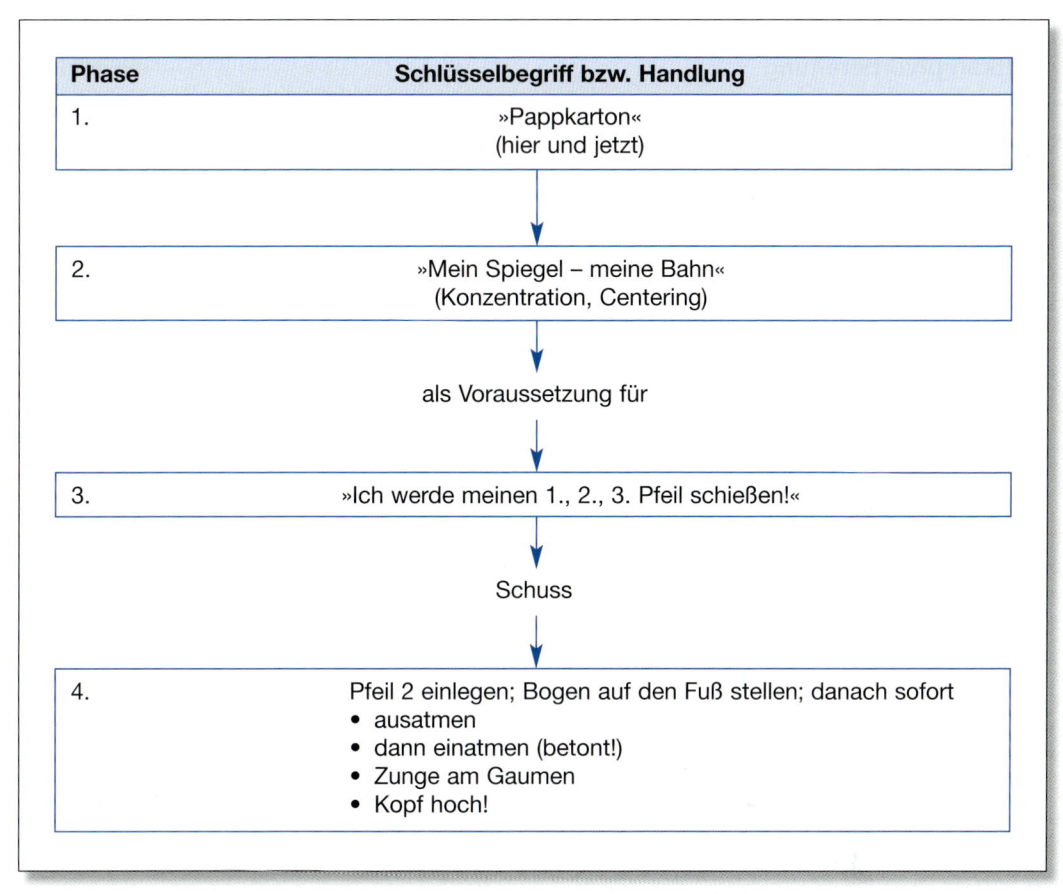

Phase	Schlüsselbegriff bzw. Handlung
1.	»Pappkarton« (hier und jetzt)
2.	»Mein Spiegel – meine Bahn« (Konzentration, Centering)
	als Voraussetzung für
3.	»Ich werde meinen 1., 2., 3. Pfeil schießen!«
	Schuss
4.	Pfeil 2 einlegen; Bogen auf den Fuß stellen; danach sofort • ausatmen • dann einatmen (betont!) • Zunge am Gaumen • Kopf hoch!

Abb. 485: Drehbuch einer Bogenschützin. »Pappkarton« bedeutet die Vorstellung, aus einem Pappkarton heraus zu schießen, der gegen Mitkonkurrenten und Zuschauer abschirmt. »Spiegel« ist die Zielscheibe, »Bahn« der Weg des Pfeils zum Ziel (vgl. *Eberspächer* 1990, 11)

Routinehandlung während des Schießens bei gleichmäßigem Seitenwind	
Verhalten	**Selbstgespräch**
Entscheidung über Anhalten oder Visier stellen	
Stelle mich an die Schießlinie	
Entspanne mich körperlich (ein- und ausatmen)	Oberkörperausrichtung, Schulter tief
Fokussiere den Zielbereich	
Schieße	Eins – Zwei – Drei – Vier

Tab. 117: Beispiel einer routinemäßigen Wettkampfvorbereitung

Kurzfristige bzw. aktuelle Wettkampfvorbereitung

»Bis heute habe ich noch bei jedem Schuss Schmetterlinge im Bauch. Aber ich habe gelernt, die Schmetterlinge im Bauch zu akzeptieren« (Barrs 2005, 10).

Die Phase vor dem Wettkampf ist vor allem durch den Vorstartzustand geprägt (s. unten). und umfasst in der Regel einen Zeitraum von mehreren Tagen bis zu wenigen Minuten.

> Unter Vorstartzustand ist die psychische Gesamtverfassung des Sportlers unmittelbar vor dem Wettkampf zu verstehen (*Thieß* et al. 1980, 254).

Puni (1961, 166 f.) unterscheidet drei Formen des Vorstartzustands mit unterschiedlichen physiologischen und psychischen Reaktionsweisen des Athleten: Zustand der Wettkampfbereitschaft, des Startfiebers und der Startapathie (Tab. 118).

Die Ursache des Vorstartzustands ist eine Stresssituation.

> Stress wird vor allem dadurch verursacht, dass der Sportler die Nichterfüllung seiner Bedürfnisse antizipiert (vgl. *Lazarus* 1966, in *Gabler* 1979, 323).

Aus einer Stresssituation resultieren unter Umständen erhöhte Nervosität, Angstgefühle, innere Angespanntheit oder auch erhöhte Müdig-

	Wettkampfbereitschaft	**Startfieber**	**Startapathie (gehemmt)**
Kennzeichen vor dem Wettkampf	Alle physiologischen Prozesse laufen normal	Stark irradiierende Erregung, akute vegetative Umstellung (u. a. erhebliche Pulsbeschleunigung, Schweißausbruch, Harndrang, Gliederzittern, Schwächegefühl in den unteren Extremitäten)	Träge, völlig gehemmte Bewegungen, Gähnen
Physiologische und psychische Kennzeichen	Leichte Erregung, freudige, etwas ungeduldige Erwartung des Wettkampfes, optimale Konzentrationsfähigkeit, sicheres, selbstbewusstes Auftreten, kraftsprühend	Starke Nervosität, unkontrollierte Handlungen, Vergesslichkeit, Zerstreutheit, Unsicherheit, Hast, unbegründete Geschäftigkeit	Schlaff, träge, apathisch, ängstlich, Stimmungstier; wünscht, den Wettkampf abzumelden; müde, »sauer«; unfähig, sich konzentriert auf den Start vorzubereiten
Handlung im Wettkampf	Organisierte Umsetzung des taktischen Konzepts (z.B. Schießrhythmus), klare Orientierung und Entscheidungsfreude (z.B. Anhalten), das erwartete Schießresultat wird erreicht oder noch übertroffen	Tätigkeit des Schützen ist gestört, teilweise desorganisiert, »kopflose« Handlungen (Anhalten und Visier stellen verlaufen gegensätzlich), verlässt seine taktische Linie, verliert Schießrhythmus, Bewegungsablauf ist ungleichmäßig, Häufung von »Ausreißern«, stark verkrampft	Keine Eigeninitiative (z.B. häufiges Absetzen), es läuft nicht, niedrige Treffer werden nicht analysiert, Umgebungsbedingungen (z.B. Wind- und Lichtverhältnisse) werden nicht ausreichend wahrgenommen

Tab. 118: Charakterisierung der drei Hauptformen des Vorstartzustandes im Schießsport (vgl. *Weineck* 2010, 113)

keit. Um den Sympathikustonus optimal zu halten, empfiehlt *Beckmann* (1992, 58) den Aufbau eines Vorstartrituals (s. auch S. 582).

> *Beachten Sie:* Der Trainingsbeginn sollte genauso ablaufen, wie der Wettkampf selbst (z.B. Geräteaufbau, Aufwärmen etc.). Je nach Grad der Nervosität können Bewegungen zur Lösung von Verkrampfungen (langsame, ruhige) oder Anhebung (schnelle, kurze) des Aktivierungsniveaus durchgeführt werden (vgl. Aufwärmen, S. 258 ff.).

In den Sekunden vor dem Wettkampfbeginn kann es unter Umständen hilfreich sein, eine im Entspannungstraining erlernte Atemtechnik anzuwenden oder im Mannschaftsgefüge Sicherheit zu stärken bzw. den Druck von der eigenen Person wegzunehmen.

Insgesamt zeichnen sich Spitzenschützen insbesondere dadurch aus, ihren Vorstartzustand regulieren zu können. Ein wichtiges Instrument dafür ist neben der Zielbildung (»Was will ich?«) die richtige Motivation (s. S. 510).

> *Beachten Sie:* Über- und Untermotivation sind gleichwertig zu behandeln wie übertriebene positive und negative Grundstimmung.

Der Schütze muss nicht nur physiologisch gut erholt in den Wettkampf gehen, sondern auch bereit sein, bis zum Schluss alles zu geben (vgl. *Loehr* 1994, 127 und 135): »Nehmen sie sich vor Beginn des Wettkampfes die Verpflichtung

Bereich	Aufwärmen	Koordination	Atmung	Zielsetzung
Ziele	Körperliche Erwärmung	Aktivierung sensomotorischer Prozesse	Herstellung eines optimalen Aktivationsgrades	Vergegenwärtigen der Wettkampfziele
Inhalte	• Leichte Läufe • Beweglichkeitstraining (z.B. Schwunggymnastik)	• Reaktionsübungen (z.B. Jonglieren) • Simulationsübungen mit/ohne Gerät • Ideomotorisches Training (s. S. 499)	• Anregendes Atmen (z.B. Atemgymnastik) bei Lethargie • Beruhigendes Atmen (z.B. Yogaatmung) bei Hyperaktivität	• Verbalisieren der Zielstellungen • Verbalisieren der Kernpunkte
Bereich	Selbstvertrauen	Sicherheit	Entspannung	Organisation
Ziele	Stärkung des Selbstvertrauens	Stabilisierung des Sicherheitsgefühls	Auftretende Erregung unter Kontrolle halten	Einstellen auf unterschiedliche Bedingungen
Inhalte	• Vergegenwärtigung der eigenen Stärken • Rekapitulieren sehr guter Trainings- und Wettkampfleistungen • Vorstellen des optimalen Wettkampfverlaufs	• Erarbeitung von Bewältigungsstrategien (z.B. Krisenstrategien) • Autosuggestive Hinweise (»Ich bin auf alles vorbereitet, jede denkbare Situation wird bewältigt!«)	Muskelverspannungen z.B. durch Tiefenmuskelentspannung auflösen	• Bereitstellen von entsprechender Kleidung, Ernährung (z.B. Magnesium) • Bereithalten von Ersatzmaterial • Materialüberprüfung

Tab. 119: Beispiel einer aktuellen Vorbereitung am Wettkampftag

ab, alles zu geben. Ohne die ausdrückliche Verpflichtung zu kämpfen, werden sie es wahrscheinlich nicht tun, weil es Energie – im Sinne psychophysischer Anstrengung – erfordert.«
Tab. 119 zeigt ein Beispiel einer aktuellen Vorbereitung am Wettkampftag (vgl. *Kratzer* et al.) 1999, 308ff.).

Gestaltung der Phasen zwischen den Wettkämpfen

Spitzenschützen müssen von Wettkampf zu Wettkampf steigerungsfähig sein. Dies zu erreichen, ist das wesentliche Anliegen des Trainers in den Pausen zwischen den Wettkämpfen. Daraus ergeben sich zwei aufeinander aufbauende wesentliche Aufgaben (vgl. *Schnabel* et al. 1996, 509):
- *Wiederherstellung der Leistungsfähigkeit* nach den Wettkampfbelastungen: Anwendung verschiedener Formen der psychischen Entspannung (Relaxation, Stressbewältigung) durch zeitweilige Umorientierung auf andere Interessensbereiche (z.B. Musik, Hobby, Ausgleichssport), Beschleunigung der psychischen Regeneration durch ein entsprechendes freudbetontes Ausgleichstraining, eine entsprechende Ernährung (s. S. 613 ff.) sowie durch physiotherapeutische Maßnahmen (Entspannungsbäder, Massagen und Ähnliches) und ärztliche Behandlung von Sporttraumen.
- *Spezielle Vorbereitung* auf den nächsten Wettkampf: Psychisch-emotionale Mobilisierung des Schützen und formerhaltendes Training (allgemeine und spezielle konditionelle und koordinative Übungen sowie schießtechnische und taktische Elemente → positive Wirksamkeit!; vgl. Etappenplan S. 141 f.).

Wettkampfnachbereitung

»*Wer ab und zu Rückschau hält, kommt schneller vorwärts, erreicht das vor ihm liegende Ziel schneller*« *(Schubert 1981, 94).*

Jedes Wettkampfereignis ist 1–2 Tage nach dem Wettkampf – also bereits mit einer gewissen Distanz und möglichst emotionslos – auszuwerten.

Wettkampfanalyse

Die Wettkampfanalyse beinhaltet ein »Verfahren zur differenzierten Ermittlung und Bewertung der Leistungen von Sportlern und Mannschaften im Verlauf eines Wettkampfes oder einer Wettkampfserie sowie zur Ermittlung von Tendenzen in der Vervollkommnung der Struktur der Wettkampftätigkeit (*Schnabel* et al. 1994, 511).

Wettkampfanalysen dienen im Allgemeinen dazu, Aussagen über den Wettkampfverlauf, das Zustandekommen des Wettkampfergebnisses und gegebenenfalls das Wettkampfverhalten zu machen (vgl. *Hohmann*, in *Thieß* u. *Tschiene* 1999, 396). Die Wettkampfanalyse dient darüber hinaus der Erfassung des augenblicklichen Leistungszustandes des Athleten, der Feststellung der Wirkung des vorher absolvierten Trainings und der Neuorientierung – falls nötig – des Trainings bezüglich seiner zukünftigen Anforderungen.

Die Wettkampfanalyse kann unter verschiedenen Zielaspekten eingesetzt werden (vgl. *Schnabel* et al. 1994, 511; *Weineck* 2010, 115):
- Analyse definierter *Teilleistungen*: z.B. Beeinflussung der Herzfrequenz durch regulative Atemtechniken, Umsetzung des taktischen Konzepts (z. B. Einhalten des Schießrhythmus), Konstanz der Schießtechnik (Bewegungsqualität), Umgang mit Stresssituationen

- Analyse der *komplexen Wettkampfleistung*: z.B. Teilergebnisse auf einzelnen Distanzen, Ergebnisentwicklung in der Qualifikation und im Finale
- Analyse von *Entwicklungstendenzen*: Beurteilung technisch-koordinativer, taktischer oder konditioneller Leistungsparameter innerhalb des langfristigen Trainingsprozesses

Beachten Sie: Jede Analyse eines Wettkampfes – unabhängig davon, ob er erfolgreich war oder nicht – muss zu einer optimierten Trainingseinstellung führen.

Gute Ergebnisse bestätigen dem Schützen die Richtigkeit seines bisherigen Trainings und motivieren ihn zur Fortsetzung des erfolgreich eingeschlagenen Weges. Schlechte Wettkampfresultate bedürfen einer sorgfältigen Ursachenanalyse.

Nur wer seine Fehler erkennt und aus ihnen lernt, kann über die entsprechenden Konsequenzen zu einer Verbesserung der sportlichen Leistungsfähigkeit gelangen.

Im langfristigen Trainingsprozess soll der Schütze dazu befähigt werden, seine Wettkampfleistung eigenständig zu analysieren und selbst die notwendigen Konsequenzen daraus zu ziehen.

Wettkampfauswertung

Bei der Wettkampfauswertung unterscheidet man eine Sofortauswertung und eine distanzierte Auswertung (vgl. *Weineck* 2010, 116).
Eine *Sofortauswertung* erfolgt unmittelbar nach Wettkampfbeendigung und beinhaltet im Allgemeinen eine kurze Wertung des Ergebnisses, eine eventuell nötige Down-Regulierung von Emotionen und Hinweise zur Belastungsnachsorge (z. B. Wiederherstellungsmaßnahmen).

Die *distanzierte Auswertung* sollte, wie bereits erwähnt, etwa 1–2 Tage nach dem Wettkampf unter Einbeziehung des Athleten oder der Mannschaft erfolgen. Zentrale Punkte sollten dabei sein:
- Soll-/Istwert-Vergleich (Was war das Ziel vor dem Wettkampf, inwieweit wurde es erreicht?),
- Wertung der Rahmenbedingungen während und nach dem Wettkampf (Witterungsverhältnisse, Zuschauerverhalten, Medienecho etc.) sowie
- Erfolgs- bzw. Misserfolgsbewältigung (motivierendes Lob bzw. zielgerichtetes »Wiederaufrichten« nach Fehlschlägen) und
- Ableitung von Konsequenzen für die nachfolgende Trainings- und Wettkampfpraxis (Tab. 120).

Periodisierung von Wettkämpfen

Das bogenschießspezifische Wettkampfsystem (Doppelperiodisierung) bzw. die terminliche Strukturierung von sportlichen Großereignissen (Grand Prix, Weltcup, Europa-, Weltmeisterschaft, Olympiade) und der individuelle Zeitbedarf zur Ausprägung der sportlichen Leistung lassen zur Einordnung der Wettkämpfe in das Ausbildungssystem des Schützen folgende Aussagen zu (Abb. 486; vgl. *Schnabel* et al. 1994, 493):
- In den Vorbereitungszyklen eines Wettkampfjahres werden die Leistungsvoraussetzungen (z.B. Kondition und Koordination, Schießtechnik) systematisch herausgebildet. Dabei werden nur wenige Wettkämpfe – eindeutig mit leistungsaufbauender Zielstellung – ausgetragen. Diese *Trainings- und Aufbauwettkämpfe* sind Bestandteil des Trainings und werden ohne spezielle Vorbereitungsphase absolviert (z.B. im Spitzensport offene Turniere bis zu Grand Prix Veranstaltungen, im Leistungssport Leistungskontrollen; vgl. *Platonov* 1987, 95).

Zielsetzung und Auswertung	Beispiel
Zielsetzungen (Sollwert) für den bevorstehenden Wettkampf (Olympische Runde, nationaler Wettkampf)	• Ringzahl: mindestens 645 Ringe • Endplatzierung: 1.–3. Platz • Schießtechnik: konsequenter Bewegungsablauf • Taktik: Rhythmus halten, Anhalten
Wettkampfverlauf (Istwert)	Ein Schütze schießt bei einem nationalen Wettkampf 649 Ringe (323 + 326 bei 2 × 70 m = Istwert) bei wechselnden Witterungsverhältnissen (Wind von vorne, Regen). Er fühlte sich schießtechnisch, mental und konditionell gut auf den Wettkampf eingestellt und ist überzeugt, eine gute Leistung bringen zu können. Beim Finalstart mit 102 Ringen war er etwas nervös und schoss wegen des Seitenwindes eine Gruppierung rechts mit 49 Ringen. Die folgenden 9 Passen waren stets besser als 54 Ringe, er musste aber sehr oft absetzen, weil der Schuss zu lange dauerte. Die letzten 6 Pfeile beendet er mit 51 Ringen.
Sofortauswertung	• Sollwerte insgesamt erreicht • Rhythmus wurde nur phasenweise eingehalten • Schütze ist zufrieden
Distanzierte Auswertung	Sowohl das Absetzen, den Beginn des Wettkampfes als auch die letzten 6 Pfeile führt er auf mangelndes Selbstvertrauen (resultierend aus einem vergangenen Wettkampf) und Schwierigkeiten im Timing zurück. Beides zusammen führte für den Schützen zur Unentschlossenheit
Konsequenzen für die Trainingspraxis	• Weiterführung des mentalen Trainings mittels Video und PA-Karten (vgl. Psychologisches Training, S. 516) • Weitere Schulung der 3. Bewegungsphase (exakter Klickereinzug; vgl. Schießtechnik, S. 425) • Weitere Taktikschulung (insbesondere Anhalten) • Spezielle Visualisierung (mit positivem Abschluss; vgl. Psychologisches Training, S. 502 f.) der ersten und der letzten 6 Pfeile in den folgenden Trainingseinheiten • Schulung des Timings (sowohl des einzelnen Schusses als auch der Folge von Schüssen) unter progressiv erschwerenden Bedingungen durch spezielles Rhythmustraining (vgl. Koordinative Fähigkeiten, S. 233 bzw. 341 ff.) und Üben unter Zeitdruck

Tab. 120: Beispiel aus der Schießpraxis: Sollwert, Istwert, Auswertung und Konsequenzen für die Trainingspraxis im Rahmen der Nachbereitung eines Wettkampfes

- In den Wettkampf-Mesozyklen erfolgt eine bedeutende Erhöhung der Anzahl zu absolvierender ausbildungsbezogener Wettkämpfe mit dem Ziel, die komplexe Leistungsfähigkeit des Schützen für den Wettkampfhöhepunkt zu sichern. Die *Vorbereitungswettkämpfe* (z.B. im Spitzensport Meisterschaften bis zu Weltcups. mim Leistungssport offene Turniere) – sie haben eine spezielle Überprüfungs-, Selektions- und Vorbereitungsfunktion für den jeweiligen Hauptwettkampf – sollen möglichst viele Merkmale des folgenden Hauptwettkampfes (z.B. adäquates Leistungsniveau, windanfälliges Gelände) berücksichtigen.
- Der Wettkampfhöhepunkt ist mit dem Zyklus einer unmittelbaren Wettkampfvorbereitung anzugehen, wobei der *Hauptwettkampf* zum Knotenpunkt der gesamten Planung wird.

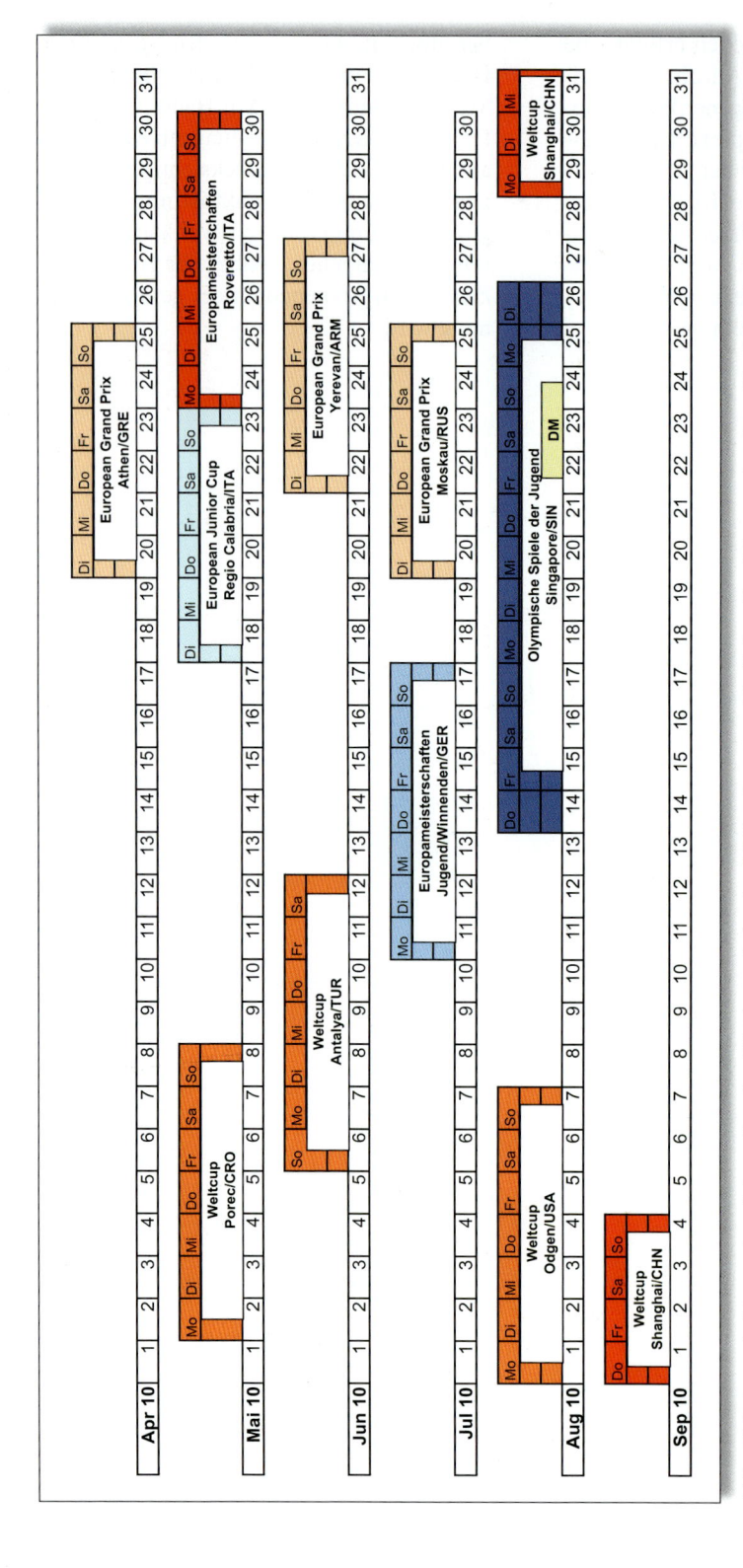

Abb. 486: Ausschnitt aus dem internationalen Wettkampfkalender 2010 mit unterschiedlicher Gewichtung einzelner Wettkämpfe: Im Erwachsenenbereich dominieren die Europameisterschaften und der Weltcup (dunkelrot) in Shanghai, während im Jugendbereich die Olympischen Spiele der Jugend den Hauptwettkampf stellen

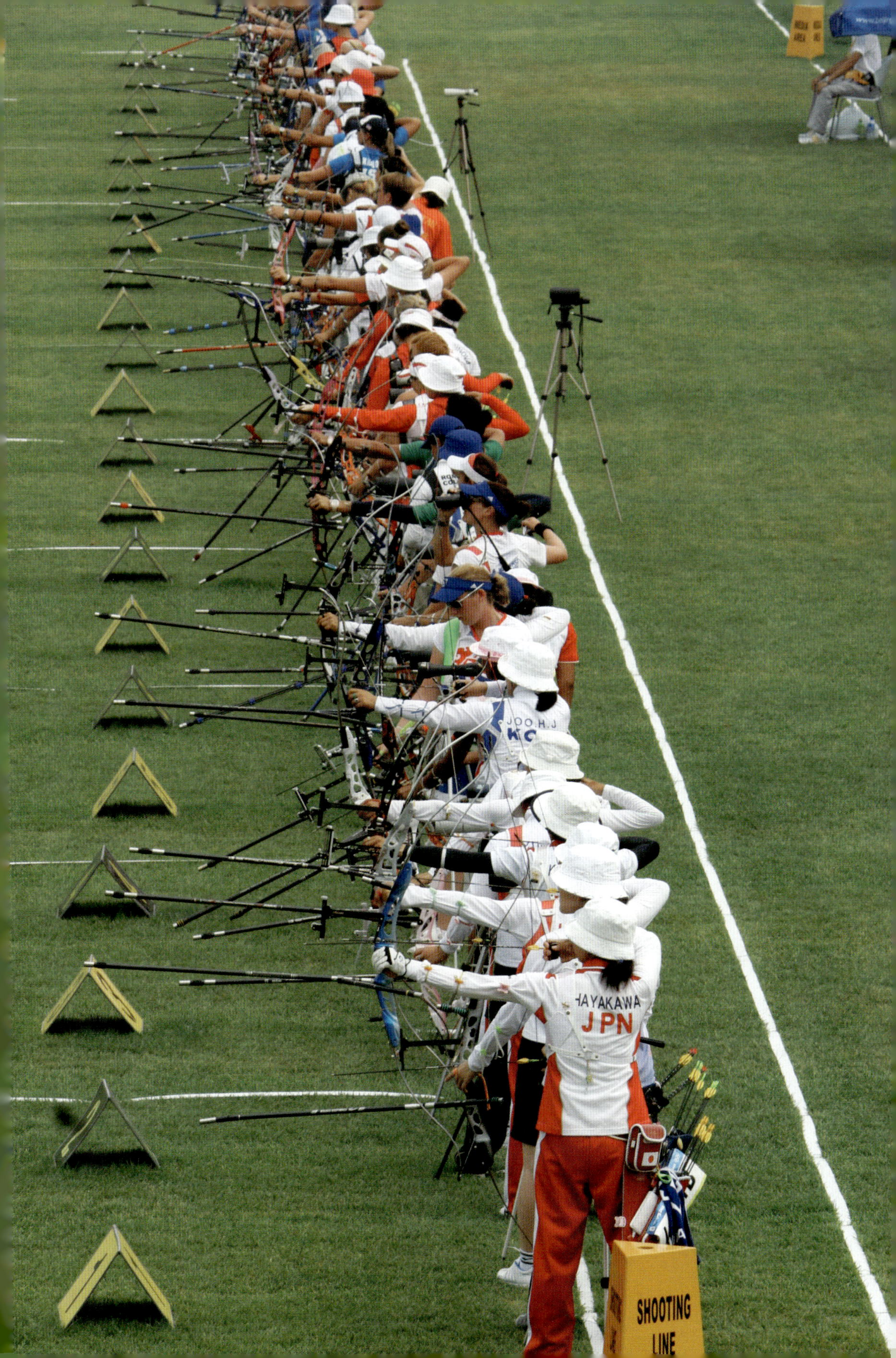
JOO.H.J
HAYAKAWA
JPN
SHOOTING
LINE

Psychologisch orientiertes Wettkampftraining

»Ich hatte viel trainiert und wenig Wettkämpfe geschossen, und hier lag das Missverständnis. Ich hatte zwar trainiert, aber nicht den Wettkampf trainiert« (Röttger 1984, 50).

Um im Wettkampf erfolgreich bestehen zu können, sind im Training sowohl Situationen zu schaffen, die der Struktur des Wettkampfes selbst möglichst nahe kommen (z.B. Leistungskontrollen, Finaltraining) als auch Verhaltensmaßnahmen (z.B. Notprogramme, Angstbewältigung) einzuüben, die in verschiedensten Situationen des Wettkampfes schnell und erfolgsorientiert eingesetzt werden können.

Die durchgespielten Situationen müssen individuell oder im Sinne des Mannschaftsgefüges erstellt werden und ergeben sich aus der Analyse des Wettkampfverhaltens des/der Schützen (z.B. inkonsequentes Schießen) und der Struktur des bevorstehenden Wettkampfes (z.B. FITA-Runde, Set Play) bzw. des Hauptwettkampfes (z.B. Nationale Meisterschaft, Olympische Rund mit Finale).

> Schießen Sie auf dem Turnier und arbeiten Sie im Training, nicht umgekehrt (*Henderson* 1987, 79).

Allgemeines Wettkampftraining

Methoden und Inhalte eines psychologisch orientierten allgemeinen Wettkampftrainings sind unter anderem: Kampfgeisttraining, Krisenstrategietraining, Stressimpfungstraining und Angstbewältigungstraining.

Kampfgeisttraining

»Wer kämpft, kann verlieren. Wer nicht kämpft, hat schon verloren« (B. Brecht).

> Kampfgeist lässt sich als das Bestreben definieren, hartnäckig und bis zuletzt um das Erreichen des Wettkampfzieles (z. B. den Sieg) zu kämpfen (*Schori* 1993, 54).

Kampfgeist beinhaltet den unerschütterlichen Willen zum Kämpfen bis zum letzten Pfeil unter Aufbietung aller Kräfte (Konzentration). Mögliche Inhalte eines Kampfgeisttrainings sind:

- *Aufsuchen von Wettkämpfen unterschiedlichsten Niveaus*: Je differenzierter dabei die Wettkämpfe (z.B. hinsichtlich Gegner, Wettkampfprogramm, Wettkampfgelände), umso größer ist die Schulung der Umstellungs- und Anpassungsfähigkeit.
- *Voller Einsatz auch im Training:* Die Schießpraxis zeigt, dass Schützen vor allem in Druck- und Stresssituationen zu ihrem gewohnten Alltagsverhalten zurückkehren. Es ist daher unerlässlich, dem Training den gleichen Stellenwert einzuräumen wie dem Wettkampf. Beispiele:
  - »Von 10 Passen will ich 5-mal 29 und mehr Ringe schießen!«
  - »Bei 30 Schuss will ich mindestens 18 Zehner schießen!«
  - »Bei 6 Schuss schieße ich alle ins Gold!« Ansonsten wird die Aufgabe wiederholt.
- *Ersetzen typischer Bremsgedanken:* störende Gedanken (z.B. »Ich mag nicht mehr!«) werden sofort durch Kampfgeist aufbauende Selbstgespräche bzw. positive Gegengedanken (»Ich schaffe es!«) ersetzt.
- *Aufholversuch eines scheinbar hoffnungslosen Rückstandes:* z.B. Beginnen einer 70-Meter-Runde mit 5 Pfeilen und versuchen, dennoch 320 Ringe zu schießen.
- *Anhäufung von harten Wettkämpfen über eine bestimmte Zeitperiode (Wettkampfblock):* Begleitend bzw. daran anschließend müssen allerdings entsprechende Regenerationsmaßnahmen stattfinden.
- *Grenzbereichstraining:* unangekündigte Leistungskontrollen am Ende einer Trai-

ningseinheit oder deren Verlängerung sowie nach einem Ausdauertraining in unregelmäßigen Abständen (*Venzl* 1992, o. S.).

Beachten Sie: Das Grenzbereichstraining soll aufgrund der begleitenden psychophysischen Ermüdung nicht unmittelbar vor einem Wettkampf erfolgen.

Krisenstrategietraining

»*Um Löwen zu fangen, musst Du wie Löwen denken, nicht wie Mäuse*« *(T. Drier).*

Krisenstrategien sind Reaktionsformen, die den Schützen befähigen sollen, sich kurzfristig ergebende Schwierigkeiten im Wettkampf autoregulativ zu meistern.

Betrachtet man den Wettkampf als einen Stressor, der nicht nur sportliche Leistungen abverlangt, sondern auch die Bewältigung einer spezifischen Situation mit all ihren Schwierigkeiten, Unwägbarkeiten und Besonderheiten, so muss der Schütze lernen, die Situation selbständig zu regulieren. Dies setzt voraus, dass er für die unterschiedlichsten Situationen (z. B. bei Verschiebung des Starttermins, unerwarteter Ergebnisverlauf, mehrere schlechte Treffer in Folge) Notprogramme erlernt (»Krisenschubladen«) und erprobt hat. Derartige Strategien können helfen, situative Schwierigkeiten zu meistern und die Konzentration auf die Wettkampfaufgabe nicht zu verlieren (vgl. *Hahn* 1996, 22).

Einfache Beispiele typischer »Krisenschubladen« sind nach *Volkland* (2009, 8):
- Mehrmals tief- ein und ausatmen
- Hand auf den Bauch legen und Bauchatmung durchführen
- Ganz langsam ausatmen
- Schultern rollen und lockern
- Beine bewegen und lockern
- Einen perfekten Schussablauf vorstellen
- Ein technisches Element sauber ausführen
- Lächeln wie ein Buddha
- Den Lieblingssong leise vor sich hinsummen etc.

Komplexes Beispiel: Entwicklung einer Recovery-Strategie

Bei erhöhten Drucksituationen (z.B. Finalsituation) oder unerwarteten Ereignissen (z. B. überragende Serie) muss der Schütze seinen Gedanken einen Freiraum anbieten können. *Bassham* (2008, 39) empfiehlt hierbei zwei Schritte:
- *Ablenkung:* Die Gedanken müssen von den Dingen abgelenkt werden, die den Druck erzeugen. Schießt man beispielsweise eine Serie von mehreren aufeinander folgenden schlechten Schüssen, kann beispielsweise die Konzentration auf die Atmung gelenkt werden.
- *Visualisierung der Kontrolle:* Nach mehreren tiefen Zen-Atemzügen und einer begleitenden Entspannung bestimmter Muskelgruppen kann man sich vorstellen (visualisieren), wie man seinen Schuss unter vollständiger Kontrolle ausführt.

Stressimpfungstraining

Das Stressimpfungstraining ist ein Verfahren, durch das gelernt wird, Stresssituationen bzw. emotional belastende Ereignisse angemessen zu bewältigen. Dabei ist zu akzeptieren, dass Stress und Ablenkung grundsätzlich vorhanden sind (vgl. *Meichenbaum* 1991).

Stress bedeutet in Anlehnung an *Selye* (1950) Anspannungen und Anpassungszwänge, die den Menschen aus dem persönlichen Gleichgewicht bringen können und ihn psychophysisch unter Druck geraten lassen. Damit bezeichnet Stress einen Zustand, in dem sich das Individuum befindet, und nicht die Ursache (Stressor) (s. auch S. 488 bzw. 554). In diesem Sinne heißt Stressbewältigung:
- Stressenergie positiv nutzen
- Persönliche Situation analysieren
- Spannungs- und Entspannungszustände in ein optimales Verhältnis bringen

- Ansatzpunkte zur aktiven Entspannung und Stressbewältigung finden
- Verschiedene Methoden zur aktiven Entspannung und Stressbewältigung kennen lernen
- Folgeschäden von Stress abbauen oder ihnen vorbeugen
- Geeignete Maßnahmen auswählen, erlernen und in konkreten Situationen einsetzen
- Individuelles Antistressprogramm entwickeln und dessen Wirksamkeit fortwährend kontrollieren

Im Stressimpfungstraining werden allgemein anwendbare Strategien trainiert. Einheitliches Merkmal dieser Strategien ist die Kompetenz, Problem- bzw. Stresssituationen frühzeitig zu erkennen und diese Situationen durch alternative/kognitive und verhaltensbezogene Bewältigungsmaßnahmen zu meistern (vgl. *Steffgen* u. *de Boer* 1995, 83 f.).

> Die durch Training und im Wettkampf bewusst gesammelten Stresserfahrungen (z.B. Drucksituationen in einem Finale) führen zu der Erkenntnis, dass Fehler im Wettkampf nicht schwerer zu bewerten sind als die im Training gemachten (vgl. *Krug* 1996, 16). Dies könnte ansonsten dazu führen, dass bereits automatisierte Bewegungen in die Bewusstseinsebene zurückgeführt werden, um diese zu kontrollieren, was letztlich eine Störung von Bewegungsfluss und -harmonie und damit der Gesamtkoordination im Schießablauf nach sich ziehen kann.

Phase	Leitsätze zur Reduktion und Prävention von Stress
Informationsphase	• Beschreibung des Problems (Bewusstwerdung kritischer Situationen) • Bestimmung der Trainingsziele (z.B. Rhythmus halten) • Analyse persönlicher Widerstände gegen Bewältigungsstrategien • Herstellung eines Arbeitsbündnisses (wichtige Bezugspersonen) • Evaluierung bzw. Überprüfung eingesetzter Bewältigungsstrategien • Rückgriff auf bereits vorhandene Trainings- und Wettkampfdokumentation (z.B. Trainingsbuch, Schießbuch) • Beispielsweise Verwendung von Fragebögen zur Erfassung der Bedrohlichkeit wettkampfrelevanter Situationen und Videoselbstkonfrontation
Lern- und Übungsphase	• Trainieren unterschiedlicher Bewältigungsstrategien (z.B. Atementspannung) • Sensibilisierung für die Belastungsverarbeitung (Nacherleben von Wettkämpfen) • Trainieren der Kompetenzen hinsichtlich neuer sportlicher Situationen (z.B. Set Play) • Zukunftsorientierte Durchführung des Trainings unter Antizipierung und Integration von Erfolg und Misserfolg in das Trainingsprogramm (Krisen- und Erfolgsmanagement) • Trainieren verschiedener Aufgaben in verschiedenen Situationen; Heranführen durch Imaginationsübungen (z.B. Visualisierung), Rollenspiele und schrittweise Reizdarbietung an den Wettkampf • Entwicklung eines Handlungsplans (Zeit, Ort, Methode, Vorgehen)
Anwendungsphase	• Der Trainierte wird darin bestärkt, seine erlernten Bewältigungsstrategien situationsspezifisch einzusetzen (zunächst in einfachen Belastungssituationen) • Die Länge des Trainings sollte vom Erfolg und nicht von festgesetzten Stunden abhängig gemacht werden, d.h. Einsatz von Posttrainingsstunden und Nachuntersuchungen (Überprüfung des Erfolgs)

Tab. 121: Phasen und Leitsätze zur Reduktion und Prävention von Stress (vgl. *Steffgen* u. *de Boer* 1995, 86; *Ziemainz* u. *Stoll* 1998, 42)

Das Stressimpfungstraining gliedert sich in drei aufeinander folgende Abschnitte (Tab. 121): Informationsphase, Lern- und Übergangsphase sowie Anwendungsphase. Die inhaltliche Durchführung einer Phase hängt insgesamt von der Länge des Trainings bzw. dem Schützen selbst ab und kann demnach von Fall zu Fall variieren. Tab. 122 gibt eine Übersicht von stressreduzierenden Selbstinstruktionen. Tab. 123 stellt Beispiele von situations- und bogenschießspezifischen Bewältigungstechniken bzw. Selbstinstruktionen in typischen Problemsituationen des Wettkampfes dar.

Phase	Ziele	Beispiele
Vorbereitung auf den Stressor	• Konzentration auf eine Aufgabe • Beseitigung negativen Denkens • Betonung der Planung und Vorbereitung	• »Was habe ich zu tun?« • »Ich kann für die Stresssituation einen Plan entwickeln.« • »Ich fühle mich nervös – das ist normal.« • »Ich konzentriere mich auf den Bewegungsablauf.«
Konfrontation und Bewältigung des Stressors	• Kontrolle der Stressreaktion • Vergewisserung, dass man schwierige Situationen bewältigen kann • Bewertung des Stressors als eine zu bewältigende Aufgabe • Anwendung der Entspannung als Bewältigungsstrategie • Konzentration auf die zu bewältigende Situation	• »Ich kann diese Herausforderung bewältigen.« • »Ich entspanne mich, ich kontrolliere mich. Atme tief ein! Sehr gut!« • »Die Dinge sind nicht so wichtig, wie ich meine.«
Bewältigung von Überforderungsgefühlen	• Vergewisserung: Diese Stressphase tritt nicht immer auf • Ermutigung zum Standhalten, nicht zum Flüchten • Konzentration auf die Gegenwart	• »Ich entspanne mich, wenn meine Muskeln zu hart werden!« • »Es ist Zeit, einen tiefen Atemzug zu nehmen.« • »Ich bewältige das Problem Schritt für Schritt.«
Evaluation der Bewältigungsanstrengungen und Selbstverstärkung	• Effektivitätsanalyse der Belastungsverarbeitung! • Anerkennung, nicht Abwertung kleiner Fortschritte • Selbstverstärkung für die Bewältigungsanstrengung	• »Ich dramatisiere die Situation.« • »Was kann ich aus meinem Versuch lernen?« • »Ich habe die Situation ganz gut bewältigt.« • »Ich habe es geschafft!«

Tab. 122: Beispiele von stressreduzierenden Selbstinstruktionen (vgl. *Steffgen* u. *de Boer* 1995, 86/87)

Situation	Bewältigungstechniken bzw. Selbstinstruktionen
Konzentrationsschwierigkeiten vor allem gegen Ende des Wettkampfes	• Rhythmusschulung (z.B. 3 Pfeile schießen – kurze Pause – 3 Pfeile schießen) • Bewusstes Atmen (vgl. Atementspannung) • Vor dem Wettkampf oder der Leistungskontrolle festlegen, auf welches technische Element die Aufmerksamkeit gerichtet werden soll
Nervosität vor und während des Wettkampfes	• Entspannungsübungen (z.B. Tiefmuskelentspannung, kein autogenes Training unmittelbar vor dem Wettkampf) • Ritualisierte Wettkampfvorbereitung (z.B. Aufwärmen, Einschießen) • »Ich bleibe ganz ruhig und konzentriere mich nur auf den Bewegungsablauf!«
Angst vor dem schlechten Schuss nach einer guten Serie	• Konzentration auf die Bewegungsaufgabe: »Ich ziehe flüssig durch!« – »Reinziehen – sichern – durchziehen!« • Immer wieder versuchen, den sauberen Schuss durchzuführen: »Ich bin stärker als dieser Gedanke (die Sechs) und die Angst vor dem schlechten Schuss. Ich kann trotzdem sauber schießen.« • »Das habe ich schon mal geschafft!«
Übergang von den Probe- zu den Wertungspfeilen	• Probeschießen verkürzen • Distanzwechsel im Training
Muskuläre Verspannungen	• Intensives Aufwärmen (insbesondere Stretching) • Sorgfältige Kontrolle betroffener Körperteile vor der Zielphase (eventuell kurz Ausschütteln) • Bewusstes Atmen
Zeitproblem	• Auch im Training Uhr/Ampelschaltung einsetzen • Üben unter Zeitdruck (9 Pfeile in 2 Minuten!) • Zeiteinteilung vor dem Wettkampf klarmachen (z.B. Dreier-Rhythmus – kurze Pause – Dreier-Rhythmus)
Selbstzweifel	• »Ich mache immer weiter. Ich weiß, ich kann es schaffen!« • »Ich konzentriere mich auf meine Stärken!«

Tab. 123: Beispiele von situations- und bogenschießspezifischen Bewältigungstechniken bzw. Selbstinstruktionen in typischen Problemsituationen des Wettkampfes (vgl. *Bühlmann* 1994)

Bei der Aussetzung von Stress muss man sich seinen Schwächen konkret – d.h. bewusst – stellen (vgl. *Loehr* 1996, 146). Beachten Sie hierbei zwei wichtige Schritte:
- Geben Sie zu, dass eine Schwäche tatsächlich existiert.
- Entwickeln Sie einen strategischen Plan, indem Sie die Schwäche systematisch und sorgfältig dosiertem Trainingsstress aussetzen.

Tab. 124 zeigt auf, wie eine individuelle Schwäche konsequent abgebaut bzw. eliminiert werden kann.

Angstbewältigungstraining

»Mut ist, das eigene Handeln nicht von der Angst diktieren zu lassen« (Rede des Perikles an die Athener; *Flashar* 1987).

Phase	Beispiele
Schwäche	Mangelnde Entschlossenheit bei den letzten Pfeilen einer Distanz im Wettkampf
Folge	Trägt zu negativem Selbstbild bei (»Ich bin ängstlich!«) und erschwert allgemein, eine Sache durchzuziehen
Leistungsentwicklung	Mentaler und emotionaler Stress in anderer Form
Vorgehensweise	• Bekräftigen Sie ständig den Gedanken: »Ich kann und will durchziehen!« • Wiederholen Sie während der letzten Pfeile ständig den oben genannten Satz • Visualisieren Sie wiederholt, wie Sie in einem Wettkampf die letzten Pfeile konsequent und perfekt schießen • Visualisieren Sie mit starken positiven Emotionen und erhöhen Sie die Wirkung der Bilder durch Geräusche, Farben und Sinneswahrnehmungen aller Art • Fertigen Sie eine detaillierte schriftliche Begründung an, weshalb Sie gerade in dieser Art und Weise schießen wollen • Kombinieren Sie Visualisierung mit tiefer Entspannung • Üben Sie ihren Handlungsplan bei Leistungskontrollen, Kontrollwettkämpfen, Aufbauwettkämpfen usw.

Tab. 124: Beispiel des Erkennens und der Bewältigung einer individuellen Schwäche durch konsequentes Gegensteuern (verändert nach *Loehr* 1996, 150)

Der Wettkampf ist ein Treffpunkt und eine Plattform für positives Denken. Im Wettkampf ist positives Denken gefordert. Gegenstände sind der Glaube an die Bewältigung des Risikos (z.B. den Schuss trotz innerer oder äußerer Schwierigkeiten durchführen) und dessen Handlungsvollzug.

Nach *Hug* (1995, 55) bringt die Schulung des positiven Denkens oft nicht den erwarteten Erfolg, weil entscheidende Voraussetzungen, die im individuellen Erleben und in der emotionalen Verarbeitung des Wettkampfes und seiner kritischen Situationen liegen, vorschnell übergangen werden. Wichtige Voraussetzung ist daher, sich der Angst und individueller Manöver bewusst zu werden, mit denen der Schütze gewöhnlich Angst aus dem Weg geht. Für *Hahn* (1996, 21) ist Angst (an sich) jedoch nicht das Problem. Sie wird erst dann zum Verhängnis, wenn sie den Leistungsvollzug hemmt, unterbricht (z.B. Absetzen bzw. Scheibenpanik) oder gar unmöglich macht (z.B. Einfrieren, S. 107 bzw. 530), weil sie unkontrolliert auftaucht und unterschwellig wirkt.

Der Schütze muss lernen, mit der Angst umzugehen, sie bewusst zu machen und für den Leistungsvollzug kontrolliert einzusetzen. Um aus dem Diktat der Angst herauszukommen, hilft nur das aktive, spontane und freiwillige Aufsuchen der kritischen Situationen.

Um (1994, 6) nennt als typische angstbeschreibende Faktoren vor dem Wettkampf:
- *Somatische Beschwerden* als Reaktion auf Stresssituationen.
- *Furcht vor Versagen:* Fahrkarte schießen, Verlieren, Erwartungen (seitens des Trainers, der Eltern, Freunde und von sich selbst) enttäuschen.
- *Sich unausgeglichen fühlen:* Der Schütze hat das Gefühl, dass etwas nicht stimmt.
- *Verlust der Kontrolle:* Der Schütze ist der Ansicht, den Bewegungsablauf bzw. auftretende Situationen (z.B. Wind) nicht (angemessen) kontrollieren zu können.

Insbesondere zeigt sich die Angst des Schützen neben der direkten Aussage (»Ich habe Angst vor dem Lösen!« – »Ich habe Angst vor einem schlechten Schuss!« – »Ich habe jetzt die Möglichkeit, mein bestes Ergebnis zu schießen/zu gewinnen; hoffentlich schieße ich keine Fahrkarte!«) in zögerlichem Schießen, Rhythmusschwierigkeiten, schlechtem Timing und schließlich im Absetzen bis hin zur totalen Verweigerung des Schusses. Der Schütze zeigt häufig ein typisches Vermeidungsverhalten, indem er versucht, der Angstsituation auszuweichen.

> Der zur Vermeidung leistungsmindernder Angstgefühle notwendige Mut besteht nicht darin, kein Diktat der Angst zu kennen und zu erleben, sondern sich nicht vom Diktat (der Angst) abhängig zu machen (vgl. *Hug* 1995, 56).

Ziel einer positiven Beeinflussung zur Angstbewältigung ist es, den Schützen in Situationen zu bringen, in denen er seine störenden Gedanken und andere Vermeidungsverhaltensweisen bemerkt, bevor er mit entlastendem Verhalten reagieren kann. Der Trainer wirft dem Athleten sein Vermeidungsverhalten damit nicht vor, sondern ergründet es zusammen mit ihm. Tab. 125 zeigt Möglichkeiten der Angsterkennung und -vermeidung sowie mögliche Lösungsansätze im Sinne einer Bewältigungsstrategie am Beispiel des »Absetzens« (der Bewegungsablauf endet mit der 3. Bewegungsphase) auf.

«Was aus dir einen guten Schützen macht, ist nicht, wie lang du schon schießt oder wie oft du trainierst – es ist die Fähigkeit, im Moment des Zweifels Vertrauen zu entwickeln, Angst zu über-

Phase	Lösungsansatz	Lösungsmöglichkeiten
Analyse des Vermeidungsverhaltens	Beobachtung und (ehrliche) Ursachenklärung	• Angst vor dem »schlechten« Schuss (Treffer), insbesondere vor einem »dynamischen« Durchziehen • Angst vor Konsequenzen (die im Allgemeinen in dieser Form nicht existieren)
Konfrontation mit den Angstsituationen im entspannten Zustand	Angstbewertung und verbale Umbenennung (besorgt oder beunruhigt sein)	• Durchforsten des Konditions-, Technik-, Taktiktrainings und der Wettkampfeinstellung nach positiven Konzentrationspunkten (z.B. Erinnern an einen perfekten Schuss [mentales Training] oder die Stimmungslage eines optimalen Trainings) • Einsatz des mentalen Impulses: »Rein – Sichern – Ab!« oder »1 – 2 – 3 – 4!«
Aufsuchen derjenigen Situationen, die nicht zu einem Vermeidungsverhalten führen, dieses aber zumindest durch störende Gedanken andeuten	Zielanregung	• Selbstbefehle: »Ich zieh immer wieder durch!« • Dosierung des Ungewissen, des Wettkampfausganges, z.B. durch Testwettkämpfe • Vertrauen in die eigenen Fähigkeiten
Aufsuchen derjenigen Situationen, in denen Angst auftritt und ein Vermeidungsverhalten resultiert	Zielverfolgung	Aufsuchen neuer Wettkampfsituationen gegen zunehmend stärkere Gegner und unter sukzessiv schwierigeren Bedingungen
Analyse	Kontrolle	Wie oft schafft es der Schütze im nächsten Wettkampf, einen einmal begonnenen Schuss sauber durchzuziehen?

Tab. 125: Graduelle Annäherung und Lösung des Vermeidungsverhaltens am Beispiel des »Absetzens« (vgl. *Henderson* 1987, 51)

winden und die Niederlage zu riskieren! Mut kann man trainieren – mach es einfach!«

Beachten Sie: In der Angstbewältigung müssen insbesondere *diejenigen* Situationen bewusst aufgesucht werden, in denen Angst auftritt und ein Vermeidungsverhalten resultiert.

Häufig haben Schützen Angst vor einem unkontrollierten Schuss und einem Verfehlen der Scheibe. Ein spezielles Training dieser »Angstsituation« erfolgt beispielsweise über ein Verkleinern der Scheiben- bzw. Auflagengröße (Abb. 487).

Spezielles Wettkampftraining

Es ist unmöglich, sich in einen Kokon zu hüllen, vollkommen isoliert von allen Ablenkungen und Stress. Der Schütze muss vielmehr lernen, unter allen Drucksituationen zu schießen und Belastungen als gegeben zu akzeptieren (vgl. *Lee* 2005, 177)

Das psychologisch orientierte spezielle Wettkampftraining (Abb. 488) findet in der Regel auf dem Schießplatz statt. Hier ergeben sich im Training zunächst drei voneinander unterscheidbare Situationen. Das Training kann sich zum einen auf das eigene Verhalten bzw. das Schießverhalten mit dem Gegner und zum anderen auf das Verhalten während der Pausen beziehen (vgl. auch *Gabler* 1995, 37 f.).

Beachten Sie: Beim psychologisch orientierten speziellen Wettkampftraining muss es insgesamt darum gehen, sich psychisch belastenden Wettkampfaufgaben zu stellen, die dem originalen Wettkampf nahe kommen, aber durchaus eine gewisse Verfremdung der regulären Wettkampfregeln aufweisen können (z.B. 24-Stunden-Turniere, bei denen Preise für eine ganz bestimmte Passe ausgesetzt werden, Liegestützen während einzelner Pfeile, Reduzieren der Schusszeit von 40 auf 10–15 Sekunden etc.).

Training einzelner Schüsse

Das Training einzelner Schüsse meint ein Durchspielen wettkampfrelevanter kurzfristiger Situationen (z.B. erster/letzter Schuss, Schießen nach dem Absetzen, erster Schuss mit dem Ersatzmaterial oder »Stechen« bzw. Shot-off) und ist sowohl im Schießen mit dem Gegner als auch im Rahmen von Leistungskontrollen ohne Gegner von Bedeutung.

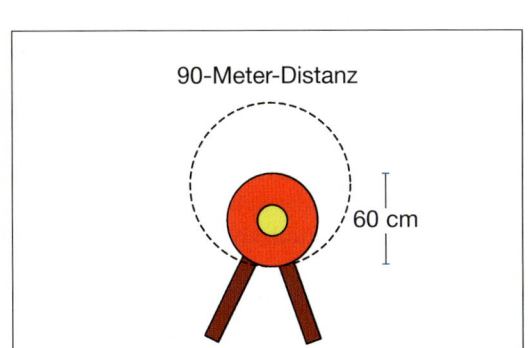

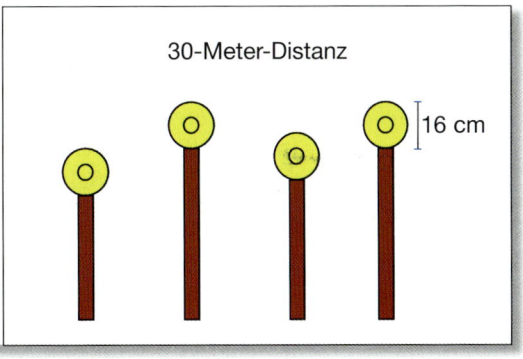

Abb. 487: Spezielles Training des »Treffen der Scheibe« durch Verkleinern der Scheiben- bzw. Auflagengröße; je nach Leistungsstand und Selbstsicherheit erfolgt eine weitere Verkleinerung

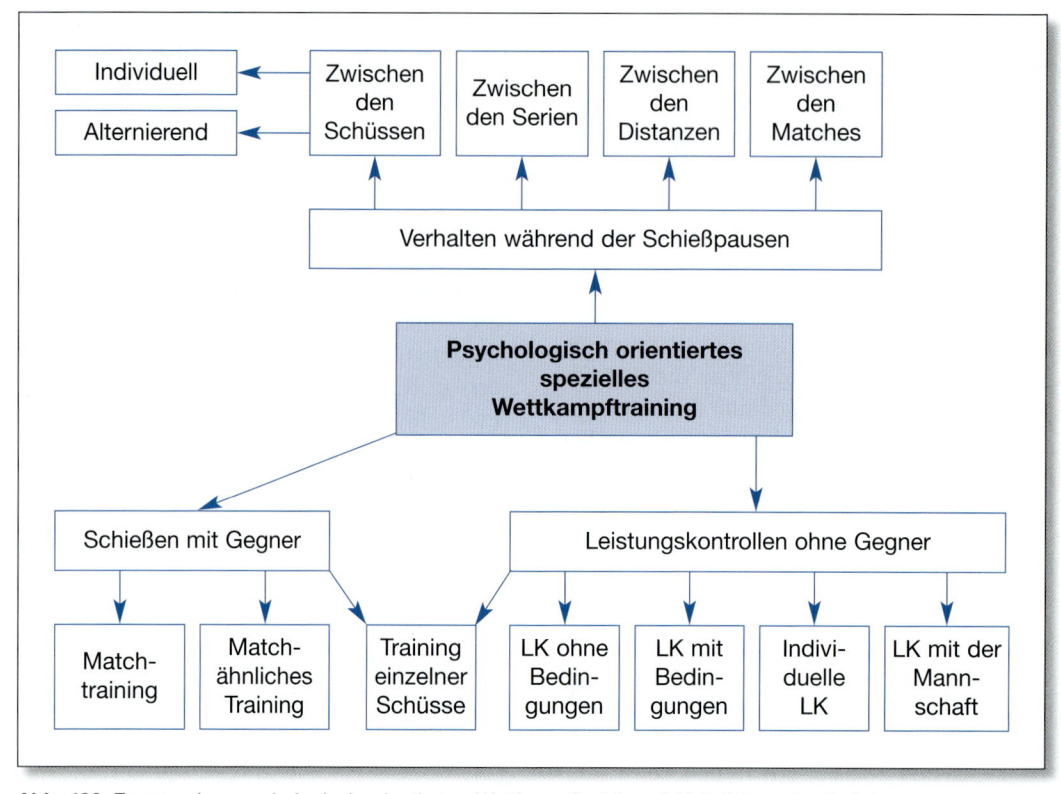

Abb. 488: Formen des psychologisch orientierten Wettkampftrainings (LK: Leistungskontrolle)

Leistungskontrollen ohne Gegner

Erwachsenentraining
Die Leistungskontrollen ohne Gegner werden in Einzel- und Mannschaftsleistungskontrollen mit und ohne Zusatzbedingungen unterteilt (Tab. 126). Varianten sind ferner das Zehner- und Multiplikationsschießen, Full House, 100 abwärts und die Rollenspiele.

Zehnerschießen oder Gelbschießen: Schießen Sie zehn 10er (oder 10-mal »Gelb«; s. auch Perfect Shooting S. 575) mit möglichst wenig Schüssen.

Full House: Unternehmen Sie fünf Versuche, möglichst viele 10er (»Gelbe«) am Stück zu schießen. Ein Versuch beginnt dann, wenn ein 10er geschossen wurde, und endet mit jedem Schuss, der schlechter als 10 ist.

Multiplikationsschießen: Für eine bestimmte Anzahl von Schüssen wird eine Tabelle erstellt (Tab. 127), bei der einzelne Schüsse unterschiedlich zählen (z.B. der 2., 4., 9. Schuss zählen einfach; der 1., 5., 10. Schuss zählen dreifach etc.).

100 abwärts: Jede 10 zählt abwärts; 9 = 0; 8 zählt abwärts etc. (vgl. *Reinkemeier* u. *Bühlmann* 1999, 109). Variation: Jede 10, 9, 8 zählt abwärts; eine 7 zählt 0. Die Treffer von Ring 1–6 zählen aufwärts, werden also addiert. Im Stufenschießen erhält der Schütze vom Trainer für eine bestimmte Pfeilzahl eine Ringvorgabe (vgl. auch Vorgabetraining). Erreicht er diese, erhält er einen Punkt und eine nächst höhere Vorgabe. Bei Nichterreichen ist eventuell eine Wiederholung möglich, ansonsten in einem folgenden Training.

Trainingsinhalte	Trainingsziel	Bemerkung bzw. Beispiele
Leistungskontrolle ohne Bedingungen	• Automatisation unter einfachen Bedingungen • Transformation	• Kein Zeitlimit • Beliebige Anzahl der Pfeile pro Passe etc.
Leistungskontrolle mit Wettkampfelementen	• Feststellen des Wettkampfpotenzials • Aufzeigen von Technikschwachstellen	• Schießen entsprechend der Wettkampfregeln • Mit Zeitlimit • 6 oder 3 Pfeile (je nach Distanz)
Leistungskontrolle mit Zusatzbedingungen	• Simulation der Wettkampfsituation • Vorbereitung des Ersatzmaterials und Vertrauensschaffung in dieses Material	• Schießen nach taktischen Gesichtspunkten (z.B. versetzter Zielpunkt, Ersatzmaterial) • »Stechen« (Shot-off)
Mannschaftsleistungskontrollen	Schulung des Schießrhythmus und der Zusammenarbeit mit den Mannschaftsmitgliedern	• Immer mit Zeitlimit trainieren!
Mannschaftsleistungskontrollen mit Zusatzbedingungen	Simulation der Wettkampfsituation	• Üben des abgesetzten Schusses • »Stechen« • Unterschiedliche Aufstellungen der Mannschaftsmitglieder
Diese Grundformen können folgenderweise variiert werden: • Trainieren bei starkem Lärm oder schlechtem Licht (z.B. zu dunkel, blendend) • Nicht angekündigte Verlängerung bzw. Veränderung der Leistungskontrollen • Training bei ungünstigen Witterungsverhältnissen (z.B. Schießen bei starkem und wechselndem Wind) • Aufrechterhaltung des Schießrhythmus trotz störender Licht- oder Tonsignale (z.B. falsch eingestellte Ampelschaltung)		

Tab. 126: Praxisbeispiele des Wettkampftrainings (Spezialtraining) im Bogenschießen im Rahmen der Leistungskontrollen ohne Gegner (vgl. *Grosser* u. *Neumaier* 1982, 112; *Bachmann* 1994)

Rollenspiele: Der Schütze stellt sich eine bestimmte Situation im Wettkampf vor. Beispiele:
- *Vorgabe:* Um das Finale bei einem FITA oder Grand-Prix-Turnier noch zu erreichen, benötigst du noch 56 Ringe bei den letzten 6 Pfeilen auf der 70-Meter-Distanz. Zeitdruck: Schießen eines Pfeils in 10 Sekunden, wobei der Trainer laut auszählt.
- *Materialdefekt:* Üben des Verhaltens bei Materialfehlern (z.B. Sehnenriss, Einsatz des Ersatzbogens).

Entfernungsmeister: Wer schafft es, auf eine bestimmte Entfernung (z.B. 5, 10 Meter) bzw. auf eine konkrete Auflage (z.B. 122, 80 Zentimeter) eine definierte Anzahl von Pfeilen ins Gold zu schießen?

Schuss	Schütze A	Schütze B
1	9 x 3 = 27	10 x 3 = 30
2	10 x 1 = 10	10 x 1 = 10
3	9 x 2 = 18	8 x 2 = 16
...		
8	9 x 3 = 27	10 x 3 = 30
9	10 x 1 = 10	8 x 1 = 8
10	10 x 3 = 30	10 x 3 = 30
Ergebnis	**122**	**124**

Tab. 127: Multiplikationstabelle (vgl. *Reinkemeier* u. *Bühlmann* 1999, 110)

Kinder- und Jugendtraining

Beispielhaft eignen sich als Schießspiele im Kinder- und Jugendtraining neben der Verwendung von verschiedenen Auflagen insbesondere die Ballon- und Kartenspiele (vgl. auch FITA 2003, S. 1/13 ff.) sowie die Übertragung von Gesellschaftsspielen (z.B. Kniffel; S. 574) in den Schießsport.

Verschiedene Auflagen: Die Auflagen können variiert werden hinsichtlich Größe, Zuschnitt, Art, Entfernung etc. und damit dem aktuellen Leistungsniveau des Schützen – im Sinne des Schaffens positiver Erlebnisse – angepasst werden (Abb. 489). Hinsichtlich der Ergebnisfeststellung sind sowohl Ringzahlen als auch Hit-and-Miss-Wertungen, bei denen nur Treffer oder Nichttreffer zählen, denkbar (Abb. 490; vgl. FITA 2009).

Ballonspiele: Bei den Ballonspielen werden Luftballons in verschiedenen Farben, Größen, Entfernungen, Punktbewertungen und Anordnungen an der Scheibe befestigt oder aufgemalt (Abb. 491)

Kartenspiele: Es werden verschiedene Karten in verschiedenen Darstellungen (z.B. Viereck,

Abb. 489: Verschiedene Formen von Auflagen (vgl. *Krüger* 2009)

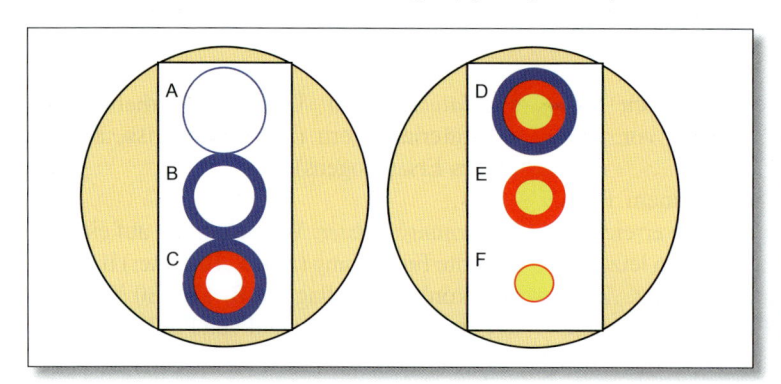

Abb. 490: Verschiedene Formen von Schwierigkeitsgraden im Rahmen von Hit-and-Miss-Schießen, bei dem keine Ringe gewertet werden, sondern nur Treffer oder Nichttreffer zählen (vgl. FITA 2009)

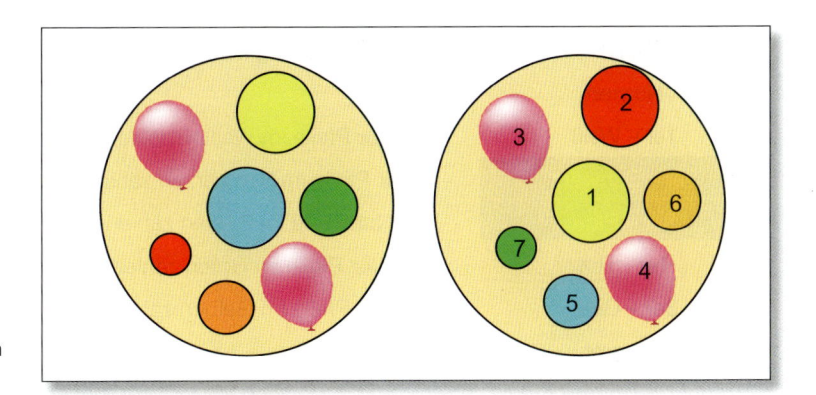

Psychologisch orientiertes Wettkampftraining

Abb. 491:
Verschiedene Formen des Ballonschießens: Abräumen ohne (*links*) und mit Beachtung der Reihenfolge (*rechts*): Wer trifft den letzten Ballon?

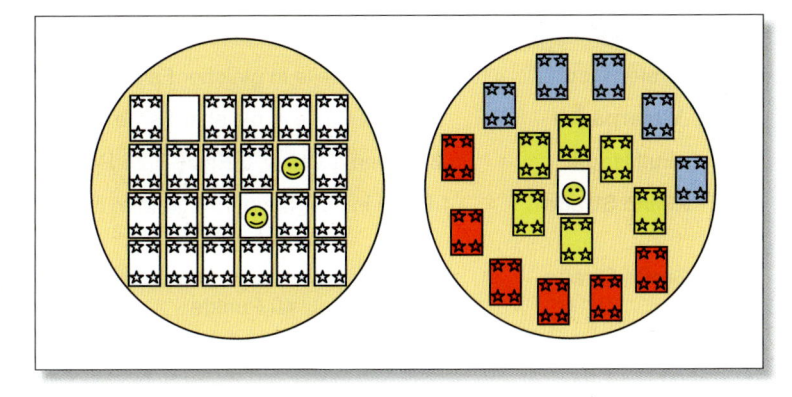

Abb. 492:
Verschiedene Formen des Kartenschießens: Aufdecken (*links*) oder Schießen in der Reihenfolge als Spirale (*rechts*)

Kreis, Spirale), Größen, Entfernungen, Punktbewertungen und Anordnungen umgedreht an der Scheibe befestigt oder aufgemalt (Abb. 492). Wird dieses Spiel mit einem Partner durchgeführt, kann ein Wechsel stattfinden, wenn ein Schütze ein Ziel verfehlt (spiralförmiges Schießen festgelegter Reihenfolge), wobei sich die Punktezahl entsprechend der Farbe erhöht.

Bogen-Kniffel: In Anlehnung an das bekannte Gesellschaftsspiel »Kniffel« wird versucht, verschiedene Aufgabenstellungen (z.B. 1-er Weiß, Kleine Straße) zu erfüllen. Sieger ist derjenige Schütze, dem es gelingt, alle Bedingungen abzuarbeiten und dabei die höchste Punktezahl zu erreichen (Tab. 128; vgl. *Dietl* 2009).

Schießen mit dem Gegner

»Wir passen uns im positiven wie im negativen Sinne dem Standard an, der uns umgibt« (Bassham 1995, 84).

Matchtraining
Beim Matchtraining geht es beispielsweise darum,
- über den gesamten Wettkampfverlauf hinweg die Aufmerksamkeit bzw. Konzentration auf einem konstanten Niveau zu halten,
- gezielt auf den Wechsel zwischen Aktivierung und Entspannung zu achten,
- möglichen Stresssituationen vorzubeugen.

Beispiele für das Matchtraining sind die veränderte Grand-FITA, das Vorgabetraining, das K.-o.-System im Sinne des Einzel- bzw. Mannschaftsfinaltrainings, das Set Play und das Spezialtraining nach *Ki-Sik Lee* (1996). Variationen sind durch Entfernungswechsel (alle Distanzen oder nur 70 Meter), eine Qualifikationsrunde oder Zusatzbedingungen (z.B. Zeitlimit, Stechen, alternierendes/abwechselndes Schießen) möglich.

Serie Namen	Erläuterung bzw. Punkte	Schützen bzw. Punkte			
		A	B	C	C
1er – Weiß	Nur Pfeile im Weißen zählen				
2er – Schwarz	Nur Pfeile im Schwarzen zählen				
3er – Blau	Nur Pfeile im Blauen zählen				
4er – Rot	Nur Pfeile im Roten zählen				
3er – Gelb	Nur Pfeile im Gelben zählen				
Gesamt	–				
Bonus bei 45 und mehr	Plus 35				
Gesamt oberer Teil	–				
Dreierpasch	3 Pfeile in gleicher Farbe				
Viererpasch	4 Pfeile in gleicher Farbe				
Full House	2 Farben à 2 bzw. 3 Pfeile = 25 Punkte				
Kleine Straße	4 Pfeile in aufeinander folgenden Farben 30 Punkte				
Große Straße	5 Pfeile in aufeinander folgenden Farben 40 Punkte				
Kniffel	5 Pfeile in einer Farbe = 50 Punkte				
Chance	Alle Pfeile Zählen				
Gesamt unterer Teil	–				
Gesamt oberer Teil	–				
Endsumme	–				
Hinweis: Mit jeder Serie á 5 Pfeilen muss 1 Zeile ausgefüllt (oder gestrichen) werden; nach 12 Durchgängen (60 Pfeile) ist das Spiel entschieden					

Tab. 128: Kniffel für Bogenschützen (vgl. *Dietl* 2009)

Veränderte Grand-FITA

Auf eine Entfernung von 70 Metern (bzw. innerhalb einer FITA) bzw. 18 Metern (Halle) qualifizieren sich beispielsweise 8 (oder mehr) Schützen für das Grand-FITA-Finale. Diese Schützen ermitteln anschließend innerhalb eines 70-Meter- oder eines FITA-Finales (9 Pfeile auf 90/70 Meter, 9 Pfeile auf 70/60 Meter, 9 Pfeile auf 50 Meter, 9 Pfeile auf 30 Meter in aufsteigender bzw. absteigender Reihenfolge) die Sieger werden. Tab. 129 zeigt die Vorgehensweise bei einem 70-Meter-Grand-FITA-Finale.

Variationsmöglichkeiten sind Entfernungswechsel (klassische Grand-FITA), Zusatzbedingungen (z.B. Zeitdruck) oder unterschiedliche Auflagen.

Vorgabetraining

Der Schütze muss versuchen, die vorgegebenen Ringzahlen (z.B. durch sich selbst oder den Trainer) der einzelnen Stufen im ersten Versuch zu schaffen (Tab. 130). Variationsmöglichkeiten sind veränderte Vorgaben, Pfeilzahlen oder Zusatzbedingungen. Wird eine Vorgabe von keinem Schützen erreicht, kann der entspre-

Vorgehen	Schütze							
	1	2	3	4	5	6	7	8
1. Durchgang: Geschossen werden von allen Schützen 6 x 3 Pfeile; die beiden Schützen mit den niedrigsten Resultaten scheiden aus	163	167	169	156	160	170	161	152
2. Durchgang: Geschossen werden 4 x 3 Pfeile; Ausscheidungsmodus wie im 1. Durchgang	112	108	110	–	106	107	114	–
3. Durchgang: Wiederholung wie im 2. Durchgang	113	117	111		–	–	108	
4. Durchgang: alternierendes Match (4 x 3 Pfeile im 20-Sekunden-Takt)	115 (S)	113	–				–	

Tab. 129: Vorgehensweise bei einem veränderten 70-Meter-Grand-FITA-Finale (S: Sieger)

Vorgabe	Schütze							
	1	2	3	4	5	6	7	8
1. Vorgabe: z.B. 108 Ringe bei 12 Pfeilen	x	–	x	x	x	–	x	x
2. Vorgabe: z.B. 110 Ringe bei 12 Pfeilen	x		x	x	–		–	x
3. Vorgabe: z.B. 56 Ringe bei 6 Pfeilen	x		–	x				x
4. Vorgabe: z.B. 29 Ringe bei 3 Pfeilen	–			x				x
5. Vorgabe: z.B. 10 Ringe bei 1 Pfeil				x				–
Hinweis: Gewinner wird derjenige Schütze, dem es gelingt, sich mit zunehmender Wettkampfanforderung zu steigern				Sieger				

Tab. 130: Vorgabetraining am Beispiel der 70-Meter-Distanz (x: Anforderung erfüllt)

chende Durchgang mit einer niedrigeren Vorgabe wiederholt werden. Sieger ist, wer mit den wenigsten Versuchen bzw. als Erster die oberste Stufe erreicht hat. Um die Spannung zu erhöhen kann der Trainer den jeweiligen Stand der Konkurrenz ansagen oder auf einer Tafel anschreiben. Selbstverständlich müssen die Ringzahlen dem Leistungsniveau der Schützen angepasst werden.

Sonderformen: Hierzu zählen das Perfect Shooting (*Kobler* 1999), der Enfernungsmeister (*Dietl* 1999) bzw. die Punktewertung.
- *Perfect Shooting:* Es wird versucht, alle (6) Pfeile ins Gold zu schießen. Schießt der Schütze zum Beispiel bei den ersten 6 Pfeilen 4 ins Gold, bleiben diese 4 stecken und der Schütze versucht, beim nächsten Versuch die zwei fehlenden Pfeile ebenfalls ins Gold zu schießen. Geschossen wird so lange, bis alle Pfeile im Gold stecken. Die be-

sondere Bedeutung des Perfect Shooting liegt in der Tatsache, dass der Schütze stets ein Erfolgserlebnis hat (er sieht viele bzw. alle Pfeile im Gold stecken); deshalb bietet es sich insbesondere als Abschluss einer Trainingseinheit an.

- *»Enfernungsmeister:«* Es wird versucht, eine bestimmte Ringzahl (z.B. 53 Ringe bei 6 Pfeilen) bei steigender Entfernung (und gleicher Auflagengröße) oder bei gleicher Entfernung (und kleiner werdenden Auflagen) zu erreichen. Wird eine Ringzahl auf einer Distanz nicht erreicht, so gilt es, eine Entfernung zu wiederholen bzw. zu einer größeren Auflage zurückzugehen.
- *Punktewertung:* Es werden zum Beispiel 12-mal 3 Pfeile geschossen. Wer bei 3 Pfeilen die höchste Wertung hat, bekommt einen Punkt. Sieger ist derjenige, der die meisten Punkte hat. Bei Ringgleichheit erfolgt ein Stechen.

K.-o.-System

Im K.-o.-System (vgl. DSB-Sportordnung bzw. FITA-Regelwerk) wird der Sieger aus Einzelpaarungen ermittelt: Innerhalb einer Qualifikationsrunde (z.B. Fita oder 2 x 70 m) oder einer entsprechenden Rangliste werden die einzelnen Paarungen ausgeschossen. Geschossen werden beispielsweise ab dem Viertelfinale 4 x 3 Pfeile auf die 70-Meter-Distanz (vorher 3 x 6 Pfeile). Sieger ist, wer die Einzelpaarung gewinnt. Tab. 131 zeigt einen möglichen Verlauf eines K.-o.-Systems, beginnend bei 8 Schützen.

Beachten Sie: Im Mannschaftsfinale werden 4-mal 6 Pfeile in jeweils 2 Minuten geschossen; jeder Schütze schießt dabei jeweils 2 Pfeile und hat im Durchschnitt 20 Sekunden für einen Pfeil Zeit.

Variationsmöglichkeiten: Beim »Happy-Looser-System« (*Dietl* 1999) können sich die im K.-o.-System ausgeschiedenen zwei ringbesten Schützen für die nächste Runde mitqualifizieren. Damit soll verhindert werden, dass bei-

Qualifi-kation	Viertelfinale	Halbfinale	Finale (Platz 1/3)	Platzierung	Rangliste
A 1323 (1)	A 112		H 115	H (1)	1. H
B 1278 (8)	B 108 (6)	A 111	C 113	C (2)	2. C
					3. F
C 1301 (5)	C 109* (T 9)				4. A
D 1312 (4)	D109 (5) (T 8)	C 113			5. D
					6. B
E 1302 (3)	E 107 (7)				7. E
F1292 (6)	F 108	F 107			8. G
G1281 (7)	G 106 (8)		A 107	F (3)	
H 1317 (2)	H 108	H 113	F 112	A (4)	

Tab. 131: K.-o.-System am Beispiel: Schütze A (1. der Qualifikation) gewinnt beispielsweise im Viertelfinale gegen Schütze B (8. der Qualifikation) und qualifiziert sich damit für das Halbfinale; bei Gleichstand erfolgt ein unter Umständen wiederholtes Stechen mit einem Pfeil

spielsweise ein Schütze als »Ring-Vierter« das Halbfinale nicht erreichen kann, weil er im Viertelfinale auf einen vermeintlich stärkeren Gegner traf als ein vergleichbarer Schütze. In diesem Fall wird dann ein Halbfinale, bestehend aus 3 Paarungen, durchgeführt. Anschließend qualifizieren sich 3 Schützen für das Finale, wo dann jeder gegen jeden schießt und im Sinne einer Punktewertung (Sieg: 2 Punkte, Unentschieden: 1 Punkt) die endgültige Platzierung ausgeschossen wird.

Eine weitere Veränderung des K.-o.-Systems besteht darin, eine bestimmte Anzahl von Schützen (beispielsweise die besten 8 der Qualifikation) bereits für das 16tel-Finale zu setzen (d.h. Freilose für die ersten beiden Ausscheidungsrunden bei Großwettkämpfen). Die Plätze 9–96 kämpfen dann im herkömmlichen Modus um den Einzug in die nächste Runde. Dabei reduziert sich das Teilnehmerfeld von 96 auf 48 und schließlich auf 24 Schützen, die dann durch die 8 Erstplatzierten der Qualifikation (Vorrunde) ergänzt werden, so dass das 16tel-Finale in bewehrter Manier geschossen werden kann.

Set Play und Set-System

- Beim *Set Play* werden innerhalb eines Matches mehrere Sätze (Set) geschossen. Sieger ist derjenige Schütze, der als Erster eine bestimmte Anzahl von Sätzen gewonnen hat. Bei Gleichstand innerhalb eines Satzes erfolgt ein Shot-off (Stechen mit einem Pfeil; Abb. 493).
- Das Set Play wird ergänzt durch das sogenannte *Set-System* (vgl. FITA 2009; Abb. 494). Hierbei erhält der Schütze, der einen Satz (bestehend aus 3 oder 6 Pfeilen) gewinnt, 2 Punkte. Bei Gleichstand erhalten beide Schützen jeweils einen Punkt. Bei einen »Best of Three Set« ist derjenige Schütze Sieger, der zuerst 2 Sätze gewinnt. Beim Stand von 3-3 erfolgt ein Stechen (Tie Break) mit einem Pfeil. Grundsätzlich sind folgende Szenarien bzw. Punktestände denkbar:
  − Nach dem 1. Satz: 2-0, 0-2, 1-1
  − Nach dem 2. Satz: 4-0 (entschieden), 2-2, 3-1, 1-3, 0-4 (entschieden)
  − Nach dem 3. Satz: 4-2, 2-4, 5-1, 1-5, (jeweils entschieden) 3-3 → Tie Break

Neben dem »Best of Three Set« wird in den Finalrunden (ab dem Viertelfinale) bei internationalen Wettkämpfen das »Best of Five Set« praktiziert, bei dem der Schütze mindestens 3 Sätze (bzw. 6 Punkte) für sich entscheiden muss, um zu gewinnen.

Variationsmöglichkeiten: im Set-Training sind Gruppenbildungen nach einer Qualifikation (z.B. Gruppe A: 1., 4., 5. und 8. bzw. Gruppe B: 2., 3., 6. und 7. Platz) möglich, die ihrerseits eine Gewinner- bzw. Verlierergruppe ausschießen

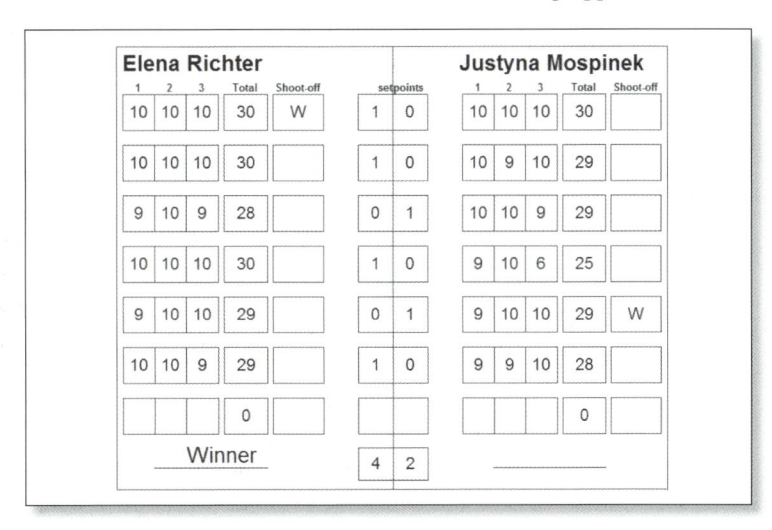

Abb. 493:
Ausschnitt aus dem Set Play: Die Schützin *Elena Richter* gewinnt 4 von 6 Sätzen, wobei der 1. und 5. Satz im »Stechen« (Shot-off) entschieden wurden
(W: Winner; vgl. Face to Face Tournament 2008)

Elena Richter					setpoints	Justyna Mospinek				
1	2	3	Total	Shoot-off		1	2	3	Total	Shoot-off
10	10	10	30	W	1　0	10	10	10	30	
10	10	10	30		1　0	10	9	10	29	
9	10	9	28		0　1	10	10	9	29	
10	10	10	30		1　0	9	10	6	25	
9	10	10	29		0　1	9	10	10	29	W
10	10	9	29		1　0	9	9	10	28	
			0						0	
Winner					4　2					

(z.B. 1. gegen 8., wobei der Sieger in die Gewinnergruppe aufsteigt). Anschließend wird in jeder Gruppe im Set- bzw. K.o.-Modus (Halbfinale und Finale) die Endplatzierung ermittelt.

Spezialtraining nach Ki-Sik Lee
Ausgehend von einem 70-Meter-Finaltraining gegen fiktive (berühmte) Gegner (Mannschaften) und Punkte oder gegen jeden einzelnen innerhalb der Mannschaft, werden Punkte dafür vergeben, wie ein Schütze (Mannschaft) mit einer bestimmten Situation fertig wird.

Beispiel 1: Ein Schütze liegt nach den ersten 3 Pfeilen (1. Serie) um 2 Ringe zurück. Nach der 2. und 3. Serie hat er immer noch aufzuholen. Aber nach 12 geschossenen Pfeilen gewinnt er dennoch. Er bekommt 3 Punkte (weil die Situation für ihn dreimal schwerer ist, als wenn beide Schützen bei Null starten).

Beispiel 2: Eine Schützin liegt nach den ersten 3 Pfeilen um 2 Ringe zurück. Nach der 3. Serie hat sie einen Gleichstand erreicht. Nach 12 geschossenen Pfeilen gewinnt sie. Sie bekommt 2 Punkte.

Nach mehrmaliger Wiederholung wird aufaddiert und der Gewinner ermittelt.

Matchähnliches Training

Erwachsenentraining
Möglichkeiten eines matchähnlichen Trainings bieten beispielsweise die Punktevergabe, das Vorlegen, das Pokern oder das Aufsteigertraining.

Punktevergabe: Jeder Schütze schießt paarweise gegen jeden anderen eine bestimmte Anzahl von Pfeilen (z.B. 12 Pfeile auf 70 Meter) und erhält beispielsweise für einen Sieg 2 Punkte. Bei einem Unentschieden kann entweder 1 Punkt pro Schütze vergeben werden, oder es erfolgt ein Stechen (Shot-off mit einem oder mehreren Pfeilen). Gesamtsieger ist derjenige Schütze, der die meisten Punkte erzielt.

Beachten Sie: Bei Ausscheidungswettkämpfen ist der Modus nach der Punktevergabe insofern bedenklich, weil ein Schütze trotz einer höchsten Gesamtringzahl unter Umständen nur wenige Punkte erreicht.

Eine Sonderform bei der Punktevergabe bildet das Training von Win-and-win-Matches. Dieses lässt sich sowohl auf die FITA- als auch die Olympische Runde übertragen (*Wolf* 2000):

Atleta:	Romain Girouille							Rank
Società:	France (FRA)							
Evento:	Recurve Men			Piazzola 01				12

	Vincitore			Finale				
	1	2	3	Totale set	Totale cumulativo	Punti set		Tot.
1	10	9	9	28	28	2	1	0	1
2	9	10	10	29	57	2	1	0	1
3	9	7	X	26	83	2	1	0	0
4	9	X	9	28	111	2	1	0	2
5	X	9	10	29	140	2	1	0	2
s.o.				Totale	140		Totale	6

Atleta:	Michele Frangilli							Rank
Società:	Italy (ITA)							
Evento:	Recurve Men			Piazzola 02				3

	Vincitore			Finale				
	1	2	3	Totale set	Totale cumulativo	Punti set		Tot.
1	9	9	10	28	28	2	1	0	1
2	9	10	X	29	57	2	1	0	1
3	8	9	10	27	84	2	1	0	2
4	X	6	9	25	109	2	1	0	0
5	9	8	8	25	134	2	1	0	0
s.o.				Totale	134		Totale	4

Abb. 494: Ausschnitt aus dem Set-System: Der Schütze *Romain Girouille* gewinnt 6 zu 4 (vgl. EM Roveretto 2010)

- *Win-and-win-Match FITA:* Auf 90/70, 70/60, 50 und 30 Meter werden jeweils 9, 6 bzw. 3 Pfeile geschossen (also insgesamt 72 Pfeile). Jeweils 1 Punkt wird vergeben für den Gewinn des 9-Pfeile-, des 6-Pfeile- und des 3-Pfeile-Matches sowie für die höchste Gesamtringzahl auf jeder Distanz und für das höchste Endergebnis. Der Gewinner kann also maximal 17 Punkte erzielen. Bei Gleichstand erfolgt auf jeder Distanz stets ein Stechen mit einem Pfeil.
- *Win-and-win-Match 70 Meter:* Ähnlich dem Win-and-win-Match FITA, aber speziell ausgerichtet auf das 70-Meter-Finalschießen, werden auf 70 Meter jeweils 2-mal 18, 12 bzw. 6 Pfeile geschossen (also insgesamt wieder 72 Pfeile). Die Punktewertung erfolgt wie oben.

Vorlegen: Zwei Schützen schießen im Wechsel jeweils einen Pfeil gegeneinander. Der Schütze mit dem höheren Treffer erhält einen Punkt. Derjenige Schütze, der den niedrigeren Ringwert hat, beginnt das nächste Duell. Bei Gleichstand geht der Punkt an denjenigen, der vorgelegt hat.

Aufsteigertraining: Jeweils zwei Schützen schießen ein Match auf eine Scheibe. Der Gewinner steigt auf und geht eine Scheibe nach links; der Verlierer steigt ab und geht eine Scheibe nach rechts. Verliert der Schütze auf der Scheibe ganz rechts, so bleibt er – genauso wie der Gewinner auf Scheibe 1 – auf seiner Scheibe (Abb. 495).

Im Aufsteigertraining ist somit gewährleistet, dass stets Schützen mit annähernd aktuell gleicher Leistungsstärke aufeinandertreffen, ohne dass ein Schütze ausscheiden muss (pädagogisch orientierter Wettkampf).

Beachten Sie: In jedem Wettkampftraining müssen die Bedingungen stets variiert und der Wettkampf optimal simuliert werden. Variationsmöglichkeiten sind beispielsweise:
- Unterschiedliche Entfernungen
- Verschiedene Auflagen
- Wechselnde Gegner
- Erhöhte Belastungen (z.B. zur Scheibe laufen, vorheriger 10-Kilometer-Lauf)
- Zufälliger Wechsel zum Ersatzmaterial

Simulationsmöglichkeiten sind ferner:
- Zuschauerrufe (auch mittels CD-Player)
- Bewegungen an den Seitenlinien (z.B. Bahnlinien)
- Verwendung von Anzeigentafeln, Kameras, Ansager
- Zeitlimit
- Kampfrichtereinsatz
- Wettkampfkleidung

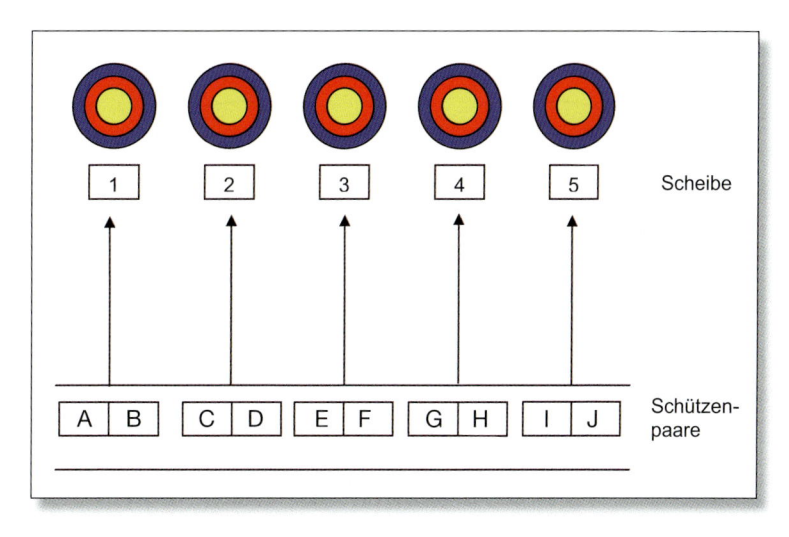

Abb. 495:
Aufstellungsformen beim Aufsteigertraining (Schütze A schießt gegen Schütze B auf Scheibe 1 etc.)

Kinder- und Jugendtraining

Beispielhaft eignen sich im Kinder- und Jugendtraining als Schießspiele mit dem Gegner neben den bereits erwähnten Spielen (z. B. Ballon- und Kartenspiele s. S. 572) unter Verwendung von verschiedenen Auflagen, ferner das Golfschießen, Tic-Tac-Toe, der Beste Pfeil, das Linienrennen oder die Schnecke (vgl. auch FITA 2003, S. 1/13 ff.), wobei zum Beispiel der Verlierer alle Pfeile holen bzw. ziehen muss (vgl. Lee u. Benner 2009, 167). Dabei wird der Sieger stets im Zweikampf ermittelt (Abb. 496).

- *Golfschießen:* Ähnlich wie beim Golf spielen (schießen) sich die beiden Schützen von »Loch« zu »Loch«.
- *Tic-Tac-Toe:* Wer schafft die ersten 3 Pfeile in einer Reihe?
- *Schnecke:* Die Schützen schießen entsprechend der Nummerierung von außen nach innen, wobei die nächste Zahl erst dann »angeschossen« werden darf, wenn die vorherige getroffen wurde.
- *Bester Pfeil:* Wer schafft nach Abarbeiten einer Reihe bei einer bestimmten Anzahl von Pfeilen die nächste Lage am Zentrum?
- *Linienrennen:* Die Schützen wandern abwechselnd (entsprechend ihrer Linie) von Nummer zu Nummer, wobei die nächste Zahl erst dann »angeschossen« werden darf, wenn die vorherige getroffen wurde.
- *Pyramide:* Die Schützen räumen abwechselnd von oben nach unten ab.

Verhaltenstraining in den Pausen

In der unmittelbaren Wettkampfvorbereitung sollte der Schießrhythmus im Training entsprechend dem Wettkampfmodus gestaltet werden, wobei der Schütze nach 6 bzw. 3 geschossenen Pfeilen eine kurze Pause einlegt. Nach dem Absolvieren einer kompletten Distanz (z.B. 30 Pfeile in der Halle bzw. 36 Pfeile im Freien) wird die Pause ausgedehnt.

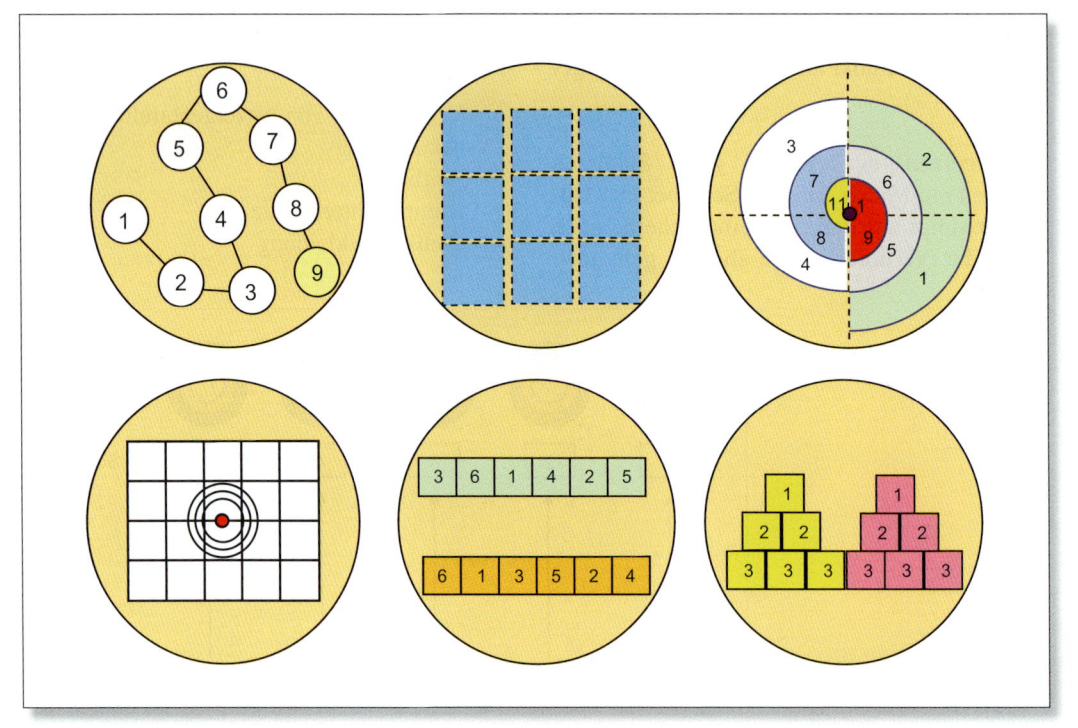

Abb. 496: Golfschießen, Tic-Tac-Toe, Schnecke, Bester Pfeil, Linienrennen oder Pyramide (*von links oben nach rechts unten*; vgl. FITA 2003, 1/13)

Grundsätzlich gilt für die Pausen im Wettkampf: Warmhalten der Muskulatur, Entspannung, Aufrechterhaltung der Aufmerksamkeit bzw. Konzentration bei kurzen Pausen, Schaffung von Ablenkungen bei längeren Pausen sowie vor der Wettkampffortführung (z.B. nächstes Match) ein erneutes Aufwärmen und/oder Einschießen (Muskelaktivierung).

In der Schießpraxis existieren zwei Modelle hinsichtlich der Pausengestaltung des Schützen: das *6-Phasen-Modell nach Eberspächer* sowie das reduzierte 4-Phasen-Modell nach Loehr.

6-Phasen-Modell nach Eberspächer

Tab. 132 zeigt, in welcher Weise kognitive Fertigkeiten im Rahmen eines *6-Phasen-Modells* leistungsoptimierend für die Pausengestaltung eingesetzt werden können.

Kognitive Fertigkeit	Wirkungsansatz	Beispiel
Selbstgesprächsregulation	Nach Beendigung der Beanspruchung versucht der Schütze, per Selbstgespräch das Vergangene auszublenden, in der Gegenwart zu bleiben und das Selbstgespräch auf »Ruhe«, »Beruhigung« und »Entspannung« zu lenken	Nach dem ersten Match: Selbstregulierung mittels autosuggestiver Formeln (z.B. »Und jetzt mache ich so weiter!«) in Kombination mit Atementspannung
Selbstwirksamkeitsüberzeugung	Nach dem Durchgang bzw. Match muss sich der Athlet überzeugen, dass er in der Lage ist, die folgenden Anforderungen zu bewältigen (eventuell technisch-taktische Modifikation)	»Meine Taktik ist gut!«
Aufmerksamkeitsregulation	Konzentration auf den Eigenzustand, d.h., der Schütze konzentriert sich auf seine inneren Zustände (Selbstfindung)	Erfühlen innerer Zustände und dadurch Aufrechterhalten bzw. Mobilisierung kinästhetischer Empfindungen
Aktivierungsregulation	Ziel: Entspannung bzw. Mobilisierung zum Erreichen eines optimalen Aktivierungsniveaus	Mobilisierung bei Trägheit oder Atementspannung bei erhöhter Nervosität
Vorstellungsregulation	Rekonstruktion (Replay) von Fehlern (nur im Training!) bzw. von Gelungenem und Konzentration auf den Bewegungsablauf	Konzentration auf den Schießablauf
Zielsetzung bzw. Analyse (nach dem Wettkampf)	Analytischer Aufbau nachfolgender Zielsetzungen	Eigenvorgabe: »Ich setze meine Taktik fort!«

Tab. 132: Kognitive Fertigkeiten in der Zeit zwischen zwei Beanspruchungen: zwei Passen 3 bzw. 6 Pfeile, Matches bzw. Durchgänge (vgl. *Eberspächer* 1990, 102)

3-Phasen-Modell nach Loehr
Wie die Untersuchungen von *Loehr* (1994, 85) zeigen, durchläuft der erfolgreiche Schütze während der Pausen (z.B. zwischen zwei Schüssen bzw. zweier Finals) drei verschiedene psychoregulative Phasen. Es ist die Aufgabe des Trainings, diese Phasen individuell und leistungsfördernd zu kodieren:

- *1. Phase (positive physische Reaktion):* Nach einem negativen Ereignis (z.B. technischer oder taktischer Fehler, schlechter Schuss bzw. Treffer) versucht der Schütze zum Beispiel durch eine entsprechende Körpersprache (»Das kann ich besser«) eine Umkodierung vorzunehmen. Der Fluss positiver Emotionen soll dadurch während der Erholungsphase gefördert werden. Möglichkeiten hierbei sind: Schultern zurück, Kopf erhoben, kurzer Zehenstand, Arme und Hände entspannt.

- *2. Phase (Entspannungsreaktion):* Die Phase der Entspannung (z. B. durch Atementspannung) dauert i. a. zwischen 6 und 20 Sekunden. Folgende physiologische Reaktionen sind zu beobachten: Pulsschlag und Blutdruck sinken, Muskelspannung und Hirnaktivität (EEG) lassen nach, und die Atmung beruhigt sich.

- *3. Phase (Vorbereitung und Rituale):* Nach der Stabilisierung physiologischer Reaktionen wird der Kopf frei, um konzentriert an die nächsten Pfeile heranzugehen. Mittels autosuggestiver Unterstützung (z. B. Selbstgesprächsformel) leitet der Schütze in entsprechende Rituale über (z.B. Brustschutz zurechtrücken) und startet den erneuten Bewegungsablauf.

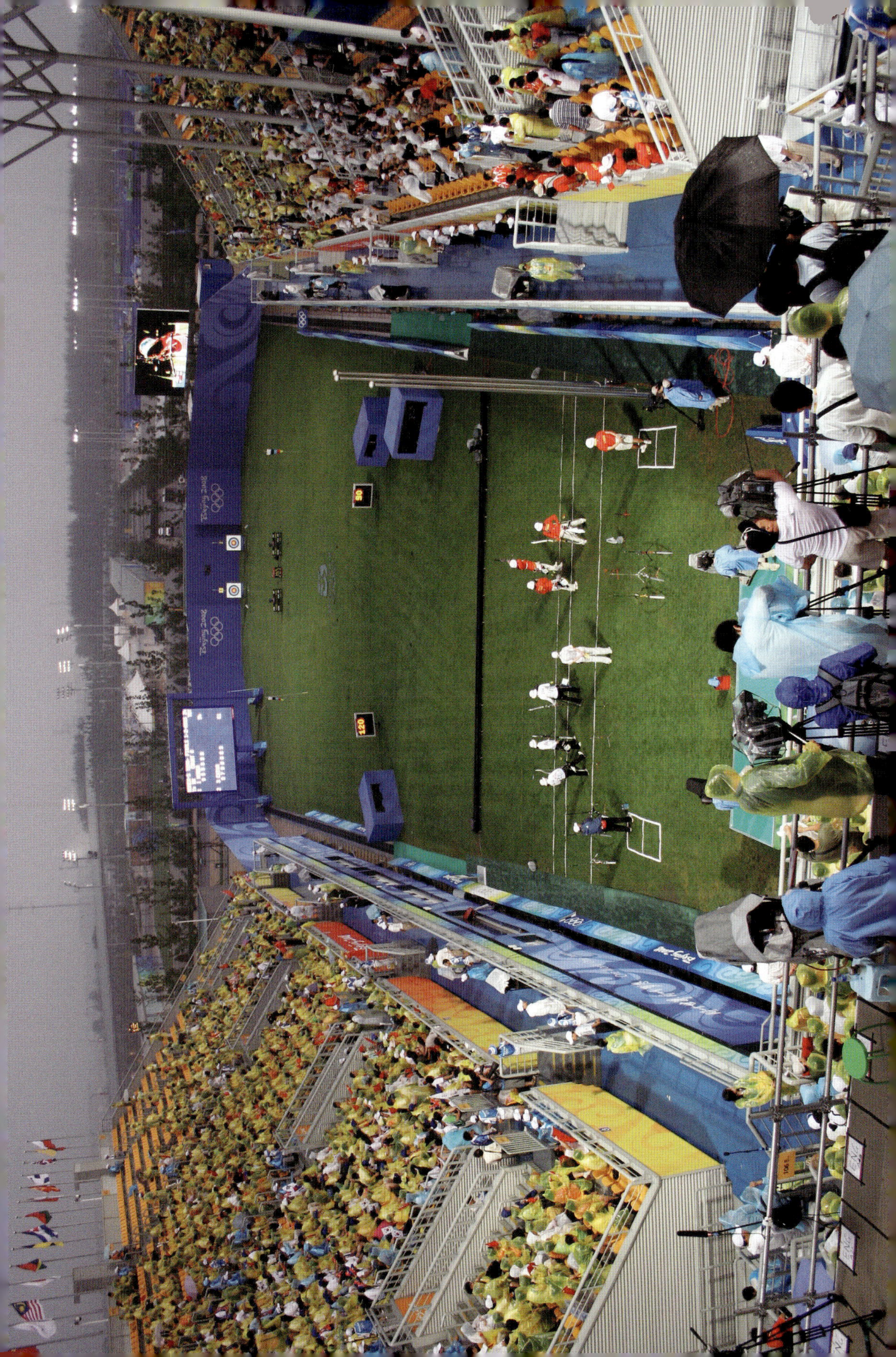

Bedeutung von Kontroll- und Testverfahren

Einen guten Sportler erkennt man an seinem Sieg. Einen großen Sportler erkennt man in seiner Niederlage.

> Unter Druck bzw. Stress zeigen sich die persönlichen Schwachstellen zuerst. Dies gilt für alle Ebenen: Technik, Taktik, motorische Hauptbeanspruchungsformen und Psyche (vgl. *Loehr* 1996, 43).

Der Wettkampf ist nicht ausschließlich ein Verfahren zur relativen Messung, sondern dient dazu, trainingslenkende Informationen zu erheben, die für die Trainingssteuerung (s. S. 151) wichtig sind. Die Diagnose des Wettkampfes selbst geht noch einen Schritt weiter: Sie erhebt neben den trainingslenkenden auch unmittelbar wettkampfführende Informationen, die bei der Wettkampfsteuerung helfen (vgl. *Hohmann* 1999, 395).

Möglichkeiten, Schwächen aufzudecken, bietet die Erstellung eines *Wettkampfprofils* (Tab. 133). Ausgehend vom letzten Wettkampf oder Wettkampfblock, stuft sowohl der Trainer als auch der Schütze seine Leistung hinsichtlich bestimmter Kriterien (z.B. Selbstvertrauen, Optimismus) ein.

Zu bestimmen ist insbesondere, in welcher Ausprägung einzelne Eigenschaften auf einen Schützen zutreffen. Jeder Punkt, der mit 7 oder höher bewertet ist, bedeutet *Stärke*, eine Bewertung von 4 oder weniger repräsentiert eine *Schwäche*.

Das aus der Bewertung resultierende Profil spiegelt erlernte Denk- und Verhaltensmuster wider, die sich emotional auswirken und die Wettkampffähigkeit beeinflussen können.

> *Beachten Sie:* Um stärker (besser) zu werden, gilt es vor allem, das zu trainieren, wo sich Schwächen aufzeigen.

Beispiel: Ein Schütze hat sein Wettkampfprofil erstellt und in den angeführten Faktoren die niedrigsten Ergebnisse erzielt: ungeduldig: 3, unkonzentriert: 4, ängstlich: 4, unmotiviert: 6. Tab. 134 zeigt nachfolgend Möglichkeiten auf, die offenbar gewordenen Schwächen zu beseitigen. Dabei gilt es in einem ersten Schritt, die erkannten Schwächen positiv umzuformulieren, die eigene Einstellung beispielsweise mithilfe von positiven Affirmationskarten (PA-Karten, s. S. 516) umzukodieren und nach einem definierten Zeitpunkt ein erneutes Wettkampfprofil zu erstellen.

Eine verkürzte Wettkampfauswertung gibt Tab. 135 (vgl. *Franseen*, in *Ruis* u. *Stevenson* 2004, 98).

Wettkampfprofil											
	10	9	8	7	6	5	4	3	2	1	
Ausgeglichen											Launisch
Unerschütterlich (schnelle emotionale Erholung)											Irritierbar (langsame emotionale Erholung)
Kämpferisch											Nicht kämpferisch
Selbstvertrauend											Unselbständig
Zielbewusst											Schwankend
Aggressiv											Passiv
Zuversichtlich											Unsicher
Geduldig											Ungeduldig
Diszipliniert											Undiszipliniert
Optimistisch											Pessimistisch
Verantwortungsbewusst											Verantwortungslos
Realistisch											Unrealistisch
Standfest											Ängstlich
Einsichtig											Uneinsichtig
Konzentriert											Unkonzentriert
Abgeklärt											Unreif
Motiviert											Unmotiviert
Emotional flexibel											Emotional unbeweglich
Gut im Problemlösen											Schlecht im Problemlösen
Mannschaftsbewusst											Egoistisch
Risikobereit											Nicht bereit zu Risiken
Schauspielerisch versiert											Schauspielerisch unbedarft
Ausgeprägte Körpersprache											Unausgeprägte Körpersprache
Locker											Verkrampft
Energiegeladen											Energielos
Körperlich fit											Körperlich nicht fit
	10	9	8	7	6	5	4	3	2	1	

Tab. 133: Erstellung eines Wettkampfprofils (in Anlehnung an *Loehr* 1996, 42)

Phase	Aufgabe	Beispiel
Schritt 1	Formulieren Sie Ihre Schwächen in eine entsprechende positive Form um	• Ich bin sehr geduldig • Ich kann mich konzentrieren • Ich bin standfest • Ich bin hoch motiviert
Schritt 2	Machen Sie diese Faktoren für die nächsten 30 Tage zu den wichtigsten Themen Ihres sportlichen Lebens	• Schreiben Sie jeden dieser Faktoren auf eine 6 x 10 cm große Karte (vgl. PA-Karten; S. 516 f.) • Stellen Sie sich eine erfolgreiche Situation vor, die diese Faktoren vereinigt • Versuchen Sie, sich diese Faktoren morgens und abends vorzustellen und zu empfinden
Schritt 3	Schreiben Sie jeweils eine kurze Zusammenfassung dessen (Handlungsplan), was Sie unternehmen wollen, um sich bezüglich der einzelnen Faktoren zu verbessern	• Mein Plan, geduldig zu werden • Mein Plan, konzentrierter zu werden • Mein Plan, standfester zu werden • Mein Plan, hoch motiviert zu sein
Schritt 4	Überprüfen Sie einen Monat lang jeden Tag Ihre Fortschritte hinsichtlich der Faktoren	
Schritt 5	Erstellen Sie ein erneutes Wettkampfprofils	

Tab. 134: Möglichkeiten der Beseitigung der aus einem Wettkampfprofil abgeleiteten Schwächen (vgl. *Loehr* 1996, 46)

Wettkampfauswertung				
Mein letzter Wettkampf war für mich:				
1	2	3	④	5
Schlecht				Super
Diese drei Dinge habe ich richtig gut gemacht:				
1. Habe konsequent meine Taktik durchgehalten (Anhalten) 2. Habe in den Finals auf meine Atmung geachtet 3. Habe die letzten 6 Pfeile mutig geschossen				
Diese drei Dinge habe ich gelernt:				
1. Konsequentes Arbeiten (Druck- und Zug) lohnt sich (gute Treffer) 2. Die anderen Schützen schießen auch nicht perfekt 3. Gut schießen macht richtig Spaß				
An diesen drei Dingen muss ich noch arbeiten:				
1. Rhythmus beibehalten 2. Vorarbeit optimieren 3. Stets cool bleiben				

Tab. 135: Beispiel einer verkürzten Wettkampfauswertung

Methodische Grundsätze

(vgl. *Loehr* 1991, 81)

- Keine zu dichte Wettkampffolge (psychische Regeneration!): ein physisches und psychisches Übertraining sind zu vermeiden. Auf Stresssignale, wie psychophysische Schlappheit, Launenhaftigkeit, Humorverlust, Schlafstörungen oder ständige Schmerzen, ist besonders zu achten. Die Stressbefindlichkeit ist täglich zu überprüfen (Skala von 1–10 aufstellen und gegebenenfalls entsprechende Entspannungsmaßnahmen einleiten).
- Trainingsdauer: Trainingseinheiten mit Wettkampfelementen sind kürzer, aber intensiver zu gestalten.
- Pausen: Zwischen den Trainingseinheiten sind entsprechend der Wettkampfstruktur Pausen als Teil des Trainings einzuplanen.
- Der Wettkampf soll nicht als Bedrohung, sondern als Herausforderung erlebt werden.
- Das Wettkampftraining ist abwechslungsreich und variabel zu realisieren.
- Zur präventiven Stressvermeidung gilt es, sich seinen Schwächen konkret (bewusst) zu stellen.

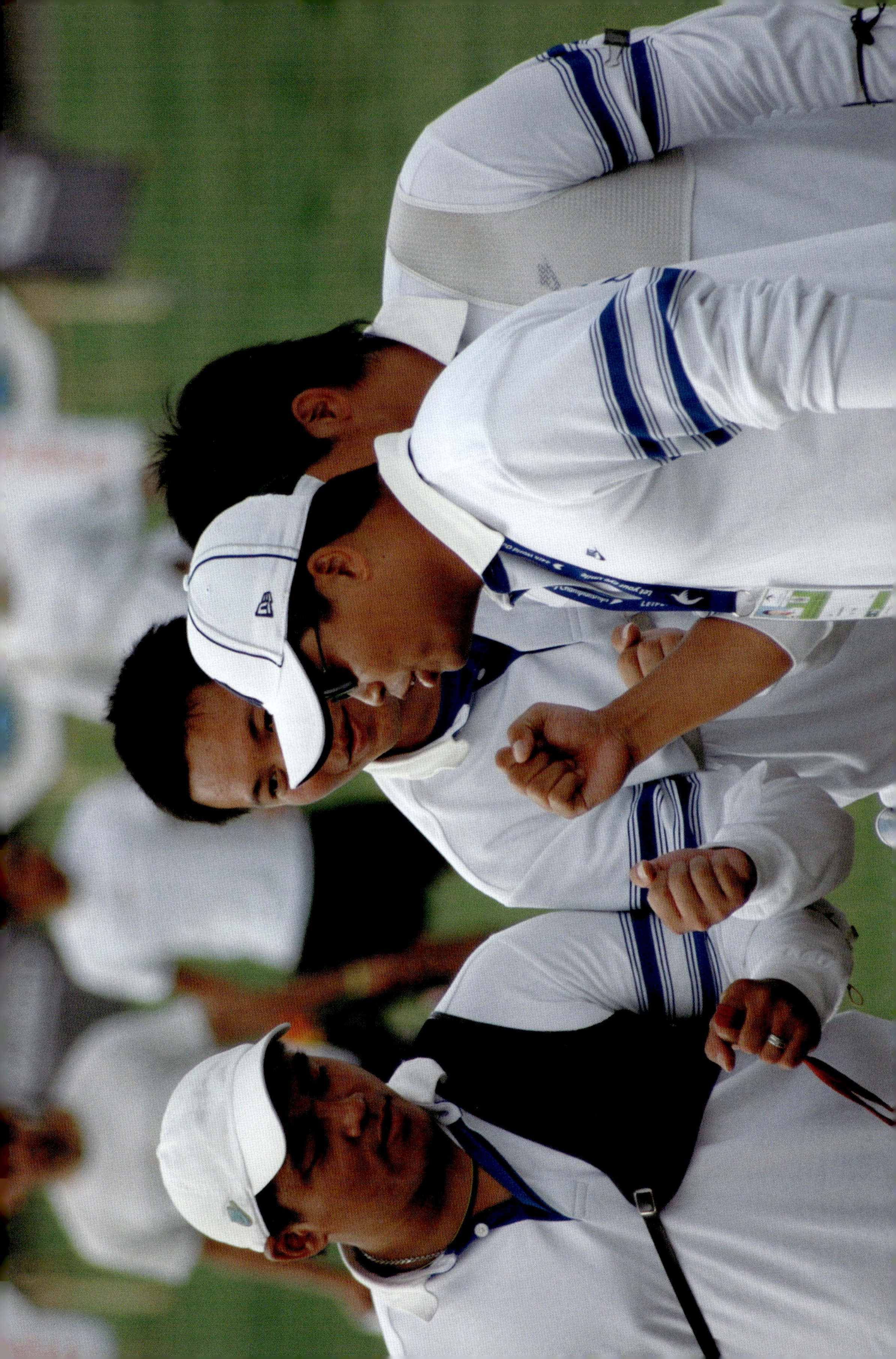

13 Coaching

»Ebenso wie das stürmische Chaos eines Unwetters einen fruchtbaren Regen mit sich bringt, der es dem Leben erlaubt zu erblühen, desgleichen gehen in menschlichen Angelegenheiten Zeiten des Fortschritts Zeiten der Wirrungen voraus. Erfolg ist denen beschieden, die den Sturm überstehen« (I Ching, no. 3).

Begriffsbestimmung

> Unter Coaching versteht man alle Aktivitäten des Trainers (und des Betreuerteams) zur Führung des Sportlers in Training und Wettkampf (vgl. *Hahn* 1996, 103; *Weineck* 2010, 29).

Bei einer Personaltrennung ist der Trainer überwiegend für Trainingsbelange zuständig. Dazu zählen die konditionelle Ausbildung, die technische Schulung des Schießablaufs, das Einüben von Standards (z.B. taktische Maßnahmen wie Anhalten, Visierkorrekturen etc.), sowie die Trainingsplanung, -steuerung und Leistungsdiagnostik. Dem Coach hingegen obliegt die Beratung und psychologische Führung (Coaching) des Athleten während des Wettkampfes. In Personalunion werden Trainer und Coach synonym verwendet und vereinen beide Wirkungsbereiche in sich.

> Beim Coaching geht es – im Sinne einer leistungsorientierten bzw. stimulierenden Motivierung sowie aktualisierenden, stabilisierenden und korrigierenden Anweisungen bzw. Hinweisen zur Technik, Taktik und anderem – insbesondere darum, die Leistungsentfaltung unter Wettkampfbedingungen zu unterstützen (vgl. *Frester* 1995, 79).

Ziele des Coachings

»Der Coach sieht, was du nicht kannst, und kann sehr hilfreich sein, aber das Ziel ist immer die Unabhängigkeit des Schützen« (vgl. Rogers, in Ruis u. Stevenson 2004, 144).

Das oberste Ziel des Coachings muss darin bestehen, den Schützen zu befähigen, dass er im Wettkampf selbständig handeln sowie seine Leistung im Training und Wettkampf optimieren kann. Das angestrebte Wettkampfverhalten (Verhaltensprogramm) wird dabei in der unmittelbaren Wettkampfvorbereitung zwischen Trainer und Schütze weitestgehend abgestimmt (z.B. Schießrhythmus, Anhalten oder Visierkorrektur). Während des Wettkampfes kontrolliert der Trainer die Umsetzung des Verhaltensprogramms. Im Sinne der Leistungsdiagnostik wird dieses Verhalten nach dem Wettkampf analysiert (vgl. Wettkampfauswertung, S. 557 bzw. 584; vgl. *Schiffer* 2000, 28).

Allgemein formuliert *Hotz* (2000, 6) folgende Ziele:
- *Bestärkung:* Coaching zielt auf eine Bestärkung des erfolgversprechenden Verhaltens (Verhaltensstabilisierung): Der Trainer fördert beispielsweise durch die Verwendung von Signalwörtern die Sicherheit, den Mut und die Risikobereitschaft des Schützen (»Gut gemacht!«, »Halte weiterhin deinen Rhythmus!«) und reduziert andererseits die Angst vor Misserfolg (»Du machst das heute wirklich gut!«).
- *Verhaltenssteuerung:* Coaching zielt auf eine individuell abgestimmte Verhaltenssteuerung und -modifikation: Coaching soll helfen, die Konzentration auf das Wesentliche (z.B. den Bewegungsablauf oder das Zielen) auszurichten. Ausgeblendet werden sol-

len Dinge, Vorfälle und Umstände, auf die der Schütze keinen Einfluss mehr nehmen kann (z.B. Abwerten eines Pfeiles durch den Kampfrichter, Fehlschuss oder Zuschauerverhalten; vgl. *Rogers*, in *Ruis* u. *Stevenson* 2004, 143).

Phasen des individuellen Coachings

Prinzipiell läuft Coaching in vier Schritten ab, die von *Whitemore* (1996, in *Weineck* 2010, 31) mit der Abkürzung GROW (= Wachstum) umschrieben werden:

G → Goal Setting: lang- bzw. kurzfristige Zielsetzung
R → Reality Checking: Realitätsprüfung, um die aktuelle Situation zu prüfen
O → Optionen: Vorschläge zu den Vorgehensweisen, um die Ziele zu erreichen
W → Was muss von wem mit welchem Willenseinsatz getan werden?

Der Trainer verfolgt demnach in seinem Handeln lang- bzw. kurzfristige Ziele (z. B. konsequentes Schießen unter allen Bedingungen) und vergleicht diese mit der augenblicklichen Situation des Schützen. Stellt er beispielsweise fest, dass der Schütze (indem dieser beispielsweise mit sich selber hadert oder häufig absetzt) die gemeinsamen Ziele aus den Augen verliert, sind seinerseits praktische Umsetzungsmöglichkeiten anzubieten, die sich in einem konkreten Handlungsplan (z.B. durch Bewusstmachen der Stärken des Schützen) äußern.

Voraussetzungen eines erfolgreichen Coachings

»Trainer braucht das Land und nicht nur Betreuer« (Junioren-Bundestrainer V. Bachmann 1999).

Erfolgreiches Coaching ist nur im Rahmen eines funktionalen Bedingungsgefüges (Trainer, Schütze, Technischer Delegierter, Physiotherapeut, Psychologe, Arzt) auf der Basis subjektiver Voraussetzungen des Trainers (z. B. Führungspersönlichkeit, psychosoziale und trainingswissenschaftliche Kompetenz, Sachkompetenz) möglich und entfaltet seine Wirksamkeit durch verhaltenssteuernde Maßnahmen und eindeutige Korrekturimpulse (vgl. *Lee* 2006, 21).

Bedingungsgefüge des Betreuungsprozesses

Coaching muss insgesamt darauf abzielen, gemeinsame Wege zu beschreiten. Sowohl eine zu starke Führung durch den Trainer als auch ein zu dominanter Schütze erschweren das Verfolgen gemeinsamer Ziele. Die Interaktionsprozesse zwischen Trainer und Schütze sind integriert in ein Betreuungssystem, zu dem weitere Personen gehören. Schematisch lässt sich das Coaching im Spannungsfeld des Betreuerteams darstellen (Abb. 497):

Coaching beschränkt sich dabei nicht nur auf die »Kommunikation« zwischen Trainer und Schütze, sondern auch – wenngleich nur untergeordnet – auf die Interaktionen zwischen Schütze, Trainer, Psychologe, Arzt, Physiotherapeut und Sportfunktionär. Es empfiehlt sich, alle Informationen über den Trainer laufen zu lassen (die wichtigen Informationen werden von ihm ausgewählt), weil sonst die Gefahr besteht, dass der Schütze mit zu vielen Informationen »belastet« bzw. von seiner eigentlichen Aufgabe abgelenkt wird. Eine Rückkoppelung von Informationen durch den Schützen ist in dieses Konzept eingeschlossen.

Voraussetzungen eines erfolgreichen Coachings

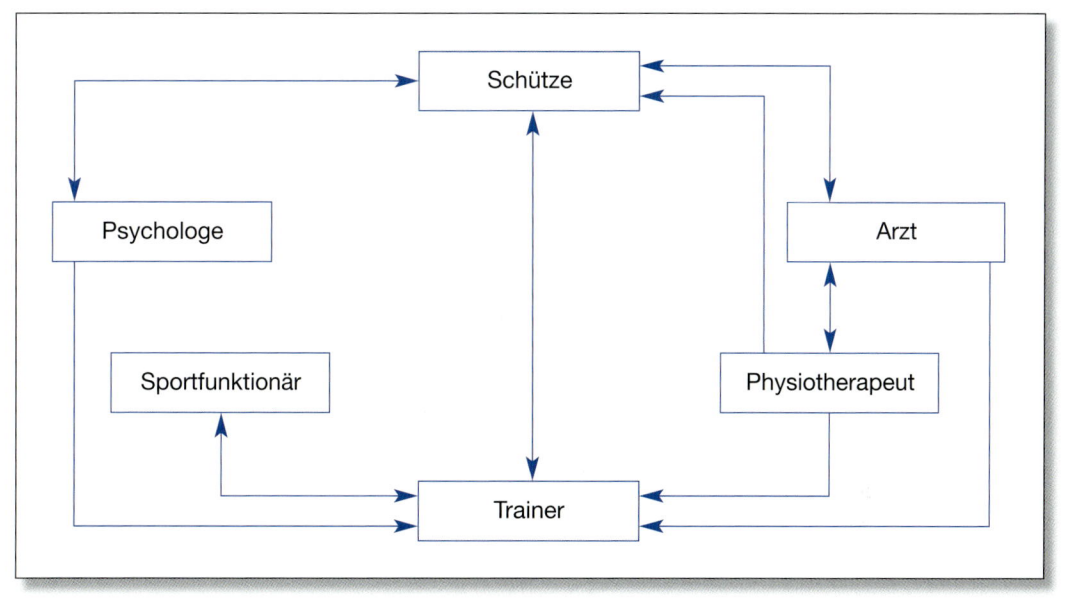

Abb. 497: Coaching im Betreuerteam (vgl. *Frester* 1995, 85)

Beachten Sie: Häufig kann der Heimtrainer in den Hauptwettkämpfen »seines« Schützlings nicht anwesend sein. Dadurch muss zum Beispiel der Landes- oder Bundestrainer die Rolle des Coachenden übernehmen. Ein entsprechender – ständig aktualisierter – Informationsaustausch ist hier unerlässlich.

Subjektive Voraussetzungen des Trainers

»Was ist Führerschaft? – Es ist die Fähigkeit, Menschen zu lenken, jedoch so zu lenken, dass sie diese Lenkung akzeptieren« (V. Lombardi, einer der erfolgreichsten Trainer in der Geschichte des American Footballs, 1967).

Ein erfolgreiches Coaching hängt sehr stark vom persönlichen Geschick des Trainers ab. Das Coaching wird umso erfolgreicher sein, je besser es der Trainer versteht,
- die *individuellen Besonderheiten* des Schützen (Alter, Geschlecht, Verhalten nach Erfolg bzw. Misserfolg im Wettkampf etc.) zu berücksichtigen,
- die zu erwartenden *Wettkampfbedingungen* (z.B. Wettkampfstätte, äußere Bedingungen, Zuschauer, Gegner) vorausschauend zu analysieren und daraus entsprechende Verhaltenshinweise abzuleiten sowie
- eine dem Bogenschießen (lang andauernder Wettkampf) und der Individualität des Schützen angemessene Form der *Kommunikation* zu wählen, die zum einen ruhig (bei großer Nervosität des Schützen), zum anderen aufputschend (bei Müdigkeit oder Lethargie) sein kann.

Beachten Sie: Der Coach sollte sich insbesondere der immensen Aussagekraft der nicht verbalen Kommunikation bewusst sein. Bei der Kommunikation werden nur 10% durch Worte, aber 50% durch Ausstrahlung, Körpersprache, Mimik und Gestik etc. und die restlichen 40% durch Tonfall und Stimmlage übermittelt (vgl. *Fingerhut* 2001).

Bayer (1995, 96) sieht den Coach als eine »gelebte Werthaltung, die prinzipiell dienenden Charakter hat«. In seinem hochgradig anspruchsvollen Verständnis lebt und handelt ein Coach nach dem Menschenbild, das jeden Einzelmenschen als einzigartige, Entscheidungen treffende, zielgerichtete selbstverantwortliche und ganzheitliche Persönlichkeit versteht.

Aus der Sicht der Schützen ergibt sich nach *Frester* (1995, 83) folgende Rangreihenfolge der für ein erfolgreiches Coaching dominierenden Merkmale bzw. Voraussetzungen eines Trainers:
- Emotionale Wirkung auf den Schützen (Ruhe, Zuversicht, Optimismus ausstrahlen, Hektik vermeiden, gelöste Atmosphäre)
- Fachliche Kompetenz (wenig, aber im Detail genau informieren, auf Stärken reflektieren, hohe Sachlichkeit, Lösungen anbieten)
- Art der Einflussnahme auf die Verhaltens- und Zustandsregulation der Schützen (weg von Fehlerdiskussion, auf Lockerheit orientieren, Leistungsdruck nehmen, keine Ergebnisdiskussion)
- Art und Weise des Motivierens (Erfolgsreflexion, kausalorientierte Sachargumente; Hinweis auf eigene Stärken, positives Denken)
- Individuelle Kenntnisse über Verhalten der entsprechenden Schützen unter Stressbedingungen

Tab. 136 gibt eine Übersicht der wichtigsten Kompetenzbereiche des Trainers, die ihn befähigen, im Leistungs- bzw. Hochleistungsbogenschießen alle leistungsbestimmenden Eigenschaften des Schützen im Verlauf eines langfristigen Trainingsprozesses optimal zu entwickeln und den Schützen im Wettkampf an sein Leistungsmaximum heranzuführen.

Geforderte Kompetenzen	Eigenschaften
Führungspersönlichkeit	Vorbild, Charisma, Motivationskünstler, Gerechtigkeitssinn, Unvoreingenommenheit, positive Ausstrahlung, analytisches Denkvermögen, Vermittler von Ruhe/ Zuversicht; Distanz/Nähe in optimaler Mischung; souveränes Auftreten auch in schwierigen Konfliktsituationen
Psychosoziale Kompetenz	Einfühlungsvermögen, Dialogfähigkeit, Kommunikationskompetenz, Differenzierungsfähigkeit in Umgang mit den Athleten; positives Denken; hohe Sachlichkeit; Fähigkeit zur Reduzierung des Leistungsdruckes; Fähigkeit, Mannschaft zu einer Einheit (nicht Einigkeit) formen zu können, um einen maximalen Synergieeffekt zu erzielen
Sachkompetenz	Bogenschießspezifisches Wissen, langjährige Trainings- und Wettkampferfahrung, Prognosesicherheit, Kenntnisse über Qualitäten der jeweiligen Gegner, technisch-taktische Versiertheit
Trainingswissenschaftliche Kompetenz	Umfassendes trainingswissenschaftliches Wissen, das in der jeweiligen Situation (Training/ Wettkampf) erfolgreich eingesetzt werden kann. Genaue Kenntnis der kurz- und längerfristigen Wirkung von Trainingsmethoden, -inhalten und -mitteln; ernährungswissenschaftliches Wissen (Nahrungsergänzung, Ernährung vor, während und nach dem Training/ Wettkampf etc.)

Tab. 136: Wichtigste Kompetenzbereiche bzw. Eigenschaften eines erfolgreichen Coaches/Trainers (vgl. *Weineck* 2010, 33)

Verhaltenssteuerung

»Mentale Landkarten sind veränderbar. Ich erreiche mein Gegenüber nur, wenn es meine Botschaften mit seiner mentalen Landkarte verbinden kann« (Oltmann 2009).

Je nach spezifischer Trainings- und Wettkampfsituation muss das Wahrnehmen, Fühlen und Denken der Schützen erfasst und berücksichtigt werden. Durch entsprechende Informationsgebung wird Coaching zur gezielten Verhaltenssteuerung (vgl. *Hotz* 2000, 6). Dazu dienen unter anderem:
- Verbale Appelle (z.B. »Konzentriere dich auf die Atmung!«)
- Anweisungen (z.B. »Halte konsequenter vor!«)
- Individuelle Aufmerksamkeitslenkung (z.B. »Achte auf die Windfahnen!«)
- Indirekte Maßnahmen (z.B. individuell abgestimmte Aufgabenstellungen)

Feedback und Korrekturimpuls

(vgl. Motorisches Lernen und Korrektur, S. 252)

Nach *Digel* (1992, 240; vgl. *Hotz* 2000, 9) ist im Interaktionsbereich Feedback die Frage nach dem gegenseitigen Sichverstehen zentral. Dabei gelten hinsichtlich der Signale folgende Grundsätze:
- Die Signale (Coaching-Codes) müssen prägnant sein: pro Signal eine Bedeutung (z.B. vorwärts gerichtete Handbewegung für mutiges Schießen).
- Die Signale müssen informativ und knapp sein, niemals missverständlich (z.B. Augenzwinkern entspricht »Das ist gut, wie Du das machst!«).
- Die Signale der verschiedenen Interventionen müssen sich klar unterscheiden lassen (z.B. durch unterschiedliche Stimmlagen oder den Zeitpunkt).
- Die Signale müssen emotional positiv und kontrolliert sein, d.h. aufgabenorientiert mit positivem Anweisungscharakter (z.B. »Konzentriere dich weiterhin so gut auf deinen Bewegungsablauf!).

Coaching in der Trainingspraxis

Möglichkeiten des Coachings lassen sich auf pädagogischer, psychologischer und methodischer Ebene finden.

Pädagogische Möglichkeiten

Pädagogische Möglichkeiten des Coachings sind unter anderem:
- Ein wertschätzendes Verhalten zeigen, indem Sie sich dem Schützen aktiv zuwenden (z.B. durch Blickkontakt, Zeigen echten Interesses, Freundlichkeit).
- Als Übungsleiter Gefühle zeigen und verbalisieren (z.B. »Ich freue mich für Dich!«).
- Das eigene Verhalten ist Vorbild und soll zum »Nachahmen« auffordern (z.B. Ruhe und Gelassenheit).
- Den Schützen in die Verantwortung mit einbeziehen (z.B. Sehnen anfertigen, Pfeile befiedern, aber auch ab und an das Training planen).

Psychologische Möglichkeiten

Im Sinne langfristiger Zielsetzungs- und Einstellungsprozesse muss der Trainer beim Schützen insbesondere folgende Aspekte beachten (vgl. *Eder* 1987, 41):
- Realistische Selbsteinschätzung finden und Über- und Unterschätzung relativieren (s. S. 515 bzw. 526).
- Ständig neue Anreize zur Motivation geben (z.B. neue Trainingsinhalte und -methoden, ansprechende Trainingsatmosphäre, s. auch S. 510).
- Selbstbewusstsein bei Erreichen von Zwischenzielen stärken (Perspektivenplanung!).

- Orientierung (Sicherheits-»Wegskizze«) geben, d.h., die Ziele den eventuell veränderten Bedingungen anpassen (z.B. bei Verletzung, verpasster Qualifikation).

Methodische Möglichkeiten

Methodische Möglichkeiten des Coachings sind unter anderem:
- Im Trainingsablauf Freiräume zum »Austoben« einplanen (z.B. ein freier Nachmittag während eines mehrtägigen Trainingslagers). Diese Freiräume dienen insbesondere dem Entladen von aufgestautem Frust oder Aggression.
- Zeit- und Leistungsdruck der Trainingsaufgaben entsprechend den Bedürfnissen der Trainingsgruppe variieren. Zum Beispiel im Kinder- und Jugendtraining: Chancen immer wieder neu anbieten (z.B. durch unterschiedliche Auflagen oder Entfernungen).
- Regeln (in Absprache mit dem Psychologen) gemeinsam vereinbaren und auf eine konsequente Einhaltung achten.
- Nach »trennenden« Organisationsformen, in denen jeder für sich übt und trainiert, zum Trainingsabschluss einen integrierenden, zusammenführenden Inhalt folgen lassen (z.B. Schießspiel, s. S. 164 bzw. 572 ff.).

Coaching in den verschiedenen Wettkampfphasen

Vor, während und nach dem Wettkampf kann das Coaching in verschiedenen Formen zur Leistungsoptimierung beitragen (vgl. auch *Röthig* 1992, 102; *Schnabel* u. *Thieß* 1993, 193).

Vor dem Wettkampf

Vor dem Wettkampf gilt es, insbesondere organisatorische und inhaltliche Aspekte zu optimieren. Dies bedeutet einerseits die Organisation der Fahrt, des Quartiers, der Anmeldeformalitäten sowie des Gerätebedarfs (z.B. vollständiges Material, Regenkleidung, Verpflegung, Sperr- und/ oder Übergepäck). Andererseits sind taktische Einstellungen unter Berücksichtigung witterungsbedingter Besonderheiten zu klären (z.B. veränderter Schießrhythmus bei starkem Regen oder böigem Wind) sowie Besonderheiten über Gegner (z.B. Linkshandschütze im Finale) und Wettkampf (z.B. Sonneneinstrahlung, Windverhältnisse, Zuschauerverhalten) anzusprechen.

In der Vorstartphase

In der Vorstartphase, die meist einen Zeitraum von 2–3 Stunden vor Wettkampfbeginn (s. S. 554) beinhaltet, werden die letzten vorbereitenden Maßnahmen für den Wettkampf getroffen (z.B. Mahlzeiteinnahme, Ablenkungen, Transport zur Wettkampfstätte, Aufwärmen, Einschießen). Das Coaching in der Vorstartphase dient insbesondere dem Stressabbau, der adäquaten Vorbelastung, der psychophysischen Belastungsregulation sowie bestärkenden und vertrauenschaffenden Maßnahmen.

Der Trainer muss in dieser Phase Ruhe, Gelassenheit und Optimismus ausstrahlen und möglichst »locker« bleiben. Zu diesem Zweck haben sich belanglose Gespräche oder das Erzählen lustiger Anekdoten bewährt, die nicht mit dem bevorstehenden Wettkampf in Zusammenhang stehen.

Der Trainer sollte – die individuellen Besonderheiten des Schützen beachtend – das Selbstvertrauen des Schützen stärken, indem er noch einmal dessen Stärken hervorhebt und ihm anhand von Fakten (z.B. Testergebnisse, Trainingsleistungen) die nötige Zuversicht und Sicherheit für den bevorstehenden Wettkampf, eventuell auch in Form von Einzelgesprächen, vermittelt.

Während des Wettkampfes

Das Coaching während der Wettkampfhandlungen muss sich stets am Verlauf des Wettkampfes orientieren. Der Trainer unterstützt, ermutigt und hilft bei technischen Fragen.

In den Wettkampfpausen bzw. nach dem Wettkampf

Je nachdem, ob der bisherige Wettkampfverlauf als Erfolg oder Misserfolg zu bewerten ist, muss das Coaching des Trainers entsprechend ausgerichtet sein.

Nach erfolgreichem Wettkampfverlauf sollte der Trainer seine Freude durchaus zum Ausdruck bringen, weil es den Schützen stolz macht und sein Selbstwertgefühl stärkt.

Komplizierter gestaltet sich das Trainerverhalten nach Misserfolgen. Hier gilt es grundsätzlich, den Schützen schnellstmöglich für die nächsten Aufgaben wieder aufzubauen. In diesem Zusammenhang kann das folgende Vorgehen hilfreich sein:
- Ursachen für den Misserfolg kurz ansprechen, den Schützen in die Ursachenfindung mit einbeziehen, aber zunächst keine tiefgründige Analyse vornehmen.
- Stärken des Schützen aufgreifen und reale Ziele für die weiteren Wettkampfhandlungen stellen (optimistische Perspektive).
- Ausblick bzw. Konsequenzen für das nachfolgende Training aufzeigen sowie unmittelbare und nachfolgende Trainingsgelegenheiten und Gesprächsmöglichkeiten anbieten.

Beachten Sie: Für den Sportler ist es wichtig, dass der Trainer für ihn – unabhängig vom Trainings- oder Wettkampfergebnis – immer anwesend bzw. erreichbar ist und er stets auf dessen Hilfe und Unterstützung zählen kann.

Methodische Grundsätze

- Der Trainer sollte in jeder Phase ruhig und gelassen bleiben und Zuversicht ausstrahlen. Je nachdem, ob der bisherige Wettkampfverlauf als Erfolg oder Misserfolg zu bewerten ist, muss das Coaching des Trainers entsprechend ausgerichtet sein.
- Bei Misserfolg ist der Schütze schnellstmöglich für die nächsten Aufgaben wieder aufzubauen. Nach erfolgreichem Wettkampfverlauf sollte der Trainer nicht mit Lob geizen und seiner Zufriedenheit und Freude Ausdruck verleihen.
- Der Trainer sollte das Selbstvertrauen des Schützen stärken, indem er immer wieder die Stärken des Schützen hervorhebt.

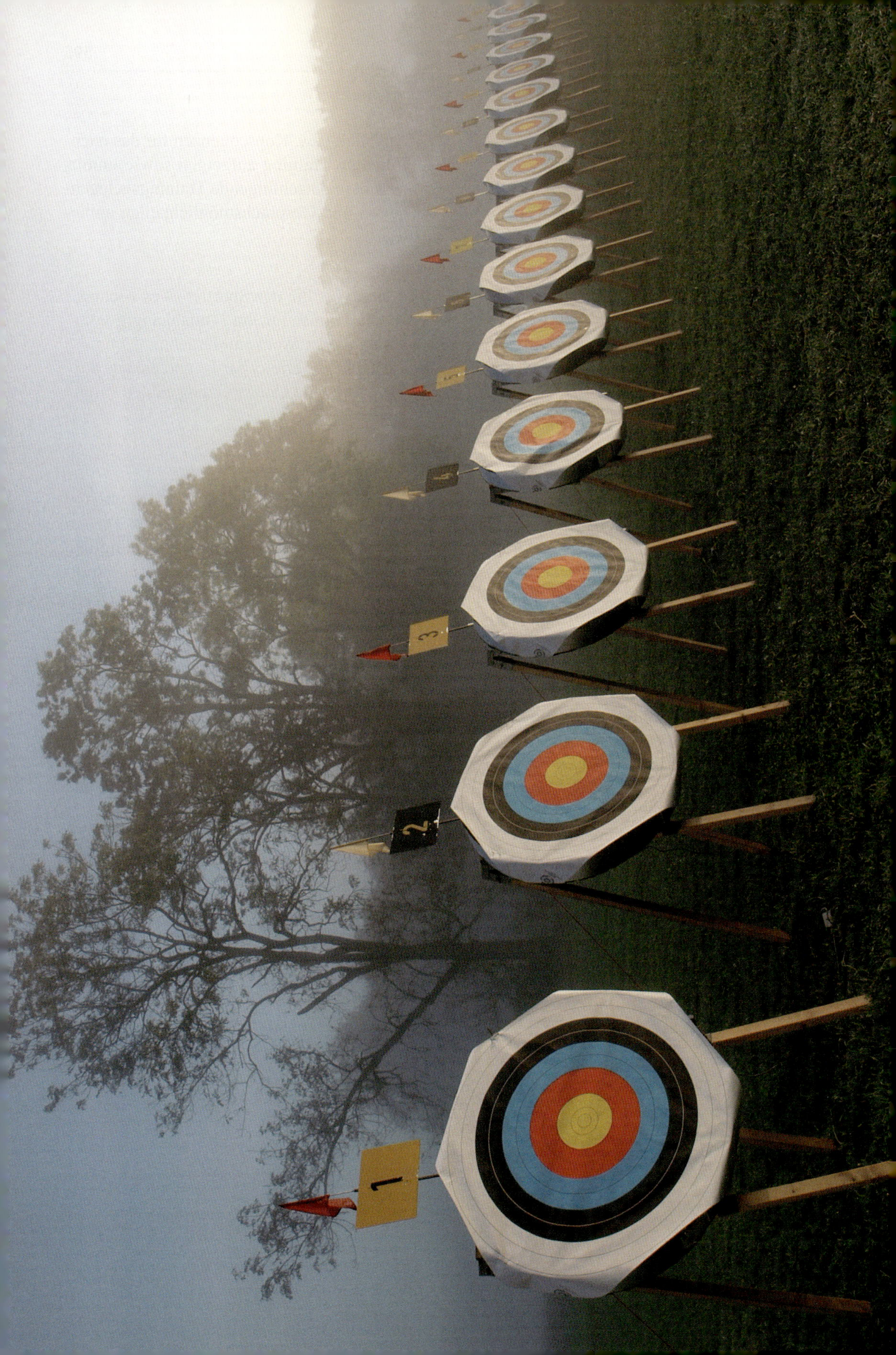
1
2
3
4

14 Trainingslager

Begriffsbestimmung

Drei Monate vor Beginn der Olympischen Spiele werden die koreanischen Spitzenschützen (16 Männer und 16 Frauen) zusammengezogen, um aus diesem definierten Kaderkreis jeweils drei Schützinnen und Schützen für den Saisonhöhepunkt auszuwählen.
Warum werden gerade für Großereignisse »andere spezielle« Trainingsbedingungen geschaffen?

> Unter Trainingslager versteht man einen Abschnitt im Trainingsprozess, in dem es gegenüber dem normalen Training um ein intensiviertes, kompaktes Erarbeiten technischer, taktischer, konditioneller, psychologischer und sozialer Aspekte geht; im Hinblick auf einen bestimmten Wettkampf und/oder auf die bevorstehende Saison in einem Umfeld, das die Motive und Erwartungen von Trainern und Athleten zufrieden stellt (vgl. *Eder* 1987, 6 f.; *Weineck* 2010, 119).

Die Durchführung eines Trainingslagers dient je nach Art und Modalität unterschiedlichen Zielsetzungen. Im Trainingslager sollen möglichst alle für einen Trainingserfolg notwendigen Bedingungsvariablen (z.B. sportmedizinische und sportpsychologische Betreuung, richtige Ernährung, optimale Übungsstätten, günstiges Klima) erfüllt sein.

Das Trainingslager unterscheidet sich von der einzelnen Trainingseinheit (s. S. 145) insbesondere durch konzentriertere und umfassendere Zielsetzungen, wie etwa Einschießen von neuem Material (neuer Bogen) oder Einführung in neue Trainingsmethoden (z.B. in psychologisches Training).

Arten von Trainingslagern

Je nach Zeitpunkt und Zielsetzung unterscheidet man im Bogenschießen verschiedene Arten von Trainingslagern, die in der Folge kurz dargestellt werden (vgl. *Weineck* 2010, 119 f.)

Vor- und nachbereitendes Trainingslager

Bei der psychologischen Beurteilung der Trainingslagersituation unterscheidet man grundsätzlich zwei Lagertypen, das Trainingslager »davor« (vor Saisonbeginn, vor einen wichtigen Wettkampf) und »danach« (nach vollendeter Saison, nach einem Wettkampf; vgl. *Steiner* 1987, in *Eder* 1997, 6). Tab. 137 zeigt psychologische Unterschiede hinsichtlich Situation und Funktion pro- und retrospektiver Trainingslager.

Technik-Taktik-Trainingslager

Im Technik-Taktik-Trainingslager sollte vorwiegend isoliert an der Verbesserung und Stabilisierung schießtechnischer bzw. taktischer Aspekte (z.B. Anhalten, Veränderung des Schießrhythmus) gearbeitet werden, bei stets hoher Ausführungsqualität. Die optimale Dauer beträgt 3–5 Tage.

Athletiktrainingslager

Das Athletiktrainingslager dient der umfassenden allgemeinen und bogenschießspezifischen Ausbildung bzw. Beseitigung individueller Schwachstellen (z.B. Kraftausdauer) sowie muskulärer Dysbalancen. Es bietet sich insbesondere in der Vorbereitungsperiode des Schützen an. Hierbei steht im ersten Teil der Vorbereitungsperiode die Entwicklung der allgemeinen Athletik (vor allem Kraftausdauer und

Prospektiv	Situation/Funktion	Retrospektiv
• Fehlende Einstellung • Fehlender »Biss« • Fehlendes Mannschaftsklima • Vorhandene Fehler, Schwächen • Mangelndes Selbstvertrauen • Unklare Führungsbedingungen • Unklare Zielsetzung	Psychologische Situation	• Trainings- und Wettkampfmüdigkeit • Übersättigung • Ausgeprägte Erfolgs- bzw. Misserfolgslage • Gruppenkonflikte
• »Einschalt«-Funktion • »Planungs«-Funktion • »Mobilisierungs«-Funktion • »Korrektur«-Funktion • »Stabilisierungs«-Funktion	Psychologische Funktion	• »Schlusspunkt«-Funktion • Belohnungsfunktion • Abschaltfunktion • Regenerations-(»Wiederbelebungs-«)Funktion • Entschlackungsfunktion

Tab. 137: Psychologische Charakteristik der Trainingslager »davor« und »danach« (vgl. *Steiner* 1987)

Grundlagenausdauer), im zweiten Teil die spezielle Kraftausdauer (z.B. mit dem Bogen) im Vordergrund.

Teambildungs- bzw. Team-Spirit-Trainingslager

Wenn soziale Komponenten im Vordergrund stehen sollen, beispielsweise bei einer Mannschaft im Umbruch, bei einem Trainerwechsel oder bei der Neubildung einer Mannschaft, kann ein kurzes Trainingslager von Nutzen sein, um sich besser kennen zu lernen.

In der unmittelbaren Vorbereitung auf ein Großereignis (z.B. Welt- und Europameisterschaften, Olympische Spiele) kann ein Trainingslager dieser Art auch dazu genutzt werden, um aus einem definierten Sportlerkreis (z.B. Nationalmannschaft) gezielt eine Vorauswahl der Wettkampfmannschaft zu treffen, weil hier über einen längeren Zeitraum Entwicklungstendenzen der sportlichen Leistungsfähigkeit im interindividuellen Vergleich beurteilt werden können.

Stabilisierungstrainingslager

Ein derartiges Trainingslager kann einem Schützen oder einer Mannschaft zur Formstabilisierung den letzten Schliff geben. Um auf einen wichtigen Wettkampf vorzubereiten, ist es möglich in den Tagen unmittelbar davor ein Trainingslager durchführen, in dem noch einmal die Konzentration der Schützen auf diesen Wettkampf erhöht wird (vgl. *Warm* 2003, 25). Inhalte sind dabei neben der Bekräftigung der Schützen in die eigene Leistungsfähigkeit seitens der Trainer und Psychologen insbesondere die Stabilisierung des Schießrhythmus und ein entsprechendes Mannschaftstraining entsprechend des bevorstehenden Wettkampfes.

Ausgleichstrainingslager

Benötigt der Schütze nach einer langen Belastungsphase (z.B. am Ende der Vorbereitungsperiode) ein Regenerationstraining, dann bietet sich ein Ausgleichstrainingslager mit körperlich und mental ausgleichendem Charakter an. Hierbei sollte bewusst vom normalen Trainingsalltag Abstand genommen werden, in einem Umfeld, das sich klar von der sonstigen Lebens- und Trainingssituation unterscheidet (vgl.

Warm 2003, 26; *Weineck* 2010, 121). Beispiele im Bogenschießen sind verlängerte Sportwochenenden in den Bergen mit ausgedehnten Wanderungen, Hochseilparks, Rafting- oder Kajaktouren etc.

Ziele des Trainingslagers

Grundsätzlich sind die Ziele für den Schützen und den Trainer zu unterscheiden (vgl. *Pahud* 1984, 30; in *Eder* 1997, 7).

Ziele für den Schützen:
- Bessere Trainingsmöglichkeiten (z.B. spezielles Windtraining, Materialabstimmung bzw. Tests)
- Bessere Erholungsmöglichkeiten (z.B. Abstand von Schule und Beruf)
- Wechsel des Trainingsrahmens und der Umgebung
- Erfahrung in der Gemeinschaft
- Annäherung der Wettkampfsituation (in der Vorbereitungsphase) durch homogene Leistungsgruppen

Ziele für den Trainer:
- Beste Möglichkeit, das Verhalten der Schützen im Training und im Alltag zu beobachten
- Gute Gelegenheit des persönlichen Gesprächs mit den Schützen
- Kontrollmöglichkeit spezieller Inhalte (z.B. ausführliche quantitative und qualitative Analyse der Schießtechnik) eines genau geplanten Trainings
- Teambildung

Bedeutung des Trainingslagers

Trainingslager dienen allgemein der unmittelbaren Vorbereitung auf die Saison oder auf nationale und internationale Titelkämpfe. Insbesondere ergeben sich in einem Trainingslager in der Regel eine gesteigerte Lernbereitschaft, die Möglichkeit der vertieften technisch-taktischen und theoretischen Ausbildung sowie eine (willkommene) Abwechslung vom Trainingsalltag.

Gesteigerte Lernbereitschaft: Aus lerntheoretischer Sicht bietet ein Trainingslager insgesamt – oder einzelne besonders attraktive Programmpunkte daraus (z.B. Laser-, Light-oder propriozeptives Koordinationstraining) – einen erhöhten Anreiz für gesteigerte Lernbereitschaft und damit für besondere Lernerfolge. Von besonderer Bedeutung sind dabei neben dem psychosozialen Umfeld das Engagement und die Qualifikation (fachliche Kompetenz) sowie die Art der Vermittlung bogenschießspezifischer Inhalte (z.B. Medieneinsatz) durch den Trainer. Eine Rolle spielen ferner das Lernklima (z.B. angenehmes Trainingsgelände, anregender Feldparcours) und die Motivation der Teilnehmer (s. S. 249 und 510). Insbesondere beschleunigt gerade die Motivation – als der beste Lernverstärker – den Lernprozess dahingehend, dass alle am Lernprozess beteiligten Systeme durch die erhöhte Aufmerksamkeit und Lernbereitschaft schärfer auf die Wahrnehmungs-, Entscheidungs- und Ausführungsmechanismen (hohe Qualität des Schießablaufs) eingestellt werden (vgl. *Hotz* u. *Weineck* 1988, 43).

Vertiefte technisch-taktische sowie theoretische Ausbildungsblöcke: Als besondere Zielsetzung können in einem Trainingslager vertiefte technisch-taktische (z. B. Parametertraining) sowie theoretische Ausbildungsblöcke (z.B. Materialkunde oder Ernährung, s. S. 613 ff.) eingeplant werden, da allein schon die zur Verfügung stehende Zeitdauer und die Variationsbreite der Programmgestaltung hierfür einen viel größeren Spielraum zulassen, als es in den einzelnen Trainingseinheiten der Fall ist.

Abwechslung vom Alltag(straining): Schließlich wirken die Abwechslung vom Alltag(straining) und ein ausgewogenes Rahmen- und Freizeitprogramm zusätzlich stimulierend. Der momentane Ausstieg aus der Alltagsumgebung, der vorübergehende Abschied von den täglichen Belastungen, die Auflockerung von Routine und Monotonie sowie das Training in störungsfreier Umgebung sind psychologische Merkmale des Trainingslagers unter dem kompensatorischen Gesichtspunkt.

Planung und Durchführung eines Trainingslagers

Alle organisatorischen, methodischen und psychologischen Maßnahmen hängen von der Zielsetzung des Trainingslagers ab. Diese Forderung verlangt eine zielorientierte Anpassungsfähigkeit, Originalität und Kreativität in der Planung und Durchführung von Trainingslagern, gemäß *Kappelers* These, wonach man niemals am gleichen Ort Gleiches mit Gleichem wiederholen soll (d.h. Trainingslager an unterschiedlichen Orten bei unterschiedlichen Bedingungen, Inhalten etc.).

Psychologische Aspekte

Psychologisch sinnvoll sind Trainingslager nur dann, wenn bestimmte Bedingungen Berücksichtigung finden:
- Wo passt das Trainingslager in die Saisonplanung hinein?
- Welchen Stellenwert hat es im Jahresablauf?
- Sind die leistungsbezogenen Ziele des Trainingslagers in einen Komplex von Zielen übergeordneter Natur (z.B. Langzeitziele) einzuordnen?
- Welche speziellen Anforderungen stellen sich an den Trainingsort (z.B. Windtraining)?
- Welche spezifischen Bedingungen ergeben sich im Trainingslager (z.B. soziale Beziehungen der Teilnehmer untereinander)?
- Ist eine Abstimmung mit den persönlichen Bedingungen der Schützen (z.B. Schule, Beruf) möglich?

Organisatorische Aspekte

Um ein Trainingslager in organisatorischer Hinsicht optimal vorzubereiten, hat sich folgender Planungsverlauf als günstig erwiesen (vgl. *Kappeler* 1987; *Weineck* 2010, 122): Grobplanung, Detailplanung, Phase der Durchführung (Lagerleben) und Phase des Abschlusses inklusive Auswertung.

Grobplanung
Inhalte der Vorbereitungsphase im Rahmen der Grobplanung sind:
- Ziele für das Trainingslager festlegen (z.B. Teambildung, Wettkampfvorbereitung)
- Zeitpunkt, Dauer, Ort, Leitung, Teilnehmer festlegen
- Notwendige bzw. wünschenswerte Infrastruktur festlegen
- Ideen für Rahmenprogramm sammeln

Detailplanung
Inhalte der Vorbereitungsphase im Rahmen der Detailplanung sind:
- Ausrüstungslisten erstellen (Bogen- und Schießausrüstung)
- Material für Training, Theorie, Freizeit etc. festlegen
- Arzt-, Physiotherapie-, Massagedienst organisieren (medizinische Ratschläge einholen)
- Budget erstellen
- Ernährung, Zusatzernährung abklären
- Gepäck- und Materialtransport organisieren
- Unterhaltungsvarianten studieren (z.B. Kino, Disco, eigene Filme, Ausflüge, Besichtigungen)
- Trainingsmöglichkeiten begutachten (z.B. Schießplatz bzw. -halle, Raum für ergänzende Aktivitäten, Hallenbad, Freibad, Kraftraum, Gelände)
- Unterkunft beurteilen (z.B. Zimmergröße, sanitäre Einrichtungen, Theoriezimmer, Seminarraum, Anschlagbretter)
- Ausschreibung, eventuell Vororientierung verfassen; diese sollte enthalten: Veranstaltung, Land, Ort, Datum, Reisedaten, Reiseroute, Ort und Zeitpunkt des Treffpunktes,

Transportmittel, Fahr- und Flugscheine, Pässe, Durchreise- und Einreisevisa, Impfbestimmungen, Unterkunft, Adresse (wo erreichbar), Gewichtslimit für Gepäck, Zollbestimmungen, Devisenbestimmungen, Material, Materialtransport, Ausrüstung, Versicherungsfragen, finanzieller Beitrag oder Kosten, Orientierung über spezielle lokale Verhältnisse wie Wetter, Temperaturen, Luftbeschaffenheit (Regenschutz, Sonnenschutz, Hüte, Insektenmittel etc.)
- Verträge (Mieten etc.) abschließen

Lagerleben
Inhalte der Phase des Trainingslagers sind:
- Lagereinstieg vorbereiten (z.B. Vorstellung der Betreuer, Teilnehmer, Zimmereinteilung, Anschlagbrett)
- Regeln und Zeiten für Teamsitzungen festlegen
- Organisatorische Maßnahmen treffen bezüglich Tagesablauf, Trainingsbetrieb, Freizeitorganisation, Arztdienst, Materialwartung, Ernährung, Hausordnung, Postdienst, Aussprachen, Teamsitzungen
- Detailprogramme vorbereiten: Vorbereitung von speziellen Praxis- und Theorieeinheiten, Überraschungsgast, Spitzentrainer als Gastreferent bzw. Trainingsbegleiter
- Organisation eines Trainings an einem anderen Ort (z.B. Verein)
- Einplanung eines Ruhetags
- Durchführung eines Lehrfilmabends mithilfe mitgebrachter Videos/DVDs (z.B. Länderkämpfe, WM, EM, Olympische Spiele)
- Vorbereitung von biomechanischen Tests, Testbesprechung, Tagesauswertung, Optimierungsvorschläge, »Kummerkasten«, Aussprachen
- Tagesauswertungen vornehmen

Lagerabschluss und Auswertung
Inhalte der Phase des Lagerabschlusses und der Auswertung sind:
- Eventuell Schlussveranstaltung organisieren
- Aus Tagesauswertungen und Zwischenbilanzen Schlussbilanz erstellen
- Inhaltliche Auswertung vornehmen (kritische Beleuchtung hinsichtlich Zielsetzung, Vorbereitung, Kosten, Ort und Infrastruktur, Reise, Programm, Freizeit)
- Administrativen Abschluss erstellen (z.B. Kurzbericht, Abrechnung)

Sonstiges
Zu den Aufgaben, die im Vorfeld der Planung eines Trainingslagers zu erledigen sind, gehören auch turnusmäßige Zusammenkünfte aller Teilnehmer und die Gewährleistung optimaler Rahmenbedingungen. Bereits im Voraus sollte bekannt sein, welche Freizeitmöglichkeiten in unmittelbarer Nähe des Unterbringungsortes zur Verfügung stehen. Dabei sollten Hinweise zum Aufenthaltsraum (z.B. Fernseher, Karten- und Brettspiele), zur Möglichkeit der Ausübung anderer Sportarten (z.B. Tischtennis, Schwimmen, Crosslauf) sowie zur Existenz zusätzlicher Räumlichkeiten zur Entspannung (z.B. Fitnessraum, Sauna) gegeben werden.

Weiter gilt: Je wichtiger die sportlichen Inhalte sind (z.B. bei der Vorbereitung auf einen internationalen Wettkampf), desto mehr Wert sollte auf die Auswahl der Übernachtungs- und Verpflegungsmöglichkeiten gelegt werden.

Beachten Sie: Eine Trainingslagerauswertung ist nicht nur Angelegenheit der Lagerleitung; auch die Teilnehmer sollten die Möglichkeit haben, ihre Beurteilung abzugeben, damit die Athletenmeinungen für die Planung künftiger Lager miteinbezogen werden können. Täglich erstellte Verlaufsprotokolle aus Trainer- bzw. Athletensicht können wertvolle Hinweise für die Gestaltung zukünftiger Trainingslager geben.

Methodisch-didaktische Aspekte

Unter methodisch-diktatischen Gesichtspunkten sind in einem Trainingslager insbesondere der Zeitpunkt bzw. die Dauer, die Teilnehmer, der Ort, die Leitung und das Programm zu berücksichtigen (vgl. *Kappeler* 1984, in *Eder* 1987, 60 ff.; *Weineck* 2010, 119 ff.).

Zeitpunkt

Zeitpunkt und Dauer des Trainingslagers differieren je nach Niveau der Schützen und Rahmenbedingungen (z.B. Budget) mitunter deutlich und erschweren daher allgemeingültige Aussagen. Je nach Art und Zielsetzung findet das Trainingslager zu einem unterschiedlichen Zeitpunkt statt (vgl. *Weineck* 2010, 121).

- *Vorbereitungsperiode:* Ziel ist die Schaffung allgemeiner konditioneller oder technisch-koordinativer Grundlagen. Beispiel: Für den Aufbau der Grundlagenausdauer wird im Bogenschießen oft die Vorbereitungsperiode 1 benutzt; für die Entwicklung der spezifischen Ausdauer (z.B. Kraftausdauer mit dem Wettkampfbogen) kommt vor allem die Vorbereitungsperiode 2 infrage.
- *Unmittelbare Wettkampfvorbereitung:* Ein Trainingslager kann auch der unmittelbaren Wettkampfvorbereitung (z.B. Einstimmung auf den Wettkampf, Teamspiritbildung) dienen.
- *Übergangsperiode:* Trainingslager in dieser Phase dienen meist der Regeneration und Wiederherstellung einer optimalen Leistungsbereitschaft.

Tab. 138 gibt einen Überblick über den Zeitpunkt verschiedener Trainingslager und deren Bedeutung im Saisonverlauf (vgl. *Kappeler* 1984, in *Eder* 1987, 62 ff.; *Weineck* 2010, 121).

Dauer

Allgemein unterscheidet man bezüglich der Zeitdauer den Zusammenzug (1–2 Tage), das kurze (3–7 Tage), das mittlere (8–14 Tage) und das lange Trainingslager (15–30 Tage). Bei Zeiträumen, die 1–6 Monate dauern, spricht man nicht mehr von einem Trainingslager, sondern von einem Trainingsaufenthalt (vgl. *Eder* 1987, 6 und 61; *Weineck* 2010, 122).

> Von besonderer Bedeutung sind im Bogenschießen die Wochenendzusammenzüge von 2 oder 3 Tagen. Dabei ist allerdings zu berücksichtigen, dass Kosten und Nutzen genau abzuwägen sowie eine anschließend erforderliche Erholungszeit bzw. eine geregelte Trainingsfortsetzung und die individuelle Planung der Vereinstrainer/Heimtrainer zu gewährleisten sind. Heimtrainer sollten daher wann immer möglich in die Lehrgänge einbezogen werden.

Eine Zusammenfassung über die Dauer verschiedener Trainingslager und deren Bedeutung im Saisonverlauf gibt Tab. 139 (vgl. *Kappeler* 1984, in *Eder* 1987, 62 ff.; *Weineck* 2010, 125).

Teilnehmer

»Früher hatte ein Trainer vier Sportler, heute hat ein Sportler vier Trainer« (A. Pusch, mehrfacher deutscher Olympiasieger und Fechtweltmeister, Bundestrainer der Degenfechter).

Schützen, Trainer und Betreuer, Ärzte, Masseure, Physiotherapeuten und Funktionäre stellen das primäre Teilnehmerfeld für ein Trainingslager. Ob zusätzlich Nachwuchstalente, Freunde/Freundinnen, Ehefrauen/ Ehemänner in den Teilnehmerkreis aufgenommen werden sollen und ob die Teilnahme obligatorisch oder freiwillig ist, hängt von der Gesamtzahl, der Dauer, der Zielsetzung und dem Zeitpunkt des Trainingslagers ab (vgl. *Weineck* 2010, 122):

- *Teilnehmerzahl:* Sie muss in einer günstigen Relation zu Trainern, Betreuern und medizinisch-physiotherapeutischen Begleitern stehen, so dass ein individuell intensiviertes Training bzw. die Durchführung wirksamer Regenerationsmaßnahmen für alle Athleten möglich ist.

Zeitpunkt	Positiv	Negativ	Abhängig von
Beginn der Vorbereitungsperiode	• Konzentrierter Beginn • Motivation • Formstandtest möglich	• Überforderung • Verletzungsrisiko • Noch fehlende Adaption	• Zielsetzung der Teilnehmer • Impulswirksamkeit der Leitung
Während der Vorbereitungsperiode	• Fehlerkorrektur • Belastungsspitze und Erholung • »Zusammenhängende« Arbeit	• Verlassen des gewohnten Rhythmus • Überschneidungen mit der individuellen Planung	• Zielsetzung der Leitung • Taktische und technische Zielsetzung
Ende der Vorbereitungsperiode	• Übergang von allgemeiner zu spezieller Vorbereitung • Taktik und Technik auf hohem Niveau	• Überforderung • Verletzungsrisiko • Starke Formbeeinflussung	Zielsetzung
Während der Wettkampfperiode	• Form- und Fehlerkorrekturen • Regeneration möglich	Nur noch kleine Änderungen (z.B. in der Schießtechnik) möglich	• Zielsetzung der Teilnehmer • Bedeutung des Saisonziels
In der unmittelbaren Wetttkampfperiode	• Konzentration der Kräfte • Formfindung • Optimale Infrastruktur	• Überbewertung des Saisonziels • Psychische Ermüdung	• Zielsetzung der Teilnehmer • Philosophie der Leitung (Verband)

Tab. 138: Zeitpunkt verschiedener Trainingslager und deren Bedeutung im Saisonverlauf

- *Teilnehmerzusammensetzung:* Prinzipiell scheint eine leistungshomogene Zusammensetzung für ein effektives Trainingslager wünschenswert. Insbesondere in der Saisonvorbereitung ist es allerdings denkbar, auch perspektivische Nachwuchssportler einzubinden, insbesondere dann, wenn die sportliche Leistung überbewertet wird und die Nachwuchsschützen von den Spitzenleuten lernen und profitieren sollen (fließende Ablösung der Spitze).
- *Begleitpersonen*: Vor allem bei langen Trainingslagern können auch die Lebensgefährten einbezogen werden, damit kein Lagerkoller aufkommt, alle Teilnehmer ein ausgeglichenes Gefühlsleben haben und die Begleitung in das Sportlerleben integriert wird.
- *Teilnahme:* Die Teilnahme im Spitzenbereich sollte obligatorisch sein, weil dadurch das Mannschaftsgefühl gestärkt wird und sich alle Beteiligten an den Leistungsdruck gewöhnen können.

Dauer	Positiv	Negativ	Abhängig von
Wochenendzusammenzug	• Abwechslung • Kontrollen Formstand/Leistungsfähigkeit möglich	• Keine Dauerwirksamkeit • Keine Belastungsdynamik möglich	• Traditionellen Arbeitsvorstellungen • Verfügbarkeit der Teilnehmer
Verlängertes Wochenende	• Schwergewichtung möglich • Impulswirkung	• Keine Belastungsdynamik • Keine Dauerwirksamkeit	Verfügbarkeit der Teilnehmer
Kurze Trainingslager (5–7 Tage)	• Automatismen im taktischen Bereich möglich • Technische Korrekturen	• Anteil der Adaptionszeit zu berücksichtigen • Überforderung	• Verfügbarkeit der Teilnehmer • Zielsetzung der Teilnehmer/ Leitung
Mittlere Trainingslager (8–14 Tage)	• Automatismen im taktischen und technischen Bereich • Dauerwirksamkeit • Schwergewichtung	• Psychische Ermüdung • Überbeanspruchung des Bewegungsapparats	Wettkampfkalender
Lange Trainingslager (15–30 Tage)	• Siehe 8–14 Tage • Langfristiger Aufbau	• Lagerkoller • Fehlende Privatsphäre	• Verfügbarkeit der Teilnehmer • Zielsetzung • Unterhaltungsangebot
Trainingsaufenthalt (1–6 Monate)	• Kräftekonzentration • Leistungsgrenze erreichbar	• »Heimweh« • Teilweise Entwurzelung im sozialen Bereich	• Psyche der Teilnehmer • Infrastruktur des Ortes

Tab. 139: Dauer verschiedener Trainingslager und deren Bedeutung im Saisonverlauf

Tab. 140 zeigt Auswirkungen und Abhängigkeiten der Teilnehmerzahl in einem Trainingslager auf (vgl. *Kappeler* 1984, in *Eder* 1987, 68 ff.; *Weineck* 2010, 122).

Ortswahl

Die Wahl des Ortes ist durch die Zielsetzung des Lagers mitbestimmt und dadurch eingeschränkt. Spitzenschützen wollen häufig zu Hause trainieren, weil sie ohnehin viel unterwegs sind, zu Hause das ideale Trainingsumfeld vorfinden, keine unproduktive Reisezeit aufgewendet werden muss und es keine Umstellungsprobleme gibt.

Auswahlkriterien können sein: klimatisch günstige Bedingungen (Schön-Wetter-Länder), Höhen- oder Strandlage (für Feld- oder Windtraining), spezielle Trainingsanlagen (geeignete

Teilnehmer	Positiv	Negativ	Abhängig von
Kleine Gruppe (2–5)	• Großer Einfluss des Trainers • Optimale Betreuung	• Wenig Handlungstransfer • Geringe Sozialisierung	• Zielsetzung der Leitung bzw. des Sportlers
Mittlere Gruppe (6–15)	• Handlungstransfer • Soziale Anpassung • Unterschiedliches sportliches Niveau	• Problematischer Medieneinsatz • Koordinationsnotwendigkeit	Zielsetzung des Organisators
Nur Spitzenschützen	• Einfache Programmgestaltung • Ausgeglichenes Niveau • Erfolgsmotivierte Teilnehmer	• Kastenbildung • Realitätsverlust	Zielsetzung des Organisators
Spitze und Nachwuchs	• Handlungstransfer • Erfahrungsaustausch • Integration Jüngerer	• Komplexere Realisierung • Nachwuchs überspringt Entwicklungsphasen	• Zielsetzung der Leitung • Moralische Qualität der Spitze
Spitze und Breite	• Leistungsstand ersichtlich • Handlungstransfer • Sozialisierung	• Unterschiedliche Programme • Medieneinsatz aufwendiger	Zielsetzung des Organisators
Teilnehmer in Begleitung	• Kaum Lagerkoller • Gesellschaftsnormative Situation	• Gruppendynamik schwieriger • Kürzere Erholungsphasen	• Einstellung des Organisators • Persönlichkeitsstruktur der Teilnehmer
Freiwillige Teilnahme	• Positive Grundstimmung • Leistungsbereitschaft	Spannungen zu nicht teilnehmenden Mannschaftskollegen	Einstellung des Organisators
Obligatorische Teilnahme	• Garantierte Mindesttrainingsleistungen • Komplette Mannschaft	• Grundstimmung kritischer • Erfolgsgarantie liegt bei Leitung	Einstellung des Organisators

Tab. 140: Auswirkungen und Abhängigkeiten der Teilnehmerzahl in einem Trainingslager

Schießplätze, Hallenanlagen, Strand für Lauftraining, Windtraining oder Entspannung, Kraftraum, Schwimmhalle, Wanderwege), optimale Infrastruktur, Abwechslung, Erholung nach einer harten Saison oder finanzielle Überlegungen bzw. eine Kombination aus mehreren dieser Faktoren (Tab. 141; vgl. *Kappeler* 1984, in *Eder* 1987, 73 ff.; *Weineck* 2010, 123).

Ein Trainingslager kann jedoch auch als klimatische Anpassung auf Wettkämpfe in analogen Gegenden dienen. Hierzu ist es notwendig, vorweg Informationen einzuholen über Niederschlagsmengen, durchschnittliche Tageswärme, Differenz zwischen Tages- und Nachttemperaturen, Sonnenaufgang und -untergang, Luftfeuchtigkeit, landesübliche Ernährungsgewohnheiten, hygienische Bedingungen und Präventivmaßnahmen gegen Infektionskrankheiten.

Bezüglich der Zeitverschiebungen kann als Faustregel gelten: Pro 2 Stunden Zeitdifferenz muss eine Anpassung von einem Tag eingeplant werden (vgl. *Eder* 1987, 31)

Leitung

Die Haupttrainer und wichtigsten Betreuer (Kotrainer, Psychologe, Physiotherapeut) bilden die Leitungsbasis, während Verbandsfunktionäre, Spezialisten (z.B. Ernährungsberater, Konditions- oder Koordinationstrainer) allenfalls nur für bestimmte Ausbildungsblöcke oder tageweise eingesetzt werden sollen. Jedoch ist zu beachten, dass der persönliche Trainer des Schützen in die Gestaltung des Trainingslagers (insbesondere bei der Belastung seines Schützlings) einbezogen werden sollte, weil nur damit die Arbeitskontinuität gewährleistet ist, das Vertrauensverhältnis Schütze/Trainer gestärkt, der Heimtrainer nicht demotiviert und eine optimale Belastung des Schützen erreicht wird (vgl. *Weineck* 2010, 123).

Tab. 142 gibt einen Überblick über Auswirkungen und Abhängigkeiten der Leitung eines Trainingslagers (vgl. *Kappeler* 1984 in *Eder* 1987, 78ff.; *Weineck* 2010, 123).

Programmgestaltung

Das *Grobprogramm* sollte vor Beginn des Trainingslagers vorliegen. Es regelt die Essenszeiten, die Trainingsblöcke, die Erholungsmaßnahmen, die Freizeit und den Zeitpunkt der

Ort	Positiv	Negativ	Abhängig von
Im Inland	• Bekannte klimatische Struktur • Optimale ärztliche Versorgung	• Teuer • Rückkehr nach Hause jederzeit möglich	• Organisationsaufwand • Zielsetzung des Organisators
Im Ausland	• Förderliche klimatische Bedingungen • »Ferienstimmung« • Erlebniswert	• Höhere Reisezeit und -kosten • Sprachbarrieren • Hygiene eventuell unzureichend	• Organisationsaufwand • Zielsetzung des Organisators
Zu Hause (am Wohnort)	• Vertraute Umwelt • Kleine Akklimatisierung/Aufwand	• Wenig Erlebniswert • Alltagsstimmung	• Organisationsaufwand • Trainingsvoraussetzungen am Wohnort

Tab. 141: Auswirkungen und Abhängigkeiten der Ortswahl eines Trainingslagers

Teamsitzungen. Es erlaubt den Teilnehmern eine generelle Übersicht und ermöglicht einen prinzipiellen Konsens bzw. eine Identifikation mit dem Programm.

Das *Detailprogramm* gibt an, was in den einzelnen Trainingseinheiten bzw. -blöcken im Einzelnen zu erwarten ist und mit welchen Umfängen bzw. Intensitäten trainiert wird (z.B. Techniktraining zwischen 80 und 100 Pfeilen auf 5 Meter ohne Auflage, sowie auf eine Wettkampfentfernung mit Zielstreifen). Es sollte zwar ebenfalls vorweg vorgelegt, aber nicht zu rigide gehandhabt werden und die Möglichkeit beinhalten, Änderungsnotwendigkeiten zu berücksichtigen, die sich innerhalb des Trainingsverlaufs ergeben. Basierend auf dem Rahmenprogramm sollte das Detailprogramm daher in den täglichen Mannschaftsbesprechungen erörtert werden.

Das Detailprogramm sollte ferner Auskunft über eventuell durchgeführte Tests (z.B. Kraftausdauertest, Maximalkrafttest) bzw. Erfolgskontrollen (Leistungskontrollen) und deren Beurteilungskriterien geben. Des Weiteren sollten Sonderveranstaltungen (z.B. Ausflüge in den Hochseilgarten, Besuch eines Sportereignisses) oder theoretische Ausbildungsblöcke mit trainings- oder bewegungswissenschaftlichen Inhalten vorweg bekannt gegeben werden. Die theoretische Ausbildung sollte einen für die Schützen im Rahmen des Trainingslagers verträglichen Umfang nicht überschreiten, aber dennoch zur Förderung des Verständnisses für grundlegende oder aktuelle Fragestellungen (z.B. Regel- und Materialkunde, Ernährung, Schießtechnik) beitragen, um die Akzeptanz der Teilnehmer hinsichtlich der eingesetzten Trainingsmaßnahmen zu verbessern und langfristig die Möglichkeit zu erhalten, im Trainingsbereich mitzuplanen bzw. selbständig zu arbeiten (Tab. 143; vgl. *Kappeler* 1984, in *Eder* 1987, 73 ff.; *Weineck* 2010, 124).

Leitung	Positiv	Negativ	Abhängig von
Bundestrainer (Organisator/ Trainer/ Betreuer)	• Hohe Einflussnahme (internationale Einsätze) • Fremdbeurteilung • Zusammenführung von Kollektiven	• Koordinationsschwierigkeiten zwischen Trainern • Bruch/ Arbeitskontinuität	• Organisationsform des Verbandes • Zielsetzung
Vereinstrainer/ persönlicher Trainer	• Arbeitskontinuität • Eindeutige Verantwortlichkeit • Trainermotivation	• Keine Fremdbeurteilung • Keine spezifische Vorbereitung (internationale Einsätze)	• Angebot des Vereins • Zielsetzung
Fachtrainer (z.B. Konditions- bzw. Koordinationstrainer)	• Hoher Animationswert • Optimale Arbeit • Arbeitsteilung	• Mehrere Bezugspersonen • Unklare Verantwortlichkeiten	• Organisationstraditionen • Fachwissen des Trainers
Trainerassistent	• Kontinuierliche Trainerausbildung/ -ablösung • Abwechslung	• Siehe Fachtrainer	• Organisationstraditionen • Persönlichkeit der Trainer

Tab. 142: Auswirkungen und Abhängigkeiten der Leitung eines Trainingslagers

Programm	Positiv	Negativ	Abhängig von
Grobprogramm (vor Beginn bekannt)	• Änderungen möglich • Erlaubt Übersicht • Wenig Vorurteile	• Zeitaufwendige Detailplanung noch nötig • Belastungen nicht berechenbar	• Arbeitsweise des Trainers • Konzentrationsfähigkeit des Trainers
Detailprogramm (vor Beginn bekannt)	• Umfang/ Intensität genau geplant • »Zwingende« Wirkung	• Schränkt Spontaneität ein • Kann »stur« wirken	• Arbeitsweise des Trainers • Anzahl der Teilnehmer
Detaillierte Zielsetzungen (vor Beginn bekannt)	• Zielorientierte Arbeit • Erfolgserlebnisse/-kontrollen • Klare Beurteilungskriterien	• Leistungszwang • Verkrampfte Arbeit	Arbeitsweise des Trainers
Ausflüge/ Besichtigungen	• Erlebniswert • Sozialisierungsforum	• Ermüdung • Unkosten • Interessenkonflikte	Organisationsaufwand
Theoretische Ausbildung	• Fördert Mitdenken • Liefert Begründungen	Zeitliche Beanspruchung der Teilnehmer	Organisationsaufwand
Psychologische Vorbereitung	• Wettkampfstabilität • Fördert Selbstbeeinflussung	• Eventuell Betroffenheit • Spontaneitätseinbuße	Organisationsaufwand
Programmtreue	• Fördert konsequentere Handlungsweise • Arbeit zielorientiert	• Verkrampfung • Unter- bzw. Überforderung	Einstellung des Trainers

Tab. 143: Auswirkungen und Abhängigkeiten eines Trainingslagerprogrammes

Trainingslager mit Jugendlichen

Trainingslager bzw. Trainingscamps von Jugendlichen weisen im Vergleich zu denen von Erwachsenen eine Reihe altersspezifischer Besonderheiten auf. Dazu gehört unter anderem (vgl. *Weineck* 2010, 130):
- Erstellung von Checklisten: Liste aller für den Jugendlichen notwendigen Dinge (z.B. Sport- und Regenkleidung, Schießausrüstung).
- Freistellung vom Unterricht: Fragebogen über die Unterrichtsschwerpunkte der betreffenden Woche.
- Jugendadäquate Unterbringung: Eventuell genügt Unterbringung in Zelten im Rahmen eines Abenteuertrainingslagers beim Jagd- und Feldbogenschießen
- Spaß am Sport berücksichtigen: Einbeziehung interaktiver und sozialer Aspekte (z.B. Doppelzimmer nach Wahl).

- Optimalen Zeitpunkt wählen: Phasen weniger Wettkämpfe bzw. in den Ferien (z.B. Osterferien) zu einer gezielten Technikschulung.
- Freiräume lassen: Trotz klarer Zielrichtung des Trainingslagers sollten regelmäßige ungebundene Zeiten für die Teilnehmer zur Verfügung stehen, die auch die Möglichkeit beinhalten, sich zurückziehen zu können.
- Wünsche nach zunehmender Beteiligung und Selbstbestimmung berücksichtigen: Möglichkeiten geben, Wünsche zur Gestaltung einzubringen.
- Keine Belastungssprünge: Im Vordergrund sollte vor allem ein qualitativ hochwertiges Training stehen (vgl. *Oltmann* 2004, 5).

Probleme und Risiken

Übertraining und Erholungsdefizite

> Übertraining meint eine Überforderung als Summe übermäßiger Reize (vgl. *Weineck* 2010, 133).

Allgemein unterscheidet man zwischen einem sympathikotonen und einem parasympathikotonen Übertraining und meint damit eine Überbeanspruchung, die sich entweder in einer erhöhten Reizbarkeit oder einer meist unterschwelligen Lethargie äußert.

Durch die erhöhten Belastungsreize besteht in einem Trainingslager grundsätzlich die Gefahr des Übertrainings und damit eine verminderte Leistungsfähigkeit durch eine Einschränkung der Wahrnehmung und verschlechterte Aufnahme von Informationen – sowohl qualitativ (z.B. Schießtechnik) als auch quantitativ (z.B. schlechtere Resultate). Ursachen des Übertrainings sind häufig:

- Zu schnelle Steigerung der Trainingsquantität (zu hohe Schusszahlen) bzw. -intensität (z.B. zu hohes Zug- bzw. Eigengewicht des Bogens)
- Zu starke Einseitigkeit der Trainingsmethoden und -inhalte (z.B. ausschließlich Techniktraining)
- Leistungsdruck und Wettkampfmassierung mit unzureichenden Erholungsintervallen

> In einem Trainingslager ist der Erholungszeit zwischen den einzelnen Trainingseinheiten genügend Beachtung zu schenken, weil gerade im Sinne eines Trainingsblocks erhöhte psychophysische Belastungen auftreten, die ihrerseits durch die muskuläre Ermüdung zu einer Verschlechterung der sportlichen Leistung (z.B. Einschränkung der Wahrnehmung und Aufnahme von Informationen) führen. Je schneller eine vollständige Erholung und Wiederherstellung erreicht werden kann, desto mehr Trainingseinheiten lassen sich innerhalb eines Trainingslagers einplanen.

Als bewährte *aktive* Erholungsmöglichkeiten gelten im Bogenschießen ein lockeres Ausschießen (auf die leere Scheibe), Auslaufen, Spaziergänge, Radfahren mit geringer Geschwindigkeit, Gymnastik mit Dehn- und Entspannungsübungen oder kleine Spiele.

Zu den *passiven* Wiederherstellungsmaßnahmen zählen Sauna, Whirlpool, physiotherapeutische Maßnahmen und Massage sowie ausreichend (Nacht-)Schlaf und Entspannung (z.B. Musik hören).

Lagerkoller

> Unter Lagerkoller versteht man das Ansteigen der Grundspannung eines einzelnen Schützen oder mehrerer Mannschaftsmitgliedern bis zum Ausbruch unterschwelliger Aggressivität (vgl. *Eder* 1987, 44).

Beim Auftreten von Lagerkoller-Symptomen empfiehlt es sich, als Trainer nicht reaktiv und emotional zu reagieren, sondern die Angelegenheit sich zunächst ausleben zu lassen, Distanz zum Ereignis zu gewinnen und dann das

Gespräch zu suchen, um das Geschehen aufzuarbeiten.
Ein abwechslungsreiches, ablenkendes (Rahmen-)Programm kann helfen, Lagerkoller zu verhindern bzw. rascher zu bewältigen.

Ernährungsprobleme

Ernährungsprobleme (z.B. Appetitlosigkeit) treten in einem Trainingslager gerade deshalb auf, weil es neben der klimatischen Umstellung häufig parallel zu psychischen Problemen, wie dem oben genannten Lagerkoller (insbesondere bei länger andauernden Lagern), kommen kann. Die entsprechenden Maßnahmen sind im Kapitel »Ernährung« (s. S. 613 ff.) näher erläutert.

Frühform

Durch den Einsatz zu wettkampfspezifischer Trainingsinhalte und -intensitäten kann es in einem Trainingslager der Vorbereitungsperiode mittelfristig zur Ausbildung einer nicht erwünschten Frühform und zu einer unzureichenden konditionellen Basis für den Rest der Saison kommen. Es ist daher besonders wichtig, die Trainingsmethoden- und -inhalte des Trainingslagers unter Berücksichtigung individueller Belastungs- und Erholungsphasen auf den Schützen bzw. den Zeitpunkt des Hauptwettkampfes abzustimmen.

Bedeutung von Kontroll- und Testverfahren

Als Kontrollverfahren und Tests dienen allgemein die dargestellten Möglichkeiten in den einzelnen Kapiteln. Die Tests, die bezüglich Trainingslager Auskunft geben sollen, müssen so angelegt sein, dass sie schwergewichtig auf die Belastungsverträglichkeit einerseits sowie die Trainingsmethoden und -inhalte andererseits Antwort geben (vgl. *Eder* 1985, 24). Zu beachten ist, dass ein Trainingslager hierfür in der Regel zu kurz ist und sich die Anpassungserscheinungen eher im mittel- und längerfristigen Trainingsprozess äußern.

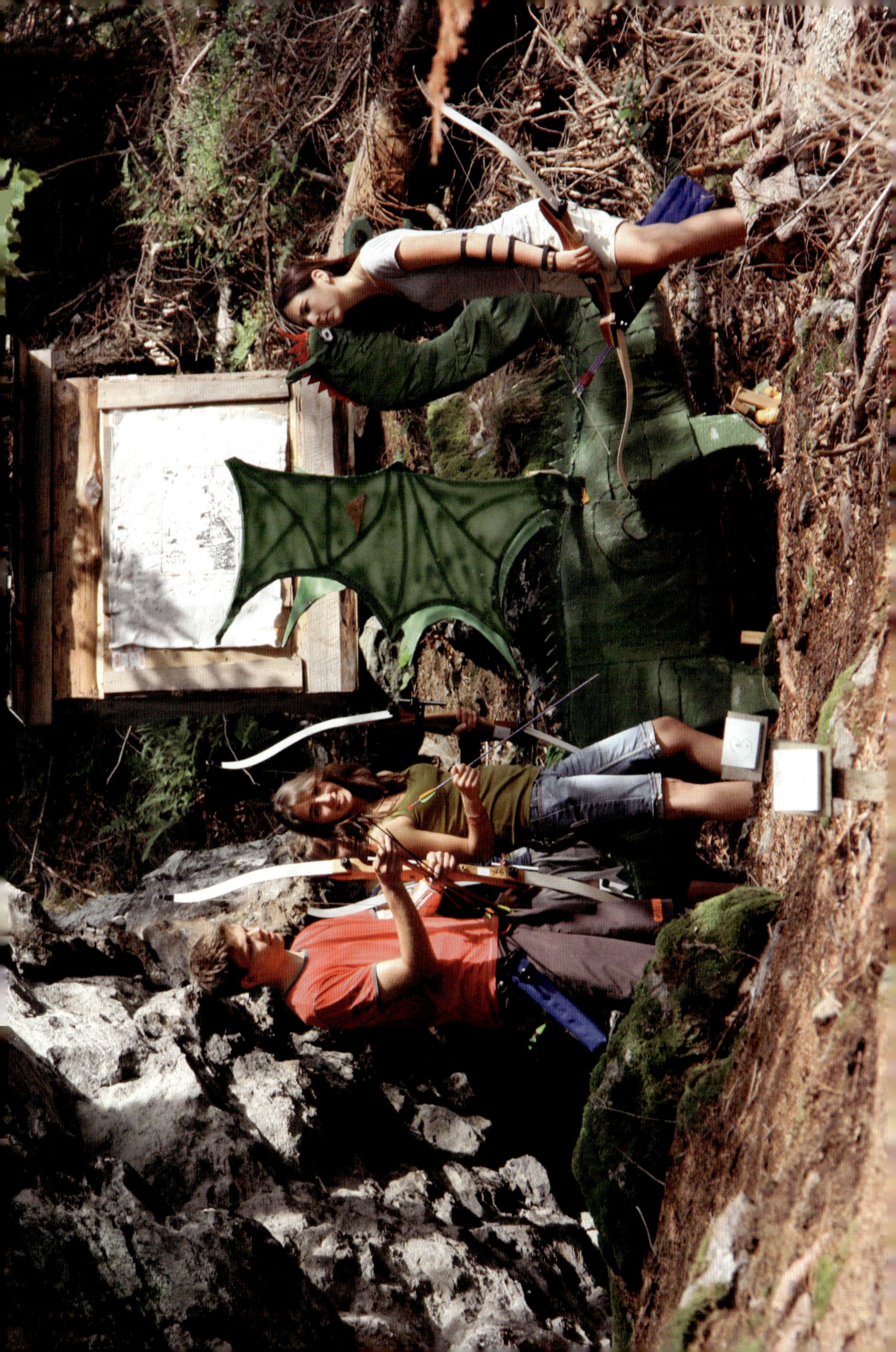

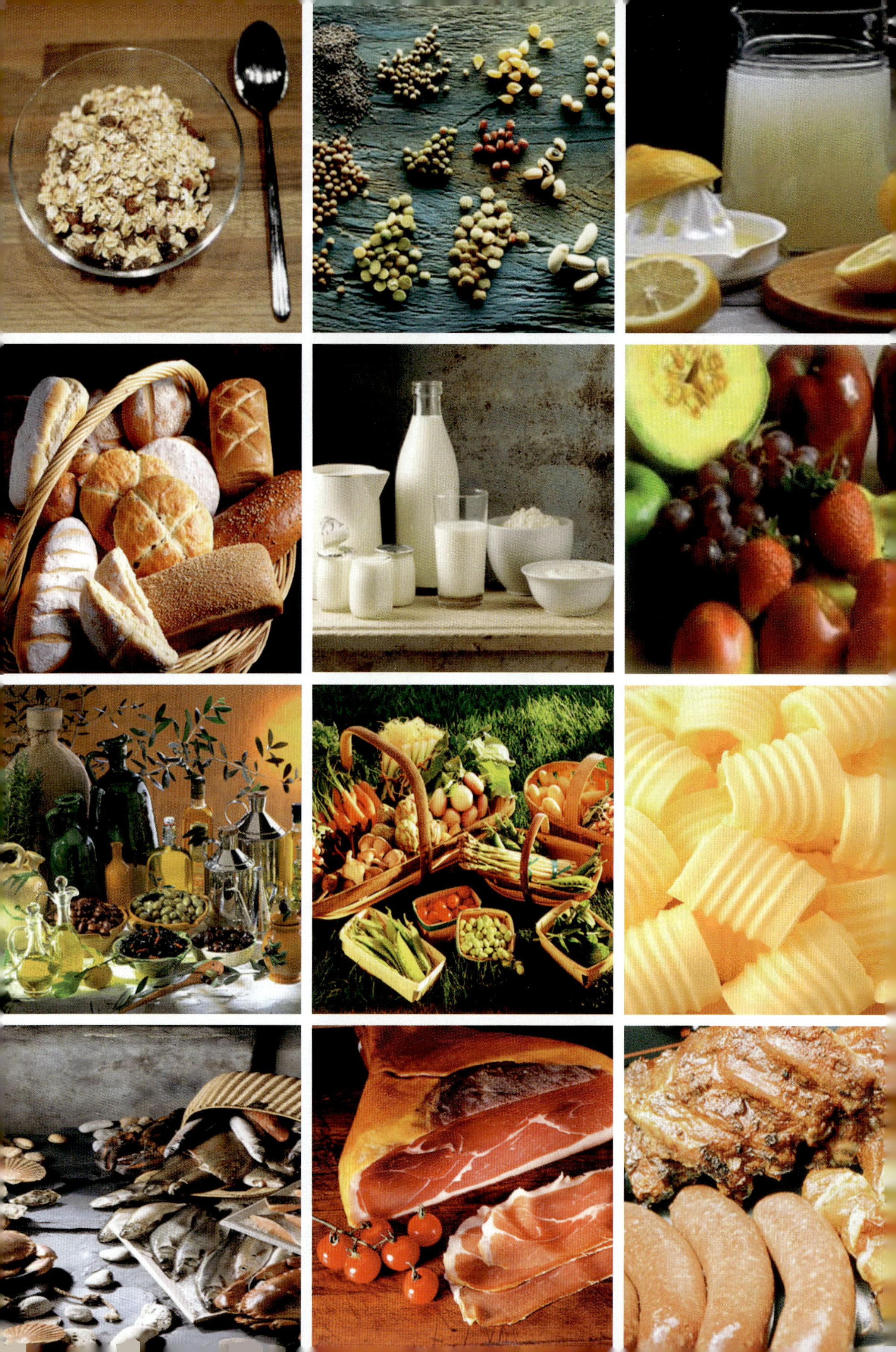

15 Ernährung im Bogenschießen

Zweck der Ernährung ist es, den durch Grundumsatz (= Erhaltungsumsatz) und Leistungsumsatz (= vermehrter Umsatz aufgrund körperlicher Aktivität) bedingten Energie- und Vitalstoffverbrauch durch eine entsprechende Zufuhr wieder auszugleichen. Beim Bogenschützen hat dieser Ausgleich in besonders ausgeprägtem Maße zu erfolgen, da sportliche Höchstleistungen und Wettkämpfe von mehreren Stunden oder Tagen nur auf einer optimalen Trainings- und Ernährungsbasis realisiert werden können.

Säulen der Ernährung

Eiweiß, Fett, Kohlenhydrate, Vitamine, Mineralstoffe, Wasser und Ballaststoffe sind die sieben unverzichtbaren Bestandteile unserer Ernährung. Eiweiß, Fett und Kohlenhydrate liefern die notwendige Energie, um den »Motor Körper« in Gang zu halten. Vitamine und Mineralstoffe beeinflussen organische Abläufe, die Verwertung der Nahrung im Körper, das Nervensystem, den Stoffwechsel, die Hirntätigkeit. Ballaststoffe sind zur Unterstützung der Darmaktivität und Wasser für den gesamten Stoffwechsel erforderlich (vgl. *Müller* 1999, 15; *Weineck* 2010, 816).

Kohlenhydrate

Chemisch betrachtet, setzen sich die Kohlenhydrate aus Kohlenstoff, Wasserstoff und Sauerstoff zusammen. Die unterschiedlichen Anteile bestimmen die Qualität der Kohlenhydrate. Kohlenhydrate spielen eine wichtige Rolle im Energiestoffwechsel der Muskulatur.

Kohlenhydrate werden unterteilt in:
- Einfachzucker oder Monosaccharide (z.B. Fruchtzucker oder Traubenzucker)
- Zweifachzucker oder Disaccharide (z.B. Malz-, Milch- oder Haushaltszucker)
- Vielfachzucker oder Polysaccharide (z.B. pflanzliche und tierische Stärke)

Als Glykogen werden die Kohlenhydrate in den Muskeln und der Leber gespeichert. Bei der Bedarfsdeckung ist zu differenzieren in:
- Energiereiche Kohlenhydratträger (Einfachzucker) wie Zucker, Stärke, reines Weizenmehl, Süßspeisen etc. Diese Stoffe enthalten kaum Vitamine und Mineralstoffe, haben einen geringen Sättigungswert durch einen geringen Ballaststoffanteil, besitzen jedoch einen hohen Energiegehalt, der Übergewicht begünstigt.
- Energiearme Kohlenhydratträger (Mehrfachzucker) wie Obst, Gemüse, Vollkornprodukte, Müslis, Gebäck mit Ballaststoffanteilen etc. Sie alle enthalten reichlich Vitamine und Mineralstoffe und haben einen größeren Sättigungswert durch erhöhte Ballaststoffanteile.

Beachten Sie: Für die Gesundheit und die schlanke Linie ist auf helle Brotsorten, Zucker und Süßigkeiten weitgehend zu verzichten. Zucker und weißes Mehl liefern reichlich Energie ohne Inhaltsstoffe, so genannte leere Kalorien. Der Bedarf an Zucker sollte am besten durch natürliche Kohlenhydrate gedeckt werden. Diese befinden sich in Getreide, Obst, Gemüse und Hülsenfrüchten. Sie enthalten neben Zucker auch Ballaststoffe, Stärke, Vitamine, Mineralstoffe und Spu-

renelemente, die ebenfalls für den Körper wichtig sind.
Der Bedarf an Kohlenhydraten im Bogenschießen liegt bei etwa 5–7 g pro Kilogramm Körpergewicht pro Tag. Dies entspricht anteilig etwa 60 % der Gesamtenergieaufnahme (vgl. *Kluge* 2002, 5).

Fette

Alle Nahrungsfette bestehen aus Glyzerin und Fettsäuren. Entsprechend ihrer Menge an Wasserstoffatomen unterscheidet man gesättigte (unter anderem gehärtete Fette) und ungesättigte Fettsäuren (Bauprozess). Gesättigte Fettsäuren finden sich beispielsweise in Butter oder Kokosfett, einfach ungesättigte Fettsäuren in Olivenöl oder Erdnussöl, zweifach ungesättigte Fettsäuren in Linolsäure sowie mehrfach ungesättigte Fettsäuren oder Polyensäuren in Leinöl oder Fischölen.

Fette dienen in erster Linie als Energielieferant; sie haben allerdings eine Zusatzfunktion: Zusammen mit einer bestimmten Fettmenge gelangen die fettlöslichen Vitamine A, D, E und K aus dem Darm in den Blutkreislauf.

Eine fettreiche Kost schränkt die Leistungsfähigkeit der Muskulatur ein, weil sie zu seiner Verbrennung mehr Sauerstoff benötigt als die anderen Nährstoffe. Aus diesem Grund sollten nicht mehr als maximal 35% der täglichen Nahrungsenergie aus Fetten gewonnen werden (vgl. *Weineck* 2010, 850).

Bei den Fetten unterscheidet man ferner zwischen pflanzlichen und tierischen Fetten. Gute Trägereigenschaften haben pflanzliche Öle (z.B. Raps-, Mais- oder Weizenkeimöl); als minderwertig gelten linolsäurearme Fette – meist tierischer Herkunft (z.B. Schweineschmalz), aber auch fettreiche Speisen wie Mayonnaisen oder Soßen.

Beachten Sie: Der Fettbedarf im Bogenschießen liegt bei etwa 1,5 g pro Kilogramm Körpergewicht pro Tag. Dies entspricht anteilig zirka 25–30 % der Gesamtenergieaufnahme (vgl. *Kluge* 2002, 12).

Eiweiße

Eiweiß ist für die Erhaltung und den Neuaufbau von Gewebe- (insbesondere Muskelgewebe) und Zellsubstanz verantwortlich. Aus chemischer Sicht besteht Eiweiß (Protein) aus Aminosäuren, von denen der Körper zwölf selbst synthetisieren kann. Die restlichen (essenziellen) Aminosäuren müssen dem Körper mit der Nahrung zugeführt werden. Essenzielle Aminosäuren finden sich hauptsächlich in tierischem Eiweiß wie Fleisch, Fisch, Milch, Eiern und Käse.

Auch pflanzliche Nahrungsmittel enthalten essenzielle Aminosäuren. Es ist jedoch auf die richtige Kombination von pflanzlichen Nahrungsmitteln zu achten, weil nicht jedes pflanzliche Nahrungsmittel alle essenziellen Aminosäuren enthält. Vegetarier sollten den Bedarf an essenziellen Aminosäuren über Nüsse, Getreide, Käse, Milch und Milchprodukte decken. Fehlt dem Körper nur eine Aminosäure für die Zusammensetzung von Proteinen, ist die Funktion der gesamten Eiweiße nicht mehr gewährleistet.

Tab. 144 gibt einen Überblick hinsichtlich der Eiweißkombinationen, bei denen dem Körper alle wichtigen Aminosäuren zugeführt werden.

Die Bedarfsdeckung an Eiweiß sollte zu etwa 40–50% aus tierischen Eiweißträgern wie Milch, Milchprodukten, Fisch, Fleisch, Eiern bestehen; der Rest aus pflanzlichen Eiweißträgern wie Getreide, Getreideprodukten, Kartoffeln, Gemüse, Sojabohnen oder Hülsenfrüchten (vgl. *Schlieper* 1981).

	Brot, Getreide	Milch-produkte	Eier	Kartoffeln	Hülsen-früchte	Nüsse, Samen
Brot, Getreide		x			x	x
Milch-produkte	x			x	x	x
Eier				x	x	
Kartoffeln		x	x			
Hülsen-früchte	x	x	x			x
Nüsse, Samen	x	x			x	

Tab. 144: Eiweißkombinationen zur Zufuhr der wichtigsten Aminosäuren

Beachten Sie: Der Eiweißbedarf im Bogenschießen liegt bei etwa 1,5 g pro Kilogramm Körpergewicht pro Tag. Dies entspricht anteilig etwa 10–15 % der Gesamtenergieaufnahme (vgl. *Kluge* 2002, 14).

Tab. 145 zeigt beispielhaft den Eiweiß-, Fett- und Kohlenhydratanteil einer Zwischenmahlzeit – bestehend aus 100 g Früchtemüsli, 159 g Joghurt (1,5%) und einer Banane.

Mineralstoffe, Spurenelemente

Mineralstoffe sind anorganische Bestandteile des Körpers wie auch der Nahrung und in enger Verbindung mit Vitaminen, Enzymen und Hormonen für den Aufbau von Körpergewebe, Zellen, Knochen und Zähnen verantwortlich.

Beachten Sie: Entscheidend ist nicht nur die Menge, sondern insbesondere das Verhältnis der Mineralstoffe (z.B. Kalzium, Chlor, Magnesium) und Spurenelemente (z.B. Eisen, Jod, Zink) zueinander und zu den Vitaminen und Koenzymen bzw. den energieliefernden Nährstoffen (s. S. 622 ff.). Eine ausgewogene Ernährung, d.h. viel frisches Obst, Gemüse, Getreideprodukte, wenig Milchprodukte und Fleisch, gilt daher als erfolgreicher Garant, um einem Mangel an Mineralstoffen oder Spurenelementen vorzubeugen.

Natrium, Chlorid, Kalium

Natrium und Chlorid kommen vorwiegend in den Körperflüssigkeiten (Blut, interstitielle Flüssigkeit), also extrazellulär, vor, Kalium da-

Nahrung	Eiweiß [g]	Fett [g]	Kohlen-hydrate [g]	Kalorien [kcal]	Kalorien [kJ]
Früchtemüsli	10	7	58	342	1432
Joghurt (1,5%)	5,3	2	8	26	109
Banane	1,4	0	23	101	423

Tab. 145: Gehalt einer Zwischenmahlzeit (s. S. 622 ff.; vgl. *Osterkamp* 1997)

gegen findet sich vermehrt in der Zelle. Die intra- bzw. extrazellulären Konzentrationsunterschiede dieser Mineralstoffe sind unter anderem für die Erregbarkeit der Muskelzelle wichtig. Kommt es bei intensiven und lang dauernden sportlichen Belastungen (z.B. Wettkämpfe über mehrere Tage) zu erhöhten Verlusten, können Störungen im Bereich der Muskelkontraktionsfähigkeit – von der Muskelschwäche bis hin zu Muskelkrämpfen (vgl. *Weineck* 2010, 68) – bzw. im Wasser- und Elektrolythaushalt auftreten. In der Trainingspraxis ist vor allem der mit den Schweißverlusten verbundene Kochsalzverlust (NaCl) zu bedenken:

Mit einem Liter Schweiß gehen etwa 2–3 Gramm Kochsalz verloren!

Der Bedarf an Kochsalz ist demnach bei Sportlern mit hohen Schweißverlusten (täglicher Bedarf: etwa 15–20 g) deutlich höher als bei Nichtsportlern (täglicher Bedarf: etwa 5 g). Da Kalium nicht nur für die Vorgänge bei der Muskelkontraktion bedeutungsvoll ist, sondern darüber hinaus von zahlreichen Enzymen als Kofaktor benötigt wird, ist es verständlich, dass die durch hohe sportliche Belastungen verursachten Kaliumverluste zu einer verminderten sportlichen Leistung beitragen (vgl. *Weineck* 2010, 985). Die besondere Bedeutung von Natrium liegt in einer optimierten Aufnahme von Kohlenhydraten (vgl. *Wagner* et al. 1993). Ihrer Substitution ist daher entsprechende Aufmerksamkeit zu schenken.

Magnesium

Magnesium hat ebenso wie Kalium eine günstige Wirkung auf die körperliche Leistungsfähigkeit. Es ist im menschlichen Organismus nach dem Kalium der wichtigste intrazelluläre Mineralstoff und dient bei etwa 250 Enzymen als Koenzym bzw. als Kofaktor. Als Aktivator verschiedener Enzymsysteme greift es bestimmend in den Kohlenhydrat-, Eiweiß- und Fettstoffwechsel ein und ist darüber hinaus bei der neuralen und synaptischen Erregungsübertragung sowie der Muskelkontraktion von entscheidender Bedeutung.

Bei lang dauernden Trainingseinheiten kann es – ohne entsprechenden Ersatz – zu einem Abfall des Magnesiumspiegels im Blut kommen und damit zu einer verminderten Leistungsfähigkeit, unter Umständen verbunden mit Krämpfen oder verstärkter Muskelkaterbildung (vgl. *Weineck* 2010, 861).

Eisen

Eisen ist nicht nur bei den Atmungsvorgängen (Elektronenübertragung in der Atmungskette) und bei der Bildung von Enzymen, sondern auch bei der Blutbildung wichtig. Fällt der Eisenspiegel durch vermehrte körperliche Belastungen ab, kommt es zu einer verminderten Blutbildung und damit zu einer Abnahme der körperlichen Leistungsfähigkeit (vgl. *Weineck* 2010, 861 f.). Dies ist insbesondere bei Jugendlichen zu beachten, die aufgrund der Wachstumsvorgänge einen erhöhten Eisenbedarf haben. Der Sportler hat etwa einen zwei- bis dreimal so großen Eisenbedarf wie der Nichtsportler. Dies sollte über entsprechende Präparate bzw. eine entsprechende Kost berücksichtigt werden.

Tab. 146 gibt eine Zusammenfassung der wichtigsten Mineralstoffe bezüglich Vorkommen und Wirkungen.

Vitamine

Vitamine sind Wirkstoffe, die für das Wachstum, die Erhaltung und die Fortpflanzung des Menschen unentbehrlich sind, aber nicht im Organismus selbst synthetisiert werden können, sondern mit der Nahrung zugeführt werden müssen. Sie werden vom Organismus für die Synthese von Koenzymen benötigt oder sind als solche für den geordneten Ablauf von Stoffwechselvorgängen unentbehrlich. Bei einigen Vitaminen genügt es, wenn dem Körper ihre Vorstufe (Provitamin) zuführt wird. Der Stoffwechsel verwandelt zum Beispiel das »Karotin« der Möhren in Vitamin A. Der Bedarf an

Mineralstoff	Wirkung	Vorkommen
Kalzium	Knochen und Zähne, Blutgerinnung, Muskeln und Nerven, hilft bei Hautallergien	Milch, Joghurt, Fruchtquark, Butter, Käse, grüne Blattgemüse, Mineralwasser
Kalium	Reguliert den Wasserhaushalt und die Gewebespannung	Erdbeere, Apfel, Banane, Pflaume, Möhre, Paprika, Tomatensaft
Magnesium	Zellen, Muskulatur, Nerven, Herz	Grüne Äpfel, grüner Salat, Mais, Müsli, Nüssen, Haferflocken, Mineralwasser
Natrium	Reguliert den Wasserhaushalt und den Blutdruck	Mineralwasser, Gewürzgurke, Rote-Bete-Saft
Phosphor	Knochen, Muskulatur, Energiegewinnung	Nüsse, Zwieback, Marzipan, Müsli
Eisen	Beteiligt am Aufbau der roten Blutkörperchen, Wachstum	Rote Fleischsorten, Hülsenfrüchte, Hirse, Spinat
Fluor	Zähne und Knochenbau	Walnüsse, Räucherlachs, Thunfisch, Trink- und Mineralwasser
Jod	Schilddrüsenhormon, Wachstum, Gehirnfunktion	Seefisch, jodiertes Salz, Miesmuschelsalat, Heringssalat, Milch
Zink	Eiweiß- und Kohlenhydratstoffwechsel	Kalb- und Rindfleisch, Thunfisch, Milch, Erbsen, weiße Bohnen

Tab. 146: Wichtige Mineralstoffe sowie ihr Vorkommen und ihre Wirkungen (vgl. *Müller* 1999, 18)

einzelnen Vitaminen liegt im Milligrammbereich. Schlechtere Ausnutzung (Resorptionsstörungen) oder gesteigerter Verbrauch (sportliches Training, Wachstum) erhöhen den Bedarf.

Man unterscheidet fettlösliche Vitamine (Vitamin A, D, E, K) und wasserlösliche Vitamine (z.B. B_1, B_2-Komplex, B_6, B_{12}, C, H).
Da die meisten Vitamine bei der heutigen Ernährung in genügendem Maße zugeführt werden und Vitaminmangelkrankheiten selten geworden sind, sei hier nur auf die für den Bogenschützen wichtigsten eingegangen, nämlich Vitamin A, B_1 und C. Ihr Bedarf steigt bei hartem Training bzw. kohlenhydratreicher Ernährung oder hat sich bei der Langzeitapplikation als leistungsfördernd bzw. -stabilisierend erwiesen.

Vitamin A
Dieses Vitamin sollte immer in genügender Konzentration in der Nahrung vorhanden sein, da es ein wichtiger Bestandteil bei der Bildung der Sehpigmente ist und damit alle Sehvorgänge beeinflusst.

Bei der Zubereitung von Vitamin-A-haltigen Nahrungsstoffen (z.B. Fisch, Leber, Eigelb, grünes Gemüse, Karotten, Tomaten) ist auf deren Fettlöslichkeit zu achten.

Vitamin B_1
Dieses Vitamin spielt beim Kohlenhydratabbau eine wichtige Rolle, da es unter anderem die Reaktion Pyruvat → Azetyl-CoA + CO_2 katalysiert und damit zur Energiegewinnung beiträgt. Da beispielsweise der Ausdauersportler

aus bereits genannten Gründen einen erhöhten Kohlenhydratumsatz hat, steigt entsprechend der Vitamin-B_1-Bedarf von normal 1–2 mg auf 4–8 mg.

Vitamin B_1 findet sich unter anderem vermehrt in Backhefe (13,1 mg/100 g) und Teff (11,7 mg/100 g). In geringeren Mengen ist es in Sonnenblumenkernen, Weizenkeimen, Macadamianüssen, Sojabohnen, Sesam, Hanfsamen oder Schweinefleisch (0,9 mg/100 g) enthalten.

Vitamin C

Vitamin C hat zum einen eine Schutzwirkung auf eine Reihe anderer Vitamine (z.B. Vitamin B_1, H, E, A), zum anderen erhöht es die Eisenresorption und hat allgemein eine gesundheitsstabilisierende Funktion. Darüber hinaus hat Vitamin C zusammen mit anderen Vitaminen (z.B. Vitamin E) eine antioxidative Wirkung und schützt vor Zellschädigungen durch freie Radikale (vgl. *Romano-Ely* et al. 2006, 1614; s. S. 689).

> Der tägliche Bedarf an Vitamin C ist beim Sportler zwei- bis dreimal so groß wie beim Nichtsportler.

In der Nahrung kommt Vitamin C vor allem in Obst und Gemüse vor, sein Gehalt sinkt jedoch beim Kochen, Trocknen oder Einweichen sowie bei der Lagerhaltung. Zitrusfrüchte, wie Orangen, Zitronen und Grapefruits, enthalten in reifem Zustand unmittelbar nach der Ernte viel Vitamin C. Grünkohl hat den höchsten Vitamin-C-Gehalt aller Kohlarten (105–120 mg/100 g verzehrbare Substanz). Rotkraut, Weißkraut und Sauerkraut sind ebenfalls Vitamin-C-Lieferanten. Die höchsten natürlichen Vitamin-C-Konzentrationen hat man in Camu-Camu (2000 mg/100 g) und der Acerolakirsche (1300–1700 mg/100 g) gefunden.

Tab. 147 gibt eine zusammenfassende Übersicht der wichtigsten Vitamine sowie ihrer Funktionen und Mangelerscheinungen.

Ballaststoffe

Als Ballaststoffe, Pflanzenfasern oder Nahrungsschlacken bezeichnet man die Bestandteile der Nahrung, die vom menschlichen Verdauungssystem nicht abgebaut werden können, die jedoch für den Stoffwechsel von großer Bedeutung sind.

Wichtigste physikalische Eigenschaft der Ballaststoffe ist ihr Wasserbindungsvermögen. Nach dieser Fähigkeit lassen sich die Fasersubstanzen in Füll- und Quellstoffe unterteilen. Die *nicht quellfähigen* Komponenten der Pflanzenfasern (= Füllstoffe) sind hauptsächlich Zellulose und in geringen Mengen Lignin, die *quellfähigen* (= Quellstoffe) sind Hemizellulose und Pektin. Zellulose findet sich vor allem in Getreide, Obst und Gemüse, Hemizellulose in Vollkorngetreide, Gerste, Hülsenfrüchten, Lignin in Obstkernen, Gemüse und Getreide, Pektin in Obst – insbesondere in Äpfeln und Quitten – und Gemüse.

Hinsichtlich ihrer Wirkung auf das Verdauungsgeschehen unterscheidet man ferner zwischen wasserlöslichen (z.B. Inulin, Pektin, Betaglukan, Guar, Agar-Agar) und wasserunlöslichen Ballaststoffen (z.B. Zellulose, Lignin, Hemizellulose).

- *Wasserlösliche Ballaststoffe* sind besonders in Obst, Gemüse und Hafer enthalten. Sie haben den positiven Effekt, dass sie den Cholesterinspiegel senken, was letztendlich einen gefäßschützenden Effekt mit sich bringt.
- *Wasserunlösliche Ballaststoffe* stecken in den Randschichten von Getreidekörnern, also in Vollkornprodukten. Im Dickdarm binden sie Wasser und quellen auf. Gleichzeitig bilden sie die Nahrungsgrundlage der Darmbakterien, die sich vermehren können und große Mengen an Stoffwechselprodukten herstellen.

Während die eigentlichen Nährsubstanzen (Zucker, Stärke, Fett, Protein) im Zellinneren der Pflanze gespeichert werden, sind Ballaststoffe

Säulen der Ernährung

Vitamine	Funktion	Mangelerscheinungen
Fettlösliche Vitamine		
• A (Retinol) • Betakarotin	Beteiligung am Sehvorgang, wichtig für Aufbau und Funktionserhaltung von Epithelgewebe (Haut, Schleimhäute), wichtig für das Immunsystem	Verminderte Fähigkeit, in der Dämmerung sehen zu können, Nachtblindheit, trockene, harte, rauhe oder schuppige Haut
• D (Calciferol)	Wichtig im Kalzium- und Phosphorstoffwechsel, beeinflusst die Mineralisierung der Knochen und Zähne	übermäßiges Schwitzen, Magen-Darm-Störungen, Knochenentkalkung, schlechte Zähne, Skelettdeformationen, Wachstumsstörungen. Bei schwerem Mangel: Rachitis
• E (Tocopherol)	Schützt lebenswichtige Fettsäuren und Vitamin A vor Zerstörung durch Oxidation	Zu Mangelerscheinungen kann es nur bei krankhaften Störungen der Fettverdauung kommen
• K (Phyllochinon)	Wichtig für das Blutgerinnungssystem	Verzögerung der Blutgerinnung (Vitamin-K-Mangel ist jedoch nur einer von vielen Gründen)
Wasserlösliche Vitamine		
• B_1 (Thiamin)	Wichtig im Kohlenhydratstoffwechsel und für das Nervensystem	Störungen des Kreislauf-, Nerven- und Verdauungssystems, Erschöpfung, Juckreiz, Muskelschwäche, Reizbarkeit, Schweißausbrüche, Konzentrationsprobleme
• B (Riboflavin)	Beteiligt am Fett-, Kohlenhydrat- und Eiweißstoffwechsel	Brennen und Jucken unter den Augenlidern, Schäden an Augen und Haut, Lichtempfindlichkeit, Tränenfluss, rissige Schleimhäute, wunde Mundwinkel, brüchige Fingernägel
• B_6 (Pyridoxin)	Wichtig im Eiweißstoffwechsel, für das Nervensystem und für die Bildung der roten Blutkörperchen	Erbrechen, Gewichtsverlust, Hautschäden, Übelkeit, Schwindel, bei Säuglingen und Kleinkindern starke Krämpfe
• B_{12} (Cobalamin)	Trägt zur Bildung der roten Blutkörperchen bei, verhindert bestimmte Formen der Anämie	Blässe der Fingernägel und Haut, Abgeschlagenheit, Schwindel, Taubheitsgefühl, Zungenbrennen, Schädigung der Magenschleimhaut; bei schwerem Mangel: Anämie (Blutarmut)
• Niacin	Wichtig für die Energieproduktion in den Zellen, für die Herzfunktion und das zentrale Nervensystem	Die dem Licht ausgesetzte Haut rötet sich und schwillt an, wird trocken und rissig, Verstopfung, Durchfälle, Händezittern
• Biotin (Vitamin H)	Wichtig für die Bildung von Fettsäuren und für die Energieproduktion	Mangelerscheinungen sind äußerst selten
• Folsäure	Wichtig für die Zellteilung und Zellneubildung, insbesondere rote und weiße Blutzellen	Brennen und Entzündungen der Zunge, Magen-Darm-Störungen, Durchfall, Schleimhautveränderungen – bei schwerem Mangel: Anämie (Blutarmut)
• Pantothensäure	Wichtig für den Stoffwechsel von Fetten, Kohlenhydraten und Proteinen sowie zur Bildung von Fettsäuren und bestimmter Hormone	Abgeschlagenheit, Muskelkrämpfe, Magen-, Darm- und Koordinationsstörungen – Mangelerscheinungen sind äußerst selten
• Vitamin C (Ascorbinsäure)	Verbessert die Eisenaufnahme aus der Nahrung, ist wichtig für die Bildung von Bindegewebe und Knochen, stimuliert körpereigene Abwehrkräfte	Abgespanntheit, Blutungen, Anfälligkeit für Infektionen, verzögerte Wundheilung – bei schwerem Mangel: Skorbut

Tab. 147: Wichtige Vitamine und ihre Funktionen sowie Mangelerscheinungen (vgl. *Müller* 1999, 21)

oder Pflanzenfasern die Bausteine der Zellwand. Weitere Vorteile einer ballaststoffreichen Ernährung sind:
- Bindung von Giften und anderen schädlichen Substanzen, die mit der Nahrung in den Darm gelangen und dadurch Förderung ihrer Ausscheidung
- Schnellere Sättigung und Gewichtsregulation
- Regulierung von Blutfett- und Blutzuckerwerten
- Nährboden für eine Reihe positiver Darmbakterien und dadurch mitverantwortlich für eine gesunde Darmflora
- Beschleunigte Darmpassage

Wie ballaststoffreich ein pflanzliches Nahrungsmittel ist, hängt sowohl vom Gewebeanteil, Alter, Reifegrad und von den Kulturbedingungen des Rohprodukts als auch von der Art der Weiterverarbeitung ab. So verliert beispielsweise das Getreidekorn seine wertvollen Ballaststoffe (und die meisten Vitamine und Mineralstoffe), wenn es vor dem Mahlen geschält und entkeimt wird.

Vollkornmehle sind stets den feinen, weißen Weizenmehlen überlegen. Je höher dabei der Mineralstoffgehalt, umso dunkler und ballaststoffreicher ist das Mehl (z.B. Vollkornmehl Typ 2000), da es aus dem ganzen Korn gemahlen ist.

> *Beachten Sie:* Ballaststoffe verzögern die Magenentleerung und verlangsamen so letztlich auch den Kohlenhydratfluss in das Blut. Dadurch steigen der Blutzuckerspiegel und damit der Insulinspiegel nicht so stark an, und es steht längerfristig Energie zur Verfügung (Abb. 498; vgl. *Kluge* 2005, 5).

Tab. 148 gibt einen Überblick über den Ballaststoffgehalt verschiedener Lebensmittel. Da jede pflanzliche Kost Ballaststoffe enthält, sind im Sinne einer ballaststoffreichen Ernährungsweise diejenigen Nahrungsmittel am besten, die viel wiegen, aber möglichst wenige Kalorien liefern. Zum Beispiel haben 100 g gekochter Spargel 3 g Ballaststoffe, liefern jedoch nur 20 Kalorien, 100 g Haselnüsse etwa 5 g Ballaststoffe, jedoch 694 (!) Kalorien (vgl. *Müller* 1999, 25). Tab. 149 zeigt, wie beispielsweise eine Aufnahme von 40 g Ballaststoffen am Tag zu erreichen ist.

Wasser

Das Körperwasser macht beim Menschen je nach Fettanteil 50–70 % des Körpergewichts aus (*Weineck* 2010, 826). Die Konstanterhaltung des Wasserhaushaltes und des damit eng verbundenen Elektrolythaushaltes (die wichtigsten Elektrolyte sind Natrium, Kalium und

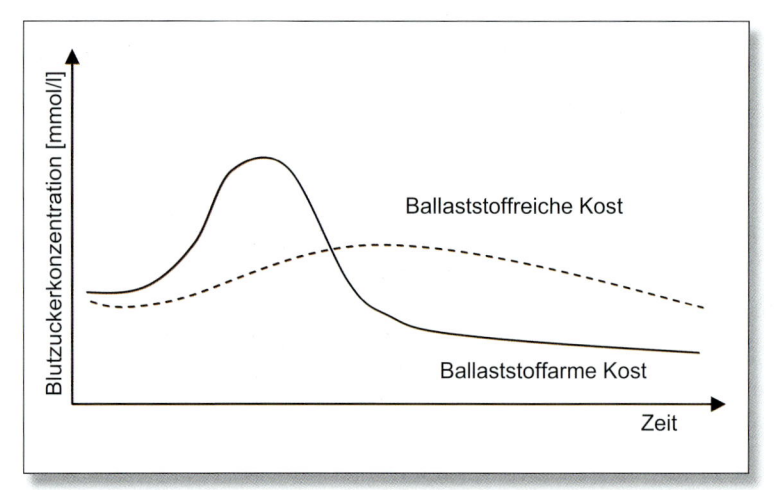

Abb. 498: Anstieg der Blutzuckerkonzentration in Abhängigkeit vom Ballaststoffanteil (schematisch, vgl. *Kluge* 2005, 5)

Hoher Ballaststoffgehalt (über 10 g je 100 g Rohware)	Mittlerer Ballaststoffgehalt (5–10 g je 100 g Rohware)	Niedriger Ballaststoffgehalt (1–5 g je 100 g Rohware)
• Weizenkleie, ganzes Roggenkorn, Vollkornmehl (ab Roggen Typ 1800) • Knäckebrot mit Ballaststoffzusatz • Weiße Bohnen • Aprikosen, Feigen, Hagebutten, Passionsfrucht, Pflaumen	• Ganzes Weizenkorn, Vollkornmehl (Weizen Typ 1700), ganzes Gerstenkorn • Roggen- und Weizenvollkornbrot, Knäckebrot, Pumpernickel • Getrocknete Bierhefe • Sesamsamen • Erbsen, Spinat • Brombeeren, Himbeeren, Johannisbeeren, Korinthen, Rosinen	• Roggenbrot, Roggenmischbrot, Weizenmischbrot • Erdnüsse, Haselnüsse, Kokosnüsse, Mandeln, Walnüsse • Blumenkohl, Bohnen, Brokkoli, Champignons, Endivien, Kartoffeln, Kopfsalat, Linsen, Möhren, Oliven, Petersilie, Rosenkohl, Rotkohl, Sauerkraut, Schnittlauch, Sojabohnen • Äpfel, Aprikosen, Bananen, Birnen, Erdbeeren, Rhabarber

Tab. 148: Ballaststoffanteil verschiedener Lebensmittel (vgl. *Müller* 1999, 24 f.)

Chlorid) ist von höchster Bedeutung, da das Wasser für den Organismus eine Vielzahl wichtiger Funktionen zu erfüllen hat:
- Wasser stellt einen Strukturbestandteil von Makromolekülen (z.B. Blut, Lymphflüssigkeit und Verdauungssäften) dar.

Lebensmittel	Ballaststoffe
5 Scheiben Vollkornbrot (250 g)	20 g
3 Kartoffeln (200 g)	3,5 g
1 Apfel (150 g), ungeschält 1 Birne (150 g) Himbeeren (50 g)	3 g 5 g 2,5 g
Bohnen (150 g), gekocht	3,5 g
Gemischter Salat mit Mais (120 g)	2,5 g
Gesamt	40 g

Tab. 149: Beispiel zum Erreichen von 40 g Ballaststoffen am Tag

- Wasser dient als Lösungsmittel für niedermolekulare Substanzen (z.B. Zucker und Salz).
- Wasser spielt eine wichtige Rolle bei der Thermoregulation (z.B. durch die Schweißbildung).
- Wasser wird bei vielen enzymatischen Reaktionen benötigt.

Ein vermehrter Verlust an Wasser und Elektrolyten geht – und dies ist vor allem für den Leistungsschützen wichtig – mit einer Reihe von leistungsmindernden physischen und psychischen Faktoren einher (vgl. *Weineckt* 2010, 826):
- Reduktion des Herzschlagvolumens mit einem Anstieg der Herzfrequenz
- Schnellerer Anstieg der Körpertemperatur und damit Verschlechterung der Thermoregulation
- Müdigkeitsgefühl mit Neigung zum Belastungsabbruch
- Koordinations- und Konzentrationsstörungen

Beachten Sie: Ein Teil des Flüssigkeitsbedarfes wird durch die Nahrung gedeckt, zusätzlich müssen jeden Tag bei normalen Umgebungsbedingungen mindestens 1,5–2 Liter Flüssigkeit aufgenommen werden.

Grund- und Leistungsumsatz

Die Kalorienbilanz (s. unten) wird bestimmt durch den *Grundumsatz* – bei dem unter anderem etwa 60 % für die Wärmeproduktion und damit für die Konstanterhaltung der Körpertemperatur benötigt werden – und den *Leistungsumsatz*, d.h. den über den Grundumsatz hinausgehenden Energiebedarf für körperliche Leistungen.

Grund- und Leistungsumsatz werden in Kilokalorien (kcal) oder Kilojoule (kJ) angegeben:

Physikalisch betrachtet ist eine Kilokalorie die Energiemenge, die man benötigt, um auf 45 Grad geografischer Breite in Meereshöhe einen Liter Wasser von 14,5 auf 15,5 Grad Celsius zu erwärmen.

Der *Grundumsatz* beträgt beim Mann etwa 4,2 kJ bzw. 1 kcal pro Stunde und pro Kilogramm Körpergewicht. In vereinfachter Formel ergibt sich also: Grundumsatz (in kcal) = Körpergewicht (kg) x 24 (Stunden). Frauen benötigen etwa 5–10 % weniger, da durch ihr vermehrtes Unterhautfettgewebe eine bessere Wärmeisolation und damit eine geringere Wärmeabgabe vorliegen. Außerdem ist ihr Anteil an stoffwechselaktiver Muskulatur im Vergleich zum Mann geringer (35% im Vergleich zu 41% beim Mann).

Der *Leistungsumsatz* erreicht je nach Intensität und Dauer eine unterschiedliche Höhe (Tab. 150).

Sportart	kJ bzw. kcal/kg/h
Skilanglauf (9 km/h)	37,8 bzw. 9,0
Schwimmen (3 km/h)	44,94 bzw. 10,7
Ringen	51,66 bzw. 12,3
Badminton	52,92 bzw. 12,6
Radfahren (43 km/h)	65,94 bzw. 15,7
Skilanglauf (15,3 km/h)	80,22 bzw. 19,1
Handball	81,06 bzw. 19,3
Laufen (9 km/h)	39,90 bzw. 9,5
Laufen (12 km/h)	45,36 bzw. 10,8
Laufen (15 km/h)	50,82 bzw. 12,1
Laufen (17 km/h)	60,06 bzw. 14,3

Tab. 150: Energieumsätze bei sportlichen Leistungen (nach *Stegemann* 1971, 67)

Ernährungsbilanzen

Durch die Ernährung müssen die fünf Energiebilanzen im Gleichgewicht gehalten werden: Kalorien-, Nährstoff-, Mineralstoffwechsel-, Vitamin- und Flüssigkeitsbilanz.

Kalorienbilanz

Die Kalorienbilanz umfasst den Energieverbrauch durch Verbrennung von Kohlenhydraten, Fetten und Eiweiß (Proteine) sowie deren Restitution über die Nahrungsaufnahme. Der Brennwert pro Gramm Kohlenhydrat bzw. Eiweiß beträgt 17,22 kJ bzw. 4,1 kcal, der von einem Gramm Fett etwa 36,9 kJ bzw. 9 kcal.

Für den Energiestoffwechsel sind vorrangig die Kohlenhydrate und Fette, für den Baustoffwechsel insbesondere die Proteine von Bedeutung. Das Eiweißminimum liegt bei etwa 40 g pro Tag.

Bei der Nahrungsaufnahme bzw. -verarbeitung treten aufgrund der spezifisch-dynamischen Wirkung der Nahrungsmittel und durch die Verdauungsarbeit Energieverluste auf. Unter *spezifisch-dynamischer Wirkung* ist der kalorische Verlust zu verstehen, der allein durch die Nahrungsaufnahme bzw. den Ab- und Umbau der Nährstoffe entsteht. Für Eiweiß beträgt er etwa 22 % – deshalb auch die Eiweißdiäten bei Abmagerungskuren –, für Kohlenhydrate 8% und für Fett 4% (*Donath* u. *Schüler* 1972, 23). Bei Mischkost ist mit einem mittleren Verlust von etwa 10% zu rechnen. Um den Realwert der zugeführten Nahrungsmittel richtig einzustufen, müssen demnach die Verluste, die durch die spezifisch-dynamische Wirkung und die Verdauungsarbeit entstehen (und jeweils etwa 10% betragen), bei der Beurteilung der notwendigen Kalorienzufuhr berücksichtigt werden.

Nährstoffbilanz

Die Nährstoffbilanz beinhaltet das richtige Verhältnis der bei der Nahrung aufgenommenen Kohlenhydrate, Fette und Eiweiße (Proteine).

> Bei normaler Mischkost ergibt sich für den Bogenschützen als Kraftausdauersportler eine Nährstoffverteilung von etwa 60 % Kohlenhydrate, 25 % Fett und 15 % Eiweiß.

Beim Kraftsportler sollte sich dieses Verhältnis mehr in Richtung einer Eiweißzunahme verschieben, weil der Kraftsportler zum Aufbau von Muskelmasse ein ausreichendes Angebot von Eiweiß (bis zu 2 g pro Kilogramm Körpergewicht) benötigt; beim Ausdauersportler hingegen mehr in Richtung einer Kohlenhydratzunahme.

Allerdings ist auch für den Ausdauersportler eine genügende Proteinzufuhr erforderlich: Dies ist darauf zurückzuführen, dass Proteine nicht nur zum Aufbau bzw. zur Erhaltung von Muskelzellstrukturen, sondern auch zur Synthese von Hormonen und Enzymsystemen dienen, die ja fast ausschließlich aus Eiweiß bestehen (vgl. *Weineck* 2010, 819). Da aber körperliche Belastungen von längerer Dauer zu einem gesteigerten Verschleiß an kontraktilen Elementen, zu verstärkten strukturellen Veränderungen an der Zellmembran und den Mitochondrien sowie zu einer vermehrten Inaktivierung von Enzymen und Hormonen führen, kommt es auch beim Ausdauersportler zu einem erhöhten Eiweißbedarf.

> Für den Bogenschützen ist es wichtig, dass Kohlenhydrate bzw. Eiweiß nach dem Training bzw. dem Wettkampf so schnell wie möglich zur Verfügung gestellt werden, um die rasche Wiederauffüllung der entleerten Energiespeicher bzw. den Einbau von Aminosäuren (kleinste Eiweißbausteine) in die Zellstrukturen der Arbeitsmuskulatur zu ermöglichen.

Bereits nach 5 Stunden sind bei kohlenhydratreicher Ernährung etwa 50% der verbrauchten Energiestoffe, im Speziellen das Glykogen, im Muskel wiederaufgebaut (vgl. *Kindermann* 1978, 350). Ebenso ist der Eiweißeinbau unmittelbar nach der Trainingsbelastung erhöht. Nach *Donath* und *Schüler* (1972) unterscheidet man eine schnelle Restitutionsphase (Belastungsende bis etwa 10. Stunde) und eine langsamere (10. bis etwa 48. Stunde; vgl. *Haralambie* u. *Keul* 1971, 1979; *Haralambie* 1972, 279; (*Weineckt* 2010, 849).

Wie Abb. 499 verdeutlicht, kann es in Folge einer unterkalorischen Ernährung während der Trainingsperiode bzw. nach den jeweiligen Belastungen oder einem ungenügenden Nährstoffverhältnis zu einem Abfall des Leistungsvermögens bzw. zum Zustand des Übertrainings kommen (s. S. 609).

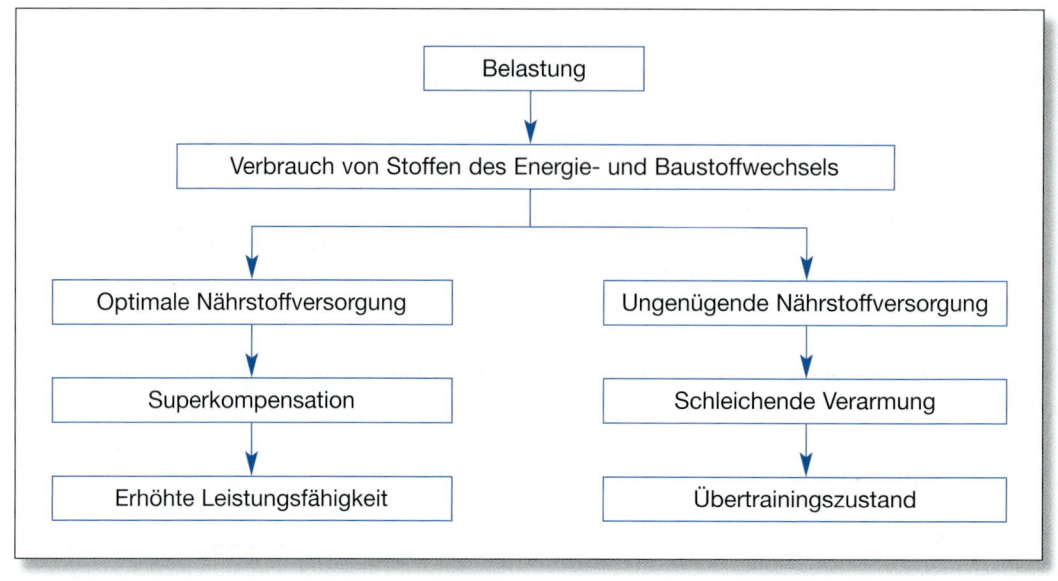

```
                    ┌─────────────┐
                    │  Belastung  │
                    └──────┬──────┘
                           ▼
        ┌──────────────────────────────────────────┐
        │ Verbrauch von Stoffen des Energie- und Baustoffwechsels │
        └────────┬─────────────────────────┬───────┘
                 ▼                         ▼
   ┌───────────────────────┐   ┌──────────────────────────┐
   │ Optimale Nährstoff-   │   │ Ungenügende Nährstoff-   │
   │ versorgung            │   │ versorgung               │
   └───────────┬───────────┘   └─────────────┬────────────┘
               ▼                             ▼
   ┌───────────────────────┐   ┌──────────────────────────┐
   │   Superkompensation   │   │  Schleichende Verarmung  │
   └───────────┬───────────┘   └─────────────┬────────────┘
               ▼                             ▼
   ┌───────────────────────┐   ┌──────────────────────────┐
   │ Erhöhte Leistungs-    │   │   Übertrainingszustand   │
   │ fähigkeit             │   │                          │
   └───────────────────────┘   └──────────────────────────┘
```

Abb. 499: Veränderungen im Bereich des sportlichen Leistungsvermögens in Abhängigkeit von einer entsprechenden Ernährungsweise (vgl. *Weineck* 2010, 982)

Exkurs: Bedeutung einer kohlenhydratreichen Ernährung im Bogenschießen

Die Ernährung spielt beim Bogenschießen – als Konzentrationssportart – eine außergewöhnlich wichtige Rolle, da sie entscheidend den Erfolg der durchgeführten Trainingsmaßnahmen bzw. die Leistungsfähigkeit im Wettkampf mitbestimmt.

Um eine optimale Koordination (innerhalb der Schießtechnik; s. auch S. 335 ff. bzw. S. 363 ff.) und mentale Fitness (z.B. Konzentrationsfähigkeit, s. S. 520 ff.) über den gesamten Wettkampf aufrechterhalten zu können, gilt im Bogenschießen insbesondere ein höchster Funktionsgrad von Gehirn- und Nervenzellen als Voraussetzung. Ihre optimale Arbeitsweise über die gesamte Wettkampfdauer des Schützen (zum Teil mehrere Stunden bzw. Wettkampfblöcke über mehrere Tage) ist jedoch nur in Zusammenhang mit der Zufuhr von Kohlenhydraten möglich. Wie die Ausführungen von *Ketz* (1976) zeigen, kann eine kohlenhydratreiche Kost die Belastungsdauer bei gleicher Leistung beispielsweise in Vergleich zu Fett-Eiweiß-Kost nahezu verdreifachen. Zwar können die Gehirn- und Nervenzellen die Kohlenhydrate nicht direkt speichern, doch kann das Blut als Versorger diese Aufgabe übernehmen.

Beachten Sie: Es ist das oberste Ziel in der Ernährung des Schützen, den Blutzuckerspiegel im Training und Wettkampf konstant zu halten (vgl. *Worm* 1989, 83).

Dies bestätigen insbesondere die Untersuchungen von *Lachtermann* et al. (o. J., 170), die zeigen, dass Glukosemangelzustände Störungen mentaler Funktionen hervorrufen können. Zur Aufrechterhaltung konstanter Blutzuckerwirkspiegel und zur Vermeidung einer möglicherweise negativen Insulingegenregulation ist es sowohl im Training als auch im Wettkampf zweckmäßig, wiederholt kleinere Glukosemengen zu verabreichen (3 g alle 15 Minuten) und auf höhere Einmaldosierungen (50 g) zu verzichten (Abb. 500).

Abb. 501 lässt erkennen, dass der Blutzuckerspiegel während einer längeren Belastung ohne

Ernährungsbilanzen

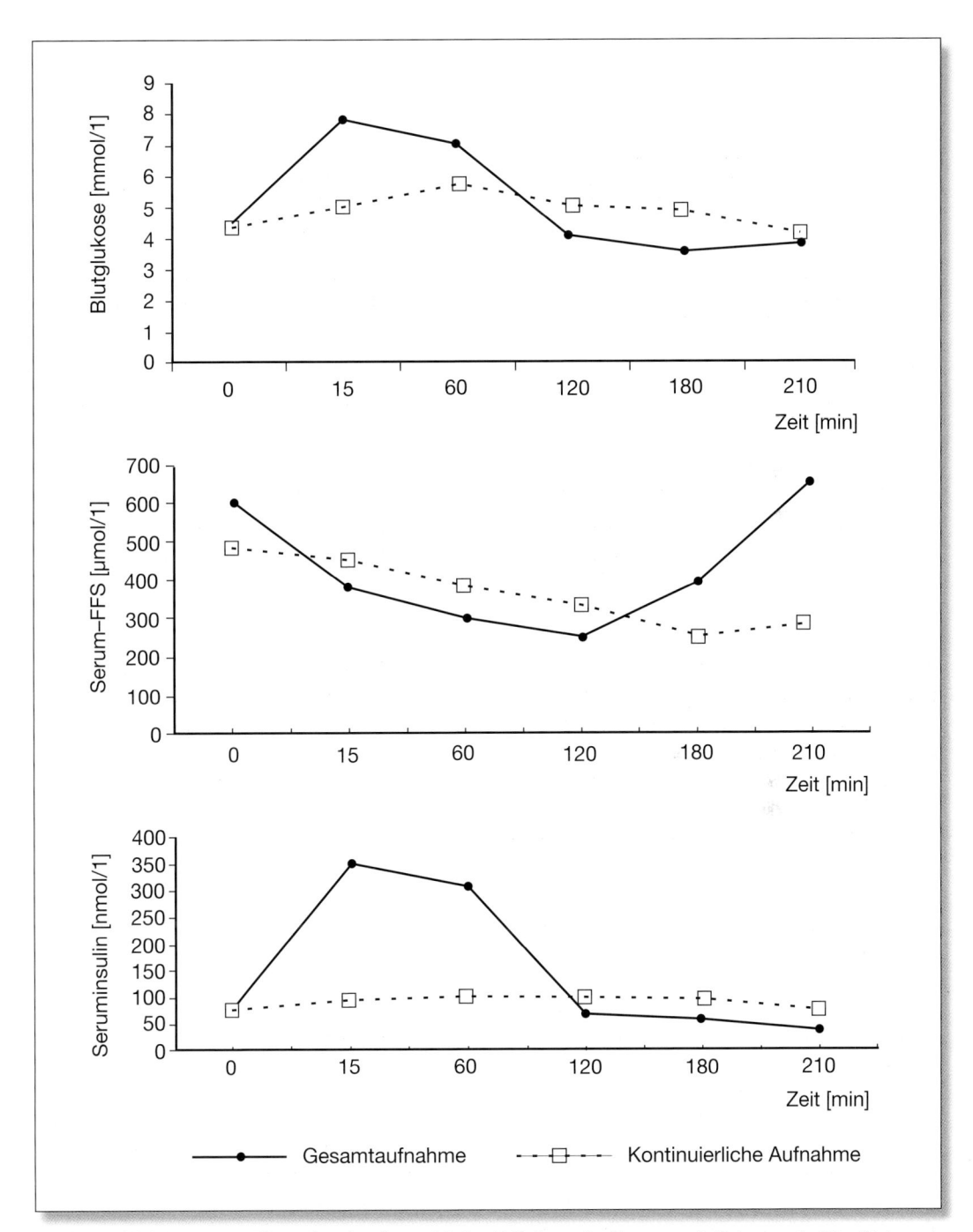

Abb. 500: Mittelwerte von Blutzucker, Insulin und freien Fettsäuren im Serum nach Gabe von je 50 g Glukose in 700 ml Wasser ad hoc bzw. kontinuierlich über einen Zeitraum von 3,5 Stunden (FFS: freie Fettsäuren; vgl. *Jenkins.* in *Lachtermann* et al. 1999, 171)

zusätzliche Kohlenhydrataufnahme kontinuierlich abfällt, im Fall einer belastungsbegleitenden Kohlenhydrataufnahme jedoch konstant bleibt. Gleichzeitig wird durch den erhöhten Blutzuckerspiegel eine erhöhte Leistungsfähigkeit erreicht und die wahrgenommene Anstrengung deutlich geringer eingestuft (vgl. *Jakeman* u. *Palfreeman* 1989, 8).

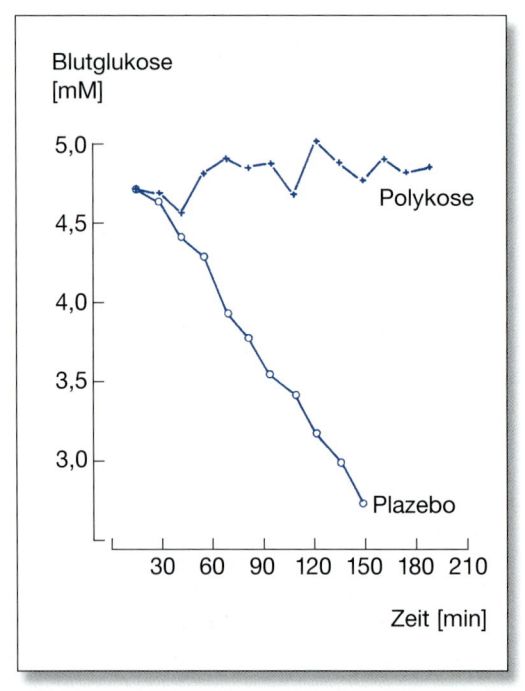

Abb. 501: Glukosespiegel während der Belastung nach Einnahme eines Mehrfachzuckerpräparats (Multidextrin Polymer) bzw. eines Plazebos (nach *Jakeman* u. *Paklfreeman* 1989, 8; in *Weineck* 2010, 987)

Tab. 151 zeigt beispielhaft praktische Möglichkeiten zur Erhöhung des Kohlenhydratanteils bzw. der Konstanthaltung des Blutzuckerspiegels.

Beachten Sie: Täglich etwa 600 g Kohlenhydrate, entsprechend 65–70 % der Kalorienaufnahme, sollten genügen, um in der Wettkampfperiode einen Glykogenabfall zu vermeiden (vgl. *Costill* et al. 1981, 1831; *Weineck* 2010, 846).

Flüssigkeitsbilanz

Die ausreichende Zufuhr von Wasser und Elektrolyten ist beim Bogenschützen nicht nur für die Leistungsfähigkeit während der Belastung, sondern auch für eine verkürzte Wiederherstellungszeit nach Belastung von Bedeutung (*Weineckt* 2010, 984).

Die Zufuhr von Flüssigkeit ohne Elektrolyte ist ebenso falsch wie die von Elektrolyten (z.B. durch Salztabletten) ohne Wasser. Im ersten Fall kommt es schnell wieder zu einer Ausscheidung des Wassers über die Nieren, da das Wasser ohne Elektrolyte nicht im Organismus gehalten werden kann – im Extremfall kann es sogar zu einer Wasservergiftung kommen –, im zweiten Fall wird eine Ausscheidung der überschüssigen Elektrolyte bewirkt, wobei unbeabsichtigt weiteres Wasser verloren geht.

Erhöhung des Kohlenhydratanteils	Konstanthaltung des Blutzuckerspiegels
• Vermehrter Verzehr von kohlenhydratreichen und fettarmen Lebensmitteln (z.B. Nudeln, Reis, Kartoffeln, Getreideflocken, Brot, Obst, Gemüse) • Fleisch nur als Beilage verwenden • Dickere Scheiben Vollkornbrot fettärmer belegen (z.B. Brot mit Quark bestreichen)	• Viele kleine Mahlzeiten einplanen • Auf Ballaststoffe achten • Langsam und schnell abbaubare Kohlenhydrate kombinieren (z.B. Bananen, Vollkornprodukte und Naturreis) • Wenig gesüßte Getränke in häufigen kleinen Mengen trinken

Tab. 151: Praktische Möglichkeiten zur Erhöhung des Kohlenhydratanteils bzw. der Konstanthaltung des Blutzuckerspiegels (vgl. *Osterkamp* 1995)

Nach dem Training bzw. dem Wettkampf empfiehlt sich folgende Bilanzierungsreihenfolge:
- Flüssigkeits- und Elektrolytersatz
- Auffüllung der entleerten Energiespeicher
- Zufuhr von Proteinen zum Strukturaufbau (*Weineck* 2010, 984)

Exkurs: Bedeutung einer ausgeglichenen Flüssigkeitsbilanz im Bogenschießen

Da das Durstgefühl ein »schlechter Berater« für die Aufrechterhaltung der Flüssigkeitsbilanz ist – die aufgenommene Flüssigkeitsmenge liegt regelmäßig unter der Bedarfsmenge – sollte die Trinkmenge durch eine einfache Gewichtsbestimmung wie Wiegen festgelegt werden (vgl. *Jansen* 2003, 221; *Weineck* 2010, 868).

Sowohl im Training als auch im Wettkampf sollten insbesondere während des Aufwärmens und in Durchgangspausen »Energiemineraldrinks« (sie enthalten Zuckerlösungen in Verbindung mit Mineralien und Vitaminzusätzen) als schneller Kraftnachschub immer wieder eingenommen werden, um durch einen intervallartig angehobenen Blutzucker dem Gehirn und der Muskulatur Leistungsimpulse zu vermitteln (vgl. *Diebschlag* 1988, 7). Die Einnahme kohlenhydratreicher Getränke vor, während bzw. nach dem Wettkampf hat zwei besondere Vorteile:
- *Schonung der Glykogenspeicher:* Es werden die muskeleigenen, also unmittelbar verfügbaren Glykogenspeicher geschont. Damit kann weiterhin mit einem erhöhten Glykogenausgangsspiegel und deshalb konzentrierter geschossen werden.
- *Ausgleich bei Appetitmangel:* Nach hohen physischen Belastungen, beispielsweise nach anstrengenden Trainingseinheiten und lang andauernden Wettkämpfen, kann es ebenso wie bei starkem psychischem Stress (z.B. Qualifikation, Finalsituation) zu einem ausgeprägten Appetitmangel kommen. Der Grund scheint einerseits in einer erhöhten Körpertemperatur nach Belastung bzw. einem erhöhten Stresshormonspiegel zu liegen (vgl. *Canham* u. *Consolazio*, in *Weineck* 2010, 986; *Karvonen* et al. 1978, 139). Da feste Nahrung nicht in genügender Menge aufgenommen wird, sollte zur energetischen Bedarfsdeckung auf flüssige Nahrungsmittel zurückgegriffen werden.

Beachten Sie: Kohlenhydratreiche Getränke müssen, wie bereits erwähnt, möglichst schnell im Anschluss an das Training bzw. den Wettkampf aufgenommen werden, da unmittelbar nach der Belastung die Aktivität der glykogenaufbauenden Enzyme (z.B. Glykogensynthetase, Hexokinase) am höchsten ist (vgl. *Brouns* et al. 1988, 35).

Die besondere Bedeutung konzentrierter kohlenhydratreicher Energiegetränke liegt zum einen darin begründet, dass sie selbst bei Appetitmangel, wo die Aufnahme fester Nahrung besondere Schwierigkeiten bereitet, noch in ausreichender Menge aufgenommen werden. Zum anderen ist bekannt, dass flüssige Nahrung den Magen rascher passiert und rascher resorbiert wird und somit die Nährstoffe schneller für die einsetzenden Erholungsprozesse verfügbar gemacht werden, was einen beschleunigenden Effekt auf alle Regenerationsvorgänge hat (vgl. *Weineck* 2010, 991).

Mineralstoffwechselbilanz

Die Mineralstoffe – die wichtigsten sind Natrium, Kalium, Chlorid, Kalzium, Magnesium, Phosphor und Eisen – sind elementare Stoffe, die in unterschiedlichem Maße am Aufbau des Körpers bzw. an den Funktionen des aktiven Bewegungsapparats beteiligt sind.
Verluste durch sportliche Aktivitäten müssen sorgsam ausgeglichen werden, um die Funktionsfähigkeit des Organismus und damit die

körperliche Leistungsfähigkeit des Schützen nicht zu gefährden.

Vitaminbilanz

Tab. 152 gibt einen Überblick über den Vitaminbedarf des Menschen. Zu Erkrankungen durch eine Überdosierung kann es außer bei Vitamin A nur bei Vitamin D kommen. Hoch dosierte Präparate sollten dennoch nur unter ärztlicher Aufsicht und Beratung eingenommen werden.

Zusammenfassend ist festzuhalten, dass durch die Ernährung des Schützen nur dann eine hohe Leistungsfähigkeit (im Zusammenhang mit einem entsprechenden Training) erreicht werden kann, wenn alle fünf Energiebilanzen der Ernährung optimal im Gleichgewicht gehalten werden.

Vitamin	Tagesdosis* (Erwachsene)	Vorkommen
Vitamin A	0,8–1,1 mg z.B. enthalten in 90 g Möhren oder 10 g Leber	Grünes und gelbes Gemüse, Leber, Milch, Butter, Käse, Möhren
Vitamin B_1	1,2 mg enthalten in 250 g Haferflocken	Vollkornbrot, Kartoffeln, Hülsenfrüchte, Schweinefleisch, Geflügel, Weizenkeime
Vitamin B_2	1,6 mg enthalten in 1 Liter Milch	Milch, Käse, Geflügel, Fleisch, Getreide, Hefe, Fisch, Cornflakes
Vitamin B_6	1,6 mg enthalten in 400 g Banane	Fisch, Fleisch, Vollkornprodukte, Kartoffeln, Soja
Vitamin B_{12}	5 µg enthalten in 150 g Camembert	Leber, Hering, Seelachs, Rindfleisch, Eier, Milch, Quark
Vitamin C	75 mg enthalten in einer Kiwi oder zwei großen Orangen	Zitrusfrüchte, Paprika, Beerenfrüchte, Kiwis, Blumenkohl, Grünkohl, Tomaten
Vitamin D	5–10 µg Tagesdosis erreicht, wenn 40 cm^2 Haut eine Stunde der Sonne ausgesetzt waren; über Nahrung: 20 g Hering	Fisch, Fleisch, Pilze, Eier
Vitamin E	12 mg enthalten in 1 EL Weizenkeimöl	Pflanzliche Öle und Fette (z.B. Weizenkeim- oder Sonnenblumenöl), Nüsse, Avocados, Erbsen
Vitamin K	65 µg enthalten in 100 g Sauerkraut	Grünes Gemüse, Leber, Eier, Milch, Tomaten, Blumenkohl
Niacin	16,5 mg enthalten in 150 g Hühnerbrust	Vollkornbrot, Erbsen, Fleisch, Seefisch, Lachs, Pilze, Erdnüsse
Biotin	100 µg enthalten in 100 g Leber	Milch, Leber, Nieren, Hülsenfrüchte, Champignons, Spinat, Haferflocken, Nüsse
Folsäure	300 µg enthalten in 300 g Brokkoli	Grünes Gemüse, Kohl, Hülsenfrüchte, Leber, Vollkornprodukte, Kartoffeln, Brokkoli, Weizenkeime
Pantothensäure	6 mg enthalten in 300 g Champignons	Leber, Brokkoli, Blumenkohl, Kalb- und Rindfleisch, Pute, Milch, Pilze, Seefisch, Geflügel

* Von der Deutschen Gesellschaft für Ernährung (DGE) empfohlene Werte

Tab. 152: Vitaminbedarf des Menschen (vgl. *Müller* 1999, 23)

Konsequenzen für die Trainings- und Wettkampfpraxis

Durch eine kohlenhydratreiche Kost lassen sich die Glykogenspeicher sowohl vor und nach dem Wettkampf als auch während des Wettkampfes positiv beeinflussen. Hohe Glykogenspeicher haben neben der Speicherung eines günstigen Energieträgers auch noch den Vorteil, dass mit dem Zucker Wasser mit eingespeichert wird (2,7 cm^3 pro Gramm Zucker), was sich günstig auf die Wärmeregulation und damit indirekt auf die Leistungsfähigkeit auswirkt.

Ob die Kohlenhydrataufnahme individuell optimal ist, lässt sich aus dem Befinden und dem Körpergewicht ersehen (vgl. *Inzinger* 1990, 11; in *Weineck* 2010, 990):
- Die Kohlenhydratzufuhr ist ausreichend, wenn Körpergewicht und Leistungsbereitschaft konstant gut bleiben.
- Die Kohlenhydratzufuhr ist nicht ausreichend, wenn Körpergewicht und Leistungsbereitschaft sinken.
- Die Kohlenhydratzufuhr ist zu hoch, wenn das Körpergewicht bei konstanter Belastung steigt.

Bei der Vorwettkampfernährung ist auf eine rechtzeitige und kontrollierte Nahrungsaufnahme zu achten – kontrolliert deshalb, weil psychischer Stress vor wichtigen Wettkämpfen zu einem ausgeprägten Appetitmangel oder zu übermäßigem Appetit führen und somit das Ernährungsverhalten negativ beeinflussen kann (vgl. *Canham* u. *Consolazio*, in *Weineck* 2010, 990). Der Schütze sollte also darauf achten, dass er ausreichend Kohlenhydrate zu sich nimmt, damit er im Wettkampf keinen »Hungerast« oder sonstige »Einbrüche« hat (vgl. *Inzinger* 1990, 10).

Beim »Carboloading« (*Hultmann* 1974) wird im Rahmen einer Kohlenhydratsuperkompensation im Verlauf der Woche vor dem Wettkampf die Kohlenhydrataufnahme von 6 auf 10 g pro Kilogramm Körpergewicht gesteigert, während die Trainingsbelastung abgebaut wird (vgl. *Kluge* 2002, 24).

Bei der Aufnahme kohlenhydrat-(zucker-)haltiger Getränke bzw. Lebensmittel ist allerdings zu beachten, dass die Resorptionszeit bzw. die Wirkungsdauer der verschiedenen Darreichungsformen unterschiedlich sind. *Inzinger* (1990, 11) beschreibt dies anschaulich anhand ausgewählter Beispiele wie folgt:
- *Traubenzucker:* Kohlenhydrate schießen in das Blut, was zwischen 10 und 20 Minuten dauert.
- *Süßgetränke, Süßigkeiten:* Kohlenhydrate strömen in das Blut, was zwischen 15 und 40 Minuten dauert.
- *Mehlprodukte:* Kohlenhydrate fließen in das Blut, was zwischen 40 und 60 Minuten dauert.
- *Obst, Gemüse:* Kohlenhydrate tropfen in das Blut, was zwischen 60 und 100 Minuten dauert.
- *Vollkorn, Vollwertprodukte:* Kohlenhydrate sickern in das Blut, was zwischen 60 und 240 Minuten dauert.

Beachten Sie: Die Kohlenhydrataufnahme eines Bogenschützen ist nur dann bedarfsgerecht, wenn nicht nur schnell wirksame Einfachzucker (wie Glukose) mit schnell eintretender, aber nicht länger anhaltender Wirkung eingenommen werden, sondern auch – günstig gestaffelt – Drei-, Vier- und Mehrfachzucker mit späterem Wirkungseintritt und längerer Wirkungsdauer, so dass während des gesamten Trainings und auch bei längeren Wettkämpfen ohne Versorgungsengpässe ausgekommen werden kann.

Im Allgemeinen wird bei einer länger dauernden Belastung eine Kohlenhydrataufnahme von 30–60 g pro Stunde empfohlen. Um gleichzeitig den Wasser- und Elektrolytbedarf abzudecken, sollten Kohlenhydrate in einer 4- bis 8-prozentigen Getränkelösung aufgenommen werden, wobei 600–1400ml pro Stunde in kleinen Dosen resorbiert werden sollten (vgl. ACSM 2000, 2130 f.; *Casa* et al. 2000, 212; *Coyle* 2004, 39; *Van Essen* u. *Gibala* 2006, 1486; in *Weineck* 2010, 989).

Die Kohlenhydrat-Protein-Mischung führt zu einer zusätzlichen Kraftausdauer-Leistungssteigerung im Vergleich zu einem nur kohlenhydrathaltigen Getränk (vgl. *Ivy* et al. 2003, 388; *Saunders* et al. 2004, 1233; in *Weineck* 2010, 909).

Werden den kohlenhydrathaltigen Getränken zusätzlich Antioxidanzien (z.B. Vitamin C und E) beigefügt, kommt es zu einer Abschwächung der Nachbelastungsschäden im Sinne einer verminderten Muskelkatersymptomatik (vgl. *Romano* et al. 2006, 1614; in *Weineck* 2010, 909).

Grundsätze einer richtigen Ernährungsweise

- Überkalorische Ernährungsweise vermeiden, verbunden mit einer täglichen Gewichtskontrolle
- Kohlenhydratbetonte Kost anstreben (Brot, Vollkornprodukte, Obst, Kartoffeln, Nudeln und Reis)
- Fett einsparen durch Auswahl fettarmer Lebensmittel, Entfernen sichtbaren Fettes und Anwendung fettarmer Zubereitungsformen
- Leere Kalorienträger meiden (Zucker, Süßigkeiten, Alkohol) sowie ausreichend Mineral- und Vitaminstoffe aufnehmen
- Regelmäßige Bedarfsanalyse in Form einer Blutuntersuchung durchführen: Nur eine regelmäßige Kontrolle gibt Aufschluss über individuelle Umsatzgrößen und ermöglicht eine gezielte Betreuung in Training und Wettkampf

Beispiel einer ausgewogenen und bedarfsangepassten Ernährung

Tab. 153 gibt ein Beispiel einer ausgewogenen Ernährung für Bogenschützen in Training und Wettkampf.

Als Faustregel gilt: 2–3 Stunden vor dem Training oder dem Wettkampf sollte die letzte größere Mahlzeit (z.B. Nudeln) bzw. 30 Minuten vorher ein kleiner Imbiss (Banane) eingenommen werden. In der Stunde vor dem Trainings- bzw. Wettkampfbeginn sollten eventuell 200 ml Saftschorle oder Wasser getrunken werden. Auf keinen Fall darf in den Wettkampf nüchtern gestartet werden. Die Speisen sollten leicht verdaulich sein und bewusst gekaut werden (vgl. *Kluge* 2002, 22).

Zeitpunkt	Nahrungsbeispiele	Anmerkung
Täglicher Bedarf	• Reis, Kartoffeln oder Nudeln • Ballaststoffe (200 g Gemüse, 2–3 verschiedene Obstsorten, Vollkornprodukte) • Naturjoghurt, fettarmer Quark, Milch • Hochwertiges Eiweiß (Kombination von tierischem und pflanzlichem Protein): z.B. etwa 80 g Fleisch, Fisch, Geflügel oder Wild (als Beilage) • Fettarm (tierisches Fett sparen und auf versteckte Fette achten, pflanzliche Öle sind jedoch wichtig!) • Trinken: Mineralwasser, Säfte, Früchte- und Kräutertee	• Essen auf 5–7 Mahlzeiten verteilen (im 2- bis 3-Stunden-Rhythmus) • Mindestens 2 Wochen vor dem Wettkampf muss auf Kohlenhydrate zurückgegriffen worden sein (z.B. Carboloading) • Unmittelbar vor dem Training leicht verdauliche Zwischenmahlzeit einnehmen
Abendessen vor dem Wettkampf	• Beilagen verdoppeln • Fleisch halbieren • Salat und frisches Obst • Z.B. Italiener, Inder oder Chinese	• Fettarm! • Hoher Anteil an komplexen Kohlenhydraten und kleiner, leicht verdaulicher Eiweißanteil • Vermeiden von reinen Einfach- und Mehrfachzuckern
Frühstück am Wettkampftag	• Milch und Milchprodukte wie Quark, Joghurt und Käse • Müsli und vollwertiges Brot • Obst, Fruchtsäfte, Kräutertees, Honig etc.	• Letzte größere Mahlzeit mindestens 1–2 Stunden vor dem Wettkampf • Langsam abbaubare und ballaststoffreiche Kohlenhydrate
Während des Wettkampfes (kurze Pausen)	• Kleines Stück trockenes Brot • Banane, Müsliriegel, Joghurt mit Haferflocken • Vollkornkekse mit Schokolade	• Pufferung der Magensäure • Vermeidung von Einfach- und Zweifachzuckern • Pausen nutzen, um Hunger und Durst vorzubeugen
Während des Wettkampfes (lange Pausen)	• Portion Suppe mit kohlenhydratreicher Einlage (z.B. Nudeln, Reis, Pfannkuchen, Kartoffeln) • Kleines Müsli mit etwas Joghurt oder Orangensaft und Obst • Dicke Scheibe Brot mit magerem Käse • 1–2 Stück Biskuitkuchen • Kleine Portion Gemüserisotto • Immer Flüssigkeit in kleinen Mengen trinken (z.B. 100–200 ml Wasser mit Säften im Verhältnis 3:1 gemischt)	Vermeidung von Fett
Nach dem Wettkampf	• Trinken (kohlenhydratreiche Getränke) • Spaghetti bolognese (oder Tomatensoße) mit Salat • Spätzle mit Rahmsoße • Kartoffelgratin mit Gemüse • Milchreis mit Früchten • Chinesisches Essen • Reis, Gemüse und Putenfleisch • Getreidegerichte mit Quark, Joghurt oder Dickmilch	• Auffüllen der Kohlenhydratreserven • Eiweißreiche Kost zum Aufbau der Muskelfasern

Tab. 153: Beispiel einer ausgewogenen Ernährung in Training und Wettkampf unter besonderer Berücksichtigung des Wettkampfes selbst (vgl. *Kluge* 2002, 22)

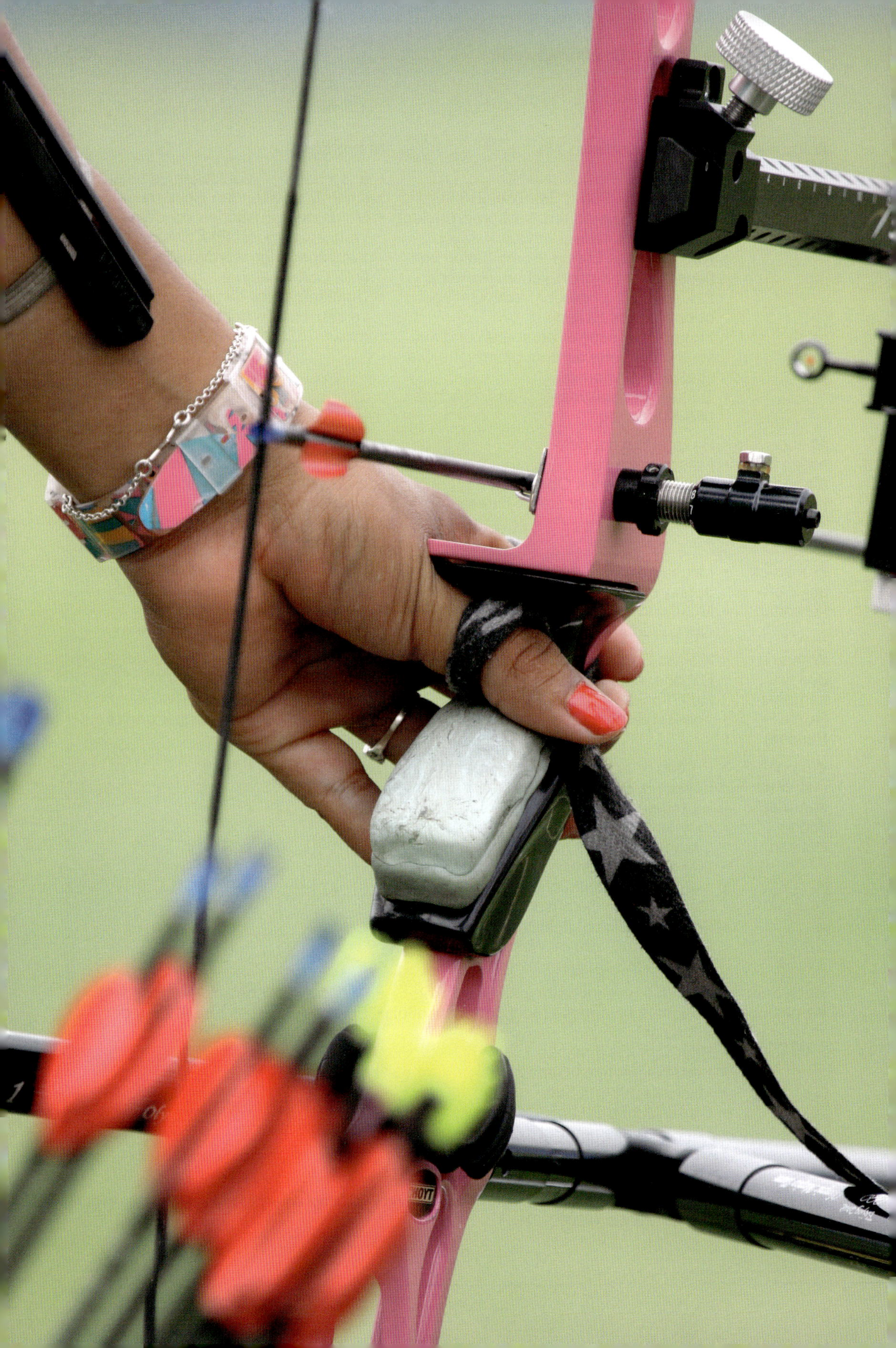

16   Material und Materialabstimmung

»Der Pfeil, der ins Schwarze trifft, ist das Ergebnis von hundert Fehlschüssen« (aus dem Buddhismus).

Das optimale Material des Schützen ist eine Kombination aus unterschiedlichen Materialeigenschaften und Kenngrößen. Dazu gehören der Aufbau des Bogens und seine Arbeitsweise, der Pfeil und seine Dynamik, das Zubehör sowie die Elemente des Tunings und seine Phasen (vgl. *Ulrich* 1996, 5).

Bogen

Aufbau

Der Bogen besteht aus dem Mittelteil (Griffstück), den kinematisch arbeitenden Teilen, wie Wurfarme und Sehne, sowie dem Zubehör. Die Abb. 502 gibt einen zusammenfassenden Überblick über die wichtigsten Bezeichnungen beim olympischen Recurvebogen.

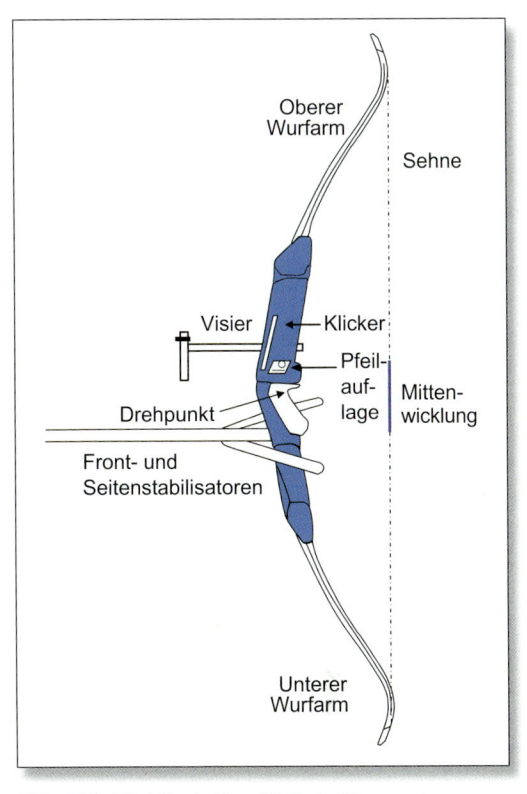

Abb. 502: Wichtigste Begriffe beim Recurvebogen

Mittelstück

Begriffsbestimmung

Das Mittelstück (Mittelteil) ist der starre Bogenteil zwischen den Wurfarmen.

Materialien

Für das Griffstück werden heute legierte Leichtmetalle verwendet, die mechanisch und wärmetechnisch nachbehandelt sind. Mittels computergesteuerten (CNC) Maschinen werden die Mittelteile aus einem Vollmaterialblock herausgefräst und bearbeitet. Die Mittelstücke sind in unterschiedlicher Ausprägung mit Glas- oder Kohlefaser umwickelt (Abb. 503).

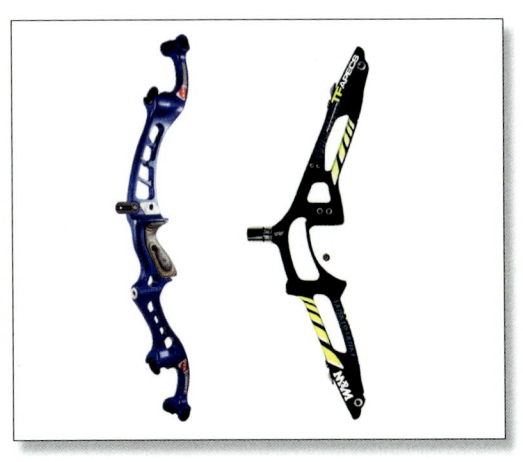

Abb. 503: Mittelstücke verschiedener Recurvebögen

Die Konstruktionsarten wie Fachwerk-, Stab-, Loch- oder Leichtbauart in Kombination mit dem Material lassen den Bogen in der Hand als hart oder weich erscheinen.

Die wesentlichen Merkmale eines guten Mittelteils sind eine hohe Festigkeit bei geringem Eigengewicht, ein hoher Wirkungsgrad bei gutem Dämpfungsverhalten sowie geringe Eigenschwingungen bzw. Verwindungsfreiheit. Sowohl *Beiter* (2007) als auch *Park* (2008) weisen allerdings darauf hin, dass ein bestimmtes Gewicht notwendig ist, um entsprechende Stabilitäten im Schießvorgang zu erreichen. Nur so kann auch der Tremor des Bogenarmes minimiert werden.

Geometrie
Grundsätzlich lassen sich drei Bauarten des Bogenmittelteils unterscheiden: die deflexe, die neutrale und die reflexe Bauart (Abb. 504).

Bei der *deflexen Bauart* liegen Kraftmittelpunkt und Drehpunkt des Bogens vor den Krafteinleitpunkten der Wurfarme. Dies bedeutet ein stabileres Seitenverhalten, führt aber gleichzeitig zu einer ineffektiveren Auszugslänge bei gleichem Auszugsvermögen und damit einer geringeren kinetischen Energie.

Bei der *neutralen Bauart* liegen Kraftmittelpunkt und Drehpunkt auf einer Geraden mit den Krafteinleitpunkten der Wurfarme. Durch die mittlere effektive Auszugslänge bei gleichem Auszugsvermögen ergibt sich bei stabilem Seitenverhalten eine gute Ausbeute an kinetischer Energie.

Kraftmittelpunkt und Drehpunkt liegen bei der *reflexen Bauart* hinter den Krafteinleitpunkten der Wurfarme und bedingen dadurch ein labileres Seitenverhalten, als die deflexe bzw. neutrale Bauform. Allerdings ergeben sich eine effektivere Auszugslänge bei gleichem Auszugsvermögen und eine maximierte kinetische Energie.

Der reflexe Bogen wird insbesondere im Bereich des Jagd- und Feldschießens eingesetzt, weil durch die hohe Energieausbeute weniger Höhenverstellungen notwendig sind und daher weniger Schätzfehler auftreten.

Wurfarmtaschen
Die Verbindung zwischen Mittelstück und Wurfarmen wird mittels der Wurfarmtaschen realisiert. Abb. 505 zeigt ein gängiges System dieser Taschen. Die Wurfarme werden in die offenen Enden des Mittelteils gesteckt und rasten im bespannten Zustand des Bogens ein.

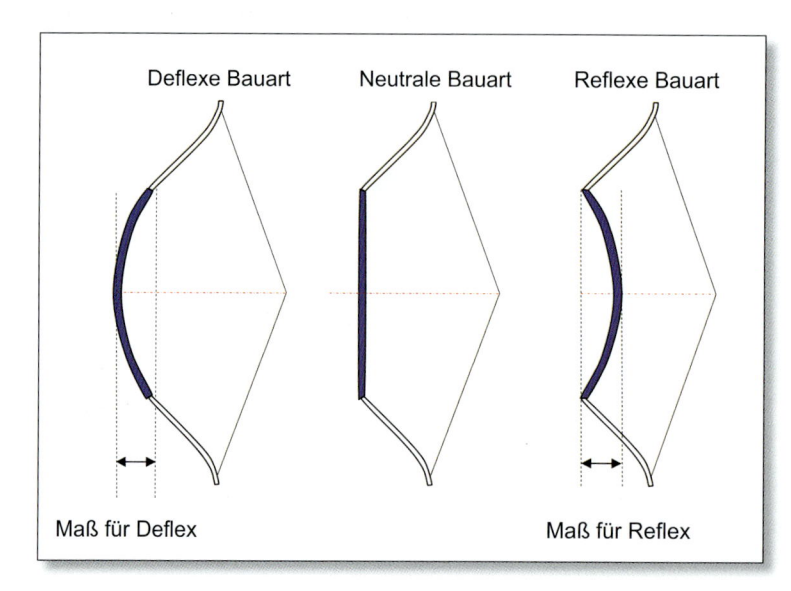

Abb. 504:
Schematische Darstellung verschiedener Geometrien des Mittelstücks (vgl. *Ulrich* 1996, 5)

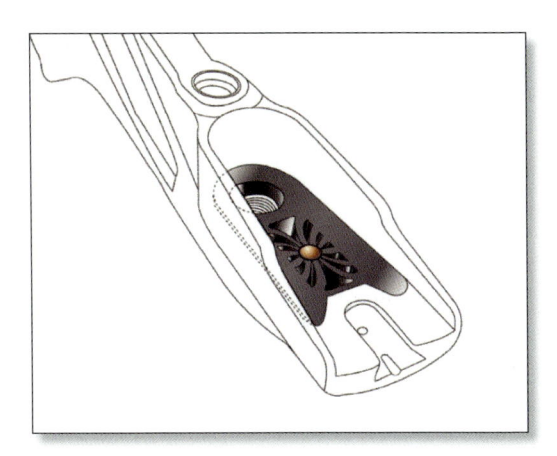

Abb. 505: Beispiel eines Systems der Wurfarmtaschen

Wurfarme

Begriffsbestimmung

Die Wurfarme sind der flexible Teil des Bogens, der als mechanischer Energiespeicher dient (vgl. *Ptacnik* 2008).

Materialien

Die Wurfarme sind überwiegend aus Laminaten in unterschiedlichen Lagen zusammengesetzt (Abb. 506). Wesentliche Anforderungen an die Wurfarme sind eine über viele Lastwechsel gleich bleibende Zuglast, ein exaktes Abrollverhalten, eine hohe Seitenstabilität und Parallelität sowie eine hohe Schnellkraft (d.h. geringste Energieabgabezeit) bei einem hohen Wirkungsgrad.

Ein Teil der Laminate, die bei den Wurfarmen zum Einsatz kommen, geben dem Wurfarm seinen typischen Namen: (Nano-)Carbonnetze (Carbon Nanotube und Graphit Nanofiber), Glasfiber, Keramik, maximierter synthetischer Schaum oder Holz/Karbon etc. Die Art des Laminats ist der entscheidende Faktor für die erreichbare Pfeilgeschwindigkeit. Alternativ zum Holzkern werden Kunststoffschaum oder andere synthetische Materialien verwendet. Carbonfasern werden zur Verstärkung von glasfaserverstärkten Kunststoffen verwendet, sowohl auf der gedehnten als auch auf der komprimierten Seite. Sie erhöhen nicht nur die Elastizität, sondern gleichzeitig auch die Verwindungsfestigkeit der Wurfarme (vgl. *Frangilli* 2007, 30).

Geometrie

Der heutige Wurfarm des Olympischen Bogens weist eine Krümmung zu den Enden hin auf, das so genannte Recurve. Der Radius der Krümmung beeinflusst dabei die Pfeilgeschwindigkeit. Je näher allerdings der Punkt maximalen Biegens zum Mittelstück wandert, desto anfälliger wird der Bogen für Torsionsbe-

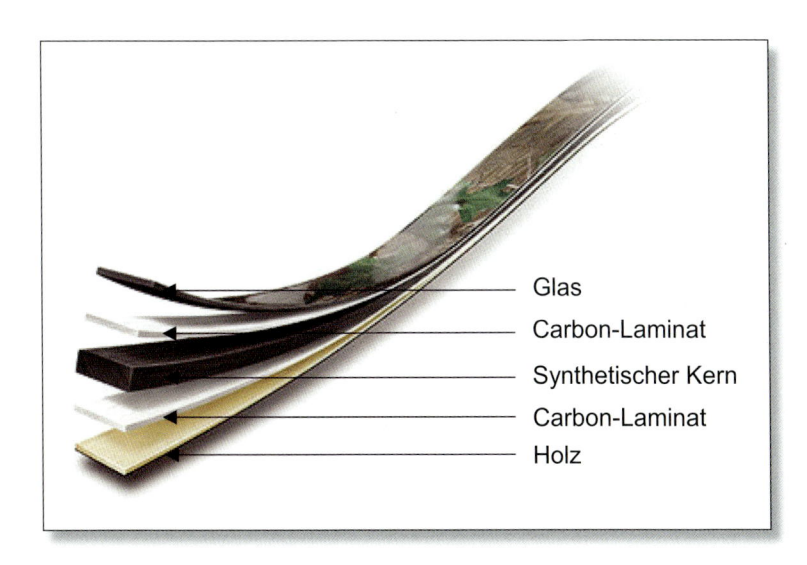

Abb. 506: Aufbau eines Wurfarms aus mehreren Lagen unterschiedlicher Materialien

- Glas
- Carbon-Laminat
- Synthetischer Kern
- Carbon-Laminat
- Holz

lastungen. Ein ausgewogen konstruierter Wurfarm biegt sich gleichmäßig und wird damit stabil und kontrollierbar, wodurch sich Lösefehler relativ gut kompensieren lassen.

Ein weiterer Aspekt in der Wurfarmkonstruktion ist die Wurfarmbreite. Ein schmaler Wurfarm erzeugt in der Regel weniger Schwingungen (vgl. *Gegg* u. *Frangilli* 2001). *Beiter* (2007) konnte anhand von Hochgeschwindigkeitsaufnahmen zeigen, dass sich die angesprochene Stabilität nur auf die Basis der Wurfarme, nicht aber auf ihre Enden bezieht: So schwingen Wurfarme mit schmaleren Wurfarmenden deutlich instabiler.

Die Wurfarme sollten, wie bereits erwähnt, ein hohes Rückschnellverhalten aufweisen, d.h., sie müssen die durch die Biegung (während dem Ausziehen) entwickelte Energie schnell und präzise ohne große Reibungs-, Widerstands- sowie Dämpfungskräfte über die Sehnen auf den Pfeil übertragen. Das Rückschnellverhalten ist dabei unter anderem abhängig von der Masse der Sehne, der Masse der Wurfarme sowie deren Massenverteilung.

Physikalische Grundlagen

Kräfte am Bogen

In einem stark vereinfachten Modell wirkt der Bogen wie eine einseitig eingespannte Feder, die von der Auszugskraft $\vec{F}$ um den Auszugsweg s (inklusive Vorspannung) gedehnt wird. Abb. 507 zeigt schematisch die Wirkungsrichtungen entsprechender Kräfte: Die Druckkraft $\vec{F}_D$ ist die Kraft, die der Schütze aufbringen muss, um der Zugkraft $\vec{F}$ das Gleichgewicht zu halten. Die Kräfte $\vec{F}_1$ und $\vec{F}_2$ gehen durch Kräftezerlegung aus der Kraft $\vec{F}$ hervor. $\vec{F}_3$ und $\vec{F}_4$ wiederum stellen die Zerlegung von $\vec{F}_1$ einerseits senkrecht zum Wurfarm und andererseits in Richtung des Wurfarms dar (vgl. *Oswald* 2009, 1). Gleichzeitig wirken unter anderem noch die Gewichtskräfte der Zughand und des Unterarms sowie Kräfte und Momente im Schultergelenk und Bogenarm.

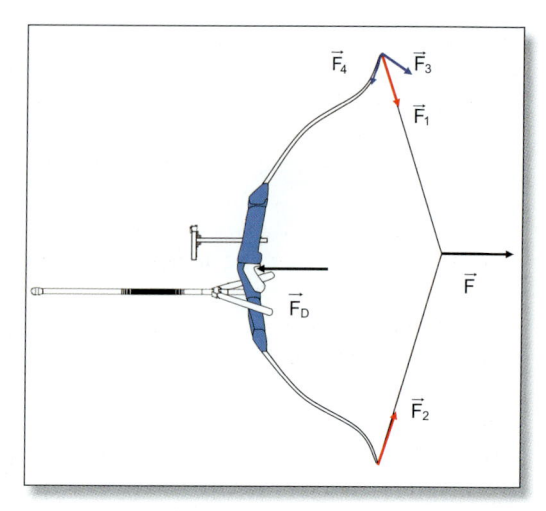

Abb. 507: Vereinfachtes Modell der Wirkungsweise eines Bogens

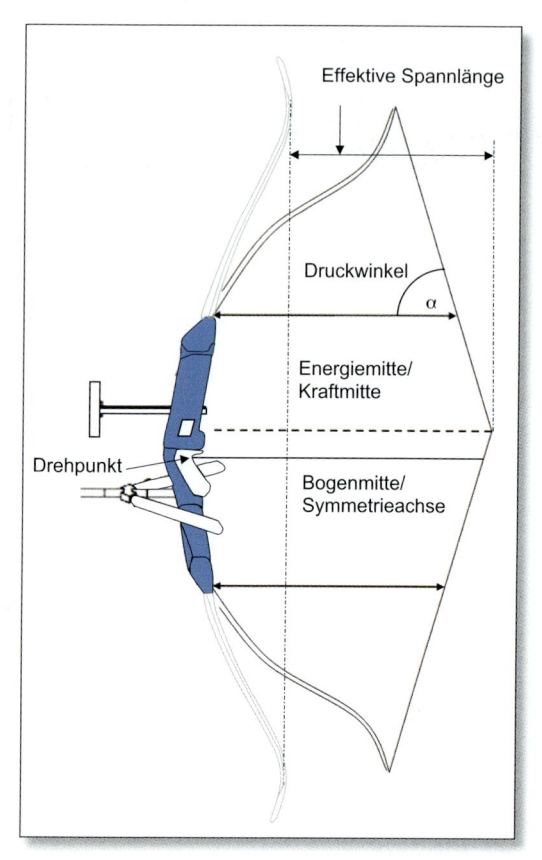

Abb. 508: Vorhandene Kräfte und Bezugsmaße des Bogens im be- und gespannten Zustand (vgl. *Ulrich* 1996, 5.10)

Als Bezugsmaße gelten in Ahnlehnung an *Ulrich* (1996, 5.10; Abb. 508):
- Energiemitte: Schnittpunkt der Kräftevektoren aus oberem und unterem Wurfarm
- Druckwinkel: Winkel zwischen Sehne und »Kraftgerade« (Energiemitte)
- Drehpunkt bzw. Krafteinleitpunkt: beeinflusst durch die Druckpunktlage und Lasteinleitung der Bogenhand
- Effektive Spannlänge: Differenz aus Auszugslänge und Sehnenstandhöhe

Beim Spannen des Bogens wird die aufgewendete Energie in Form potenzieller Energie gespeichert. Nach den Gesetzen der Mechanik errechnet sich der Betrag dieser Energie aus dem halben Produkt der beim Spannen eingesetzten Kraft und dem dabei zurückgelegten Weg. Die beim Spannen aufzuwendende Kraft ist beim Recurvebogen monoton zunehmend. Aufgrund des Satzes über die Erhaltung der Energie ist die kinetische Energie des fliegenden Pfeiles zuzüglich der auftretenden Verluste gleich der potenziellen Energie des gespannten Bogens (vgl. *Nagel* 2006, 69).

Kenngrößen des Bogens

Energieaufbau und -abgabe, Wirkungsgrad

Abb. 509 zeigt die beiden durch die Konstruktion bedingten Kenngrößen des Bogens: den Energieaufbau (Spannen) und die Energieabgabe (Lösen und Abschuss des Pfeils). Der Wirkungsgrad ist definiert als das Verhältnis von kinetischer Energie des Pfeils zur potenziellen Energie des gespannten Bogens und beträgt bei herkömmlichen Recurvebögen etwa 80% (vgl. *Tapley* 2003, 34).

Das Delta zwischen Energieaufbau und Energieabgabe liefert den Energieverlust. Diese Differenz resultiert aus Widerständen wie beispielsweise Reibung in der Materialstruktur, Deformationen im System Bogen und Pfeil (Energieaufnahme des Pfeils in Form von Biegeschwingungen) und dem Luftwiderstand von Bogen, Sehne und Pfeil (vgl. *Nagel* 2006, 69).

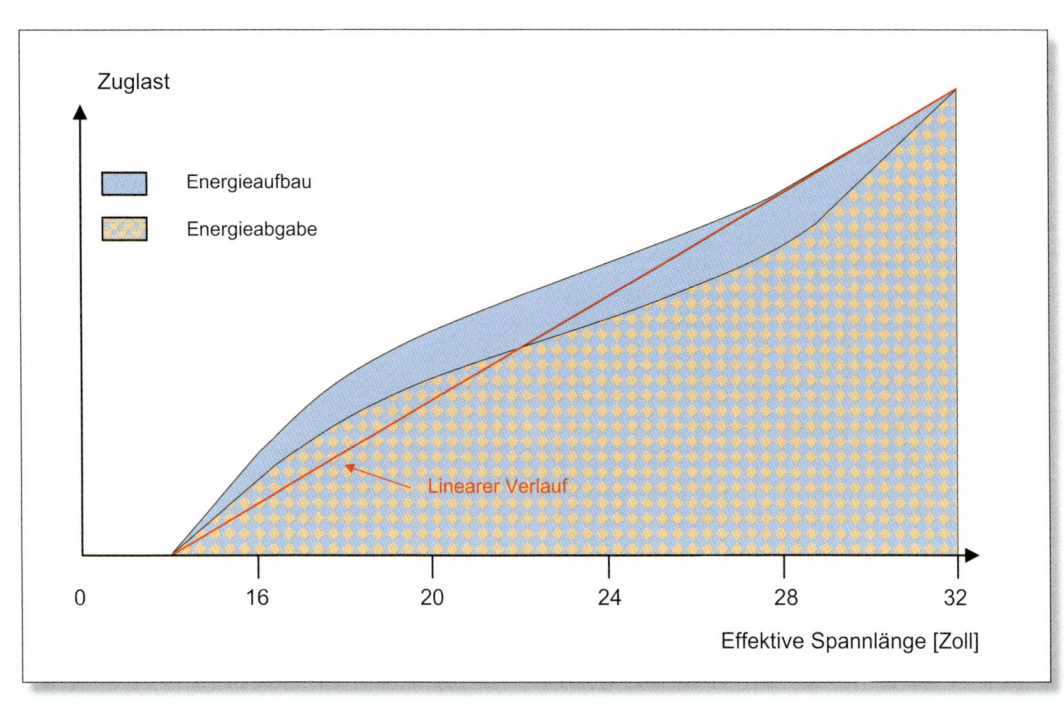

Abb. 509: Schematische Darstellung der Kenngrößen des Bogens: Energieabgabe = Energieaufbau − Energieverlust (1 Zoll ≈ 2,54 cm; in Anlehnung an *Ulrich* 1996, 6; *Schwarz* 2010, 27, *Garnreiter* 2010)

Die Fläche unterhalb der Kennlinie gibt Aufschluss über die Energie des Bogens: Um eine hohe Energieausbeute auszunutzen, sollte der Schütze eine Bogenlänge (bzw. »weels« oder »cams« beim Compoundbogen) wählen, die hinsichtlich seiner individuellen Auszugslänge eine maximale Energie liefert.

Die Abb. 510 und 511 verdeutlichen, dass es zu stark unterschiedlichen Kennlinien von Recurve- und Compoundbögen kommen kann. Die jeweilige Form der Kennlinie wird unter anderem durch die Biegecharakteristik der Wurfarme, etwaiger Rollensysteme und die Bogengeometrie bestimmt (vgl. *Tapley* 2003, 32).

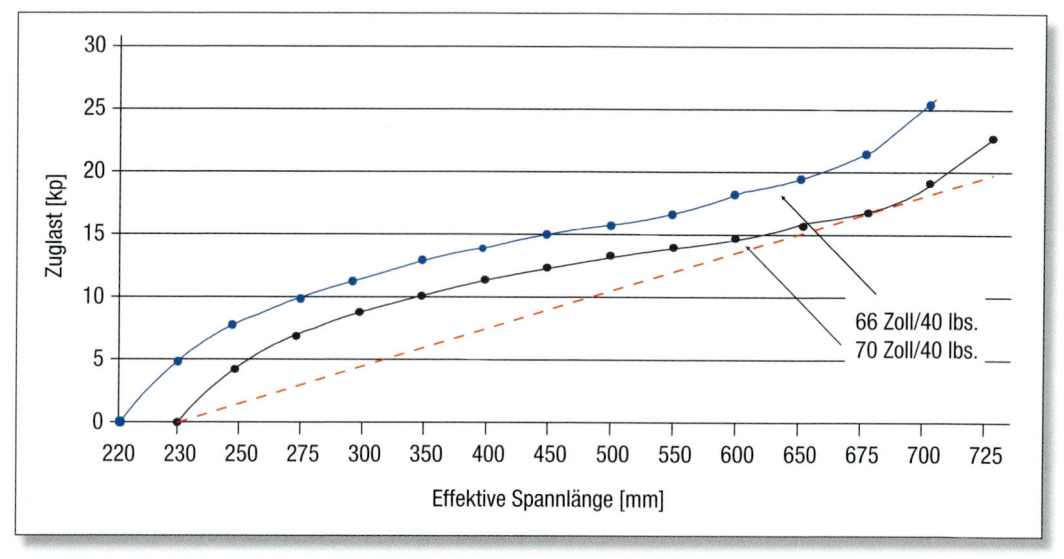

Abb. 510: Unterschiedliche Kennlinien von Recurvebögen mit 66 und 70 Zoll Länge in Bezug zu einer linearen Entwicklung: Ein kürzerer Bogen wirft bei gleicher effektiver Spannlänge schneller (vgl. *Ulrich* 1996, 7)

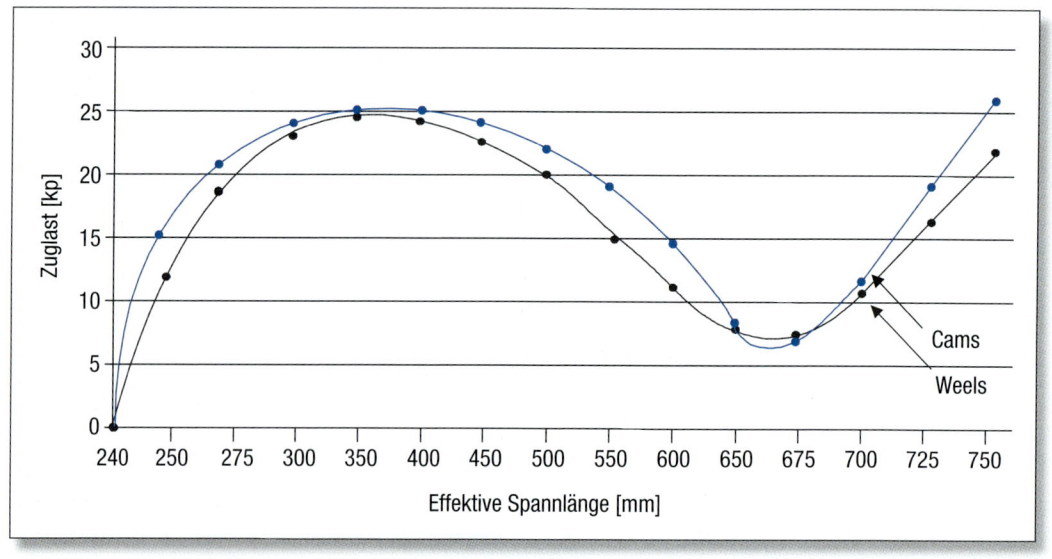

Abb. 511: Unterschiedliche Kennlinien von Compoundbögen mit »weels« und »cams«: Die »cams« machen den Compoundbogen in der Regel schneller (vgl. *Ulrich* 1996, 7)

Während beim Recurvebogen die Zuglast mit der Spannlänge (Auszug) monoton zunimmt, existiert beim Compoundbogen ein lokales Maximum bereits zu Beginn der Zug- und Druckarbeit. Somit muss die Auszugslänge beim Compoundbogen eventuell entsprechend angepasst werden, um maximale Pfeilgeschwindigkeiten und eine Übereinstimmung von individueller Auszugslänge und minimaler Zuglast zu erhalten.

Stacking

Wie die Ausführungen von *Tapley* (2003, 31) zeigen, gibt die Auszugskurve (Kennlinie) neben dem tatsächlichen Zuggewicht (»auf den Fingern«) und der gespeicherten potenziellen Energie des Bogens auch Aufschluss über das so genannte Stacking-Verhalten des Bogens. Dieses beschreibt, zu welchem Zeitpunkt bzw. bei welcher Auszugslänge das Zuggewicht in welcher Weise zunimmt. Je steiler der Anstieg der Kennlinie im Bereich des Vollauszugs (3. Bewegungsphase) ist, desto größer ist die Durchbiegung des Pfeils nach dem Abschuss. Dies führt zum Begriff des »Reverse-Stacking«, also einer Auszugskurve, die während des Vollauszugs abnimmt. Um allerdings ein Reverse-Stacking zu erreichen, müssten die Wurfarmenden geschwächt werden. Dem sind aber beispielsweise durch Anforderungen, wie Torsionsstabilität und Haltbarkeit, enge Grenzen gesetzt. Dennoch bietet sich hier Potenzial für die technische Entwicklung auf dem Materialsektor.

Beachten Sie: Für den Schützen ist die Kennlinie des Bogens insofern von Bedeutung, als ein ungleich- bzw. unverhältnismäßiger Anstieg des Zuggewichtes in der Hauptfunktionsphase des Schusses (Klickerendphase) zu Störungen der Feinkoordination führen kann.

Asynchronität des Bogens – Tiller

Die Kraftmitte des Bogens liegt je nach Konstruktion des Mittelteils zirka 35–45 mm oberhalb des Dreh- und Druckpunktes bzw. der Symmetrieachse (Abb. 512). Dies bewirkt eine ungleichmäßige Belastung der Wurfarme. Ausgleichbar ist die Asynchronität durch eine unterschiedliche Wurfarmstärke bzw. verschiedene Anstellwinkel der Wurfarme, wodurch sich die oberen und unteren Abstände der Wurfarme zur Sehne verändern. Diese Differenz beschreibt der Tiller (Abb. 512).

Unter dem Tiller versteht man in der Praxis allgemein die Differenz der Abstände des oberen und unteren Wurfarmes zur Sehne auf Höhe der Wurfarmtaschen.

Grundsätzlich unterscheidet man einen statischen und einen dynamischen Tiller. Der *statische Tiller* bezieht sich auf den bespannten Zustand des Bogens und wird im Wesentlichen durch die Geometrie des Mittelstückes bestimmt (z.B. Lage des Buttons bzw. der Pfeilauflage).

Der *dynamische Tiller* wird von verschiedenen Autoren unterschiedlich definiert: Während *Rabska* (in *Ruis* u. *Stevenson* 2004, 108) von der Differenz der Abstände der Wurfarme zur Sehne auf Höhe der Wurfarmtaschen im gespannten Zustand (dynamischer Starttiller) ausgeht, bezieht sich *Tapley* (2009) auf entsprechende Differenzen in dem Moment, in dem der Pfeil die Sehne verlässt (dynamischer Endtiller).

Definitorisch sinnvoll erscheint damit ein dynamischer Tiller als Veränderung der Tillerwerte während der Beschleunigungsphase des Pfeils (vgl. auch *Lee* 2007, 186).

Der dynamische Tiller wird grundsätzlich über die Nockpunktüberhöhung und die Geometrie der Griffschale inklusive der Stellung der Bogenhand gesteuert. Er ist ferner abhängig vom Zuggewicht, der Auszugslänge und dem Fingerdruck der Zughand auf der Sehne sowie der Lastverteilung der Zugfinger und elastischer Komponenten der Sehne (s. S. 380 ff. bzw. 651; vgl. *Rabska*, in *Ruis* u. *Stevenson* 2004, 108; *Lee* 2007, 186; *Tapley* 2009).

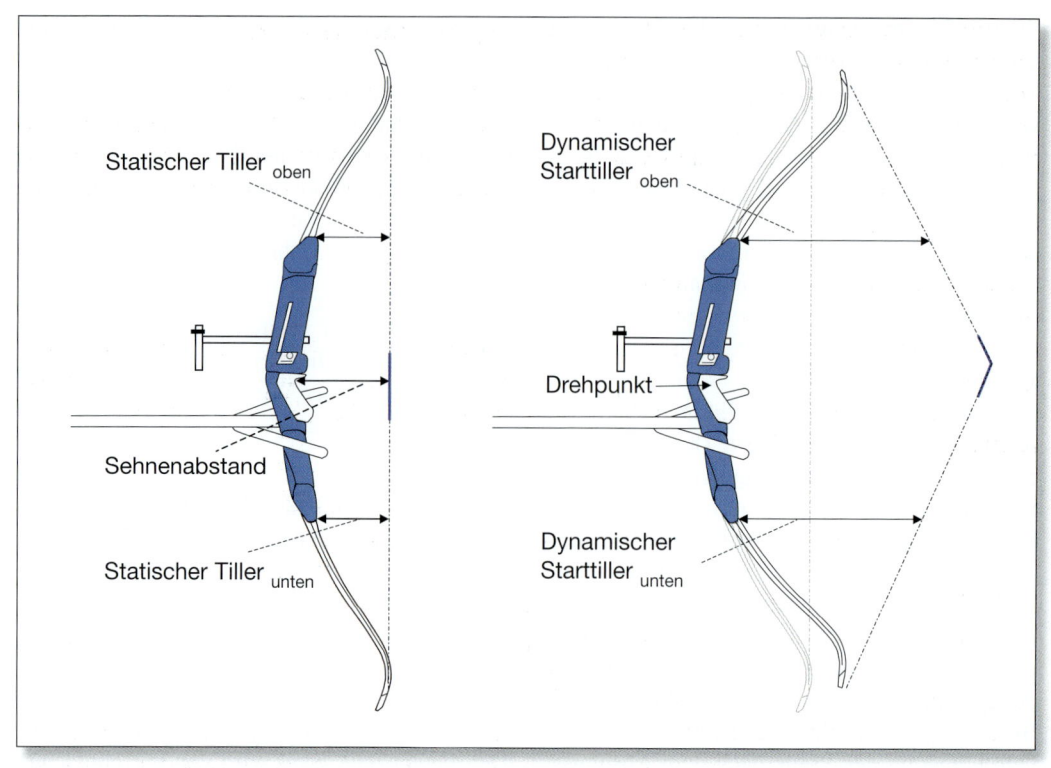

Abb. 512: Statischer und dynamischer Tiller: statisch als Differenz der Abstände des oberen und unteren Wurfarmes zur Sehne auf Höhe der Wurfarmtaschen, dynamisch als Veränderung der Tillerwerte während der Beschleunigungsphase des Pfeils bis zu dessen Verlassen der Sehne. Der dynamische Starttiller wird in gespanntem Zustand des Bogens in Abhängigkeit von der individuellen Auszugslänge bestimmt

Beachten Sie: Aufgrund der größeren Wurfkraft des unteren im Vergleich zum oberen Wurfarm ist der statische Tiller im Allgemeinen auf einen positiven Bereich (in der Regel bis zu 8 mm) vorab einzustellen. Im Rahmen des Feintunings wird anschließend ein individuell optimaler Wert ermittelt (s. S. 683 ff.).

Pfeil

Aufbau

Der Pfeil setzten sich zusammen aus Schaft, Nocke, Spitze (inklusive Insert) und Befiederung (im Allgemeinen aus Kunststoff).

Schaft

Der Pfeilschaft im Recurve- und Compoundbereich besteht heute meist aus Aluminium (z.B. X7 oder XX75), Carbon oder einer Kombination beider Materialien.

Neben den unterschiedlichen Materialien und der Form des Schaftes (parallel oder konisch bzw. einseitig verjüngt) unterscheiden sich die Pfeile hinsichtlich ihrer Durchbiegesteifigkeit (Spinewert) sowie ihres Gewichts, ihrer Länge (Auszugslänge des Schützen) und ihrer Schwerpunktlage (*Tekmitchov* 2010, 54).

Nocke

Bei den Nocken gibt es einzelne Stücke oder Nocksysteme bestehend aus Insert oder Pin und Nocke. Die Nocken werden dabei aus speziellen Kunststoffen (z.B. Polycarbonat) im Heißspritzverfahren gefertigt. In Form und Konstruktion ist das Eigengewicht der Nocke auf ein Minimum reduziert. Wichtig ist, dass das Nockbett nahe zum Schaft liegt, um zu garantieren, dass die größtmögliche Genauigkeit zwischen Schaft, Nocknute und Sehne erreicht wird (vgl. *Bachmann* u. *Frederick* 2010, 13).

Spitze

Grundsätzlich unterscheidet man Klebespitzen und Schraubspitzen, die ein so genanntes Insert benötigen (in den Schaft eingeklebte Gewindebuchse). Spitzen bestehen heute meist aus verschiedenen Metallen (z.B. Messing, Stahl, Wolfram oder Tungsten-Stahl).

Befiederung

Bei der Befiederung unterscheidet man grundsätzlich Kunststoff- und Naturfedern.
- *Naturfedern* werden hauptsächlich auf kurze Distanzen bei großen Pfeildurchmessern (ca. 7–9,3mm) benutzt, weil sie den Pfeil langsam machen und nicht zuletzt wegen ihrer Länge relativ schnell stabilisieren.
- *Kunststofffedern* eignen sich – in Abhängigkeit von ihrer Größe und ihrem Gewicht – auf allen Distanzen. Hauptvertreter sind die geraden FFP-Fletches aus einem weichen PVC-Material und die Spin Wings. Letztere bestehen aus gekrümmtem Polyestermaterial und verleihen durch ihre Krümmung dem Pfeil einen zusätzlichen Drall, der den Pfeilflug stabilisiert, ohne ihn stark abzubremsen.

Physikalische Grundlagen

Schwerpunkt, FOC und Spine

Die Abweichung des Schwerpunktes von der Pfeilmitte ist das so genannte FOC (Front of Center) und berechnet sich nach folgender Formel:

$$\text{FOC } [\%] = \frac{\left(a - \frac{l}{2}\right) \times 100}{l},$$

wobei l die tatsächliche Pfeillänge und a die Entfernung vom Nockboden zum Schwerpunkt des gesamten Pfeils ist, inklusive Spitze, Insert, Nocke und Federn (Abb. 513).

Als *FOC-Richtwerte* gelten für:
- Aluminiumpfeile: 7–9 %
- Carbon (Typ wie A/C/C): 9–11 %
- Carbon (Typ wie A/C/E): 11–16 %
- Carbon (Typ wie X10): 14–20 %
- Jagdpfeile: 10–15% (vgl. *Frangilli* 2007, 148)

Je nach Steifigkeitsgrad spricht man von einem harten (z.B. ACE 430) oder weichen Pfeil (z.B. XX75, 1416). Neuere Pfeilgenerationen (z.B. Barrel-Schafte) zeichnen sich insbesondere dadurch aus, dass die Steifigkeit im hinteren Teil des Pfeils verringert und dadurch der Freiraum für die Befiederung erhöht wird. Durch die parallele Massenverschiebung nach vorne wird gleichzeitig der FOC-Balancepunkt verbessert, und der Pfeil erhält ein ballistisch optimiertes Verhalten (*Tekmitchov* 2010, 55).

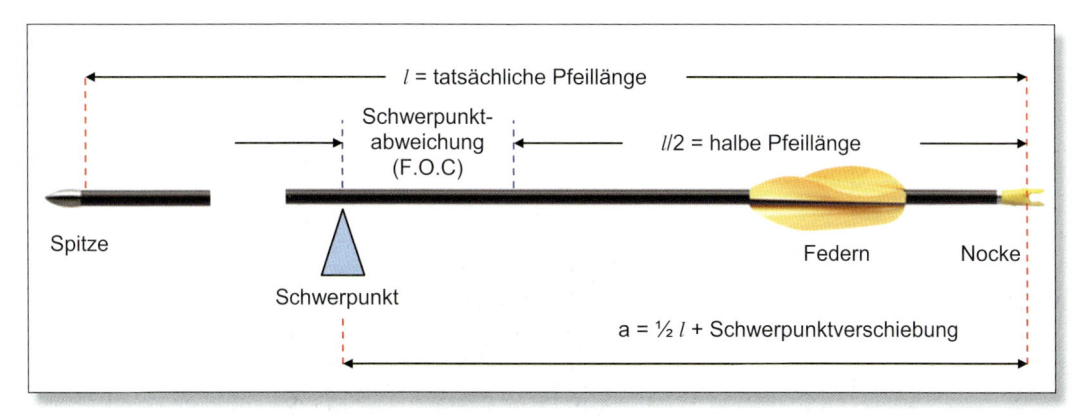

Abb. 513: Kenngrößen des Pfeiles (vgl. *Lee* 2007, 192)

Der Spinewert wird allgemein unterschieden in einen statischen und einen dynamischen Spine. Der *statische Spine* ist definiert als die in Zoll gemessene Durchbiegung (Steifigkeit) eines 29 Zoll (73,66 cm) langen Pfeilschaftes, die sich ergibt, wenn ein 1,94 lbs (880g) schweres Gewicht in der Mitte des Schaftes angebracht wird. Dabei wird der Pfeilschaft auf zwei 28 Zoll (71,12 cm) entfernte Auflagepunkte gelagert. Je weicher ein Schaft ist, desto höher ist seine Durchbiegung und damit sein Spinewert. Der statische Spine wird von der Elastizität des Schaftmaterials und vom Schaftaufbau bestimmt. Bei Schäften, die in verschiedenen Schichten aufgebaut sind – vor allem bei modernen Carbonschäften – wirken sich ferner das dabei verwendete Material (z. B. auch der Kleber) und der Innendurchmesser sowie die Wandstärke auf den Steifigkeitsgrad aus.

Der *dynamische Spine* (dynamische Biegung) ist nur zu beobachten, wenn der Pfeil geschossen wird. Die Energieübertragung des Bogens auf den Pfeil verursacht dabei ein Durchbiegen des Schaftes (vgl. Abb. 514). Das Maß der veränderlichen Durchbiegung während des Pfeilflugs definiert den dynamischen Spine.

Beachten Sie: In der Praxis ist der dynamische Spine bzw. die Schwingungsamplitude des Pfeils beim Passieren des Bogenfensters von großer Bedeutung. Sowohl der Clearance, als auch einem optimalen Tuning ist daher besondere Aufmerksamkeit im Prozess der Materialabstimmung zu schenken (S. 679 bzw. 658).

Der dynamische Spine ist unter anderem abhängig von: Länge des Pfeils bzw. Pfeilgewicht, Spitzengewicht, Nockenmaterial, -größe und -gewicht, Sehnenmaterial und -gewicht, Stabilisation, Leistungsfähigkeit des Bogens (Anfänger, Fortgeschrittener oder Spitzenschütze, Zuggewicht, Auszugslänge etc.) und Release (hart, weich, schnell bzw. langsam; vgl. *Meißner* 2006, 70; *Lee* 2007, 189).

Schwingungsverhalten, Pfeilparadoxon

Der Pfeil erfährt beim Lösen, bedingt durch seine Länge, Massenträgheit, Massenverteilung, Steifigkeit (Produkt aus E-Modul und Flächenträgheitsmoment) und die auftretende Beschleunigung eine dynamische Durchbiegung, die sich als gedämpfte Biegeschwingung des fliegenden Pfeils um seine Knotenpunkte fortsetzt. Man spricht vom so genannten Pfeilparadoxon (Abb. 514).

Wie Abb. 515 zeigt, durchläuft die sich verändernde Schwingung mehrfach die Nullgerade (gedachte Gerade zwischen Ankerpunkt und Zielpunkt). Der Pfeil schwingt dabei um dynamisch feststellbare »Fixpunkte« auf dieser Geraden, die als Knotenpunkte bezeichnet werden (Abb. 516). Der vordere Knoten liegt dabei (wegen der im Allgemeinen höheren Masse der Pfeilspitze im Vergleich zur Nocke) näher an der Pfeilspitze als der hintere Knoten am Nockende.

Praxistipp: Zur Bestimmung der Knotenpunkte empfiehlt *Rohrberg* (2009), den Pfeil in eine Eigenschwingung zu versetzen und die Zeitdauer der Schwingung bei verschiedenen Aufhängepunkten zu messen. Die Aufhängepunkte mit maximaler Schwingungsdauer liefern dann den vorderen und hinteren Knoten (Abb. 517).

Abb. 514:
Pfeilparadoxon in der Praxis
(vgl. *Beiter* 2004)

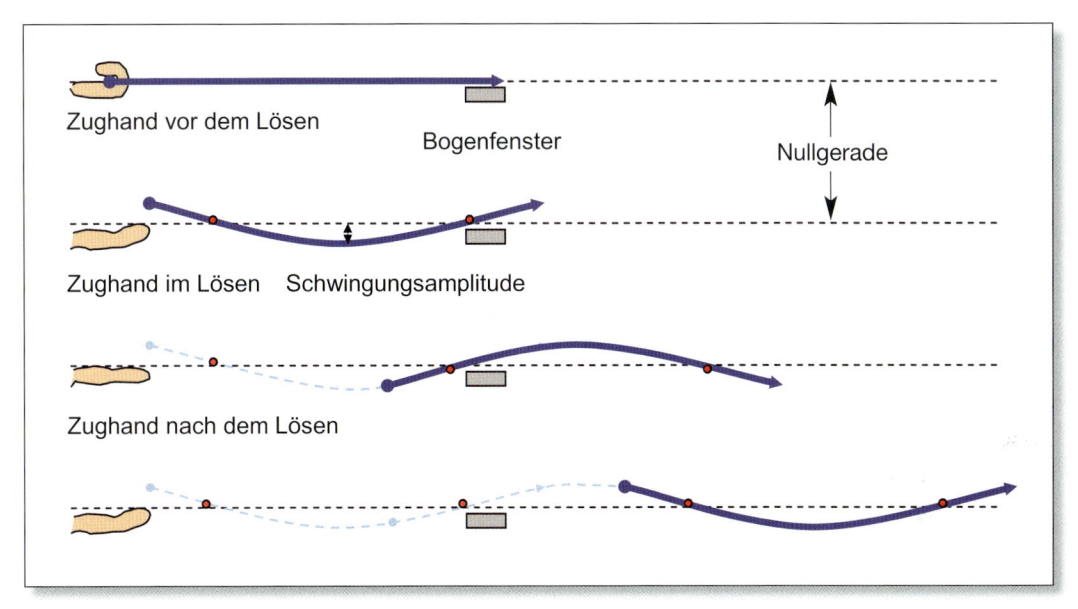

Abb. 515: Schematische Darstellung des Pfeilparadoxons im Verlauf des Lösens unter Berücksichtigung der Knotenpunkte

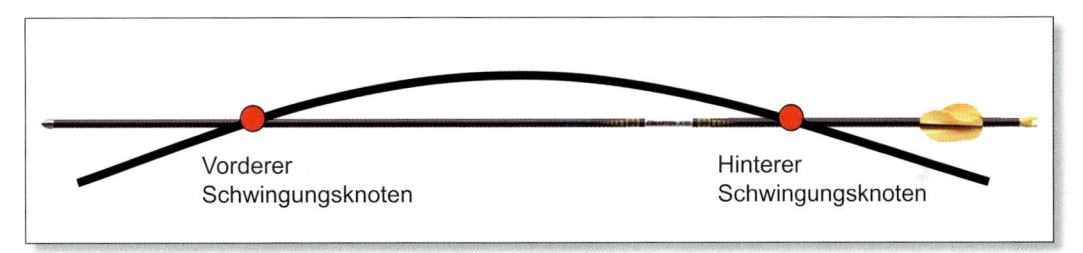

Abb. 516: Schematische Darstellung der Knotenpunkte des Pfeiles

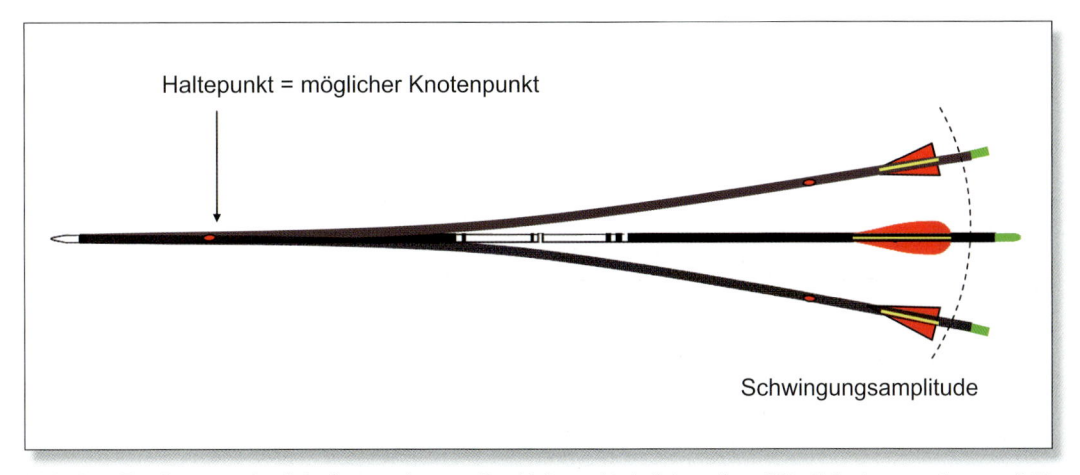

Abb. 517: Bestimmung der Schwingungsknoten: Der Haltepunkt, bei dem die größte Schwingungsdauer auftritt, ist ein Knotenpunkt (*Rohrberg* 2009)

Die Pfeilschwingung bzw. die Schwingungsamplitude hängt eng mit dem Sehnenverlauf unmittelbar nach dem Lösen zusammen (Abb. 518): Je ausgeprägter dabei der Sehnenreflex durch das Lösen ist, desto schwieriger ist es, den Pfeil hinsichtlich seines Flugverhaltens optimal abzustimmen.

Zubehör

Beim Zubehör ist zu unterscheiden zwischen den Materialien, die direkten Einfluss auf das Bogensystem nehmen, und solchen, die zur Komplettierung der Ausrüstung des Schützen zählen (indirektes Zubehör).

Direktes Zubehör

Stabilisation

> Unter Stabilisation versteht man eine Anordnung aus Masse-, Feder- und Dämpfungselementen.

Die Stabilisation besteht meist aus einem Monostabilisator, einem oder mehreren Konterstabilisatoren (vorzugsweise aus Carbon oder Aluminiumlegierungen), einem Trägerelement (V-bar), einem Vorbau sowie zusätzlichen Dämpfungselementen (Abb. 519). Bei den Dämpfungssystemen unterscheidet man insbesondere Gummidämpfer, Öldämpfer oder andere träge Massen.

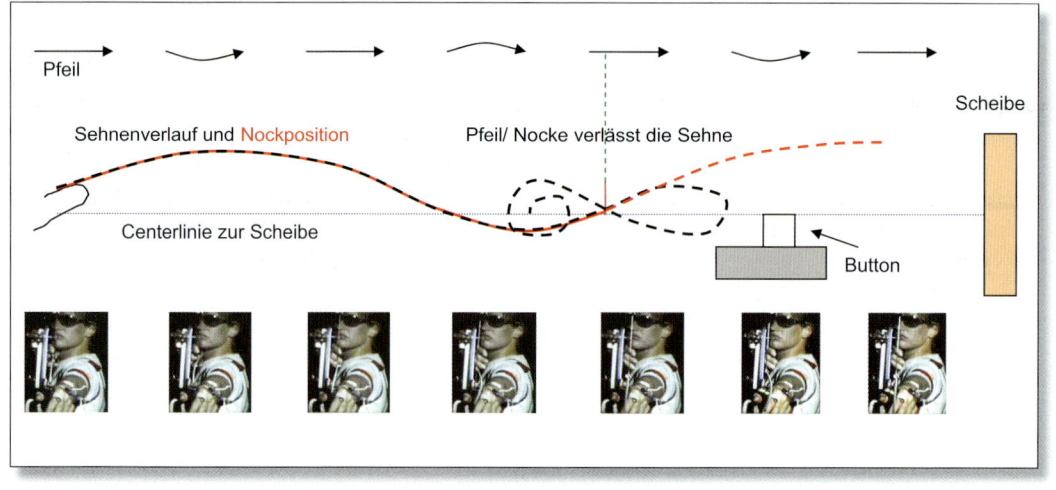

Abb. 518: Verlauf von Sehne und Pfeilnocke sowie das Biegeverhalten des Pfeils während seiner Freigabe (vgl. *Beiter* 2004)

Abb. 519: Stabilisation am Bogen

Die Stabilisation hat verschiedene physikalische Funktionen:
- Dämpfung der Schwingungen, die durch den Abschuss des Pfeils auf das Mittelstück und die Wurfarme übertragen werden
- Austarierung der Gesamtschwerpunktslage und des Bogenkippverhaltens nach dem Abschuss
- Erhöhung des Trägheitsmoments (vgl. *Garnreiter* 2009)

In Bezug auf die Schießtechnik (s. S. 363 ff.) soll durch ein individuell optimiertes Stabilisationssystem das Folgende gewährleistet sein:
- Minimierung von Störgrößen, z.B. Muskeltremor oder Windeinfluss während dem Zielen mittels träger Massen wie Dämpfer, Schwabbel, etc.
- Reduzierung von physikalisch auftretenden Rotationsbewegungen des Bogens (Treffpunktverschiebungen durch Druckpunktänderungen der Bogenhand am Griff) in der Hauptfunktionsphase (Klickerendphase und Lösen), d.h. Austarieren von Bogen inkl. aller Anbauten in allen Richtungen
- Gutes Verharrungsvermögen des Gesamtsystems während der Energieabgabe durch großen Abstand der Massen, stabile Trägerelemente und deren Verbindungen

Beachten Sie: Das System Schütze – Bogen – Stabilisation arbeitet dann optimal, wenn das subjektive Empfinden des Schützen mit dem objektiv feststellbaren Trefferbild günstig (d.h. im Sinne bester Gruppierungen) harmoniert.

Um Schwankungen im Oberkörperbereich minimal zu halten, ist es wichtig, dass der Bogen während des Energieaufbaus um den Drehpunkt austariert arbeitet. Zu erreichen ist dies materialtechnisch durch minimale Amplituden des Monostabilisators im Vollauszug.

In der Schießpraxis ist häufig ein rasches Ausschwingen des Monostabilisators nach vorne unten beobachtbar (s. S. 362). Durch entsprechende Schwerpunktsverschiebungen mit Hilfe der Stabilisation (z.B. durch Zusatzgewichte) bzw. unterschiedlich hohe Griffschalen kann dem Rechnung getragen werden. Eine einfache Möglichkeit, den Schwerpunkt des Bogens zu bestimmen besteht darin, diesen an verschiedenen Aufhängepunkten zu befestigen. Der Schnittpunkt der Lotgeraden liefert dann den Schwerpunkt (Abb. 520).

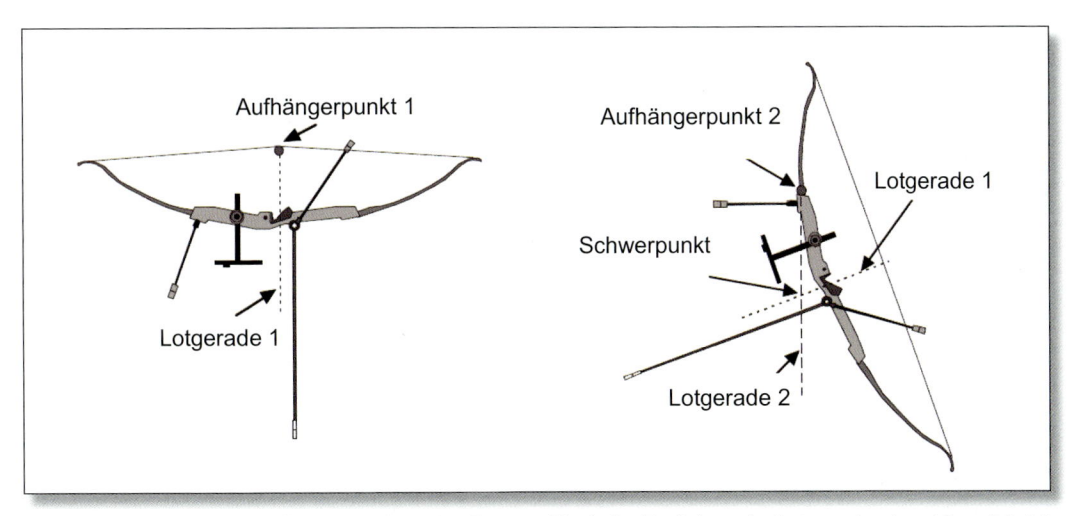

Abb. 520: Bestimmung des Schwerpunktes des Bogens: Nach der Ermittlung der Lotgeraden 1 und 2 ergibt sich der Schwerpunkt als Schnittpunkt dieser Geraden (vgl. *Ellison* 1996, 10)

Beachten Sie: Die Hinzunahme von Massen oberhalb bzw. unterhalb des Schwerpunktes beeinflusst den Tiller (s. S. 639). Beobachtbar ist eine unökonomische Arbeitsweise des Bogens durch asymmetrische Vibrationen des oberen und unteren Wurfarmes im Rahmen von Hochgeschwindigkeitsaufnahmen im bzw. nach dem Abschuss (Abb. 521)

Tab. 154 gibt zusammenfassend einen Überblick unterschiedlicher Freiheitsgrade des Bogens bzw. mögliche Bewegungsrichtungen vor, im und nach dem Abschuss sowie deren Möglichkeiten der Beeinflussung.

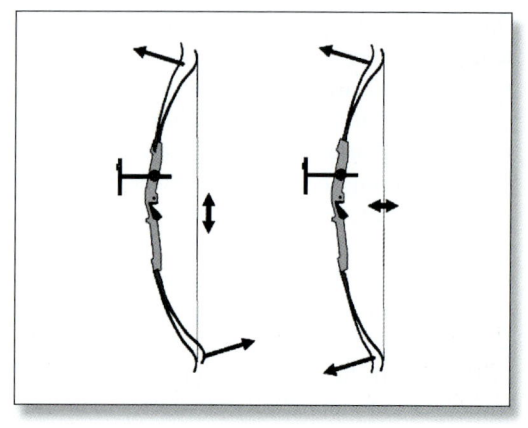

Abb. 521: Schematische Darstellung asymmetrischer (*links*) und symmetrischer Vibrationen (*rechts*) nach dem Abschuss durch verschiedene Einstellungen des Tillers

Art der Bewegung	Skizze	Auswirkungen	Möglichkeiten der Beeinflussung

Translation		Geradlinige oder stetig gekrümmte Bewegungen in seitlicher, vertikaler und horizontaler Richtung	• Massen (Gewichte) und deren geometrische Anordnung
			• Federn
			  – Schraubenfedern
			  – Biegefedern
			  – Kunststoffe
			• Dämpfungselemente
			  – Hydraulische Anordnungen
			  – Konsistenz von Massen (z.B. Flüssigkeiten, Granulate)
			  – Elastomere (Stabilisator mit Quecksilberfüllung)

Rotation		Drehbewegungen des Bogens um die horizontale, vertikale und sagittale Achse des Bogens	
Vibration		Symmetrisches und asymmetrisches unverhältnismäßiges Nachschwingen verschiedener Elemente des Bogens	

Tab. 154: Unterschiedlichen Freiheitsgrade des Bogens bzw. mögliche Bewegungsrichtungen vor, im und nach dem Abschuss sowie Möglichkeiten der Beeinflussung (vgl. *Ellison* 1996, 5)

Zusammenfassend sollte ein Stabilisationssystem den folgenden Anforderungen genügen: Die Stabilisatoren sollten leicht und optimal lang (hohes Trägheitsmoment; Stellung der Bogenschulter) sein sowie eine hohe Eigensteife besitzen (großer Durchmesser).

Griffschale

Die Griffschale bildet mit der Bogenhand des Schützen eine optimale form- und kraftschlüssige Verbindung zum Bogen.

Um Kraftquerkomponenten zu vermeiden, muss die Griffschale – eventuell durch individuelle Veränderungen (z.B. mithilfe eines Griffbandes) – der Handgeometrie angepasst werden (vgl. *Barrs* 2002, 66). Dies hat unter Beachtung der Tatsache zu geschehen, dass der Druckpunkt der *Hand* außerhalb des Drehpunktes des Bogens liegt und diese beiden Punkte angenähert werden sollen.

Grundsätzlich lassen sich drei Griffschalen – entsprechend den drei Griffarten tief, neutral und hoch – unterscheiden: flache, mittelhohe und hohe Griffschale.

- Die *flache* Griffschale bewirkt ein linksdrehendes Drehmoment, weil der Druckpunkt unterhalb des Drehpunktes liegt. Der Schleudereffekt der Hand und damit der Einfluss auf den Tiller sind daher mitunter groß.
- Die *mittelhohe* Griffschale lässt den Druckpunkt nahe am Drehpunkt und ermöglicht daher eine stabile Führung des Bogens im Abschuss (Abb. 522).
- Bei der *hohen* Griffschale liegt der Druckpunkt oberhalb des Drehpunktes. Die Folge ist eine Vorwärtsdrehung (Tiller). Durch den großen Abstand zwischen Druckpunkt und Handgelenk besteht die Gefahr von Handgelenkinstabilitäten.

Pfeilauflage und -anlage (Button)

Die Pfeilauflage ist eine Vorrichtung aus Metall oder Plastik am Mittelstück des Bogens, die den Pfeil während des Bewegungsablaufs stützt.

Der Pfeil hat zwei Berührpunkte zum Griffstück: Pfeilauflage und -anlage.
Die *Pfeilauflage* besteht aus einem Auflagefinger und dem Befestigungselement (Abb. 523). Hoch entwickelte Pfeilauflagen haben meist einen durch Feder- und Magnetkraft ausschwenkbaren »Finger«, der durch die Reibung

Abb. 522: Beispiel einer an die Geometrie des Schützen angepassten Griffschale

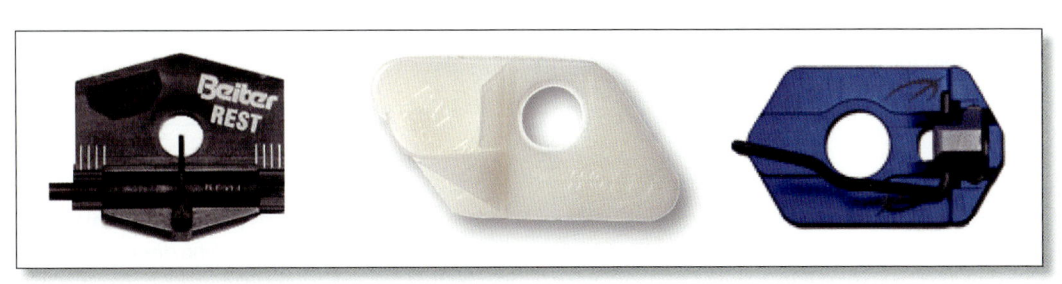

Abb. 523: Verschiedene Typen von Pfeilauflagen

des Pfeils während des Abschusses wegklappt. Der Finger muss stabil sein (z.B. durch DLC-Beschichtung) und auf die Buttonfeder abgestimmt werden (*Beiter* 2009).

Die *Pfeilanlage* (Button oder Plunger) ist ein dem seitlichen Druck des Pfeiles ausweichendes und dämpfendes Element und muss gute Gleiteigenschaften aufweisen (Abb. 524). Beim Tuning eignen sich insbesondere Rasterbuttons, weil diese sehr einfach und präzise zu handhaben sind. Im Wesentlichen hat der Button zwei Aufgaben:
- Einstellung des Seitenversatzes des Pfeiles durch unterschiedlich weites Hineinschrauben in das Mittelstück des Bogens
- Beeinflussung des Reflexverhaltens des Pfeiles im Sinne einer horizontalen Dämpfung durch unterschiedliche Federhärten des Buttons

Beachten Sie: Sowohl die Pfeilauflage als auch der Button müssen in bestimmten Zeitabschnitten gereinigt werden. Dies gilt insbesondere, nachdem der Bogen bei hoher Feuchtigkeit oder Nässe benutzt wurde.

Klicker

Der Klicker ist eine metallene individuell einstellbare Auszugskontrolle am Mittelstück des Bogens (s. auch S. 445).

Folgende Anforderungen werden an den Klicker gestellt:
- Der Klicker soll schnell zurückschnellen, ohne zurückzufedern.
- Das Klickgeräusch soll nicht zu laut sein, und es soll kein Knirschen während des Auszugs erfolgen.
- Der Druck des Klickers darf nicht größer sein als der Buttondruck.
- Der Klicker muss eine optimale Länge haben (Abb. 525).

Bei Anfängern und Jugendlichen, bei denen sich die Pfeillänge noch häufig ändern kann, werden oft lange Vorbauten oder ans Visier angebrachte Klickerplatten verwendet. Eine Alternative dazu bietet der Magnetklicker, der am Visierausleger befestigt wird, nach unten frei hängt und einen großen Verstellbereich ermöglicht.

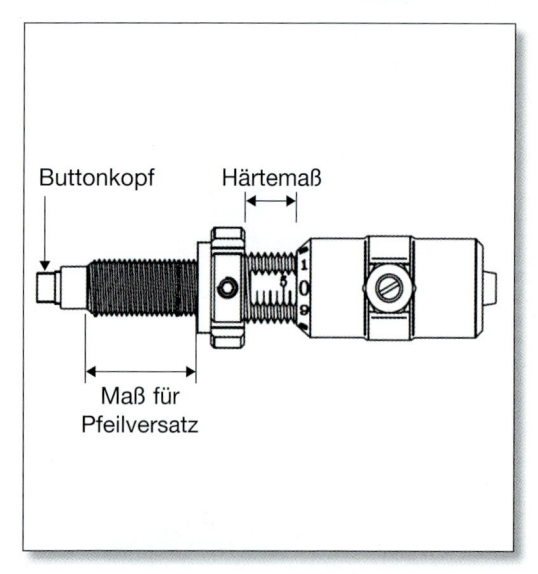

Abb. 524: Schematische Darstellung eines Rasterbuttons zur Einstellung eines präzisen Seitenversatzes sowie einer exakten Federhärte (*Beiter* 2009)

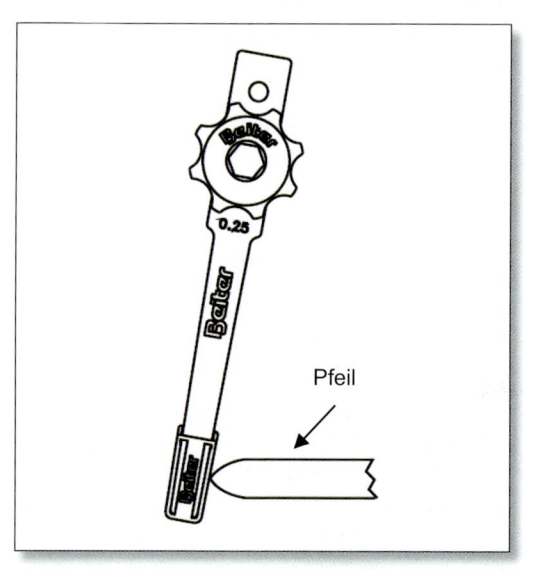

Abb. 525: Schematische Darstellung des Klickers (*Beiter* 2009)

Fingertab (Tab)

Der Tab schützt die Zugfinger vor Verletzungen und hat via Sehne Kontakt zum Bogen (Abb. 526).

Materialbeschaffenheit (z.B. Leder oder Kunststoffe wie Syntax oder Kordovan) und Form (z.B. Ankertab oder Fingertrenner) beeinflussen die Lösegeschwindigkeit und den Löseverlauf (ein Fingertab ohne zusätzliche Auflagefläche ermöglicht häufig einen besseren Kontakt zum Kinn und Kiefer) und damit den Pfeilreflex.

Zusammenfassend lassen sich folgende Aspekte für einen guten Tab festhalten:
- Ein guter Kontakt zu Kinn und Kiefer muss sowohl im Ankern als auch im Lösevorgang möglich sein.
- Form und Größe müssen der Zughand des Schützen angepasst werden: Die Sehne sollte beim Lösen die Fingerkuppen nicht berühren (Handschuhgröße; vgl. *Tekmitchov* 2007, 22).

Beachten Sie: Mehrere gleichmäßig und optimal eingearbeitete Tabs (mindestens 500 Schuss) sind für das Tuning (s. S. 658 ff.) eine grundlegende Voraussetzung (vgl. *Frangilli* 2007, 57).

Abb. 526: Fingerschutz mit Ankerplatte

Abb. 527: Fingertrenner in der Praxis

Fingertrenner

Der Fingertrenner wird häufig benutzt, um Druckstellen der Zugfinger an der Nocke zu verhindern. Seine Größe ist abhängig von der Fingergröße des Schützen (Abb. 527).

Bogenschlinge

Die Bogenschlinge (Finger- oder Handgelenkschlinge) muss so eingestellt sein, dass der Bogen nach dem Lösen bzw. im »Herausspringen« aus der Bogenhand sicher aufgefangen wird, um ein Nachgreifen zu unterbinden (Abb. 528). Eine *optimale* Weite gilt daher als entscheidendes Kriterium der Schlinge.

Abb. 528: Formen der Bogenschlinge: Finger- und Handgelenkschlinge

Visier

Das Visier dient dem Fixieren des Bogenanstellwinkels und unterstützt das Erfassen und Fixieren des Zielbildes. Bei festem Ankerpunkt wird das Korn (Tunnel, Ballen) auf den jeweiligen Entfernungen entsprechend angepasst.

Grundsätzlich werden verschiedene Bauarten unterschieden:
- *Schiebevisier:* Das Visier ist mittels einer fixen Schiene am Bogen befestigt. Eine Tiefenverstellung fehlt.
- Das *Schiebevisier mit Gelenkverstellung* ist eine Sonderform des Schiebevisiers, bei dem die Verstellung über Gelenke erfolgt.
- *Auslegervisier:* Bei befestigter tiefenverstellbarer Führungsschiene am Bogen kann der Ausleger mittels Visierschlitten vertikal verstellt werden.

Abb. 529: Beispiel eines Vorbauvisiers

- *Vorbauvisier:* Die Führungsschiene ist so am Bogen befestigt, dass der Visierschlitten auf dieser Führungsschiene befestigt werden kann. Eine Tiefenverstellung ist durch eine Komplettverschiebung von Vorbau mit Führungsschiene und Visierschlitten an der Befestigungsplatte am Bogen möglich (Abb. 529).

Wichtigste Kriterien bei der Auswahl des Visiers sind:
- Einfache Verstellung in allen Richtungen (Nonius – ⅛-Teilung)
- Stabile und einfach bedienbare Befestigung
- Spielfreies Verschieben

In Bezug auf den Zielpunkt unterscheidet *Tekmitchov* (2008, 41) drei Visiere: Ringvisier, Stiftvisier und Ringvisier mit Stift.
- *Ringvisier:* Der Vorteil besteht darin, dass der Treffpunkt durch das Visier gesehen werden kann. Dies verlangt allerdings, dass der Zielpunkt scharf gestellt werden muss, während der Ring des Visiers unscharf ist (s. auch S. 92). Eine Variation des Ringvisiers ist der Beiter-Visiertunnel (Abb. 530).
- *Stiftvisier:* Bei Wind hat der Stift den Vorteil, dass man ihn seitlich gut versetzen und damit relativ konstant anhalten kann.
- *Ringvisier mit Stift:* Diese am häufigsten verbreitete Visierung kombiniert die Vorteile der obigen Varianten.

Variationen sind ferner die Visierung von *Spigarelli*, die einen Zielpunkt auf einem leicht sichtbaren Fadenkreuz besitzt, das Titan-Recurve-Scope (Linse mit Fiber-Optic-Elementen) oder Klebepunkt) oder der bereits genannte

Abb. 530: Verschiedene Zielpunkte (vgl. *Beiter* 2008)

Beiter-Visiertunnel in unterschiedlichen Konfigurationen (Farbe, Größe, Leuchtstifte etc.).

Sehne

> Die Bogensehne wandelt die potenzielle Energie der Wurfarme in die kinetische Energie des Pfeils um.

> *Beachten Sie:* Bei der Wahl der Sehne gilt es, folgende Faktoren zu berücksichtigen:
> - Material
> - Strangzahl
> - Masse
> - Mitten- und Endenwicklung bzw. Nockpunkt
> - Windungszahl
> - Sehnenabstand

Im Fortgeschrittenen- und insbesondere im Spitzenbereich bedarf es einer genauen Kenntnis der Auswirkungen verschiedenster Sehnenmaterialen, Strangzahlen etc. sowie einem ausführlichen Tuning und mehrer Tests zur Kontrolle (Gruppierungen) der individuell optimalen Sehne.

Material: Bei den Sehnen werden heute hochwertigste Kunstfasern wie Dacron, Kevlar, Fast Flight, Ultra Fast, Dyneema, Gigabow XP 170, Vectran etc. verwendet. Gefordert sind eine gleich bleibende Belastbarkeit bei geringster Dehnung (Kriechverhalten), eine hohe Schnellkraft, keine Feuchtigkeitsaufnahme und Lichtbeständigkeit sowie ein hohes Wurfvermögen (vgl. *Knöbel* 2006, 20).

Strangzahl: Die Strangzahl der Sehne beeinflusst den Wirkungsgrad und das Abschussverhalten des Bogens. Eine höhere Strangzahl reduziert zwar den Gesamtwirkungsgrad des Bogens, macht jedoch das System Bogen/Sehne stabiler und unempfindlicher gegenüber schießtechnischen Fehlern. Gleichzeitig empfindet der Schütze den Abschuss weicher.

Masse: Das »Gewicht« der Sehne kann einen erheblichen Einfluss auf den Spinewert des Pfeils haben. Vergrößern oder Verkleinern der Strangzahl der Sehne, kann den dynamischen Spinewert des Pfeiles dahingehend verändern, dass es nötig wird, einen um eine ganze Klasse steiferen oder weicheren Pfeilschaft zu verwenden. Reagiert der verwendete Pfeilschaft zu steif, sollte die Strangzahl u. U. reduziert werden; reagiert er zu weich, ist die Strangzahl gegebenenfalls zu erhöhen.

Mitten- und Endenwicklung bzw. Nockpunkt (s. S. 652): Eine leichtere Wicklung oder der Wechsel von einem Metall-Klemmnockpunkt auf einen gewickelten Nockpunkt reduzieren das Gewicht der Sehne und lassen dadurch den Pfeil beim Abschuss geringfügig weicher reagieren. Umgekehrt bewirken eine schwerere Mittenwicklung oder eine lange Endenwicklung einen dynamisch steiferen Spinewert.

Windungszahl: Sie beeinflusst das Abschussverhalten der Sehne. So wirkt eine hohe Windungszahl – bei gleicher Länge – dämpfend. Eine niedrige Windungszahl hingegen macht den Pfeil schneller, bedingt aber unter Umständen – durch ein mögliches kurzfristiges Aufgehen – größere Streuungen. Die optimale Windungszahl – sie wird meist zwischen 10 und 30 Windungen angegeben – ist durch entsprechende Gruppierungen zu ermitteln.

Sehnenabstand: Er besitzt sowohl eine statische als auch eine dynamische Komponente.

> Der *statische* Sehnenabstand (Standhöhe) beschreibt die kürzeste Entfernung zwischen dem tiefsten Punkt der Griffschale zur Sehne im bespannten Zustand des Bogens.
> Der *dynamische* Sehnenabstand ist die minimale Entfernung der Sehne zum tiefsten Punkt der Griffschale nach der Freigabe des Pfeils.

Der Sehnenabstand ist abhängig vom Zuggewicht, der Bogenlänge, dem Sehnengewicht und der Art des Lösens (z.B. mit und ohne Release, hart oder weich). Dabei ist grundsätzlich zu beachten, dass der Pfeil die Sehne nicht auf Höhe seiner dynamischen Standhöhe verlässt, sondern bereits zuvor (Abb. 531 und 532).

Beachten Sie: Der statische Sehnenabstand (Abb. 547) ist im Rahmen des Feintunings individuell optimal (beste Gruppierungen) zu ermitteln und in jedem Training und Wettkampf mehrfach zu überprüfen.

Nockpunkt

Der Nockpunkt ist die Position an der Mittelwicklung der Sehne, innerhalb der die Nocke des Pfeils angesetzt wird. Im Recurvebereich ist eine Erhöhung der Oberkante des unteren Nockpunktes von einigen Millimetern über der Senkrechten zur Pfeilauflage die Regel (s. S. 657).

Nocke und Sehne müssen eine gute Verbindung haben, d.h., der Pfeil darf weder aus dem Nock-

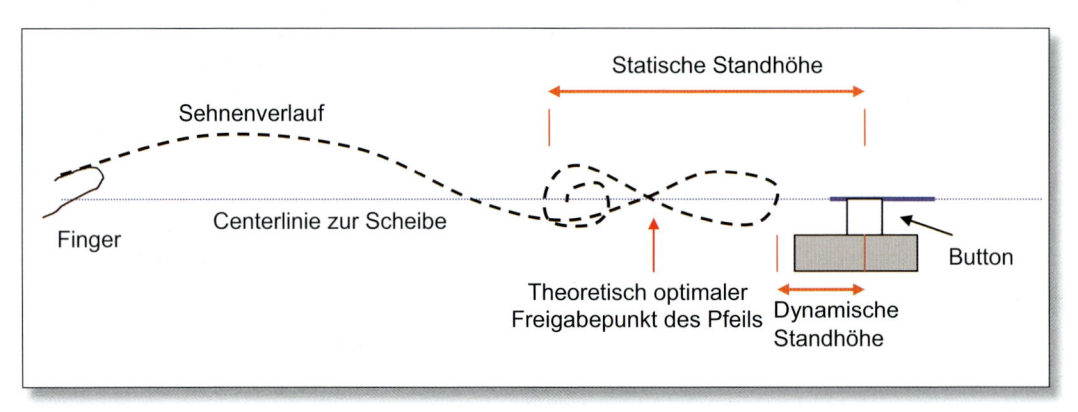

Abb. 531: Schematischer Zusammenhang zwischen Sehnenverlauf sowie statischem und dynamischem Sehnenabstand

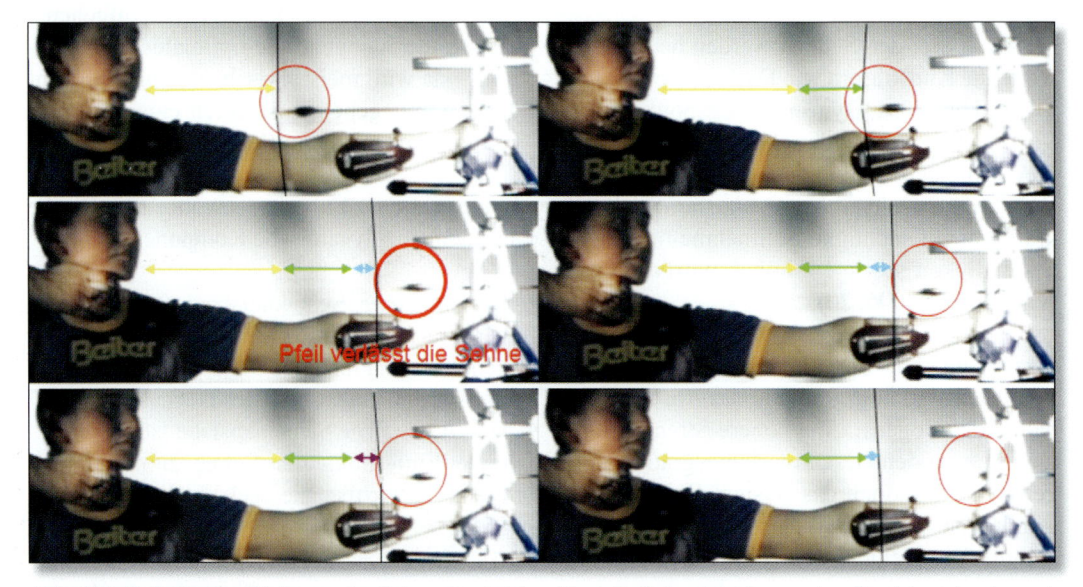

Abb. 532: Freigabe des Pfeils von der Sehne: Der Pfeil verlässt die Sehne bereits vor dem Erreichen der dynamischen Standhöhe (vgl. *Beiter* 2007)

punkt fallen noch zu stark in ihm festhalten (Abb. 533). Der Nockpunkt ist im Allgemeinen gewickelt, geklebt oder geklemmt.

Indirektes Zubehör

Zur vollständigen Ausrüstung eines Bogenschützen gehören ferner:
- Koffer und Bogenständer
- Arm- und Brustschutz (Abb. 534): Der Armschutz darf nicht zu dick sein, und der Brustschutz muss eng anliegen, um Berührungen durch die Sehne entweder zu vermeiden oder zumindest Reflektionen zu verhindern
- Ersatzteile und Werkzeug
- Entsprechende Kleidung (z.B. Regenjacke, Handschuhe und Kopfbedeckung)
- Fernglas, Schießbuch, Protokolle, Checklisten, Regelwerkauszüge
- Sitzgelegenheit
- Zelt

Materialwahl

Während Anfänger den Bogen bzw. dessen Zuggewicht vor dem Pfeil aussuchen, wird bei Spitzenschützen hinsichtlich einer Vorauswahl der Bogen häufig auf den Pfeil hin ausgewählt.

Wahl des Pfeils

Die Wahl des Pfeils hängt ab vom Zuggewicht des Bogens in Relation zum Auszug des Schützen. So bewirkt beispielsweise ein längerer Auszug ein höheres Zuggewicht. Ferner spielen eine Rolle: das Auszugsdiagramm des Bogens, die dynamische Wurfarmmasse, die Sehnenmasse sowie der Abstand Klicker/Button.

Hinsichtlich des Pfeiles muss die Schaftlänge, ein Spinewert als Ausgangsbasis (z.B. Easton-Tabelle) und die sich daraus ergebende Ausgangsmasse einer Spitzen- und Schaftkombination bekannt sein. Herstellerangaben liefern in der Regel gute Ausgangswerte.

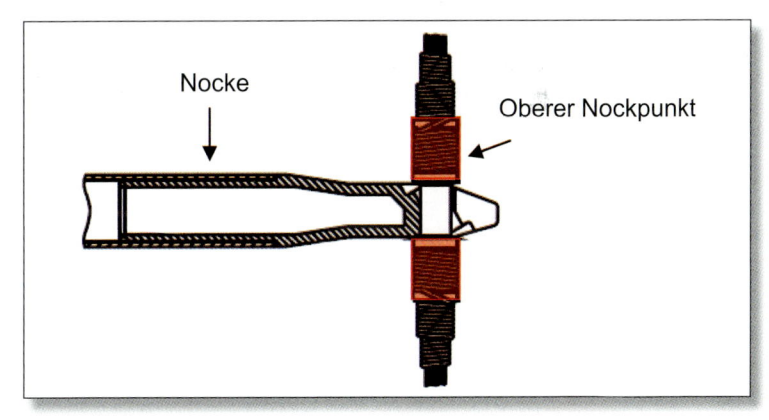

Abb. 533:
Schematische Darstellung des Nockpunktes (vgl. *Beiter* 2008)

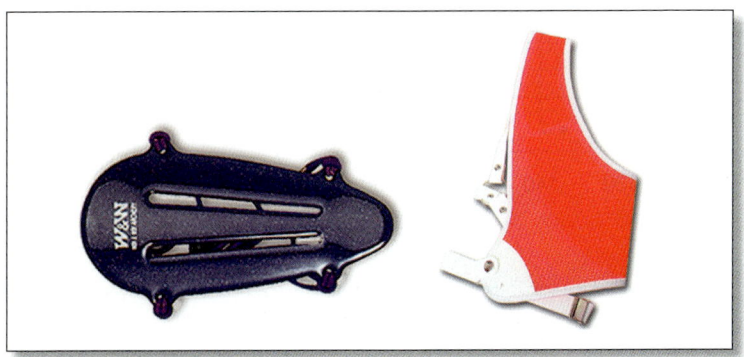

Abb. 534:
Arm- (*links*) und Brustschutz (*rechts*)

Beachten Sie: Der Pfeil sollte zuerst auf die maximale Länge (Klicker am äußeren Ende des Vorbaus) abgeschnitten werden. Damit ist die Möglichkeit gegeben, die Steifheit des Pfeiles durch weiteres Kürzen zu erhöhen.

Wahl des Bogens

Bei der Wahl des Bogens muss nach folgenden Gesichtspunkten beurteilt und ausgesucht werden:
- Die Bogenlänge muss auf die anatomischen (z.B. Körpergröße, Armlänge oder Verhältnis Oberarm/Unterarm) und technischen (z.B. Zugfingerplatzierung) Voraussetzungen des Schützen abgestimmt sein. Von besonderer Bedeutung ist die Auszugslänge des Schützen.
- Das Zuggewicht muss im Verhältnis zur Maximalkraft (S. 315) und zur Auszugslänge des Schützen ausgewählt werden.

Auszugslänge

Die Auszugslänge ist einerseits abhängig von anatomischen (Armlänge, Schulterweite, Kopfgeometrie) und technischen Voraussetzungen (Sehnenlage, Oberkörperstellung, Griffhaltung) des Schützen sowie andererseits von Kenngrößen des Bogens (Bauart, Griffschale; S. 637 f.). Einen Anhaltspunkt der theoretischen Pfeillänge soll Abb. 535 geben. So kann theoretisch bei einer Körpergröße von 171 cm von einer Pfeillänge (gemessen bis zur Buttonmitte) von etwa 68 cm ($y = 0{,}4737 \times 171 - 13{,}268$) ausgegangen werden. Eine Überprüfung in der Praxis ist – vor dem Zuschneiden des Pfeils – dennoch unerlässlich.

Beachten Sie: Die individuell optimale Pfeillänge ist nur über ein individuelles Vermessen – bei entsprechendem technischem Leistungsstand (d.h. konstanter Auszug) – des Schützen möglich.

Bogenlänge

Die Bogenlänge hängt von der Auszugslänge des Schützen ab. Ein langer Auszug (über 730 mm) benötigt einen langen Bogen, weil ansonsten der Winkel der Sehne im Anker zu spitz wird, was zu einem Einklemmen der Pfeilnocke führen kann. Zu berücksichtigen ist ferner, dass ein längerer Bogen eine geringere Anfangsgeschwindigkeit des Pfeiles erzeugt (der Wurfarm

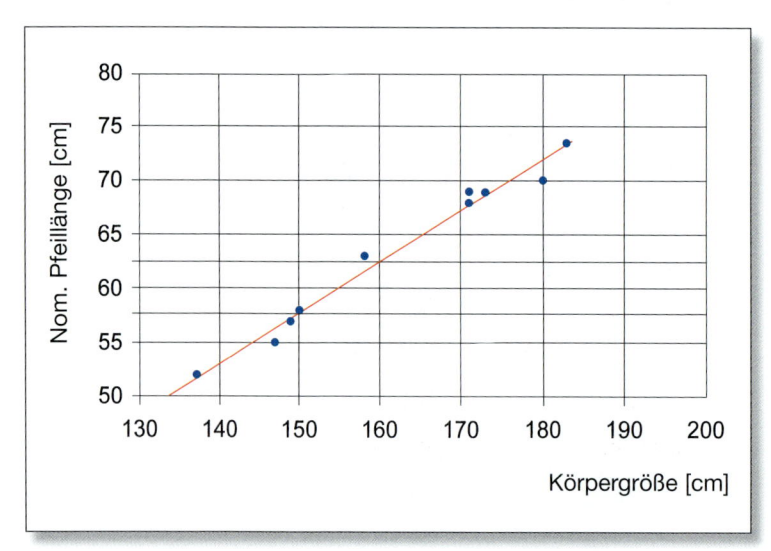

Abb. 535: Richtwerte für die theoretische Pfeillänge in Abhängigkeit von der Körpergröße (vgl. *Garnreiter* 2009)

wird schwerer, die Masse der längeren Sehne ist größer) und beim Abschuss instabiler ist, weil er mehr zu Drehschwingungen tendiert. Hingegen hat ein kürzerer Bogen eine geringere dynamische Masse und damit einen besseren Wirkungsgrad.

Tab. 155 zeigt Richtwerte hinsichtlich der Auswahl der Bogenlänge in Abhängigkeit von der Auszugslänge (s. auch Abb. 550).

Zuggewicht

Die Wahl des Zuggewichts (es wird meist in englischen Pfund angegeben: 1 lb = 453,59237 Gramm) hängt ab von der Maximalkraft und der Kraftausdauer des Schützen (s. auch S. 315). Um feinmotorische Abläufe – insbesondere in der Klickerendphase – zu gewährleisten, sollte das gewählte Zuggewicht zwei Drittel der Maximalkraft nicht übersteigen und eine entsprechende Anzahl von Wiederholungen des Schießablaufs (je nach Disziplin) ausgeführt werden können (vgl. *Ulrich* 1996, 5.31).

Auf die Bedeutung einer entsprechenden Muskelschulung vor dem Erhöhen des Zuggewichts sei an dieser Stelle besonders hingewiesen (vgl. Krafttraining, S. 283 ff.).

Tab. 156 gibt Richtwerte für die effektiven Zugwerte in Abhängigkeit von Ausbildungsstand, Körperkonstellation und Altersgruppe an.

Auswahlkombinationen

Je nach Einsatzgebiet haben sich folgende Kombinationen zwischen Bogenkonstruktion (S. 634), Griffstück, Wurfarmen, Zuggewicht und Auszug bewährt (Tab. 157).

Beachten Sie: Im Jagd- und Feldschießen werden meist kürzere, schnellere Bögen eingesetzt, um eine flache Flugbahn zu erreichen und damit eventuelle Schätzfehler zu kompensieren.

Tab. 155: Richtwerte für die Auswahl der Bogenlänge (Recurvebogen) in Abhängigkeit von der Auszugslänge: Der Mitcenter des Bogens beschreibt dabei den tiefsten Punkt innerhalb der Griffschale (s. auch S. 674; vgl. *Ulrich* 1996, 5.32)

Auszugslänge (Mitcenter des Bogens bis Lösepunkt)		Bogenlänge
in Zoll (")	in Millimeter (mm)	in Zoll (")
14–17,5	380–450	46
17–19,5	430–500	56
19–21,5	480–550	60
21–23,5	530–600	62
23–25,5	580–650	64
25–27,5	630–700	66
27–29,5	680–750	68
29–31,5	730–800	70
31–33,5	780–850	71
über 33	über 830	72

Leistungsstufe Altersgruppe	Anfänger Zuggewicht (lbs)			Fortgeschrittener Zuggewicht (lbs)			Leistungsträger Zuggewicht (lbs)		
	Grazil	**Stabil**	Kräftig	Grazil	**Stabil**	Kräftig	Grazil	**Stabil**	Kräftig
Schüler C	10	**12**	14	12	**14**	16	xx	**xx**	xx
Schüler B	12	**15**	18	16	**18**	20	xx	**xx**	xx
Schüler A	14	**18**	22	20	**24**	28	22	**26**	30
Jugend weiblich	18	**22**	26	24	**28**	32	28	**32**	36
Jugend männlich	24	**28**	32	30	**34**	38	32	**36**	40
Juniorinnen	22	**26**	30	28	**32**	36	30	**34**	38
Junioren	28	**32**	36	34	**38**	42	36	**40**	44
Damen	22	**26**	30	28	**32**	36	30	**34**	38
Schützen	28	**32**	36	34	**38**	42	36	**40**	44

xx = kein Leistungsbereich

Tab. 156: Richtwerte für die effektiven Zugwerte in Abhängigkeit von Ausbildungsstand, Körperkonstitution und Altersgruppe (vgl. *Ulrich* 1996, 5.33)

Auszug	Zuggewicht	Bogenkonstruktion	Griffstück	Wurfarme
Einsatzgebiet: FITA				
Lang	Hoch Tief	Deflex Deflex	Lang Lang	Lang Mittel
Mittel	Hoch Tief	Deflex Neutral	Lang Kurz	Mittel Mittel
Kurz	Hoch Tief	Deflex/Neutral Neutral	Kurz Kurz	Mittel Kurz
Einsatzgebiet Feld- und Jagdschießen				
Lang	Hoch Tief	Deflex/Neutral Neutral	Lang Lang	Lang Mittel
Mittel	Hoch Tief	Neutral Neutral/Reflex	Lang Kurz	Mittel Mittel
Kurz	Hoch Tief	Neutra/Reflex Reflex	Kurz Kurz	Mittel Kurz

Tab. 157: Kombinationen zwischen Bogenkonstruktion, Griffstück, Wurfarmen, Zuggewicht, Auszug und Einsatzgebiet (vgl. *Ulrich* 1996, 5.33)

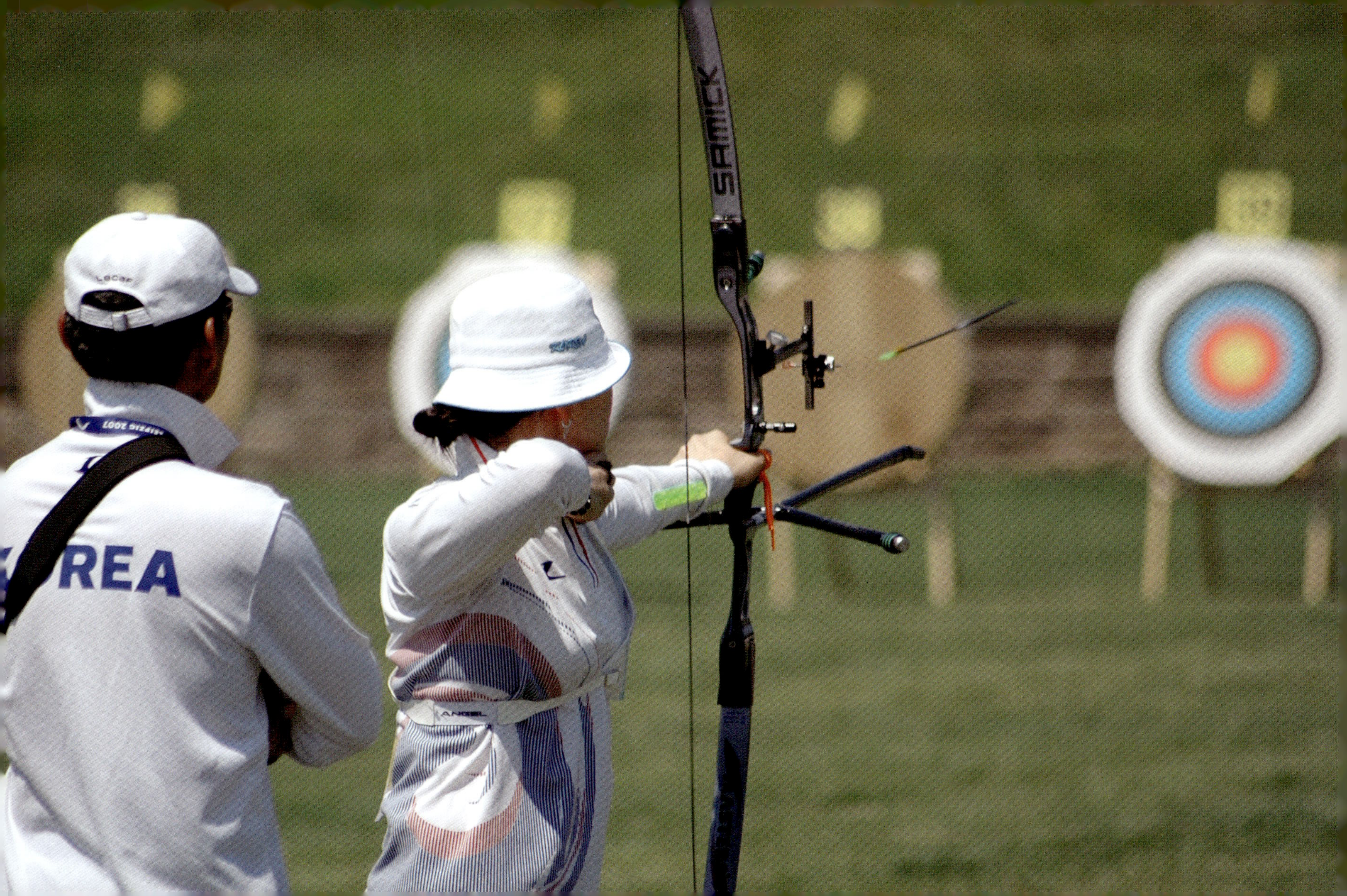
SAMICK

Tuning

Begriffsbestimmung und Ziele

> Unter Tuning versteht man im Bogenschießen die optimale Abstimmung des Materials (Bogen, Pfeil und Zubehör) auf die individuellen Gegebenheiten des Schützen (Schießtechnik, Auszugslänge etc.).

Wie aus den bisherigen Ausführungen zu erkennen ist, gibt es diverse Regeln und Gesetzmäßigkeiten, die für das Tuning wichtig sind. Dazu zählen unter anderem:
- Erreichen einer optimalen Energieausbeute von Bogen und Pfeil durch eine Parallelität der Kraftlinien
- Ermittlung eines optimalen Pfeilverhaltens im Sinne eines raschen Abklingens der Schwingungen und damit einer hohen Flugstabilität
- Auffinden der besten Pfeilgruppierung durch ein optimales Zusammenspiel von Schütze, Bogen, Pfeil und Zubehör

Einflussfaktoren des Materials

Auf der Basis der oben genannten Regeln ist zu beachten, dass Materialänderungen die Stabilität des Pfeilflugs, die Pfeilgruppierung und damit auch die Energieausbeute beeinflussen.

Tab. 158 zeigt auf, welche Maßnahmen zu welchen Veränderungen in welchem Grad führen. Dadurch lässt sich fallweise entscheiden, welche Möglichkeiten sich dem Schützen bieten, um einen bestimmten Effekt zu erreichen. Will man beispielsweise den Pfeil (dynamisch) steifer machen, kann man die Zugkraft reduzieren, den Tiller vergrößern, die Strang- oder Windungszahl erhöhen oder den Button weicher machen.

> *Beachten Sie:* Die Vorgehensweise muss systematisch und stufenweise erfolgen, d.h. während des Tunings immer nur eine Größe in minimalen Maßen verändern. Gleichzeitig muss das Zubehör (z.B. Fingerschutz oder Sehne) bereits eingeschossen sein (mindestens 500 Schuss; vgl. *Frangilli* 2007, 52)

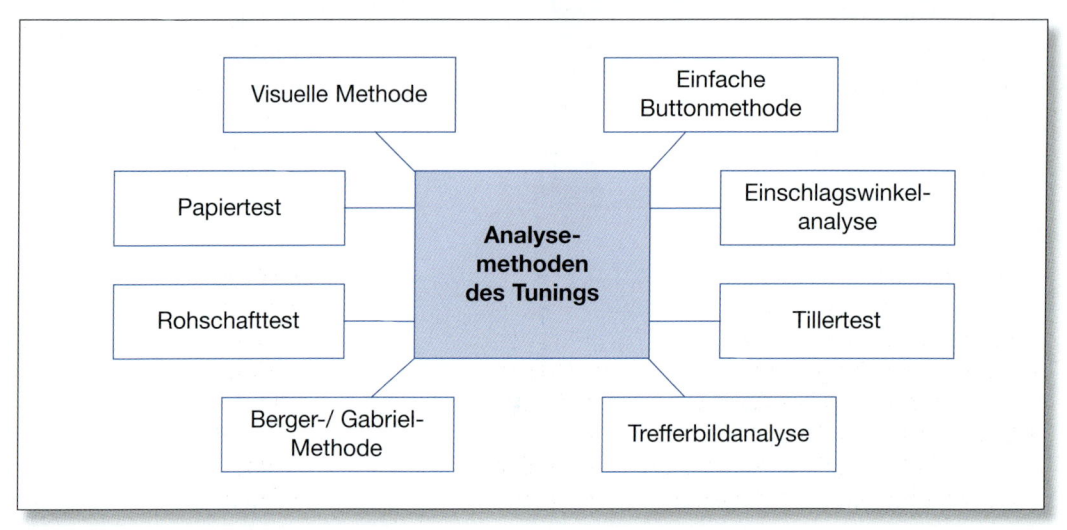

Abb. 536: Analysemethoden des Tunings

Maßnahme	Auswirkung auf den Pfeil	Grad der Auswirkung
Am Bogen		
• Zugkraft erhöhen • Zugkraft reduzieren • Wurfarmmaterial schneller • Wurfarmmaterial langsamer	• Weicher • Steifer • Weicher • Steifer	• Mittel bis hoch • Mittel bis hoch • Mittel • Mittel
Am Pfeil		
• Spinewert erhöhen • Spinewert reduzieren • Spitzengewicht erhöhen • Spitzengewicht reduzieren • Nockbettform kantig • Nockbettform rund • Nocklänge kurz • Nocklänge lang • Befiederungsgewicht erhöhen • Befiederungsgewicht reduzieren • Befiederungsmaterial härter • Befiederungsmaterial weicher • Drall vergrößern • Drall verkleinern	• Steifer • Weicher • Weicher • Steifer • Weicher • Steifer • Weicher • Steifer • Steifer • Weicher • Steifer • Weicher • Steifer • Weicher	• Mittel bis hoch • Mittel bis hoch • Gering bis mittel • Gering bis mittel • Gering bis mittel • Gering bis mittel • Gering bis mittel • Gering bis mittel • Mittel • Mittel • Mittel bis hoch • Mittel bis hoch • Mittel bis hoch • Mittel bis hoch
An der Sehne		
• Strangzahl erhöhen • Strangzahl reduzieren • Sehnenmaterial härter • Sehnenmaterial weicher • Windungszahl erhöhen • Windungszahl reduzieren	• Steifer • Weicher • Weicher • Steifer • Weicher • Steifer	• Mittel • Mittel • Mittel bis hoch • Mittel bis hoch • Mittel bis hoch • Mittel bis hoch
Am Button		
• Seitenversatz erhöhen • Seitenversatz reduzieren • Buttoneinstellung härter • Buttoneinstellung weicher • Buttonfederkennlinie flacher • Buttonfederkennlinie steiler • Buttonfederkennlinie progressiv • Buttonfederkennlinie degressiv	• Steifer • Weicher • Weicher • Steifer • Weicher • Steifer • Steifer • Weicher	• Mittel • Mittel • Mittel • Mittel • Mittel • Mittel • Hoch • Hoch

Tab. 158: Maßnahmen, Auswirkungen und Grad der Veränderung bei der Verwendung unterschiedlicher Materialien (verändert nach *Ulrich* 1996, 5.36; *Rohrberg* 2009; *Garnreiter* 2010)

Analysemethoden

In der Schießpraxis des Recurveschützen lassen sich derzeit folgende Analysemethoden unterscheiden: visuelle Methode, Pfeilauswahl, einfache Buttonmethode, Einschlagswinkelanalyse, Rohschafttest, Papiertest, Tillertest, Analyse der Pfeilstreulinien (Gabriel- oder Berger-Methode bzw. Walk-back-Test), Trefferbildanalyse und Mikrotuning (Abb. 536).

Beachten Sie: Alle Angaben zum Seitenversatz oder Pfeilreflex beziehen sich auf Rechtshandschützen und sind für Linkshandschützen entsprechend seitenverkehrt.

Visuelle Methode

Unter der visuellen Methode versteht man das Beobachten und die Analyse des Pfeilflugs nach dem Verlassen des Bogens mittels Auge oder Videokamera (vorzugsweise High Speed).

Die visuelle Methode eignet sich insbesondere als Einstieg der Analyse, um eventuell mangelnde Freiräume des Pfeilflugs (Clearance; S. 678 f.) vorzeitig zu erkennen. Sie verlangt allerdings entsprechende Erfahrung und ein geschultes Auge.

Als optimal gelten folgende Testbedingungen:
- Der Beobachter steht etwa 1–2 Meter und leicht erhöht hinter dem Schützen.
- Der Blick ist auf die Flugbahn des Pfeiles gerichtet.
- Beobachtet werden Abschuss-, Steig- und Fallphase des Pfeils.

Mögliche Beobachtungen bei der visuellen Methode und deren Ursachen sind in Tab. 159 dargestellt.

Einschlagswinkelanalyse

Unter der Einschlagswinkelanalyse versteht man die Auswertung des horizontalen und vertikalen Auftreffwinkels eines (bzw. mehrerer) befiederten oder unbefiederten Pfeiles auf einer geeigneten weichen Scheibe.

Die Einschlagswinkelanalyse gilt als gute Kontrollmöglichkeit eines Grobtunings, im Spitzenbereich ist sie allerdings zu ungenau und muss durch weitere Methoden (z.B. Rohschafttest) ergänzt werden.

Als günstig haben sich die folgenden Durchführungsmodalitäten erwiesen:
- Verwendung einer sehr weichen, gleichmäßig dichten Scheibe (z.B. Styroporblock) bzw. Schießen auf unterschiedliche Sektoren der Scheibe
- Sehr kurze Entfernung (ca. 5–7 Meter)
- Horizontale Abschusshöhe (Augenhöhe)

Tab. 160 zeigt beispielhaft mögliche Beobachtungen bei der Einschlagswinkelanalyse und deren Ursachen bzw. Korrekturmöglichkeiten.

Beobachtung	Mögliche Ursachen
• Pfeil fliegt mit der Spitze nach unten hängend • Pfeil springt in der Abschuss- bzw. in der Steigphase • Pfeil stellt sich quer zur Flugbahn • Pfeil schwingt stark in der Fallphase	• Nockpunkt zu hoch oder Schwerpunkt zu kopflastig • Nockpunkt zu tief • Buttonposition, Buttonhärte oder falscher Spinewert • Drall, Befiederung oder falsche Schwerpunktlage

Tab. 159: Mögliche Beobachtungen bei der visuellen Methode und deren Ursachen

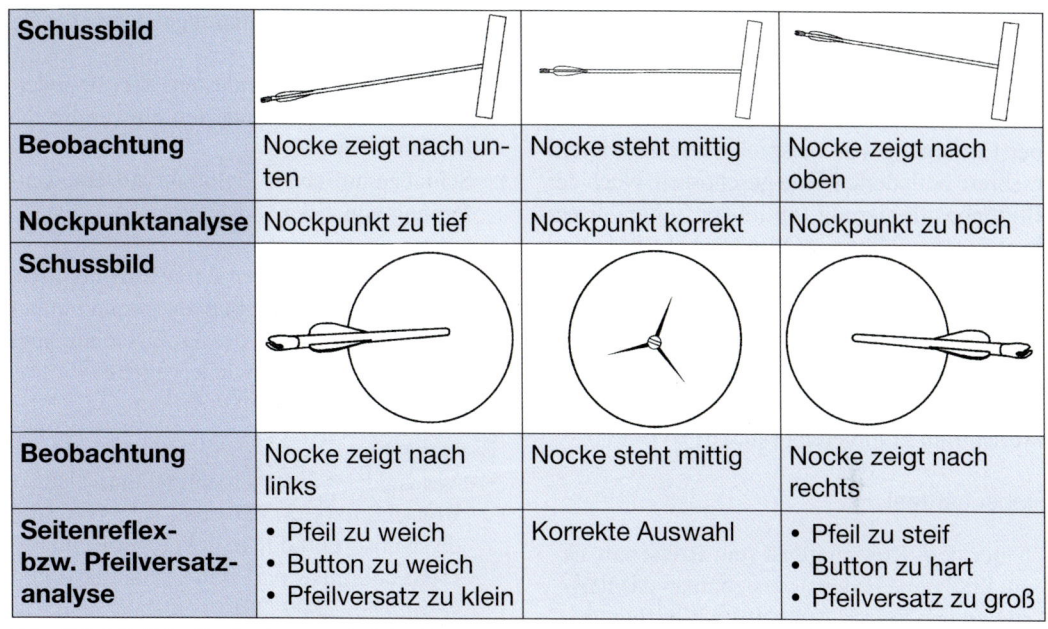

Schussbild			
Beobachtung	Nocke zeigt nach unten	Nocke steht mittig	Nocke zeigt nach oben
Nockpunktanalyse	Nockpunkt zu tief	Nockpunkt korrekt	Nockpunkt zu hoch
Schussbild			
Beobachtung	Nocke zeigt nach links	Nocke steht mittig	Nocke zeigt nach rechts
Seitenreflex- bzw. Pfeilversatz-analyse	• Pfeil zu weich • Button zu weich • Pfeilversatz zu klein	Korrekte Auswahl	• Pfeil zu steif • Button zu hart • Pfeilversatz zu groß

Tab. 160: Mögliche Beobachtungen bei der Einschlagswinkelanalyse und deren Ursachen

Beachten Sie: Die Einschlagswinkelanalyse muss auf unterschiedlichen Distanzen kontrolliert werden (vgl. *Ellison* 1998, 6)

Tillertest

Ellison (1998, 8) unterscheidet hinsichtlich der Einstellmöglichkeiten die statische und dynamische Tillereinstellung. Dabei ist zu beachten, dass der Tiller einen konstanten Druckpunkt der Bogenhand fordert und während der Einstellung keine zusätzlichen Veränderungen am Bogen (z.B. in der Stabilisation) vorgenommen werden dürfen.

Statische Tillereinstellung:
- Auf einer Entfernung von zirka 12–18 Metern wird der Bogen etwa auf Augenhöhe angehoben (2. Positionsphase) und auf einen definierten Punkt auf der Scheibe vorgezielt.
- Unter Beibehaltung stabiler Druck- und Zugbedingungen wird der Bogen ausgezogen und die 3. Positionsphase (Ankern) erreicht.
- Beobachtung von der Seite: Bewegt sich während des Zugvorganges das Visierkorn nach oben, ist der obere Wurfarm zu steif, und der Tiller muss erhöht werden (vgl. *McKinney* 1997).

Dynamische Tillereinstellung:
- Bei unterschiedlichen Tillereinstellungen wird auf eine lange Entfernung (z.B. 70 oder 90 Meter) geschossen, wobei der Nockpunkt stetig angepasst werden muss.
- Beobachtung: Ein »guter« Tiller bzw. eine effiziente Arbeitsweise des Bogens gilt dann als erreicht, wenn sich eine maximale Höhenentwicklung der Gruppierung zeigt (vgl. *Schulz* 1997).

Beachten Sie: Die dynamische Tillereinstellung ist sehr zeitaufwendig, weil der Nockpunkt immer neu angepasst werden muss. Die Verwendung mehrerer Sehnen ist nur dann sinnvoll, wenn diese zuvor auf deren Gleichmäßigkeit getestet wurden.

Einfache Buttonmethode

Die einfache Buttoneinstellung ist eine grundlegende Möglichkeit, die Buttonhärte auf einen Standardwert festzulegen. Dabei werden auf einer Entfernung von beispielsweise 18 Metern mehrere befiederte Pfeile geschossen. Nach der Buttonpositionierung (optimaler Seitenversatz bzw. Centerstellung; s. S. 674, Abb. 551) und einer mittleren Visiereinstellung (Visierkorn liegt mittig über dem Pfeil; s. S. 675 f.) wird anhand der Trefferlagen die Härte des Buttons sukzessive derart nachgestellt, dass bei mittlerer und konstanter Visiereinstellung die Pfeile im Zentrum gruppieren (Tab. 161).

Rohschafttest

Unter dem Rohschafttest (ein Rohschaft ist ein Pfeil ohne Federn) versteht man das Feststellen von Störgrößen bei der Pfeilflugoptimierung durch den Vergleich der Trefferbilder von befiederten und unbefiederten Pfeilgruppierungen.

Der Rohschafttest basiert auf der schnelleren Flugstabilisierung des befiederten Pfeils (durch die Federn) im Vergleich zum unbefiederten Pfeil und bildet durch seine einfache Handhabe eine hervorragende Kontrollmöglichkeit, um Material- und Technikveränderungen festzustellen bzw. in geeigneter Weise zu kompensieren.

Hinsichtlich der Testbedingungen ist zu beachten:
- Verwendung von mindestens drei befiederten und zwei unbefiederten einwandfreien Pfeilen
- Schießen auf einen Zielpunkt auf eine Entfernung von zirka 18 Metern

Mögliche Beobachtungen beim Rohschafttest aus dem Schussbild von befiederten und unbefiederten Pfeilen sowie dessen Ursachen sind beispielhaft in Tab. 162 wiedergegeben.

Beachten Sie:
- Verwenden Sie stets mehrere äquivalente Rohschäfte (s. S. 686) und schießen Sie diese unsortiert d.h. in beliebiger Reihenfolge und mehrmals hintereinander (vgl. *Tekmitchov* 2009, 28).
- Verändern Sie stets nur einen Parameter. Beginnen Sie dabei stets mit der Veränderung der Nockpunktüberhöhung (vgl. *Tekmitchov* 2009, 28).

Papiertest

Unter dem Papiertest versteht man die Auswertung des Rissbildes, das der Pfeil beim Durchschießen eines Blattes Papier hinterlässt.

Schussbild			
Analyse	Button zu hart (Rechtshandschütze)	Buttondruck korrekt	Button zu weich (Rechtshandschütze)
Veränderung	Federdruck verringern		Federdruck erhöhen

Tab. 161: Einstellung der Buttonhärte für Rechtshandschützen

Schussbild			
Beobachtung	Rohschaft steckt tiefer als Gruppe	Rohschaft steckt in der Gruppe	Rohschaft steckt höher als Gruppe
Nockpunktanalyse	Nockpunkt zu hoch	Nockpunkt korrekt	Nockpunkt zu tief
Schussbild			
Beobachtung	Rohschaft steckt rechts neben der Gruppe	Rohschaft steckt in der Gruppe	Rohschaft steckt links neben der Gruppe
Seitenreflex- bzw. Pfeilversatz-analyse	• Pfeil zu weich • Button zu weich • Pfeilversatz zu klein • Sehne zu leicht • Pfeil zu lang • Spitze zu schwer	Grundeinstellungen stimmen	• Pfeil zu steif • Button zu hart • Pfeilversatz zu groß • Sehne zu schwer • Pfeil zu kurz • Spitze zu leicht

Tab. 162: Mögliche Beobachtungen beim Rohschafttest und deren Ursachen (⊗: befiederter Pfeil, ●: unbefiederter Pfeil)

Weil der Pfeil auf verschiedenen Distanzen unterschiedliche Schwingungen aufweist, muss der Papiertest stets auf verschiedenen Entfernungen durchgeführt und überprüft werden.

Beachten Sie: Ergeben sich auf den verschiedenen Distanzen keine kleiner werdenden horizontalen Rissbilder, lässt sich auf einen stark schwingenden Pfeil schließen, d.h., der Schaft ist zu weich oder zu steif.

Bezüglich der Testdurchführung ist Folgendes zu berücksichtigen:
• Verwendung eines Rahmens mit dünnem, leicht reißendem Papier; mindestens 2 Meter vor der Scheibe
• Rechtwinklig aus verschiedenen Distanzen (1, 3, 6, 9, 12, 15, 18 Meter) durch das Papier schießen (Abb. 537)

Tab. 163 zeigt beispielhaft mögliche Beobachtungen beim Papiertest und deren Ursachen.

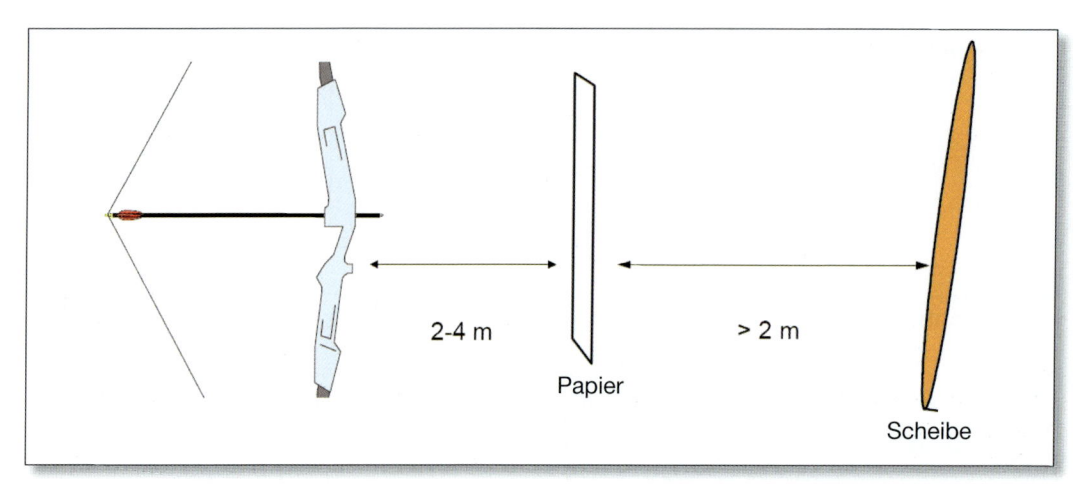

Abb. 537: Durchführungsmodalitäten beim Papiertest: Die Entfernung zwischen Bogen und »Papier« sollte 2–4 Meter betragen (vgl. *Ellison* 1998, 10)

Schussbild			
Beobachtung	Spitze tief und Befiederung hoch	Spitze und Befiederung auf gleicher Höhe	Spitze hoch und Befiederung tief
Nockpunktanalyse	Nockpunkt zu hoch	Nockpunkt korrekt	Nockpunkt zu tief
Schussbild			
Beobachtung	Spitze rechts und Befiederung links	Spitze links und Befiederung rechts	Spitze rechts hoch und Befiederung links tief
Seitenreflex- bzw. Pfeilversatz- analyse	• Pfeil zu weich • Button zu weich • Sehne zu leicht • Pfeil zu lang • Spitze zu schwer • Pfeilversatz zu klein	• Pfeil zu steif • Button zu hart • Pfeilversatz zu groß • Sehne zu schwer • Pfeil zu kurz • Spitze zu leicht	• Nockpunkt zu tief • Pfeil zu weich • Button zu weich • Pfeil zu lang • Spitze zu schwer • Pfeilversatz zu klein

Tab. 163: Mögliche Beobachtungen beim Papiertest und deren Ursachen

Analyse der Pfeilstreulinien (Gabriel- oder Berger-Methode bzw. Walk-back-Test)

Unter der Analyse der Pfeilstreulinien versteht man die Auswertung der Schussbilder, die sich ergeben, wenn aus verschiedenen Entfernungen (z.B. 3–30 Meter) ein oder zwei Pfeile jeweils auf denselben Zielpunkt geschossen werden.

Bei *Gabriel* wird dieser Test mit unbefiederten, bei *Berger* mit befiederten Pfeilen durchgeführt. Eine Kombination aus beiden erscheint im Sinne einer Kontrolle sinnvoll.

In Bezug auf die Testdurchführung ist Folgendes zu berücksichtigen:
- Einen Zielpunkt im oberen Viertel der Scheibe markieren und ein Gitternetz aufzeichnen (s. u.)
- Visier auf Zielpunkt einstellen und fixieren
- Auf jede Entfernung (3, 6, 9, ... 30 Meter) jeweils zwei einwandfreie befiederte und unbefiederte Pfeile senkrecht zur Scheibe auf den gleichen Zielpunkt mit der gleichen Visiereinstellung schießen.

Beachten Sie: Die Analyse der Pfeilstreulinien verlangt eine Schießtechnik auf hohem Niveau und findet daher insbesondere im Leistungssport ihre Anwendung.

Tab. 164 gibt eine Übersicht hinschlich möglicher Beobachtungen bei der Pfeilstreulinienanalyse und deren Ursachen.

Beachten Sie: In der Praxis ergeben sich vielfach Kombinationen aus den obigen Schussbildern. Hier gilt es, Schritt für Schritt (d.h. Buttonposition oder -härte verändern) eine horizontale Annäherung anzustreben.

Trefferbildanalyse

Unter der Trefferbildanalyse versteht man die Auswertung von Schussbildern durch Veränderung der Rahmenbedingungen des Materials wie Sehnenabstand, Seitenversatz, Tiller etc.

Durchführungsmodalitäten: Auf einer entsprechend dem Leistungsstand gewählten Entfernung werden mehrere Pfeile wiederholt auf vertikale oder horizontale Streifen geschossen.

Als optimal gelten die folgenden Testbedingungen:
- Visiereinstellung festlegen und beibehalten
- Zu Beginn kurze Distanzen wählen, dann auf die Wettkampfentfernung wechseln
- Schussbilder aufzeichnen und Protokoll führen

Beachten Sie: Sowohl die Vertikaloptimierung durch den Nockpunkt als auch die Horizontaloptimierung durch den Button sollten zu Beginn des Tunings auf kurze Entfernungen durchgeführt werden, weil hier Tuningfehler aufgrund der maximalen Schwingungsamplituden des Pfeiles besser sichtbar sind (der Pfeil hat sich noch nicht stabilisiert) und erst eingesetzt werden, nachdem zuvor der Rohschaft- oder Papiertest in annehmbarer Weise abgeschlossen wurde.

Das Ziel der Trefferbildanalyse ist das Auffinden von optimalen Materialkombinationen zur Erzeugung bester Gruppierungen und umfasst in der Regel drei Phasen: das Nockpunkttuning, das Buttontuning, sowie deren Kombinationen (Abb. 538).

Nockpunkttuning: Es wird eine Reihe von Pfeilen entlang einer horizontalen Geraden (Streifen) geschossen und durch sukzessive Erhöhung (maximal um jeweils 0,5 Millimeter) des Nockpunktes die beste Gruppierung (alle Pfei-

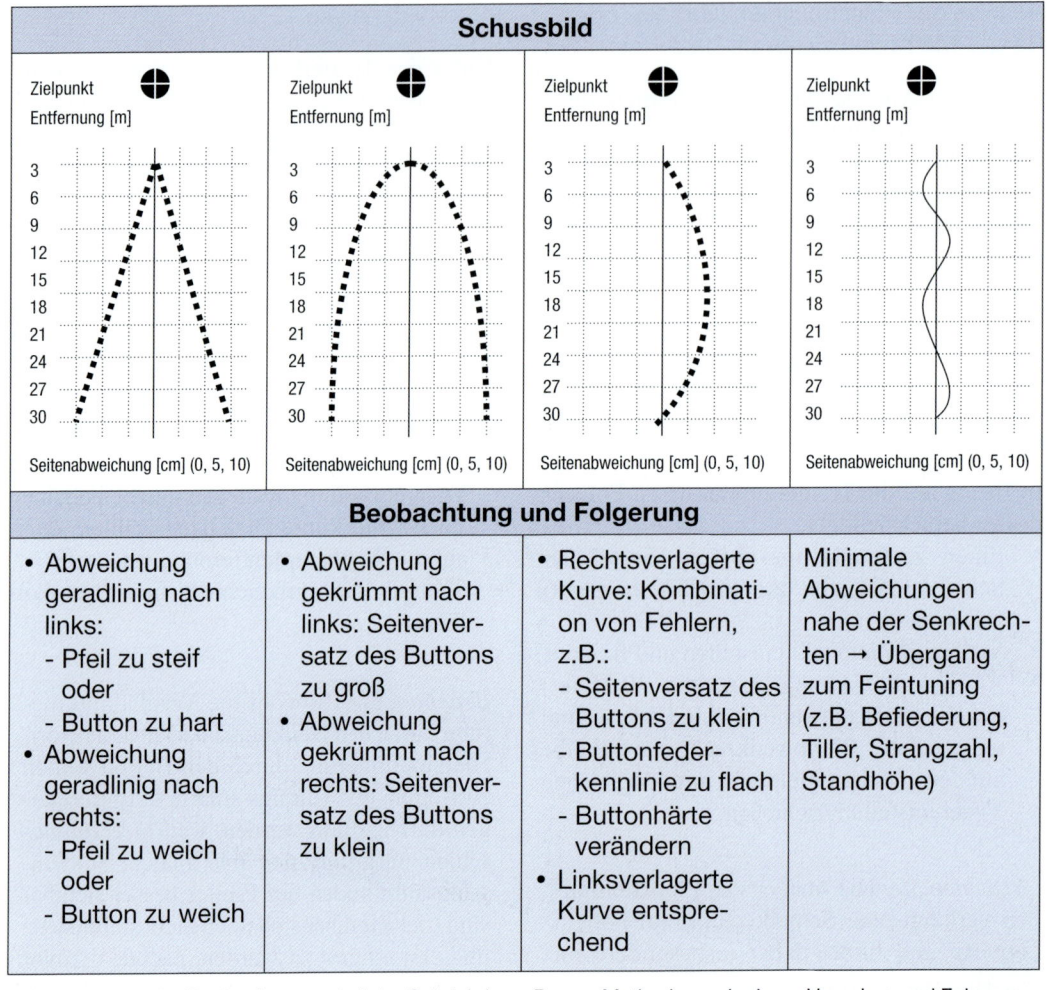

Schussbild			
Zielpunkt ⊕ Entfernung [m] 3 6 9 12 15 18 21 24 27 30 Seitenabweichung [cm] (0, 5, 10)	Zielpunkt ⊕ Entfernung [m] 3 6 9 12 15 18 21 24 27 30 Seitenabweichung [cm] (0, 5, 10)	Zielpunkt ⊕ Entfernung [m] 3 6 9 12 15 18 21 24 27 30 Seitenabweichung [cm] (0, 5, 10)	Zielpunkt ⊕ Entfernung [m] 3 6 9 12 15 18 21 24 27 30 Seitenabweichung [cm] (0, 5, 10)
Beobachtung und Folgerung			
• Abweichung geradlinig nach links: - Pfeil zu steif oder - Button zu hart • Abweichung geradlinig nach rechts: - Pfeil zu weich oder - Button zu weich	• Abweichung gekrümmt nach links: Seitenversatz des Buttons zu groß • Abweichung gekrümmt nach rechts: Seitenversatz des Buttons zu klein	• Rechtsverlagerte Kurve: Kombination von Fehlern, z.B.: - Seitenversatz des Buttons zu klein - Buttonfederkennlinie zu flach - Buttonhärte verändern • Linksverlagerte Kurve entsprechend	Minimale Abweichungen nahe der Senkrechten → Übergang zum Feintuning (z.B. Befiederung, Tiller, Strangzahl, Standhöhe)

Tab. 164: Mögliche Beobachtungen bei der Gabriel- bzw. Berger-Methode sowie deren Ursachen und Folgerungen

le befinden sich wiederholt auf dem Streifen) festgestellt.

Buttontuning: Beim Buttontuning wird eine Reihe von Pfeilen entlang einer vertikalen Geraden geschossen und durch sukzessive Erhöhung bzw. Verminderung des Buttondrucks (maximal eine viertel Umdrehung) die beste Gruppierung (alle Pfeile befinden sich wiederholt auf dem Streifen) festgestellt.

Kombiniertes Tuning: Es werden weitere Parameter in das Auffinden der kleinsten Streuung miteinbezogen. Dazu zählen die Veränderung von
- Standhöhe,
- Sehnenstrangzahl,
- Tiller,
- Nocken,
- Federnposition etc.

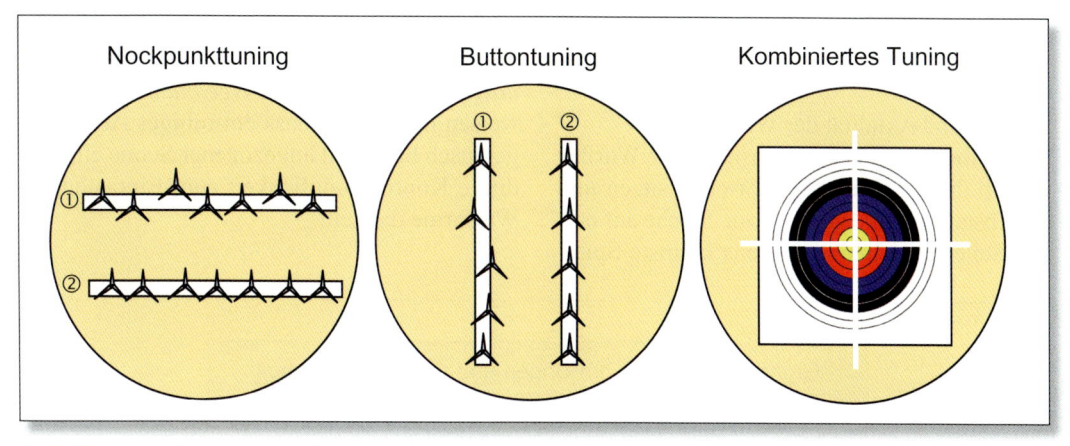

Abb. 538: Durchführungsmodalitäten bei der Trefferbildanalyse (1: Durchgang vor der Veränderung des entsprechenden Parameters, z.B. Nockpunkthöhe oder Buttonhärte; 2: Durchgang nach der Veränderung: Im kombinierten Tuning werden weitere Parameter (z.B. Standhöhe) miteinbezogen und sowohl vertikale als auch horizontale Gruppierungen überprüft

Beachten Sie: Die Veränderung eines Parameters verursacht in der Regel eine Änderung einer weiteren Variablen. So bewirkt beispielsweise die Erhöhung des Nockpunktes eine Veränderung des Tillers und umgekehrt. Alle Änderungen sind daher schriftlich festzuhalten und gegebenenfalls mit »Zweitmaterialien« (z.B. Ersatzbutton, Ersatzsehne) mehrmals durchzuführen, um entsprechende Ergebnisse zu bestätigen. Ferner sind veränderliche Größen vor bzw. nach entsprechenden Testverfahren zu messen (vgl. *Tekmitchov* 2006, 13).

Beispiel: Erhöht man den Tiller um einen Millimeter, so verändert sich auch der Nockpunkt (tiefer). Es ist daher notwendig, den Nockpunkt nach jeder Tilleränderung entsprechend nachzustellen.

Phasen der Materialabstimmung

Entsprechend der Ziele der Materialabstimmung unterscheidet man beim Tuning – in methodischer Reihung – drei Phasen (vgl. *Ulrich* 1996, 5.37): Grundeinstellung für Bogen und Pfeile, Pfeilflug- und Gruppenoptimierung sowie Ausschießen und Auswerten der Pfeile.

Grundeinstellungen

Die Grundeinstellung und das »Vortuning« beinhalten die Überprüfung des Materials auf einwandfreie Ausführung und Funktion sowie die korrekte Montage aller Teile (z. B. Visier, Stabilisation etc.). Anschließend erfolgt die Einstellung von Bogen und Zubehör auf »Sollwerte« und die Auswahl und das Einrichten der Pfeile (z.B. Federposition; Abb. 539).

Beachten Sie: Notieren Sie das komplette Bogensetup, um später eine präzise und vergleichende Auswertung zu ermöglichen. Dazu gehören unter anderem:
- Nockpunkthöhe
- Standhöhe
- Tiller
- Strangzahl und Material der Sehne
- Tatsächliches Zuggewicht
- Sonstige verwendete Komponenten (z.B. Stabilisation)

Grundeinstellungen an Bogen und Wurfarmen

Das Vornehmen der Grundeinstellungen erfolgt bei komplett aufgebautem Bogen und eingeschossener Sehne (s. S. 651). Dazu gehören die Überprüfung der Position, Parallelität und Ausrichtung der Wurfarme sowie die Tillereinstellung.

Position und Axialität der Wurfarme

Kontrolliert wird bei der Position der Wurfarme, ob diese fest in ihren Taschen sitzen und die Abstände vom Wurfarm zur Tasche auf beiden Seiten gleich sind. Bereits kleinste Spielräume können hier zu unverhältnismäßigen Streuungen führen. Sowohl *Dudley* und *Holgado* (2008, 58) als auch *Needham* (2006, 51) weisen darauf hin, dass ein ruhiges Abschussgeräusch bei leicht angezogener Sehne eine auditive Kontrollmöglichkeit zum Einrasten der Wurfarme darstellt.

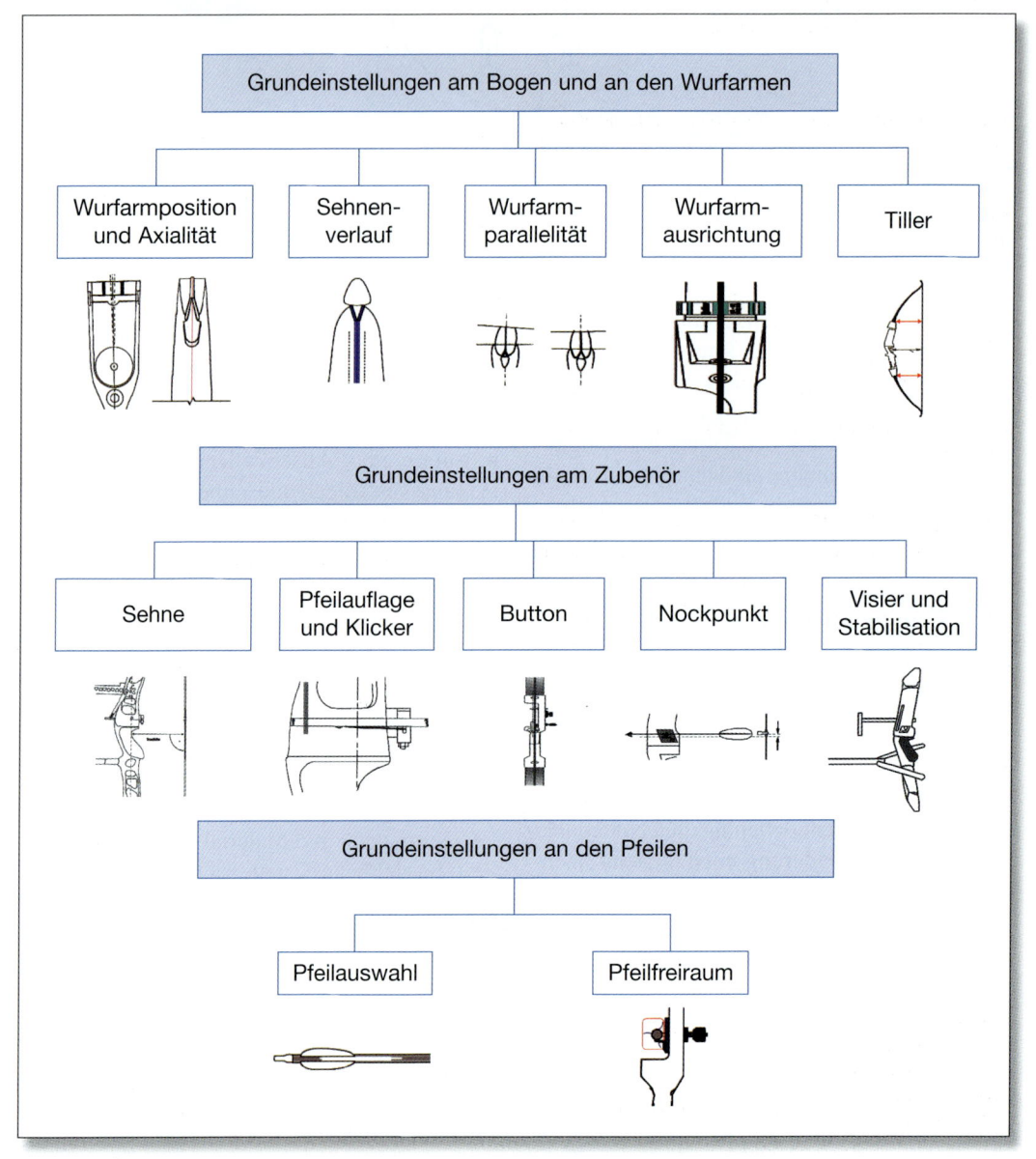

Abb. 539: Übersicht der Grundeinstellungen an Bogen, Wurfarmen, Zubehör und Pfeilen

Gleichzeitig muss auch die Axialität der Wurfarme überprüft werden. Die gedachte Verlängerung der Sehne muss den Wurfarm mittig schneiden (Abb. 540). Dies kann bei verschiedensten Bögen durch eine Veränderung des Seitenversatzes innerhalb der Wurfarmtaschen erreicht werden. Zeigt der obere Wurfarm beispielsweise nach links, wird der Seitenversatz bei diesem Wurfarm rechts erhöht oder beim unteren Wurfarm rechts verringert.

Sehnenverlauf

Die Sehne sollte innerhalb der vorgesehenen Rillen an den Wurfarmenden verlaufen und im bespannten Zustand (in Abhängigkeit von der Standhöhe) die Rillen nicht verlassen (Abb. 541)

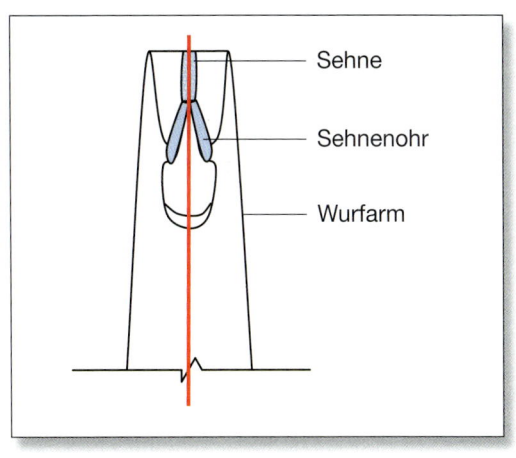

Abb. 540: Axialität des Wurfarmes: Die gedachte Verlängerung der Sehne muss den Wurfarm mittig schneiden

Parallelität der Wurfarme

Wie Abb. 542 zeigt, wird jeweils ein Pfeil (grün) zwischen Wurfarmrecurve und Sehne gelegt. Aus der Parallelität der Pfeilverläufe lässt sich auf die Parallelität der Wurfarme schließen.

Um zu verhindern, dass die Sehne in ihre Nut zurückgezogen wird, bieten sich Schablonen für die Wurfarmenden an. Kommt die Sehne zwischen den mittleren Linien der Wurfarmschablonen zu liegen, arbeiten die Wurfarme hinsichtlich ihrer Parallelität korrekt (Abb. 543).

Ausrichtung der Wurfarme

Mithilfe o. g. Wurfarmschablonen können die Wurfarme auch hinsichtlich ihrer parallelen Ausrichtung zum Mittelstück überprüft (Cente-

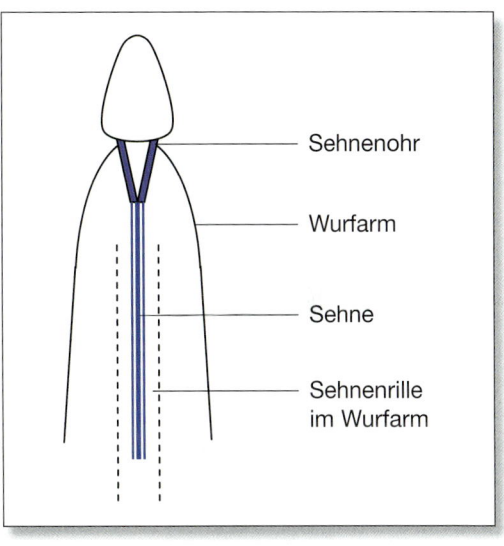

Abb. 541: Verlauf der Sehne in den vorgegebenen Rillen

Abb. 542: Überprüfung der Parallelität der Wurfarme: nicht parallele (*links*) und parallele Wurfarme (*rechts*) mittels zweier eingespannter Pfeile (grüne Linien; vgl. *Ulrich* 1996, 5.38)

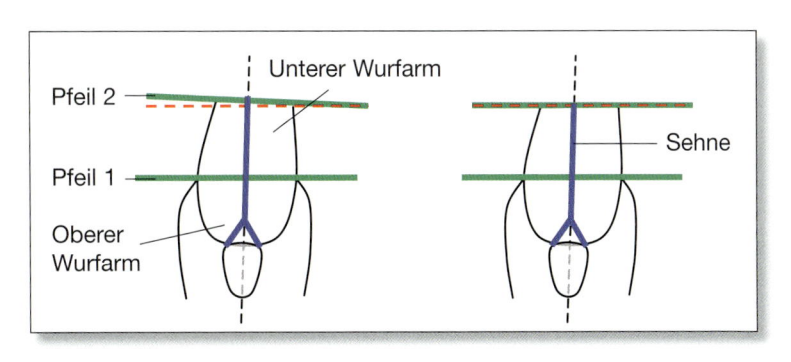

ring) werden. Dabei wird festgestellt, ob die Projektion der Sehne mittig innerhalb dieser Lehren verläuft. Über den Seitenversatz der Wurfarme lässt sich das Centering in der Regel korrigieren (Abb. 544; vgl. *Needham* 2006, 51).

> *Beachten Sie:* Vielfach ergeben sich Lösungen nur durch eine Kombination der Verstellungen an beiden Wurfarmtaschen.

Tiller

Bei der Einstellung des Tillers unterscheidet man eine statische und eine dynamische Komponente.

Statischer Tiller
Die statische Tillereinstellung erfolgt in im Rahmen der Grundeinstellungen nach Herstellerangaben (in der Regel zwischen 0 und 8 Millimeter) und kann über verschiedene Anstellwinkel der Wurfarme vorgenommen werden (Abb. 545). Dabei werden die Gewindeschrauben – im entspannten Zustand des Bogens – bei oberem und unterem Wurfarm nach Bedarf versetzt. Zum Einstellen des Zuggewichts auf die angegebenen Größen müssen die Tillerschrauben jedoch auf Höhe der Gewindebuchse vordefiniert werden (Abb. 545 rechts; vgl. *Thiele* 2007, 46).

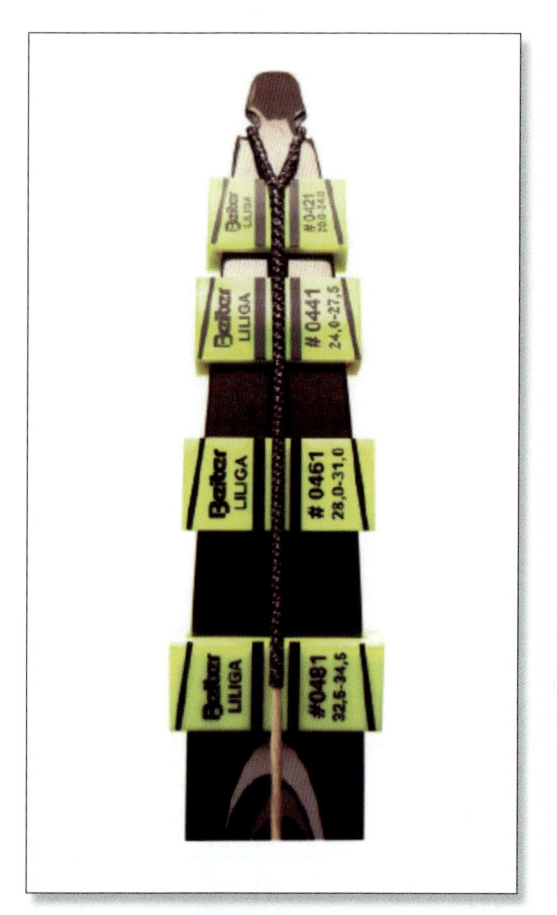

Abb. 543: Überprüfung der Parallelität der Wurfarme mittels Wurfarmschablonen für Wurfarmenden (vgl. *Beiter* 2008)

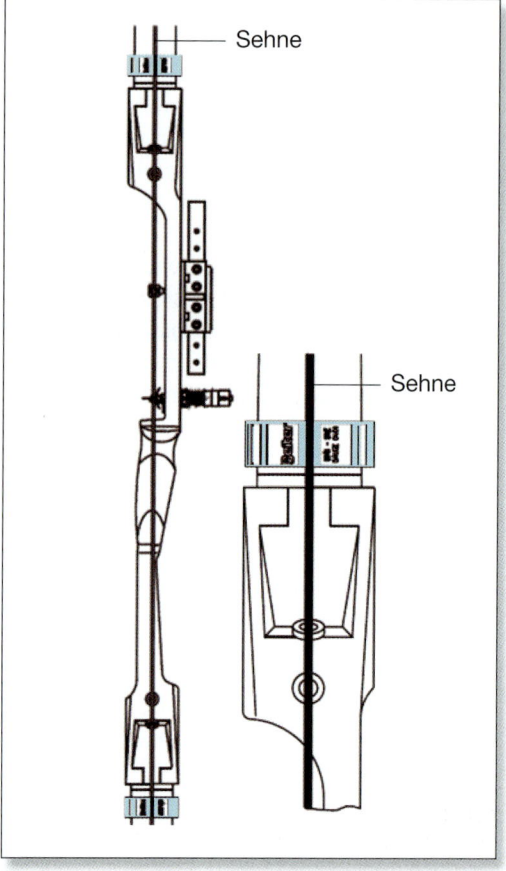

Abb. 544: Schematische Darstellung einer senkrechten Ausrichtung der Wurfarme und deren Überprüfung mithilfe von Wurfarmschablonen: Die Sehne verläuft dabei mittig durch das Mittelstück und die Schablonen

Beachten Sie: Die Führung der Wurfarme (z.B. über ein zu starkes Herausdrehen der Tillerschrauben) darf bei Veränderung des Anstellwinkels nicht beeinträchtigt werden (vgl. *Needham* 2006, 46)

Beachten Sie: Bei Leistungsschützen wird der dynamische Tiller in der Regel ausgeschossen: Der Tiller gilt dabei als optimal, wenn sich die höchste Lage der Pfeilgruppierung (auf 90 bzw. 70 Meter) ergibt.

Dynamischer Tiller
Hinsichtlich einer Grundeinstellung des dynamischen Tillers empfehlen sowohl *Rabska* (in *Ruis* u. *Stevenson* 2004, 108) als auch *Lee* (2005, 186) während des Vollauszugs die Position des Visierkorns und den Druckpunkt in der Griffschale zu beobachten. Der dynamische Tiller gilt individuell dann als suboptimal (eine weitere Optimierung erfolgt im Rahmen des Feintuning), wenn das Visierkorn bei konstanter Druckerhöhung (in den Bogengriff) während des Vollauszugs im Ziel bleibt und der Druckpunkt in der Bogenhand keine Veränderungen erfährt.

Als Kontrollmöglichkeit einer parallelen Wirkungsweise beider Wurfarme fordert *Huber* (1998) eine Überprüfung des Tillers im gespannten Zustand des Bogens, da dieser insbesondere von der Druckpunktlage der Bogenhand bzw. von der Griffschale abhängt. Abb. 546 zeigt eine Projektion einer Schützin im Ankern (3. Positionsphase) auf ein Gitternetz. Die Abstände d_1 und d_2 können durch ein Verändern der Griffschalengeometrie (hohe oder tiefe Griffschale) einander angeglichen werden.

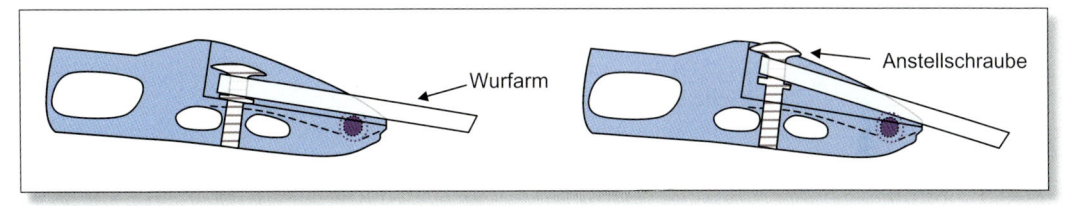

Abb. 545: Statische Tillereinstellung über verschiedene Anstellwinkel der Wurfarme: erhöhtes Zuggewicht durch eine tiefe Stellung (*links*), erniedrigtes Zuggewicht durch eine hohe Schraubenstellung auf Höhe der Gewindebuchse (= Startstellung; *rechts*).

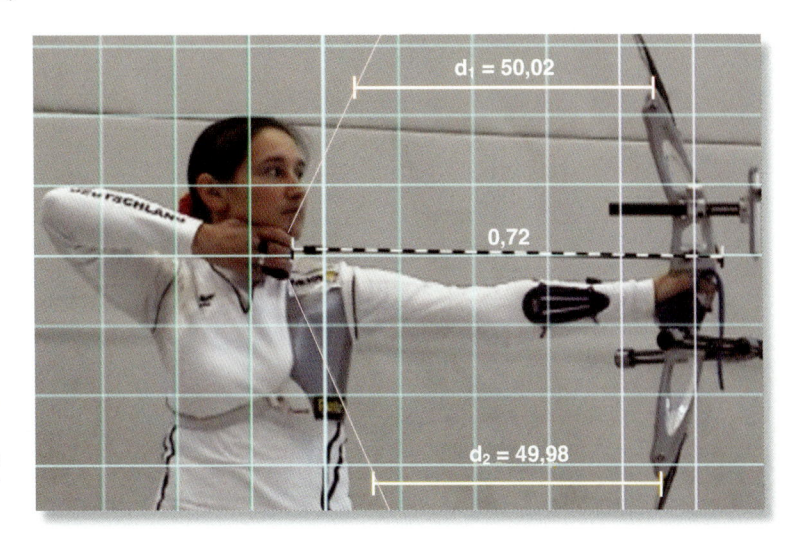

Abb. 546: Projektion des »Ankerbildes« eines Schützen zur Überprüfung des Tillers. Die entsprechenden Abstände d_1 und d_2 sind zu markieren und zu optimieren

Grundeinstellungen am Zubehör

Hinsichtlich der Grundeinstellungen sind folgende Teile des Zubehörs auf Basiswerte einzustellen: Sehne, Pfeilauflage, Buttonhärte, Buttonposition, Visier, Nockpunkt und Ungleichgewichte hinsichtlich der Stabilisatoren.

Sehne

Sehnenmaterial, -stärke, -windungszahl (zwischen 10 und 30 Umdrehungen) und -abstand sollten in Abhängigkeit von Bogenlänge und eingestellter Zuglast zunächst auf Sollwerte festgelegt werden (Tab. 165).

Der statische Sehnenabstand wird von der Sehne rechtwinklig zum tiefst gelegenen Punkt in der Griffschale gemessen (Abb. 547). Eine Verringerung dieses Abstandes bewirkt höhere Pfeilgeschwindigkeiten und einen niedrigeren dynamischen Spine.

Beachten Sie: Wie die Schießpraxis vielfach deutlich macht, gibt eine hohe Trefferlage guter Pfeilgruppierungen in Kombination mit einem ruhigen Abschussgeräusch Aufschluss über die richtige statische Standhöhe. Diese wird in der Regel über die Windungszahl der Sehne gesteuert. Dabei ist zu berücksichtigen, dass unterschiedliche Griffschalen die Standhöhe verändern können. Eine zusätzliche Kontrolle über den Mitcenter (s. S. 674) ist daher zu empfehlen.

Die dynamische Standhöhe ist für den Schützen insofern von Bedeutung, als die Sehne – bei Centereinstellung (s. S. 675) – im Augenblick der Pfeilfreigabe auf der Centerlinie zur Scheibe liegen sollte (Abb. 548). Löst der Schütze beispielsweise nach vorn, so verringert sich die dynamische Standhöhe und der Pfeil verlässt die Sehne links oder rechts der Centerlinie, wodurch der Pfeil nicht nur weniger beschleunigt, sondern auch dezentral »getroffen« wird, was zu ungleichmäßigen Gruppierungen führt (Abb. 549).

Die Ermittlung der dynamischen Standhöhe – sie hängt insbesondere von der Masse der Sehne, des Pfeils (und dessen Massenverteilung) sowie von der Stärke der Wurfarme und deren Kennlinien ab – erfolgt beispielsweise über computergestützte High-Speed-Aufnahmen. Aus den genannten Abhängigkeiten ergeben sich gleichzeitig die Möglichkeiten der Beeinflussung.

Beachten Sie: Führt das Tuning nicht zu einem erfolgreichen Abschluss, kann dies mitunter an einer fehlerhaften Sehne liegen. Eine ungleichmäßig hergestellte Sehne kann unterschiedliche innere Spannungen in den einzelnen Sehnensträngen aufweisen, wenn diese nicht in der gleichen Weise vorge-

Bogen-länge [Zoll]	Sehnenabstand [mm] (in Abhängigkeit von der eingestellten Zuglast)		
	Zuggewicht		
	Maximal	Mittel	Minimal
64	200–215	205–220	210–225
66	205–220	210–225	215–230
68	210–225	215–230	220–235
70	215–230	220–235	225–240

Tab. 165: Richtlinien für den Sehnenabstand in Abhängigkeit von der Bogenlänge und der eingestellten Zuglast (vgl. *Ulrich* 1996, 5.43)

Statischer Sehnenabstand/Standhöhe

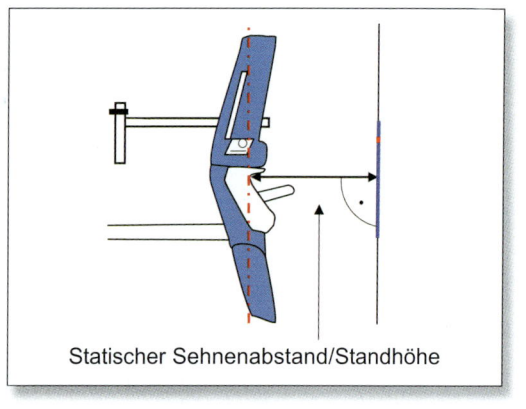

Abb. 547: Messen der statischen Standhöhe

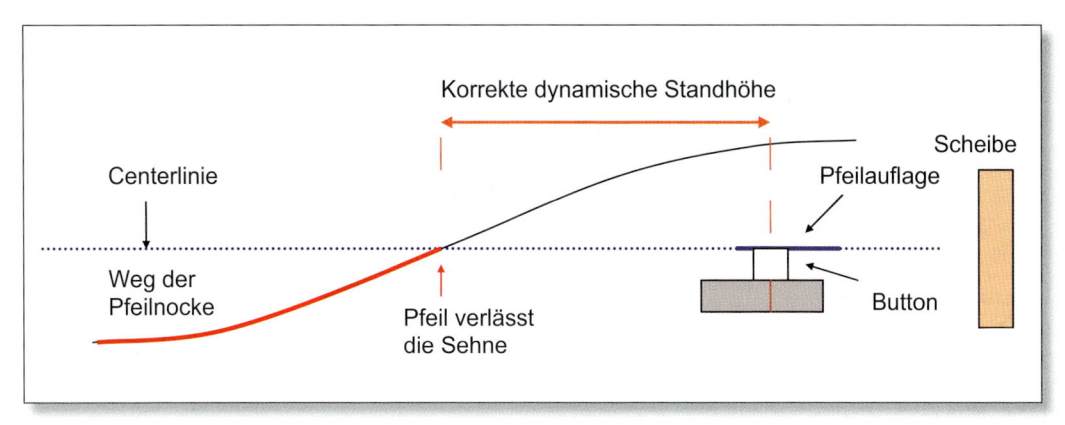

Abb. 548: Schematische Darstellung des Nockenverlaufs: Bei korrekter dynamischer Standhöhe verlässt der Pfeil die Sehne auf der Centerlinie

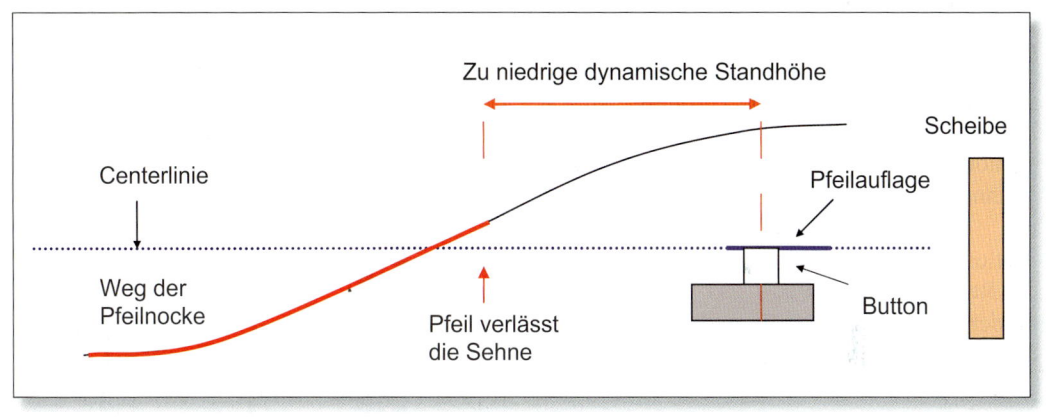

Abb. 549: Schematische Darstellung des Nockenverlaufs: Bei zu niedriger dynamischer Standhöhe verlässt der Pfeil die Sehne neben der Centerlinie und zeitlich zu spät

spannt wurden. Dies verursacht eine ungleichförmige Kraftverteilung in der Sehne und ein unterschiedliches Dehnungsverhalten der einzelnen Stränge, was schließlich zu einem unregelmäßigen Pfeilabschuss mit erheblichen Genauigkeitseinbußen führt (vgl. *Easton* 2008).

Pfeilauflage

Die Pfeilauflage ist so anzubringen, dass der Schaft mittig am Button anliegt (Abb. 550). Gleichzeitig darf der Auflagefinger nicht über den Schaft hinausragen (vgl. Clearance, S. 678; vgl. *Needham* 2006, 55).

Beachten Sie: Kürzen Sie den Auflagefinger erst nach dem Festlegen der Buttonposition und überprüfen Sie die Pfeilauflage hinsichtlich ungleichförmiger Abnutzungen.

Klicker

Die Position des Klickers ist abhängig von der Auszugs- und der Pfeillänge. Dabei ist grundsätzlich zu beachten, dass der Klicker in ausreichendem Abstand zum Button (mindestens 2 Zentimeter) bzw. zur Pfeilauflage und möglichst annähernd senkrecht zum Pfeil gesetzt wird (vgl. *Tekmitchov* 2008, 22).

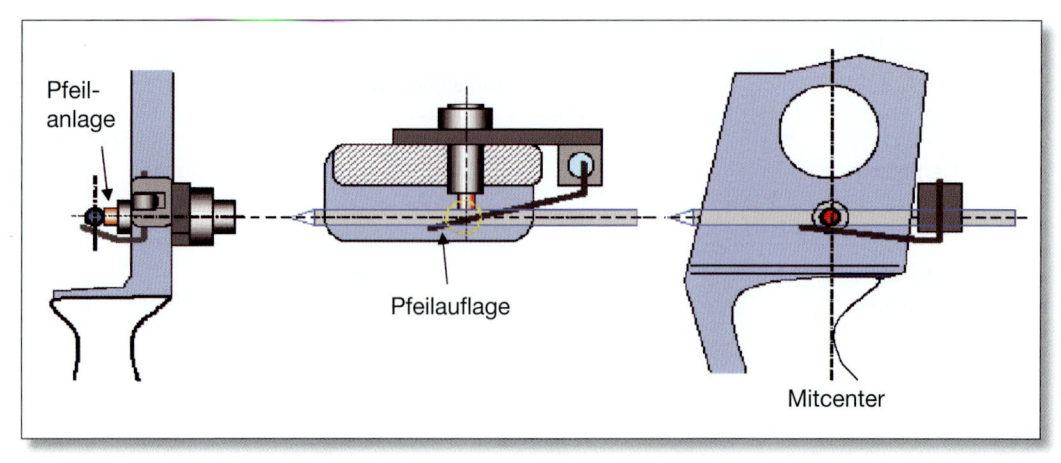

Abb. 550: Pfeilauflage bzw. -anlage von hinten (*links*), von oben (*mitte*) und frontal (*rechts*): Der Schaft liegt mittig am Button, und der Auflagefinger steht nicht über den Schaft hinaus

Die Spannung des Klickers muss einen optimalen Pfeilandruck am Button gewährleisten. Zu vermeiden ist in jedem Fall ein Eindrücken des Buttonkopfes aufgrund einer zu hohen Klickerspannung.

Buttonposition und Federspannung für Recurveschützen

In der Schießpraxis existieren hinsichtlich des Pfeilversatzes für Rechtshandschützen zwei Varianten:

Linksposition: Bei rückseitiger Betrachtung tangiert die Sehne die Pfeilspitze (in Abhängigkeit vom Pfeildurchmesser ca. 1,6–3,2 Millimeter nach links verschoben). Nach *Barrs* (1992, 30) liegen nur so die Knoten auf einer gedachten Geraden zwischen Abschusspunkt und Scheibe (s. S. 643). Im Moment des Lösens sollte der Button gleichzeitig nur so eingedrückt werden, dass die Knoten des Pfeils weiterhin in einer Linie zum Ziel ausgerichtet sind (Abb. 551). Damit wird die seitliche Verschiebung kompensiert, wie sie im Moment des Lösens auftritt (vgl. *Rabska*, in *Ruis* u. *Stevenson* 2004, 106; *Dudley* u. *Tekmitchov* 2008, 58).

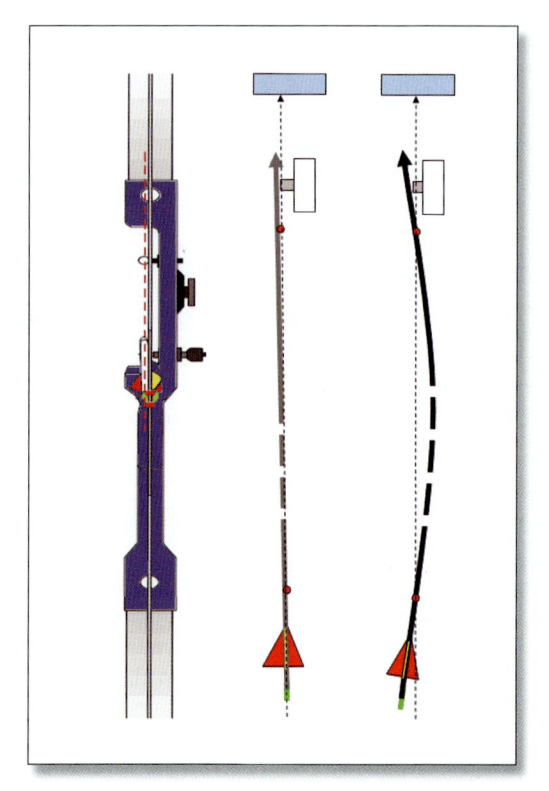

Abb. 551: Variante 1 des Seitenversatzes des Buttons: Der Buttonknopf wird so weit herausgedreht, bis bei rückseitiger Betrachtung die Sehne die Pfeilspitze noch tangiert. Im Augenblick des Lösens sollte der Button gleichzeitig nur so eingedrückt werden, dass die Knoten des Pfeils weiterhin auf einer Geraden zum Ziel ausgerichtet sind

Beachten Sie: Ein Abschätzen des seitlichen Buttonversatzes ist insofern bedenklich, als bei verschieden langen Pfeilen bei gleichem Anstellwinkel des Pfeils unterschiedliche Abstände zwischen Pfeilspitze und Sehne verursacht werden. Ein entsprechendes überprüfendes und optimierendes Tuning ist daher eine unabdingbare Voraussetzung (z.B. Walk-back-Test).

Centerstellung: Bei rückseitiger Betrachtung teilt die Sehne den Pfeil (Abb. 552).

Beachten Sie: Der Seitenversatz kann im Rahmen des Feintunings mittels Streuanalysen (Gruppierungen; S. 215 bzw. 682 ff.) ermittelt werden. Wie Beobachtungen in der Schießpraxis zeigen, tendiert ein steiferer Pfeil in der Regel zu einem geringeren Seitenversatz (vgl. *Tekmitchov* 2008, 20).

Der Button sollte zunächst auf eine mittlere Federspannung eingestellt werden (bis zu 60%; vgl. *Lee* 2007, 189). Erst im weiteren Tuningprozess wird ermittelt, ob die Federspannung entsprechend der verwendeten Pfeile höher oder niedriger eingestellt werden muss (vgl. *Rabska*, in *Ruis* u. *Stevenson* 2004, 107).

Bei keinem Pfeiltyp darf die Federspannung so niedrig eingestellt werden, dass der Buttonstift frei beweglich ist, ohne dass eine Federkraft zur Rückstellung wirkt. Tritt dieser Fall auf, muss der Spine des Pfeils verändert werden.

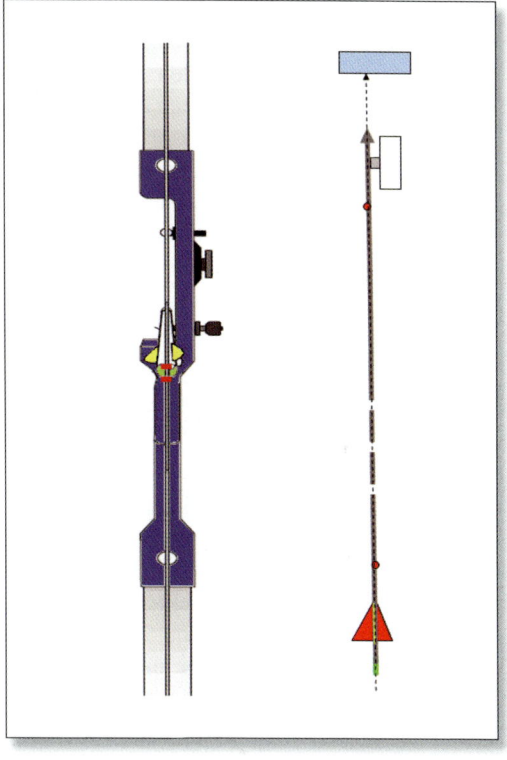

Abb. 552: Variante 2 des Seitenversatzes des Buttons: Der Buttonknopf wird so weit herausgedreht, bis bei rückseitiger Betrachtung die Sehne die Pfeilspitze teilt

Nockpunkt

Das Nockpunktsystem sollte bezüglich der Pfeilablösekraft (durch einen leichten Schlag auf die Sehne sollte sich der Pfeil lösen) genauso vordefiniert werden wie dessen Überhöhung bezüglich der Horizontalen (Abb. 553). Die Überhöhung – in der Regel der obere Rand des unteren Nockpunktes senkrecht zur Höhe der Pfeilauflage – muss im Rahmen des Fein-

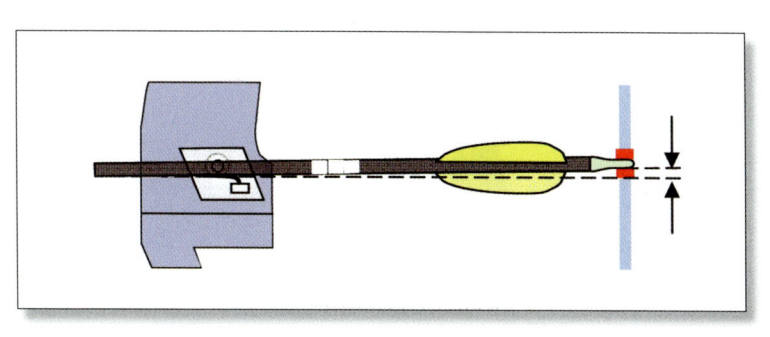

Abb. 553: Vordefinierte Nockpunktüberhöhung (schematisch)

tunings absolut exakt ermittelt werden, weil bereits kleinste Veränderungen (0,5 Millimeter) massive Auswirkungen auf den Pfeilflug und damit auf die Gruppierung haben können. Es ist zu empfehlen, mit einem provisorischen oberen Nockpunkt zu beginnen und sich im weiteren Verlauf des Tunings sukzessive an den richtigen Wert heranzutasten. Als Startwert kann der rechte Winkel bzw. eine leichte Überhöhung von 3–5 Millimetern gelten (vgl. *Ulrich* 1996, 5.45). Alternativ kann das vordefinierte Tillermaß als Anhaltspunkt für die Nockpunktüberhöhung verwendet werden (vgl. *Ellison* 1998, 2; *Dudley* u. *Tekmitchov* 2008, 58).

Beachten Sie: Die Verwendung von einfachen Metallnockpunkten innerhalb des Tuningprozesses ist insofern bedenkenswert, weil bereits minimale Gewichtsveränderungen der Sehne (zwischen 3 und 5 Grain; s. S. 651) den dynamischen Spine des Pfeiles in gleicher Weise verändern, wie eine Erhöhung des Zuggewichts (zwischen 1 und 2 lbs; vgl. *Rabska*, in *Ruis* u. *Stevenson* 2004, 104)

Abb. 554: Front Centering: Parallelität von Pfeil und Frontstabilisator als Maß exakter Grundeinstellungen

Visiereinstellung auf Mittenposition
Das Visier (Visierpin) wird seitlich zunächst in etwa über dem eingenockten Pfeil ausgerichtet. Durch die Verwendung von Wurfarmsteckern (Aufsätze) ist es möglich, das Visier auf die Kraftmitte auszurichten und rechte Winkel zum Visiervorbau bzw. parallele Verläufe der Visierführungsschiene zum Griffstück herzustellen.

Ungleichgewichte
Seitliche Ungleichgewichte aus Bogengewicht und Zubehörteilen sind durch die Stabilisation bzw. deren unterschiedliches Anbringen und Verschieben (Austesten!) auszugleichen.

Beachten Sie: Als Kontrollmöglichkeit exakter Voreinstellungen des Bogens und des Zubehörs gilt das Front Centering (vgl. *Garnreiter* 2007). Hierbei wird die Parallelität von Pfeil und Frontstabilisator überprüft. Bei exakter Positionierung aller bisher genannten Komponenten zueinander kann das Tuning fortgeführt werden (Abb. 554).

Grundeinstellungen der Pfeile
Grundsätzlich müssen alle Testpfeile in einem einwandfreien Zustand sein (z.B. gleicher Spine, gleiches Gewicht, gleiche Länge) und zueinander passen (s. Pfeilauswahl, S. 686). Ferner gilt:
- Pfeilcode bezüglich Auswahltabelle in Abhängigkeit von Auszug und Zuggewicht auswählen: Spielraum für Tuning offen halten, d.h. Pfeil zirka 2 Zentimeter länger abschneiden und eventuell Klickervorbau verwenden.
- Länge der Federn, Profil, Drall und Position austesten (eventuell erst im Gruppentuning). Der Abstand der Feder zur Sehne sollte zwischen 3 und 4 Zentimetern liegen und ein reibungsfreies Passieren am Bogenfenster bzw. an der Pfeilauflage gewährleisten.
- Pfeil-, Spitzengewichte bzw. Schwerpunktlage aufeinander abstimmen (s. Kombination bei den Pfeilherstellern) und Varianten

bereithalten. Dabei gilt es ein FOC (Forward of Center, Schwerpunktlage des Pfeils vor der Pfeilmitte) von 7–16% einzuhalten (vgl. *Easton* 2008).

Rohrberg (2009) empfiehlt insbesondere für die Auswahl der unbefiederten Pfeile für den Rohschafttest, die Nocken auf die weiche Seite des Pfeils zu drehen: Der Pfeil wird zuerst auf zwei stabile und ebene Unterlagen gelegt, mit einem Gewicht behängt (Abb. 555) und rollt dann auf eine seiner weichen Seiten. Eine Seite wird markiert und die Nocke hinsichtlich dieser Markierung gesetzt.

Beachten Sie: Im Rahmen der Voreinstellungen ist insbesondere auf Freiräume für Sehne und Pfeil zu achten. Zu diesen Freiräumen gehören:
- Weiche Nockstellung und entsprechender Nockpunktabstand (jedoch maximal 0,5 Millimeter Spiel). Als Testverfahren gilt hierbei: Bei einem leichten Schlag auf die Sehne des gespannten Bogens sollte sich der Pfeil von der Sehne lösen.
- Ausreichender Abstand zwischen Federn und Mittelstück durch eine entsprechende Distanz zwischen Anlagepunkt und Bogenfenster.
- Genügender Spielraum zwischen oberer Feder und Buttonknopf sowie zwischen unterer Feder und Pfeilauflage.
- Entsprechender Freiraum zwischen Pfeil und Klicker (bzw. Visiervorbau oder Führungsschiene) während bzw. nach dem Abschuss bzw. zwischen Pfeil und und Visiervorbau oder Führungsschiene.

Abb. 556 illustriert den notwendigen Spielraum zwischen den Federn des Pfeils und dem Bogenfenster sowie den Freiraum zwischen oberer Feder und Buttonknopf bzw. zwischen unterer Feder und Pfeilauflage. Abb. 557 zeigt den Freiraum des Pfeils im Bogenfenster im Rahmen von High-Speed-Aufnahmen.

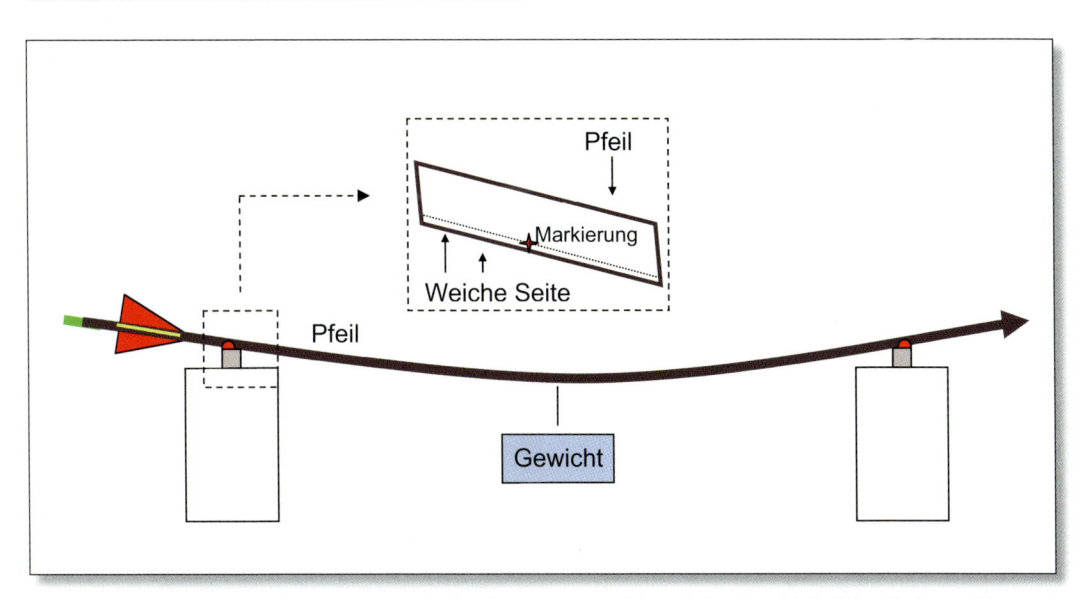

Abb. 555: Festlegen der Nockstellung durch Bestimmen der weichen Seite des Pfeils (Einzelheiten s. Text; vgl. *Rohrberg* 2009)

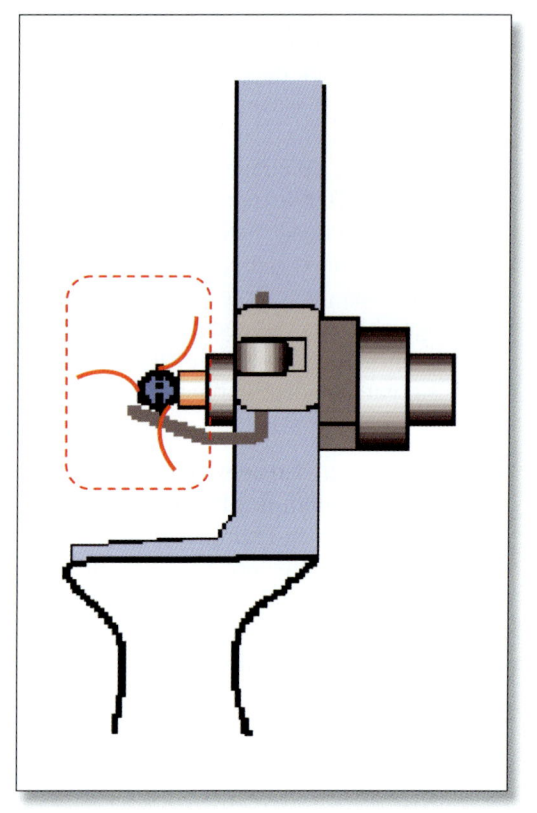

Abb. 556: Freiraum des Pfeils im Bogenfenster (schematisch)

Pfeilflug- und Gruppenoptimierung

Beachten Sie: Für die Pfeilflugoptimierung gelten die folgenden Eingangsbedingungen:
- Die Optimierung des Pfeilflugs ist nur unter Laborbedingungen (optimale äußere Bedingungen wie Temperatur, Wind, relative Luftfeuchtigkeit) aussagekräftig: Bei einem Pfeil ohne Befiederung erfolgt die Stabilisierung unter anderem durch den Umschlagpunkt von laminarer in turbulente Strömung, der dafür sorgt, dass der Angriffspunkt der aerodynamischen Kraft hinter den Schwerpunkt des Pfeiles wandert (s. S. 641). Dieser Punkt ist nicht stabil und ändert sich mit den angreifenden Luftkräften während des Fluges (abnehmende Fluggeschwindigkeit; vgl. *Frangilli* 2007, 55).
- Der Schütze muss sich – entsprechend seiner aktuellen Leistungsfähigkeit – in einer guten Form befinden. Dazu zählen sowohl entsprechende technische als auch konditionell-koordinative und psychologische Voraussetzungen (vgl. *Lee* 2005, 190). Es ist daher durchaus denkbar, dass ein Tuning an verschiedenen Tagen zu unterschiedlichen Ergebnissen führen kann.

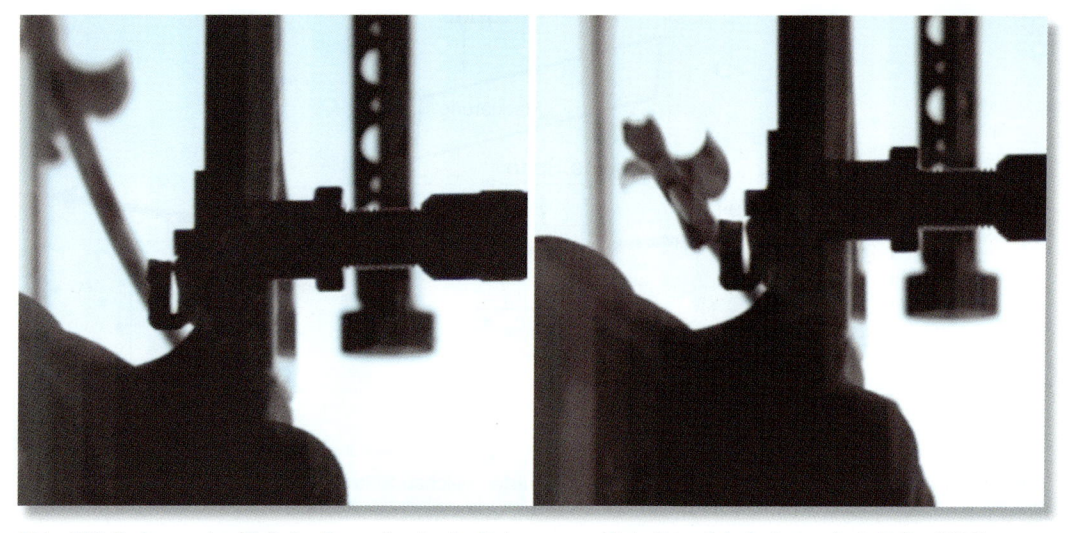

Abb. 557: Freiraum des Pfeils im Bogenfenster im Rahmen von High-Speed-Aufnahmen (vgl. *Beiter* 2008)

Die Pfeilflugoptimierung gliedert sich in das Schaffen optimaler Ausgangsbedingungen (Clearance) für die Durchführung einfacher und zusammenhängender Verfahren zum Erreichen bestmöglicher Gruppen (Trefferbilder) auf der Basis der Grundeinstellungen an Bogen, Wurfarmen, Zubehör und Pfeilen (s. S. 668 ff.). Zur Optimierung des Pfeilflugs zählen sowohl das störungsfreie Verlassen des Bogens (Clearance) als Grundvoraussetzung, die Vertikal- (Nockpunkt) und Horizontaloptimierung (Button) als elementare Verfahren auf kurzer Entfernung mit ergänzenden Distanzanalysen sowie als komplexe Verfahren die Iterationsrunden (zum Beispiel zum Auffinden der optimalen Standhöhe), das Feintuning und das Mikrotuning (Abb. 558; vgl. *Lee* 2007, 190).

Optimale Ausgangsbedingungen: Clearance
Auf der Basis der Grundeinstellungen wird mithilfe der visuellen Methode auf einer relativ kurzen Distanz (ca. 18 Meter) überprüft, ob der Pfeil gerade, d.h. störungsfrei, aus dem Bogen herauskommt. Treten hier wider Erwarten Unstimmigkeiten (z.B. schlechter Pfeilflug, sehr schlechte Gruppierung auf kurzer Distanz, ungewöhnliche Abschussgeräusche, Spuren am Bogenfenster oder Zubehörteilen) auf, sind die Grundeinstellung und die Freiraumprüfung zu wiederholen.

Empfehlung: Verwenden Sie Puder, Kalk, Talkum am Bogenfenster bzw. der Pfeilauflage oder andere Hilfsmittel (z.B. Beiter Clearance Star; Abb. 559), um die Pfeilfreiheit zu testen.

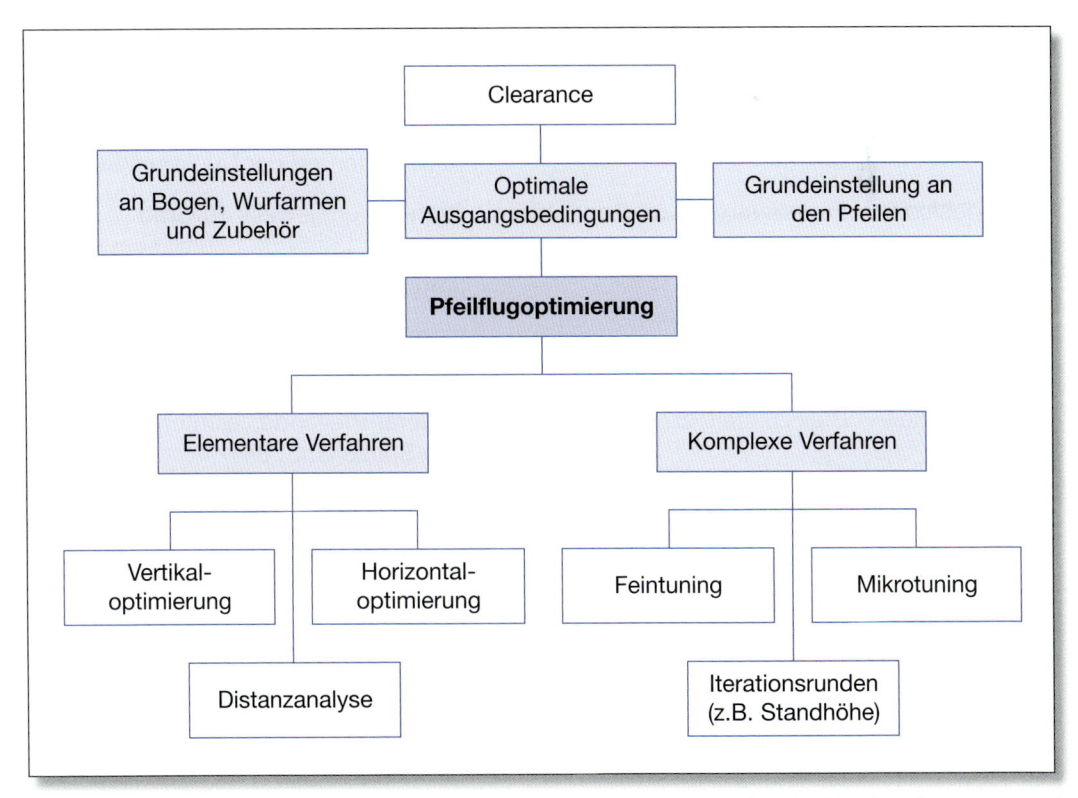

Abb. 558: Möglichkeiten der Pfeilflug- und Gruppenoptimierung als sukzessive Kombination elementarer und komplexer Verfahren auf der Basis der Grundeinstellungen

Tab. 166 zeigt zusammenfassend eine Übersicht grundlegender Ursachen von Störgrößen des Pfeiles beim Verlassen des Bogens und Lösungsmöglichkeiten. Bei einem schlechten Pfeilflug schlagen der Pfeil oder die Federn mitunter an der Pfeilauflage, am Button oder Bogenfenster an.

Beachten Sie: Als ein optischer Indikator für ein beeinflussendes Streifen der Sehne an Brust- oder Armschutz gilt das sogenannte »Minnowing« (vgl. *Easton* 2009). Ähnlich wie beim Fishtailing (s. S. 685) oder Porpoising (s. unten) zeigt sich Minnowing in einem unruhigen Pfeilflug (Abb. 560). Dabei bewegt sich das Pfeilende in der Flugphase bei geringer Amplitude sehr schnell hin und her.

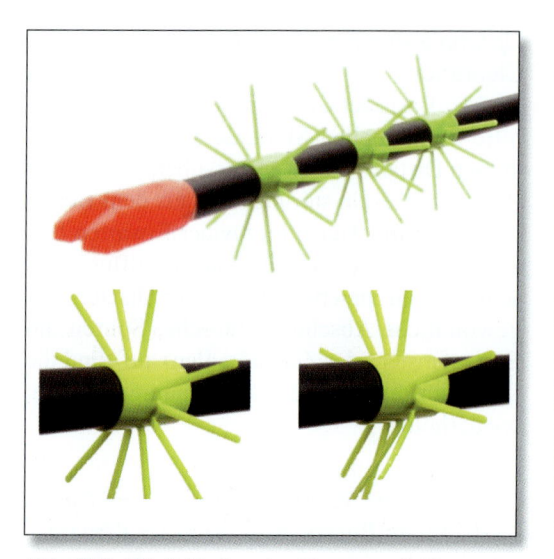

Abb. 559: Möglichkeiten der Clearance-Prüfung: Anbringen des »Clearance Star« am Pfeil (*oben*), gute (*unten links*) und ungenügende (*unten rechts*) Clearance (*Beiter* 2007)

Ursache	Beschreibung	Lösungsmöglichkeiten
Nockpunkt zu eng/ zu weit	Pfeil löst sich zu leicht oder zu schwer von der Sehne (s. S. 652 f.)	Dünnere/ dickere Mittelwicklung oder geringere/ höhere Strangzahl bzw. Änderung der Nockpunktweite
Nockposition	Federn streifen an Bogenteilen	Drehung um jeweils 10 Grad
Buttonposition	Federn streifen am Button	Buttonstellung nach innen oder außen verschieben
Federnposition	Zu hoch/ niedrig	Federn zum oder weg vom Nock verschieben
Pfeilsteifigkeit	Pfeil zu steif/ zu weich	Anderer Pfeilcode, leichtere/ schwerere Spitze (s. S. 641)
Standhöhe	Zu hoch/ zu niedrig	Windungszahl erhöhen oder erniedrigen
Pfeilauflage	Zu lang/ zu kurz	Pfeilauflage kürzen/ neue Pfeilauflage
Äußere Einflüsse	Sehne streift Brustschutz oder Bogenarm	Brustschutz enger/ weiter bzw. laminieren, Armschutz enger stellen bzw. Sehnenabstand zum Bogenarm erhöhen

Tab. 166: Ursachen, Beschreibungen und Lösungsmöglichkeiten für Störgrößen des Pfeiles beim Verlassen des Bogens (vgl. *Frangilli* 2007, 143)

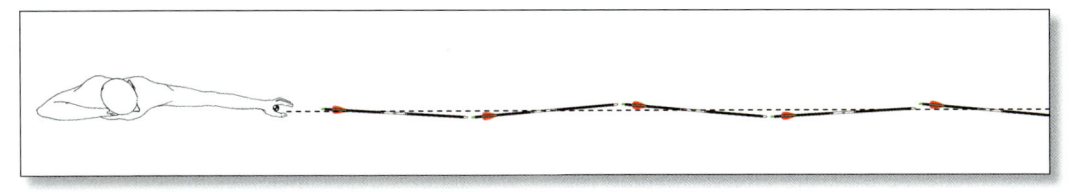

Abb. 560: Flugbild beim »Minnowing«: Das Pfeilende bewegt sich schneller, jedoch mit geringerer Ausschlagsweite als beim Fishtailing (s. S. 685)

Einfache Verfahren

Einfache Verfahren sind die Vertikaloptimierung durch den Nockpunkt, die Horizontaloptimierung durch den Button sowie die Distanzanalyse.

Vertikaloptimierung durch den Nockpunkt

Die Vertikaloptimierung steht am Beginn der einfachen Verfahren (vgl. *Barrs* 2001, 59).

Kennzeichnend für eine unzureichende Nockpunkteinstellung ist das so genannte »Porpoising«. Dabei kommt es zu vertikalen Bewegungen im Pfeilflug (Abb. 561).
Ursachen unverhältnismäßiger vertikaler Instabilitäten sind nach *Tapley* (2009) unter anderem:
- Falsche Nockpunktüberhöhung bzw. falscher Tiller
- Unverhältnismäßiger Fingerdruck auf die Pfeilnocke bzw. den Pfeil (Einklemmen)
- Ungleichmäßiger Druck der Bogenhand (zu hoch/ zu tief)
- Reaktionen der Pfeilauflage (Pfeil springt)
- Torsionskräfte des Bogens
- Zu starker Kontakt der Sehne zur Nocke (s. S. 640 bzw. 651 f.)

Die Vertikaloptimierung durch den Nockpunkt kann über verschiedene Analysemethoden erfolgen: Einschlagswinkelanalyse, Papiertest oder Rohschafttest. Es empfiehlt sich – im Sinne einer Kontrolle – parallel mit zwei Testarten zu operieren. Kommt es zu extremen Nockpunktüberhöhungen, muss die Tillereinstellung überprüft werden.

Horizontaloptimierung durch den Button

Ursachen unverhältnismäßiger horizontaler Instabilitäten sind nach *Tapley* (2009) unter anderem:
- Falscher Seitenversatz des Pfeils
- Seitlicher Fingerdruck auf die Pfeilnocke
- Ungleichmäßiger Druck der Bogenhand (rechts/ links)
- Zu starker Kontakt der Sehne zur Nocke (s. S. 640 bzw. 651 f.)
- Zu starker oder zu leichter Buttondruck
- Torsionskräfte des Bogens

Zur Optimierung des Seitenreflexes, des Schwingungsverhaltens und des geradlinigen Hintereinanderfliegens der Schwingungsknoten eignen sich sowohl die Einschlagswinkelanalyse, der Papiertest als auch der Rohschafttest.

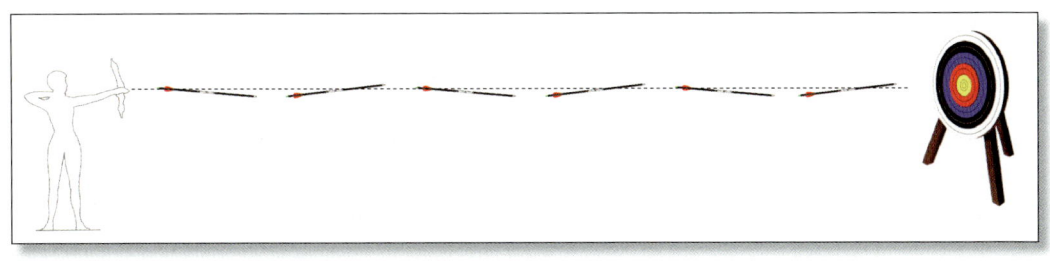

Abb. 561: Flugbild beim »Porpoising«: vertikale Instabilitäten im Pfeilflug

Distanzanalyse

Die Distanzanalyse erfolgt über die Analyse der Pfeilstreuungen bzw. der Größe der Gruppierungen (Abb. 562). Stellt sich kein befriedigendes Ergebnis ein, muss unter Umständen ein anderer Pfeilcode bzw. ein anderer Schaft verwendet werden.

Abb. 563 und 564 zeigen beispielhaft die fälschlichen Annahmen einer optimalen Gruppierung auf nur einer Distanz.

Beispiel 1: Ergeben sich relativ gute Gruppierungen auf den kürzeren Entfernungen (30 und 50 Meter), jedoch unverhältnismäßige Streuungen auf den langen Distanzen (90 bzw. 70 Meter), so ist häufig das Pfeilgewicht im Vergleich zum Gewicht des Schaftes zu hoch, wodurch auch die Geschwindigkeit des Pfeils zu schnell abnimmt (z.B. durch zu schwere Inserts, zu schwere Spitzen oder zu schwere Federn; vgl. *Rabska* 1994, 9). Bei leichtgewichtigen Pfeilen ist es allerdings außerordentlich wichtig, den Luftwiderstand auf ein Minimum zu reduzieren und damit die Geschwindigkeit hoch zu halten (Wind- und Regeneinflüsse). Möglichkeiten hierzu bieten ein Verkleinern der Befiederung (weniger Höhe und/oder Länge) bzw. eine Reduzierung des Anstellwinkels der Befiederung sowie entsprechender Kombinationen (vgl. *Easton* 2008).

Beispiel 2: Bei einer ungenügenden Pfeilfreiheit (vgl. Clearance, S. 678 f.) ist es möglich, dass sich der Pfeil aufgrund der längeren Flugzeit auf die Entfernungen über 90 bzw. 70 Meter dennoch stabilisiert. Dies ist auf kurze Distanzen nicht mehr möglich (Abb. 564).

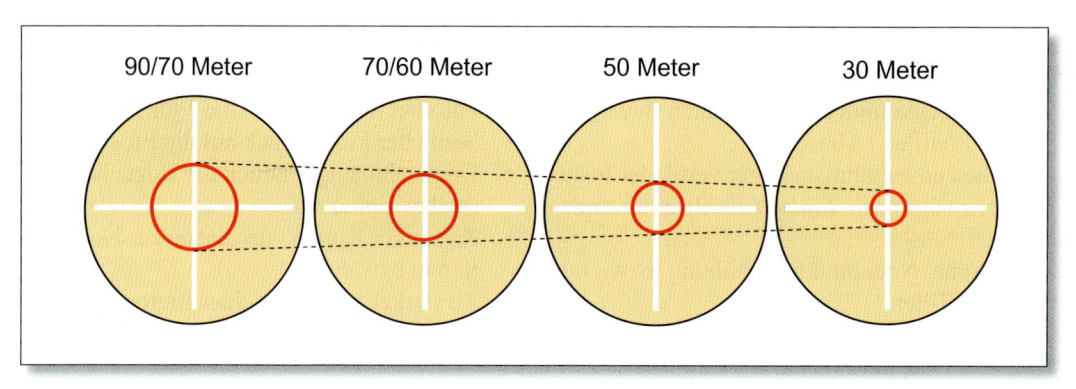

Abb. 562: Gute Einstellungen am Material durch gleichmäßig kleiner werdende Pfeilruppen auf allen Entfernungen (vgl. *Rabska* 1994, 9)

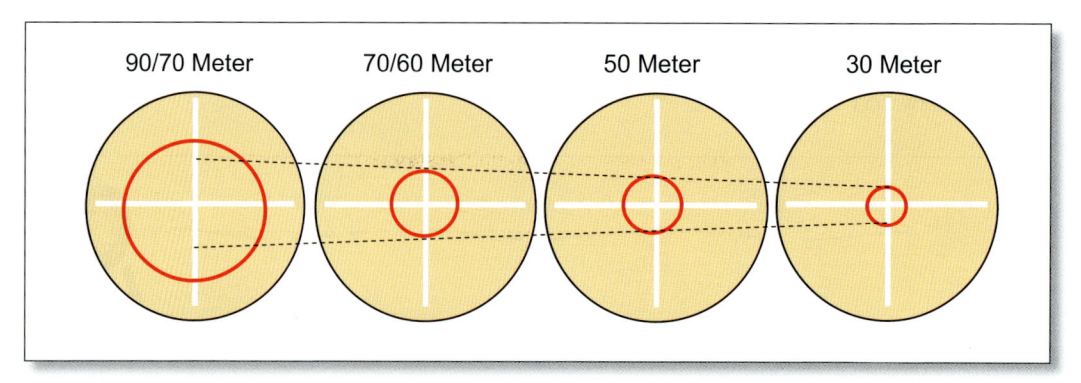

Abb. 563: Gute Treffergruppierungen auf 70, 50 und 30 Meter sowie unverhältnismäßige Streuungen auf 90 Meter durch ein zu hohes Zusatzgewicht im Vergleich zum Eigengewicht des Schaftes

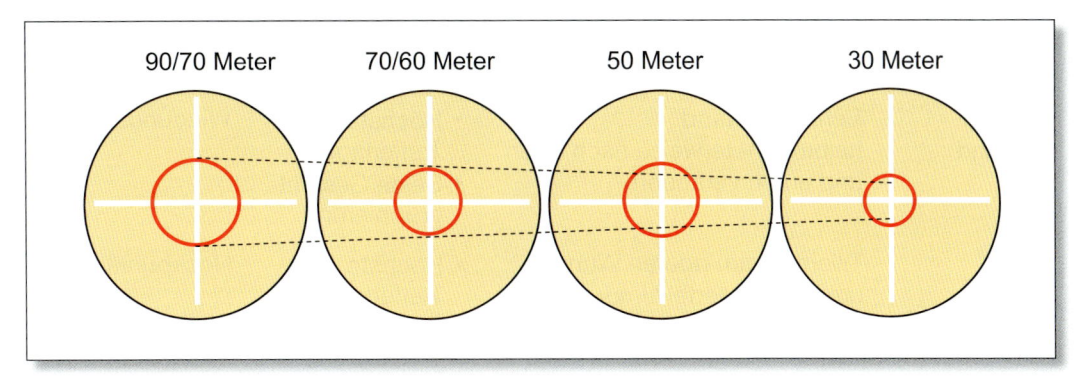

Abb. 564: Gute Gruppierungen auf 90 und 70 Meter sowie unverhältnismäßige Streuungen auf 50 und 30 Meter durch eine ungenügende Pfeilfreiheit (vgl. *Rabska* 1994, 9)

Beachten Sie: Das elementare Tuning kann erst dann als abgeschlossen gelten, wenn sich auf allen Entfernungen – gleichmäßig kleiner werdende – gute Gruppierungen bilden.

Komplexe Verfahren

Die komplexen Verfahren beinhalten das Fein- bzw. Gruppentuning inklusive mehrfacher Iterationsrunden (z.B. Standhöhe, Nockpunktüberhöhung) sowie das Mikrotuning und erfordern in der Regel einen hohen Zeitbedarf (mehrere Tage; vgl. *Barrs* 2001, 59).

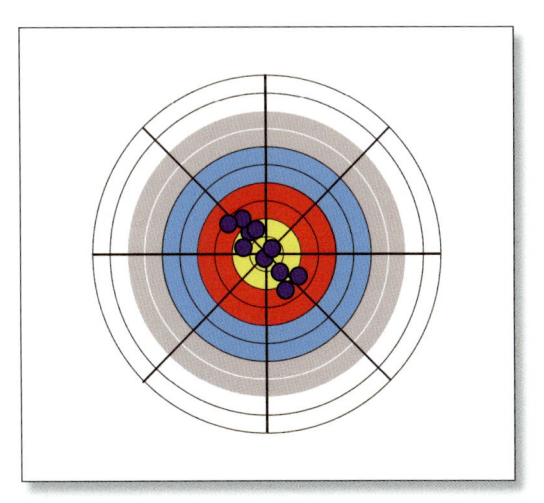

Abb. 565: Diagonale Gruppierungen durch kombinierte Fehler in der Buttonhärte (bzw. Seitenversatz) und der Nockpunktüberhöhung (vgl. *Barrs* 2001, 60)

Feintuning

Das Fein- bzw. Gruppentuning hat das Ziel, eine optimale Kombination aus Materialelementen zu finden. Mithilfe der visuellen Methode bzw. der Trefferbildanalyse wird dabei zunächst das Pfeilflugverhalten auf einer langen Distanz (90 oder 70 Meter) analysiert. Die anschließenden Iterationsrunden (Wiederholungen), beispielsweise zum Auffinden der optimalen Standhöhe, dienen insbesondere der Verbesserung der Flugeigenschaften des Pfeils bzw. der Gruppierung der Treffer (Trefferbildanalyse).

Beachten Sie: In der Schieß- und Tuningpraxis treten meist Kombinationen aus Trefferbildern auf (Abb. 565). Dennoch gilt: Ändern Sie immer nur einen Parameter (z.B. Windungszahl, Strangzahl der Sehne).

Beispiel 1: Nachdem die Standhöhe in Abhängigkeit von Bogenlänge und Zuggewicht (s. S. 672) auf einen – entsprechend der Herstellerangaben – niedrigen Ausgangswert eingestellt wurde, erfolgt durch eine sukzessive Erhöhung der Windungszahl das Auffinden der besten Gruppierungen (vgl. *Perez* 2008, 42).

Tab. 167 zeigt beispielhaft mögliche Materialveränderungen bzw. deren Kombinationen (für erfahrene Schützen und Trainer) durch das Schießen von Testserien und den Vergleich von Trefferbildern.

Material-veränderung	Beschreibung	Optimierte Einstellung	Kombination mit
Sehnenabstand	Sehnenabstand halbmillimeterweise nach oben und unten verändern	• Höchste Trefferlage • Beste Gesamtgruppierung	Windungszahl
Tiller	Tillermaß am oberen Wurfarm um je eine Viertel Umdrehung nach links und rechts variieren	• Höchste Trefferlage • Beste Gesamtgruppierung	Nockpunkt
Zuglast	Last des oberen und unteren Wurfarmes um je 200g erhöhen	Beste Gesamtgruppierung	Spitzengewicht
Nockpunktüberhöhung	Nockpunktüberhöhung jeweils um 0,25–0,5 Millimeter variieren	Geringste Höhenabweichung	Tiller
Seitenversatz	Button jeweils um eine viertel bis halbe Umdrehung nach links und rechts variieren	Kleinste Horizontalstreuung	Pfeilauflage
Buttonhärte	Button jeweils um zwei Zehnteleinteilungen härter oder weicher stellen	Kleinste Horizontalstreuung	Nockpunkt
Pfeillänge	Pfeilschaft kürzen (nur am vorderen Ende in mm)	Beste Gesamtgruppierung	Spitzengewicht, Nocktyp

Tab. 167: Mögliche Materialveränderungen bzw. deren Kombinationen im Fein- und Gruppentuning (vgl. *Tekmitchov* 2007, 20)

Weitere Möglichkeiten sind:
- Pfeilkategorien, Spitzengewichte, Befiederungen, Drall,
- Sehnenmaterial, Sehnenstrang- und Sehnenwindungszahlen,
- Pfeilauflageanstell- und -auslagewinkel,
- Buttonkopfmaterial,
- Tabs etc.

Beispiel 2: Eine Erhöhung des Spitzengewichts von 80 auf 100 Grain (1 englisches Grain entspricht in etwa 64,8 Milligramm) kann in der folgenden Art und Weise durchgeführt werden:
- Messen aller Bogeneinstellungen (z.B. Standhöhe, Zuggewicht, Buttoneinstellung, Tiller, Geschwindigkeit etc.) und diese notieren
- Durchführung eines Rohschafttests mit 80- und 100-Grain-Spitzen sowie Beobachtung der Unterschiede in der Gruppierung der Treffer zueinander und deren Notation
- Tuning des Bogens für die 80-Grain-Spitzen, sowie Trefferbildaufzeichnungen bei zirka 100 Pfeilen mit 80-Grain-Spitzen unter Laborbedingungen (z.B. Windstille)
- Tuning des Bogens für die 100-Grain-Spitzen, sowie Trefferbildaufzeichnungen bei etwa 100 Pfeilen und 100-Grain-Spitzen unter Laborbedingungen (z.B. Windstille)
- Auswertung der Resultate
- Testdurchführung beider Spitzengewichte unter Wind- und Regeneinflüssen
- Auswertung der Resultate und Entscheidung für ein Spitzengewicht (vgl. *Tekmitchov* 2006, 14)

Mikrotuning

Das Mikrotuning wurde von *McKinney* und *Rabska* (1996) entwickelt und stellt eine systematische Weiterentwicklung bzw. Zusammenfassung des Feintuning für den höheren Leistungsbereich im Bogenschießen dar. Bei ansteigenden Entfernungen wird versucht, den Pfeilflug bzw. die Treffergruppierung durch die Kombination verschiedener vorausgegangener Analysemethoden zu optimieren. Folgende Reihung wird vorgeschlagen:

- *Grundeinstellung:* Grundeinstellung herstellen durch Rohschaft- oder Papiertest inklusive einer »guten« Standhöhe (z.B. Abschussgeräusch) und empfohlener Tillerwerte (s. S. 662 ff. bzw. 672 ff.)
- *Pfeilauswahl:* Ausschießen der unbefiederten Pfeile auf 30 Meter und daraus Auswahl von zwei Rohschäften und mehreren befiederten Pfeilen (s. S. 677 und 686)
- *Rohschafttest:* Wiederholung des Rohschafttests mit ausgewählten Pfeilen unter Anpassung des Nockpunktes (befiederte und unbefiederte Pfeile bilden eine Gruppe!)
- *Entfernungswechsel:* Wiederholung vorangegangener Tests auf 50, 60 und 70 Meter
- *Pfeilflugbeobachtung:* Beobachtung des Pfeilflugs auf den langen Distanzen: gruppieren sich die unbefiederten Pfeile konstant auf einer Seite der befiederten Pfeile, ist der Pfeilversatz anzupassen; beim »Fishtailing« ist der Buttondruck zu verändern (Abb. 566)
- *Wettkampfentfernung:* Wiederholung aller vorausgegangenen Testphasen auf der längsten Distanz bzw. Wettkampfentfernung unter abschließender Anpassung des Nockpunktes (befiederte und unbefiederte Pfeile bilden eine Gruppe!)
- *Trefferbildauswertung mit Nockpunkterhöhung:* Aufzeichnen der Trefferbilder von 30–40 Pfeilen auf die Wettkampfentfernung bzw. längste Distanz. Wiederholung der Auswertung nach Erhöhung des Nockpunktes um jeweils 0,5 Millimeter und erneute Auswertung horizontaler und vertikaler Streuungen
- *Trefferbildauswertung mit Veränderung der Buttonstärke:* Aufzeichnen der Trefferbilder von 30–40 Pfeilen auf die Wettkampfentfernung bzw. längste Distanz sowie wiederholte Auswertung nach Veränderung der Buttonstärke (z.B. eine viertel Umdrehung härter oder weicher) und erneute Auswertung horizontaler und vertikaler Streuungen
- *Trefferbildauswertung mit Veränderung der Standhöhe:* Aufzeichnen der Trefferbilder von 30–40 Pfeilen auf die Wettkampfentfernung bzw. längste Distanz und Wiederholung der Auswertung nach Veränderung der Standhöhe (z.B. 3 Millimeter). Anschließend erfolgt eine erneute Auswertung horizontaler und vertikaler Streuungen
- *Rohschaftkontrolle:* Notation der Position des Rohschaftes im Vergleich zu den befiederten Pfeilen auf einer kurzen Distanz (z.B. 30 Meter), um ein nachfolgendes reduziertes Tuning unter Anpassung des Ersatzmaterials zu ermöglichen

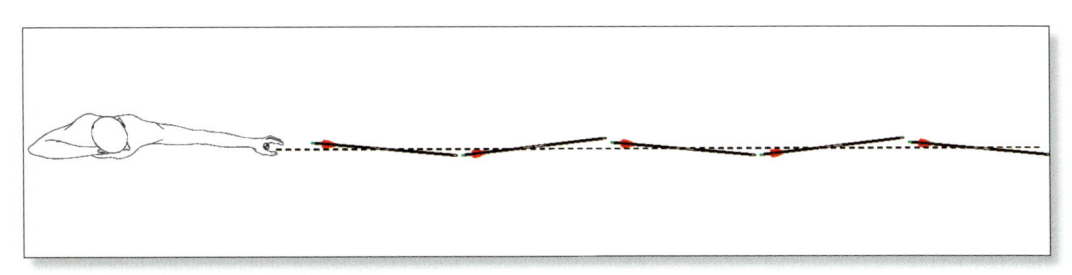

Abb. 566: Flugbild beim »Fishtailing«: starke horizontale Instabilitäten im Pfeilflug als häufige Folge falscher Spinewerte des Pfeiles (vgl. *Rabska*, in *Ruis* u. *Stevenson* 2004, 112)

Beachten Sie: Als ein akustischer Indikator für ein gut abgestimmtes System Bogen-Pfeil-Schütze gilt unter erfahrenen Schützen und Trainern insbesondere das Abschussgeräusch des Bogens.

Auswahl, Ausschießen und Auswerten der Pfeile

Pfeilauswahl

Grundsätzlich ist bei der Auswahl der Pfeile darauf zu achten, dass alle Pfeile exakte Eingangsparameter aufweisen. Dazu gehören:
- Gleiche Steifigkeit (s. S. 641 f.)
- Geradheit (kleiner 0,1 Millimeter)
- Gleiches Gewicht (kleiner 0,06 Gramm)
- Gleiche Länge
- Gleiches FOC (Front of Center Balance, Verschiebung des Schwerpunktes Richtung Spitze): größer als 14% (s. S. 641; vgl. *Frangilli* 2007, 148)
- Gleiche stabile Nocken, Nockposition (s. S. 677), Federn, Federnanordnungen, Inserts und Spitzen etc.

Tab. 168 zeigt beispielhaft einen Ausschnitt aus einer erweiterten Pfeilauswahltabelle im Spitzenbereich: Die Pfeilschäfte werden hinsichtlich ihres statischen Spine (Steifheit) geordnet und nach ihrem Schlag (Geradheit) in Klassen (z.B. 1–4) eingeteilt. Stark abweichende Schäfte (z.B. Klasse 4) werden ausgesondert. Die restlichen Pfeile bilden dann eine »weiche« (z.B. 21.27 – 21.31) und eine »harte« Gruppe (z.B. 21.32 – 21.35).

Gleichzeitig werden die präzise nachgewogenen Spitzen (z. B. Apothekerwaage) entsprechend ihrem Gewicht sortiert und der jeweiligen Gruppe zugeordnet. Demnach erhält beispielsweise der »weichste« Pfeil die »leichteste« Spitze.

Ausschießen und Auswerten

Nach der Auswahl der Pfeile hinsichtlich ihrer technischen Eingangsparametern erfolgt das so genannte Ausschießen.

Beim Ausschießen der Pfeile werden aus einem Satz von Pfeilen diejenigen ausgewählt, die untereinander die gleichmäßigsten Gruppierungen erzielen.

Pf-Nr	Spine	Schlag	Klasse	Pf-Nr	Spine	Schlag	Klasse
1	21.27	0.08	1	13	21.32	0.20	2
2	21.27	0.09	1	14	21.32	0.06	1
3	21.28	0.60	4 A	15	21.32	0.08	1
4	21.28	0.13	1	16	21.33	0.32	3
5	21.28	0.21	2	17	21.33	0.13	2
6	21.29	0.16	2	18	21.33	0.20	2
7	21.29	0.48	4 A	19	21.34	0.14	1
8	21.29	0.09	1	20	21.35	0.05	1
9	21.30	0.21	2	21	21.35	0.14	1
10	21.30	0.20	2	22	21.35	0.10	1
11	21.31	0.15	2	23	21.35	0.22	2
12	21.31	0.09	1	24	21.36	0.10	1

Tab. 168: Erweiterte Pfeilauswahltabelle: Die Pfeilschäfte werden hinsichtlich ihres statischen Spine geordnet und nach ihrem Schlag in Klassen eingeteilt. Stark abweichende Schäfte (z.B. Klasse 4) werden ausgesondert (Pf-Nr: Pfeilnummer, A: ausgesondert)

Sowohl *Rohrberg* (2009), *Frangilli* (2007, 23) als auch *Lee* (2005, 192) empfehlen, eine weitere Vorauswahl der Pfeile durch Trefferbildaufnahmen mit unbefiederten Pfeilen zu treffen. Diese werden durchnummeriert und je nach Leistungsstand des Schützen auf eine Entfernung zwischen 30 und 70 Meter mehrmals geschossen. Jeder Pfeil hat dabei sein eigenes Trefferbild. Anschließend erfolgt die Auswertung der Trefferbilder mit den befiederten Pfeilen in ähnlicher Weise (Abb. 567).

Die Pfeile, deren Schussbilder sich – bei technisch sauberen Schüssen – sehr nahe kommen, werden als Satz zusammengestellt. Bei den anderen Pfeilen wird beispielsweise versucht, über einen Nockaustausch eine ähnliche Gruppierung zu finden.

Periodisierung der Materialabstimmung

In Abhängigkeit von anatomischen (z.B. Wachstumsphasen im Kindes- und Jugendalter) und konditionellen Voraussetzungen des Schützen (z.B. erhöhte Kraftfähigkeit), sowie daraus resultierenden Materialbedingungen (z.B. höheres Zuggewicht, Tabänderung) unter Berücksichtigung klimatischer Bedingungen (z.B. hohe Luftfeuchtigkeit, Hitze) ist ein Tuning im Lauf des Trainingsprozesses eine ständige Anpassung an das System Schütze, Umwelt und Material.

Im Leistungssport empfiehlt *Lee* (2005, 192), die Grundeinstellungen des Bogens sowie elementare Verfahren in der Vorbereitungsperiode vorzunehmen und mindestens monatlich zu überprüfen. Fein- und Mikrotuning finden im Spitzensport vermehrt in der Phase der unmittelbaren Wettkampfvorbereitung statt, weil gerade die aktuelle Form des Schützen (z.B. Schießtechnik: Lösegeschwindigkeit, Fingerhaltung) das Verhalten des Bogens und des Pfeils entscheidend prägen.

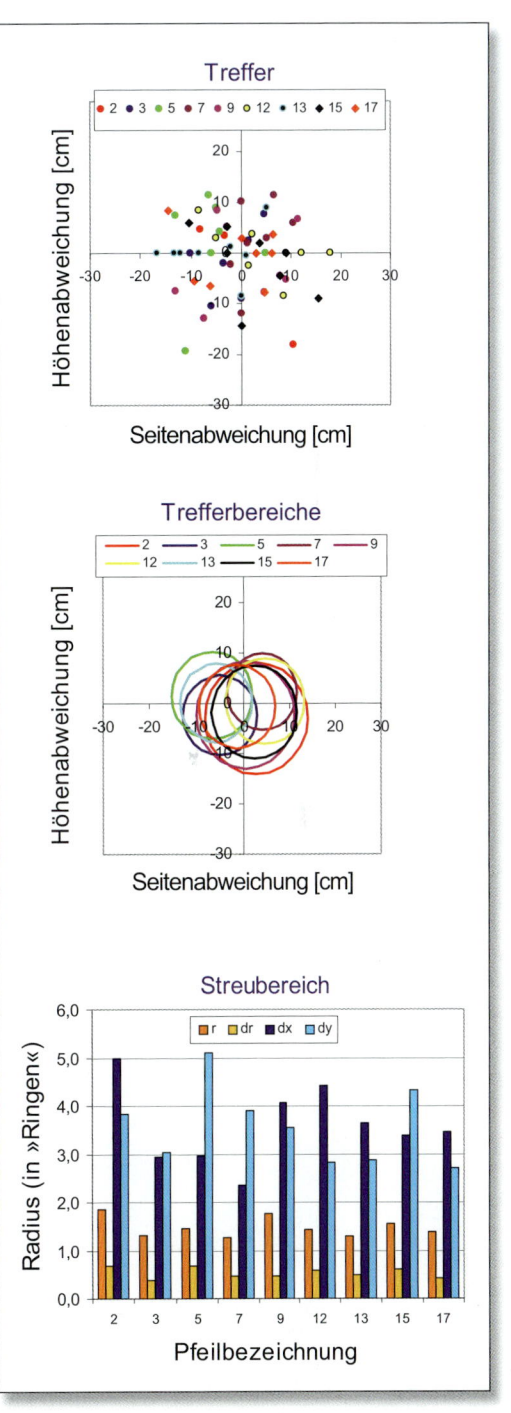

Abb. 567: Treffer- und Streubereiche von Pfeilen (r: maximaler Streuradius, dr: mittlerer Streuradius, dx: horizontale Abweichung, dy: vertikale Abweichung; *Garnreiter* 2007)

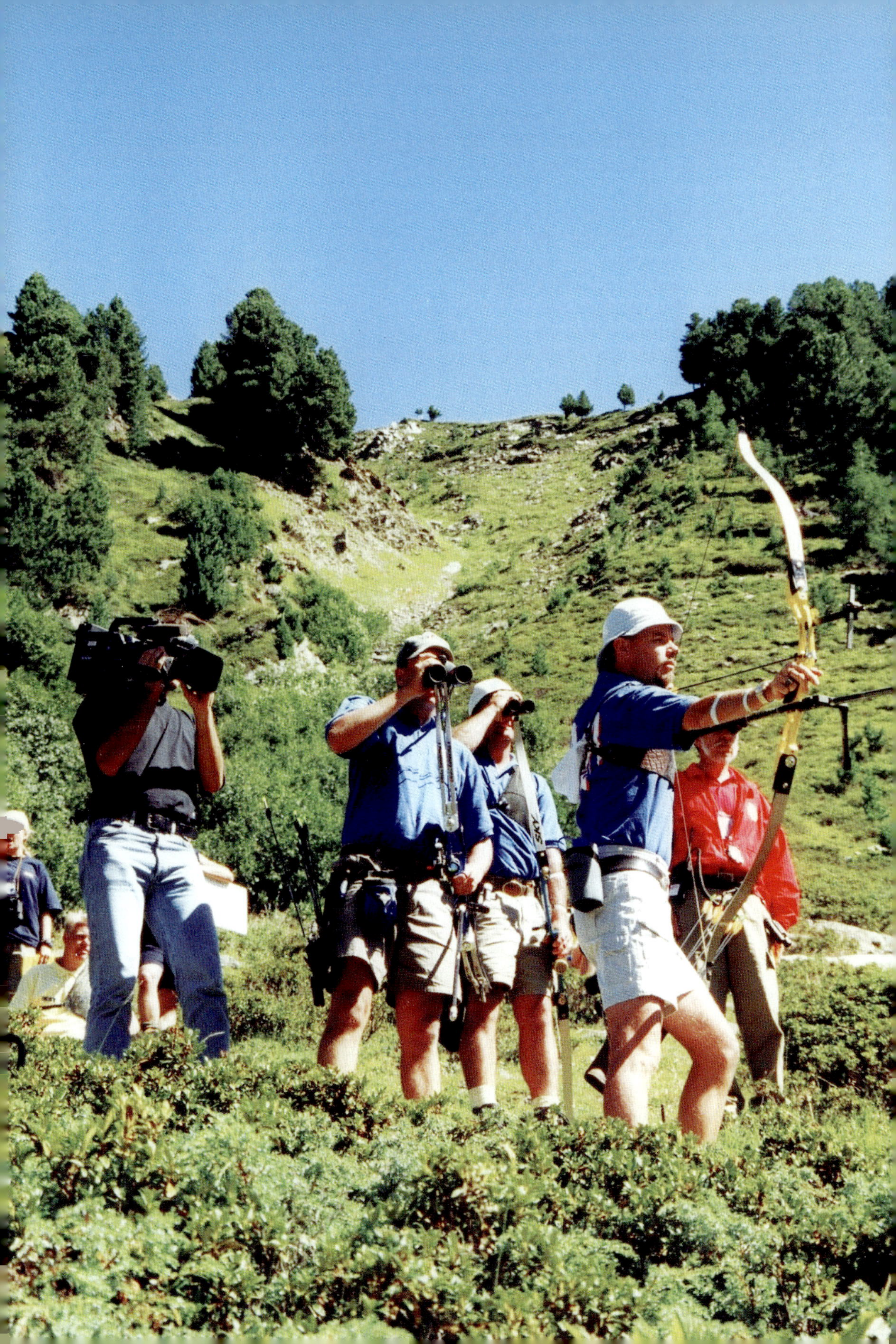

17 Bogenschießen als Freiluftsportart – Problem des oxidativen Stress

In den Sommermonaten, in der so genannten Freiluftsaison, wird das Bogenschießen nahezu ausschließlich im Freien durchgeführt. Welche Auswirkungen das Training und verschiedene Wettkampfdisziplinen (z.B. Olympische Runde, Jagd- und Feldschießen, Golfschießen, 3-D-Schießen) für den Schützen im Freien haben, wird im Folgenden näher erläutert.

Begriffsbestimmung

Wurde früher »Bewegung an der frischen Luft« uneingeschränkt für jedermann empfohlen, ist diese positive Einschätzung heute aufgrund veränderter Umweltbedingungen mit einigen Einschränkungen verknüpft. Grund dafür ist unter anderem der zunehmende oxidative Stress.

> Unter *oxidativem Stress* versteht man ein gesteigertes Aufkommen von freien Sauerstoffradikalen – auch ROS (Reactive Oxygen Species) genannt –, die im Übermaß zelltoxisch wirken.
> *Freie Sauerstoffradikale* sind kurzlebige, aggressive Verbindungen, die in ihrer chemischen Struktur über ein freies Elektron verfügen und daher sehr reaktionsfreudig sind. Sie entreißen anderen Verbindungen ein Elektron, wodurch Kettenreaktionen ausgelöst werden und neue Radikale entstehen.

Obwohl freie Sauerstoffradikale im Rahmen des Stoffwechselgeschehens und der Immunabwehr normale Bestandteile sind, ist ihr vermehrtes Auftreten mit negativen Auswirkungen auf den Organismus verbunden. Chronischer oxidativer Stress soll zu einer allgemeinen Beschleunigung der Altersprozesse führen, die Arteriosklerose beschleunigen, das Risiko des Auftretens von Tumorerkrankungen erhöhen und Entzündungsreaktionen in Gang setzen (vgl. *Rikotzki* 1992, in *Weineck* 2010, 994).

Freie Radikale

Freie Radikale haben ihren Ursprung einerseits in endogenen Prozessen, wie der Zellatmung und der Immunabwehr, und gelangen andererseits von außen in den Körper. Abb. 568 macht deutlich, dass sich die exogenen Radikale aus den unterschiedlichsten Bereichen rekrutieren.

Endogene Quellen

Zellstoffwechsel
Die in den Mitochondrien ablaufende biologische Oxidation baut unter Verbrauch von freiem Sauerstoff hochmolekulare Stoffe wie Kohlenhydrate, Fette und Eiweiße zu energiearmen Endprodukten, Kohlendioxid und Wasser, ab. Dabei wird die in den organischen Substanzen gespeicherte Energie freigesetzt und kann vom Körper in mechanische Arbeit umgewandelt werden.

Bei 96–98% der Endoxidationsreaktionen wird Sauerstoff direkt mit dem Wasserstoff zu Wasser reduziert. In einem geringen Prozentsatz (2–4%) werden aber nicht zwei – wie bei der normalen Oxidation –, sondern nur ein Elektron übertragen. Dadurch entstehen Zwischenstufen im normalen Reaktionsverlauf, die als reaktive Sauerstoffderivate (ROS) bezeichnet werden (Abb. 569). Diese können in der Folge Radikalkettenreaktionen initiieren, d.h., die Radikale verbinden sich mit anderen Stoffen unter Über-

tragung ihrer Radikaleigenschaft (vgl. *Weineck* 2010, 994).
Bei diesen heftigen Reaktionen können natürlich auch zerstörerische Nebeneffekte an Zellen und Geweben auftreten. Schätzungsweise finden in der DNA jeder menschlichen Zelle pro Tag etwa 10 000 oxidative Schädigungen statt.

Nur dem Vorhandensein äußerst effizienter DNA-Reparatursysteme, reduzierend wirkender Enzyme (z.B. Katalase, Glutathionperoxidase) und nicht zuletzt den als Antioxidanzien wirkenden Vitaminen (Vitamin A, C und E) verdanken wir das Ausbleiben dauerhafter Zellschäden (vgl. *Mathias* 1999, 34).

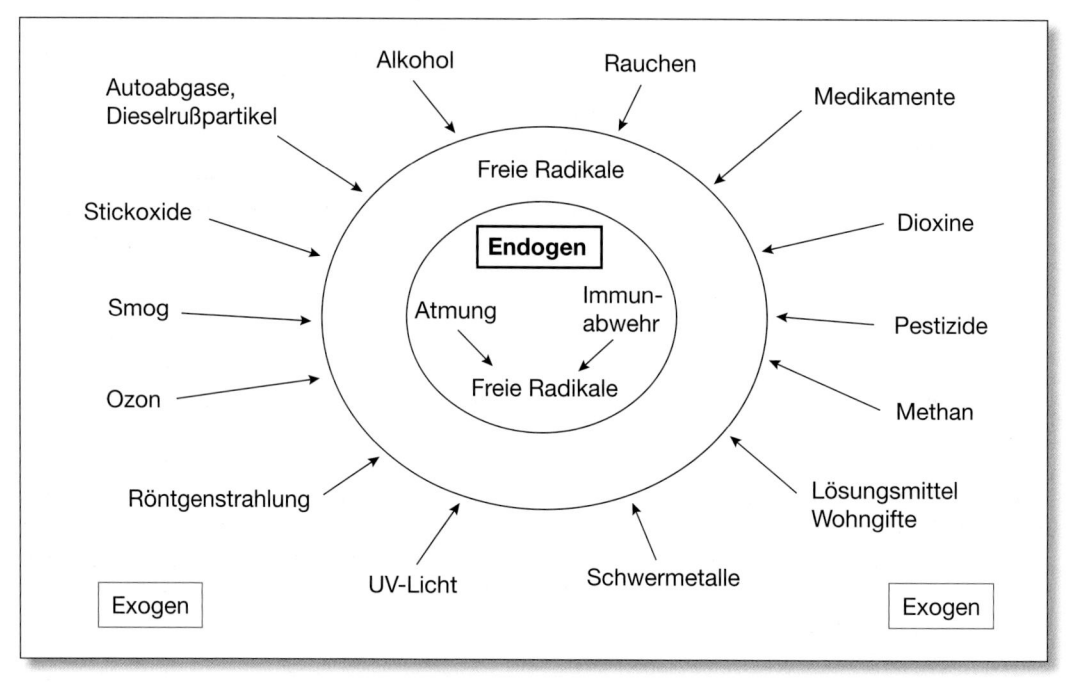

Abb. 568: Endogene und exogene Quellen für das Auftreten freier Radikale (nach *Weineck* 2010, 995)

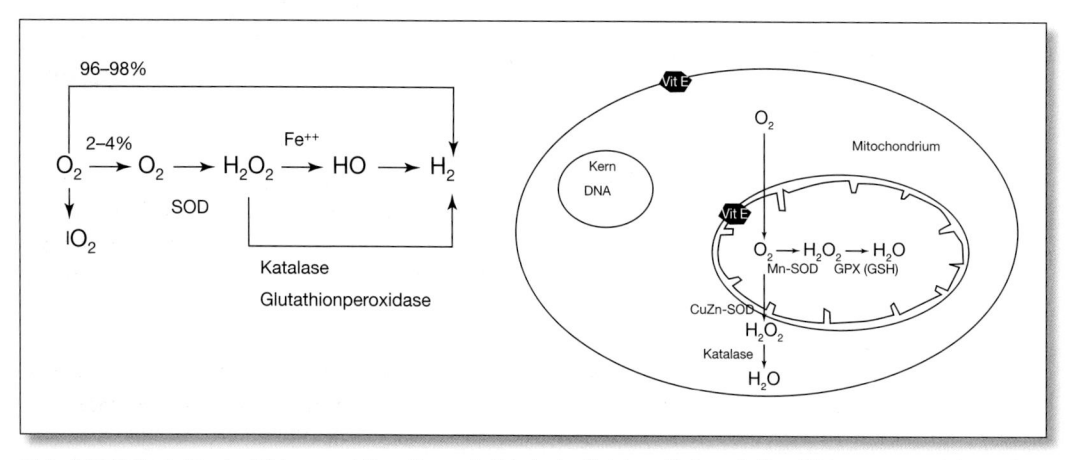

Abb. 569: Teilschritte der Bildung reaktiver Sauerstoffderivate (*links*) und intrazelluläre Bildung von reaktivem Sauerstoff (*rechts*; nach *Weineck* 2010, 995)

Unter körperlichen Belastungen ist die mitochondriale Atmung um den Faktor 100–200 gesteigert. Dementsprechend vermehrt sich die Radikalbildung, vor allem durch eine Erschöpfung der Antioxidanzien, die für die Eliminierung freier Radikaler verantwortlich sind (vgl. *Heine* 1995, 486; in *Weineck* 2010, 995).

Immunsystem
Immunzellen können ebenfalls reaktive Sauerstoffverbindungen bilden. Neutrophile Granulozyten produzieren Hypochlorsäure und können darüber hinaus Superoxidanionen zur Phagozytose – sie erfolgt über so genannte Fresszellen (Phagozyten), die eingedrungene Fremdkörper, Bakterien etc. unschädlich machen – bilden und an die extrazelluläre Umgebung abgeben. Monozyten und Makrophagen bilden Stickoxid (vgl. *Heine* 1995, 484).

Exogene Quellen

Luftschadstoffe
Bei jeder körperlichen Belastung erhöht sich die Atemtätigkeit. Über die damit gesteigerte alveoläre Ventilation verstärkt sich die Aufnahme von Umweltgiften, was akut oder längerfristig zu einer Beeinträchtigung bzw. Schädigung der Lungen führen kann. Vor allem in industriellen Ballungsräumen mit hohem Verkehrsaufkommen ist die Konzentration an Abgasen, wie Kohlenmonoxid, flüchtigen Kohlenwasserstoffen, Schwefel- und Stickoxiden, Bleioxiden und -halogeniden, hoch.

Am Stickoxidausstoß sind vor allem der Kfz-Verkehr (62%), die Kraft- und Heizwerke (15%), die Industrie (12%), der übrige Verkehr (10%) sowie die Haushalte und Kleinverbraucher (3–5%) beteiligt.

Die leichtflüchtigen Kohlenwasserstoffe werden hauptsächlich durch den Straßenverkehr und die lösungsmittelherstellende Industrie produziert (vgl. Greenpeace 1995, 5; *Weineck* 2010, 996).

Ozon
In Anwesenheit dieser Vorläufersubstanzen, insbesondere der Stickoxide und der leichtflüchtigen Kohlenwasserstoffe, bildet sich bei starker Sonneneinstrahlung und damit einhergehender starker UV-Einstrahlung Ozon.

> Ozon ist ein dreiatomiges Sauerstoffmolekül von stark oxidierender und damit äußerst zerstörerischer Auswirkung auf jedes biologische Gewebe (*Weineck* 2010, 996).

Bei der Beurteilung einer gesundheitlichen Relevanz für den Menschen muss man ein »gutes« und ein »böses« Ozon unterscheiden (vgl. *Betz* 1993, 249).

Das »gute« Ozon bildet einen Ozonschutzschild um die Erde mit einem Konzentrationsmaximum in der Stratosphäre in einer Höhe von etwa 23 Kilometer. Es verhindert die übermäßige Penetration kurzwelliger Strahlung (UV-B, UV-C) auf die Erdoberfläche und hat dadurch gesundheitspräventive Wirkung. Ein fehlender UV-Filter würde jegliches Leben auf der Erde unmöglich machen.

> *Beachten Sie:* Während die UV-A-Strahlen überwiegend von der Atmosphäre bis in 10 Kilometer Höhe absorbiert werden, wird die biologisch besonders wirksame und schädliche UV-B-Strahlung nur durch Ozon abgefangen.

Das »böse« oder bodennahe Ozon hingegen ist ein hochgradig zellschädigendes Oxidantium, das, wie bereits erwähnt, bei hoher Sonneneinstrahlung in Verbindung mit den Autoabgasen gebildet wird.

Eine zusätzliche Ozonquelle sind die aus Nadelhölzern freigesetzten Terpene, die unter UV-Bestrahlung ebenfalls Ozon entstehen lassen (vgl. *Betz* 1993, 249; *Weineck* 2010, 997).

Abb. 570 gibt eine Übersicht der Lokalisation der Zellschädigungen durch die freien Radikale.

Im Einzelnen ergeben sich folgende Zellschädigungen:
- Schädigung der Zellhülle
- Schädigung der Mitochondrienenzyme
- Schädigung der Erbanlagen

Schutzmechanismen des Körpers

Um erfolgreich den oxidativen Stress zu bekämpfen, hat der Organismus verschiedene Mechanismen der Radikaleneliminierung zur Verfügung. Dazu zählen unter anderem alimentäre (z.B. Vitamin A, C und E) sowie endogene Antioxidanzien (z.B. Harnsäure und Adrenalin) und antioxidative Schutzsysteme (z.B. Stressproteine).

Konsequenzen für den Bogenschützen

Durch sportliche Belastungen kommt es, wie soeben dargestellt, zu einem stark erhöhten Radikalenaufkommen (vgl. auch *Heine* 1995, 488).

Um den belastungsbedingten oxidativen Stress erfolgreich zu bekämpfen, passt sich der Organismus – unterstützt durch eine ausreichende Zufuhr antioxidativer Vitamine – den jeweiligen Notwendigkeiten an und erhöht seine antioxidativen Abwehrkapazitäten (vgl. *Criswell* 1993, 1135; Li Li Ji 1993, in *Weineck* 2010, 998; *Biesalski* 1994, 122; *Venditti* 1997, 497). Präventive Verhaltensweisen können zusätzlich dazu beitragen, dass der Sport im Freien gesundheits- bzw. leistungsförderlich und nicht schädigend ist.

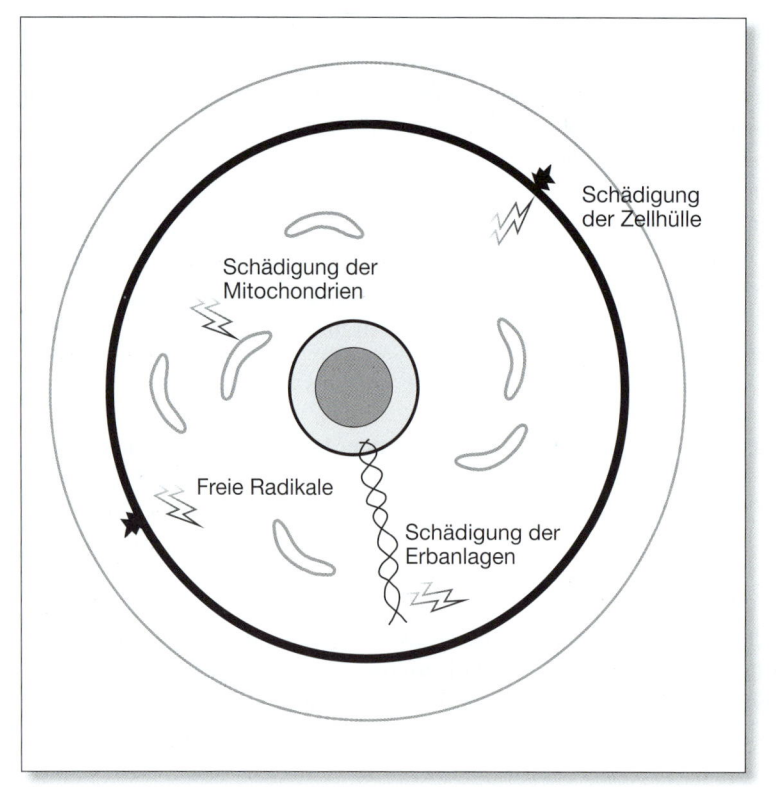

Abb. 570:
Schematische Darstellung der Zellschädigungen durch freie Radikale (vgl. *Weineck* 2010, 997)

Als probate Mittel der Einflussnahme gegen oxidativen Stress gelten entsprechendes Training, antioxidative Vitamine, präventive Verhaltensmaßnahmen und Schutz vor exogener Radikalenexposition (Abb. 571).

Steigerung der endogenen antioxidativen Kapazitäten und Schutzmechanismen durch Training: Durch Training, insbesondere Ausdauertraining, können die individuellen antioxidativen Kapazitäten und Schutzmechanismen gesteigert werden (vgl. *Rokitzki* 1993, 201; *Heine* et al. 1995, 491; *Heine* 1996, 208).

Ausreichende Versorgung mit antioxidativen Vitaminen: Zur Steigerung der antioxidativen Kapazität ist eine vermehrte Aufnahme antioxidativ wirksamer Vitamine unerlässlich.

Tab. 169 gibt Empfehlungen zum unterschiedlichen Bedarf an antioxidativen Vitaminen bei unterschiedlichen Leistungsniveaus.

Beachten Sie: Der entscheidende Vorteil einer gesteigerten Zufuhr von Antioxidanzien liegt nicht primär in einer Verbesserung der Leistungsfähigkeit, sondern in einer Verkürzung der Regenerationsprozesse und einer erniedrigten Verletzungsanfälligkeit (*Rokitzki* 1992, 202; in *Weineck* 2010, 1003).

Durch eine erhöhte Zufuhr von antioxidativen Substanzen kann sich der Körper besser an intensive Trainingsbelastungen durch verringerte Zellalteration und Zellurtergang anpassen (vgl. *Witt* et al. 1992, 766), was längerfristig auch zu

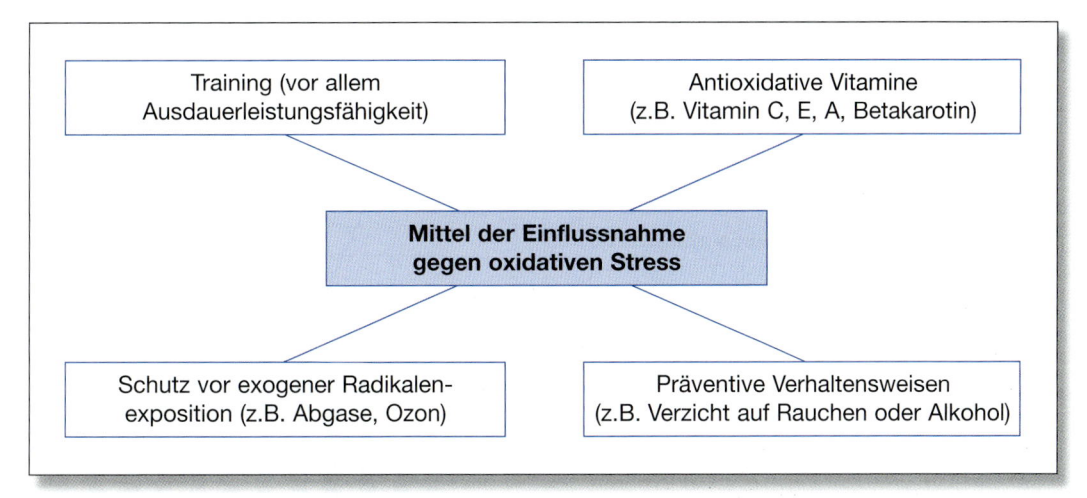

Abb. 571: Mittel der Einflussnahme gegen oxidativen Stress

Vitamin	Nichtsportler	Breitensportler	Leistungssportler	
			Kraft	Ausdauer
Vitamin C	75	100	200–400	300–500
Vitamin E	12	15	20–30	30–50
Vitamin A	1,0	1,8	2–3	3–6
Betakarotin	6	15	15–20	20–25

Tab. 169: Empfehlungen zum unterschiedlichen Bedarf an antioxidativen Vitaminen (in mg) bei Sportlern verschiedener Leistungsniveaus (nach *Döll* 1994, 411 bzw. DGE 1991)

einer Leistungsverbesserung führen wird. Weiterhin verringert sich die Verletzungsanfälligkeit, da durch die Integrität der subzellulären Partikel die Gewebestrukturen weniger anfällig für Zerstörungen sind (vgl. *Rokitzki* 1992, 202; *Weineck* 2010, 1003).

Präventive Verhaltensweisen durch gesundheitsbewusstes Verhalten: Rauchen – ein einziger Zug aus der Zigarette überflutet die Lunge mit einigen Billionen freier Radikale –, übermäßiger Alkoholkonsum und Medikamentenmissbrauch können oxidativen Stress verursachen. Daher gelten die normalen Gesundheitsrichtlinien: Am besten nicht rauchen, Alkohol nur in Maßen und Medikamente nur wenn unbedingt nötig (*Weineck* 2010, 1003).

Schutz vor exogener Radikalenexposition: Abgase, Ozon und UV-Strahlung stehen in enger Wechselbeziehung. Eine hohe Sonneneinstrahlung sorgt für eine gesteigerte Radikalenbildung der Luftschadstoffe, die ihrerseits wieder die Ozonentstehung fördern.

> *Beachten Sie:* Sportliche Aktivitäten, vor allem aber harte und länger dauernde Trainings, sollten nicht zu Zeitpunkten starker UV-Belastung erfolgen.

Die Ozonkonzentrationen zeigen in Abhängigkeit von der Sonneneinstrahlung einen typischen Tages- und Jahresverlauf (Abb. 572). Im Tagesverlauf ist die Mittagszeit die Zeit der höchsten Radikalenbelastung, im Jahresverlauf treten in Europa die höchsten Ozonkonzentrationen in den Monaten Mai bis August auf. Günstigste Trainingszeiten sind unter diesem Aspekt die Morgen- und Abendstunden.

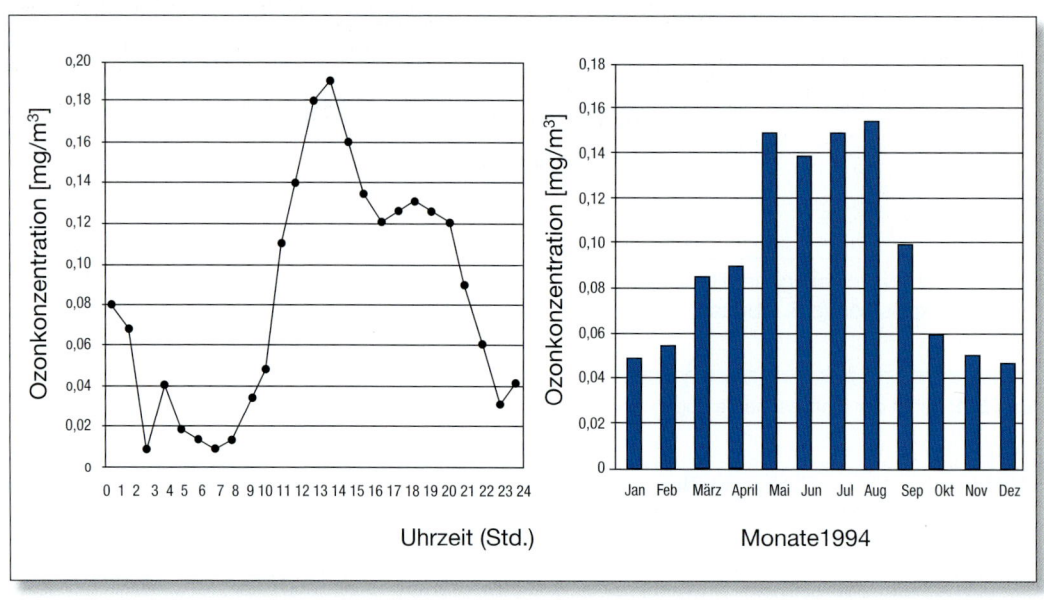

Abb. 572: Ozonkonzentrationen im Verlauf eines Sonnentages bzw. im Verlauf eines Jahres (am Beispiel der Stadt Zürich; *Pampus* in *Weineck* 2010, 1004)

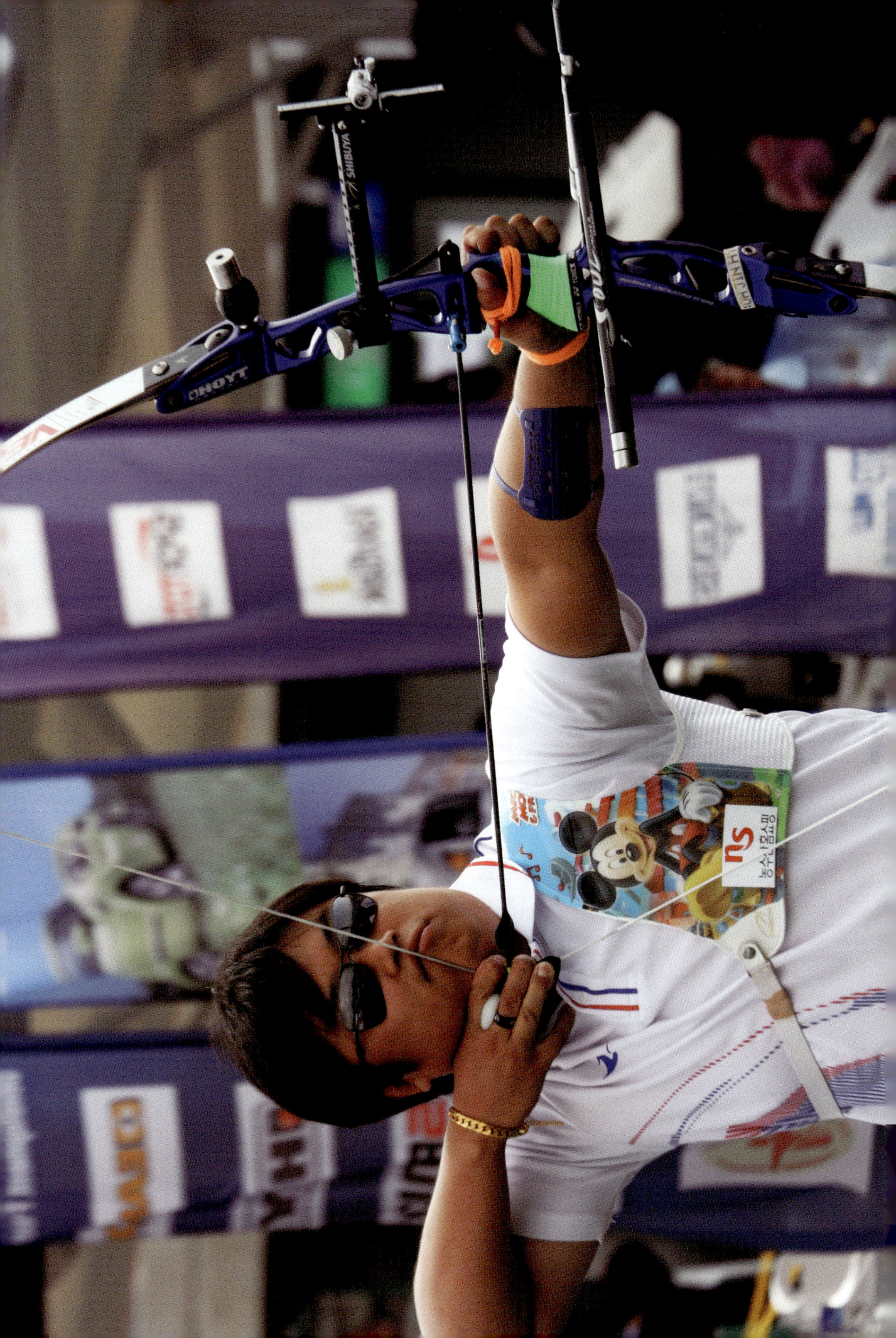

Der vergiftete Pfeil

Der Wirklichkeit nachempfunden und versucht,
sich einen Reim darauf zu machen
von Helmut Ganswindt

Ein Bogenschütze, ein ganz neuer,
fing an mit Trainer und Betreuer,
ließ sich erklären Pfeil und Bogen,
wie er gehalten und gezogen,
wie man ankert, wie man zielt
und wie man mit den Muskeln spielt.

Er begann beim ersten Üben
schon den Bogensport zu lieben,
wie man mit Kraft und Eleganz,
zwar noch mit großer Toleranz,
aber doch mit sehr viel Spaß,
schoss Pfeil für Pfeil ins grüne Gras.

Und schon bald nach kurzer Zeit
traf er auch zu seiner Freud'
ab und zu einmal die Scheibe.
Da lachte selbst das Herz im Leibe
und war glücklich schon dabei,
traf er die Eins, die Zwei, die Drei.

Froh streichelte er sein Visier,
als er traf die erste Vier.
Doch dabei war es nicht geblieben.
Er traf die Fünf, die Sechs, die Sieben.
Ich hör' noch heute, wie er lacht,
als er traf die erste Acht.

Auf einmal war es dann gescheh'n,
da traf er mitten in die Zehn.
Mit diesem Schuss war es vollkommen,
was er sich alles vorgenommen,
was er im Innern stets gewollt:
Einmal zu treffen auch das Gold.

Er war vor Glück ganz wie besoffen,
hat er doch diese Zehn getroffen.
Konnt' er sich jetzt doch auch vergleichen,
mit Meistern und was die erreichen.
Denn diese, das war einzuseh'n,
trafen auch nur in die Zehn.

Und alles freute sich und lachte,
derweil er Zukunftspläne machte:
Endlich vorbei die Zeit des Lernen;
jetzt auf die Jagd nach FITA-Sternen,
nach Meistertiteln und Pokalen,
nur noch in Lob und Ruhm sich aalen.
Doch der Ärmste übersah,
was dabei mit ihm geschah:
Der Pfeil, der in das Zentrum traf,
versetzte ihn in einen Schlaf,
in dem er träumt – ach wie schön:
Von nun an nur noch in die Zehn.

So griff er gierig hin zum Köcher,
sah im Gold schon viele Löcher,
vernahm schon innerlich ein Lob,
als er seinen Bogen hob,
wie gut er doch – mit einem Wort –
ein Meister schon im Bogensport.

Und während er dies alles träumte,
vor lauter Stolz schon überschäumte,
war der Bogen schon gespannt,
die Scheibe im Visier erkannt,
aus dem Klicker schnell gezogen,
der nächste Pfeil schon abgeflogen.

Doch dieser Pfeil traf voller Schmerz
mitten in sein frohes Herz.
»Das kann doch wohl nicht möglich sein:
Keine Zehn? Nur eine Neun?!«
Er schimpfte, fluchte, raste, tobte,
obwohl sein Trainer ihn noch lobte.

Anstatt wie früher sich zu freu'n,
wenn er mal traf im Gelb die Neun,
schoss er vor Wut und aufgebracht
den nächsten Pfeil nur in die Acht.
Und es brach die Welt entzwei,
schoss er zuletzt sogar vorbei.

Unbeherrscht fuhr er sodann
seine Nachbarschützen an,
verfluchte nun den Bogensport,
warf wutentbrannt den Bogen fort
und gab dem Trainer voller Zorn
die Schuld dafür, dass er verlor'n.

Diesem wurde darauf klar,
dass der Pfeil vergiftet war,
mit dem er traf zuerst die Mitte,
und er äußerte die Bitte,
dass sein Schützling erst begreife,
wie ein Schütze langsam reife.

Und er half ihm überwinden,
zu sich selbst zurückzufinden.
Als der Groll verklungen war,
begann der Schütze – nicht als Star,
den Bogen und den Sport zu lieben,
traf er zunächst auch nur die Sieben.
So übte er, wie einst begonnen,
ruhig, gelassen und besonnen,
und hatte bald ganz ungezwungen
manchen Wettkampfsieg errungen.
Und wenn er mal verloren hat,
blieb er doch stets ein Kamerad.

Moral:
Mit deinem ersten Zehner meist,
triffst du zunächst nur deinen Geist.
Lass ihn von seinem Gift nicht trüben.
Ruhig und besonnen weiter üben!
Willst Ernst mit deinem Traum du machen,
dann musst du erst einmal erwachen.

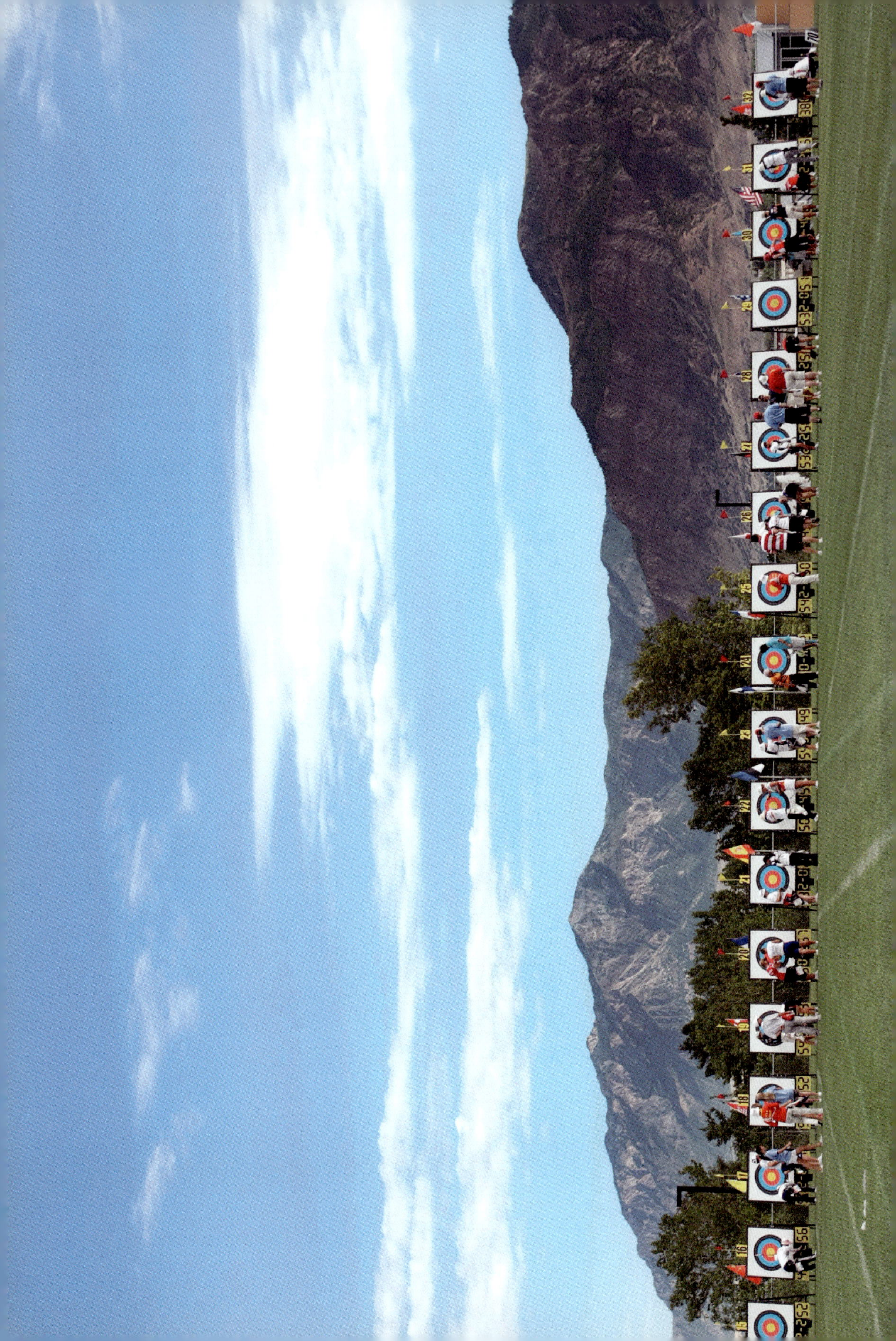

Literatur

Adams J. A.: Human Memory. McGraw-Hill, New York 1967

Albrecht D.: Medikamentöse Manipulation jugendlicher Spitzensportler. In: Theorie in der Sportpraxis, 8. Kongress für Leibeserziehung, 3.–5. Oktober 1979 in Berlin, S. 290–292. Karl, H. (Red.). Hofmann Verlag, Schorndorf 1980

Andrews E.: Muskel-Coaching: angewandte Kinesiologie in Sport und Therapie. VAK-Verlag, Freiburg 1993

Ausschuss deutscher Leibeserzieher (Hrsg.): Hofmann Verlag, Schorndorf 1980

Axford R.: Archery anatomy. Souvenir Press, London 2006

Bachmann V.: Die Sache mit dem Klicker. Bogensport-Magazin 1/2 (1995), 22–24

Bachmann V. (Bundestrainer Bogen): Gespräch bei den Weltmeisterschaften in Riom 1999

Bachmann V.: Mut erobert Festungen. Bogensport-Magazin 15/3 (2009), 54–56

Bachmann V., M. Frederick: Die Materialgrundlagen und Grundeinstellung des Bogens. O. V., Wiesbaden 2010

Badtke G. (Hrsg.): Lehrbuch der Sportmedizin (4). Barth Verlag, Heidelberg – Leipzig 1999

Balthasar M. et al.: Internationales Trainersymposium, Rom 1996

Bandura A.: Self-efficacy: The exercise of control. Freeman, New York 1997

Bär J.: Mitglied im medizinischen Betreuerstab von Spitzensportlern am Olympiastützpunkt, Berlin (1996)

Barrs J.: Easton-Seminarprogramm. Nockpunkt 4 (1992)

Barrs J.: Der Kartentrick des Olympiasiegers. Bogensport-Magazin 9/10 (1999), 58–59

Barrs J.: Das Tuning für die Freiluftsaison. Bogensport-Magazin 7/1 (2001), 58–60

Barrs J.: Mit der Wut richtig umgehen. Bogensport-Magazin 8/3 (2002a), 14–16

Barrs J.: Das Arbeiten mit der Bogenhand. Bogensport-Magazin 8/3 (2002b), 14–16

Barrs J.: Der Stand ist Dein Fundament. Bogensport-Magazin 8/4 (2002c), 66–67

Barrs J.: Lasse den Stress für dich arbeiten. Bogensport-Magazin 11/1 (2005), 10–11

Bartonietz K.: Effektivität im Krafttraining. Leistungssport 22 (1992), 5

Bassham L.: With winning in mind. Library of Congress, USA 1995

Bassham L.: Mind control. Bow International 51 (2008a), 27–29

Bassham L.: The winning formula. Bow International 48 (2008b), 17–18

Bassham L.: Trying too hard. Bow International 49 (2008c), 44–45

Bassham L.: Make your mark. Improve your self-image. Bow International 53 (2008d), 29–31

Bassham L.: Pressure – friend or foe? Bow International 52 (2008e), 38–39

Baumann S.: Affektive und intellektuelle Steuerungsmechanismen im Sport. Leistungssport 1 (1985), 39–44

Baumann H., H. Reim: Bewegungslehre. Diesterweg Verlag, Frankfurt/Main 1994

Baumann G., Lee Kyung-Chul: Ein Weltmeister ist scharf auf den Olympiasieg. Bogensport-Magazin 2/4 (1996a), 26

Baumann G.: Tom Crow. Superstar mit dem Compoundbogen. Bogensport-Magazin 2/2 (1996b), 30–31

Bayer H.: Coaching-Kompetenz. Persönlichkeit und Führungspsychologie. E. Reinhardt Verlag, München – Basel 1995

Beaulieu J. E.: Developing a stretching program. Physician Sports Med., Mineapolis, 11 (1981), 59–69

Beckmann J.: Aufgaben und Probleme bei der psychologischen Betreuung der deutschen alpinen Skimannschaft bei den Olympischen Winterspielen 1992. Leistungssport Januar (1992), 58–60

Beiter, W. (Erfinder): Mehrere Gespräche zwischen 2004 und 2010

Betz P.: Ozonbelastung im Sport – ein Gesundheitsrisiko? TW Sport + Medizin 5/4 (1993), 249–251

Biesalski H. K.: Suffiziente antioxiadative Prävention – nicht nur im Sport ein Muß. TW Sport + Medizin 6/2 (1994), 120–122

Bilodeau I. McD.: Information feedback. In: *Bilodeau E. A.* (ed.). Aquisition of skill, pp. 255–296. Academic Press, New York 1966

Blume D.-D., P. Lea: Zum Ausprägungsgrad psychomotorischer und koordinativer Fähigkeiten bei Gewehr- und Pistolenschützen im Grundlagen- und Aufbautraining. Wissenschaftliche Zeitschrift der deutschen Hochschule für Körperkultur 30 (1989)

Bolsinger C. A.: 3. Sportophthalmologisches Wochenende. Dt. Z. Sportmed. 47 (1996)

Bös K.: Handbuch sportmotorischer Tests. Hogrefe Verlag, Göttingen – Toronto –Zürich 1987

Brack R.: Trainingslehre 2000 – Moderne Tendenzen der Trainingssteuerung (1. Folge). Handballtraining 15 (1993)

Brehm W.: Emotionen von Spiel- und Individualsportarten in Training und Wettkampf. Psychologie und Sport 4/2 (1997), 53–66

Bringmann W.: Zu Fragen der Belastbarkeit im Schulsport aus sportmedizinischer Sicht. Theorie und Praxis der Körperkultur 22 (1973), 843–848

Broun J: Conscience and captivity. Washington DC 1998

Buchmann R.: Beitrag der Biomechanik zur Optimierung der sportlichen Technik. Theorie und Praxis der Körperkultur 25 (1976)

Bühlmann G.: Trainer B-Ausbildung: Sportpsychologie. Schulungsunterlagen, Münster 1994

Burmeister I.: Die Weltmeister im Doppelpack. Bogensport-Magazin 10/6 (2004), 58–60

Buskirk E. et al.: Workperformance after dehydration: Effects of physical conditioning and heat acclimatization. J. Appl. Physiol. 12 (1958), 189–194

Bußmann G.: Das mentale Training im Leistungssport. Bogensport-Magazin 9/5 (2003), 18–23

Carl K.: Trainingswissenschaft – Trainingslehre. In: *Haag H.* et al. (Hrsg.). Theorie und Themenfelder der Sportwissenschaft, S. 216–228. Hofmann Verlag, Schorndorf 1989

Cernikova O., O. Daskevic: Die aktive Selbstregulierung emotionaler Zustände des Sportlers. Theorie und Praxis der Körperkultur 21 (1972), 811–835

Chapman N.: Developmental training camp: Strength and conditioning for archery. Chula Vista 1998

Clarys J. P. et al: Muscular activity of different shooting distances, different release techniques and different performance levels, with and without stabilizers, in target archery. J. Sports Sci. 8 (1990), 235–257

Clasing D.: Die medikamentöse Beeinflussung der körperlichen Leistungsfähigkeit (Doping). Sportarzt u. Sportmed. 19 (1968), 210–212; 258; 261–262

Clasing D.: Doping im Sport. Pharmazeut. Zeitung 115/22 (1970), 805–807

Clasing D.: Hinweise zur aktuellen Dopingdefinition des Internationalen Olympischen Komitee's. Dt. Z. Sportmed. 51/3 (2000), 6–9

Colby C. B.: First bow and arrow. Coward, McCann & Geoghegan Inc., New York 1955

Cometti G.: Les méthodes modernes de musculation. Tome I: Données théoriques. Univ. de Bourgogne, Dijon 1988

Costill D. L. et al.: Muscle water and electrolytes following varied levels of dehydration in man. J. Appl. Physiol. 40 (1976), 6–11

Coyle E. F., M. K. Hemmert, A. R. Coggan: Effects of detraining on cardiovascular responses to exercise: Role of blood volume. J. Appl. Physiol. 60 (1986), 95–99

Criswell D., S. Powers, S. Dodd et al.: High intensity training-induced changes in skeletal muscle antioxidant enzyme activity. Med. Sci. Sports Exerc. 25 (1993), 1135–1140

Cruse J. M. et al.: Molecules and cells of immunity. Karger, Basel – München 1990

Csikszentmihalyi M.: Das Flow-Erlebnis. Klett-Cotta, Stuttgart 1993

Daugs R. et al.: Sportmotorisches Lernen und Techniktraining – ein Werkstattbericht. Leistungssport 4 (1996), 32–36

Decker W.: Sports and games of ancient Egypt (sport and history series). Yale University Press 1992

Deutscher Schützenbund: Leipzig 2007. Frankfurt/Main 1999

Deutscher Sportbund: Bestandserhebung 1999. Frankfurt/Main 1999

Devries H.: Effects of various warm-up procedures on 100 Yard times of competitive swimmers. Res. Quart. Am. Ass. Health, Physical Educ., Recreat. 30 (1959), 11–20

dGe-'dun R.: Les émotions. Ed. Dzambala, Saint Léon sur Vézère 1991

Di Buo I.: Italienischer Spitzenschütze. Gespräch bei den Weltmeisterschaften 1999 in Riom/Frankreich

Diebschlag W.: Vitamine für die Gesundheit. USP Publishing, Bielefeld 1985

Diem C.: 776 v. Chr. Olympiaden 1972. Cotta-Verlag, Stuttgart o. J.

Dietl E. (ehemaliger Landestrainer Bogen): Verschiedene Gespräche im Trainingsverlauf 1999–2000

Dietl, P. (Bezirkstrainer Oberbayern): Verschiedene Gespräche im Trainingsverlauf 1999–2010

Digel H.: Wettkampfsport. Meyer & Meyer Verlag, Aachen 1991

Dillmann C.: Beziehungen zwischen einer stabilen Körperhaltung und der Leistung. Sehnengebrumm 2 (1989), 43–46

Djackov V. M.: Die Vervollkommnung der Technik des Sportlers. Theorie und Praxis der Körperkultur 22 (1973), Beiheft 1

Döll E.: Der Weg der Meister. Eigenverlag, Dietfurt/Altmühltal 2000

Donath R., K. Schüler: Ernährung der Sportler. Sportverlag, Berlin 1972

Draksal M.: Mentale Wettkampfvorbereitung für Sportschützen. 2. Aufl. Eigenverlag, Leipzig 2003

Dreilich B.: Grundlagen der Ernährungsphysiologie. Deutscher Schützenbund. o. J.

Dudley J.: Von Compound auf Recurvebogen. Bogensport-Magazin 3/14 (2008), 57–63

Dufft K. (Leistungssportkoordinator): Tagung: Leistungsdiagnostik im Bogensport. Berlin 2010

Duvernay T.: The way of the bow. Instinktive Archer Magazin 1997

Easton Archery Guide 1999–2000: We make the game. Salt Lake City, UT 1999

Eberspächer H.: Mentale Trainingsformen in der Praxis. Sportinform-Verlag, Oberhaching 1990

Eberspächer H.: Gut sein, wenn's drauf ankommt. Hanser, München – Heidelberg 2004

Echeev V.: Easton Seminar for Coaches & Top Shooters. The U.S. Archer 7/8 (1993)

Edelmann-Nusser J.: Sport und Technik – Anwendungen moderner Technologien in der Sortwissenschaft. Habilitationsschrift, eingereicht an der Fakultät für Geistes- Sozial und Erziehungswissenschaften der Otto-von-Guericke-Universität Magdeburg. Shaker, Aachen 2005

Edelmann-Nusser J., A. Gollhofer: Bewegungsregulation beim Bogenschießen und Taskzustandsdiagramme. Spectrum (1998), 74–91

Edelmann-Nusser J., M. Gruber, A. Gollhofer, H.-J. Gros: Komplexe Leistungsdiagnostik im Bogenschießen. Leistungssport 2 (1999), 47–54

Edelmann-Nusser J., K. Witte, B. Schack (ext.): Zeitvariante Spektralanalyse von EMG-Daten am Beispiel des Bogenschießens. In: *Alt W., Gollhofer A.* (Hrsg.). 2. Tagung der Deutschen Gesellschaft für Biomechanik, Tagungsband, S. 97–98. Freiburg i. Br. 2001

Edelmann-Nusser J.: Olympisches Bogenschießen, Methoden zur Untersuchung und Ansätze zur Verbesserung der Funktionalität des Gerätesystems Bogen. In: *Roemer K., Edelmann-Nusser J., Witte K., Moritz E. F.* (Hrsg.). Sporttechnologie zwischen Theorie und Praxis, S. 18–32. Shaker, Aachen 2003

Edelmann-Nusser J., M. Heller, K. Witte, C. Kuehne: Entwicklung eines Systems zur Erfassung des zeitlichen Verlaufs der Auszugslänge im olympischen Bogenschießen. In: *Gros H., Edelmann-Nusser J., Witte K.* (Hrsg.). Sporttechnologie zwischen Theorie und Praxis, S. 71–78. Shaker, Aachen 2004a

Edelmann-Nusser J., T. Naumann, M. Heller, S. Vajna et al.: Integrierte Produktentwicklung am Beispiel eines Bogenmittelteils. In: *Moritz E. F., Edelmann-Nusser J., Witte K.* (Hrsg.). Sporttechnologie zwischen Theorie und Praxis II: Innovationen, Modelle und Methoden, S. 61–84. Shaker, München 2004b

Edelmann-Nusser J., M. Hofmann, C. Jahn: Die Veränderung der Auszugslänge beim Endzug im olympischen Bogenschießen. In: Sporttechnologie zwischen Theorie und Praxis IV, S. 155–164. Shaker, Aachen 2006

Edelmann-Nusser J., M. Heller, N. Ganter, D. Link, J. Staudinger: Erfassung der Visierbewegung bei der Weltmeisterschaft im Bogenschießen 2007. In: Workshop Sporttechnologie zwischen Theorie und Praxis: Sporttechnologie zwischen Theorie und Praxis V, S. 67–78. Shaker, Aachen 2008

Eder L.: Trainingslager (Diplomarbeit). St. Gallen 1987

Edwards P: Garantiert zeichnen lernen. Rowohlt Verlag, Berlin o. J.

Egger J.-P.: De l'entraînement de la force à la préparation spécifique en sport. INSEP, Paris 1992

Ehlenz H. et al.: Krafttraining: Grundlagen – Methoden – Übungen – Trainingsprogramme. 3. Aufl. BLV, München – Wien – Zürich 1987

Eliason: Amerikanischer Spitzenschütze. Aufgezeichnete Gespräche der Weltmeisterschaften 1991 in Krakau

Ellison S.: Bow tuning tests. Schulungsunterlagen, o. J.

Ellison S.: Controlling bow behaviour with stabilisers. Schulungsunterlagen, 1996

Ellison S.: Elements of form. The bow arm. Schulungsunterlagen, 1999a

Ellison S.: Elements of form. The drawing arm. Schulungsunterlagen, 1999b

Evans James R.: Handbook of Neurofeedback – Dynamics and clinical Applications, pp. 155–183. Haworth Medical Press, Binghamton 2007

Fetz F.: Bewegungslehre der Leibesübungen. 3. Aufl. Österreichischer Bundesverlag, Wien 1989

Fischbach E.: Die Problematik des Dopings. Med. Monatsschr. 26/8 (1972), 377–381

FITA: Coaches manual. Entry Level. Lausanne o. J.

FITA: A history of competitive archery. Lausanne 2005

FITA: Coaches manual. Intermediate Level. Lausanne 2009

FITA et Bogensportmagazin: Die Geschichte der Bogensport-Wettbewerbe. Bogensportmagazin 10/6 (2004), 6–12

FITA et Bogensportmagazin: Die Geschichte der Bogensport-Wettbewerbe. Bogensportmagazin 11/1 (2005a), 44–49

FITA et Bogensportmagazin: Die Geschichte der Bogensport-Wettbewerbe. Bogensportmagazin 11/2 (2005b), 48–52

Fitzsimons D.: The structure and function of chromatin. Springer Verlag, Berlin – Heidelberg – Amsterdam u. a. 1975

Flashar H.: Griechisches Lesebuch. Artemis & Winkler-Verlag, Frankfurt/Main 1987

Fliegel S.: Verhaltenstherapeutische Standardmethoden. BeltzPVU, München 1989

Förster A.: Psychoregulation und Mentales Training im Leistungssport – Entwicklung und Evaluaisierung eines psychologischen Trainingsprogramms (Dissertation). Karlsruhe 1990

Frangilli M., V. Frangilli: Der häretische Bogenschütze. Stampamatic 2006

Fransen L.: Visualization script. Archery Focus. January/February (1998), 216

Fransen L.: Failure is our teacher. Archery Focus. May/June (1999), 34, 35, 43

Frederik M.: Bundestrainer Bogenschießen. Mehrere Gespräche im Jahr 2008–2010

Freiwald J., M. Engelhardt, A. Gnewuch: Dehnen – Möglichkeiten und Grenzen. Therapeutische Umschau 55/4 (1998), 267–272

Frester R.: Ideomotorisches Training (IT) im Sport. Medizin und Sport 24 (1984), 121–124

Frester R.: Mentale Fitness für junge Sportler. Vandenhoeck + Ruprecht, Göttingen 1999

Frey G., E. Hildenbrandt: Einführung in die Trainingslehre: Teil 1 Grundlagen. Hofmann Verlag, Schorndorf 1994

Gabler H.: Praxis der Psychologie im Leistungssport. Hofmann, Berlin 1979

Gabler H.: Psychologische Diagnostik und Beratung im Leistungssport. Deutscher Sportbund/Bundesausschuss Leistungssport, Frankfurt 1985

Gabler H.: Psychologisches oder psychologisch orientiertes Training im Tennis. Psychologie und Sport (Heft 1). Hofmann Verlag, Schorndorf 1995

Gaisl G.: Der aerob-anaerobe Übergang und seine Bedeutung für die Trainingspraxis. Leistungssport 9 (1979), 235–243

Gauswindt H.: (Dichter): Der vergiftete Pfeil. o. O., o. J.

Ganter N., D. Link, M. Heller, J. Edelmann-Nusser: Aiming Trajectories of the Sight in the German Archery National Championships. Eur. J. Sport Sci. 6/4 (2002), 213–222

Ganter N.: Trainingswirkungsanalysen und prozessbegleitende Leistungsdiagnostik im olympischen Bogenschießen. BISp-Jahrbuch – Forschungsförderung 2006/07

Ganter N., K. Witte, S. Giggel, J. Edelmann-Nusser: Trainingswirkungsanalyse im Olympischen Bogenschießen. In: Gegenstand und Anwendungsfelder der Sportinformatik, S. 102–107. Czwalina, Hamburg 2009

Garnreiter A.: Deutscher Spitzenschütze und Olympiateilnehmer 1984. Mehrere Gespräche zwischen 1997 und 2010

Gebert G.: Probleme des Wasser-, Temperatur- und Elektrolythaushaltes beim Sportler. Dt. Z. Sportmed. 29 (1978), 159–165

Gegg A.: Olympiasieger Sebastian Flute: Die dritte Zehn, das ist es. Bogensport-Magazin 2/4 (1996), 48–49

Gegg A.: Archery Run. Bogensport-Magazin 5/4 (1999), 22–28

Gegg A.: Der Trainingsplan der Koreaner. Bogensport-Magazin 6/6 (2000a), 70–71

Gegg A.: Die Goldschmiede von Südkorea. Bogensport-Magazin 6/3 (2000b), 22–23

Gegg A.: Bogenschießen in Korea – der Erfolg liegt im System. Bogensport-Magazin 6/5 (2000c), 15–20

Gegg A.: Die Geschichte der Bogensportwettbewerbe. Bogensport-Magazin 6 (2004), 6–12

Gegg A.: Die Geschichte der Bogensportwettbewerbe. Bogensport-Magazin 1 (2005a), 44–49

Gegg A.: Die Geschichte der Bogensportwettbewerbe. Bogensport-Magazin 2 (2005b), 48–55

Gegg A.: Die Olympiade der Überraschungen und Rekorde. Bogensport-Magazin 14/5 (2008), 8–40

Gerard M.: Controlling your clicker. Archery Focus. Mai/ Juni (1999), 22–23

Giese M.: Propriozeptives Training in der Schule. Sport-Praxis 5 (2006), 35–39

Gitton J.-D.: Ausrichtung der Wurfarme leicht gemacht. Bogensportmagazin 1/2 (2010), 52–54

Goes H.: Auflockerung des Trainings durch Spiele. Bogensport-Magazin 14/3 (2008), 64–66

Göhner U.: Bewegungsanalyse im Sport. Hofmann Verlag, Schorndorf 1979

Göhner U.: Einführung in die Bewegungslehre des Sports. Hofmann Verlag, Schorndorf 1992

Gollhofer A. et al.: Integrative Forschungsansätze in der Bio & Mechanik. Deutsche Vereinigung für Sportwissenschaft, Sektion Biomechanik. Sankt Augustin, 1996

Gollhofer A. et al.: Aufgabenspezifische Ermüdung im Sportschießen. o. V., Freiburg 2010

Graves J. et al.: Effect of reduced training frequenzy on muscular strength. Int. J. Sports Med. 9 (1988), 316–319

Grosser M., A. Neumaier: Techniktraining. Hofmann Verlag, München 1982

Grosser M., P. Brüggemann, F. Zintl: Leistungssteuerung in Training und Wettkampf. BLV, München – Wien – Zürich 1986a

Grosser M., S. Starischka: Konditionstests, 2. Aufl. BLV, München – Wien – Zürich 1986b

Grosser R.: Richtig Muskeltraining. Deutscher Taschenbuch Verlag, München 1990

Grosser M: Konditionsgymnastik. Pohl-Verlag, Celle 1992

Gruber M.: Biomechanische Leistungsdiagnostik im Bogenschießen. Trainer A – Ausbildung des DSB. Präsentation, Wiesbaden 2001

Grus S.: Bedeutende Bögen. Odysseus' Mythos und Karls Macht. Leipzig 2007

Haase H., F. Hänsel: Psychologische Leistungsförderer – zum Einfluss psychologischen Trainings auf die sportliche Leistung. Leistungssport 2 (1995)

Haber P., J. Pont: Objektivierung der speziellen Ausdauer für zyklische Sportarten im Kurzzeitausdauerbereich mit Mikroblutgas-Analyse. Sportarzt u. Sportmed. 28 (1977), 357–362

Hahn E.: Psychologisches Training im Wettkampfsport. Hofmann Verlag, Schorndorf 1996

Haidn O.: Einführung des Bogenschießens im differenzierten Sportunterricht am Gymnasium (Facharbeit). Deggendorf 1990

Haidn O.: Optimales Training im Bogenschießen (Zulassungsarbeit). Regensburg 1996

Hanley D. F.: Drogen und Drogenmissbrauch. In: *Strauss R. H.* (Hrsg.). Sportmedizin und Leistungsphysiologie, S. 402–410. Enke Verlag, Stuttgart 1983

Haralambie G., J. Keul: Beziehungen zwischen Proteinstoffwechsel und körperlichen Belastungen. Med. Welt 22 (1971), 1977–1980

Haralambie G.: Stoffwechselveränderungen bei schwerathletischen Sportarten. Leistungssport 2 (1972), 276–281

Hardy R.: Longbow – a social and military history. Haynes/ Sutton Books 2006

Harre D.: Trainingslehre. Sportverlag, Berlin 1982

Harris G.: Archery has something for every body. N. A. A. Level IV National Coach Certification. Chula Vista 1997

Hayri E. et al.: Archery skill indexes. Ankara 2004 (http://www.archery.metu.edu.tr/docs/fitaemg.pdf)

Heckhausen H.: Motivation und Handeln. Springer Verlag, Berlin 1989

Heim K., K. M. Wendland: Pfeil und Bogen, Hugendubel Verlag, München 1986

Heine O.: Sportliches Training erhöht antioxidative Kapazität (Symposiumsbericht). TW Sport + Medizin 8/4 (1996), 208

Heller M., J. Edelmann-Nusser, S. Clement, K. Witte: Analyse, Modellierung und Optimierung eines Recurve-Bogenmittelteils unter Verwendung Evolutionärer Algorithmen. In: *Roemer K., Edelmann-Nusser J., Witte K., Moritz E. F.* (Hrsg.). Sporttechnologie zwischen Theorie und Praxis, S. 33–42. Shaker, Aachen 2003

Heller M.: Sportliche Leistungsfähigkeit und zeitabhängiges Frequenzverhalten von Oberflächenelektromyogrammen (Dissertation). Magdeburg 2004

Heller M., J. Edelmann-Nusser, M. Gruber (ext.), K. Witte, A. Gollhofer (ext.), B. Schack (ext.): Mobiler Messplatz Bogenschießen: Bewegungstrajektorien und Elektromyogramme im Bogenschießen. In: *Krug J.* (Hrsg.). Messplatztraining, S. 128–133. Academia Verlag, Sankt Augustin 2004

Henderson A.: Bogenschießen verstehen heißt siegen. Target Communications Corporation. Robin Sport Dorsten 1987

Hinze E., J. Edelmann-Nusser, K. Witte, M. Heller: Körperschwerpunktsschwankungen beim Zielvorgang im Bogenschießen. In: *Gros H., Edelmann-Nusser J., Witte K.* (Hrsg.). Sporttechnologie zwischen Theorie und Praxis III, S. 165–169. Shaker, Aachen 2004

Hirtz P.: Koordinative Fähigkeiten – Kennzeichnung, Altersgang und Beeinflussungsmöglichkeiten. Medizin und Sport 21 (1981) 348–351

Höhn E.: Der befreite Schuss. Verlag Angelika Hörnig, Ludwigshafen 2008

Hohmann A.: Einführung in die Trainingswissenschaft. Limpert, Wiebelsheim 1999

Hollmann W., T. Hettinger: Sportmedizin – Arbeits- und Trainingsgrundlagen. Schattauer Verlag, Stuttgart 1980

Hollmann W., T. Hettinger, K. Strücker: Sportmedizin. Schattauer Verlag, Stuttgart – New York 2000

Hottenrott K.: Duathlontraining. Meyer & Meyer Verlag, Aachen 1995

Hotz A.: Qualitatives Bewegungslernen. SVSS Verlag, Zumikon 1986

Hotz A., J. Weineck: Optimales Bewegungslernen. Anatomisch-physiologische und bewegungspsychologische Grundlagenaspekte des Techniktrainings. perimed Verlag, Erlangen 1988

Hotz A.: Erwirb es, um es zu besitzen. Leistungssport 5 (1995)

Hotz A.: Coaching – die hohe Schule in Training und Wettkampf. Leichtathletiktraining 1+2 (2000), 4–10

Huber H.: Der Umgang mit Anfängern bis zur Leistungsreife. Schulungsunterlagen, Garching 1993

Huber H. (ehemaliger Landestrainer und deutscher Spitzenschütze): Mehrere Gespräche im Trainingsverlauf 1998

Hug O.: Voraussetzungen für Positives Denken bei der Wettkampfschulung. Leistungssport 1 (1995), 55–58

Hung T.-M. et al.: Visuomotor expertise and dimensional complexity of cerebral cortical activity. Med. Sci. Sports Exerc. 40/4 (2008), 752–758

Ideffer R. M.: Test of attentional and interpersonal style. J. Pers. Soc. Psychol. 34 (1976), 394–404

International Archery Symposium, Rom 1996

Israel S.: Gelenkbeweglichkeit als Leistungsvoraussetzung bei Spitzensportlern. Leistungssport 4 (1995)

Jakemann P., R. Palfreeman: Carbohydrate feeding during endurance cycling. Coaching Focus 10 (1989), 8–9

Janssen J.-P.: Grundlagen der Sportpsychologie. Limpert Verlag, Wiesbaden 1995

Jendrusch G., Zimmermann, M.: Auge und Sport. Erstes Symposium von Sportophthalmologen und Sportwissenschaftlern in Köln. Auszüge aus einer Presseinformation der Gesundheits-Akademie Berlin. Traineraakademie Köln aktuell 3 (1997), 20–21

Joch W.: Das sportliche Talent. Meyer & Meyer Verlag, Aachen 1992

Jom-Cham Youn: Bogensport-Magazin 1/3 (1995), 58–59

Jonath U.: Konditionstraining. Reinbek, Hamburg 1987

Kahn O.: Ich. Erfolg kommt von innen. Riva, München 2008

Kappeler H.: Trainingslager – Organisatorische und methodische Aspekte. Seminarunterlagen TLG II, Engelberg 1987

Kaross S., K. König: Die wissenschaftliche Begleitung als Bestandteil von Talentfördersystemen im Sport 1998, o. O.

Karvonen S, A. Saarela, K. Uotila: Warming up and its physiological effects. Eigenverlag, Ouluensis 1978

Keast D., B. Elliott: Fine body movements and the cardiac cycle in archery. J. Sports Sci. 8 (1990), 203–213

Keller H. et al. (Hrsg.): Vom Wissen und Handeln im Sport. ETHZ, Zürich 1980

Kemmle R.: Psychologisches Wettkampftraining. BLV, München 1973

Kern J.: Taktik im Sport. Hofmann Verlag, Schorndorf 1989

Ketz H.-A.: Ernährung und Leistung. Ernährungsforschung 21 (1976), 100

Keul J., H.-H. Dickhuth, A. Berg, M. Lehmann, G. Huber: Allgemeine und sportartspezifische Leistungsdiagnostik im Hochleistungsbereich. Labortests und Feldversuche. Leistungssport 11 (1981), 382–398

Kim H.-T.: Der technisch korrekte Schussaufbau. Bogensport-Magazin 13/1 (2008), 24–29

Kindermann W., J. Keul, G. Huber: Anaerobe Energiebereitstellung im Hochleistungssport. Hofmann Verlag, Schorndorf 1977

Kindermann W: Regeneration und Trainingsprozess in den Ausdauersportarten aus medizinischer Sicht. Leistungssport 8 (1978), 348–357

Kintz P., V. Dumestre-Toulet, C. Jamey, V. Cirimele, B. Ludes: Doping control for beta-adrenergic compounds through hair analysis. J. Forensic Sci. 45/1 (2000), 170–174

Kittel K., J. Edelmann-Nusser, S. Vajna: Optimierung von Bogenmittelteilen aus verschiedenen Metalllegierungen mit evolutionären Algorithmen. In: Sport und Informatik IX, S. 263-268. Shaker, Aachen 2006

Klein M., M. Fröhlich: Theoretische Überlegungen zur Quantifizierung der Effektivität im Muskelkrafttraining. Gesundheitssport und Sporttherapie 17 (2001), 216–220

Klinger B.: Lehrbuch Gewehrschießen: Technik, Training, Wettkampf. BLV, München – Wien – Zürich 1988

Kluge S.: Sporternährung Bogenschießen. Schulungsunterlagen, Berlin 2002

Knöbel N., G. Baumann: Laufend zu besseren Schießergebnissen. Bogensport-Magazin 2/2 (1996), 28–32

Knöbel N.: Das Video im Trainingseinsatz. Bogensport-Magazin 5/2 (1999), 46–49

Knöbel N.: High-Tech-Sehnengarn aus Deutschland. Bogensport-Magazin 12/5 (2006), 20–21

Knöbel N.: Training der Schultermuskulatur. Bogensport-Magazin 14/6 (2008), 31–34

Knöbel T.: Taktik im Bogensport. Bogensport-Magazin 5/1, 2 und 3 (1999), 22–24, 52–55 und 12–15

Knobloch K., S. Martin-Schmitt: Verhinderung von schwerwiegenden Verletzungen durch ein prospektives Propriozeptions- und Koordinationstraining im Frauenfußball. Leistungssport 1 (2006), 26–29

Kobler E. (ehem. Bundestrainer Bogen Jugend): Verschiedene Gespräche im Trainingsverlauf 1996–2008

Koch K.: Motorisches Lernen – Üben – Trainieren, 2. Aufl. Hofmann Verlag, Schorndorf 1976

Kohl K., A. Krüger: Psychische Vorgänge bei der Sportmotorik. Leistungssport 2 (1972), 123–127

Kolayi H., T. Özgür, B. Özgür: The relationskip among anxiety, reaction time and scoring points in archery Preolympic Congress 2004. Thessaloniki, Grécia. de 6 a 11 de Agosto de 2004

Konzag G., H. Kratzer.: Untersuchungsmethoden der Sportpsychologie. In: *Kunath P., Schellenberger H.* (Hrsg.). Tätigkeitsorientierte Sportpsychologie. Einführung für Sportstudenten und Praktiker, S. 135–161. BLV, Frankfurt/Main 1991

Kordel D. T.: Geheimnisse des Schießens bei Seitenwind. Bogensport-Magazin 3/5 (1997) 26–29

Körndle H.: Psychologische Aspekte des Techniktrainings. Sportpsychologie 3 (1989)

Köthe T., G. Stark: Stellung der sporttechnischen Ausbildung im Nachwuchstraining nach Grundsätzen des langfristigen Leistungsaufbaus. Leistungssport 3 (1996)

Kratzer H.: Die Wirksamkeit von Trainingsprogrammen zur beschleunigten Entwicklung leistungsbestimmender psychischer Komponenten. Wissenschaftliche Zeitschrift der DHfK 28/3 (1988), 43–51

Kratzer H.: Auch auf die Psyche kommt es an. Bogensport-Magazin 3/2 (1997)

Kratzer H., G. Thieß, P. Tschiene: Wettkampfvorbereitung und Wettkämpfe in den schießsportlichen Disziplinen. In: *Thieß G., Tschiene P.* Handbuch zur Wettkampflehre, S. 303–372. Meyer & Meyer Verlag, Aachen 1999

Kratzer H.: Psychologische Inhalte der unmittelbaren Wettkampfvorbereitung. Leistungssport 3 (2000), 4–10

Kratzer H., W. Pihaule: Seco II. Senso Control. Projektarbeit in Zusammenarbeit mit dem DSB. Wiesbaden 2007

Kratzer H.: Atemübungen in der sportlichen Praxis. Deutsche Schützenzeitung 1 (2009), 59–61

Kremer I.: Theorien, physiologische Auswirkungen und Anwendung des psychoregulativen und -motorischen Trainings im Sport unter besonderer Berücksichtigung des autogenen und mentalen Trainings (Zulassungsarbeit für Lehramt an Gymnasien). Erlangen 1985

Krempel R.W.: Bewegungswahrnehmung und Techniktraining. Frankfurt 1987

Krug J.: Bogenschießen (Diplomarbeit). Köln 1985

Krug J.: Techniktraining – eine aktuelle Standortbestimmung. Leistungssport 3 (1996), 6–11

Krug J, U. Heilfort, J. Zinner: Digitales Video- und Signalanalysesystem – Digvis. Leistungssport 1 (1996), 13–16

Krug J.: Aktualität und Entwicklungsanforderungen an Rahmentrainingspläne. Trainingswissenschaft 13 (2006), 127–135

Kruse P., J. Ladefogd, U. Nielsen, P. E. Paulev, J. P. Sorensen: Beta-blockade used in precision sports: effect on pistol shooting performance. J. Appl. Physiol. 61/2 (1986), 417–420

Kuntoff R., Z. Darwish: Wir erwärmen wir uns vor dem Wettkampf? Der Leichtathlet 46 (1975), 5–8

Kunze G.: Mentales Training – System und Anwendung. Motivation im Sport. Ausschuss Deutscher Leibeserzieher (Hrsg.). Hofmann Verlag, Schorndorf 1971

Lachtermann E. et al.: Experimentelle Studie zur leistungsfördernden Wirkung kurzkettiger Kohlenhydratgaben bei Sportschützen. Mainzer sportmedizinische Schriftenreihe, Bd. 1. Ernährung/Nutrition 23 (1999), 363–370

Laudien H.: Physiologie des Gedächtnisses. Spektrum Akademischer Verlag, Heidelberg 1977

Lee Ki-Sik: Trainersymposium, Rom 1996

Lee Ki-Sik: Total archery. Korea 2005

Lee Kisik, T. Benner: Total archery. Inside the archer. Korea 2009

Lehnert A.: Die unmittelbare Vorbereitung auf entscheidende Wettkämpfe. Leistungssport 24/1 (1994), 10–15

Lehnertz K.: Zur Theorie und Vermittlung sportlicher Techniken. Leistungssport 3 (1996), 12–20

Letzelter M.: Systematische Aufgliederung des Krafttrainings. Die Lehre der Leichtathletik (1972) 1821–1824

Letzelter M.: Trainingsgrundlagen. Rowohlt Verlag, Reinbek 1978

Link D., J. Staudinger, P. Kornfeind, N. Ganter, J. Edelmann-Nusser: Objektorientierte Modellierung und Entwicklung eines Sportartinformationssystems für Bogenschützen. In: Gegenstand und Anwendungsfelder der Sportinformatik, S. 149–154. Czwalina, Hamburg 2009

Lippens V.: Was könnte ein Ruder-Schema sein? Leistungssport 2 (1998), 16–21

Löchelt J.: Dehnen, ein Mythos gerät ins Wanken. Bogensport-Magazin 11/3 (2005), 23–26

Löchelt J.: Man kann nie früh genug anfangen. Krafttraining mit Jugendlichen. Bogensport-Magazin 12/1 (2006a), 44–47

Löchelt J.: Jetzt ist der beste Zeitpunkt. Bogensport-Magazin 12/2 (2006b), 45–48

Loehr J. E.: Persönliche Bestform durch Mental-Training. BLV, München – Wien – Zürich 1988

Loehr J. E.: Tennis im Kopf: Der mentale Weg zum Erfolg. BLV, München – Wien – Zürich 1991

Loehr J. E.: Die neue mentale Stärke. BLV, München – Wien – Zürich 1996

Lorenz A. (Target Archery Committee): Mehrere Gespräche zwischen 2004 und 2010

Lorenz R. et al.: Einfluss der Intensität von Ausdauerbelastungen auf das Verhalten des Serumglycerins. Medizin und Sport 13 (1973), 165–170

Lovo D.: Korea: Die Förderung und das Training sind beispiellos. Bogensport-Magazin 2/6 (1996), 8–12

de Marées H.: Aspekte des visuellen und vestibulären Systems in ausgewählten Sportarten. In: *Weiß M., Richter H.* Sportmedizinische Forschung. Springer Verlag, Berlin 1991

de Mareés H., J. Mester: Sportphysiologie. Umbruch Verlag, Frankfurt/Main 1996

Marone P.: Schulterverletzungen im Sport. Deutscher Ärzteverlag, Köln 1993

Mars H. v. d.: Archery coaches' instructional behaviors. Oregon State University 1997a

Mars H. v. d.: Coaching behaviour change strategies. Oregon State University 1997b

Mars H. v. d.: Practice behaviors of elite archers and their coaches. Kent State University 1997c

Mars H. v. d: Improving your coaching performance: It's thew process that counts. Oregon State University 1997d

Martin D.: Grundlagen der Trainingslehre. Teil 1. Hofmann Verlag, Schorndorf 1977

Martin D.: Grundlagen der Trainingslehre. Teil 2. Hofmann Verlag, Schorndorf 1982

Martin D. (Red.): Handbuch Trainingslehre. Hofmann Verlag, Schorndorf 1991

Martin D. et al.: Vielseitige sportartübergreifende Grundausbildung. Trainingsmodelle für die Talentaufbaugruppen. Hessisches Institut für Bildungsplanung und Schulentwicklung, Wiesbaden 1994

Martin D. et al.: Test- und Einschätzverfahren zur Untersuchung der Leistungsvoraussetzungen und Dispositionen von Kindern der Talentaufbaugruppen (Testmanual). Kassel 1996

Mathesius R.: Sportpsychologie am ehemaligen FKS in Leipzig. Sportpsychologie 6/3 (1992), 25–30

Matwejew L. P.: Periodisierung des sportlichen Trainings. Sportverlag, Berlin 1972 und 1975

McEwen E. et al: Die Geschichte von Pfeil und Bogen. Spektrum der Wissenschaft August (1991)

McKinney R.: The confident shot. Archery Special 5 (1983)

McKinney R., S. Rhodes: Muscle strength and endurance conditioning for the serious archer. The U.S. Archer (1984), 58–62

McKinney R.: Lernen aus dem Verlieren. Bogensport-Magazin 2 (1995)

McKinney R.: The simple art of winning. How to shoot your best. By Leo Planning, Inc. 521 Waseda, Japan 1996

McKinney R.: Upper body positioning. Archery Focus May/June 1999

Meichenbaum D.: Intervention bei Stress. Huber Verlag, Bern – Stuttgart – Toronto 1991

Meinel K.: Bewegungslehre. Hofmann Verlag, Berlin 1977

Meinel K., G. Schnabel: Bewegungslehre – Sportmotorik. Sportverlag, Berlin 1987

Meißner H.: Die Sache mit den Pfeilen. Bogensport-Magazin 12/6 (2006), 68–72

Meller W., H. Mellerowicz: Vergleichende Untersuchungen über Dauertraining mit verschiedener Häufigkeit, aber gleicher Arbeit und Leistung an eineiigen Zwillingen. Sportarzt u. Sportmed. 21 (1967), 1–4

Meller W., H. Mellerowicz: Vergleichende Untersuchungen über Dauertraining mit verschiedener Häufigkeit, aber gleicher Arbeit und Leistung an eineiigen Zwillingen. Sportarzt u. Sportmed. 12 (1968), 520–523

Menay I.: Die Schützen im Mittelalter. Bayerische Schützenzeitung März (2005)

Metz J., K.-D. Hüllemann: Doping. In: *Hüllemann K.-D.* (Hrsg.). Sportmedizin für Klinik und Praxis, 2. Aufl. Thieme Verlag, Stuttgart – New York 1983

Meyer M.: Mentales Training: Möglichkeiten und Anwendungen im Bogenschießen. Zulassungsarbeit Trainer A-Schein Bogenschießen, Delmenhorst 1993

Meyer M.: (Bogensportexperte): Mehrere Gespräche zwischen 1993 und 2010

Möller M.: Doping im Sport. Dt. Apothekerzeitung 114/13 (1974), 473–479

de Mondenard J.-P., B. Chevalier: Le dossier noir du dopage. Hachette, Paris 1981

Monus A.: Das psychologische Profil des Bogenschießens. Schulungsunterlagen, Bad Goisern 1982

Möslein G.: Theorie und Praxis der Trainingsplanung. Nockpunkt, Dorsten 1994

Müller V.: Ernährung. Broschüre aus der TK-Schriftenreihe zur gesundheitsbewussten Lebensführung. Techniker Krankenkasse, Hamburg 1999

Munkenbeck F. A.: Sportverletzungen und Sportschäden beim Bogenschießen. Bonn 1983

Nabatnikova M.J.: Ausdauerentwicklung. Volk und Wissen Verlag, Berlin 1974

Nagel D.: Die Geschichte mit der Energie. Bogensport-Magazin 12/1 (2006), 68–69

Niess A. M., S. Veihelmann, F. Passek et al.: Belastungsinduzierter oxidativer Stress. DNA-Schäden und Expression von Stressproteinen in Leukozyten – eine Übersicht. Dt. Z. Sportmed. 48/9 (1997), 330–341

Niethard F. U., J. Pfeil: Orthopädie. HLP Duale Reihe, 2. Aufl. Hippokrates Verlag, Stuttgart 1992

Nitsch J. R.: Stress – Entstehungsbedingungen, Symptome, Maßnahmen. Sportpsychologie. Münster 2 (1987), 5–8

Nöcker J.: Die Ernährung des Sportlers. Hofmann Verlag, Schorndorf 1974

Oelsch K.: Bogenschießen. 3. Aufl. Sportverlag, Berlin 1978

Olivier N.: Techniktraining unter konditioneller Belastung. Hofmann Verlag, Schorndorf 1996

Oltmanns K.: Der Übungsleiter – was muss, was kann er tun? Leichtathletiktraining 1 + 2 (2000), 50–52

Osterkamp (Ernährungsberaterin): Verschiedene Gespräche im Trainingsverlauf 1995

Oswald G.: Physik des Bogens. Schulungsunterlagen, Großarmschlag 2009

Pace D.: Amerikanische Doppelolympiasieger 1976 und 1984. Sport Psychologist 8/4 (1994)

Pahlmeier G.: Trainer 3. Ausbildung. Sportpsychologie 1994

Park K.-R.: Grundlagen des Schießens. Bogensport-Magazin 10/4 (2004a), 24–26

Park K.-R.: Grundlagen des Schießens. Bogensport-Magazin 10/5 (2004b), 24–26

Park K.-R.: Grundlagen des Schießens. Bogensport-Magazin 10/6 (2004c), 14–16

Park K.-R.: Grundlagen des Schießens. Bogensport-Magazin 11/1 (2005a), 22–24

Park K.-R.: Grundlagen des Schießens. Bogensport-Magazin 11/2 (2005b), 20–22

Park K.-R.: Win & Win Seminar. München 2008

Park M., H.-D. Friedrich: Bogenschießen in Südkorea. The U.S.-Archer 5/6 (1993)

Park M.: Trainersymposium, Rom 1996

Parker D.: Tuning your hoyt avalon plus. Schulungsunterlagen o.J.

Pellerite B.: Warum Sieger siegen. Bogensport-Magazin 6/2 (2000), 12–16

Percy E. C.: Ergogenic aids in athletics. Med. Sci. Sports 10 (1978), 298–303

Perez D.: Die optimale Standhöhe für Deinen Bogen. Bogensport-Magazin 1/13 (2008), 42

Platonov V.: Die Konzeption der »Trainingsperiodisierung« und die Entwicklung einer Theorie des Trainings. Leistungssport 1 (1999)

Platonov W.: Warum die »Superkompensation« nicht Grundlage der Strukturierung des Trainings sein kann. Leistungssport 2 (2008), 15–20

Poehlmann R., G. Kirchner: Die Sinnesempfindungen steuern und kontrollieren unsere Bewegungen. Körpererziehung 29 (1979), 202–210

Prokop L.: Zur Geschichte des Dopings und seiner Bekämpfung. Sportarzt u. Sportmed. 21 (1970), 125–130

Puni A. Z.: Abriss der Sportpsychologie. Sportverlag, Berlin 1961

Rabska D.: Tuning the bow and arrow system. Easton Technical Bulletin 1994

Rabska D., F. Troncoso: Checkpoints for winning archery. The U.S. Archer 3/4 (1995)

Rabska D.: In welcher Zeit befindest Du Dich gerade? Bogensport-Magazin 13/3 (2007), 56–58

Reichelt S. T.: Kampf der Goldangst. Bogensport-Magazin 8/4 (2002), 14–18

Reinhardt K. W.: Mentales Sporttraining verständlich gemacht. Copress Verlag, München 1993

Reinkemeier H., G. Bühlmann: Trainer B-Ausbildung: Sportpsychologie, Münster 1994

Reiß M.: Steigerung der Kraftausdauerfähigkeiten durch wirkungsvolles Kraftausdauertraining. Leistungssport 22/5 (1992), 15–20

Reiß M., A. Pfützner: Weltstandanalyse 1992: Tendenzen der Leistungsentwicklung in den Ausdauersportarten. Leistungssport 23/3 (1993), 9–14

Rieder H., K. Lehnertz: Bewegungslernen und Techniktraining. Hofmann Verlag, Schorndorf 1991

Rohmert W.: Untersuchung über Muskelermüdung und Arbeitsgestaltung. Beuth in Komm., Köln 1962

Rohrberg, S. (mehrmaliger Welt- und Europameister): Mehrere Gespräche 2008–2010

Rosa K.: Das ist Autogenes Training. Kindler Verlag, München 1973

Röthig P., S. Größing (Hrsg.): Sportbiologie. Kursbuch für die Sporttheorie in der Schule. Limpert Verlag, Bad Homburg 1979

Röthig P. (Hrsg.): Sportwissenschaftliches Lexikon. Hofmann Verlag, Schorndorf 1992

Röttger K.: Mein Ziel ist die Deutsche Meisterschaft. Sehnengebrumm 2 (1984), 50

Ryals G.: Breaking the performance plateau. The Glade 117 (2007), 37–38

Saltin B.: Aerobic und anaerobic work capacity after dehydration. J. Appl. Physiol. 19 (1964), 1114–1118

Samulski D.: Analyse von Selbstmotivationstechniken im Leistungssport. Leistungssport (4) 1986, 4–9

Scheibe J.: Belastungsverarbeitung im Prozess der Anpassung. Theorie und Praxis der Körperkultur 28 (1979), 47–49

Schellbach H. J.: Mentales Training im Bogensport. Bogensport-Magazin 11/3 (2005), 47–51

Schellbach H. J.: Der Kampf gegen das Goldfieber. Bogensport-Magazin 12/2 (2006a), 9–11

Schellbach H. J.: Der Kampf gegen das Goldfieber. Bogensport-Magazin 12/3 (2006b), 13–17

Schellbach H. J.: Go for gold. Bogensport-Magazin 12/4 (2006c), 7–10

Schellbach H. J.: Die mentale Seite beim Bogenschießen. Bogensport-Magazin 13/5 (2007), 44–45

Schellenberger B.: Die Bedeutung der kognitiven und sensomotorischen Ebene in der psychischen Regulation sportlicher Handlungen. Wissenschaftl. Z. der DHfK Leipzig 21/1 (1980), 43–52

Schiffer J. (Hrsg.): Schnelligkeit – Trainingsmethodische, biomechanische, leistungsphysiologische und leistungsdiagnostische Aspekte. Eine kommentierte Bibliographie. Sport und Buch Strauß, Köln 1993

Schiffer J.: Coaching-ausgewählte Themen aus aller Welt. Leichtathletiktraining 1 + 2 (2000), 28–31

Schlieper C. A.: Ernährung heute. Büchner-Verlag, Hamburg 1981

Schmidt R. A.: Motor control and learning. Human Kinetics Publishers, Los Angeles 1988

Schnabel G., G. Thieß (Hrsg.): Lexikon Sportwissenschaft Leistung – Training – Wettkampf, Bd. 2. Sportverlag, Berlin 1993

Schnabel G. (Hrsg.): Trainingswissenschaft: Leistung – Training – Wettkampf. Sportverlag, Berlin 1994

Schnell D.: Die Bedeutung des Sehens bei sportlicher Betätigung in verschiedenen Lebensaltern. Dt. Z. Sportmed. 4 (1982), 118–126

Schnell D.: Wie alt ist dein Auge? Trainerakademie Köln 1995, 16–17

Schnuchel H., R. Gapp: Auf- und Abwärmen – aber richtig! In: Bayerisches Staatsministerium für Unterricht, Kultur, Wissenschaft und Kunst (Hrsg.). Lehrerfortbildung für den Sportunterricht in Bayern. München 1997

Schober H. et al.: Beitrag zum Einfluss verschiedener Dehnungsformen auf das muskuläre Entspannungsverhalten des M. quadrizeps femoris. Med. Sport 30/3 (1990), 88–91

Schönborn B. P.: Neutrons in biology. Plenum Press, New York 1984

Schönthaler S. R. et al.: Biomechanische und neurophysiologische Parameter zur Erfassung der Dehnbarkeit von Muskel-Sehnen-Einheiten. Dt. Z. Sportmed. 49/8 (1998)

Schori B.: Kampfgeist. Slapshot Februar (1993), 54–55

Schubert F., U.-C. Zehl: Funktion und diagnostische Relevanz von Augenbewegungen im Sport. Medizin und Sport 23/12 (1983), 387–391

Schwaberger G., H. Pessenhofer, P. Schmid, N. Sauseng et al.: Vergleichende Labor- und Felduntersuchungen zur trainingsbegleitenden Leistungsdiagnostik bei Mittelstreckenläufern und Schwimmern. Leistungssport 14/4 (1984), 25–31

Schwarzer R. (ed.): Self-efficacy: Thought control of action. Hemisphere, Washington DC 1992

Schwarzer R.: Streß, Angst und Handlungsregulation. Kohlhammer Verlag, Stuttgart 1993

Seiler R., A. Stock: Handbuch Psychotraining im Sport. Draksal Verlag, Leipzig 2002

Seyle H.: Der Stress. Broschüre aus der TK-Schriftenreihe zur gesundheitsbewussten Lebensführung. 9. Aufl. Hamburg 2000

Silva J.: Silva Mind Control. Ullstein, Berlin 2004

Silva J.: Die Silva-Mind-Methode. Haller Verlag 2006

Sinz R.: Neurobiologie und Gedächtnis. G. Fischer Verlag, Stuttgart – New York 1979

Sölveborn S.-A.: Das Buch vom Stretching. Mosaik Verlag, München 1983

Sperle N.: Fehler sehen, Fehleranalyse und Fehlerkorrektur beim Bewegungslernen. ADH-Seminar 1981

Spiegelhalder F., N. Ganter, J. Edelmann-Nusser: Analyse von Pfeilgeschwindigkeiten im Bogenschießen mit Hilfe von Beschleunigungssensoren. In: Workshop Sporttechnologie zwischen Theorie und Praxis: Sporttechnologie zwischen Theorie und Praxis V, S. 79–88. Shaker, Aachen 2008

Spigarelli S.: Trainersymposium, Rom 1996

Spitz L., J. Schnell: Muskeln Sie sich. Bd. 1 u. 2. Selbstverlag, Egelsbach 1983

Spring H. et al.: Dehn- und Kräftigungsgymnastik. Thieme Verlag, Stuttgart – New York 1986

Stangl A.: Die geheime Kraft in uns. Amadeus Verlag, Düsseldorf 1992

Starischka S.: Trainingsplanung. Hofmann Verlag, Schorndorf 1988

Stark G.: Strukturen der Kinder- und Jugendsportschulen osteuropäischer Länder sowie Auszüge aus den Ausbildungsprogrammen. Institut für angewandte Trainingswissenschaft, Leipzig 1992/93

Steffgen G., C. de Boer: Stressimpfungstraining. Psychologie und Sport 2/3 (1995), 83–88

Stegemann J.: Leistungsphysiologie. Thieme Verlag, Stuttgart 1971

Stein H.-J.: Die Kunst des Bogenschießens – Kyudo. O. W. Barth Buch. Scherz Verlag, 1985 o. O.

Steiner H.: Mentales Training. In: *Gabler H.* et al. (Hrsg.). Psychologische Diagnostik und Beratung im Leistungssport, S. 223–238. Deutscher Sportbund, Frankfurt/Main 1985

Stemme F., K.-W. Reinhardt: Supertraining – mit mentalen Techniken zur Spitzenleistung, 2. Aufl. Econ-Verlag, Düsseldorf – Wien – New York 1989

Stemper T.: Effekte des gerätegestützten Fitnesstrainings: Veränderung anthropometrischer, motorischer und physiologischer Parameter durch Training an Fitnessgeräten. SSV-Verlag, Hamburg 1994

Stemper T., P. Wastl: Gerätegestütztes Krafttraining. SSV-Verlag, Hamburg 1995

Stiehler G. et al.: Methodik des Sportunterrichts. Volk und Wissen, Berlin 1976

Stiehler G., I. Konzag, H. Döbler et al.: Sportspiele. Sportverlag, Berlin 1988

Stubbe C.: Deutscher Spitzenschütze. Mehrere Gespräche im Trainingsverlauf 2000

Stucke K. et al.: Der Einfluss oraler Magnesiumzufuhr auf die Leistungsfähigkeit des menschlichen Organismus unter standardisierter ergometrischer Belastung. Dt. Z. Sportmed. 30 (1979), 22–27

Suinn R. M.: Übungsbuch für mentales Training: In sieben Schritten zur sportlichen Höchstleistung. Huber Verlag, Bern 1989

Suk P. (Nationaltrainer in Italien): Trainersymposium, Rom 1996

Suslov F., G. Holodov: Theorie und Methodik des Sports. Moskau 1997

Syer J., C. Connolly: Psychotraining für Sportler. Rowohlt Taschenbuch, Bielefeld 1987

Tapley J, R. Schwarz: Was uns die Auszugskurve sagt. Bogensport-Magazin 9/5 (2003), 31–35

Techniker Krankenkasse: Fit und aktiv. Broschüre aus der TK-Schriftenreihe zur gesundheitsbewussten Lebensführung 1998a

Techniker Krankenkasse: Fitness. Broschüre aus der TK-Schriftenreihe zur gesundheitsbewussten Lebensführung 1998b

Techniker Krankenkasse: Der Stress. Broschüre aus der TK-Schriftenreihe zur gesundheitsbewussten Lebensführung 2000

Teipel D., R. Kemper, D. Heinemann: Sportpsychologische Diagnostik, Prognostik, Intervention. Bps-Verlag, Köln 1997

Tekmitchov G.: Das Zusammenspiel von Material und Psyche. Bogensport-Magazin 12/5 (2006), 12–14

Tekmitchov G.: Fragen und Antworten von und für Recurve-Schützen. Bogensport-Magazin 13/4 (2007), 20–24

Tekmitchov G.: Auswahl der richtigen Visierung. Bogensport-Magazin 14/5 (2008), 8–40

Tekmitchov G.: Wie man das Tuning mit dem Rohschaft optimiert. Bogensport-Magazin 15/2 (2009), 28

Tekmitchov G.: Pfeilschaft-Design und Performance-Kompromisse. Bogensportmagazin 3/4 (2010), 54–55

Terry P.: Mental zum Sieg. BLV, München 1990

Thein P.: Ratschläge für Bogenschützen. Sehnengebrumm 1991

Thich Nhat Hanh: Das Wunder der Achtsamkeit. 9. Aufl. Bantam Books, Boston 1999

Thiele F. (ehemaliger Bundestrainer Compound): Gespräch bei den Ranglistenturnieren 2000

Thiele F.: So mache ich meinen Bogen fit. Bogensport-Magazin 1/13 (2007), 44–46

Thieß G., G. Schnabel, R. Baumann (Hrsg.): Training von A bis Z, 2. Aufl. Sportverlag, Berlin 1980

Thieß G., P. Tschiene (Hrsg.): Handbuch zur Wettkampflehre. Meyer & Meyer Verlag, Aachen 1999

Thomas E. L.: Movement of the eye. Scientific American Aug. (1968), 88–95

Thömmes F.: Flexi-Bar. Buchflink, München 2009

Tschiene P.: Zu einigen aktuellen methodischen und strukturellen Fragen zum Hochleistungstraining. Leistungssport 6 (1976), 12–20

Tschiene P.: Adaptive Aspekte des Wettkampfs. Leistungssport 1 (1995), 16–17

Ulich E.: Anstelle eines Vorwortes: Möglichkeiten des mentalen Trainings sensomotorischer Fertigkeiten. In: *Däumling M.* et al. Beiträge zum Mentalen Training, S. 7–10. Limpert Verlag, Frankfurt 1973

Ulrich R., Bachmann V.: Mit System ins Gold. Eigenverlag, Hochrhein 1997

Ulrich R.: So komme ich fit durch den Winter. Bogensport-Magazin 4/1 (1998), 45–47

Um S.-H.: Psychological and mental dimensions of archery performance. The first Seoul Archery Conference 6/1994

Umarov M.: Die Psyche des Schützen. Deutscher Schützenbund (Hrsg.), o.O., o.J.

Umminger W.: Die übernatürliche Kraft. In: *Acker H.* (Hrsg.). Rekorde aus der Retorte, S. 14–21. Deutsche Verlags-Anstalt, Stuttgart 1972

Ungerer D.: Zur Theorie des sensomotorischen Lernens, 3. Aufl. Hofmann Verlag, Schorndorf 1977

Venditti P., S. Di Meo: Effect of training on antioxidant capacity, tissue damage, and endurance of adult male rats. Int. J. Sports Med. 18 (1997), 497–502

Venzl R.: Mentale Stärke für Eishockey-Spieler. SEHV, Zürich 1997

Verkoelen P. (Nationaltrainer in Belgien): Verschiedene Gespräche im Trainigsverlauf 1995

Verstegen M.: Core performance. Riva 2006

Volkamer M.: Bewegungsvorstellung und Mentales Training. In: *Koch K.* (Hrsg.) Motorisches Lernen – Üben – Trainieren, S. 137–150. Hofmann Verlag, Schorndorf 1972

Volkland M.: Schulungsunterlagen Trainer B-Ausbildung. Wiesbaden 2009

Völp A.: Aufmerksamkeitsstile und sportliche Leistung. Leistungssport (4) 1987, 19–23

Vorderegge D.: »Es« schießt ins Ziel. Bogensport-Magazin 4 (1995), 22–27

Wagner J. C.: Enhancement of athletic perfomance with drugs. An overview. Sports Med. 12/4 (1991), 250–265

Warm M.: Trainingslager, Hallen-Camps für jeden Zweck. Volleyball Magazin 4 (2003), 24–26

Warne F.: Energy, muscle and biomechanics or what to do with bow tiller. NAA level 3/4 Coach Course 1991

Warwitz S.: Normentafeln zum »Wiener Koordinationsparcours« (WKP). Lehrhilfen für den Sportunterricht (1982), 59–64

Weineck A., J. Weineck: Leistungskurs Sport – Sportbiologische und trainingswissenschaftliche Grundlagen, Bd. II. Südost Verlagsservice, Waldkirchen 2006

Weineck J.: Sportanatomie. 18. Aufl. Spitta Verlag, Balingen 2008

Weineck A., J. Weineck: Leistungskurs Sport – Sportbiologische und trainingswissenschaftliche Grundlagen, Bd. III. Südost Verlagsservice, Waldkirchen 2008

Weineck J.: Sportbiologie. Spitta Verlag, Balingen 2010a

Weineck J.: Optimales Training: Leistungsphysiologische Trainingslehre unter besonderer Berücksichtigung des Kinder- und Jugendtrainings. 16. Aufl. Spitta Verlag, Balingen 2010b

Westenfelder F.: Die englischen Bogenschützen. Bogensport-Magazin 3 (2006), 23–25

Westhoff K., C. Hagemeister: Konzentrationsdiagnostik. Pabst Science Publishers, Lengerich 2005

Westlund F.: Lerne Bogenschießen. Robin-Sport-Verlag, Dorsten 1994

Whittingham A.: Pulling punches. Bow International 48 (2008a), 61–62

Whittingham, A.: Attention. Bow International 51 (2008b), 55–57

Wiemann K.: Beeinflussung muskulärer Parameter durch ein zehnwöchiges Dehnungstraining. Sportwissenschaft 21 (1991), 295–306

Wiemeyer J.: Je mehr ich denke, desto schlechter werde ich. Psychologie und Sport 3 (1996), 92–105

Williams J.C., G. Helgeland: Lehrbuch des Bogensports. Weinmann Verlagsgesellschaft, Berlin 1993

Witt E. H., A. Z. Reznick, C. A. Viguie, P. Starke-Reed, L. Packer: Exercise, oxidative damage and effects of antioxidant manipulation. J. Nutr. 122/3 (Suppl.) (1992), 766–773

Witte K., J. Edelmann-Nusser, B. Schack (ext.): Auswertung von EMG-Daten mit Verfahren der zeitvarianten Spektralanalyse: dargestellt am Beispiel des Bogenschießens [Analysis of EMG-data by means of the time-variant spectral analysis: exemplarily shown for archery]. Spectrum der Sportwissenschaften [Wien] 13/2 (2001), 27–43

Wittemann K.: Filamentäre Quellen der Muskelruhespannung und die Behandlung muskulärer Dysbalancen. Dt. Z. Sportmed. 49/4 (1998)

Wolf W. (Newcomer): Verschiedene Gespräche im Trainingsverlauf 1999–2000

Worm N.: Die Ausdauer-Vollwert-Ernährung. Systemed Verlag, Oberhaching 1989

Wörz T.: Psychologische Aspekte zur Leistungsoptimierung. Bewegungserziehung 1998

Wührl H.: Seniorenklasse und Weltspitze. Sehnengebrumm 1 (1992)

Wydra G.: Muskeldehnung – aktueller Stand der Forschung. Dt. Z. Sportmed. 44/3 (1993), 104–111

Youn J.-C., L. Kisik: So trainieren die Koreaner. Bogensport-Magazin 3 (1995), 58–60

Zech H.: Das große Lexikon des Sports. Fischer Verlag, Frankfurt 1971

Ziemainz H., O. Stoll: Stressintervention im Triathlon. Leistungssport 4 (1998), 40–42

Zimmermann K. (Hrsg.): Psychomotorik in Forschung und Praxis. Bd. 2. Kassel 1990

Zimmermann M.: Auge und Sport. Trainerakademie Köln aktuell 3 (1997), 20–21

Zimmermann M.: Sinnesphysiologische Aspekte im Sport. Dt. Z. Sportmed. 49/3 (1998)

Zipp P., W. Arnold: Identifizierung von leistungsbestimmenden Engpässen beim Bogenschießen. Leistungssport 8/5 (1978), 375–383

Zipp P.: Elektromyographie in der Biomechanik des Sports – Anwendungsbeispiel Bogenschießen. Leistungssport 9 (1979), 288–294

Zsheliaskova-Koynova Z.: Peak Experience durch Leistungshöhepunkte im Sport als optimale Adaptation an die Wettkampfsituation. Leistungssport 6 (2003), 50–51

Sachregister

A

Abwärmen 266 ff.
Aktionsschnelligkeit 331
Analysatoren 344 ff.
Anforderungsprofil 35 ff.
Angstbewältigungstraining 566 ff.
Ankern 74 ff., 410 ff., 415
Ankerpunkt 413 f.
Anschlusstraining 165 f.
Antizipationsschnelligkeit 331
Atementspannung 492 ff.
Atmung 53, 58, 443
Aufbautraining 163 f.
Aufmerksamkeit 518 ff.
Aufmerksamkeitsregulation 518 ff.
Aufwärmen 259 ff.
Ausdauer 38, 274 f.
Ausdauertests 279 f.
Ausdauertraining 274 ff.
– im Kindes- und Jugendalter 278 f.
– Inhalte 276 ff.
– methodische Grundsätze 281
– Periodisierung 280 f.
Automatisieren 102, 106

B

Ballaststoffe 618 ff.
Basistraining 159 ff.
Bauchmuskulatur, Kräftigung 308
Belastung
– ansteigende 116, 122
– individualisierte 116, 122
– kontinuierliche 123, 125
– periodisierte 123 ff.
– Relation von Belastung und Erholung 119, 123
– variierende 118, 123
– wechselnde 119, 123
– zielgerichtete 126
Belastungskomponenten 113 ff., 191
Belastungssteigerung 117
Berger-Methode 665
Beweglichkeit 39, 322
Beweglichkeitstests 328
Beweglichkeitstraining 322 ff.
– Kindes- und Jugendalter 327 ff.
– Periodisierung 329
Bewegungsapparat
– aktiver 62 ff.
– passiver 48 ff.
Bewegungsfluss 227
Bewegungshandlung 234 ff.
– als Regelkreismodell 236 ff.
Bewegungskonstanz 221 ff.
Bewegungskopplung 232 f.
Bewegungslehre 195 ff.
– anatomisch-physiologische Betrachtungsweise 196 f.
– biomechanische Betrachtungsweise 198 ff.
– funktionale Betrachtungsweise 204 f.
– morphologische Betrachtungsweise 195 f.
– neurophysiologische Betrachtungsweise 197 f.
– psychologische Betrachtungsweise 201 ff.
Bewegungsmerkmale
– qualitative 216 ff.
– quantitative 214 f.
Bewegungsphasen 366 f.
Bewegungspräzision 227 ff.
Bewegungsrhythmus 233
Bewegungsstärke 216 ff.
Bewegungstempo 220 f.
Bewegungsumfang 219 f.
Bewegungsvorstellung 348 f.
Biofeedback 507 f.
Biomechanik 47
Blankbogen 33
Bogen
– Aufbau 633 ff.
– der Teton-Dakota-Indianer 29
– Kenngrößen 637 ff.
– Materialwahl 654 ff.
– physikalische Grundlagen 636 ff.
– skythischer 23
– türkischer 25
Bogenarm 50 f., 54 ff.
Bogenarten
– im Altertum 23 ff.
– im Mittelalter 28 f.
– in der Neuzeit 32 f.
– in der Vorzeit 14
Bogenhand 50 f.
Bogenlänge 654 f.

Bogenschießen
- im Altertum 14 ff.
- im Mittelalter 25 ff.
- in der Neuzeit 30 ff.
- in der Vorzeit 13 f.
Bogenschlinge 649
Bogenschützenverband, internationaler 32
Bogenschulter 52 ff.
Bogensehne 651 f.
Button 647 ff.
Buttonmethode 662
Buttonposition 674 f.

C

Centering 498
Circuittraining 300 ff.
Clearance 679 f.
Coaching 589 ff.
Compoundbogen 33
Crosstraining 306 f.

D

Dehnungsmethoden 322 ff.
Desensibilisierung 507
Differenzierungsfähigkeit 338
Distanzanalyse 682
Doppelperiodisierung 165, 170 ff.
Drehbücher 552

E

Eignungsdiagnostik 133 f.
Einfachperiodisierung 170 ff.
Einschlagswinkelanalyse 660 f.
Eiweiß 614 f.
Engramm 102
Entwicklungswürfel 128
Erholungsdefizite 609
Ernährung 613 ff.
- ausgewogene 630 f.
- Grundsätze 630
- Konsequenzen für die Praxis 629 f.
Ernährungsbilanzen 622
Ernährungsprobleme 610

F

Fähigkeiten
- kognitive 42 f.
- konditionelle 273 f.
- koordinative 39f., 335 ff.
Fehleranalyse, -korrektur 253 f.
Feinkoordination 244 ff.
Feintuning 683 f.
Fette 614
Fingerplatzierung 49 f.
Fingertrenner 649
Fishtailing 685
FITA 32
Flüssigkeitsbilanz 626 f.
Fußbelastung 376
Fußstellung 373 ff.

G

Gabriel-Methode 665
Gedankenstopp 490
Gegenwirkung 207 f.
Gehirnaktivität 105 f.
Gleichgewichtsfähigkeit 339 f.
Go-and-Stop-Prinzip 211 ff.
Goldangst 530 f.
Griff 386 ff.
Griffschale 647
Grobkoordination 241 ff.
Grundausbildung 161
Grundlagen
- neurophysiologische 98 ff.
- physiologische 96 f.
Grundlagenausdauer 274
Grundlagentraining 162 f.
Grundumsatz 622
Gruppentrainingsplan 136

H

Haken, tiefer 50
Handhaltung 383
Herzfrequenz 96 f.
Hochleistungstraining 111 ff., 166 ff.
Hybridtechnik 403
Hypnose 506f.

Sachregister

I

Informationssystem
– akustisches 92
– kinästhetisches 94
– taktiles 92
– vestibuläres 92 f.
– visuelles 90 f.

J

Jagdbogen 33
Jahrestrainingsplan 136

K

Kalorienbilanz 622 f.
Kampfgeisttraining 562
Kinegramm 200
Klicker 444, 648, 673
Klickerarbeit 445 f.
Klickerendphase 78 ff., 208, 427
Kohlenhydrate 613 f.
Komfortzone 515 ff.
Kompositbogen, angularer 23 f.
Kondition 273
Konditionstraining 273 ff.
Kontaktlinsen 95
Konzentrationstraining 520 ff.
Koordination 335 f.
Koordinationstests 355 ff.
Koordinationstraining 336 ff.
– Kindes- und Jugendalter 355
– Methoden und Inhalte 348 ff.
– methodische Grundsätze 360
– propriozeptives Training 351 ff.
Kopfbedeckung 95
Kopfhaltung 51
Kopfstellung 393
Kopplungsfähigkeit 340 f.
Kraft 38, 283 f.
Kraftausdauer 315
Krafttests 314 ff.
Krafttraining 283 ff.
– Durchführungsformen 297 ff.
– Ermüdung und Erholung 304
– Inhalte 305 ff.
– isometrisches 287 ff.
– Kindes- und Jugendalter 311 ff.
– Periodisierung 317 ff.
– propriozeptives 290 ff., 294
Krisenstrategietraining 563

KSE-Training 289
KSK-Training 289
Kyudo 20

L

Lagerkoller 609 f.
Langbogen
– englischer 28
– japanischer 33
– traditioneller 33
Lehrmethoden 249 ff.
Leistungsdiagnostik 155 ff.
Leistungsfähigkeit 113 ff.
Leistungsfaktoren
– physische 36 ff.
– psychische 40 ff.
– soziale 43
Leistungskontrolle 570 f.
Leistungsumsatz 622
Lernen, motorisches 102 ff.
Lernprozess, motorischer 238 ff.
– Einflussfaktoren 248 f.
– Fehleranalyse 253
– Fehlerkorrektur 254
– Grundlagen 238 f.
– Lehrmethoden 249 ff.
– Lernphasen 241 ff.
– und Korrektur 252 ff.
Lösen 83 ff., 435 ff.

M

Makrozyklus 181 f.
Makrozyklusplan 138 f.
Matchtraining 573 ff.
Material und -abstimmung 633 ff.
– Bogen 633 ff.
– Periodisierung 687
– Pfeil 640 ff.
– Phasen 667 ff.
– Zubehör 644 ff.
Maximalkraft 315 f.
Mehrjahrestrainingsplan 136
Mesozyklus 179 ff.
Mesozyklusplan 138 f.
Mikrotuning 685
Mikrozyklus 174 ff.
Mindsetting 377
Mineralstoffe 615 f.
Mineralstoffwechselbilanz 627 f.
Minnowing 681

Motivierung 510 ff.
Muskelkorrelat, beteiligtes 62 ff.

N

Nachhalten 87, 426 ff., 438 f.
Nachwuchstraining 159 ff.
Nachzielen 438 f.
Nährstoffbilanz 623
Nervensystem 98 ff.
Nocke 640 f.
Nockpunkt 652 f., 675 f.
Nullstellung 366 f., 369

O

Ozon 691 f.

P

Papiertest 662 ff.
Periodisierung 168 ff.
– Einfach- und Doppelperiodisierung 170 ff.
– Gliederung der Jahreszyklen 168 f.
– Makro-, Meso- und Mikrozyklen 174 ff.
– Schema 174
– von Wettkämpfen 557 ff.
Pfeil 640 ff.
– Aufbau 640 f.
– Ausschießen 686 f.
– Auswahl 686
– Befiederung 641
– Grundeinstellungen 676 f.
– Materialwahl 653 f.
– physikalische Grundlagen 641 ff.
– Schwingungsverhalten 642 ff.
– Stabilisation 644 ff.
Pfeilauflage 647 f., 673
Pfeilflugoptimierung 678 f.
Pfeilparadoxon 642 ff.
Pfeilstreulinien, Analyse 665
Porpoising 681
Positionsphasen 366 f.
– 1. Positionsphase 48 ff., 367, 370
– 2. Positionsphase 52 f., 367, 398 ff.
– 3. Positionsphase 53 ff., 367, 410 ff., 421 ff.
– 4. Positionsphase 60 ff., 367, 426 ff.
– Muskelgruppen, ausgewählte 68 ff.
Preplay 502 f.
Prinzipien, biomechanische 205 ff.
– Go-and-Stop-Prinzip 211 ff.

– Prinzip der Gegenwirkung 207 f.
– Prinzip der Koordination der Teilimpulse 208 ff.
Prognosetraining 527
Propriozeptoren 89 f.
Pyramidentraining 298 f.

R

Radikale, freie 689 ff.
Rahmentrainingsplan 135
Reaktionsfähigkeit 344
Reaktionsschnelligkeit 330
Recovery-Strategie 563
Recurvebogen 33
Regeneration, periodisierte 125
Reiterbogen 33
Replay 503 f.
Rhythmisierungsfähigkeit 341 ff.
Rohschafttest 662
Routinehandlungen 552
Rückenstrecker, Kräftigung 308 f.

S

Sauerstoffradikale 689
Scheibenpanik 530 f.
Schematheorie 201
Schießablauf 365 ff.
Schießgefühl 91
Schießspiele 147
– im Kinder- und Jugendtraining 147, 164
Schießtechnik 369 ff.
– Ankern 410 ff.
– Atmung 442 f.
– Nachhalten 426 ff.
– Schulterblattpositionierung 395 ff., 406 ff., 421 ff.
– Set-up und Vorzielen 398 ff.
– Vorbereitung 370 f.
– Vorspannung 370 ff.
– Zeitmuster 440 f.
Schnelligkeit 38 f., 329 ff.
Schnelligkeitstraining 332 ff.
Schützenbund, Deutscher 30 f.
Schulterblattpositionierung 395 ff., 406 ff., 421 ff., 439
Sehne 651, 672
Sehnenschatten 404 ff.
Sehnenverlauf 669
Selbstbild 515 ff.
Selbstgespräche 514 f.
Selbstinstruktionen 514 f.
Selbstkonditionierung 512 ff.
Selbstwirksamkeit 489, 526 f.

Set-up 70
Sinnesorgane 89 ff.
Spurenelemente 615 f.
Stabbogen 14
Stacking 639
Stand 373
Startapathie 554
Stationstraining 297 f.
Steuerungsprozesse 89 ff.
Stress, oxidativer 689 ff.
Stressimpfungstraining 563 ff.
Stretching 323 ff.

T

Tab 649
Taktik 477 ff.
Taktiktraining 481 ff.
– Bedeutung von Kontroll- und Testverfahren 484
– Methoden und Inhalte 481 ff.
– methodische Grundsätze 484
– Periodisierung 484
Tapering 190, 543 ff.
Technik 363 ff.
Technikergänzungstraining 471
Techniktraining 449 ff.
– Bedeutung von Kontroll- und Testverfahren 472 f.
– Inhalte 457 ff.
– Kindes- und Jugendalter 471 ff.
– Methodik 454 ff.
– methodische Grundsätze 474 f.
– Periodisierung 473 f.
Tiefenmuskelentspannung 497 f.
Tiller 639, 670 f.
Tillertest 661
Trainierbarkeit 111
Training
– autogenes 495 ff.
– der Nichtwiederholbarkeit 527 f.
– mentales 499 ff.
– observatives 504 f.
– propriozeptives 351 ff.
– psychologisches 487 ff.
  - Bedeutung von Kontroll- und Testverfahren 531
  - Methoden und Inhalte 490 ff., 528
  - methodische Grundsätze 532
  - Periodisierung 531 f.
  - Trainingsaufgaben 487 ff.
  - Trainingsziele 489 f.
– verbales 505 f.
– von Zeitprofilen 342
– wettkampfspezifisches 113
Trainingsaufgaben 112 f.

Trainingsauswertung 148 ff.
Trainingsbelastung 113 ff.
Trainingseinheit 145 ff.
Trainingseinheitenplan 140
Trainingslager 597 ff.
– Arten 597 f.
– Bedeutung 599 f.
– Dauer 602
– Kontroll- und Testverfahren 610
– Leitung 606
– mit Jugendlichen 608 f.
– Ortwahl 604
– Planung und Durchführung 600 ff.
– Probleme 609 f.
– Programmgestaltung 606 ff.
– Teilnehmer 602 ff.
– Zeitpunkt 602
– Ziele 599
Trainingsplan, individueller 136, 142 f.
Trainingsplanung 131 ff.
– Arten von Trainingsplänen 133 ff.
– Erarbeiten von Trainingsplänen 142 ff.
– Vorbereitungsperiode 169
– Vorgehen 144 f.
– Ziele 132
Trainingsprinzipien 115 ff.
– Prinzipien der Belastung 115 ff.
– Prinzipien der Proportionalisierung 126 ff.
– Prinzipien der Spezialisierung 126
– Prinzipien der Zyklisierung 123 ff.
Trainingsprozess, langfristiger 158 ff.
Trainingssteuerung 151 ff.
– im Spitzensport 154 f.
Trefferbildanalyse 665 ff.
Tuning 658 ff.
– Analysemethoden 660 ff.
Tunnelblick 525

U

Übergangsperiode 170, 193
Übertraining 609

V

Verbände, nationale 30 f.
Verhaltensmodifikation, systematische 507
Vibrationstraining 290, 292 f.
Videoanalyse 504 f.
Visier 650
Visiereinstellung 676
Vitaminbilanz 628

Vitamine 616 ff.
– oxidative 693
Vollauszug 71 ff.
Vorspannung 68 f., 370
Vorstartzustand 97 f., 554
Vorzielen 404

W

Walk-back-Test 665
Wasser 620 ff.
Wettkampfanalyse 556 f.
Wettkampfauswertung 557
Wettkampfdimensionen 540 f.
Wettkämpfe, Periodisierung 557 ff.
Wettkampfklassen 160
Wettkampflehre 535 ff.
Wettkampfnachbereitung 556 f.
Wettkampfperiode 169 f., 187
Wettkampfplan 137, 551
Wettkampfprobleme 537 f.
Wettkampftraining
– allgemeines 562 ff.
– Bedeutung von Kontroll- und Testverfahren 584 ff.
– Kinder- und Jugendtraining 572 f., 580
– methodische Grundsätze 587
– spezielles 569 ff.
Wettkampfvorbereitung 541 ff.

– kurzfristige 554 f.
– langfristige 543
– mittelfristige 543
– pädagogisch-psychologische 546 ff.
– strategisch-taktische 551 ff.
– unmittelbare 190 ff., 543 ff.
Winkelbogen, westasiatischer 23
Wochentrainingsplan 140
Wurfarme 635 f.
– Grundeinstellungen 667 ff.
Wurfarmtaschen 634 f.

Y

Yumi 21

Z

Zielen 418 ff.
Zielgenauigkeit 358
Zielsetzung 508 f.
Zubehör 644 ff.
– Grundeinstellungen 672 ff.
Zugarm, -hand, -schulter 57 f.
Zugfingerplatzierung 380 ff.
Zughandstellung 49 f.

Kompakt und praxisnah – Fachbücher von Spitta

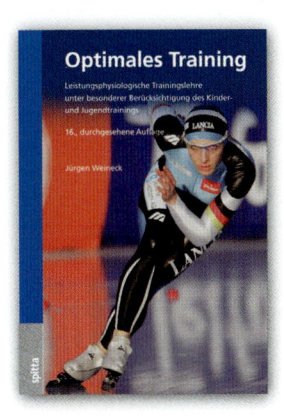

Weineck, Jürgen
Optimales Training
Leistungsphysiologische Trainingslehre unter besonderer Berücksichtigung des Kinder- und Jugendtrainings
16., durchgesehene Aufl. November 2009
Hardcover, 1098 S., 595 farbige Abb., 114 farb. Tab.
62,80 Euro[D] / 64,60 Euro[A] / 104,00 CHF
Alle Preisangaben in CHF sind unverbindliche Preisempfehlungen
ISBN 978-3-938509-96-8

„Optimales Training" ist der Klassiker der Trainingslehre und macht die verschiedenen Trainingsmethoden unter dem Aspekt der sportmedizinischen und leistungsphysiologischen Begründbarkeit transparent und ihren Einsatz verständlich. Dem Autor gelingt es, das komplexe Themengebiet in verständlicher Weise zu beschreiben. Sein großes Fachwissen und seine prägnante Art der Darstellung ergänzen sich zu einem Werk, das alle zentralen Themen der Trainingslehre beinhaltet.

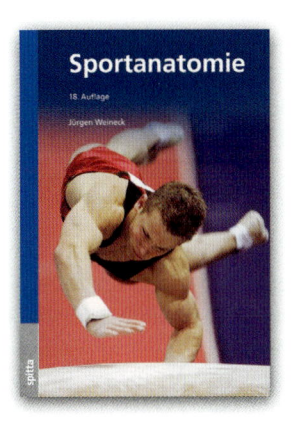

Weineck, Jürgen
Sportanatomie
18., überarb. u. erw. Aufl. 2008
Hardcover, 396 S., 271 farbige Abb., 13 Tab.
39,80 Euro[D] / 40,90 Euro[A] / 66,00 CHF
Alle Preisangaben in CHF sind unverbindliche Preisempfehlungen
ISBN 978-3-938509-24-1

Die „Sportanatomie" ist als Standardwerk zur funktionellen Anatomie ein wahrer Klassiker. Weineck gelingt mit seinem Buch eine systematische, auch für den Laien sehr gut verständliche Darstellung. Die 18. Auflage wurde um über 100 Seiten erweitert. Viele Grafiken und Farbabbildungen veranschaulichen die Materie. Neu sind die durch Daumenregister gekennzeichneten Seiten zu den typischen Sportverletzungen und Überlastungsschäden der jeweiligen Körperbereiche.

Mehr Informationen und Leseproben finden Sie im Internet unter **www.sport.spitta.de**

Spitta Verlag GmbH & Co. KG
Ammonitenstraße 1
72336 Balingen
Tel.: 07433 952-0
Fax: 07433 952-111

Kompakt und praxisnah – Fachbücher von Spitta

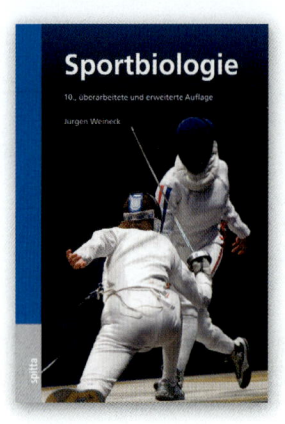

Weineck, Jürgen
Sportbiologie
10. überarb. u. erw. Aufl. November 2009
Hardcover, 1142 S., 548 farbige Abb., 154 Tab.
59,80 Euro[D] / 61,50 Euro[A] / 99,00 CHF
Alle Preisangaben in CHF sind unverbindliche Preisempfehlungen
ISBN 978-3-938509-25-8

Das Buches informiert über die Auswirkungen sportlicher Belastungen auf den menschlichen Organismus. Alltägliche Probleme wie Muskelkater, Muskelkrampf, Seitenstechen, toter Punkt u.ä., sporthygienische Fragen wie Ernährung, Substitution, Doping und Auswirkungen von Zigarettenrauchen und Alkoholkonsum auf die sportliche Leistungsfähigkeit werden ebenso dargestellt wie die Anpassungsphänomene der verschiedenen Organsysteme an ein sportliches Training.

Wick, Dietmar
Biomechanik im Sport
2. überarb. u. erw. Aufl. März 2009
Broschur, 295 S., 210 farbige Abb., 25 Tab.
36,80 Euro[D] / 37,80 Euro[A] / 61,00 CHF
Alle Preisangaben in CHF sind unverbindliche Preisempfehlungen
978-3-938509-59-3

Anliegen dieses Lehrbuches ist es, mechanisches und biomechanisches Grundwissen über die sportlichen Bewegungen zu vermitteln. Diesem Grundsatz entspricht der formale Aufbau des Buches. Es werden zu jedem Thema Texte formuliert und wesentliche Erkenntnisse als Merksätze gekennzeichnet. Die Abschnitte und Kapitel schließen mit Fragestellungen und Aufgaben zum Inhalt.

Mehr Informationen und Leseproben finden Sie im Internet unter www.sport.spitta.de

Spitta Verlag GmbH & Co. KG
Ammonitenstraße 1
72336 Balingen
Tel.: 07433 952-0
Fax: 07433 952-111